加快富民强州进程

CHUXIONG ALMANAC

第一产业投资:21.57 亿元
第二产业投资:156.41 亿元
第三产业投资:273.81 亿元
新增固定资产投资:205.41 亿元
房地产开发投资:87.65 亿元
商品房销售面积:189.51 万平方米
商品房销售额:63.50 亿元

社会消费品零售总额:210.65 亿元
外贸进出口总额:28044 万美元
实际利用外资:2584 万美元

公路通车里程:17832.53 千米
年末机动车拥有量:573681 辆
公路运输客运量:3373 万人
公路运输货运量:1957 万吨
邮电业务总量:15.43 亿元
电话普及率:67.7 部/百人
旅游业总收入:66.12 亿元

财政总收入:140.46 亿元
地方公共财政预算收入:56.37 亿元

地方公共财政预算支出:172.65 亿元
金融机构年末人民币存款余额:704.56 亿元
城乡居民储蓄存款:391.14 亿元
金融机构年末人民币贷款余额:429.03 亿元

普通高校:2 所
普通中专学校:25 所
科技对国民经济增长贡献率:51%
电视覆盖率:97.8%
广播覆盖率:97.4%
卫生机构:601 个
专业卫生技术人员:12128 人
医疗卫生机构床位:13577 张

农村居民人均纯收入:6357 元
城镇居民人均可支配收入:22934 元

[主要数据来源:《楚雄州 2013 年国民经济和社会发展统计公报》]

(本版摄影:鲁智华)

2013 年 6 月 24 日，中共云南省委书记秦光荣到武定县调研开展党的群众路线教育实践活动情况，并参加群众劳动 （杨　峥／摄影）

2014 年 8 月 27 日，中共云南省委副书记、省长李纪恒听取楚（雄）南（华）一级公路建设情况汇报 （王　洪／摄影）

2013年7月15日，中共云南省委副书记仇和到双柏县调研　　（王　明／摄影）

2013年9月16日，中共云南省委常委、常务副省长李江到云南白药集团武定关坡种苗繁育基地调研　　（州科技局／供稿）

2013年8月7日，中共云南省委常委、省纪委书记辛维光一行到楚雄市紫溪彝村驻村了解群众生产生活情况 （高建波/摄影）

2013年9月17日，中共云南省委常委、省高校工委书记李培到楚雄州民族中专学校了解学生学习生活情况 （夏天彧/摄影）

2013 年 10 月 18 日，云南省人大常委会副主任杨应楠在大姚百草岭蜂业有限责任公司调研

（王华蓉／摄影）

2014 年 5 月 13 日，云南省人民政府副省长丁绍祥实地了解楚（雄）南（华）一级公路建设情况

（王　洪／摄影）

2014 年 1 月 3 日，中共楚雄州委八届四次全体（扩大）会议召开　　（高建波／摄影）

2014 年 2 月 20 日，楚雄州第十一届人民代表大会第四次会议召开　　（高建波／摄影）

2014 年 2 月 18 日，政协楚雄州第九届委员会第四次会议召开　　（夏天彧／摄影）

2014 年 7 月 5 日，中央群众路线教育实践活动第四巡回督导组组长张维庆指导楚雄州委常委班子专题民主生活会　（高建波／摄影）

2014 年 2 月 11 日，楚雄州党的群众路线教育实践活动动员大会召开　（高建波／摄影）

2014 年 4 月 9 日，州党政领导观看“以案说法·反腐倡廉”大型巡回展　（高建波／摄影）

2014 年 8 月 20 日，州委书记张太原到南华县徐营烟叶收购点调研　　（袁　莹 / 摄影）

2014 年 6 月 6 日，州委副书记、州长李红民到南博会楚雄展区指导　　（夏天彧 / 摄影）

2013年7月26日，州人大常委会主任卢显林到双柏县法脿镇折苴村委会进行扶贫工作调研
（易学敬／摄影）

2013年5月21日，州政协主席李兴顺到大姚县调研产业项目建设情况　（鲁文兴／摄影）

2014 年 5 月 21 日，楚雄泰兴年产 1.86 万件机械配件项目奠基　　（高建波／摄影）

2013 年 10 月 29 日，楚雄州人民政府与云南中冶投资有限公司、昆明市福保文化城有限公司签订战略合作框架协议　　（高建波／摄影）

2014 年 6 月 3 日，“楚雄州野生菌产业推介暨中国·南华野生菌信息港上线”新闻发布会在昆明举行　　（夏天彧／摄影）

2013 年 11 月 26 日，楚雄州召开科技创新大会，表彰奖励 3 名"感动彝州科技人物"

（高建波／摄影）

2013 年 9 月 16 日，楚雄州文学艺术界联合会第七次代表大会召开

（夏天彧／摄影）

2014 年 6 月 30 日，楚雄州道德模范和先进人物事迹报告会在州会务中心举行

（高建波／摄影）

野生菌加工 （夏天彧／摄影）

摩尔农庄灌装饮料生产线 （夏天彧／摄影）

建设中的楚（雄）南（华）一级公路牛凤龙大桥
（王　洪／摄影）

光伏发电设备 （夏天彧／摄影）

生物制药企业包装车间　　（夏天彧／摄影）

外销蔬菜装运　　（高建波／摄影）

红塔集团楚雄卷烟厂烟叶分拣车间　　（杨金坤／摄影）

大棚栽培　　（夏天彧／摄影）

2014年1月9日，楚雄州2014年文化科技卫生"三下乡"集中示范活动启动仪式在姚安县举行

（高建波／摄影）

2014年7月19日，中国·楚雄彝族火把节民族歌舞演出

（高建波／摄影）

2014年6月11日，楚雄州第九届少数民族传统体育运动会开幕

（王　明／摄影）

楚雄师范学院花果山校区 （邵建葵／摄影）

云南省彝医医院 （州中医院／供稿）

楚雄市综合档案馆 （楚雄市档案局／供稿）

楚雄州职教园区图书馆 （起雪勇／摄影）

楚雄州大中专学校第一届校园文化艺术节篮球比赛
（起雪勇／摄影）

州政务服务中心服务大厅（马　骏／摄影）

大姚县党员干部到赵家店镇紫丘村移民安置点向少数民族群众征求意见（高建波／摄影）

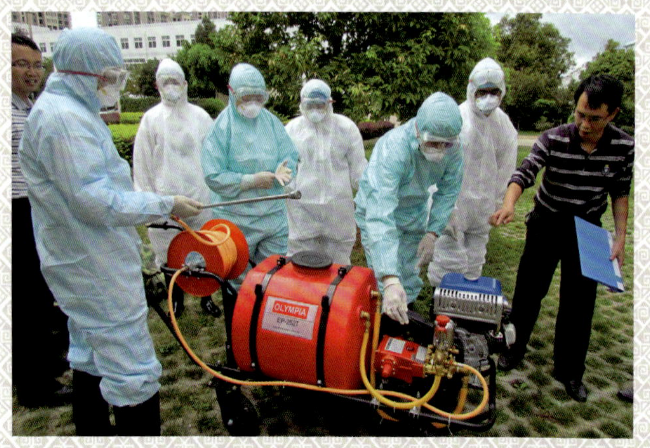

公共卫生应急演练（州疾控中心／供稿）

楚雄州年鉴

CHUXIONG ALMANAC

2014

楚雄彝族自治州人民政府　主办
楚 雄 州 地 方 志 办 公 室　编纂

云南出版集团公司
云 南 科 技 出 版 社
·昆 明·

图书在版编目 (CIP) 数据

楚雄州年鉴. 2014/楚雄州地方志办公室编纂. —昆明：云南科技出版社，2014.10

ISBN 978-7-5416-8529-3

Ⅰ. ①楚… Ⅱ. ①楚… Ⅲ. ①楚雄彝族自治州-2014-年鉴 Ⅳ. ①Z527.42

中国版本图书馆 CIP 数据核字 (2014) 第 242786 号

楚雄州年鉴(2014)

楚雄彝族自治州人民政府　主办
楚 雄 州 地 方 志 办 公 室　编纂
地　　址　云南省楚雄市阳光大道 283 号一公司两市场内
邮　　编　675000
电　　话　(0878)3389345
传　　真　(0878)3389348
邮　　箱　yncxznj@126.com

出版发行　云南出版集团公司
　　　　　云南科技出版社
地　　址　昆明市环城西路 609 号云南新闻出版大楼
邮　　编　650034
电　　话　(0871)64192752
网　　址　www.ynkjph.com
责任编辑　李永丽
责任校对　叶水金
印　　刷　楚雄师范学院印刷厂

开　　本　889×1194mm　1/16
印　　张　27
字　　数　900 千字
版　　次　2014 年 10 月第 1 版
印　　次　2014 年 10 月第 1 次
插　　页　66
印　　数　1500 册

ISBN 978-7-5416-8529-3
定价：180.00 元

编 辑 说 明

一、《楚雄州年鉴》是云南省楚雄彝族自治州人民政府主办、州地方志办公室编纂的地方综合年鉴。全面记录楚雄州经济和社会发展基本情况，突出时代特色和地方民族特色，坚持常编常新，旨在为领导决策、部门开展工作和社会各界了解楚雄、研究楚雄、建设楚雄提供系统的州情资料。

二、《楚雄州年鉴》创刊于1989年，每年赓续出版。2014年卷反映楚雄州2013年各项事业发展状况、重大事件和新的成就及经验。为增强时效性，部分图片、文稿收录了2014年的重要内容。

三、《楚雄州年鉴》(2014)以条目体为主，按类目、分目、条目三级编排，设特载、大事·要闻、综述、政治、军事、法制、经济管理、农业、工业、商贸、交通运输、旅游、信息业、城建·环保、财政·税务、金融·保险、科学技术、社会科学、教育、文化、卫生、体育、民族、社会、县（市）概况、人物、附录、统计资料28个类目。类目下设分目231个，约有条目1450个。

四、《楚雄州年鉴》(2014)框架设置在上年版的基础上有所调整，类目保持不变，对部分分目作了适当调整，把“民主党派”和“工商联”合并为“民主党派·工商联”，下面增设各民主党派和州工商联为二级目，提高设目的科学性和合理性。开设“富民强州·特色乡镇”主题宣传专版，选取全州10个中心城镇和楚雄州2011年被省人民政府列入“云南省特色小镇”建设的14个乡（镇）为代表，以图文并茂的形式客观、真实地展示这24个乡(镇)的新面貌，进而从一个侧面反映楚雄州近年来国民经济和社会发展的新气象、新成就，用图片真实记录彝州科学发展的历程。

五、《楚雄州年鉴》(2014)卷首设目录和英文要目，卷末配有索引，具有完备的图书检索系统。

六、《楚雄州年鉴》(2014)采用文稿，均由州属各部门和各县(市)指定专人撰稿，并经部门领导审定。“县（市）概况”、“统计资料”的数据由州、县（市）统计局提供并负责审核，涉密内容由州国家保密局负责审定。编辑结束，经楚雄州年鉴编辑委员会审定后交付出版。

楚雄州地方志办公室

2014年10月

楚雄州年鉴编辑委员会

《楚雄州年鉴》编辑人员

顾　　　问　何　宣（云南年鉴研究会会长）
　　　　　　　张淑静（云南年鉴研究会名誉会长）
主　　　编　郭孟贤
执 行 主 编　白云鹏
副　主　编　李　梅
编　　　辑　李　梅　周能汉　安孟勤
校　　　对　李　梅　周能汉　安孟勤
数 据 审 核　楚雄州统计局
保 密 审 查　楚雄州国家保密局
英文目录翻译　杞华仙

《楚雄州年鉴》审稿人员

(按姓名笔划排序)

刁晋光　马爱芳　夭建国　尹　睿　王　平　王　权　王　森　王文书　王光荣
王庆平　王志勇　王建新　王振华　王晓明　王爱萍　王景飚　韦　薇　付　雨
冉江民　冯伟玲　田怀忠　白　云　白忠华　石永祥　仲仕民　关惜分　刘　平
刘　安　刘　祥　刘予敏　刘仕举　刘江云　刘应文　刘昌雄　孙家成　曲建忠
朱成玉　朱鸿伟　何　勇　何兆发　何锡英　吴双华　吴亚峰　吴学彬　张　明
张　勇　张文学　张文林　张玉树　张利明　张建国　张明力　张炳华　张祖武
张鹤雁　李　文　李　昆　李　能　李　璇　李加平　李玉林　李兴国　李明祥
李松禄　李茂尊　李彩林　李鸿道　李富才　李碧勇　李蜀昆　李德胜　杨　龙
杨　军　杨　杰　杨　柳　杨　虹　杨　晋　杨　珺　杨　策　杨　辉　杨发荣
杨正波　杨永昌　杨玉泉　杨光焕　杨建斌　杨明玉　杨金智　杨俐昆　杨树荣
肖荣祥　肖惠华　苏文生　苏光祖　苏贤发　苏铸红　邱文华　陆绍林　陈大强
陈之昌　陈长来　陈宗文　陈金文　周国兴　周建琼　孟　孚　孟树仙　罗文慧
罗秀娟　罗金林　侯志荣　侯家学　施　慧　施克沛　施宗明　施剑波　柳文跃
段咏晴　段彦溪　段福君　胡有刚　胡建云　胡显文　荆庆学　贺　伟　赵廷龙
赵学刚　赵晓明　钟继红　夏　军　夏　良　夏绍先　夏新建　徐　沧　柴　俊
秦国雄　聂天荣　起云志　起云忠　郭孟贤　高　翔　高建祥　黄大斌　黄正山
黄茂林　普学芬　曾光微　曾晓松　董　兵　蒋雁飞　蒲　勇　靳　昌　蔡永林
谭秀元　滕　洪

目　　录

特　　载

大事·要闻

综　　述

政　　治

军　　事

法　　制

经济管理

农　　业

商　　贸

交通运输

旅　　游

信息业

城建·环保

财政·税务

社会科学

教　育

文　　化

卫　生

体　　育

民　　族

县（市）概况

人　　物

附　　录

统计资料

索　　引

Main Contents

Military Affairs 104

Legal System 109

Economic Management 121

Agriculture 143

Industry 156

Commercial Trade 173

特　载

攻坚克难　开拓创新
全面深化改革加快富民强州进程

——在中共楚雄州委八届四次全体（扩大）会议上的报告

中共楚雄州委书记　张太原

（2014 年 1 月 3 日）

同志们：

现在，我代表州委常委会向全委会报告工作，请审议。

一、2013 年的主要工作

州委八届三次全会以来，面对巨大的经济下行压力和改革发展稳定的繁重任务，在中央和省委的坚强领导下，州委常委会总揽全局、协调各方，紧紧围绕富民强州的宏伟目标，坚持稳中有进、进中有好、好中有快，团结带领各族干部群众，抢抓发展机遇，有效应对挑战，扎实推进经济、政治、文化、社会、生态文明建设和党的建设，各项工作取得了显著成绩。一年来，我们重点抓了以下几个方面的工作：

*一是科学谋划抓发展。*主动参与滇中产业聚集区的规划建设，认真谋划楚南经济带和县域经济发展等事关全局的大计。扎实开展产业建设年活动，围绕“新增五个 100 亿元”的工作目标，以“3 个 30 项目”为抓手，针对国家和省投资方向和导向，深入扎实做好项目前期工作，积极争取中央和省支持，加大对重要决策和重点工作的督办协调力度，认真落实州级领导干部挂钩联系县（市）、企业和项目工作制度，常委班子成员带头深入调研、及时了解项目推进情况，研究解决事关全州经济发展的突出问题。成功获批国家农业科技园区，粮烟生产再获丰收。云甸、禄金等工业园区建设速度加快，产业聚集功能和辐射带动作用得到增强，绿色食品、生物医药、文化旅游业发展势头良好。永广铁路扩能、楚南一级公路、108 国道提升改造等重大项目相继开工，烟草水源工程、楚广高速公路、广大铁路扩能改造等在建项目加快推进。各项改革不断深化，行政审批事项大幅精简，投融资环境持续改善。初步预计，全年新增规模以上固定资产投资 104 亿元，新增社会融资 115 亿元，新增实际引进州外到位资金 114 亿元，均创历史新高。地方财政总收入和地方公共财政预算收入完成 140 亿元和 56.2 亿元，分别增长 12.5% 和 21.3%。全州生产总值和规模以上工业增加值实现 10.5% 和 10% 的增速。

*二是完善制度抓民主。*坚持党的领导、人民当家作主、依法治州有机统一，最大限度发展和保护人民民主权利。支持人大及其常委会依法履行职责，地方民族立法工作得到加强，制定《楚雄州恐龙化石保护条例》，修订《楚雄州龙川江保护管理条例》。支持政协发挥政治协商、民主监督、参政议政职能，州政协围绕重点工作开展了一系列专题视察和调研，为州委重

大决策提供了有力支持。更加注重统一战线工作，努力推动多党合作事业深入发展。充分发挥工、青、妇、工商联、科协等人民团体的作用。坚持把民族团结进步示范区建设摆在更加突出位置。“六五”普法深入开展。党管武装、国防后备力量建设和双拥工作取得新成绩。基层民主形式更加多样、保障更加有力。

*三是壮大主流抓文化。*加强对宣传思想文化建设的领导，制定实施《楚雄州建设民族文化强州规划（2013～2020年）》。中国特色社会主义和“中国梦”宣传教育深入开展，社会主义核心价值观进一步深入人心，道德建设得到加强，楚雄好人不断涌现，“文明楚雄行动”卓有成效，各类主题宣传活动扎实开展。强化对各类媒体的管理，健全完善新闻宣传报道机制，舆论引导水平进一步提高。对外宣传工作有声有色，主流宣传有了新突破。群众性文化体育活动广泛开展，文化惠民工程取得明显成效，实施了首批国家公共文化服务体系示范项目“农文网培学校”并通过验收，第二批国家公共文化服务体系示范区项目申报成功，创建规划获准实施。文化市场健康发展，文艺精品创作向市场化迈进。禄丰恐龙和元谋古人类两大历史文化旅游项目取得实质性进展。预计全年实现文化和旅游产业增加值38.5亿元，比上年增长10%。

*四是加大投入抓民生。*全年投入民生领域资金130亿元，占地方公共财政预算支出的74%。城镇居民人均可支配收入和农民人均纯收入达到22626元和6095元，分别增长11.5%和12.5%。新增城镇和农村富余劳动力转移就业18.6万人，城镇登记失业率控制在3.5%以内。连续9年上调企业退休职工养老金，低保标准逐年提高。按期完成城镇保障性住房建设任务，扎实推进农村安居工程。扶贫开发成效明显，城乡环境持续改善。全力做好教育、科技、卫生、体育、老龄、残疾人等各项事业。高度重视群众和信访维稳工作，依法稳妥做好应急抢险、社会矛盾和隐患排查工作。高度重视安全生产，社会大局保持和谐稳定，再获全国社会管理综合治理工作最高荣誉奖“长安杯”。

*五是严守底线抓生态。*牢固树立“生态立州、环境优先”的理念，坚守生态红线，努力以最小的环境代价实现最大的经济效益。深入推进重点生态建设工程，全州完成人工造林61.6万亩，对1598万亩公益林实施管护。水土保持工作得到加强，土地整治稳步推进，耕地得到有效保护。出台并顺利实施了一批环境保护、污染防治等方面的规划、方案和实施意见，城乡环境综合整治取得新的进展。积极发展循环经济，坚持在保护生态中发展经济，在发展经济中保护生态，努力实现生态效益、经济效益和社会效益相统一。全力推进节能降耗工作，全面完成各项节能减排目标任务。

*六是转变作风抓党建。*深入学习党的十八大、十八届二中三中全会和习近平总书记系列重要讲话精神，在思想和行动上始终与中央和省委保持高度一致。认真贯彻落实中央“八项规定”，出台改进工作作风等制度，完善综合绩效考核评价办法，狠抓领导带头、强化监督和建章立制，会议、文件大幅减少，“三公”经费明显下降，厉行节约逐渐成为风尚。圆满完成县（市）、乡（镇）人大、政府和县（市）政协领导班子及村“两委”换届工作，各级领导班子结构进一步优化。深入开展以“责任、担当、实干”为主题的解放思想大实践活动，积极推进“四群”教育活动，全面推广“插甸经验”，扎实做好党的群众路线教育实践活动前期准备工作。着力加强基层党的建设，统筹推进人才队伍建设，党风廉政建设和反腐败斗争取得新成效，党的建设科学化水平进一步提高。

二、2014年的主要任务

2014年是全面贯彻落实党的十八届三中全会精神、全面深化改革的第一年，是实施“十二五”规划的第四年，面临许多困难和挑战，外部环境的不确定性仍然存在，经济总量偏小、产业结构不合理，财政收支矛盾突出，企业生产经营困难问题短期内难以扭转，改善民生和社会稳定工作压力加大，改革发展稳定任务艰巨。面对困难和挑战，我们必须保持清醒头脑，坚持辩证思维，看到难题，更要看到机遇。中央对全面深化改革作出系统部署，新一轮西部大开发和扶贫攻坚战略，以及桥头堡和滇中产业聚集区建设进入实质推进期，为楚雄的发展提供了良好外部环境。近年来楚雄集中实施的一批重点项目，特别是一批基础设施和产业项目，对加快发展形成强有力的支撑。同时，随着楚雄重点领域和关键环节改革的全面深化，思想不够解放、精神不够振奋、作风不够过硬、环境不够优化以及各种体制机制的束缚逐步破除，将进一步激发科学发展的内生动力和活力。只要我们坚定信心，稳扎稳打，客观分析形势、准确把握机遇，理清发展思路、科学制定措施，咬定目标不放松、狠抓落实不懈怠，就一定能够顺利推进各项工作。

2014年工作的总要求是：以邓小平理论、“三个代表”重要思想、科学发展观为指导，全面贯彻落实党的十八届三中全会、中央经济工作会议、城镇化工作会议、农村工作会议和省委九届七次全会精神，扎实开展好群众路线教育实践活动，紧紧围绕使市场在资源配置中起决定性作用，不断深化重点领域和关键环节改革，破除各种体制机制障碍和思想束缚，抢抓机遇、扬长避短、因地制宜，提质增效、优化结构，更加注重改善民生，更加注重生态优先，稳中求进、稳中有为，奋力加快富民强州进程。

主要预期目标是：生产总值增长11%以上，地方公共财政预算收入增长12%以上，规模以上固定资产投资增长25%以上，城镇居民人均可支配收入增长11%以上，农民人均纯收入增长12%以上，居民消费价格涨幅控制在3.5%左右，城镇登记失业率控制在4.6%以内，单位生产总值能耗下降完成省下达目标。

实现这些目标任务，关键要靠全面深化改革。推进经济发展靠改革，持续改善民生靠改革，维护社会和谐稳定靠改革，加强民主政治建设靠改革，建设文化强州靠改革，建设美丽楚雄靠改革，全面加强党的建设也靠改革。深入学习贯彻落实十八届三中全会精神，全面深化重点领域和关键环节改革，是全州的首要政治任务。我们在深入调研、广泛征求意见的基础上，起草了《中共楚雄州委关于认真学习贯彻党的十八届三中全会精神全面深化改革的意见》，提交这次全会审议。这是对全州全面深化改革的总体部署，对到2020年的各项改革目标任务进行了描绘，划定了线路图，明确了时间表，内容全、措施细、涉及面广，是指导全州经济社会发展的纲领性文件和行动指南，请大家认真讨论、审议，提出更多更好的意见建议，会后要认真抓好贯彻落实。2014年是全面深化改革的开局之年，万事开头难，要按照审议通过的《意见》的总体部署，从群众最期盼的领域改起，从制约经济社会发展最突出的问题改起，不拖不抢，积极稳妥，踢好头三脚，打响头一炮，言必行、行必果，让群众真切感受到党委政府全面深化改革的决心和实实在在的成效。全面深化重点领域和关键环节的改革是一项系统复杂工程，制定切实可行的改革方案只是全面深化改革的第一步，更重要的是要触及意识和灵魂，把改革创新的精神融入到思想深处，贯穿于工作的方方面面，想问题、做决策、抓落实，都要有那么一股子敢为人先、勇于担当、敢于啃硬骨头的劲头和勇气。

（一）*重点突破，推动经济持续健康发展。*打破行政区划和管理层级限制，围绕重点产业、重点项目、重点企业、重点园区、重点县域，完善服务体系，强化要素保障，发挥市场决定性作用，不断优化产业结构，增强自主创新能力，推动转型升级，促进区域协调发展，切实提高经济发展的质量和效益。

一是在产业发展上有新突破。围绕企业培育上规模、园区建设上台阶、产业发展见成效，在巩固提升烟草和冶金化工业同时，坚决把生物医药、绿色食品、文化旅游和新能源新材料产业培育成为更具有活力和支撑能力的新的增长极，进一步提高六大重点产业增加值占生产总值的比重。深入实施企业发展壮大计划，切实消除非公经济发展壁垒，新增产值亿元以上企业10户以上、规模以上企业20户以上。进一步加大财政资金投入力度，不断拓宽融资渠道，丰富融资形式，推进园区集中建设。大力发展高原特色农业，不断改造提升传统服务业，积极培育壮大商贸物流、电子商务、金融保险、信息咨询、社区服务等现代服务业。

二是在项目建设上有新突破。围绕新增规模以上固定资产投资100亿元以上、产业投资占规模以上固定资产投资的比例达到60%以上，准确研判宏观政策和投资导向，抓紧推进楚南经济带、滇中产业聚集区楚雄组团和滇川合作试验示范区等重点区域发展规划，策划论证一批支撑发展的重大项目，坚持外资、内资、民资一起上，上争、内聚、外引一起抓。加快楚广高速、楚南一级公路、108国道提升改造、成昆铁路永广段、广大铁路扩能改造、武定仁和水库、烟草水源工程和摩尔农庄三期、云南威龙化工等项目建设。争取彩云—碍嘉三级路、双柏—新平二级路和长广、武易高速公路、直苴水库等项目早日开工，积极开展星宿江大型水库前期工作。继续争取和实施“万村千乡市场工程”、“南菜北运”试点和放心肉体系建设等国家和省重点项目。

三是在招商合作上有新突破。围绕力争全年新增引进州外到位资金100亿元以上，创新方法，突出重点，用好用活滇中产业聚集区的一系列优惠政策，加强项目开发和包装策划工作，强化产业招商、园区招商、以商招商，提高招商引资项目质量，大力引进符合产业政策、成长性好的企业和项目。认真落实州级领导挂钩联系重点招商引资项目制度，加强对签约项目的跟踪问效，加大协调服务力度，确保项目顺利落地建成达效。合力抓好楚雄昆钢产业园标准化厂房建设、元谋古人类历史文化产业园、美华丰（国际）集团云甸工业区园中园建设等一批招商大项目的实施。鼓励企业“走出去”，支持特色优势产品扩大出口，支持资源性产品、先进技术、关键设备等扩大进口。加强与周边地区的区域合作，主动融入沿边开放，加大产业转移承接力度，不断提升开放合作的规模和水平。

四是在要素保障上有新突破。围绕重点项目、重点企业基本生产要素有保障，用好用活中央和省扶持政策，争取更多的项目纳入国家和省土地、林地利用计划，盘活存量，优先保障重点建设。加快政府职能转变，处理好“接、放、管”的关系，进一步下放和取消行政审批事项，健全完善项目并联审批、运行服务的绿色通道，彻底解决项目建设中审批难、落地难等问题。树立一盘棋的思想，整合州县优良资产、厘清各方利益关系，创新投融资模式，拓宽投融资渠道，加强投融资监管，力争新增融资100亿元。

五是在城乡统筹上有新突破。围绕破除城乡二元结构，形成以工促农、以城带乡、工农互惠、城乡一体的新型工农城乡关系，加大农业实用技术培训，培养新型农民，认真落实强农惠农富农政策措施，稳步推进土地承包经营权流转和适度规模化经营，完善集体林权制度改革配套措施，赋予农民更多财产权利，确保农民收入持续较快增长。抓住楚雄州8个县（市）纳入滇西边境地区和乌蒙山片区扶贫开发规划的机遇，打好扶贫攻坚战，早日让更多的扶贫对象实现脱贫致富。加快统筹城乡发展步伐，推动城镇道路、供水、网络等基础设施向农村延伸，促进公共交通和公共服务向农村拓展。创新规划编制理念，优化城镇化布局和形态控制。完善以楚雄市为中心，各县城和若干小城镇、新型农村社区、美丽乡村协调发展、层次有序、分工合理、功能互补、互促共进、各具特色的城镇体系，逐步把符合条件的农业转移人口转为城镇居民。从2014年开始，整合各方力量，重点实施好城乡人居环境提升3年行动计划。

（二）*改善民生，着力加快和谐社会建设。*统筹处理好发展经济与更好地保障和改善民生的关系，坚持把促进社会公平正义、增进人民福祉作为改革发展的出发点和落脚点，把改革发展作为利民惠民的基础和保障，按照守住底线、突出重点、完善制度、引导舆论的思路，着力解决人民群众最关心最直接最现实的利益问题，让改革发展成果更多更公平地惠及各族群众。

一是抓好民生实事。继续推进城乡居民收入倍增计划，促进城乡居民收入稳步增长。实施更加积极的就业和多渠道创业政策，促进以高校毕业生为重点的青年就业和农村转移劳动力、城镇困难人员、退役军人就业。推进社会保险“一卡通”，做好转户进城农民和被征地农民的社保工作，落实好转户进城农民“两种身份、五项保留、五项保障”。逐步提高新型农村合作医疗和城镇居民医疗保险人均筹资标准和住院报销补助比例，确保新农合参合率达96%以上，积极探索城乡居民大病医疗保险工作。推进城乡养老服务设施建设，加快建立社会养老服务体系，发展老年服务产业。抓好城镇保障性住房、棚户区改造、农村安居工程建设，确保完成年度建设任务。开工建设200件以上小（二）型病险水库除险加固、4万件“爱心水窖”工程，实施好15万农村群众的饮水安全项目。

二是发展社会事业。坚持教育优先发展，以促进教育公平为重点、提高教育质量为核心，深化教育领域综合改革，提升义务教育和高中阶段教育水平，推进学前教育、特殊教育、继续教育、现代职业教育改革发展，稳步发展高等教育。深入推进医药卫生体制改革，抓好县级卫生单位建设以及标准化乡（镇）卫生院、村卫生室建设，落实乡村、社区医技人员培养计划。认真落实计划生育奖励优惠政策，研究落实“单独二孩”政策，促进人口长期均衡发展。实施创新驱动发展战略，加快创新型楚雄建设，提升科技进步对经济社会发展的贡献率。

三是创新社会治理。健全公共安全体系，改革完善州、县市两级食品药品监督管理机制，强化食品药品安全日常监管，确保人民群众饮食用药安全。全面落实安全生产责任措施，遏制重特大安全事故。坚持源头治理，健全基层综合服务管理平台，用法治思维和法治方式创新预防和化解矛盾纠纷工作体系，严格执行重大事项社会稳定风险评估机制，妥善化解社会矛盾。加强人民调解、行政调解、司法调解衔接工作。加强和改进信访工作，健全及时就地解决人民群众合理诉求机制。加强社会治安综合治理，创新立体化社会治安防控体系，依法防范和惩治各类违法犯罪，深化平安楚雄建设。

（三）把握方向，促进文化大发展大繁荣。坚持社会主义先进文化前进方向，以人民为中心，把社会效益放在首位、社会效益和经济效益相统一，以文化事业引领文化产业，以文化产业促进文化事业，努力为继续解放思想、坚持改革开放、推动科学发展、促进社会和谐提供坚强思想引领、舆论推动、精神激励和文化支撑。

一是坚持正确舆论导向。深入贯彻全国、全省宣传思想工作会议精神，坚持党管媒体原则不动摇，坚持团结稳定鼓劲、正面宣传为主，巩固壮大主流思想舆论。健全完善新闻发言人制度，做好社会热点问题和突发公共事件的舆论引导工作，弘扬主旋律、传播正能量。积极发展健康向上的网络文化，严厉打击有组织的造谣传谣等违法犯罪行为，牢牢掌握宣传思想工作主动权。

二是加强思想道德建设。深入开展中国特色社会主义和“中国梦”宣传教育，倡导和践行社会主义核心价值观，深入开展“文明楚雄行动”等主题活动，推进公民道德建设工程，建设社会诚信体系，培育积极健康向上的社会风尚，全面推动“文明楚雄”建设。

三是不断繁荣文化事业。实施第二批国家公共文化服务体系示范区建设项目。建立公共文化服务体系协调机制和群众评价反馈机制，推动文化惠民项目、基层公共文化服务设施与市场消费有效对接。以农村为重点继续推进重大文化惠民工程，建设群众精神家园。加强文化遗产保护传承开发，继续做好“彝族火把节”世界人类非物质文化遗产保护传承开发，积极开展对外文化交流活动，繁荣文学艺术创作，讲述好楚雄故事，阐释好楚雄特色，传播好楚雄声音，展示好楚雄形象。

四是壮大文化旅游产业。贯彻落实全省旅游产业发展大会精神，实施好民族文化强州规划，推动旅游与城镇、文化、产业、乡村、生态建设融合发展。推进禄丰恐龙（七彩云南·时空世界）、元谋古人类历史文化旅游等项目建设。抓好环境优化，实施旅游便捷工程、旅游公共服务优化工程、旅游市场规范工程、旅游人才培养工程、旅游信息化工程。

（四）生态优先，深入推进美丽楚雄建设。围绕建设山清水秀、天蓝地绿、宜居宜业的美丽楚雄目标，加快建立系统完整的生态文明制度体系，坚持用最严格的措施保护生态环境、最有效的办法治理生态环境、最科学的理念发展生态环境，更加自觉地推进绿色发展、循环发展、低碳发展，坚持有所为、有所不为。

一是转变发展理念。牢固树立良好的生态环境也是生产力、越好的生态环境越具有竞争力的理念，建立清洁生产的技术引进研发、成果转化和推广机制，吸引更多高科技、高附加值、无污染的新兴产业聚集楚雄州兴业发展，积极培育发展壮大清洁生产企业。建立水资源涵养区保护机制，抓好节水防污，强化水资源“三条红线”管理，确保生产生活用水安全。严格执行环境准入制度，把能源资源利用效益、节能减排指标作为园区建设、产业发展、项目招商的重要依据，坚决摒弃高污染、高耗能产业、项目、企业，决不能以牺牲环境为代价获取一时的经济增长。

二是加强生态建设。继续实施天然林保护、陡坡地生态治理等重点生态建设工程，加强龙川江上游生态环境保护，加大生态文明示范州、示范县（市）、示范乡（镇）创建力度，积极开展环保模范城市、绿色单位、绿色学校、绿色社区、绿色企业等创建活动。健全生态环境源头保护、资源有偿使用和生态环境监管制度，完善自然资源资产监管体制，努力建成全省、全国生态文明建设示范区。加快落实主体功能区制度，严格按照主体功能区定位推动发展，争取更多国家生态效益补偿。积极申报哀牢山国家公园。

三是深化节能降耗和环境整治。鼓励支持企业转型升级发展，加快推进重点节能工程，组织州内重点能耗企业参与国家和省节能行动，大力实施节能产品惠民工程。强化城乡污水、垃圾、噪音等污染防治，全面实施村庄环境整治行动计划，严格控制和降低农业面源污染，强化农产品产地土壤、水、大气环境监管和治理。

（五）加强民主，凝聚改革发展强大合力。充分发挥党委总揽全局、协调各方的领导核心作用，坚持党的领导、人民当家作主、依法治国有机统一，进一步加强民主法治建设，广泛凝聚推进富民强州的智慧和力量。充分发挥人民代表大会制度的根本政治制度作用，在地方民族立法、加强人大监督工作和发挥人大代表作用方面取得新成效。加强法治政府和服务型政府建设，落实新一轮政府机构改革任务。推进人民政协政治协商、民主监督、参政议政制度化、规范化、程序化，深入开展立法协商、行政协商、民主协商、参政协商、社会协商。巩固和发展最广泛的爱国统一战线，充分发挥各民主党派、工商联和无党派人士的作用，促进社会各阶层和谐共处。大力发展基层民主，充分调动人民群众推动经济社会发展的积极性。认真贯彻落实省委工青妇工作会议精神，充分发挥工会、共青团、妇联等人民团体桥梁纽带作用。认真贯彻党的民族宗教政策，加快民族团结进步示范区建设。抓好“六五”普法，推进法治楚雄建设。加强国防动员和后备力量建设，巩固和发展军政军民团结。

三、全面加强和改进党的建设

全面深化改革、加快富民强州进程，必须紧紧围绕始终保持党的先进性和纯洁性，全面加强和改善党的领导，以深化理论学习为动力，以开展群众路线教育实践活动为抓手，进一步推进党的建设制度改革，努力增强党的自我净化、自我完善、自我革新、自我提高的能力，不断提高党领导科学发展的能力和水平。

（一）加强学习，切实把思想和行动统一到中央精神上来。深入学习党的十八大、十八届三中全会和习近平总书记系列重要讲话精神，深刻理解和把握党中央的重大战略部署，始终与党中央保持高度一致。要把中央精神与富民强州目标结合起来，自觉维护中央大政方针的统一性和严肃性，充分发挥自身的积极性和主动性，切实提高领导发展的能力、抓落实的能力。深刻认识新形势下全面深化改革的重要性、必要性和艰巨性，深入研究全州改革发展稳定的重大问题，广泛凝聚共识和力量，确保全面深化改革的各项措施落到实处、取得实效。

（二）改进作风，深入扎实开展党的群众路线教育实践活动。按照中央和省委的统一部署，全面启动以“为民务实清廉”为主要内容的教育实践活动，加强组织领导，精心组织实施，注重分类指导，强化督促检查，确保教育实践活动不虚、不空、不偏、不走过场。加大对中央“八项规定”和党中央、国务院及省委、省人民政府出台的一系列相关法规制度执行情况的监督检查。进一步畅通群众诉求渠道。着力在解决“四风”方面存在的突出问题上下功夫，进一步健全和完善干部直接联系群众制度，在广大党员干部特别是各级领导干部中大力弘扬脚踏实地、埋头苦干、求真务实的优良作风，坚决反对形式主义、官僚主义、享乐主义、奢靡之风，克服浮躁思想和短期行为，做到讲实话、干实事，敢作为、勇担当，讲奉献、比节俭，营造风清气正的干事创业环境。

（三）完善机制，建设一支作风硬能力强业绩好的干部队伍。按照信念坚定、为民服务、勤政务实、敢于担当、清正廉洁的标准，科学合理地培养、选拔和使用干部。深化干部人事制度改革，完善人才工作机制，充分调动各类人才干事创业的积极性。改进竞争性选拔干部办法，坚决纠正唯票取人、唯分取人现象；注意选拔培养好各年龄段干部，不简单以年龄划线和搞任职年龄层层递减。发挥党组织领导和把关作用，强化党委（党组）、分管领导和组织部门在干部选拔任用中的权重和干部考察识别的责任。改革干部考核评价制度，完善发展成果考核评价体系，健全奖惩机制，形成促进科学发展和鼓励改革的导向。重视做好老干部工作。

（四）夯实基层，进一步强化各级党组织的战斗堡垒作用。要创新基层党建工作，加强基层服务型党组织建设，把基层党组织的工作重心转到服务发展、服务民生、服务群众、服务党员上来。要全面落实基层党建工作责任制，不断完善“三级书记”抓基层党建工作双向述评制度，继续抓实基层党组织晋位升级和党员承诺践诺工作。统筹推进农村、城市社区等领域党组织建设，加大非公有制经济组织、社会组织和国有企业党建工作力度，努力实现党的组织和工作全覆盖。要加强和改进党员教育管理，健全党员能进能出机制，坚持党员党性定期分析和民主评议制度，开展基层党组织综合服务平台项目建设，积极推行网络化管理、区域化党建工作模式。稳妥推进党代表大会代表任期制、乡（镇）党代会年会制、县（市）党代会常任制和党代会代表提案制，探索试行党代表联系服务群众制度。进一步贯彻落实好州委基层党建工作3年规划，切实加强基层党组织带头人队伍建设和大学生村官队伍建设，加快推进村（居）民小组党支部活动场所建设，扎实开展“红色信贷”“红色股份”工作，千方百计发展壮大村级集体经济。

（五）清正廉洁，以反腐倡廉的实实在在成效取信于民。进一步完善责任追究、权力清单、改进作风常态化制度和纪委领导体制。坚持从严治党，深入开展理想信念和政治纪律教育，重点抓好政治品质和道德品行教育、岗位廉政教育和警示教育，使领导干部不想腐。强化制度建设和监督管理，制定实施好惩治和预防腐败体系工作规划，严格落实党风廉政建设责任制，深化廉政风险防控机制建设，强化权力运行监督与制约，真正把权力关进制度的“笼子”，使领导干部不能腐。依纪依法查处腐败案件，坚持有案必查、有腐必惩，决不姑息、决不手软，使领导干部不敢腐。

同志们，全面深化改革是党中央的要求、时代的呼唤，军令状已经下达，集合号已经吹响，让我们更加紧密地团结在以习近平为总书记的党中央周围，在中共云南省委的正确领导下，解放思想、坚定信心、攻坚克难、开拓创新，加快富民强州进程，为楚雄州全面建成小康社会而努力奋斗！

政府工作报告

——在楚雄彝族自治州第十一届人民代表大会第四次会议上

中共楚雄州委副书记、州长　李红民

（2014 年 2 月 20 日）

各位代表：

现在，我代表州人民政府，向大会报告工作，请予审议，并请州政协委员和列席人员提出意见。

一、2013 年工作回顾

2013 年是深入贯彻落实党的十八大精神并取得较好成绩的一年，同时也是楚雄州宏观发展环境极为复杂、应对市场变化极为困难、完成全年目标任务极为艰巨的一年。在省委、省人民政府和州委的正确领导下，州人民政府团结带领全州各族人民，紧紧围绕年初目标，全力稳增长、调结构，推改革、惠民生，保稳定、促和谐，全州经济平稳增长，民生持续改善，民族团结进步，社会和谐稳定。

一年来，州人民政府为实现稳增长采取了一系列有力措施。一是突出重点，认真筛选“3 个 30”重点项目、20 项重要工作、10 件民生实事作为重要抓手，促进经济社会发展。二是按照“工作目标化”的要求，在州十一届人大三次会议闭幕当天即召开政府全会，细化分解 13 项主要经济社会发展指标、45 个具体支撑性指标以及重点项目、重要工作，级级传递压力，层层落实责任，实现无缝对接，并推行经济运行按月分析、按季通报制度，推动工作落实。三是针对项目推进中的困难和经济增长的薄弱环节，及时制定了 56 条措施和 33 条稳增长办法，切实解决存在问题。四是全面推行综合绩效考核，促使政府各级各部门勤勉尽责、奋发有为。五是深入调研，攻坚克难，典型引路，推进发展。经过全州上下的艰苦努力，全州生产总值达 632.5 亿元，增长 10.6%；规模以上固定资产投资完成 452 亿元，增长 30%；地方财政总收入、地方公共财政预算收入分别完成 140.5 亿元和 56.4 亿元，分别增长 12.9% 和 21.7%；社会消费品零售总额增长 14.1%；外贸进出口总额增长 39.7%；城乡居民收入分别达 22934 元和 6357 元，分别增长 13% 和 17.3%；居民消费价格上涨 3%；城镇登记失业率为 3.3%；人口自然增长率为 4.4‰；单位生产总值能耗降低 2.6% 左右。经中期评估，“十二五”规划实施总体进展顺利，绝大多数指标达到或超过时序进度，固定资产投资、财政收入、外贸进出口总额等部分主要经济指标有望提前实现规划目标，10 个民生指标均完成或超额完成目标进度。

各位代表，在这里也要向大会报告和说明：在经济增长换档期和结构调整阵痛期叠加的大背景下，由于国内外市场变化和国家对烟草、冶金等重点行业加大了调控力度，楚雄州产业支柱单一、结构不优的问题更加凸显，经济增长遇到了较大的压力。特别是烟草、冶金化工两大支柱产业占全州生产总值的比重达 1/4 左右，烟草制品业占规模以上工业增加值的比重达 43%，所受影响尤其严重，加之其他方面因素的影响，楚雄州生产总值、财政总收入、社会消费品零售总额 3 个指标未能实现预期。这也说明，楚雄州加大新兴产业培育力度和加快发展方式转变的任务更加紧迫而艰巨。

一年来，我们主要抓了以下工作，并取得较好成效：

（一）产业建设扎实推进。认真落实“产业建设年”各项部署，“三大战役”有力推进，三次产业协调发展。科学有效应对连续 5 年干旱，科技增粮措施成效明显，粮食总产量达 120.3 万吨，实现连续增长。加快发展现代农业，特色农业建设初见成效，楚雄农业科技园成功获批国家级农业科技园区；

新增省级农业龙头企业11户，畜牧业、林产业加快发展，农林牧渔业总产值达247亿元，增长7.4%，创历史新高。加大帮扶力度，工业经济在极为严峻的形势下实现平稳增长，增加值突破200亿元，增长10.9%，其中非烟工业增长18%；通过调整规划，新增工业园区118平方千米，完成基础设施投资24.5亿元，新增入园企业60户；新增规模以上企业42户。建筑业增长18.4%，有力支撑了第二产业增长。落实加快服务业发展3年行动计划，第三产业持续增长，增加值达223亿元，对生产总值增长的贡献率提高2.7个百分点。产业结构进一步优化，民营经济比重达45.9%，提高0.7个百分点。县域经济加快发展，呈现争先进位的良好态势。

重点产业培育取得成效。六大重点产业增加值突破300亿元，占生产总值的比重达47.6%，提高1个百分点。烟草产业克服卷烟产品结构受控、烟叶收购计划调减等压力，实现稳步发展；烟叶生产提质增效，在收购计划被削减15%的情况下实现产值和税收保持总体稳定。冶金化工业克服重重困难，实现企稳回升。绿色食品业进一步巩固提升，增加值达108亿元，增长13%，成为楚雄州首个增加值超过100亿元的重点产业。生物医药产业发展迅速，增加值达5.5亿元，增长35.7%，支撑能力得到增强。新能源新材料产业发展迅速，增加值达2.3亿元，实现翻番，成为增长速度最快的重点产业。文化旅游业加快发展，增加值达38.6亿元，增长12.8%，禄丰恐龙和元谋古人类两个重点旅游项目成功招商；全州旅游总收入66亿元，增长33.1%。在抓好六大重点产业的同时，审时度势，规划和培育现代商贸物流、先进装备制造等产业，电子商务得到发展，企业孵化及网上销售初见成效。

（二）基础设施不断夯实。围绕重点项目建设，出台有针对性的政策措施并抓好落实，进一步增强破解用地、资金等问题的能力，争取到建设用地指标2.5万亩、上级转移支付补助资金106亿元，有力推进了项目实施。省级“3个100”涉及楚雄州的项目、州级“3个30”重点项目扎实推进。认真做好征地拆迁工作，昆广复线等境内3段铁路工程进展顺利；楚广高速公路、楚南一级公路和108国道改造3条投资均在15亿元以上的干线公路建设同时推进，新建、改建农村公路1353千米，完成投资9.5亿元，全面实现了行政村村村通路目标。立足干旱常态化，加大水利投入，扎实抓好烟草水源工程和“爱心水窖”、“彩虹水窖”等一批重点项目建设，完成水利投资30亿元，创历史新高。民生、城镇、信息通信等基础设施建设进一步加强。

（三）城乡统筹步伐加快。扎实推进第3轮县城总体规划修编，完成了14个省级特色小镇和1.5万个村庄规划编制报批、备案工作，州域城镇规划体系更加健全。加大投入，完成市政建设项目投资15亿元，城镇功能进一步完善，全州城镇化率达37.5%。积极推进零散自然村向城镇、中心村和新型社区集中，置换使用建设用地指标5048亩，“城增村减”效果明显。新农村建设扎实推进。连续两年共实施50个特色村庄示范村建设，引领作用进一步增强。修订完善并推进实施滇西边境片区和乌蒙山片区区域发展与扶贫攻坚规划，完成扶贫整村推进639个、整乡推进4个，完成扶贫投资14.4亿元，有8万扶贫对象实现脱贫。扎实推进农民转户进城工作，有16.4万农业转移人口转变为城镇居民。

（四）改革开放取得突破。行政审批制度改革进一步深化，事业单位分类改革有序推进。投融资体制改革成效明显，新增各类融资118亿元，创历史新高，其中银行信贷新增77亿元，贷款增幅超存款2个百分点；成功发行20亿元企业债券，新设立小贷公司15户，多元融资格局初步形成；积极筹措13亿元资金偿还政府到期债务，维护了政府诚信。农村综合改革有新进展，姚安包粮屯生产合作组织等新型农业生产经营模式探索取得突破。以营改增为重点的财税体制改革扎实推进。城镇阶梯式水价改革基本完成。医药卫生体制改革稳步推进。招商引资成效明显，实际引进州外到位资金339亿元，增长50%，其中省外到位资金220亿元，增长39%。对外交流合作不断深化。

（五）民生保障得到加强。克服财政收支矛盾不断加大的压力，持续加大投入，民生支出达130.5亿元，占全州地方公共财政支出的比重达75.6%。10件民生实事全部落实。新增城镇就业2.6万人、农村转移劳动力就业5.6万人。不断提高保障水平，城镇职工、城镇居民医保和新农合政策范围内住院费用平均报销比例分别稳定在80%、70%和75%以上，最低工资标准和失业保险金标准均增长15%，企业退休人员基本养老金月人均增加205元。建成保障性住房2万套，新开工建设1.5万套。进一步提高基本公共服务均等化水平，教育工作扎实稳步推进，卫生惠民任务全面完成，文化惠民工程全面实施。科技创新得到加强，新增省级以上科技项目36项。

（六）社会保持稳定和谐。深入推进法治楚雄、平安楚雄建设，加强和创新社会管理，严厉打击各种违法犯罪，再获全国社会治安综合治理最高荣誉奖“长安杯”。加强信访工作，争取和筹集2.1亿元资金，解决了3.9万名原民办、代课教师的遗留问题。民族团结进步示范区建设迈出新步伐。建立健全防灾减灾体系，及时扑救“4·23”森林火灾，有效应对重特大交通事故和冰雪霜冻灾害，应对自然灾害和处置突发事件的能力得到增强。深入开展了食品药品安全专项整治行动。建立安全生产“一岗双责”制度，安全生产形势总体保持平稳。严守生态红线，加强环境保护，推进节能减排，美丽楚雄建设扎实推进，生态建设成果得到巩固和提高。治理水土流失面积440平方千米，节水1亿立方米，完成营造林68万亩，节能减排目标任务圆满完成。

一年来，根据国家和省区域发展新战略，我们致力于打基础、谋长远，在巩固和提升六大重点产业建设的同时，顺势而谋，主动作为，积极支持滇中产业聚集区规划建设，并结合实际认真思谋楚雄未来发展，进一步优化生产力空间布局，研究编制楚南产业发展聚集区、现代物流业发展等中长期规划，加大水、电、路等基础设施前期工作力度，积极培育经济发展的新支撑并取得初步成效。坚持重大事项向人大报告和向政协通报，自觉主动接受监督，办理人大代表建议219件、政协提案387件，办复率达100%。认真贯彻落实中央八项规定和“作风建设年”要求，坚决反对“四风”，全州政府性会议和文件压缩38%、公务接待费用下降13.4%；廉政建设得到加强。坚持统筹兼顾，国防动员、双拥共建、民兵预备役、人防等工作取得新成绩，外事、侨务、审计、统计、国资、气象、史志、档案、地震、决策咨询、人口计生、红十字会等各项工作得到加强，妇女儿童、老龄、残疾人等其他社会事业全面发展。

各位代表，这些成绩凝聚了全州上下、方方面面的心血和汗水，实属不易。这是州委统揽全局、正确领导的结果，是州人大、州政协及其各位代表、委员有效监督、大力支持的结果，是全州各级各部门和各族人民同心同德、克难奋进的结果，是社会各界和衷共济、通力协作的结果。在此，我代表州人民政府，向全州广大干部群众和各民主党派、工商联、人民团体、各族各界人士，驻楚部队和武警官兵，向所有关心、支持楚雄发展的同志们、朋友们，表示衷心的感谢并致以崇高的敬意！

在肯定成绩的同时，我们也清醒地认识到，全州经济社会发展仍然面临不少问题。主要是：宏观经济环境不确定性因素增多，经济下行压力依然较大，尤其面对全州产业结构单一的现状，稳增长、调结构任务更加艰巨；财政收支矛盾突出，偿债压力大；项目争取和引进难度加大，保持投资快速增长和实现招商引资新突破压力不小；持续改善民生任重道远；节能减排压力大，资源环境约束趋紧；工作效能有待进一步提高，政府职能转变还需加强。这些问题，我们必须高度重视，并用改革的精神、创新的举措切实加以解决。

二、2014年目标任务

2014年是全面贯彻落实党的十八大及十八届三中全会精神，全面深化改革的重要一年，也是完成“十二五”规划目标任务的关键之年，必须准确研判形势，牢牢把握机遇，奋力推进发展。一方面，从宏观层面看，中央坚持稳中求进的总基调，对楚雄州加快发展总体有利。云南省加快推进滇中城市经济圈一体化、滇中产业聚集区等战略，将给楚雄州带来新的发展机遇。同时，近年来楚雄州持续推进的一批重大基础设施和重点产业项目不断发挥效益，积蓄的发展潜能逐步释放。另一方面，随着调控力度加大，楚雄州烟草产业发展空间有限，增量不大，冶金化工业不确定性因素较多，生物医药和新能源新材料产业总量过小、支撑能力弱，一产不优、二产不强、三产不快，面临既要加速、又要转型的双重压力，加快培育新的后续支柱产业任务紧迫而艰巨。我们必须保持清醒头脑，增强忧患意识、机遇意识和责任意识，以更大的决心、勇气和智慧，更加有力的举措和办法，更加自觉主动地把楚雄的开放发展融入全国全省战略，发挥区位优势和后发优势，尽快形成发展新优势，积聚发展新动能，推进富民强州不断取得新成效。

根据当前形势和任务，2014年政府工作的总体要求是：按照中央和省的总体部署，全面贯彻落实州委八届四次全体会议精神，紧紧围绕富民强州宏伟目标，积极支持和参与滇中产业聚集区建设，坚持稳中求进、改革创新，正确、准确、有序、协调推进重点领域和关键环节改革，以改革促投资、强产业、稳增长，以改革调结构、扩开放、促转型，以改革惠民生、促和谐、保稳定，确保全年目标任务完成，确保稳中有为、稳中有快、稳中提质、稳中向好，确保经济持续健康发展、社会和谐稳定。

2014年全州经济社会发展主要预期目标建议为：生产总值增长11%以上，规模以上固定资产投资增长25%以上，地方公共财政预算收入增长12%以上，社会消费品零售总额增长13%以上，外贸进出口总额增长16%以上，城乡居民收入分别增长11%和12%以上，居民消费价格总水平涨幅控制在3.5%左右，城镇登记失业率控制在4.3%以内，人口自然增长率控制在6‰以内，完成省下达的节能减排目标。

实现上述目标任务，关键要靠全面深化改革，关键要靠推进产业结构优化和经济转型升级。必须以改革创新为统领，切实把思想统一到中央和省、州关于全面深化改革的决策部署上来，坚定信心，凝聚共识，注重改革的系统性、整体性和协同性，把促进社会公平正义、增进人民福祉作为政府工作的出发点和落脚点，用改革的理念来破解难题，用改革的办法来寻求出路，用改革的思路来推动发展。必须以产业结构优化和经济转型升级为核心任务，注重提高经济发展质量和效益，切实把科技创新作为引领和支撑经济发展转型升级的重中之重，抓住机遇、培强产业、优化结构、推进转型，确保全州生产总值合理增长，为深化经济体制改革和结构调整留出空间，正确处理好稳增长、调结构、促改革与熨平、缓解单一产业发展波动影响全州经济平稳增长的关系，避免经济大起大落。2014年，要按照“蹄疾而步稳”的要求，在全面推进落实国家和省出台的重大改革方案的同时，聚焦群众最关心、最直接、最现实的利益问题，扎实推进一批政策方向明确、基础条件具备、事关全州当前和长远发展的重点领域和关键环节改革，务求在行政审批制度改革、投融资体制改革、事业单位分类改革、农村综合改革、教育和医药卫生体制改革、企业发展服务体系改革等方面率先取得突破，努力形成向改革要红利、要动力、要活力的工作机制，实现改革综合效益最大化，让改革发展成果更多更公平更直接地惠及全州各族人民。

三、2014年工作重点

（一）抓实项目，确保固定资产投资保持快速增长。继续发挥投资的重要拉动作用，扎实推进重点项目实施，确保规模以上固定资产投资新增100亿元以上。

着力推进重点项目建设。坚持打基础、增后劲，全力抓好列入省级“3个100”和州级“3个30”重点项目及“产业建设年3年行动计划”年度实施项目，确保在建项目全面推进、早见成效，确保新开工项目实质性启动实施。继续支持配合做好铁路建设征地拆迁工作；全面推进楚广高速、楚南一级、108国道改造3条公路建设，力争彩（云）—碍（嘉）公路、双（柏）—新（平）公路开工建设，新建和改造农村公路500

千米，确保完成投资20亿元。着眼长远，继续抓好烟草水源等骨干水源工程和五小水利建设，确保完成投资30亿元。认真研究解决新能源并网问题，有序推进太阳能和风电项目建设，推进县城和农村电网改造，加强中缅油气管道资源的利用对接工作，合理利用清洁能源。结合桥头堡国际通信枢纽建设，加快推进宽带楚雄和4G网络建设。切实抓好民生、城镇等领域基础设施重点项目建设。

高度重视项目前期工作。全面推行项目前期经费投入滚动使用机制，着力抓好30个重点前期项目、产业建设年24个前期项目、60个招商引资重点项目，确保有更多项目具备开工条件，有一批项目年内启动实施并形成实物投资量，项目库建设明显加强。

着力破解项目实施要素瓶颈。继续抓好并联审批、三级联网审批和投资项目服务绿色通道建设，切实解决审批难的问题。用好用足中央和省的政策，争取更多项目纳入国家和省土地、林地利用年度计划；盘活存量，提高土地集约节约利用水平，调整利用已批未用林地、土地指标，优先保障重点项目建设需要，切实解决项目落地难。积极争取国家和省更多的项目资金支持；深化投融资体制改革，优化政府投资结构，进一步激发民间投资活力；营造良好投融资环境，充分发挥金融办的职能作用，通过强政策、活机制，严格落实融资计划，引导好贷款投向，优化信贷结构，推进银政、银企合作，促进金融更好服务于实体经济发展，力争在创新投融资模式、扩大融资规模上有新突破。确保新增各类融资100亿元以上，其中新增银行信贷70亿元以上，争取发行棚户区建设债券，进一步解决融资困难；及时偿还到期债务，扎实做好化解政府性债务风险各项工作，增强执政理财能力。加强组织领导，强化责任落实，整合督查力量，推行重点项目稽察制度，切实解决项目推进落实中的问题，确保项目顺利实施。

（二）突出特色，确保农业农村稳定发展农民持续增收。认真贯彻落实中央1号文件精神，全面深化农村改革，激发农村经济社会发展活力，高度重视做好粮食安全、农业科技进步、体制机制创新等方面的工作。第一产业实现增加值160亿元以上，增长6.5%以上。

高度重视粮食生产和农民增收。按照“把饭碗牢牢端在自己手上”的要求，认真落实粮食行政首长负责制，力争种植水稻100万亩，确保粮食总产量稳定在120万吨左右；争取实施2.5万户科学储粮项目。完成75万亩烤烟种植和187万担烟叶收购任务，力争税收和烟农收入与去年总体持平。加快发展林产业，确保年产值增长10%以上。发挥草山优势，坚持规模化、特色化，大力推广圈养，加强品牌创建，确保畜牧业产值突破100亿元。突出特色，建设楚粳系列优质水稻基地、生态优质米基地2万亩以上，确保20个以上农产品通过国家质量体系认证。加强农业基础设施建设，改造中低产田地25万亩，改造低效林20万亩。持续抓好抗旱工作，解决15.7万农村人口饮用水安全问题。

创新农业服务体系。推进农业生产经营体系创新，发展农业龙头企业、农业专业合作社、代耕公司、代耕协会、种养大户等多种形式的农业生产经营化主体1000个以上；发展州级农业龙头企业30户以上、省级6户以上。创新体制机制，加强农科队伍建设，鼓励农技人员深入基层、扎根农村，着力构建“农民不出村、专家不出城”就能使农业科技快速流向基层的现代农业网络科技体系，探索解决农民盼科技、科技人员有劲使不上的“最后一公里”问题。加快发展高原特色现代农业，抓好楚雄国家农业科技园区等重点项目建设，推进特色优势产业实现集群聚集发展。

深化农村改革。积极探索推进农业现代化、市场化改革，努力破除一切束缚农村生产力的不合理限制，保障城乡市场和资源配置权利平等、机会平等、规则平等，放手让农民闯市场，充分发掘他们的创业、创新、创造潜力；积极探索农业支撑保护制度、农村土地流转制度、农村金融服务制度以及乡村治理机制创新。2014年计划在姚安启动“城增村减”、城乡一体化试点。力争农村“三权三证”抵押融资取得新突破。完善集体林权配套制度改革，推进农村水利、饮水项目管理体制和农业综合水价改革。

推进扶贫开发和移民安置工作。以滇西边境片区和乌蒙山片区集中连片扶贫开发为重点，发挥市场作用，建立精准扶贫工作机制，加大项目资金整合力度，推进扶贫工作迈出新步伐。完成自然村整村推进300个、行政村整村推进33个、整乡推进4个，确保6万扶贫对象脱贫。切实做好观音岩、乌东德水电站移民安置工作，实施好移民后期扶持和避险解困试点项目，完成移民投资10亿元以上。

（三）优化结构，确保产业支撑能力进一步增强。按照“产业建设年”的要求，以园区为平台、项目为支撑，优化发展环境，强化要素保障，力争六大重点产业增加值占全州生产总值的比重提高2个百分点以上，加快培育新兴产业，稳存量、抓增量，积极推进解决支柱单一、支撑乏力、存量有限、增量不足的问题。

聚焦工业促发展。加大工业投入，强化保障措施，推动工业经济平稳较快增长，确保规模以上工业增加值增长12%以上。抓好园区控制性规划编制工作，力争收储土地1万亩，完成园区基础设施投资20亿元以上，建设标准厂房30万平方米，新增入园企业30户以上；以禄丰工业园区、楚雄云甸、武定禄金工业片区为重点，力争在园区招商、合作建设和管理运营模式上实现新突破，推进园区建管企业化。扶持成长型企业50户以上，新增规模以上工业企业不少于20户、产值过亿元的企业10户以上。

促进服务业提质增效。认真落实服务业发展3年行动计划，推动商贸物流、旅游、金融、餐饮、酒店等行业加快发展。优化环境，创新服务业态，促进服务业发展提速、比重提高、水平提升。深入实施“城乡居民收入倍增计划”，促进城乡居民收入持续增长，改善消费预期。扩大住房、车辆、家电等传统消费，积极培育健康、养老、文化、旅游、信息、节能环保和网络销售等消费热点。力争社会消费品零售总额达240

亿元以上，服务业增加值增长11%以上。

增强重点产业支撑能力。支持烟草、冶金化工业稳步发展，继续巩固和提升两大产业的支柱地位。依靠科技进步，坚持政府主导，同时充分发挥市场的主体作用，加快生物医药产业聚集发展，建立产业良性循环生态群，保持生物医药产业快速增长势头，确保增加值增长30%以上。抢抓机遇，加快发展，提高资源开发和综合利用水平，确保绿色食品加工业增加值增长10%以上。加快新能源新材料产业发展，确保增加值增长30%以上。抓好七彩云南·时空世界、元谋古人类、恐龙谷二期、太阳历文化园二期、大紫溪山文化旅游区、中国彝族虎文化园等重点项目，培强壮大文化旅游业，确保增加值增长12%以上。

加快培育新兴支撑产业。在继续抓好六大重点产业的同时，积极主动寻找和培育经济增长的新支撑。实施现代物流产业发展规划，抓好特色产业聚集区商贸物流园以及广通、永攀等物流园区建设，推进楚雄电子商务物流园区建设，巩固和扩大电子商务建设成果，确保现代物流业实现增加值20亿元以上。积极协调争取，力争在先进装备制造、清洁空气系统生产、健康服务业、石油化工或石化衍生品加工等领域有新突破，拓展产业发展空间。

加快产业发展服务体系建设。整合服务团队资源，做好用地、用工、用水、用电、融资、项目审批等方面的协调保障工作。建立中小企业贷款需求动态项目库，定期向金融机构推介贷款需求项目；改革财政扶持企业发展专项资金管理使用制度，充分发挥财政资金“四两拨千斤”的作用，支持企业在债券融资、票据融资、股权基金和保险资金运用等方面取得新成效；抓住“新三板”机遇，采取聘请专业顾问等方式加大企业上市扶持培育力度，推进企业上市工作实现新突破，力争3户以上企业年内在“新三板”挂牌。完善配套服务体系，正确处理好简政放权与加强服务的关系，制定中介机构发展鼓励政策，加强监管，提高服务实体经济的水平。加强企业科技创新支撑，争取6个项目得到省技术改造专项资金扶持，2户企业进入省级技术中心行列。重视品牌建设，争创3个云南名牌、3个知名商标。制定方案，突出重点，切实加强企业家队伍建设。

发展壮大民营经济和县域经济。落实好“先照后证”、“注册资本认缴登记制”以及省、州出台的各项优惠政策，培育更多市场主体，加快发展民营经济，力争民营经济增加值占全州生产总值的比重提高1个百分点。坚持产业聚集、错位发展，加大统筹力度，支持县域经济加快发展，以县域经济大发展支撑全州经济快速增长。

（四）加强统筹，确保城乡一体化建设有序推进。认真贯彻落实中央和省城镇化会议精神，统筹城乡发展，加快推进新型城镇化。城镇化率提高1.6个百分点，建筑业增加值增长20%以上，完成房地产投资100亿元以上。

加强城乡规划和管理。坚持规划引领，制定实施全州新型城镇化规划，加快构建以楚南一体化为主轴，以楚雄（含南华、牟定、双柏县城和广通镇）、禄（丰）武（定）为核心组团，以永（仁）元（谋）、两姚（大姚、姚安）为次级组团，以若干中心镇和特色小镇为节点的新型城镇化发展体系。推进规划体制改革，突出规划的权威性、严肃性，保持规划连续性。建立城镇管理监督评价机制，促进城镇管理向规范化、制度化迈进。探索建立小城镇综合执法、绿化养管、环卫保洁等体制机制。

统筹推进城乡一体化发展。以基础设施、产业发展、市场体系、基本公共服务和社会治理、城乡建设、生态环保六个一体化为取向，坚持核心带动、产城融合、特色支撑、城乡互动，以加快城乡公共服务基础设施和产业园区建设、稳步推进农村产权制度和城乡户籍制度改革、建立城乡统一的建设用地市场为重点，初步形成有利于推动城乡要素平等交换和公共资源均衡配置的体制机制。加快建立支持新型城镇化建设的投融资平台，最大限度放开投资领域。从2014年起连续3年扶持推进30个重点示范小城镇建设。搞好试点，推进产城融合取得突破。强化权益保障，加强职业技能培训和就业统筹，推进农业转移人口实质性市民化，避免一转了之、转而不变。年内完成15万农业转移人口转户进城。推进禄丰撤县设市工作。

深入开展城乡人居环境提升行动。推动城乡人居环境提升与产业发展、特色小镇建设和新农村建设等相结合，力争用3年时间，在楚雄市规划建设5~7个、其余9县规划建设10个城市综合体。扎实推进新农村建设，为农民建设幸福家园和美丽乡村。以城乡建设用地增减挂钩、加快完成特色村庄建设试点为突破，3年内推进实施1500个“美丽乡村”建设，2014年力争完成500个。依托产业园区、农业庄园，探索建立10个左右为企业或产业工人服务的新农村综合体试点，统筹推进农民融入二、三产业加快发展。

（五）顺势而谋，确保开放合作水平进一步提升。认真研究和分析发展变化着的新州情、新形势和面临的新环境，突出资源、环境、区位优势，在更大视野、更宽领域、更高层次上加快构建开放合作新格局，为经济持续发展拓展新空间、寻求新支撑。力争引进州外到位资金440亿元以上、新增100亿元以上，外贸进出口总额新增1亿美元以上。

加快发展开放型经济。主动适应国家和省的重大战略部署，积极谋划推进“东融、西接、南下、北借、中聚”的总体开放发展新格局。东要加快融入滇中城市经济圈、滇中产业聚集区，实现错位发展、互补发展、共赢发展；西要依托面向东南亚、南亚的战略大通道，发挥楚雄州靠东接西的桥梁纽带作用，大力发展文化旅游、商贸物流等服务产业；南要加快打通滇中南下便捷通道，构建楚雄州南部开发和开放合作窗口；北要借势成昆经济带、攀西经济区，建设滇川合作试验示范区；中要坚持政府主导、市场运作、统筹城乡、产城融合、生态优先、组团发展的原则，加快规划建设楚南产业发展聚集区，制定优惠政策，创新建设和管理模式，打造招商引资“凹地”、开放合作“高地”、产业建设“宝地”，尽快形成吸引产业要素迅速聚集发展的新态势，使之成为楚雄州新的经济增长极和创新驱动的引领区、开放合作的试验区、统筹城乡的先行区、绿色发展的样板区。年内着力抓好重点发展规划编制，及早启动“十三五”规划前期研究工作，突出抓好楚南产业发展聚集区、滇中产业聚集区楚雄组团和楚雄州现代物流产业发展等重点规划的研究、编制和推进实施工作。力争楚南产业发展聚集区在抓好规划和基础建设的同时，启动实施1～2个标志性的产业建设项目，完成投资10亿元以上，争取建设集装箱物流中心、云南木本油料加工和贸易产业园区，并力争在聚集区建管模式创新方面有新突破；继续争取省人民政府支持，推进“云南北大门”建设取得新进展。

提升开放合作水平。坚持“引进来”、“走出去”，鼓励企业积极开拓国际国内市场，支持特色优势产品扩大出口，支持资源性产品、先进技术、关键设备等扩大进口。加强与周边地区的区域合作，主动融入沿边开放，做好产业转移承接工作，不断提升开放合作水平。完善外贸政策，培植龙头企业，促进外贸持续增长。

加大招商引资力度。继续坚持州级领导带队招商，突出专业招商，健全和完善招商引资考核制度，增强招商工作针对性和实效性。强化环境招商、产业招商、园区招商、以商招商，支持投资主体入驻园区建设产业园中园。做好引进项目的后续服务工作，努力形成“引进一个、建好一个、带来一批”的联动效应。确保实际引进州外到位资金增长30%以上，其中省外到位资金增长40%以上，实际使用外资增长50%以上。

（六）改善民生，确保发展成果更多惠及全州人民。适应人民群众对美好生活的新期待，推进民生不断改善。确保投入民生领域的公共财政预算支出达140亿元以上，新增10亿元以上。

坚持不懈为民办实事。加大投入，不断提高基本公共服务均等化水平，确保已经提高的民生保障水平总体稳定。推进实施以10件实事为重点的一批民生工程，让人民群众享受到更多的实惠。

增强社会保障能力。加大对创业带动就业的支持力度，统筹做好高校毕业生、农村转移劳动力、城镇就业困难群体、退役军人、企业兼并重组职工的就业工作。推进社会保险实质性全覆盖，力争社会保障主要险种覆盖率均保持在95%以上。整体推进城乡居民大病保险统筹，落实城乡居民大病保险个人不缴费政策，将城镇居民医保和新农合政府补助标准提高到每人每年320元。建立10个养老服务中心；做好老龄工作。推动城乡低保规范化，实现应保尽保，完善社会救助和保障标准与物价上涨挂钩联动机制。完成2400套保障性住房建设和3000户棚户区改造任务，确保入住公开公平公正。关注农村孤寡人员、残疾人等弱势群体的住房困难问题。

加快发展社会事业。实施新一轮学前教育三年行动计划，新建、改扩建幼儿园20所，加强管理指导，积极探索民办公助、政府购买服务等形式，加快发展学前教育；全面改善农村义务教育薄弱学校基本办学条件，推进标准化学校建设；调整完善规划，加强城镇中小学建设，完善校点布局，合理配置教育资源，实施教育信息化建设，推进教育改革，提高教育质量，促进教育公平；加快职业教育和高等教育创新发展。深入推进医药卫生体制改革，完善基层医疗卫生机构运行新机制；加强医疗卫生服务体系、重大疾病防控体系建设，促进卫生服务均等化；抓好县级卫生单位建设及标准化乡（镇）卫生院、村卫生室建设；努力构建和谐医患关系。认真落实计划生育奖励优惠政策，研究落实“单独二孩”政策。组织实施好妇女、儿童发展规划。抓住列入第二批国家公共文化服务体系示范区创建的机遇，全面推进公共文化服务体系建设；加强基层文化建设。推进州级广播电视融合发展改革，有效整合媒体资源。加强统计工作，做好第三次全国经济普查。推进其他社会事业加快发展。

（七）多措并举，确保和谐平安楚雄建设深入推进。充分调动一切积极因素，把各方面的智慧和力量汇聚到推动发展和促进和谐上来，继续推动法治楚雄、平安楚雄、和谐楚雄建设取得新成效。

加强民主法治建设。认真执行州人大及其常委会的决议决定，自觉接受法律监督和工作监督，坚持重大决策出台前向州人大报告制度。积极支持和保障人民政协履行职能，主动接受民主监督，广泛听取民主党派、工商联、无党派人士、各界人士的意见，推进协商民主广泛多层制度化发展。认真办理人大代表议案、建议和政协提案。建立健全决策咨询制度。充分发挥工、青、妇等群团组织的桥梁纽带作用。加强法治建设，实施好依法治州规划，推进实施法律顾问制度。支持法院、检察院依法独立行使职权。

加强精神文明建设。努力把社会主义核心价值观内化为全州各族干部群众的共同精神力量，外化为攻坚克难、深化改革、推进发展的实际行动，构建全州各族干部群众的精神家园。深入开展“文明楚雄行动”和“知荣辱、讲正气、作奉献、促和谐”主题活动，推动“道德模范、美丽彝州、身边好人”等推评工作常态化，弘扬凡人善举，增加社会正能量，筑牢富民强州的精神文明基础。

创新社会治理。坚持源头治理，健全社会化基层综合服务管理平台，鼓励和支持社会力量参加社会治理、公共服务。用法治思维和法治方式创新预防和化解矛盾纠纷工作体系，依法加强网络管理，妥善化解社会矛盾。重视农村留守儿童、妇女、老年人问题。

维护社会稳定。切实加强和改进信访工作，探索推行网上信访、集中联合接访，加强调解和心理疏导，健全及时就地解决人民群众合理诉求机制；按照谁建设、谁评估、谁出资的要求，落实重大事项和建设项目社会稳定风险评估机制。加强社会治安综合治理，创新立体化社会治安防控体系，严密防范和依法惩治各类违法犯罪，继续打好禁毒防艾人民战争。健全公共安全体系。改革完善食品药品监督管理体制，改变食品安全监管只靠职能部门“单打独斗”的现状，探索让社会组织和公民积极参与的机制，形成全社会齐抓共管、共同参与的合力，确保人民群众饮食和用药安全。建立健全安全生产责任制，落实各项措施，有效遏制重特大安全事故。

加强民族团结和宗教工作。全面落实党的民族政策，加强民族团结教育，加快推进民族团结进步示范区建设，促进民族团结进步。依法管理宗教事务，巩固宗教领域的和顺稳定。

支持国防和军队建设。深化国防教育，做好民兵和兵役、人民防空等工作，加快实施武装部建设项目，整合力量，加强民兵应急队伍建设，深化双拥共建，不断巩固良好的军政军民关系。

（八）生态优先，确保美丽楚雄建设不断加强。守护绿水青山，留住蓝天白云，是我们对子孙后代义不容辞的责任。要按照中央建设“祖国西南生态安全屏障”和云南省“争当全国生态建设排头兵”的要求，始终高度重视和加强生态文明建设。

加强生态建设和环境保护。严格按照楚雄州国土空间主体功能区划分，优化城镇和产业布局，合理定位发展重点，争取更多国家生态补偿。积极申报哀牢山国家公园。继续深入实施天然林保护、退耕还林还草等重点生态建设工程，完成营造林37万亩，治理水土流失面积440平方千米。健全完善工业、城镇、农村污染防控体系，强化城乡环境基础设施建设，加强土壤、水、大气环境监管和治理。抓好城市绿化亮化美化工作，实施新一轮农村环境综合整治行动。

加强节能减排和资源节约。集约节约利用土地，严格执行环境准入制度，制定项目建设用地投资强度标准，把能源资源利用效益、节能减排指标作为产业发展、园区建设和招商引资的重要依据。切实抓好重点节能工程、合同能源管理、节能技术改造项目建设，全面落实节能减排责任，确保完成省下达的目标任务。加快脱硫设施、建制镇“一水两污”设施建设。大力发展循环经济。推广中水利用和雨水回收循环使用，推进节水型社会建设。立足长远，切实解决楚雄城区居民生活用水问题。

持续提升防灾减灾能力。认真落实预防和处置地震、地质、气象和生物等灾害的政策措施，建立健全有关预案，加强人员队伍和物资储备等应急救援能力建设，全力做好备灾防灾应急准备。

（九）转变职能，确保作风建设取得实效。打铁必须自身硬，完成各项目标任务，必须按照“为民、务实、清廉”的要求，加快建设法治政府和服务型政府，努力提高工作效能和服务水平。

加快转变政府职能。深化行政管理体制和审批制度改革，稳步推进新一轮政府机构改革和事业单位分类改革。妥善处理好“接、放、管”的关系，接住接好中央、省下放的审批事项，放开放全该下放的审批事项，管住管好该管的事项，真正做到政府管理既要有限、更要有为。一方面，要坚持简政放权，妥善处理好政府与市场、企业、社会、公民的关系，认真落实“负面清单”制度，通过做好政府行政权力的减法来换取市场活力、社会活力的加法，使市场在资源配置中起决定性作用；另一方面，在市场机制尚未健全完善时，仍要积极作为，加强政务服务能力建设，推进行政审批制度化、规范化，更好发挥政府作用，同时要加快体制机制创新，推进绩效管理、民众导向，待社会力量发展成熟，政府应退即退。积极探索政府购买公共服务的办法，凡属事务性管理服务，原则上都可以通过合同、委托等方式向社会购买，努力解决政事不分和部分单位工作人员紧缺等问题。改革预算管理，推进预算公开，合理划分州、县两级事权和财政支出责任，集中财力保民生、保发展。

坚持依法行政。切实提高依法行政意识，始终坚持依法办事，把依法行政贯穿于政府工作各个环节。进一步修订完善州政府工作规则等有关制度，完善科学民主决策机制，严格执行重大决策事项听证、公示、征求意见和专家咨询制度，不断提高法治化水平。

加强政风建设。深入开展党的群众路线教育实践活动，树立正确的群众观，真心实意热爱群众，务实肯干造福群众，敬业尽责服务群众，克己奉公利及群众。认真解决“四风”方面存在的突出问题，切实做到反对“四风”不设自留地、执行八项规定没有保护区。厉行节约，严控“三公”经费和机构编制，严禁新建楼堂馆所，建设俭朴政府，以政府的苦日子换来人民群众的好日子。严格落实廉政准则和“一岗双责”责任制，既推进工作，又带好队伍，确保干部清正、政府清廉、政治清明。深入调查研究，切实精简会议和文件。坚持求真务实、勤政为民，着力打基础、谋长远，多做对彝州各族人民、对子孙后代、对社会有益的事。加强绩效管理，以“踏石留印、抓铁有痕”的作风和“钉钉子”的精神，狠抓工作落实，不断提高行政效能。进一步完善综合绩效考核评价机制，继续按照“工作目标化、目标项目化、项目责任化”的要求，着力推进“3个30”重点项目、20项重要工作、10件民生实事、“产业建设年”重点项目和招商引资重点项目，分解任务、明确责任，加强督查、强化问责，确保工作落实，确保目标任务完成。“作风建设永远在路上”，要突出治庸、治懒、治散，不断提高行政效能，引导政府各级干部始终保持干事创业的激情，严以律己、敢于担当、破解难题、用心工作，全力推进彝州经济社会发展。

各位代表！没有比人更高的山，没有比脚更长的路。改革创新、富民强州，彝州正处于爬坡上坎的关键时期，既面临众多的困难和挑战，更面临众多的机遇和可能。让我们紧密团结在以习近平同志为总书记的党中央周围，在中共楚雄州委的坚强领导下，坚定信心，攻坚克难，齐心协力，真抓实干，为全面建成小康社会、为共同谱写中国梦的“楚雄篇”而努力奋斗！

（责任编辑：李　梅）

大事·要闻

2013年大事记

1月

1日 以“每天锻炼1小时，幸福生活一辈子”为主题的楚雄城区迎新年元旦穿城赛跑活动在楚雄市区举行，1.8万人参加活动。

5日 中共楚雄州委八届三次全体（扩大）会议在楚雄举行，州委书记张太原作工作报告。会议审议通过了《中共楚雄州委关于深入学习贯彻党的十八大精神的决定》。

同日 州委召开县（市）委书记和州属党（工）委书记抓基层党建工作专项述职会议。

8日 楚雄州社会管理综合治理委员会第二次全体会议在州公务中心举行。

9日 省委常委、常务副省长李江到楚雄调研民营经济发展情况。

同日 云南省煤矿安全生产专项督查组到楚雄州督查煤矿安全生产工作。

同日 楚雄州音乐家协会在楚雄召开第一次代表大会，楚雄州音乐家协会成立。

10日 全州宗教工作会议在楚雄召开。

同日 州委宣传部、州文体局、州科技局等59家州级单位共同组织的文化科技卫生“三下乡”集中示范活动在牟定县体育场举行，2013年全州“三下乡”活动拉开帷幕。

11~12日 省人民政府2012年度安全生产责任状第五考核组到楚雄州考核安全生产工作。

12日 北京丝宾丝文化传媒有限公司、云南皓月文化传播有限公司、楚雄市打造茶花精品文化领导小组办公室联合拍摄的电影《茶花彝女》首映式暨部分演职人员与观众见面会在楚雄州广电中心演播大厅举行。

同日 李亚威楚雄十年·文化成就座谈会在昆明举行，中共楚雄州委、州人民政府授予李亚威“楚雄荣誉州民”称号。

13日 民进楚雄州委一届五次全委（扩大）会议在楚雄召开。

14~15日 国家发改委调研组到楚雄州调研农村危房改造工作。

14~15日 省、州侨联联合慰问组在州内开展贫困归侨侨眷春节慰问。

15~16日 省政协主席罗正富深入大姚县调研特色农业产业发展情况。

16~17日 省教育厅检查考核组到楚雄州检查考评2012年度教育工作目标责任书落实情况。

18日 中共楚雄州委印发《州级领导改进工作作风密切联系群众的实施办法》，要求结合实际，切实抓好贯彻落实。

同日 全州发展改革工作会议在楚雄召开。

22日 楚雄州科学技术协会第六届委员会第二次全体（扩大）会议在楚雄召开。

24日 楚雄州2013年就业援助月专项活动专场招聘会在州人力资源市场举行，43家企业的1136个岗位前来招聘员工。

同日 全州禁毒工作会议在楚雄召开。

28日 全州农村工作会议在楚雄召开。

30日 楚雄城区各族各界人士代表新春茶话会举行。

31日 香港岭东实业（集团）有限公司向楚雄州40名2011年和2012年考取重点大学的家庭经济困难学生发放岭东英才奖助学金。

2月

2日 省政协主席罗正富、省人民政府副省长高树勋、省政协秘书长车志敏一行，到楚雄州开展走访慰问活动。

同日 州精神文明建设指导委员会发布《楚雄州“文明餐桌行动”倡议书》，“文明餐桌行动”在全州展开。

5日 中共楚雄州纪委八届三次全会在楚雄召开。

同日 总投资5.14亿元、总容量40兆瓦的云南华电永仁县维的并网光伏电站总并网发电，全州首个太阳能光伏电站建成。

22~25日 政协楚雄州九届二次会议在楚雄举行。

24~27日 楚雄州十一届人大常委会三次会议在楚雄举行。

27日 楚雄昆钢园区标准化厂房项目电梯工程在禄丰县土官镇开工。

3月

1日 当日起，楚雄州全部义务教育学校农村学生纳入学生营养改善计划，26.58万名农村户口在校学生开始享受免费营养早餐。

5日 州精神文明建设指导委员会发布《“文明楚雄行动”倡议书》，尔后在楚雄市桃源湖畔举行“文明与我同行、建设美丽楚雄”万人签名承诺暨学雷锋志愿服务集中示范活动，“文明楚雄行动”启动。

同日 全州人口和计划生育工作会议上公布，全州3万农村准爸妈可享受19项孕前免费检查。

同日 州妇联、州委组织部、州委宣传部、州广电局、楚雄日报社联合组织开展的第三届“十大杰出女性”颁奖，班君秀、吴爱武、李春萍、杞海燕、邱德英、普艳喜、罗珺、纪中华、段金凤、胡桂芳获“十大杰出女性”称号，普丽芬等9人获提名奖。

6日 攀枝花市党政考察团到楚雄州考察交流。

7日 省人大常委会调研组到楚雄州开展《云南省实施〈中华人民共和国村民委员会组织法〉办法（修订草案）》和《云南省村民委员会选举办法（修订草案）》征求意见活动，部分州人大代表、州政协委员提出修改意见、建议。

8日 “庆祝‘三八’国际妇女节、关注女性身心健康”公益活动在彝人古镇毕摩广场举行，专家开展健康知识讲座和健康咨询。

12日 全州2013年县（市）、乡（镇）人大换届选举工作总结表彰会在州委党校召开，县乡人大换届选举工作全部结束。

13日 楚雄州部分重点龙头企业座谈会举行，31家龙头企业代表围绕企业发展思路各抒己见，畅所欲言。

15～19日 省委组织部、省委老干部局检查考评组到楚雄州检查考评老干部工作。

16日 2012年度云南十大法治新闻红榜人物颁奖典礼在昆明举行，楚雄好人李世海、陈章亮获提名奖。

18日 全州科技暨知识产权工作会议在楚雄召开。

19日 海峡两岸及东盟经济贸易策进会会长刘振玮率两岸及东盟经济贸易策进会云南投资参访团到楚雄州考察。

19～21日 楚雄州招商团在上海、深圳两地举办承接上海、深圳产业转移招商推介会。

19～22日 省委宣传部副部长张瑞才率省社科院专家、省委宣传部理论处、讲师团负责人到楚雄调研。

23日 共青团楚雄州委主办的2013年首期“楚雄青年论坛”在楚雄师范学院雁塔校区大礼堂举行，云南大学马克思主义研究院教授、博士生导师苏升乾讲授《信仰与时代》。

25日 文化部副部长杨志今深入楚雄州专题调研“完善公共文化服务体系，提高公共文化服务效能”工作。

28日 省委常委、省委组织部部长刘维佳率省委组织部机关干部80余人，到武定县小龙潭村开展“抗旱救灾——背水入户访民情”集体劳动。

同日 楚雄州举行“文明餐桌行动”启动仪式，号召全社会“厉行节约、文明用餐”。

29日 州森林护林防火指挥部发布《关于做好清明节期间森林防火工作的通告》，强化清明节期间野外用火管理。

30～31日 香港中西区各界协会文化商贸交流访问团到楚雄州考察。

31日至4月1日 国家防总抗旱工作组到楚雄州检查旱情及抗旱工作。

4月

1日 省人大常委会《云南省发展规划条例（草案）》立法调研组到楚雄州调研。

同日 楚雄州把艾滋病治疗纳入城镇居民医保和新型农村合作医疗门诊统筹。

2日 楚雄州安全生产工作会议在楚雄召开。

7～9日 省人大常委会副主任杨保建率调研组到楚雄州调研抗旱保民生促春耕工作。

7～13日 深圳考察采访团到楚雄州采访十几年深入楚雄州拍摄影视片的深圳著名导演李亚威先进事迹。

8～9日 省委副书记、省长李纪恒到楚雄州调研，强调夺取抗旱救灾和经济社会发展双胜利。

9日 全省政协教科文卫体委员会主任联席会议在楚雄举行。

同日 全省纪检监察机关畅通群众诉求渠道“五级联动”工作现场推进会在楚雄召开。

9～10日 人民日报社、新华社、中央电视台、中央人民广播电台、中国新闻社等10家中央级新闻媒体记者组成“抗旱保供水”集中采访报道团，到楚雄州采访。

11日 国际权威科学期刊英国《自然》杂志把5国院士、加拿大多伦多大学生物系教授罗勃·赖兹（Robert Reisz）主笔，台湾、大陆楚雄州多位专家共同撰写的研究学术成果《中国早侏罗纪恐龙胚胎含有机残留物》刊出在封面上作专题报道，引起世界古生物界轰动。

12日 “中国移动”杯楚雄州第一届旅游歌曲大赛在州广电中心落幕，楚雄师范学院杨芳被评为金牌歌手。

13日 楚雄州公开考试录用公务员、大学生村官选聘笔试开考，7108人报考，报考录取比例21:1。

18～19日 州人大常委会检查组就贯彻实施国务院《生猪屠宰管理条例》情况进行执法检查。

22日 全州铁路护路联防工作座谈会在州会务中心召开。

24日 省政协副主席曾华带调研组到楚雄州调研港澳台侨资企业发展情况。

25～26日 省人大常委会医药卫生体制改革专题询问组到楚雄州专题调研医药卫生体制改革情况。

26日 楚雄州人大常委会公布《云南省楚雄彝族自治州恐龙化石保护条例》开始施行。

同日 全州国有企业党建暨反腐倡廉建设工作会议在楚雄召开。

30日20时至5月5日15时 全州平均降雨19.9毫米，久旱得到一定缓解。

5月

3～4日 副省长丁绍祥深入楚雄州调研烤烟种植和高等级公路建设情况。

4日 云南农业大学2009级在职硕士学位研究生毕业庆典举行，楚雄教育办学点首期19名农业推广研究生获硕士学位。

6～7日 省人大常委会副主任王树芬等率调研组到楚雄州调研工业园区建设及医药卫生体制改革工作。

8日 “楚雄市创业孵化基地”暨“楚雄州人力资源和社会保障局就业创业示范基地”在楚雄经济开发区创业服务中心挂牌，楚雄州首个创业孵化基地正式成立。

9日 省人民政府党组成员、省移民工作领导小组组长夜礼斌率工作组到楚雄州调研乌东德水电站移民安置前期工作。

同日 深圳市文联与楚雄州委宣传部在深圳共同签署文化交流合作框架协议。

10日 楚雄州道路运输协会在州运政管理处挂牌成立，并召开第一次会员代表大会。

13日 云南摩尔农庄生物科技开发有限公司携手共青团楚雄州委在楚雄市北浦中学和楚雄一中举办“摩尔农庄公益基金”摩尔农庄产品“聪滋”发放仪式。

13～22日 云南省加快非公有制经济发展督导组深入大姚、元谋、禄丰3县督导民营经济发展工作。

14～15日 省政协专家组到楚雄州视察县级公立医院改革、中医药及民族医药发展情况。

15日 楚雄师范学院“道德讲堂”举行“对话身边的好人”主题活动。

16日 省委副书记仇和率省委调研组到楚雄州调研“三农”工作和县域经济发展情况。

16～17日 省人民政府道路交通安全督查组到楚雄州检查道路交通安全工作。

17日 楚雄州人民政府与云南省农村信用社联合社举行战略合作协议签字仪式。

20日 省人大常委会调研组到楚雄州调研《青山嘴水库管理条例》立法情况。

同日 全州103个乡（镇）的1027个行政村和19个村改居党组织顺利选举产生新一届村党组织领导班子成员。

21日 全国彝语术语标准化工作委员会第五次会议在楚雄州召开。

30日 《楚雄州建设民族文化强州规划（2012～2020）》在昆明通过专家评审。

同日 州工商局联合开发区工商分局举行外商投资合伙企业发照仪式，楚雄开发区埃本咖啡厅、苏乃珠宝店、瓦城玉器店、单唐珠宝店等5户来自美国、缅甸的外方合伙人领取营业执照。

31日 楚雄州温州商会举行成立庆典大会。

6月

1～16日 楚雄州大中专学生首届校园文化艺术节在楚雄举行，举办文艺（音乐、舞蹈）、书画作品、演讲、中华经典诵读、体育（篮球、足球、排球）5个类别的比赛，州文明委表彰优秀文艺节目14个、优秀体育比赛奖项6个、优秀演讲比赛选手7名、中华经典诵读比赛选手及集体7个、优秀书画作品87件。

4日 楚雄州人民政府与美华丰国际集团有限公司签署《战略合作框架协议》。

6日 德国巴伐利亚州文教部成教司司长格尔曼·登内博格、德国汉斯·赛德尔基金会项目负责人汉斯·凯夫勒等组成的调研组到楚雄州考察调研。

6～7日 省人大常委会民族调研组到楚雄州开展《云南省楚雄彝族自治州民族教育条例》修订工作立法调研。

7日 首届中国——南亚博览会暨第21届昆明进出口商品交易会经贸合作项目签约仪式上，楚雄州有15个项目签约，协议总投资额超过200亿元。

7～8日 楚雄州12651名考生在12个考点参加普通高等教育招生考试。

8日 中国航空工业集团总经理助理谭卫东、中航重机总经理助理孙旭明等到楚雄州考察工业园区及中高光热太阳能发电项目。

9日 在楚雄紫溪山朵基水库、上日落村、大姚三潭瀑布等地取景拍摄，楚雄州取景占46%的电影《光辉岁月》开始在全国上映。

同日 楚雄州首届“美德少年”评选表彰活动颁奖典礼在州广电中心举行。

10～11日 大湄公河次区域五国媒体采访团到楚雄州参观考察。

14～15日 云南省民委检查指导组深入楚雄州武定、永仁、姚安、南华等地检查指导民族团结进步示范区建设情况。

17～27日 楚雄州开展食品安全宣传周暨肉及肉制品专项整治行动。

18日 云南省伊斯兰教协会五届二次理事会在楚雄举行，省政协副主席马开贤出席会议并讲话。

18～20日 省人民政府教育督导评价组到楚雄州督导评价楚雄州人民政府履行教育职责工作。

20日 国家林业局认定大姚县为国家核桃生物产业基地，大姚县成为迄今为止全国第一个核桃生物产业基地。

21日 全州移民工作会议在楚雄召开。

23～26日 楚雄州招商团赴广州、东莞开展承接生物制药、现代农业综合开发、现代服务业、现代物流业、电子产品组装贸易等特色产业和产业功能园区建设项目招商活动。

24日 省委书记秦光荣到武定县插甸乡开展党的群众路线教育实践活动调研。

25日 州人大常委会举行《云南省楚雄彝族自治州龙川江保护管理条例（修订）》公布施行座谈会，该条例开始施行。

25日至7月4日 亚行考察团及PPTA技援团与楚雄州州、县亚行项目办、项目业主以及设计院等相关部门就亚行贷款楚雄州城市基础设施建设项目进行深入讨论。

26日 楚雄州“6·26”国际禁毒日宣传系列活动启动仪式在州警察培训学校举行，公开销毁毒品430余千克，近万人签名拒毒。

27日 讲述上世纪三十年代初“盐都”黑井五大盐业家族与盐贩之间恩怨情仇的数字电影《黑井往事》，在中央电视台电影频道首映。

同日 省人民政府产业建设年指导组到楚雄州督查产业建设情况。

同日 楚雄州召开县（市）委政府主要领导集体廉政提醒谈话会，州委书记张太原就党风廉政与10县（市）委书记、县（市）长交心谈心。

28日 楚雄州庆祝中国共产党成立92周年暨百名“优秀村官”和“农村党员致富先锋”表彰大会在楚雄隆重举行，表彰“优秀村官”100名、“农村党员致富先锋”100名。

同日 楚雄州第七家州级异地商会——楚雄州湖北商会成立。

29～30日 临沧市党政代表团到武定县考察学习县域经济发展和“插甸经验”。

7月

1～3日 省人民政府督查组到楚雄州开展安全生产大检查工作督查。

3～4日 滇中经济区昆明、曲靖、玉溪、楚雄4州（市）政协合作机制第五次会议在昆明召开。

4～6日 中国气象局人工影响天气安全检查组到楚雄检查指导工作。

5～6日 国家科学素质办评估检查组到楚雄州开展《全民科学素质行动计划纲要》实施工作“十二五”中期评估检查。

8日 全国人大常委会调研组到楚雄州调研贯彻实施《中华人民共和国民族区域自治法》情况。

同日 国务院安委会安全生产综合督查组到楚雄州督查安全生产大检查贯彻落实情况。

9日 中央党校中青班调研组到楚雄州调研生态文明建设与经济发展情况。

11日 州委副书记、州长李红民做客云南人民广播电台《金色热线》直播节目，解答广大群众关心的热点、难点问题。

15日 省委副书记仇和率省委调研组到楚雄州调研。

同日 楚雄州党政领导和部分州级部门干部职工、武警战士、消防官兵500余人到州职教园区后山参加义务植树活动。

15～18日 省人民政府保障性安居工程督查组到楚雄州督查近两年保障性安居工程开工建设情况。

16日 州政协视察组到楚广高速公路马房立交区、小草村立交区及小旧庄隧道施工现场视察。

17日 广东新闻采访团记者沿着李亚威导演的足迹到牟定腊湾采访。

17～19日 省禁毒委督查组到楚雄州检查上半年禁毒工作情况。

21～22日 省工商联调研组到楚雄州调研非公有制经济人士理想信念教育实践活动开展情况。

25日 省人民政府督查组到楚雄州开展软件正版化工作督查。

28～31日 “2013永远跟党走”第八届中国青少年艺术节全国总决赛在北京举行，楚雄市选手刘入娜获流行唱法专业少年B组全国金奖。

29日 州委、州人民政府在楚雄举行“八一”建军节双拥座谈会。

30日至8月1日 中国·楚雄2013彝族火把节在楚雄举办。

31日 省人民政府调研组到楚雄州调研农业产业化发展。

8月

1日至9月20日 楚雄州举行“首届楚雄读书节读书征文”活动。

2日 中国·姚安2013第一届荷花节在光禄古镇荷塘人家开幕。此届荷花节历时两个月，举行“荷韵灯会”、姚安县民间文艺展演等10项系列活动。

5日 上海电子信息职教集团楚雄州职教师资培训班在楚雄州职教园区开班。

7日 云南省城乡统筹转户工作专项督查组到楚雄州督查指导城乡统筹转户工作。

同日 楚雄州在州农科所举行“李开斌劳模创新工作室”授牌仪式，州内首个劳模创新工作室成立。

同日 东南大学考察组到楚雄州考察扶贫开发工作。

7～8日 省委常委、省纪委书记辛维光到楚雄市紫溪镇紫溪彝村驻村蹲点，进农家、听民声、访民情。

8日 州人民政府征兵办公室发布《致全州广大适龄青年的一封信》，冬季征兵调整为夏秋季征兵，鼓励有志青年应征入伍以报效祖国。

8～13日 第十届中国·南华野生菌美食文化节在南华县城举行，开展群众文艺演出、菌王选拔比赛、名特优产品展销、啤酒畅饮比赛等活动。

8～13日 州人大常委会执法检查组到永仁、元谋、牟定等县开展《云南省企业工资集体协商条例》贯彻实施情况执法检查。

12～13日 省人民政府服务基层年项目落地年作风转变年第六检查组到楚雄州检查工作。

13日 全州打击刑事犯罪严打整治工作会议在楚雄召开。

20日 大姚县隆重举行纪念中共云南省委早期领导人、革命烈士赵祚传诞辰110周年系列活动。

20～23日 省安委会安全生产大检查第四督查组到楚雄州督查。

21日 “州博物馆南华五街彝族文化传习所”、“彝族文化研究院南华五街罗鲁文化研究基地”在南华县五街镇英武罗鲁文博园挂牌成立。

29日 楚雄州第九届“红土地之歌”演讲比赛决赛在州广电中心举行，10名选手进入决赛，州检察院刘曦获第一名。

同日 楚雄经济开发区管委会与楚雄南山医疗管理有限公司、楚雄医药高等专科学校签订《楚雄医药高等专科学校附属医院暨楚雄协和医院建设工程项目合作协议》，协议投资11亿元建设楚雄医专附属医院暨楚雄协和医院。

30日 楚雄州农民合作组织联合会在楚雄成立。

同日 国家安监总局党组副书记王德学带第三督查组到楚雄州专项督查安全生产大检查情况。

31日至9月1日 省委常委、省纪委书记辛维光到南华、姚安、大姚、禄丰、牟定5县部分村组走访慰问群众。

31日 中国建材集团董事长、党委书记，中国医药集团董事长宋志平到楚雄州考察生物医药产业和建材产业发展情况。

9月

1日 “金融知识进万家”宣传服务月活动在楚雄桃源湖广场拉开帷幕。

3~4日 省财政厅调研指导组到楚雄州指导美丽乡村建设工作。

6日 “民营企业家与中国梦”巡回演讲报告会在楚雄举行，80家企业负责人聆听报告。

9日 楚雄州老科技工作者协会在楚雄成立。

同日 楚雄州庆祝2013年教师节表彰暨文艺晚会在州广电中心举行。

10~13日 省艾滋病防治工作督查组到楚雄州牟定、双柏、楚雄等县（市）督查艾滋病防治工作。

11~13日 楚雄州在州委党校举行民主党派基层组织负责人和正科实职党外干部培训，260余名干部参加学习。

12~16日 州人大常委会执法检查组到姚安、南华、禄丰及部分乡（镇）开展贯彻实施《中华人民共和国妇女权益保障法》执法检查。

16日 楚雄州人民政府与工商银行云南省分行在楚雄签订政银战略合作协议。

16~17日 楚雄州文学艺术界联合会第七次代表大会在州会务中心举行。

16~18日 省委常委、常务副省长李江到楚雄州武定、元谋、永仁3县调研产业建设和民营企业发展。

17日 省委常委、省委高校工委书记李培到楚雄州调研高等教育和职业教育改革发展情况。

同日 2013年楚雄城区各族各界代表人士中秋座谈会在楚雄举行。

23日 第三届楚雄州道德模范表彰大会在州会务中心民族会堂举行，李亚威、李开斌、陈斌等30名先进个人分别荣获“楚雄州道德模范”荣誉称号和“楚雄州道德模范”提名奖。

23~24日 驻楚部分全国、省、州人大代表专题视察全州烟草水源工程建设情况。

24日 国道108公路改造楚雄段181.53千米拓宽改造示范工程动工建设。

25日 人民日报社香港分社社长曹宏亮到楚雄州考察调研国情教育情况。

26~27日 省人民政府第四督查组到楚雄州督查安全生产工作。

26~28日 省人民政府道路交通安全专项督查组到双柏县、楚雄市开展专项检查。

27日 云南省预防青少年违法犯罪工作会议在楚雄召开。

同日 州十一届人民政府召开常务会议，研究讨论大病医保实施、成昆铁路建设、电子商务发展等议题。

28~29日 楚雄州第二届餐饮美食竞赛在楚雄举行。

29日 楚雄市苍岭镇连汪坝至南华县城全长53.82千米的楚南一级公路开工建设。

10月

8~10日 香港言爱基金会人士到武定、牟定、南华等县调研思源实验学校项目建设情况。

9日 州文化馆、州非物质文化遗产保护中心制作的楚雄彝族火把节《火舞彝山》大型画册、《火舞彝山》和《再说梅葛》DVD专题片举行发行仪式。

10~11日 省委党校第33期中青班学员到武定县插甸乡开展劳动，把课堂搬到田间地头。

12日 CCTV—6美丽中国音乐电影欣赏《彩云之恋》摄制组到楚雄州开展拍摄工作。

15~16日 省人大常委会副主任杨应楠深入大姚、姚安、南华等县倾听社情民意。

16日 全省政协社会和法制委员会工作座谈会在楚雄召开，省政协副主席倪慧芳出席会议。

同日 楚雄州老年护理院建设项目在州职教中心北侧小花山工地奠基。

17~18日 华中师范大学考察团到楚雄州考察产业发展技术合作和对口帮扶。

18日 10时40分，一辆从昆明驶往丽江的大型普通客车在杭瑞高速公路K2437处驶出路面肇事，8人当场遇难，19人受伤。

23日 州工业和信息化专家服务团到楚雄天利药业有限公司开展首次为企业把脉“问诊”活动。

24~27日 中国国际旅游交易会在昆明国际会展中心举行，楚雄州参展团接待旅行商和市民访客近4万人次，获省旅交会组委会授予“最佳组织奖”和“最佳展台奖”。

25日 中国科协农技中心主任、中国农技协会常务副理事长张晓军到牟定县调研指导农民合作组织、高原特色农业产业建设工作。

28日 楚雄工业园区云甸片区美华丰科技产业园开工建设。

29日 全州工业园区建设推进会在武定县召开。

29~30日 省安委会安全生产督查组到楚雄州检查安全生产工作。

30日 省委常委、省委统战部部长黄毅到楚雄州调研民族团结进步示范创建和非公经济发展。

同日 副省长尹建业到楚雄州调研。

11月

2日 楚雄州首个电子商务人才培训中心在州职教园区成立。

6日 全国工商联副主席安七一到楚雄州调研指导非公有制经济人士理想信念教育实践活动。

10~20日 “秘境彝州·传奇楚雄”系列活动在深圳举行，开展了媒体推介、彝族刺绣和民间手工艺品展览以及媒体宣传楚雄等活动。

11日 副省长丁绍祥到楚雄州调研成昆铁路永仁至广通段扩能工程征地拆迁工作。

11~15日 楚雄州第六届老年人运动会在州体育馆举行，1500名运动员参加太极拳、气排球、中国象棋等10个项目比赛。

12日 全州外事侨务工作会议在楚雄召开。

同日 州人大常委会召开《云南省楚雄彝族自治州小型水利条例》立法后评估工作会议。

15 日　中共楚雄州委召开常委（扩大）会议，传达学习党的十八届三中全会精神。

18 日　楚雄州投资协会在楚雄挂牌成立。

同日　楚雄州浙江商会第二次会员代表大会在楚雄市召开，选举产生第二届理事会成员。

19 日　楚雄州召开领导干部大会，传达学习党的十八届三中全会精神，安排部署全州学习宣传贯彻落实工作。

24 日　中共中央政治局常委、全国人大常委会委员长张德江在省委副书记、省长李纪恒，省委常委、省委秘书长曹建方等陪同下，到楚雄州武定县调研基层人大工作。

26 日　楚雄州科技创新大会在州会务中心举行，李开斌、张方玉、孙强获“感动彝州科技人物”奖。

27 日　中共楚雄州委召开常委会议，传达学习中共中央政治局常委、全国人大常委会委员长张德江在楚雄州调研座谈时的重要讲话精神。

28 日　省长李纪恒到楚雄州职教园区调研。

同日　高德荣同志先进事迹报告会在州会务中心民族会堂举行。

同日　楚雄州有 5 人在昆明海埂会堂举行的第四届云南省道德模范表彰座谈会上受到表彰，元谋县新华乡新华村委会湾子村村民杨守武被授予“见义勇为模范”，楚雄州荣誉州民、深圳市电影电视家协会常务副主席李亚威被授予“诚实守信模范”。州农业局退休干部杨绍才，云南禄丰勤攀磷化工有限公司董事长兼总经理陈斌，武定县狮山华兴苑经理、狮山村农家乐党支部书记邵桂珍等 3 人荣获道德模范提名奖。

29 日　国家质检总局副局长吴清海带调研组到楚雄州专题调研食品安全及计量工作。

30 日　楚雄城区各族同胞代表欢聚在彝人古镇彝人部落共度彝族年。

12 月

2 日　省委统战部检查组到楚雄州检查指导统战工作。

4 日　省委宣讲团赴楚雄州宣讲党的十八届三中全会精神。

同日　全国人大常委会委员、财经委副主任委员尹中卿率调研组到楚雄州调研《旅游法》贯彻实施情况。

5 日　第 28 个国际志愿者日，楚雄州 6 家国家级、省级文明单位近 100 名志愿者到楚雄市西山公园、市区主要交通路口和州特殊教育学校开展“三关爱”学雷锋志愿服务活动。

9 日　中国彝族十月太阳历文化研究成果报告会在楚雄举行，著名学者、地质工程师刘明武作专题报告。

10 日　楚雄州纪念毛泽东同志诞辰 120 周年研讨会在州委党校举行。

15 日　16:00 时左右开始，楚雄州迎来自 2007 年来最大降雪，至 16 日晚 20:00 时，降雪基本结束。

16 日　省人大常委会副主任杨应楠冒雪到双柏县大庄镇调研农村经济发展和扶贫开发工作情况。

17 日　中共楚雄州委党的十八届三中全会精神宣讲团举行报告会，州直机关工委党组织负责人、党员代表 400 余人聆听报告。

18 日　党的十八届三中全会精神省委宣讲团走进楚雄、走进基层，为楚雄州部分企业负责人和职工作宣讲。

21 日　楚雄州傈僳学会成立。

24 日　北京中物联物流规划研究院编制的《楚雄州现代物流产业规划》（2013 ~ 2020 年）经过多次修改完善后通过专家评审。

25 日　云南省企业家大讲坛在楚雄开讲，花泽飞作《学习型企业与实现中国梦》主题演讲。

26 日　楚雄州儿童保护中心成立，有床位 230 张。

27 日　楚雄州文化馆建馆 50 周年座谈会暨书法美术摄影展在州文化活动中心举行，展出作品 67 件。

28 日　“罗婺彝寨自驾万人行”活动在昆明市人民路一号广场启动。

29 ~ 30 日　全省“贯彻十八届三中全会精神繁荣党报党刊评论与杂文创作研讨会”在大姚县举行。

30 日　楚雄州食品药品监督管理局组建成立暨楚雄州人民政府食品安全委员会办公室授牌仪式举行。

［周能汉］

领导视察

【张德江到楚雄调研】　2013 年 11 月 24 日，中央政治局常委、全国人大常委会委员长张德江一行在中共云南省委副书记、省长李纪恒，省委常委、省委秘书长曹建方，以及楚雄州党政领导张太原、卢显林、赵克义等陪同下，到武定县人大机关考察县级人大工作，并深入狮山镇考察基层人大工作。张德江看望了武定县人大常委会机关干部职工和狮山镇人大主席团成员，听取了武定县基层人大工作、县人大代表直选和代表履职情况汇报，与武定县人大常委会机关干部职工和部分基层人大代表进行了座谈。

［张舫瑞］

【艾斯海提·克里木拜到楚雄调研】　2013 年 7 月 8 日，全国人大常委会委员、全国人大民委副主任委员艾斯海提·克里木拜一行到楚雄州调研贯彻实施《中华人民共和国民族区域自治法》情况，对楚雄州贯彻《民族区域自治法》，落实民族政策、发展民族经济、推进民族事业、促进民族团结、加强民族立法等方面的工作给予了充分肯定。楚雄州人大常委会副主任熊卫民、州人民政府副州长赵祖莹、州人大常委会秘书长张林敏出席会议。

［郭　海］

【秦光荣到楚雄调研】　2013 年 6 月 24 日，中共云南省委书记秦光荣在省委常委、省委组织部部长刘维佳，以及楚雄州州级领导张太原、徐昕等陪同下深入武定县插甸乡，就开展党的群众路线教育实践活动进行调研。秦光荣一行先后深入哪吐、大古普等村委会走访了 4 户村民，在农户晏宗云家召开了一场民情恳谈会，听取了基层干部群众发言。

【李纪恒到楚雄调研】 2013年4月8～9日，中共云南省委副书记、省长李纪恒率省人民政府副秘书长、省政府办公厅主任李邑飞，省国土资源厅厅长和自兴，省水利厅厅长陈坚到楚雄州调研，并于4月9日下午，在楚雄召开楚雄州工作情况汇报会。楚雄州党政领导张太原、李红民、邱江、任锦云、左荣贵、杨照辉等陪同调研或参加汇报会。

11月28日，省长李纪恒、副省长高峰率省直有关部门负责人到楚雄州就职业教育改革发展情况进行调研。楚雄州党政领导张太原、李红民、邓斯云等陪同调研。

【仇和到楚雄调研】 2013年5月16日，中共云南省委副书记仇和在省直相关部门负责人和楚雄州党政领导张太原、李红民、邱江、杨照辉、周兴国等陪同下先后深入大姚县核桃文化产业园区、南华县澜沧江啤酒企业集团楚雄有限公司、楚雄烟叶复烤厂、南华工业园区，以及大姚县石羊古镇、姚安县光禄古镇考察县域经济发展及集镇建设、古镇旅游开发和美丽乡村建设情况。

7月15日，仇和又在省直相关部门负责人和楚雄州党政领导张太原、李红民、邱江、任锦云等陪同下先后深入双柏县妥甸酱油有限公司、国有林场棚户区改造建设项目现场、美森源林产化工有限公司、查姆湖保护开发工程项目现场等地方实地考察，听取双柏县特色城镇规划建设情况汇报；深入牟定县实地考察滇撒猪养殖、玫瑰系列产品开发、文化旅游开发、风力发电及新型能源产业开发建设等情况，并听取牟定县县城规划建设、城镇上山、工业上山建设情况汇报。

［张舫瑞］

【罗正富到楚雄调研】 2013年1月15～16日，云南省政协主席罗正富率省级有关部门深入大姚县三台乡、三岔河乡就核桃产业发展情况进行调研，又深入姚安县草海农场工业园区和光禄古镇调研。

2月2日，省政协主席主席罗正富、副省长高树勋深入楚雄市、南华县走访慰问困难群众、困难老党员、困难企业职工和先进模范工作者。

2月23日，省政协主席罗正富率省政协调研组深入南华县五街镇、沙桥镇，对洋芋、萝卜等高原特色农业发展、民族宗教、扶贫等情况进行调研。

11月29日，省政协主席罗正富、省人民政府副省长和段琪到禄丰县调研项目建设工作。州长李红民、副州长周兴国陪同调研。

［白建文］

【李江到楚雄调研】 2013年1月6～7日，中共云南省委常委、常务副省长李江率领省直有关部门负责人到楚雄州调研。省人民政府副秘书长黄立新、省工信委副主任宋嘉林、省工商联副主席和向红，以及楚雄州党政领导张太原、李红民、杨亚林等分别陪同调研。

9月16～18日，李江又率省人民政府副秘书长黄立新及省发改委、省工信委有关负责人一行，到武定、元谋、永仁3县就产业建设和民营企业发展情况进行调研。州长李红民陪同调研。

［郭　海］

【辛维光到楚雄调研】 2013年8月7～8日，中共云南省委常委、省纪委书记辛维光带领省纪委监察厅领导班子成员及办公厅等9个内设机构主要负责人，深入省纪委“四群”教育联系点楚雄市紫溪镇紫溪彝村驻村蹲点，进农家、听民声、访民情。实地调研紫溪彝村基础设施建设、特色民居改造、产业发展等情况，深入走访农户，与农户亲切交谈，详细了解家庭经济收入、生产生活、开展畅通群众诉求渠道“五级联动”工作、各级干部作风等情况，一起研究谋划增收致富的好路子。

8月22日，辛维光到楚雄州双柏县开展随机调研，检查机关工作作风，听取基层干部群众意见建议；31日，又深入南华、姚安、大姚、禄丰、牟定5县部分村组走访慰问群众，入户听诉求、解难题、话发展。

［吕高顺］

【刘维佳到武定参加抗旱救灾活动】 2013年3月28日，中共云南省委常委、省委组织部部长刘维佳一行，到武定县插甸乡上沾良村委会小龙潭村民小组开展“抗旱救灾——背水入户访民情”集体劳动。

【杨应楠到楚雄调研】 2013年12月16日，云南省人大常委会副主任杨应楠、省人大常委会法制委员会主任委员郑维川一行到双柏县大庄镇调研农村经济发展和扶贫开发工作情况。州长李红民、州人大常委会主任卢显林陪同调研。

【杨保建到楚雄调研】 2013年3月7日，云南省人大常委会副主任杨保建一行，到楚雄州调研抗旱保民生促春耕工作。

4月7～9日，杨保建再次率省人大常委会农业工作委员会、省水利厅、省农业厅、省气象局等部门相关领导组成的调研组，到楚雄州调研抗旱保民生促春耕工作。楚雄州人大常委会主任卢显林、州人民政府副州长王厚军陪同调研。

【丁绍祥到楚雄调研】 2013年5月3～4日，云南省人民政府副省长丁绍祥率省交通运输厅、省烟草专卖局、云南中烟工业公司等省级部门负责人，深入楚雄州调研烤烟种植和高等级公路建设情况，楚雄州党政领导张太原、李红民、杨照辉、周兴国等陪同调研。

11月11日上午，丁绍祥率省属有关部门和铁路建设部门负责人，到楚雄州调研成昆铁路永仁至广通段扩能工程征地拆迁工作，并召开调研座谈会。州长李红民、副州长周兴国出席座谈会。

【尹建业到楚雄调研】 2013年10月30日，云南省人民政府副省长尹建业到楚雄调研政法工作。州委书记张太原，州委副书记、州长李红民，州委常委、楚雄市委书记左荣贵，副州长曹卫东等陪同调研。

【陈勋儒到楚雄调研】 2013年1月15

日，云南省政协副主席陈勋儒到姚安县考察调研，并到左门乡左门村委会走访慰问群众，楚雄州人民政府副州长王定梁陪同考察调研。

【曾华到楚雄调研】 2013 年 4 月 24 日，云南省政协副主席曾华到楚雄州调研港澳台侨资企业发展情况。楚雄州政协主席李兴顺、副州长王定梁、州政协副主席蒲涌陪同调研。

【梁公卿到楚雄调研】 2013 年 6 月 21 日，云南省人民政府铁路建设督导组组长、原副省长梁公卿一行到楚雄州进行铁路建设督导并召开座谈会，州人民政府副州长周兴国出席会议。

【孟继尧到楚雄调研】 2013 年 5 月13 ~ 19 日，省加快发展非公经济工作督导组组长、省政协原常务副主席孟继尧率省加快发展非公经济工作督导组到楚雄州调研。5 月 22 日上午，州人民政府召开楚雄州非公有制经济发展工作汇报暨意见反馈会。副州长周兴国代表州人民政府汇报楚雄州民营经济发展情况，孟继尧代表省督导组向楚雄州反馈督导意见。州长李红民、州政协副主席张启俊出席会议。

【杨刚到楚雄调研】 2013 年 3 月 25 日，国家质检总局党组副书记、副局长杨刚一行，到楚雄州调研质监工作，州委书记张太原、州人民政府副州长邓斯云等陪同调研。

【杨志今到楚雄调研】 2013 年 3 月 25 日，国家文化部副部长杨志今一行到楚雄州调研公共文化服务体系建设工作。州人民政府州长李红民，州委常委、州委宣传部部长姜扬陪同调研。

【王德学到楚雄调研】 2013 年 8 月 30 日，以国家安监总局党组副书记王德学为组长的国家安全监管总局第三专项督查组一行到楚雄州督查。中共楚雄州委书记张太原，州委常委、副州长任锦云，州委常委、州委秘书长赵克义陪同督查。

［郭　海］

国家文化部副部长杨志今到广通镇综合文化站调研　　（广通镇提供）

【安七一到楚雄调研】 2013 年 11 月 6 日，全国工商联副主席安七一、宣教部副部长王尚康，省委统战部副部长、省工商联党组书记张功祥，省工商联副秘书长、办公室主任单治光，省工商联组织人事处处长胡华一行到楚雄州，就非公有制经济人士理想信念教育实践活动进行调研。州委书记张太原，州委常委、州委统战部部长杨静，州人大常委会副主任、州工商联主席吴丽华陪同座谈调研。

［李聪荣］

【高全立到楚雄检查工作】 2013 年 11 月 10 ~ 12 日，全国政协法制委员会委员、中国社科院原副院长高全立为组长的全国老龄事业发展“十二五”规划中期检查评估组到楚雄州检查工作，并听取楚雄州工作情况汇报。副州长赵祖莹陪同并出席汇报会。

【吴清海到楚雄调研】 2013 年 11 月 29 日，国家质检总局副局长吴清海一行在省质监局局长杨榆坚等陪同下到楚雄州调研质监工作。楚雄州党政领导张太原、李红民、邓斯云等陪同调研。

［郭　海］

【尹中卿到楚雄调研】 2013 年 12 月 4 日，全国人大常委会委员、财经委副主任委员尹中卿率调研组到楚雄州调研《旅游法》贯彻实施情况。调研组一行先后前往禄丰世界恐龙谷和彝人古镇实地调研，了解景区旅游状况及贯彻《旅游法》中存在的问题。全国人大财经委办公室主任王闻刚参加调研，省人大财经委副主任委员纳宗会，州人大常委会主任卢显林、副主任李志勇和秘书长张林敏陪同调研。

［易学敬］

（责任编辑：李　梅）

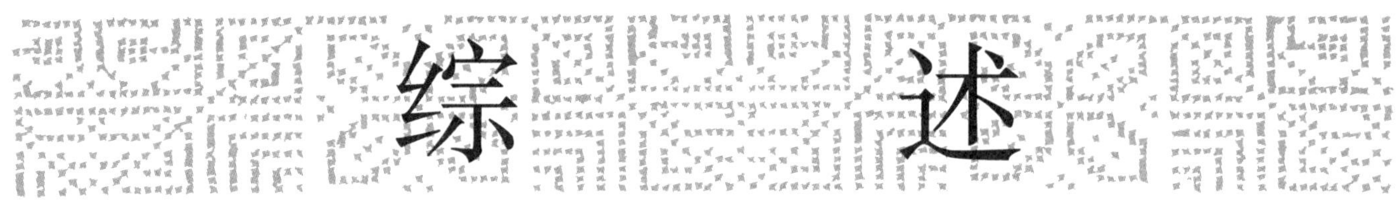

楚雄彝族自治州概貌

【地理位置】 楚雄彝族自治州位于云南省中北部滇中高原腹地，地跨北纬24°13′～26°30′、东经100°43′～102°30′之间，东西最大横距175千米，南北最大纵距247.5千米。全州行政区域总面积29258平方千米，东接省会昆明市，西邻大理白族自治州，南界玉溪、普洱市，北与四川省攀枝花市和凉山彝族自治州接壤，西北隔金沙江与丽江市相望，是省会昆明市西出滇西7州（市）及缅甸的必经之地，故有"迤西咽喉"之称。州府驻楚雄市城区，海拔1773米，东距省会昆明市区165千米。

【历史沿革】 楚雄州境是人类发祥地之一，有着悠久的历史和灿烂的文化。早在170万年前，生活在龙川江两岸的元谋人就已进入了旧石器时代，掌握了用火技术。距今4000年以前，以元谋大墩子和永仁菜园子为代表，楚雄州境各地已先后进入了新石器时代。在2500年前的春秋时期，州境先民创造了以铜鼓为特征的青铜文化，步入了奴隶社会。先秦时期，楚雄州境主要分布着氐羌、百越、百濮3大族群。

西汉中期楚雄州境被纳入中原王朝的版图，分别隶属于越嶲、益州二郡；蜀汉时期，分属建宁郡、越嶲郡和云南郡；西晋时分属云南、建宁二郡；东晋咸康八年（公元342年），有"爨酋威楚筑城硪碌赕居之"，故有威楚之称；南北朝时分属晋宁郡、兴宁郡和建宁郡；唐初属戎州都督府和姚州都督府，南诏时属拓东节度和弄栋节度；宋属弄栋府、鄯阐府和威楚府；元初分属威楚万户、罗婺万户和大理万户府，后改设路、府、州、县，分属中庆路、威楚开南路、武定路和大理路；明代分属云南府、楚雄府、姚安军民府和武定府；清代分属云南府、武定直隶州、楚雄府。民国初期，统一全省县治，裁府、州，设县、道，楚雄州境西部各县属迤西道，民国2年改滇西道，民国3年改腾越道；东部各县属迤东道，民国2年改滇中道，民国5年裁道归省直辖。

中华人民共和国成立后，分设楚雄、武定两专区。1953年，两专区合并为楚雄专区，辖楚雄、镇南、牟定、姚安、大姚、盐丰、永仁、元谋、武定、罗次、禄丰、广通、盐兴、双柏、禄劝、富民、安宁17县。1954年改镇南县为南华县。1957年划安宁县归昆明市。

1958年4月15日，楚雄彝族自治州正式成立。建州前夕，并盐兴县入广通县。同年又合并楚雄、南华、牟定、双柏4县为楚雄县，合并姚安、大姚、盐丰、永仁4县为大姚县，合并罗次、禄丰、广通3县为禄丰县，合并武定、元谋2县为武定县，划富民县归昆明市。

1959～1961年间，先后恢复永仁、姚安、南华、双柏、牟定、元谋6县。1983年9月改楚雄县为楚雄市，10月划禄劝县归昆明市。至此，楚雄州形成辖楚雄市和双柏、牟定、南华、姚安、大姚、永仁、元谋、武定、禄丰9县的格局至今。

【行政区划】 2013年末，楚雄州共辖9县1市103个乡（镇），其中乡43个（含民族乡4个）、镇60个；村（居）委会1098个，其中社区居委会79个，村委会1019个。

【人口民族】 2013年末，全州常住人口272.40万人，人口出生率11.32‰，死亡率6.95‰，自然增长率4.37‰。按公安户籍人口统计，年末全州总人口262.8万人，比上年末增加1.12万人。其中，农业人口189.52万人，非农业人口73.28万人。在总人口中，少数民族人口92.6万人，占总人口的35.24%。少数民族人口中，彝族74.79万人，占总人口的28.46%，占少数民族人口的80.76%。万人以上少数民族有彝族（74.79万人）、傈僳族（5.7万人）、苗族（4.67万人）、傣族（2.3万人）、回族（2.14万人）和白族（1.73万人）。全年出生人口2.53万人，死亡人口1.65万人。男女性别比（以女性为100计算）为104.3。

【自然概貌】 地形地貌。州境地势大致由西北向东南倾斜，从南北展布看，具有中部高、南北低、北部比南部稍高的特点；从东西展布看，东西稍高、中部低缓。最高点为大姚县百草岭的主峰帽台山，海拔3657米；最低点是双柏县与玉溪市新平县交界的三江口，海拔556米。境内地层发育完全，褶皱、断裂发育，山高谷深，地形复杂。山地面积占全州总面积的90%以上，盆地及江河沿岸的平坝所占面积不到10%，是一个以高中山和低山丘陵为主的地区，素有"九分山水一分坝"之称。主要山脉有东部的乌蒙山、西南的哀牢山、西北的百草岭，形成三山鼎立之势。在三山二水之间，全州共有109个面积在1平方千米以上的盆地（俗称坝子）星罗棋布，总面积1216.58平方千米，占全州总面积的4.3%。其中面积在50平方千米以上的有元谋、姚安、罗次、牟定、楚雄5个坝子。

水系。楚雄州地跨金沙江、元江两大水系，其分水岭自东向西从州境中部蜿蜒而过，构成南北分流之态。其中金沙江在州境段全长137千米，水系流域面积1.7万平方千米，涉及除双柏县以外的8县1市，占全州面积的60.1%，主要支流自西向东有一泡江、多底河、湾碧河、万马河、蜻蛉河、龙川江、勐果河、黑鲁拉河等河流，流向均由南向北；元江水系流域面积1.13万平方千米，涉及双柏全县及南华、楚雄、禄丰3县（市）的大部分地区，占全州面积的39.9%，主要支流有礼社江、马龙河、绿汁江及14条小支流，均系从北向南流。

【气候环境】 楚雄州境气候宜人，属亚热带亚湿润高原季风气候，由于山高谷深，气候垂直变化明显。全州总的气候特征是冬夏季短，春秋季长；日温差大，年温差小；冬无严寒，夏无酷暑；干湿分明，雨热同季；日照充足，霜期较短；蒸发旺盛，降水偏少；冬春少雨，夏旱偏重。全州因各地地形和海拔的差异，有明显的立体气候和小气候特征，呈“一山分四季，谷坡两重天”的特点。2013年，全年平均降雨量673毫米，年平均气温17.1℃，年日照2395小时。县（市）政府驻地中，双柏县、大姚县、元谋县的空气质量达到一级标准，其他7个县（市）达二级标准。城市生活污水集中处理率81.2%；城市垃圾无害化处理率100%。全年各类自然灾害造成直接经济损失8.46亿元。农作物受灾面积166.77万亩，其中绝收41.18万亩。全年发生森林火灾35起，受害森林面积0.37万亩。

【资源特产】 土壤资源。楚雄州地带性土壤有暗棕壤、棕壤、黄棕壤、红壤，非地带性土壤有紫色土、水稻土、燥红土、石灰土、冲积土、盐土，共10个土类、18个亚类、57个土属、145个土种，酸碱性适中，宜种范围广，其中紫色土占总面积的65.16%，是烤烟等经济作物优质高产的土壤类型。2013年末，全州耕地面积252.00万亩，有中小型水库1086座，总库容12.52亿立方米。全年人工造林67.93万亩，退耕还林面积9.79万亩，天保工程管护面积3239万亩。有自然保护区19个，保护区面积284.80万亩，其中国家级保护区面积47.90万亩。全州有林地面积2667.45万亩，活立木蓄积量9236.73万立方米，森林覆盖率62.5%。

矿产资源。楚雄州境地质构造复杂，矿产资源丰富，已发现的地质矿产共有11大类73种。优势矿种有铁、铜、钛、煤、砷、石盐、石膏、芒硝等，储量比较丰富的矿产还有铅、铂、银、铌、硒、碲、氟、钒、硅石、石墨等，金、大理石、石棉、磷等矿藏也有分布。历史上，铜、铁、盐、煤等矿产曾对楚雄州乃至云南省的经济发展起过举足轻重的作用。据初步探测，楚雄州境还有丰富的石油和天然气资源，预计天然气的资源量十分可观。

水资源。楚雄州地处金沙江、元江两大水系的分水岭地带，境内无天然湖泊，也无入境暗河，水资源均由大气降水形成，多年平均水资源量68.67亿立方米。全州地表水平均径流深242.0毫米，24年地表水平均径流量为68.67亿立方米，人均水资源占有量2676立方米。境内地下水主要由地表水渗入地下转换而来，以泉水形式存在，平均径流深56.34毫米，多年平均水量15.98亿立方米。金沙江多年平均过境水量1244亿立方米，元江水系过境水量14.03亿立方米。境内河流穿行于崇山峻岭之间，因水低田高，开发利用较少，如金沙江过境137千米，沿江段天然落差达358米，水量利用率不高。全州水能理论蕴藏量340万千瓦，地面河流适宜开发水资源25万千瓦。双柏、武定等县的小水电资源较为丰富。河流水质除龙川江、绿汁江中下游受工业排放废水污染外，其余河流水质均达国家地面水二级标准。水资源的匮乏，长期以来是制约楚雄经济社会发展的重要环境因素。

生物资源。楚雄州境生物资源丰富。植物资源有6000余种，主要是森林、中草药、野生食用菌等。其中，珍稀植物27种，国家一级保护植物8种、二级保护植物19种，经济林127种。野生哺乳动物种类110余种、鸟类390余种、爬行类66种、两栖类34种、鱼类85种，其中长臂猿、懒猴、云豹、绿孔雀等为国家重点保护的珍稀动物。发现有药用植物资源1770种，药用动物77种，药用矿物13种。有哀牢山、雕林山、紫溪山、化佛山、狮山、方山、昙华山、白竹山、老黑山等19个自然保护区，保护区面积284.96万亩，其中国家级保护区面积47.91万亩，是云南省重点林区之一。

旅游资源。楚雄州旅游资源以“恐龙之乡”、“腊玛古猿”、“元谋猿人”、元谋土林、狮山牡丹、紫溪山茶、彝族十月太阳历、古镇文化、彝族风情和冬暖夏凉的宜人气候而著称。以彝族文化为代表的民族节日、民族服饰、民族歌舞绚丽多彩、风韵独特。各种民族服饰多达400余种，传统的民族节日和集会多达57个，影响深远广泛的有“火把节”、牟定“三月会”、大姚“插花节”、永仁“赛装节”、姚安“龙华会”、禄丰“花会”、武定“花山节”、双柏“虎笙节”等。主要景区（点）有武定狮子山、元谋土林、彝人古镇、禄丰世界恐龙谷、楚雄州博物馆、黑井古镇、南华咪依噜风情谷、楚雄紫溪山、大姚石羊古镇、永仁方山、中国彝族十月太阳历文化园、牟定化佛山、大姚三潭景区、姚安光禄古镇、武定罗婺彝寨等。

土特名产。楚雄州不仅资源丰富，地方产品也独具特色。久负盛名的有楚雄云泉豆瓣酱，禄丰香醋、黑井石榴，南华野生食用菌、大白芸豆、沙桥豆腐、月琴，大姚薄壳核桃、果脯、小把粉丝、野坝子蜂蜜，姚安三角糯米、茯苓、菖河蜂蜜、荞酒、山药，永仁苴却砚、永兴花椒、永桥酒，牟定油卤腐、喜鹊窝酒、铜炊具、化佛茶，双柏妥甸酱油、白竹山茶，元谋热带水果、冬早蔬菜，武定壮鸡、木纹石等。楚雄市、大姚县、南华县被授予“全国核桃之乡”称号。姚安蛉河藕粉、大姚薄壳核桃、元谋蔬菜、武定壮鸡已成产业化发展趋势。此外，遍布全州的虎掌菌、松茸、牛肝菌、黑木耳、香蕈等野生食用菌畅销欧洲及日本；元谋冬早蔬菜远销全国各大中城市，是全国十大蔬菜基地之一；柠檬酸、高低压开关柜等工业产品畅销全国；“排毒养颜胶囊”等民族药享誉海内外。

【经济状况】 2013年，全年全州生产总值（GDP）632.50亿元，按可比价计算，比上年增长10.6%。其中，第一产业增加值145.28亿元，增长7.1%，拉动经济增长1.5个百分点；第二产业增加值264.35亿元，增长12.3%，拉动经济增长5.5个百分点；第三产业增加值222.87亿元，增长10.4%，拉动经济增长3.6个百分点。第一、第二、第三产业对生产总值增长的贡献率分别为13.8%、52.4%和33.8%，分别比上年提高1.5个百分点、下降4.2个百分点和提高2.7个百分点。

第一、二、三产业增加值占生产总值的比重分别为23.0%、41.8%、35.2%。全社会劳动生产率（按从业人员计算的人均GDP）为3.72万元/人。按常住人口计算的人均GDP为23241元，按公安户籍人口计算的人均GDP为2.41万元。非公有制经济增加值290.35亿元，占GDP的比重为45.9%，比上年上升0.7个百分点（按可比口径计算）。

全州居民消费价格总水平比上年上涨3.0%。其中，城市上涨3.2%，农村上涨2.9%。居民消费价格中，食品价格上涨6.5%，其中粮食价格上涨3.1%，烟酒价格上涨0.1%，衣着价格下降1.1%，家庭设备用品及维修服务价格下降1.0%，医疗保健和个人用品价格上涨0.4%，交通和通信价格下降0.9%，娱乐教育文化用品及服务价格下降1.1%，居住价格上涨6.5%，服务项目价格上涨3.4%。商品零售价格总水平上涨1.6%，农业生产资料价格总水平上涨0.1%。

年末全州从业人员167.17万人，比上年减少5.48万人。其中，从事农业产业的101.15万人，占60.5%，比上年下降1.3个百分点；从事非农产业的66.02万人，占39.5%，上升了1.3个百分点。年末城镇登记失业率3.3%，与上年持平。城镇化水平（城镇化率）37.46%，比上年提高1.23个百分点。

全年实现农业总产值247.15亿元，按可比价计算，比上年增长7.4%。全年粮食种植面积378.88万亩，经济作物种植面积239.00万亩，其中烤烟种植面积74.66万亩，油料种植面积37.70万亩，蔬菜种植面积106.70万亩。粮食作物与经济作物种植面积比为61.3∶38.7。全年粮食总产量120.31万吨，比上年增长2.8%。其中秋粮94.49万吨，夏粮25.82万吨。

全年肉类总产量40.5万吨，增长2.9%；牛奶产量695吨，下降19.6%；禽蛋产量1.17万吨，增长12.4%；蜂蜜产量1072吨，增长18.2%；蚕茧产量2848吨，增长13.2%；水产品产量2.25万吨，增长16.7%。大牲畜年末存栏98.8万头，增长3.7%；生猪年末存栏264.4万头，增长11.8%；羊年末存栏142.0万只，增长6.6%；家禽年末存栏1253.5万只，增长9.1%。

全州有效灌溉面积134.25万亩，节水灌溉面积102.57万亩。全州农业机械总动力258.35万千瓦，增长9.7%，其中排灌机械总动力35.84万千瓦，增长13.2%。农村用电4.19亿度，增长8.3%；农用化肥施用量（折纯）14.27万吨，增长2.8%；农药使用量3213吨，增长4.3%。

全年规模以上工业完成产值485.83亿元，比上年增长12.5%（现价）；实现增加值160.83亿元，增长10.3%。

烟草制品业、冶金化工业、医药制造业实现增加值125.01亿元，增长6.6%，占全部工业增加值的59.6%，占规模以上工业增加值的77.7%。其中，烟草制品业实现增加值68.95亿元，占规模以上工业增加值的42.9%；冶金化工业实现增加值51.67亿元，占规模以上工业增加值的32.1%；医药制造业实现增加值4.39亿元，占规模以上工业增加值的2.7%。

全州规模以上工业企业实现利税总额96.89亿元，增长9.7%。其中，实现利润21.90亿元，增长13.9%；实现税金74.99亿元，增长8.5%。

全州有建筑资质的133个本地建筑企业完成总产值89.72亿元，比上年增长20.8%，全年实现建筑业增加值54.57亿元，比上年增长19.8%（现价）。

全年规模以上固定资产投资451.79亿元，比上年增长30.0%。其中，城镇投资354.61亿元，增长22.4%；农村投资97.18亿元，增长67.9%。在城镇投资中，建筑工程投资242.04亿元，增长36.2%；安装工程投资18.31亿元，增长11.1%。在城镇投资中，国有单位投资149.96亿元，增长29.8%；非国有单位投资204.65亿元，增长36.5%。全年新增固定资产205.41亿元，增长29.6%。新开工项目624个，下降0.3%。按产业分，第一产业投资21.57亿元，比上年增长78.3%；第二产业投资156.41亿元，增长4.5%；第三产业投资273.81亿元，增长47.4%。全年房地产开发投资87.65亿元，比上年增长28.2%。商品房销售面积189.51万平方米，下降11.0%。商品房销售额63.50亿元，下降3.8%。

全年全社会消费品零售总额210.65亿元，比上年增长14.1%。按城乡分，城镇实现179.30亿元，增长14.9%；乡村实现31.35亿元，增长9.9%。按经济类型分，公有制经济实现48.64亿元，增长11.5%，其中国有及国有控股经济实现43.01亿元，增长13.9%；非公有制经济实现162.01亿元，增长14.9%，其中个私经济实现149.77亿元，增长15.1%。非公有制经济实现的消费品零售额占零售总额的76.9%，比上年提高1.5个百分点。

全年外贸进出口总额2.8亿美元，比上年增长39.7%。其中，出口额2.56亿美元，增长42.1%；进口额2425万美元，增长18.7%。全年实际利用外资2584万美元，下降28.2%。

年末州内公路通车里程1.78万千米（含村道）。其中高速公路319.12千米，一级公路46.13千米。年末全州机动车拥有量57.37万辆，比上年增长7.7%。其中，汽车14.34万辆（个人12万辆），增长18.5%；拖拉机5.33万台，增长5.7%；摩托车37.64万辆（个人37.6

万辆），增长6.7%。机动车驾驶员52.7万人。全年完成公路运输客运量3373万人次，增长2.6%；旅客周转量23.86亿人千米，增长11.3%；公路运输货运量1957万吨，增长12.6%；货运周转量23.42亿吨千米，增长16.5%。全年完成邮电业务总量15.43亿元，比上年增长12.2%。其中，邮政业务总量0.62亿元，增长3.3%；电信业务总量14.81亿元，增长12.6%。全年订售报纸2948.51万份，订售杂志118.08万份，收发国内信件440.12万件。年末固定电话用户20.54万户；移动电话用户157.28万户。电话普及率为67.7部/百人（按公安户籍人口计算），比上年增加5部/百人。年末互联网用户达27.48万户。全年共接待国内游客1659.49万人次，国际游客3.25万人次，分别比上年增长23.5%和16.1%。实现旅游总收入66.12亿元，增长33.1%。其中，国内旅游收入65.43亿元，增长33.0%；旅游外汇收入6921.54万元，增长39.5%。

全年完成地方财政总收入140.46亿元，比上年增长12.9%。其中，上划中央和省级所得税收入14.04亿元，增长16.3%；上划省级耕地占用税和卷烟教育费附加收入2.37亿元，增长50.6%；地方公共财政预算收入56.37亿元，增长21.7%。地方公共财政预算支出172.65亿元，增长9.3%。金融机构年末人民币存款余额704.56亿元，比上年末增长20.0%，其中城乡居民储蓄存款391.14亿元，增长20.1%。金融机构年末人民币贷款余额429.03亿元，比上年末增长22.0%。全年州内保险公司保费收入14.74亿元，比上年增长19.9%。其中，寿险业务保费收入6.6亿元，增长14.6%，赔款及给付1.28亿元；财产保险业务保费收入5.97亿元，增长23.3%，赔款及给付3.06亿元；健康和意外伤害业务保费收入2.17亿元，增长27.9%，赔款及给付1.09亿元。

【教科文卫】 2013年末，楚雄州有普通高校2所，专任教师733人，招生4349人，在校学生1.5万人，毕业学生3553人；普通中专学校25所（含成人中专学校9所、中等职业技术学校5所、职业高级中学10所和技工学校1所），专任教师1119人（中等专业学校338人），招生1.07万人，在校学生2.99万人（中等专业学校8406人），毕业学生8454人；高中20所，专任教师2937人，招生1.53万人，在校学生4.28万人，毕业学生1.18万人；初中111所，专任教师6768人，招生3.55万人，在校学生10.13万人，毕业学生3.3万人；小学831所，专任教师1.21万人，招生2.67万人，在校学生18.31万人，毕业学生3.57万人。特殊教育学校2所，专任教师60人，招生69人，在校学生345人。幼儿园279所，专任教师1701人，在园幼儿5.27万人。全州学龄儿童净入学率99.95%。小学毕业生升学率99.56%，初中毕业生升学率78.14%，初中学龄人口净入学率99.19%，高中学龄人口毛入学率75.67%。教育部门主管录取的大学生1.19万人，比上年增长2.69%；残疾儿童入学率77.53%。小学、初中、高中专任教师学历达标率分别为99.42%、99.56%和97.96%。

全年列入州级以上科技计划项目96项。其中，国家6项，省级31项，州级59项。全年自然科学研究成果获省部级奖5项，获地厅级奖41项。科技对国民经济增长的贡献率为51%，比上年提高1.1个百分点。全年组织科技培训20万人次，受理专利申请384件，批准专利191件。

年末共有专业艺术表演团体10个，公共图书馆11个，公共图书馆藏书126.99万册，文化馆11个，博物馆4个，文管所10所，乡（镇）文化站103个。全州有电视台1座，广播电台1座，电视覆盖率97.8%，广播覆盖率97.4%。全年出版报纸312期842万份。

年末有医院66所，妇幼保健院（所、站）11所，卫生院114所，社区卫生服务中心（站）18个，卫生监督所11个，疾病预防控制中心（所）11个，采供血机构1个，急救中心（站）2个，诊所（卫生所、医务室）351个，门诊部15个，健康教育所1个。有专业卫生技术人员1.21万人。其中，执业医师3606人，执业助理医师792人，注册护士4459人。医疗卫生机构床位1.36万张，医院和卫生院床位1.31万张，其中医院床位1.05万张。

全年体育健儿参加省级及以上体育竞技比赛获得奖牌96枚。其中，金牌26枚、银牌26枚、铜牌44枚。

【社会生活】 2013年，楚雄州农村居民人均纯收入6357元，比上年增加939元，增长17.3%；城镇居民人均可支配收入2.29万元，比上年增加2642元，增长13.0%。全州1019个村委会，1019个通电话、通公路、通电，1012个通自来水。

全州参加基本养老保险13.51万人，比上年增加4347人。其中在职职工8.91万人，离退休人员4.6万人。参加失业保险11.04万人，减少8人。参加基本医疗保险42.28万人，增加3570人。参加工伤保险16.45万人，增加9184人。参加生育保险6.84万人，增加4553人。农村居民参加农村社会养老保险142.24万人，增加2.48万人。参加新型农村合作医疗214.58万人，比上年增加3.64万人。

年末全州领取失业保险金人数6800人。全年城镇居民9.72万人得到政府最低生活保障，农村居民19.3万人得到政府最低生活保障。全年民政优抚革命伤残军人1231人，在乡复员军人5183人。全州有敬老院102个，收养4037人；有福利院7个，收养276人。

全年生产安全事故540起，125人死亡，比上年增长3.3%，373人受伤，直接损失2124.73万元；亿元生产总值生产安全事故死亡人数为0.20人，下降4.8%。其中，工矿商贸企业从业人员生产安全事故18起，19人死亡，直接损失1202.16万元；煤矿生产安全事故1起，1人死亡，直接损失200万元；发生交通事故243起，93人死亡，371人受伤，直接财产损失141.42万元；发生火灾270起，4人死亡，1人受伤，直接财产损失579.65万元。

［李　梅］

经济建设

【宏观经济】 2013年，楚雄州全州生产总值完成632.5亿元，增长10.6%；规模以上固定资产投资完成451.79亿元，增长30%；地方财政总收入和地方公共财政预算收入分别完成140.46亿元和56.37亿元，分别增长12.9%和21.7%；社会消费品零售总额完成210.7亿元，增长14.1%；外贸进出口总额完成2.8亿美元，增长39.7%；城镇居民人均可支配收入和农民人均纯收入分别达2.29万元和6357元，分别增长13%和17.3%；居民消费价格总水平上涨3%；城镇登记失业率为3.3%；人口自然增长率4.37‰；城镇化率提高1.3个百分点，达37.5%；单位生产总值能耗下降完成省下达目标。楚雄州十一届人大三次会议确定的经济社会发展目标，除地区生产总值、财政总收入和社会消费品零售总额外，其余指标均完成或超额完成。

【重点产业发展】 2013年，楚雄州坚持以调结构、转方式为主线，认真实施《楚雄州“产业建设年”三年行动计划》和《楚雄州“产业建设年”2013年实施方案》的安排部署，重点产业建设加快发展。烟草产业稳步发展。烤烟种植面积80.72万亩，收购烤烟205万担，收购均价26元，圆满完成收购计划。实现“两烟”销售收入75.34亿元，比上年增加11.87亿元，增长18.7%；实现税利31.99亿元，增加5.93亿元，增长22.77%。烟草制品业完成总产值94.23亿元（现价），增加5.52亿元，增长6.22%，完成增加值68.95亿元，增长1.5%。烟草业实现增加值94.9亿元，增长2.7%。冶金化工业保持平稳发展。共实现工业总产值232.16亿元，增长10.8%；实现增加值51.67亿元，增长12.6%。云南德胜钢铁有限公司、楚雄滇中有色金属有限责任公司、楚雄德胜煤化工有限公司、云南楚雄矿业有限公司4户10亿元以上冶金化工企业共实现工业产值122.71亿元，增长1%，占冶金化工产业总产值的52.9%。新增规模以上冶金化工企业11户，新增产值8.12亿元。生物医药业总体呈现持续较快发展态势。纳入统计的26家生物医药企业实现总产值34.77亿元，增长36.97%。其中产业过亿元的重点企业有11户（比2012年新增3户），云南一致魔芋生物科技有限公司、云南龙发制药有限公司等重点企业强劲增长，楚雄天利药业有限公司二期技改扩建项目、楚雄和创药业有限公司制药生产线建设项目等一批重点项目积极推进。生物医药产业实现总产值34.77亿元，比上年增长36.97%，实现增加值5.45亿元，增长35.7%（可比价），种植中药材7.25万亩，比上年增长13.2%。文化旅游业保持稳步发展。《楚雄州建设民族文化强州规划（2013～2020年）》正式颁布实施，列入省50个重点文化产业项目的云南禄丰石文化产业园区、永仁苴却石艺加工片区和楚雄市文化产业创意园建设、十月太阳历文化园提升改造等项目有序推进。投资近40亿的“七彩云南·时空世界”禄丰恐龙历史文化旅游项目已与云南诺仕达集团正式签约，总投资57.1亿元的元谋古人类历史文化旅游项目与山东菏泽交运集团签订了合作协议，规划已通过评审。共有文化市场经营单位2373个，从业人员1.07万人，投资金额4.05亿元，年上缴税金1574万元。共接待海外旅游者3.25万人次，增长16.09%；接待国内旅游者1659.49万人次，增长23.54%。实现旅游总收入66.12亿元，增长33.1%。文化旅游产业实现增加值38.63亿元，增长12.8%。绿色食品业持续健康发展。楚雄农业科技园区被批准列入第五批国家农业科技园区。初步建成一批优质粮食、特色畜禽、绿色蔬菜、木本油料、茶桑、食用菌、魔芋、水产养殖等高原特色优势农产品原料基地，特色经济作物和木本油料发展面积突破1000万亩。年产值100万元以上的农业企业新增41户，达243户，新认定州级龙头企业45户，累计达185户。绿色食品产业完成增加值108.12亿元，增长13%。新能源产业取得新进展。建成投产的6个风电场2013年共发电6.6亿度，实现产值4亿元。南华打挂山、禄丰大荒山、武定大丫口3个风电场已获国家能源局同意开展前期工作，牟定安乐风电场预可研通过国家能源局审查。建成的4个光伏电站总发电5736万度，实现产值0.57亿元，有3个光伏电站建设项目已获省能源局核准。中高公司光热太阳能发电设备制造基地项目、明阳集团高倍聚光太阳能模组生产基地项目、云南云开电气股份有限公司实施的40.5千伏环保开关产品研发及产业化项目建设前期工作有序推进。新能源产业实现产值5.1亿元，实

从楚雄境内通过的500千伏输电线路　　（樊家海/摄影）

现增加值1.9亿元，增长275%。新材料产业有新进展。云南新立有限公司禄丰钛业分公司年产1万吨海绵钛项目和年产6万吨钛白粉项目稳步推进，楚雄中信塑木新型材料有限公司年产2万吨木塑系列产品建设项目已完成并进行试生产。新材料产业完成工业增加值7437万元，增长11.4%。六大重点产业实现增加值301.04亿元，占全州GDP比重的47.6%，比上年提高0.9个百分点。

【基础设施建设】 2013年，楚雄州以农业、交通、城镇为重点的基础设施建设加快推进。重点交通项目加快推进。全长54.03千米的楚南一级公路如期开工建设，楚广高速公路工程建设进展顺利，G108国道永仁至武定段改造示范工程项目开工建设，2012年度农村公路建设项目全面完工并投入使用，交通运输固定资产投资完成22.79亿元，比上年增长166.1%。年末，全州公路通车里程1.78万千米，其中，农村公路通车里程1.53万千米，高速公路通车里程319.12千米，一、二级公路361.9千米，高等级公路率3.8%，三、四级公路达1.04万千米。103个乡（镇）通公路等级率100%，1098个村（居）民委员会公路通达率100%。进一步加强协调昆广复线、广大铁路、成昆铁路永仁至广通段和楚雄机场项目的前期工作，永广铁路于11月底开工建设，楚雄机场已完成项目初步选址，交通运输条件极大改善。水利基础设施建设显著提升。9件烟草水源续建项目完工1件，6件小（一）型水源工程、龙川江南华和元谋段等7条中小河流治理、大姚和牟定两个山区“五小水利”、双柏峨足小流域坡耕地水土流失治理和147件小（二）型病险水库除险加固等共207件重点水利项目全面开工建设。累计完成水利固定资产投资29.86亿元，比上年增长25.5%。城镇基础设施不断完善。完成续建和新建城市市政基础设施建设项目投资14.88亿元，14个乡（镇）污水处理设施及供水项目通过省发展和改革委员会审查，完成2012年结转续建的城市保障性住房建设投资22亿元，完成2013年城镇保障性住房建设投资6.69亿元。

【产业结构调整】 2013年，楚雄州围绕“一产调优、二产调强、三产调快”的总体目标，三次产业结构进一步优化，三产比例从2012年的23.5∶42∶34.5调整为2013年的23∶41.8∶35.2。以高原特色农业为重点的农业农村经济稳步发展，农林牧渔业实现增加值145.28亿元，增长7.1%。播种粮食378.88万亩，粮食总产量120.3万吨。蔬菜、烤烟等经济作物种植面积239万亩，产值突破60亿元，粮经种植比例为61.3∶38.7。农业产业化发展势头强劲，新增省级农业科技示范园9个、省级优质种业基地6个、云南名牌农产品3个，农业龙头企业省级11户、州级45户，实现农业产值131亿元，增长5.3%。肉类总产量40.5万吨，牧业产值91.3亿元，增长10.9%；渔业产值3.4亿元，增长3.7%。第二产业稳中调强。着力稳增长、调结构、促转型，工业经济呈现企稳回升态势，规模以上工业增加值达160.8亿元，增长10.3%。园区建设取得新进展，共完成园区基础设施建设投资20亿元，建设标准厂房37.6万平方米，新增入园企业60户，完成园区工业投资59亿元，实现园区工业产值290亿元，占规模以上工业产值的59.7%。规模以上工业企业新增42户，总数达197户，增长27%。加快实施产业建设年2013年实施方案中的49个重大工业项目和28个重点前期项目，累计完成投资21.89亿元，工业发展后劲显著增强。完成房地产投资89亿元，商品房销售面积185万平方米，建筑业实现增加值54.57亿元，增长18.4%。第二产业实现增加值264.35亿元，增长12.3%。第三产业快中调好。认真贯彻落实加快服务业发展3年行动计划，加快推进交通运输、现代物流、民族文化旅游、贸易、金融、科技、房地产等服务业发展，第三产业实现增加值222.87亿元，增长10.4%。突出规划引领发展，编制完成了《楚雄州现代物流产业发展规划（2013～2020年）》和《楚雄州铁路集装箱物流中心概念性规划》等重点专项规划。积极改善消费环境，培育消费热点，实现社会消费品零售总额210.65亿元，增长14.1%。充分利用南博会、昆交会等大型会展活动平台，进一步加强对外合作交流，实现外贸进出口总额2.8亿美元，增长39.7%。

【重点领域改革】 2013年，围绕重点领域关键环节改革的目标和重点，楚雄州及时制定下发了《中共楚雄州委关于认真学习贯彻党的十八届三中全会精神全面深化改革的意见》，各项改革稳步推进。行政审批制度改革进一步深化，社会事业分类改革有序推进。投融资体制改革成效明显，新增各类融资118亿元，创历史新高，其中银行信贷新增77亿元，贷款增幅超存款2个百分点；成功发行20亿元企业债券，新设立小额信贷公司15户，多元融资格局初步形成；筹措13亿元资金偿还政府到期债务。农村综合改革有新进展，姚安包粮屯生产合作组织等新型农业生产经营模式探索取得突破。以营改增为重点的财税体制改革扎实推进。10县（市）城市水价改革全面完成。医药卫生体制改革稳步推进。

【县域经济发展】 2013年，楚雄州通过强抓工作责任，将具体工作任务分解到州级各部门和10县（市）人民政府，加大督查工作力度，坚持不懈地实施项目带动战略，建成了一批事关全局的大项目、好项目，县域交通、农田水利、城镇、能源、信息等基础设施建设进程加快，为县域经济加快发展进一步夯实了发展基础。10县（市）县域经济跨越发展规划全面完成并建立了项目库，强化了县域经济发展规划引领和项目支撑。县域经济的发展活力不断增强，发展质量进一步提高。生产总值增幅最高的为双柏县，为15.1%，高于上年0.5个百分点；规模以上工业增加值增幅最高为姚安县，为49.9%，高于上年0.1个百分点；社会消费品零售总额增幅最高为双柏县，为14.3%；规模以上固定资产投资增幅最高为姚安县，为60.2%，高于上年15.2个百分点。

【桥头堡建设】　2013年，楚雄州紧紧抓住国家依托长江建设中国经济新支撑带，将云南省列入“促进两头”之一的机遇，结合滇中经济圈、滇中产业聚集区（新区）建设，切实推进滇中一体化、滇中产业聚集区（新区）、云南北大门、楚南经济带等方面的桥头堡相关推进工作，全面推进桥头堡建设。编制完成了《楚雄州滇中产业聚集区（新区）项目集群规划》，共提出规划项目1506项，总投资9082亿元。长水机场至富民至碧城至禄丰至广通高速公路、武定至安丰营至易门高速公路，禄丰东河水库扩容，彩云镇现代农业、高原特色农业综合试验示范园区等项目前期有序推进。同时，及时与省桥头堡建设办公室衔接，将楚南一级公路建设增补到省桥头堡重点建设项目规划，用地等方面得到重点支持，确保了项目如期开工建设。年内，州人民政府及时与省桥头堡建设办公室签订了2013年桥头堡建设目标责任书，并上报2013年桥头堡建设重点项目32个，其中大通道建设项目10个，水利、能源保障体系建设项目12个；特色优势产业建设项目10个，大部分项目同时列入了省级重点督查的“三个一百”和州级“3个30”项目，所上报项目均被省列入桥头堡重点建设项目，项目建设取得积极进展。

［张云徽］

政治建设

【基层组织规范化建设】　2013年，楚雄州制定了《基层党建工作3年规划》和《发展村级集体经济实施意见》、《村（居）民小组党支部活动场所建设实施意见》、《村干部待遇“倍增计划”实施意见》、《发展党员工作实施意见》等文件，明确了楚雄州未来3年基层党建工作的指导思想、目标任务，提出了10条措施26条具体办法，形成了以《规划》为统领，4个《实施意见》为支撑的基层党建工作规划体系。年末，全州10个县（市）委、103个乡（镇）党委都制定了党建工作规划，1099个村（社区）、14400余个村（居）民小组制定了3年发展规划。各县（市）结合实际研究制定了村干部待遇倍增计划，从7月1日起为全州3084名村“三职”干部每人每月增加220元基础补贴。全面巩固消除村级集体经济“空壳”村成果，年底，圆满实现年可支配收入超过1万元的村（社区）达到90%以上、超过3万元的村（社区）达到60%以上的目标。强力推进村（居）民小组活动场所建设。年末，全州有3592个村（居）民小组党支部建有党组织活动场所，占村（居）民小组党支部总数的59.5%，其中2013年新建活动场所的村（居）民小组党支部470个。

【“三型”党组织建设】　2013年，楚雄州以强化党员教育为重点建设学习型党组织。认真落实“三会一课”、组织生活会、民主生活会、党员学习日等制度，切实推进学习型党组织建设。认真抓好村“两委”换届后村干部的集中培训，编印《基层党建工作基本教程》和《楚雄州农村基层组织制度指导手册》各5000册下发全州基层党务干部进行学习。以做实群众工作为重点建设服务型党组织。完善党员帮扶机制，采取组织“牵线”、党性“担保”、政府“贴息”、银行“搭台”的方式开展“红色信贷”工作。至11月底，各县（市）人民政府共投入财政风险抵押基金595万元，农村党员可向农信社申请贷款1.19亿元创业致富。建立党内温暖基金，开展贫困党员“两节”慰问、农村党员去世悼念、老党员生日慰问活动，建立贫困党员家庭子女助学制度、农村老党员定期体检制度、困难党员就医帮扶等制度，农村基层党内帮扶救助机制和党内激励保障机制不断建立和完善。健全为民服务网络，进一步完善县、乡、村、组4级为民服务站点配套功能，推进“一站式”服务，推行“农事村办”。在县级成立流动党员管理服务中心，在乡（镇）成立流动党员管理服务站，在行政村成立流动党员服务点，建立健全流动党员管理服务网络。以推进基层党内民主建设为重点建设创新型党组织。积极稳妥推进党代表大会任期制、乡（镇）党代会年会制、县（市）党代会常任制、党代会代表提案制，探索试行党代表联系服务群众、党员旁听基层党委会议、党代表列席同级党委有关会议等制度。全州共确定了50个试点乡（镇），并将逐年扩大乡（镇）党代会年会制试点工作。全面推行党员民主议事制度，认真实行党员首议制、党内情况通报制、党内提案制、重大事项表决制和党务公开制。

【村“两委”换届选举】　至2013年6月10日，楚雄州全面完成村级党组织和第五届村民委员会换届选举及建立村务监督委员会工作。通过换届选举，共选举产生新一届村级党组织书记1046名，副书记770名，委员6364名。其中，书记、主任“一肩挑”的722人，占69.09%；村级党组织和村民委员会班子成员“交叉任职”的4108人，占61.18%；村级党组织书记中有女书记77人，占7.36%；35岁以下年轻干部占25.86%，女性委员占22.98%，少数民族委员占44.51%；村民委员会主任中有女主任92人，占8.7%；大学生村官专职专选副书记168人。

【县（市）、乡（镇）人大、政府和县（市）政协领导班子换届】　至2013年1月30日，楚雄州103个乡（镇）换届工作顺利结束；2月21日，全州10县（市）人大、政府、政协领导班子换届工作顺利结束。全州10县（市）人大、政府、政协领导班子职数共设置160名，州委共提名190个职位的人选（含兼任公安局长的政府副职及法检“两长”，兼任县（市）公安局长的政府副职不占政府领导班子职数），190名人选全部顺利当选，各县（市）人大、政府、政协领导班子配备率100%，领导班子结构进一步优化，班子整体功能进一步增强。

［冯　相］

【规范性文件制定、登记、审查、备案、清理】　2013年，楚雄州法制办公室围绕发展改革工作重点，积极做好州人民政府规范性文件制定、登记、审查、备案及清理工作。按照计划立法的要求，在征求意见的基础上，拟定《2013年州人民政府规范性文件制定工作计划》，报经州人民政府批准后下达执行。计划下达后，严格遵循立法工作程序，坚持深入调查研究和网上公开征求意见、举行论证会、座谈会和听证会，坚持科学民主立法，至12月5日，列入年度计划的10件规范性文件已完成8件，其中，经省政府法制办登记后州人民政府公布5件，上报省人民政府登记的2件，拟报州人民政府常务会议审定1件。组织召开规范性文件论证会8次、修改讨论会9次。

积极参与做好地方民族立法的起草、修订工作。根据《楚雄州人大常委会关于做好楚雄州2012～2016年地方民族立法工作的通知》和州人民政府办公室《关于做好楚雄州2012～2016年地方民族立法工作的通知》要求，提前介入，组织了《云南省楚雄彝族自治州青山嘴水库管理条例》、《云南省楚雄彝族自治州民族教育条例》的调研、起草、修订和审查工作。先后2次到县、乡开展立法调研，组织召开征求意见座谈会3次，组织召开立法论证会2次，组织讨论修改30余次。年底，《云南省楚雄彝族自治州青山嘴水库管理条例（草案）》和《云南省楚雄彝族自治州民族教育条例（草案）》已经州人民政府审定后提交州人大常委会审议。

年内，共收到各县（市）人民政府、州级部门报送登记备案的规范性文件18件，其中县（市）政府16件、州级部门2件。经审查，均符合规范性文件制定的要求，没有与法律、法规、规章相抵触的内容。全年共收到省发法规征求意见稿4件，都按照规定进行修改，并按时反馈修改意见。年内共审查州人民政府和州人民政府办公室领导安排的非规范性文件13件，出具审查意见书16份；收到州人大常委会非规范性文件征求意见稿3件，反馈修改意见3份；收到其他州级部门非规范性文件征求意见稿7件，反馈修改意见7份。

认真开展规范性文件清理，对不适应经济社会发展和被新的法律、法规所替代的3件规范性文件及时上报州人民政府进行废止。

【行政许可监督管理】 2013年，根据《云南省行政许可监督检查办法》、《云南省人民政府办公厅关于推进行政许可监督检查工作的意见》和《楚雄州人民政府办公室转发省人民政府办公厅关于推进行政许可监督检查工作文件的通知》要求，楚雄州及时下发通知，认真组织开展州内的监督检查工作。在各县（市）人民政府和州级部门自检自查的基础上，州法制办会同州监察局和州政务服务管理局组成3个检查组，于6月17～27日对全州10县（市）和州级19个行政执法部门以及楚雄开发区管委会行政许可实施情况进行监督检查。认真配合州编办组织开展第六轮行政审批制度改革阶段性工作。根据《国务院关于第六批取消和调整行政审批项目的决定》、《云南省人民政府关于简政放权取消和调整部分省级行政审批项目的决定》和《中共楚雄州委办公室关于印发〈楚雄州整改落实八个方面问题的工作方案〉的通知》要求，配合州编办起草了《中共楚雄州委机构编制办公室、楚雄州人民政府法制办公室关于认真开展第六轮行政审批制度改革阶段性工作的通知》，对第六轮行政审批制度改革工作进行了部署。加强对县（市）人民政府行政审批制度改革工作的指导。对各县（市）人民政府上报的第五轮行政审批制度改革工作的清理结果及时进行审查，严格把关，对与省、州人民政府行政审批制度改革精神不一致的及时进行沟通，指导各县（市）行政审批制度改革工作与国务院，省、州人民政府相一致。严格落实制度，规范许可管理。积极配合政务服务中心筹建完善各项制度，不断加强对行政许可（审批）工作的指导和监督，大力推进和规范行政许可（审批）集中办理和公开制度，不断加大对行政审批“一站式服务”、“一个窗口对外”和重点领域、重点行业的指导监督，提升行政许可（审批）服务水平和服务质量。

【重大决策听证】 2013年，根据《云南省人民政府关于在全省县级以上行政机关推行重大决策听证、重要事项公示、重点工作通报、政务信息查询四项制度的决定》精神，楚雄州人民政府法制办公室认真做好重大决策听证相关工作的收集、上报和协调推进工作，每月按时收集和整理上报重大决策听证相关材料，向州人民政府督查室和省法制办上报全州重大决策听证情况统计报表12份，全年全州共举行重大决策听证25项。

［武少林］

【政务公开】 2013年，楚雄州政务公开工作深入推进。州级和10县（市）均建立了政务（为民）服务中心和公共资源交易中心，103个乡（镇）建立了政务（为民）服务中心，1099个村全面建立为民服务站点。93个乡（镇）建立了农村集体资产资源交易招投标中心和农村产权交易中心。全州人民政府信息公开1.08万条，比上年增长15.84%。公开工程建设领域相关管理781条，工程建设领域信用管理发布29条。全州转接政务信息查询专线96128电话1213次，转接成功1078次，转接成功率89.86%，群众满意率96.41%。

【党务公开】 2013年，全州各级党组织认真贯彻落实中共楚雄州委《关于进一步实行党务公开工作的实施意见》，抓推进抓规范，健全完善党务公开制度体系，不断提高公开质量。巩固深化省、州纪委党务公开工作联系点大姚县试点工作，启动实施权力公开透明运行工作。

［吕高顺］

文化建设

【文化遗产保护】 2013年，楚雄州全面启动全州第一次可移动文物普查工作，并完成了第一阶段各项工作任务。组织开展楚雄州第三批重点文物保护单位申报、评审工作，州人民政府审定公布35

项具有较高文物价值和代表性的文物保护单位。在国务院公布的第七批全国重点文物保护单位名单中楚雄州有6项7个点入选。省、州投入240万元专项经费用于8项省级、州级文物保护单位的维修保护和文物征集，投资1709万元、历时3年的全国重点文物保护单位姚安龙华寺文物保护维修工程竣工并通过验收。组织开展文物抢救征集和考古发掘，对武定县猫街镇新发现的恐龙化石点进行实地调查，基本摸清分布范围和面积。在禄丰县大洼发现距今约1.95亿年的早侏罗纪时期恐龙胚胎化石，被英国权威学术期刊《自然》于2013年4月11日作为封面故事刊登。组织开展第三批州级非物质文化遗产保护名录和项目代表性传承人申报工作，州人民政府公布命名26个非物质文化遗产项目、40名项目代表性传承人。楚雄州10个项目入选云南省第三批非物质文化遗产保护名录。制定下发《楚雄州非物质文化遗产项目代表性传承人的申报认定与管理办法》，制作发行了《火舞彝山》大型画册和《火舞彝山》、《再说梅葛》DVD专题片。认真组织开展"5·18国际博物馆日"和第八个"中国文化遗产日"系列活动。

年内，全州共有各级非物质文化遗产代表性项目333项，其中国家级11项、省级20项、州级48项、县（市）级254项。有省级民族传统文化保护区10个，州级民族传统文化保护区17个。有省级传统文化艺术之乡2个，州级传统文化艺术之乡14个。有各级非物质文化遗产代表性传承人1333人，其中，国家级5人、省级66人、州级187人、县（市）级1075人。6月6日，在北京举行的"第二届中华非物质文化遗产传承人薪传奖颁奖仪式"上，楚雄州国家级项目《彝族梅葛》代表性传承人郭有珍获"薪传奖"。

［刘培星　张　云］

【基层文化阵地建设】　2013年，楚雄州共争取中央专项彩票公益金225万元，支持47个城市社区文化中心和文化活动室用于设备购置；争取省级投资500万元，实施村级文化体育活动广场建设项目50个；争取州级投资225万元，实施50个村级文化活动室建设；争取省级支持文化惠民专项资金391.2万元，创建文化惠民示范村5个，实施示范性文化站维修及提升改造25个，农村优秀业余文艺队演出以奖代补78支；争取省级支持数字图书馆推广工程专项经费120万元；为全州90支农村优秀业余文艺队配送价值35万元的演出设备，向4个县配送价值120万元的演出流动舞台车。争取并下达全州村级文化活动经费1013万元，确保了村级文化活动的正常开展。

［杨会芳］

【"三馆一站"免费开放】　2013年，楚雄州共拨付图书馆、文化馆、文化站免费开放经费1015万元、以奖代补经费44万元、博物馆免费开放经费279万元、禄丰恐龙博物馆开放经费100万元，全州4个博物馆、11个公共图书馆、11个文化馆、103个乡（镇）文化站全面实行免费开放。其中，4个博物馆接待人数约169万人次；11个图书馆、11个文化馆和103个乡（镇）文化站免费开放阅览室70个，开放面积9494平方米；开放电子阅览室终端1446台，开放时间21万余小时，接待阅览人数60余万人次；举办公益讲座328次，举办展览835次，举办培训1396次，免费新办图书借阅证5426个、新增图书5万余册；开展文艺活动2400余场次，参加人数200余万人次。

【国家公共文化服务体系建设】　2013年4月，楚雄州历时两年创建的国家公共文化服务体系示范项目"农民文化素质教育网络培训学校"顺利通过文化部的检查验收，文化部副部长杨志今专程赴禄丰县、楚雄市进行调研。年内，楚雄州组织开展了第二批国家公共文化服务体系示范区创建申报工作。9月，楚雄州被文化部、财政部列为全国第二批创建国家公共文化服务体系示范区的32个州（市）之一。11月21日，楚雄州创建国家公共文化服务体系示范区创建工作领导小组会议召开。12月17日，楚雄州创建国家公共文化服务体系示范区创建规划通过文化部、财政部评审。

［刘培星］

社会建设

【文明楚雄行动】　2013年3月5日，楚雄州以全州"文明与我同行、建设美丽楚雄"万人签名承诺暨学雷锋志愿服

2013年6月4日，"云台会"考察团向楚雄州赠送发表于英国《自然》杂志封面的距今约1.95亿年的最古老禄丰恐龙胚胎化石　　（州委统战部提供）

务集中示范活动为序幕，全面启动“文明楚雄行动”主题创建活动。文明餐桌行动围绕“反对浪费，文明用餐”的主题，把餐饮店（宾馆饭店、星级酒店）、学校食堂、党政机关和企事业单位食堂作为文明餐桌行动的主要范围，培树140家示范单位（55家示范店餐饮店、60所示范学校食堂、25家党政机关和企事业单位示范食堂），先后开展各种形式的宣传教育1340余场次，加强宣传和氛围营造，在全社会引起了强烈反响和普遍关注，文明餐饮、勤俭节约的良好社会风气初步形成。文明交通行动坚持宣传教育与执法监管两手抓，突出交通安全宣传教育、道路交通安全设施建设、典型示范创建等4项重点任务，着力开展文明交通“四个六”、驾驶学校和农机培训站“五个一”活动，先后开展各种宣传教育930余场次，培树了常态化开展文明交通志愿劝导、公路沿线学校参与文明交通“小黄帽工程”等特色，交通参与者守法出行的文明意识明显提高，道路交通安全各项基础工作进一步加强，群众交通出行安全感和对交通环境的满意率得到提升。文明环境行动把宣传教育作为基础工作，先后开展宣传教育1100余场次，着力抓好基础设施建设、城乡环境卫生整治、城乡建设管理、户外广告管理、交通环境整治、环境保护、市场经营秩序整治等7项重点任务，大力整治城乡环境卫生“脏乱差”等突出问题，城乡居民的文明卫生意识逐步提高，城乡整体环境面貌有所改善。文明服务行动以创建26家州级文明优质服务示范窗口和服务行业为引领，开展宣传教育870余场次，在全州30个执法执纪部门和服务行业开展了以文明服务比素质、文明服务比技能、文明服务比环境、文明服务比作风、文明服务比先进等“五比活动”，切实加强全州窗口单位和服务行业员工队伍的文明素质、礼仪修养和职业道德建设，服务质量水平不断提高，服务环境不断优化，为全州经济社会发展营造了良好社会环境。

［熊建忠］

【教育民生资金争取及使用】 2013年，楚雄州共争取到位学生资助项目资金4.93亿元，资助家庭经济贫困学生和教师105.37万人次。其中，争取学前教育家庭经济困难学生补助资金222.73万元，补助幼儿7424人。争取农村义务教育阶段家庭经济困难寄宿学生生活补助资金1.91亿元、补助学生17.07万人，实现补助范围全覆盖。争取义务教育阶段学生免费教科书补助3144.37万元，补助学生26.18万人。争取城市义务教育阶段免学杂费补助资金428.55万元，补助学生3.19万人。争取下达中职学校春季国家助学金507.64万元，补助学生5587人；秋季资金648.49万元，受助学生8646人；免学费补助资金2845.79万元，补助学生1.83万人次。争取中职学校省政府奖学金9.2万元，奖励学生23人。争取普通高中国家助学金1901.7万元，资助学生1.48万人。争取普通高校大学生生源地信用助学贷款3068.3万元，贷款学生5196人。争取普通高校家庭经济困难新生入学资助项目资金28.25万元，资助学生435人。争取中央彩票公益金励耕计划项目资金235万元，资助家庭经济特别困难的中小学专任教师235人。争取省定民族高中寄宿生补助资金79.53万元，补助学生2651人。争取岭东英才奖助学金20万元，有家庭经济困难大学生40人享受到资助。争取工作经费37.79万元。全年全州共拨付营养改善计划补助资金1.71亿元（含地方试点奖补资金938.16万元），春季覆盖全州义务教育学校1107所，补助学生26.58万人；秋季覆盖全州义务教育学校1098所，补助学生26.02万人，全部用于农村义务教育阶段学生每生每天3元的营养膳食补助，有效保障了全州营养改善计划试点工作的顺利实施。全年全州共争取上级补助到位资金10.39亿元，其中中央资金7.44亿元，省级资金2.95亿元。

［江玉波］

【县级公立医院改革】 2013年，禄丰县被列为全国311个县级公立医院综合改革试点县之一和原卫生部部长陈竺挂点联系的付费制改革试点县，楚雄州把大姚县、禄丰县作为全州县级公立医院改革试点县。改革以取消“以药补医”机制为关键环节，统筹推进管理体制、补偿机制、人事分配、采购机制、价格机制等方面的综合改革。大姚、禄丰两县成立了公立医院管理委员会，实施法人治理机制改革。禄丰县制定了《公立医院医疗集团化改革方案》，建立以理事会为主要形式的医疗集团法人治理结构，全面推开政事分开、管办分开、医药分开的综合改革。县级医院组建紧密型医疗集团，县乡之间建立松散型医疗集团，形成基层首诊、分级医疗、双向转诊的服务模式，促进城乡医疗共同发展；人员实行竞争上岗、自主聘用、按

2013年3月28日，参加楚雄州文明餐桌启动仪式的领导签名承诺

（高建波/摄影）

劳分配，充分调动医务人员积极性；禄丰县人民医院、第二人民医院和县中医院实施“疾病诊断相关分组（DRGs）”支付方式改革，成为国内首家二级医院DRGs付费制改革试点并取得实质性进展。年内，共实施DRGs分组261个组，覆盖本地所有病例，其中手术治疗67个组、非手术治疗194个组。以付费制改革为杠杆，撬动医院内部综合改革向纵深发展，向着质量效益型的精细化管理转变，医疗费用得到有效控制，群众受益水平显著提高。2月1日起，禄丰县3家县级公立医院所有药品全部实行零差率销售，调整医疗服务价格，适当提高体现医务人员技术劳务价值的住院诊查费、手术费等医疗服务项目价格，降低医疗设备检查价格。2013年，禄丰县县级医疗机构次均住院费用2352元，其中县人民医院2404元，低于全省平均水平，县人民医院平均住院天数6.2天，比上年缩短1天，药占比25.53%，下降10%。禄丰县人民医院被卫生部确定为“全国院务公开示范点”，被中国健康教育中心、卫生部新闻宣传中心评为“群众满意的医疗卫生机构”，为全国评选出的30家“群众满意的医疗卫生机构”之一。

［自卫平］

【食品安全监管】　2013年，楚雄州多方采取措施，加强食品安全监管。

积极组织开展节日餐饮食品安全专项整治和宣传活动。组织开展了元旦、春节、“3·15”和“州庆·五一”、“火把节”和“中秋国庆”期间餐饮服务食品安全专项检查和食品安全知识宣传活动，全州共出动执法人员3218人次，检查餐饮单位4840家，立案查处42件，下发责令改正通知书297份，发出监督意见书269份，罚没款8600元人民币；共发放食品安全知识和法律法规宣传资料2.3万份，设立咨询台55个，展出宣传展板409块，广播宣传36期，张贴标语、发布食品安全信息486条，接待咨询群众4.6万余人。

扎实开展餐饮服务业食品安全监管和专项整治。先后组织开展了鲜肉和肉制品安全整顿治理、“地沟油”专项整治、旅游景区餐饮服务食品安全专项整治、学校食堂食品安全专项检查、农贸市场内餐饮服务单位食品安全专项整治、高等级公路周边餐饮服务食品安全专项整治、农村义务教育学生营养餐的监管、餐饮服务食品安全风险排查等专项整治，全州共出动执法人员5613人次，检查餐饮单位1.04万户次，立案查处134件，罚没款12.1万元，下发责令改正通知书658份，发出监督意见书1063份，没收食品368千克，罚没款2.16万元。发放食品安全知识和法律法规宣传资料1.54万份，设立咨询台125个，展出宣传展板1259块，广播宣传256期，电视宣传报道36次，张贴标语（布标）136条、发布食品安全信息456条，接待咨询群众5万余人。

积极推进餐饮服务食品安全监督量化分级管理。全州餐饮服务单位已全部纳入量化分级管理，共完成评级6898家餐饮服务单位的量化分级评审，其中A级单位37家、B级单位264家、C级单位6579家。城区学校食堂、旅游景区餐饮服务单位、大型以上餐馆、供餐人数500人以上的机关及企事业单位食堂、餐饮连锁企业的监督量化分级管理工作全部完成。

组织开展餐饮服务食品安全“百千万”示范工程建设。楚雄、牟定、元谋、南华、大姚、永仁6个省级餐饮服务食品安全示范县（市）、6条示范街、17个示范店受到全省通报表彰。永仁县召开了示范创建工作推进会，确定县级餐饮服务食品安全示范乡（镇）1个、示范街1条、示范景区1个、示范单位19家。

积极组织开展人感染H_7N_9禽流感防控工作。成立防控工作领导小组，制定下发防控工作方案，对全州开展餐饮服务环节防控H_7N_9禽流感疫情工作进行全面安排部署。以旅游景区景点餐饮单位、学校食堂、大型以上餐饮服务单位、城乡结合部小餐馆、“农家乐”和承办节日聚餐活动较多的餐饮服务单位为重点区域进行了监督检查。

加强餐饮服务食品安全事故应急处置能力建设。制定、完善《餐饮服务食品安全事故应急预案》，建立应急处置组织机构和应急队伍。于11月6日，在双柏县组织开展了全州餐饮服务食品安全事故应急处置演练现场观摩会，各县（市）食品药品监督管理局局长、食品科科长、食品药品监督管理局食品科、州食品药品稽查局和双柏县食品药品稽查局全体人员共64人参加了观摩会。参会人员实地观摩了食物中毒事故应急处置全过程。观摩结束后，召开了分析讨论会。各县（市）相继开展了餐饮服务食品安全事故应急处置演练。

积极开展餐饮服务食品安全检验检测工作。为10县（市）及州食品药品稽查局配备了食品安全保障快速检测箱、ATP荧光检测组件、农残检测仪、食用油检测箱等食品快速检测仪器设备，并用于实际工作之中。全州在餐饮服务食品安全日常监管和重点活动保障工作中共完成样品快速检测2058份。在全省率先启动了流动检测车。共投入经费4万余元，用于检测车车载人员培训，完善车载设施、设备，购买必需物品等，共出动流动检测车6车次，对南华、牟定、双柏、禄丰和楚雄5个县（市）96家食品经营单位进行了监督检查，共抽检食品148份，发现不合格食品11份，发出监督意见书和责令整改通知书22份。共接受楚雄电视台、楚雄日报、楚雄州广播电台、都市时报和春城晚报等媒体采访报道10次，接受群众咨询568人次。积极组织开展餐饮服务食品安全监督性抽检工作。下达了7大类200份检品计划，共抽检样品215份，合格186份，不合格29份，总合格率86.51%。

积极开展“文明餐桌行动”。成立文明餐桌行动领导小组，制定《“文明餐桌行动”实施方案》，针对餐饮服务单位开展宣传、培训和动员，对餐饮服务单位进行督促检查。

做好重大活动餐饮服务食品安全保障工作。全年全州共完成136次重大活动保障，共出动执法人员658人次，保障了7856人次的就餐安全，保障期间未发生任何食源性疾患和餐饮食品安全事故。

［沙朝仁］

【就业创业扶持】 2013年，楚雄州以重点群体充分就业为目标，认真落实各项积极就业政策，加强扶持创业带动就业工作，保持了就业局势的总体稳定。全年全州共支出就业专项资金4813.94万元，其中，公益性岗位补贴支出2139.18万元，职业培训补贴支出37.19万元，农民工培训补贴支出178.84万元，社会保险补贴支出2374.55万元，职业技能鉴定补贴43.17万元，小额担保贷款贴息41.01万元。

就业岗位开发。全年全州新增城镇就业2.59万人，完成目标任务的140%；失业人员再就业1.81万人，完成目标任务的259%；就业困难人员就业0.67万人，完成目标任务的149%；开发公益性岗位4000个，完成目标任务的100%；城镇登记失业率3.3%，低于4.5%的控制指标。

就业创业培训。全年全州组织城镇失业人员就业培训5700人，完成目标任务的100%；组织创业培训2600人，完成目标任务的100%，培训后实现创业1985人；组织农村劳动力技能培训3万人，完成目标任务的100%。

农业富余劳动力转移就业。全年全州共组织农业富余劳动力转移就业16.4万人，取得经济收入14.2亿元，其中新增转移就业5.59万人，国际劳务输出1635人，取得经济收入0.52亿元。推进实施农村劳动力转移就业特别行动计划，新增转移1.83万人。

创业扶持。在全州探索建立10个小额担保贷款扶持创业工作示范街（区），成立楚雄州创业小额贷款担保中心；与楚雄市人民政府、楚雄开发区管委会合作，在楚雄市挂牌成立全州首家创业孵化基地。全年全州共计发放“贷免扶补”创业贷款和小额担保贷款3.68亿元，扶持创业6483人，带动就业1.86万人。其中，发放“贷免扶补”创业贷款2.4亿元，扶持创业3928人；发放小额担保贷款1.28亿元，扶持创业2555人。扶持劳动密集型小企业54户，完成目标任务的100%，发放贷款3485万元，给予劳动密集型小企业贷款贴息450.5万元。

就业援助专项活动。全年全州各级就业服务机构开展了“春风舞动彝州就业尽在楚雄”为主题的专项活动，组织专场招聘会25场次，为2万余名城乡劳动者提供就业服务，发放《春风卡》、《农民工进城务工指南》、《劳务输出宣传问答》等宣传资料2.5万份，提供就业岗位1.58万个，提供劳动维权和法律咨询援助2700余人次。开展以“关注民生，促进就业”为主题的就业援助月活动，共走访就业困难家庭1236户，确定就业援助对象1235人，收集和开发用工岗位8000余个，发布用工信息436条，为1万余名城乡劳动者搭建了供需交流的就业服务平台和就业政策咨询服务，有1493名就业困难人员在就业援助月活动中实现就业。

高校毕业生就业。采取机关事业单位面向高校毕业生考录招聘、引导高校毕业生到基层就业、鼓励各类企事业单位吸纳高校毕业生就业、鼓励高校毕业生“走出去”就业、加大创业扶持力度、组织好离校未就业高校毕业生就业专项服务活动、对困难家庭高校毕业生实行重点就业帮扶、实施高校毕业生就业见习政策、营造促进高校毕业生就业的社会氛围等9个方面的措施，共帮助6100名应往届高校毕业生实现就业，安排高校毕业生就业见习800人。

［杨　杰］

生态文明建设

【统筹推进生态文明建设】 2013年，楚雄州按照“五位一体”的方针，把生态文明建设摆在更加突出的地位，统筹推进生态文明建设。坚持走经济与社会、环境相协调的科学发展路子，坚持节约优先、保护优先、自然恢复为主的方针，牢固树立保护环境就是保护生产力的理念，将环境容量作为经济建设的重要依据，将环境准入作为经济调节的重要手段，将环境管理作为调结构、转方式的重要措施，在发展中保护环境，在推进生态建设中努力实现“五个文明”协调发展。

【完善生态文明建设工作机制】 2013年，楚雄州着力完善生态文明建设工作机制。组织起草并报请成立了以州人民政府州长为组长，分管副州长为副组长，州级相关部门主要负责人为成员的楚雄州生态文明建设领导小组，建立了领导小组成员定期联系会议制度，形成了较为完善的组织协调网络和日常工作机制；先后组织起草并报请州委、州人民政府出台了《中共楚雄州委、楚雄州人民政府关于落实科学发展观加强环境保护的意见》、《中共楚雄州委、楚雄州人民政府关于加强生态文明建设的实施意见》等近20个有关环境保护和生态建设方面的文件，编制完成了《楚雄生态州建设规划》、《楚雄州生态功能区划》等基础性规划并组织实施。以“保护七彩云南·构建和谐彝州”活动为抓手，认真组织开展环境治理、绿色创建、节能减排等七大行动，制定工作目标、考核内容、奖惩办法和责任追究等，形成了组织机构健全、政策措施配套、工作责任明确、经费保障有力的工作格局。

【生态文明宣传教育】 2013年，楚雄州开展了形式多样的环境宣传教育活动。“6·5”世界环境日期间，向社会发布了《楚雄州2012年度环境统计公报》，认真组织开展“6·5”世界环境日和“三下乡”集中宣传教育活动，向群众发放环保宣传资料和手册5.47万份，免费发放环保购物袋4600个、环保围裙800个，展出环保宣传展板240块、图片880幅，受理和解答群众环境投诉、咨询350余人次；组织州爱车运动协会60余名骑行者开展了以“保护七彩云南、建设生态彝州、倡导绿色出行”为主题的“绿色出行”互动活动，在青山嘴水库开展了清洁垃圾行动。充分发挥州级主流媒体宣传作用，基本做到每日网上有环保新闻信息，每周《楚雄日报》有环保新闻稿件、州广播电台“滇中调频”有彝州环保声音、楚雄电视台有环保公益广告和新闻。楚雄州环境保护局环境宣传信息工作连续5年排名全省16个州（市）第一名，受到省环保厅和州人民政府办公室表彰。

【绿色创建】　2013年，楚雄州以生态创建为载体，扎实开展绿色创建工作，让生态文明理念进校园、进社区、进企业。经省级绿色系列创建工作领导小组评审命名，全州共创建州级绿色学校262所、省级绿色学校66所、受国家级表彰绿色学校2所；全州创建省级绿色社区18个，省级环境教育基地6个。全州先后有170余名环境教育优秀教师、优秀工作者分别受到国家、省、州表彰奖励，有7个单位被省绿色创建领导小组评选表彰为创建工作先进集体。

【乡村文明行动】　2013年，楚雄州环境保护局积极响应州文明委号召，按照“乡村文明行动”要求，认真开展农村环境综合整治项目储备库建设，组织筛选266个项目建立了楚雄州生态保护和农村环境综合整治项目库。实施农村环境综合整治示范项目38个。争取中央专项资金2750万元扎实推进九龙甸水库饮用水源地水污染防治项目，年内项目已基本完工，进入绩效评估和工程验收阶段。积极开展生态县（市）、生态乡（镇）、生态村生态示范创建工作。楚雄市创建国家级生态示范区工作通过省环保厅组织验收，武定、双柏、大姚、姚安4个县积极开展生态县建设，楚雄市东瓜镇、武定县发窝乡、大姚县昙华乡3个乡（镇）获国家级生态乡（镇）称号。全州共创建国家级生态乡（镇）4个，省级生态乡（镇）19个。

［张国跃］

【耕地保护】　2013年，楚雄州全面落实最严格的耕地保护制度，严格执行基本农田保护“五个不准”，积极完善政府主导、部门配合、全社会共同参与的耕地保护责任体系和考核体系。按照“依法依规、确保数量、提升质量、落地到户”的要求，组织开展了基本农田划定各项工作，并于12月通过了州级初验。年内，严格执行坝区耕地质量补偿政策，新增建设用地占用坝区耕地8386亩，仅占报批总面积的33%，补大于占，有效地减少了建设项目占用坝区优质耕地，进一步保持自然生态平衡。

【土地整治】　2013年，楚雄州加大对低效利用、不合理利用、未利用以及生产建设活动和自然灾害损毁的土地进行整治的力度，统筹城乡土地资源配置，有效提高土地利用效率。全年全州共组织实施新开工土地整治项目17个，建设规模7.03万亩，总投资2.05亿元，新增耕地1.97万亩；新申报的17个土地整治项目中，完成招投标工作9个、进入招投标程序8个、建设规模7.05万亩，预算总投资2.8亿元，预计新增耕地2.55万亩；年内改造中低产田地6.4万亩，占州人民政府下达任务数6万亩的107%；元谋县老城乡、平田乡、元马镇等5个州、县投资中低产田地改造和占补平衡项目通过验收，建设规模1.87万亩，新增耕地1.3万亩。完成全州土地整治规划编制、审查和报备工作，争取到2014年省级投资中低产田地改造项目11个，建设规模6.97万亩，估算投资1.66亿元，预计新增耕地2871亩；争取到省级投资补充耕地项目9个，建设规模3.47万亩，估算投资1.15亿元，预计新增耕地1.86万亩；组织开展滇中粮仓高标准基本农田建设重大工程可行性研究工作，建设规模约62万亩，估算投资13亿元。抓好城增村减工作。组织实施城乡建设用地增减挂钩试点拆旧区复垦项目9个，建设规模3607.6亩，置换使用建新区指标3413亩；申报试点项目7个，建新区规模1663亩，已经云南省国土资源厅批准实施4个，下达周转指标946亩。

【保护坝区农田建设山地城镇】　2013年，楚雄州进一步拓展用地空间，向低丘缓坡的荒山荒坡要地，“用地上山”稳步推进。把低丘缓坡试点片区的组织实施推进列入国土资源管理重点工作来安排，加大同云南省国土资源厅的汇报、协调，争取从用地报批、指标安排、资金安排等给予支持。省人民政府对楚雄州低丘缓坡土地综合开发利用试点项目给予3000万元建设资金扶持，其中，牟定县2000万元，禄丰县1000万元。10县（市）编制了低丘缓坡专项规划并通过省级审查，上报低丘缓坡综合开发利用试点实施方案16个，其中工业上山片区11个、城镇上山片区5个，经省批准实施11个，已完成控制性详细规划、地质灾害危险性评价备案和矿产资源压覆查询或备案6个，环境影响评价备案3个；其余5个片区已经实地踏勘，待组织评审。加快项目区建设步伐。落实低丘缓坡开发试点差别化的土地政策，加大招商引资力度，积极引导项目入园。年末，项目区实际入驻项目86个，其中

州党政领导参加全民义务植树　　（杨发民/摄影）

省级重点项目2个、州级重点项目38个，筹集到位建设资金6.6亿元。

【地质灾害防治】 2013年，楚雄州地质灾害各项防治措施更加到位。健全群测群防网络。通过排查列为监测隐患点979个，威胁到9.4万人和32.78亿元财产的安全，落实监测人员1954人；编制下发《群防网络手册》和“两卡”，完善地质灾害气象预警系统，强化对强降雨过程的实时跟踪，提高气象预警工作的时效性、准确性和覆盖面，进一步完善“楚雄州地质灾害应急调查专家组”。全年全州共落实地质灾害防治资金3825.48万元，其中省级补助资金1617万元、州级配套资金1002.45万元、10县（市）配套资金1206.03万元。年内共发生地质灾害险情13起，其中滑坡8起、泥石流1起、地裂缝1起、崩塌3起，由于防治工作到位，未造成人员伤亡。大力开展地质灾害隐患工程治理和搬迁避让。年末，总投资为4775万元的3个特大型和3个中小型治理续建项目，除元谋县城大箐河泥石流治理项目外，其余5个项目已完工；10县（市）352户受地质灾害威胁搬迁避让农户，已有123户搬迁入住新居，累计投入资金2488万元，其中专项资金投入696万元、整合其他部门资金1792万元。组织编制州县地质灾害避灾搬迁、治理项目实施方案（2013年～2020年）和年度实施计划，概算总投资20.22亿元。年内共争取到省级投资地质灾害治理项目4个，与楚雄州财政局审查论证中小型治理项目8个并下达投资计划。

［王秋青］

【绿化造林】 2013年，楚雄州共完成营造林74.53万亩，为年度计划任务的105.3%，其中人工造林67.93万亩，为年度计划任务的105.89%；完成义务植树1018.15万株，为年度计划任务的106.06%；完成封山育林6.6万亩，为年度计划任务的100%；育苗面积达3166.7亩、培育苗木5240.8万株。

【生态重点工程建设】 2013年，楚雄州稳步推进天然林保护、退耕还林、农村能源建设、生态效益补偿、野生动植物保护及自然保护区建设等重点生态工程建设，切实加强工程监督检查，坚持工程项目法人负责制、工程招投标制和质量监理制，使工程质量效益明显提升。年内，全州完成天保工程公益林人工造林1.5万亩、封山育林6.6万亩，分别完成计划的100%；分流安置森工企业职工1355人，聘用护林员4172人，实施国家和地方公益林管护1598.5万亩，对1656.9万亩商品林进行监管。完成退耕还林工程荒山造林0.5万亩，完成计划任务的100%；完成巩固成果后续产业建设人工造林10.12万亩，完成计划任务的105%。完成陡坡地治理2.5万亩、低效林改造30万亩，分别完成计划任务的100%。完成农村能源建设工程沼气建设500户、节柴改灶6697户、太阳能热水器1.45万户，均完成计划任务的100%。切实加大野生动植物保护及自然保护区建设力度，组织编报了2013国家级自然保护区建设项目，完成了昙华山、狮子山州级自然保护区总体规划文本编制和州级评审工作。认真实施公益林生态效益补偿，共兑付国家级和省级公益林生态效益补偿资金1.29亿元，兑付率100%。

【森林资源管护】 2013年，楚雄州进一步加强资源林政管理工作，全州完成林木采伐管理系统硬件平台建设并组织开展人员培训，加大森林资源管理专项检查和林业行政执法力度，查处林业行政案件492起，查处率100%。年内，及时制定下发《关于解决建设项目使用林地困难有关问题的指导意见》，进一步规范征占用林地审核审批工作，有效缓解了林地供需矛盾。2013年，省下达楚雄州林地定额指标7500亩，经过多方协调争取，至12月31日，国家林业局和省林业厅共批准楚雄州各类工程建设占用征收林地项目84个2.64万亩。加大涉林违法犯罪打击力度，全州森林公安机关共查处各类涉林案件1775起，打击处理违法犯罪人员2130人，为国家挽回经济损失889万元。切实抓好林业有害生物防治检疫工作，使部分乡（镇）发生的松材线虫病疫情、小蠹虫等得到有效控制。全州各种林业有害生物防治率90.84%，比上年提高9.92个百分点，林木种苗产地检疫率100%，调运检疫率98.6%。

［杨发民　董存丽］

（责任编辑：李　梅）

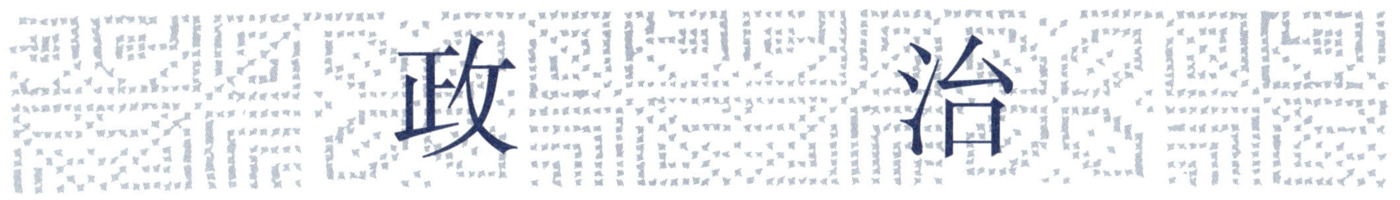

中国共产党楚雄彝族自治州委员会

重要会议

【中共楚雄州委八届三次全体会议】 2013年1月5日，中共楚雄州委常委会主持召开州委八届三次全体会议。州委委员47人、州委候补委员9人出席会议。州纪委委员，不是州委委员、候补委员的州级党员领导、县（市）党政主要领导，有关部门和单位党员负责人、部分基层州党代表列席会议。全会认真学习贯彻党的十八大、中央经济工作会和省委九届四次全会精神，总结上年工作，部署2013年任务，审议通过《中共楚雄州委关于贯彻落实党的十八大精神的决定》。

【中共楚雄州委常委会议】 2013年，中共楚雄州委共召开常委会议21次，对全州经济社会发展重大问题和重大事项进行研究。

1月5日召开会议，听取州委八届三次全会分组讨论情况汇报，研究相关问题。

1月11日召开会议，审定《楚雄州2013年春节慰问活动建议方案》；研究关于授予李亚威“楚雄州荣誉州民”称号的相关问题；审定《中共楚雄州委办公室、楚雄州人民政府办公室关于进一步加强新形势下农村精神文明建设工作的实施意见（送审稿）》；书面传达全省组织部长视频会议精神；研究干部人事问题；研究纪检案件问题。

2月4日召开会议，审定《中共楚雄州委常委会议2013年度议题计划（送审稿）》；听取州委督查工作情况汇报，研究相关问题；听取迎接全省2012年度综合考评工作和开展全州集中检查考评工作汇报，研究相关问题；传达省纪委九届三次全会精神，研究楚雄州贯彻意见；书面传达习近平、刘云山、张高丽在新进中央委员会的委员、候补委员学习贯彻党的十八大精神研讨班上的讲话精神，习近平关于厉行节约反对铺张浪费的重要批示精神；传达全国宣传部长会议、全省宣传思想文化工作会议精神，研究楚雄州贯彻意见；审定《中共楚雄州委关于加强新形势下党外代表人士队伍建设的实施意见（送审稿）》和《〈中共楚雄州委关于加强新形势下党外代表人士队伍建设的实施意见〉分工方案（送审稿）》；传达全省统战部长会议精神，研究楚雄州贯彻意见；研究部署春节期间安全生产工作。

2月17日召开会议，审定《2013年政府工作报告（送审稿）》；审定《楚雄州2012年国民经济和社会发展计划执行情况与2013年计划草案的报告（送审稿）》；审定《楚雄州2012年地方财政预算执行情况和2013年地方财政预算草案的报告（送审稿）》；研究全州县（市）、乡（镇）人大换届选举工作表彰暨举办州人大代表、乡（镇）人大主席团主席培训班相关问题；听取州关工委工作情况汇报，研究相关问题；书面传达全省政法工作会议精神；研究机构编制问题；研究部署当前重点工作。

2月19日召开会议，研究干部人事问题；讨论《中共云南省委、云南省人民政府关于建设滇中产业新区的决定（征求意见稿）》修改意见。

3月25日召开会议，传达学习习近平在党的十八届二中全会上的讲话精神；研究召开全州残疾人联合会第六次代表大会相关事项；传达全国、全省防范处理邪教工作会议精神，研究楚雄州贯彻意见；审定《2013年全州各级党委（党组）中心组理论学习安排意见（送审稿）》；研究召开楚雄州文学艺术界联合会第七次代表大会相关事项；书面传达全省机构编制工作会议精神；书面传达全省村“两委”换届选举工作部署视频会议精神；传达全省机关党的工作会议精神，研究楚雄州贯彻意见；研究纪检案件问题；研究干部人事问题。

4月9日召开会议，传达省长李纪恒在楚雄调研时讲话精神，研究楚雄州贯彻意见；研究召开州政协九届三次会议相关问题；书面传达全国道德领域突出问题专项教育和治理活动电视电话会议、全省宣传部长座谈会议精神，研究楚雄州贯彻意见；研究请求省委宣传部将李亚威作为“最美文化人”进行典型宣传的相关问题；研究成立中共楚雄州国资委党委、州国资委纪委相关问题；听取楚雄州2012年度惩防腐败体系建设暨党风廉政建设责任制检查考核情况汇报，研究相关问题；研究纪检案件问题；研究楚雄州省管干部2012年度考核等次；研究干部人事问题。

4月11日召开会议，专项研究纪检案件问题。

5月3日召开会议，研究楚雄军分区基础设施建设相关问题；审定2012年度全州综合绩效考评结果；审定《中共楚雄州委办公室、楚雄州人民政府办公室关于引导和鼓励各类人才到楚雄州园区创新创业的意见（送审稿）》；听取对《中共楚雄州委、楚雄州人民政府关于加强和改进新形势下工商联工作的实施意见》文件精神、全省加强基层工商联建设推动县域经济发展现场会会议精神贯彻落实情况的汇报，研究相关问题；审定《2013～2015年楚雄州基层党建工作规划（送审稿）》等5个文件；听取楚雄州开展“四群”教育工作调查问卷梳理汇总情况报告及初步整改意见汇报，研究相关问题；听取楚雄州解决中小学代课教师和原民办教师遗留问题工作情况汇报，研究相关问题；研究州管干部2012年度考核等次意见。

5月16日召开会议，传达学习省委副书记仇和、副省长丁绍祥在楚雄调研时讲话精神，研究楚雄州贯彻意见；传达学习《中石油云南炼油项目有关情况介绍》；听取楚南一级公路项目建设情况汇报，研究相关问题；审定2013年州开发投资公司债券募集资金安排的意见；听取州人民政府关于向国家开发银行办理抗旱应急贷款的情况汇报；研究禄丰工业园区管理体制机制有关问题。

6月3日召开会议，传达学习省委书记秦光荣在第35次省委常委（扩大）会议上的讲话精神，研究楚雄州贯彻意见；传达全省纪检监察机关贯彻落实“四项制度”工作会议精神，研究楚雄州贯彻意见；听取楚雄州2012年度基层党建工作责任制考核工作情况汇报，研究相关问题；审定楚雄州六大重点产业协调指导组工作考核结果；研究干部人事问题；研究纪检案件问题。

7月8日召开会议，传达中央、省委党的群众路线教育实践活动工作会议精神，研究楚雄州初步贯彻意见；听取楚雄州2012年与省财政结算的情况汇报，研究相关问题；审定《楚雄州“产业建设年”三年行动计划（送审稿）》、《楚雄州“产业建设年”2013年实施方案（送审稿）》；审定《中共楚雄州委、楚雄州人民政府关于加快高原特色农业发展的决定（送审稿）》；研究机构编制问题；传达中央、省委深化平安建设工作会议精神，研究楚雄州贯彻意见；审定《楚雄州县（市）和部门党政领导班子主要负责人述廉实施办法（送审稿）》等文件；审定《楚雄州第五届廉政勤政先进个人表彰会议方案（送审稿）》；书面汇报云南省文学艺术界第七次代表大会会议精神及楚雄州贯彻意见，审定《中国·楚雄2013彝族火把节实施方案（送审稿）》；研究干部人事问题。

8月6日召开会议，对南华、大姚、禄丰3县的县委书记人选进行专题研究。

8月9日召开会议，审议《云南省楚雄彝族自治州青山嘴水库管理条例（草案）》（党内送审稿）；审定《中共楚雄州委、楚雄州人民政府、楚雄军分区关于进一步加强新形势下双拥工作的意见（送审稿）》；听取全州干部群众思想状况调研情况汇报，审定《楚雄州当前意识形态领域情况通报（送审稿）》；听取楚雄州2011年以来贯彻落实《中共中央关于加强和改进新形势下党史工作的意见》的情况汇报，研究相关问题；研究编撰《中共楚雄州地方史》（第二卷）相关问题。

8月9日召开会议，传达学习习近平在中央政治局常委会议关于当前经济形势和经济工作的讲话精神，省委九届五次全体（扩大）会议、省委理论学习中心组会议精神，研究部署楚雄州贯彻落实意见。

8月30日召开会议，审议《云南省楚雄彝族自治州民族教育条例（修订草案）》；研究压缩州级财政预算单位一般性支出预算的相关问题；研究州职教园区建设、州特殊教育学校搬迁建设相关问题；审定《楚雄州建设民族文化强州规划（2012～2020年）（送审稿）》；研究召开楚雄州文学艺术界联合会第七次代表大会相关问题；听取关于云南省非公有制经济人士理想信念教育实践活动现场推进会精神及楚雄州贯彻落实情况的汇报，以及关于开展楚雄州第四届“优秀中国特色社会主义事业建设者”评选表彰工作的汇报，研究相关问题；研究纪检案件问题；研究干部人事问题。

9月22日召开会议，传达学习2013年全省扶贫开发暨整乡推进现场会议精神、省委书记秦光荣就扶贫攻坚致滇西边境片区州市县党政主要领导的一封信，研究楚雄州贯彻意见；听取全州推进重点项目建设和促进企业发展工作的督查情况汇报，研究相关问题；审定《楚雄州党政领导干部作风状况评价试行办法（送审稿）》；传达学习全国、全省组织工作会议精神，研究楚雄州贯彻意见；研究成立州县两级非公有制经济组织和社会组织党的工作委员会相关问题；传达学习全国宣传思想工作会议、省委第43次常委会议和全省宣传部长座谈会议精神，研究楚雄州贯彻意见。

10月21日召开会议，专题学习习近平《在参加河北省委常委班子专题民主生活会时的讲话》和《在中央政治局常委会议上关于化解产能过剩的讲话》，研究楚雄州贯彻意见；听取“十二五”规划中期评估工作情况汇报，研究相关问题；研究滇中产业聚集区（新区）行政托管问题；研究拟召开全州科技创新大会的相关问题；研究干部人事问题。

11月1日召开会议，传达学习习近平、李克强、秦光荣、李纪恒等领导关于安全生产工作的系列批示和讲话精神，研究楚雄州贯彻意见；传达学习省委常委班子专题民主生活会情况通报会会议精神，研究楚雄州贯彻意见；传达学习省政协主席罗正富在元谋县调研时的讲话精神，研究楚雄州贯彻意见；审定《楚雄州州本级2013年财政预算调整草案的报告》，研究相关问题；研究安排资金用于支持禄丰县经济建设的相关问题；审定拟表彰的楚雄州地方志工作先进集体和先进工作者名单；研究楚雄州分类推进事业单位改革工作；研究州人大常委会党组提请的罢免和补选事项。

11月15日召开会议，专题学习党的十八届三中全会精神，研究楚雄州贯彻落实意见。

11月27日召开会议，传达学习中央政治局常委、全国人大常委会委员长张德江到楚雄州视察调研时的重要讲话精神，研究楚雄州贯彻意见；传达学习中共中央、国务院《党政机关厉行节约反对浪费条例》，研究楚雄州贯彻意见；研究成立民革楚雄州委相关问题；研究中共楚雄州委党的群众路线教育实践活动领导小组及办公室组建方案等相关问题；传达学习全省干部教育工作视频会议精神，研究楚雄州贯彻意见。

12月25日召开会议，传达学习中央经济工作会议、城镇化工作会议、农村工作会议及省委中心组学习会议精神，研究楚雄州贯彻意见；听取2014年国民经济和社会发展主要指标初步建议情况汇报，研究相关问题；研究州委八届四次全体会议方案和会议文件；研究召开州政协九届四次会议相关问题；研究召开州第十一届人民代表大会第四次会议相关问题；研究关于铁路建设项目征地拆迁费借款的相关问题；听取禄丰恐龙文化旅游项目推进情况汇报，研究遗留问题；审定《楚雄州州管领导干部经济责任审计对象分类管理暂行办法（送审稿)》、《楚雄州党政领导干部离任经济责任事项交接制度（送审稿）》；审定《楚雄州州管领导干部任前廉政谈话规定（讨论稿）》；审定《2013～2017年楚雄州干部教育培训规划（送审稿）》；研究纪检案件；研究干部人事问题。

【**中共楚雄州委专题会议**】　2013年，中共楚雄州委共召开3次专题会议，对全州经济社会发展有关问题和有关事项进行专题研究。

2月22日召开会议，专题研究部署国防后备力量建设和武警、公安消防部队发展工作。

5月20日召开会议，专题听取楚雄经济开发区企业发展情况汇报，研究解决企业发展存在的困难和问题。

8月16日召开会议，专题听取楚雄市经济社会发展情况、存在的困难问题、下步工作安排的汇报，研究解决楚雄市经济社会发展存在的困难和问题。

【**中共楚雄州委中心组理论学习会议**】2013年3月26日，中共楚雄州委召开理论中心组学习会议。会议的主要任务是：学习贯彻党的十八大、省委九届四次全会、州委八届三次全会以及国家、省、州“两会”精神。州委书记张太原主持会议并作动员讲话；州委副书记、州长李红民传达全国“两会”精神并安排工作；邱江、卢显林、李兴顺等州委理论学习中心组成员参加会议，部分中心组成员结合各自分管联系工作进行发言。各县（市）县（市）委书记、县（市）长，楚雄经济开发区党委书记、主任，禄丰工业园区管委会党工委书记、主任，州级有关部门主要负责人参加会议。

6月27日，州委召开理论中心组学习会议。会议的主要任务是：总结上半年全州经济社会发展情况，分析查找工作中存在的不足和问题，对做好下半年工作提出意见建议。州委书记张太原主持会议并作动员讲话；省发改委综合处、宏观经济调节处副处长吴恒就全省县域经济考评工作做专题讲座；10县（市）汇报上半年工作完成情况；州发改委、州工信委、州财政局、州政府金融办、州招商局汇报上半年工作及下半年工作计划；州委副书记、州长李红民安排部署下半年经济工作；邱江、卢显林、李兴顺等州委理论学习中心组成员参加会议，部分中心组成员结合各自分管联系工作进行发言。各县（市）县（市）委书记、县（市）长，楚雄经济开发区党委书记、主任，禄丰工业园区管委会党工委书记、主任，州级有关部门主要负责人参加会议。

10月14日，州委召开理论中心组学习会议。会议的主要任务是：深入学习贯彻党的十八大和习近平总书记一系列重要讲话精神，持续抓好中央关于转变工作作风密切联系群众的八项规定和省、州实施办法的贯彻落实，做好党的群众路线教育实践活动边学、边查、边改工作，分析全州当前经济社会发展情况，对照年初确定的目标查找工作中存在的不足和问题，对做好第四季度工作提出意见、建议。州委书记张太原主持会议并作动员讲话。州委常委、州人民政府常务副州长杨照辉通报1～9月全州产业建设年工作情况及经济运行情况，并对经济工作提出意见。州委常委、州纪委书记夏新建通报关于全州党政机关和领导干部改进作风监督检查情况。州委常委、州委组织部部长徐昕通报全国组织部长会议精神及楚雄州贯彻落实会议精神的情况。州委常委、州委宣传部部长姜扬通报全国宣传部长会议精神及楚雄州贯彻落实会议精神的情况。其他州委常委、州人大常委会主任、州政协主席及部分州级领导作专题发言。张太原、李红民、邱江等州委理论学习中心组成员参加会议。各县（市）县（市）委书记、县（市）长，楚雄经济开发区党委书记、主任，禄丰工业园区管委会党工委书记、主任，州级有关部门主要负责人参加会议。

［张舫瑞］

重要活动

【**党建活动**】　楚雄州庆祝中国共产党成立92周年暨百名“优秀村官”和“农村党员致富先锋”表彰大会。2013年6月28日，中共楚雄州委召开楚雄州庆祝中国共产党成立92周年暨百名“优秀村官”和“农村党员致富先锋”表彰大会。州委书记张太原出席会议并讲话，州人大常委主任，州政协主席出席会议。会议肯定了党的十八大以来全州广大基层党员干部在社会主义新农村建设中的模范带头作用，对100名优秀村（社区）党支部（总支、党委）书记（主任）和100名“农村党员致富先锋”进行了表彰奖励。

全州学习习近平总书记系列重要讲话暨十八届三中全会精神专题培训班。12月22～29日，中共楚雄州委举办全州县处级领导干部和乡（镇）党政主要领导学习习近平总书记系列重要讲话暨十八届三中全会精神专题培训班，深入学习贯彻习近平总书记系列重要讲话暨十八届三中全会精神。

【**政务活动**】　参加全省党的群众路线教育实践活动动员大会。2013年7月3日，全省党的群众路线教育实践活动动员大会在昆明召开。州委常委，州人大常委会主任、副主任，州人民政府副州长，州政协主席、副主席，州能源及新材料产业督导协调组组长、副组长，州人民法院院长、州人民检察院检察长；

州级各单位主要负责人；各县（市）党委、人大常委会、政府、政协领导班子成员和法检“两长”、乡（镇）党委书记在楚雄州、县（市）分会场参加会议。

传达学习党的十八届三中全会精神。11月19日，州委召开全州领导干部大会，州委书记张太原传达学习中国共产党十八届中央委员会第三次全体会议精神。州委常委，州人大常委会主任、副主任，州人民政府副州长，州政协主席、副主席，楚雄军分区司令员，州产业督导组组长、副组长，州检察院检察长，楚雄师院党委书记、院长，楚雄医专党委书记、校长，楚雄技师学院党委书记、院长，在职保留和享受厅级待遇的干部；担任过副厅级及以上领导职务的离退休老干部；州级各单位实职副处级以上领导干部，驻楚武警部队副团级以上领导干部；各县（市）党政主要领导参加会议。

参加党的十八届三中全会精神报告会。11月26日，中央宣讲团党的十八届三中全会精神报告会在昆明举行。州委常委，州人大常委会主任、副主任，州人民政府副州长，州政协主席、副主席，楚雄军分区司令员，州产业督导组组长、副组长，州检察院检察长，楚雄师院党委书记、院长，楚雄医专党委书记、校长，楚雄技师学院党委书记、院长等领导在楚雄分会场参加会议；在职保留和享受厅级待遇的干部；担任过副厅级及以上领导职务的离退休老干部；州级各单位实职副处级以上领导干部；驻楚武警部队副团级以上领导干部；宣传文化系统和社科理论界理论工作者，州委讲师团成员；高校师生代表共800余人参加报告会。

【表彰奖励】 2013年1月10日，中共楚雄州委、州人民政府决定对中共楚雄州委组织部等25个单位和周健等49名个人给予表彰，并分别授予“楚雄州宗教工作先进集体”、“楚雄州宗教工作先进个人”荣誉称号。

2月19日，州委、州人民政府决定对一年来取得优异成绩的中共云南省委组织部等26家单位、张志军等6位总队长、刘春明等8名乡（镇）工作队队长、苏文生等124名指导员、张凌梅等16名常务书记给予表彰，并分别授予“楚雄州2012年度新农村建设工作队先进派出单位”、“楚雄州2012年度新农村建设工作队优秀总队长”、“楚雄州2012年度新农村建设工作队优秀乡（镇）工作队队长”、“楚雄州2012年度新农村建设工作队优秀指导员”、“楚雄州2012年度新农村建设工作队优秀常务书记”荣誉称号。

2月22日，州委、州人民政府、楚雄军分区决定对在全州国防动员建设工作中取得显著成绩的州委办公室等9个单位、张晓鸣等3名县委书记、杨中华等3名县长给予表彰，并分别授予“州国防动员工作先进单位”、“党管武装好书记”、“优秀国动委主任”荣誉称号。

3月5日，州委、州人民政府决定对在2008~2012年期间，人口和计划生育工作成绩明显的楚雄市等3个县（市），楚雄市三街镇人民政府等25个集体，杨敬林等50名个人给予表彰奖励，并分别授予“楚雄州2008~2012年人口和计划生育工作先进县（市）”、“楚雄州2008~2012年人口和计划生育工作先进集体”、“楚雄州2008~2012年人口和计划生育工作先进个人”荣誉称号。

4月27日，州委、州人民政府决定对全州128个县（处）级单位2012年度推进惩治和预防腐败体系建设暨落实党风廉政建设责任制情况检查考核结果兑现奖惩。对检查考核为优秀的双柏、牟定、大姚3县，州委办公室等27家单位，检查考核为合格的楚雄、南华、姚安、永仁、元谋、武定、禄丰7县（市），州委政策研究室等86家单位，州惩防腐败体系建设暨党风廉政建设责任制工作领导小组和州纪委监察局进行奖励；对基本合格的楚雄州残疾人联合会、楚雄民族中等专业学校、楚雄一中、州民族中学、楚雄师范学院附中5家单位的领导班子进行诫勉谈话并限期整改。

6月17日，州委决定对10个县（市）委、15个州属党（工）委、47个州级部门党组抓基层党建工作责任制落实情况考核兑现奖励。对考核为合格的楚雄市委等10个县（市）委、楚雄师范学院党委等15个州属党（工）委、州人民政府办公室党组等45个州级部门党组及州委党建工作领导小组成员单位进行奖励；对考核基本合格的州粮食局党组、州残联党组2个州级部门党组要求对基层党建工作中存在的问题限期整改。

6月28日，州委、州人民政府决定对一年来在农业农村工作中做出突出贡献的徐桂华等100名优秀村（社区）党支部（总支、党委）书记（主任）和李金保等100名“农村党员致富先锋”进行表彰奖励。

7月10日，州委、州人民政府决定对2012年度履行《综治维稳目标管理责任书》、《铁路护路联防承包责任书》和创建“先进平安县（市）”、“平安铁路示范县”达标县（市）、单位和个人予以表彰奖励。对姚安县、大姚县授予平安创建、综治维稳先进县并进行奖励；对武定县、永仁县授予先进平安县并进行奖励；授予大姚县《综治维稳目标管理责任书》考核一等奖，授予“平安杯”并进行奖励；授予姚安县、元谋县、楚雄市、牟定县《综治维稳目标管理责任书》考核二等奖并进行奖励；授予双柏县、禄丰县、永仁县、武定县、南华县《综治维稳目标管理责任书》考核达标奖并进行奖励；对州委办公室等履行《综治维稳目标管理责任书》先进单位进行奖励；对州委政法委等履行《综治维稳目标管理责任书》达标单位进行奖励。授予禄丰县、楚雄市《铁路护路联防承包责任书》考核先进县（市）并进行奖励；授予元谋、姚安、永仁、牟定、南华5县《铁路护路联防承包责任书》考核达标奖并进行奖励；授予禄丰、楚雄两县（市）平安铁路示范县（市）并进行奖励；对166名2012年度党政领导干部综治维稳政绩考核为优秀等次的县（市）委书记、县（市）长、政法委书记、分管副县（市）长及州综治委成员单位主要领导、分管领导进行奖励；授予楚雄市、牟定县、大姚县、元谋县社会管理创新奖并进行奖励；授予州综治委、州综治办、州维稳办、州铁路护路联防领导小组、州护路办组织奖并进行奖励。

7月29日，州委、州人民政府、楚雄军分区决定授予州委组织部等24家单位“双拥工作先进单位”称号，授予肖应明等50名个人“双拥工作先进个人”称号，授予徐美恩等10名个人“十佳好军嫂”称号，并予以表彰。

9月16日，州委、州人民政府决定对州委宣传部、州文学艺术界联合会等25家文联工作先进集体和冯梅青等50名文联工作先进工作者予以表彰奖励。

11月26日，州委、州人民政府决定授予李开斌等3人“感动彝州科技人物”荣誉称号，授予州农业科学研究推广所等25家单位“楚雄州科技工作先进集体”荣誉称号，授予阮文忠等50名个人“楚雄州科技工作先进个人”荣誉称号，并予以表彰。

［张舫瑞］

重要决策

【经济事务】 2013年7月18日，中共楚雄州委、州人民政府制定下发《中共楚雄州委、楚雄州人民政府关于印发〈楚雄州“产业建设年”三年行动计划〉和〈楚雄州“产业建设年”2013年实施方案〉的通知》，其中，《楚雄州“产业建设年”三年行动计划》内容包括：总体要求；主要目标；主要原则；主要任务；政策措施。《楚雄州“产业建设年”2013年实施方案》内容包括：主要目标；重点任务；实施步骤和责任分工。

8月8日，州委、州人民政府制定下发《中共楚雄州委、楚雄州人民政府关于加快高原特色农业发展的决定》，内容包括：充分认识加快高原特色农业发展的重大意义；总体思路、目标任务、基本原则、要集中打造的重点产业、要着力抓好的重点工作、要强化的保障措施。

【政治事务】 2013年1月6日，中共楚雄州委下发《中共楚雄州委关于印发州委八届三次全体（扩大）会议文件的通知》，文件包括《张太原同志在州委八届三次全体（扩大）会议上的报告》、《中共楚雄州委关于贯彻落实党的十八大精神的决定》和全委会《决议》。

1月18日，州委制定下发《州级领导改进工作作风、密切联系群众的实施办法》，内容包括：深入调查研究；精简会议活动；精简文件简报；规范外出考察；规范安全保卫；改进新闻报道；严格文稿发表；廉洁勤俭节约；做好信访工作；切实狠抓落实。

2月1日，州委、州人民政府制定下发《中共楚雄州委、楚雄州人民政府关于建设全国民族团结进步示范区的实施意见》，内容包括：建设目标；建设重点；保障措施。

7月10日，州委下发《中共楚雄州委关于认真做好开展党的群众路线教育实践活动前期准备工作的意见》。内容包括：抓学习，统一思想认识；抓调研，分析查摆问题；抓整改，转变工作作风；抓结合，促进工作落实；相关要求。

【文化事务】 2013年9月9日，中共楚雄州委制定下发《中共楚雄州委关于加强和改进新形势下文联和文艺工作的意见》，内容包括：加强和改进新形势下文联和文艺工作的重要意义、目标要求、保障措施。

9月10日，州委、州人民政府制定下发《中共楚雄州委、楚雄州人民政府关于进一步加强对外宣传工作的实施意见》，内容包括：充分认识对外宣传工作的重要意义；准确把握对外宣传工作的总体要求；进一步加强和改进对外宣传工作；加强和改进对外宣传工作的组织领导。

【社会事务】 2013年2月22日，中共楚雄州委制定下发《中共楚雄州委关于进一步加强关心下一代工作的意见》，内容包括：提高对关心下一代工作的认识；充分发挥关工委组织的作用；加强关工委组织建设；切实改善关工委的工作条件；建立健全有力的协调合作机制；加强对关心下一代工作的领导。

4月24日，州委、州人民政府制定下发《中共楚雄州委、楚雄州人民政府关于建设山区“爱心水窖”解决饮水困难的实施意见》，内容包括：加快山区“爱心水窖”建设的重要意义；加快山区“爱心水窖”建设的总体要求；多渠道筹措建设资金；加强组织领导。

9月10日，州委、州人民政府、楚雄军分区制定下发《中共楚雄州委、楚雄州人民政府、楚雄军分区关于进一步加强新形势下双拥工作的意见》，内容包括：切实统一思想认识，提升“双拥”工作新高度；加大国防教育宣传力度，营造“双拥”工作新氛围；广泛开展军民共建活动，拓展“双拥”工作新领域；全面落实优抚安置政策，开创“双拥”工作新局面；切实加强组织领导，推动双拥工作新发展。

11月7日，州委、州人民政府制定下发《中共楚雄州委、楚雄州人民政府关于实施创新驱动发展战略加快创新型楚雄建设的决定》，内容包括：充分认识实施创新驱动发展战略、加快创新型楚雄建设的重要意义；实施创新驱动发展战略、加快创新型楚雄建设的指导思想、主要目标、主要任务、保障措施。

【生态事务】 2013年11月13日，中共楚雄州委、州人民政府制定下发《中共楚雄州委、楚雄州人民政府关于争当全国生态文明建设排头兵的实施意见》，内容包括：指导思想、基本原则和总体目标；提高资源节约利用水平；加强生态保护与建设；大力建设生态文化；建设城乡宜居生态环境；健全完善生态制度建设；强化生态保障措施。

［张舫瑞］

组织工作

【党组织情况】 2013年底，楚雄州共有基层党组织11133个。党委191个，其中企业党委21个、事业单位党委12个、机关单位党委29个、其他党委129个；党总支1287个，其中企业党总支26

个、事业单位党总支103个、机关单位党总支134个、其他党总支1024个；党支部9655个，其中企业党支部726个、事业单位党支部1107个、机关单位党支部1426个、其他党支部6396个。在全州307个党组中，有州委派出的党组49个，县（市）委派出的党组258个。在1005个建制村中，建立党委的有8个，建立党总支部的953个，建立党支部的有4个；在94个乡（镇）社区（居委会）中，建立党委的有14个，建立党总支部的有79个，建立党支部的有1个。

【党员队伍状况】 2013年底，楚雄州有党员156843名，比上年增加2445名，增长1.58%，党员占全州总人口数的5.97%；有女性党员36715名，占党员总数的23.41%；有少数民族党员51641名，占党员总数的32.93%，占全州少数民族人口数的5.57%；全州女性党员和少数民族党员占党员总数的比例与全州女性人口数和少数民族人口数的比例相适应。年龄在35岁以下的党员有34577名，占党员总数的22.05%；36～45岁的有42354名，占党员总数的27%；46～54岁的有31226名，占党员总数的19.91%；55～59岁的有11706名，占党员总数的7.46%；60岁以上的有36980名，占党员总数的23.58%。从文化程度看，有研究生党员733名，占党员总数的0.47%，比上年增长0.03%；大学本科20486名，占党员总数的13.06%，比上年增长0.87%；大学专科22254名，占党员总数的14.19%，比上年增加0.15%；高中、中专23953名，占党员总数的15.27%，比上年减少0.24%；初中及以下89417名，占党员总数的57.01%，比上年减少0.73%。从职业情况看，有农牧渔民党员87371名，占党员总数的55.71%；工人党员4717名，占党员总数的3.01%；企事业单位管理人员、专业技术人员党员21440名，占党员总数的13.67%；民办非企业单位管理人员、专业技术人员党员267名，占党员总数的0.17%；党政机关工作人员党员16855名，占党员总数的10.75%；学生党员1630名，占党员总数的1.04%；离退休党员16257名，占党员总数的10.37%；其他党员8306名，占党员总数的5.3%。

【发展党员情况】 2013年，楚雄州共发展党员3208名，其中，发展农牧渔民党员1713名，占发展总数的53.4%；发展工人党员74人，占发展总数的2.31%；发展企事业单位管理人员、专业技术人员党员480名，占发展总数的14.96%；发展民办非企业单位管理人员、专业技术人员党员8名，占发展总数的0.25%；发展党政机关工作人员党员123名，占发展总数的3.83%；发展学生党员702名，占发展总数的21.88%；发展其他党员108名，占发展总数的3.37%。发展35岁及以下党员2311名，占发展总数的72.04%；发展高中以上文化的党员1801名，占发展总数的56.14%，其中大学本科以上文化384名、大学专科文化323名，分别占发展总数的11.97%、10.07%；发展妇女党员1332名、少数民族党员1105名，分别占发展总数的41.52%、34.45%；发展生产、工作一线党员2282名，占发展总数的71.13%。

【公务员队伍状况】 2013年底，楚雄州共有公务员18758人，其中，公务员机关工作人员17601人、参照公务员法管理的群团机关工作人员455人、参照公务员法管理的事业单位人员702人；有女性5597人，占总数的29.84%；少数民族6862人，占总数的36.58%；中共党员14276人，占总数的76.11%；大学本科及以上学历11530人（含研究生学历354人，其中博士4人、硕士81人），占总数的61.47%；大学专科学历5912人，占总数的31.52%；中专及以下学历1316人，占总数的7.02%；35岁及以下5386人，占总数的28.71%；36～40岁3426人，占总数的18.26%；41～45岁3521人，占总数的18.77%；46～50岁3549人，占总数的18.92%；51～54岁1867人，占总数的9.95%；55岁及以上1009人，占总数的5.38%。

【学习推广"插甸经验"】 2013年，楚雄州成立州委学习推广"插甸经验"工作领导小组，印发了《关于进一步学习推广"插甸经验"的实施意见》，对学习推广"插甸经验"工作进行了安排部署。8月28～29日，在武定县插甸乡举行了楚雄州学习推广"插甸经验"现场推进会，组织开展"插甸经验在身边"学习教育活动。据不完全统计，全省省直部门、各州（市）、县（市）累计已有126批3927人（次）先后到武定县插甸乡考察学习。

【党的群众路线教育实践活动前期准备工作】 2013年，中共楚雄州委出台了《中共楚雄州委关于认真做好开展党的群众路线教育实践活动前期准备工作的意见》，从抓部署、抓学习、抓调研、抓整改、抓结合5个方面对全州开展党的群众路线教育实践活动前期准备工作进行安排部署，及时研究楚雄州领导小组及办公室人员工作方案、督导组组建方案以及实施意见。根据省委要求，围绕"八个方面"的突出问题认真对照检查，并将整改落实工作细化分解到相关部门和单位，结合实际进行整改落实。组织开展党的群众路线教育实践活动专项调研，深入全州10个县（市）、17个乡（镇）、9个村（社区）和11个州级单位，通过召开座谈会、个别访谈、发放问卷调查表等方式，广泛听取各级党员、干部群众对"四风"方面存在问题及其表现的意见建议，共召开座谈会51场次、612人参加，发放和收回调查问卷794份，个别访谈领导干部、专家学者和老干部21名，征求到意见建议1893条，为楚雄州开展群众路线教育实践活动奠定基础。

【非公有制经济组织和社会组织党的建设】 2013年，楚雄州成立了州县两级非公有制经济和社会组织党的工作委员会，在州委组织部合署办公。按照省委组织部《关于开展非公有制企业党的建设工作自检自查的通知》要求，对州内加强和改进非公有制企业党的建设工作进行了全面自检自查。

【干部监督管理】　2013年，楚雄州加强干部监督管理工作。严肃换届纪律。强化换届纪律教育，全州县（市）人大、政府、政协领导班子和乡（镇）人大、政府领导班子换届工作圆满完成。县（市）人大、政府、政协领导班子换届工作换届纪律知晓率为99.2%，换届风气满意度总体评价为98.72分，换届纪律工作总体评价满意度为98.3分；对乡（镇）人大、政府领导班子换届工作换届纪律知晓率为98.66%，换届风气满意度总体评价为98.59分，换届纪律工作总体评价满意度为98.48分，换届工作实现零举报、零上访、零违纪的目标。加强对领导干部的日常监督。认真抓好领导干部回复群众反映本人重大问题、干部监督联席会议、任期经济责任审计、诫勉谈话、交心谈心、任职谈话等制度的落实。组织完成了37名厅级领导干部和1165名县处级领导干部报告个人有关事项工作，对21名领导干部进行了任期经济责任审计，其中任中审计13名、离任审计8名。对各县（市）和州级部门选拔领导干部严格审核、严格把关、严格监督，加大用人案件核查处理力度，共受理干部选拔任用工作报告事项8批次，受理“12380”举报件15件。认真做好特岗人员因私出国（出境）审查审批工作，办理特岗人员因私出国（出境）审查审批工作37人次。认真受理群众来信，共受理群众来信来访195件。严肃整治用人上的不正之风。组织5个检查组对各县（市）2011年1月以来违规用人情况作了专项检查，并认真对2011年1月以来贯彻执行《干部任用条例》和有关规定以及违规用人问题的情况进行了自检自查，并制定了整改措施。制定下发了《关于对“带病提拔”的乡科级党政领导干部选拔任用过程集中进行倒查的通知》，对州内2010年3月以后提拔任职的科级以上干部进行了排查。

【干部教育培训】　2013年，楚雄州组织部门制定《楚雄州2013～2017年干部教育培训规划》，做好县处级以上领导干部、科级领导干部和村（社区）党组织书记、主任学习贯彻党的十八大精神和十八届三中全会精神集中轮训。全州共举办各类培训班次23个，培训各级各类干部8846人。完成上级干部调训67期422人次，其中厅级领导干部18期94人次、县处级领导干部35期129人次、科级领导干部8期89人次、村干部6期110人次。选派一批“土专家”、“田秀才”组成宣讲团，到10县（市）进行巡回宣讲，共培训村干部4921人次。认真组织干部在线学习，全州共有6059人参加干部在线学习，实现正科级以上领导干部全覆盖，副科级领导干部参学率70%以上，综合学分47分，居全省第四位。

【人才工作】　2013年，楚雄州组织部门进一步加强人才工作，为实现富民强州提供人才支撑。加强对人才工作的统筹规划。进一步落实人才工作责任制，分解细化年度重点人才工作任务，定期开展年度人才目标责任考核，认真总结人才工作的做法经验。实行专家服务团联络员制度，加强对州内8个服务项目进展情况的跟踪问效。及时总结赴楚专家团工作的好经验和好做法。创新人才强州工作体制机制。出台《关于引导和鼓励各类人才到楚雄州园区创新创业的实施意见》，进一步明确了实施6项重点人才工程、落实8项优惠政策措施，积极引导人才资源向园区集聚。制定了州委联系专家管理服务和考核的暂行办法，切实强化对州委联系专家的管理服务。通过约稿、座谈、访谈等方式，听取专家对省、州政治、经济、社会、科技、教育、文化、卫生和环境等方面问题的意见建议。加强高层次和高技能人才队伍建设。全面推进高层次人才示范基地建设。围绕楚雄经济开发区天然药物产业园区高层次人才示范基地建设实施方案，协助有关部门做好园区政策论证、人才培育引进等工作，协助园区科技企业申报院士工作站和组建研发中心。年内，楚雄天然药物产业园区高层次人才示范基地共引进了5位“两院”院士、33名海外高层次人才协议开展技术研发或项目合作，在研一类新药3项、二类器械项目2个、保健食品2个。全面加强“专家乡村讲堂”活动。制定了《关于分解楚雄州专家乡村讲堂工作任务的通知》，进一步形成“组织部门管计划、成员单位管师资、县（市）基层管生源”的工作格局。全力打造挂职干部服务平台。对中央国家机关、省级部门1990年来选派到楚雄州挂职干部情况开展了统计，主动加强与挂职干部的对接联系，编印《中央国家机关、省级部门历年选派到楚雄州挂职干部目录》，切实掌握和联系一批优秀人才。

［冯　相］

老干部工作

【老干部基本情况】　2013年末，楚雄州共有离退休干部20559人，其中离休干部586人，退休干部19973人。健在离休干部586人中，机关单位270人、事业单位162人、企业单位154人；抗日战争时期参加革命工作的23人，解放战争时期参加革命工作的563人；享受副部级医疗待遇1人，正厅级待遇的3人，副厅级待遇的13人，副厅级单项待遇的14人，县处级待遇295人；全州有省外异地安置离休干部15人，省内异地安置离休干部49人。有离休干部遗属506人，其中无固定收入遗属285人。健在退休干部19973人，其中，正厅级待遇13人，副厅级待遇15人，副厅级三项待遇18人，正处级待遇330人，副处级待遇562人。

【全州机关党的工作、老干部工作视频会议】　2013年3月21日，楚雄州召开全州机关党的工作、老干部工作视频会议，总结回顾过去5年和2012年全州老干部工作，安排部署2013年的全州老干部工作任务。州委常委、州委组织部部长徐昕出席会议并讲话。州委组织部副部长、州委老干部局局长施剑波在会上安排部署了2013年的全州老干部工作任务。

【云南省老年大学工作会议在楚雄召开】2013年10月11日，全省老年大学工作会议在楚雄召开。会议专题研究部署老年大学省级示范校创建工作，研究探讨进一步加强老年大学规范化建设的思路和措施。省委老干部局副局长刘光禹出席会议并讲话，中共楚雄州委常委、州委组织部部长徐昕致辞。省委老干部局政治待遇处、云南老年大学、云南老年报社负责人，各州（市）委老干部局分管领导、老年大学负责人共80余人参加会议，楚雄州10县（市）委老干部局局长列席会议。刘光禹就推进老年大学省级示范校创建工作提出要求。徐昕代表中共楚雄州委、州人民政府致辞，介绍了楚雄州基本州情和经济社会发展情况、楚雄州经济社会发展总体思路和滇中产业区建设情况以及全州老干部工作和老年大学情况。会上，部分州（市）老年大学代表作了交流发言，云南老年报社负责人就《云南老年报》开辟的专版“我的大学”作了介绍。

【楚雄州上半年老干部工作总结暨理论学习中心组会议】 2013年6月28日，楚雄州上半年老干部工作总结暨理论学习中心组会议在州老干部活动中心召开。全州各县（市）委老干部局局长，州委老干部局机关全体干部、直属各单位领导共30余人参加会议。会上，各县（市）老干部局、州干休所、州老干部活动中心分别汇报了上半年工作情况和下步工作计划，并重点就探索开展老干部“网格化”服务管理、老干部党支部建设、离退休干部精细化服务管理、科级及以下退休干部服务管理等工作交流了经验。

【老干部“同心共筑中国梦”系列文体活动】 2013年，中共楚雄州委老干部局在全州老干部中举办了以“同心共筑中国梦”为主题的系列文体活动。“五一”前夕，举办楚雄城区老干部象棋、双抠比赛，来自中央、省州市驻楚雄城区各单位的262名离退休老干部经过1天的激烈角逐，分别对决出象棋比赛前六名和双抠比赛前八名的选手进行了表彰奖励；6～8月，组织开展“同心共筑中国梦”主题征文活动，共收到来自全州的老干部和老干部工作者来稿110余篇，评选出部分优秀作品予以表彰并推荐参加全省征文活动；8月16～23日，举办“楚雄州离退老同志‘同心共筑中国梦’书画、摄影作品展”，展出全州各地近200名离退休老干部精心创作的近204件书画、摄影作品，吸引了1500余名观众到场观展；9月2日下午，州委老干部局在东兴影剧院举办“楚雄城区老同志‘同心共筑中国梦’文艺演出暨楚雄州老年大学2013级开学典礼”，400余名离退休老干部用嘹亮的歌声和优美的舞姿，描绘心中美丽的“中国梦”；9月25～27日，举办“楚雄城区第四届离退休人员‘同心共筑中国梦’乒乓球、羽毛球、门球、地掷球运动会”，来自楚雄城区26个代表队的758名老年运动员参加了比赛。

【离退休干部政治理论培训班】 2013年11月20～22日，中共楚雄州委老干部局在州老干部活动中心举办“全州离退休干部政治理论培训班”，专题组织学习党的十八届三中全会精神和习近平总书记系列重要讲话精神。州委常委、州委组织部部长徐昕出席开班仪式并作动员讲话。邀请省委党校、云南大学等高校教授围绕学习三中全会《公报》、《中共中央关于全面深化改革若干重大问题的决定》进行辅导授课，并邀请州级有关部门领导通报了全州党风廉政建设、粮食生产、水利工作等老干部关心关注的工作情况。来自全州各地的450余名离休、副处级以上退休干部和老干部党支部负责人、州属部分单位老干部工作人员及州委老干部局全体干部职工参加了学习培训。

【州级单位离休干部医疗费统筹基数和节约奖励标准提高】 2013年，根据楚雄州人民政府第13次常务会纪要决定，州委老干部局、州人力资源和社会保障局、州财政局联合发出通知，从当年起提高州级单位离休干部医疗费用统筹基数和节约奖励标准。提高后的标准为州级单位离休干部医疗统筹标准按人均3万元筹集，统筹资金不够支付时由州财政追加或单位补缴；州级单位离休干部医疗费实行“限额管理，节约奖励，超限额据实报销”的办法，自然年度内个人费用在1万元以内的节约部分全额奖励给本人，1万元以上的据实报销。新标准自2013年起执行。

【调整已故离休干部无固定收入遗属生活补助标准】 2013年12月26日，中共楚雄州委组织部、州委老干部局、州财政局、州人力资源和社会保障局联合发出通知，提高楚雄州无固定收入的已故离休干部配偶生活补助标准。调整后的无固定收入已故离休干部配偶生活补助标准自2014年、2015年起分别在上一年度标准基础上提高15%，即已故离休干部是1937年7月6日以前或其他时期参加革命工作的：2014年调整后其健在无固定收入配偶分别按每月690元和575元给予补助；2015年调整后分别按每月794元和661元给予补助。属无子女或配偶因公死亡的，每月增加50元。

【调整提高建国初期参加革命工作退休干部生活补助和医疗补贴标准】 2013年12月13日，中共楚雄州委组织部、州委老干部局、州财政局、州人力资源和社会保障局联合发出通知，提高楚雄州建国初期参加革命工作的部分退休干部生活和医疗补贴标准。调整后的建国初期参加革命工作的部分退休干部生活和医疗补贴标准为：经组织部门认定，符合相关规定享受生活补贴的退休干部，生活补助标准分别为每人每月600元、570元；上述人员参加城镇职工医疗保险的，在原医疗补助的基础上，每人每年再补助医疗保险个人账户2000元，其中已按当地政策享受医疗照顾的，按照就高不就低、不得重复享受的原则掌握执行。未参加城镇职工基本医疗保险的，由补贴对象所在单位按照不高于已参加医疗保险人员的照顾水平给予补助。新标准均自2014年1月1日起开始执行，所需经费按原渠道解决。

【老年大学与老干部活动中心建设】 2013年，楚雄州举办老年大学11所，招生8875人。其中州老年大学举办22个专业共43个教学班，招收学员1545名。年内，全州州、县两级均建立了老干部活动中心，并不断完善功能，使老干部活动中心逐渐成为老有所为的阵地、文化娱乐的场所、传播知识的课堂、为老同志服务的窗口、联系离退休老同志的桥梁。州老干部活动中心全年累计接待老干部48.69万人次，新办理活动证993本，举办和承办各类体育比赛、书画摄影展28次。

［何　荻］

【干休所工作】　2013年末，楚雄州干部休养所有健在离休干部17人（抗日战争时期参加革命的10人，解放战争时期参加革命的7人，生活不能自理的5人），正处级退休干部1人，老干部遗属28人。在老干部家属、遗属中又有离休干部10人，是当前全省16个州（市）健在老干部人数最多的干休所。健在老干部年龄最大的91周岁，最小的81周岁，平均年龄86岁；遗属中年龄最大的94周岁。有在职职工11人，负责住所老干部政治、生活待遇的全面落实。年内，积极组织老干部参加州内重要会议、重要活动、情况通报会、老干部培训班等活动；医务室接诊老干部1000余人次，进家入户看望、慰问，安全检查、零星维修等200余户次；筹集资金2.5万余元为园内两个多年失修、供老干部休闲的凉亭进行翻修，消除安全隐患；多次为老干部适时采购新茶、新米、香醋，分发到户、背送到家；党支部为47名党员征订《党建文汇》人手1份，阅览室订阅各种报纸、刊物31种，自办《学习月刊》12期，刊出黑板报21期，橱窗展出图片、保健知识各2期。“七一”建党节系列活动中，组织老干部唱红歌和红色回忆座谈；“我的中国梦”、“同心共筑中国梦”征文活动中，上报征文8篇，获奖5篇，一篇被《云南老年报》采用，两篇被州直机关工委采用。投资3万余元新增院内电子摄像探头3组并对工作人员夜间值班室内进行简易维修改造，增设工作人员夜间值班服务项目。年内老干部及家属住院28人次，其中1人反复住院4次。去世离休干部2人、遗属1人，其中副厅待遇1人、副处待遇1人。全州老干部局系统年度考核，州干休所连续两年获得先进单位。

［田怀忠］

宣传工作

【理论武装】　2013年，楚雄州宣传系统理论武装工作得到进一步加强。抓学习宣讲。紧紧围绕党的十八大，十八届二中、三中全会，全国、全省宣传思想工作会议精神以及习近平总书记系列讲话精神开展学习宣讲。全年进行理论政策宣讲360余场次，举办读书会1000余场次，直接受众达67万余人次。“楚雄精神”的研究、提炼取得初步成果。在广泛征求意见的基础上，初步提炼出“楚雄精神”表述语3条，并按程序进行报审。学习型组织建设向纵深推进，全州各级各部门的学习型组织建设逐渐向建章立制，长期化、制度化方向转变。各级党组织理论中心组学习得到进一步加强。全年组织了4次州委理论中心组学习活动，积极指导各县（市）、州级各部门党委（党组）的理论中心组学习，提高全州各级各部门党委中心组理论学习的针对性、时效性和示范性。结合楚雄州宣传思想文化工作实际，代州委起草了《中共楚雄州委关于加强新形势下宣传思想文化工作的意见（征求意见稿）》。

【新闻宣传】　2013年，楚雄州宣传系统把握新闻宣传正确导向，加强新闻宣传工作。严格贯彻执行中央“八项规定”。根据州内实际，制定出台《楚雄州改进和规范会议和领导同志新闻报道实施细则》，规范州内会议和各级领导干部的新闻报道活动；进一步加强对《楚雄日报》、楚雄州广播电台、楚雄电视台的管理。认真组织马克思主义新闻观教育，坚持以人民为中心的工作导向，始终把版面留给基层，把镜头对准群众，确保正确的舆论导向。组织策划了“诚实劳动，实现梦想”，“美丽楚雄·身边好人”，“美德少年”等系列主题宣传活动，弘扬正气，引导社会主流价值观。主动回应老百姓关心的民生和热点难点问题，正确引导社会舆论。实事求是地反映百姓诉求，积极化解社会矛盾；组织媒体力量，开辟反映社情民意的专题和栏目，客观反映群众心声，科学有序开展舆论监督。

【社会宣传】　2013年，楚雄州宣传系统社会宣传工作呈现新亮点。“禁毒防艾”、“平安创建”、“民族团结”、“科技文化卫生三下乡”等社会宣传工作更加贴近生产、生活实际，赢得人民群众的喜爱。同时，抓好典型宣传。围绕以“李炳祥、李开斌，李亚威”为代表的模范代表人物开展典型宣传，进一步弘扬社会正气，培树社会主流价值典型，引导社会新风尚，产生了良好的社会影响。

［杨建林］

【党的十八大精神宣传】　2013年，中共楚雄州委宣传部认真组织开展党的十八大、十八届三中全会精神学习活动，大力推动学习型党组织建设向广度和深度发展。组织开展学习党的十八大报告和党章知识竞赛活动，共收到有效答卷4.46万份，其中满分卷9630份。组织开展“贯彻十八大、喜看新变化”主题征文活动，共征集到作品449件。经初评委初评推荐、终评委最终评定，共评选获奖作品61件。其中，特等奖1件、一等奖2件、二等奖3件、三等奖5件、鼓励奖50件。同时，编印了《“贯彻十八大、喜看新变化”获奖作品集》，得到广大读者好评。组织开展学习党的十八大精神知识抢答赛。做好中央、省委宣讲团宣讲党的十八届三中全会精神的组织协调工作，及时组建州委宣讲团，分赴各县（市）、州属各党工委开展宣讲。年内，州委宣讲团成员共在基层宣讲32场（次）。

［罗雄英］

【文化事业和文化产业发展】　2013年，

楚雄州宣传系统文化事业和文化产业发展迈出新步伐。编制完成并报请州人民政府颁布实施了《楚雄州建设民族文化强州规划》（2013～2020年）；出台了《中共楚雄州委关于加强和改进文联和文艺工作的实施意见》；召开了全州第七次文代会，总结了近5年的工作；群众性文体活动广泛开展，文化惠民工程建设和全民健身取得明显成效；实施国家公共文化服务体系示范项目“农文网培学校”并通过验收，第二批国家公共文化服务体系示范区项目申报成功，创建规划获准实施；文化走出去战略有新突破，以“彝族刺绣”为代表的彝州精美手工艺品在“秘境彝州·传奇楚雄”深圳外宣系列活动中大放异彩，获得经济效益和社会效益双丰收；组织彝州“彝绣”生产大户，生产能手到凉山、毕节考察，开阔了楚雄州“彝绣”生产能手和生产大户的眼界；禄丰恐龙谷和元谋古人类两大历史文化旅游项目取得实质性进展，《太阳女》坐地商演进行了有益尝试。全年实现文化和旅游产业增加值38.63亿元，比上年增长12.8%。

【群众性精神文明创建】 2013年，楚雄州宣传系统加强群众性精神文明创建工作。以社会主义核心价值观教育为核心，以形势教育、法制教育、国防教育、民族精神教育为抓手，把社会主义核心价值体系融入国民教育和精神文明建设全过程。贯彻落实《公民道德建设实施纲要》，组织社会力量开展学雷锋志愿服务活动、道德讲堂等各类道德实践活动，认真开展社会公德、职业道德、家庭美德、个人品德教育，不断提升公民的文明素质和社会的文明程度。以“身边人讲身边事”的形式，创建了55个州级“道德讲堂”示范点，广泛开展了“我推荐、我评议身边好人”活动，累计推出刊播“美丽楚雄，身边好人”57人。创意策划并认真实施了“文明楚雄行动”，在全社会广泛开展并倡导“文明餐桌”、“文明交通”、“文明环境”、“文明服务”行动，建成“文明餐桌”示范单位140家、“文明服务”窗口单位和行业25家。组织楚雄州第三届道德模范评选活动，15名道德模范和15名提名奖人选获得州文明委表彰；推荐参加云南省第四届道德模范评选的5名候选人，有2名荣获道德模范称号、3名荣获提名奖，其中李亚威荣获全国道德模范提名奖；出台了《楚雄州道德模范关爱办法》。群众性精神文明创建工作进一步深化。指导禄丰、大姚两县县城申报创建新一批省级文明县城；抓好470家州级以上各类精神文明创建先进单位的复查抽查工作；组织各级文明单位与扶贫挂钩联系点和部分文明村结成对子349对，推进精神文明建设城乡一体化进程。未成年人思想道德建设工作进一步加强。在全州各级各类学校广泛开展“中国梦”学习教育活动，深化“做一个有道德的人”主题实践活动，组织开展了首届“楚雄美德少年”评选；扎实推进乡村学校少年宫建设，新争取各级项目18个，举办了首届“楚雄州校园文化艺术节”，丰富了校园文化生活，陶冶了学生情操。

［杨建林］

对外宣传

【外宣工作概况】 2013年，楚雄州对外宣传工作紧紧围绕州委、州人民政府的中心工作和“讲述好楚雄故事，传播好楚雄声音，阐释好楚雄特色，展示好楚雄形象”的要求，精心策划，凸显楚雄州亮点、特点和工作重点，吸引新华社、《人民日报》、中央电视台、《云南日报》、云南电视台等各大媒体聚焦楚雄，李开斌科研团队、李亚威先进典型、楚雄州高原特色农业、群众路线教育、“火把节”系列活动等亮点工作在中央、省级主流媒体得到重点宣传报道。《人民日报》刊发“楚雄——东方人类故乡、滇中绿色宝库”2个专版；《深圳特区报》刊发楚雄州文化旅游产业1个专版；《云南日报》刊发“文明楚雄”行动等8.5个楚雄专版（禄丰县、牟定县、大姚县各刊发0.5个专版），《云南日报》头版头条刊发9条；楚雄电视台报送的新闻宣传稿件被中央电视台播出35条、云南电视台播出758条；楚雄州广播电台报送的新闻宣传稿件被中央人民广播电台和中国国际广播电台播出42条（组）、云南人民广播电台播出1258条（组）。

【外宣工作制度】 2013年，中共楚雄州委、州人民政府出台了《关于进一步加强对外宣传工作的实施意见》、《楚雄州建立健全新闻发言人制度进一步规范新闻发布工作的意见》、《楚雄州突发公共事件新闻报道应急办法》和《楚雄州新闻通气会制度》，全面规范党委、政府新闻发布工作，建立常规新闻发布制度，及时公开政务信息，正确引导社会热点问题，主动化解社会矛盾，完善了突发公共事件新闻报道应急管理和新闻危机事件处置的工作机制。同时，与州公安局建立网络舆情联动机制，借助州公安局的技术设备开展网络舆情监测。从2013年开始，州财政每年预算安排外宣日常工作经费100万元，并随财政增长逐年增加，重大外宣活动和专项活动，由外宣办按照实际需要向州人民政府报告，申请专项经费。

【“美丽云南·和谐楚雄”新闻发布会】 2013年7月18日上午10:00，楚雄州在昆明海埂会堂新闻发布厅举行以“美丽云南·和谐楚雄”为主题的专场新闻发布会，深入贯彻学习习近平总书记关于推进生态文明建设重要讲话精神。州委副书记、州人民政府州长李红民担任新闻发布会的主发布人，州委常委、州人民政府副州长任锦云，州委常委、州委组织部部长徐昕，州人民政府副州长周兴国参加新闻发布会并发布相关新闻信息。《人民日报》、新华社、中央人民广播电台、中央电视台等中央驻滇媒体，《云南日报》、云南人民广播电台、云南电视台等省级媒体，《大公报》、《文汇报》、《香港商报》、《澳门商报》等港澳驻滇媒体和新华网、人民网、云南网、新浪网等媒体参加了新闻发布会。

【楚雄州高原特色农业系列外宣活动】 2013年，中共楚雄州委外宣办（州人民政府新闻办）精心策划，把握时机，与中央、省及港澳驻滇媒体合作开展楚雄州高原特色农业系列外宣活动，收到良好效果。新华社、《人民日报》、中央电视台、中新社、中央人民广播电台、《中国日报》、《中国农业报》、《香港大公报》、《香港文汇报》等媒体都对楚雄州的高原特色农业进行了大篇幅、大容量的报道，楚雄州绿色生态、可持续发展的形象得到提升。

【“火把节”系列外宣活动】　2013年，中共楚雄州委外宣办（州人民政府新闻办）抓住“火把节”的相关活动及特点，强化互联网等新媒体宣传，突出“参与性、互动性”。提前在昆明举行新闻发布会，向各级媒体发布“火把节”的亮点和创新举措。新华社、《人民日报》、中央电视台等中央驻滇、港澳驻滇和省级媒体云集楚雄，全方位、多角度、大容量地对“火把节”系列活动进行了采访报道；云南网开设“楚雄火把节”宣传专题，点击率达36万人次。

【“秘境彝州·传奇楚雄”深圳行系列文化外宣活动】　2013年11月10～20日，中共深圳市委宣传部、楚雄州人民政府联合举办了“秘境彝州·传奇楚雄”走进深圳文化外宣活动。活动内容主要包括举办“秘境彝州·传奇楚雄”媒体推介会，举办“编织梦想·秀美彝山”彝族刺绣、民间手工艺品展，组织媒体刊播介绍楚雄的文章和影视片等。11月10日上午，“秘境彝州·传奇楚雄”媒体推介会在深圳市中心书城举行，中共楚雄州委常委、宣传部部长姜扬，深圳市文产办主任王跃军，深圳市文联党组书记、主席罗烈杰，中共深圳市委宣传部文艺处处长王国猛等领导和新华社、中新社、深圳卫视、《深圳特区报》、深圳电视台等17家媒体共30余位记者出席媒体推介会。推介会结束后，参会领导和媒体记者共同参加了在深圳中心书城举行的“编织梦想·秀美彝山”彝族刺绣、民间手工艺品展开展仪式。至11月20日，“编织梦想·秀美彝山”彝族刺绣、民间手工艺品深圳展共实现销售收入和承接订单近40万元。

【先进典型外宣人物宣传】　2013年，中共楚雄州委外宣办（州人民政府新闻办）结合实际，推出了先进典型外宣人物宣传系列活动，进一步提升了楚雄的知名度和影响力。

“把彝乡当故乡”的李亚威系列宣传。针对广东省电影家协会副主席、国家一级编剧、深圳导演李亚威的先进事迹，分别与中国文联，云南省文联，深圳市委宣传部、深圳文联，民进广东省委，民进深圳市委联合，在北京、云南、广东、深圳分别举行了6次“李亚威先进事迹座谈会”、“李亚威作品座谈会”，广泛邀请媒体参加，发出了大批有影响的稿件；分别组织广东、深圳、中央驻滇和云南省级媒体分3批到楚雄实地采访，掀起宣传热潮。《人民日报》将李亚威作为“最美中国人、文化传播者”首位典型推出，《光明日报》在头版头条1640字配照片刊登李亚威事迹，中央电视台《新闻联播》、新华社、中央人民广播电台都对李亚威进行了报道。据不完全统计，全国有156家媒体和网站对李亚威的事迹进行了报道和转载。李亚威分别被评为楚雄州、云南省“道德模范”并获全国“道德模范”提名奖。

“大地之子”李开斌系列宣传。积极协调推荐中央和省级媒体对李开斌及其团队研究育成的超级稻进行高度聚焦：《人民日报》将其作为“两会”前后重点推出的典型人物进行大篇幅报道，新华社把李开斌作为中国梦的实践者重点推出，《瞭望周刊》、《云南日报》做了详尽宣传，央视派出摄制组赴楚雄，拍摄播出了27分钟的专题片《高原上的超级稻》。李开斌被表彰为云南省学习型党组织建设活动先进个人；被评为“大地之子”，获邀出席央视“大地之子”颁奖晚会；省委宣传部将其列为“云岭楷模”，组织了专题采访。

【影视和广告外宣】　2013年，中共楚雄州委外宣办与《舞乐传奇》剧组合作，以电视连续剧《舞乐传奇》为平台，宣传推介元谋土林景区等楚雄文化旅游资源；与央视六频道合作，拍摄了故事片《黑井往事》，在央视六频道播出；与央视四频道合作，拍摄专题片《黑井古镇》，在央视四频道“走遍中国”栏目中播出；与云南电视台合作，将楚雄特色民歌制作成MTV，在云南卫视旅游频道举办的“楚雄小调”宣传周播出；楚雄民族艺术剧院的玛嘉加朵在中央电视台“寻找刘三姐”大型全国歌手大赛中荣获冠军，同时荣获“新时期刘三姐”和“最具人气刘三姐”两项大奖；与国际广播电台“海外英文频道”和“网络版”合作刊播了楚雄州“民族团结”和“美丽乡村”两个专题；在楚大高速公路投放楚雄形象广告宣传牌6块，在昆明长水机场投放楚雄旅游宣传广告2块。

［赵现培］

精神文明建设工作

【2013年州文明委全体会议】　2013年3月1日，2013年楚雄州精神文明建设委员会全体会议举行。州委副书记、州文明委主任邱江，州人民政府副州长、州文明委副主任王定梁，州政协副主席、州文明委副主任何根源，州文明委所有委员、各县（市）委宣传部部长出席会议。会议由州委常委、宣传部部长、州文明委常务副主任姜扬主持。会上邱江对抓好2013年全州精神文明建设工作提出要求，州教育局、州公安局、州农业局、州文体局、州卫生局、州工商行政管理局6家成员单位进行了交流发言，州委办公室、州人民政府办公室、州纪委、州委组织部、州委宣传部、州委政法委、楚雄日报社、州广电局、团州委9家单位进行了书面述职。

【精神文明专项创建活动】　“红土地之歌”演讲大赛。2013年7～8月，楚雄州精神文明建设委员会牵头举办了以“弘扬云南精神、推进富民强滇、实现中国梦”为主题的楚雄州第九届“红土地之歌”演讲大赛。在9月25～26日举行的云南省第九届“红土地之歌”演讲大赛中，楚雄州推荐的选手刘曦获一等奖、罗瑞获二等奖、李文敏获三等奖。

首届楚雄州读书节暨全民阅读活动。8月5日，首届楚雄州读书节暨全民阅读活动在楚雄举行。州委副书记邱江，州委常委、宣传部部长姜扬，州政协副主席何根源出席启动仪式。活动现场组织了图书展、青少年现场书法比赛、青少年朗诵比赛等系列活动。

“道德讲堂”示范点建设。年内，楚雄州以“身边人讲身边事”“身边事教育身边人”的形式，创建道德讲堂924个，培树州级道德讲堂示范点55个。其中，楚雄师范学院、楚雄市鹿城镇龙江社区居委会、禄丰县金山镇南门社区3个道德讲堂被评为省级示范点。

“美丽楚雄·身边好人”推选。从3月起，去全州范围内开展“我推荐、我评议身边好人”活动，大力培树道德典型，累计推选并在州级媒体刊播“美丽楚雄·身边好人”54人。

刊播“讲文明树新风”公益广告。《楚雄日报》累计刊登16个整版版面，州广播电台累计播出时长约3360分钟，楚雄电视台累计播出时长约1.58万分钟，形成道德建设的浓厚氛围，弘扬主旋律，传播正能量。

州级及以上各类精神文明创建先进单位复查。按照《楚雄州各级各类精神文明创建先进单位动态管理办法（试行）》的规定，年内，由州文明委领导带队，组成4个复查组，对473家州级及以上各类精神文明创建先进单位进行随机复查，促进日常创建管理，初步形成常态化长期抓创建工作的局面。

省级文明县城创建。年内，禄丰县、大姚县完成新一批省级文明县城申报创建工作。禄丰县进入第二批云南省文明县城公示名单。

“文明创建提升”工程。年内，认真贯彻《中共楚雄州委办公室、楚雄州人民政府办公室关于进一步加强新形势下农村精神文明建设工作的实施意见》精神，安排30万元专项资金，在3个省级文明村组织实施了3个“文明创建提升”工程，进一步为全州农村精神文明建设树立典型，探索规律，总结经验。

城乡文明结对共建活动。年内，组织各级文明单位与扶贫挂钩联系点和部分文明村结成349个对子，发挥自身资金、项目、信息、技术等方面的优势，开展以共育现代新农民、共促经济新发展、共建人居新环境、共同发展新文化、共倡文明新风尚为主要内容的城乡文明结对共建活动。据统计，全年共开展宣传教育和科技培训3600余场次，整合项目630余个3800余万元，赠送书籍7.8万余册，送戏下乡300余场，开展“送温暖献爱心”活动970余次，帮扶困难群众1万余户。

参与云南省文明交通旅游线行动计划。年内，楚雄州积极参与云南省文明交通旅游线行动计划，抓好昆楚大丽线（昆明—楚雄—大理—丽江）楚雄段文明创建工作，境内所涉8个收费站和8个服务区的文明环境和文明服务水平进一步提升。

首届“楚雄州美德少年”评选。年内，采取自下而上，班班推荐，校校评选，逐级推荐的方式，在全州各级各类学校中开展美德少年评选活动，评选表彰首届“楚雄州美德少年”15名、提名奖15名。

乡村学校少年宫建设。全年新争取资金360万元实施乡村学校少年宫建设项目18个（中央配套7个、省级配套7个，州级配套4个），加强对16个已建成项目的科学规范管理。11月1日，在姚安县召开了全州乡村学校少年宫建设工作推进会，州委常委、州委宣传部部长、州文明委常务副主任姜扬出席会议并讲话。

首届楚雄州大中专学生校园文化艺术节。5月，由州文明委主办，州文明办、州教育局、楚雄师范学院承办，州内7所大中专学校学生参与的首届楚雄州大中专学生校园文化艺术节在楚雄师范学院举行。通过开展活动，促进校园文化建设，丰富校园文化生活，陶冶广大青年学生的情操，取得了寓教于乐的良好效果。

学雷锋志愿服务活动常态化。年内，建立覆盖城乡的党员、文明单位、社区学雷锋志愿服务队920余支，志愿者人数达3万余人，把每月第一个周周六确定为全州“学雷锋志愿服务日”，州级机关自4月起共组织“学雷锋志愿服务日”活动9次，累计参加人数2300余人；各级文明单位全年常态化开展学雷锋志愿活动2100余次。

精神文明建设宣传。年内，在州级各媒体开设“文明楚雄”专栏，开辟“美丽楚雄·身边好人”栏目，策划推出了道德模范、“文明楚雄行动”巡礼等一系列深度宣传报道，形成内宣外宣整体联动的宣传态势，营造精神文明创建的浓厚氛围。楚雄州的新闻宣传和信息工作位居全省第一。

【第四届全国道德模范、云南省道德模范推荐和第三届楚雄州道德模范评选表彰】 2013年，在第四届全国道德模范评选表彰活动中，楚雄州推荐的李亚威荣获第四届全国道德模范提名奖；在第四届云南省道德模范评选表彰活动中，楚雄州推荐的杨守武、李亚威等2名候选人荣获第四届云南省道德模范，杨绍才、邵桂珍、陈斌等3名候选人荣获提名奖。年内，楚雄州组织开展了第三届楚雄州道德模范评选表彰活动，从各级各部门推荐的524名候选人中评选出第三届楚雄州道德模范15名、提名奖15名。9月23日，州文明委召开第三届楚雄州道德模范表彰大会，对15名道德模范和15名提名奖获得者进行了表彰。

［熊建忠］

文化体制改革和文化产业发展

【健全文化体制】 2013年，中共楚雄州委、州人民政府高度重视文化产业发展，明确提出民族文化强州战略，并将文化和旅游产业确定为六大重点产业之一，组建成立楚雄州文化和旅游产业协调指导组及其办公室，规划和指导全州文化和旅游产业发展工作。相继出台实施《中共楚雄州委、楚雄州人民政府关于深化文化体制改革和加快文化产业发展的实施意见》、《楚雄州深化文化体制改革的总体方案》、《楚雄州人民政府关于加快文化产业发展若干政策的意见》、《中共楚雄州委关于贯彻党的十七届六中全会精神，加快推进民族文化强州建设的实施意见》、《楚雄州建设民族文化强州规划（2013～2020年）》，《楚雄州建设民族文化强州规划（2013～2020年）实施意见及立项分解》并督促检查和落实《楚雄州文化和旅游产业目标量化考核实施方案》实施情况，印发《2013年楚雄州文化和旅游产业工作计划》，对2013年全州文化和旅游产业工作作出全面部署和安排。分季度召开2013年州文化和旅游协调指导组会议，分析研究项目建设中存在的困难和问题，提出解决的办法和措施；及时召开全州文化产业统计分析会，分析产业发展中存在的突出问题，对症下药；进一步健全完善工作机制，认真做好全州文化产业统计工作，及时摸清掌握全州文化和旅游产业底数。

【文化产业项目建设】　2013年，楚雄州文化产业部门抓住禄丰恐龙文化、元谋古人类文化被确定为云南省10大重点历史文化旅游项目，云南禄丰国际石文化产业园建设项目、永仁县工业园区直却石艺加工片区确定为云南省50个重点文化产业项目的机遇，注重前期规划，加大招商引资力度。州委、州人民政府领导多次就推进禄丰恐龙历史文化旅游项目、元谋古人类历史文化旅游项目、云南禄丰国际石文化产业园建设项目、永仁县工业园区直却石艺加工片区、楚雄紫溪山旅游风景区提升改造项目、十月太阳历文化园二期提升改造等重点项目进行调研指导，召开现场办公会和专题会议，重点研究解决项目推进中的问题和困难。

【文化产业发展】　2013年，楚雄州加快文化产业发展步伐，加大文化产业发展资金投入。从本级财政文化产业发展专项资金支出500万元，争取省级支持230万元，宣传专项经费补助120万元，禄丰恐龙历史文化旅游项目和元谋古人类历史文化旅游项目专项扶持资金3000万元，楚雄紫溪山旅游风景区提升改造项目省级补助1500万元，为全州文化和旅游产业的快速发展和重点项目的扶持、培植提供了强大的经济助力。全年文化和旅游产业实现增加值38.60亿元，增长12.8%。

［杨征祥］

统战工作

【统战工作概况】　2013年，楚雄州统战工作围绕州委、州人民政府中心工作，突出特点和重点，创新工作举措，务求工作实效，着力提升统一战线工作科学化水平，为实现全州科学发展、和谐发展、跨越发展作出了贡献。在全省统战部工作目标责任制量化考核中获全省一等奖，统战信息宣传及理论研究获省委统战部6项集体奖3项个人奖。

【第六届岭东英才奖助学金发放仪式】
2013年1月31日，第六届岭东英才奖助学金发放仪式在岭东企业举行，40名受助学生领取了助学金。省委统战部副部长、省侨联党组书记童凤华，中共楚雄州委常委、州委统战部部长杨静出席仪式并讲话。州人民政府副州长邓斯云，州人大常委会副主任、州工商联主席吴丽华，州政协副主席何根源出席活动仪式。州委统战部、州教育局、州工商联、州侨联有关领导和受助的40名学生参加发放仪式。

【全州统战工作会议】　2013年2月5日，全州统战工作会议召开。州委副书记邱江代表州委对2012年统一战线工作在助推民营经济健康快速发展，确保民族宗教界团结稳定，加强党外人士代表队伍建设，充分发挥海外联谊会的作用，激发海内外组织和各界人士到楚雄州投资兴业的积极性等几个重点工作作了肯定，并对2013年统战工作提出了新要求。州委常委、州委统战部部长杨静，州委常委、州委组织部部长徐昕，州委常委、州委宣传部部长姜扬，州委常委、州委秘书长赵克义出席会议，各县（市）委组织部长、宣传部长、统战部长，州级有关单位负责人共200余人参加会议。

【“同心”直接联系制度】　2013年，中共楚雄州委统战部与州工商联、州宗教局共同建立“同心”干部直接联系重点民营企业、非公经济代表人士和宗教活动场所和宗教界代表人士制度，由厅级、处级、科级及科以下4个不同层次的干部组成联系小组，分别与72户重点民营企业、90名非公经济代表人士，32处重点宗教活动场所、35名宗教界代表人士开展联系，联系领导每年到所联系企业、宗教活动场所调研和指导工作不少于30天，为所联系企业、宗教活动场所解决实际困难不少于1个，一般干部深入所联系企业、宗教活动场所调研不少于15天，为所联系企业、宗教活动场所建设提出有价值的建议不少于1条。年内，主要开展调研21场次，协调解决宗教界教风建设、非公经济理想信念教育实践活动覆盖面不广、民族团结进步示范区创建推进等主要困难问题11件次。

【“同心”工程】　2013年2月18日，中共楚雄州委统战部召开民主党派工作会议，专题安排部署各民主党派开展树立和践行社会主义核心价值体系活动暨实施“同心”工程工作。各民主党派主委、副主委、秘书长及专干参加会议，州委统战部常务副部长、州台办主任刘予敏主持会议。会后，各民主党派积极开展树立和践行社会主义核心价值体系系列活动，结合实际发挥优势实施“同心”工程。7家民主党派采取上下联动、整合资源等方式，聚焦民生改善，突出党派特点，先后协调资金310余万元帮助扶持11个村委会顺利实施村间道路修建、人畜饮水、烟水配套等项目；组织开展了捐赠爱心水窖和村民饮水净化设备，捐赠医疗救护车、送书送医下乡、科技扶持、业务培训等23个相关项目及活动。

【第二届“云台会”考察团赴楚雄考察】
2013年6月4～5日，出席云南省人民政府与国务院台湾事务办公室共同举办的第二届“云台会”的80余名与会代表赴楚雄考察。6月4日，州委书记张太原在州会务中心会见向阳公益基金会董事长廖正豪及部分台湾企业家、农业专家和教授。考察团一行先后到禄丰工业园区、楚雄工业园区和州博物馆，对楚雄州的民族文化、生物科技、特色农业等产业进行考察，并参加了第二届“云台会”禄丰县、楚雄州招商项目推介会。省台湾事务办公室副主任段俐娟，楚雄州人民政府副州长孙赟、赵祖莹参加会见。副州长赵祖莹陪同考察，副州长周兴国介绍了楚雄州资源优势和产业发展情况。

【统战干部培训及理论研讨】 2013年7月21～25日，楚雄州在州社会主义学院举办统一战线干部培训班，全州10县（市）委统战部干部职工、各乡（镇）统战委员共190余人参加培训。培训班邀请省委统战部副部长杨光海，省委统战部副部长、省社会主义学院党组书记苏红军，州委统战部常务副部长、州台办主任刘予敏，州委党校副校长李志昌等系统讲授了党的宗教工作方针政策、党的统一战线基本理论基本知识、中国共产党领导的多党合作和政治协商制度等7个专题内容。7月26日上午，举办统战干部及信息调研工作培训，全州各县（市）委统战部、各有关乡（镇）分管副书记，各民主党派、工商联，州民委、州宗教局、州侨联、州社会主义学院等部门分管领导、办公室主任共190余人参加培训。培训班邀请省委统战部巡视员杨佑均、州委办信息综合室主任杨丽萍分别对统战理论研究及调研和信息采编报送工作作专题讲授。当日下午，州统一战线理论研讨会在楚雄举办，全州各县（市）、各民主党派、工商联，州民委、州宗教局、州侨联、州社会主义学院等统一战线有关部门分管理论研究及调研工作的领导、办公室主任、信息员共120余人参加研讨会。研讨会上，4位县（市）委统战部、民主党派代表人士就民族团结进步示范区创建、“同心”工程实施两个主题作专题发言。

［杨春华］

政策研究

【重要文稿起草】 2013年，中共楚雄州委政策研究室紧紧围绕州委、州人民政府中心工作，创新思路，精心选题，深入开展调查研究，草拟州委重要文件和领导文稿，为党委政府提供决策依据，较好地发挥了参谋作用，履行了部门职责。承担州委重要文稿起草，完成了州委八届四次全会报告、《中共楚雄州委关于贯彻党的十八届三中全会精神，全面深化改革的意见》、《州委八届四次全会的决议》等州委重要文稿的起草任务。承担州委主要领导讲话稿和州委重要文件的审核把关工作。完成州委领导批示的专题件74个，完成调研报告44篇，起草各类文稿90余篇。

【调查研究】 2013年，中共楚雄州委政策研究室紧贴州委工作思路，围绕州委州人民政府重大工作部署，围绕全州经济社会发展重大问题、群众普遍关心的热点难点问题开展调查研究，形成40余篇具有较强针对性、前瞻性、可操作性的调研报告。其中25篇得到州委、州人民政府领导批示和肯定。

重点问题调研。围绕年初州委书记张太原在州委理论学习中心组会议上对破解项目落地难问题提出的要求，州委政研室组成专题调研组，深入县（市）、企业走访调查，撰写了《破解楚雄州项目落地难问题对策建议》，提出抓组织领导解决“协调难”问题、抓行政审批制度改革解决“审批难”问题、抓土地供应保障解决“用地难”问题、抓融资服务解决“融资难”问题、抓基础设施建设解决“配套难”问题的建议。针对加强区域合作相关问题，州委政研室深入实地，走访座谈，查阅资料，收集数据，细化研究，形成了《楚雄州加强区域经济合作问题研究之聚力滇中经济区发展问题》的调研报告，从优势、劣势、机遇、挑战入手，对楚雄州聚力滇中经济区发展进行综合分析，提出楚雄州聚力滇中经济区发展思路和目标的初步构想及创新合作思路、拓展合作领域、建立合作机制、研制合作政策的对策建议。针对农村土地流转过程中各种纠纷、矛盾、问题突出的现象，州委政研室深入乡村和农户，听意见、聚良策，形成了《楚雄州农村土地流转情况的调研报告》，分析了楚雄州土地流转的基本情况及特点，找准楚雄州土地流转中的主要困难和问题，提出了适度推进土地流转的对策建议。

难点问题调研。针对全力加快产业发展相关问题，州委政研室就全州产业发展情况开展系列调研，陆续刊出《楚雄州钛产业需有大作为》、《应充分发挥规模以上企业的支柱作用》、《生物医药产业发展要有机遇意识和忧患意识》、《新能源新材料产业要在优势转化上下功夫》、《赴湘浙鲁三省六市现代物流产业考察报告》、《绿色食品产业发展要乘势而上》、《大力发展现代物流业为广通科学发展新跨越注入强大活力》、《握紧拳头，聚拢资源，集中力量建设重点工业园区》、《把物流产业作为楚雄州重点产业来培植》等一系列调研报告供州委、州人民政府决策参考。

热点问题调研。围绕县域经济发展，州委政研室开展系列调研，陆续刊出《正确选择路径是加快县域经济发展的第一要务》、《楚雄州促进招商引资对策建议》、《新农村建设硬件设施一定要过硬》、《全力以赴打好基础设施建设攻坚战》、《顺应发展趋势，聚力攻坚克难——楚雄州现代庄园经济发展问题研究报告》、《开拓新空间，改造旧模式——禄丰县低丘缓坡土地综合开发利用工作调研报告》、《楚雄州县域经济与特色优势产业发展研究》等调研报告，提出了具体现实的对策建议。针对高原特色农业产业发展问题，州委政研室在对全州经济社会发展资料进行全面解读的基础上，对特色农业优势较为突出的元谋、禄丰、双柏、大姚、姚安等县开展调研，初步掌握了楚雄高原特色农业的发展现状、问题及面临的发展障碍，撰写并陆续刊发《强化基础设施，发展有机农业，打造示范园区》、《内树品质，外树形象，围绕特、全面培、重点塑，加快推进农业品牌化建设》、《加大农资市场监管力度确保绿色产业健康发展》等调研文章，提出了破解楚雄高原特色农业发展难题的政策建议，为州委、州人民政府领导提供了有价值的决策参考。针对新时期改革相关问题，州委政研室开展系列调研，陆续刊出《“农转城”要围绕提高进城农民生活生产质量做文章》、《江苏省拓展融资渠道专题调研》、《建设新农村必须增强农村金融市场活力》、《市场化运作是政府投融资的发展方向》、《创新农业经营体制，促进现代农业发展——楚雄州农业生产经营体制创新问题调研报告》、《找准存在问题，清除群众疑虑，以配套政策的有效落实来确保“农转城”工作的顺利推进》、《当前新农村建设存在的主要问题与对策建议》、《楚雄州推进美丽乡村建设工作情况的调研报告》、《高起点规划、高标准建设，着力打造“升级版”新农村——赴玉溪、普洱、西双版纳、临沧四州（市）美丽乡村建设调研报告》、《楚雄州实现与全国全省同步建成小康社会目标问题研究》等一批有分析、有见地、有对策、有建议的调研报告，为有效化解农村发展难题提出了可借鉴的建议。

领导关注问题调研。围绕州委领导关注的党的基层组织建设问题，州委政研室主动开展超前调研、专题调研，积极为领导建言献策。年内，结合领导关心和群众关注的问题调研，陆续刊出《一个偏僻山村是怎样强组织大发展快增收的》、《武定县党建扶贫效果显现》、《在倾心服务群众中彰显独特优势》、《转思路，抓特色，创品牌——雨露白族乡“园主”特色党建品牌创建成效明显》等研究报告，总结了基层党建工作经验，提出了新的工作思路。

【重点课题研究】 2013年，中共楚雄州委政策研究室积极优化调研方式，切实转变调研方法，年初向州级领导、州级各部门征求调研课题建议，把涉及全州经济社会发展的全局性问题和战略性问题，确定为年度重点课题，课题涉及全州经济、政治、文化、社会、生态文明建设等方面。《楚雄州实现与全国全省同步建成小康社会目标问题研究》根据全面建设小康社会统计监测，对楚雄州全面建设小康社会的进程评价，对楚雄州全面建成小康社会的主要差距进行分析，提出楚雄州实现与全国全省同步建成小康社会的对策建议；《楚雄州高原特色农业发展问题研究》下设《强化基础设施，发展有机农业，打造示范园区》、《内树品质，外树形象，围绕特全面培重点塑，加快推进农业品牌化建设》、《加大农资市场监管力度确保绿色产业健康发展》、《创新农业经营体制，促进现代农业发展——楚雄州农业生产经营体制创新问题调研报告》5个子课题，对全州高原特色农业发展进行了系统研究。《楚雄州现代庄园经济发展问题研究》对发展现代庄园经济的现实意义，楚雄州发展现代庄园经济的优势、现状以及制约因素等进行了分析，对稳步推进现代庄园经济的发展提出了意见建议。《楚雄州进一步优化经济发展环境研究》针对楚雄州经济发展软环境存在的政策、信用、服务、人文、法制、人才、舆论环境问题，提出优化楚雄州经济发展软环境的建议。《楚雄州强农惠农政策研究》对近年来中央、省、州出台的各项强农惠农政策贯彻落实情况进行了认真梳理，找出存在的问题与差距，提出深入贯彻落实的建议。《楚雄州农业生产经营体制创新问题研究》针对推进楚雄州农业生产经营体制创新提出了“守住一条底线，抓住两个环节，突出三个重点，做到四个推进，强化一个保障”的政策建议；强调要适应新的形势和任务要求，努力构建以家庭承包经营为基础，以农民专业合作社为依托，以农业产业化龙头企业为骨干，以集体经营为补充，以发达的农业社会化服务为保障，以健全的公益事业投入机制为支撑的新型农业经营体制。

【内刊编审】 2013年，中共楚雄州委政策研究室按照“服务党委决策、指导工作实践、促进相互交流、展示楚雄风采”的办刊宗旨，紧扣中心工作和州委重大工作部署，进一步完善《楚雄政研》的办刊工作流程，优化栏目设置，强化向专家、学者约稿组稿力度，突出刊物的政策导向性，紧跟形势，把握动态，打造精品刊物，办刊水平不断提升。内部资料《决策参考》全年共刊发44期，有21期受到州委、州人民政府领导批示。

［高琳燕］

农村工作

【农村工作概况】 2013年，中共楚雄州委农村工作领导小组办公室统筹协调服务全州“三农”工作。做好州农村工作领导小组日常事务，筹办好州委、州人民政府和州农村工作领导小组召开的主要涉农会议。先后筹办了州农村工作领导小组会议、全州农村工作会议、全州城乡统筹转户（“农转城”）工作会议、全州第七批新农村建设指导员下派动员视频会议、全州2013年新农村建设指导员培训会议、全州2013年新农村建设工作队总队长会议、中国农业投资对接大会暨中国小康村走进楚雄活动等涉农重要会议11个。围绕州委、州人民政府决策部署深入调查研究，及时了解和反映全州“三农”工作新情况、新问题。对发展县域经济、高原特色农业、推进农业品牌化建设、农村土地流转、农村金融服务、美丽乡村建设、城乡统筹转户等进行专题调研，形成了《楚雄州县域经济与特色优势产业发展研究》、《楚雄州高原特色农业发展探析》、《楚雄州农村土地流转情况的调研报告》、《创新农业经营体制，促进现代农业发展》等一批专题调研成果，为州委、州人民政府提供决策咨询。组织涉农部门研究制定农业农村工作政策，参与州级涉农部门重大政策文件的审核把关。在深入农村、深入基层、深入实际调研的基础上，研究起草了州委、州人民政府《关于加快发展高原特色农业，进一步增强农村发展活力的实施意见》、《关于推进美丽乡村建设的实施意见》、《楚雄州农村土地承包经营权流转工作的实施方案》和《建设全国民族团结进步示范区，深入推进新农村建设的实施方案》等一批政策性文件（草案），有效服务和推动全州“三农”工作。

【新农村省级重点建设村项目建设】 2013年，云南省农办正式批复楚雄州社会主义新农村省级重点建设村项目98个，项目补助资金2940万元。年内，楚雄州共完成新农村省级重点建设村项目98个，受益群众7554户2.69万人，完成项目总投资1.64亿元。其中，省级补助资金2940万元，整合涉农项目资金3134万元，群众筹资及投劳折资1.01亿元，村民捐资41.23万元，村集体投入231.2万元，户均投资2.1万元，人均投资5898元。

【农村劳动力转移就业特别行动计划】 2013年，中共云南省委下达楚雄州农村劳动力转移就业培训目标5.31万人，新增转移就业4.71万人，组织招聘会27场（次）。年内，州、县（市）均制订了“农村劳动力转移就业特别行动计划”实施意见或方案，进一步明确目标任务，落实工作责任，出台配套政策措施。积极整合有关部门培训项目资金，按引导性培训200元/人，技能性培训800元/人（农业技能培训600元/人）的标准给予补助。州人社局、州扶贫办、州农业局共落实贫困地区、“阳光工程”、“春风行动”等引导性及技能性培训经费2000余万元，确保各类培训工作顺利开展。在农村劳动力转移就业工作中，楚雄州将“农转城”人群中符合就业条件的作为培训转移重点，采取“送培训、帮就业”方式，每年为1万名“农转城”人员每人送1次培训，为1万户家庭每户提供1个高中端就业岗位。通过提供“一站式”优质服务，进一步完善用工劳务需求信息发布，规范发展劳务派遣组织，有效提高农民转移就业的组织化程度。通过加强与输入地对口部门的联系，健全完善农民工维权机构，全年提供劳动保障维权和法律咨询援助2500余人次，初步实现了转得出、在得住、报酬优、能发展。通过加大农村劳动力转移培训，增强务工人员劳务技能，务工领域的拓展和工薪标准的提高，外出务工人员收入明显增加。据州统计局统计，2013年全州农民外出务工寄回或带回现金8.30亿元，比2012年增加2454.55万元，增长3.4%，实现了农民务工增收目标。至年底，全州共完成培训5.8万人，组织招聘会69场（次），新增转移就业6.07万人，超额完成了省下达的转移培训计划。

【新农村建设工作队及指导员服务管理】 2013年，楚雄州共选派新农村建设指导员1384名，其中省级97名、州级468名、县级819名，组成县（市）工作总队10支、乡（镇）工作队103支，自2月28日起驻村开展工作。年内，楚雄州切实加强组织领导，完善工作机制，强化管理服务，突出发挥工作队长的领头雁作用，新农村建设工作队及指导员工作深入有序开展。完善制度。修订完善了指导员管理办法、工作队长管理考核办法、指导员考勤管理办法、指导员考核办法、工作队资金管理使用办法5个管理制度，编印了《2013年新农村建设工作队工作资料汇编》。制作了村（社区）指导员驻村出勤情况周报表、乡（镇）指导员驻村出勤情况月报表、县（市）指导员驻村出勤情况月报表3个出勤情况统计表和县（市）指导员工作情况月报表、指导员驻村因公请假“双向签名”管理卡，严格考勤管理。强化督导。州新农队办联合州委组织部、州委“四群”教育办共开展随机调研督查9次，各县（市）坚持每月督查，定期不定期抽查，乡（镇）坚持每周抽查，尤其严查“两头”失管的指导员；定期召开总队长联席会议3次；建立了州工作队qq工作群，加强与10县（市）新农队办的网络沟通联系；编发指导员每月驻村情况通报，对各县（市）指导员驻村工作进行点评；加强省州1645万元工作队项目资金管理，确保资金安全使用。培树典型。州新农队办先后编印以指导员民情日记、民情报告、驻村体会等为主要内容的工作队简报40期，被省委新农队办简报、云南新农村建设指导员网采用25期，被州委、州人民政府领导批示肯定4期。各县（市）积极向省州新闻媒体投稿，元谋、武定、双柏等县指导员驻村工作典型多次被“云南新农村建设指导员网”、《楚雄日报》刊用，“大姚县新农村建设指导员网”实现了与“云南新农村建设指导员网”链接。全体指导员共走访农户25.56万户，撰写民情日记7.33万篇、民情报告5437篇，结对帮扶贫困户1.77万户，办理惠及民生的好事实事7671件，帮助驻地发展农民专业合作组织308个，扶持发展特色产业534个，积极争取发展项目1616项、资金5.15亿元，帮助1266个村发展村级集体经济。

【中低产田地改造】 2013年，云南省中低产田地改造综合协调领导小组共下达楚雄州中低产田地改造计划面积20.38万亩，计划投资4586.59万元。楚雄州实际落实项目107个，项目受益面积25.61万亩，投资3.35亿元。至年底，全州完成中低产田地改造12.4万亩，完成投资1.29亿元。被省人民政府表彰为二等奖。

【城乡统筹转户】 2013年，云南省人民政府下达楚雄州转户目标任务为10万人，州人民政府下达转户目标任务为15万人。至12月31日，全州完成农业转移人口转户人数16.46万人，为省下达任务数的164%，为州下达任务数的110%。在做转户工作的同时，统筹协调部门落实转户群众权益保障。积极协调州级有关部门，对转户进城群众遇到的学生营养餐、转户居民参军入伍、计划生育政策适用、社会医疗、养老保险衔接等方面问题，从保护转户群众利益的角度给予及时妥善处理。据不完全统计，年内，全州围绕转户群众“农村五项保留、城市五项享有”政策措施落实，共为转户群众办理城镇医保2.07万人、办理城镇低保1.11万人、办理城镇养老保险1.07万人，流转土地5.13万亩、林权流转13.62万亩，提供保障性住房3952套，有效解决了转户进城群众的生产生活和社会保障问题，较好地保障了转户群众权益。同时，对州人大代表、政协委员对农转城提出的《关于请求尽快出台和完善农转城相关配套政策》、《关于请求建立农民转户进城的配套政策》、《加大城乡统筹力度，积极为农民进城创造条件》等5件议案、提案从政策背景、转户细则等方面进行了面商答复。楚雄州的城乡统筹转户工作被省人民政府表彰为一等奖。

【农村“五金”监管】 2013年，楚雄州认真研究农村“五金”监管的办法措施，下发了《关于明确楚雄州农村“五金”监管工作领导小组工作职责的通知》，进一步明确农村“五金”监管工作领导小组及综合组、监审组、农村低保和救灾救济、征地补偿、强农惠农资金管理5个小组的职责，强化监督协调，健全内控机制，完善监管措施，接受群众监督，确保农村“五金”安全、高效运行。对10县（市）考评目标进行量化分解，纳入州委综合绩效考评工作，为做好农村“五金”监管工作打牢基础。

［徐泽华］

保密工作

【保密工作概况】 2013年，楚雄州国家保密局切实加强保密教育培训，加强技术防范，严格管理，加大查处力度，强化领导责任，全面提升保密工作科学发展能力，确保了党和国家秘密的安全。保密工作纳入全州综合绩效考核。中共楚雄州委办公室、州人民政府办公室发文将保密工作纳入州对10县（市）和85个州级机关单位的综合绩效考核，在1000分的总分项中列10分的扣分分值，州国家保密局依此制定了考核办法。做好保密警示教育，整理印发全国全省泄密案例通报提供基层传达学习，深入基层进行保密提醒71次，全州开展警示教育247场1.26万人参加。做好保密审查，州保密行政管理部门共完成保密审查46部（册）1216万字。做好涉密文件资料清退销毁，及时组织完成了2012年度中央、省委和州委印发的全部涉密文件清退任务，并组织销毁废旧文件资料79吨。

【保密普查】 2013年7～10月，楚雄州国家保密局组织全州保密系统开展全国保密普查。8月初印发了工作方案，向州财政争取到3.5万元专项经费，印刷培训资料1300册，摸清普查对象的数量；8月20日，组织普查培训动员会，重点培训了“保密普查的基本要求”、“保密普查的基本方法”、“计算机信息系统安全保密防范”等专题。年内，全州共普查693个单位，其中州级机关116个单位、县（市）级机关577个单位。

【保密培训】 2013年，楚雄州共组织保密培训39期4699人。8月下旬，组织对州级机关204名保密干部进行计算机网络安全保密等业务培训；8月20日，对全州33名保密专职干部进行了宣传教育、保密管理、保密技术等业务培训；9月下旬，组织全州42名保密专职干部和县（市）委党校保密教员参加了省保密局组织的全国保密干部全员培训。年内，还组织了177人参加的初任公务员保密知识培训；组织了两期90人参加的党校领导干部保密培训；组织完成了2个军工企业涉密人员和新员工的年度保密培训，共培训3期131人；直接到10县（市）和机关、企业对基层领导干部和涉密人员开展培训15场，参训1489人。

【保密技术防范】 2013年5月16日，中共楚雄州委保密委员会召开专题会议研究网络安全保密工作。年内，启动违规外联监控平台建设，共争取经费48万元，按规定程序组织完成了设备采购工作。组织开展数据销毁。及时印发工作方案，组织购买了7套专业数据销毁工具，组织106个单位销毁存储介质425个。积极提供保密技术服务。组织技术人员对129个单位的783台计算机进行了维护，对12个单位的网络建设方案进行了把关，推广保密防范设备190台（个），开展技术指导咨询917人次。

【国家统一考试保密工作】 2013年3月，楚雄州国家保密局在全州招生考试工作会议上就做好各类招生考试的保密工作进行了专题培训，深入63个单位进行考前检查，派人参加了119场次各类统一考试试卷的保密监督管理和服务工作，共参与622个工作日，保障了各类统一考试工作的顺利进行。

【乡（镇）保密工作调研】 2013年3月，楚雄州国家保密局与县（市）保密局联动组织乡（镇）保密工作情况调研检查。全州103个乡（镇）填报了调研提纲，州保密局组织工作人员到部分乡（镇）实地调研指导和检查工作，调研指导和检查工作涉及到县属党办、政办、政法、综治维稳、信访等60余个部门，基本摸清了乡（镇）公文传递渠道、乡（镇）保密工作基础和现状，对加强县乡保密管理起到了积极的推动作用。

【保密督查】 2013年，楚雄州国家保密局高度重视保密督查工作，组织经常性的保密督查。根据各阶段的工作进展情况，全州上下开展了经常性保密检查，共检查547个单位，发现隐患109件，督促整改109件。开展上网信息保密管理专项检查。州县（市）保密局形成了经常检查，每月上报检查结果的联动机制。州保密局坚持《定期检查指导州级单位信息公开保密管理情况制度》，将检查任务分解到每位职工，要求每月检查2次，报告1次，发现问题及时指导整改。全州坚持了按月上报检查结果制度，共检查网站3621个，检查上网信息2.15万条，没有发现通过互联网公开涉密信息的情况。利用技术手段开展检查。组织全州758个单位开展保密技术自检自查，对287个单位实施现场检查，检查计算机3362台，检查移动存储介质1405个，对联网计算机中的近3万份文件进行检查鉴别。

【泄密案件查处】 2013年，楚雄州国家保密局对在2012年度中央和省委文件清退销毁工作中发现的有3个单位各欠退1份秘密级文件的事件，制定查处方案，认真进行查处并责令直接责任人写出书面检查。

［白宝珍］

机关党建

【州直机关党组织概况】 2013年，中共楚雄州委州级直属机关工作委员会指导所属26个机关党组织进行换届选举，新成立4个党组织；按照发展党员“十六字”方针，共发展党员46人，办理预备党员转正53人，转入党员182人，转出293人，死亡26人。至12月31，州委州直机关工委下辖基层党委23个、党总支13个、直属支部34个。共有党员4351人，其中正式党员4298人，预备党员56；男性党员3161人，女性党员1190人；少数民族党员998人。党员年龄结构：35岁及以下党员830人，36～45岁党员1040人，46～54岁党员1097人，55～59岁党员350人，60岁及以上党员1034人。党员学历结构：研究生148人，大学本科生2085人，大学专科1054人，中专280人，高中、中技186人，初中及以下598人。新发展党员中，少数民族7人，妇女26人，35岁及以下26人，大专以上文化程度32人。

【党组织和党员思想建设】 2013年，中共楚雄州委州直机关工委进一步加强党组织和党员的思想政治建设。抓好党员经常性学习教育。指导所属机关党组织抓好中国特色社会主义理论体系和党的路线、方针、政策的学习，加强机关党员思想理论教育。认真落实理论学习中心组制度、基层党组织“三会一课”制度、干部职工定期学习制度，搭建学习教育平台，创新学习教育方式，年内投入专项学习教育经费18万余元，为机关党员征订各类学习资料近9000册。开展学习辅导、读书征文、知识竞赛等活动，加强党员经常性教育，推动机关思想政治建设。指导所属党组织健全完善学习制度和激励机制，适时对所属基层党组织的学习教育工作进行督促检查。认真学习贯彻党的十八大精神和《党章》。制定下发学习贯彻党的十八大精神工作方案，号召机关党员“学习走前头、发展当先锋、服务作表率、创新勇带头、廉洁永坚守”，通过中心组学习、支部学习、专题辅导、知识竞赛等多种形式深入开展学习活动，督促所属党组织开展形式多样的主题学习活动。开展“七一”主题纪念活动。“七一”建党节期间，本着简朴、庄重的原则，组织所属机关党组织开展“七一”建党节主题纪念活动，开展了“贯彻十八大、服务新彝州、共圆中国梦”主题征文评选，对37篇优秀征文进行了表彰奖励。办好《楚雄机关党建》报、“彝州机关先锋看台”和“彝州机关先锋讲堂”。认真办好党员学习教育平台，年内共编发《楚雄机关党建》报4期，举办“彝州机关先锋讲堂”2期，举办“彝州机关先锋看台”2期，让党员干部读有报刊、听有讲堂、比有看台，着力营造学理论、学业务、解难题的良好氛围。加大党员干部和党务干部专题培训。年内，举办了3个班次的学习贯彻党的十八大精神专题培训班，对1000余名州级部门正科级干部和300余名州县级机关党务干部进行培训，加深对党的十八大精神的理解领会。举行学习贯彻党的十八届三中全会精神报告会，500余名机关党员干部聆听了专题宣讲。

【机关党组织建设】 2013年，中共楚雄州委州直机关工委强化组织建设，开展了一系列活动。落实党建工作责任制。坚持不断完善机关党建工作责任制考核办法，从年终统一考核为主向健全日常督查机制转变，注重平时工作督促检查和联系指导，根据考核情况及时兑现目标责任奖励。推进机关党组织联系服务社区工作。制定机关党组织联系服务社区具体工作方案，从州直机关党组织中选派72名机关党员到楚雄市的21个社区兼任常务书记或委员，深入社区开展工作。州直机关党组织与社区党组织结对互帮互助，发挥各自优势，共同推进组织工作联做、社区管理联抓、基础设施联建、公益事业联办、文体活动联谊等各项工作，尽力为社区解难题，办实事；倡导党员在居住地社区认领服务岗位，联系服务群众，开展志愿服务。机关党组织的服务触角延伸到基层，各机关党组织先后进到社区开展工作调研，发展会商，活动联谊，走访慰问，志愿服务等70余场次，提升了机关党员服务群众、做群众工作的能力和水平。加强机关党组织和党员服务管理。指导所属党组织调整选优配强领导班子，及时督促26个党组织进行换届选举，新成立党组织4个，及时更新党组织和党员信息库，办理党组织关系转接230个，理顺党员组织关系。推进创先争优活动常态化，做好党组织晋位升级，党员公开承诺工作，指导党组织不断改进提高。不断规范机关党务公开工作，增强党内事务的公开性和透明度。抓好机关基层党组织建设和党员服务管理，按要求收缴管理党费。坚持按规定程序发展党员，严把党员入口关，年内吸收24名积极分子加入党组织，29名预备党员按期转正。认真开展党员民主评议，党员合格率为98.8%，700余人被各党组织评定为优秀党员。加强机关党组织及党员信息化管理，年内举办了1期党内统计培训班。参与社会管理综合治理和维护社会稳定工作。履行州委综治工作领导小组成员单位职责，配合有关部门做好州直机关社会管理创新工作督促指导所属党组织参与社会管理综合治理、维护社会稳定和平安建设工作，把综治维稳工作同机关党建工作同部署同落实，纳入党建目标责任制考核内容，组织开展普法学习教育。在2013年举办的州直机关党组织书记培训班上，邀请州委政法委常务副书记秦国雄作了“对平安建设工作的思考”专题辅导讲座。组织相关工作人员外出学习和普法培训，进一步提高工委干部做好综治、维稳工作的能力和本领。

【党组织和党员作风建设】 2013年，中共楚雄州委直属机关工委强化党组织和党员的作风建设，开展了深入有效的工作。落实作风建设相关规定。认真学习贯彻中央、省、州关于改进工作作风、密切联系群众的相关规定，制定了《州直机关工委改进工作作风密切联系群众的十项规定》，修改完善了公务接待、公车管理等规章制度，并认真抓好落实。同时督促所属党组织落实好相关规定，抓好机关作风建设。开展好“四群”教育活动。选派了2名工作骨干担任新农村建设工作指导员，支持指导员驻村开展工作。工委领导带领工作人员多次深入挂钩联系村调研，与村干部座谈，走访看望困难群众和结对联系户，积极帮助协调解决各种困难和问题。做好党的群众路线教育实践活动前期准备工作。按照要求成立工委工作领导小组、制定前期准备工作方案，紧扣“为民、务实、清廉”的主题，认真组织开展“四风”问题专项调研并形成调研报告。

【机关党组织制度建设】　2013年，中共楚雄州委直属机关工委加强制度建设，开展了系列工作。

机关党支部规范化建设。贯彻落实《中国共产党党和国家机关基层组织工作条例》及省、州实施意见，推进机关党支部规范化建设，不断建立健全机关党支部工作的规范体系，按照组织设置规范化、班子建设规范化、制度建设规范化、党员发展规范化、台账管理规范化和活动场所规范化的要求，推进机关基层党支部各项规章制度的落实，夯实组织基础，规范基础工作。坚持不断完善机关党建工作责任制考核办法，从年终统一考核为主向健全日常督查机制转变，坚持机关党组织书记抓党建工作双向述评，完善机关党建工作分类联系指导制度，探索建立党内激励关怀帮扶的具体做法，每年走访慰问机关生活困难党员和老党员100余人。

推进创先争优活动常态化。健全完善创先争优活动常态化长效机制，做好组织晋位升级工作，组织各基层党组织对照指标体系，查找问题，落实整改，促进创先争优常态化，通过分类定级，评定先进党支部85个，一般党支部168个，后进党支部7个。党员公开承诺工作，指导党组织不断改进提高。组织州直机关党组织和党员开展承诺践诺，各级对照“五个好”和“五带头”要求，作出承诺1.13万项（件），接受群众监督。

加强县（市）机关党建工作业务指导。贯彻落实省委办公厅印发的《关于省直机关工委指导州市机关工委业务工作的意见》和州委办公室印发的《关于州直机关工委指导县（市）机关工委业务工作的意见》，加强对县（市）机关党建工作的指导和联系，重点工作统一安排、党务干部统一培训，加强州、县（市）机关工委（党委）之间的业务指导和联系，对县（市）机关党务干部进行培训，各县（市）机关党建工作成效显著。

【机关党组织反腐倡廉建设】　2013年，中共楚雄州委直属机关工委在广大党组织和党员中进一步加强反腐倡廉建设。

开展廉政文化进机关活动。结合实际制定加强推进机关廉政文化建设的具体实施意见和方案，下发了《关于开展廉政文化进机关活动的实施意见》，对州直机关各级党组织开展廉政文化进机关活动提出了落实“九个一”的要求，即：成立一个廉政文化进机关活动领导小组、制定一个切实可行的廉政文化活动方案、安排一个廉政建设自选主题活动、悬挂一幅廉政建设的宣传警示标语、出一期廉政文化进机关宣传专栏、制订一个廉政建设学习计划、读一本有关廉政建设的书、唱响一首“廉政之歌”、召开一次以支部为单位、以作风建设为主题的党员民主生活会。

开展“坚守从政道德、保持党的纯洁性”教育活动。根据州纪委《关于在全州党员领导干部中开展“坚守从政道德、保持党的纯洁性”教育活动的通知》要求，成立领导小组，制定工作方案、工委领导带头讲廉政党课，组织党员干部观看警示教育片，撰写心得体会，组织实职副科以上干部进行反腐倡廉法规知识测试，认真做好学习动员、自检自查和整改提高各项工作，确保“坚守从政道德、保持党的纯洁性”教育活动取得实效。

推进廉政风险防控。按照要求认真开展廉政风险防控学习动员部署、依法清权确权、排查廉政风险点、制定防控措施4个阶段的工作。认真贯彻执行《中国共产党党员领导干部廉洁从政若干准则》、《中华人民共和国公务员法》和《云南省党政领导干部问责办法（试行）》及相关法律法规和部门规章制度，严格执行党纪政纪各项规定，年内没有违纪违规行为发生。

［郑曙霏］

企业党建

【企业党组织基本情况】　2013年底，中共楚雄州工业和信息化党委直属36个党组织，其中党委11个，党总支5个，党支部20个，包括党委、总支所属党支部在内99个基层党支部，党员总数2482人，其中在职党员1071人，退休党员1153人，其他党员258人。在党员总数中，2013年初党员总数3570名，年内新增加党员118名，其中新发展党员59名，转入党员59名；年内减少党员1206名，其中转出党员1184名，去世党员19名，出党3名。36个党组织中，非公企业党组织30个，离退休人员管理工作站党组织5个，机关党组织1个。从企业规模来分，有14个规模以上非公企业党组织，16个规模以下非公企业党组织；从产业来分，有工业企业党组织、商品流通企业党组织；从行业来分，有钢铁、水泥、煤炭、化肥、印刷包装、药品生产、汽车销售、商品批发零售企业党组织。

【企业党组织建设】　2013年，中共楚雄州工业和信息化党委继续把发展党员纳入党建目标责任制，强化督查考核，举办入党积极分子培训班2期共77人，发展党员59人。加强对党员的有效管理和服务，及时接转党员组织关系，积极探索加强流动党员管理办法，尽力帮助他们解决实际困难，让流动党员感受到党组织的关心和帮助。认真抓好各类人才培训和基层职工的技能培训工作，组织工信系统干部到浙大、北大等地学习现代知识，全年举办各类培训16期，培训3046人次，培训党务干部3期237人次，为实施工业强州战略提供人才支撑。认真落实关爱党员制度，发动基层党组织力所能及开展慰问活动，坚持春节、“七一”等重大节日走访慰问困难党员、老党员283名，发放慰问金18.3万元。

【企业党风廉政责任制建设】 2013年，中共楚雄州工业和信息化党委继续层层签订《党风廉政建设目标责任书》，将党风廉政建设的责任逐项分解到有关领导和基层单位。在认真考核的基础上，兑现2012年责任制奖励2.48万元。组织干部职工学习《中国共产党章程》、《中国共产党党员领导干部廉洁从政若干准则》等党纪党规，学习中央、省、州改进作风，密切联系群众各项规定，不断提高干部廉洁自律意识。坚持领导干部述职述廉、报告个人重大事项、廉政谈话、干部监督和干部联系群众制度，坚持“三重一大”集体决策制度。认真执行《州工信委贯彻落实中央八项规定实施意见》、《州工信委工作督查制度》、《州工信委廉政提醒谈话制度》、《州工信委职工平时绩效考核办法》、《州工信委科级领导干部作风状况评价试行办法》，严格公务用车、公务接待等制度和厉行节约的各项规定。

【企业党建目标责任制】 2013年，中共楚雄州工业和信息化党委以党建目标责任制为龙头和抓手，做到年初有部署，半年有检查，年终有考核。年初，按照企业、机关的实际情况，认真修订党建工作目标责任书，把党的思想、组织、作风、制度、廉政建设作为主要内容进行百分制考核量化，使责任制更加符合实际，便于考核。在此基础上，党委与25户基层党组织签订了党建目标责任书，并层层签订到基层党支部。党风廉政建设责任书签订到机关各科室。对2012年度落实责任制情况进行认真考核，12个基层党组织被考核为一等奖、13个为二等奖、1个为三等奖，兑现奖金4.47万元。年中，对各直属党组织落实责任制情况进行督查。年末，组成考核组，对2013年度签订的党建和党风廉政建设两个责任制落实情况进行考核。

【基层组织换届选举和晋位升级】 2013年，中共楚雄州工业和信息化党委坚持基层党组织按期换届选举制度，年内有8个直属基层党组织实现了换届，并充分利用基层党组织换届的有利时机，选好书记，配强党组织班子，使党组织班子进一步加强，结构得到改善。坚持不懈抓好基层党组织晋位升级工作，全系统113个基层党组织（党委、总支、支部）中，定为“好”和“较好”占有92.5%、“一般”和“较差”的占7.5%。

【党务公开制度和承诺践诺活动】 2013年，中共楚雄州工业和信息化党委高度重视党务公开工作，认真执行党委制定的党务公开制度，机关和基层党组织在发展党员、党员交纳党费、党费管理、创先争优、先进评选表彰、基层党务干部和机关干部选拔任用、年度考核、单位的重大事项等按公开目录和要求及时公开。基层党组织和党员结合实际广泛开展承诺践诺活动，党组织作出承诺619项，已兑现591项；党员作出承诺7536项，已经兑现7183项。

【企业维稳】 2013年，中共楚雄州工业和信息化党委按照“谁主管、谁负责”的原则，充分发挥基层党组织的群众基础工作优势，下发了《关于做好2013年综合治理维护稳定工作要点》，部署维稳工作，落实维稳责任。州工信委领导和机关干部经常深入基层、深入群众调查研究，了解基层情况、倾听群众诉求，做好政策的宣传解释工作，深入细致地做好思想疏导，化解矛盾，解决基层的实际困难和问题，实事求是解决基层群众的合理诉求，信访件件件有落实，将问题化解在萌芽状态，促进企业的和谐与稳定。全年共受理群众来信382件批次，办理上级交办31件，网上信访19件次；接待群众来访186批次1200余人次，领导干部下访300余批次3500余人次，首访首办率100%。

［李星华］

党校教育

【干部教育培训】 2013年，中共楚雄州委党校围绕学习宣传党的十八大、十八届三中全会、习近平总书记系列重要讲话精神为主线，立足服务全州经济社会发展大局，以理想信念教育为核心，突出抓好马克思主义基本理论和中国特色社会主义理论体系教育培训工作，着力在“固根、守魂、补钙”上作文章，充分发挥干部教育培训“主渠道”、“主阵地”作用。举办楚雄州学习贯彻习近平总书记系列重要讲话暨党的十八届三中全会精神培训班、乡镇党政领导、企业管理人员学习贯彻十八大精神培训班、第二期新任县处级领导干部反腐倡廉暨从政道德教育专题培训班、全州组织工作干部培训班、全州宣传干部培训班、全州共青团干部培训班、全州统一战线干部培训班、全州宗教干部培训班、全州非公经济人士暨工商联干部培训班等各类培训班51期，培训轮训各级各类干部1万余人次，其中州委干部教育计划内的主体班22期，培训人数4436人次；其他培训班29期，培训人数6564人次。

【政治理论研究】 2013年，中共楚雄州委党校深化马克思主义基本理论特别是中国特色社会主义理论体系的研究，紧密结合习近平总书记系列重要讲话提出的新思想、新观点、新论断，结合国内外发展形势和州情，贴近中心、贴近实际，深入研究改革发展中的重大问题，为州委、州人民政府决策服务，为丰富和发展中国特色社会主义理论体系服务，有效发挥了党校作为马克思主义理论阵地的作用。年内，完成各级各类课题50项，其中州委、州人民政府委托的科研课题16项。在《人民日报》、《学习时报》、《云南日报》、《中共云南省委党校学报》、《楚雄日报》等各级各类期刊报纸上刊发教职工撰写的理论文章246篇。其中，获中央、省州反腐倡廉调研优秀成果奖 7 项，全省党校、行政院校系统优秀科研成果奖 2 项，省社会主义学院科研课题奖励 2 项，楚雄州社科优秀成果奖 5 项。编发《彝州论坛》4 期，发行 2800 册，刊登理论文章 104 篇。

【政治理论宣讲】　2013 年，中共楚雄州委党校充分发挥党校在政治理论宣讲中的“主阵地”作用，不断延伸拓展党校讲台，围绕马克思主义基本原理和中国特色社会主义理论体系，围绕州委、州人民政府的中心工作和战略部署，组织骨干教师广泛开展社会宣讲活动，传播正能量，为推进富民强州提供智力支持。年内，州委党校领导和教师深入州级部门，10 县（市）的乡（镇）、村（社）就党的十八大精神、新《党章》、党的十八届三中全会精神，党在农村的惠民政策，做好新形势下的群众工作等专题开展宣讲 100 余场次，范围覆盖党政机关、企事业单位、社会团体、军营等，受众 1 万余人次。

【改善办学条件】　2013 年，中共楚雄州委党校加大对基础设施建设的投入力度，不断改善办学条件，对学员餐厅餐具及学员宿舍供热系统和床上用品等进行了全套更换。年末投资 800 余万元 1178 平方米的报告厅，已进入室内装修阶段。

［杨晓艳］

信访工作

【领导干部接访下访】　2013 年，楚雄州各级各部门不断完善领导干部接访下访工作，州级领导定期接访由州委、州人民政府领导扩展至州人大常委会、州政协领导，同时结合“四群”教育实践活动，采取定点接访、重点约访、专题接访、带案下访和领导包案等方式化解信访问题。州县（市）党委、人民政府共听取信访工作情况汇报 32 次，研究解决重大信访问题 85 个。州和县（市）党政主要领导对重要信访事项亲自过问、亲自处理、亲自督办，对重大集体访亲临现场指挥、及时妥善处理。年内，州委、州人民政府领导 7 人 28 次对信访工作情况做出批示（州委书记张太原批示 15 次、州人民政府州长李红民批示 6 次）。在处理“5·28”、“9·28”、“10·09”、“11·11”等事件时，州委、州人民政府分管领导靠前亲自指挥协调。全年有 388 人次州和县（市）领导定期接待群众来访 1505 批 3964 人次，其中州级领导接访 199 批 642 人次、县（市）领导接访 1306 批 3322 人次，解决信访问题 1137 件。

【矛盾纠纷排查化解】　2013 年，楚雄州各级各部门进一步加大矛盾纠纷排查化解力度，充分发挥联席会议作用，妥善化解信访问题。州、县（市）委信访联席会议定期排查交办。州联办按季排查交办，县（市）按月排查交办，对重大信访问题和矛盾纠纷主动发现、超前预防研判，及时就地化解，最大限度地预防和减少大规模集体上访。全年共督促办理中央、省交办信访事项 101 件，督促办理州委、州人民政府领导接待群众来访事项 81 件，排查督办重大信访事项 64 件，督办领导批示信访事项 23 件，立项督办信访事项 8 件。加大对重点时段的督查督办力度。在春节、元旦节和中央、省州“两会”、南博会等重大活动和“11·11”重要时段期间开展包县督查，同时还开展了针对畅通群众诉求渠道和依法规范信访秩序、落实《楚雄州信访工作管理办法（试行）》和《楚雄州加强对信访工作领导责任落实情况监督检查办法（试行）》等专项工作督查，收到良好效果。

【信访积案化解】　2013 年，楚雄州共排查信访积案 196 件（省以上交办 13 件，州重点交办 46 件），督促各县（市）逐件建立完善台账，落实“一个积案、一名领导、一套班子，包调查、包处理、包稳定”的包保责任制，年内共化解信访积案 145 件。州级安排特殊疑难信访问题专项配套资金 150 万元，解决年内频繁上访的重大信访问题 32 件，解决了一批久拖未决的信访突出问题，减少了信访“存量”。

【信访问题调研】　2013 年，按照国家信访局和省信访局的安排部署，楚雄州在全州信访系统开展了以“贯彻落实十八大·开创新局面”为主题的 12 个专题调研活动，评选出的 40 余篇优秀调研报告总结了楚雄州开展信访工作的一些成功经验和做法，找准了存在问题，为进一步做好新形势下的信访工作提供了借鉴和启迪。针对“如何用群众工作的理念方法统揽信访工作”和“农村土地承包经营权流转、州级部分单位团购房”中产生的信访问题开展专题调研，所形成的 5 个专题调研报告得到州委、州人民政府主要领导的批示，为领导决策提供了参考依据。

【来信来访办理】　2013 年，楚雄州各级各部门共办理群众来信来访 1.23 万件批次 4.12 万件人次，信访件批次比上年上升 4.13%。办理群众来信 2690 件，上升 2.55%，办理网上信访 1360 件；接待群众来访 9577 批 3.86 万人，批次上升 4.37%（集体访 1595 批 2.82 万人，批次和人次比上年上升 9.40% 和 3.97%）。全州信访部门共办理群众来信来访 5243 件批次 2.05 万件人次，占全州信访总量的 42.7%，信访件批次比上年上升 6.09%。其中办理来信 578 件，下降 7.78%，办理网上信访 544 件；接待群众来访 4665 批 1.99 万人，批次和人次分别上升 8.01% 和 7.31%（集体访 923 批 1.43 万人，批次和人次分别上升 22.90% 和 9.03%；个体访 3742 批 5589 人，批次和人次分别上升 23.15% 和 3.12%）。州信访局共办理群众来信来访 1257 件批次 5812 件人次，件批次比上年上升 12.74%。其中办理群众来信 144 件，下降 28.71%，办理网上信访 407 件；接待群众来访 1113 批 5648 人，批次比上年上升 21.91%，人次比上年下降 8.46%（集体访 259 批 4308 人，批次比上年上升 18.26%，人次比上年下降 14.64%；个体访 854 批 1340 人，批次和人次分别上升 23.05% 和 19.32%）。

［江平泉］

楚雄彝族自治州人民代表大会常务委员会

重要会议

【楚雄州第十一届人民代表大会第三次会议】 2013年2月23～27日，楚雄州第十一届人民代表大会第三次会议在州会务中心民族会堂召开。会议共有7项议程：听取和审查《楚雄州人民政府工作报告》；审查《楚雄州2012年国民经济和社会发展计划执行情况和2013年国民经济和社会发展计划草案报告（书面）》；审查《楚雄州2012年地方财政预算执行情况和2013年地方财政预算草案报告（书面）》；听取和审查《楚雄州人大常委会工作报告》；听取和审查《楚雄州中级人民法院工作报告》；听取和审查《楚雄州人民检察院工作报告》；审查《云南省楚雄州龙川江保护管理条例（修订草案）》。有332名人大代表出席大会，有233名法定、特邀、决定列席人员和15名旁听公民列席会议。在23日下午的预备会议上，表决通过了59人组成的大会主席团成员和大会秘书长及7项大会议程；表决通过了大会经济、财政、议案、《云南省楚雄州龙川江保护管理条例（修订草案）》等审查委员会人员名单等事项。预备会议结束后，州委召开了“两会”党员会议，州委书记张太原向出席“两会”的党员提出了具体要求。大会由大会主席团主持。主席团第一次会议推选张太原、卢显林、李佳、吴丽华、卜德诚、商雁鸿、熊卫民、李志勇、张林敏为大会主席团常务主席。2月24日上午9:00时，开幕大会由大会主席团常务主席、大会执行主席卢显林主持。卢显林在大会结束时作了讲话。2月24～26日上午9:00时，在大会第一次全体会议和第二次全体会议上，与会人员分别听取了州长李红民作《政府工作报告》、州人大常委会副主任熊卫民作《云南省楚雄州龙川江保护管理条例（修订草案）》的说明、州人大常委会主任卢显林作楚雄州人大常委会工作报告、州中级人民法院院长普建辉作州中级人民法院工作报告、州人民检察院检察长戴富才作州人民检察院工作报告。出席会议代表和列席会议人员对会议各项议程进行了认真的审议和审查。2月27日，在大会第三次全体会议上，与会代表以举手表决的方式，表决通过了《关于楚雄州人民政府工作报告的决议》、《关于2012年国民经济和社会发展计划执行情况和2013年国民经济和社会发展计划草案报告的决议》、《关于2012年地方财政预算执行情况和2013年地方财政预算草案报告的决议》、《关于楚雄州人大常委会工作报告的决议》、《关于楚雄州中级人民法院工作报告的决议》、《关于楚雄州人民检察院工作报告的决议》、《关于〈云南省楚雄州龙川江保护管理条例（修订草案）〉的决议》。大会主席团成员，州党政军领导、曾担任过正州级职务和担任过州人大常委会副主任职务的老领导在主席台就坐。出席州政协九届二次会议的政协委员列席了开幕大会。卢显林在闭幕大会作了讲话。与会代表共提出议案62件，建议、批评和意见157件。

【楚雄州人大常委会会议】 2013年2月28日至3月1日，楚雄州十一届人大常委会第七次会议在楚雄召开。州人大常委会主任卢显林主持会议并在结束时讲话。副主任李佳、吴丽华、卜德诚、商雁鸿、熊卫民、李志勇，秘书长张林敏以及其他组成人员出席会议。州人民政府副州长王定梁，州中级人民法院院长普建辉，州人民检察院检察长戴富才及州人民政府办公室等16个部门负责人，州人大常委会法工委、财经工委、教工委委员，楚雄、大姚、武定、禄丰等县（市）人大常委会负责人，州人大常委会机关科以上干部列席会议；会议邀请邹华等8位州十一届人大代表列席，批准王敏等5位公民旁听。会议听取和审议了州人民政府《关于楚雄州气象事业发展情况的报告》、《关于楚雄州国有资产监督管理工作情况的报告》、州中级人民法院《关于楚雄州法院涉诉信访工作情况的报告》和州人大常委会教工委、财经工委、法工委对3个报告的初审意见；会议表决通过了对3个报告的审议意见和杨照辉任州人民政府副州长以及10县（市）人民检察院检察长的任命。

4月25～26日，州第十一届人大常委会召开第八次会议。州人大常委会主任卢显林主持会议，副主任吴丽华、卜德诚、商雁鸿、熊卫民、李志勇，秘书长张林敏以及州十一届人大常委会其他组成人员出席会议。州人民政府副州长邓斯云、周兴国，州中级人民法院副院长杨鹏，州人民检察院检察长戴富才和州人民政府相关部门负责人列席会议。会议邀请了8位州十一届人大代表列席，5位公民旁听。会议审议并通过了州人民政府《关于楚雄州城镇保障性住房建设与管理工作情况的报告》和《关于楚雄州环境保护工作情况的报告》及州人大常委会审议两个报告的意见；审议并通过了州人民检察院《关于楚雄州侦查监督工作情况的报告》及州人大常委会的审议意见；审议并通过了《关于楚雄州第十一届人民代表大会代表资格审查和代表变动情况的报告》；表决通过了人事任免事项。决定接受杨亚林辞去楚雄州人民政府副州长职务，免去何学明州人力资源和社会保障局局长职务，任命李昆为州人力资源和社会保障局局长。州人民政府副州长周兴国、州人民检察院检察长戴富才分别对贯彻落实人大常委会组成人员提出的审议意见代表州人民政府和州人民检察院作表态发言。

6月25～26日，州第十一届人大常委会召开第九次会议。州人大常委会主任卢显林主持会议并在会议结束时讲话，副主任李佳、卜德诚、商雁鸿、熊卫民、李志勇，秘书长张林敏及州十一届人大常委会其他组成人员出席会议。州人民政府副州长王定梁，州中级人民法院、州人民检察院、州人民政府相关部门负责人列席会议。会议还邀请了8位州十一届人大代表列席，5位公民旁听。会议审议并通过了州人民政府《关于楚雄州新型工业化发展情况的报告》、《关于楚雄州实施国务院〈工伤保险条例〉情况的报告》、《关于楚雄州文化遗产保护工作情况的报告》、《关于楚雄州移民工作情况的报告》和大会审议意见；审议通过了《楚雄州人民代表大会代表视察办法（草案）》及说明、决议和《楚雄州人民代表大会常务委员会组成人员守则（草案）》及说明；表决通过了有关人事事项。会上，副州长王定梁代表州人民政府就贯彻落实好会议的审议意见作表态发言。

8月29～30日，州十一届人大常委会召开第十次会议。州人大常委会主任卢显林主持会议并在会议结束时讲话，副主任李佳、吴丽华、卜德诚、商雁鸿、熊卫民、李志勇，秘书长张林敏以及州十一届人大常委会其他组成人员出席会议。州委常委、州人民政府常务副州长杨照辉，州人民政府副州长周兴国，州中级人民法院、州人民检察院、州人民政府办公室、州发改委等相关部门负责人列席会议。会议还邀请了8位州十一届人大代表列席，5位公民旁听。会议听取和审议通过了州人民政府《关于楚雄州2012年州本级财政决算的报告》、《关于楚雄州2013年上半年财政预算执行情况的报告》、《关于楚雄州2013年上半年国民经济和社会发展计划执行情况的报告》、《关于楚雄州2012年度州级预算执行和其他财政收支的审计工作报告》、《关于楚雄州残疾人工作情况的报告》和相关的决议和审议意见；审议通过了州人大常委会执法检查组对楚雄州贯彻实施《云南省民族乡工作条例》和《楚雄州民族乡工作规定》、国务院《风景名胜区条例》和《云南省风景名胜区条例》、《云南省企业工资集体协商条例》、《中华人民共和国审计法》、《中华人民共和国全国人民代表大会和地方各级人民代表大会代表法》等执法检查的报告（书面）；表决通过了有关人事事项。副州长周兴国代表州人民政府对贯彻落实会议审议议题做出的决议和审议意见作表态发言。

10月29～30日，州十一届人大常委会第十一次会议在楚雄召开。州人大常委会主任卢显林，副主任李佳、吴丽华、卜德诚、商雁鸿、熊卫民、李志勇，秘书长张林敏及州十一届人大常委会其他组成人员出席会议。州委常委、常务副州长杨照辉，州委常委、副州长孙赟，州人民检察院检察长戴富才、州中级人民法院副院长杨鹏，州人民政府办公室等24个部门和单位负责人列席会议；州人大常委会民工委、财经工委、农环资工委委员，机关科以上干部列席会议；会议邀请8位州人大代表列席会议，批准5位公民旁听。会议听取和审议了州人民政府关于《楚雄州国民经济和社会发展第十二个五年规划纲要实施中期评估报告》及说明、关于《云南楚雄国家农业科技园区总体规划（草案）的报告》、《关于楚雄州招商引资工作情况的报告》、《关于楚雄州交通运输工作情况的报告》；审议了《云南省楚雄州立法规定（草案）》及说明，书面审议了州人大常委会《关于组织驻楚部分全国、省、州人大代表对楚雄州烟草水源工程建设情况进行专题视察的报告》、《关于对楚雄州贯彻实施〈中华人民共和国妇女权益保障法〉情况进行执法检查的报告》，审议了有关人事任免事项。会议表决通过了州人大常委会审议州人民政府关于《楚雄州国民经济和社会发展第十二个五年规划纲要实施中期评估报告》的意见、《关于楚雄州招商引资工作情况的报告》的意见、《关于楚雄州交通运输工作情况的报告》的意见；表决通过了关于《云南省楚雄州立法规定》的决议、《关于云南楚雄国家农业科技园区总体规划（草案）》的决议；表决通过了有关人事任免事项。州委常委、常务副州长杨照辉代表州人民政府就贯彻落实好会议的决议和审议意见作表态发言。

12月30～31日，州第十一届人大常委会第十二次会议在楚雄召开。州人大常委会主任卢显林主持会议并在会议结束时讲话，副主任李佳、吴丽华、卜德诚、商雁鸿、熊卫民、李志勇，秘书长张林敏以及州十一届人大常委会委员出席会议。州委常委、州人民政府常务副州长杨照辉，副州长周兴国，州中级人民法院，州人民检察院，州人民政府14个相关部门负责人，州人大常委会财经工委、教工委、选联工委和农环资工委委员、州人大常委会机关科以上干部，楚雄市、大姚县、武定县、禄丰县人大常委会主要领导共78人列席会议。会议邀请8位州十一届人大代表列席，5位公民旁听。会议听取和审议了州人民政府《关于楚雄州2013年度州本级财政预算调整方案的报告》、《关于楚雄州2012年度州级预算执行和其他财政收支审计查出问题整改情况的报告》、《关于对州十一届人大三次会议代表提出的建议、批评和意见办理情况的报告》；听取和审议了州人大常委会选举联络工作委员会《关于对州十一届人大三次会议代表提出的建议、批评和意见办理情况的报告》；听取了州人大常委会代表资格审查委员会《关于州第十一届人民代表大会代表资格审查和代表变动情况的报告》；审议了《云南省楚雄州青山嘴水库管理条例（草案）》、《云南省楚雄州民族教育条例（修订草案）》及其说明，《楚雄州人民代表大会常务委员会工作报告（讨论稿）》、《楚雄州人大常委会关于召开楚雄州第十一届人民代表大会第四次会议的决定（草案）》和说明及楚雄州第十一届人大常委会2014年度工作要点、议题安排、代表视察、执法检查安排（草案）；听取了州十一届人民代表大会第四次会议筹备工作情况的报告，以及关于召开楚雄州第十一届人民代表大会第四次会议的有关事项报告；表决通过了《关于批准楚雄州2013年州本级财政预算调整方案的决议》、《关于召开楚雄州第十一届人民代表大会第四次会议的决定》、《关于楚雄州第十一届人民代表大会第四次会议列席人员名单》、《关于楚雄州人大常委会2014年度工作要点、议题安排和代表视察、执法检查安排》和有关的人事事项。

［易学敏］

重要活动

【省人大常委会视察调研】 2013年3月7日，为推进《云南省实施〈中华人民共和国村民委员会组织法〉办法（修订草案）》和《云南省村民委员会选举办法（修订草案）》的修订工作，云南省人大内务司法委员会副主任委员康仲明率省人大常委会调研组一行到楚雄州召开座谈会，征求楚雄州人大常委会、州法制办、州监察局、州财政局、州民政局等部门及部分州人大代表、政协委员的修改意见、建议。州人大常委会副主任李佳出席座谈会。座谈会上，与会人员结合工作实际，对“两办法”修订草案提出了意见、建议。

4月2日，由省人大常委会财经委副主任纳宗会带队，省人大常委会法工委，省发改委领导参加的一行15人组成的《云南省发展规划条例（草案）》立法调研组到楚雄州调研、座谈。在实地察看并听取汇报后，与会人员围绕发展规划制定和实施的重点难点、专项发展规划的分类、立项审批程序是否必要等问题展开了讨论。对《条例》制度建设的合法性、合理性，立法的科学性、规范性，文字表达的准确性、周密性等方面提出了意见建议。州人大常委会副主任李佳主持会议，副州长赵祖莹代表州人民政府作汇报。州属有关8个部门领导参加座谈。

4月25~26日，省人大常委会法制委员会主任委员郑维川、民族委员会副主任委员管国芳、教科文卫委员会副主任孟跃武等相关人员组成的省人大常委会医药卫生体制改革专题询问组到楚雄州，对医药卫生体制改革情况进行专题调研。调研组在25日听取楚雄州深化医药卫生体制改革工作情况汇报后，还到禄丰县查看了县人民医院医药卫生体制改革情况，并与医院主要负责人及部分医务人员、患者、乡村医生等座谈。州人大常委会副主任、州工商联主席吴丽华，副州长邓斯云陪同调研。

5月20日，省人大常委会民族委员会副主任委员穆永新率调研组到楚雄州调研青山嘴水库管理条例立法情况。州人大常委会副主任李佳、州人民政府副州长王厚军陪同调研组到青山嘴水库实地察看，详细了解水库的蓄水、水质、灌区范围及大坝安全等相关情况。在座谈会上，调研组听取了《云南省楚雄州青山嘴水库管理条例（修改稿）》的制定工作情况汇报，提出具体的修改意见、建议。

6月6~7日，省人大民族委员会副主任委员穆永新率调研组到楚雄州，对《云南省楚雄州民族教育条例》修订工作进行立法调研。调研组先后深入州民族中专、州民族中学，楚雄市紫溪镇州立民族小学，东华镇红墙希望小学、新街中学开展实地调研。州人大常委会主任卢显林、州人民政府副州长邓斯云陪同调研。

6月26~27日，省人大常委会研究室副主任白茫茫、调研处处长岳进、宣传处副处长张瑞芳等相关人员组成的调研组对楚雄州贯彻落实《中共云南省委关于加强和改进新形势下人大工作的实施意见》情况开展调研。调研组在州人大常委会机关、牟定县人大常委会召开座谈会，分别听取州、县人大常委会，州、县委办公室，州、县委组织部有关情况工作汇报；深入楚雄市和牟定县部分乡（镇）人大主席团了解基层人大工作情况。州人大常委会秘书长张林敏，副秘书长、办公室主任白忠华参加调研座谈会。

【州人大代表视察】 2013年4月8~10日，楚雄州人大常委会组织驻楚部分全国、省、州人大代表对全州新能源新材料产业建设和抗旱保民生工作情况进行专题视察。4月8日上午，在听取了州人民政府副州长孙赟代表州人民政府所作的专项工作情况汇报后，由州人大常委会副主任吴丽华、卜德诚、熊卫民带队分别深入牟定、姚安、永仁、元谋、武定、禄丰6县，采取实地察看、听取情况介绍、走访基层群众、查阅相关材料等形式对全州新能源新材料产业建设和抗旱保民生工作进行视察。4月11日上午召开视察情况反馈会，各视察小组分别作视察情况汇报，州人大常委会主任卢显林主持会议并作总结讲话。州人大常委会副主任吴丽华、卜德诚、熊卫民，秘书长张林敏，州人民政府副州长洪维智以及参加视察的代表、陪查人员、工作人员和州级有关部门主要负责人参加会议。针对视察组提出的意见和建议，副州长洪维智作表态发言。卢显林就如何继续深入开展好抗旱保民生工作和加快楚雄州新能源新材料产业建设作讲话。

9月23~24日，州人大常委会组织驻楚部分全国、省、州人大代表对全州烟草水源工程建设情况进行专题视察。23日上午，在听取州委常委、州人民政府常务副州长杨照辉关于楚雄州烟草水源工程建设工作情况汇报后，视察组由州人大常委会副主任李佳、吴丽华、卜德诚带队，分别深入楚雄、双柏、牟定、大姚、武定、禄丰6个县（市），对烟草水源工程建设情况进行实地视察。25日上午召开视察反馈会。3个视察组分别向州人民政府反馈了视察情况及相关意见和建议。州人大常委会副主任李佳主持会议并作视察总结讲话。州人大常委会副主任吴丽华、卜德诚、熊卫民、李志勇，秘书长张林敏，州委常委、常务副州长杨照辉以及参加视察的代表、陪查人员、工作人员和州级有关部门主要领导90余人参加会议。

【执法检查】 2013年4月18~19日，楚雄州人大常委会副主任卜德诚带领州人大常委会执法检查组，对全州贯彻执行国务院《生猪屠宰管理条例》的情况进行执法检查。检查组先后深入到牟定县、南华县和楚雄市，采取听汇报、察看城乡生猪定点屠宰场（厂）、走访或与职工座谈等形式，详细了解贯彻实施国务院《生猪屠宰管理条例》的情况。19日下午，在州商务局听取了州商务局局长杨继周关于楚雄州贯彻实施《生猪屠宰管理条例》情况的汇报，并就继续做好《条例》的贯彻落实工作提出了5个方面的意见和建议。

7月下旬至8月上旬，由州人大常委会民族工作委员会和州民委组成的执法检查组，在州人大常委会副主任熊卫民的带领下，分别深入到武定、南华和永仁等县，就《云南省民族乡工作条例》和《楚雄州民族乡工作规定》贯彻实施情况进行执法检查。通过听取县、乡（镇）工作汇报，实地检查和了解民族乡经济社会发展情况，充分听取意见、建议。8月20日，在楚雄召开了发改、财政、民委等13个州属部门参加的情况汇报和反馈会议。会上，州人民政府汇报了贯彻实施《云南省民族乡工作条例》和《楚雄州民族乡工作规定》的情况，执法检查组组长熊卫民就贯彻实施《云南省民族乡工作条例》和《楚雄州民族乡工作规定》取得的成绩、存在的问题及下步工作意见向州人民政府作反馈。

7月24～25日，州人大常委会组织由州人大常委会副主任李佳任组长，州人大常委会农环资工委、州发改委、州审计局等部门负责人和部分州人大代表为成员的执法检查组，深入到牟定、南华、姚安等县对楚雄州贯彻实施《中华人民共和国审计法》情况进行执法检查。执法检查组分别听取了3个县人民政府贯彻实施《审计法》情况的汇报，并召开部分基层干部和人大代表参加的座谈会，广泛听取基层对审计工作的意见和建议。在听取州审计局局长刘平受州人民政府委托所作的《关于楚雄州贯彻实施〈中华人民共和国审计法〉情况的报告》后，州人大常委会副主任、执法检查组组长李佳就全州贯彻实施《审计法》取得的成绩、存在问题及下步工作意见向州人民政府作反馈，副州长孙赟作表态发言。

8月上旬至中旬，为深入贯彻落实国务院《风景名胜区条例》和《云南省风景名胜区条例》，进一步推进楚雄州的风景名胜区管理工作，州人大常委会组织部分州人大代表对州内贯彻实施“两条例”情况进行执法检查。执法检查组由州人大常委会副主任、州工商联主席吴丽华任组长，部分州人大代表共7人组成，深入到州住建局、双柏县、大姚县、禄丰县进行实地调研检查，听取相关部门和各县人民政府的情况汇报，察看了部分风景名胜区的建设情况。检查结束后，执法检查组进行了认真的分析总结，并于8月26日下午召开执法检查反馈汇报会，副州长王厚军到会听取了检查组的意见反馈。

8月8～9日，为认真贯彻落实《云南省企业工资集体协商条例》，进一步推进楚雄州企业工资集体协商工作，州人大常委会组织了由副主任商雁鸿任组长，州人大常委会法工委、州人社局、州总工会有关人员参加的执法检查组，对州内贯彻实施《条例》的情况进行执法检查。检查组先后深入永仁、元谋、牟定等县进行调研检查，并分别听取了所到县人民政府及州人社局、州总工会的工作情况汇报，到部分企业察看工作情况、听取意见，对检查中发现的问题和以后的工作建议与县人民政府领导及相关部门负责人交换了意见。8月13日，执法检查组召开会议，会上州人社局局长李昆受州人民政府委托汇报了楚雄州贯彻实施《条例》工作情况，检查组组长、州人大常委会副主任商雁鸿将执法检查情况及意见向州人民政府作了反馈，州委常委、常务副州长杨照辉到会听取意见并作表态发言。

8月12～15日，州人大常委会副主任李志勇带领执法检查组，在各县（市）自检自查的基础上，深入到楚雄、武定、元谋3个县（市），采取抽查、召开座谈会、查阅资料等形式对3县（市）人大常委会、6个乡（镇）人大主席团贯彻实施《中华人民共和国全国人民代表大会和地方各级人民代表大会代表法》情况进行执法检查。在了解掌握全州贯彻执行《代表法》所取得的成绩、经验和存在问题的情况后，于18日召开执法检查情况反馈会，对楚雄州贯彻执行《代表法》取得的5个方面的成绩给予充分肯定，并就继续贯彻执行好《条例》提出了5个方面的意见和建议。

9月12～16日，州人大常委会副主任、州总工会主席商雁鸿率执法检查组到姚安、南华、禄丰及部分乡（镇），对楚雄州贯彻实施《中华人民共和国妇女权益保障法》情况进行执法检查，并于16日下午召开执法检查汇报及反馈会。会上，副州长邓斯云代表州人民政府作情况汇报。

【专项活动】　政情通报会。2013年1月10日下午，楚雄州人大常委会召开2012年下半年政情通报会。州长李红民代表州人民政府向驻楚雄城区的部分全国、省、州人大代表通报了2012年下半年全州经济社会发展情况及2013年州人民政府工作初步安排意见。州人大常委会主任卢显林主持会议并在结束时讲话。驻楚雄城区的部分全国、省、州人大代表，州人大常委会副主任李佳、卜德诚、商雁鸿、熊卫民、李志勇、秘书长张林敏，州级相关部门领导及州人大常委会机关全体干部职工共90余人参加会议。7月19日下午，州人大常委会召开2013年上半年政情通报会。州人大常委会主任卢显林主持会议并在会议结束时讲话。州人大常委会副主任李佳、卜德诚、商雁鸿、熊卫民、李志勇、秘书长张林敏，驻楚雄城区的部分全国、省、州人大代表，州级相关部门负责人和州人大常委会机关在职干部职工110人参加会议。州长李红民到会通报了2013年上半年全州经济运行情况及下半年州人民政府工作意见。

人大代表和乡（镇）人大主席团主席培训。3月12～13日，州人大常委会举办州人大代表培训班，248名州十一届人大代表参加培训。州人大常委会主任卢显林，副主任李佳、吴丽华、卜德诚、商雁鸿、熊卫民、李志勇，秘书长张林敏出席培训班动员会。卢显林作动员培训讲话和学习宪法第一课辅导。期间，省人大常委会选联工委副主任马昆，昆明广播电视大学副校长李琪等为参加培训代表进行了学习“选举法”、“代表法”专题辅导。州人大代表何菊兰、阳传萍分别作了“履行好一名人大代表职责”的体会交流发言。李志勇对培训工作进行了小结。3月14～15日，州人大常委会对全州103个乡（镇）人大主席团主席进行履职培训。培训由各县（市）人大常委会领导带队，共123人参加。州人大常委会主任卢显林、副主任李志勇、秘书长张林敏出席培训开班动员会。卢显林作开班动员，并就《正确认识人民代表大会制度的性质、地位、作用，提高乡（镇）人大主席团主席依法履职的能力和水平》讲了第一课。培训期间，省人大常委会办公厅原副巡视员马维纲受邀到会讲解《云南省乡（镇）人民代表大会主席团工作条例》；州人大常委会选联工委主任郭孝益对《选举法》、《组织法》、人大代表议案和建议的提出及办理作辅导；4名乡（镇）人大主席团主席分别作了履职经验和学习体会交流发言。

全州县乡人大换届选举工作总结表彰会。3月12日上午，州人大常委会召开全州2013年县（市）、乡（镇）人大换届选举工作总结表彰会。州人大常委会主任卢显林，副主任李佳、吴丽华、卜德诚、商雁鸿、熊卫民、李志勇，秘书长张林敏出席会议。会上，李志勇宣读了表彰决定，对县（市）、乡（镇）人大换届选举工作中成绩突出的11个先进集体和70名先进个人给予了表彰奖励。2013年县（市）、乡（镇）两级人大换届选举工作自2012年6月下旬开始到2013年2月底结束，共选举产生新一届县级人大代表1805名，县（市）级国家机关领导人员140名，乡级人大代表6083名，乡（镇）级国家机关领导人员595名。

全州人大系统第七届体育运动会。3月28～31日，楚雄州人大系统第七届体育运动会在双柏县举行。州人大常委会主任卢显林在开幕式上致辞，副主任李佳、吴丽华、卜德诚、商雁鸿、熊卫民、李志勇，秘书长张林敏，州政协副主席蒲涌和州文体局的主要负责人及双柏县党政主要领导出席开幕式，州人大系统第七届体育运动会组委会主任吴丽华主持开幕式。运动会共开展篮球、拔河、同心协力3个集体项目和乒乓球、象棋、扑克3个个人项目比赛。州人大常委会和10县（市）人大常委会机关共11支代表队参赛。

“我眼中的人大”主题联合新闻宣传采访。7月15～30日，州人大常委会组织开展了以“我眼中的人大”为主题的联合新闻宣传采访活动。先后采访了李正姝、辛学镇、罗廷佳、罗芹、施文荣等人大代表的先进事迹，并对双柏、牟定、大姚、永仁、元谋、武定6个县人大常委会、乡（镇）人大主席团和各级人大代表在连续5年干旱，群众生产生活面临重大挑战的严峻形势下，开展人大工作的情况进行了深入采访，于8月12日开始，在州级3家新闻媒体同时连续刊播。

2013年楚雄环保世纪行活动。7月18日，楚雄2013年环保世纪行活动正式启动后，州人大常委会、州人民政府、楚雄环保世纪行组委会紧紧围绕“推进工业化进程，加强水危机应对”活动主题，组织新闻媒体的记者深入农村、机关、学校、企业开展内容丰富、主题鲜明、形式多样的环保世纪行活动。活动期间，州、县（市）新闻媒体共采编刊载、播出宣传稿件400余篇，州、县（市）环保世纪行组委会印制发放有关宣传品8000余份。10月25日，召开总结表彰会，对2013年全州开展楚雄环保世纪行活动情况进行总结，州人大常委会副主任李佳出席会议并讲话。会上，对楚雄市人大常委会等7个先进集体和《化污为清的神奇“宝塔”》等14件优秀新闻作品进行了表彰奖励。2013年楚雄环保世纪行组委会21家成员单位、州人大常委会各工委（室）主任、州人民政府办公室领导、10县（市）人大常委会分管领导、农环资委全体干部参加总结表彰会。

全州县（市）人大常委会主任座谈会。8月30日上午，州人大常委会召开了以“认真学习贯彻党的十八大精神、切实开创人大工作新局面”为主题的全州县（市）人大常委会主任座谈会。州委副书记邱江、州人大常委会主任卢显林出席会议并讲话；州人大常委会副主任李佳、吴丽华、卜德诚、商雁鸿、李志勇，秘书长张林敏以及州十一届人大常委会委员出席会议；州人大常委会机关实职正科以上干部，不是州十一届人大常委会的县（市）人大常委会主要负责人和10县（市）人大常委会办公室主任参加会议。会上，10县（市）人大常委会主任分别作了《学习贯彻党的十八大精神的主要做法和取得的成效》交流发言。

学习张德江在楚雄调研时重要讲话。11月24日，中共中央政治局常委、全国人大常委会委员长张德江在省委副书记、省长李纪恒，省委常委、省委秘书长曹建方等陪同下，深入武定县狮山镇人大主席团和武定县人大常委会机关，调研了解基层人大工作，并召开座谈会，听取基层人大工作情况汇报，听取部分县人大代表依法履职的体会，并对做好新的历史条件下的人大工作提出具体要求。12月1日，州人大常委会机关召开专题学习会议，传达学习张德江在武定县调研时的重要讲话精神，主任卢显林向机关干部职工提出了学习要求，副主任李佳、吴丽华、卜德诚、熊卫民、李志勇，秘书长张林敏和机关全体干部职工参加专题学习。

州人大常委会办公室和各工委工作会。11月26日，州人大常委会为进一步做好新形势下人大常委会办公室文秘、宣传、信访工作，在楚雄召开了全州人大系统办公室文秘、宣传、信访工作座谈会。州人大常委会办公室科以上干部和10县（市）人大常委会办公室主任、副主任和信访干部90余人参加会议。10月2日，州人大常委会召开预决算审查监督业务培训会议，会期一天半。来自各县（市）人大常委会分管财经工作的领导、县（市）人大常委会财经工委全体工作人员、财政局预算股股长共60余人对“预算编制与监督”、“州级财政预算及部门预算编制”等方面的内容进行了专题学习。常委会副主任卜德诚出席会议并讲话。10月10日，州人大常委会在楚雄召开全州人大法制工作会。会上，各县（市）人大常委会法工委总结交流了年度法制工作情况。州人大常委会副主任、州总工会主席商雁鸿出席会议并讲话，提出做好人大法制工作5个方面的要求。州人大常委会法工委负责人和全体委员、10县（市）人大常委会分管法制工作的副主任和法工委主任参加会议。10月21～22日，州人大常委会对全州人大民族工作干部进行培训，副主任熊卫民出席会议并讲话，参训人员听取了“党的宗教政策和楚雄州的宗教工作”、“学习贯彻《监督法》，提升人大民族工作实效”等专题讲座，州人大常委会民工委负责人和委员、10县（市）人大常委会分管民族工作的副主任及民工委全体人员共70人参加会议。10月24日，州人大常委会在楚雄召开全州人大选举联络工作座谈会。会上，各县（市）人大常委会分管人大选联工作的副主任以“切实加强和改进新时期人大代表工作”为主题作研讨式交流发言，州人大常委会副主任李志勇出席会议并对做好人大选举联络工作提出了10点要求，州人大常委会选联工委全体人员和10县（市）人大常委会选联工委全体人员参加会议。10月25日，州人大常委会在楚雄召开了全州人大教科文卫工作座谈会。会上，10县（市）教工委总结回顾了2013年的工作，就如何贯彻落实党的十八大精神，加强人大教科文卫监督工作做了交流发言，并就《云南省楚雄州民族教育条例（修订草案）》进行讨论修改。常委会副主任、州工商联主席吴丽华出席会议并讲话。州人大常委会教工委负责人和全体委员，10县（市）人大常委会分管教科文卫工作的副主任和教工委全体人员共60余人参加会议。10月25日，州人大常委会在楚雄召开全州人大农业与环境资源工作座谈会。会议通报了州人大常委会农环资工委一年来开展工作的情况；10县（市）人大常委会作交流发言。常委会副主任李佳出席会议并讲话。州人大常委会农环资工委的负责人和全体委员、10县（市）人大常委会分管农环资工作的常委会副主任和农环资工委全体干部参加会议。

【调研督查】 2013年3月19～28日，楚雄州人大常委会组成专题调研组，由副主任李佳带队，常委会农环资工委和州环保局相关人员参加，就楚雄州“十二五”以来的环境保护工作情况进行专题调研。调研组一行先后深入楚雄市医疗废物处置中心、第二污水处理厂，禄丰县德胜钢铁有限公司、污水处理厂和双柏县妥甸镇西城社区上村居民小组农村环境综合整治项目区及新华水库集中式饮用水源地保护项目区，针对污染减排、危险废物处置、饮用水水源地保护和农村环境综合整治等问题进行实地调研，并听取相关县（市）人民政府关于“十二五”以来环境保护工作情况汇报。

5月24～29日，州人大常委会副主任李佳率农环资工委、州移民局相关人员到大姚、永仁、元谋等县调研移民安置工作。调研组一行先后深入到金沙江观音岩水电站、大姚县赵家店小双沟移民安置点、永仁县永定镇小汉坝移民安置点和猛虎乡猛虎移民安置点实地察看移民安置工作进展情况，到元谋县实地察看了金沙江乌东德电站库区移民和启宪安置点、瓦渣箐移民安置点选点情况并听取当地人民政府移民工作开展情况汇报。

6月7日，州人大常委会副主任卜德诚带领财经工委、州工信委有关人员到楚雄市调研新型工业化发展情况。调研组一行先后到云南摩尔农庄科技开发有限公司和云南盘龙云海药业有限公司实地参观了厂区、生产车间和成品展示区，并听取了企业经营发展和楚雄市工作情况汇报。

7月26日，州人大常委会主任卢显林、副主任李志勇和秘书长张林敏一行到双柏县调研扶贫开发工作情况。调研组一行先后深入到扶贫联系点双柏县法脿镇折苴村委会的困难户李保才和胡直平家中，了解他们的家庭生产生活、主要经济来源的改善情况，查看了折苴村容村貌整治、整村推进、人畜饮水、集镇供水等相关扶贫项目实施情况；到云南美森源林产科技有限公司、双柏华兴人造板有限公司调研企业生产情况及企业帮助地方开展扶贫工作情况。

8月5～9日，由州人大常委会主任卢显林任组长，州人大常委会办公室、州人民政府督查室、州工信委、州发改委相关负责人为成员的州委第二督查组，按照州委的统一安排部署，深入到永仁、元谋、武定3县的26个项目点采取实地察看、了解重点项目工程和企业发展情况、与有关人员座谈、听取工作情况汇报等形式，对3个县推进重点项目建设和促进企业发展工作情况开展专项督促检查。

［易学敏］

决议决定

【专项工作决议决定】 楚雄州第十一届人民代表大会第三次会议关于《政府工作报告》等的决议。2013年2月27日，楚雄州第十一届人民代表大会第三次会议听取和审议了州长李红民所作的《政府工作报告》、审查了州人民政府提出的《关于楚雄州2012年国民经济和社会发展计划执行情况与2013年国民经济和社会发展计划草案的报告》及2013年国民经济和社会发展计划草案，审查了州人民政府提出的《关于楚雄州2012年地方财政预算执行情况和2013年地方财政预算草案的报告》及2013年州本级财政预算草案，听取和审议了主任卢显林代表州第十一届人民代表大会常务委员会所作的《楚雄州人大常委会工作报告》，听取并审议了院长普建辉所作的《楚雄州中级人民法院工作报告》，听取并审议了检察长戴富才所作的《楚雄州人民检察院工作报告》，听取并审议了大会议案审查委员会关于此次人代会代表提出的议案处理意见报告，会议决定批准《政府工作报告》报告，批准《关于楚雄州2012年国民经济和社会发展计划执行情况与2013年国民经济和社会发展计划草案的报告》，批准2013年国民经济和社会发展计划，批准《关于楚雄州2012年地方财政预算执行情况和2013年地方财政预算草案的报告》，批准2013年州本级地方财政预算，决定批准《楚雄州人大常委会工作报告》和《楚雄州中级人民法院工作报告》，以及《楚雄州人民检察院工作报告》，决定将62件议案转为建议、批评和意见，闭会后由州人大常委会交州人民政府及有关部门（单位）研究办理。

州第十一届人民代表大会第三次会议关于《云南省楚雄州龙川江保护管理条例（修订草案）》的决议。《云南省楚雄州龙川江保护管理条例（修订草案）》2月27日经州第十一届人民代表大会第三次会议审查通过，由州人大常委会报省人大常委会批准后公布施行。

省人大常委会关于批准《云南省楚雄州恐龙化石保护条例》的决议。3月28日，云南省第十二届人大常委会第二次会议审议了《云南省楚雄州恐龙化石保护条例》，同意省人大民族委员会的审议结果报告，决定批准这个《条例》，由州人大常委会公布施行。

州人大常委会对《楚雄州人民政府关于审议州开发投资公司向国家开发银行申请抗旱应急贷款的议案》的决定。州第十一届人大常委会5月17日第十九次主任会议对《楚雄州人民政府关于审议州开发投资公司向国家开发银行申请抗旱应急贷款的议案》进行了审议。会议决定：同意州人民政府提出的由州开发投资公司作为借款人向国家开发银行云南省分行申请1.5亿元、期限为1年的抗旱应急贷款；抗旱应急贷款要专款专用，全部用于10县（市）上报确定的223个抗旱应急水利工程项目，投资开发公司要对资金的使用情况、工程建设情况实施有效的监督；县（市）人民政府要将该事项议案向同级人大常委会提请审议，贷款利息和到期本金由10县（市）列入各县（市）财政预算，按期还本付息。州人民政府应依法依规按程序办理有关手续。

省人大常委会关于批准《云南省楚雄州龙川江保护管理条例（修订）》的决议。5月30日，省第十二届人大常委会第三次会议审议了《云南省楚雄州龙川江保护管理条例（修订）》，同意省人大民族委员会的审议结果报告，决定批准《条例》，由州人大常委会公布施行。

州人大常委会关于批准《楚雄州人民代表大会代表视察办法》的决议。6月26日，州十一届人大常委会第九次会议审议了《楚雄州人民代表大会代表视察办法（草案）》和关于制定《楚雄州人民代表大会代表视察办法（草案）》的说明，决定批准《楚雄州人民代表大会代表视察办法》，自通过之日起施行。

州人大常委会关于《云南省楚雄州立法规定》的决议。10月30日，《云南省楚雄州立法规定（草案）》经州第十一届人大常委会第十一次会议审议通过，自2014年1月1日起施行。

州人大常委会关于《云南楚雄国家农业科技园区总体规划（草案）》的决议。10月30日，州第十一届人大常委会第十一次会议听取和审议了州委常委、副州长孙赟代表州人民政府所作的《关于云南楚雄国家农业科技园区总体规划（草案）的报告》，审查了《云南楚雄国家农业科技园区总体规划（草案）》。会议同意《规划》，由州人民政府按程序上报审批后，认真组织实施。

州人大常委会关于召开州第十一届人民代表大会第四次会议的决定。12月31日，根据《中华人民共和国地方各级人民代表大会和地方各级人民政府组织法》的规定，州第十一届人大常委会第十二次会议决定，州第十一届人民代表大会第四次会议于2014年2月19～24日召开，会期5天。建议会议的议程是：听取和审查《楚雄州人民政府工作报告》；审查《楚雄州2013年国民经济和社会发展计划执行情况与2014年国民经济和社会发展计划（草案）的报告（书面）》；审查和批准《楚雄州2013年度国民经济和社会发展计划执行情况的报告与2014年国民经济和社会发展计划》；审查《楚雄2013年地方财政预算执行情况和2014年地方财政预算（草案）的报告（书面）》；审查和批准《楚雄州2013年地方财政预算执行情况的报告和2014年州级财政预算》；听取和审查《楚雄州人大常委会工作报告》；听取和审查《楚雄州中级人民法院工作报告》；听取和审查《楚雄州人民检察院工作报告》；审查《云南省楚雄州青山嘴水库管理条例（草案）》；审查《云南省楚雄州民族教育条例（修订草案）》；补选事项。

【人事任免决定】 2013年3月1日，根据楚雄州人民政府州长李红民的提请，州十一届人大常委会第七次会议决定：杨照辉任楚雄州人民政府副州长。根据州人民检察院检察长戴富才的提请，决定陈剑任楚雄市人民检察院检察长；刘萍任双柏县人民检察院检察长；刘建武任牟定县人民检察院检察长；王德云任南华县人民检察院检察长；张翔会任姚安县人民检察院检察长；徐艳任大姚县人民检察院检察长；李全华任永仁县人民检察院检察长；段正明任元谋县人民检察院检察长；丁伟任武定县人民检察院检察长；李云任禄丰县人民检察院检察长。

4月26日，根据州人民政府州长李红民的提请，州十一届人大常委会第八次会议决定：李昆任州人力资源和社会保障局局长；何学明免去州人力资源和社会保障局局长职务。

8月30日，州十一届人大常委会第十次会议根据州人民检察院检察长戴富才的提请，决定：邓永平任州人民检察院检察员、检察委员会委员；周丽仙免去州人民检察院检察员职务。

10月30日，根据州人民政府州长李红民的提请，州十一届人大常委会第十一次会议决定：杨俐昆任州商务局局长；杨继周免去州商务局局长职务。根据州人大常委会主任会议的提请，决定：张志军任州人大常委会民族工作委员会副主任，免去州人大常委会农业与环境资源工作委员会副主任职务；华明友任州人大常委会农业与环境资源工作委员会副主任，免去州人大常委会办公室副主任职务；周晓宇任州人大常委会办公室副主任；张明华免去州人大常委会民族工作委员会副主任职务；李云升免去州第十一届人大常委会代表资格审查委员会委员职务。

12月31日，根据州中级人民法院院长普建辉的提请，州十一届人大常委会第十二次会议决定：段雨函任州中级人民法院审判员；晋芳任州中级人民法院审判员；刘莹任州中级人民法院审判员。

【人事辞职罢免停职决议决定】 2013年4月26日州十一届人大常委会第八次会议，根据州人民政府州长李红民的提请和杨亚林关于辞去州人民政府副州长职务的请求，决定接受杨亚林辞去州人民政府副州长职务，并报州第十一届人民代表大会第四次会议备案。

4月26日，根据州人民检察院的报告，州十一届人大代表汪翼涉嫌受贿犯罪，州十一届人大常委会第十七次主任会议做出许可州人民检察院对汪翼采取强制措施并暂时停止其执行代表职务的决定。经州十一届人大常委会第八次会议审议，确认州十一届人大常委会第十七次主任会议做出的关于许可对州十一届人大代表汪翼采取强制措施并暂时停止其执行代表职务的决定。

州人大常委会委员李云升委员因工作变动，向州人大常委会提出辞职请求。10月30日，州第十一届人大常委会第十一次会议根据李云升的辞职请求，决定接受其辞去州第十一届人大常委会委员职务，并报州第十一届人民代表大会第四次会议备案。

12月31日，州第十一届人民代表大会常务委员会第十二次会议审议了州十一届人大常委会第二十八次主任会议提请审议的《关于提请罢免赵万祥的云南省第十二届人民代表大会代表职务的议案》，根据《中华人民共和国全国人民代表大会和地方各级人民代表大会选举法》和《中华人民共和国全国人民代表大会和地方各级人民代表大会代表法》的有关规定，决定罢免赵万祥的云南省第十二届人民代表大会代表职务，并报云南省人民代表大会常务委员会备案。

［易学敬］

议案和建议办理

【州十一届人民代表大会第三次会议代表提出的议案】 2013年2月23～27日，楚雄州十一届人民代表大会第三次会议期间，大会秘书处共收到10名以上代表联名提出的议案62件。其中涉及农林水气25件、工交经济22件、财贸金融1件、教科文卫7件、政法综合3件、其他4件。大会秘书处议案组收到代表提交的议案后，及时将议案复印送交议案审查委员会委员审阅并提出初步处理意见。2月26日下午，议案审查委员会召开会议对所有议案进行审查，决定将62件议案转为建议、批评和意见处理，会后由州人大常委会交州人民政府及有关部门（单位）研究办理。

【州十一届人民代表大会第三次会议代表建议、批评和意见办理】 2013年2月23～27日，楚雄州十一届人民代表大会第三次会议期间，代表共提出建议、批评和意见219件（包括议案转为建议办理的62件）。其中，交由州人民政府系统办理的212件，占建议总数的96.8%；交由党群部门和人大办理的7件，占建议总数的3.2%。按照《云南省县级以上地方各级人民代表大会代表议案、建议办理的规定》，分类办理。10月底，代表所提议案、建议均已在规定时限内全部办理完毕并答复了代表。代表所提问题得到解决或基本解决的有127件，占总件数的58%，比上年提高8个百分点。在办理过程中办理单位均与代表进行了面商和电话联系，代表对办理单位均表示满意和基本满意。

［易学敬］

地方性法规审查和立法

【规范性文件备案审查】 2013年，楚雄州人大常委会法制工作委员会受理州人民政府和州“两院”报备审查的规范性文件6件、县（市）人大常委会报备审查的规范性文件11件，审查内容涉及物流、林业、消防等5个方面。州人大常委会法制工作委员会依法对17件报备审查的规范性文件进行认真审查，提出审查意见，纠正了报备审查的规范性文件中不合法的地方，维护了国家法制的统一，保护了公民、法人和其他组织的合法权益。

【《云南省楚雄州恐龙化石保护条例》公布施行】 2013年4月26日，楚雄州人大常委会举行《云南省楚雄州恐龙化石保护条例》公布施行座谈会，州人大常委会主任卢显林出席会议并讲话。州人大常委会副主任熊卫民主持座谈会。州人大常委会副主任吴丽华、卜德诚、商雁鸿、李志勇，秘书长张林敏出席座谈会。州人民政府副州长周兴国和州级相关部门领导及各县（市）有关负责人共160余人参加座谈会。副州长周兴国受州长李红民委托，就加强《条例》的学习宣传、贯彻执行，推动全州恐龙化石保护工作迈上新台阶作具体要求；州国土资源局和禄丰县人民政府领导就贯彻执行好《条例》作表态发言。

【《云南省楚雄州龙川江保护管理条例（修订）》公布施行座谈会】 2013年6月25日上午，楚雄州人大常委会在州会务中心召开《云南省楚雄州龙川江保护管理条例（修订）》公布施行座谈会。州人大常委会主任卢显林出席会议并讲话。州人大常委会副主任李佳主持会议。州人大常委会副主任卜德诚、商雁鸿、熊卫民、李志勇，秘书长张林敏出席会议。受州长李红民委托，州委常委、副州长任锦云出席会议并讲话。州人大常委会组成人员、州人民政府各部门、各县（市）人民政府分管领导共170余人参加座谈会。州水务局、楚雄市人民政府领导作发言。

【《楚雄州人民代表大会常务委员会组成人员守则》】 2013年6月26日，楚雄州十一届人大常委会第九次会议审议通过了《楚雄州人大常委会组成人员守则》。《守则》共13条，对州人大常务委员会组成人员的职责、义务、审议发言、学习培训、职业道德、应遵守的纪律和违反该《守则》应受的处理等作了全面具体的规定。

【《楚雄州人民代表大会代表视察办法》】 2013年6月26日，楚雄州十一届人大常委会第九次会议审议通过了《楚雄州人民代表大会代表视察办法》。该《办法》

共23条。《办法》对州人大代表开展视察活动的法律依据、视察原则、视察方式、视察内容、视察情况报告等问题作了具体规定。该《办法》自通过之日起施行。

【《云南省楚雄州立法规定》】 2013年10月30日，楚雄州十一届人大常委会第十一次会议审议通过了《云南省楚雄州立法规定》。该《规定》共35条。《规定》对立法范围、立法方式、立法原则、立法规划、立法统筹、法规起草和报审、立法项目储备等作了具体规定。该《规定》自2014年1月1日起施行。

［易学敬］

楚雄彝族自治州人民政府

重要会议

【楚雄州十一届人民政府第二次全体（扩大）会议暨第二次廉政工作会议】 2013年2月27日下午，楚雄州十一届人民政府召开第二次全体（扩大）会议暨第二次廉政工作会议，贯彻落实中共楚雄州委八届三次全会、州十一届人民代表大会第三次会议和州政协九届二次会议精神，安排部署2013年全州经济社会发展和廉政建设工作。州委常委、州人民政府副州长任锦云主持会议，州人民政府组成人员出席了会议。州长李红民在会上作了题为《明确目标、自加压力、推进发展，为全面建成小康社会奠定坚实基础》的讲话。州人民政府副秘书长，办公室副主任，州人民政府督查室主任，州人民政府直属机构，州属事业单位，驻楚中央、省属单位，行政区域内有关企业及其他有关单位，各县（市）人民政府县（市）长和监察局局长、楚雄开发区管委会主任，武警楚雄支队、楚雄消防支队的负责人列席会议；州人大常委会、州政协、州纪委，楚雄军分区，州法院、州检察院，州属各人民团体的有关负责人应邀参加会议。

【楚雄州人民政府常务会议】 2013年，楚雄州十一届人民政府在年度内召开11次常务会议，会议对全州经济、文化、社会、生态建设进行专题研究。州长李红民主持会议。

十一届州人民政府第十二次常务会议。2月2日上午召开，会议传达学习省人民政府全会精神，听取2012年度全州集中考核暨综合绩效考评和迎接省考评工作情况汇报。审定2013年《政府工作报告（送审稿）》，《楚雄州2012年国民经济和社会发展计划执行情况与2013年计划草案的报告（送审稿）》，《楚雄州2012年地方财政预算执行情况和2013年地方财政预算草案的报告（送审稿）》，楚雄州2011年度科学技术奖励成果和楚雄州机构编制事项的有关问题。

十一届州人民政府第十三次常务会议。2月24日晚召开，会议审定《楚雄州人民政府与昆明诺仕达企业（集团）有限公司战略合作框架协议（送审稿）》；州级离休干部医药费节约奖励政策执行情况及政策调整的问题；分解落实2013年全州经济社会发展主要工作目标和“3个30”项目、20项重要工作、10件民生实事任务的问题；向富滇银行办理烟草水源工程援建项目贷款的问题；召开楚雄州残疾人联合会第六次代表大会的问题；州机关事务管理局提高聘用人员工资和增加聘用人员编制的问题。

十一届州人民政府第十四次常务会议。4月19日下午召开，会议审定《楚雄州选拔培养州级中青年学术技术带头人实施意见（送审稿）》和《中共楚雄州委办公室、楚雄州人民政府办公室关于引导和鼓励各类人才到楚雄州园区创新创业的意见（送审稿）》；研究云南超越能源股份有限公司在楚雄州行政区域内开展非常规油气资源勘探开发利用项目情况有关问题；研究楚雄军分区基础设施建设及人武部建设改造的问题；研究州开发投资公司发行20亿元债券质押担保的问题；审定《楚南一级公路征地拆迁工作实施方案（送审稿）》、《楚雄州金融业支持地方经济发展考核奖励办法（试行，送审稿）》、楚雄州第三批重点文物保护单位名单、《楚雄州人民政府改进工作作风密切联系群众的实施办法（送审稿）》、2012年度综合绩效考评结果、2012年全州招商引资目标考核结果。

十一届州人民政府第十五次常务会议。5月15日下午召开，会议对全州国有资产清产核资工作、州开发投资公司债券募集资金安排和向国家开发银行申请抗旱应急贷款、禄丰“4·23”森林火灾扑救工作、聘请2013年度州人民政府法律顾问、禄丰县工业园区体制机制批复问题进行了专题研究；审定《楚雄州人民政府关于进一步做好公共资源交易工作的意见（试行，送审稿）》、《楚雄州人民政府关于加强公共文化惠民服务体系建设的实施意见（送审稿）》、《楚雄州人民政府关于废止部分规范性文件的决定（送审稿）》和《楚雄州人民政府关于废止楚雄州恐龙化石资源管理规定的决定（送审稿）》；听取楚南一级公路项目建设、州老年体育协会关于举办州第六届老年人运动会、楚南一级公路项目建设情况、楚南经济带发展规划有关问题汇报。

十一届州人民政府第十六次常务会议。6月19日下午召开，会议传达学习省民委领导在楚雄调研时的讲话精神、《国土资源部关于严把土地供应闸门坚决遏制产能严重过剩行业盲目扩张的通知》；审定《楚雄州前期工作经费有偿使用管理暂行办法（送审稿）》、《楚雄州产业建设年3年行动计划及2013年实施方案（送审稿）》和《楚雄州关于加快服务业发展3年行动计划的实施意见（送审稿）》、《中共楚雄州委、楚雄州人民政府关于加快高原特色农业发展的决定（送审稿）》、《云南省楚雄州青山嘴水库管理条例（送审稿）》；审定《楚雄州人民政府质量管理奖管理办法（送审稿）》；听取楚雄州2012年与省财政结算情况报告、安全生产工作情况汇报；研究综合应急救援指挥中心暨保障基地项目建设的问题；解决州人民医院紧急医疗救援队装备和物资购置经费的问题；研究州委编办提交的有关工作和州监察局提交的有关工作。

十一届州人民政府第十七次常务会议。7月23日下午召开，会议审定《楚雄州人民政府关于解决建设项目落地困难进一步改善投资环境的实施意见（送审稿）》和《楚雄州重点项目州县（市）财政配套投资管理办法（试行，送审稿）》、《楚雄州城乡特色规划管理办法（送审稿）》、《楚雄州松脂采集加工管理办法（送审稿）》、《楚雄州人民政府关于促进州内建材产品销售的意见（送审稿）》、《云南省楚雄州民族教育条例（草案，送审稿）》、《中共楚雄州委、楚雄州人民政府、楚雄军分区关于进一步加强新形势下双拥工作的意见（送审稿）》和拟表彰的双拥工作先进单位和个人暨十佳好军嫂名单，拟公布的楚雄州第三批非物质文化遗产保护名录和项目代表性传承人名单；专题研究路桥四公司为云南路桥股份公司融资担保的问题；听取楚雄州信访工作情况、安全生产大检查工作进展情况汇报。

十一届州人民政府第十八次常务会议。8月20日下午召开，会议传达学习党中央、国务院和中纪委、省委办公厅等有关文件精神，研究压缩州级财政预算单位一般性支出的有关问题；州职教园区建设、州特殊学校搬迁建设、楚雄一中教学楼危房拆除重建、楚雄消防支队和武警楚雄支队建设有关问题；楚雄州参与签订区域集优直接债务融资合作框架协议的有关问题；会议审定《楚雄州建设民族文化强州规划（2012～2020年）（送审稿）》；《楚雄州物流寄递实名管理办法（送审稿）》和拟表彰的全州文联工作先进集体和先进工作者名单。

十一届州人民政府第十九次常务会议。9月27日上午召开，会议研究州地税局关于提高社会保险费征收费、税务稽查办案经费补助比例的有关问题，楚雄州贯彻落实《云南省城乡居民大病保险实施意见（试行）》的有关问题，召开全州科技创新大会的有关问题，聘请惠鲁生担任州人民政府顾问的有关问题；审定《成昆铁路永仁至广通段扩能工程征地拆迁工作实施方案（送审稿）》、《武定狮子山州级自然保护区总体规划（2013～2020年，送审稿）》、《昙华山州级自然保护区总体规划（2013～2020年，送审稿）》和《楚雄州人民政府关于鼓励企业发展电子商务的意见（送审稿）》；听取《楚雄州“十二五”规划纲要》实施中期评估工作情况汇报。

十一届州人民政府第二十次常务会议。10月31日下午召开，会议审定《楚雄州人民政府关于促进红十字事业发展的实施意见（送审稿）》；拟表彰的楚雄州地方志工作先进集体和先进工作者名单；楚雄州州本级2013年财政预算调整草案报告；《楚雄州人民政府与云南中冶投资有限公司、昆明市福保文化城有限公司战略合作框架协议（送审稿）》；《楚雄州消火栓管理办法（送审稿）》和《楚雄州实施云南省专职消防队伍管理办法若干规定（送审稿）》。会议研究楚雄州2013年度库塘增蓄工作有关问题；筹集资金用于支持禄丰县经济发展的有关问题；解决元双公路建设涉及云南宏源农化股份有限公司土地置换的有关问题；州供销社关于土地及房屋资产划拨的有关问题和拨付广大铁路征地拆迁资金的有关问题；听取州级政法机关建设项目资金有关情况的汇报。

十一届州人民政府第二十一次常务会议。12月6日上午召开，会议听取2014年国民经济和社会发展计划主要指标初步建议情况汇报和禄丰县恐龙文化旅游项目推进情况汇报。会议审定《楚雄州州管领导干部经济责任审计对象分类管理暂行办法（送审稿）》、《楚雄州党政领导干部离任经济责任事项交接制度（送审稿）》、《楚雄州经济责任审计进点出点会议规定（送审稿）》以及《楚雄州政府投资建设项目审计办法（草案）》。研究铁路建设项目征地拆迁资金借款有关问题。

十一届州人民政府第二十二次常务会议。12月25日下午召开，会议审定《楚雄州2014年春节慰问活动安排方案（送审稿）》、《楚雄州2013年度招商引资目标任务考核办法（送审稿）》；研究楚雄州保安服务有限公司脱钩改制，组建楚雄州食品药品监督管理局和楚大高速公路英武关防洪工程建设的有关问题。

［郭　海］

重要活动

【经济活动】　2013年1月8日，楚雄州卷烟生产配套企业2013年工作座谈会召开，州人民政府与红塔集团楚雄卷烟厂、全州卷烟生产配套企业共谋振兴和发展大计。常务副州长杨亚林，副州长周兴国等出席会议。

1月12日，《楚雄大紫溪山旅游区总体规划》通过评审，州长李红民，州委常委、楚雄市委书记左荣贵，州委常委、州委宣传部部长姜扬，州人大常委会副主任吴丽华，州人民政府副州长王定梁，州人民政府秘书长李德胜等出席评审会。

1月12日下午，坛罐窑水库工程建设协调领导小组在州水务局召开第三次会议，部署推进工程项目建设前期工作。州人大常委会副主任熊卫民、州人民政府副州长王厚军出席会议。

1月14～15日，国家发改委投资司副司长欧鸿率队到楚雄州调研农村危房改造工作，省发改委副主任李承宗、省住建厅副厅长周鸿等参加调研，州长李红民陪同调研。

1月18日，楚雄州召开全州发展改革工作会议。会上，州长李红民就做好全州发展改革工作作讲话；常务副州长杨亚林安排有关工作并代表州人民政府与10县（市）人民政府、州级5个投资重点部门签订《2013年固定资产投资任务责任书》，与10县（市）人民政府签订《稳定物价保障市场供应责任书》。

3月9日，中国国际工程咨询公司专家任苏行一行到楚雄州调研滇中引水工程工作，省发改委副主任、滇中引水办主任董继理，省水利厅副厅长胡朝碧，州委常委、副州长任锦云陪同调研。

3月18～23日，副州长周兴国率州级有关部门领导赴上海和深圳开展承接产业转移招商活动，促进楚雄州与上海等沿海发达地区的经济合作交流。

3月19日，两岸及东盟经济贸易策进会会长刘振玮率两岸及东盟经济贸易策进会云南投资参访团一行到楚雄州考察，州委常委、州委统战部部长杨静，州委常委、常务副州长杨照辉陪同考察。

3月24日，州人民政府召开楚南公路建设工作动员会，安排部署有关工作。常务副州长杨照辉、副州长周兴国、秘书长李德胜参加会议。

3月25～27日，省招商合作局副局长杨军一行到楚雄州调研滇中产业新区和工业园区招商工作，并于3月27日上午召开座谈会，副州长周兴国出席会议并讲话。

4月20～21日，州长李红民率州人民政府办公室、州农业局、州交通运输局、州水务局到双柏、姚安、大姚、南华4县就当前重点工作进行调研。

4月22～27日，省稽察办特派员阮建忠一行到楚雄州对部分重点项目建设进行稽察，副州长邓斯云参加稽察反馈会。

4月23日上午，州人民政府召开吕合煤业有限公司长坡露天矿年产90万吨扩建项目推进会议。州长李红民、副州长周兴国出席会议。

4月24日，新加坡凯发集团市场投资业务总经理姚远一行到楚雄州进行投资考察，并举行州人民政府与新加坡凯发集团项目投资座谈会，州长李红民、副州长周兴国出席会议。

4月25日上午，全州招商工作会议召开，州长李红民出席会议并讲话，副州长周兴国主持会议，州政协副主席杨玉泉出席会议。

4月25下午，全州交通运输工作会议召开，州人大常委会副主任熊卫民、副州长周兴国、州政协副主席李怡出席会议。

5月10日下午，省公路开发投资公司党委书记、总经理张之政一行到楚雄调研楚广高速公路建设并召开有关问题协调会。副州长周兴国陪同调研。

5月23日，州长李红民率州旅游局、州国土资源局、州林业局赴禄丰彩云镇开展旅游文化项目建设调研。调研组实地调研了禄丰恐龙文化旅游项目选址地，并召开了项目调研推进会。

5月23日上午，州人民政府召开全州“产业建设年三年行动计划”及2013年实施方案编制工作会议，副州长周兴国等出席会议。

5月29日上午，东盟国际贸易投资商会副主席吴志毅一行到楚雄州召开东盟市场分析说明会，与州人民政府签订了战略合作备忘录。州长李红民、副州长周兴国，秘书长李德胜参加会议。

6月4日下午，州人民政府与美华丰国际集团有限公司举行“战略合作框架协议”签字仪式。美华丰国际集团有限公司董事长、总裁陈楠生，楚雄州人民政府副州长周兴国出席签字仪式。

6月4日，省保监局局长华日新率省地震局、人保财险云南分公司、诚泰保险公司等有关部门领导到楚雄州就开展农房地震保险试点工作进行调研并召开座谈会。

6月20～21日，州人民政府分别召开年产值3亿元以上企业、年产值1～3亿元企业、年产值1亿元以下企业座谈会议。州长李红民、副州长周兴国、州能源及新材料产业督导协调组副组长何学明、秘书长李德胜出席会议。

6月27日，由省农业厅副厅长魏民带队的省政府产业建设年第七指导组一行到楚雄州督查产业建设工作。副州长周兴国、州能源和新材料产业督导组副组长何学明陪同调研。

6月28日，禄丰县人民政府与昆明怡美天香投资有限公司签订“七彩云南·时空世界开发建设投资协议书”。州政协主席李兴顺，州委常委、州委宣传部部长姜扬，州人大常委会副主任、州工商联主席吴丽华，州人民政府副州长王定梁参加签约仪式。

7月17日上午，楚雄中高太阳能产业基地有限公司与中国工程院院士梁维燕举行合作协议签约仪式，在楚雄成立梁维燕院士工作站，实现企业技术创新需求和院士专家资源对接。州长李红民，州委常委、楚雄市委书记左荣贵，副州长周兴国出席签约仪式。

7月17日，国家水利部长江水利委员会专家组一行到武定县对计划新建的仁和中型水库进行实地复核。副州长王厚军陪同专家组进行实地复核。

8月15日上午，州长李红民主持召开专题办公会议，研究区域集优直接债务融资工作。副州长洪维智、秘书长李德胜出席会议。

8月16～17日，州长李红民、常务副州长杨照辉、副州长任锦云率调研组到部分县（市）开展重点工作现场调研。秘书长李德胜参加调研。

7月26日下午，全州中小企业私募债签约暨业务培训会议召开，省工信委副主任王兴宁、副州长周兴国出席会议。

8月13～14日，中国进出口银行云南省分行党委书记、行长徐联升一行就进出口企业信贷资金需求情况到楚雄市、南华县有关进出口企业进行调研，并召开楚雄州外贸企业融资座谈会。州长李红民、副州长洪维智陪同调研并出席座谈会。

8月20～21日，国家烟草专卖局水源办主任、中国烟叶公司副总经理陈江华一行到楚雄州检查指导烟叶生产工作。常务副州长杨照辉陪同检查。

8月22日上午，副州长洪维智主持召开专题办公会议，研究利用土地收储抵押贷款融资用于楚南公路建设问题。

8月22日下午，州人民政府召开工业园区建设融资专题会议。州长李红民主持会议并讲话，副州长周兴国等出席会议。

8月31日，广东林安物流有限公司副总经理、执行总经理芦伟一行到楚雄州考察物流产业发展情况并召开座谈会。州长李红民、副州长周兴国陪同考察并出席座谈会。

8月31日，中国建材集团、中国医

药集团董事长宋志平一行到楚雄州考察调研医药产业、建材产业发展情况并召开座谈会。州委书记张太原，州长李红民，副州长孙赟、邓斯云陪同考察并出席座谈会。

9月4日，昆明铁路局副局长韩忠平到楚雄州调研昆广铁路、广大铁路建设情况。副州长周兴国陪同调研。

9月13日上午，州人民政府召开禄丰县经济社会发展专题办公会议。州长李红民、常务副州长杨照辉、州能源及新材料产业督导协调组组长杨应旭、副州长周兴国出席会议。

9月13日上午，州人民政府与东莞金状元网络科技有限公司举行电子商务产业发展项目合作协议签字仪式。州长李红民、州人大常委会副主任熊卫民、副州长周兴国、州政协副主席张启俊、州人民政府秘书长李德胜出席签字仪式。

9月16日上午，州人民政府与工商银行云南省分行在楚雄签署政银战略合作协议。州委书记张太原，工商银行云南省分行行长许海，副州长周兴国、洪维智出席签字仪式。

9月24日，国道108公路改造楚雄段示范工程建设协调领导小组会议在元谋召开。副州长周兴国出席会议并提出要求。

9月24日，楚雄州召开全州2013年第三季度预防道路交通事故领导小组暨国庆道路交通安全保卫工作电视电话会议。副州长曹卫东出席会议并讲话。

9月26日，州人民政府召开全州重点项目建设推进会议，州长李红民，州委副书记邱江，州委常委、副州长任锦云，州能源及新材料产业督导协调组组长杨应旭，秘书长李德胜出席会议。州委常委、常务副州长杨照辉主持会议。

10月15日上午，州人民政府召开专题办公会议，研究全州工业园区建设推进会筹备工作。州长李红民、常务副州长杨照辉、副州长周兴国、秘书长李德胜等出席会议。

10月15日，全州高原特色农业建设暨2014年冬季农业开发现场会在姚安县召开。副州长任锦云出席会议并讲话。

10月16日上午，州人民政府召开全州铁路建设征地拆迁工作推进会议。副州长周兴国出席会议并讲话。

10月22～23日，省工信委党组书记、主任岳跃生一行到楚雄州南华县龙川镇龙泉社区开展“三深入、四联户”活动，并深入南华县工业园区老高坝片区调研工业经济工作。副州长周兴国陪同调研。

10月29日，州人民政府与云南中冶投资有限公司、昆明市福保文化城有限公司战略合作框架协议签字仪式在武定举行。州长李红民代表州人民政府与合作方签订战略合作框架协议。副州长周兴国主持签字仪式。

11月13日上午，省人民政府副秘书长姚国华率省级有关部门领导到楚雄州禄丰县调研石化产业选址情况，副州长周兴国陪同调研。

11月13日，由中国证监会云南监管局局长王广幼、副局长张玉祥，省金融办副主任张庆等组成的调研组一行到楚雄州调研企业上市工作。副州长洪维智陪同调研。

11月15日，《七彩云南·时空世界控制性详细规划》省级专家论证会议在昆明召开。州长李红民，州政协主席李兴顺，州委常委、宣传部部长姜扬出席会议。

11月17日下午，州长李红民、副州长周兴国率州级有关部门负责人到楚雄市、南华县调研楚南一级公路征地拆迁工作情况，并召开座谈会。

11月26～27日，省交通运输厅厅长刘一平到楚雄州调研交通运输工作情况，并召开调研座谈会。州长李红民陪同调研，副州长周兴国出席座谈会并汇报楚雄州交通运输工作情况。

12月6日，全州2014年烟叶工作会议召开。州长李红民、常务副州长杨照辉、州政协副主席王玉玺出席会议。

12月10日上午，州长李红民率州住建局、州国土资源局、州农办等有关部门负责人到姚安县、大姚县调研城乡建设用地增减挂钩试点、特色村庄建设和中药材种植工作。

12月12日上午，全州水务工作暨中低产田改造电视电话会议召开。副州长任锦云出席会议并讲话。

12月17日上午，楚雄州第三次全国经济普查宣传活动在桃源湖月亮广场启动。省统计局副局长杨光军在启动仪式上讲话，并宣布经济普查宣传活动正式启动，副州长周兴国致辞。

12月19日上午，州人民政府召开楚南一级公路建设项目征地拆迁协调会议，副州长周兴国出席会议并讲话。

12月19～20日，州长李红民、副州长任锦云率州发改委、州财政局、州统计局、国家统计局楚雄调查队等有关部门负责人到州农业局、州林业局、州水务局、州扶贫办调研。

【政务活动】 2013年3月2日，云南省人大常委会财经委、法工委，省发改委组成的《云南省发展规划条例（草案）》立法调研组到楚雄州调研，并召开座谈会。

3月17日上午，国务院机关事务管理局办公室副主任、政策法规司司长王德一行到楚雄州调研执行中央八项规定情况并召开汇报会，州委常委、副州长任锦云作汇报，秘书长李德胜主持会议。

4月25～26日，省人大常委会委员、法制委员会主任委员郑维川率省人大常委会医药卫生体制改革专题询问组到楚雄州调研医药卫生体制改革情况。州人大常委会副主任吴丽华，副州长邓斯云陪同调研。

5月20日，省人大常委会民族委副主任委员穆永新率调研组到楚雄州调研青山嘴水库管理条例立法情况。州人大常委会副主任李佳、副州长王厚军陪同调研。

6月4～5日，出席省人民政府与国务院台湾事务办公室共同举办的第二届“云台会”的80多名与会代表赴楚雄州考察。州委书记张太原，副州长孙赟、赵祖莹会见向阳公益基金会董事长廖正豪及赴楚雄州考察的部分台湾企业家、农业专家和教授。

6月6～7日，省人大常委会民族委员会副主任委员穆永新率调研组到楚雄州，对《云南省楚雄彝族自治州民族教育条例》修订工作进行立法调研。

6月14～15日，省民委主任赵立熊、副主任李国林等一行深入楚雄州武定、永仁、姚安、南华等地检查指导民族团结进步示范区建设工作，并听取了楚雄州工作情况汇报。

6月18～20日，以省政府教育督导团总督学廖晓珊为组长的省政府教育督导组到楚雄州开展省对州人民政府履行教育职责督导评价。州人大常委会副主任吴丽华、副州长邓斯云、州政协副主席何根源等陪同督导。

6月26～28日，以省纪委监察厅正厅级纪检监察员王薇薇为组长的省基层医疗卫生机构债务化解专项督查组赴楚雄开展专项督查，副州长邓斯云等陪同调研。

7月1～3日，省公安厅交警总队总队长陈新钢为组长的省政府督查组到楚雄州，督查开展安全生产大检查工作情况。

7月5～6日，以教育部基础教育司一司副司长于长学为组长的国家科学素质办评估检查组，在省科协党组书记、副主席唐兵，副主席刘强的陪同下，到楚雄州开展《全民科学素质行动计划纲要》实施工作“十二五”中期评估检查，副州长王定梁陪同检查。

7月8日，由国家安监总局监察专员杨国顺率队的国务院安委会安全生产综合督查组到楚雄州，就安全生产大检查贯彻落实情况进行督查，并于7月9日上午召开情况汇报暨意见反馈会。州人民政府州长李红民出席会议，副州长周兴国陪同督查并出席会议。

7月10～12日，云南省滇东地震应急联动区2013年工作会议在楚雄市召开，省地震局副局长陈勤出席会议，副州长邓斯云出席会议并致辞。

7月21～22日，省委统战部副部长，省工商联党组书记、常务副主席张功祥率调研组到楚雄州，调研非公有制经济人士理想信念教育实践活动开展情况。

8月12～13日，以省财政厅纪检组长陈继谷为组长的省政府“服务基层年、项目落地年、作风转变年”第六检查组到楚雄州检查工作。常务副州长杨照辉代表州人民政府就楚雄州开展“服务基层年、项目落地年、作风转变年”活动情况作汇报。

8月21日上午，州长李红民到楚雄军分区检查指导夏季征兵工作。州委常委、楚雄军分区政委曹军，楚雄军分区司令员关惜分，秘书长李德胜陪同检查。

8月20～23日，省安委会安全生产第四督查组到楚雄州督查安全生产工作，并于23日下午召开楚雄州工作情况汇报和意见反馈会议。常务副州长杨照辉出席会议。

8月21～23日，省农村危房改造及地震安居工程建设检查组到楚雄州进行专项检查，并于8月23日上午召开楚雄州工作情况汇报和意见反馈会。常务副州长杨照辉出席会议。

9月3日，昆明市副市长李喜一行到楚雄州武定县对云龙水库水资源保护工作进行调研，副州长任锦云陪同调研。

9月17日，省委常委、省高校工委书记李培一行到楚雄师院、楚雄州职教园区调研学校建设发展工作。州委书记张太原，州委常委、州纪委书记夏新建，副州长邓斯云等陪同调研。

9月25日，人民日报社香港分社社长曹宏亮一行到楚雄州就国情教育进行考察调研。

10月13～15日，省卫生厅副厅长郑进率省卫生厅贯彻落实群众路线教育实践活动深入基层暨2013年卫生工作目标责任督查调研组到楚雄州督查调研，并于10月15日下午召开督查调研座谈会。副州长邓斯云出席会议。

10月15日，副州长曹卫东主持召开办公会议，专题听取楚雄消防支队深入推进当前消防重点工作情况汇报。

10月17日上午，省水利厅厅长陈坚、省监察厅副厅长何正兴率队到楚雄市紫溪彝村调研。副州长任锦云陪同调研。

10月24日，中国科协农技中心主任、中国农技协常务副理事长张晓军一行在省科协党组书记、副主席、省农技协理事长唐兵，以及楚雄州党政领导邱江、任锦云等陪同下共同出席在元谋县召开的云南省农民合作组织与高原特色农业产业建设元谋现场会，并深入元谋县实地考察部分农民合作组织和科普示范基地建设情况。

11月12日，全州外事侨务工作会议召开。州人大常委会副主任熊卫民、副州长赵祖莹、州政协副主席李怡出席会议。

11月12～14日，以省公安厅治安总队政委高顺祥为组长的省安委会第四督查组到楚雄州督查安全生产工作，并在11月14日上午听取了楚雄州安全生产工作情况汇报。州委常委、常务副州长杨照辉出席汇报会。

【文化活动】 2013年3月28日，云南省知识产权局局长高颂山到楚雄州调研知识产权工作，副州长王定梁陪同调研。

4月9日，国家水利部新闻宣传中心主任郭孟卓带领由人民日报社、新华社、中央电视台、中央人民广播电台、中国新闻社等10家中央级新闻媒体记者组成的“抗旱保供水”集中采访报道团，到楚雄州进行集中采访报道。

5月9日，省委高校工委副书记、省教育厅党组书记、厅长何金平，省委高校工委副书记、省教育厅副厅长邹平率调研组到楚雄州对抗旱保教、校舍安全工程、营养餐、信息化建设、学前教育、义务教育均衡发展、高中阶段教育、职业教育、高等教育等情况进行调研。州委书记张太原、副州长邓斯云陪同调研。

5月30日，《楚雄州建设民族文化强州规划（2012～2020年）》在昆明通过专家评审。《规划》明确，楚雄州将全力打造“彝族文化、恐龙文化、元谋人文化”3张名片，建设滇中文化新高地，进一步凸显楚雄在滇中城市经济圈和滇中产业新区的文化地位。

7月9～10日，省档案局副局长王志强带队到楚雄州调研档案资源建设及档案馆（室）建设工作，并召开调研检查情况反馈会议，副州长邓斯云出席会议。

7月18日，“美丽云南·绿色家园”生态文明系列新闻发布会之专场“美丽云南·和谐楚雄”在昆明海埂会堂举行。州长李红民，州委常委、副州长任锦云，州委常委、组织部部长徐昕，副州长周兴国出席会议。

7月25日，省人民政府督查组对楚雄州软件正版化工作进行督查，并召开楚雄州正版软件督查工作汇报会。副州长王厚军出席汇报会。

9月10日，教育部高教司副司长刘桔一行到楚雄师范学院、楚雄开发区实验小学、楚雄一中、楚雄天人中学检查学校安全工作。副州长邓斯云陪同检查。

10月18日，副州长邓斯云主持召开办公会议，专题研究全州教育信息化建设工作。

11月13日，云南省版权执法工作培训会议在楚雄州召开，副州长邓斯云出席会议并讲话。

12月13日，州人民政府分别召开全州2013年地方志工作会和《大美彝州——楚雄州情读本》宣传发行座谈会，省志办主任、省地方志编纂委员会专职副主任李一是到会指导，副州长邓斯云、州政协副主席何根源出席会议。

12月19日，州档案馆通过国家档案局馆（室）专家组测评认定，成功创建为国家一级档案馆和云南省规范化管理示范档案馆并授牌匾。州人大常委会副主任吴丽华、副州长邓斯云、州政协副主席何根源出席测评会议。

【社会活动】 2013年1月8日，全州第三次民政会议召开。会议贯彻落实全国、全省工作会议精神，回顾总结第二次全州民政会议以来民政工作取得的成绩和经验，并对今后5年的民政工作任务作了安排部署。省民政厅副厅长胥廷义到会指导，州长李红民，副州长赵祖莹等领导出席会议。

1月9日，以省煤矿安全监察局党组书记、局长邹立生为组长的省煤矿安全生产专项督查组一行到楚雄州督查煤矿安全生产工作。督查组深入楚雄市三街镇、南华县一街乡，沿线检查私挖滥采煤矿资源情况，并听取了州人民政府的工作情况汇报。州长李红民等出席汇报会。

1月11日，由省住建厅副厅长郭五代为组长的省政府2012年度安全生产目标责任考核组到楚雄州考核，并召开安全生产责任状考核汇报暨省政府考核组意见反馈会议，副州长周兴国参加会议。

1月19日下午，省公安厅党委委员、纪委书记杨建萍到楚雄调研指导工作，并看望慰问基层民警。副州长曹卫东陪同调研。

3月23日，州人民政府召开2013年全州就业创业和城乡居民社会养老保险工作表彰暨人力资源社会保障工作会议，州长李红民出席会议并讲话，常务副州长杨照辉、州人大常委会副主任商雁鸿参加会议。

4月24日，省公安厅副巡视员崔德龙率省安委会督查组到楚雄州督查全州安全生产工作，常务副州长杨照辉陪同督查。

5月8～9日，国家住建部住房改革与发展司司长倪虹率调研组到楚雄州调研保障房建设情况并召开座谈会。常务副州长杨照辉陪同调研并参加会议。

5月14日上午，召开楚雄州县级公立医院改革、中医药及民族医药发展工作情况汇报会。

5月14～15日，省政协教科文卫体委员会副主任李庆生率专家，对楚雄州县级公立医院改革、中医药及民族医药发展情况进行视察。

6月30日至7月1日，州长李红民就特色民居建设、农村安居工程特色村庄建设及农村危房改造工作进行调研。并于7月1日在姚安举行了全州农村安居工程特色村庄暨农村危房改造建设推进会。州人大常委会副主任熊卫民、州政协副主席李怡，州政府秘书长李德胜出席会议。

7月8～10日，省人社厅副厅长张玉祥带队到楚雄州调研医保支付制度改革工作，并于7月9日在楚雄州召开医保支付制度改革调研座谈会。副州长邓斯云陪同调研并出席座谈会。

7月15～18日，省人民政府保障性安居工程督查组到楚雄州，对近两年保障性安居工程开工建设情况进行督查。常务副州长杨照辉陪同督查。

7月17日，州人民政府召开州食品安全委员会全体会议，通报总结上半年食品安全工作，安排部署下半年食品安全各项工作任务。副州长邓斯云出席会议并讲话。

8月13日，州人民政府召开全州保障性安居工程建设推进会。常务副州长杨照辉、州政协原副主席李天云出席会议。

8月13日，全州打击刑事犯罪严打整治工作会议召开。州委常委、政法委书记岑化虎，副州长曹卫东出席会议。

8月14～15日，省卫生厅副厅长张宽寿一行到楚雄州楚雄市、双柏县、禄丰县调研和检查指导农村卫生及新农合工作。副州长邓斯云陪同调研。

8月29～30日，国家卫生和计划生育委员会人事司副司长常继乐一行代表国务院医改办到楚雄州现场评估禄丰县公立医院综合改革试点工作。副州长邓斯云陪同评估。

8月30日下午，由国家安监总局党组副书记王德学带队的第三督查组，对楚雄州安全生产大检查情况进行专项督查。省安监局局长杨亚林，云南煤监局局长邹立生，省工信委副主任王祥，中共楚雄州委书记张太原，州委常委、副州长任锦云陪同督查。

9月4～5日，以省司法厅副厅长朱志华为组长的省政府工作检查组到楚雄州，对老龄事业发展“十二五”规划进行中期检查评估，并对贯彻落实老龄法律法规情况进行执法检查。5日上午召开楚雄州工作汇报会，副州长王厚军向检查组汇报楚雄州贯彻实施《云南省老龄事业“十二五”规划》和老龄法规工作情况。

9月10～13日，由昆明铁路局处长苏明带队的省防治艾滋病半年督导组到楚雄州督导防治艾滋病工作，并于13日召开楚雄州工作情况汇报反馈会议。副州长邓斯云出席会议。

9月26日，楚雄州医改工作领导小组会议召开，听取有关部门上半年工作进展情况汇报，安排部署下阶段工作任务，签订医改工作目标责任状。副州长邓斯云出席会议。

10月16日上午，楚雄州老年护理

院项目举行开工奠基仪式。州委常委、州委组织部部长徐昕，州人大常委会副主任李志勇，副州长赵祖莹，州政协副主席何根源，州政府秘书长李德胜出席奠基仪式。

10月16～18日，华中师范大学副校长黄晓玫一行到楚雄州考察扶贫开发工作，并于17日下午召开考察座谈会。副州长任锦云、邓斯云出席会议。

11月14日，副州长邓斯云主持召开州人民政府专题办公会议，研究解决人口计生工作中的困难问题。

11月15日，《七彩云南·时空世界控制性详细规划》省级专家论证会议在昆明召开。州长李红民，州政协主席李兴顺，州委常委、宣传部部长姜扬出席会议。

12月10日，省委610办主任、省公安厅副厅长蒋平到楚雄市调研社会管理创新、群众路线工作及公安信息化建设开展情况。州长李红民，州委常委、楚雄市委书记左荣贵，副州长曹卫东陪同调研。

12月11日，国土资源部人力资源中心副主任、扶贫办主任刘晞一行到武定县调研扶贫工作，并在武定县召开扶贫工作座谈会。州长李红民、州长助理刘春华陪同调研并出席座谈会。

12月11日，省卫生厅厅长张笑春到楚雄州调研卫生工作，副州长邓斯云陪同调研。

12月25～26日，国家中医药管理局副局长于文明深入楚雄州中医院、州妇幼保健院、楚雄市人民医院等医疗卫生机构督查调研整顿医疗秩序，打击非法行医专项行动和公立医院改革工作，副州长邓斯云陪同调研。

【表彰奖励】 2013年1月6日，楚雄州人民政府决定对楚雄市等3个民政工作先进县（市）、中共楚雄州委组织部等25个民政工作先进集体和胡智文等50名民政工作先进个人给予表彰奖励。

1月16日，根据《云南省奖励和保护见义勇为人员条例》和《楚雄州见义勇为基金会奖励办法》，州人民政府决定对李正明等23名见义勇为先进个人予以表彰奖励，并授予“见义勇为公民”荣誉称号。

1月22日，州人民政府决定对2012年度禁毒工作先进县（市）和先进集体予以表彰奖励。

2月24日，根据2012年州人民政府与各县（市）人民政府、楚雄开发区管委会签订的《2012年国土资源管理目标责任书》，通过考核，州人民政府同意，兑现2012年度国土资源管理目标责任奖励。

2月27日，按照州人民政府与各县（市）签订的审计工作目标管理责任书，通过考核，州人民政府同意，兑现2012年审计工作目标管理责任奖励。

2月28日，根据州人民政府与各县（市）人民政府签订的《2012年卫生工作和防治艾滋病工作责任目标书》和《楚雄州防治艾滋病工作委员会成员单位工作职责》要求，经考核，州人民政府决定对10县（市）人民政府和州防治艾滋病工作委员会成员单位进行奖励。

3月11日，州人民政府决定授予张之道2011年度楚雄州科学技术奖突出贡献奖，授予“光生物反应器高密度培养雨生红球藻研发”等2项成果为2011年度楚雄州科学技术发明奖，授予“优质超级稻新品种‘楚粳28号’的选育”等38项成果为2011年度楚雄州科学技术进步奖。对州科学技术奖突出贡献奖给予奖金10万元，对州科学技术发明奖、州科学技术进步奖分别给予一等奖奖金5万元、二等奖奖金3万元、三等奖奖金1万元。

3月11日，根据《中共楚雄州委、楚雄州人民政府关于对人口与计划生育工作实行黄牌警告制度的决定》，经检查考核，对10县（市）人民政府2012年度的人口和计划生育工作进行奖励。

3月18日，按照《楚雄州旅游线路统筹开发目标责任制考核评价办法（修订稿）》要求和州人民政府与各县（市）人民政府签订的《2012年楚雄州旅游线路统筹开发目标任务责任书》，通过认真组织考评，经州人民政府同意，决定对2012年度全州旅游线路统筹开发目标责任完成情况较好的县（市）人民政府进行奖励。

3月21日，州人民政府决定，授予楚雄市就业管理服务中心等10家单位“全州就业先进工作单位”称号，授予鲁学峰等15人“全州就业先进工作者”称号，授予谢锦明等15人“全州就业创业优秀个人”称号，授予云南云开电气股份有限公司等3户企业“全州就业先进企业”称号，授予楚雄州人民医院等2个单位“全州优秀高校毕业生就业见习基地”称号。

3月22日，按照《楚雄州人民政府2012年人力资源和社会保障目标管理责任书》的规定，通过认真考核和综合评审，经州人民政府同意，决定对全面完成2012年度人力资源和社会保障目标管理责任的先进县（市）给予奖励。

3月22日，州人民政府决定授予楚雄市城乡居民社会保险管理服务中心等15家单位“全州城乡居民社会养老保险工作先进单位”称号，授予杨廷芬等30人“全州城乡居民社会养老保险工作先进个人”称号。

3月22日，根据《楚雄州2012年道路交通安全目标管理考核奖惩办法》精神，经综合考核，对各县（市）开展道路交通安全管理工作进行奖励。

4月7日，根据《楚雄州人民政府办公室关于印发食品安全工作目标考核奖惩办法的通知》要求，通过对各县（市）人民政府和州食品安全委员会成员单位2012年食品安全目标任务完成情况进行考核验收，经州人民政府同意，决定兑现2012年食品安全工作目标责任奖励。

4月18日，根据《楚雄州人民政府办公室关于印发工业经济发展责任目标考核奖惩办法等6个文件的通知》精神和州人民政府与各县（市）人民政府签订的目标责任书完成情况，州人民政府同意，兑现2012年度乡镇企业发展目标责任奖励。

4月18日，根据《楚雄州人民政府关于下达2012年工业经济等责任目标的通知》和《楚雄州人民政府办公室关于印发工业经济发展责任目标考核奖励暂行办法等6个文件的通知》及州统计局提供的2012年工业投资完成情况，州工信委按照有关考核办法进行了综合考核，根据考核结果，州人民政府决定对完成2012年工业投资责任目标的县（市）、有关部门给予表彰奖励。

4月18日，根据《楚雄州人民政府关于楚雄州大企业发展五百亿工程的实施意见》、《楚雄州人民政府关于加快重点骨干工业企业发展的意见》，州人民政府同意安排以奖代补资金95万元，对红塔烟草（集团）有限责任公司楚雄卷烟厂等企业实行以奖代补奖励。

4月18日，根据《楚雄州医药企业发展业绩奖励暂行办法》，州人民政府同意对云南盘龙云海药业有限公司等企业进行奖励。

4月18日，根据《楚雄州人民政府关于下达2012年工业经济等责任目标的通知》和《楚雄州天然药业发展目标责任考核奖惩暂行办法》，通过对全州10县（市）、楚雄开发区和州级有关部门年度目标任务完成情况进行全面考核，州人民政府同意对完成2012年度生物医药产业发展责任目标的县（市）、有关部门给予奖励。

4月18日，根据《楚雄州人民政府办公室关于加强规模企业培育工作的通知》精神，州人民政府同意对第二批新增15户规模以上企业给予奖励，对完成新增规模以上企业户数责任目标的县（市）经信局、统计局及国税局分别给予奖励，对完成全州新增规模以上企业目标任务的州工信委、州统计局分别给予奖励。

4月18日，根据《楚雄州人民政府关于下达2012年工业经济等责任目标的通知》、《楚雄州工业经济发展责任目标考核奖惩暂行办法》，通过考核，州人民政府同意对完成2012年度工业经济发展责任目标的有关县（市）、部门给予奖励。

5月2日，根据《楚雄州人民政府办公室关于进一步完善粮食行政首长负责制考核指标和奖惩办法的通知》精神，经考核，州人民政府同意兑现2012年粮食行政首长负责制考核奖励。

5月24日，按照《楚雄州人民政府办公室关于印发楚雄州加快外贸发展考核奖励实施暂行办法的通知》，根据各县（市）人民政府完成2012年度进出口目标责任情况，州人民政府同意，对10县（市）、州加快对外贸易发展领导小组和州商务局兑现2012年度进出口责任目标奖励。

5月24日，根据州人民政府与各县（市）签订的《年度流通服务业发展责任目标考核责任状》和奖惩考核办法，州人民政府同意，对10县（市）、州加快流通服务业发展领导小组及办公室和州商务局兑现2012年度流通服务业发展责任目标奖励。

6月6日，按照年初签订的目标责任状要求，州人民政府决定对楚雄市人民政府等28家城乡统筹转户工作先进单位进行表彰奖励。

6月25日，根据《楚雄州人民政府关于进一步完善粮食生产考核奖励办法的通知》、《楚雄州人民政府办公室关于印发农业工作目标责任考核办法的通知》精神，州农业工作目标责任考核领导小组、州粮食生产考核领导小组分别对2012年度全州各县（市）农业工作目标责任和粮食生产完成情况进行考核。根据考核结果，州人民政府同意，决定兑现2012年度农业工作目标责任考核和粮食生产考核奖励。

7月11日，根据2012年主要污染物减排考核结果，州人民政府同意，决定对各县（市）人民政府和州级有关单位兑现奖励。

7月16日，根据《中共楚雄州委、楚雄州人民政府关于加快发展民营经济推动县域经济跨越发展的决定》精神，州人民政府决定对荣获“中国驰名商标”的云南盘龙云海药业有限公司奖励30万元，对荣获“地理标志证明商标”的牟定县腐乳行业协会奖励20万元，对荣获“云南省著名商标”的南华松香厂等13户企业各奖励10万元，对获得“楚雄州知名商标”认定的侏罗纪世界投资有限责任公司等17户企业各奖励1万元。

7月22日，根据州人民政府与各县（市）人民政府签订的《2012年打击涉烟违法犯罪工作目标责任书》，州打击涉烟违法犯罪工作领导小组办公室于2013年5月对各县（市）完成目标任务情况进行了考核评定。根据考核综合评定结果，州人民政府同意，决定兑现2012年全州打击涉烟违法犯罪工作目标责任奖励。

7月25日，根据《中共楚雄州委、楚雄州人民政府关于加快发展民营经济推动县域经济跨越发展的决定》精神，州人民政府同意，决定对2013年第一批新增27户规模以上企业给予奖励，对完成新增规模以上企业户数责任目标的县（市）经信局、统计局及国税局分别给予奖励。

9月2日，州人民政府决定对元谋县等17个中低产田地改造工作先进单位予以表彰奖励。

11月21日，州人民政府办公室决定对政务督查工作成绩突出的禄丰县人民政府办公室等25家先进单位和李波等50名先进个人给予表彰奖励。

11月21日，州人民政府办公室党组会议讨论，决定对元谋县人民政府办公室等25家政务信息工作先进单位和蔡顺军等50名政务信息工作先进个人给予表彰奖励。

11月26日，经研究，决定对楚雄市地方志编纂委员会办公室等25个地方志工作先进集体和张明力等50名地方志工作先进工作者予以表彰奖励。

［郭 海］

重要决策和部署

【经济事务】 2013年1月4日，楚雄州人民政府发布《楚雄州人民政府关于进一步抓好抗旱工作的通知》。主要内容：高度重视，加强领导；明确职责，形成合力；科学调度，节约用水；做好协调，确保稳定；强化管理，发挥效益；严密防范，严防火灾；加强抗旱节水宣传。

1月17日，为深入贯彻落实党的十八大、州委八届三次全会精神，抢抓机遇，继续扩大固定资产投资规模，充分发挥投资对楚雄州经济增长的拉动作用，确保与省人民政府签订的2013年不含跨地区规模以上固定资产投资增长任务目标的圆满完成，促进全州经济社会持续稳定健康发展。经州人民政府研究，决定2013年继续对10县（市）人民政府和州级5个重点行业管理部门实行固定资产投资目标责任考核。

2月4日，州人民政府办公室印发《楚雄州2013年烟叶生产收购管理考核办法》。主要内容：考核内容及标准、考核验收办法、奖惩、其他。该《考核办法》由州烤烟生产收购协调领导小组分时段组织检查考核验收，检查考核情况及时通报全州。该《考核办法》得出的考核结果与《楚雄州2013年烟叶工作责任状》挂钩，作为州人民政府对各县（市）2013年烤烟生产收购考核奖励和2014年计划分配的依据。

2月22日，州人民政府发布《关于做好2013年大春农业生产的意见》，主要内容：指导思想、目标任务和主要措施。

2月27日，州人民政府发布《关于分解落实2013年经济社会发展主要目标任务责任的通知》。主要内容：加强领导，提高认识；细化目标，落实责任；加强督查，严格考核；协调配合，形成合力。

3月7日，州人民政府发布《关于下达2013年工业经济发展责任目标的通知》。主要内容：强化目标责任；年度指标考核；各县（市）主管部门要按照有关规定及时报送责任目标完成情况及分析报告和各县（市）要加强领导，采取措施，确保目标任务的完成。

3月28日，州人民政府发布《关于推进实施2013年全省重点督查的20个重大建设项目和20项重要工作的通知》。主要内容：高度重视，切实摆上重要议事日程；细化任务，抓好各项工作落实；明确职责，强化督查，确保各项工作顺利推进；分析综合，定期上报各项工作进展情况；严格奖惩，建立健全考评激励机制。

4月22日，州人民政府办公室印发《关于进一步加强和规范耕地占补平衡工作的通知》。主要内容：补充耕地的责任单位，规范耕地占补平衡工作；加强耕地占补平衡项目管理；严格监督管理，强化耕地占补平衡考核奖惩；探索和创新耕地占补平衡机制。

5月2日，州人民政府发布《关于2013年度畜牧业发展工作的意见》。主要内容：指导思想、目标任务、工作措施、保障机制。

5月29日，州人民政府发布《关于做好2013年晚秋作物生产工作的通知》。主要内容：指导思想、目标任务、主要措施。

5月30日，州人民政府发布《关于进一步做好公共资源交易工作的意见》。主要内容：严格按照州、县（市）公共资源交易中心的交易权限组织交易；各部门要切实履行好职责；进一步健全完善监督管理机制。

7月17日，州人民政府发布《关于加快服务业发展3年行动计划的实施意见》。主要内容：加快服务业发展的重要性和紧迫性；加快服务业发展3年行动计划的指导思想、发展定位、发展目标；推动重点服务行业快速发展；切实抓好重点工程项目建设；全面落实加快发展的政策措施；加强对服务业发展的组织领导。

8月9日，州人民政府发布《关于解决建设项目落地困难进一步改善投资环境的实施意见》。主要内容：健全土地利用总体规划管理制度；完善土地利用年度计划管理工作；加大城乡建设用地增减挂钩工作力度；大力推进低丘缓坡土地综合开发利用试点；强化土地收购储备工作；加强土地供应管理；做好用地分类管理和报批工作；鼓励企业高效合理用地；简化建设用地报批审查流程；切实改进占用林地项目审核审批管理；切实改进环保审批服务；着力解决融资难问题；切实解决项目审批难问题；强化建设项目前期各项工作；完善建设项目落地工作推进机制。

8月30日，州人民政府发布《关于贯彻中央和省有关文件精神促进楚雄州当前经济平稳较快发展的实施意见》。主要内容：千方百计增投资，确保固定资产投资增长30%以上；加快发展高原特色农业，力争第一产业增加值增长7%以上；把工业增长摆在突出位置，力争实现工业增加值增长16.5%以上；积极推进现代服务业发展，力争全年第三产业增加值增长11.4%以上；深化改革强动力，进一步扩大对外开放；坚持以人为本，着力保障和改善民生；加强组织领导，确保任务落实。

9月29日，州人民政府发布《关于做好2014年小春生产和冬季农业开发工作的通知》。主要内容：指导思想、目标任务、主要措施。

11月1日，州人民政府发布《关于鼓励企业发展电子商务的意见》。主要内容：充分认识发展电子商务的重要意义；指导思想和原则；工作重点；政策措施。

11月4日，州人民政府发布《关于进一步加强和规范政府性债务管理的意见》。主要内容：政府性债务管理的基本原则；政府性债务举借管理；政府性债务资金使用监管；政府性债务偿还管理；建立完善政府性债务风险管理体系；政府融资平台公司管理；政府性债务统计分析报告制度；加强组织领导；严格责任追究制度。

【文化事务】 2013年5月13日，楚雄州人民政府发布《关于选拔培养州级中青年学术技术带头人的意见》。主要内容：指导思想；选拔培养目标；选拔条件；选拔原则和程序；培养措施；组织领导机构；管理办法。

6月25日，州人民政府发布《关于公布第三批州级非物质文化遗产保护名录的通知》。主要内容：经各县（市）推荐、申报，州非物质文化遗产保护专家评审委员会评审论证，媒体公示和复审，州人民政府同意大过口彝族传统文化生态保护区等26个项目为楚雄州第三批非物质文化遗产保护名录，现予以公布。各县（市）和州级有关部门要充分认识非物质文化遗产保护工作的重要性和必要性，按照“保护为主、抢救第一、合理利用、传承发展”的工作方针，对列入保护名录的非物质文化遗产项目制定保护规划，明确目标责任，落实各项保护措施，扎实做好楚雄州非物质文化遗产保护工作。

9月29日，州人民政府发布《关于加强公共文化惠民服务体系建设的实施意见》。主要内容：重要性；总体要求；主要任务；保障机制。

【社会事务】 2013年2月20日，楚雄州人民政府发布《关于区域卫生规划的指导意见》。主要内容：指导思想、基本原则和目标；总体要求；工作方法；主要内容；保障措施。

3月8日，州人民政府发布《关于下达2013年度加大城乡统筹力度促进农业转移人口转变为城镇居民指导性计划任务的通知》。主要内容：各县（市）农业转移人口转变为城镇居民指导性计划任务、要求。

3月14日，州人民政府发布《关于进一步加强道路交通安全工作的实施意见》。主要内容：工作目标、工作任务和工作要求。

3月15日，州人民政府发布《关于分解落实政府工作报告20项重点工作和10件民生实事任务的通知》。主要内容：高度重视，确保工作落到实处；明确职责，形成合力推动的良好氛围；加强督查，确保各项工作顺利推进；严格奖惩，建立健全考评激励机制。

3月22日，州人民政府发布《关于2013年道路交通安全目标管理考核奖惩办法的通知》。主要内容：目标要求、考核内容、考核办法、奖励与惩罚。

3月28日，州人民政府发布《关于推进实施省人民政府2013年10件惠民实事的通知》。主要内容：加强领导，统筹安排，全面落实下达分解的工作任务。实行工作落实情况定期报告制度。继续实行州人民政府领导分工督办制度。省人民政府2013年10件惠民实事落实情况纳入各县（市）、州级有关部门年度综合考核评价体系，根据工作完成情况按照标准进行加减分。对工作落实不力、工作进展缓慢的，通报批评，限期整改；对工作推进不力，责任不落实，影响年度工作任务完成的部门和单位，进行行政问责。

4月24日，州人民政府办公室印发《关于认真贯彻执行云南省食品安全举报奖励办法（试行）的通知》。主要内容：统一思想，提高对《办法》实施重要性的认识；严格执行，充分发挥《办法》作用；公布受理机构，畅通举报渠道；设置专项经费，及时兑现奖励；加强宣传，切实推动《办法》的组织实施；密切配合，加强指导和协调。

6月28日，州人民政府发布《关于2013年农村安居工程特色村庄示范村建设的实施意见》。主要内容：目标任务；明确职责，落实责任；认真摸底，合理选址；科学规划，突出特色；加大政策宣传力度，强化监督管理；严格考核奖惩；有关要求。

10月14日，州人民政府发布《关于进一步加强和改进最低生活保障工作的实施意见》。主要内容：总体要求和基本原则；政策措施；强化工作保障，确保各项政策措施落到实处。

11月21日，州人民政府发布《关于促进红十字事业发展的实施意见》。主要内容：充分认识促进彝州红十字事业发展的重要意义；大力支持红十字会履行法定职责；大力加强红十字会组织和队伍建设；进一步完善促进红十字事业发展的保障措施。

【生态事务】 2013年4月3日，楚雄州人民政府发布《关于进一步加强水土保持工作的意见》。主要内容：指导思想和工作目标、主要任务、保障措施。

5月17日，州人民政府办公室印发《关于进一步做2013年公共机构节能工作的意见》。主要内容：指导思想、目标任务、工作重点。

6月7日，州人民政府发布《关于进一步加强水文工作的意见》。主要内容：加强水文工作的重要意义；指导思想和工作目标；主要任务；保障措施。

9月30日，州人民政府发布《关于实行最严格水资源管理制度的意见》。主要内容：总体要求；实行水资源开发利用控制红线管理，严格控制用水总量；建立用水效率控制红线制度，加快推进节水型社会建设；实行水功能区限制纳污红线管理，强化水资源保护；保障措施。

10月8日，州人民政府发布《关于加强机动车排气污染防治工作的意见》。主要内容：指导思想和工作目标；从源头防治机动车排气污染；建立机动车排气污染检测制度；强化机动车排气污染监督管理；加强组织领导，健全部门联动机制。

［郭　海］

政务督查和建议提案办理

【政务督查】 2013年，全州政务督查工作坚持围绕中心，突出重点，建立机制，创新方法，把督查工作的着力点和落脚点放在“抓落实、促落实、推落实、保落实”上，努力提升督查工作“服务发展、服务决策、服务落实”的能力，为全州经济社会又好又快发展提供坚强的落实保障。围绕重点目标任务抓督查。以省人民政府2013年重点督查的20个重大建设项目、20项重要工作、惠民10件实事和《省政府工作报告》中涉及楚雄州目标任务的落实情况，以及年初州人代会通过的《政府工作报告》目标任务的责任分解，明确责任，对30个在建项目、30个新开工项目和30个项目前期工作，10件民生实事和20项重点工作进展落实情况为督查工作重点，按省、州人民政府的要求每季度上报、通报一次工作进展及落实情况。积极参与州委督查工作领导小组对推进重点项目建设和促进企业发展工作的督查活动。参与抓好保障性住房建设、争取上级补助资金任务完成情况、烟草水源工程项目建设、抗旱蓄水、污染物减排、土地整治项目实施和地质灾害避险处置、农村危房改造、农村安居工程特色村庄示范村（试点）建设以及省长李纪恒、副省长丁绍祥在楚雄调研交办事项落实情况，“服务基层年、项目落地年、作风转变年”活动，楚南一级公路开工前准备工作，中央预算内投资项目开工情况，2013年夏秋季征兵工作，小

（二）型水库除险加固、阳光政府四项制度公示通报及网上发布情况等专项督查。紧盯困难问题抓交办。对全州工业项目建设和企业生产经营困难问题，以及重点工业企业有关问题等实行交办制，及时对存在问题解决情况进行通报反馈。至12月12日，州人民政府督查室共发出《督办通知》16个、《政务督查》35期、《政务督查专报》61期。以考核促工作落实。2013年是楚雄州实施综合绩效考核的第二年，在总结上年试点经验的基础上，州委办公室、州人民政府办公室出台了《楚雄州2013年度县（市）综合绩效考核评价实施方案》和《楚雄州2013年度州级部门综合绩效考核评价实施方案》，州考评办下发了《关于做好2013年度全州综合绩效考评州级部门及县（市）考评指标确定、评分办法制定准备工作的通知》，将考核范围由10县（市）人民政府、楚雄开发区管委会，州级政府部门扩展到州级党委、人大、政协、法检、群团和部分驻楚中央、省属共85个单位。考核重点围绕“翻两番、增三倍、促跨越、奔小康“的总体要求和州委、州人民政府确定的2013年度经济社会发展主要指标及重点工作任务设置考核内容。要求州级各相关单位结合实际确定考评指标，制定评分办法。并按照平时考评、单位自评、集中考核的考评程序进行考核。州考评办牵头州级相关部门制定考核结果应用的具体办法，将综合绩效考核评价结果以适当方式向考核对象反馈，在一定范围内公布或通报，作为评价各被考核单位及其领导班子的重要依据，与财政预算、资金奖励、领导干部考核及任用、评优评先相结合。通过建立健全综合目标考评体系、目标管理考核规范化体系，实行目标管理考核全过程规范化操作，使考核成为全州各级党委、政府推进工作、促进落实、实现目标、检验成果、评价实绩的重要抓手和全州经济社会发展的重要助推器，真正实现以考核促进工作落实的目标。

【人大代表建议和政协委员提案办理】 2013年，楚雄州十一届人大三次会议共提出建议219件，其中交由州人民政府系统办理的建议有212件，占建议总数的96.8%；州政协九届二次会议期间，共提出政协提案387件，其中交由州人民政府系统办理的提案有370件，占提案总数的95.6%。州人民政府办公室对建议和提案及时进行整理，根据建议、提案内容和政府职能部门工作职责，落实给各相关承办单位，要求各承办单位高度重视人大代表建议和政协提案办理工作，认真抓好承诺事项的落实和兑现，及时反馈办理结果。州人民政府办公室加强与州人大选联工委、州政协提案委的沟通联系，共同对州人民政府系统办理人大代表建议和政协提案工作进行检查和指导，加大督查力度，对各承办单位办理进展情况实行定期跟踪督促检查，及时协调解决承办过程中存在的困难和问题，切实解决办理工作中普遍存在的重答复、轻落实现象，确保办理工作实际效果和抓好续办续复，推进承诺事项的落实。至9月30日，交由州人民政府系统办理的人大代表建议和政协提案已在规定时限内全部办理完毕。

［郭　海］

联络交往

【楚雄州人民政府驻北京联络处】 2013年，楚雄州人民政府驻北京联络处紧紧围绕全面服务楚雄发展这个中心，积极顺应新的形势，着力转变工作作风和工作方式，强化服务，认真履职，全年共接待服务在京公务、学习培训、挂职锻炼、商务等各级领导干部职工500余人次；接待劝返和协助劝返楚雄州到京非访人员42批219人次；接待住宿218人次，就餐255桌（其中自办宴席130桌）2810人次；派出车辆660车次，行程4.51万千米；配合州委、州人民政府领导及有关职能部门共争取项目350个，争取中央资金7.87亿元。

［张运恩］

【楚雄州人民政府驻昆明办事处】 2013年，楚雄州人民政府驻昆明办事处始终把搞好州内领导机关服务工作、塑造办事处窗口形象，联络协调各部门、各县（市）和州内大型企业的关系，配合全州招商引资工作，做好内引外联和接待服务作为工作的主要内容。全年共向州内提供1.6万间公务用房，接待3.2万余人次。同时，免费提供州内招商引资客商接待用房1000间，接待客商2000余人次。

［王海宏］

接待工作

【接待工作概况】 2013年，楚雄州接待处紧紧围绕中共楚雄州委、州人民政府的发展思路和中心工作，牢固树立“热情、周到、安全、节俭，促进全州经济社会发展”的理念，切实加强领导班子自身建设，不断增强干部队伍整体素质，严格执行公务接待管理规定，高标准、严要求，精心组织，圆满完成接待任务313批次，接待来宾3293人次，其中，国家领导人1人次，省部级领导56人次，厅级领导341人次；接待各级各类督查组、调研组、考核组、检查组158批次，考察团（组）、代表团39批次；接待招商引资来宾24批次，涉外接待2批次。

【商务接待】 2013年，楚雄州接待处积极配合有关部门，圆满完成了新加坡凯发集团、中国建材集团、中国医药集团、中核集团研究所、东方科技有限公司、北京知云科技有限公司、中国普天信息科技有限公司、中智公司、上海向阳公益基金会、上海电子信息职教集团、深圳美华丰国际集团、广东明阳集团、广东林安物流有限公司、湖南方盛制药股份有限公司、云南电网集团、省公路开发投资有限责任公司、省煤化集团、云铜集团、德胜集团等招商引资客商赴楚雄考察、洽谈投资项目接待任务24批次。

【外事接待】 2013年，楚雄州接待处积极配合有关部门，圆满完成德国巴伐利亚州文教部及汉斯·赛德尔基金会考察团、新加坡国际企业发展局考察组的涉外来宾的接待任务2批次。

［鲁琦云］

机构编制管理

【机构编制管理工作概况】 2013年，中共楚雄州委机构编制办公室紧紧围绕州委、州人民政府的中心工作，积极推进行政审批制度改革和政府职能转变，加强机构编制管理，严格控制财政供养人员增长，稳步推进事业单位分类工作，优化编制资源配置。

【行政审批制度改革】 2013年，中共楚雄州委机构编制办公室进一步推进行政审批制度改革。按照中共云南省委机构编制办公室的要求，完成了对楚雄州原保留实施的行政审批事项的清理上报工作。根据《国务院关于第六批取消和调整行政审批项目的决定》、《云南省人民政府关于简政放权取消和调整部分省级行政审批项目的决定》要求，与州人民政府法制办研究下发了《关于认真开展第六轮行政审批制度改革阶段性工作的通知》，组织29个政府部门对保留的83项行政审批事项进行了清理。在征求各部门意见后，提出了拟取消、下放、调整的初步意见，提请州人民政府常务会议研究。完成了楚雄州贯彻落实云南省精简行政审批项目的自检自查工作。研究提出楚雄州贯彻落实《云南省人民政府关于取消和下放一批行政审批项目的决定》和《云南省人民政府关于精简一批行政审批项目的决定》的意见，提请州人民政府研究，进一步推进简政放权工作。

【事业单位分类】 2013年，中共楚雄州委机构编制办公室推进事业单位分类工作。起草《楚雄州事业单位分类方案》报州委办公室、州人民政府办公室印发全州实施。起草《楚雄州州级事业单位分类目录》，审核修改《县（市）事业单位分类目录》，报州编委领导和省委编办审核通过后印发实施。组织召开县（市）事业单位分类工作会议和州属事业单位分类工作会议，部署全州事业单位分类工作。对部分事业单位履行职责的情况进行专题调研。组织开展州属事业单位分类工作，做好县（市）事业单位分类工作的指导，全州事业单位分类工作基本完成。

【机构编制管理】 2013年，中共楚雄州委机构编制办公室按照上级有关要求，完成了州县（市）政府部门机构编制执行情况评估，促进政府机构改革方案和机构编制法规政策的贯彻落实。完成全州乡（镇）机构改革检查评估工作，有效保证了乡（镇）机构改革方案的落实。完成全州2010年政府机构改革和职能转变情况监督检查工作，进一步掌握楚雄州上一轮政府机构改革方案的落实情况，为开展新一轮政府机构改革奠定基础。按照“本届政府任期内财政供养人员只减不增”的要求，完成了2012年底至2013年全州严格控制人员编制情况的自检自查工作。加大县（市）机构编制工作目标考核力度，将州、县（市）机构编制工作列入2013年州、县（市）党委政府综合绩效考核。楚雄州县（市）机构编制年度考核工作经验，在全省机构编制工作会议上作交流，并以专刊形式印发全省机构编制系统学习借鉴。严格执行机构编制审批权限和编制使用审批制度，认真做好机关、事业单位招考、调入、聘用人员及任命科级领导前的编制、领导职数使用审批，严格控制财政供养人员增长。全年共审核批准州属69个单位使用编制122名调入工作人员、55个单位使用科级领导职数172名。审核批准州县（市）36个事业单位使用编制248名引进紧缺急需人才，使用编制357名招考公务员，使用事业编制728名招聘事业单位工作人员。批准州级部门使用编制16名公开选调公务员。按月做好州级机关事业单位财政统发工资人员编制审核工作，加强州属机关事业单位机构编制管理簿审核管理，及时办理出编、入编手续。

【事业单位登记管理及公益域名注册】 2013年，中共楚雄州委机构编制办公室着力推进事业单位网上登记管理工作，积极开展县（市）登记机关和州级事业单位工作人员培训，及时解决网上登记疑难问题。全州通过网上登记管理系统办理设立登记177户、变更登记369户、注销登记27户，其中州级办理设立登记7户、变更登记48户、注销5户。按期完成年检任务。全州事业单位取得独立法人资格1989户，参加年检1717户，年检率95%，合格率100%，其中州级取得独立法人资格187户，参加年检176户，年检率94%，合格率100%。规范事业单位登记档案管理，确保登记档案完整。协助省委编办指导禄丰县人民医院做好事业单位法人治理结构建设试点工作，超额完成省委编办下达楚雄州的工作量，得到省委编办的肯定。

【机构编制日常管理】 2013年，中共楚雄州委机构编制管理办公室强化机构编制日常管理。认真做好上年度全州机构编制年度统计工作。完成了2000～2012年底省下达楚雄州的人员编制核对工作，做好高速公路交巡警机构编制情况统计和第二批政法专项编制分配落实情况上报。做好州委、州人民政府分解立项任务的相关工作。认真办理“两会”交办的人大代表建议、政协委员提案9件，面商率和满意率均为100%。紧紧围绕州委、州人民政府的决策部署，研究提出了楚雄州职业教育机构整合、工业园区管理机构设置、州工业和信息化委员会职责调整等意见。盘活机构编制资源，探索适合楚雄州实际的体制机制改革创新路径和机构编制管理新路子。实施教职工编制动态管理，盘活编制资源。开展了中小学教职工编制的重新核定工作，保障山区小学校点撤得了、学生留得住、学习生活有保障。妥善解决乡（镇）事业单位编制遗留问题，重新核定了乡（镇）财政所、国土和村镇规划服务中心、国土资源管理所的事业编制。完成州县（市）食品药品监督管理机构的组建工作，结合食品药品监督管理工作需要，调剂充实食品药品监督管理机构必要的人员编制。

［赵琼美　胡文军］

人事管理

【人事管理概况】 2013年，楚雄州人力资源和社会保障系统加强公务员队伍和人才队伍建设，加强人事考试预防作弊机制建设，健全完善阳光招考制度，规范事业单位岗位设置和聘用管理，理顺事业单位管理体制，岗位管理制度在事业单位全面建立。

【公务员管理】 2013年，楚雄州人力资源和社会保障系统着力加强公务员管理。公务员考录工作继续实行“九公开、五监督、三当场、双抽签、一统一”的阳光招考制度，取消由招考单位出任面试主考官制度，规定有招考任务的单位人员一律不参加面试考务工作，考官实行上午和下午分别临时抽签确定的措施。年内，全州计划公开招考371名公务员，6152人参加考试，录用354人（含法检系统录用30人，省属直管单位录用33人）。

公务员教育培训。年内，组织190名新录用公务员参加公务员初任培训，开展以《社会管理创新与服务型政府建设》、《管理智慧与领导力》为主要内容，结合党的群众路线教育实践活动和公务员职业道德建设实践活动的更新知识教育培训，全州行政机关1.3万余名公务员参加教育学习。

公务员统计。年内，全州行政机关共有公务员13387人，其中，州级机关1931人（正厅级职务1人，副厅级职务6人，正县处级职务114人，副县处级职务266人，乡科级正职905人，乡科级副职371人，科员201人，试用期人员10人，警员职务人员57人），县级机关8964人（正县处级职务20人，副县处级职务77人，乡科级正职1888人，乡科级副职3127人，科员2861人，办事员2人，试用期人员及其他123人，警员职务人员866人），乡级机关2492人（乡科级正职426人，乡科级副职852人，科员1037人，办事员4人，试用期人员及其他173人）。参照公务员管理人员601人。少数民族公务员4850人，约占全州行政机关公务员总数的36.23%。

公务员考核奖惩。2012年度，州内各级行政机关科级及科以下公务员应参加考核1.38万人，实际考核1.37万人，考核率99.9%。考核结果为，优秀2320人，占16.9%；称职11101人，占80.88%；基本称职4人，占0.03%；不称职13人，占0.09%；不定等次295人，占2.1%。全州共有1406人荣获各级表彰奖励，其中，有2人荣获个人荣誉称号，1人（已故人员）被州人民政府追记二等功，204人记三等功，1199人给予嘉奖。全州共有34人受党纪政纪处分，其中，党纪19人、政纪15人，科级24人、科员9人、办事员1人。有1人（主任科员）辞职，1人被辞退（科级）。

公务员职位管理。年内，全州共办理州级行政机关及所属31个单位13批167名科级公务员任职资格审核手续；办理省下派楚雄州挂钩扶贫干部任职手续11人；办理州级行政机关新录用公务员转正定职手续25人；办理因机构调整人事关系划转的调动手续2个单位4人；办理公务员正常调配手续20人。

【事业单位管理】 2013年，楚雄州人力资源和社会保障系统进一步加强事业单位管理工作。事业单位公开招聘。研究出台《楚雄州事业单位公开招聘工作人员实施意见》，对教育系统招聘的高中教师，卫生系统招聘本科以上学历的临床、检验、麻醉、影像、预防医学等专业人员，文化体育系统招聘的舞台表演、音乐、编剧、竞技体育等岗位人员，广播电视系统招聘的播音、主持人员等紧缺急需人才的公开招聘简化手续，打破户籍限制，优先安排，为楚雄州事业单位选拔优秀人才开辟“绿色通道”。年内，全州事业单位面向社会公开招聘事业人员572名（紧缺人才公开招聘139人，全州统一组织公开招聘433人），定向招聘事业人员56人。

事业单位人员计划管理。年内，全年共审批州级事业单位增加职工计划70名，办理事业单位调出州外人员22名，事业单位人事调动审批手续70名；录用特岗教师21名、免费师范生6名、残疾运动员1名；办理事业单位科级领导职务任职审核60人，其中正科级28人，副科级23人；办理非领导科级职务任职审核9人，其中主任科员7人、副主任科员2人。

事业单位岗位设置管理。年内，州属事业单位共批复完成岗位设置11个单位，重新变更核准岗位设置7个单位，岗位聘用共批复62个单位752个岗位，机关工勤岗位共批复34个单位94个岗位，完成率100%。全州事业单位工作人员全部与单位签订了聘用合同，签订率100%。

企事业单位工作人员履职考核。全年全州事业单位工作人员和企业单位专业技术人员共有4.5万人，实际参加考核4.39万人，其中，优秀等次8404人，占19.12%；合格等次3.54万人，占80.07%；基本合格6人，占0.01%；不合格22人，占0.03%；不确定等次100人，占0.23%；未参加考核199人，占0.45%。

专业技术人员职称评审。研究出台《楚雄州人力资源和社会保障局关于印发非公有制经济单位专业技术人员职称评审和认定办法的通知》，规范职称评聘程序。年内，全州完成教育、卫生等21个系列申报高、中级专业技术职务资格审查，认定中级职务任职资格1138人，推荐高级职务任职资格585人，认定470人，有201名非公经济单位专业技术人员晋升了中级专业技术职称。

专业技术人才培养管理。年内，楚雄州新增施运科、许嘉鹏为享受云南省人民政府特殊津贴人员。州人力资源和社会保障局走访慰问获“国贴”、“省贴”、“省突”的在职在岗人员42人、楚雄州中青年学术技术带头人62人；兑现中青年学术技术带头人2012年度州级学科带头人津贴10.56万元；组织召开了第五批中青年学术技术带头人培养人选考核认定会，经过专家委员会评审，认定37人为楚雄州第五批中青年学术技术带头人；组织州内部分优秀中青年学术技术带头人到浙江大学进行为期10天的继续教育培训。

【效能政府责任政府建设】　2013年，楚雄州各级行政机关确定学习培训专题1342项，重点工作1225项，目标倒逼管理重点工作539项。完成一线决策事项8.58万件，现场办结事项4.58万件，合作办结事项3769件，通报事项1021项，其他事项3.52万件。57家州属实施部门共上报受理涉及服务承诺事项26.14万件，其中限时办结数26.14万件，限时办结率100%。共有18个部门收到62件投诉件，其中涉及服务态度差的12件，其他投诉50件，投诉回复率100%。

【人事考试】　2013年，楚雄州完成全州专业技术人员计算机应用能力考试，有1119人报考，考试模块共计2593个，考试合格645人；完成全州专业技术人员职称外语等级考试工作任务，有979人报考，考试合格563人；完成二级建造师1292人、全国经济师383人、药学（非临床医疗）专业资格653人、其他各类执业资格考试1797人的考试考务工作。办理、发放各类资格证书1498本。

【成人教育培训】　2013年，楚雄州人力资源和社会保障局承办由州委组织部、州民委组织的第10期少数民族中青年干部培训班，学员71人；按计划做好云南大学、昆明医学院等高校19个班、960人，139个科目、5512个学时的教学任务。

【高技能人才培养】　2013年，楚雄州人力资源和社会保障系统积极组织职业学校学生、下岗失业职工、农村转移劳动力及企业职工参加职业能力培训鉴定，鉴定合格发证2.32万人，其中，初级工5571人、中级工1.33万人、高级工4245人、技师及高级技师154人，州内技能人才队伍进一步壮大。

【智力引进】　2013年，楚雄州人力资源和社会保障系统围绕州内六大重点产业发展需要引进科研攻关项目6个、技术项目2个，组织实施出国培训项目1个；申报国家级、省级“引智示范单位”和“引智示范基地”2个，申报出国培训项目2个。

【人才交流与人才服务】　2013年，楚雄州人才市场共举办高校毕业生供需见面洽谈会7场，进场企业288家，提供就业岗位7244个，进场求职人员7869人次，2361名毕业生与用人单位签订了用工协议；共接待用人单位517家，提供就业岗位2730个，接待进场择业以及来访人员4700人次，其中有1600余人办理了求职登记手续；向用人单位推荐介绍人员1490人次，推荐介绍成功1220人。年内，州人才市场共接待往年尚未办理报到登记手续的毕业生121名，2013年高校毕业生报到登记5528人，其中硕士研究生35人、本科2548人、专科2521人、中专424人；累计与24家企事业单位签订人事代理协议，为479名社会流动人员提供了人事档案托管代理、户口托管服务；配合州委组织部做好选聘高校毕业生到村任职工作，选聘135人到村任职。

【企业军队转业干部安置及解困维稳】2013年，楚雄州人力资源和社会保障系统进一步加强企业军队转业干部安置及解困维稳工作。通过热情服务、真心解困、诚恳关怀等措施，州属及10县（市）在春节、建军节、中秋节期间共走访慰问企业军转干部700余人次，发放慰问品及慰问金价值15万元。兑现企业军转干部生活补贴和特殊困难补助442.59万元、门诊医疗补助12.38万元。加强自主择业军转干部管理服务，自主择业党支部坚持每月召开一次支委会，每季度召开一次支部大会；做好自主择业军转干部年度增资的审批、退役金的核发、档案的接收、年度健康体检、医疗保险、职工互助医疗办理以及新增人员各项保险的办理工作。

［杨　杰］

行政监察

【监督检查】　2013年，楚雄州纪检监察机关紧紧围绕中共楚雄州委、州人民政府中心工作，切实加大监督检查力度，确保政令畅通，不断优化投资环境，促进全州经济社会发展。组织开展扶贫资金管理使用专项监督检查，与省扶贫办签订“共同推进农村基层党风廉政建设和廉洁扶贫行动”合作协议，2次牵头组成5个检查组，对2012年以来中央和省、州下达全州10县（市）的到位扶贫资金2.45亿元的管理使用情况开展专项重点检查，查出存在问题43个，发出纪律检查建议书4份。对烟草抗旱救灾资金管理使用情况进行监督检查，组成3个检查组对10县（市）省、州下达的7579万元烟草抗旱救灾资金管理使用情况开展检查，指出存在问题，提出意见建议。抓好楚雄州烟草水源工程监督检查，对6个县（市）的7件烟草水源工程建设情况进行监督检查，确保项目建设顺利进行。对少数民族发展资金管理使用情况进行检查，组成3个检查组，对10县（市）和州级有关部门2011～2012年期间的5307.52万元、84个项目的少数民族资金拨付、发放、使用情况进行重点监督检查，督促整改管理不规范、验收报账不及时等问题20个。开展“服务基层年、项目落地年、作风转变年”活动的监督检查，组织州级10家单位对全州10县（市）和19个州级部门开展“服务基层年、项目落地年、作风转变年”活动情况进行监督检查，健全完善全州四级政务服务中心体系和三级公共资源交易中心体系建设，进一步优化发展环境，提升服务质量。继续开展推进加速发展和“桥头堡”建设政策措施落实情况监督检查，组成10个检查组，对各县（市）和州属部门落实全州20项重点工作和10件民生实事情况，以及贯彻落实省、州非公有制经济健康发展和解决“三难”问题情况进行重点检查，促进重点工作和民生实事的落实。会同相关部门，对政府机构改革和职能转变情况及水利发展改革政策措施落实情况等进行监督检查。

【专项治理】 2013年，全州纪检监察机关深入开展公务用车、会员卡清理及庆典论坛过多过滥问题专项治理。严格执行公务用车管理规定和《楚雄州党政机关公务用车配备使用管理实施办法》，及时纠正处理违规车辆，查处超编超标车辆7辆，其中已公开拍卖6辆、报废1辆；查处干部公车私用案1件。继纪检监察系统率先开展清退会员卡活动之后，全州1288名县处级以上领导干部开展了清退工作，做到"零持有、零报告"。深入推进庆典、研讨会、论坛过多过滥问题专项治理，建立防范"小金库"问题长效机制。查处虚报冒领寄宿制学生生活补助案件1起，涉及金额3.43万元。查处挤占救灾资金案2起，涉及资金38.91万元。建立健全减轻农民负担专项治理联席会议制度，规范涉农收费政策，农村义务教育政策执行较好，报刊订阅和农业用水收费得到规范，纠正涉农领域侵害群众利益的不正之风取得实效。认真执行《国有土地上房屋征收与补偿条例》和征地拆迁法律规定，违法违规征地拆迁行为得到遏制。加大治理教育乱收费工作力度。完善治理教育乱收费联席会议制度，层层签订工作责任书，健全财务管理、教辅材料推荐和使用等制度。纠正查处违规收费项目3个，涉及资金20.19万元。进一步加强药品集中招标采购和定点医疗机构监管，不断完善医疗服务信息公开，公布行风监督电话，聘请行风监督员，推行患者满意度调查和回访，指导药品、医疗器械生产单位和医疗机构规范使用发票，共检查发票12.98万份，其中存在问题的1.66万份，补税、加收滞纳金、罚款631.30万元。纠正医药购销和医疗服务中的不正之风活动深入开展，保障房建设和分配管理力度不断加大，公务员招考和事业单位招聘工作进一步规范，食品药品安全监管进一步加强，治理公路"三乱"成果得到巩固。

【政风行风建设】 2013年，全州纪检监察机关制定了"政风行风热线"工作方案，组织5个县13个州级部门和行业的87名领导走进州广播电台直播间，宣传惠民政策，与听众沟通交流，受理群众咨询投诉169件，办结167件，通过州广播电台公开反馈群众反映问题办理情况161件；在《楚雄日报》刊出"政风行风热线回音"11期，公开反馈了208件群众反映问题的办理情况；在"楚雄纪检监察网"公开反馈群众反映问题的办理情况110件；与楚雄电视台联合制作播出11期"政风行风热线·跟踪反馈"节目，对新农合、农村低保、公共交通、中小学生减负、涉农收费、数字电视乱收费、烟叶收购、农村用水困难以及施工垃圾侵占农田等群众反映的突出问题进行跟踪报道，促进群众反映突出问题的解决，净化社会发展环境；督促相关部门认真办理州长上线"金色热线"受理的47件群众咨询投诉。通过"政风行风热线"、涉农收费监测点、行风联络员等渠道，受理群众咨询投诉620件，办结602件，正在办理18件，清退违规收费33.73万元，督促兑现各种款项145.45万元。

【行政问责】 2013年，楚雄州纪检监察机关认真贯彻落实中央八项规定、狠刹"四风"要求和习近平总书记关于厉行勤俭节约反对铺张浪费的重要批示，以及省、州党委关于改进工作作风密切联系群众有关规定，切实推进作风建设深入扎实有效开展，组成暗访组，会同新闻媒体2次对全州10县（市）和部分州直单位干部作风纪律建设情况开展暗访，切实治理"庸、懒、散、软"等不正之风。对涉及违纪违规问题的43名干部职工进行严肃处理。其中，上班时间打麻将的2名科级干部分别受到调整岗位和免职的问责，1名公车私用的驾驶员受到责令作出书面检查并补交车辆使用费200元的处理，其余40名干部职工受到责令作出书面检查的问责。全年共问责不作为、乱作为各级干部115名，其中科级干部45人，一般干部70人。公开问责82人，公开率71.3%。

［吕高顺］

政府法制

【政府法制监督】 2013年，楚雄州人民政府法制办公室认真做好行政执法责任制考评工作。按照州委办公室和州人民政府办公室《关于开展2012年度年终集中检查考核的通知》要求，对全州10县（市）人民政府、楚雄开发区管委会和州级49个行政执法单位推行行政执法责任制工作进行了考评。根据考评情况，兑现2012年度行政执法责任制考评奖金12.05万元。根据《中共楚雄州委办公室、楚雄州人民政府办公室关于印发〈楚雄州2013年度州政府部门综合绩效考核评价实施方案〉和〈中共楚雄州委办公室、楚雄州人民政府办公室关于印发楚雄州2013年度县（市）综合绩效考核评价实施方案〉的通知》精神，结合国务院《全面推进依法行政实施纲要》、《关于加强县（市）依法行政的决定》、《关于加强法治政府建设的实施意见》的要求和2012年度考核中存在的问题和不足，及时对州内的行政执法责任制考评量化标准进行修改完善，下发了《楚雄州依法行政领导小组办公室关于印发楚雄州2013年法治政府建设考评量化标准的通知》，为当年考评工作打下了坚实的基础。

开展行政执法案卷评查，规范行政执法行为。根据《楚雄州行政执法案卷评查办法》和《楚雄州依法行政领导小组办公室关于开展2012年行政执法案卷评查和规范性文件制定备案工作专项督查的通知》要求，全州共自评自查案卷8.17万件，其中行政处罚案卷7851件、行政许可案卷67781件、行政复议案卷24件，其他案卷6020件。在各级各部门自评自查的基础上，9～10月，对州级15个部门和10县（市）人民政府的851件行政执法案件进行了抽查，其中行政处罚案卷381件、行政许可案卷452件、行政复议案卷10件、其他案卷8件。围绕行政执法主体是否合法、程序是否规范、事实是否清楚、罚缴是否分离、适用法律是否准确、归档是否全面及时等方面，对行政执法案件进行点评。

开展行政执法人员培训和申领换证工作。按照《云南省行政执法证件管理规定》和《云南省人民政府法制办公室关于云南省行政执法证件到期人员审验培训的通知》要求，经州人民政府批准，州人民政府法制办于6月和7月，分14期举办了云南省行政执法证到期人员审验和新办执法证培训班，对全州持有云南省行政执法证件到期人员2761人和在行政执法岗位但没有行政执法证件的550人进行了培训。培训结束后，及时为全州3311名行政执法人员换发和申领了行政执法证。

部署依法行政和法治政府建设工作。分别起草并由州人民政府办公室下发《2013年政府法制工作要点》、《楚雄州2013年度依法行政工作计划》，对2013年度全州依法行政和法治政府建设工作进行安排部署；召开全州政府法制工作会议，州人民政府与10县（市）人民政府、州级49个行政执法部门签订了《楚雄州2013年度加强法治政府建设推行行政执法责任制目标管理责任书》，对依法行政和法治政府建设工作进行细化安排。制定下发了《楚雄州依法行政领导小组办公室关于对行政执法责任制等四项制度进行修改和完善的通知》，重点对清理行政执法主体、规范执法队伍、规范执法流程、规范执法行为、规范抽象行政行为、重点执法领域监督检查等方面的工作进行了安排部署。修订完善《2013年度依法行政目标考核细则》按照2013年度依法行政工作安排要求，细化了依法行政的考核内容。

【行政复议和行政应诉】 2013年，楚雄州人民政府行政复议办公室共收到行政复议申请19件，受理16件，不予受理2件，其他处理1件。审理结案13件，未结3件。已结案件中，维持7件，撤销2件，撤回申请终止审理4件。案件办理中，按照行政复议规范化建设工作的相关要求，进一步规范行政复议的接待，受理、审理、集体讨论等工作程序。创新工作方式，积极利用和解、调解手段，妥善处理行政争议。年内审结的13件案件中，有4件通过调解，双方当事人和解后撤回行政复议申请终止审理。

推进行政复议工作规范化建设。代州人民政府起草了行政复议工作规范化建设实施方案，于2月27日经州人民政府发文实施，指导全州的行政复议工作规范化建设。积极指导县（市）人民政府和州级各部门的行政复议工作规范化建设。全州10县（市）人民政府和部分州级部门根据各地区和部门的工作实际制定了推进行政复议工作规范化建设实施方案，明确目标、突出重点、明晰职责，行政复议工作规范化建设的制度体系基本建立。积极开展监督检查，确保工作实效。按照省法制办的要求，认真组织开展全州行政复议工作规范化建设以及行政复议意见书落实情况专项检查，并配合省检查组做好对楚雄州的检查工作。

推进行政复议委员会试点工作。在加强对2012年州人民政府确定的姚安、牟定两县行政复议委员会试点工作指导，帮助完善了《行政复议委员会章程》、《行政复议委员会工作规则》、《行政复议委员会委员守则》等相关制度。年内，禄丰、南华两县也启动了行政复议委员会工作，并在相对集中行政复议权方面有新突破。

履行职责，切实加强对县（市）政府和州级部门行政复议工作的监督指导。对报备的12件行政复议案件进行认真的审查，及时反馈审查中发现的问题。针对县（市）政府和部门请示的案件办理中的难点问题，逐一研究，认真回复。通过案件报备审查、案件质量评查、专项工作检查、问题的研究回复，进一步强化对县（市）政府及州级部门的业务指导和监督，提高全州行政复议案件办理质量。

【政府法律服务】 2013年，楚雄州人民政府法律顾问室充分发挥州人民政府法律咨询机构的作用，对涉及州人民政府《关于建设滇中产业聚集区（新区）的决定》、《亚洲开发银行与楚雄州人民政府关于楚雄州城市基础设施项目协定》、《楚雄州人民政府与东莞市金状元网络科技有限公司关于楚雄州电子商务产业发展合作协议》等34件次重大决策事项、重要协议，研究提出了意见。意见内容涵盖金融、能源、化工、农业、水利、交通、旅游、电子商务、行政托管、工业园区建设等领域的重要法律问题，且均在领导交办的时限内完成了审查并出具了规范的书面意见，为州人民政府正确、依法、科学决策发挥作用。

参与政府重大事项讨论。对全州促进改革创新相关问题进行专题研究，拟报了《对楚雄州促进改革创新的意见和建议》；对党的十八届三中全会《决定》中关于社会体制改革，法治中国建设有关问题进行研究，拟报了《关于法治中国建设的调研报告》。除出具正式法律审查意见的事项外，还按照州人民政府领导要求参与了其他政府重要事项的讨论，并对相关部门涉法事务给予帮助和支持。

依法代理州人民政府行政诉讼。按照州人民政府领导的安排和委托，代理了楚雄市西门小区樊XX等160人以州人民政府不履行行政复议法定职责为由向楚雄州中级人民法院提起的行政诉讼不服提起的上诉二审，和樊XX等160人不服州人民政府行政复议决定为由向楚雄州中级人民法院提起的行政诉讼。在两起行政诉讼中，履行代理人职责，收集齐全证据材料，按照法律规定拟写行政答辩状，在法律规定时限内递交人民法院，并作为州人民政府代理人出庭应诉。

［武少林］

经济决策与咨询

【决策咨询工作概况】 2013年，楚雄州人民政府研究室围绕州委、州人民政府中心工作，加强学习、深入调研、开拓创新、勤奋工作，课题研究领域不断拓展，决策咨询服务能力不断提升，机构职能不断得到健全，研究室领导由上年的1正2副增加到1正3副，在上年基础上增加1个科室，科级职数增加到7个。县级政府的决策咨询研究工作也越来越得到重视，楚雄市和元谋县成立了政府研究室或研究中心。政府决策咨询工作在重大决策中发挥的作用和影响力不断扩大。

【重要文稿起草】 2013年，楚雄州人民政府研究室针对全州经济运行中出现的新情况、新问题，开展了一系列研究，进一步提高研究成果应用水平。围绕州人民政府中心工作，深入调研起草了《楚雄州人民政府改进工作作风密切联系群众实施办法》、《楚雄州重点项目州县（市）财政配套投资管理办法（试行）》和《楚雄州关于解决建设项目落地困难，进一步改善投资环境的实施意见》等系列重要政策性文件。承担完成2014年《政府工作报告》和州委八届四次全会报告等州级系列重要文稿相关部分的撰写起草工作。承担州人民政府对上级的综合汇报材料和部分领导讲话稿等综合文稿的撰写工作。完成州委、州人民政府安排的系列重要材料。牵头承担了《楚雄彝族自治州人民代表大会常务委员会关于促进改革创新的决定》的起草，会同州农业局共同完成了《楚雄州生物产业发展规划》编制。通过与省人民政府研究室合作做好《成昆经济带云南（永仁）北大门规划》的修编、征求意见和评审工作，做好《楚雄州人民政府关于支持永仁建设成昆经济带云南北大门的请示》的上报请示工作。

【专题调研】 2013年，楚雄州人民政府研究室把调查研究做深、做细、做实，准确掌握第一手资料，切实履行部门职能职责，为州委、州人民政府提出切实可行的解决办法和对策建议。完成州人民政府重点督查的工作项目。按《楚雄州人民政府关于分解落实政府工作报告20项重点工作和10件民生实事任务的通知》要求，牵头组织相关部门到双柏等县就研究制定进一步推动小城镇健康发展的有关政策开展小城镇试点工作专题调研，形成州人民政府《关于加快小城镇建设促进城乡统筹发展的实施意见》（送审稿）。开展重点调研。围绕全州经济社会发展重点工作以及州重点工作项目开展情况进行了9个方面的重点调研，包括烤烟生产推广以煤代柴加强山区生态环境保护情况调研、解决武禄高速公路项目有关问题调研、吕合煤业技改扩建项目相关问题调研、完善楚雄开发区管理体制相关问题调研、全州污水处理厂的建设及运行情况调研、楚雄州农村自发移民问题调研以及楚雄州商贸物流产业发展的调研。通过调研形成的一系列调研报告和决策咨询报告以内参形式提供给州委、州人民政府决策参考。《楚雄州关于烟叶烘烤推广以煤代柴加强山区生态环境保护情况的调研报告》得到社会各方重视，并将在2014年烤烟生产中纳入前期预算具体实施。开展了学习贯彻党的十八大和十八届三中精神系列专题调研。承担并完成了“楚雄州深化改革开放新突破”、“科学决策、民主决策问题”、“推动全方位开放，建立滇川合作试验区问题”和“加快政府职能转变”4个专题调研报告。

【课题研究】 2013年，楚雄州人民政府研究室在总结完善往年课题研究经验的基础上，采取重点研究与专题研究相结合、单位选题与个人选题相结合、部门合作与社会合作相结合的方式创新开展课题研究工作，完成了《楚雄州城镇化进程中流动人口计划生育服务管理研究》、《楚雄州农业转移人口市民化对策研究》、《楚雄州推进“两上山”面临的困难及对策研究》、《楚雄州实施“两上山”后加强坝区耕地保护与利用对策研究》、《楚雄州优化生产力空间布局思路研究》、《完善楚雄州经济开发区体制机制问题研究》和《创新村级组织“三位一体”运行机制研究》7个课题的研究工作，研究成果均形成内参资料提供给州级领导和相关部门决策参考。其中由州人民政府研究室牵头，与州供销社、州委组织部、州政务服务管理局合作开展的课题《创新村级组织“三位一体”运行机制研究》得到州人民政府主要领导批示。在2010～2011年度楚雄州第八届社科优秀成果评比活动中，由州人民政府研究室课题组所开展的《楚雄州农村人口梯度转移与城镇化模式研究》获著作类一等奖。

【专家咨询和政府顾问工作】 2013年，楚雄州人民政府研究室继续做好州专家咨询委员会办公室日常管理工作。积极加强与各专业组的联系，按要求组织相关活动，及时做好各专业组的服务保障工作；做好专家咨询委员对州委八届四次全会报告和2014年《政府工作报告》的征求意见收集工作。做好州专家咨询委员会各专业组课题研究工作。经广泛征求州专家咨询委员会各专业组课题研究意见，在保障课题研究经费的前提下，安排4个专业组6个课题研究任务，年内各专业组均已完成相应的课题研究任务。加强与政府顾问和相关联系部门的沟通协调，继续做好34名政府顾问的服务工作，建立政府顾问档案，加强联系服务。

【期刊信息工作】 2013年，楚雄州人民政府研究室继续做好《彝州经济研究》和《楚雄政报》的编辑出版工作。进一步加强《彝州经济研究》办刊质量，继续发挥期刊“指导彝州经济建设、服务彝州经济发展”的作用，在选稿、用稿方面严把政治关、政策关和文稿质量关，既注重文章的理论性，更注重实践性。全年收到来稿230篇，刊用113篇，共刊发了6期，共72万字。围绕中心工作和社会热点、难点问题，全年共编印《经研信息内参》13期、《经济研究内参》7期。完成“发展研究网”数据资料信息上传工作，及时完善更新信息，加大政务公开、财务公开和信息公开力度，确保“发展研究网”数据传输正常运转，扩大单位网站的社会影响力。

［花荣艳］

外事侨务

【全州外事侨务工作会议】 2013年11月12日，全州外事侨务工作会议在楚雄召开。会议认真总结了2013年全州外事侨务工作所取得的成绩和经验，进一步明确新形势下外事侨务工作的主要任务和工作措施，并邀请省外事侨务办公室邻国事务处处长合涛作了周边国家形势报告。全州各县（市）分管外侨工作所副县（市）长和外侨办主任、州级相关部门分管领导参加了会议。

【因公出国（境）管理】 2013 年，楚雄州人民政府外事侨务办公室认真贯彻落实中央、省、州有关因公出国（境）管理规定和文件精神，始终把规范因公出国管理、提高出访效益、为地方经济社会发展服务作为出国管理工作的出发点，切实强化因公出访的计划性管理。全年省外办批准楚雄州组团计划 9 个，实际派出 8 个，团组数下降 13%；全州共受理有关部门（单位）因公出国（境）任务申报审批件 72 件，实际办理 69 件，同意出访 79 人次；因公出国（境）经费 147.77 万元，比上年的 169.43 万元下降 15%。

【外事接待服务】 2013 年，楚雄州人民政府外事侨务办公室积极扩大楚雄州对外合作与交流，完成了英国驻渝副总领事及高级商务代表访楚并与楚雄州有关部门举行招商引资、旅游开发、贸易及对外合作与交流座谈会的外事接待和会议现场翻译。完成了大湄公河次区域五国媒体采访团赴楚雄考察，斯洛伐克科西泽市投资与贸易发展部部长一行与楚雄州有关部门举行招商引资、旅游开发、贸易等会谈的领导讲话稿及相关会议资料的英文翻译工作。完成了深圳市华侨商会副会长率领的深圳华侨企业家一行来楚雄考察并商谈招商引资及相互合作与交流的接待服务工作。

【外籍人员管理】 2013 年，楚雄州人民政府外事侨务办公室积极配合有关部门或单位做好在州境内从事经商、教学、留学等驻楚外国人的管理工作。积极与彝人古镇及楚雄师范学院等单位外籍人员管理人员沟通交流，督促其加强社区内外籍人员管理，做好外籍人员信息收集、整理和报送，提供涉外管理业务指导和咨询服务。

【侨益维护】 2013 年，楚雄州人民政府外事侨务办公室进一步深化为侨服务工作，着力维护归侨侨眷（属）的合法权益。加大侨法宣传，做好涉侨法律法规的普及与宣传，共发放《侨务政策法规汇编》1000 册至州级有关部门和社区，努力营造依法护侨的社会氛围。关心贫困归侨侨眷。不断创新思路，通过各种渠道和方法，深入联系侨界群众，积极帮助困难归侨侨眷解决生产生活中的困难和问题。春节前夕，多方筹集资金，为贫困归侨侨眷送去了慰问金，做到以心助侨，以情护侨。关注涉侨民生，用心为侨服务。协调州人力资源和社会保障局、州住房和城乡建设局、州卫生局等部门，按照“适当照顾”的原则，新办理农村或城镇低保、医保、养老保险、新农合医疗、城镇廉租房等 51 人（户）。严格按照相关规定，为归侨子女和华侨子女办理报考高等院校享受“三侨生”政策照顾证明。

【华文教育】 2013 年，楚雄州人民政府外事侨务办公室积极探索“请进来”与“走出去”相结合的对外文化交流机制，扎实抓好面向周边邻国的华文教育工作。认真组织策划泰国华文教师培训和泰国华裔青少年冬令营活动。10 月 14～28日，成功承办了由云南省海外交流协会主办的“泰国华文教师培训班”和“中华寻根之旅冬令营——楚雄营”活动，来自泰国北部地区清迈府、清莱府 4 所华文学校的 50 名教师及 50 名华裔青少年，在楚雄开展了为期半个月的学习培训、文化考察活动。做好华文教师的选派工作。通过积极争取，在全州选派中文、物理和计算机教师各 1 名，分别赴泰国大谷地教联高级中学、缅甸腊戌果文学校和仰光中学任教。年底全州共有 6 名教师外派任教。

【对外招商引资】 2013 年，楚雄州人民政府外事侨务办公室充分发挥自身优势，积极服务全州对外合作交流，着力推进对外招商引资工作。制定《楚雄州人民政府外事侨务办公室落实 2013 年招商引资目标任务工作方案》，切实强化责任，落实工作措施。抓住 6 月召开的“第十一届东盟华商投资西南项目洽谈会暨亚太华商论坛”的机遇，与州招商局密切配合，认真组织企业和部分县（市）招商部门参会，会上与部分参会的华商进行交流，会后对一些意向项目进行跟踪。进一步加强与省级相关部门的信息对接，注重发挥省侨办的资源优势，寻找招商机会，积极为投资商赴楚雄考察提供服务。针对州外侨办负责联系服务的云南积华生物科技有限公司“还原型谷胱甘肽”项目，制定《云南积大生物科技有限公司还原型谷胱甘肽（GSH）建设项目实施工作方案》，明确了每月工作目标、工作重点、工作措施和工作流程，按月细化，协调相关部门克期推进，并安排专人跟踪服务，定期了解项目推进情况，定期向项目州级责任领导汇报项目进展情况，定期与楚雄市开发区互通情况，及时帮助协调解决项目推进中的困难和问题，得到投资方的一致好评。年内，州招商委下达州外侨办的 1000 万元的招商引资任务按期完成。

［何晓琼］

对台工作

【全州对台工作领导小组（扩大）会议】 2013 年 4 月 28 日，楚雄州对台工作领导小组（扩大）会议在楚雄召开，领导小组各成员单位、全州 10 县（市）台办主任和州级有关单位负责人参加会议，州人民政府副秘书长金德能主持会议。会议传达学习了中央对台工作会议、省委对台工作领导小组（扩大）会议和省台办主任会议精神，对州台办 2012 年的工作进行总结，安排布置 2013 年工作任务。州旅游局和双柏县台办作交流发言。州委常委、州委统战部部长、州对台工作领导小组组长杨静出席会议并讲话。

【两岸及东盟经济贸易策进会赴楚雄州考察】 2013 年 3 月 19 日，两岸及东盟经济贸易策进会会长刘振玮率两岸及东盟经济贸易策进会云南投资参访团一行18人赴楚雄州考察。考察团一行参观了彝人古镇，考察了古镇建筑特色、民族风情和商业运作模式，听取了州委统战部、州招商局、楚雄经济开发区管委会等部门的相关情况介绍。考察团建议楚雄州应加大对彝族文化旅游资源的包装、推介力度，通过双方的交流合作，充分利用台湾阿里山等丰富的旅游平台推介楚雄的文化旅游资源，吸引更多的海外游客前来楚雄观光旅游。随后，考察团一行到禄丰世界恐龙谷进行实地参观考察。省台办主任李极明、副主任周越明，楚雄州相关领导杨静、杨照辉陪同考察。

【台湾大高雄记者云南联合参访团到楚雄参访】 2013年5月19～20日，以台湾高雄市新闻记者工会理事长刘大钏为团长，包括东森电视台、TVBS电视台、三立电视台等15家新闻媒体的台湾大高雄记者云南联合参访团一行22人到楚雄参访。参访团一行先后参观考察了禄丰世界恐龙谷、楚雄州博物馆、彝人古镇等。

【楚雄州民乐团应邀再次赴台交流演出】 2013年8月15～23日，楚雄州民族艺术剧院民乐团演职人员一行39人再次应邀到台湾东部的花莲县、北部的桃园县进行了为期9天的交流活动，并与台湾桃园乐友丝竹室内乐团联合，以“云火再现”为主题举行了4场专场演出，在台湾掀起一股彝风彝韵热潮，台湾各大媒体纷纷对演出活动予以报道，极大地提升了楚雄在台湾的知名度。9月11日，《楚雄日报》也以“云火情·两岸心”为标题对活动进行了整版的专题报道，在读者中引起了强烈反响。

【走访慰问台胞台属和黄埔老人及遗孀】 在2013年春节即将到来之际，中共楚雄州委统战部常务副部长、州台办主任刘予敏先后到楚雄、南华、姚安、大姚、元谋、禄丰等县（市）走访慰问台胞台属和生活困难的黄埔老人和遗孀，了解他们的身体和生活情况，并为他们送去生活困难补助和慰问金。走访慰问涉及6名生活困难的黄埔老人和13名黄埔遗孀，以及部分特困台属，共发放困难补助金5.76万元。

【因公赴台审批】 2013年，楚雄州人民政府台湾事务办公室继续加大因公赴台管理审批力度，把全州因公赴台纳入审批范围，严格审核把关，全年共完成审批36人批次，进一步规范了审批程序，确保了因公赴台工作平稳有序进行。

［李宗黔］

妇女儿童工作

【妇儿工委组织概况】 2013年，全州有县（市）妇女儿童工作委员会10个、乡（镇）妇女儿童工作委员会103个。设立州及县（市）妇女儿童工作委员会办公室11个，州妇女儿童工作委员会共有成员单位32个。

【“两个规划”宣传培训】 2013年，楚雄州妇女儿童工作委员会办公室印制“两个规划”宣传资料10万份，全州各级共制作展板136块、粘贴标语2516条、出黑板报1216期、会议宣传497场次、其他方式宣传280场次，大力开展“两个规划”的宣传普及活动。州妇儿工委联合州干教委、州委党校出台了《关于深入推进男女平等基本国策进党校工作的意见》，促进性别意识纳入决策主流。2月22日，在州委党校举办妇儿工委办公室业务专题培训，近200人参训，进一步加大“两个规划”宣传力度。全年共举办监测统计培训班27期，培训人员896人次；举办办公室干部培训班14期，培训人员695人次。

【“两个规划”监测评估】 2013年，楚雄州妇女儿童工作委员会办公室建立健全了由各成员单位统计人员组成的监测统计组和由妇女儿童工作各重点领域相关专家组成的评估组，明确工作职责和任务。制定了“两个规划”监测指标体系，确定了指标数据责任单位，完成了规划年度监测统计工作，撰写了监测统计分析报告，客观反映规划实施进展情况。7月16日，召开了楚雄州2012年实施妇女儿童发展规划统计监测报告专家评审会议，讨论通过了《报告》，形成了专家评审意见。年内，《楚雄州2012年妇女儿童发展规划监测评估报告》获省级一等奖。

【“两个规划”检查考评】 2013年3月22～26日，中共云南省委、省人民政府对楚雄州2012年妇女儿童工作情况进行实地检查考评。考评组通过听、看、访、谈等方式，对牟定县、元谋县2个省级“两个规划”实施示范县作了延伸检查考评。州妇儿工委抓住省委、省政府对楚雄州妇女儿童工作进行检查考评的时机，加强对重点县、示范县的督查。通过实地查看、现场访谈、查阅档案资料、听取汇报等多种方式，对各县（市）落实“两个规划”情况进行督导检查，促进“两个规划”顺利实施。

【促进儿童健康成长】 2013年，楚雄州妇女儿童工作委员会办公室针对儿童的健康成长问题，争取上级支持，在双柏、武定、永仁3县实施“消除婴幼儿贫血行动”项目。2月4日，配合省妇联、省卫生厅和省妇女儿童发展基金会在楚雄州召开了云南省“消除婴幼儿贫血行动”武定、永仁县项目启动仪式暨培训会议，近30人参加了培训；在南华县雨露乡实施“改善0～5岁贫困营养不良儿童状况”试点项目，探索改善儿童营养不良问题的方式和途径；在牟定、禄丰等县建设儿童之家4个，为广大儿童搭建服务平台；在全州开展中国移动关爱艾滋孤儿“12·1”项目，促进儿童健康成长；争取城投集团资助5名贫困优秀女童上学，推荐7名优秀女童到省春蕾高中班就读。同时，注重发挥人大女代表、政协女委员的作用，推动解决妇女儿童关心关注的热点难点问题，办理建议和提案5件。

［李　莉］

归国华侨联合会

【州归国华侨联合会概况】　2013年末，楚雄州归国华侨联合会第五届委员会共有常委11名、委员29名。年内，共召开侨联常委扩大会议4次；健全州侨联机关班子，完善了《楚雄州归国华侨联合会制度》；举办全州侨联干部、侨界代表人士培训班1期；州侨联机关全年走访、召开座谈会慰问归侨侨眷88户；全年刊出《侨联工作简报》25期；开展工作调研2次，形成调研报告2个；州侨联全年接待华侨华人100余人次，接受海外侨胞、港澳同胞各类捐赠折合人民币25万元，资助贫困学生303名；州侨联接待来信来访咨询10人次，办理各类来信来访问题10件。

【拓展海外联谊】　2013年，楚雄州归国华侨联合会围绕州委、州人民政府中心工作，充分利用海内、海外财力、智力优势，积极配合政府有关部门，利用自身特点和联谊优势，组织引导侨界群众加强对外联络工作，互通信息。牵线搭桥，充分利用侨资服务楚雄州公益事业。引进马来西亚《星洲日报》基金、香港两地一心、香港惩教社教育基金资助贫困山区学生303名，发放助学金25万元；争取香港师子会捐建大姚县赵家店大平地完小教学楼1幢；积极争取通过省侨联与澳大利亚著名华人企业家魏基成共同开展“ABC Tissue天籁列车”慈善项目，帮助州内听力障碍的贫困青少年免费获取助听器。通过调查，共上报救助听力障碍青少年199名，其中12岁以下的少年儿童104名。积极做好“走出去”、“请进来”工作。充分利用侨力资源和各种平台，积极向海内外客商大力宣传、推介楚雄。利用中国侨联华商投资贸易促进会、省侨联基金会和省华商投资贸易促进会推介项目40余个；积极做好菲律宾中国商会创会主席许克谊拟在楚雄种植大果油茶前期项目推介工作。弘扬中华文化，促进文化交流。年内，组织全州小学生参与中国侨联举办的第十五届“世界华人小学生作文大赛”征文活动。

【参政议政】　2013年，楚雄州归国华侨联合会认真做好侨界人大代表和政协委员推荐工作，充分发挥代表委员的优势和作用，积极履行参政议政职能。年内，全州归侨侨眷中有州政协委员17人，县级人大代表3人、政协委员28人。围绕彝州建设、发展的重大问题和群众关注的热点、难点问题，各位侨界人大代表和政协委员，共向各级人大、政协提交提案、议案及建议55件，积极为促进全州经济社会发展建言献策。

【侨益维护】　2013年，楚雄州归国华侨联合会积极做好维护侨益维护稳定工作。认真做好侨界信访工作。全年共接待来访人员10余人，所涉问题经协调已全部解决。做到了解决问题到位，事事有回音，件件有落实。积极探索侨联为社区服务的新路子。继续关注楚雄市学桥街社区侨联工作，经常了解社区“家政服务站”的发展情况并帮助解决工作中遇到的实际困难和问题。开展慰问活动。在春节、中秋即将来临之际，通过走访、召开座谈会等形式慰问州内困难归侨侨眷、侨界代表人士88人，送去慰问金和慰问品共3.74万元。

【侨联工作调研】　2013年，楚雄州归国华侨联合会认真贯彻落实中共云南省委《关于进一步加强和改进新形势下侨联工作的意见》精神，于7月中下旬深入部分县（市）、州级相关单位对侨联工作进行调研。通过召开座谈会，听取县（市）分管和联系侨联工作的县委、人大、政府、政协领导，侨联干部对侨联工作情况的介绍及意见建议，走访部分侨资企业等形式，广泛听取意见建议，并根据调研征集到的意见建议起草了《中共楚雄州委、楚雄州人民政府关于进一步加强和改进新形势下侨联工作的实施意见》初稿。

［李晓琼］

机关事务管理

【机关事务管理概况】　2013年，楚雄州机关事务管理局以强化《机关事务管理条例》的学习、宣传和贯彻为着力点，以大力推进机关事务科学发展为动力，以加强队伍作风建设、提升干部职工能力素质为工作方向，发挥主观能动性，紧密结合“创先争优”、“四群”教育、“机关作风建设”、反对四风、“六型机关建设”、“道德讲堂”、“解放思想大实践”、“党的群众路线教育实践活动”，狠抓思想建设、组织建设、作风建设、班子建设、干部队伍建设和党风廉政建设。求真务实，深化改革，在新的起点上积极探索科学化、集约化和规范化管理新路子，不断提升制度执行力，较好地完成了各项工作任务，为机关正常有序高效运转提供强有力的保障。

【贯彻实施《机关事务管理条例》】2013年，楚雄州机关事务管理局为履行好法律法规条例赋予的职能职责，根据国务院机关事务管理局、国务院法制办公室《关于贯彻实施〈机关事务管理条例〉的通知》和云南省人民政府办公厅转发国务院机关事务管理局、国务院法制办公室关于贯彻实施《机关事务管理条例》文件的通知、《云南省人民政府办公厅关于学习贯彻〈机关事务管理条例的意见〉》精神，结合“六五”普法和“四五”依法治理工作规划，把《机关事务管理条例》的学习宣传贯彻实施纳入州机关事务管理局2013年普法和依法治局工作重点，扎实推进《条例》的贯彻落实。采取多种形式，广泛宣传《条例》出台的重要意义和主要内容，制定工作方案，有计划分批次地对机关事务管理人员进行培训，使广大机关事务管理工作者熟悉和掌握《条例》，更好地指导工作。严格按照《条例》及有关部门的要求，全面梳理各项机关事务工作，逐步建立和完善有关制度和标准。认真履行《条例》赋予的职责，在法定职责范围内做好有关工作的同时，拟定了《楚雄州人民政府关于成立贯彻实施

〈机关事务管理条例工作领导小组〉的通知》、《楚雄州人民政府办公室关于贯彻实施机关事务管理条例的通知》，报经州人民政府批准，下发到各县（市）、州属各部门，加强了对本级政府机关事务工作的管理，强化对下级政府机关事务工作的指导。按照《条例》要求，深入各县（市）、州级各有关部门开展调研工作，广泛听取意见建议，形成了楚雄州机关事务管理工作的调研报告。结合《机关事务管理条例》、《党政机关厉行节约反对铺张浪费条例》的贯彻实施，按照中央有关文件精神，突出针对性和可行性，积极探索楚雄州行政机关办公用房集中管理和州人民政府召开会议集中统一服务等问题，拟定《关于严格控制办公用房维修改造项目，全面清理党政机关和领导干部办公用房，严格规范党政机关办公用房管理的实施方案》、《楚雄州州级党政机关办公用房管理办法》上报州人民政府，以进一步提高机关事务工作的制度化、科学化、精细化水平。

【公共机构节能】 2013年，楚雄州机关事务管理局严格遵循“保障公务，厉行节约，务实高效，公开透明”的价值准则，围绕建设资源节约型、环境友好型社会目标，以贯彻《公共机构节能条例》、《云南省公共机构节能管理办法》等法律法规和规范性文件为重点，加大宣传力度，理顺管理体制、机制，建立和完善节能工作配套制度、措施，加大制度执行力，全面推进公共机构节能工作科学发展。按照《楚雄州公共机构节能“十二五”目标责任书》的分解任务，起草下发了《楚雄州2013年公共机构节能工作要点》、《楚雄州公共机构节能考评实施方案》、《楚雄州公共机构节能工作审计工作方案》、《楚雄州公共机构节能监督检查工作实施方案》和《楚雄州公共机构能源资源消费统计制度实施方案》，抓好节能目标责任制落实。协调组织好2013年“公共机构节能宣传周”系列活动；完成全省公共机构基本信息各种数据资料的统计上报，初步建立起楚雄州公共机构基础数据库；抓好“节约型公共机构示范单位”的创建工作，完成了州内“国家级节约型公共机构示范单位”楚雄师范学院、州人民医院的上报和州级、省级和国家级验收工作；组织了2012年度全州公共机构节能工作自检自评和对10县（市）、州级部分重点公共机构的节能考核和检查，有力地推动全州整体节能工作；按照上级关于建设节水型公共机构的要求，下发《楚雄州创建节水型公共机构实施方案》，明确年度节水具体指标，对10县（市）提出了工作要求，将州级34家独立办公、不同类型的公共机构作为创建示范单位，在州公务中心开展水资源消耗定额管理试点工作；开展公共机构能源资源定额管理体系建设前期数据收集工作，对州级部门水、电能源消费及公务用车油耗等消费数据进行收集、计算和分析，为2014年在州级公共机构开展公共机构能源资源定额管理试点作准备；制定并印发《关于进一步加强公共机构废旧商品回收利用工作的通知》，将公共机构废旧商品回收单位扩大到25个独立办公、体量较大的机关、学校、医院，进一步推进州内公共机构废旧商品回收利用工作。初步建立起楚雄州相对完善、处理良好、管理规范的公共机构废旧商品回收体系。

【重点设施维修管理】 2013年，楚雄州机关事务管理局抢抓机遇，完成会务中心计算机网络提速规划、立项申报实施及1000余个点的调试安装，保障网络提速和安全运行；完成民族会堂部分音响改装；按照基本建设程序的相关要求，组织实施楚雄州党政内网屏蔽机房和密钥中心屏蔽机房安装，于10月竣工验收交付使用；完成公务活动中心消防监控联动系统的修复和维护。对“一公司两市场”办公区安全监控系统38个监控点位进行修理，并结合区域内情况，在进出口增设探头6个，对损坏的围栏进行修缮，确保区域内形成闭合管理。对公务中心气压不够的495瓶灭火器进行充气加压；按照上级的安排部署，及时接收周转房，加大其水电、安保、保洁和餐饮的全方位服务监管。

【行政后勤保障】 2013年，楚雄州机关事务管理局认真履行职责，确保了州公务活动中心、会务中心和“一公司两市场”办公区的后勤服务、会议服务保障安全和高效有序运转。年内，按质按量完成各类会议和重大活动会务服务576场（“两会”除外），含对外服务200余场，比2012年减少28%。制定《楚雄州公务中心互联网接入管理规定》，规划、协调指导好办公单位内网、专网建设工作，排除网络、电话故障200余次，完成70余户有线电视的数字转换和新开户，重新建设了机关事务管理局局域网站，有效扩大了对外交流；强化机关公共设施管理，抓好维修服务，打磨会务中心前后厅及走道600余平方米花岗岩；完成水电设施设备维修4606人次（公务活动中心3801人次，“一公司两市场”办公区805人次）；“一公司两市场”办公区维修房屋楼顶防水80平方米，处理地下供水管爆裂渗漏7处、排污管道1处；维修木地板44.8平方米、维修更换地砖2105平方米（公务活动中心105平方米，“一公司两市场”办公区2000平方米）；青石板地面修复128平方米、花岗岩48平方米；供应桶装水1.06万桶，废旧物品回收4720千克。确保了公务活动中心、“一公司两市场”办公区设施、设备的正常运行。加大公务活动中心、“一公司两市场”办公区绿化养护管护和环境卫生保洁力度，扦插各种苗木1.19万袋，自培苗木上盆231盆，改造绿地571平方米。抓好春季防虫、防鼠工作，确保机关公共区域的美化和室内外卫生整洁。坚持安全至上原则，严格落实机关安保相关规定，从制度创新入手，建立完善治安管理制度、应急报警制度、巡查抽查制度、带班执勤制度、会议联动制度等系列管理制度，用制度管人，以制度管事，做到人防、技防与物防相结合，加强机关安保工作。与各办公单位签订综治创安和消防安全目标管理责任书，把安全、消防管理工作目标任务分解到部门，责任落实到个人。对安保人员、义务消防员进行岗位培训和专业技能训练，组织消防安全检查4次。办理公务中心机关工作人员工作证1200余张，州级部门、各县（市）相关单位公务中心通行证6500余张，加强出入人员管理，全年盘查登记外来人员1.13万余人次。加大办公区域的交通、安全专项整治力度，组织安全整治6次、交通秩序整治21次，清理广场摆摊、设点，取缔非法经营小商贩8起20人次。处置车辆肇事5起，通报告知各部门及个人违章的车辆54台次，纠正违章车辆66台次，制止到公务中心无理取闹事件6起8人。抓获偷盗花木、破坏景观灯光照明设施15起27人次。配合州信访局等部门做好领导接访日工作和上访人员解释疏导工作，有效确保了公务活动中心、“一公司两市场”办公区安全。

［谭有亮］

政务服务

【**政务服务机构概况**】　2013年，楚雄州人民政府政务服务管理局紧紧围绕加快行政管理体制改革和政府职能转变目标，不断整合服务资源，创新工作方法，推进政府自身建设、政务服务、公共资源交易、投资项目集中审批各项工作的开展。按照中共云南省委、省人民政府的统一部署，加强对全州政务（为民）服务中心（站）建设和运行管理，着力提高规范化水平，突出创新服务，在“为民、务实、清廉”上下功夫、求实效。全州10县（市）103个乡（镇）1098个村委会（社区）政务（为民）服务机构、12705个村民小组代办服务点积极为群众开展服务工作。2月，州人民政府政务服务管理局被省人民政府授予先进集体，获政务服务体系建设工作“实施成效奖”。

【**规范政务服务中心运行**】　2013年，楚雄州人民政府政务服务中心严格执行“一个窗口受理、一站式办结、一条龙服务、一个窗口收费”的运行模式，集中受理、办理本级人民政府所属部门（机构）行政许可、行政审批等公共服务事项，切实发挥行政审批、政务服务、政务公开、政务查询、行政投诉5大功能。按照“应进必进、进必授权”的要求，紧紧围绕“建设规范化、运行科学化、管理标准化”的目标，加强对各项管理考核办法、日常服务准则和管理规定的执行力度，严格按照《楚雄州人民政府政务服务中心管理暂行办法》、《楚雄州人民政府政务服务中心管理规定（试行）》和《楚雄州人民政府政务服务中心窗口工作人员考核办法（试行）》等规章制度，加强工作业务的监督管理和窗口人员的绩效考核，实行每月百分制考核，以出勤情况、业务技能、服务态度、遵守纪律、信访投诉、民主测评等考核分为依据，按月考核半年兑现奖惩。通过民主评议与实绩考核相结合的办法，公开评选出“优秀服务窗口”、“流动红旗窗口”、“党员先锋窗口”和优秀窗口人员进行表彰奖励。积极组织开展窗口工作人员的政治理论、业务知识和服务规范教育培训，不断提高窗口工作人员的服务意识和服务水平。政务服务中心有40家州级部门128名工作人员入驻中心开展工作，以第五轮行政审批制度改革为依据，州本级保留的83项行政许可、非行政许可审批以及74项公共服务事项大部分已进入中心集中办理。全年州政务服务中心单位窗口共受理行政审批及政务服务事项14.27万件，办结14.26万件，办结率99.91%。取件（发证）12.90万件，月均办件1.16万件，日均办件572件。

【**政务服务体系建设**】　2013年，按照省州相关要求，楚雄州10县（市）在政务服务中心的基础上均成立政务服务管理局，103个乡（镇）成立为民服务中心，1098个行政村（社区）成立为民服务站，州、县（市）、乡（镇）、村（社区）4级政务服务体系建设正稳步推进。年内，全州10县（市）政务服务中心共受理行政审批及政务服务事项292.85万件，办结292.61万件，办结率99.92%；全州103个乡（镇）为民服务中心共受理为民服务事项43.34万件，办结40.49万件，办结率93.43%；全州1098个行政村（社区）为民服务站共受理为民服务事项65.44万件，办结62.92万件，办结率96.15%；全州12705个村民小组开展免费代办服务共受理为民服务事项17万件，办结16.28万件，办结率95.75%。

【**投资项目集中审批服务**】　2013年1月，楚雄州按照省人民政府的统一部署，全面启动投资项目集中审批服务工作。州政务服务管理局积极牵头，及时草拟工作方案，明确职责分工，建立审批服务机制。调整州政务服务中心窗口，将涉及投资项目审批的部门窗口进行归并整合，设立投资项目集中审批服务专区。积极向州人民政府汇报申请，投入资金67万元，对州政务服务中心网络信息平台进行升级改造，率先在全省建成投资项目审批视频会议系统，实现省、州、县3级投资项目审批视频联审、会商。制定《楚雄州投资项目并联审批服务管理办法（试行）》，对投资项目审批的程序、各窗口的职责作了规定，保证审批提速。年内，全州共受理投资项目872个，涉及事项合计2170件，投资概算567.17亿元，按时办结率100%。其中，审批类项目531个、概算240.53亿元，核准类项目53个、概算75.31亿元，备案类项目288个、概算251.33亿元；开展并联审批项目294个，联动项目132个，免费代办项目18个。

【**公共资源交易**】　2013年，全州公共资源交易中心注重加强管理，建立健全各项制度和交易规则，规范运行机制，提高工作效率，在服务经济社会发展方面取得了实效，在促进财政增收节支、维护公平公正交易和防范交易中腐败行为发生等方面发挥了积极作用。州人民政府出台《关于进一步做好公共资源交易工作的意见》，对州、县交易权限进行合理划分，界定了各相关部门的职责与任务，理顺关系，解决了部门之间推诿扯皮的问题，提高了全州公共资源交易工作规范化水平。全州综合性评标专家库建设工作平稳推进，为公平、公开、公正开展公共资源交易工作奠定了基础。全州10县（市）交易中心全面正常受理业务，交易操作逐步走入正轨。年末全州共有58个乡（镇）交易中心已正常开展交易业务。全年全州各级交易中心共组织交易项目2835个，实现交易额119.29亿元，其中，州公共资源交易中心共组织招投标交易项目811个，完成交易额76.01亿元，通过招标节约资金4.09亿元，土地及产权交易3385.07万元，增加收益金829.22万元；10县（市）公共资源交易中心共组织招投标交易项目1648个，完成交易额42.40亿元，通过招标节约资金8514.62万元，土地及产权交易23.79亿元，增加收益金2.61亿元；103个乡（镇）公共资源交易中心共组织招投标交易项目376个，完成交易额8819.02万元，节约资金327.75万元，增加收益金215.59万元。

[和　兴]

中国人民政治协商会议楚雄彝族自治州委员会

重要会议

【政协楚雄州第九届委员会第二次会议】 2013年2月21～25日，政协楚雄州第九届委员会第二次会议在楚雄召开。应出席会议委员346名，实到委员342名，州政协主席李兴顺，副主席杨应旭、张启俊、何根源、李怡、蒲涌、杨玉泉，秘书长李光彪出席会议。州委书记张太原，州委副书记、州长李红民，州委副书记邱江，州人大常委会、州人民政府、楚雄军分区、州人民法院、州检察院领导和驻楚中央属、省属和州属相关部门领导应邀列席会议。李兴顺、杨应旭、张启俊、何根源、李怡、蒲涌、杨玉泉分别主持会议。会议听取、审议并通过了李兴顺代表政协楚雄州第九届委员会常务委员会所作的《常委会工作报告》和杨应旭代表政协楚雄州第九届委员会常务委员会所作的《常委会提案工作报告》。与会人员列席了州第十一届人民代表大会第三次会议，听取、协商并赞同州人民政府的《政府工作报告》及其他有关报告。会议期间，举行了大会发言，并分别召开《政府工作报告》和“两院”工作报告协商会。与会委员踊跃建言献策，党政军有关领导到会听取意见建议。

【政协楚雄州第九届委员会第三次会议】 2013年4月27日，政协楚雄州第九届委员会第三次会议在楚雄召开。应出席委员346名，实到322名。州政协主席李兴顺，副主席张启俊、何根源、李怡、蒲涌、杨玉泉担任大会执行主席。李兴顺、张启俊分别主持会议。州委、州人大常委会、州人民政府、楚雄军分区、州检察院的领导应邀列席会议。会议的主要任务：补选政协楚雄州第九届委员会副主席1名和常委1名。按照《政协章程》规定，经过委员投票选举，王玉玺补选为政协楚雄州第九届委员会副主席，陈明贵补选为政协楚雄州第九届委员会常务委员。

【政协楚雄州第九届委员会常委会议】 2013年1月31日，楚雄州政协九届五次常委会议在楚雄召开。州政协常委会组成人员应出席60人，实际出席54人。州政协主席李兴顺，副主席杨应旭、张启俊、何根源、李怡、蒲涌、杨玉泉，秘书长李光彪出席会议。李兴顺、杨应旭分别主持会议。州人民政府副州长王定梁到会作《政府工作报告》（征求意见稿）的说明，与会人员分组协商讨论；会议协商通过了州政协九届二次会议召开的时间、议程、日程（草案）、特邀列席人员名单及相关事项，协商通过了人事事项。驻楚省政协委员、州级相关部门领导、各县（市）政协主席、州政协机关副科以上干部列席会议。

4月19日，州政协九届六次常委会议在楚雄召开。应到会60人，实到54人。州政协主席李兴顺，副主席张启俊、何根源、李怡、蒲涌、杨玉泉，秘书长李光彪出席会议。会议的主要议题是传达学习省政协十一届二次常委会议精神；协商通过召开政协楚雄州第九届委员会第三次会议的相关事项；协商通过人事事项；协商通过授权主席会议协商决定州政协九届六次常委会议未尽事宜的决定。李兴顺主持会议并作总结讲话。驻楚省政协委员、州级相关部门负责人、各县（市）政协主席、州政协机关副科以上干部列席会议。

6月3日，州政协九届七次常委会议在楚雄召开。应到会61人，实到55人，州政协主席李兴顺，副主席何根源、李怡、蒲涌、杨玉泉、王玉玺，秘书长李光彪出席会议。会议主要议题是商贸流通业和中医药事业发展情况，协商通过人事事项。州人民政府副州长周兴国到会通报楚雄州商贸流通业和中医药事业发展情况。李兴顺、何根源分别主持会议。驻楚省政协委员、州级相关部门领导、各县（市）政协主席、州政协机关副科以上干部列席会议。

8月15日，州政协九届八次常委会议在楚雄召开。应到会州政协常委会组成人员61人，实到52人。州政协主席李兴顺，副主席张启俊、何根源、李怡、蒲涌、杨玉泉、王玉玺，秘书长李光彪出席会议。会议的主要议题是专题协商讨论楚雄州扶贫开发和特色民居建设工作；听取州交通运输局、州国资委报告楚南公路规划建设和州国有资产监督管理情况。驻楚省政协委员、州级有关部门负责人、各专委兼职副主任、各县（市）政协主席、州政协机关副科以上干部列席会议。

【全省政协教科文卫体委员会主任联席会议在楚雄召开】 2013年4月9日，全省政协教科文卫体委员会主任联席会议在楚雄召开。云南省政协副主席罗黎辉，教科文卫体主任严建，副主任伊继东、李庆生、李明、彭兵、马林奎、骆小所、梅妍、王云月、汪旭以及全省15个州（市）分管教科文卫体工作的副主席、教科文卫体主任，楚雄州政协主席李兴顺、副主席何根源，以及教科文卫体文史资料委员会、办公室、各专委会主任和10县（市）教科文卫委员会主任109人出席会议。出席会议的昆明、昭通、临沧、楚雄、红河、西双版纳州（市）代表交流了工作经验。

【全省政协社会法制委员会工作座谈会在楚雄召开】　2013年10月16日，全省政协社会法制委员会工作座谈会在楚雄召开。云南省政协副主席倪慧芳，社会和法制委员会主任董志红，省政协副秘书长杨志诚，社会和法制委员会副主任周发洪、齐晓勇、李瑾以及全省16个州（市）分管社会和法制委员会工作的副主席、社法委主任，楚雄州政协社法委、办公室和10县（市）社法委主任110人出席会议。会上，中共楚雄州委副书记邱江致欢迎词，董志红通报省政协社法委工作情况。倪慧芳对如何做好2014年社法委工作讲了4个方面的意见建议。与会人员在会议结束前考察了楚雄卷烟厂、楚雄州博物馆和彝人古镇。

【全州政协工作座谈会】　2013年9月24日，楚雄州政协工作座谈会召开。会议主题是研讨交流发挥人民政协社会主义协商民主重要渠道作用的经验和体会。州政协党组副书记、副主席张启俊主持会议。州委副书记邱江作了题为《坚持党的领导，推进协商民主》的讲话。州政协研究室、10县（市）政协主席对健全社会主义协商民主制度作发言。州人民政府副州长赵祖莹，州政协副主席何根源、李怡、蒲涌、杨玉泉、王玉玺，秘书长李光彪，各委室主任，10县（市）政协主席、副主席、州政协机关副科以上干部参加座谈会。

［白建文］

重要活动

【新春茶话会】　2013年1月30日，楚雄城区各族各界代表新春茶话会举行。州委书记张太原向各民主党派、工商联、无党派人士、各人民团体和各族各界人士表示问候和美好祝愿；对州政协过去一年围绕中心、服务大局，协商议政、建言献策，促进全州经济社会平稳较快发展作出的贡献给予充分肯定；希望各级政协组织、广大政协委员和各族各界人士在新的一年里发扬成绩，再接再厉。州委副书记、州长李红民通报了2012年全州经济社会发展情况。州党政军领导，州政协、州委统战部副处级以上领导，各族各界代表参加座谈会。州政协主席李兴顺主持会议，与会者踊跃发言。

【中秋座谈会】　2013年9月17日，楚雄州政协、州委统战部召开楚雄城区各族各界人士中秋座谈会。来自各族各界的40位代表，州委、州人大常委会、州人民政府相关领导，州政协机关副处以上干部，州委组织部、州委统战部领导100余人出席座谈会。会上，州人民政府副州长赵祖莹通报了全州1～8月经济运行情况及其下步工作安排；州委书记张太原发表讲话；出席会议的13位代表从不同角度对楚雄州经济社会发展踊跃建言献策。州委常委、州委统战部部长杨静主持会议。

【全州政协系统第五届机关职工运动会】　2013年9月25～28日，由州政协主办，市政协承办的楚雄州政协系统第五届机关职工运动会在楚雄举行。运动会设置男子篮球、女子3人篮球、乒乓球、中国象棋和双抠比赛等竞赛项目。州政协主席、副主席、原副主席、秘书长，11个代表队队员，以及州、市政协全体干部员工200余人参加运动会。

【经济运行恳谈会】　2013年10月11日，楚雄州政协召开经济运行恳谈会。州统计局、州发改委、州工信委和州财政局领导到会通报全州1～8月经济运行情况，8名政协委员在会上发言。州政协副主席张启俊主持会议。副主席何根源、李怡、蒲涌、杨玉泉，原副主席马旷源、李天云、张万礼，秘书长李光彪出席会议。

［白建文］

视察调研

【省政协到楚雄视察调研】　2013年5月14日，云南省政协教科文卫体委员会副主任李庆生一行对楚雄州“县级公立医院改革进展情况”开展视察调研。

6月17～19日，省政协文史委副主任祝世武、范志明一行到楚雄州政协、牟定县政协和永仁县政协对楚雄州贯彻落实《政协全国委员会关于加强文史资料工作的意见》开展专题调研。

【州政协视察调研】　商贸流通业发展情况调研。2013年4月22～26日，楚雄州政协调研组深入双柏、南华、元谋等县开展商贸流通业发展情况专题调研。调研组认为，全州商贸流通业与经济社会发展相适应的流通体系逐步建立，走上了由传统商业向现代流通迈进的轨道，在经济社会协调、持续、快速增长中发挥了重要作用。下步需要做好的工作是牢固树立“流通活州”理念；继续完善流通体系建设；壮大商贸流通骨干企业；积极引导和扩大消费；调结构，扩规模，强化“三外”工作；完善机构设置，强化队伍建设。

中医药事业发展情况调研。4月22～26日，州政协调研组深入州卫生局、州中（彝）医院、楚雄市、禄丰县、武定县及部分基层医疗机构开展中医药事业发展情况专题调研。调研评估认为，楚雄州中医药事业的发展已初具规模，政策全面落实，机构日益健全，特色充分显现，服务门类齐全，中（彝）医药技术得到全面创新，开始稳步发展。下一步要完善和落实中（彝）医药扶持政策；要进一步建立健全中（彝）医药机构服务网络；要加强人才培养和队伍建设；要重点扶持彝族医药的研究和发展工作；要积极开展中（彝）医药传统文化的宣传。

扶贫开发工作调研。6 月 17 ~ 22 日，州政协调研组深入禄丰、武定、永仁、牟定、南华、双柏县开展扶贫开发工作专题调研。调研组认为，“十一五”以来，全州累计投入各类扶贫资金 67.53 亿元，其中，财政扶贫资金 36.67 亿元，整合项目资金 17.14 亿元，社会帮扶资金 5.5 亿元，群众投劳折资 8.22 亿元。“十一五”期间基本解决了 75.6 万人的温饱问题，解决特困人口温饱 25.1 万人，提高了 50.5 万低收入人口的收入。“十二五”以来已使 20 万扶贫对象实现了脱贫致富。以后加强扶贫开发工作应做到“五个不动摇”，即狠抓基础设施不动摇，突出产业扶贫不动摇，关注特困人口不动摇，坚持内强外扶不动摇，强化组织领导不动摇。

特色民居建设工作调研。5 ~ 6 月，州政协副主席李怡率州政协调研组，对全州 10 县（市）特色民居建设工作开展了为期一个月的专题调研。调研组认为，从总体上看，楚雄州特色民居建设形成了一批理论指导成果，有了一个自上而下的组织领导体系，积累了一套行之有效的经验和做法，整合了一批资源、资产、资金，建成了一批示范工程。以后的特色民居建设要做到规划科学化、设计多样化、实施长期化；要从乡村做起，城乡并举；要从产业扶起，大配套，小干预，抓大放小；要从引导做起，点面结合实施千村（社区）示范工程；要从融资上突破，“群众主、政府补、上级扶、银行入、社会促”五措并举。

关于社会主义协商民主专题调研。7 月 15 ~ 18 日，由州政协研究室牵头，州政协调研组深入楚雄市和禄丰、武定、永仁 3 县对建立社会主义协商民主制度开展专题视察调研。调研组认为，总的情况看，中国共产党领导的多党合作和政治协商制度得到落实，协商民主机制得到不断完善，人民政协在协商民主中的重要渠道作用得到较好发挥，民主党派、工商联的协商民主建设得到切实加强，协商民主建设成效明显。以后的协商民主要从以下 5 个方面强化，深刻认识加强社会主义协商民主建设的重要意义；充分发挥各级党委、政府在协商民主建设中的主导作用；进一步发挥人民政协在协商民主中的重要渠道作用；不断丰富和拓展协商民主的范围和领域；进一步健全完善社会主义协商民主制度建设。

［白建文］

提案工作

【优秀提案表彰会】 2013 年 2 月 21 日，政协楚雄州委员会召开九届一次会议优秀提案表彰会。会上表彰了州政协九届一次会议上提出的《关于对楚雄州加快发展实体经济几点建议的提案》等 35 件优秀提案。州政协副主席杨应旭在会上作题为《建睿智之言，献务实之策》的讲话，要求提高认识，明确任务，强化责任；要围绕中心，服务大局，突出重点；要创新机制，拓宽渠道，提高水平。

【政协九届二次会议提案审查情况】 2013 年，政协楚雄州九届二次会议期间，提案委员会共收到提案 393 件，经审查立案 387 件，在立案的提案中，委员个人和联名提案 265 件，占立案总数的 68.5%，集体提案 122 件，占 31.5%。按类别分，经济建设方面的 210 件，占 54.3%；教科文卫体方面的 113 件，占 29.2%；政法社会保障方面的 64 件，不立案的 5 件，已按有关规定另作处理。

【政协委员提案交办会】 2013 年 3 月 27 日，楚雄州人大常委会办公室、州人民政府办公室、州政协委员会办公室联合召开 2013 年人大代表建议案和政协委员提案交办会。州委常委、州人民政府副州长任锦云出席会议并讲话，州政协副主席李怡，秘书长李光彪出席会议。州政协九届一次会议审查立案的 387 件提案交由州级各相关部门和楚雄市人民政府办理。会上表彰了 2012 年度人大代表建议案和政协提案办理工作先进单位。

【提案督办】 2013 年，政协楚雄州九届二次、三次会议以来，在提案的办理落实上狠下功夫，3 月底提案交办会之后，州政协分管提案工作的领导针对提案承办单位的情况作了分析研究，跟踪问效，上半年至下半年先后开展两次督查活动。9 月中下旬，主席、副主席、原副主席分头率领督查组深入州级各部门，对关于加强新型农村合作医疗资金监督的提案，关于将“政府集中招标采购”转为“政府采购限价”的提案，关于因地制宜科学设置农村小学校点的提案，关于加强农村“五小水利”建设的提案，关于加大边远山区基础设施建设力度的提案，关于充分利用水电资源，积极争取“电力改革试点州”的提案，关于加强钛产业发展的提案等 7 件重点提案进行督查，充分保证重点议案得到办理落实。

【提案办理情况】 2013 年，政协楚雄州第九届委员会第二次会议以来共收到提案 393 件，经审查立案 387 件，至 12 月上旬全部办复完毕。所提问题已经解决的 263 件，占办复总数的 67.9%；正在解决的 89 件，占办复总数的 23%；因受条件限制或者其他原因列入计划待以后解决的 35 件，占办复总数的 9.1%。办复率、面商率、满意率均达 100%。

［白建文］

中国共产党楚雄彝族自治州纪律检查委员会

重要会议

【中共楚雄州纪委八届三次全会】 2013年2月5日，中共楚雄州纪委八届三次全体会议在楚雄召开，州委常委，州人大常委会主任、州政协主席，州人大常委会副主任、州人民政府副州长、州政协副主席，州中级人民法院院长、州人民检察院检察长，州纪委委员出席会议。州委常委、州纪委书记夏新建主持会议。州委书记张太原出席会议并作了题为《以更加科学的举措和坚决的态度，坚定不移推进党风廉政建设和反腐败斗争》的讲话，充分肯定了2012年全州党风廉政建设和反腐败工作，强调要以更加科学的举措和更加坚决的态度，坚定不移推进党风廉政建设和反腐败斗争，为加快富民强州进程提供有力的作风和纪律保证；要求坚决严明纪律，坚决改进作风，坚定深入反腐，坚持完善制度，坚持形成合力。州委副书记邱江代表州委、州人民政府与各单位签订2013年党风廉政建设责任书。会议审议通过了州委常委、州纪委书记夏新建代表州纪委常委会所作的《严明纪律，改进作风，为推进富民强州实现新跨越提供有力保障》的工作报告，全面总结了2012年党风廉政建设和反腐败工作，对2013年工作作出部署，并对2012年惩治和预防腐败体系建设暨落实党风廉政建设责任制的先进单位进行了表彰奖励。

【云南省纪检监察机关畅通群众诉求渠道“五级联动”工作现场推进会在楚雄召开】 2013年4月9日，云南省纪检监察机关畅通群众诉求渠道“五级联动”工作现场推进会在楚雄召开。中央纪委信访室三处处长马卫兵、副处级纪检员常伟应邀到会指导；省委常委、省纪委书记辛维光出席会议并讲话；省纪委副书记、省监察厅厅长、省预防腐败局局长郭永东，省纪委副书记郭志宏、赵志彬等参加会议；中共楚雄州委书记张太原致辞；州委常委、州纪委书记夏新建代表楚雄州作交流发言。会议要求，全省各级纪检监察机关要从密切联系群众、巩固执政基础的高度，围绕实现、维护和发展群众利益，进一步深化反腐倡廉建设内涵，不断提升纪检监察机关的群众工作水平，眼睛向下、工作下沉，民有所呼、我有所应，服务人民、造福群众。会议期间，与会人员分别到楚雄市紫溪镇、箐上村委会、紫溪彝村和鹿城镇青龙社区等地进行现场参观，并听取畅通群众诉求渠道经验介绍；省纪委信访室、楚雄州纪委监察局、大理市纪委监察局、文山市开化街道纪工委、沾益县西平镇龙泉社区作交流发言。

【楚雄州廉政风险防控工作推进会】 2013年2月28日，楚雄州廉政风险防控工作推进会在楚雄召开，对全州开展廉政风险防控工作作安排部署。州纪委副书记、州监察局局长王志梅主持会议。省纪委常委、省监察厅副厅长、省预防腐败局专职副局长和正兴，州委常委、州纪委书记夏新建出席会议并讲话。会上，州检察院、州质量技术监督局和武定县纪委监察局交流了廉政风险防控工作经验。

【全州县（市）纪委畅通群众诉求渠道“五级联动”工作运行分析会】 2013年4月11日，全州县（市）纪委畅通群众诉求渠道“五级联动”工作运行分析会在楚雄召开。10县（市）纪委书记分别汇报了各县（市）畅通群众诉求渠道工作开展情况、存在问题和下步打算，州纪委副书记、州监察局局长王志梅，州纪委副书记王建分别对下步工作提出具体要求。州委常委、州纪委书记夏新建出席会议并讲话。

【全州反腐倡廉宣传教育工作座谈会】 2013年4月19日，全州反腐倡廉宣传教育工作座谈会在楚雄召开，会议总结2012年工作，部署2013年任务。10县（市）纪委监察局和州委党校纪委、州妇联、楚雄日报社纪委作工作交流。

【全州党风廉政建设工作会议】 2013年6月21日，全州党风廉政建设工作会议在楚雄召开。会议传达全省党风廉政建设工作会议精神，总结2012年工作，部署2013年任务。10县（市）纪委监察局、州委办公室、州扶贫开发办公室、州纪委监察局第五纪工委监察分局、楚雄市吕合镇党委、牟定县共和镇党委、大姚县龙街乡党委、元谋县平田乡党委、禄丰县碧城镇西河村党支部等18个单位作工作交流。

【楚雄州第五届廉政勤政先进个人表彰视频会议】 2013年7月15日，楚雄州第五届廉政勤政先进个人表彰视频会议在楚雄召开。州委常委、州纪委书记夏新建，州纪委副书记胡贵明，州纪委副书记、州监察局局长王志梅，州纪委副书记王建，州委组织部副部长梁文林，州委宣传部副部长段福君，州委组织部副部长、州人力资源和社会保障局党组书记、局长李昆出席会议。在主会场参加会议的有州属单位纪委书记、纪检组长，州纪委机关各室负责人，各纪工委书记、监察分局局长，受表彰的廉政勤政先进个人。各县（市）纪委书记、组织部分管副部长、宣传部分管副部长、监察局局长、人力资源和社会保障局局长，县（市）属部门纪委书记、纪检组长，县（市）纪委机关各室负责人、各纪工委书记、监察分局局长在县（市）分会场参加会议。会议对30名廉政勤政先进个人进行了表彰奖励。

【全州纪检监察系统办公室政研室工作会】 2013年7月29日，全州纪检监察系统办公室政研室工作会议在楚雄召开。州纪委副书记王建主持会议。州纪委副书记胡贵明作工作要求，州纪委常委、秘书长、办公室主任赵宗喜和州纪委政研室主任吕高顺分别安排办公室工作和政策法规研究工作。元谋、永仁、禄丰、南华4个县纪委监察局交流办公室工作，大姚县纪委监察局和州委党校纪委交流了政策法规研究工作。会议表彰奖励全州纪检监察优秀调研论文30篇。

【全州畅通群众诉求渠道“五级联动”工作汇报会】 2013年10月31日，全州纪检监察机关畅通群众诉求渠道“五级联动”工作会在楚雄召开。会议按照省委常委、省纪委书记辛维光的要求，围绕“全省学楚雄，我们怎么办?”问题深入查找分析存在的困难和问题，研究部署全面提升全州畅通群众诉求渠道“五级联动”工作。会上，通报了全州第一批乡（镇）和村（居）委会畅通群众诉求渠道“五级联动”工作监督检查情况，总结回顾前期工作，安排部署下步工作任务，州委常委、州纪委书记夏新建作了题为《认真总结，狠抓落实，全面提升畅通群众诉求渠道“五级联动”工作水平》的讲话。

［吕高顺］

党风党纪

【作风建设】 2013年，楚雄州纪检监察机关认真贯彻落实中央八项规定和省、州党委实施办法，坚决反对“四风”，着力整治公款奢侈浪费等行为，加大对全州干部作风建设的督促检查和问责力度。以州委文件及时印发《州级领导改进工作作风密切联系群众的实施办法》，10县（市）和州级各部门结合实际，制定办法措施，认真贯彻落实中央八项规定和习近平总书记关于厉行勤俭节约反对铺张浪费的重要批示及省委实施办法。督促全州各级各部门加强会议文件审批管理，严格执行5月、8月“无会月”制度。修改完善并严格执行公务接待管理规定，规范公务接待行为。督促各县（市）、州级各部门强化监管，严控公务接待、公车购置、公款出国（境），全面清理节庆活动和各类检查评比表彰项目，有效控制了“三公”经费支出。认真贯彻《楚雄州党政机关公务用车配备使用管理实施办法》，督促各单位健全完善公务用车使用审批登记、节假日封存和定点加油、维修等管理制度，车辆运行费用明显下降。10县（市）和3个州级部门粘贴公务用车标识2970辆，其中南华县、大姚县共安装GPS卫星定位监测436辆，建立公务用车信息库，采取“五定五认”措施加强和规范公务用车管理，有效防止了公车私用。州纪委、州监察局组成3个暗访组，采取查阅资料明察，随机抽查暗访，深入实地察看走访、现场反馈存在问题等方式，先后4次对10县（市）和州级部门严明纪律作风和整治公款奢侈浪费进行暗访。各县（市）、各部门也采取不同方式，加强对规定办法贯彻落实的监督检查。全州10县（市）和州属部门对中央八项规定和省委、州委实施办法贯彻落实情况开展明察暗访35次，问责干部115人，其中科级干部45人、一般干部70人，严肃处理43名干部职工，集中通报了违反中央八项规定精神和省州党委实施办法的5起典型问题。

【反腐倡廉宣传教育】 2013年，楚雄州纪检监察机关深入开展反腐倡廉宣传教育工作，抓好党员领导干部经常性反腐倡廉教育，组织专题学习1451场次，6.7万人参加；各级党委（党组）中心组专题学习反腐倡廉675场次，6.9万人参加；讲授廉政党课1315场次（其中党政主要领导讲授920场次）、作反腐倡廉形势报告315场次，5.1万人次受到教育。发挥州、县廉政教育基地的作用，开展警示教育1157场次、示范教育1454场次、岗位廉政教育1578场次；组织学习《廉政准则》877场次，撰写心得体会文章1.2万篇；定期向全州实职处级以上领导干部发送廉政短信36期近4万条。举办了全州第2期新任县处级领导干部反腐倡廉暨从政道德教育专题培训班，对全州2011年11月以来新提拔的159名实职县处级领导干部进行了培训。组织开展第五届廉政勤政先进个人评选表彰活动，评选表彰了30名廉政勤政先进个人。全面完成州廉政教育基地提升改造。加强重点工作正面舆论宣传，做好畅通群众诉求渠道宣传工作，编印《畅通诉求解民忧》画册1本，制作《源头活水，渠自欢畅》电视专题片1部并在云南卫视频道播出，制作州级展板13块；做好配合国家级、省级媒体到楚雄对畅通群众诉求渠道工作的联合采访联络服务工作；与州级3家主要新闻媒体联办反腐倡廉宣传栏目，营造良好舆论氛围，完成《云南党风》第6期楚雄专版的组稿工作，全州在州级以上媒体刊播宣传报道稿件348篇（条），其中在国家级媒体刊登50篇条，在省级媒体刊播70篇条，营造了良好的舆论氛围。深入开展廉政文化建设，进一步加强廉政文化建设，将廉政教育、廉政制度、廉政监督融入廉政文化建设之中，提高廉政文化建设的质量和水平。全州共创建各级廉政文化示范点503个，其中省级示范点9个、州级示范点84个。组织开展第二批州级廉政文化示范点评定命名工作。做好廉政文化示范点创建申报工作，推荐上报第二批省级示范点候选单位6个。抓好全国廉政文化优秀作品和《云南廉政文化系列丛书》作品征集工作。征集上报全国廉政文化优秀作品3件、《云南廉政文化系列丛书》作品5大类215件。着力抓好紫溪彝村“廉洁文化进村庄”项目实施工作，力争用一年时间把紫溪彝村建设成为廉洁文化进农村的省级示范点。坚持以净化反腐倡廉网络环境为重点，加强“楚雄纪检监察网”建设管理，全年共上传文章105篇、图片73幅，累计点击浏览45.5万人次。设立“深入开展‘四群’教育，畅通群众诉求渠道”、“贯彻八项规定、保障跨越发展”等栏目，开展主题宣传活动，共征集到稿件52篇，向

"云岭清风"网站投送稿件16篇。

【源头防腐】　2013年，中共云南省委《关于党政领导班子主要负责人述廉的意见》等4项工作制度印发后，州纪委结合实际，认真研究，以州委文件制定印发了贯彻落实省委"四项制度"4个实施办法，对全州领导干部作风转变、干部考核、权力运行等方面规定进行细化，对一把手履职、领导干部作风转变等作了严格要求，各县（市）也制定了相应的工作制度，深化源头防腐工作。积极探索非公企业预防腐败工作，制定印发了《纪检监察机关服务保障和促进非公有制经济健康发展的意见》、《促进解决"三难"问题的意见》、《改善民营经济发展环境监督办法》、《改善投资环境投诉工作办法》、《推进非公有制企业防治腐败工作的实施意见》、《加强非公有制企业防治腐败联系点工作和开展非公有制企业"诚信守法·廉洁从业"活动工作实施方案》等一系列文件，在全州范围内积极推荐上报省级监督联系点3家、特邀监督员3名，并得到省纪委监察厅的授牌聘任。举行全州非公企业"诚信守法·廉洁从业"活动启动仪式，建立州级民营经济发展环境监督联系点10个，聘请特邀监督员12名。全面推进惩防体系建设，全州各级各部门认真总结5年来构建惩防腐败体系基本框架取得的成效、经验和做法，分析存在问题，进一步开展查缺补漏工作。按照中央和省、州党委政府的部署和要求，围绕健全组织、加强教育、完善制度、强化监督、深化改革、从严纠风、坚决惩治7个专题开展调研，为制定州委《建立健全惩治和预防腐败体系2013～2017年工作规划》及《实施办法》奠定了基础。

【廉政风险防控】　2013年，楚雄州积极探索预防腐败有效途径，制定了《楚雄州推进廉政风险防控工作实施方案》，全面深入推进廉政风险防控机制建设，全州10县（市）和州级88个单位开展了廉政风险防控工作，梳理权力1.58万个，绘制权力运行流程图6812个，查找内部机构风险点1.87万个，制定内部机构风险防控措施2.35万条，制定相关工作制度5743个。年内，省人民政府给予楚雄州"云南省加强政府自身建设实施成效奖"的表彰奖励。深入推进农村党风廉政建设，制定了《楚雄州2013年农村党风廉政建设工作意见》，认真贯彻落实《农村基层干部廉洁履职若干规定》，推进"10项促廉"工作扎实有效开展。结合村"两委"换届工作，推选产生了1033个村务监督委员会。组织开展专题调研，形成《楚雄州关于村务监督委员会发挥作用情况的调研报告》，提出了加快推进村级民主监督的建议及对策。严肃查处农村基层党员干部违纪违法案件45件，处理违纪违法人员53人；核查涉农信访件823件，办结涉农信访件789件；查处并纠正涉农乱收费、乱罚款和各种集资摊派问题9件，涉案资金19.01万元。

【廉洁自律工作】　2013年，楚雄州纪检监察机关认真落实廉政提醒谈话、经济责任审计、述职述廉、党务公开等制度。州委、州人民政府与10县（市）委书记、县（市）长开展集体廉政提醒谈话；开展纪委负责人同下级党政主要领导负责人谈话、任前廉政谈话和诫勉谈话2824人次。各级各部门认真执行《廉政准则》等廉洁自律规定，1202名县处级以上领导干部报告个人有关事项，5632名科级以上领导干部开展述职述廉，函询县处级、乡科级干部1818人，组织对21名州管领导干部进行任期经济责任制审计。对全州实职县处级领导干部廉政档案进行更新完善，查询51个单位、1367名领导干部的廉政情况。

【案件查处】　2013年，全州纪检监察机关共接受信访举报846件次，其中检举控告类634件次，纪检监察机关业务范围外189件次，署名举报234件次。初步核实违纪线索371件，初核转立案156件、了结215件，其中反映失实137件、适当处理78件，立案查办违纪案件186件，涉及县处级干部5人、乡科级干部47人，结案177件。审结党政违纪案件181件，给予党政纪处分185人，其中党纪处分139人、开除党籍57人；政纪处分60人，行政开除19人；双重处分19件19人；免予政纪处分1人，移送司法机关52人，刑事处理46人；挽回直接经济损失2915万元。实行公开审理审议案件96件，其中公开审理5件，公开审议91件；恢复党员权利12件12人，解除处分27件27人，开展回访教育103人。全州纪检监察机关严格依纪依法查办案件，使用"两规"、"两指"措施6人次，涉案人员移送司法机关处理24人。严肃查处4名处级干部违纪违法的党政纪案件。抽调20余人次参与中央纪委和省纪委查办案件。对2013年度全州纪检监察机关查办工作进行了考核表彰。

【畅通群众诉求渠道】　2013年，楚雄州全面推进畅通群众诉求渠道"五级联动"工作全覆盖。按照总体规划、分步实施、分类推进的原则，州纪委监察局分3批对10个联系点乡（镇）以外的全州93个乡（镇）和985个村（社区）的畅通群众诉求中心（站室）进行标准化建设。以领导包案为示范，定期开展下访约访工作。坚持各级纪委领导班子成员定期包案下访约访制度，推动畅通群众诉求渠道工作扎实有效开展。纪检监察机关下访约访工作队共带着163件信访诉求深入县（市）、乡（镇）下访约访167次，解决重大疑难诉求198件，带动了全州一大批重大疑难诉求的解决。由州纪委监察局领导和处级干部带队，组成5个督查组，分3批对除州纪委监察局10个联系点乡（镇）以外的全州93个乡（镇）和985个村委会（社区）畅通群众诉求工作进行了拉网式全面督促检查。按照"1103"工作体系和"六有"基本标准，逐乡逐村对照排查，列出整改清单，查缺补漏，及时整改存在问题，全州所有乡（镇）群众诉求中心和村委会（社区）群众诉求工作站均100%达到"六有"标准。千方百计解决群众诉求。至年末，全州各级诉求中心受理各类群众诉求2.66万件，办结2.64万件，解决问题1.34万个，息诉息访4031批（次），挽回经济损失280万元，督促兑现各类款项1069万元。全省12个州市、85个县（市区），包括一些乡（镇），甚至村（社区）共520多人到楚雄进行了参观学习。《中国监察》、《党风廉政建设》、《云南日报》等媒体对楚雄州的经验做法进行了宣传报道。

【紫溪彝村特色民居提升改造和新建】 2013年，楚雄州市纪检监察机关围绕将省纪委“四群”教育联系点楚雄市紫溪彝村打造成“最彰显彝族特色、最具发展潜力的新农村”的总体目标，多次召开州纪委常委会和现场办公会，认真贯彻落实省委常委、省纪委书记辛维光“节约、廉洁、高效，在规定的时间内要努力完成”的批示要求，研究制定了《中共楚雄州纪委、楚雄州监察局关于对省纪委监察厅在楚雄市紫溪镇开展“四群”教育协调推进的建设项目开展监督检查工作方案》，明确监督检查任务，落实工作责任，细化监督检查工作措施，并严格按照要求，狠抓各项工作组织协调和督促落实。加强组织领导，州、市纪委监察局成立监督检查工作领导小组，强化对项目推进情况的重点督查。建章立制规范管理，督促市纪委监察局切实履行项目实施的监督责任。紫溪镇认真履行项目实施的主体责任，制定了《工作督导制度》、《资金监管工作实施方案》等制度，规范工作程序，切实加强项目资金和工程质量管理规范化。实行工程进度倒排制，每周对工程实施情况进行一次实地督查，每3天上报一次工作情况，对项目推进过程中发现的问题，督促业主方认真整改落实，确保工期进度和质量。切实加大督促检查力度，州纪委监察局主要领导和分管联系领导经常深入施工现场，采取专项检查、重点抽查与随机抽查相结合的方式，突出项目工作责任制落实、项目资金管理使用、建设工程质量、建设工程进度等5个重点开展监督检查。会同紫溪镇党委、政府召开项目落实推进会6次，及时帮助研究解决遇到的困难和问题，确保项目顺利推进。自项目开展以来，州、市纪检监察机关共组织监督检查46次，督促整改存在问题132个。年底共落实15个子项目35个分项目，确保民房改造提升、搬迁新建工程和其他配套设施建设按计划有序推进。

【政策法规研究】 2013年，楚雄州认真做好纪检监察政策法规工作，编印《楚雄州纪检监察工作实用手册》1200套，汇编中央、省、州出台的纪检监察法规制度文件164个，为全州纪检监察干部提供了便捷实用的工作用书。州纪委领导带头深入基层开展调研工作，安排纪检监察重点调研课题20个，全州完成课题调研论文180篇，编印《楚雄纪检监察调研》9期，刊发优秀调研论文9篇，有6篇优秀调研论文获省纪委表彰，获奖数量居全省首位。其中州委常委、州纪委书记夏新建撰写的《楚雄州开展畅通群众诉求渠道工作的调研报告》，荣获“第十五届全国民族地区反腐倡廉理论研讨会”一等奖。认真做好全州纪检监察信息工作，楚雄州信息工作考核成绩居全省第6名。

［吕高顺］

群　众　团　体

工　会

【工会工作概况】 2013年，楚雄州各级工会组织加大工会干部协管力度，主动配合党委组织部门做好工会干部选拔任用，及时配齐配强工会干部队伍。认真实施“十二五”期间工会干部教育培训计划，组织开展工会理论、政策法规、业务知识等专题培训，不断提升全州工会干部队伍的综合素质。培训新任工会领导干部36名，组织3批48名县（市）工会干部到省工青妇干部学校参加云南省工会干部上岗资格培训，组织县、乡两级工会干部培训145人次。根据中央和省、州党委及省总工会关于改进工作作风、密切联系群众的规定和要求，制定州总工会实施意见，切实改进作风、会风、文风，先后两次开展工会重点工作督查调研，推动工会重点工作及时落实到位。进一步强化工会宣传和信息工作，做到报纸和网站上有文章、电视上有图像、电台上有声音。认真办好《彝州工会》、《工会工作简讯》等工会刊物，全年共编发、上报各类工会信息516篇（条）、《彝州工会》刊出4期，提升了工会宣传水平。年内，省总工会《时代风采》杂志社组织人员深入永仁县、元谋县部分乡（镇）、企业进行采风，深度挖掘彝州工会工作的亮点，宣传报道了工会工作在不断创新发展中取得的成效、经验，提高了彝州工会工作的影响力。切实加大地税代收工会经费和建会筹备金工作力度，加强工会资产管理，积极推进工会财务管理规范化建设，收好、管好、用好工会经费。加强工会经审工作，州总工会经审会被全国总工会经费审查委员会授予“全国工会经审工作先进集体”。“云岭职工跨越发展先锋活动”和“云岭职工人才工程”受到省总工会通报表扬，重点工作目标责任考核连续8年荣获全省一等奖。

【工会组织建设】 2013年，楚雄州各级工会组织继续推进工会组织建设，至年底，全州非公企业累计建会3686户，建会率98.45%，发展会员9.95万人，职工入会率82.34%，超额完成了省总工会下达的任务；全州共有基层工会组织3901个，涵盖单位6066个，有工会会员22.37万人，机关、企事业单位建会率98%，职工入会率97.6%。开展乡（镇）工会和基层女职工组织规范化建设工作，2945个基层工会女职工组织通过规范化合格验收，全州103个乡（镇）工会全部按照“六好”乡（镇）工会规范化建设标准验收合格。进一步加强“职工之家”建设，建成州级“先进职工之家”265个，省级“模范职工之家”25个，全国“模范职工之家”、“模范职工小家”8个。深入落实职工代表大会和厂务公开制度，全州3317户企事业单位建立了职代会（职工大会）制度，切实维护职工的经济权益、民主政治权利和精神文化需求。

【维权机制建设】　2013年，楚雄州总工会深入贯彻落实《云南省企业工资集体协商条例》，在全省率先由州委办公室、州人民政府办公室转发《关于进一步推进企业工资集体协商工作的实施意见的通知》；州人大常委会对全州贯彻实施《云南省企业工资集体协商条例》情况进行执法检查；州总工会组织召开了“三方四家”联席会议，推进企业工资集体协商工作，提高企业工资集体协商覆盖面和工资协商要约履约率。至年末，全州有3868户企业签订工资专项集体合同，覆盖职工11.17万人，超额完成省总工会下达的目标；签订女职工权益保护专项集体合同2369份，覆盖女职工3.52万人，签订率100%。继续深入开展“劳动关系和谐企业”活动，全州累计创建命名表彰“劳动关系和谐企业”202个（其中省级命名表彰31个）。进一步健全工会劳动保护机制，协助政府解决企业派遣用工中存在的突出问题。深入开展“安康杯”知识竞赛和安全生产“一法三卡”学习教育活动，全州组织162个企事业单位1736个班组2.13万名职工参加竞赛，涉及煤矿、建筑、商业、冶金等高危行业和劳动密集型企业；积极参与全州安全监督检查工作及生产安全、道路交通事故调查处理，做好善后安抚工作，确保社会稳定。

【素质提升工程】　2013年，楚雄州各级工会组织深入实施“云岭职工跨越发展先锋活动”和“云岭职工人才工程”，做到组织领导、宣传动员、保障措施到位，通过示范点引领、召开推进会、调研督查等形式，推动“云岭职工跨越发展先锋活动”、“云岭职工人才工程”在全州各行业各单位普遍开展。全州各级工会共组织2151家非公企业7万余名职工开展劳动竞赛活动，组织526名职工参加全州餐厅、客房服务2个工种7个专业的技术技能大赛。配合州工信委选拔人员组队参加云南省工业企业暨工业园区职工技能大赛，2名职工分别获得普通车工和工具钳工第一名的好成绩。广泛开展以“六个一”和“五小”为主要内容的职工经济技术创新活动，争做“创新能手”、争创“创新示范岗”，职工创新成果获全省三等奖1项、获全省优秀奖3项。积极探索建立职工创新工作室5个、技师工作站5个、劳模创新工作室1个。继续为一线职工、农民工开展创业培训和技能提升培训，培训职工4167名（含技能提升培训2600名），有4062名获得资格证书，帮助1259人实现就业。

【为职工群众办实事】　2013年，楚雄州各级工会组织按照帮扶中心“五位一体”建设要求，累计建成AAA级帮扶中心4个、AA级帮扶中心5个、A级帮扶中心2个；健全困难职工档案，组织帮扶活动4次，帮扶困难职工（含农民工）和困难劳模1.39万人，发放资金692.6万元；开展2013年元旦春节“送温暖”活动，共慰问困难职工3546人（含困难劳模、农民工），发放慰问金297.01万元；开展“农民工关爱行动”，帮助1046名农民工实现创业就业；组织好职工医疗互助活动，为参加第九期职工医疗互助活动的2.03万人（次）生病住院职工发放补助金1101.69万元，组织16.16万人参加第10期职工医疗互助活动。深入开展“金秋助学”活动，共筹集资金73.24万元，帮助439名困难学子圆了大学梦；积极做好“贷免扶补”工作，帮助120名创业人员申请创业贷款661万元。充分发挥模范人物的引领作用，完成了“全国五一劳动奖章”、云南省“五一劳动奖章、奖状”和“工人先锋号”的评选推荐工作，楚雄州幼儿园支部书记、园长夏丽萍荣获“全国五一劳动奖章”称号，禄丰县农业推广站刘树斌等5名职工荣获“云南省五一劳动奖章”称号，楚雄汇通古镇文化旅游开发有限公司被授予“云南省五一劳动奖状”称号，楚雄州交通集团有限公司楚雄客运站售票组等5个班组（车间）被授予云南省“工人先锋号”称号。

【劳动者风采宣传活动】　2013年，楚雄州各级工会组织大力弘扬劳模精神，深入开展2013年劳动者风采宣传活动，牵头召开了州委宣传部、州总工会、楚雄日报社、州电视台、州广播电台相关领导及人员参加的劳动者风采宣传协调会，与州委宣传部联发文件，制定方案，在4～7月，利用州、县（市）电视台、电台、《楚雄日报》、“州总工会网站”、《彝州工会》期刊等媒体宣传报道了120名劳动模范和先进人物的先进事迹，推荐了2名劳模事迹材料报省级媒体宣传报道，进一步营造了“学习劳模、崇尚劳模、关爱劳模”的舆论氛围，展示了楚雄州职工群众的风采，激励全州广大职工立足本职岗位，争创一流业绩，为推动彝州科学发展、和谐发展、跨越发展作出积极贡献。州委宣传部、州总工会对在劳动者风采宣传活动中涌现出来的20名先进个人给予了表彰奖励。

【职工文体活动】　2013年，楚雄州各级工会组织继续开展“创建学习型组织、争做知识型职工”活动，评选表彰“创争”活动先进个人150名。深入开展“职工书屋”建设活动，进一步拓展职工学习成才平台，建成全国职工书屋示范点2个、省级职工书屋示范点3个、州级职工书屋11家。组织10县（市）及17个州属单位77名职工参加了“中国梦·劳动美”主题宣传活动和“劳动我最美”全国职工微博大赛，以微直播、随手拍等深受广大青年职工、网民喜爱的方式，挖掘普通职工生活工作中的感人细节，深入宣传“劳动创造美好生活”的理念，弘扬中国工人的伟大品格，形成网上正面宣传声势。组织职工参加了云南省职工“读一本好书”征文、“红土地之歌”演讲比赛、评选“五一新闻奖”等活动，楚雄州评选推荐上报的征文作品均获二、三等奖。在“五一”节期间，州总工会举办了庆“五一”职工系列活动，组织33支代表队1300余名职工参加楚雄城区职工广场健身舞蹈大赛，15支参赛队600余名选手进入决赛，分获一、二、三等奖和优秀奖，楚雄师范学院代表队及州幼儿园代表队荣获一等奖；举办了庆“五一”职工书画艺术展，从征集到的315件书画作品中评选出100件集中展出，42件参赛作品分别获得一、二、三等奖和优秀奖。

［秦光宏］

共青团

【全州团组织及团员概况】 2013年末，共青团楚雄州委下辖216个团委，1372个团总支，1.29万个团支部，30个团工委；全州有专职团干部353人，团员16.5万人；全年发展新团员2.47万人，“推优”1150人，团员入党886人；有少先队员19.8万人，专、兼职辅导员1710人。

【团州委九届二次全会暨州少工委一届三次全会】 2013年3月13日上午，共青团楚雄州委九届二次全会暨州少工委一届三次全会在州会务中心举行，会议总结团州委、州少工委2012年工作，部署2013年工作任务。全会通过了《关于深入学习宣传贯彻党的十八大精神的决议》，对2012年度团内工作先进集体进行表彰。

【2013年云南省预防青少年违法犯罪工作会议在楚雄召开】 2013年9月27日，2013年云南省预防青少年违法犯罪工作会议在楚雄召开。省人大常委会副主任张百如出席会议并讲话。会上，楚雄州开展有不良行为或严重不良行为青少年服务管理和预防犯罪全国试点工作经验得到肯定和推广。

【2013年“云南青年五四奖章”颁奖典礼】 2013年5月17日，“云南青年五四奖章”颁奖典礼在武定县插甸乡古普村田间地头举行。10位荣获2013年度“云南省五四奖章”、20名提名奖获得者，部分省、州青联委员和团干部开展了“劳动、创造、奋斗——我的中国梦”助农栽种烤烟活动，青联委员、社会爱心人士向武定县插甸乡希望小学捐赠了价值23万元的校园广播设备、体育器材、书包、衣被等物品。

【青少年思想引领】 2013年，共青团楚雄州委组建共青团党的十八大精神宣讲团，举办全州性学习宣传活动16场次，全州各级团组织开展各类学习宣传活动1230场次，16.87万人次参加。开展“青春彩云南·建功新农村”、“云南精神伴我成长”、“我与祖国共奋进，彝州青年建新功”、“我的中国梦”等主题教育实践活动。组织全州广大青少年通过电视、网络等形式收看青少年民族团结教育动画片《兄弟姐妹一家亲》。开展中职优秀毕业生报告会21场次，参与学生1.68万人。运用网站、手机报、QQ群、微信等新媒体推动团的各项工作开展。积极选树典型，创建国家级基层团建示范点3个、省级基层团建示范点1个，开展共青团系统“两红两优”、青年创业奖、“美德少年”、“最美青工”等评选表彰活动，1个集体、2名个人获国家级表彰，10个集体、13名个人获得省级表彰，评选表彰楚雄州“美德少年”15名及提名奖15名。

【共青团服务工作】 2013年，共青团楚雄州委完成招商引资800万元。开展共青团希望水窖“1+X”公益活动，筹集资金119万元，援建“共青团希望水窖”397口。组建66支楚雄青年“抗旱助春耕保民生”先锋服务队开展抗旱助春耕保民生行动。争取资金110万元援建希望小学3所，募集“爱心圆梦大学”资金65.1万元资助大学生241名，筹集“一对一”救助资金50.51万元资助家庭经济困难中小学生602名，为10所小学配备价值23万元的净水设备10台，争取并发放价值152万元的爱心食品1万件、课桌椅360套、学生用床150套、体育运动器材147套。招募共青团关爱农民工子女行动项目专员172名，与4.18万名农民工子女结对。将预防青少年违法犯罪工作纳入《2013年度楚雄州社会管理综合治理维护稳定目标管理责任书》考核，全国重点青少年群体服务管理和预防犯罪试点工作经验在全州10县（市）推广，服务对象扩大到不良行为和严重不良行为青少年、闲散青少年、服刑在教人员未成年子女、农村留守儿童、流浪乞讨未成年人、受艾滋病

2013年“云南青年五四奖章”颁奖典礼在武定县插甸乡古普村田间地头举行

（团州委提供）

影响儿童等6类重点青少年群体。扎实开展“共青团与人大代表、政协委员面对面”、“共青团倾听日”活动。加大“12355平台”建设及“志愿者平台”建设。举办各类就业创业技能培训164场次，培训4107人；完成贷免扶补贷款704户、失业人员小额担保贷款300户、劳动密集型小企业贷款4户，为符合条件的企业和创业青年发放贷款6018万元，扶持创业青年1004人，带动就业2386人；发放青年创业循环金107万元，扶持32名创业典型；新创建“百企万岗”青年就业创业见习基地10个，组织青年上岗见习207人。全州共开展“做好事做善事做志愿者”志愿服务活动260场次，3.96万名志愿者直接参与活动，为群众办实事、办好事、解难事315件；招募大学生志愿服务西部计划全国项目志愿者78人、地方项目志愿者260人、西部文化建设志愿者40人。

【团的基层组织建设】　2013年，楚雄州基层团组织圆满完成1046个村级团组织换届选举工作。全面开展乡（镇）实体化“大团委”建设，103个乡（镇）新建直属团组织2170个，新覆盖团员2.90万名，联系青年8.71万人。按照“四有一好”的标准，打造州县两级基层团建示范点各10个。新建非公企业团组织65家，新成立驻外团工委1家。在涉农行业协会中组建团组织，符合建团的364家协会已全部建团，参加农户3.15万户。全州团组织建立9个县级少工委，落实每周1课时国家必修的少先队活动课程进中小学课程表。出台关于加强中等职业学校共青团工作的意见。与州财政局联合下发《关于进一步支持和推动共青团基层组织建设和基层工作的意见》，将省州补助资金146.4万元下拨到各县（市），每个乡（镇）团委每年2万元工作经费得以落实。

［李振海］

妇女联合会

【妇女组织概况】　2013年末，楚雄州有县（市）妇女联合会10个，乡（镇）妇女联合会103个，村妇女委员会1021个，社区妇女联合会42个，社区妇女委员会43个，州、县（市）机关事业单位妇女委员会887个，厂矿企业女职工委员会326个，个体劳动者协会妇女委员会37个，私营企业妇女委员会361个，专业市场妇女委员会13个，团体会员女工委员会339个。州妇联被全国妇联表彰为“全国妇女小额担保财政贴息贷款工作先进集体”，被中共楚雄州委、州人民政府表彰为“禁毒工作先进集体”和“综治维稳工作先进单位”。

【楚雄州妇女联合会第九届执行委员会全体会议】　2013年1月11日，楚雄州妇女联合会第九届执行委员会召开第四次全体会议。州妇联九届执委、不是执委的县（市）妇联主席和州妇联干部共33人参加会议。会议听取了州妇联党组书记、主席孟树仙所作的《深入学习贯彻党的十八大精神，组织引领全州妇女为富民强州作贡献》的工作报告，替补纪菊丽、范建英为州妇联第九届执行委员会委员。

【“三八”妇女节纪念活动】　2013年，楚雄州妇女联合会与州委组织部、州委宣传部、州广播电视局、楚雄日报社联合开展第三届“楚雄州十大杰出女性”评选活动，历时3个月评选出了10名杰出女性、9名杰出女性提名奖。3月5日，在州广电中心举办“第三届楚雄州十大杰出女性颁奖典礼暨楚雄州七彩霓裳彝族刺绣展演”活动，州委副书记邱江、州人民政府副州长邓斯云出席颁奖典礼并为“十大杰出女性”颁奖。2月23日，在州体育馆举办楚雄州第十七届女子健身运动会，1400余名运动员参加比赛；3月5日，组织100名巾帼志愿者参加“文明与我同行、建设美丽楚雄”万人签名承诺活动暨学雷锋志愿服务集中示范活动启动仪式，在桃源湖边开展了志愿服务；组织50名巾帼志愿者到州特殊教育学校开展志愿服务活动，并赠送了价值2000元的体育用品；与中国人寿楚雄分公司联合在全州范围内开展了女性安康保险活动；走访慰问了1960年被全国妇联表彰为“三八红旗手”的6名杰出女性代表；与楚雄玛俐亚妇科医院联合开展“春风送健康”活动，为1000余名女农民工进行了免费体检。

【妇女发展项目】　2013年，楚雄州各级妇联组织实施妇女培训项目，采取现场教学、网络教学、专题培训等方式，举办农村妇女实用技术培训班23期，培训妇女1878人次；州妇联与州畜牧兽医局联合举办培训班4期，培训养殖女能手400名；与州扶贫办联合举办农村妇女彝绣技能培训班11期，培训妇女682人次；与州林业局联合举办核桃种植女能手培训班2期，培训核桃种植女能手200人；组织17名巾帼致富带头人参加了全国妇联举办的西南地区农产品经纪人培训班和省妇联举办的种养殖女能手培训班。实施小额担保贷款项目，发放妇女创业“贷免扶补”贷款5928万元，扶持1000名女性实现创业；发放小额担保贷款250万元，扶持50名妇女成功创业。实施省妇联“妇女发展循环金”项目，发放循环金50万元，用于扶持农村妇女发展彝族刺绣、种植业和养殖业。实施彝绣产业发展项目，继续实施“玫琳凯女性创业基金促进女性参与文化产业发展”项目，承办了2013年杰出手工艺品认证楚雄培训班，25名彝绣女能手受到新加坡专家为期10天的现场培训和指导；牵头召开了州妇女彝绣协会第二次会员代表大会，选举产生了新一届理事会；成立彝绣协会5个，吸收会员815人，培树彝绣女能手533人，培养彝绣女经纪人96人，培树彝绣示范村8个，销售彝绣产品2.48万件，产值347万元。

【家庭文明建设】　2013年，楚雄州妇女联合会组织深入推进“平安家庭”创建活动，制定下发了《楚雄州2013年“平安家庭”创建工作意见》，召开“平安家庭”创建推进培训会议，促进全州“平安家庭”创建活动的深入开展。深入开展“家庭助廉”活动，制定了“楚雄州廉洁家庭评选标准”，出版了《楚雄州廉政文化进家庭演唱文艺作品选编》，举办廉政文化进家庭讲座7场，表彰“廉洁家庭”50户，命名廉政文化进家庭示范点22个，发送家庭助廉温馨提醒短信15条7.55万人次，促进了廉政文化进家庭活动的深入开展。大力培树先进典型，州妇联配合州“双拥”办，开展楚雄州首届“十佳”好军嫂评选推荐工作，推荐好军嫂37名，其中10名好军嫂受到中共楚雄州委、州人民政府表彰。深化家庭教育工作，与州教育局、州文明办等7部门联合制定下发了《楚雄州关于指导推进家庭教育的五年规划(2011~2015年)》；组织32名家庭教育骨干赴昆明参加了为期2天的学习培训；发挥示范引领作用，培树州级“双合格”工作示范点22个。

【妇女维权】 2013年，楚雄州妇女联合会围绕全州工作大局，在积极参与社会管理创新和矛盾纠纷排查调处中发挥优势，创新举措，推动工作深入开展。研究制定了《楚雄州特殊困难妇女儿童救助资金管理办法（暂行）》，安排救助资金，年内救助了5名来访的特殊困难妇女和儿童，共计发放救助资金8000元。联合州民政局、州司法局、州公安局成立楚雄州反家庭暴力妇女儿童庇护所，为8名妇女提供庇护。对全州贯彻实施《妇女权益保障法》情况进行全面调研，积极配合州人大常委会开展执法检查，进一步推动男女平等基本国策在楚雄州的贯彻落实。积极推进“谁主管谁普法，谁执法谁普法”试点示范工作，向广大妇女和家庭成员宣传维护妇女儿童合法权益的相关法律法规及预防和制止家庭暴力、禁毒防艾等知识，发放法律及禁毒防艾知识宣传资料2万余份。联合州综治委在牟定县召开楚雄州“两新”组织妇女参与社会管理创新现场推进会。健全和完善信访工作制度，举办信访接待工作培训班1期，培训州、县、乡妇联干部64人，共接待来信来电来访864件，办结856件，办结率99.1%。

【农村妇女参选参政】 2013年，楚雄州各级妇联组织抓住第五届村级换届选举的有利时机，认真研究从源头上保证基层妇女参选参政的工作措施，采取分片包干、督办落实、专职专选等行之有效的措施，促进农村妇女参政议政取得新成效。全州第五届村级换届选举结束后，1036个村党组织中1020个实现了至少有1名女委员的目标；选举出村党组织女书记76名，占书记总数的7.36%，比上届增加18名，提高了1.8个百分点；选举出村委会女主任91名，占主任总数的8.78%，比上届增加35名，提高了3.43个百分点；全州换届的1036个村委会，三职干部中有女性的村459个，占总数的44.31%，比上届增加9个村，提高了1.29个百分点，基层妇女参选参政取得明显成效。

［李　莉］

民主党派·工商联

农工党楚雄州委

【思想建设】 2013年，农工党楚雄州委在农工党云南省委和中共楚雄州委的正确领导下，认真贯彻落实全国宣传思想工作会议和农工党2013年全国宣传思想工作会议精神，在各级组织和全体党员中深入开展学习践行社会主义核心价值体系活动，利用各种会议和活动，认真传达学习中共十八大、十八届三中全会、农工党十五大、农工党云南省第六次代表大会精神；先后选派60余名党员参加农工党中央、农工党云南省委和中共楚雄州委统战部举办的各类培训班学习；组织动员20余名党员参加“环境与健康宣传周”和“国际科学与和平周”系列活动；组织5名党员参加农工党省委举办的纪念中共中央“五一口号”发布65周年诗歌朗诵比赛和省政协举办的“我的中国梦”书画摄影展活动；对2012年度参政议政先进个人进行了表彰，对荣获纪念中共中央“五一口号”发布65周年诗歌朗诵比赛优秀奖、撰写集体提案荣获州市政协优秀提案奖和撰写“企业家论坛”论坛稿件被省政协评为优秀奖的6名党员进行了嘉奖；充分利用《农工楚讯》和各种媒体做好宣传教育引导工作。通过教育引导，广大党员的政治素质、思想素质和品德修养得到提高，多党合作的思想政治基础得到巩固。

【组织建设】 2013年，农工党楚雄州委新发展党员13人。至年末，有基层组织16个，其中，总支部委员会1个、支部委员会14个、支部1个；有在册党员253人，其中担任各级人大代表2人，各级政协委员24人（常委3人），州检察院特约检察员和市法院人民陪审员各1人。

【参政议政】 2013年，农工党楚雄州委紧紧围绕党委、政府中心工作以及广大群众普遍关心的热点、难点问题，认真开展调查研究，积极建言献策。参与中共楚雄州委、州人民政府、州政协工作报告和有关重要文件等的协商讨论，支持各级人大代表和政协委员积极参加各种会议和调研、视察等活动，认真履行代表和委员职责。年内，农工党楚雄州委共提交州委统战部和农工党云南省委调研报告4篇，提交州政协大会发言材料3篇、“民生论坛”稿件1篇，部分调研报告农工党云南省委转化为政协提案和社情民意信息；在“两会”期间，农工党楚雄州委和农工党员中的各级人大代表和政协委员共提交个人建议案6件、联名建议案3件、集体提案21件、个人（联名）提案17件。农工党楚雄州委《关于实施楚雄城区交通畅通工程的提案》中首次提出“修建航空路跨龙川江大桥的建议”，得到市人民政府的采纳并于年内立项建设；农工党楚雄州委和农工党员中的州政协委员对进一步加强州内农村环境保护和生态文明建设的有关建议，逐步被州人民政府及其有关部门采纳，先后下发了《关于加强农村环境保护工作的意见》、《楚雄州农村环境综合整治实施方案》等相关文件，并建立了州级农村环境综合整治专项资金。农工党楚雄州委《关于加强楚雄城区湖泊、池塘保护的提案》和《关于提高乡村医生素质，全面提升基本公共卫生服务能力的提案》，分别被州、市政协评为优秀提案，受到表彰奖励。农工党楚雄州委被中共楚雄市委授予政协工作先进集体。

【社会服务】 2013年，农工党楚雄州委努力开展社会服务工作并取得显著成果，被农工党中央授予社会服务工作先进集体。年内，农工党楚雄州委把扶贫挂点联系村委会牟定县柳丰村委会作为“同心工程示范点”来抓，主动协调各方关系，积极争取各种项目和资金，重点加强对水利、交通、教育等基础设施建设，协调争取各类项目13个，计划总投资1150余万元。先后深入到牟定县柳丰村委会和永仁县城，开展了以“保护环境，关爱健康”为主题的2013年“环境与健康宣传周”活动和以“提高科学素质，促进全民健康”为主题的第25届中国“国际科学与和平周——情暖永仁”系列活动，发放疾病预防治疗和环境保护宣传资料7000余份。进一步加强“农工诊所”和“农工门诊部”的日常管理，及时协调处理遇到和出现的各种困难和问题，“农工诊所”和“农工门诊部”继续得到巩固。参与和协助农工党云南省委开展社会服务工作，与楚雄医专承办了由农工党云南省委牵头，省农业厅、省国土厅、省科技厅、省环保厅、省人口计生委主办的2013“中国环境与健康宣传周”云南站活动启动仪式及系列活动；配合搞好农工党云南省委、云南省医学会皮肤性病学分会联合在楚雄州人民医院举办的以“与民生同在、与健康同行”为主题的“同心助推工程——皮肤病、性病规范诊疗基层大讲堂”活动。

［田海江］

民进楚雄州委

【思想建设】 2013年，民进楚雄州委团结和带领全体会员，深入学习贯彻中共十八届三中全会精神，坚定理想信念。根据民进云南省委和中共楚雄州委的统一安排部署，结合自身实际情况，认真组织，及时发出《关于学习贯彻中共十八届三中全会精神的意见》，对学习活动进行统筹安排部署。民进楚雄州委领导及各支部负责人积极带头撰写学习十八届三中全会心得体会文章，以会内简报为学习园地，开设学习专刊，编印2期专题简报，登载部分会员学习体会文章。认真学习贯彻民进云南省委七届二次全会精神。通过抓学习、抓谋划、抓落实3项措施，及时深入学习贯彻民进云南省委七届二次全会精神，并力求取得实效。把学习会议精神与开展“双岗建功”、“创先争优”活动密切结合，努力营造在全会上下深入学习的浓厚氛围。以开展“创先争优”活动促进思想建设。根据民进中央、民进省委开展创先争优活动的统一安排部署，成立领导小组，明确指导思想，制定工作目标，下发《民进楚雄州委开展创先争优活动实施方案》，通过开展创先争优活动，切实促进各项工作再上新的台阶。以会代训强化思想建设。按照州委有关会议制度适时召开主委会3次、全委（扩大）会议1次、常委（扩大）会议2次、支部主任会议3次、参政议政工作会议2次，认真学习贯彻省州各次会议精神，并以学习会史、会章和优良传统有机结合起来，与理论建设和工作创新有机结合起来。进一步巩固和深化社会主义核心价值体系学习活动成果，促进学习成果向建立长效机制转化，向基层组织推进，向中国特色社会主义主题教育延伸。以抓培训促进思想建设。组织1人次参加民进中央新闻宣传特约通讯员培训班，组织8人次参加民进省委支部主任培训班，组织45人次参加楚雄州委统战部的各种学习培训。开展会员思想状况调查问卷活动。针对“民进工作”和“民进会员思想状况”及会员对“当前重大国际国内形势”、“各级党委政府重大方针政策、法律法规及重大活动”、“加强社会主义民主政治建设”的思想反映和意见建议等问题，采取召开会议、个别填写、意见书面反馈等形式，在部分会员中进行调研，使参与活动的会员接受了一次形势及会史教育。以支部活动促建设。楚雄师院总支、州工业学校支部、金鹿中学支部、东兴中学支部、州民族艺术剧院支部、机关支部、综合支部等支部积极开展各类学习活动，统一会员思想，为“双岗建功”、“创先争优”打牢思想基础。

【组织建设】 2013年，民进楚雄州委进一步加强组织建设。下发《民进楚雄州委组织建设年活动方案》，制定出时间进度及活动内容，全面掀起组织建设新高潮。扎实推进制度建设。根据民进云南省委把楚雄作为2013年制度建设试点单位的安排部署，认真梳理以往各项制度，结合自身工作实际，完善制定出2013年制度补充条款，编印上报、下发《民进楚雄州委工作制度汇编》。强化基层支部自行管理，制定《基层支部自行管理试行办法》，实现制度建设的推陈出新。完善更新后备干部队伍信息库。进一步完善更新会员信息，对会员职务、职称晋升、政治安排、获奖情况、会内职务晋升、学历学位、科研成果等动态信息进行及时更新，保证对会员信息的动态管理。积极做好新会员发展工作。新发展12名个人入会。以表彰先进促进组织建设。为切实推动“创先争优”及“双岗建功”活动，对董蕾等15名优秀会员，楚雄师院总支、紫溪中学总支、东兴中学支部、机关支部等4个先进基层支部进行表彰奖励。做好民进楚雄州委第二次代表大会筹备工作。于3月13日成立民进楚雄州委第二次代表大会筹备工作领导小组，并于年内下发了筹备工作领导小组工作方案，完成2013年筹备工作组任务分解，扎实有序推进会议的前期筹备工作。

【参政议政】 2013年，民进楚雄州委重视参政议政工作。为切实做好“两会”提案上报工作，提升提案质量，两次召开参政议政工作会议，在所属14个支部征集提案并对收集到的提案进行审查讨论，筛选出具有一定质量、围绕工作中心、反映民生民意的提案作为民进楚雄州委2013年度“两会”上报提案。在2013年州、市政协会上，共提交提案44件，其中集体提案24件、个人提案20件。《促进旅游产业与文化产业融合发展》的建议被选作大会交流发言；《关于加强林改后承包山林经营管理的提案》在州政协提案表彰大会上被评选为优秀提案，受到表彰奖励；《关于加强楚雄市蔬菜基地建设适当规模化、产业化的提案》被市政协评选为优秀提案，受到表彰奖励；《关于严格落实配套政策，确保楚雄州重点水利建设项目顺利实施》的提案被列为重点督办提案。2月4日，州委统战部对2012年全州统战系统调研工作进行表彰奖励，民进楚雄州委上报的《楚雄城区蔬菜供给情况调研报告》荣获一等奖。年内，民进楚雄州委共向相关部门上报调研报告4篇，均受到重视。“统筹教育资源共享的建议”、“统筹卫生资源共享的建议”、“统筹文化体育资源共享的建议”、“统筹劳动就业资源共享的建议”、“加强农村业余文艺队伍建设的建议”、“加强水源地保护的建议”、“助推中小企业健康发展的建议”、“促进城乡教育均衡发展的建议”、“关注水利建设的建议”等9条建议受到党委、政府的高度重视；“楚雄城区交通治堵保畅盼解决”、“加强治理小城镇垃圾围场环境污染的建议”两项社情民意分别刊登于《楚雄州政协社情民意专报》2013年第2期和11期，受到党委政府的高度重视，其中“楚雄城区交通治堵保畅盼解决”的社情民意被《中共楚雄州委信息专报》转登。

【社会服务】 2013年，民进楚雄州委依托自身优势，努力开展社会服务工作。制定贯彻“同心”思想、打造“同心”品牌工作方案。按照楚雄州委统战部打造“五大同心工程”，的要求，结合民进楚雄州委自身实际，制定下发贯彻“同心”思想、打造“同心”品牌工作方案，在全会内营造开展特色社会服务活动新局面。开展2013年春节慰问老会员活动。在2013年春节前夕，组织领导班子成员对曾经担任过支部负责人的14名老会员进行了走访慰问。继续做好扶贫点扶贫帮困工作。民进楚雄州委领导多次深入扶贫联系点和“四群”教育工作挂钩联系点开展扶贫和“四群”教育工作，与群众同吃同住同劳动，帮贫助困，恳谈民情，问计生产发展。举办“梅葛”传承人培训班。依托自身人才资源优势，于7月13～16日，与州文化馆在姚安县官屯乡马游村委会共同举办马游村“梅葛”文化传承人暨文艺骨干培训班，对40余名“梅葛”文化传承人进行了非物质文化遗产政策和法律法规培训。开展教师节庆祝活动。9月9日，召开以“尊师重教、双岗建功、创先争优”为主题的2013年教师节座谈会，8名教师会员代表、8个基层支部作交流发言。

［李云华］

民建楚雄州委

【组织建设】 2013年，民建楚雄州委进一步加强组织建设。至12月底，民建楚雄州委有会员86人；会员企业法人代表占全体会员的17.44%，会员主要集中在金融、商贸、城建、机关事业单位和各类经济组织；4个支部共20名支部委员，平均年龄48岁，其中具有大专以上学历的11人，占55%；担任各级人大代表和政协委员的4人，占20%。年内共发展新会员4名，其中硕士研究生1人，州政协委员2人，平均年龄38.5岁，中级以上职称达100%，发展率4.88%，4名新会员全部来自企业界。启动了民建楚雄州委第二次代表大会的筹备工作。于8月26日召开主副委会议研究，并把筹备工作方案向民建云南省委和中共楚雄州委统战部报告。正式成立筹备工作领导小组，并下发《关于民建楚雄州委第二次代表大会筹备工作组2013年工作任务分解的通知》，对各组任务进行分解。各支部组织活动经常化、多样化和规范化。年初开展了2012年度支部量化评分活动，将各支部的考核结果与支部补助经费挂钩，对创业、财经、工贸3个支部实行考核管理，分别给予一、二、三等奖奖励，老年支部采取以奖代补形式给予活动经费补助，共奖励资金8000元；兑现上年度各支部会员活动经费补助及支部主任通讯费补助共计4600元。根据民建云南省委《关于下拨2013年度全省基层组织活动经费补助的通知》，民建楚雄州委将该经费4200元全额转拨到各支部，调动了各个支部开展活动的积极性。财经支部活动邀请州全国人大代表杨甫旺到支部讲解全国“两会”精神；创业支部把支部活动细化到人，并与工贸支部结对联谊、优势互补，充实内容。

【参政议政】 2013年，民建楚雄州委积极开展参政议政活动，被中共楚雄市委表彰为2008～2012年度先进集体。在州、市政协全会上，民建楚雄州委集体提案《关于对楚雄州加快发展实体经济几点建议》获州政协九届一次会议优秀提案。州、市政协会议期间，民建楚雄州委共提交提案55件，立案53件。在州政协立案的29件提案中，集体提案19件、个人提案10件，民建楚雄州委提案占到全州立案总数的10.07%；在市政协立案的24件提案中，集体提案17件、个人提案7件。在州政协九届二次会议上提交的集体提案《关于加强对新农合管理给予农民更多实惠的提案》，被提案承办部门州卫生局誉为“调研深、问题准、建议实”的精品提案；在市政协的集体提案《关于加大楚雄市小微企业支持力度的建议》和《关于进一步做好楚雄市就业工作的建议》两件提案被列为中共楚雄市委、市人民政府重点督办提案；在州十一届人代会上，民建楚雄州委副主委李援提交的《关于要求将楚雄市市属单位住房公积金增值收益全额返还楚雄市用于保障性住房建设市级资金配套的建议》引起州级有关部门的高度重视，凸显了民建参政议政工作的整体水平；通过会员担任州纪检监察"特约两员"，全程参加了机关事业单位和行业部门行风评议活动。针对"滇中聚集区（新区）规划"议题，民建楚雄州委主委杨玉泉带队组织专人赴禄丰县滇中产业新区管委会专题调研，完成了年度调研课题《楚雄州在滇中产业聚集区（西区）的工业布局的对策及建议》，并将课题按时上报。针对"企业转型升级"，主委深入到禄丰县州10个上亿重点企业之一挂点联系帮助工作。年内，民建楚雄州委共开展调研、撰写报告等材料11篇。参与多个部门的提案面商答复会，多形式进行沟通交流。

【社会服务】　2013年，民建楚雄州委按照民建云南省委和中共楚雄州委统战部部署要求，紧扣"同心"实践主题，开展了一系列社会服务活动，丰富了社会服务的内涵。针对楚雄市树苴乡迤能村委会连续4年干旱，导致该村委会668户2817人的山区群众生产、生活用水极度困难的情况，民建楚雄州委实地走访该村旱情，并将掌握的第一手旱情资料及时向民建云南省委汇报，争取到民建中央中华思源工程扶贫基金会无偿捐赠30万元给楚雄援建"丹姿百口思源水窖"。该工程总投资64.8万元，丹姿集团捐资30万元，该村群众投工投劳折资34.8万元，修建容积为20立方米的水窖100口。该工程于11月11日通过了民建中央中华思源工程扶贫基金会、丹姿集团、民建云南省委及民建楚雄州委的竣工验收，惠及迤能山、必架良两个村民小组共106户456人。在民建楚雄州委的努力下，民建省委副主委、昆明航空公司、昆明泛亚有色金属交易所董事长王清民，昆明聚生堂生物技术有限公司总经理徐光辉，云南朗玉珠宝有限公司副总经理杜非等民建会员企业家到楚雄州旱情严重的元谋县姜驿乡白果村委会阿谷租老村民小组，捐资100.9万元建设水质净化工程项目和小水窖建设及集雨工程项目，使该村38户140人饮用水安全得到保障。10月28日，争取到民建中央中华思源工程扶贫基金会向楚雄市鹿城镇卫生院无偿捐赠救护车1辆，并交付使用。同时，积极引导广大会员参与社会服务活动。至11月统计，会员捐资共418.7万元。年内，创业支部主委、楚雄天一装饰工程有限公司总经理陈飞被州人民政府表彰为楚雄州2009～2012年先进工作者，无偿为楚雄州中心血站进行公益宣传；创业支部副主委张家能10年献血3400毫升，3次为医院抢救危重病人捐献血小板，被州献血办表彰为"无偿献血先进个人"。

［刘应雄］

民革楚雄市委

【思想建设】　2013年，民革楚雄市委加强广大会员理论学习。组织广大会员认真学习楚雄州、市"两会"精神，学习践行社会主义核心价值体系教育活动的指示精神和相关内容；学习民革中央十二次全国代表大会和民革云南省第十一次代表大会精神等重要文件，并安排各支部作为开展支部活动的主要内容；积极组织党员参加省、州组织举办的各类培训，加强自身学习和工作能力提升；按照民革云南省委《关于纪念中共中央"五一"口号发布65周年，深入开展"薪火相传圆多党合作之梦"学习教育活动的通知》要求，在广大党员内部广泛宣传，开展征文活动，10月15日组织全体党员参加民革省委楚雄宣讲报告会，贯彻落实报告精神。

【组织建设】　2013年初，民革楚雄市委共有党员87人，年内去世2人、发展新党员3名，年末共有党员88名，平均年龄55岁。民革楚雄市委下设第一支部、第二支部、第三支部3个支部；党员中有高级职称15人、中级职称49人；有离退休32人，省属10人，州属40人；有教育界33人，国有事业界10人，文艺界15人，政府部门15人；有省政协委员1人，州政协委员3人（常委1名），市政协委员4人（常委1名）。

【参政议政】　2013年，民革楚雄市委组织党员深入调研，积极参政议政。在楚雄市政协八届一次会议上，围绕当地经济发展、社会热点和难点问题，积极建言献策，共提交了6件集体提案；在州政协九届二次会议，共提交集体提案7件，个人提案3件。年内，按照"州政协民生论坛"征稿的通知，积极撰写《关于充分发挥楚雄州异地商会以商招商作用的思考》调研报告，并配合州政协做好"社会主义协商民主制度"专题调研工作。年内，民革楚雄市委获政协工作先进集体奖，民革楚雄市委一支部获民革云南省委参政议政工作先进集体奖，杨增英和罗琼被表彰为民革云南省委参政议政工作先进个人。

【社会服务】　2013年，民革楚雄市委按照民革中央《关于开展伸出博爱之手——民革基层组织牵手困难群众活动通知》的要求，积极开展帮扶活动。1月，为大姚县桂花乡署立里小学筹资2万元修建了篮球场，并购置了10套课桌椅。4月22日，民革云南省委和楚雄市委向楚雄市苍岭西云村委会捐献爱心水窖10个，解决了该村旱季人畜饮水困难。

［曹　蕊］

民盟楚雄市总支

【思想建设】　2013年，民盟楚雄市总支认真学习领会中共十八大精神实质，贯彻落实民盟十一届二中全会、民盟云南省委有关会议，以及中共楚雄州委有关会议精神，在各支部中开展进一步"树立和践行社会主义核心价值体系"活动，开展深入学习讨论。年内，参加民盟云南省委举办的活动，盟员周宪章的美术作品《彝山春晓》在"纪念云南民盟成立70周年暨云南民盟美术院成立首届美术作品展”活动中获优秀奖，参加州委统战部组织的“同心”工程广东、广西之行考察活动。

【组织建设】 2013年末，民盟楚雄市总支委员会共有盟员108人，平均年龄60岁，其中离退休54人。分布在中央、省属单位52人，占成员总数的48%；州属单位成员33人，占总数的30%；市属单位成员23人，占成员总数的20%。具有大学本科以上文化程度的成员55人、专科文化程度的成员21人、中专及其以下文化程度的成员30人，分别占总成员的50%、22%和32%；高级职称成员28人，中级职称成员54人，分别占总成员的29%和55%。成员中，省政协委员1名，州政协委员4名、其中常委2名；市政协委员4名、其中常委1名；在高等院校担任处级领导干部1人，市级部门任副科级实职干部1名，担任楚雄市人民陪审员1人。下设4个支部，分别为师院支部、中学支部、勘查院支部、综合支部。年内，选派2名盟员参加民盟云南省委举办的“中青年盟员培训班”学习；总支主副委参加了民盟云南省委组织工作会议；2名盟员参加了民盟云南省委和云南省政协联合举办的第四届民生论坛；2名盟员参加了民盟云南省委宣传工作会议暨通讯员培训；2名盟员参加民盟云南省委举办的高教论坛；6名盟员参加了中共楚雄州委统战部举办的民主党派基层组织负责人培训班。

【参政议政】 2013年，民盟楚雄市总支积极参加楚雄州、市政协以及州、市统战部召开的协商会、情况通报会、座谈会和其他会议，就楚雄州市的经济建设、文化建设、社会发展、科技进步、反腐倡廉等方面的工作提出意见、建议，切实履行参政党职能。完成《楚雄市小微企业生存现状及对策研究》的调研报告，组织《云南高等教育现状分析及实现跨越发展建议》、《云南高等教育面向GMS国家的国际化思考》两篇调研文章参加民盟云南省委高教论坛。年内，民盟楚雄市总支在州政协九届二次全会上提交5件集体提案、2件个人提案；在市政协八届一次全会上提交7件集体提案、1件个人提案，其中《关于加强农村学前教育健康发展的提案》被楚雄市电视台进行了追踪采访报道。

［卢 繁］

致公党楚雄市委

【思想建设】 2013年，致公党楚雄市基层委员会本着“致力为公，参政为民”的宗旨，立足本职，围绕中心，服务大局，为促进楚雄经济社会又好又快发展和构建和谐社会做出积极贡献。中共十八大、十八届三中全会召开后，致公党楚雄市基层委员会及时组织全体致公党员认真开展学习活动，领会全会精神，组织党员撰写学习心得体会，巩固广大党员对社会主义民主协商和政治制度的自觉拥护。

【组织建设】 2013年，致公党楚雄市委员会大力发展壮大队伍，新发展党员3人，至12月，共有党员77人，其中高级职称13人、占16.9%，中级职称51人、占66.2%，大专以上学历66人、占85.7%。

【参政议政】 2013年，致公党楚雄市基层委员会共向州、市政协提交集体提案31件，其中《关于加强食品安全监管的提案》和《关于加强对消毒餐具进行监管的提案》分别被州、市政协评为优秀提案；致公党楚雄市委被中共楚雄市委表彰为“2008～2012年度提案工作先进集体”；在新当选的楚雄市政协第八届委员会中，共有7名致公党员当选新一届委员，其中常委2名。

【社会服务】 2013年，致公党楚雄市基层委员会积极协调社会资源，做好社会服务工作。协调楚雄师范学院及2户爱心企业，向楚雄市大地基乡中邑舍村委会完小捐赠3万余元学习生活用品，向致公党云南省委争取资金3万元解决楚雄市大地基乡大舌腰村民小组人畜饮水困难问题，向昆明滴水公益基金组织协调捐赠450套救灾衣物，组织党员到大地基乡集市开展社会服务活动，为当地农村群众进行义诊、义务法律咨询，并在现场免费发放了5000余元的常用药品和近3000册各类政策宣传资料，受到当地政府和农民群众的一致好评。

［徐 彦］

九三学社楚雄州委

【思想建设】 2013年，九三学社楚雄州委员会在九三学社云南省委和中共楚雄州委的正确领导下，认真贯彻落实中共十八大、十八届三中全会精神，积极开展树立和践行社会主义核心价值体系活动，年初确定的各项工作任务圆满完成，履职能力和水平有了新的提高，组织活力进一步增强。利用楚雄九三学社成立十五周年暨九三学社楚雄州委成立一周年之机，以“树立和践行社会主义核心价值体系”为主题，组织开展征文活动，收集征文14篇。主委韦薇参加中共云南省委组织部、统战部、省社会主义学院联合在昆明举办的民主党派参政议政专题培训班学习；州委领导班子成员及其基层支社领导班子成员共35人参加了中共楚雄州委统战部、州委组织部、州社会主义学院组织的民主党派基层组织负责人培训班学习；召开全委（扩大）会议，组织学习三中全会精神，并对学习活动进行动员和安排部署。采取集中学习、座谈、撰写心得体会等多种形式组织社员深入学习全会精神。为便于大家学习交流、加深理解，社州委还利用简报、网站等载体，将社员的学习心得体会文章登载印发，供社员学习参考。通过开展广泛深入的学习活动，使广大社员在政治上更加坚定，思想上更加清醒，增强了中国特色社会主义道路自信、理论自信和制度自信。

【组织建设】 2013年，九三学社楚雄州委进一步加强组织建设。按照《九三学社章程》和九三学社省委的有关规定，完成了所属基层组织楚雄师范学院支社、楚雄州医院支社、楚雄州中医院支社、工程支社、科技一支社、综合一支社6个支社的换届工作，新成立了科技二支社、综合二支社2个支社，九三学社楚雄州委共有8个支社，新发展社员6名，社员总数130名，平均年龄48.3岁。其中，高级职称58名，占44.6%；分布在高等教育、科学技术、医药卫生界的102名，占78.5%；大学文化程度及以上的91名，占70%。实现了社员信息电子化管理。年内，九三学社楚雄州委被九三学社中央组织部表彰为“2013年组织建设先进集体”。科技二支社、综合一支社和综合二支社被评为九三学社州委2013年度先进基层组织，周永洪等13人被评为“先进社员”受表彰。

【参政议政】 2013年，九三学社楚雄州委在州、市“两会”期间共提交集体提案23件，政协委员个人提案7件，其中集体提案《关于完善楚雄市小区物业管理，建设和谐社会的建议》和《关于进一步加快楚雄市魔芋产业发展的提案》被列为市政协领导督办的10件重点提案。在州政协九届二次会议上，九三学社楚雄州委集体提案《关于围绕茶花精品园的建设，提升民族文化品味的建议》被评为优秀集体提案。在市政协八届一次会议上，九三学社楚雄州委被评为先进集体，社员山育旺、胡文群被评为优秀委员，九三学社州委集体提案《关于市区机动车与行人隔离栏设置的建议》、社员苏梅提出的《关于加快紫溪山旅游开发的建议》、山育旺提出的《关于规范摩托车自行车寄存业务管理的建议》、刘刚和胡文群提出的《关于加大力度平抑物价，让老百姓安居乐业的建议》荣获优秀提案，副主委苏梅撰写的论文《楚雄州非公经济发展情况调研》获州委统战部调研文章二等奖。九三学社楚雄州委完成《楚雄州农村学前教育现状调查及对策研究》、《楚雄州小康进程研究》、《推动楚雄高原特色农业发展途径研究》、《楚雄市核桃产业发展现状及对策研究》、《楚雄市魔芋产业发展及对策研究》和《楚雄州创新残疾人扶贫基地建设模式现状及对策研究》6个调研课题。主委韦薇申报的《云南省农村学前教育现状调查及对策研究》调研课题被列为九三学社云南省委2013年参政议政课题，社员刘刚、刘华、韦薇申报的《楚雄高原特色农业发展途径研究》被列为中共楚雄州委统战部调研课题。年内，收集整理支社成立以来至2012年间该社政协委员提出的提案、大会发言共107篇，按时间顺序汇编成《楚雄九三学社提案集萃》出版。

【社会服务】 2013年，九三学社楚雄州委积极开展社会服务工作。11月17日，响应九三学社中央号召，组织部分专家到大姚县金碧镇开展第25届中国“国际科学与和平周”医疗义诊、法律咨询活动，当天共接诊病人、法律咨询300余人次，免费为群众赠送了价值1000余元的常用药品；向大姚县金碧镇李湾村委会文化室捐赠科技类、文学类、杂志类、儿童类等书籍1000册，电脑1台，得到群众好评。

［李　辉］

楚雄州工商业联合会

【非公有制经济人士理想信念教育实践活动】 2013年5～10月，按照中央统战部和全国工商联的安排和部署，楚雄州工商联组织在全州非公有制经济人士中开展理想信念教育实践活动。全国、全省非公有制经济人士理想信念教育实践活动动员电视电话会议后，楚雄州、县（市）及时召开动员大会，对全州教育实践活动进行全面部署。州、县（市）分别成立由统战部、组织部、宣传部、工商联相关领导为成员的教育实践活动领导小组，制定《非公有制经济人士理想信念教育实践活动实施意见》和《非公有制经济人士理想信念教育实践活动细化方案》，为活动的顺利开展奠定基础。活动开展紧扣“同心共筑中国梦，助推民企大发展”的主题，按照着力增强对中国特色社会主义的信念、对党和政府的信任、对企业发展的信心的总体要求，坚持引导教育、自我教育和实践教育相结合的原则，注重发挥非公有制经济党组织、商会党组织的政治核心作用，以党组织的“三会一课”、建党节活动带动教育实践活动的开展，进一步提高非公有制经济人士的参与度，实现教育活动的全覆盖。充分发挥非公有制经济人士的主体作用，坚持突出实践与注重实效相结合的原则，把解疑释惑和排忧解难贯穿实践活动的始终相结合。通过开展政企座谈活动，搭建党委、政府和非公有制经济人士的沟通平台。州委书记张太原在听取楚雄州非公有制经济人士理想信念教育实践活动领导小组深入企业调研收集到的情况汇报后，于5月20日主持召开州委专题办公会，听取非公经济人士意见，了解企业生产经营中遇到的困难和问题，现场为企业想办法、解难题，破除阻碍企业健康发展的障碍，提振企业发展信心。此做法得到中共云南省委常委、省委统战部部长黄毅的充分肯定，并批示全省各州市学习借鉴。各县（市）也根据实际情况分别开展了政企、银企等不同类型的调研座谈活动。在12月24日全省非公经济人士理想信念教育实践活动总结报告会上，州委常委、州委统战部部长杨静作为全省地州级唯一代表作了交流发言，州非公有制经济人士教育实践活动领导小组被作为先进集体表彰。

【非公有制经济人士思想政治工作】 2013年，全州各级工商联组织坚持把对非公经济代表人士的管理、引导、教育寓于各类活动之中，把思想政治工作渗透其间，增强思想政治工作的生动性和亲和力，认真组织会员开展主题鲜明、形式多样的教育培训活动。1月15日，在楚雄州温州商会举行楚雄州工商联“下基层、进企业”党的十八大精神宣讲活动启动仪式暨首场宣讲报告会；6月14～15日，在州社会主义学院举办非公有制经济人士理想信念教育培训班；6月25日，举办“同心共筑中国梦”主题直属会员活动，120余名会员参加，就“理想信念教育、劳动关系、劳动合同、金融理财”等进行学习交流；7月29日，组织80余名会员参加了与武警楚雄支队联合举办的“增强国防意识，坚定理想信念”主题会员活动，增强会员的国防意识；9月6日，组织80余名会员参加省、州工商联举办的“民营企业家与中国梦”楚雄巡回演讲报告会；11月5日，组织40余名非公经济人士参加楚雄州非公有制企业“诚信守法·廉洁从业”活动启动仪式，切实加强非公有制企业廉洁教育。通过各类活动的开展，加强非公经济人士思想政治工作，增强工商联组织的活力和凝聚力。

【服务非公有制经济】 2013年，楚雄州工商业联合会积极开展服务非公有制经济活动。破解融资难题。为进一步支持中小企业的发展，州人民政府决定利用债券募集资金1.06亿元，由州工商联具体运作，拆借给16家中小企业，缓解企业融资难题，支持重点产业、重点项目建设。同时，进一步发挥州非公有制企业贷款担保资金理事会的作用，年内新增担保贷款1.08亿元，有力推动了实体经济和小微企业的发展。加强对外交流。年内，组织3批民营企业家赴山东泰安市工商联、湖北黄石市工商联、陕西铜川市工商联拜访友好商会，并参观考察当地知名企业。使企业家们感知、感受发达地区企业先进的经营理念、科学的管理模式、厚重的企业文化，拓宽民营企业家的视野。与州内企业项目投资地山东滕州市、枣庄市、日照市工商联缔结为友好商会，就工作交流、商务合作、投资服务、会员服务、信息共享等方面达成共识，为企业家在对方地区开展投资、经营提供服务便利和权益保护，为楚雄州企业搭建服务平台。建立维权联动机制。与州人社局联发《关于开展非公有制企业商会（协会）劳动争议预防调解示范实施方案》的文件，在州、县两级非公有制企业、商会（协会）开展劳动争议预防调解示范工作，并逐步形成长效机制，切实推动州内非公有制企业、商会（协会）建立劳动争议预防调解机制，提升预防调解工作，促进劳动关系和谐稳定。参与州司法局组织的“律师服务团活动”，推进法律服务进非公有制企业，切实维护企业的合法权益。继续开展职称评定服务。支持民营企业加大专业技术人才培养力度，配合州人社局、州工信委、州住建局、州水务局等部门做好非公企业专业技术人员职称评定工作。完成云南盘龙云海药业有限公司、云南邦桥节能科技有限公司共355人的专业技术职称申报，其中初职259人、中职91人、高职5人；协调解决长期未落实的原乡镇企业局颁发的建筑行业职称认定事宜，由州人社局重新审查颁发证书。推进创业就业。做好省工商联下达的1000名“贷免扶补”工作任务，制定工作方案、明确工作目标责任，细化工作流程，配合农村信用社发放贷款1004人金额6233万元，为所有获得贷款的创业人员配备“一对一”的创业导师，创业人员大学生比例15.1%，带动就业效果较好，做好跟踪检查，协助、配合农村信用社做好贷款回收；申报大姚、牟定5家企业通过劳动密集型企业认定，企业可以享受贷款政府贴息等优惠政策，带动就业200余人。

【调研与参政议政】 2013年初，全州各级工商联组织结合经济社会发展的重点问题、非公经济发展的关键问题、人民群众关心的热点问题，确定9个方面的专题开展调查研究，形成调研报告60篇，其中州工商联7篇。充分发挥调研服务各级党委、政府决策参谋的作用，并运用好调研成果。在州十一届三次人代会和州政协九届二次会议上，非公经济人士中的人大代表、政协委员积极参政议政，提出20余件提案和议案，其中集体提案5件。州工商联提出的《关于加强非公经济人士培训工作的提案》、《关于加强对农转城居民技能培训及就业扶持的提案》、《关于进一步理顺楚雄州非公经济类行业协会商会和异地商会管理的提案》、《关于进一步加强非公经济党建工作的提案》、《关于加强楚雄州人才队伍建设的提案》等提案得到相关部门的高度重视，充分发挥了工商联参政议政、民主监督的作用。

【工商联组织建设】 2013年，全州各级工商联组织积极加强工商联组织建设。指导乡（镇）分会换届，积极发展行业商会、异地商会。州工商联积极向州委汇报，由州委办公室向各县（市）和州级相关部门下发了《中共楚雄州委办公室转发〈州委统战部、州工商联党组关于乡（镇）工商联分会换届工作的意见〉的通知》，各县（市）按要求及时成立换届领导机构，从人员、经费、方案上给予保障，确保乡（镇）工商联分会换届工作顺利进行。年内，全州103个乡（镇）分会圆满完成了换届工作任务，有47个乡（镇）配备了工商联分会专职干部，其他乡（镇）配备了兼职干部，进一步夯实了基层组织基础。把行业商会和异地商会组建工作作为一项重要任务抓落实，于6月28日正式成立

2013年11月6日，全国工商联副主席安七一到楚雄州调研　（州工商联提供）

第7家州级异地商会——楚雄州湖北商会。指导商会开展会员活动，发挥商会作用。加强对直属商会的指导和管理，促使直属商会进一步加强自身管理，规范运作，认真履行职能，充分发挥商会交流、沟通、服务、协调、维权的作用，增强服务会员的意识和能力，增强商会组织的凝聚力和影响力。组织召开了2次直属商会工作交流座谈会，各商会交流汇报工作开展情况，相互学习借鉴工作经验。加强商会领导班子建设，指导和协助广安商会、浙江商会顺利召开了第二次会员代表大会，选举产生了新一届商会领导班子；指导安岳商会、湖南商会召开了一届二次会员大会，调整充实了商会领导班子。做好会员发展工作。按照全国工商联和省工商联的要求，首次把乡（镇）分会和直属商会的会员纳入工商联会员统计范围，全年全州共发展新会员1888名，其中企业会员1169名，团体会员6名，个人会员713名；州工商联发展直属会员1049名。至年末，全州工商联系统共有会员9973名，其中企业会员2347名、团体会员221名、个人会员7405名。进一步优化了会员结构、发展壮大了会员队伍。11月，州工商联被全国工商联、国家人社部表彰为“全国工商联先进集体”。

【光彩事业】　2013年，楚雄州工商业联合会进一步加大光彩事业工作力度。积极组织光彩活动，实施好光彩项目。组织动员广安商会、安岳商会、四川商会、浙江商会向雅安地震灾区捐款13.8万元，向癌症患者李新春捐款1.5万元，动员安岳商会向2名困难大学生提供每人每学年5000元资助，直至完成学业；分别实施了元谋县老城乡渔洪村文化活动中心、姚安县栋川镇东丰村文化活动中心、元谋县黄瓜园镇雷布村人畜饮水抗旱应急工程等光彩事业项目；协助云南岭东印刷包装公司、永兴实业集团、楚雄海联小额贷款公司、云南爱尔发生物科技有限公司等企业做好感恩回馈社会专项活动。据统计，全年州光彩会共立项实施光彩事业项目17个，投入资金170.2万元。深入开展民营企业感恩行动。全年全州共有1417户民营企业参与感恩行动，投入帮扶资金1124万元，帮扶困难群众2174户（村）。

【楚雄州湖北商会成立】　2013年6月28日，楚雄州湖北商会召开成立大会。州委常委、州委统战部部长杨静出席成立大会并向湖北商会的成立表示祝贺，州人大常委会副主任、州工商联主席吴丽华为商会授牌、授印，州人民政府原副州长樊炳清到会祝贺并致辞。会议选举吴相军为商会首任会长。

【州工商联机关党委成立】　2013年7月1日下午，楚雄州工商业联合会在州宾馆二楼会议室召开“庆祝中国共产党成立92周年暨中共楚雄州工商业联合会机关委员会成立大会”，州工商联党组班子全体成员、州直机关工委副书记秦玉兰及党总支党员共100余人参加会议。会议由州工商联党组书记邓瑞云主持。州直机关工委副书记秦玉兰宣读同意成立州工商联机关党委的批复；州工商联党组成员、副主席周云峰作了《筹备工作报告》，通过了《中共楚雄州工商业联合会机关委员会选举办法》，以无记名投票差额选举方式选出7名机关党委成员，产生了机关党委第一届委员会。大会选举叶松福、周云峰、马志洪、张海丽、李聪荣、胡真家、黄铸权为委员。叶松福为党委书记，李聪荣为党委副书记。

【非公有制经济政策法规汇编】　2013年5月，楚雄州工商业联合会将近几年中央和省、州出台的实用性较强的法规和政策措施整理、编辑成册，出版了《非公有制经济政策法规汇编》（第四辑）。该书分为“法律法规”和“政策”两大部分。“法律法规”部分收录《中华人民共和国宪法》、《中华人民共和国劳动合同法》、《中华人民共和国物权法》等法律5部。“政策”部分收录了《国务院关于支持和引导个体私营等非公有制发展的若干意见》、《国务院关于鼓励和引导民间投资健康发展的若干意见》、《中共云南省委、省人民政府关于加快民营经济发展的决定》等支持非公有制经济发展的政策性文件共48个，涉及金融、税收、土地、人才等方面。

［李聪荣］

（责任编辑：白云鹏）

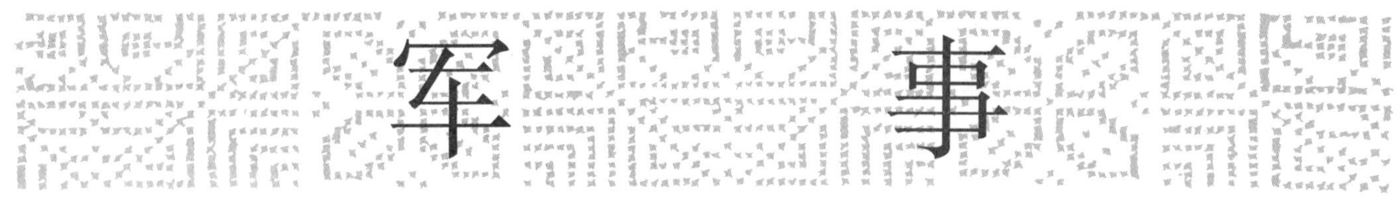

军事

楚雄军分区

【楚雄军分区工作概况】 2013年，楚雄军分区紧紧围绕强军目标，按照“举旗铸魂把方向，扭住龙头谋打赢，从严治军保稳定，改进作风抓落实，创新实干求发展”的基本思路，狠抓以应对多种安全威胁、完成多样化任务的军事斗争准备各项工作落实，圆满完成了上级赋予的各项任务，确保了部队的安全稳定和集中统一，全面建设稳步向上、整体提高。

【战备训练】 2013年，楚雄军分区聚焦核心军事能力提升，修订战备方案，落实战备制度，组织作战数据采集，规范战备值班秩序，加强战备演练，保持良好战备状态。注重信息化建设成果应用，投入资金对分区本级信息化系统进行升级改造，部队应用信息化系统的能力进一步增强。加强军事理论学习，开展“能打仗、打胜仗”大讨论，汇编理论文章50余篇，要讯上稿61篇。坚持党委议训，严格按纲施训，狠抓首长机关训练，每周利用2个半天组织机关带人武部参谋“六会”业务培训。狠抓民兵军事训练，加强重难点科目针对性训练，以抢险救灾和维稳处突为实践平台，在实战中砥砺和摔打队伍，年初抽查点验了15个乡（镇）的民兵应急分队训练和备战情况，年终对10个人武部和应急民兵进行检验性实兵演练考核，有效提高了部队快速集结和遂行多样化军事任务的能力。

【思想政治建设】 2013年，楚雄军分区不断强化党的理论武装，坚持党委议教，按照集中教育、舆论引导、文化熏陶、典型示范、实践养成的方法步骤，扎实开展“两项重大教育”和“抓学习、强素质、重落实、促发展”活动，打牢部队举旗铸魂思想根基。注重经常性思想政治教育，常委带头为部队上政治教育课和党课，编印《主题教育应知应会手册》等学习资料，利用政工网、宣传橱窗、展板等载体，积极宣扬经验做法、理论热点、党史军史等，深化教育实效。狠抓以“云南边防八千里文化长廊”为载体的军营文化建设，投入8万元对分区荣誉室进行升级改造、机关营区政治环境进行更新布设，在省军区军歌征集活动中2个单位获三等奖。加大强军目标学习贯彻，兴起付立志学习热潮，引导官兵职工把焕发出的政治热情转化为献身强军使命的实际行动。高度关注意识形态领域斗争，建立健全与地方相关部门的情报共享、研判机制，打好主动仗。

【党委班子和干部队伍建设】 2013年，楚雄军分区注重提升各级党委班子的凝聚力、向心力和战斗力，认真学习贯彻《党章》和民主集中制，进一步增强党性，严格党内政治生活。始终以“重德才、凭政绩、听公论、严程序”的理念选用干部，做到好中选优、优中选强，调整使用的19名干部，均做到了上级满意、官兵服气。采取以工代训、岗位轮训等办法，狠抓干部能力素质提升，着力解决不能写、不会说，想不到、做不好的问题。严格干部管理，坚持干部讲评和谈心谈话制度，对3名干部进行诫勉谈话，保证了干部队伍的健康发展。认真贯彻落实上级关于改进作风的规定要求，坚持边学边查边改，拉网式排查“四风”问题，下大力解决超标准接待、公务用车消耗、精神懈怠等6个方面54个具体问题。通过整改，文电减少23%，行政消耗性开支降低35%，接待经费缩减38%。

【基层建设】 2013年，楚雄军分区认真抓好《纲要》和人武部建设《要则》等法规文件的学习贯彻，不断增强机关按纲指导、基层按纲抓建、官兵按纲创建的能力。大力加强基层党组织建设，着力提高“三个能力”，建强“三个一线”，狠抓“四个基本”和“八项经常性工作”落实。5月，利用7天时间，分6个专题，组织43名干部和基层党委（支部）书记培训，进一步提高基层党建水平。严格落实军委下连当兵、蹲连住班规定，围绕真当真蹲这个根本要求，狠抓经常性帮带指导，在全国“两会”期间、新兵征集阶段和十八届三中全会期间，5名常委、16名机关干部先后深入10县（市）人武部和27个基层武装部调研，帮助解决制约基层发展的突出矛盾和官兵反应强烈的实际困难。从制度规范、工作协调等方面入手，积极为人武部创造工作条件，10县（市）人武部营区整体换建全部纳入地方建设规划。按照周评、月结、季查的评比办法，大力开展“双争”评比活动，激发广大官兵的工作热情，促进基层建设全面发展。

【安全管理】 2013年，楚雄军分区认真贯彻中央军委主席习近平关于安全稳定一系列重要指示和两级军区有关要求，坚持党委统揽、主官主抓，扎实开展严格军车管理专项整顿、倾向性问题专项整治、条令学习月、“四反”和防间保密专项整治、“六个管好”系列规章学习贯彻、安全大检查等活动，加大检查督导，健全长效机制。反复灌输安全常识，定期组织官兵职工开展警示性法纪教育，认真汲取友邻单位的经验教训，全面提高官兵职工避险能力。围绕总部明确的“六个方面内容”和省军区“十个方面内容”，认真组织安全大检查，排查出8类63个具体问题，对排查出的具体问题明确了责任人和整改落实时限。不断强化安全管理，实行车辆钥匙集中统一管理和派车审批制度，层层签订安全责任书，实行无后果责任追究。加强营区监控和营门卫兵防护等基础设施建设。明确工作职责、细化责任分工，定期进行安全形势分析和安全风险预测，坚持每月讲评和情况通报制度，将“三互”、“三责”活动延伸到“两个以外”，强化全时空全领域全员额抓安全稳定工作，9次派出检查督导组，查纠各类问题23个，及时有效地消除各类事故苗头和安全隐患。

【国防后备力量建设】 2013年，楚雄军分区认真贯彻落实2013年度中共云南省委议军会议精神，狠抓国防动员和后备力量建设。坚持党管武装，落实议军会议制度。积极组织专武干部参加省军区基层乡（镇）武装部长集训，增强专武干部履职能力。推动民兵组织由数量规模型向质量效能型、由应战为主向应战应急一体、由人力支前向科技支前、由粗放动员向精确动员全面转变，民兵组织调整改革工作基本完成。狠抓战时兵员动员准备，完成了退伍军人服预备役登记和年度新兵征集任务。重视民兵应急队伍建设和作用发挥，认真学习《中华人民共和国突发事件应对法》、《军队参加地方抢险救灾条例》，调整健全民兵应急队伍，修订完善处置突发事件应急预案，认真组织抢险救灾、应急维稳演练。协调驻楚部队，完成全州3万余名学生军训任务。

【参建参治】 2013年，楚雄军分区积极推进军民融合，研究制定了楚雄州《关于加强新形势下双拥工作的意见》，组织“八一”双拥文艺晚会，表彰双拥工作先进单位、先进个人和楚雄州第一届“十佳好军嫂”，积极协助楚雄市、武定县、南华县争创第九届省级双拥模范城。充分发挥生力军、突击队作用，大力支持地方经济建设，修补公路40余千米，修挖水渠9000余米，架设引水管道1.37万米，植树70余亩。协调驻楚部队投入兵力1万余人次，投入车辆、机械60余台次，支持地方重点工程建设。积极组织部队和民兵参加抗旱救灾、巡山护林、森林火灾扑救、维稳执勤等急难险重任务，投入兵力4600余人次，兴建“五小水利工程”63个，运送生活用水230吨，寻找水源66处，扑灭森林火灾5起，向灾区捐款15.4万元。开展结对扶贫活动，主动与扶贫挂钩点建立长效帮扶机制，协调资金和扶贫款63万元，运送化肥、农药等农用物资18吨；为中小学捐款捐物和购买13万余元的教学办公用具；组织看望慰问乡（镇）敬老院37名孤寡老人，送去慰问金4万余元、慰问品700余份。

【楚雄市人武部完成乡（镇）应急民兵轻武器实弹射击训练】 2013年7月24～25日，楚雄市人民武装部到东华镇组织应急民兵分队100余人进行了轻武器实弹射击训练与考核。全体参训人员严守纪律、严格训练，总体成绩良好，乡（镇）民兵轻武器射击训练任务安全、圆满完成。

【双柏县人武部完成民兵组织建设转型工作】 2013年，双柏县积极探索民兵组织建设转型的方法路子及措施办法，大力推进民兵建设由数量规模型向质量效能型转变，改进编组方法，创新民兵编组模式，切实推进新时期民兵组织建设转型工作的落实。

【牟定县人武部参建参治】 2013年，牟定县人民武装部为扶贫挂钩点新桥镇兴隆村委会协调扶贫助困资金、物资5万余元；干部职工在爱心水窖捐款、抗旱捐款、捐资助学、四川芦山地震捐款、解放军青年林捐款等活动中，累计捐款2.3万余元；干部职工为患尿毒症的副部长洪胜民捐款1万余元。

【南华县人武部提高后备力量正规化建设水平】 2013年，南华县人民武装部协调中共南华县委、县人民政府为武装部增加了预算，实现经费逐年有增。年内，投入15万元为专武干部和国防动员委员会成员单位换发服装，为基层武装部配发电脑11台，提高了后备力量正规化建设水平。

【姚安县人武部双拥工作成绩突出】 2013年，姚安县人民武装部积极组织干部职工、专武干部、广大民兵动真情、使实劲、办实事、求实效，参与精神文

乡（镇）应急民兵轻武器实弹射击训练　　（楚雄军分区提供）

明建设和“四群”教育实践活动。4月10日，9名干部职工参加无偿献血2400毫升，超额完成了献血任务。5月，组织全体干部职工向解放军青年林建设捐款1050元、向四川芦山地震灾区捐款1.27万元；11月，向身患尿毒症的牟定县人武部副部长洪胜民捐款1500元。4月20日，组织干部职工12人参加了适中“4·20”森林火灾扑救任务；8月，推荐1名军嫂为楚雄州“十佳好军嫂”；9月，组织干部职工参加县国庆联欢活动，协调民政等相关部门安置12名转业士官，落实优抚政策。

【大姚县人武部开展抢险救灾应急演练】 2013年6月4日，大姚县人民武装部协调11个县级职能部门组织了1次带实战背景的抗震救灾现场演练，检验抢险救灾组织指挥、通信联络、民兵应急分队快速集结和快速遂行任务的能力，检验方案，锤炼队伍，提升武装部装备水平和抢险救灾能力。

【永仁县人武部参建参治】 2013年，永仁县人民武装部认真贯彻军民融合式发展的方针，找准武装部与地方工作结合点和切入点，积极参与地方应急维稳、护林防火、抗旱救灾、防汛抢险等急难危重任务；坚持深入基层开展拥政爱民活动，依托青年民兵之家，举办烤烟、核桃、蚕桑、养殖等农业技术培训，得到了地方党委、政府的充分肯定和人民群众的好评。

【元谋县人武部加强防洪演练】 针对近年全国各地洪涝灾害频发，以及元谋县2010年“7·28”“7·30”城市洪涝灾害造成人员伤亡的实际。2013年7月17日，元谋县军地协同配合，在县防洪指挥部的统筹下，组织公安、消防、武警、医疗、各级民兵联合进行了3个半小时的防洪抢险救灾演练。通过防洪抢险突击队、基干民兵队、村民兵防洪应急队、村（社区）防洪抢险突击队、青年应急抢险突击队等各级组成的抗洪抢险联合队的演练，一定程度上提高了预防季节性洪涝灾害的有效性，检验了军地联合行动的指挥流程，锤炼了基干民兵应急处突的综合能力。

【武定县人武部开展涉军信访维权】 2013年，武定县人民武装部积极做好涉军维权和涉军信访工作，协调地方政法委及有关部门和驻武部队成立涉军维权工作领导小组，全年共为驻武部队官兵、军人军属、退役军人提供法律咨询10余次，受理官兵或部队维权求助信函6次，妥善处理涉军维权案件，帮助军属方挽回损失近5000元，最大限度的维护了军属权益，为维护社会和谐和部队安全稳定发挥了重要作用。

【禄丰县人武部抓好应急行动演练】 2013年12月4日，禄丰县人民武装部组织了1次森林火灾扑救实战演习。按照导考组下达的任务想定，部长、政委科学研判灾情，迅速指挥民兵携带配备的灭火装备器材火速赶赴现场，民兵应急分队按照下达的扑火任务，密切配合，协同作战，利用各种扑火工具迅速扑灭了火情。此次森林火灾扑救实战演习既检验了人武部带民兵应急分队扑救森林火灾的组织指挥能力，又提升了民兵应急分队的森林火灾扑救水平，达到了演习考核的预期目的，得到分区考核组的充分肯定。

［蒋 伟］

武警楚雄州支队

【武警楚雄州支队工作概况】 2013年，武警楚雄州支队紧紧围绕学习贯彻党的十八大精神，全力以赴保中心，重心下移打基础，争取支持搞建设，强硬手腕抓作风，部队建设呈现稳步推进、整体提高的良好态势，高标准实现了“两个确保”。年内，支队被武警总部表彰为“连续17年预防事故案件工作先进单位”，被楚雄州人民政府表彰为“双拥工作先进单位”和“义务献血先进集体”；直属一中队被总队表彰为“基层建设标兵中队”，直属二中队、永仁县中队、武定县中队和勤务中队被总队表彰为“基层建设先进中队”；26人荣记三等功，20人被评为优秀共产党员，6人被评为优秀机关干部，187名战士被表彰为优秀士兵。

【军事训练】 2013年，武警楚雄州支队牢记中央军委主席习近平“能打仗、打胜仗”的重要指示精神，持续掀起大抓军事训练热潮。按照“前期抓适应、中期打基础、后期抓提高、全程保稳定”要求，扎实抓好春、秋两季新兵入伍训练，新训考核总评优秀，两次参加总队网上会操，分别取得第1名和第5

森林火灾扑救 （楚雄军分区提供）

名。同时，下大力狠抓勤训轮换、专勤专训和反恐骨干集训，严密组织军事比武竞赛，大张旗鼓表彰训练尖子，不断提高部队训练水平，在总队反恐比武竞赛中获团体第7名。

【执勤处突】 2013年，武警楚雄州支队始终保持“箭在弦上，引而待发”战备态势，在敏感期和重大节假日7次有针对性地组织机关带部队实兵拉动演练，3次开展任务中政治工作训练演练，2次开展后勤综合保障演练，充分做好遂行多样化任务准备。年内，共出动兵力1515人次、车辆38台次，圆满完成禄丰看守所搬迁武装押解、公开销毁毒品大会现场武装警戒、元谋“2·17”武装抓捕、城市武装巡逻和姚安、禄丰扑救山火等临时勤务17起，成功处置楚雄监狱1名在押犯脱逃事件，受到各级领导和人民群众的肯定。

【基层帮建】 2013年，武警楚雄州支队始终把工作重心放在基层，持续兴起大抓基层之风。先后两次召开党委扩大会议，帮助基层认清发展形势、明确发展方向、找准发展瓶颈、理清发展思路。科学制定《按纲建队计划》、《按纲服务指导基层计划》和《基层经常性基础性工作操作手册》，依据《纲要》对8项经常性工作按照日、周、月、季进行归类细化，采取文字、图表、范例的形式，制作工作统筹图和计划表，进一步规范基层工作。在认真参加总队《纲要》大讲堂的基础上，采取专题辅导、经验交流、示范演示、规章导读、难题会诊相结合的方法，扎实开展党支部班子岗位练兵活动，3次集中培训，2次集体会诊，基层支部按纲抓建能力不断提升。扎实开展“蹲队住班、下队当兵”活动，重点抓好帮建支部、帮带干部、帮解难题工作，全年派出党委成员和机关干部61人次深入基层开展帮建工作。

【安全管理】 2013年，武警楚雄州支队坚持主动抓工作，辛苦保安全，着力在确保部队安全稳定、提升正规化管理水平上下功夫。坚持落实日安全提醒、周看警示录像、月法纪教育、季法律巡讲制度，严密组织开展“强化法纪观念、反对拜金主义”、“条令学习月”等活动，认真学习《共同条令》、《安全工作条例》和各项法规制度，不断强化官兵法纪意识和安全意识。建立预防工作“日提示、周预警、月巡查”机制和每天“零报告”制度，紧盯训练、枪弹、车辆、防间保密、群众纪律和季节性事故等安全问题，健全完善防范措施，坚持群防群治。集中开展4次安全大检查活动，先后排查出342项安全隐患，采取挂号销账、责任到人的方式限期整改，治理消除安全隐患334项，有效防范失泄密问题发生，进一步提高部队安全系数。

【警营文化】 2013年，武警楚雄州支队认真落实总队《政治工作十项内容》，扎实开展“3个半小时”和编写学习健康短信等活动，充分发挥警史馆、荣誉室、图书阅览室、网络学习室功能，积极利用灯箱、板报、墙报抓好宣传，营造氛围，着力抓好“一队一品”特色兴趣小组建设，强力推动具有时代特征、部队传统、武警特色、民族特点的彝州卫士文化建设。投入资金25万余元，改版支队信息网、完善营区政治环境、组建彝州战鼓队；投入资金30万元购买85台电脑，实现了基层官兵3人1台电脑。注重正面舆论导向，积极宣传支队建设成果和先进典型。全年在人民网、解放军报、武警报等中央级媒体刊稿39篇，在省级媒体刊稿27篇，在总部、总队信息网刊稿483篇，年度新闻宣传工作在全总队排名第二。

【拥政爱民】 2013年，武警楚雄州支队广泛开展拥政爱民活动，密切警政警民关系。年内，与州供电局共建，义务军训学生2万余人次，为地震灾区和贫困山区学校捐款捐物价值5.7万余元、义务植树6000余株、无偿鲜血8万余毫升，支队被中共楚雄州委、州人民政府表彰为“双拥工作先进单位”和“无偿献血先进单位”。

【后勤保障】 2013年，武警楚雄州支队坚持服务中心、服务基层、服务官兵的保障方向，大力提高现代化后勤建设水平。根据任务实际与保障需求，5次修订完善保障方案，6次组织开展驾驶员、卫生员、炊事员等专业技术培训复训，投入80万元购买2台指挥车，提升了部队应急保障能力。进一步完善支队自储和地方代储相结合的战备物资储备体系，积极与地方保障机构签订战备物资供应、车辆维修、伤病员救治等应急保障协议，不断提高综合保障能力。

［蒙运波］

武警楚雄州消防支队

【消防工作概况】 2013年，楚雄州消防工作和部队建设稳步发展、创新突破。年内，全州消防部队积极参与了大理“2·06”森林火灾和“3·03”地震、楚雄禄丰“4·23”森林火灾、南华“10·18”交通事故抢险救援，出动车辆812次、出动人员1.25万人次，解救遇险被困群众1026人，保护财产价值2.23亿元，受到公安部、省人民政府和省公安厅通令嘉奖。禄丰中队荣立集体“二等功”，特勤中队荣立集体“三等功”，支队党委和军政主官被省公安厅表彰为“好班子”和“好主官”，支队被总队表彰为现代化云岭消防铁军建设先进支队，6个基层单位被总队表彰为基层达标先进单位，郑继聪被公安部记个人“二等功”，殷秀玲被公安部消防局表彰为“优秀女警官”，20人荣立个人“三等功”，59人被嘉奖。

【部队正规化管理】 2013年，武警楚雄州消防支队坚持完善干部绩效管理和督导问责体系，出台了《楚雄州公安消防支队干部绩效管理考核办法》，修定了《干部问责办法》。持续完善干部“双考”和“绩效”考核评价机制，扩大“双考”范围，提拔使用了一批想干事、能干事的年轻干部。积极鼓励干部参加在职学历教育，在推进干部年轻化、知识化上迈出了新步伐。大力推行部队正规化建设，不断强化队伍管理机制，利用信息化手段加强队伍的管控力度。严格落实安全责任制，扎实开展“安全日”、“五无”创建等活动。全年未发生政治事件和信访案件，未发生严重以上责任事故，未发生严重违法违纪案件，部队保持高度稳定。

【社会化消防】 2013 年，楚雄州的消防“网格化”工作得到有效落实。强力推进“清剿火患”战役，消防安全环境明显改善。深入实施“乡乡、村村有消防队”工程，10 县（市）60.6 万户农户参保率 100%，借助微信、电影院、公交车车载视频等新媒体，播放消防电影和公益短片，夯实群防群治基础。抢抓滇中产业新区建设机遇，紧扣省、州、县（市）招商引资项目，推行并联审批制度，简化行政审批程序、缩短审批时限，加快了州内各项重点工程项目落地建设进度。主动跟进“城镇上山、农民进城”和新农村建设战略部署，推行“标准化、服务型、说理式”执法模式，对重点投资项目开启绿色通道。实行行业监督和技术服务分离，引导和规范行业协会、商会等参与消防管理，从根本上解决了以往消防部门在日常监督执法过程中既当运动员又当裁判员的突出问题。

【基层基础建设】 2013 年，武警楚雄州消防支队积极适应形势任务发展需要，部队基层基础建设成效显著。元谋县消防大队新营房建设完毕，已搬迁入驻；楚雄市开发区消防中队已开工建设；支队综合应急救援指挥中心暨综合保障基地建设工作已摆上重要工作日程稳步推进；楚雄市消防应急救援指挥中心建设项目通过市人民政府常务会研究；指挥调度网三级网带宽升级扩容至 100 兆以上，综合集成项目建设已经完成；51 米登高消防车、举高破拆消防车、宿营车、淋浴车等一大批新型技术装备已配备使用。

［黄志鹏］

人民防空

【人防工作概况】 2013 年，楚雄州人防系统坚持按照“长期准备、重点建设、平战结合”的方针，以新时期军事战略为统领，加强人防机关“准军事化”建设，科学谋划年度工作要点，认真调整年度工作目标，坚决贯彻中央八项规定和关于厉行节约等制度，狠纠“四风”，大力营造团结干事工作氛围，严格依法行政，认真履行职责，全州人防工作全面协调快速发展。年内，楚雄州人防建设目标管理责任制考核被省人防办评为一等奖。

【人防指挥体系建设】 2013 年，楚雄州人防系统全面加强人防组织指挥体系建设。抓好州级人防指挥所项目建设，“701”州级人防指挥所提升改造建设项目稳步向前推进；完成了楚雄市人防疏散基地选址、实测工作，该项目已报经国家人防办批准列入人防工程建设计划；元谋、武定、永仁、牟定、姚安 5 县的人防指挥所建设立项已经省人防办批复；4 月，建设完成了州级人防应急机动指挥所项目，并于 11 月底完成了机动指挥所通信设备的整体安装调试。

【人防工程建设】 2013 年，楚雄州根据《中华人民共和国人民防空法》、《云南省人民防空工程建设管理规定》等有关法律、法规，本着贴近社会、服务社会，贴近市场、服务市场的原则，切实加强对人民防空工程的建设、维护和管理，统筹规划，同步推进，使人民防空工程与城市建设协调发展，依法有序进行。

【人防通信警报网建设】 2013 年，楚雄州人防通信警报网建设逐步完善和得到加强。9 月 18 日，全州 9 县组织了防空警报试鸣活动，警报鸣响率 100%，警报音响覆盖率达 95% 以上；严格落实通信值班制度，按时完成对省、对县的电台联勤工作，确保信息实时、高效、安全、可靠地传递、交换和处理；按照“一网四系统”的建设思路，加快推进楚雄州人防信息化建设步伐，积极开展了人防信息化起步年活动。

【人防宣传教育】 2013 年，楚雄州高度重视人防知识宣传教育，在人力、财力、物力等方面给予保证，确保人防知识宣传到点、到位和有效落实。积极开展人防知识进校园活动。州人防办配合国教办、教育局在全州初级中学春季开学之际结合人防知识宣传教育工作和学校教学计划，编印了人防知识手册分别下发到各学校，在新学期开展国防教育的同时将人防知识纳入宣传教育活动中。积极同新闻媒体协调，提供资料，利用媒体及时宣传人防政策法规和楚雄州人防建设的新成就、新动态。年内共在国家级刊物上发表 1 篇，省级刊物上发表 13 篇，在州级刊物上发表 1 篇，编发《彝州人防信息》8 期。为州级五班子领导及相关部门和各县（市）五班子领导、人防办征订赠阅《中国人民防空》杂志 150 份。各县（市）结合当地实际，充分利用民族节日、赶集日等，向广大群众适时进行宣传教育，收效良好。

［张凌梅］

（责任编辑：李　梅）

政法委员会

【政法工作概况】　2013年，楚雄州认真贯彻落实中央和省、州政法工作会议精神，以“平安楚雄、法治楚雄”建设为载体，以维护全州社会政治稳定、服务经济社会发展为目标，加强领导、注重协调、督查到位、强化责任，狠抓各项措施的落实。在有效维护国家政治安全、强化社会矛盾纠纷排查化解、依法严厉打击各类违法犯罪活动、加强社管综治维稳、认真执行社会稳定风险评估和社会稳定预警机制、加强“六五”普法宣传教育、加强政法综治维稳队伍建设等8个方面均取得明显成效，为全州经济社会又好又快发展营造了良好的社会环境。楚雄州连续16年第四届荣获“全国社会管理综合治理优秀州（市）”荣誉称号，并第二次摘取全国社会管理综合治理最高荣誉奖——“长安杯”。

【省州见义勇为基金会领导看望慰问见义勇为人员及家属】　2013年1月29～30日，由中共楚雄州委常委、州委政法委书记岑化虎带队组成的慰问团，分别深入楚雄、牟定、南华、姚安、大姚、禄丰等县（市）看望慰问历年受省、州表彰的“见义勇为先进个人（公民）”和困难家属，了解其身体健康状况和家庭生产、生活、就业、子女就学等情况，高度赞扬他（她）们对维护全州社会稳定和构建和谐社会所作出的贡献，并为他们送去慰问金4.66万元。

【全州政法工作会议】　2013年2月5日，中共楚雄州委召开政法工作电视电话会议，深入学习贯彻落实党的十八大以及全国、全省政法工作会议和州委八届三次全委会精神，总结2012年全州政法工作，安排部署2013年度全州政法工作任务。会上，州人民政府命名表彰了2012年度全州23名“见义勇为”先进个人，州委、州人民政府与10县（市）党委、政府签订了2013年度综治维稳责任书。

【中央综治办调研组到楚雄调研平安建设工作】　2013年4月9日，中央综治办综治一室巡视员田大忠一行3人组成调研组，在省委政法委副书记、省综治办主任朱家美、省综治办专职副主任胡吉安等陪同下，深入楚雄调研平安建设工作。调研组一行先后深入到楚雄市鹿城镇青龙社区、楚雄市大调解中心、楚雄市地税局及北浦中学等地进行实地调研，听取相关工作情况汇报，对楚雄州近年来开展平安建设所取得的成绩给予了充分肯定。

【全州法治暨平安建设业务培训班】　2013年7月3～4日，中共楚雄州委政法委以会代训举办为期2天的全州法治、平安建设业务培训班。全州10县（市）委政法委专职副书记、综治办主任、维稳办主任、执法监督室主任和州委政法委机关全体干部职工共80余人参加培训，培训内容主要包括《政法、维稳工作业务知识》、《综治、平安创建工作业务知识》和《法治建设和执法监督业务知识》3个专题。

【省委政法委督查组到楚雄州调研】　2013年7月24～25日，中共云南省委政法委秘书长胡小成率调研组一行4人莅临楚雄，对楚雄州的政法工作进行集中督查调研。调研组先后深入楚雄市鹿城镇学桥街社区、双柏县妥甸镇东城社区实地调研社区网格化管理工作推进情况，查看了楚雄市公安局视频监控系统的运行情况，并与州、市政法委领导进行座谈。中共楚雄州委常委、州委政法委书

2013年全州政法工作会议上受表彰的见义勇为先进个人　（杨　健/摄影）

记岑化虎代表州委、州人民政府就楚雄州“推进三大建设、四项改革、五大提升工作情况及政法综治维稳基层基础建设、政法委自身建设”等工作情况向督查组作了汇报。调研组一行对楚雄州在贯彻落实中央和省委的要求，推进“平安楚雄”、“法治楚雄”建设方面取得的成绩给予了充分肯定，并对楚雄州城市社区网格化服务管理工作、社区综治维稳组织作用发挥及信息网络建设等工作提出了建设性意见。

【楚雄州深化平安建设推进会】 2013年8月7日，楚雄州召开深化平安建设推进会，深入贯彻落实全国、全省深化平安建设工作会议精神，习近平总书记和中共云南省委书记秦光荣关于平安建设的重要批示精神，分析形势，研究部署深化“平安楚雄”建设工作。会上，州委、州人民政府兑现了2012年度综治维稳、平安建设、铁路护路工作责任制考核结果，表彰奖励先进县（市）、先进单位和先进个人。各县（市）设分会场，各县（市）党委、政府主要领导、分管领导，县（市）综治委主任、副主任及综治委成员单位主要领导在各地分会场参加会议。

【楚雄州2013年度综治委第三次全体会议】 2013年9月11日，楚雄州社会管理综合治理委员会召开年内第三次全体会议。会议由州人民政府副州长曹卫东主持。州委常委、州委政法委书记、州综治委常务副主任岑化虎通报了2012年度云南省社会管理综合治理委员会对楚雄州群众安全感和满意度调查情况并指出，根据云南省社会管理综合治理委员会的通报，全省16个州市群众安全感和满意度调查综合满意率平均值为85.64%，楚雄州为87.3%，居全省第8位，未进入全省先进行列，全州平安建设工作还存在差距，群众对平安建设的安全感和满意度还存在差距。会上，还通报了省社管综治委对楚雄州2012年综治维稳工作考核情况和长安网信息报送情况。

【全州政法综治维稳干部业务培训班】 2013年9月16～17日，中共楚雄州委政法委在州委党校举办为期2天的全州县乡两级政法、综治维稳干部业务培训班。全州各县（市）委政法委书记、专职副书记、综治办主任、维稳办主任、执法监督室主任，州委政法委机关全体干部、州委610办公室全体干部职工共180余人参加了培训班培训学习。

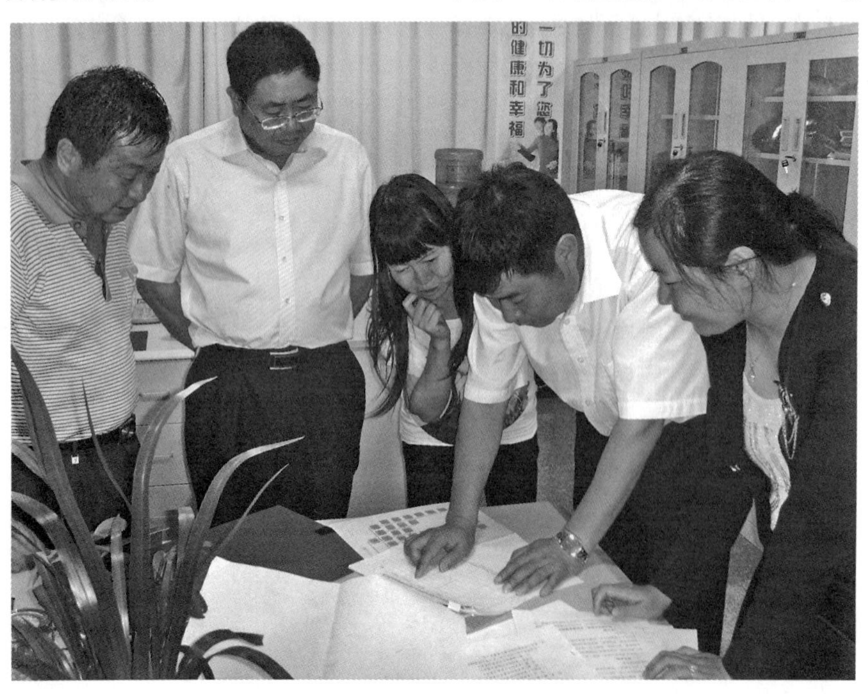

州委常委、州委政法委书记岑化虎深入楚雄市鹿城镇学桥街社区调研指导社区网格化管理工作（州委政法委提供）

【凉山州楚雄州禁毒工作联席会在楚雄召开】 2013年10月22日上午，“凉山州、楚雄州禁毒工作联席会”在楚雄召开。以四川省凉山彝族自治州人大常委会副主任、州禁毒委副主任周斌为组长的凉山州赴滇禁毒工作考察组，楚雄州禁毒委领导及相关县（市）和部门的负责人共60余人参加会议。会上，双方共同签订了《禁毒工作协作协议》和《缉毒侦查协作协议》。

【全省公路水路安全联防工作督导检查组到楚雄州督导检查工作】 2013年11月15日，由省工商局、省公路局、省公投公司相关人员组成的全省公路水路安全联防工作督导检查组，到楚雄州督导检查工作。督导检查组在听取州交通运输局（州公路水路安全联防工作小组办公室）对全州2013年公路水路安全联防工作情况汇报后查阅了相关资料台账，重点抽查了楚雄西客运站和连汪坝流动治超点。

【全州综治委主任办公会议】 2013年12月31日，中共楚雄州委常委、州委政法委书记、州综治委常务副主任岑化虎受州委书记、州综治委第一主任张太原的委托，主持召开州综治委主任办公会议，州综治委领导、州综治委8个专项组负责人共32人出席会议。会议听取了州委政法委常务副书记、州综治委副主任秦国雄关于2013年度全州创建“先进平安县市”督导工作情况的汇报；审议通过了申报省级“先进平安县市”建议名单；听取州委政法委副书记、州综治委副主任周红华关于对2013年度楚雄州见义勇为先进个人事迹认定情况及表彰奖励建议的汇报，审议通过了见义勇为先进个人10件12人（其中与违法犯罪作斗争5件6人，营救溺水人员4件5人，救助危重病人1件1人）的表彰奖励名单。

【涉法涉诉信访案件办理】 2013年，中共楚雄州委政法委执法监督室对经省级政法部门终结的38件涉法涉诉信访案件交由信访人户籍所在地党委、政府落实教育稳控措施。在每月开展的州党政领导大接访活动中，组织州级政法部门分管领导、部门负责人做好联合接待涉法涉诉来访群众82批93人次；做好涉法涉诉救助和执行救助工作，共审批发放救助资金65.5万元，救助涉诉特困人员75人，化解信访案件、执行案件40件；对来信来访及时进行分流引导、归口办理，共分流来信39件、引导来访群众到政法机关反映问题115人次。

【强化执法监督提升执法公信力】 2013年，楚雄州对积案清理活动高度重视，成立了由州委常委、州委政法委书记岑化虎为组长的领导小组，印发了《积案清理活动工作方案》，明确各县（市）委书记、县（市）长为积案清理工作第一责任人、政法委书记为直接责任人、法院院长为具体责任人，实行逐案定承办人员、定督办领导、定执行期限、定目标责任、定责任单位和责任领导、包案到领导和个人的“五定一包”责任制。年内，省委政法委督办的34件积案已全部执结，执结率100%；共召开防控预警工作会议35次；深入租车行、公司、企业发放《经侦防范建议书》43份，提出整改、防范建议61（次）条；通过报刊、微博、网络等媒体向企业和社会发布预警信息打击经济犯罪防范建议书30余条（份）；开展各类宣传活动5次，出动警力500余人次，发放宣传资料3.1万份，为群众提供法律服务800余人次。

【社会稳定风险评估】 2013年，中共楚雄州委政法委高度重视社会稳定风险评估工作，科学合理运用预警机制，从源头上缓解和减少重大社会矛盾纠纷的产生。年内，全州共进行重大项目社会稳定风险评估56件，经评估，同意实施55件，同意分步实施1件。

【平安法治宣传】 2013年，楚雄州进一步加大“平安法治楚雄”宣传的投入，安排专项经费30万元，在《楚雄日报》联办《平安法治楚雄》栏目；在州电视台，以《彝州警方》为主，州电视台新闻部参加，采访平安建设好的做法、经验，作为新闻宣传；在州广播电台联办“平安法治楚雄”栏目，每周3组节目、每组重播2次，每周播6次、年播288次；在安楚高速公路租用5块大型广告牌，宣传“平安法治楚雄”工作；通过手机信息报报送平安楚雄建设的工作进展情况和取得的成效，以宣传标语或口号的形式覆盖手机群。楚雄州委政法委宣传中心《法治楚雄》编辑部全年共收到全州各地通讯员上报的各类文字稿件2562篇，图片468幅，编辑出版《法治楚雄》季刊杂志4期，在该刊物的10个栏目中共编发刊载文字稿件438篇共30万字、图片67幅。《楚雄长安网》编辑部年内在网站的9个栏目中共编辑刊载政法、综治、维稳和平安建设稿件308篇共20万字、图片34幅，被省委政法委采用107篇、图片5幅。

［永社明］

公 安

【公安工作概况】 2013年，楚雄州公安机关紧紧围绕“公安工作上台阶，服务群众上水平，确保队伍不出事”的工作目标，以党的十八届三中全会、南博会安保为主线，紧紧围绕人民群众反映强烈的突出治安问题，深入开展“打盗抢、保民安”、“打黑除恶”、“打四黑，除四害”、“缉枪治爆”、“打击传销”、“扫毒害保平安”等一系列打击整治行动，严厉打击、严密防范各类违法犯罪活动，确保彝州社会治安大局持续稳定，确保人民群众安全感不断提升。年内，根据州编委《关于楚雄州公安局内设机构更名的批复》，州公安局装备财务处更名为警务保障处，法制处更名为法制支队，出入境管理处更名为出入境管理支队，警卫处更名为警卫支队。年内，全州公安机关共有94个集体、540名个人立功授奖。其中有3个集体荣立二等功，26个集体荣立三等功，65个集体受嘉奖；5名个人荣立二等功，79名个人荣立三等功，456名个人受到嘉奖，队伍建设获全省三等奖。

【警卫和重大活动保卫】 2013年，全州公安系统共完成警卫（保卫）任务39起。圆满完成了中央政治局常委、全国人大常委会委员长张德江，中央政治局委员、国务院副总理汪洋，政协原副主席白立忱到楚雄视察、调研；中国航天员到楚雄考察及党的十八届三中全会和“南博会”、“两会”、“两节”、“州庆”、“中国．楚雄彝族火把节”、“国庆”等各项警卫、保卫任务，实现了“确保安全，万无一失”工作目标。全年全州共举办各类大型群众性活动28场，共投入警力7800人，保安人员3800人。

【刑事案件侦办】 2013年，全州公安机关共立各类刑事案件1.13万起，侦破5099起，抓获犯罪嫌疑人2335人，与上年相比，立案数上升0.04%，破案数上升7.53%，其中8类现行命案48起，破47起，破案率97.92%。抓获各类网上在逃人员630名，比上年增加134名，上升27.1%。除武定、禄丰两县以外，其余县（市）实现了命案全破的目标。成功侦破了楚雄市“1·08”故意伤害致死、武定县“1·29”故意伤害致死、武定县“7·31”聚众斗殴案、南华“9·04”持枪抢劫案等一批影响恶劣的案件。

【经济犯罪案件侦办】 2013年，全州公安机关共受理初查经济犯罪案件399起，立案364起，破获351起，抓获犯罪嫌疑人139人，挽回经济损失886万元。成功侦办由楚雄州公安局经侦支队发起、公安部督办的刘某等人生产销售假冒电动三轮车集群案件，该案涉案3个省、8个地州，破获案件12起、抓获犯罪嫌疑人28名、查获涉案生产窝点6个、销售窝点24个、现场查获已贴标的电动三轮车4100余辆、假冒贴标配件7125套、涉案金额5184万余元，属特大经济案件。

【查禁毒品】 2013年，全州公安机关

共破获毒品案件215起，抓获毒品犯罪嫌疑人208名，缴获毒品161.6千克；纳入动态管控吸毒人员2049人，强制收戒吸毒人员713人，吸毒人员管控率达95%以上；清查易涉毒娱乐场所、宾馆酒店25次900余家，查处娱乐场所140余家，公开现场销毁毒品430千克。全年共审批办理易制毒化学品购买备案证186份、运输备案证152份；创建“无毒县”5个、“无毒乡镇”73个，占县（市）总数的50%和乡镇总数的68%。

【涉网违法犯罪案件侦办】 2013年，全州公安机关侦办网络违法犯罪案件14起、抓获犯罪嫌疑人20名，查处违法人员41名；配合各警种侦办违法犯罪案件105起，抓获犯罪嫌疑人261名；抓获网上在逃人员14名。

【社会治安管理】 2013年，全州公安机关共受理治安行政案件1.22万起，查处1.16万起，查处率94.73%，查处违法人员7761人。其中破获“打四黑除四害”案件51件，涉及场所51家；涉黄涉赌类42件，抓获犯罪嫌疑人65名；公开销毁涉赌游戏机及主板570余台。查获涉嫌假冒伪劣商品案件7件，查获劣质钢材108吨，涉案价值60余万元；查获无畜产品检验检疫合格证、运输证冰冻牛肉5.53万千克，抓获涉案人员2名；查处非法米线加工黑作坊1个，抓获涉案嫌疑人1名，收缴不合格加工原料500余千克；捣毁非法使用屠宰牲畜边角料熬制加工劣质油品窝点1个，抓获涉案嫌疑人3名，扣押劣质油品42桶8400千克；配合食药监部门查处食品安全违法案件1件；配合工商部门查处销售过期食品案件20件；查破涉及食品安全案件4件；查处涉枪案件16起、涉爆案件10起，收缴各类枪支56支、子弹6561发、炸药4147.6千克，雷管1.18万枚、改装射钉枪117支。成功破获11月22日发生在大姚桂花铜选冶有限公司永仁县中和镇直苴铜矿八中段炸药临时保管点被盗硝铵炸药（5包）15千克的案件。

【治安防控体系建设】 2013年，楚雄州全面加强社会治安防控体系建设。街面防控网、社区治安防控网、单位内部防控网及视频监控网为重点的“六张网”防控体系初步建成，形成了“大街小巷有巡逻、单位内部有保安、城区有监控”的治安防控新格局。全面推广“联网报警”，“警银亭”，电杆报警标识，公交车、出租车流动报警点，环卫工人、商铺固定报警点等创新治理防控建设。年内，全州新建成“警银亭”4个，50家商铺和单位开展了联网报警建设。大力加强群防群治组织建设，充分发挥治保会、内部单位保卫组织、保安“三支力量”在维护社会稳定中的作用。全年全州共建立治保小组1.13万个，成员3.28万人，提供各类线索2865条，协查刑事、治安案件1751起，帮教各类违法人员1265名，抓获各类违法犯罪人员492名，调处各类纠纷6403起，缴获赃款赃物折价11.67万元；举办保安员培训和资格考试18期2520人，10家保安企业有9家完成改制。切实加强重点人员排查管控。

【流动人口管理】 2013年，楚雄州建立健全“以证管人、以房管人、以业管人、以信息化管人”的四管机制，加大流动人口基础信息采集，坚持谁用人、谁采集、谁输入的原则，做到村不漏户，户不漏人，人不漏项，逐步形成对“一般人口常规管，重点人员重点管、高危人群跟踪管”的社会治安分类管理模式。全州有效登记流动人口7.31万人，办理居住证7.25万人，办证率99.25%；登记出租房屋信息1.7万条；建立流动人口管理协调领导小组106个417人，下设办公室109个，设立服务站125个，招聘专职协管员312人。

【实有人口管理】 2013年，楚雄州严格公民身份信息主项变更审核、把关工作。全年共审批补录遗漏人口2748人；共受理审批群众上报的变更、更正姓名、民族、出生日期、身份证号、性别等主项信息28701条。其中，变更、更正姓名26212条、民族1023条、出生日期543条、性别171条，纠正重号、错号752条。全州纳入省级人口信息管理系统的常住人口为262万余人。

【“农转城”转户工作】 2013年，楚雄州稳步推进户籍管理制度改革，积极探索建立城乡统一的户口登记管理制度，促进农村人口向中小型城市和建制镇合理有序流动。年内，完成州人民政府下达的15万人“农转城”转户任务，共转户16.47万人，完成率109.81%。

【居民身份证登记指纹信息工作全面启动】 2013年，楚雄州为109个户籍派出所配备了工作电脑和指纹采集器，并先后举办培训班11期（次）。11月1日、11月20日，被确定的两批试点单位共10个派出所分别全部按时成功启动居民身份证登记指纹信息工作。年内，全州共受理登记指纹信息居民身份证1.56万个，指纹采集成功率97.69%，指纹质量平均值81.39。同时，全面完成二代身份证换发工作。2013年，楚雄州已满16周岁以上人口总数218.06万人，其中已办理二代证212.36万人，16周岁以上人口办证率97.39%。继续做好“户政E网办证厅”预约便民利民措施服务，全年全州共受理预约户籍业务9393条，其中户口办理1889件，身份证办理7470件，居住证办理34件。

【行业场所及社区管理】 2013年，楚雄州切实加强旅馆业、娱乐场所业、废旧金属收购业治安管理信息系统建设。全年全州共上传旅客住宿信息592万条，娱乐场所从业人员刷卡信息1.68万条，废旧金属收购信息4.7万条，利用系统抓获逃犯101名，制发娱乐场所IC卡3310张。开展印章刻制业治安管理信息系统建设，共建成二级印章审批点11个，审批上传印章信息3122条。加强社区管理，全年全州共建立城市社区警务室55个、农村警务室48个，配备社区民警（责任区）594人，招聘辅警1293名。

【执法规范化建设】 2013年，楚雄州全面推行公安局长分管法制部门、局领导带头点评案件、执法质量三色预警、案件评查、执法档案终身制等执法制度，完成法制部门建制改革。全州执法办案场所规范化改造建设完成率，专兼职法制员及民警现场执法记录仪配备率，办案中心、执法办案区与督察部门实时监控率，出入境窗口、办证大厅与督察部门实时监控率均达100%。深入推进劳教制度改革，制定出台《楚雄州公安机关关于做好暂停劳动教养审批后相关工作的指导意见》，全年全州共审核各类案件8763件。其中，审核治安（行政）案件3395件，占审核总数的38.74%；审核刑事案件4452件，占审核总数的50.8%；审核提请逮捕1082件，占审核总数的12.35%；审核检察机关不予逮捕、不诉147件，占审核总数的1.68%；受理行政复议案件5起，依法办结5起，办结率100%。

【公安信息化建设】　2013年，全州公安系统累计投资5870余万元，完成14个重点项目建设任务；强化视频抓拍车辆信息系统建设，分3期在10县（市）建设158个卡点；开展信息化培训164期4154人，初步形成了情报信息引领警务实战，科技手段支撑打防管控的工作格局。

【出入境管理】　2013年，全州公安出入境管理部门共受理审批公民出国（境）申请1.77万人（次），服务管理境外人员319人及临时入境境外人员1406人（次），查处涉外案（事）件24起。

【警务合作】　2013年，楚雄州针对近年过境贩毒突出的严峻问题，加强与周边、临边地区的警务加强合作。10月22日，楚雄州与四川省凉山州在楚雄召开禁毒工作联席会，签订《禁毒工作协作协议》和《缉毒侦查协作协议》，进一步加强禁毒工作合作和边际警务协作。同时加强与昆明、玉溪、大理、德宏、临沧、西双版纳、保山等州市的禁毒执法交流，联手打击跨省、跨州（市）毒品犯罪活动。3月21日，与四川省西昌铁路公安处紧密协作，在永仁境内京昆高速公路永仁收费站入口处设卡堵截，成功破获一起特大武装贩毒案，抓获犯罪嫌疑人7名，缴获毒品海洛因15.27千克，缴获制式“五四”手枪1支、子弹8发，暂扣运输毒品嫌疑车辆2辆。

【实施物流寄递业实名管理】　2013年9月25日，楚雄州禁毒委在州体育馆举行全州物流寄递实名管理工作启动仪式，10月1日起，正式实施《楚雄彝族自治州物流寄递实名管理办法》，对全州的物流寄递业实行实名制管理。

【取保候审专项督察】　2013年，楚雄州共排查2011年1月至2013年5月取保候审案件1572件，排查被取保候审犯罪嫌疑人2120人。共排查出取保候审案件存在问题211个，查找当事人如数退还保证金24万元，12人进行上网追逃，通知执行71人，解除取保候审86人。年内，出台《楚雄州公安局涉案、非涉案财物管理规定》，实现了案件底数清、保证金底数清、犯罪嫌疑人底数清的“三清”目标。

［和丽香］

检　察

【检察工作概况】　2013年，楚雄州检察机关努力实践“强化法律监督，维护公平正义”的检察工作主题，不断强化执法办案工作，切实提高法律监督能力，各项检察工作取得新成绩，为实现富民强州宏伟目标提供积极的法制保障。全州9个基层检察院和州检察院被评为省级文明单位，州检察院副检察长蔡永明被最高人民检察院表彰为严肃查办、危害民生民利渎职侵权犯罪专项工作先进个人，州检察院预防处、市检察院法警大队被省检察院荣记集体三等功，州检察院被州委组织部评为老干部工作目标管理责任制一等奖。年内，全州检察系统共有18个集体和24名个人获省级以上表彰、28个集体和104名个人获州级表彰。

【侦查监督】　2013年，楚雄州检察机关共受理各类批捕案件796件1346人，审结803件1358人。经审查后批准和决定逮捕612件946人，批捕率69.66%；共对191件412人依法作出不捕决定，（其中绝对不捕11件34人，存疑不捕92件212人，无社会危险性不捕77件144人，刑事和解5件6人，符合监视居住条件不捕3件3人），不捕率30.34%；办理复议复核案件5件11人，改变原决定1件1人。批准和决定逮捕的946人中，无捕后无罪、捕后撤案及捕后绝对不诉“三无”案件发生。全年全州检察机关共受理立案监督案件线索201件，经过监督成案113件，均为监督公安机关应当立案而不立案案件，发出《要求公安机关说明不立案理由通知书》113件，公安机关主动立案113件。监督立案案件已起诉79件122人，法院作出有罪判决92人，被判处3年以上不满10年的8人，被判处3年以下有期徒刑的84人。全州检察机关共向侦查机关发出《纠正违法通知书》94件次，纠正漏捕81人，发出检察建议71件101人，批捕在逃25件34人，不捕已释放102件230人，办理批准延长侦查羁押期限37人。共发出羁押必要性审查建议15件20人，侦查部门采纳14件19人。

【刑事公诉】　2013年，楚雄州检察机关共受理侦查机关移送审查起诉各类刑事案件1567件2556人。审查后提起公诉1235件1943人，决定不起诉118件224人，附条件不起诉9件23人，附条件不起诉考验期满后不起诉1件3人。全年共纠正漏罪137件，纠正漏犯148人。共提出书面纠正侦查活动违法意见并已纠正103件，提出书面纠正审判活动违法意见27件。向法院提出量刑建议的案件共1774人。共提出刑事抗诉19件，无撤回抗诉案件。同期法院审结抗诉案件19件，采纳抗诉意见17件。共受理移送审查起诉的未成年犯罪嫌疑人223人，提起公诉169人，作不起诉决定14人，作附条件不起诉23人（考验期满决定不起诉3人）；逮捕85人，不予逮捕57人。

【反贪污贿赂案件查办】 2013年，楚雄州检察机关共受理各类经济犯罪案件线索95件111人，初查95件105人，决定立案侦查89件105人，其中大案68件82人、要案5件5人，大要案占立案数的82.8%。所立案件中，贿赂76件77人（受贿45件45人，行贿27件27人，单位行贿2件3人，介绍贿赂2件2人），挪用公款案4件4人，私分国有资产案2件10人。所办案件中，涉案金额不满5万元案件21件27人，5～10万元18件18人，10万元以上至50万元41件46人，50～100万元8件13人，100万元以上1件1人。共侦查终结经济犯罪案件92件108人（含上年积案3件3人），侦结率100%，移送审查起诉90件106人（含上年积案1件1人），法院审理作出有罪判决94人（含上年案件17人）。为国家挽回直接经济损失1741.33万元。

【反渎职侵权案件查办】 2013年，楚雄州检察机关共受理渎职侵权案件线索36件，立案侦查各类渎职侵权犯罪案件30件32人，立案人数比上年上升10.3%。其中，玩忽职守案件25件25人，占立案总数的83.3%；滥用职权案件5件7人，占立案总数的13.7%。全年共立办重特大案件10件10人，占立办案件总数的33.3%。其中，重大案件8件8人，占立办案件总数的26.7%，特大案件2件2人，占立办案件总数的6.6%。查处科级领导干部11人，占立案总人数的34.3%。立办案件中，查办国家病害猪专项补贴领域渎职犯罪案件12件14人，林业系统案件8件8人，安全生产事故案件5件5人。年末，已侦查终结28件30人，移送审查起诉24件26人，判处缓刑2件2人，判处免予刑事处罚22件24人。为国家挽回经济损失163.38万余元。

【监所检察】 2013年，楚雄州检察机关共检察收押（监）2255人，出所（监）检察2188人，检察发现刑罚执行和监管活动违法，提出书面纠正76件，已纠正74件。其中，纠正违法交付执行1件、违法收押1件、违法监管55人次，其他刑罚执行与监管活动违法情况18件。发出书面《纠正违法通知书》76份、《检察建议》18份。全年共审查减刑提请1302件，减刑裁定1251件；审查假释提请49件，假释裁定23件；审查暂予监外执行提请59件，审查主管机关批准决定43件，审查法院决定2件；审查收监执行1件。检察机关派员出席减刑开庭审理1137件、出席假释案件开庭35件。书面监督纠正减刑、假释、暂予监外执行不当14件（其中提请减刑不当7件、假释不当7件）。发出书面《纠正违法通知书》2份。对即将到期案件及时催办提示，督促办案部门及时办理换押手续，杜绝超期羁押的发生，共提示催办209件261人。共受理控告申诉34件34人，已转办24件24人，回复16件16人；办理被监管人又犯罪案件1件1人。全州共有在州内执行的监外执行罪犯1697人，纳入社区矫正1625人，监督纠正监外执行罪犯改造违法情况41件，其中监督纠正交付执行不当4件，纠正监督管理和教育矫正不当37件，依法收监6人。全年共开展羁押必要性审查31件37人，全部被办案机关采并做了变更强制措施处理，采纳率100%。州人民检察院驻楚雄监狱检察室共检察云南省楚雄监狱收监罪犯558人，检察刑满释放、假释释放、保外就医出监、调动出监等罪犯510人。审查楚雄监狱刑罚执行部门报请云南省高级人民法院裁定予以减刑的无期徒刑案件22件22人，报请楚雄彝族自治州中级人民法院裁定予以减刑的有期徒刑案件941件941人，报请楚雄彝族自治州中级人民法院裁定予以假释的案件47件47人。审查云南省高级人民法院裁定准予无期徒刑减刑《刑事裁定书》42份42人，审查楚雄州中级人民法院裁定准予减刑《刑事裁定书》1531份1531人、不准减刑《刑事裁定书》1份1人、准予假释《刑事裁定书》30份30人。通过检察发出书面《纠正违法通知书》2份2人、《假释建议检察意见书》12份12人（不同意裁定予以假释）、《减刑建议检察意见书》5份5人，口头提出纠正意见25件25人。审查和列席楚雄监狱保外就医评审委员会评审讨论罪犯保外就医案件56件56人，审查云南省监狱管理局批准同意保外就医40件40人。开展监管安全防范检察344次，与监狱联合检查、督查24次。对罪犯劳动工地实施安全检察120次（节日检察53次）。突发事故检察1件1人，对监管活动存在的安全隐患和问题向刑罚执行机关发出书面《检察建议》3份。专项检察监狱禁闭54次，找被禁闭罪犯谈话教育1人次。实施罪犯个别谈话教育290人次，集体法制教育5次4199人，接待罪犯家属（监护人）来访15人54次。受理罪犯控告、申诉、举报19件19人。罪犯又犯罪案件引导侦查、受理审查起诉1件1人。检察监管场所被监管人员因病正常死亡4件4人。

【控告申诉检察】 2013年，楚雄州检察机关共受理群众举报、控告、申诉866件，其中举报184件、控告107件、申诉575件，检察长接待355人，批办案件234件。受理刑事申诉案件185件，立案复查121件，其中不服法院判决41件，经复查不予抗诉27件，提请抗诉6件，提出再审检察建议7件，法院再审改判1件，审查结案28件；不服检察机关处理决定80件，其中维持原处理决定28件，改变原决定43件，纠正9件，审查息诉41件。受理民事行政监督案件177件。开展刑事被害人救助109件，已核拨救助金107件，发放救助金37.27万元。

【民事行政检察】 2013年，楚雄州检察机关共办理各类民事行政检察案件1983件，其中，办理抗诉类案件44件，经审查，提请省人民检察院抗诉3件，获得支持3件；向州中级人民法院发出再审检察建议20件，被采纳16件；办理执行监督案件593件，开展民事行政审判活动违法监督156次，发出检察建议152份，均被采纳；办理督促履行职责案件316件，对行政机关违法行为进行监督216次，发出检察建议216件；办理支持起诉案件256件；办理和解息诉案件631件。

【职务犯罪预防】　2013年，楚雄州检察机关共进行预防立项开展预防调查69次，进行职务犯罪案例剖析69件，向有关单位提出书面预防职务犯罪检察建议69件，预防建议被有关单位采纳69件、开展职务犯罪警示宣传教育1187场（次），受教育人数达3万余人；受理行贿犯罪档案查询1915次，被查询单位2.93万个，被查询个人5.0万人；对有行贿犯罪记录的单位或个人作出处置68次。与239个单位建立了预防共建关系。

【人民监督员工作监督】　2013年，楚雄州检察机关充分发挥人民监督员的监督作用，确保“七类案件或事项”全部进入监督程序，杜绝“漏案”情况和检委会先作决定后监督、先请示或先报批后再监督等违规行为的发生，人民监督员共监督评议职务犯罪案件18件18人，其中拟不起诉9件9人，应当立案而不立案或不应当立案而立案9件9人。通过评议，监督员不同意拟处理意见4件，采纳监督员意见2件，维持原处理决定2件。圆满完成了楚雄州检察机关第二届人民监督员选任工作。组织人民监督员参与观摩案件庭审活动48次。

【案管工作】　2013年，楚雄州检察机关案件管理中心共受理各类案件4173件，接收卷宗6937册。对受理案件进行流程监控和风险评估预警，共发送流程监控通知书126份，已纠正121件，对3995件案件进行执法办案风险评估。通过案件评查强化办案质量管理、规范执法行为，共评查案件709件。

【检察技术】　2013年，楚雄州检察机关技术部门大力开展检查信息技术工作，完成了全州检察专网升级改造、360杀毒软件、检察机关案件管理系统AJ2013的安装部署；配合相关部门做好全州检察机关监所联网工程建设；认真完成“检察机关统一业务应用系统”推广运用的网络平台建设；做好检察网络系统补丁、病毒库的更新，安装及维修处理终端设备，确保网络及运用系统安全稳定运行，全年无责任及安全事故。全州检察技术部门共办理各类案件375件，其中司法鉴定26件，文证审查48件，技术协助301件。为办案部门出具司法鉴定书26份、文证审查意见书48份、讯问职务犯罪嫌疑人全程同步录音录像资料172份、录制时长773小时，技术协助文书和相关证据资料129份。积极配合办案部门运用手机分析、话单分析、心理测试、电子物证检验等新技术，办理手机分析、定位、电子数据恢复等电子物证检案121件，心理测试8件。

【司法警察】　2013年，全州检察机关司法警察部门共执行传唤出警118人次，参与搜查13人次，协助执行监视居住、拘留、逮捕等强制措施187人次，看管和提押犯罪嫌疑人、被告人和服刑人员2031人次，送达法律文书862人次，协助追捕犯罪嫌疑人7人次，抓获犯罪嫌疑人6人，协助维护接待群众来访场所秩序和安全311人次，参与处置突发事件18人次。全年未出现办案安全事故和违法违纪现象，较好的保障了执法办案安全。

【检察机关干警教育培训】　2013年，楚雄州检察机关认真制定检察干警年度教育培训计划和中、短期培训计划，开展本科学历提升、司法考试培训、在职研究生高层次学历教育、岗位技能培训、综合知识培训等5个类型的教育培训。全年全州共有21人参加国家检察官学院举办的高级检察人员研修班，培训内容包括领导素能培训、专项业务培训、修改后民诉法专题研修、修改后刑诉法专题研修、刑事诉讼规则师资培训、计财装备专项业务培训等。年内，共申报并组织全州检察机关32人参加初任检察官培训、16人参加司法考试培训班，有17人参加国家司法考试，12人顺利通过，通过率70%。州检察院组织全州检察机关反贪、反渎、民行、案管、法警、公诉、控申等部门分批分期以视频讲座的形式，开展修改后刑诉法、民诉法专题岗位培训；职务犯罪预防部门举办了全州检察机关职务犯罪预防岗位练兵、素能比武活动；公诉部门举办了首届公诉人与律师论辩赛，选拔出一支业务精湛的公诉人队伍参加全省公诉人与律师论辩赛，以全省第三名的成绩获得团体二等奖，1名干警获得“优秀辩手”称号，2名干警获得“优秀辩手提名奖”；侦查监督部门开展了岗位练兵活动，选拔出一批优秀侦查监督检察员参加全省侦查监督业务竞赛，1名干警获得“全省侦查监督业务标兵”称号，1名干警获得“全省侦查监督业务能手”称号和“优秀文书制作奖”。

［郭曼莉］

审　判

【审判工作概况】　2013年，楚雄州法院系统紧紧围绕“努力让人民群众在每一个司法案件中都感受到公平正义”目标，始终坚持“为大局服务、为人民司法”主题，以学习贯彻党的十八大和十八届三中全会精神为主线，以提升队伍素质为根本，以化解社会矛盾为重点，以提高审判质效为中心，以深化改革管理为动力，认真履行审判职能，不断强化自身建设，全力协调社会利益关系、处理社会矛盾纠纷、维护社会公平正义，为富民强州建设做出了积极努力和应有贡献。年内，全州法院系统共受理各类案件1.6万件（包括旧存945件），其中一审9376件，二审935件，审判监督再审43件。全年共审执结诉讼案1.5万件，其中一审8796件，二审892件，审判监督再审39件。

【刑事审判】　2013年，楚雄州法院系统受理一审刑事案件1259件，其中旧存34件，当年收案1225件。当年收案中，公诉收案1121件，自诉收案104件，检察机关重新起诉和上级人民法院发回重审5件；从涉案性质看，纵火案14件，失火案20件，过失以危险方法危害公共安全案1件，非法制造、买卖、运输、邮寄、储存枪支、弹药、爆炸物案7件，非法持有、私藏枪支、弹药案47件，交通肇事案147件，重大责任事故案1件，投放危险物质案1件，非法制造、买卖、运输、储存危险物质案2件，持有、使用假币案1件，信用卡诈骗案2件，贷款诈骗案2件，保险诈骗案1件，虚开增值税专用发票，用于骗取出口退税抵扣税款发票案2件，合同诈骗案4件，非法经营案1件，强迫交易案1件，组织、领导传销活动案1件，故意杀人案25件，过失致人死亡案2件，故意伤害案243件，过失致人重伤案1件，强奸案33件，强制猥亵、侮辱妇女案1件，非法拘禁案6件，绑架案2件，非法侵入住宅案4件，虐待案1件，抢劫案32件，盗窃案232件，诈骗案18件，抢夺案6件，职务侵占案6件，挪用资金案5件，敲诈勒索案9件，故意毁坏财物案6件，破坏生产经营案1件，妨害公务案9件，招摇撞骗案1件，伪造、变造、买卖国家机关公文、证件印章案3件，聚众扰乱社会秩序案1件，聚众斗殴案1件，寻衅滋事案10件，组织、利用会道门邪教组织、利用迷信破坏法律实施案6件，赌博案2件，开设赌场案3件，窝藏、包庇案1件，窝藏、转移、收购、销售赃物案9件，脱逃案2件，掩饰、隐瞒犯罪所得、犯罪所得收益罪6件，非法行医案1件，非法采矿案3件，盗伐林木案54件，滥伐林木案41件，非法采伐、毁坏国家重点保护植物案1件，非法占用农用地案7件，走私、贩卖、运输、制造毒品案55件，非法持有毒品案2件，非国家工作人员受贿案1件，挪用公款案4件，对单位行贿案1件，介绍贿赂案2件，单位行贿案2件，私分国有资产案2件，滥用职权案3件，其他案件94件。全年审结一审刑事案件1190件，结案率94.52%，其中，判决1101件，调解54件，自诉人撤诉30件，驳回自诉3件，检察院撤诉1件，移送1件。楚雄州中级人民法院受理二审刑事案件135件，当年收案135件（上诉案119件，抗诉案16件）。至12月20日，二审刑事案已审结128件，结案率94.81%，其中，维持原判84件，改判28件，调解2件，撤诉9件，发回重审3件，其他1件。全州法院系统依审判监督程序立案受理刑事再审案17件（当年收案17件），审结15件，结案率88.24%，其中，维持原判5件，改判4件，其他6件。年内，发生法律效力的刑事案874件1349人，其中，给予刑事处分1233人，免予刑事处分113人，因证据不足或其他原因宣告无罪3人。在给予刑事处分人员中，处15～20年有期徒刑的7人，处10年以上不满15年有期徒刑的27人，处7年以上不满10年有期徒刑的17人，处5年以上不满7年有期徒刑的44人，处3年以上不满5年有期徒刑的81人，处3年以下有期徒刑的302人，处拘役的41人，处有期徒刑、拘役宣告缓刑的601人，单处罚金110人。此外，处有期徒刑并处罚金的616人，处有期徒刑并处没收财产的8人。从身份上看，在业工人4人，下岗工人2人，农民工41人，农民1092人，国家机关工作人员32人，国有公司或企业人员1人，事业单位人员20人，国家其他工作人员6人，学生13人，职员14人，离退休人员3人，个体劳动者或私营企业主21人，无业人员74人，其他23人。

【民商事审判】 2013年，楚雄州法院系统受理一审民商事案件8040件，其中旧存343件，当年收案7697件。当年收案中，婚姻家庭继承案3183件，合同纠纷案2697件，权属、侵权纠纷及其他民事案2160件。全年审结一审民商事案7540件，结案率93.78%。其中，调解3209件，判决2769件，裁定驳回起诉74件，裁定撤诉1294件，裁定其他处理153件，移送24件，终结7件。已结案件中，适用普通程序的1282件，其中批准延长审限的57件；适用简易程序的6179件；适用特别程序的79件。至12月20日，楚雄州中级人民法院受理二审民商事案774件，（包括旧存33件），审结738件，结案率95.35%。其中，判决维持原判326件，判决改判105件，调解104件，裁定发回重审51件，裁定撤诉84件，裁定驳回44件，其他处理24件。全州人民法院依审判监督程序立案受理民商事再审案25件（其中旧存6件），审结23件，结案率92%。其中，判决维持原判4件，改判7件，调解10件，发回重审1件，驳回1件。再审案件中，中院决定再审的5件。

【行政审判和国家赔偿】 2013年，楚雄州法院系统受理一审行政诉讼案77件（包括旧存1件），当年收案76件，审结66件，结案率85.71%。其中，公安行政案件9件，工商行政案2件，资源行政案18件，城市建设行政案4件，其他行政案43件。一审行政诉讼案中，判决全部或部分撤销行政决定12件，原告主动撤诉14件，驳回诉讼请求12件，其他处理38件。全州法院系统受理并审结行政再审诉讼案1件，受理并审结司法赔偿案7件。年内，楚雄州中级人民法院受理二审行政案26件，审结26件，结案率100%。其中，判决维持原判10件，驳回11件，改判2件，其他处理3件。

【案件执行】 2013年，楚雄州法院系统受理执行案4186件（包括旧存525件），执结3858件，执结率92.16%。当年收案中，申请执行案3357件，移交执行案282件，受委托执行案19件，指定执行1件，财产刑即时执行2件，当年收案的申请执行标的金额4.84亿元，执结金额3.15亿元。从类别上看，民商事执行案3236件，行政执行案2件，刑事罚金执行案87件，没收财产1件，刑事附带民事执行案255件，行政非诉讼执行案38件，其他执行案件42件。全年处理执行案3858件，其中自行履行2298件，和解288件，终结219件，强制执行451件，其他处理599件，不予执行3件。

【涉诉信访与告诉申诉】 2013年，楚雄州法院系统收到来信320件，接待公民来访328人次。来信中，属于告诉的306件，申诉的8件，非诉的1件。来访中，属于告诉的244人次，申诉的15人次，非诉的15人次，执行的30人次，其他来访24人次。在来访人员中，属于上访老户上诉的9人次。

［杨　洁］

司法行政

【司法行政工作概况】　2013年，全州司法行政工作紧紧围绕州委、州人民政府工作大局，认真履行司法行政各项职能，全面贯彻“立党为公，司法为民”的总要求，在推进平安彝州，法治彝州建设中发挥了积极作用，圆满完成了年初计划的各项工作任务，全州司法行政系统被表彰为全国先进集体2个，先进个人4个；被表彰为省、州先进集体17个，先进个人24人。

【普法和依法治理】　2013年，楚雄州大力加强普法和依法治理工作。年初，在调研基础上制定了全年工作计划，全州10县（市）和171个州属和驻楚中央、省属各单位相继制定工作计划，州委、州人民政府把普法和依法治理列入楚雄州集中考核考评工作，2月16日至3月12日分组对全州10县（市）及州级44家单位的普法依法治理工作进行检查考核。7月初，州人大法工委对全州“六五”普法规划和“三五”治州规划贯彻执行情况进行抽查检查，楚雄市被全国普法办表彰为普法依法创建活动先进单位，全州40个乡（镇），20所学校，100个单位完成了依法创建工作。

加强普法骨干队伍建设。各县（市）及时调整充实了普法演讲团和乡镇普法演讲中心成员，聘请大学生“村官”和新农村建设指导员为农村普法宣传员，全州1258所学校配齐了法制副校长。6月初，举办了普法骨干培训班，各县（市）司法局，州属单位，驻楚中央省属单位共200余人参加培训，各县（市）各单位也相继举办普法骨干培训班共210场（次），培训骨干达3万余人。

搭建普法宣传平台，增加法制宣传覆盖面。州县两级司法行政部门分别与州县电视台、广播电台、楚雄日报社等新闻单位联合开设了《彝州法制宣传园地》、《法制视野》、《与法同行》、《法制聚焦》、《警方在线》等栏目。元谋、大姚、禄丰等县建成户外全彩电子屏，每天滚动播放法律法规知识，楚雄、大姚、永仁等县（市）以手机短信形式发送法制短信，在“12·4”宪法宣传日和民族传统节日加大普法宣传力度。

举办知识竞赛，开展“六五”普法考试。5月，州民委、州依法治州和普法办公室、州司法局联合开展民族法律法规知识竞赛，全州4754名干部职工参加了知识竞赛。6月5～25日，组织全州8.66万名公务员和事业单位人员开展“六五”普法考试，合格率100%。

抓好“谁主管谁普法，谁执法谁普法”试点工作。2013年，楚雄州被云南省司法厅确定为全省“谁主管谁普法，谁执法谁普法”试点州。9月16日，州委依法治州和普法领导小组召开会议进行专题研究，制定并下发了《楚雄州全面推进“谁主管谁普法，谁执法谁普法”试点工作意见》和《试点工作实施方案》，决定将楚雄市、大姚县和州卫生局等9家单位作为试点示范单位。9月26日，召开全州“谁主管谁普法，谁执法谁普法”试点工作动员大会，印制试点工作资料汇编300册下发到各县（市）和州级各相关单位，拍摄《奏响普法大合唱》电视专题片，为全面推开“双普法”工作奠定基础。

【人民调解】　2013年，楚雄州以开展“人民调解”网络化建设，构建和完善“大调解”工作格局为重点，围绕社会矛盾化解主体，创新人民调解服务模式，与州中级人民法院联发《关于人民调解员“一员多用”机制实施意见的通知》和《关于贯彻执行司法确认制度的通知》，全州70名人民调解员被任命为人民陪审员，以个人名义建立人民调解工作室5个，办理司法确认案件52件，办理检调对接案件16件。4月初，举办全州司法所长、乡（镇）人民调解委员会主任、法律服务所主任培训班，共200余人参加培训。加强行政接边地区边际协作建设，制定下发了《楚雄州建立接边地区联防联调工作机制实施意见》。州司法局与丽江市司法局签订了行政接边协作协议，双柏县、永仁县、南华县、楚雄市、大姚县建立了省际接边协作机制并召开了联防联调会议。2013年，全州各级人民调解组织共排查各类矛盾纠纷7127人次，受理调解各类矛盾纠纷3.29万件，调解成功3.20万件，调解成功率97.1%。

【法律援助】　2013年，全州103个乡（镇）成立了法律援助工作站，认真落实法律援助“一村一标牌”便民措施，先后3批共37人次到海南、重庆、昆明等地参加中加法律援助项目培训，组织30名法律援助工作人员到普洱参观学习普洱经验，组织开展“法律援助十百千活动”共开展专题法律援助宣传18场次，现场解答法律咨询524人次，现场办理法律援助12件。全年全州共办理法律援助案件2843件；办理民事行政法律援助案件2423件，其中老年人374件、残疾人121件、未成年人167件、农民工442件、妇女583件、一般贫困人员604件，其他132件；提供法律咨询9201人次。

【律师工作】　2013年，全州27家律师事务所202名执业律师共担任法律顾问294家，其中政府法律顾问54家，企业法律顾问167家，事业单位法律顾问42家，社会团体法律顾问17家，公民法律顾问4家。年内，以加强律师行业党的建设、职业道德建设，队伍建设为重点，创新律师管理服务工作。6月21～23日举办全州律师培训班，对全州210名律师和管理人员进到了业务拓展与创新，职业道德及办案技巧等专业培训。成立云南十大律师法律服务团楚雄分团，109名律师组成6个分团，在为期两个月的活动中，深入乡村、企业、工地开展法律服务活动，发放联系卡1184份，为农民工服务325人次，为青少年服务127人次，调处化解疑难矛盾纠纷19件。全年共办理刑事案件代理981件，民事案件代理1840件，行政诉讼代理23件，仲裁业务67件，提供法律援助506件，参加公益事业和社会活动2139人次。被表彰为先进集体6个，先进个人17人。

【公证工作】　2013年，楚雄州的公证工作主要是抓好形象规范、职业行为规范和管理规范“三个规范”建设，搭建公证管理信息化平台、质量督查平台和工作标准化平台“三大平台”，提升公证人员的职业水平、服务质量和管理能力。全年全州10个公证处26名公证员共办理各类公证案件2521件，其中涉外公证382件、涉港台35件，办理公益性公证329件，提出司法建议327件。

【司法鉴定】 2013年，全州7家司法鉴定机构共办理司法鉴定业务1809件。其中，司法类1432件，司法会计类1件，工程造价纠纷鉴定10件，笔迹和指纹鉴定5件，车辆技术鉴定347件，其他类14件。

【社区矫正和安置帮教】 2013年，楚雄州制定下发了《楚雄州社区矫正和刑释解教人员安置帮教规范管理活动实施方案》，制定和完善了社区矫正异地委托管理办法、社区矫正工作突发事件应急预案等，加强社区矫正工作管理。投入经费181万元建设监管系统，组织集中教育矫正对象1127人次、个别谈话教育2650人次，进行心理辅导678人次，落实低保27人，技能培训83人，指导就业和就学434人次。社区矫正人员和安置帮教人员无脱管漏管人员、无重新违法犯罪人员发生。

［吴光能］

公安交通管理

【公安交通管理概况】 2013年，楚雄州公安交通部门认真贯彻落实《楚雄州人民政府关于加强道路交通安全工作的实施意见》和全省公安交通管理工作会议精神，全面加强道路交通安全管理和公安交警队伍建设。全州辖区共发生统计内道路交通事故243起，造成93人死亡、371人受伤，直接财产损失141.42万元。与上年相比，事故减少43起、下降15.03%；死亡减少2人、下降2.11%；受伤减少138人、下降27.11%；直接财产损失减少6.21万元、下降4.21%。其中，发生生产经营性道路交通事故49起，造成29人死亡、85人受伤，直接财产损失50.36万元。与上年相比，事故减少12起，下降19.67%；死亡减少1人，下降3.33%。全州道路交通万车死亡率为1.69。年内，支队共有5名民警被云南省公安厅政治部表彰；1名民警被州委、州人民政府授予“文联工作先进工作者”，6名民警被评为“优秀共产党员”受到州公安局表彰，25名民警被授予“优秀公务员”，44名民警被州公安局授予“优秀交警大（中）队长”、“优秀交通民警”；支队机关被州总工会授予《女职工劳动保护特别规定》知识竞赛“优秀组织奖”，被“中国·楚雄2013彝族火把节”组委会授予先进集体。

【道路交通管理】 2013年，全州公安交警部门按照“压事故、保安全、保畅通”的总体要求，最大限度地将警力和装备投入路面，先后组织开展了春运道路交通安全、整治酒后驾驶、“守护平安团圆路”爱民主题实践活动、道路交通信号和交通技术监控设备排查、文明交通示范公路创建、集中清理排查校车、高速公路客货运车辆和农村地区微型面包车严重交通违法行为、“南博会”交通保卫、交通安全大检查等17项整治和主题活动。全年全州公安交警部门共出动警力23.80万人次，出动警车7.32万辆次，纠正各类交通违法29.12万人次，拘留23人，吊销驾驶证56本，交通违法记分9.84万人次。

【机动车及驾驶人管理】 2013年，全州公安交警部门认真强化措施，落实责任，全面加强机动车及驾驶人的源头管理，筑牢预防道路交通事故工作的第一道防线。严格按照《机动车登记工作规范》、《机动车查验工作规程》、《机动车强制报废标准规定》等规定，严把机动车注册登记、检验、报废关，加强机动车管理；全面启用机动车远程联网监控和远程核发检验合格标志系统，认真开展机动车外观查验和定期检验工作。全州共办理机动车注册登记5.55万辆，核发机动车检验合格标志21.65万份，办理机动车报废5729辆，补换（领）机动车牌证1.15万辆次。严格按照《机动车驾驶证申领使用规定》和《机动车驾驶人考试工作纪律》等规定，严把机动车驾驶人考试、发证和审验关，加强驾驶人管理；完成了全州科目一考试机位监控探头安装，科目二考试场地新考试项目的调整建设，以及小型汽车科目三智能化评判考试系统的建设工作，实现了对所有科目考试的全程音频、视频监控，考试结果自动评判，保证考试的公

交通安全知识宣传

（高建波/摄影）

正、公开和公平。全州共受理初学申请4.56万人、增驾1.45万人，科目一考试5.66万人、科目二考试4.85万人、科目三考试4.15万人，安全文明驾驶考试4.95万人，换发驾驶证5.78万本，注销吸毒人员驾驶证303本。积极开展电动自行车登记上牌工作，共办理电动自行车注册登记4.07万辆。全州机动车保有量达52.03万辆，机动车驾驶人49.22万人，新增机动车5.55万辆，增长9.73%；新增机动车驾驶人3.54万人，增长7.75%。

【道路交通事故预防】　2013年，全州公安交通管理部门认真贯彻落实全省道路交通安全暨丘北经验推进会议精神，按照“政府主导、部门联动、社会参与、齐抓共管”的工作思路，积极开展道路交通事故预防工作。认真落实农村道路交通安全责任制规定。7月，州人民政府制定下发《楚雄州农村道路交通安全责任制暂行规定》，从11个方面细化了各级各部门在农村道路交通安全管理中的职责和任务，全面推行预防道路交通事故工作领导小组成员单位包乡（镇）、乡（镇）包村委会、村委会包村民小组、村民小组包车主的“四级包保”责任制，明确责任划分，并层层签订交通安全责任书，责任落实到人。强化农村道路交通安全防控网络建设。落实了乡（镇）综治办、派出所、村委会挂“交通安全办公室”牌子，将村民小组长聘请为交通协管员，建立健全了相关工作台账；建立以交警大队为龙头，派出所为骨干，协管员为触角，横向到边、纵向到底，覆盖县、乡（镇）、村3级的农村道路交通安全防控网络。强化农村道路交通管控。深入推进农村公安派出所全面履行道路交通安全工作职责，充分发挥专职交通协管员、兼职交通协管员、义务交通协管员和交通安全志愿者“四支队伍”的作用，在农村赶集、民俗节日、婚丧嫁娶等重点时段，组织专门力量加强对农村面包车、接送学生车辆的源头和动态管控，及时查纠超员、超载、酒后驾驶等违法行为。根据《云南省公路危险路段排查整治办法》相关要求，积极协调安监、交通等部门，对辖区公路存在的安全隐患、交通事故多发路段逐一进行排查。全年全州共排查上报道路隐患点段120个，其中报请省人民政府挂牌督办3个，楚雄州人民政府挂牌督办6个，县级人民政府挂牌督办10个，年内已整治74个，整治率61.67%，共投入整治经费2665.7万元。

【交通安全宣传教育】　2013年，全州公安交警部门以实施“文明交通行动计划”为抓手，主动协调宣传、安监、教育等部门，拓展宣传渠道，广泛开展交通安全宣传教育活动。深入推进“文明交通行动计划”，积极开展以“倡导六大文明交通行为”、“摒弃六大交通陋习”、“抵制六大危险驾驶行为”、“完善六类道路安全设施”为主要内容的宣传教育活动。适时组织开展“安全出行，平安春运”、交通安全宣传月、“文明交通进企业”等主题宣传活动。与省、州10家主流媒体建立道路交通安全宣传协作联办制度，通过创办交通安全宣传栏目、曝光交通违法行为、刊播交通安全信息，广泛开展交通安全宣传。以楚雄州交通安全警示教育中心为平台，分批次组织重点驾驶人开展警示教育活动。组织开展文明交通进驾校“五个一”活动。全年全州公安交警部门共出动宣传人员1.05万人次，出动宣传车4907辆次，交通安全普法宣传进村（社）2197个，进学校1043个，进单位1108个，讲授交通安全课3000余场次，摆放宣传展板2.81万块，印发宣传材料80万份，滚动播放公益广告及宣传片2万余次，开展警示教育300余场次，在州级以上新闻媒体刊播稿件6217篇条。

【交通执法】　2013年，楚雄州公安交警支队共受理行政处罚审批案件128件，审批办结128件，办结率100%；对在交通事故中负主要责任并经法院判决构成交通肇事罪的105名交通事故当事人实施了吊销机动车驾驶证处罚（其中终生禁驾12人）；抽查考评了全州交警大队72件交通事故案件和108件交通违法案件，梳理出考评中存在的问题，及时通报到各大队并限期整改。年内，全州共发生交通肇事逃逸案件31起，侦破30起，侦破率96.77%，其中交通肇事逃逸命案侦破率100%。

【交通管理创新】　2013年，全州公安交警部门积极推进交通管理创新。全面推行轻微交通事故快处快赔制度。全州10县（市）均已成立道路交通事故快处快赔服务中心，为群众办理道路交通事故轻微财产损失案件2557件，占全年简易程序处理交通事故总数的35.46%。建立健全交通事故损害赔偿纠纷人民调解工作机制。全州共建立道路交通事故人民调解室34个、交通事故人民调解委员会1个，共调解一般程序处理的道路交通事故损害赔偿案件112件，占全年一般程序案件总数的38.49%。落实道路交通事故社会救助制度。州道路交通事故社会救助基金会成立1年来，共受理申请道路交通事故社会救助基金垫付案件9件20人，为符合垫付条件的7件13人垫付抢救费、丧葬费共计19.18万元。延伸机动车及驾驶人管理服务平台。全州已建立州、县、乡3级机动车及驾驶人管理服务网点，形成楚雄城区1所4点（支队车管所、2个便民服务点、2个带牌销售点）、10个县（市）交警大队分所、16个山区交警中队办理机动车及驾驶人管理业务的工作格局。

【交通管理科技信息化建设】　2013年，楚雄州公安局交警支队在抓好交通管理科技信息运用培训，全面提升交通管理科技水平的同时，积极筹措资金，加大科技投入，改善科技装备。先后投入70余万元购置应急指挥车；投入26万余元购置支队机关和楚大、永武高速公路交巡警大队民警“警务通”通讯设备；投入29万元完成了支队视频会议室改造；投入140万元完成楚大、永武高速公路交巡警大队指挥调度系统建设；投入292万元，建设机动车驾驶人科目三智能考试系统。同时，按照《公安交通管理科技信息化工作评价指标体系》，加强对基层交警大队的检查指导，前3季度信息化工作考核在全省交警系统中的排名均为并列第一名。

［姚立富］

楚雄监狱

【监狱工作概况】 2013年，楚雄监狱党委班子勤奋务实，真抓实干，团结带领全狱警察职工共同战胜了各种困难和挑战，全面完成了监狱布局调整改扩建工程，各项工作均取得新进展，呈现跨越发展的良好态势。

【监狱管理】 2013年，楚雄监狱严格执行刑罚，依法依规办理罪犯收押释放、减刑假释和暂予监外执行工作，刑罚执行信息化、狱务公开工作有效开展。强化对服刑人员的直接管理和日常考核，准确、客观反映服刑人员的改造表现，真正发挥考核结果的激励作用；严格把好关口，对服刑人员生活物资采购、加工和储存等重点环节加强预防和控制，保证服刑人员伙食实物量标准，为老、病、残服刑人员提供营养餐；严格执行罪犯伙食实物量标准和食品安全法，医疗卫生工作规范有序，罪犯合法权益得到有效保障；突出狱政数据、网络监控信息化，基础管理、刑罚执行规范化，狱内排查、防暴处突防控化，各项监狱管理措施得到有效落实。

【监管安全】 2013年，楚雄监狱继续强化监管安全，连续第7年实现“四无”。改扩建期间，监狱安全防范点多面广，难度极大。全体警察职工以高度的事业心、责任感，严格落实各项监管安全制度，累计检查出入车辆6万余台，检查外来人员13万人次，执勤巡逻5000余次，排除各类安全隐患67起，严防死守，把事故苗头消灭在萌芽状态，确保了安全稳定。同时，通过开展交通、消防、安全生产知识讲座，牢固树立警察职工安全生产意识。进一步修订完善监狱安全生产制度，积极推进安全生产标准化建设，投入22万元用于安全生产培训、完善安全设施及治理隐患资金，特别针对改扩建施工现场、生产车间等重点区域进行深入排查和专项整治，全年共开展大检查12次，各类突击检查200余次，整改安全隐患10条，查处“三违”现象9起12人，未发生重大安全生产事故。

【教育改造】 2013年，楚雄监狱大力开展罪犯职业技能教育，不断推进刑释人员就业推荐工作。重视服刑人员职业技术教育，建立健全管理机构，结合罪犯自身特点和市场用工需求，以监狱生产项目和罪犯刑释回归就业谋生需求为核心，紧紧围绕“干什么学什么，缺什么培训什么”的指导思想，开展针对性较强的岗前培训和岗位培训；成立服刑人员职业技能培训教育中心，把刑满释放服刑人员的职业技能培训作为工作重点，结合社会用工所需及监狱改造罪犯劳动项目生产实际，先后举办了就业前景较好的维修电工、冷作铆焊、缝纫、电脑操作员、电子电容器装配、物业管理等多种职业技能培训班，全狱共有701名服刑人员接受培训。年内，楚雄监狱联合楚雄市人力资源和社会保障局，举办两次专场就业推介会，楚雄燃料二厂、盛世舒苑、广东安博电路板厂等省内外多家企业或公司同即将刑满释放的服刑人员共签订就业意向书122份（省外就业65人，省内57人）。

【监狱改扩建】 2013年底，楚雄监狱改扩建工程顺利通过省监狱管理局验收。楚雄监狱此次改扩建工程于2011年3月28日正式破土动工，历时2年零10个月，新监狱总占地676.6亩，新建单体21个，总建筑面积7.88万平方米，新建面积6.45万平方米，改造面积1.11万平方米，迁建厂房3226平方米，总投资约2.94亿元。

［王 滇］

（责任编辑：李 梅）

经济管理

发展与计划

【发展与计划工作概况】 2013年，楚雄州发展和改革委员会充分发挥发展改革各项职能，加强对宏观经济的分析研究，稳步推进各类规划编制，推动固定资产投资快速增长，加强项目管理工作，稳妥推进各类改革，继续完善价格调控，全面完成了州委、州人民政府及上级部门的各项安排部署。通过积极努力，物价总水平保持基本稳定，居民消费价格指数（CPI）103%；顺利开展了“十二五”规划中期评估，向上争取项目资金取得新突破；固定资产投资呈现新增长，新能源开发取得新进展；医疗卫生体制改革、水价改革、金融体制改革等深入推进。

【项目管理】 2013年，楚雄州发展和改革委员会始终把项目投资作为促进全州经济社会发展的重点来抓，及时将固定资产投资目标任务分解落实到各县（市）和各考核责任单位，并签订责任书，明确目标重点，完善相关措施。共安排项目前期经费1.1亿元推进重点项目前期工作。完成《滇中产业聚集区（新区）项目集群规划（楚雄州项目库）》编制工作，提出涉及10县（市）5大类项目共1506项，项目总投资9082亿元，并及时上报滇中产业聚集区管委会。共上报项目653项，计划总投资54.13亿元。共争取项目350项，争取项目资金11.52亿元。30个重点在建项目完成投资43.1亿元，完成年度计划的97.7%；30个重点新开工项目完成投资45.23亿元，完成年度计划的83.8%，30个重点前期工作项目有序推进。累计完成规模以上固定资产投资541.79亿元，增长30%。累计施工项目1150个，增长12.3%，其中本年新开工项目624个，下降0.3%。

【规划编制】 2013年，楚雄州发展和改革委员会全面履行规划研究职能，推进重点综合和重点区域、领域的规划工作，完成了“十二五”规划中期评估。在全面开展前期调研和指导督促州级29个重点专项规划中期评估的基础上，按时完成了州“十二五”规划《纲要》的中期评估综合报告，经州人民政府常务会议和州委常委会议审定后，提交州人大常委会审议，获得全票通过。编制完成了《楚雄州滇中经济区一体化发展项目集群规划》，共规划提出一体化发展项目2852个，总投资8496亿元。与州人民政府研究室一起配合省人民政府研究室推进《建设成昆经济带云南北大门（永仁）总体规划》编制工作，并通过了省级评审。积极配合州商务局推进《楚雄州现代物流发展规划》编制，并提出了修改完善的意见建议。积极牵头组织配合中国城市规划设计研究院启动《楚南经济带发展总体规划》编制工作，并形成第一阶段的前期研究成果。与中铁四院合作推进《昆楚城际铁路轨道交通规划》，并经州级评审通过。与相关规划编制机构协作推进《滇中产业新区楚雄州集装箱物流项目规划》、《滇中产业聚集区楚雄组团规划》等一批规划。在与州社科联合作开展县域经济跨越发展综合课题研究的同时，指导10县（市）编制完成了县域经济跨越发展规划，并建立了县域经济项目库，强化县域发展规划引领和项目支撑。

【新能源建设】 2013年1～3月，楚雄州发展和改革委员会完成了《楚雄州风电场规划》和《楚雄州太阳能并网电站选址规划报告》修编工作，全州共规划布局风电场58个，总装机653.35万千瓦；规划布局太阳能并网光伏电站71个，总装机556.15万千瓦。年内，禄丰仙人洞风电场已完成工程建设，正在进行并网调试。南华云台山风电场计划于2014年6月建成发电。共有27个风电项目正在开展前期工作，总装机212.75万千瓦，总投资194.3亿元。其中，省同意开展前期工作项目18项，总装机86.1万千瓦，7个风电场列入国家能源局下达2013年风电项目核准计划，总装机33.15万千瓦。省发改委已核准太阳能发电项目6个，总装机21万千瓦，总投资27.73亿元。新能源装备制造业推进迅速。中高公司光热太阳能发电设备制造基地项目200亩制造基地用地已办理供地手续。明阳集团高倍聚光太阳能模组生产基地项目完成了对全州范围内的太阳能资源调查，位于永仁维的的示范基地正在进行相关数据测试。云南云开电气股份有限公司实施的40.5千伏环保开关产品研发及产业化项目已建成投产并通过省能源局验收。稳步推进生物质能开发。由武汉凯迪有限公司投资2.78亿元在大姚县建设3万千瓦装机的生物质能发电项目获省发改委核准。

【重点领域改革】 2013年，楚雄州扎实开展第六轮行政审批制度改革工作。按照《云南省人民政府办公厅关于投资项目实行集中审批的通知》要求，楚雄州发展和改革委员会及时印发了《楚雄州发展和改革委员会关于投资项目实行集中审批及有关事项的通知》，严格规范州、县发改部门投资项目集中审批办理工作。投资项目审批实现了一窗受理、一窗取件，解决了项目业主多头跑、反复跑的问题，审批办理时限综合提速40%，实现了预期改革目标。同时，按照就近申报、资源共享、分级审批、上下联动的原则，项目业主可向任何一级政务服务平台申请项目报件，并按横向覆盖项目业主、政务服务中心、部门和纵向联动3级政务服务中心的路径完成审批，促进了项目审批提速，节约了项目投资成本。顺利完成全州城市水价改革任务。开展了对姚安、南华的城市供水成本监审工作，完成了对元谋农业产业化水价改革问题的调研，批复了姚安、大姚、南华3县城市水价改革方案，新一轮城市供排水价格改革顺利结束。加快简政放权步伐。围绕国家和省下放审批事项，积极开展审批权清理、取消、下放的前期工作。经向省物价部门请求，率先下放了AAA级以下景区门票定价权，为各县（市）加大文化旅游资源融资开发提供了自主权和主动权。城乡居民医保实现100%门诊统筹，新农合大病保险实现全覆盖，城镇居民大病保险参保率达81%，政府举办基层医疗卫生机构100%实施基本药物制度。禄丰县级公立医院综合改革试点取得新进展，成为国内首家二级医院疾病诊断相关分组（DRGS）付费制改革试点医院。

[张云徽]

物价监督管理

【价格管理】 2013年，楚雄州发展和改革委员会严格按照相关要求和程序，多次深入调研，反复协调对接，楚雄市的10家平价商店于9月9日通过省级评审，10月下旬经省人民政府正式批准，12月底投入营运。及时发文安排售电结构审核、进一步降低农产品生产流通环节电价、扩大脱硝电价政策试点范围、趸售电价、光伏电价、富余电量等政策；及时上报元谋县2008年以前地方小水电、老虎山、三丘田等小水电上网电价请示，并按省物价局要求上报了全州实施居民阶梯电价的情况报告和实施情况评估工作。及时转发上级部门文件，明确了春季中小学教材、教辅材料零售价格。及时转发上级部门2013年烟叶收购价格政策；牵头并与州烟草公司联合发文，明确了2013年烤烟专用肥料计划和零售价格；开展了“红花大金叶”烤烟成本调查选点等工作。转发了上级特殊用药等药品价格政策、部分特殊药品最高零售价格政策，两次及时批复二类疫苗价格。贯彻国家和省成品油新密度政策，并先后20余次发文调整成品油价格；及时转发上级部门的天然气价格政策，对楚雄、武定、禄丰等县（市）的管道天然气建设费用、燃气销售价格等问题进行指导；批复了华润燃气楚雄城市用气临时销售价格。

【价格认证】 2013年，楚雄州发展和改革委员会在开展好涉案物品价格鉴证的同时，开展了道路交通事故车物损价值认证、民事纠纷案的物品价值认证、涉烟违法犯罪案件物品价格鉴定，以及价格水平合理性和合法性认证。开展了城市供排水、城市生活垃圾、景区门票的成本审核认证工作。受理各类案件12件，标的金额198.38万元，收取价格鉴证费5.78万元，无重新鉴定、补充鉴定和复核裁定的案件。积极组织参加各级各类业务培训、执业资格考试，努力提高鉴证人员的业务素质，提高工作效率。年末，共有价格鉴证师17名，有价格鉴证员岗位证书的人员34名，在岗人员24人。

【收费管理】 2013年，楚雄州发展和改革委员会及时转发国家和省的各项收费政策，跟踪收费政策的贯彻落实情况，同时根据国家和省收费文件，对州内的收费许可证进行项目和标准的变更，首次实现了收费许可证的微机管理填制和电脑打印。年内，全州共换发行政事业性收费许可证1009户（不含医疗机构），新核发3户，注销93户。年审达100%，涉及收费部门40个，收费项目107项。认真按照省制定的收费动态监管系统实施工作方案，组织全州各县（市）按时完成了基础数据审核录入工作。2013年州本级共录入2012年度67个单位信息、许可证信息及收支情况，2012年行政事业性收费总计3.42亿元（州本级）。及时协调和疏导医疗服务收费、农村客运票价和出租车收费等方面的矛盾和问题。及时转发国家和省公布取消和停止部分行政事业性收费的文件，进行收费许可证变更，并督促10县（市）和收费单位认真执行。积极贯彻落实国家和省每年“春节、五一、国庆”假日期间景区门票价格降低20%的政策。2013年国庆节期间，恐龙谷等4家AAA以上景区门票优惠额度达130余万元。对州广电网络公司的收费公示方式和内容进行审核指导，并责成该公司统一制作公示牌在所有收费窗口公示收费政策，杜绝强制收费行为的发生。年内，还按照《政府制定价格行为规则》、《政府制定价格听证办法》以及《云南省游览参观点门票价格管理实施办法（暂行）》等法律法规，完成了州内武定狮子山和大姚石羊孔庙2个景区的门票价格调整定价。

【价格检查】 2013年，楚雄州发展和改革委员会在开展日常市场价格监管和组织开展节日市场检查的同时，牵头组

2013年楚雄州居民消费价格指数、食品类消费价格指数

月份	居民消费价格指数	食品类消费价格指数
1月	104.9	110.3
2月	104.4	109.6
3月	103.8	108.5
4月	103.2	107.1
5月	102.7	106.2
6月	102.6	106
7月	102.6	106.1
8月	102.7	106.3
9月	102.7	106.3
10月	102.8	106.4
11月	102.9	106.6
12月	103	106.5

织开展楚雄城区元旦春节和中秋国庆期间的节日市场价格大检查，州、市发改部门出动价格监管人员50余人次，重点对农贸市场、大型超市、客运站、出租车、旅游景点等价格收费进行检查和巡查，检查商品价格和服务收费项目1200余个。对10县（市）驾校收费进行重点检查，查出自立项目收取IC卡费等违规收费案件26件，违规金额365.8万元，实施经济制裁161万元，其中，退还用户39.7万元，没收违法所得121.3万元。组织开展全州涉农收费专项检查。在各县（市）开展检查期间，组织检查组对禄丰县金山、一平浪和双柏县妥甸等3个乡（镇）、18个涉农收费单位的政策执行情况进行重点抽查，并到3个村委会、12户农户进行调查走访，对广播电视户户通工程实施中预存话费返还没有全部履行价格承诺的情况进行调查，推动全州广播电视户户通用户预存话费的及时兑现返还。全州共组织检查组14个，出动检查人数96人次，重点检查单位208个。年内，将原分布于各县（市）的12358价格举报电话上收到州并完成了平台硬件设施建设，共接听12358举报平台电话1267个，受理价格咨询投诉58件，其中当场答复完成的咨询件36件，办理投诉22件。针对有线数字电视在2012年整转期间强制推行增值业务搭车收费的价格违法行为，对广电网络经营单位采取了责令及时清退、3次告诫约谈、全面进行检查、明确收费公示、政风行风热线跟踪反馈等5项措施，广电网络经营单位对7636户强制服务的用户已退还多收费用27.8万元。对8县（市）的商品房销售价格和代收代办收费进行备案与审核。全年全州共查出价格违法案件40件，查出金额393.6万元，实施经济制裁188.8万元，其中，退还用户67.5万元，没收违法所得121.3万元。

［张云徽］

国有资产监督管理

【国资监管工作概况】　2013年，楚雄州国有资产监督管理工作委员会成立了党委和纪委，将由州国资委直接监管的州开发投资公司等5户企业，以及党组织关系在楚雄的州烟草专卖局（公司）等7户中央、省属企业的党组织关系划转州国资委党委管理。加强企业董事会和监事会建设，成立州国有资产监督管理和国有企业改革工作领导小组办公室，建立了改制后新企业履约监管联席会议制度。至年末，全州企业国有资产总额223亿元，比上年增加18亿元，增长8.9%；净资产总额124亿元，增加0.59亿元，增长0.5%；负债率44.4%；营业收入5.81亿元，增加0.43亿元，增长8%；上交税费总额2060万元，减少196万元，下降8.7%；利润总额1070万元，增加1175万元，增长1119.1%；资产保值增值率102.01%，增长2%。年内，州人民政府和州国资委分别与10县（市）人民政府和州属各监管企业签订了国有资产保值增值责任书和企业经营业绩考核责任书。

【清产核资】　2013年，楚雄州对全州75户国有企业资产组织开展了清产核资工作，进一步核实了企业资产数量、质量和财务状况，为扎实推进企业产权管理登记、业绩考核、资产盘活以及国有资本保值增值等工作提供了依据。通过清产核资，至12月31日，全州国有企业资产总计213亿元，市场预估价值233亿元，增加20亿元，增值9.39%；18户国有改制企业非经营性国有资产原值4298万元，市场评估价值1.57亿元，增加1.14亿元，增值264.43%。

【融资平台建设】　2013年，楚雄州国有资产监督管理委员会大力加强融资平台建设，支持成立了楚雄州交通投资开发有限责任公司和楚雄州水务发展有限责任公司2户投融资公司，并派出了董事和监事。年内，支持州开发投资公司实现新增融资23.8亿元，用于楚南路等基础设施建设。

【基础工作】　2013年，楚雄州国有资产监督管理委员会全力做好基础工作。进一步加强产权管理，按期完成了全州74户国有企业的产权登记。做好年度统计决算审核和经济运行分析。做好制度建设，制定实施了《楚雄州国有企业监事会暂行办法》、《楚雄州国资委外派监事管理办法》、《楚雄州国有及国有控股企业外部董事管理办法》、《楚雄州州属企业投资管理暂行办法》、《楚雄州州属企业领导人员管理暂行规定》、《楚雄州国有企业公务用车配备使用管理办法》等一系列管理制度。加强改制企业履约情况监管，两次召开州属国有改制后新企业履约情况监督管理联席会议，通报江南制丝公司违约处置资产的处理进展情况，研究州医药公司要求增资扩股、变更企业法定代表人等事项。

［杨洪平］

开发投资

【开发投资概况】　2013年，国家采取相对紧缩的信贷政策，使得地方政府投资融资能力倍受制约。楚雄州开发投资有限公司及时调整工作思路，积极履行公司职能，继续加大融资力度，拓宽融资渠道，多渠道、多方式融资支持全州经济建设，实现年内新增融资23.8亿元，比上年增长93.4%。拨付项目资金19.34亿元，归还到期债务6.54亿元，收回到期债权2.88亿元。至年底，债务余额55.39亿元，债权余额62.97亿元，公司本部资产总额170亿元，负债总额69.54亿元，资产负债率38.93%。

【第二期企业债券成功发行】　2013年3月22日，楚雄州开发投资有限公司第二期20亿元企业债券获国家发改委核准，募集资金于4月3日全部到账。在云南省创造了除昆明市外的15个州（市）中，第一个连续成功发行2期债券，且组织发行时间最短、发行额度最大的记录。

【抗旱应急贷款】　2013年，楚雄州开发投资有限公司针对楚雄州连续5年干旱的严重形势，经州人民政府批准，向国家开发银行云南省分行申请抗旱救灾应急贷款，于5月获国家开发银行云南省分行批准发放1.5亿元抗旱应急贷款，用于全州10县（市）的抗旱保民生项目，贷款额度较上年增长275%，有效缓解了全州抗旱救灾资金困难的问题。

【楚雄州投资协会成立】 2013年，楚雄州开发投资有限公司为进一步拓宽融资渠道，防范投融资风险，着力破解楚雄州的投融资短板制约，联合州内部分从事投融资工作的企事业单位、金融机构以及法律、会计等中介机构，成立楚雄州投资协会，其主要职能是贯彻政府的产业政策和投资政策，充分发挥政府与投资主体、金融机构、企业之间的桥梁和纽带作用，增强相互间的交往与合作，引导投融资活动。

【成立担保公司】 2013年，为缓解中小企业融资难、担保难的问题，扶持州内中小企业发展，经楚雄州开发投资有限公司多方努力协调争取，云南省投融资担保有限公司同意借助楚雄州开发投资有限公司为平台，成立云南省投融资担保有限公司楚雄分公司，负责受理楚雄州内的投融资担保业务。

【投资机制探索】 2013年，楚雄州开发投资有限公司为充分发挥国有投资公司作为政府投资主体、融资平台的职能和作用，履行投资职能，分别对双柏、大姚、永仁、元谋、武定等县的土地开发项目进行实地调研，并对开发条件相对成熟，土地升值空间较大的大姚和武定两县土地开发项目拟定投资方案并分别签订了总额为7000万元的土地开发合作协议，在履行政府赋予的投资职能方面进行了有益的探索。

【债务性前期工作经费管理】 2013年，为解决全州前期费用投入有限致使项目储备不足的问题，根据州人民政府的工作部署，楚雄州开发投资有限公司在征求州级相关部门意见的基础上，完成了《楚雄州债务性前期工作经费管理办法（暂行）》的起草工作，《办法》经十一届楚雄州人民政府16次常务会议审定通过。年内，州开发投资有限公司筹集的1亿元项目前期费用全部到位，及时拨付项目资金3900万元，主要投入全州交通、卫生、城建、教育、农业和工业园区等行业的项目前期工作，为全州项目储备发挥了积极作用。

【债权债务履行】 2013年，楚雄州开发投资有限公司当年共到期债务9.7亿元，其中本金7.4亿元、利息2.3亿元，已全部按期偿付。年内，清收逾期债权1.97亿元，当年到期债权16.74亿元（本金12.48亿元、利息4.26亿元），实际收回6.01亿元（本金2.54亿元、利息3.47亿元），扣除5个产业项目和州本级部分，回收率74%。

［孙 炜］

国土资源管理

【国土资源管理概况】 2013年，楚雄州国土资源管理部门严格按照“强执法树威信、强基础提效能、转作风树形象”的总体要求，进一步解放思想，改革创新，夯实基础，依法行政，努力破解国土资源管理工作中遇到的突出矛盾和问题，保重点、保民生、促发展，提升“保护资源、保障发展、维护权益、服务社会”的能力和水平，各项工作均有较大突破。

【土地利用规划管理】 2013年，楚雄州进一步加强规划管理，合理局部调整规划布局，国土资源规划的“龙头”作用逐步显现。土地利用总体规划、矿产资源规划、地质灾害防治规划和基础测绘规划等国土资源规划日益成熟，各级各部门依规划、计划管理利用国土资源的意识进一步增强。年内，在城乡建设用地约束性指标紧缺的情况下，将州级预留的9000亩城乡建设用地预留指标分别下达给各县（市），局部修改调整土地利用总体规划1.04万亩，开展建设用地预审33件4.74万亩，尽力满足重点项目用地需求。2013年，云南省下达楚雄州建设用地指标5745亩，通过争取，获追加年度计划指标4200亩，其中含奖励指标1500亩。

【项目用地保障】 2013年，楚雄州保护与开发并举，在强化耕地保护的同时，全力保障全州经济社会发展用地需求。强化管理落实项目用地。全年全州共组件上报新增建设用地58件，其中，城镇批次和单独选址44件、增减挂钩8件、低丘缓坡6件，用地规模面积2.53万亩，上报重点项目观音岩水电站，建设用地3.5万亩。有效保障了云南省“三个一百”项目、楚雄州“3个30项目”、楚雄州48项重大工业项目用地。强化土地供应管理，对全州范围内的批次和单独选址批而未用土地进行全面清理。全年全州供应各类具体建设项目用地406宗1.08万亩，其中，以有偿方式出让321宗6954亩，含工业用地61宗3678亩；收取出让金28.9亿元；划拨85宗3885亩。盘活存量建设用地8678亩，占总供地量的80%，使集约节约用地落到实处。

【重点项目建设用地保障】 2013年，楚雄州全力保障重点项目用地需求。签订广大铁路扩能改造项目征地协议3261.8亩，已提供2712.47亩；签订临时用地协议2976.7亩，已提供2773.84亩，兑付广大铁路扩能改造项目征地拆迁补偿资金2.27亿元。提供楚广高速公路建设项目用地2425.4亩，兑付补偿资金9350.49万元。完成楚南一级公路建设项目界沟开挖和征地拆迁实物调查工作，签订征地补偿协议168份，征收土地3221.16亩，兑付补偿资金1.76亿元。启动了永广铁路控制性工程征地拆迁工作。

【土地收储】 2013年，楚雄州全面加强土地收储力度，对楚雄州土地收购储备中心进行高配，增加人员编制，完善土地收储和管理制度建设，提升和增强了土地收购储备职能。开展8家州属单位10宗1114亩国有土地收储及部分地块出让工作，启动实施楚南一级公路建设项目债券募集资金地块的收储。全年全州共收购储备土地以土地收益筹措楚南路建设资金71宗1123亩，出让64宗517亩，出让收入6.6亿元；划拨7宗606亩。同时，通过加强土地收储、交易分离制度落实，强化信息公开，提高交易竞争力，土地市场公平、公正、公开运作进一步透明，土地资产价值进一步显化。

【地质找矿】 2013年，楚雄州地质找矿工作进一步拓展。组织申报第一批云南省地勘基金姚安县老街子外围金银铅多金属矿普查项目，通过云南省地勘中心评审，项目期限为2013年7月至2016年6月，其中，2013年经费概算232万元，预期提交成果333+334类资源量铅锌20万吨、银200吨、金2吨。加强矿产资源储量动态管理。组织开展首批云南省、楚雄州发证的169个矿山储量动态测量工作，完成59个矿山储量报告备案和补偿费直报工作；完成70个建设项目矿产资源压覆查询和37个建设项目州级矿压审批备案工作；依法收缴矿产资源补偿费1034万元，清缴矿产资源有偿使用费1146万元。

【矿政管理】 2013年，楚雄州进一步强化矿政管理。完成了采矿权年检和重要矿产“三率”调查工作。完成了全州556个采矿权年检资料入网和申报工作，通过国土资源部备案；完成全州18种重要矿种119个矿山的“三率”调查和成果汇交工作。推动重点项目建设。完成吕合煤业有限公司长坡露天煤矿与观音坝煤矿2个矿权合并调整方案，经省国土资源厅批复，为该公司扩建年产90万吨项目打下了基础。推进武定木纹石、禄丰高岭土等州级发证矿种的资源整合，实现了资源整合常态化管理。严格矿政管理。完善矿产资源勘查开发监管手段，推行矿政省、州、县3级联网审批制度，完成矿业权全国统一配号28个，审核上报省级发证采探矿权延续、转让、变更登记报件236件，办理州级发证采矿权延续、转让、变更登记7件。楚雄州641个矿山均落实了矿山巡查员，为牟定稀土矿区配备了专职巡查员，并实行巡查员定期报告制度。推进“绿色矿山”、“和谐矿山”建设，大姚六苴铜矿矿区被国土资源部评为“绿色矿山”。

【抗旱救灾地下找水】 针对连续多年的严重旱情，2013年，楚雄州向省国土资源厅争取打深井45口，累计进尺9305.6米，日出水量1.03万立方米，惠及群众2.77万人。同时，由州级投资40万元，在楚雄市打深井2口。

【地质环境保护】 2013年，楚雄州全面加强地质环境保护工作。全面推行矿山地质环境恢复治理保证金制度，收缴51个矿山地质环境恢复治理保证金338.66万元；严格执行地质灾害危险性评估制度，完成各类地质灾害危险性评估报告和矿山地质环境保护与恢复治理方案审查备案86件。《云南省楚雄彝族自治州恐龙化石保护条例》颁布实施，禄丰县国家级重点保护古生物化石集中产地项目通过省级专家审查，《云南禄丰恐龙化石产地保护项目实施方案》上报国土资源部，项目概算总投资8105万元；申报古生物化石收藏定级单位4家。

【基础业务】 2013年，楚雄州国土资源管理基础业务全面推进。推进农村集体土地“两权”确权登记发证工作。完成全州农村集体土地所有权确权登记发证，楚雄市已通过省级验收，其他县（市）已通过州级验收；启动农村集体建设用地和宅基地使用权确权登记发证试点工作，全州应发证面积约45.06万亩，已发证18.45万亩，发证率41%。开展土地利用变更调查与遥感监测。开展全州10县（市）2012年度土地利用现状变更调查和遥感检测工作，完成州级汇总和土地调查数据库更新，通过二次核查。基础测绘工作继续加强。完成卫星定位连续运行基准站系统建设前期准备工作，该项目总投资660万元，其中，省级补助200万元，州级配套200万元，县（市）配套260万元。加强测绘统一监管，按时完成测绘资质年度注册工作，注册测绘单位35家；开展地图市场专项检查、测绘地理信息成果质量和行政执法检查，进一步规范测绘地理市场，提高测绘管理水平。

【国土资源财务管理】 2013年，楚雄州国土资源管理局切实加强财务管理，严格执行“收支两条线”规定，国有土地有偿使用收入、耕地开垦费、矿产资源补偿费、矿产资源有偿使用费和其他相关规费做到应收尽收并全额缴入国库。州级财政下达的预算资金、专项业务经费、省国土资源厅下达的补助工作经费使用和监管规范到位。加大项目资金争取力度。向上级争取实际到位资金2.71亿元，完成州人民政府下达任务数的242%；招商引资1550万元，完成州人民政府下达任务数的155%。

【国土资源电子政务建设】 2013年2月28日，楚雄州国土资源系统完成用地和矿业权审批报件受理窗口前移至县的电子政务平台对接工作，地政、矿证审批实现省、州、县电子政务三级联网审批。联网审批以现有的审批事项及再造流程为基础，将受理窗口前移到县（市），建立以县（市）级业务受理窗口为枢纽、以信息网络为支撑、以电子监察为保障的审批运行新机制，从而实现了监察机关和社会各界对审批工作的全程监督，使国土资源业务审批工作更加规范、便捷、高效和阳光。2013年，完成三级联网审批280件，其中，涉及土地报件156件，涉及矿产报件124件。同时，加强门户网站维护，及时更新网站各板块内容，共更新工作动态297条，发布公告57个，解答咨询6起，发挥了电子政务的服务作用。

［王秋青］

招商引资

【招商引资工作概况】 2013年，楚雄州的招商引资工作在州委、州人民政府的高度重视和全力推动下，紧紧围绕招商引资到位资金新增100亿元目标任务，不断完善招商机制、强化工作责任、多形式开展招商活动，突出抓好产业招商和项目跟踪落地，努力提高引资质量和水平，招商引资各项任务指标继续保持快速增长态势，重点项目和各项工作稳步推进。至年末，全州共实施州外国内招商引资项目720项，比上年增长41.5%；实际引进州外到位资金338.6亿元，完成州人民政府全年考核目标任务的112.9%，比上年增长49.8%。其中，省外到位资金220.1亿元，完成州人民政府省级考核目标任务的115.8%，增长39.4%；工业项目到位资金191.6亿元，占到位资金总额的56.6%，增长31.7%；到位资金实现连续7年持续高速增长，并保持隔年翻番。

【现代特色农业产业招商】 2013年，楚雄州各县（市）进一步加大园区招商、农业特色产业招商和项目跟踪力度，新开工项目数明显增长，特色农业项目推进有力。全州新开工招商引资项目432项，增长44%，占全部实施项目数的60%，贡献率大幅高于结转项目，拉动作用明显。以农业、畜牧业为主的一产项目实现连续3年翻番增长。仅元谋、双柏和永仁3县农业项目到位资金就超过10亿元，以大姚、双柏和南华3县为主的畜牧业到位资金超过4亿元。全州以双柏的万头猪养殖、绿汁江无公害反季果蔬种植、元谋滇台高原特色农业、永仁油橄榄种植开发等为代表的一批生态产业项目成功引进实施，成为助推彝州高原特色农业产业发展的新动力。

【多层次招商与区域合作】 2013年，楚雄州通过认真筛选招商重点区域和目标对象，组织策划外出推介及小分队招商。分别在上海、深圳、广州、东莞成功举办4场大型承接产业转移招商推介会，达成文化创意、生物种植、院线文化商业综合体开发、万亩油茶种植基地及生态白酒生产线建设等合作项目，协议投资40余亿元；分别与省人民政府驻广州、深圳、重庆办事处签订委托招商协议，成功搭建楚雄州面向长三角、珠三角地区的新的招商平台；通过积极参与省人民政府及省级部门组织赴外经济合作交流及招商邀商活动，促成“两岸及东盟经济贸易策进会”、“云台会”等多场小型推介会在楚雄举办；借2013东盟（曼谷）中国出口商品博览会平台，举办以楚雄州绿色食品加工业、高原特色农业综合开发、文化旅游业为主的“楚雄州走进东盟招商引资推介会”；“火把节”期间，19个项目成功签约，协议投资182.8亿元；首届南博会暨昆交会上，签约项目15个，协议投资近200亿元，是楚雄州自参加昆交会以来签约项目最多，招商引资成效最为显著的一年。

【招商引资项目开发】 为进一步夯实项目基础，提高招商成功率，2013年，楚雄州相继聘请中国创意研究院、深圳锦秀时代投资顾问有限公司、重庆仁豪城市规划设计有限公司等专业团队，创意策划了永仁诸葛方山、中国西部绿谷、中国虎文化大观园、姚安县荷田人家、活力古镇等18个精品项目，并与中国西促会投资西部研究院（云南财智谷创意策划有限公司）等专业机构建立长期合作关系，为双柏县、姚安县、南华县、楚雄经济开发区策划包装了近20个大项目，创意开发了“中国彝药产业园”、世纪酱香产业园等11个产业化招商项目，项目开发工作逐步实现由提纲式向深度产业策划开发，由依托资源开发向依托客商、市场投资需求开发，由依托建设地一方力量向依托各类平台多方力量开发的3大转变。全年各级各部门新推出招商引资项目440个，其中，列为省级重点招商项目11个，列为州级重点和州级储备项目192个，项目对接成功率在上年基础上提高4个百分点，项目开发工作取得实质性突破。

【招商引资重点项目建设】 2013年，楚雄州招商局入驻州外来投资服务中心重大项目代办窗口，切实为外来投资者提供“一站式”服务；进一步规范对在楚异地商会的管理，积极为商会提供项目信息，帮助创新办会思路、提供全方位服务；制订《楚雄州跟踪招商工作办法》，实施“盯”住项目，“盯”住投资商的跟踪招商措施，按照招商区域、重点产业、县（市）区划定职责，由州招商局领导班子成员分工负责对长三角、珠三角、环渤海湾经济圈及昆明、川渝等周边地区的招商和产业类项目跟踪以及对县（市）区的督促指导、协调服务；常态化走访联系驻昆异地商会、驻楚异地商会，及时获取客商投资意向，先后组织开展了双柏、南华、姚安、禄丰、大姚5县的驻楚异地商会县（市）招商考察活动，以商招商取得实效。年内，在首届南博会暨第21届昆交会以及火把节签约的34个项目有30个项目履约，部分项目完成公司注册、立项等工作；有15个项目资金已到位，实际到位资金14.77亿元。

（吕振敏）

工商行政管理

【工商行政管理概况】 2013年，楚雄州工商行政管理系统以学习贯彻党的十八大精神为主线，按照“树牢三个理念，坚持开拓创新，深化效能建设，高效服务发展”要求，主动作为，开拓创新，真抓实干，履职尽责，全面提升工商行政管理水平，圆满完成了各项任务。

【服务发展】 2013年，楚雄州工商行政管理系统紧紧围绕服务地方经济发展，充分发挥工商行政管理职能作用，提升服务效能，营造宽松发展环境，促进全州企业总量持续增长和健康发展。认真贯彻省、州人民政府，省工商行政管理局支持民营经济发展和州工商局支持园区经济发展各项具体措施，放宽登记条件登记市场主体7438户，支持个体工商户转型升级323户；免收1.42万户个体工商户登记费25.6万元；免收企业登记费432.26万元。实施新型农业经营主体培育行动，鼓励发展农庄经济；对园区企业快速准入“绿色通道”实行业务限时办结制，缩短审批时限，对园区企业指定专人全程跟踪领办和特事特办，对重大投资项目、重点企业和改制企业实行“一对一”服务，并推行“四通、五办、六无”服务标准，全州共登记园区企业299户，注册资金28.66亿元。帮扶企业多途径融资，引导企业通过运用股权出质、股权出资、债转股等方式，积极开展设立小额贷款、融资性担保、股权基金公司登记，激活企业对各种资源要素的利用。全州共办理股权出质270件，出质股权数额15.62亿元，被担保债权数额64.70亿元；支持企业以债权转股权增加企业注册资本3户，融资金额3587.2万元；与工商银行楚雄分行、云南省农村信用合作联社楚雄办事处签订“搭建金融服务平台助推民营经济发展”战略合作框架协议，为州工商银行推荐360户企业，26户企业获得贷款6.76亿元；898户企业获得云南省农村信用合作联社楚雄办事处贷款29.8亿元。推进定点联系服务民营企业制度，动态跟踪了解企业生产经营状况及面临的困难，通过主动协调、专题汇报等方式帮助企业解决难题。年内，共走访定点企业360户460户次。积极鼓励有合作愿望、行业特色相近的合作社登记注册合作联社，扩大产业规模；与州、县（市）政府发展重点产业、特色产业、重点专业合作组织相配套，引导、帮扶26户农民专业合作社发展成为示范社，带动合作社增效、成员增收。鼓励、支持家庭农场发展。出台《家庭农场登记指导意见》，从6个方面扶持家庭农场发展，全州共登记家庭农场（农庄）12户。贷免扶补顺利完成，全面完成贷免扶补185户，获得贷款1151万元，带动就业543人，还贷率99.6%。推动高原特色农业发展取得实效。着力农资市场监管，查处各类农资案件199件，为农民挽回经济损失2.82万元。

【市场主体发展】 2013年，楚雄州各级工商行政管理机关大力营造宽松的经济发展环境，不断加大对民营经济的培育扶持力度，创新服务举措，创新监管方式，促进全州各类市场主体快速、健康发展。年末，全州共有各类市场主体8.65万户。其中，有私营企业8289户，注册资金204.71亿元，从业人员18.03万人，分别比上年末增加16.4%、32.7%和18.36%，私营企业保持平稳增速，注册资金规模进一步扩大。有国有企业3133户，注册资金103.30亿元，户数比上年减少16户，下降0.51%，注册资金比上年增加28.48亿元，增长38.06%。有外商投资企业198户，投资总额3.80亿美元，注册资本2.33亿美元，实收资本6051.01万美元，与上年末相比，户数增长6.45%。有个体工商户7.30万户，从业人员14.46万人，资金数额34.64亿元，分别比上年增长3.19%、12.71%和18.17%。有农民专业合作社1793户，注册资金18.83亿元，农民专业合作社成员总数1.51万个，分别比上年增长26.18%、87.38%和23.9%。

【商标战略】 2013年，楚雄州各级工商行政管理机关采取4个着力举措，积极推进商标战略实施。着力企业创牌意识提升。对全州400余家“三级名标”重点培育企业和农民专业合作社、协会的主要负责人进行商标战略知识培训；向州委、州人民政府报送《楚雄州商标发展分析报告》，对全州商标发展现状、特点及商标发展中存在的问题进行全面详述；以政府名义对全州上年获得“三级名标”认定的31家企业和成功注册的地理标志证明商标牟定县腐乳行业协会进行表彰奖励。着力行政指导。对已获得驰名商标的企业进行跟踪回访，鼓励获得省著名商标的企业积极争创中国驰名商标；深入基层指导创牌工作，通过与当地党委政府沟通交流，企业实地走访，结合实际明确创牌规划。着力商标品牌创建申报。全州共指导新申请注册商标218件，培育申报驰名商标1件（大姚核桃），完成著名商标申报15件，指导申报地理标志证明商标2件（元谋番茄、姚安山药），完成楚雄州知名商标认定18件。着力商标专用权保护，严厉打击侵犯知识产权和制售假冒伪劣商品违法行为，年内共查处商标侵权案件37件。

【食品安全监管】 2013年，楚雄州工商行政管理局强化专项治理整顿，提升监管效能，全力维护食品市场秩序。严把食品市场准入关，依法核发《食品流通许可证》。年内，全州流通环节共有食品经营户1.7万户，食品生产经营者100%取得工商营业执照，确保了全州食品生产经营者主体资格合法、有效。强化监管机制建设。落实食品流通经营单位的主体责任，与食品经营者签订食品安全责任书，明确食品经营单位的责任。督促食品经营者建立落实进货索证索票制度、销售台账制度、不合格食品召回和销毁制度、到期食品提示制度、过期食品下架制度等自律制度。建立并推行

工商执法人员进行食品安全快速检测　(州工商局提供)

食品流通环节“黑名单”制度，加大宣传力度，明确责任，强化监管，加大监管执法力度等措施深入落实流通环节食品安全黑名单制度。组织开展流通环节食品安全专项整治活动。先后开展大米市场排查、流通环节皮蛋产品监督检查、假冒伪劣食品专项整治、肉及肉制品专项整治、婴幼儿配方乳粉专项整治、儿童食品安全专项整治等，全州工商部门共依法查处食品经营违法违章案件749件，案值80.57万元。加强食品安全宣传教育。组织普法活动17次，出动执法人员592人次，广播、电视等媒体报道12次，制作张贴海报、标语85块（条），发放宣传材料3.72万份，开展咨询活动52次，举办食品安全讲座9场次，举办食品经营者培训班15次，培训人员3075人。加强食品安全事故应急处置能力。完善《楚雄州工商行政管理系统流通环节重大食品安全事故应急预案（试行）》，进行有效预防、积极应对、依法处置，切实提高应急处置能力。

【市场监管】 2013年，楚雄州各级工商行政管理部门把强化市场监管，规范市场秩序作为工作重点，着力建立健全市场监管长效机制，营造良好市场秩序。监管执法力度不断加大。加大行政执法案件查办力度，全州共查处各类经济违法违章案件3584件，案值742.68万元。其中，查办公用企业以及其他依法具有独占地位经营者不正当竞争案件6件。积极组织打击传销，开展打击传销行动21次，捣毁传销窝点40个。开展打击侵犯知识产权和制售假冒伪劣商品违法行为，查处违法案件37件。强化市场监管手段。积极探索创新监管手段，加强网站、网店的日常网上巡查监管，指导网站、网店规范网上经营行为，查处网络违法经营3件。积极开展市场秩序专项整治，排查农贸市场、批发市场、专业市场等各类市场126个，整治治安、秩序混乱市场21个。强化工商合同监管职能，查处合同违法案件31件。整治虚假违法广告，认真清理虚假违法医疗、药品广告，共查处违法广告案件71件。社会管理综合治理能力进一步提升。持续加大无照经营治理力度，规范州依法查处、取缔无照经营工作联席会议工作机制和工作程序，确保无照经营综合治理工作取得实效。加大“扫黄打非”工作力度，积极开展校园周边环境整治，强化安全生产监管。积极开展交通安全整治、禁毒防艾等社会管理综合治理工作。持续推进市场诚信体系建设。全州创建诚信市场8个，其中县（市、区）级诚信市场7个，州级诚信市场1个，完成创建县（市、区）级农村文明集市10个。

【行政执法】 2013年，楚雄州工商行政管理局切实强化执法监督，推行行政执法责任制，不断强化案件核审、集体讨论等内部行政执法监督机制，积极开展执法检查和案件评查，推进工商行政管理监管执法行政指导制度，积极探索人性化、说理式监管执法工作机制。落实工商执法与行政审判工作衔接制度，加强与各级法院沟通协调。加强法制宣传教育，营造行政执法良好氛围。加强执法监督。分层签订行政执法责任书，规范行政执法行为，制定出台了《楚雄州工商行政管理局重大疑难案件评审规定》；强化执法监督，对1522件一般程序行政处罚案件进行了法制核审，审查注册登记档案857份；组织开展行政执法案卷评查，共自查2012年度行政处罚案卷27卷、行政许可案卷599件、复议案卷8件；开展执法检查44次，检查案件1389件，检查行政许可1161件。推进行政指导。通过宣传教育、走访、建议、提示、警示、和解、调解等措施，深入推进行政指导。加强法制宣传教育，开展法制宣传63次，向群众发放法律法规宣传资料6.45万份，接受群众法律法规咨询450人次，法制宣传进企业（乡镇、学校等）38次，参训人数5184人。年内，全州工商行政管理系统共组织各类普法宣传培训131场次，参加学习人员6545人次。

2012～2013年楚雄州私营企业发展情况对比统计表

项目 年度	户数（户）	投资人数（人）	雇工人数（人）	注册资金（亿元）
2013年	8289	13558	166715	204.71
2012年	7121	12230	140079	154.26
增量	1117	1328	26636	50.45
增幅	15.69%	10.86%	19.01%	32.7%

2012～2013年楚雄州城镇、农村个体工商户发展情况对比表

项目	城镇个体工商户			农村个体工商户		
	2012年	2013年	同比（%）	2012年	2013年	同比（%）
户数（户）	34886	33652	-3.54	35895	39386	9.73
从业人员（人）	65466	66687	1.87	62817	77901	24.01
资金数额（亿元）	16.98	16.85	-0.77	12.33	17.79	44.28

2012～2013年楚雄州农民专业合作社发展情况对比表

	2012年	2013年	增量	增幅（%）
户数（户）	1421	1793	372	26.18
成员总数（人）	12184	15070	2886	23.69
出资总额（亿元）	10.05	18.83	8.78	87.38

【消费维权】 2013年，楚雄州各级工商行政管理机关深入推进“消费满意在云南”行动，进一步强化消费维权，保障民生有新进展。积极开展“消费满意在云南”系列宣传活动，将“消费满意在云南·楚雄行动”写进州人民政府工作报告。发放宣传资料、录制电视访谈节目、发送手机消费提示短信、举办大型广场宣传咨询服务活动，使“消费满意在楚雄”深入城市、深入农村、深入广大消费者。加快“五进”消费维权服务站建设，新建12315维权服务站48个；建立约谈机制，拓宽消费者申投诉渠道，增强受理消费者申投诉的公开透明度，有效提升维权效能。全州共受理消费者申（投）诉2411件，办结2411件，办结率100%，调解成功率98.8%，为消费者挽回经济损失65.17万元。开展“消费满意示范店”创建活动，认定县级“消费满意示范店”23个、州级示范店13个，推荐了5户省级“消费满意示范店”上报云南省工商行政管理局。

[朱亚文]

非公经济管理

【非公经济管理概况】 2013年，楚雄州各级工商行政管理机关和个体私营经济协会紧紧围绕服务民营经济发展这一工作重点，牢固树立服务为先、依法行政理念，创新服务举措，提升服务能力，积极营造宽松的经济发展环境，切实加大对民营经济的培育、扶持力度，促进全州非公经济持续增长和健康发展。

【私营企业发展】 2013年，楚雄州私营企业加速增长，注册资金总量突破200亿元。年末，全州私营企业达到8289户，比上年增加1168户，增长16.4%；注册资金204.71亿元，比上年增加50.45亿元，增长32.7%；从业人员18.03万人，比上年增加2.8万人，增长18.36%。年内新发展私营企业1750户，其中有323户由个体工商户转型升级而来，占全年新发展私营企业总数的18.46%。私营企业增幅是上年的2.16倍，呈现出显著的加速发展势头。有注册资金在100～500万元的私营企业1505户，比上年增加154户，增长11.4%；有注册资金在500～1000万元的私营企业540户，增加56户，增长11.57%；有注册资金在1000万至1亿元的私营企业669户，增加111户，增长19.89%；有注册资金1亿元及以上私营企业9户，增加3户，增长50%。

【个体工商户发展】 2013年末，楚雄州共有个体工商户7.3万户，比上年增加2257户，增长3.19%；从业人员14.46万人，比上年增加1.63万人，增长12.71%；资金数额34.64亿元，比上年增加5.33亿元，增长18.17%。

【外资企业发展】 2013年末，楚雄州有外商投资企业198户，其中，外商投资公司（法人企业）64户，投资总额3.8亿美元，注册资本2.33亿美元，实收资本6051.01万美元；外商投资企业分支机构117户，外商投资合伙企业17户。与上年相比，全州外资企业户数净增12户，增长6.45%。

【农民专业合作社】 2013年，楚雄州农民专业合作社实有户数1793户，比上年增加372户，增长26.18%；出资总额18.83亿元，比上年增长87.38%；平均每户农民专业合作社出资105万元，比上年增加34万元。全州农民专业合作社成员总数1.51万个，比上年增长23.69%，其中，农民成员1.47万个，增长23.9%。

【非公党建】 2013年，楚雄州工商行政管理局和个体私营经济协会采取“四个抓手”推进非公党建工作。抓非公党建信息采集和完善。认真落实非公党建数据采集、录入、变动的各项措施，完善非公党建网络数据台账，弄清全州非公经济党组织建制和党员人数。抓宣传和交流。开展形式多样的宣传，营造重视和支持非公党建工作的良好氛围。抓巩固和提高。创新活动方式和载体，组织开展各类特色鲜明、务实管用的活动，在开展“党员示范店”品牌建设、“感恩·奉献”、争创学习型党组织等主题活动的同时，为非公经济党支部选派“常务书记”，开展非公党组织和党员分类定级工作。抓挖掘和剖析。加大调查研究，深入挖掘、剖析现有的活动开展正常的非公党建工作机构和非公企业党组织工作情况，弄清其活动的内容、形式，以及工作中存在问题，党组织和党员如何发挥作用等，找准工作定位和方法，起到示范、模式作用，带动全州非公经济党组织和党的工作覆盖。年末，全州个体私营企业共建立党组织630个，党员总数8369名，占个私企业从业人数的2.8%，其中小微企业建立党组织328个，有党员5894名；个体工商户建立党组织302个，有党员2475名。

[朱亚文]

统　计

【统计工作概况】 2013年，楚雄州统计系统紧紧围绕中共楚雄州委、州人民政府的中心工作，严格执行国家统计制度，坚持以提高统计数据质量为核心，着力推进统计改革，强化统计队伍建设，夯实统计基层基础，精心组织第三次全国经济普查，加快统计信息化进程，加强对经济运行和社会发展的统计监测，圆满完成了各项工作任务。在全省18个统计专业评比中，楚雄州统计局获43项奖励；农业转移人口转变为城镇居民工作、地方志工作、计划生育工作、政务信息工作等获州人民政府表彰奖励。

【统计基础工作】 2013年，楚雄州高度重视统计基础工作。州人民政府多次召开专题会议研究统计工作，对统计工作中出现的问题和困难及时给予解决。实施统计人才规划。通过深入基层调研和多方征求意见，印发了《楚雄州统计人才发展规划（2013～2020年）》，提出力争到2020年，楚雄州的统计人才队伍数量上有扩张，质量上有提升，结构上有优化，素质上有提高。进一步夯实基层基础。年内，州统计局研究建立了领导班子成员及科室联系县（市）、部门、企业、乡（镇）统计工作制度，成立了统计工作业务指导组，领导班子成员及相关科室全年共深入基层和企业调研指导工作56人次，帮助解决问题24个；印发了进一步加强工业、商贸、重点服务业和建设领域统计基层基础工作的制度；与州商务局建立《社会消费品零售总额统计工作协调机制》，与农业部门建立部门联席会议制度，相继制定了农业核算、农林牧渔业、工业、投资、GDP核算、文化产业、劳动工资、人口主要数据、城镇化率数据质量评估办法等9个相关专业数据质量评估办法，为进一步提高统计数据质量、规范统计数据质量评估工作打下坚实的制度基础。强化教育培训。开创“统计讲堂”，由各专业科室围绕本专业的业务知识、工作流程、工作重点、工作难点和各科室间的协调配合等问题，向全局干部职工解读，让全局干部职工全面了解各专业统计工作。在全州统计系统内选送了12名领导干部参加国家统计局在成都举办的统计专业基础知识培训，在州统计局选送3名处级领导干部参加中共云南省委党校和省统计局在昆明理工大学举办的统计局长高级研究班学习，组织475人参加全州统计从业资格培训和考试，组织76人参加全国统计专业职称考试，与州发改委、州工信委、州商务局、州涉农部门和永仁县、元谋县联合开展国民经济核算、工业、能源、固定资产投资等统计业务培训11场524人次。

【统计改革发展】 2013年，楚雄州统计系统紧紧围绕全国、全省统计工作会议精神，积极推进统计制度方法改革。全力推进统计信息化建设，统计信息化水平进一步提升。多渠道筹措资金111.11万元，实施专网扩容改造工程，完成了州到县（市）统计局的10条专网网络扩容改造建设；建设了州统计局专网独立标准机房，加强信息化设备的升级、更新，强化网络运行安全保障，满足各县（市）网络发展需求，为第三次经济普查数据处理工作奠定基础。建设服务型统计，统计服务水平进一步提高。围绕目标任务，强化监测预警，坚持每月对主要经济指标进行分析预测，及时向相关部门通报情况，做到每月通报一次主要指标完成情况，较好发挥了统计监测预警职能。紧紧围绕“5个新增100亿”目标，加大对项目落地、工业发展、园区经济、县域经济等问题的专题调研力度，组织开展专题调研，先后3次与州商务局联合组成调研组，深入县（市）和企业，找问题、查原因，撰写了《楚雄州现代流通等新兴服务业发展存在的主要困难问题和建议》，相关部门及时调整工作部署，促进了服务业平稳增长。着力用数据说话，为决策服务，组织撰写和编印2013年《楚雄州国民经济和社会发展报告》1500册，为“两会”提供统计服务。做好统计咨询服务，发布了《楚雄彝族自治州国民经济和社会发展统计公报》，编印《楚雄彝族自治州国民经济主要指标快报》6200册，每季度寄发给州人大代表和州政协委员参阅，编印《2013楚雄州领导干部经济工作手册》1000册、《2013楚雄统计年鉴》250册、《楚雄统计》3期120册、《楚雄州人口研究》250册。用活服务载体，提升服务质量，全年共向党委、政府和上级部门报送统计信息、工作简报228条、统计分析报告74篇。所提供的统计信息、分析被州委、州人民政府领导批示10篇，统计信息被州委、州人民政府采用43篇，国家统计局数据管理中心采用3篇，省统计局统计内部信息网采用120篇，省人民政府办公厅采用2篇，省委办公厅采用3篇。

【统计法制建设】 2013年，楚雄州认真抓好统计法制建设。积极主动开展法制宣传。充分利用各种会议，借助新闻媒体、墙报专刊、标语、发放宣传材料、电子网络等形式，学习宣传《中华人民共和国统计法》和《统计违法违纪处分规定》。结合全州统计系统《统计执法检查证》工作，对州、县（市）统计局196人进行了统计法律知识培训和测试，组织29名干部职工参加了州人民政府法制办组织的行政执法培训学习。结合第三次全国经济普查，组织州、县、乡、村4级统计人员和国家机关、企事业单位、企业人员1850人参加国家统计局组织的《统计法》和《全国经济普查条例》知识竞赛。开展统计自查自纠工作。全面清理政府、部门及统计系统内部文件，查找、清理对企业“一套表”联网直报中干预独立统计、依法统计的文件及规定，对工作中存在的问题逐项进行纠正。扎实开展统计数据质量检查。按照国家和省统计局《关于坚决制止和严肃查处编造统计数据等弄虚作假行为文件的通知》要求，在自检自查的基础上，组织3个检查组，对全州10县（市）统计局和10个乡（镇）统计站、30户企业、单位的统计数据质量进行检查。对发现有轻微问题的30个单位发出《责令改正通知书》，对发现问题的1户企业交由县统计局处理。开展企业“一套表”联网直报“三查”工作。在全州范围内组织639个企业开展自查，州、县统计部门组成督导组进行重点督查。通过自查和重点督查，对发现问题及时整改，全州10县（市）统计部门共发出《责令整改通知书》19份。

【第三次全国经济普查】 2013年，按照国务院和省、州人民政府要求，楚雄州统计局牵头组织实施楚雄州第三次全国经济普查工作。认真做好前期准备，做到“四个早”，即早计划、早部署、早动员、早安排。狠抓“四个到位”，即组织到位、宣传到位、培训到位、清查到位。早抓“四落实”。即落实机构，全州各级组建了普查机构；落实人员，州、县、乡普查办共抽调工作人员615人，选聘“两员”3167人；落实到位普查经费1022.79万元，其中州级落实500万元、10县（市）落实405.02万元、103个乡（镇）落实111.77万元；州、县、乡3级共落实经济普查办公室3567平方米。及早研究部署，州人民政府印发了《楚雄州人民政府关于做好第三次全国经济普查工作的通知》和《楚雄州人民政府办公室关于认真做好第三次全国经济普查单位清查工作的通知》，对全州经济普查工作提出了具体要求并与10县（市）人民政府、州经普办签订了责任状。认真开展单位清查。按照省人民政府《关于做好全省第三次全国经济普查单位清查工作的通知》精神，州统计局牵头组织召开了全州第三次全国经济普查单位清查和企业一套表“三查”工作动员培训会议，全面安排部署楚雄州第三次全国经济普查的单位清查工作。通过清查，全州共有登记单位1.88万家，其中法人单位1.1万家、个体经营户9.07万户，分别比第二次经济普查时增长47.8%和21.6%，普查对象近11万户。积极开展经普宣传。州县乡3级共投入宣传经费13万元，悬挂横幅272条，张贴标语2857条，电视新闻报道18次，印发普查简报79期，制定了《楚雄州第三次全国经济普查宣传工作方案》，与州委宣传部联合下发了《关于认真做好第三次全国经济普查宣传动员工作的通知》，联合召开了州级新闻媒体宣传工作推进会。从11月开始，州级主要媒体每天刊发1条宣传标语、1～2条经普知识，做好相关经济普查工作动态报道，开通了手机短信和电话彩铃，转发了国普办统一制作的第三次全国经济普查公益广告片。12月17日，在楚雄市桃源湖月亮广场举行了全州经济普查宣传启动仪式和现场宣传咨询活动。业务培训深入到位。组织全州10县（市）经普办副主任、业务骨干、103个乡（镇）统计员和州经普办全体工作人员215人，参加了为期4天的第三次全国经济普查方案培训。重点对普查登记工作细则、普查全过程质量控制办法、普查表式及填表说明、单位划分、行业划分、普查区划分与绘图工作细则、PDA操作、统计法律法规等知识进行培训。12月23日，在楚雄市鹿城镇龙江社区第5普查小区开展了PDA数据采集试点工作，10县（市）组织相关专业人员参加了试点，通过现场实际操作，使参加试点的人员掌握了PDA的使用流程，取得较好效果。

［高华伟］

统计调查

【统计调查概况】 2013年，国家统计局楚雄调查队切实加强办公环境及调查业务建设，加强调查分析服务，为高质量完成好国家统计调查任务，服务好楚雄州经济社会科学发展做出了积极贡献，被国家统计局云南调查总队考核为“优秀州（市）调查队”、“党风廉政建设三等奖”。

【全州统计调查工作会议】 2013年3月29日，楚雄州人民政府专题召开全州统计调查工作会议，全州10县（市）人民政府及楚雄经济开发区管委会分管联系统计和国家调查工作的领导，双柏、牟定、南华、禄丰4个县级国家调查队长，各县（市）及楚雄经济开发区管委会统计局局长，以及州级各有关部门、企业的领导，国家统计局楚雄调查队全体干部职工共90余人参加了会议。会议总结了楚雄州国家调查队系统2012年取得的成绩，分析了存在的问题，并对2013年全州国家统计调查工作进行了安排部署。会上，州人民政府与10县（市）人民政府和州级有关部门签订了《2013年度调查工作目标责任书》。

【调查基础建设】 2013年，楚雄州高度重视调查基础建设。把国家统计局楚雄调查队以城乡住户一体化调查为重点的有关调查经费列入财政预算，并及时足额拨付；对国家统计局楚雄调查队办公室进行装修改造，购置了公务用车，改善了交通工具；做好电子网络信息化建设，建成了中央机房、电子显示屏、电子眼安全监控和多媒体会议室，购置了一批微机，提升了信息化水平；建立健全城乡住户一体化、居民消费价格指数（CPI）、工业生产者价格指数（PPI）、规模以下工业等重点调查网络网点及基础台账，确保全州城乡住户调查样本户和物价采价点的相对稳定；广泛开展对基层调查业务人员、辅调员、采价员的业务培训，切实提高基层调查人员的业务素质，为搞好全州调查工作打下良好基础。

【常规调查业务建设】 2013年，楚雄州大力加强常规调查业务建设。州人民政府首次把调查工作列入政府工作目标责任考核，进行严格考核、兑现奖惩；国家统计局楚雄调查队印发实施了《楚雄州城乡住户一体化调查工作考核评比办法》、《楚雄州居民消费价格指数调查工作考核评比办法》、《楚雄州规模以下工业抽样调查工作考核评比办法》等3个考核评比办法，进一步加强对全州城乡住户一体化调查、居民消费价格指数调查、规模以下工业抽样调查等重点调查业务工作的考核力度，促进全州调查工作管理的标准化和规范化，提升调查工作水平，保证调查数据的真实性和数据质量；认真贯彻执行国家统计调查报表制度，圆满完成了全州城乡住户一体化、居民消费价格指数（CPI）、工业生产者价格指数（PPI）、规模以下工业、农产品产量、采购经理、贫困监测、农民工监测、畜禽监测、农村固定资产，部分服务业等17项常规调查任务，以及公安工作及公众安全感调查、全国民生指数调查等专项调查任务；在数据的评估和上报过程中，始终坚持不碰红线，守住底线的原则，努力做好上报数据的评估、解读、解释、协调、宣传工作，确保涉及民生的三大指标数据真实反映楚雄州城乡居民收入现状，得到上级调查部门的认同和肯定，2013年，全州城镇居民人均可支配收入2.29万元，居全省16个州（市）的第5位；比上年增加2642元，增长13%，增速位次由2012年居全省16个州（市）的第13位提高到2013年的第7位，前移6位。农民人均纯收入6357元，居全省16个州（市）的第7位；比上年增加939元，增长17.3%，高于上年0.2个百分点，增速位次由2012年居全省16个州（市）的第10位提高到2013年的第8位，前移2位。居民消费价格指数涨幅为3.0%。3项指标都完成了年初州人代会确定的计划目标。

【调查分析服务】 2013年，国家统计局楚雄调查队进一步加大对调查信息、分析及调研报告的考核力度，认真开展调查分析，为全州各级党委、政府及有关部门提供调查优质服务。年内，共编印报送调查分析（调研报告）36期36篇，及时捕捉、采集、编发和报送各类调查信息简报56期70条。所撰写、编印、报送的分析、信息大部分被总队内网采用，部分重要的调查统计资料都被州委、州人民政府主要领导参阅并得到充分肯定和重视。其中《楚雄州农民增收因素分析》一文被国家统计局内网采用。做好常规调查服务。组织编辑、发布1～4季度《楚雄调查快讯》小册子400余册；每月与楚雄州发展和改革委员会联合签发“关于楚雄州各月居民消费价格总水平及食品、粮食和蔬菜价格变动情况的通报”；与楚雄州工信委联合发布工业品生产价格公报。为州委、州人民政府及其管理部门及时掌握经济运行发展、消费物价及工业品价格变化情况，加强市场监管和工业产品生产等提供调查统计服务。

［肖世良］

审　计

【审计工作概况】 2013年，楚雄州审计局坚持“依法审计、服务大局、围绕中心、突出重点、求真务实”的审计工作方针，紧紧围绕州委、州人民政府的中心工作和上级审计机关的安排部署，把推进法治、维护民生、推动改革、促进发展作为审计工作的出发点和落脚点，狠抓重点领域、重点部门和重点资金及事关人民群众利益的财政专项资金的审计监督。全州审计机关共组织开展审计项目579项，审计查出违规金额8.23亿元，管理不规范金额74.21亿元，应收缴财政2.03亿元，减少财政拨款8266万元，核减固定资产投资9057万元。提出被采纳审计建议1209条，向社会公布审计公告421个。

【专项审计】 2013年，楚雄州认真做好各项专项审计工作。

政府性债务审计。全州审计机关把政府性债务审计作为年度工作的重中之重，调集全州审计力量，精心组织，合理分工，采取“上审下”和“交叉审”相结合的方式，抽调164名业务骨干，组成10个审计组历时两个多月，圆满完成了全州县（市）政府性债务审计工作任务，摸清了全州政府性债务规模数额，为党委、政府决策提供了可靠依据。

民生专项资金审计。年内，以投资、建设、分配、运营管理为重点，对保障性安居工程实施全过程跟踪审计；10月，根据全省扶贫资金审计工作会议精神和安排，共抽调审计人员93名，对全州10县（市）的财政扶贫资金进行审计，按时向省审计厅和州人民政府报送了审计报告，圆满完成了审计任务；组织全州审计机关对2006～2012年度10县（市）住宅维修资金缴存、管理、使用、结余情况进行审计，并延伸审计了部分房地产开发企业代收代缴住宅维修资金的情况；组织全州审计机关对2012年农村安居工程“特色村庄”示范村建设项目规划和任务落实、项目实施及管理、项目资金拨付和使用管理等情况进行审计，向有关部门提出了完善政策、健全制度、加强管理的建议，促进了中央和省、州党委、政府支农惠农政策的落实。

财政预算执行审计。年内，以推进依法理财、规范财政分配秩序、构建公共财政框架为目标，以预算编制的完整性和预算执行的真实性、合法性为重点，组织开展了财政预算执行审计，并按照全省“一条线”审计模式，结合财政预算执行审计，统一组织全州审计机关同步开展园区经济发展和专项资金管理使用情况、耕地开垦费收支管理情况2个专题审计。采取“六统一”的形式，充分应用地税联网审计系统，组织全州审计机关实施了2012年度税收征收管理和税收政策执行情况审计。开展了对禄丰县及州级相关单位2012年度财政决算、税收执行情况审计。为进一步规范财税管理，强化政府及其有关部门的依法理财意识，维护政令统一和财政决算的真实性、合法性发挥了积极作用。

领导干部任期经济责任审计。坚持“全面推进、突出重点、健全制度、规范管理、提高质量、深化发展”的工作方针，不断加大经济责任审计工作力度。全年全州完成经济责任审计项目107项，查出违规资金2.16亿元，其中直接责任200万元、主管责任金额1385万元、领导责任2亿元；查出管理不规范资金2.41亿元，其中直接责任85万元、主管责任金额1.92亿元、领导责任4836万元；审计上缴财政资金5641万元。年内，调研起草《楚雄州州管领导干部经济责任审计对象分类管理暂行办法》和《楚雄州党政领导干部离任经济责任事项交接制度》，提交州人民政府常务会议审议通过，州委常委会议审定通过印发全州执行；制定《楚雄州州管领导干部经济责任审计进出点会议规定》，进一步规范经济责任审计工作。

投资审计。在做好固定资产投资项目竣工决算审计基础上，积极探索对政府投资项目由真实合法性审计向效益性审计转变的路子，加强对州人民政府确定的重大建设项目的跟踪审计调查，审计监督与服务水平不断提高。全年全州完成固定资产投资审计项目297个，审定项目投资额39.8亿元，审计核减投资额9057万元。12月，州人民政府常务会议审议通过并颁布了《楚雄彝族自治州人民政府投资建设项目审计办法》，为加强政府投资建设项目审计监督工作，规范政府投资建设项目审计行为提供了制度保障。

绩效审计。2013年，楚雄州积极探索对政府重大投资项目和州级行政机关为完成所承担的重大建设项目开展的各项行政性工作、民生项目以及相应的资金筹集、拨付、管理使用情况展开绩效审计的路子，重点对武定县和大姚县2011～2012年度财政扶贫资金、州文化中心建设项目、州妇幼保健院业务用房修缮工程、双柏县新华水库扩建工程审计等项目开展绩效审计，组织州级部门和10县（市）对重点事项目标任务完成情况，工作方案（计划）、采取的措施、项目实施管理情况、内控制度建设和执行情况、资金筹集管理及使用情况、材料上报和资料收集管理情况进行督促检查，对提高资金使用效益和工作推进效果明显。

【审计整改】 2013年，楚雄州审计局把加强审计查出问题整改落实作为审计工作的重要环节，通过落实审计整改情况报告、审计整改工作督查、审计整改问责、审计整改结果通报等措施，切实增强被审计单位整改落实审计发现问题的自觉性和主动性。在项目审计工作中执行项目负责制，要求审计人员对所实施的项目进行跟踪督促，确保按时整改落实到位。上半年，组织全州审计机关对2013年依法行政工作情况、2012年审计项目质量情况、“六五”普法等工作开展情况进行了自检自查，接受州人大常委会安排的审计法执法检查，并对南华、牟定、双柏、楚雄4个县（市）审计局进行了实地检查。12月上旬，按照州人大常委会、州人民政府关于对审计发现问题进行整改的要求，由州审计局牵头，州人民政府督查室、州审计局、州监察局、州财政局等相关部门人员24人参加组成6个督查组，对州、县（市）417个单位、61个乡（镇）2012年7月至2013年6月审计发现的1103个问题的整改落实情况进行了督查，对县（市）审计工作目标管理责任制和审计系统目标管理考核责任制、审计综合执法、审计机关信息化建设等工作进行了考核。年内，全州各有关部门和单位已按审计意见整改问题1059个，占应整改问题的96%；正在整改的问题36个，占应整改问题的3.3%；未整改落实的问题8个，占应整改问题的0.7%。在审计过程中，提出审计建议1517条，被采纳1181条；促进被审计单位制定整改措施及建立健全规章制度43个。

【审计信息化及法制建设】 2013年，楚雄州高度重视审计信息化建设，搭建信息化建设学习交流平台，坚持抓好每月1次的审计案例交流，全年共组织案例交流9期，交流案例18篇。年内，投入189万元资金，对全州11个审计机关会商系统设备进行升级改造，实现了和审计署、省审计厅的无缝对接。抓好《审计法》、《审计法实施条例》、《审计准则》等法律法规的学习教育和贯彻执行，按照“谁主管、谁负责”的原则，落实“一把手”和分管领导分工负责制，与科室签订行政执法责任书，层层分解落实执法责任，认真开展年度优秀审计项目评选，研究制定了《楚雄州审计局关于进一步加强审计质量管理控制工作的意见》和《楚雄州审计局审计项目质量控制办法》，进一步加强对审计质量的控制和管理，开展了案卷评查和行政执法证换证和培训工作，全州审计机关的行政执法责任制得到健全和完善，审计执法行为进一步规范，审计质量和水平得到全面提升。全州共评选出优秀审计项目11个，组织实施较好的审计项目7个，在省审计厅组织的全省优秀审计项目评选中，有2个被评选为省级优秀项目、1个被评为省级表彰项目。

［杨崇昱］

质量技术监督

【质监服务】 2013年，楚雄州质量技术监督局积极服务地方经济发展。开展企业走访活动。由州质监局领导班子带队，对全州66户重点食品、工业产品等生产企业进行走访，共发放政风行风问卷调查表66份，收回66份，回收率100%；收集到意见建议18条，其中肯定意见12条、建议6条；指导帮助企业解决问题12个。将减轻企业负担落到实

2013年楚雄州“云南名牌”产品一览表

获名牌产品名称	企业名称
“仁恒”牌复混肥料	云南楚雄仁恒化肥有限公司
“云开”牌气体绝缘金属封闭开关设备；“云开”牌户内金属铠装移开式封闭开关设备	云开电气集团股份有限公司（原云南开关厂）
“国宾”牌系列卷烟	红塔烟草（集团）有限责任公司楚雄卷烟厂
“云绿”牌无公害蔬菜（洋葱、番茄、菜豆）	元谋县蔬菜有限责任公司
“德威”牌钢筋混凝土用热轧带肋钢筋	云南德胜钢铁有限公司
“双梅”牌酿造食醋	云南禄丰鼎鑫醋业有限公司
“勤丰”牌过磷酸钙	云南禄丰勤攀磷化工有限公司
“东宝一捏脆”牌核桃干果	云南楚雄东宝生物资源开发有限公司
“大雄”牌核桃干果	大姚亿利丰农产品有限公司
“奉氏”牌脱水香葱	元谋利明脱水蔬菜有限责任公司
“雁塔”牌蒲地蓝消炎片	云南龙发制药有限公司
“YUNTI”牌工业纯钛板卷	云南钛业股份有限公司
“光波”牌普通导爆索；“天力”牌啤酒瓶	云南燃二化工有限公司
“锦亿”牌核桃干果	大姚锦亿土特产有限公司
“天腾”牌复混肥料	云南天腾化工有限公司
“林春”牌脂松香	南华松香厂
“马樱花”牌生丝	云南海润茧丝绸有限公司
“闽中”牌脱水香葱	云南元谋闽中食品有限公司
“葆宏”牌食用牛肝菌	楚雄宏桂绿色食品有限公司
“彝人古镇”牌旅游景点管理服务	云南汇通古镇文化旅游开发集团有限公司

处。涉企（个人）收费能按照标准下限收取的一律按下限收取，对一些经营确实存在困难的企业和个人，采取部分免收或暂缓交付的方式，切实减轻企业和个人负担；对公益性事业单位（如学校、医院）和社会弱势群体（如残疾人）开办的小作坊、小工厂按收费标准的下限或半价收取检验检测费用；对集贸市场使用的计量器具免收检定费用。制定出台10项服务承诺，助推彝州非公经济发展。

【质量工作】 2013年，楚雄州及时制定印发全州质量管理和质量监督工作要点，组织开展了2013年全国知名品牌创建示范区和全国质量强市示范城市创建活动，积极组织州内14家云南名牌生产企业参加中国质量奖申报培训，启动企业质量信用档案数据库建设工作，进一步督促企业落实安全主体责任，提升企业质量管理水平。积极推进品牌发展战略。结合楚雄州实际，及时发文组织开展全州2013年云南名牌产品建议目录的推荐工作，组织完成了全州具有质量优势、竞争优势的22家企业24个产品的云南名牌产品建议目录工作，并上报省质监局和省名牌产品推进委员会办公室。至年底，全州共有20家企业的22个产品荣获云南名牌产品称号。落实了云南燃二化工有限公司、云南钛业股份有限公司、云南龙发制药有限公司、大姚锦亿土特产有限公司4家全州2012年新创云南名牌产品企业的5个产品50万元的政府奖励。在全州组织开展了3家云南名牌产品生产企业品牌价值评价工作。启动楚雄州地理标志产品保护工作。成立了楚雄州地理标志产品保护工作领导小组，并出台了楚雄州地理标志产品保护工作实施意见，州人民政府对获得地理标志保护产品的团体、协会或者其他组织给予奖励20万元人民币。年末，牟定腐乳、大姚核桃、南华松茸、双柏妥甸酱油已通过省质监局立项，等待国家质检总局的考核验收。加强重要工业产品监管。开展获证企业年度审查，共完成31家获证企业年度审查工作；开展获证企业巡查监管，全年全州质监系统共巡查获证企业97户次，发出整改通知书8份，回访获证企业8家，针对巡查中发现的问题企业均作了整改，全年全州工业产品生产许可证获证企业未发生重大产品质量安全事故；完成了53家获证企业的分类监管现场分级评价工作；围绕涉及人身健康、财产安全和关系国计民生的重点重要工业产品，组织开展产品质量监督抽查，全州共抽查426家企业530个批次的产品，企业合格率92.49%、产品实物质量合格率91.5%。

【标准化工作】 2013年，楚雄州质量技术监督局加强与州商务、旅游等部门的协调配合，做好服务，共同推进服务业标准化试点工作。督促完成了南华咪依噜风情谷旅游区省级服务业标准化试点项目验收；积极开展地方标准项目征集，由州动物疫病预防控制中心上报的《滇撒猪配套系综合养殖技术》地方标准获云南省质量技术监督局批准立项，年内正抓紧进行标准的起草和制定；在全州2户企业中开展创建“标准化良好行为企业”试点活动，引导企业建立科学、有效的标准体系；组织上报了全州2个地方特色农产品种养殖农业标准化示范区，已获省质量技术监督局立项，等待考核验收。

【食品监管】 2013年，楚雄州深入开展食品非法添加和滥用食品添加剂、食用油产品等专项整治行动，重点整治“违禁超限”、“假冒伪劣”等违法行为，进一步突出乳制品、酒类、肉制品等重点品种的综合治理。全年全州质监系统共出动执法人员2943人次，检查食品生产加工企业1605户次，立案查处案件76件，查扣不合格食品38.04吨，涉案货值金额46.97万元。全年全州未发生系统性、区域性、行业性重大食品安全事故。

【特种设备监管】 2013年，楚雄州深入开展特种设备安全检查工作，全州质监系统共出动车辆522辆次、执法人员1472人次，检查特种设备使用单位856家，检查设备4173台；查出存在安全隐患和问题的特种设备使用单位272家，涉及特种设备666台；年内已整改使用单位248家，整改特种设备566台，整改率84%；下达安全监察指令书298份，查处特种设备使用单位17家。全年全州特种设备未发生安全事故。

【计量工作】 2013年，楚雄州组织开展了定量包装商品净含量监督检查、能源计量审查、金银制品专项检查，并对全州各基层局分解下达了2013年计量重点工作目标任务，各项工作积极推进。对全州16个集贸市场在用的台秤、案秤、电子秤、度盘秤等衡器进行了免费检定，共免费检定各种计量器具3964台件，免收检测费5万元。大力实施计量惠民生，诚信促和谐，深入开展双十工程专项行动，全州质监系统共出动人员385人次、车辆96次，实现诚信计量自我承诺示范集贸市场8个、加油站15个、餐饮行业3个、商店超市10个、医疗机构9个、配镜行业9个、道路交通1个、公用事业7个；免费计量服务中小学校12个、计量服务单位25个；查处计量违法案件9个。

【执法打假】 2013年，楚雄州质监系统共出动执法人员3887人次，立案查处各类行政案件319起，查获货值金额546.7万元，结案案件319起，移送公安机关3件。按案件类型分，质量案件205件，食品案件63件，计量案件21件，特种设备安全案件20件。

［樊建梅］

安全生产监督管理

【安全生产指标控制】 2013年，楚雄州安全生产形势总体稳定。全州共发生各类生产安全事故540起、死亡125人、受伤373人、直接经济损失2124.73万元。与上年相比，事故起数增加174起，死亡人数增加4人，受伤人数减少139人，直接经济损失增加373.17万元。2013年，省安全生产监督管理委员会下达楚雄州安全生产总死亡控制指标60人

（工矿商贸19人，煤矿2人，生产经营性道路交通30人，农业机械4人，铁路交通5人），年内，省人民政府考核楚雄州控制指标内各类生产安全事故共死亡57人，占总指标的95%，少控制指标3人。发生较大事故6起，占全年控制指标的100%。反映安全生产总体水平的4项相对指标稳中有降。亿元GDP生产安全事故死亡率由0.21降到0.20，下降4.76%；道路交通万车死亡率由1.95降到1.65，下降15.38%；除煤矿外工矿商贸10万从业人员事故死亡率由3.02降到2.98，下降1.32%；煤矿百万吨事故死亡率由4.14降到0.89，下降78.50%。煤矿百万吨事故死亡率首次降到1.0以下，虽然仍高于全国水平0.288和全省水平0.87，但已是楚雄州有统计以来的最好水平。

2013年楚雄州安全生产绝对指标统计表

项目	事故起数（起）	与上年比（±%）	死亡人数（人）	与上年比（±%）	与控制指标比（±人）	受伤人数（人）	与上年比（±%）	直接经济损失（万元）	与上年比（±%）
煤矿外工矿商贸企业	18	20	19	18.75	持平	持平	持平	1202.16	51.52
煤矿	1	-400	1	-85.17	-1	持平	持平	200.00	-71.29
道路交通	243	-15.03	93	-2.11	-1	371	-27.11	141.42	-4.21
铁路交通	5	—	5	—	持平	0	—	—	—
农机	3	持平	3	持平	-1	1	100	1.5	100
消防	270	392.86	4	400	—	1	持平	579.65	410.75
合计	540	47.54	125	3.31	-3	373	-27.15	2124.73	21.31

注：2013年，省安委会下达楚雄州安全生产总死亡控制指标60人（工矿商贸19人、煤矿2人、生产经营性道路交通30人、农业机械4人、铁路交通5人），道路交通只考核生产经营性事故。年内生产经营性道路交通事故死亡29人，铁路交通事故首次纳入州内统计。

2013年楚雄州安全生产相对指标统计表

指标	2013年	2012年	2013年与2012年比（±%）
亿元GDP生产安全事故死亡率	0.20	0.21	-4.76
道路交通万车死亡率	1.65	1.95	-15.38
除煤矿外工矿商贸10万从业人员事故死亡率	3.02	2.98	-1.32
煤矿百万吨事故死亡率	0.89	4.14	-78.50

2013年楚雄州较大事故统计表

事故起数（起）	与上年比（%）	与控制指标比（%）	死亡人数（人）	与上年比（%）	受伤人数（人）	与上年比（%）
6	持平	持平	28	-4	31	-46

【安全生产责任制】 2013年，楚雄州人民政府继续把安全生产工作列为全州重点督查的20项重要工作之一，州委常委会议3次、州人民政府常务会议4次、州长办公会2次、州安委会4次全体会议研究部署安全生产工作，认真贯彻习近平总书记关于“党政同责、一岗双责、属地监管、综合监管、行业监管、齐抓共管”的重要指示精神。调整充实了州安全生产监督管理委员会，完善安全生产“一岗双责”目标责任制，州长与副州长、10位县（市）长与分管安全生产的副县（市）长全部签订了安全生产“一岗双责”责任书，州人民政府与10县（市）人民政府、21家州级部门和单位、18户重点企业签订安全生产责任状，州安监局与10县（市）安监局签订安全生产综合监管责任书。州、县（市）人民政府继续落实了常务副职分管安全生产工作的要求。各级各部门共层层签订安全生产责任状3946份，与上年相比上升3.62%。

【安全生产宣传教育培训】 2013年，楚雄州坚决贯彻“安全第一、预防为主、综合治理”的方针，强化安全生产宣传教育和培训，扎实开展“三项岗位”人员培训、“安全生产月”活动，督促企业搞好厂（矿）、车间、班组3级教育培训，在重点行业和领域开展形式多样、主题鲜明的安全生产宣传教育和群众性安全宣传活动，从业人员素质和全民安全意识进一步提升。年内，共举办“三项岗位”人员培训班46期5262人，投入安全生产宣传经费18万余元，近20余万人次受到教育。州安监局被国家安监总局等7部委表彰为2013年度全国“安全生产月”活动先进单位。

【安全生产行政审批】 2013年，楚雄州按照“谁审查、谁负责”的原则，切实把好安全生产行政许可受理、审查和发证关，严格按规定程序及限时办结制的要求予以办理。州安监局共依法对314户安全生产行政许可申请企业进行审查，通过审查颁发《非煤矿山安全生产许可证》233户（含新办、变更、延期，下同），颁发《危险化学品经营许可证》46户，颁发《烟花爆竹经营（批发）许可证》5户，颁发二、三类《非药品类易制毒化学品生产经营备案证明》2户。按照夯实基础和整顿关闭的要求，对已审批的安全许可逐一进行清理，全州共清理安全生产行政许可1865户，暂扣、吊销安全许可67户。对新、改、扩建项目违反安全生产“三同时”（安全设施必须与主体工程同时设计、同时施工、同时投入使用）审查规定的生产经营单位进行处罚，共处罚款14万元。

【安全生产大检查】 2013年，楚雄州创新安全生产大检查制度，由监管任务较重的10家州级部门在州安监局的支持配合下，分别负责10县（市）人民政府安全生产大检查的牵头工作。落实“全覆盖、零容忍、严执法、重实效”的工作要求，于4～9月集中开展了为期近半年的安全生产大检查和近3个月的“回头看”活动，共查出一般隐患9076项，整改9076项，整改率100%；查出重大隐患42项，整改39项。年内，国务院安委会督查组采取明查暗访的方式3次对楚雄州集中开展安全生产大检查活动情况进行了抽查督查。对督查组提出的问题和隐患，楚雄州年内均按时限要求完成了整改。

【安全生产依法治理】 2013年，楚雄州继续将安全生产行政执法与“打非治违”有机结合，全州各级各部门累计打击非法违法、治理纠正违规违章行为15.32万起，处罚罚款328.33万元。楚雄市、南华县各组建了1支专职打非队伍，始终保持打击私挖滥采的高压态势；继续深入开展煤矿、非煤矿山、危险化学品、烟花爆竹、民用爆炸物品、道路交通、建筑施工、消防、特种设备、农机等重点行业领域安全专项整治。关闭煤矿矿井2对（楚雄市大遮能煤矿桂花箐二号井、禄丰县大窝煤矿星小二号井）、非煤矿山47座，建成安全避险“五大系统”煤矿33个，正常生产的22座非煤地下矿山均完成了安全避险“三合一”系统建设，1户危险化学品生产企业自动化升级改造系统通过了专家验收，职业危害申报企业达833户。道路交通开展了“大排查、大教育、大整治”专项行动，全州共开展集中统一行动277次。消防开展了“除火患、保平安”专项行动，集中开展了为期一月的餐饮场所燃气安全专项治理，核查餐饮场所827家。

【企业安全基础建设】 2013年底，楚雄州的33对煤矿矿井均达到三级及以上安全标准；541座非煤矿山和尾矿中，除143座砖厂不需达标和92座长期停产、半停产矿山及尾矿库未达标外，其余306座全部达标（其中4座达二级标准）；全州应达标规模以上工贸行业企业123户，达标104户，占年度达标任务数的100%；82户危险化学品生产经营企业100%达标，烟花爆竹批发企业达标3户，完成率30%，有7户企业因仓库安全距离不够需搬迁改建；全州从事客运、危险化学品运输的58户交通运输企业，已完成安全生产标准化达标创建47户，达到了省交通运输厅2013年完成企业总户数65%的比例要求；省住建厅下达了5户标准化工地达标任务，已全部完成；电力等行业也启动了安全标准化创建工作。全州生产经营单位共建立各类专（兼）职应急救援队伍127支，其中，救援能力较强的22支。同时，督促没有建立应急救援队伍的企业与相邻的具备相应能力的专职应急救援队签订有偿应急救援协议，区域性安全生产应急救援网络基本形成。

【事故查处】 2013年，楚雄州按照“四不放过”和“科学严谨、依法依规、实事求是、注重实效”的原则，严肃事故查处，严格追究有关单位和人员的责任。年内发生的6起较大事故均已报州人民政府批复结案，较大事故查处时间比上年平均提前了12个工作日。6起较大事故分别是：

4月4日11时20分，碍嘉镇旧长村委会大芝麻地下村村民周某驾驶云EBV677号华劲牌三轮摩托车载15人，从碍嘉镇至阳太公路（乡村公路）九队田房路段驶出路面，发生翻车，造成4人当场死亡、11人受伤。

5月6日零时35分许，元谋县黄瓜园镇牛街村村民阮某无证驾驶一辆车牌号为云ECC751的两轮摩托车在国道108线K3179+950米处翻车，造成3人当场死亡。

6月23日12时许，四川攀枝花市仁和区太平乡村民李某，驾驶车牌号为川D30067的重型自卸货车行至国道108线K3108+900米处（永仁县境内）时，与对向行驶的车牌号为川DF9938微型面包车发生碰撞，造成7人当场死亡。

10月18日，云南省交通旅游总公司驾驶员段某驾驶云AL2723号大型普通客车由昆明驶往丽江。10时37分，车行至杭瑞高速公路楚雄至大理方向K2436+483.7米处（楚雄州南华县境内）驶出路面翻下边坡，造成8人死亡、19人受伤。

11月10日，南华县龙川镇云台山村委会村民起某驾驶一辆正三轮摩托车驶往县城，在南永线K9+129.35米处，与楚雄太阳女汽车运输公司驶往大姚的一辆中型客车相撞，造成三轮摩托车驾乘人员3人死亡、1人受伤。

12月26日，南华县马街镇秀水塘村委会普家村村民小组罗绍荣户发生民房火灾，造成3人死亡。

［陈思云］

食品药品监督管理

【食品药品监管机构改革】 2013年，楚雄州根据国家及省、州有关文件精神，将原州人民政府食品安全委员会办公室的职责、原州食品药品监督管理局的职责、州质量技术监督局的生产环节食品安全监督管理职责、州工商行政管理局的流通环节食品安全监督管理职责整合，划入新组建的州食品药品监督管理局。新组建的州食品药品监督管理局主要职责是对本地生产、流通、消费环节的食品安全和药品、医疗器械、化妆品的安全性、有效性实施统一监督管理，承担州人民政府食品安全委员会的具体工作。将原州人民政府食品安全委员会办公室、原州食品药品监督管理局机关及所属事业单位的机构、人员和编制，整体划入新组建的州食品药品监督管理局。将州质量技术监督局机关负责的食品生产监管、州工商行政管理局机关负责的食品流通监管职责的机构及编制和人员，划入新组建的州食品药品监督管理局。将州质量技术监督局负责的稽查工作、州工商行政管理局负责的经济检查工作的人员和编制，分别按照30%的比例划入新组建的州食品药品监督管理局，与州食品药品监管执法机构整合，组建楚雄彝族自治州食品药品稽查支队。12月30日，州人民政府召开州食品药品监督管理局成立大会并向州食品药品监督管理局、州人民政府食品安全委员会办公室、楚雄州食品药品监督管理局食品药品稽查大队和楚雄州食品检验所进行了授牌。12月31日，州质监局向州食品药品监督管理局移交了食品生产监管职能和人员。

【食品药品网格化监管】 2013年，楚雄州将全州“四品一械”所有监管对象全部纳入网格中进行网格化管理，实现全州一张总网，以县（市）为单位划分为10个网格，州食品药品监督管理局5位班子成员分工联系10县（市）食品药品监督管理局，10县（市）食品药品监督管理局局长作为网格责任人承担监管责任。州级直接承担监管的17家药品生产企业，95家药品经营使用单位，24家医疗器械生产经营使用单位，60家保健食品、化妆品生产经营企业，142家餐饮服务单位以每1户为1个监管网格，明确1名分管领导、2名监管人员为网格责任人。各县（市）以乡（镇）为单位划分监管片区，以村委会（社区）为基本单元划分网格，每1片区明确1名县食品药品监督管理局分管领导、1名副乡（镇）长、2名县食品药品监督管理局监管人员为责任人，每一个网格单元明确2名县食品药品监督管理局监管人员、1名乡（镇）协管员、1名村委会（社区）信息员为监管责任人，共同构成“县级食品药品监管执法人员+乡（镇）协管员+村信息员”的监管网络，形成“分片管理，条块结合，网中有格，按格定员，人在格上，事在网中”的网格化体系，最终形成由食品药品执法人员、乡（镇）协管员、农村社会信息员组成的三级联动管理机制。每户药品、医疗器械、保健食品、化妆品生产经营企业和餐饮服务单位全部纳入网格体系，明确监管责任人，每户企业的监管情况、诚信情况、信用分类都一一上墙公示，接受社会监督。

【食品药品行政许可审批】 2013年，楚雄州共办理食品药品行政审批事项6270件。其中，《药品经营许可证》审批事项312件，《医疗器械经营企业许可证》审批事项187件，核发GSP认证证书148件，办理《楚雄州非处方药专柜准销证》150件，办理《餐饮服务许可证》审批事项5470件。州食品药品监督管理局共办理行政审批事项503件。其中，《药品经营许可证》审批事项91件，《医疗器械经营企业许可证》审批事项190件，核发GSP认证证书148件，办理《餐饮服务许可证》审批事项74件。共发布药品、医疗器械和餐饮许可等行政许可审批事项公告35期。

【药品生产监管】 2013年，楚雄州不断强化药品生产监督管理。

继续完善非正常生产企业的监管。按照《楚雄州药品生产企业非正常生产监管方案》的相关要求，确定上半年和下半年重点监管的非正常生产企业名单，按照预定方案强化监管。现场检查每季度不少于1次，全年共进行现场检查13户次。

强化药品生产日常监管。配合做好药品生产企业、医疗机构制剂的产品注册工作。完成除云南龙发制药有限公司之外的其他制药企业的药品再注册工作，19家具有《药品生产许可证》的制药企业共有药品注册批准文号369个（334个品种），其中有效批准文号360个。出动执法人员18人次，现场检查、抽验5户次。开展药品生产企业生产范围变更、药品委托生产、关键生产设施变更、关键岗位人员变更、医疗机构制剂配制等专项检查，全年共出动执法人员62人次，现场检查18户次。强化对新开办药品生产企业的日常检查和监督管理。出动执法人员132人次对楚雄和创药业有限公司、楚雄金七制药有限公司等企业开展生产现场检查和指导22户次。

认真做好案件稽查工作。对云南楚雄天利药业有限公司从不具备药品生产资质的企业购入“芍药苷”进行立案调查并依法作出行政处罚；对云南万裕药业有限公司涉嫌严重违反GMP的举报进行现场核查，共进行现场核查5次13人次，并形成调查报告上报云南省食品药品监督管理局食品药品案件举报中心；对云南楚雄云中制药有限责任公司违反GMP相关问题进行调查，形成处理意见，并进行了3次9人次的跟踪检查。

认真组织开展专项检查。开展中药饮片及中药制剂专项检查，出动执法人员28人次，检查企业10户次。开展中药材种植现场检查指导，对大姚县等中药材种植基地进行现场检查调研、指导。开展中药提取物专项检查、冬季禁毒大会战专项检查。

加强药品生产企业GMP的执行力度。开展新开办和到期药品生产企业的GMP认证初审和现场检查。完成云南楚雄天利药业有限公司等的GMP认证初审，配合省食品药品监督管理局进行现场检查24人次。对全州范围内的药品生产企业GMP认证情况进行调查分析，制定工作计划。完成了楚雄老拨云堂药业有限公司眼用制剂、云南楚雄天利药业有限公司中药饮片、云南金七制药有限公司滴丸剂的GMP认证，完成了云南金碧制药有限公司口服固体制剂、云南龙发制药有限公司GMP认证的现场初审，楚雄和创药业有限公司注射剂GMP认证的现场检查。先后完成了老拨云堂生产车间改造、云南金碧制药有限公司整体搬迁技改、云南郡筹制药有限公司新建生产车间、云南集粹生物有限责任公司药品生产车间、昆明宇斯药业有限责任公司楚雄软袋生产线、云南植物药业有限公司楚雄生产基地、云南盘龙云海药业有限公司新增中药饮片生产车间等的概念性设计图纸审查。对云南金碧制药有限公司等8家企业员工开展GMP基础概论培训459人次。

扎实开展国家基本药物生产专项监管。对基本药物生产企业的药品招投标情况进行摸底调查。全州19家药品生产企业中，有基本药物生产企业7家，共62个品种73个规格，年内在生产品种26个（以2012年版基本药物目录统计），7家均正式进入国家基本药物电子监督网。在云南省增补的166个补充药物目录中，楚雄州共有3家生产企业12个品种进入了云南省基本药物用药目录。强化基本药物监管，切实保证药品质量。加强基本药物生产的电子监管，及时处置预警信息。加强基本药物生产现场检查，共出动监管人员67人次，检查企业23户次。

加强特殊药品监管。完成了楚雄州麻醉药品区域性批发企业调整。对涉及使用特殊药品的药品生产企业每两个月进行1次现场检查，对麻醉药品区域性批发企业1个季度进行1次现场检查。共出动执法人员78人次，检查药品生产企业14户次、批发企业4户次、美沙酮维持治疗门诊1户次、戒毒所1户次、医疗机构11户次。

扎实推进药品安全责任体系建设评价。制定工作方案，层层分解落实工作责任，要求各县（市）落实监管责任、健全监管机构、完善监管机制、提高应急管理水平、强化宣传教育，年末认真自检自查，切实整改提高。通过评价工作的开展，促进监管能力和监管水平的提高。

【药品不良反应和药物滥用监测】 2013年，楚雄州进一步健全“三项检测”网络，共建立监测网点254个。召开了“三项监测”工作会，与各县（市）食品药品监督管理局签订目标责任书，强化对监测任务完成情况的检查和考核。全年报告药品不良反应监测报告2023例、疑似预防接种异常反应监测报告23例、医疗器械不良事件监测报告342例、药物滥用监测报告222份。

【药品市场监管】 2013年，楚雄州继续加强药品市场监管，整顿和规范药品市场秩序。

组织开展节日药品市场专项整治。春节、州庆、五一、火把节、国庆等重大活动和节假日期间，结合消费特点，制定工作方案，紧紧围绕生物制品、血液制品、中药注射剂、特殊药品等高风险品种和旅游景区、交通沿线、宾馆、酒店、车站等安全隐患较为突出的重点区域，组织开展药品市场专项整治，依法查处和严厉打击制售假劣药品违法行为。根据省食品药品监督管理局安排结合楚雄州实际组织开展了中药质量管理专项整治、打击制售假冒伪劣商品专项行动、H_7N_9禽流感防控药品专项检查、农村药品市场专项整治、含麻黄碱类复方制剂专项治理，深入规范药品市场秩序，抓好《稽查通报》和《协查函》的落实，严肃查处不合格药品案件。全州共出动执法人员7215人次，检查药品市场5426户次，查处假劣药品案件84件，罚没款14.54万元。

继续抓好GSP认证及跟踪检查。全年共组织药品零售企业GSP认证现场检查195家，检查合格193家、限期整改2家（已自动申请注销）；继续抓好GSP跟踪检查工作，全州GSP跟踪检查覆盖率100%；受省食品药品监督管理局委托，对云南省久泰药业有限公司楚雄分公司、云南太阳鸟药业有限公司楚雄分公司、楚雄州川北医药有限公司、云南康瑞德医药有限公司仓库搬迁后药品经营许可证变更、GSP认证证书重新核发进行现场检查。

加强基本药物配送和使用环节监管。对基本药物进行全品种覆盖抽验，制定下达2013年基本药物监督抽验计划349批，并认真组织开展抽验工作。完成基本药物监督抽验415批，合格率100%。对基本药物开展全品种电子监管，安排专人负责药品电子监管工作，对未按规定进行监管码信息采集和报送的企业，加大督查督办力度，督促其及时核注核销，全州17家药品批发企业全部实现基本药物全覆盖电子监管，按规定核注核销和上传相关数据。对发生的3次预警，均已及时处理。加强对基本药物配送企业及使用单位的监督检查。按规定完成了对辖区内6家新农合基药配送中标企业每季度1次和基药使用单位每年2次的监督检查，督促零售药店按规定配备基药。

进一步推进医疗机构规范化药房建设。将医疗机构规范化药房建设与日常监管、专项整治等工作相结合，加快医疗机构规范化药房建设步伐，全力提高医疗机构药品质量管理水平。年内，全州新增达标规范药房188个，全州累计达标规范药房511个，规范化率34%。

积极开展药品安全责任体系评价工作。按照《楚雄州药品安全责任体系评价工作实施方案》和评价指标责任分解要求，建立和完善了一系列药品市场监管工作制度，初步建立起长效监管机制。年内，对永仁、元谋、牟定、禄丰、双柏等县的责任体系评价工作进行了指导、督查。

积极开展电子监管全覆盖试点工作。根据省食品药品监督管理局要求，经楚雄州研究推荐，牟定县于3月被确定为云南省首批电子监管全覆盖试点县。年内，全县36家药品零售（连锁）企业均已申请加入“中国药品电子监管网”。

严格治理违法广告。积极与工商、卫生、广电等部门联合，加强对药品等违法广告的监测。5月，开始启用新的广告监测系统。全年全州共监测药品广告353个，上报省食品药品监督管理局药品违法广告24个。

发挥技术支撑作用，加强药品监督抽验。分别于1月、7月及9月先后制定下发了全州药品监督抽验计划，共安排基药抽验349批、非基本药物抽验任务301批（其中专项抽验200批）、快速鉴别600批。全年全州共完成各类药品监督抽验662件，完成率101.8%，其中合格642件、不合格20件，合格率96.98%、不合格率3.02%；完成60家药品经营企业、医疗机构的药品快速鉴别709批，完成率118%。

【药品“两打两建”专项行动】 2013年，楚雄州按照上级部署，认真开展药品“两打两建”专项行动，严厉打击药品违法经营使用行为。全州共出动执法人员2685人次，检查药品经营使用单位2714户次，发出责令改正通知书74份，查处假劣药品案件31件，罚没款合计7.66万元。出动执法人员32人次，检查药品生产企业12户次，对生产企业的原材料购进（特别是中药提取物）、生产过程、质量控制、中药渣处理等进行现场检查，及时出具现场检查记录。

【药品安全示范县创建和农村药品“两网”建设】 2013年，楚雄州第一批省级药品安全示范县牟定县、元谋县完成创建工作，并获得省食品药品监督管理局发文命名。第二批永仁县、大姚县、双柏县的创建工作正在顺利推进。在农村药品“两网”建设既往经验的基础上，积极探索“两网”建设的新经验、新方法，不断推动“两网”建设工作向前发展。年末，全州103个乡（镇）1093个行政村药品供应网、监督网覆盖率均达100%；有设在村级的药品专柜687个，聘用各类人员1823人。

【医疗器械监管】 2013年，楚雄州继续加强对医疗器械生产、经营企业日常监管和专项检查。抓好《云南省医疗器械生产日常监督管理办法》的贯彻实施，加强对医疗器械生产、经营企业日常监管和专项检查，全年共开展日常监管55次。按照重点企业、重点品种、重点监管相关要求，对楚雄州医用器具有限责任公司监管8人次，出动执法人员22人次对生产企业日常监管3户次，出动执法人员84人次对医疗器械专营公司、零售连锁企业和零售经营企业日常监管11户次；出动执法人员74人次，对医疗器械使用单位日常检查17户次；出动执法人员13人次，对药品包装材料生产企业现场检查3户次。开展医疗器械生产企业安全信用体系建设，对辖区内3户医疗器械生产企业进行了安全信用考核，均为守信企业。完成辖区内医疗器械经营许可的现场检查54人次。开展定制式义齿生产使用专项检查，出动执法人员341人次，检查企业138户次。加强《医疗器械召回管理办法（试行）》的宣传、贯彻，全年共培训医疗器械相关法律法规103人次。加强技术监督，全年共完成辖区内12批医疗器械抽验工作，完成云南省食品药品监督管理局下达药包材抽验计划5批次，定期对辖区医疗器械质量安全情况进行分析、研究，向省食品药品监督管理局报告分析报告2期。

【保健品化妆品监管】 2013年，楚雄州切实加强保健品、化妆品监管工作。做好保健食品经营企业申请备案工作，共受理保健食品经营企业备案783家，经现场检查、备案783家。加强日常监管。对全州保健食品化妆品生产经营企业进行日常监管和现场核查均达2次以上。州食品药品监督管理局对所管辖的保健食品化妆品生产经营企业进行日常监管和现场核查2次以上，共检查保健食品生产企业21户次、保健食品经营企业145户次、化妆品生产企业3户次、化妆品经营企业12户次。开展打“四非”专项行动。制定打“四非”行动方案，成立专项行动领导小组下设办公室，加强与工商、质监、公安、宣传等部门的协作配合，形成专项整治合力。通过历时近5个月专项整治，至9月25日结束，共检查保健食品生产企业12家次、保健食品经营企业1737家，出动执法人员1764人次，抽样12个批次（经检验均符合规定），限期责令改正4家、警告1家次、当场处罚4家次，移送工商部门违法广告案件1件、立案查处3件，没收违法保健食品204盒34瓶、货值金额8472元，罚没款1.72万元。开展不合格保健食品、化妆品稽查工作。认真对照省食品药品监督管理局所列问题产品在全州范围内开展拉网式的监督检查，确保保健食品和化妆品市场安全。加大保健食品抽验力度。根据《楚雄州打击保健食品“四非”专项行动工作实施方案》抽样计划要求，结合州内实际开展胶囊剂保健食品抽样工作，共抽取12个批次的硬胶囊剂保健食品。经检验，12个批次的保健食品的铬含量均符合规定。开展保健食品广告监测工作。积极履行保健食品广告发布监测职责，认真开展保健食品广告发布信用体系建设。根据消费者投诉，对楚雄州广播电视台播放的保健食品化妆品进行阶段性收看，现场检查1次。自8月起，启动保健食品广告监测工作，年内未发现违法保健食品广告。强化宣传教育培训，积极营造良好的社会氛围。开展以“人人关心食品安全、家家享受幸福生活”为主题的食品安全宣传周活动，发放保健食品打“四非”宣传材料及食品安全宣传材料7800余份，接受群众咨询2000余人次。全州共发放保健食品生产、经营企业“八不准”规定1000余份，化妆品生产、经营企业“八不准”规定1500余份。积极参加保健食品GMP、化妆品卫生许可现场检查2次，参加保健食品GMP现场检查观察3次。年内全州共检查保健食品生产企业20户次、保健食品经营企业3945户次，检查化妆品生产企业5户次、化妆品经营企业896户次，出动执法人员3948人次，抽样12个批次（经检验均符合规定），限期责令改正4家，警告1家次，当场处罚4家次，移送工商部门违法广告案件1件，立案查处4件，没收违法保健食品204盒34瓶、货值金额8472元，罚没款2.08万元。

［沙朝仁］

乡镇企业

【乡镇企业工作概况】 2013年，楚雄州乡镇企业、农产品加工业保持平稳增长。全州乡镇企业（含个体工商户）达到10.21万个，其中省级龙头企业28个、州级龙头企业146个，从业人员38.65万人；实现产值831.27亿元，比上年增长11.28%。全州农产品加工业（含个体工商户）实现产值153.4亿元，增长16.04%；农产品加工业产值达到历史最好成绩，经济总量从全省第三位跃升至第二位。

【乡镇企业固定资产投资持续增长】 2013年，楚雄州乡镇企业施工项目（预算投资额500万元以上，含500万元）

202个，新开工项目189个，投产项目153个。全州202个施工项目计划总投资123.5亿元，增长25.4%；全年全州乡镇企业固定资产投资完成77.3亿元。

【省级生物产业示范基地正式命名】 2013年1月，云南省人民政府正式将楚雄赵家湾生物产业基地、大姚县农产品加工基地、元谋县农产品加工基地纳入第一批省人民政府命名的省级生物产业示范基地。

【楚雄州绿色食品业“十二五”规划中期评估完成】 至2013年6月，全州绿色食品加工业实现产值46.5亿元，完成“十二五”规划总目标60亿元的77%。至此，《楚雄州绿色食品加工业发展“十二五”规划》中期评估按要求完成。从年度完成情况看，2011年，全州绿色食品加工业累计完成产值32.5亿元，比2010年增长31%；2012年，全州绿色食品加工业累计完成产值42.5亿元，比2011年增长30.7%。

【乡镇企业调查研究】 2013年，楚雄州认真做好乡镇企业调查研究工作。为落实好云南省人民政府《关于促进企业兼并重组的意见》，进一步培强做大楚雄州的野生菌特色产业，着力提高野生菌品牌在国内外市场的知名度。9月，州工业和信息化委员会组成调研组，对全州野生菌资源情况以及企业生产、经营、销售、经济效益等情况进行深入调研，形成《关于楚雄州野生菌行业兼并重组的调研报告》；为全面摸清全州绿色食品种植业、养殖业和加工业基本情况以及存在的问题，州工信委分别于8月、9月、10月深入全州各重点乡（镇）实地查看种植、养殖场，走访龙头企业，与企业家座谈，查阅有关资料，形成了《全州绿色食品业发展情况调研报告》；根据《云南省工信委关于组织开展全省工业企业“走出去”情况调研的通知》，楚雄州认真组织，深入研究，对全州“走出去”工业企业进行了全面调研，形成了《楚雄州工业企业“走出去”情况调研报告》并上报省工信委。

【乡镇企业扶持】 2013年，楚雄州加大乡镇企业扶持力度。根据国务院和省人民政府关于进一步支持小微型企业健康发展相关政策和措施，对符合条件的小微型企业分别按减20%和15%的税率征收企业所得税；争取省级乡镇企业发展专项资金390万元，并全部拨付到项目实施单位；下达各县（市）州级乡镇企业发展扶持资金支持乡镇企业发展；协调州内各类金融机构为乡镇企业发放贷款35.4亿元。

［王文斌］

楚雄经济开发区

【经开区概况】 2013年，楚雄经济开发区围绕建设国家级开发区和销售收入超千亿元园区的目标，结合实际，突出优化布局、工商联动、产城结合3个重点，确立“工商联动、产城结合”的发展战略和“东拓，做强工业；中优，提升城市；西进，发展商贸”的空间布局。东拓，即坚持工业强区战略，在巩固赵家湾、桃园、庄甸工业区的基础上，着力向东部苍岭云甸工业区拓展，将其打造成为工业招商引资、培育产业集群的重要载体和产城结合的现代化工业新城。中优，即坚持产城结合战略，中部及时启动已建成区的旧厂房、旧城镇、旧村庄提升改造，实施“退二进三”和工业搬迁入园计划，缓解土地瓶颈制约和赵家湾、桃园、庄甸空间不足，云甸片区尚难以产业招商的困境，打造中央商务区，发展现代服务业，聚焦人气和商气，形成新的经济增长点。西进，即坚持商贸活区战略，紧紧抓住楚南一级公路和广大铁路及客运站建设战略机遇，沿元双公路沿线，进行东瓜旧集镇改造，打造西部商贸物流聚集区；沿在建的永兴大道打造西北部文化旅游聚集区，构筑新的产业带，建设城市新区。年末，楚雄经济开发区内（含东瓜镇）共有居民25158户67619人，其中农业人口14689人，非农业人口52930人。区内单位从业人员年人均劳动报酬32373元，比上年下降3.7%，其中在岗职工年人均劳动报酬32601元，下降0.66%；农民人均纯收入7941元，增长13.0%。

【综合经济】 2013年，楚雄经济开发区按照“工商联动、产城结合”的发展战略和“东拓、中优、西进”的空间布局，突出机制创新，狠抓工作落实，保持了全区经济社会持续健康发展。年内，全区实现国内生产总值（GDP）42.11亿元，比上年增长15.34%。其中，第一产业增加值1.57亿元，增长6.21%；第二产业增加值28.33亿元，增长17.11%；第三产业增加值12.21亿元，增长15.96%。三次产业增加值占生产总值的比重由上年的3.82∶68.42∶27.76调整为3.73∶67.27∶29.00，第三产业增长明显加快。年内人均生产总值达62279元，比上年增加5571元，增长9.82%。

【工商经济】 2013年，楚雄经济开发区成立区领导挂帅、部门担责的协调帮扶工作组，一对一帮扶企业解决资金、用地、增产促销、用工、员工培训等生产要素和就学、就医、住房等生活要素制约难题，促进了企业长足发展和产业向园区聚集。年内完成工业总产值87.11亿元，增长14.21%。其中，规模以上工业完成产值84.22亿元，增长13.17%；规模以下工业完成产值2.89亿元，增长55.91%。实现工业增加值20.01亿元，增长16.64%。其中规模以上工业增加值19.14亿元，增长16.22%；规模以下工业增加值8679万元，增长50.65%。规模以上工业企业比上年增加1户，减少1户，与上年持平。24户规模以上工业企业实现主营业务收入62.36亿元，增长1.42%；完成工业固定资产投资8.54亿元，增长36.60%。年内全区批发零售贸易业完成商品销售总额51.26亿元，增长22.08%；实现社会消费品零售总额32.99亿元，增长19.13%，其中限额以上企业零售额14.76亿元，增长20.1%。

【重点产业发展】 2013年，楚雄经济开发区完成重点产业产值（产出）

92.57亿元，增长15%；实现增加值23.11亿元，增长17.93%，占当期生产总值的54.88%。其中，生物医药及食品加工业增加值5.04亿元，增长40.55%；冶金建材化工业增加值13.41亿元，增长10.12%；机电制造加工业增加值1.25亿元，增长28.94%；商贸旅游服务业增加值3.41亿元，增长21.59%。

【招商引资】 2013年，楚雄经济开发区通过建立全员招商机制、强化项目包装储备、统一招商优惠政策、拓宽招商引资渠道等工作举措，招商引资成效明显。年内新引进项目29项，协议投资290亿元，分别增长3.2倍和45.7倍。其中，工业和园区基础设施建设项目15项，当年签约并落地12项，协议投资额亿元以上项目23项（含超10亿元以上项目6项）。全年完成州外到位资金38.31亿元，增长21.3%。落实项目跟踪服务保障机制，通过建立项目服务保障和项目进度考核奖惩新机制，首倡工程总承包（EPC）建设模式，项目建设速度明显提高。年内共实施项目121项，完成固定资产投资43.04亿元，增长31.9%。妥善解决招商历史遗留问题，收回通发公司2238万元和万鹤鸣药业843万元债权；完成太阳历文化园历史遗留问题清理，招商洽谈进入实质性阶段；彝人古镇社区顺利组建。

【园区建设】 2013年，楚雄经济开发区坚持以规划为先导，继续抓好规划编制工作。年内完成苍岭工业片区新增黄草片区数字化地形图测绘并通过专家评审，《楚雄工业园区苍岭工业片区总体规划》于6月通过云南省工信委组织的专家评审，核准规划面积53.9平方千米，开发区“一园四区”（庄甸医药产业片区、赵家湾生物产业片区、桃园冶金建材化工片区、苍岭云甸工业区）的发展布局基本形成。加大园区基础设施建设力度，年内累计投入资金近3亿元，实施市政及园区基础配套项目46项，园区基础条件进一步改善。赵家湾片区完成康居路（新瑞路至柳树屯段）、长青路、弱电线路迁改工程建设，园区次干道至长青路及东宝生物旁道路建设主体工程已完工。庄甸片区一期标准厂房配电、供水管网安装、35千伏田马线5号、6号、14号至17号铁塔线路迁改工程完成建设，正大规模开展二期路网、东环路庄甸段、二期12.6万平方米标准厂房建设和土地收储整理。桃园片区威鑫农业场地线路迁改、詹家嘴10千伏分支电力线路迁改工程完成建设，截污干管泄洪通道改造工程历史遗留问题得到化解并复工建设。苍岭云甸工业区主干道路东区中路全面启动建设；团山水库至云甸工业区殷家箐水库引水工程已完工，马石铺垭口至苍岭饱满街段实现初步通水；州内首次采用工程总承包（EPC）方式建设的东片区路网（7条路）即将开工；楚雄州首个集建设、融资、招商、管理于一体，完全市场化运作的园中园美华丰科技产业园开工建设，G56高速公路开口互通式立交项目获得批准并开始项目工可、地勘、初设、设计等前期工作。西北部文化旅游聚集区连接主城区和新火车客运站的永兴大道大规模施工建设，爰晚功城养老和茶花文化基地路网着手招标。西部商贸物流聚集区东瓜新大街、东波路完成招标，古镇小学路、商贸城大道等市政道路正在招标，良明雄商贸城、永和物流等一批项目用地启动拆迁交地前期工作。

【非公经济】 2013年，楚雄经济开发区认真落实放宽企业准入、支持企业组建私营集团等优惠政策，鼓励支持个体户转型升级为企业；通过股权出质登记、动产抵押登记等方式，帮助企业融资6250万元，缓解企业资金困难；强化市场执法监管，严厉打击传销，维护公平公正的市场竞争环境。积极实施商标战略，认真落实《楚雄经济开发区“十二五”商标发展规划》，按照“立足实际、强化宣传、注重培育、梯次发展”的原则，力促经营者提升商标战略意识，以商标发展助推企业做大做强。年末，全区有效注册商标共141件，其中云南省著名商标11件，中国驰名商标2件。年内在开发区工商部门登记注册的私营企业达1039户，增长17.80%；个体经营户4295户，下降0.49%。全年全区非公经济实现增加值29.41亿元，增长18.9%，增加值占当期GDP的比重达69.84%。

【外向型经济】 2013年，楚雄经济开发区外贸出口继续增长。年内有进出口实绩企业10户，完成进出口总额1744万美元，比上年增长35.40%。其中，进口额108万美元，增长535.29%；出口额1636万美元，增长28.72%。

【管理改革与创新】 2013年，楚雄经济开发区在征地拆迁安置、招商引资、企业生产经营和项目建设协调服务、考核奖惩、行政管理等方面加大改革力度，破解发展瓶颈。创新征地拆迁工作机制。首次建立六大机制，即国土为主导、乡（镇）为主体的责任重构机制，成立指挥部负责实施的一线工作机制，审计机构实时跟踪的风险控制机制，管委会预拨资金由指挥部按政策审批的款项拨付机制，政府主导、拆迁公司参与的市场化机制和缴纳保证金并进行绩效考核的激励约束机制，各方积极性得到充分调动，征地拆迁效率大幅提高。创新招商引资工作机制。建立全员招商机制，将招商引资年度目标任务分解到各单位，明确目标、细化责任、强化督查、严格奖惩；分类制定工业、商贸、基础设施等招商合同范本，加强招商工作的协调性；完善招商优惠政策，改土地价格优惠为建筑容积率优惠，改以土地出让金优惠为主为税收优惠为主，将工业项目容积率门槛大幅提高至1.2，土地利用率和招商质量进一步提高。创新企业生产经营和项目建设协调服务机制。将所有重点企业和在建在谈项目进行任务分解，明确1名区级领导和1个牵头部门实行生产和生活全方位服务。在州内首次引进国际通行、国内倡导的EPC建设模式用于10余条道路建设，预计压缩工期3~6个月。对已签约项目，通过签订项目建设和企业发展目标双向承诺书，明确管委会服务职责和企业建设发展要求，并按5万元每月的标准建立超进度奖励和踏进度处罚机制。对新签约项目，提高规划指标和经济指标两大门槛；在招商合同或土地挂牌公告中提出土地挂牌后3个月或6个月开工、一年或一年半完工的要求，并分别给予土地出让金每月1%的奖惩。对政府投资项目明确前期和工期要求，对于踏进度和超进度情况，区分企业或政府责任，每月分别给予已完成投资和未完成投资1%的对等奖惩，最大限度加快项目建设速度。完善考核奖惩体系。首次建立综合绩效考核为主体、经济工作考核为亮点、其他专项考核为补充的考核体系，将奖励向真正能干事、干成事的干部倾斜；首次建立管委会考核各局室、各局室考核员工的两级考核机制，理顺权责关系，各级积极性充分调动。完善人员竞争机制。试行股所级岗位面向全区职工进行公开竞聘，逐步改变干部多年不流动、聘用人员无晋升机会的现状，激活干部潜能。

【高层次人才基地建设】 2013年，楚雄经济开发区通过创优发展环境，完善服务机制，转变人才发展观念等举措，高层次人才创新创业示范基地建设工作取得较大进展。平台建设取得新进展。在成功组建“刘颂豪院士工作站”、“王永炎院士工作站”两个院士工作站和摩尔农庄、老拨云堂两个省级企业技术中心的基础上，不断加大创新平台建设力度，积极推进工程技术研究中心、企业技术中心、博士工作站等创新平台建设工作。9月22日，依托云南爱尔发生物技术有限公司建立了云南省雨生红球藻工程研究中心。科技创新工作再上新台阶。至年底，依托引进的各类人才开展科技创新工作，开发区生物医药产业共有在研项目30余个，在研产品40余个，共获得专利104件（发明专利32件，外观专利43件，实用新型专利29件），正申报专利48件，其中年内新增获准专利20件。人才引进培养取得新成效。借助滇中产业新区发展的有利契机，围绕园区建设和产业发展，高度重视人才引进和培养工作，基地建设以来，开发区引进院士在内的生物医药产业领域高层次人才34人，新增药业从业人员1016人，其中2013年新引进千人计划1人、新增药业从业人员482人。

【社会事业】 2013年，楚雄经济开发区共投入义务教育经费934万元，保障了区内义务教育的正常开展。投入永安小学建设资金15万元，建成全省第一家民族团结教育示范基地学校，被省、州授予民族团结示范学校称号。出台《楚雄经济开发区义务教育阶段招生管理办法》，规范和加强区内学校招生工作管理；财政投入前期工作经费50万元，启动古镇小学项目建设，为解决开发区义务教育阶段入学矛盾和缓解招生压力奠定了基础。至年末，区内教师累计达618名，教学班237个。加强精神文明建设，禁毒防艾、爱国卫生、计划生育等工作有序推进，完成慢性病非传染性疾病防控示范区创建。引进楚雄医药高等专科学校附属医院暨楚雄协和医院建设工程项目，全区医疗卫生事业建设逐步加强。强化社会保障工作，通过宣传教育、组织培训、劳动执法年审和跟踪执法督查等方式，覆盖全区的劳动和社会保障网络得到不断完善。年内区内参加劳动执法年审企业达300户，增长15%；城镇职工参加医疗保险2.82万人（次）。加大劳资纠纷调处力度，切实维护劳动者的权益。年内共受理劳动争议案件98件，已办理97件，为1003人协调解决工资1211.76万元。加大矛盾纠纷调处力度。年内共受理和承办上级批转群众来信来访228件，办结回复215件，正在办理16件、办结率94.3%。推进城市管理综合整治工作。按照抓重点、破难点、重日常管理、建长效机制的治理思路，加大对“七乱”的专项治理，促进全区城市品质提升。落实安全生产责任机制，保持了全区安全生产形势稳定；加大社会治安防范整治及违法犯罪活动打击力度，维护和谐、稳定、安全的社会环境。

［者崇福］

（责任编辑：李　梅）

农 业

农村经济综述

【农村经济概况】 2013年，楚雄州全面贯彻落实各级农村工作会议和中央1号文件精神，牢牢把握桥头堡建设和发展高原特色农业的重大机遇，确保粮食等重要农产品再获丰收，确保农民收入增长势头不减弱，继续改善农民生产生活条件，巩固和发展农业农村经济好形势，持续发挥农业经济发展对国民经济的基础性保障作用，全州农业农村经济保持平稳较快发展势头。农林牧渔业总产值247.15亿元，按可比价计算，比上年增长7.4%，第一产业实现增加值145.28亿元，增长7.1%，拉动经济增长1.5个百分点。受年内主要农产品量价同增、政策性补贴和农民外出务工收入增加等利好因素拉动，全州农民收入继续保持快速增长态势，农民人均纯收入6357元，比上年增加939元，增长17.3%。粮食总产再创历史新高，粮食总产量120.31万吨，比上年增长2.8%。其中秋粮94.49万吨，夏粮25.82万吨。

【农业科技示范推广】 2013年，楚雄州大力推广粮食高产创建、间套种、地膜覆盖、晚秋种植、良种推广、集中育苗、农机作业等科技增粮措施，促进农作物增产增收。高产创建面积扩大。实施完成高产创建80片，其中小春作物13片，大春作物67片，示范面积94.09万亩，比上年增加18片，增加35.01万亩。水稻高产创建万亩示范片平均单产678.76千克，比非示范区平均高60.2千克，示范区增产粮食1563.62万千克；玉米高产创建万亩示范片平均单产670.17千克，比非示范区平均高75.07千克，示范区增产粮食3109.7万千克。共完成粮食作物间套种360万亩。完成农作物地膜覆盖面积92.33万亩。因地制宜，调整种植结构，完成水改旱面积33.94万亩。推广集中育秧育苗节水措施，完成玉米育苗面积5.41万亩，水稻旱育秧面积3万亩，水稻集中育秧面积5.43万亩。共完成测土配方施肥推广应用面积307.72万亩，完成计划面积290万亩的106.11%。晚秋生产实现新突破。播种晚秋作物94.75万亩，其中粮食作物43.95万亩，经济作物50.8万亩，比上年增加11.43万亩，增长13.7%。农业机械作业量持续增加。完成机械农田作业总量747.64万亩，比上年增加77.64万亩，增长11.6%，农作物耕种收综合机械化水平42.6%。

【农业产业化经营】 2013年，楚雄州以发展现代农业和促进农民增收为目标，加强农业产业链建设，推动龙头企业集群发展，增强辐射带动能力，推进农业产业化发展进程。农业产业化经营组织发展壮大。新申报认定省级龙头企业11户，认定州级龙头企业45户，对11户省级重点龙头企业和67户州级重点农业龙头企业开展监测评估。至年末，全州有州级以上农业龙头企业191户，其中省级农业龙头企业39户。龙头企业完成现价总产值93.95亿元，比上年增长19.3%，实现销售收入85.58亿元，增长17.6%，带动农户34.5万户，户均增收1650元；完成农产品加工总产值154.8亿元，增长17.1%。积极开展农民专业合作组织省级示范社创建活动，全州专业合作组织（专业协会）累计3184个，会员28.32万人（户）。做好农业产业化项目申报管理工作。组织上报省级农业产业化项目18个，争取到省级农业产业化项目扶持资金680万元，筛选扶持州级农业产业化项目17个，安排下达扶持资金200万元。协助企业开拓农产品市场。组织116户（次）农业企业参加云南蔬菜产销推介会、第九届中国昆明泛亚国际农业博览会、第十一届中国农产品交易会、云南高原特色农产品产销对接活动、第七届中国生物产业大会和中国首届农业投资对接大会等各类展会，充分展示龙头企业的特色优势农产品，开拓农产品市场，提高全州农产品的市场竞争力和占有率。农产品品牌建设成效明显，组织申报“云南名牌农产品”18个。至年末，全州获得“云南名牌”称号的农产品4个、“云南名牌农产品”称号的22个、“云南省著名商标”称号的农产品11个。在第九届中国昆明泛亚国际农业博览会上，楚雄州参展的11个农产品分获金奖7个、银奖4个，获奖级次及数量位居全省第一；在第十一届中国国际农产品交易会上，楚雄州4个农产品获优质农产品金奖，包揽云南省优质农产品金奖奖牌。

【高原特色农业发展】 2013年，楚雄州紧紧围绕省委、省人民政府发展高原特色农业的决策部署，结合州情实际，发挥区域比较优势，继续培植壮大蔬菜、农作物种业、蚕桑、优质水果、人工食用菌等为重点的特色优势产业，加快推进高原特色农业发展。蔬菜产业规模不断扩大。蔬菜播种面积106.70万亩，产量164.52万吨，比上年增长11.2%。优质油菜种植面积稳步增加，完成油菜种植面积37.70万亩，产量5.39万吨，比上年增长0.8%。粮菜兼用品种效益明显。以南华、大姚、武定等县为重点的马铃薯种植面积19万亩，亩产值达万元；冬季农业开发和晚秋生产鲜食早青豆类种植面积38.89万亩，亩产值是小麦的3倍。冬春季完成农作物繁制种面积5.6万亩，繁育农作物种子1.6万吨。淡水渔业快速增长，完成水产养殖面积14.6万亩，水产品产量2.25万吨，增长16.7%。

【外向型特色生物产业】 2013年，楚雄州发展以香菇、杏鲍菇、金针菇、茶树菇、木耳、球盖菇、平菇等16个品种为主的人工食用菌301万平方米，实现产值4.1亿元，实现农民收入2亿元；发展以鲜食葡萄、金丝小枣、云南红梨等为主的特色优质水果种植面积16.3万亩，全州水果种植面积接近30万亩；发展以元谋县、永仁县为重点，完成菜心、香葱、青笋、花椰菜等为主要品种的蔬菜制（繁）种面积2万亩，产值8547.3万元，实现农民收入5075.8万元；以禄丰、武定、元谋、永仁等县为重点，种植以玫瑰、康乃馨、百合、洋桔梗、非洲菊等品种为主的鲜切花卉4295.9亩，以芦荟、玫瑰茄、食用玫瑰、金银花、石斛等为主的加工及食（药）用花卉9577.4亩和繁种及种用花卉262.5亩，发展地方特色花卉（茶花、国兰、杜鹃）400.8亩，共完成产值2.72亿元，实现农民收入6743.2万元。

【农业龙头企业管理服务】 2013年，楚雄州推荐申报省级龙头企业16户，有11户企业被认定为农业产业化省级龙头企业，数量居全省第2位。组织新认定州级龙头企业45户，对认定到期的11户省级重点和67户州级重点农业龙头企业进行监测评估。年末，全州培育州级以上农业龙头企业191户，其中省级龙头企业39户。从规模看，销售收入上亿元的14户，0.5～1亿元的22户，1000～5000万元的73户，100～1000万元的82户。龙头企业完成现价总产值93.95亿元，比上年增长19.3%；实现营业（销售）收入85.58亿元，增长17.6%；实现利润8.28亿元，增长26.6%；上缴税金1.85亿元，增长19.4%；企业主要农产品原料采购值29.1亿元，增长20.8%；企业从业人数2.1万人，带动农户34.5万户，户均增收1650元。全州专业合作组织（专业协会）累计3184个，会员28.32万人（户）。在加工龙头企业带动下，优势农产品原料基地规模化发展，特色经济作物和木本油料作物种植面积突破1000万亩。农产品加工业提速发展，完成农产品加工总产值154.8亿元，比上年增长17.1%。

【强农惠农政策落实】 2013年，楚雄州切实加强项目资金争取，不断强化强农惠农富农政策落实，千方百计增加支农投入，粮食直补、农资、良种、农机购置等补贴力度进一步加大，为农业农村经济平稳较快发展提供有力支撑。争取各级支农惠农项目资金合计5.06亿元，其中中央资金4.02亿元，省级资金0.82亿元，州级资金0.22亿元。通过“一折通”形式直接向农户兑付水稻、玉米、小麦、油菜、粮食直补、农资综合补贴等资金2.83亿元，受益农户55.71万户，受益人口222.34万人。

【农业示范园区建设】 2013年，楚雄州以现代农业园区建设为突破口，推动农业产业提质增效、加快发展，园区的产业集聚功能和辐射带动作用不断增强。楚雄工业园区赵家湾生物产品加工区、大姚县生物产业工业示范园区、元谋县绿色生物科技园区被认定为第一批云南省生物产业示范基地，入驻重点企业分别达17户、14户和27户，产业集聚功能和辐射带动作用不断增强。禄丰彩云恐龙山特色农业示范园区引入昆明诸仕达集团投资开发建设“七彩云南·时空世界”项目，引入彩云印象农业开发有限公司、云南秀海生物科技有限公司等企业建设特色畜禽基地和花卉基地；双柏绿汁江特色农业园区实现招商引资2亿元，规模流转土地上万亩，引入绿汁江农业开发公司等7户企业种植早熟鲜食葡萄5000余亩；元谋滇台高原特色有机农业合作示范园区建设项目建议书已上报国家有关部委，正委托同济大学编制园区中长期规划，投资商注册成立担保公司，为下步融资奠定基础。经认真筛选上报，将楚雄市摩尔农庄、姚安县荷塘月色农业庄园作为省级现代农业庄园予以扶持，将双柏县卧马都葡萄种植农庄、牟定县滇菌王原生态野生食品庄园、姚安县金科利精品蔬菜种植庄园、元谋县金龙果蔬有限公司生态庄园和元谋县辛彝精品果蔬生态庄园列入州级精品农业庄园予以扶持，示范带动全州现代农业庄园发展。抓住楚雄州被国家有关部委批准为国家农业科技园区的机遇，积极推进有机果蔬、有机农产品精深加工、冬繁制种等特色产业发展，探索建立国内领先并与国际接轨的高原特色有机农业发展模式。

【农产品质量安全】 2013年，楚雄州农产品质量安全工作继续得到加强，安全水平持续提高，省级例行监测未发现禁用农业投入品，未发生重大农产品质量安全事故。加强农产品质量安全监管基础性工作，在全州农产品生产企业、合作社中普遍开展农产品质量安全告知工作，稳步推进农产品质量检测体系建设。州级农产品质量安全风险预警进一步加强。对全州10县（市）农业生产基地、市场内蔬菜、水果、食用菌进行4次例行监测，累计抽检样品300个，合格率99.1%。组织专家对监测结果进行分析评估，对省、州例行监测中发现的超标样品进行追溯整改。组织全州10县（市）开展蔬菜生产基地、批发市场、农贸市场、超市蔬菜农药残留快速抽样检测，累计抽检蔬菜样品2.4万个，合格率99.2%。开展农产品“三品”认证工作，推进农业标准化生产，从源头上提高农产品质量标准和安全水平，组织9户企业23个农产品通过国家绿色食品和无公害农产品质量认证。全州累计有142个单位的264个农产品通过了国家质量认证，其中有机食品认证16个，绿色食品认证97个，无公害农产品认证149个，地理标志农产品质量认证2个。累计认定农产品原料种植基地面积75.28万亩，产品产量49.49万吨，产值18.54亿元。

【农村基础设施建设】　2013年，楚雄州积极做好农业基础装备和农村基础设施建设，夯实农业、农村经济发展基础。实施由农业部门完成的中低产田地改造任务3.08万亩，其中巩固退耕还林基本口粮田建设项目2.08万亩，省级财政资金中低产田地改造项目1万亩，总投资2394.25万元。发放农机购置补贴3152.55万元，带动农民投入购机资金8000余万元，受益农户1.76万户，购置各类农业机械1.85万台（套）。全州农业机械总动力260.33万千瓦，比上年增长10.5%。争取项目资金318万元，新建1口大型沼气池、5口联户沼气池和400口户用沼气池，指导农户管好用活已建沼气池。实施自然村村容村貌整治项目29个，积极开展“美丽乡村”、休闲农业创建试点工作。实施基层农技推广服务体系建设项目，改善基层农技推广机构基础设施和推广条件。全州乡（镇）农技站条件建设已完成64个，在建39个。

【农民教育培训】　2013年，楚雄州把各类培训办到农民家门口，办到农民心坎上。开展绿证培训工作。坚持以贴近政府工作、贴近产业发展、贴近农民需要为原则，围绕主导产业，在种植业、畜牧业、农机使用维修等方面开展实用技术培训1.49万人，结业1.02万人，经考试考核，有2751人获得“绿色证书”。大力开展“三进村”活动，专兼职教师进村2875人次，培训农民3.46万人次，播放节目424小时，赠送光碟1.14万片。全州建立教学基地49个、实习基地50个，编撰乡土教材19种，发放2.12万册，建立绿证示范村48个。农业部门开展“农村劳动力转移就业特别行动计划”培训1.56万人，转移就业1.06万人，组织现场招聘会21场。争取中央“阳光工程”项目补助资金235.20万元，完成培训任务7972人，实现10县（市）“阳光工程”项目全覆盖。在大姚、姚安、元谋3县开展农机修理工、农产品经纪人、沼气生产工、蔬菜园艺工等工种初级职业技能鉴定1122人、合格1028人。农业广播电视学校招收2013级中专生57人，毕业2010级中专生529人，大专（本）科联合办学招生78人，毕业36人。

【农业执法】　2013年，楚雄州加大农业行政执法力度，提高执法水平，加强农资市场监管。全州农业执法机构以加强源头治理和市场整顿为重点，强化服务指导为手段，加大农资市场法律法规宣传，开展农药、种子等农资打假及市场检查，积极调查处理农资违法举报案件。加强执法体系建设，提高执法人员职业素质和业务技能，完善规章制度，开展案件评查工作，全面提高农业执法水平。全年累计出动各级农业行政执法人员3174人（次），检查农资生产经营企业（门店）4600个，立案查处违法农资生产经营案件214件，查获违法农资产品4.23万千克，货值26.81万元，受理举报（投诉）案件46件，调处农资纠纷事件26件，为农民挽回经济损失217.94万元。

【农业信息化】　2013年，楚雄州把发展农业信息、提升农业信息化水平作为转变部门职能，推进农村经济发展的重要措施来抓，全方位深层次开展信息服务。在全省的农业信息化考核中，全州4个县（市）进入前10名，其余县进入前40名，州级综合测评名列全省16个州（市）第3名。农业信息网站发布信息13.12万条，审核信息13.09万条，向省农业信息网推荐信息4.38万条。州级农业信息网站发布农业信息9116条，审核9107条，上报上级信息6407条，上级采用6398条，农业信息发布量居全省第2名。“数字乡村”工作以报表添加、图片更新、文本信息更新、视频制作为重点，拓展数字乡村网应用，全面提升质量和水平。全州完成1069个行政村1.19万个自然村的上年基础信息报表添加1.19万份，占应完成总数的92.3%；完成文本更新1.51万份，占应更新总量的95.1%，进度居全省16个州（市）第1名。州农业部门与移动公司持续推进12316“三农”信息语音咨询服务，组建了60人的专家语音服务团队，全年12316语音拨打120人次，回复率100%。在全省信息业务知识竞赛中，楚雄州12316服务评分为全省第1名。州农业部门与移动公司积极开展“三农通”信息发布工作，组建了州县“三农通”实用信息服务站，设置专兼职信息员77人、站长及管理员23人。全年发布实用信息1800余条，50余万中国移动惠农网用户免费收到实用信息；发布供求信息266条，全省700余万农户及农业龙头企业、种养殖业大户收到信息。

【农村经济改革】　2013年，楚雄州坚持和完善农村基本经营制度，深化农村经济改革。巩固和完善农村土地承包经营权制度，宣传贯彻执行农村土地承包法律法规，做好农村土地流转工作。至年末，全州农村土地承包经营权流转面积21.38万亩，建立健全农村土地承包纠纷调解仲裁机构，纠正农村土地承包、流转等环节发生的违背群众意愿、损害农民利益的行为，严肃查处土地承包违法案件。加强农民负担监督管理，切实做好减轻农民负担工作。认真贯彻落实减轻农民负担五项制度，开展专项检查，完善村内“一事一议”筹资制度，确保农村社会稳定，年内未接到涉及农民负担的来信来访。认真抓好农村集体资产与财务管理，推进农村财务管理规范化建设。全州103个乡（镇）均成立村级财务代理机构，完成103个乡（镇）1091个村（居）委会的清产核资工作；结合村“两委”换届，完成1084个村（居）委会村干部任期和离任经济责任审计；实施省级扶持村集体经济项目16个，项目资金160万元。

［姚国强］

种植业

【农作物播种面积】　2013年，楚雄州完成农作物总播种面积617.88万亩，其中，粮食种植面积378.88万亩，经济作物种植面积239.00万亩，粮食作物与经济作物种植面积比为61.3∶38.7。粮食总播种面积增加。粮食播种面积实种369.15万亩，比上年增加9.73万亩，增长2.63%。水稻、玉米两大主要粮食作物种植面积增加。大春水稻移栽78.18万亩，比上年增加3.72万亩，增长5%；玉米播种面积108.32万亩，增加2.87万亩，增长2.7%。

【晚秋粮食生产】 2013年，楚雄州晚秋粮食作物播种面积完成43.95万亩，其中，秋玉米15.12万亩，秋豆类12.66万亩，秋马铃薯5.07万亩，秋红薯4.32万亩，秋荞子5.13万亩，其他杂粮1.66万亩。晚秋粮食种植面积25.37万亩，晚秋粮食产量5.83万吨。

【冬季农业开发】 2013年，楚雄州冬季农业开发完成162.65万亩，比上年增加15.43万亩，增长10.48%。其中，蔬菜50.35万亩，油菜33.61万亩，啤饲大麦35.79万亩，冬马铃薯7.78万亩，大田种草0.25万亩，冬玉米3.05万亩，冬大豆1.3万亩，其他特色作物30.52万亩，产量94.34万吨。由于蔬菜、马铃薯等产品价格大幅上涨，全州冬季农业开发产值21.85亿元，比上年增加0.32亿元，增长1.5%。元谋县2012年冬季至2013年春季，冬早蔬菜种植14.11万亩，外销蔬菜28.55万吨，农民卖菜总收入8.3亿元，外销蔬菜平均单价2.91元每千克，农民卖菜总收入首次突破8亿元。

【茶桑生产】 2013年，楚雄州有茶园面积5.06万亩，其中无性系良种面积310亩；茶园投产面积3.97万亩。生产茶叶938.34吨，比上年增产116.14吨，增长14.13%，其中春茶269.6吨，夏茶371.54吨，秋茶297.2吨。产值3218.16万元，比上年增加438.72万元，增长15.78%，均价34.31元每千克，平均单产23.63千克每亩。名优茶产量245.6吨，比上年增长1.48%，产值1801.00万元；无公害茶产量413吨，增长20.41%，产值1855.10万元；绿色食品茶产量79.2吨，增长4.28%，产值912万元。获得“QS”认证茶场18户18个品牌；无公害茶园认证16户18个品牌，认证面积1.75万亩；绿色食品茶新增2户2个品牌。茶业实现产销收入1.32亿元，比上年增加139万元。有桑园面积13.42万亩，其中投产桑园9.81万亩，当年新栽桑1.26万亩，饲养蚕种7.50万张，鲜茧总产量2674吨，比上年增加182吨，增长7.3%；实现鲜茧产值1.09亿元，增加1388万元，增长14.5%；鲜茧平均价40.89元每千克，增加2.59元每千克，增长7%；养蚕农户户均养蚕收入6554元，比上年增加1254元，增长23%；蚕桑产业实现工农业总产值3.51亿元，比上年增加1.06亿元，增长43.3%。

外销蔬菜　　（夏天彧/摄影）

【农作物病虫害预警监测】 2013年，楚雄州加强田间主要农作物病虫草鼠害预警监测工作，提高病虫防控指导能力。通过46个病虫草鼠害监测点，结合各地农作物品种布局、历年病虫害发生实况、施肥水平、降雨等因素，及时发布病虫害预报。对突发性病虫害、重大病虫害实行日报告制度，一般病虫害实行周报制度。发布植保简报108期1.3万份，通过移动公司“三农通”发送病虫害防治、农药科学合理使用、植物检疫知识等植保病虫草鼠害防控信息手机短信47条，农村用户共接收2491万条次；在报纸、电视、电台、网络上共发布植保病虫害防治信息57条次；举办农民田间学校4个班，培训农民学员146人；举办农药安全使用技术、农作物病虫害防治技术知识培训会56场次，培训农民群众7697人次。

【病虫草鼠害综合防治】 2013年，楚雄州在抓好预警监测的基础上，以典型样板、示范引路，带动农作物病虫草鼠害防治工作开展，举办主要农作物病虫害防治示范样板20个，发生各种农作物病虫草鼠害1130.52万亩次，综合防治面积1735.65万亩次，挽回粮食损失15.53万吨，粮食作物病虫危害损失率3.3%。通过“村级植保组织+农户、植保专业合作社+农户、农民专业协会、农资营销大户全程承包”等多种模式，全力推进植保专业化统防统治工作。全州植保部门共开展专业化统防统治培训97场次，培训人数3.39万人次，专业化统防统治效果88.6%。全州成立专业化统防统治队伍95个，从业人员856人，在工商部门登记注册专业化统防组织机构29个，在小麦、大麦、水稻、蔬菜、玉米等作物上实施植保专业化统防统治446万亩次，占总防治面积的25.3%。举办11片0.6万亩的大春作物植保绿色防控示范样板，至年末，全州共有杀虫灯4377台，覆盖面积21.9万亩，实施黄板、蓝板诱杀1.87万亩，实施性诱剂诱杀1.2万亩，实施生物多样性控制病虫害、推广生物农药等其他植保绿色防控面积18.53万亩，实施植保绿色防控面积43.5万亩。

【植物检疫】 2013年，楚雄州扎实推进植物检疫工作。开展检疫性有害生物疫情监测及普查工作。开展红火蚁等12种检疫性有害生物的疫情监测及普查工作，设立38个疫情监测点，各个监测点均安排专人负责监测工作。严把产地、调运和市场检疫关，确保农作物及粮食安全。实施种子、苗木产地检疫1.35万亩，签发种子、苗木“产地检疫合格证书”64份，实施调运检疫5936批次15.43万吨，实施市场检疫7520批次2.75万吨。开展植物检疫联合执法检查，出动植物检疫执法人员287人次，车辆82辆次，清理检查种子门店563个156个品种，鲜花店51个，苗圃28个，发放宣传资料5623份，种子植物检疫合格率99.6%。开展“全国植物检疫宣传周”，植保部门在电台、电视台、网络上进行新闻宣传报道22条次，发放宣传资料1000份，粘贴、悬挂标语横幅53条，发送植物检疫宣传手机短信106万条。

【政策性种植业保险】 2013年，楚雄州认真做好国家政策性种植业保险工作，涉及全州10县（市）65个乡（镇）106个村委会1051个村民小组33.16万户农户，参保面积156.82万亩，其中水稻60.31万亩、玉米77.31万亩、油菜19.2万亩，比上年增加51.21万亩，增长48.49%。各级财政补贴资金2716.62万元，其中中央财政补贴1086.65万元、省级财政补贴407.49万元、州级财政补贴293.64万元、县（市）级财政补贴665.57万元、种植农户承担保费271.66万元。

［姚国强］

畜牧业

【畜牧业概况】 2013年，楚雄州畜牧工作以加快山地牧业转型升级为目标，突出“强科技、转方式、稳增长、促增收、保供给”主题，以建设现代畜牧产业体系和提高畜产品产量、质量和效益为重点，以促进农民持续增收为核心，在转变增长方式上下功夫，在健全保障体系建设上做文章，在转变工作作风上抓落实，在提升服务水平上求突破，坚持区域化布局、标准化生产、产业化经营、品牌化创建、科技化支撑，确保畜产品质量安全、生态环境安全。全年全州实现畜牧业产值91.28亿元，比上年增长10.9%，占农林牧渔总产值的36.93%。猪、牛、羊、禽分别出栏350.96万头、35.69万头、102.14万只、2040万只，比上年分别增长2.49%、2.85%、4.05%、2.93%；肉类总产量40.5万吨，增长2.9%，全州农民人均出售畜牧产品现金收入1500元，增长7.8%。5月，经州委、州人民政府和州编委批准，成立正科级楚雄州草原饲料工作站，核定事业编制8名。

【畜禽规模养殖】 2013年，楚雄州围绕每年扶持2000户，5年扶持1万户畜禽规模养殖户的目标，年末规模养殖户达2.74万户，其中出栏生猪100头以上的1.61万户，比上年增加147户；出栏肉牛10头以上的3801户，比上年增加13户；出栏肉羊100只以上的2760户，比上年增加102户；出栏禽1000只以上的4676户，比上年增加45户。有5个规模养殖场通过示范创建成为省级示范养殖场。

【大牲畜品种改良】 2013年，楚雄州160个猪人工授精站（点）和1269个杂交改良点完成猪杂交改良46.75万胎，103个牛冷冻精液人工授精杂交改良技术站点共推广肉牛杂交改良7.77万胎，39个驴改良站点完成驴杂交改良1.05万胎。建成奴比亚纯繁场23个，努本扩繁场达118个，全年累计提供种公羊3725只。

【饲草饲料】 2013年，楚雄州草原生态保护补助奖励完成承包确权1858.49万亩，发放草原所有权证1.36万本，草原使用权证23.18万本，签订承包合同23.94万份，部分县（市）落实草原监测点建设。全州完成农田种草面积12.77万亩，多年生人工草场种植（更新）5.25万亩；完成青贮饲料102.2万吨，氨化饲料22.81万吨，微贮饲料0.69万吨。

【畜牧产业投入】 2013年，楚雄州争取草原生态保护补助奖励机制实施项目、生猪标准化养殖小区建设项目、生猪调出大县奖励项目、中央财政支持现代农业养牛项目、省级优势畜产品基地建设项目等共9大类165个项目，总投资1.54亿元，争取到位资金1.39亿元。

【畜产品产业化经营】 2013年，楚雄州畜产品加工销售收入200万元以上的畜产品加工企业有8个，其中产值上亿元1个、产值1000万元以上的3个。至年末，全州畜产品共获有机食品认证3个，绿色食品认证1个，无公害食品认证3个，云南省著名商标4个，云南名牌农产品3个，国家地理标志商标1个，ISO9001认证2个，省级重点新产品1个。

【动物疫病防控】 2013年，楚雄州继续巩固推行“集中免疫，分片包干，整村推进，综合服务”免疫方式和“321”免疫技术措施，免疫猪牛羊833.82万头（只），占存栏860.11万头（只）的96.94%；免疫家禽1806.6万羽，占存栏1979.33万羽的91.27%；免疫鸡新城疫1511.4万只，免疫猪肺疫6.09万头；仔猪副伤寒13.43万头；山羊痘11.84万只；禽霍乱367.2万只；狂犬病14.65万只。

【动物疫病监测】 2013年，楚雄州共采集猪牛羊血清1684份进行牲畜口蹄疫病监测；对全州10县（市）38个乡（镇）110个村153户（场）猪抗凝血417份进行猪瘟带毒状况监测；对全州10县（市）共采集3139份牛羊血清进行布鲁氏菌病监测；用结核菌素变态反应，对饲养奶牛的楚雄市、姚安县共144头奶牛进行奶牛结核监测；用乳胶凝集试验对全州10县（市）40个乡（镇）42个村89户（场）227份猪血清进行猪伪狂犬病监测；用ELISA试验，对全州10县（市）40个乡（镇）45个村107户（场）400份猪血清进行猪圆环病毒病Ⅱ型监测；用乳胶凝集试验，对全州10县（市）40个乡（镇）42个村97户（场）284份猪血清进行了猪乙型脑炎监测；用猪细小病毒抗体ELISA试验，对全州10县（市）56个乡（镇）58个村127户（场）367份猪血清进行猪细小病毒病监测；用正向间接血凝试验，对全州10县（市）26个乡（镇）35个村42个场（点）233份种猪血清进行用猪衣原体病监测和猪弓形虫病监测；用顶管孵化法，对楚雄、禄丰两县（市）有钉螺的7个乡（镇）抽样牲畜粪便4641份进行血吸虫病监测，并根据监测结果，采取相关应对措施。

【动物疫病病原学监测】 2013年，楚雄州动物疫病预防控制中心4次采集高致病性猪蓝耳病、猪瘟病、猪圆环病毒病Ⅱ型181份样品送省疫控中心监测，结果全部为阴性。4次共采集禽流感病、新城疫病465份样品送省疫控中心监测，未检出阳性。州中心实验室5月连续4周进行H_7N_9禽流感血清学监测，共监测6乡16村20个农贸市场19户规模养殖户的240份血清样品，血清学样品再用喉气管送省疫控中心进行病原学检测，未检出阳性。采集10县（市）45个场（点）种公猪精液102份送省疫控中心进行猪蓝耳病病毒核酸、猪瘟病毒核酸、猪圆环病毒核酸、猪乙脑病毒核酸、猪伪狂犬病毒核酸检测，所有送检样品检测结果均为阴性。

【狂犬病疫情监测】 2013年，楚雄州共有8个县（市）19个乡（镇）33个村发生34起犬伤人事件，共伤118人。经卫生疾控部门采集伤人犬的脑组织20份送检，检出阳性15份，阳性率75.0%。检出的15份阳性分布于楚雄、双柏、牟定、南华、姚安、永仁、元谋7个县（市）11个乡（镇）15个村委会。共采集9县34乡103户的犬咽喉棉拭子132份送省进行狂犬病带毒状况监测，均未检出阳性。

【动物检疫检验】 2013年，楚雄州198个检疫申报点实施产地检疫生猪83.29万头、牛5.25万头、羊11.07万只、禽类139.03万羽、其他0.61万头只。州县两级共监督检查检疫申报点761个次、点屠宰场950个次，查验动物的运载工具消毒数5.5万辆；依法实施补检畜类10.98万头、禽类29.94万羽、动物产品18.43吨。

【饲料质量监管】 2013年，楚雄州完成抽样检测饲料共48批，发送检验报告48份，涉及8个乡（镇）48个饲料经营店。检测合格34批，合格率70.8%，其中配合饲料23批，合格14批，浓缩饲料25批，合格20批。不合格饲料均无复检申请。根据省饲料监察所的安排抽取13批饲料送省兽药饲料检测所检测，其中配合饲料10批，浓缩饲料3批，结果全部合格。承担临沧市送检饲料37批，其中配合饲料26批，浓缩饲料11批，出具检测报告37份。

【兽药质量监管】 2013年，楚雄州抽样兽药110批，出具检测报告110份，抽样涉及19个乡（镇），67个兽药经销门市，所有检测兽药来自经营环节，经核查受检兽药经营门市都通过了兽药GSP认证。承担了临沧市送检33批，出具检测报告33份。送检样品均来自通过GSP认证的兽药门市。对标称企业回复不是该企业生产的兽药、批准文号和产品通用名不符合、实验室检测不合格的都按《兽药管理条例》规定交由畜牧执法机构进行处理。

【畜产品安全监管】 2013年，楚雄州抽取养殖环节13批饲料送省兽药饲料检测所进行违禁药物检测，抽样涉及双柏、姚安、南华、牟定4县和楚雄市的13个养殖户（场），其中企业产配合饲料3批，自配饲料10批，检测结果均为阴性。抽取养殖环节120批猪尿送省进行酸克伦特罗、莱克多巴胺、沙丁胺醇3个违禁药物检测，结果全部为阴性。配合普洱市兽药饲料监测所对楚雄市畜产品屠宰加工环节、批发环节、经营环节抽取鸡蛋15批、鸡肉15批、猪肉20批进行畜产品质量安全检测，结果全部合格。

【动物卫生监督执法】 2013年，楚雄州共办理动物卫生监督案件19件，涉案人数19人，产品案值11.56万元，其中现场处罚7件，立案处罚11件。查办假劣兽药案件47件，其中州级办理1件，没收销毁假劣兽药4.2万盒（包、瓶），取缔无证经营企业17个。责令整改饲料经营企业13个，取缔饲料经营企业1个，查处无合格证、无批号、无标签饲料产品6个，办理饲料案件13件。

［李光祥］

农业机械化

【农机总量】 2013年，楚雄州主要农业机械快速增长，全州农业机械总动力260.33万千瓦，比上年增加24.81万千瓦，增长10.5%。完成机械农田作业总量747.64万亩，比上年增加77.64万亩，增长11.6%。水稻机械化插秧新技术示范推广取得突破，水稻插秧机大田插秧面积2.02万亩，比上年增加1.05万亩，增长209%。全州农作物耕种收综合机械化水平42.6%。

【农机安全监管】 2013年，楚雄州强化安全监管，确保农业机械生产安全。年内未发生统计范围内的农机事故，田间场院、农机供油点和农副产品加工点未发生农机安全事故。实行农机安全生产责任制。州、县、乡3级农业（农机）部门农机安全生产责任书签订面100%，乡（镇）农推中心与农机手签订农机安全生产责任书3.98万份，签订面98%。拖拉机挂牌率、年检率、农业机械驾驶操作人员持证率均达90%以上。组织拖拉机驾驶员安全教育学习活动416场（次），参加人数13.25万（次），参学率89%；制作安装永久性警示牌36块；制作宣传展板40块；喷刷永久性安全宣传标语176条；悬挂宣传横幅192条；粘贴宣传标语3170条；印发各类宣传材料14.86万份，发放告知书6.32万份，召开农机安全座谈会314次，参加人数1.76万人（次）。分三批开展“创建平安农机，促进新农村建设活动”，创建“平安农机”示范县2个、示范乡（镇）28个、示范村280个、示范户2800个。检查农业机械2.27万台次，排查驾驶操作人员2.27万人次；排查出一般农机安全生产隐患5479个，整改落实5277起，整改率96%。推进拖拉机道路交通安全委托执法工作。各级农机监理机构和监理人员按照公安交通管理部门的委托范围、委托权限开展农机安全执法活动。委托执法中，全州共查处无牌行驶550车次，查处无证驾驶941人次，查处违法载人3006人次，查处客货混装46车次，查处酒后驾驶9人次；扣留拖拉机驾驶证3本，扣留拖拉机26辆，办理违法人员培训班96期，教育违法人员5840人次。

【农机登记管理与检验】　2013年，楚雄州有各类拖拉机3.3万台，其中，持“云23”牌证拖拉机2.96万台（G型1.84万台、H型8095台、K型3101台）；持“云NJ”牌证拖拉机3376台（G型124台、K型3252台）。办理拖拉机注册登记1528台（G型1253台、H型253台、K型22台），办理拖拉机转入69台、转出194台、报废97台。年末，有各类拖拉机驾驶员3.72万人。全年受理拖拉机驾驶员考试39期，考试合格核发拖拉机驾驶证2506本，办理增驾考试合格核发驾驶证145人，办理拖拉机驾驶证审验换证3037本。年末，全州持“云23”牌证拖拉机应检数2.34万台，完成检验签证2.19万台，占应检数的93.7%；持“云NJ”牌证拖拉机应检数1662台，完成检验签证1385台，占应检数的83%。

【农机购置补贴服务】　2013年，楚雄州获得上级下达中央财政和省级财政农机购置补贴项目资金3157万元，其中国补2937万元、省补220万元，完成资金额3152.55万元，占上级下达任务数的99.86%，带动农民投入购机资金8000余万元，受益农户1.76万户，购置各类农业机械1.85万台（套）。州级农业部门认真指导各县级农机推广站切实做好农机产品的选型、操作、维修、培训、产品质量监督、投诉受理等工作，积极发挥技术指导、业务培训和协调服务等作用。对全州10县（市）农机购置补贴政策运行操作关键环节落实情况以及主要工作开展情况进行定期或不定期监督检查，通过电话核实购机户购机情况，及时发现并整改存在问题。各县（市）全面盘点评估实施农机购置补贴工作中的制度建设、重点工作、执行实施、实施效果等情况，进行严格自评，并组织了州级复评。

【农机化新技术示范推广】　2013年，楚雄州各级农机技术推广机构认真开展农机化新技术示范推广工作。实施机械深耕技术推广示范154.54万亩，比上年增加44.43万亩；开展中耕机械深松技术推广示范27.11万亩，增加4.01万亩；开展保护性耕作技术推广示范9.66万亩，增加3.16万亩；开展精量播种技术推广示范2.41万亩，增加0.38万亩；开展化肥机械深施技术推广示范14.24万亩，增加6.3万亩；开展节水灌溉技术推广示范9.15万亩，投入机具1830台；开展机械化秸秆还田技术推广示范13.2万亩，增加5.91万亩；开展高效植保技术推广示范68.56万亩，增加32.73万亩；开展农田机械节水灌溉技术推广示范28.06万亩，增加8.87万亩。在禄丰、楚雄、牟定、大姚、南华5个县（市）设立20个水稻机械化插秧示范点，举办现场会52场次，培训育秧技术人员250人，培训插秧机操作手60人，累计推广插秧机90台，新增51台，实现水稻插秧机大田插秧面积2.02万亩。对购买联合收割机的用户给予中央财政补贴30%和省级财政补贴30%的双重补贴政策，组织收割机作业收获现场会7场次，新增联合收割机35台，全州投入作业的联合收割机累计约500台，完成稻麦机收23万亩，稻麦机收率15%，比上年增长3个百分点。

【农机培训】　2013年末，楚雄州10个县级农机培训机构中，按主管局分农业局9个、教育局1个（大姚）；按经费分全额拨款9个、差额拨款1个（武定）；按机构分学校独立设置5个（双柏、楚雄、元谋、武定、禄丰）、学校与推广合一设置3个（牟定、南华、姚安）、学校与农广校合一设置1个（永仁）、学校与职教中心合一设置1个（大姚）。全州县级在职在编教职工总数71人，外聘34人。全州各级农机培训机构有农机类教练车62台，小汽车教练车34台，学校占地面积9.76万平方米，固定资产总值1432万元。全年全州农机校共培训各类农机人员9761人，其中拖拉机驾驶员3687人、汽车驾驶员2707人、阳光工程农机类人员1475人、劳动力转移农机操作手2345人。

［姚国强］

农业科技推广

【农业科技应用研究概况】　2013年，楚雄州农科所在温室种植国内外优异稻种亲本46个，新配制水稻杂交组合140个，综合鉴定育成优良品系69个，实施楚粳新品种（系）大区展示1组，展示楚粳新品种（系）8个，多点示范楚粳37号、38号、39号、40号4个新品种，并申请国家植物新品种权保护，初审合格。种植玉米自交系选育材料600余份，改良分离后代1700个穗行，配制新组合1200余个，通过田间鉴评和配合力测试结果，性状较好、配合力较高，为育种工作打下基础。收获蚕豆优异单株和株系近1000份，开展杂交组合20个，成功12个组合，云南省优质蚕豆区域试验参试品种9个，州农科所提供品种彝豆2号产量最高，折合亩产285.65千克。种植麦类亲本材料198份，新配大麦、小麦杂交组合57个，选出小麦稳定株系

7个、大麦稳定株系9个进入下年鉴定。开展杂交油菜鉴定两系三系杂交新组合45份，实收25份，云南省优质油菜区域试验（田油菜组）供试种12个，州农科所提供的CY1202亩产188千克，比对照增长26.45%。

【优质水稻新品种选育】 2013年，楚雄州农科所主持“云南省7州市优质水稻新品种协作选育及示范推广”项目，共收集稻种资源243份，交换育种材料21份，种植亲本材料519个，配制杂交组合1302个。组织新品种百亩方示范8个，千亩片7片。年内，协作组选育的6个品种通过云南省审定，15个品种通过云南省专家田间鉴评，1个品种获国家植物新品种权，15个品种申请国家植物新品种权，获云南省科技进步一等奖1项、三等奖2项。

【水稻高产创建】 2013年，楚雄州水稻高产创建分别在大姚、姚安两县实施。百亩核心样板2片，百亩核心区平均亩产904.98千克；千亩示范2片，平均亩产781.98千克；万亩示范2片，平均亩产705.01千克，比上年同示范区亩产增产26.12千克，比非示范区亩产增产59.05千克，示范片合计增收粮食115.52万千克。

【农作物新品种示范】 2013年，楚雄州农科所在省内15个县（市）开展楚粳37号、38号、39号、40号4个水稻新品种示范，其中楚粳37号平均亩产906.97千克，楚粳38号平均亩产899.30千克，楚粳39号平均亩产723.70千克，楚粳40号平均亩产768千克，示范效果较好；楚粳28号在四川、贵州、西藏等省区试种成功。主要示范推广的玉米品种楚单7号、云瑞47、云瑞88、楚单11号、楚白单5号、保玉9号、北玉16号，示范推广总面积60万亩，占全州玉米面积的60%以上。在楚雄、大姚等6个示范基地进行小麦新品种云麦53号等4个新品种的节本增效集成栽培技术示范1330亩，云大麦1号等6个大麦新品种示范2000亩，合计示范大麦小麦新品种3330亩，均取得较好的示范带动作用。在全州范围内开展8个蚕豆新品种展示，结果实测产量，州农科所研究的彝豆1号产量最高，折合亩产283.45千克。在楚雄市建立魔芋新品种楚魔花1号繁种示范基地1230亩，在大姚县繁殖楚魔花1号40亩，产量及效益好于往年，品种于3月26日通过省级鉴定，是全省唯一通过审定的魔芋新品种。

【豌豆烟后种植】 2013年，楚雄州农科所举办长寿仁豌豆烟后种植攻关样板3600亩，全州烟后种植长寿仁豌豆示范面积3万余亩。平均亩产新鲜豆荚350千克，按市场价每千克10元计算，亩产值3500元以上，高产户750千克左右，经济效益非常可观，该项目有望在全州突破10万亩以上。

【农业科技成果转化】 2013年，楚雄州收储调供水稻种约401万千克，调供玉米种约75万千克，调供魔芋种约4.7万千克，收获丽薯6号原种种薯1.42万千克。

【农业科技项目建设】 2013年，楚雄州超级稻苗头品种楚粳37号多点示范平均亩产906.97千克，显示了该品种的高产潜力；选育的粳型软米品种楚粳39号，实收亩产867.60千克，该品种作为优质软米小规模开发投入市场以来，显示了优质米开发前景；水稻体系百亩核心示范153.50亩，示范区通过集中育秧、规范化条栽、配方施肥、病虫害综合防治等栽培技术的集成示范，取得较好效果。9月11日，经州农业局组织有关专家进行验收，示范区平均亩产870.96千克，比非示范区楚粳27号亩产高172.93千克，增产24.77%，圆满完成规定的任务指标，综合考核93分。开展玉米产业技术体系楚雄综合试验站建设。9月24日，受省农业厅委托，由州农业局组织相关专家对核心样板及示范区进行实打验收，折亩产825.4千克，综合考核93.5分。开展国家小麦产业技术体系建设，研究小麦不同播种期生长发育动态、机械化播种技术及主要病虫害监控防治等情况。

［王学辉］

烟叶生产

【烟草产业概况】 2013年，楚雄州烟草专卖局（公司）深化内部改革，紧紧围绕稳中求进、做优做强目标，以转变发展方式为主线，坚持彰显烟叶特色、优化结构、卓越管理、文化强企、改进作风，推动楚雄烟草持续创新和谐发展。全州烟叶种植面积80.72万亩，收购烟叶10.25万吨（含丰产烟叶750吨），比上年减少1.75万吨；上等烟比例69.5%，比上年提高2.7个百分点；收购均价26元，比上年增加2.96元；收购总值26.65亿元，加上烟叶产前投入3.88亿元，实现烟农总收入30.53亿元，比上年增加3145万元，烟农户均售烟收入达1.9万元。

【烟叶生产】 2013年，楚雄州按照“控制总量、提升质量、优化结构、突出特色、稳中求进”的总体要求，以现代烟草农业建设为统领，以严控规模、优化结构为中心，以维护烟农利益为出发点，全力推动各项工作，烟叶生产保持平稳发展。烟叶严控规模取得明显成效。全州落实种烟乡（镇）96个、村委会824个、村民小组6730个、烟农14.03万户，签订电子合同3.62万份。州烟草专卖局（公司）在关键环节组织专项督查5次，确保严控规模自始至终落到实处。抢抓节令抗旱移栽取得突破。楚雄州连续5年严重干旱，年初全州上下广泛展开旱情排查，制定抗旱预案1693份，投入抗旱资金7677万元，其中烟草补贴4000万元，满足移栽和保苗用水需要。大力推广膜下小苗移栽32.8万亩，占总面积的40.6%，经测算，节约用水98万方以上，节约拉水资金1100余万元，有效解决了抗旱移栽难度大、进度慢的问题。优化烟叶结构工作扎实到位。全州验收合格面积78.3万亩，清除不适用脚叶6.59万吨、顶叶5.09万吨，亩均清除144.7千克。收购上等烟比例69.5%，比上年提高2.7个百分点；下部叶占5.3%，比上年减少0.5个百分点；上部叶占20.5%，比上年减少2.9个百分点；中部叶占71.3%，比上年增加2.9个百分点，其他（杂色组）占2.9%，上等烟、中部叶较往年大幅增加。烟叶收购较好兼顾各方利益。通过理顺收购管理职能、加强分级预检、强化二次验级、优化收储平台等措施，坚持“高纯低限”思路不动摇，实现企业、烟农、政府各方利益的均衡和共赢。省烟草公司收购等级综合合格率78.71%，工商交接等级合格率77.74%；国家烟草专卖局收购等级合格率82.44%。服务烟农水平进一步提高。加强生产技术培训，举办种植烘烤培训109场，培训烟农、烘烤人员5万人次。向烟农印发《红大栽培技术手册》3.2万册、《红大成熟采收与烘烤技术手册》5000册，从省内聘请红大烘烤经验丰富的烘烤师20人分派到红大种植乡（镇）驻点指导；进一步规范补贴兑现，对上年生产扶持兑现进行了专项检查；扎实抓好整改工作，全面推行电子结算；及时处理舆情隐患，使烟草补贴政策真正落到实处，有效维护烟农利益。

【现代烟草农业建设】　2013年，楚雄州为进一步改善烟区生产条件，不断提高烟叶种植现代化生产能力，共投入烟草补贴资金1.38亿元，完成烟叶基础设施项目2.02万件，包括烟水工程1.78万件、机耕路2件、烟叶调制设施2477件、土地整理1件，烟水工程受益基本烟田7.76万亩；完成2013年抗旱彩虹水窖7000座及2014年水窖1.22万座；已开工8件水源工程累计完成投资4.66亿元，占总投资的56%。整合组建综合服务型烟农合作社48个，内生动力和发展后劲不断增强。稳步推进楚雄子午和双柏大庄2个国家烟草专卖局全程机械化试点，将新配置农机产权量化到烟农，力求形成有效的管理与服务体系。年内建成楚雄东华、姚安官屯、元谋羊街、武定白露4个单元，实现了基地单元建设与市场需求的较好对接。

［阿惠媛］

林　业

【林业工作概况】　2013年，楚雄州林业系统广大干部职工紧紧围绕中共楚雄州委、州人民政府关于生态文明建设的工作部署，坚持走生态建设产业化、产业发展生态化的路子，以建设绿色楚雄、美丽彝州为目标，克服连续5年严重干旱和长时期高森林火险等不利因素影响，统筹兼顾，创新举措，攻坚克难，扎实推进生态林业、民生林业建设，各项工作取得新成效。全年向国家、省争取无偿资金5.40亿元，比上年增加1.6亿元；争取林业贴息贷款指标3.01亿元，比上年增加0.53亿元。完成招商引资项目3个，引进资金4190万元。实现林业总产值95.25亿元。

【林业改革】　2013年，楚雄州切实巩固集体林权制度主体改革成果，全面深化配套改革，完成了县级林权管理服务中心建设任务，进一步完善林业管理、林木采伐管理、森林资源资产评估和生态效益补偿等制度，建立健全林业产权流转、林权抵押、森林资源管理、森林火灾保险和林业社会化服务体系。全年全州共办理林权抵押1960宗面积34.67万亩，贷款6.95亿元。其中，农户林权抵押1900宗24.47万亩，贷款金额3.77亿元；企业林权抵押60宗10.2万亩，贷款金额3.18亿元。办理林权流转5042宗面积79.12万亩，流转金额2.80亿元。森林火灾保险试点全覆盖，有林地投保100%。开展了林地供给方式创新，对采矿、探矿、采石、采砂、取土等采取临时占用方式使用林地，在不改变林地性质前提下，以租赁、入股等方式为风能、光伏太阳能等项目提供林地，最大限度减少林地流失。年内，全州积极推进以森林公安为主，相对集中行使林业行政处罚权的林业执法模式。

【林业产业】　2013年，楚雄州着力优化林业产业结构，加快林业第二、三产业发展，加大对龙头企业、林业大户、专业合作社、协会等组织的扶持力度，着力培强以核桃为主的特色经济林产业，以野生食用菌为主的林下经济产业，以人造板、家具制造为主的木材深加工产业，以松香、桉叶油、天然香料及生物质能源为主的林产化工产业和林木种苗花卉产业，全州林业产业规模、效益得到提升。至年末，全州累计种植核桃510万亩，全州核桃干果产量4.8万吨，比上年增长14.3%；产值14.6亿元，比上年增长24%。全州林业总产值95.25亿元，比上年增长18.31%。其中，第一产业48.06亿元、比上年增长19.32%，第二产业41.26亿元、增长15.14%，第三产业5.91亿元、增长35.12%。农民人均从林业中获得收入1800元，比上年增加270元。

［杨发民　董存丽］

【林下资源】　2013年，楚雄州10县（市）通过封山育菌、适时科学采收等方式，采收以牛肝菌、干巴菌、松茸和块菌4种珍贵野生食用菌为主，其他菌类为辅的野生食用菌1.98万吨，实现采收销售产值7.71亿元。其中，采收销售楚雄牛肝菌9591吨，楚雄干巴菌294吨，南华松茸625吨，楚雄块菌86吨，分别实现采收销售产值2.77亿元、5124万元、1.46亿元、3351万元。实现承包封山育菌150万亩，有野生菌加工出口企业25家，其中，楚雄宏桂绿色食品有限公司为省级龙头企业。2005～2013年，楚雄州累计创造野生菌采集产值43.3亿元，加工产值38.5亿元，近3年累计采集产值20.9亿元，加工产值19.54亿元。“野生菌王国”南华县2013年野生食用菌集散交易量达6053吨，交易额3.6亿元，其中，县内野生食用菌产量4237吨，产值2.52亿元，集散交易量、交易额比上年增长4.9%、10%。年末全县共有南华宏怡野生菌开发有限公司、南华云华绿色食品有限责任公司、南华新世纪生物工程有限公司、南华嘉懋绿色食品有限公司等野生菌加工企业14家，其中宏怡公司、云华公司、新世纪生物工程公司等4户野生菌加工企业被省林业厅评为“省级龙头企业”，加工产品主要有鲜菌速冻类（整菇、切片）、干制类产品、泡酒类产品、油炸类制品、南华松茸茶等，野生菌加工业产值近2亿元。

楚雄牛肝菌。牛肝菌是市场常见，以美味牛肝菌为主的大宗牛肝菌科珍贵野生食用菌，含美味牛肝菌、双色牛肝菌、小美牛肝菌、远东疣柄牛肝菌、茶褐牛肝菌、灰褐牛肝菌等等，是云南省分布最广、产量最高、出口量最大的野生食用菌，在市场上常被称为“楚雄牛肝菌”。2013年，楚雄州以“楚雄牛肝菌”作为地方野生食用菌产业重要品种，采用封山育菌、适时科学采收和加工，努力扩大出口创汇。采收楚雄牛肝菌9591吨，占全州野生食用菌采收量的48.4%，实现产值2.77亿元，占全州野生食用菌产值的35.9%。其中南华县采收楚雄牛肝菌2385吨，占全州楚雄牛肝菌采收量的24.87%，实现产值6890万元，占楚雄牛肝菌产值的24.87%；姚安县采收楚雄牛肝菌528吨，实现产值1525万元；其余8县（市）采收楚雄牛肝菌6678吨，占全州楚雄牛肝菌采收量的69.63%，实现产值1.93亿元，占楚雄牛肝菌产值的69.63%。楚雄宏桂绿色食品有限公司把“一种牛肝菌的保鲜方法”和“速冻野生食用菌及其加工方法”技术应用于野生白牛肝菌产品转化过程中，2012年速冻牛肝菌1495.75吨。楚雄牛肝菌成为楚雄州野生食用菌产业的重要地方特色优势产品，受到国内外客商和消费者青睐。

南华松茸。松茸是市场常见的一类珍贵野生食用菌，楚雄市场上常称为“南华松茸”。2013年，楚雄州以“南华松茸”作为地方野生食用菌重要品牌，采用封山育茸、适时科学采收和加工，努力扩大出口创汇。采收南华松茸625吨，占全州野生食用菌采收量的3.15%，实现产值1.46亿元，占野生食用菌产值的18.96%。其中南华县采收南华松茸250吨，占全州南华松茸采收量的40%，实现产值5846万元，占全州南华松茸总产值的39.9%；姚安县采收南华松茸97吨，实现产值2268万元；其余8县（市）采收南华松茸278吨，占全州南华松茸采收量的44.48%，实现产值6502万元，占全州南华松茸总产值的44.49%。南华县有野生菌加工企业14家，开发生产速冻南华松茸鲜片、南华松茸干片、南华松茸酒、油炸南华松茸、南华松茸茶等产品。

［周能汉　罗彬睿］

【森林防火】　2013年，楚雄州加大森林防火工作力度，狠抓野外火源管理，着力加强扑火队伍、防火基础设施建设。全州共建立扑火专业队68支1464人，比上年增加18支295人，完成滇中火险区综合治理一期建设，启动了二期建设工程，购置森林防火运水车18辆、运兵车12辆，修建防火通道109.7千米，使全州森林火灾综合防控能力明显提高。年度全州共发生森林火灾32起，过火面积2.65万亩，森林受害面积3670.35万亩，受害率0.13‰，当日扑灭率96.8%，火案查处率90.6%。火灾次数和受害面积分别为省下达控制数的22%和11.8%。杜绝了重、特大森林火灾，实现了森林火灾扑救零伤亡，被省人民政府考评为二等奖。

【林业科技】　2013年，楚雄州林业系统进一步加强林业实用技术培训，采用学历教育、继续教育、专题讲座、短期培训等方式，加大对基层林业管理干部、专业技术人员和林农的教育培训力度。年内，全州共投入教育培训经费164.95万元，开展核桃和油茶栽培管理、野生食用菌保育、森林管护、林地管理和低效林改造等技术培训，共培训林业专业技术人员1914名；举办林农培训班12期，培训林农5841人次；开展专题讲座164次，为1.32万名林农进行了林业技术辅导；以会代训640场次，培训4.8万人次；组织林业技术人员2307人次开展以特色经济林栽培、森林经营和森林病虫害防治为重点的林业科技帮扶活动199场次，现场指导农民1.33万人次，开展科技咨询6.88万人次，发放科普传单6.80万份、科技图书3.07万册。年内，组织申报中央财政林业科技推广项目1项、省级林业科技推广项目2项、林业产业项目45项和农村综合开发项目1项。

【块菌保育促繁培训班】　2013年10月10～11日，楚雄州林业局举办块菌保育促繁培训班，全州10县（市）林业局领导、负责野生菌产业发展的相关人员和部分块菌分布乡（镇）人民政府领导、林业站站长，以及15户野生菌加工企业负责人等共120余人参加培训。州委常委、副州长任锦云作动员讲话，台湾大学教授胡弘道、南京农业大学教授杨文建、云南省农科院高级工程师苏开美等分别为参训人员进行块菌保育和仿生栽培、野生菌加工、野生菌可持续利用等专题讲座。

［杨发民　董存丽］

水　利

【水利建设概况】　2013年，楚雄州水务局按照“稳政策、增投资、夯基础、强管理、推改革、提效益、惠民生”的总体思路，克服了连续5年严重干旱的不利影响，集中精力抓项目，千方百计增投资，进一步强化科学治水、依法治水、合力兴水，水利建设、抗旱增蓄水、水利管理和改革工作取得新成效。全州共争取上级补助水利资金12亿元，比上年增长30%，累计完成水利固定资产投资29.86亿元，比上年增长28%。新增有效灌溉面积4.02万亩，新增节水灌溉面积6.57万亩，解决了农村16.15万人口饮水安全问题，治理水土流失面积443.4平方千米，为计划数的100%。

【民生水利】　2013年，楚雄州水务局认真抓好全州10件民生实事中的民生水利工作。把抗旱保饮水保民生作为水利工作的第一要务，科学调度，多措并举，全力以赴抓好抗旱保饮水工作，尽最大努力把旱灾造成的损失降低到最低限度。全州共筹集抗旱资金2.66亿元，投入抗旱人数66.97万人次、机电井3720眼、

2013 年度楚雄州库塘蓄水情况统计表

单位：万立方米

县（市）	计划蓄水	现有水量	占计划%	大型		中型		小（一）型		小（二）型		小坝塘		上年同期
				计划	实蓄	计划	实蓄	计划	实蓄	计划	实蓄	计划	实蓄	
青山嘴	6578	5378	82	6578	5378									4863
大海波	625	523	84			625	523							648
塘房庙		1815					1815							850
楚　雄	10308	8141	79			3887	2590	2021	1435	2300	2033	2100	2083	8176
双　柏	3355	3131	93					1900	1733	630	573	825	825	3006
牟　定	5006	3962	79			1886	1137	980	787	980	903	1160	1135	3277
南　华	4808	4767	99			2151	2137	602	537	920	966	1135	1127	4359
姚　安	7664	5699	74			4071	2789	1391	782	942	928	1260	1200	3806
大　姚	6966	6723	82			781	625	4155	4084	970	960	1060	1054	5247
永　仁	8157	6988	86			3501	2601	1535	1330	1751	1705	1370	1352	4561
元　谋	9400	7456	79			6225	4467	1245	1126	780	753	1150	1110	6231
武　定	6144	5669	92			2265	1902	2124	2041	890	872	865	854	5559
禄　丰	10989	10790. 7	98			2702	2605	4071	4098	2216	2186	2000	1902	10397
合　计	80000	71042. 63	89	6578	5378	28094	23190. 56	20024	17952. 97	12379	11879. 2	12925	12641. 9	60980

泵站 524 处、机动抗旱设备 4. 25 万台套、机动运水车辆 1. 23 万辆次，投入抗旱用电 193. 86 万度、抗旱用油 811. 87 吨。累计临时解决 40. 78 万人和 17. 59 万头大牲畜饮水困难，抗旱浇灌面积 92. 8 万亩。实现州委、州人民政府“绝不让旱区一个人没水喝”的庄严承诺，确保全州正常的生产生活秩序，保障了经济社会发展各项工作顺利推进。加大饮用水水源地保护和污染防治力度，加快农村饮水安全工程建设，投资 0. 83 亿元，解决了农村 15 万人和 50 所农村中小学校 1. 15 万师生饮水安全问题。继续实施“爱心水窖”工程建设，争取省下达 2 万口“爱心水窖”工程建设计划，及时组织发动群众开工建设，解决了农村 5. 6 万人饮水困难和 2. 4 万亩旱地灌溉问题。

【“3 个 30”水利项目】　2013 年，楚雄州水务局认真贯彻落实州委、州人民政府推进“3 个 30 项目”重大决策部署，围绕水利项目工作目标任务，制定工作推进方案，健全管理机制、细化工作责任、强化督促检查，加快各项工作落实。在建的 17 件工程中，坛罐窑水库完成 0. 18 亿元，占年度计划的 57%；9 件县城供水工程完成 1. 64 亿元，占年度计划的 102. 6%。计划新开工的 4 件工程中，姚安大麦地、元谋挨小河、青山嘴水库至苍岭工业园区供水工程已开工建设，其中青山嘴水库至苍岭工业园区供水工程已完工，3 件工程累计完成投资 1. 16 亿元，占计划的 105. 7%；武定仁和中型水库项目建议书和主体工程可行性研究报告已通过省水利厅批复审查，开展了移民安置规划工作。5 件前期项目中，3 件大型水库建设项目列入省滇中产业新区水资源保障规划，其中小石门大型水库、东河扩建为近期建设的水源工程，星宿江为中期建设的水源工程。小石门水库已委托省水利设计院开展项目建议书阶段勘察设计；东河水库由省滇中产业新区建设领导小组委托省水利设计院完成扩建工程规划报告；星宿江大型水库待滇中产业新区水资源保障规划审定后及时设立水文观测站，开展水文资料观测整理等工作。2 件中型水库中，直苴水库通过省项目建议书技术审查工作；桂花水库项目建议书已完成。

【水利产业化建设】　2013 年，楚雄州水务局认真贯彻落实州委、州人民政府产业建设年的安排部署，紧紧围绕高原特色农业等重点产业建设，做好水利供水工程规划布局，先后组织完成了《滇中产业新区建设水资源保障初步规划》、《青山嘴至殷家箐水库库库连通工程》、《元谋大型灌区高效节水灌溉示范区建设规划》、《滇台合作有机农业示范区供水工程建设方案》、《双柏县坡耕地水土流失综合治理工程专项建设方案》及 10 个重点农业企业高效节水灌溉项目等 20 个项目规划设计工作。按照投资省、见效快、效益好原则，完成双柏县麻栗树小流域坡耕地水土流失综合治理试点工程、姚安县规模化高效节水灌溉工程等工程建设。双柏县以开展坡耕地水土流失综合治理试点工程建设为契机，引进云南绿汁江农业发展有限公司等 7 家公司投资 1500 余万元，参与普龙小流域坡耕地治理，改造坡耕地 1. 25 万亩，治理后的坡耕地在不改变土地权属的前提下转给公司租赁经营，农户除每人每年取得 1953 元的土地出租金外，每人每月可获得 1200 余元的工资收入。元谋县在高效节水灌溉工程建设中，突出节水增效，积极引导受益区群众投入资金853.33万元参与工程建设，建成滴灌面积2.02万亩。

【抗旱增蓄水】 2013年，楚雄州已连续5年干旱，造成库塘蓄水严重不足，使人民群众生活及农业生产用水受到极大影响。全年全州农作物累计受旱面积162.48万亩，因旱造成40.78万人、13.87万头大牲畜饮水困难。为力争多蓄水，全州水务部门利用所有工程设施采取引、提、修、建、拉、运等措施，从库区外引水、提水入库0.84亿立方米，占水库净增蓄水量的19%；新建引水（洪）沟渠54条长19.4千米，修复、清淤引水（洪）沟渠275条，长27.2千米，新建提水站13座装机1793千瓦。全州共争取上级投入资金3135万元，其中中央2670万元、省级347万元、州级118万元，实施24件应急工程，工程批复总投资1.46亿元，建成后可解决14万人、4.97万头大牲畜饮水困难。至12月28日，全州库塘蓄水7.1亿立方米，比上年增加1亿立方米，是近3年来蓄水较好的一年。库塘蓄水净增4.7亿立方米。全州34.25万个水池（窖）做到满蓄满灌。

【水资源控制管理】 2013年，楚雄州水务局严格水资源“三条红线”控制管理，成立了由局长任组长的全州实施最严格水资源管理制度领导小组，制定了《楚雄州实行最严格水资源管理制度的意见》并经州人民政府批准实施。将“十二五”期间实行最严格水资源管理工作进行细化分解为30项任务76项子任务131项具体工作，分解下达了“三条红线”控制指标。努力抓好水资源“六个严格”管理，组织开展了《楚雄州水资源保护规划》编制，加快推进水资源监控能力建设，争取到省级水资源费项目资金90万元在楚雄、姚安两县（市）开展5个饮用水水源地安全保障达标建设，启动地下水监测试点和水生态试点建设，加大水资源费征收和专项稽查力度，严肃查处违法取用水行为，征收水资源费1000余万元。

【水务改革】 2013年，楚雄州水务局深化水务改革，突出水务管理。加强已建工程规范化管理。落实了25座中型、155座小（一）型水库的政府行政管理责任人、水库主管单位责任人、水库管理单位责任人，完成了武定己衣水库省级管理单位达标考核及永仁麻栗树、元谋丙间2座中型水库晋升省一级管理单位达标考核工作。进一步加强国管水利工程维修养护，争取中央和省补助资金1010万元用于全州10县（市）77件水利工程维修养护。完善资源性产品价格形成机制，建立居民、工业用水阶梯价格制度，完成10县（市）城市水价改革并实施新水价，居民生活用水价格分别由每立方米1.3～2元调整为2.8～3元，非居民生活用水由1.8～2.6元调整为4～4.5元，特种行业用水由2～2.6元调整为5～9元。积极推进农业综合水价改革，进一步加强供水及计量设施建设，完成元谋农业综合水价改革试点工作，楚雄农业综合水价改革示范建设启动实施，水价和水费征收率、用水效率及效益明显提高。加快水利投融资体制改革，成立州水务发展有限责任公司。

【水务执法】 2013年，《楚雄州龙川江保护管理条例》经省人大常委会批准，州人大常委会公布实施，对龙川江保护管理范围、管理机构设置、河道保护、管理范围内开发建设活动、龙川江水体保护、水量分配及调度和违反《条例》规定应当受到的处罚等作了明确规定，进一步明确了政府和部门职责，建立“事责清晰、分工明确、行为规范、运转有效”的流域管理及流域内地方水事管理机制。完成行政审批项目清理，修改完善州水务局行政执法责任制等四项制度，加强水行政执法队伍建设。组织对河道水电站、砂石厂、在建重点项目等开展巡查和执法检查。全州共查处水事违法案件39起，调处水事纠纷94件。

【水土保持】 2013年，楚雄州水务局以有效防治水土流失、维护生态环境为目的，加强水土保持工作。元谋、双柏、南华、武定4个县被列入第二批水土保持监督管理能力建设县，完成治理水土流失面积10.4平方千米。州级共审批水土保持方案21件，收取水土保持设施补偿费109.62万元，水土保持设施验收9件。全面完成上年度姚安、元谋两县水土保持小流域重点治理工程，实施了元谋、牟定、姚安和武定4个县2013年度水土保持重点工程。完成防治水土流失面积443.4平方千米，为计划数的100.7%。

【水务投融资改革】 2013年，楚雄州为建立多元化的水利投入机制，按照“投、融、建、管、还”一体化经营模式，结合州水务一体化改革发展实际，积极推进州水务发展有限责任公司组建工作。10月，州水务发展公司正式成立，将全州州级以上水利国有产权划转公司，公司与州建行、州农发行、中国银行楚雄州分行等多家银行开展融资贷款的前期工作，通过企业化运作可解决银行贷款、抵押及增加现金流等问题，逐步形成市场化投融资运行机制。

［李雪花］

青山嘴水库工程建设

【水土保持设施验收】 2013年6月7日，根据《开发建设项目水土保持设施验收管理办法》，水利部在楚雄市主持召开了云南省楚雄州青山嘴水库工程水土保持设施竣工验收会议。参加会议的有水利部长江水利委员会水土保持局、云南省水利厅、楚雄州水务局、楚雄市水务局，建设单位青山嘴水库工程建设管理局、评估单位江河水利水电咨询中心，以及方案编制、设计、监理、监测和施工单位代表23人，会议成立验收组。会议之前，青山嘴水库工程建设管理局对水土保持设施进行了自查初验，编制了《云南省楚雄州青山嘴水库工程水土保持方案实施工作总结报告》和《云南省楚雄州青山嘴水库工程水土保持设施竣工验收技术报告》，并向水利部提出了验收申请。江河水利水电咨询中心对云南省楚雄州青山嘴水库工程水土保持设施进行了技术评估，提交了评估报告及监理、监测和施工报告，为验收提供了重要的技术依据。验收组认为，青山嘴水库工程建设管理局依法编制了水土保持方案，履行了水土保持方案变更手续，组织开展了水土保持专项设计；实施了水土保持方案确定的各项防治措施，完成水利部批复的防治任务；建成的水土保持设施质量总体合格，水土流失防治指标达到了水土保持方案确定的目标值，较好地控制和减少了工程建设中的水土流失；建设期间控制了水土保持监理、监测工作；运行期间的管理维护责任落实，符合水土保持设施竣工验收条件，同意该工程水土保持设施通过竣工验收。

【工程项目档案验收】　2013年5月7～8日，根据《青山嘴水库工程建设管理局关于青山嘴水库工程档案验收的请示》，按照《重大建设项目档案验收办法》、《云南省重点建设项目档案验收实施办法》和《水利工程项目验收管理规定》，由云南省档案局、省水利厅组织，会同楚雄州档案局等单位组成项目档案验收组，对青山嘴水库工程建设项目档案进行专项验收。验收组认真听取了青山嘴水库工程建设管理局关于该项目建设、项目档案管理情况的汇报和相关参建单位关于该项目档案编制、归档、移交情况的汇报，按规定抽查该项目档案资料，对照《云南省重点建设项目档案验收测评表》，对该项目档案进行定量检查、测评，认为青山嘴水库工程建设项目档案达到完整、准确、系统、安全的要求，项目档案记录能反映项目建设全过程及建设成果，能满足项目安全运行、维护和管理的需要；验收组认真对照《云南省重点建设项目档案验收测评表》检查、测评，综合得分为97.5分，达到验收要求，同意该项目通过档案验收。综合得分97.5分，首创云南省水利工程建设档案验收史上的最高得分。

【竣工预验收】　2013年12月20日，由云南省水利厅主持对楚雄州青山嘴水库工程进行竣工预验收。青山嘴水库竣工预验收专家组检查了工程建设情况，查阅了相关工程建设材料，听取了参建单位及质量监督机构的工作报告。经讨论认为，青山嘴水库工程已完成了批准的设计工程建设内容，历次阶段验收、专项验收遗留问题已处理完毕，工程质量合格，工程初期运行正常，档案资料齐全，财务管理规范，同意该工程通过竣工预验收，可以投入使用。

【水库初期运行效益】　青山嘴水库主坝2008年4月29日填筑至一期度汛坝体设计高程，在2008年汛期特别是在楚雄州遭受“11·02”特大自然灾害中，水库拦蓄洪水600余万立方米，错峰滞洪40余个小时，削减洪峰流量50%，有效减轻了暴雨洪涝灾害对楚雄城区和沿岸造成的损失。青山嘴水库2009年最高水位1804.73米，库容2075万立方米；2010年最高水位1812.21米，库容5541万立方米；2011年最高水位1811.63米，库容5205万立方米；2012年最高水位1812.97米，库容5981万立方米；2013年最高水位1812.03米，库容5436.38万立方米。蓄水4年多来，累计向下游供水1.47亿立方米，初步发挥了水库效益，对楚雄连续5年干旱情况下的抗旱保民生及生产生活发挥了重要作用。

【水库工程质量】　2013年8月31日，云南省建筑业协会组织专家组对青山嘴水库工程申报云南省优质工程进行现场复核。12月经专家组评选，青山嘴水库工程主坝和附属副坝单位工程荣获云南省2013年度优质工程一等奖。

【库区护林防火】　2013年，青山嘴水库工程建设管理局认真落实防火责任，全力做好各项保障工作。发放森林防火宣传材料3000余份，粘贴宣传图片100余幅，在人员密集的出入道口制作永久性宣传栏；对移民进入库区上坟的必须签定青山嘴水库防火告诫书，并对进出车辆进行登记；严格执行24小时值班制度；提高护林员的工资待遇，增强管理责任意识。至年末，管护的4.3万余亩库区森林没有发生森林火灾或造成人员和财产损失。

［周荣志］

（责任编辑：安孟勤）

工业

工业经济综述

【工业经济发展概况】 2013年，在市场需求增长趋缓，主要工业品价格大幅下跌，烟草加工业产品结构调整力度加大，大部分中小企业融资困难，部分企业产品积压，二季度增长速度大幅回落的严峻形势下，楚雄州工业和信息化系统紧盯目标不放松，突出重点抓落实，破解瓶颈问题，抓好协调服务，增强服务企业的针对性和及时性，改进经济运行调节方式，争取到国家和省级扶持资金近1.3亿元，有力地支持了企业发展和园区建设，实现了工业经济的平稳较快增长。规模以上工业实现增加值160.8亿元，比上年增长10.3%。产值10亿元以上的6户企业中，4户企业产值增长，2户企业产值下降，但全年下降幅度逐步收窄。规模以上企业达到197户，比上年增加了42户。6个重点产业中，生物医药，绿色食品加工，新能源、新材料产业快速发展，烟草加工业保持稳步增长势头，冶金化工业和装备制造业实现了由下降到增长的转变。县域工业加快发展，楚雄、禄丰两县（市）的工业增长速度由负扭正，楚雄市增长5.1%，禄丰县增长10.7%，其余8个县工业增长达16.2%以上。

【工业项目建设】 2013年，楚雄州工业和信息化委员会以推进州人民政府确定的50项重大工业项目和30项重大前期项目建设为重点，落实责任目标，建立前期、在建、新开工、竣工投产4个台账，细分实施进度，加强督促指导，认真研究解决项目建设中遇到的重大问题，有力地推动了项目的实施。年末，州人民政府确定的50个重大工业项目中，有5个竣工并试生产，36个项目正在抓紧推进实施；30项重大前期项目中有8个开工建设。全年完成工业投资151.5亿元，比上年的138.7亿元增长9.2%，扣除电力投资后，完成129.9亿元，增长20%。

【工业园区经济】 2013年，楚雄州工

2013年楚雄州重点监测工业行业主要经济指标完成情况统计表

单位：万元

县（市）	企业数（户）	工业产值			主营业务收入			利税总额			利润总额		
		实际完成	上年同期	同比增减（%）	实际完成	上年同期	同比增减（%）	实际完成	上年同期	同比增减（%）	实际完成	上年同期	同比增减（%）
烟草加工业	1	942321	926305	1.7	905386	800003	13.2	759206	673692	12.7	111648	77635	43.8
冶金工业	40	1474115	1386367	6.3	1227045	1274651	-3.7	52640	81960	-35.8	13958	41899	-66.7
化学工业	23	724821	671064	8	550225	530107	3.8	23892	16072	48.7	12480	8405	48.5
医药工业	11	172891	131061	31.9	97780	89541	9.2	8865	7505	18.1	5086	3564	42.7
包装印刷及卷烟辅料业	12	119284	86397	38.1	89654	73337	22.2	16707	12282	36	11982	8781	36.4
食品加工业	43	578289	410541	40.9	545448	396739	37.5	50552	37525	34.7	41898	30135	39
建材工业	16	137350	97153	41.4	118854	85368	39.2	7891	4721	67.2	4205	2690	56.3
电力生产及供应业	17	296395	252946	17.2	283757	246766	15	25904	20001	29.5	12017	6716	78.9
煤炭采选业	9	116620	112868	3.3	98033	102618	-4.5	16600	25743	-35.5	5899	13772	-57.2
塑料制品及纺织业	8	46276	35677	29.7	44116	33505	31.7	1988	1459	36.2	425	991	-57.1
机械工业	16	242002	197239	22.7	215631	175920	22.6	1020	-475	扭亏为盈	-1327	-2361	减亏43.8
其　他	1	8028	5719	40.4	6025	5385	11.9	1081	280	286.6	689	79	777.6
合　计	197	4858390	4313337	12.5	4181954	3813940	9.6	968730	883365	9.7	218959	192306	13.9

业园区总规调整任务基本完成，规划面积386.2平方千米，增加118.4平方千米。大姚工业园区被新认定为省级工业园区，楚雄工业园区医药产业示范基地被认定为云南省新型工业化产业示范基地。10个工业园区实现工业产值481.9亿元，比上年增长28%；完成园区基础设施建设投资25.73亿元；完成工业投资79.4亿元。建设标准厂房34.7万平方米。

【民营经济】　2013年，楚雄州民营经济实现增加值290.35亿，比上年增长15.6%，占全州GDP的45.9%。规模以上民营经济完成固定资产投资301.83亿元，比上年增长30.1%，占全州规模以上固定资产投资总额的66.8%；实现社会消费品零售总额162.01亿元，增长14.9%，占全州社会消费品零售总额的76.9%。累计上缴税金18.98亿元，比上年增长25.45%。年末民营经济组织户数达8.13万户，比上年末增长4.4%；民营经济从业人员32.49万人，比上年增长13.86%；民营经济注册资本239.35亿元，比上年增长30.39%。

【企业技术创新】　2013年，楚雄州被列入云南省100项重点技术改造项目、重点技术创新项目计划、工业重点竣工投产项目计划、工业重点新开工项目计划共17个项目。组织实施重点技术改造项目19个，其中筛选上报省争取项目扶持21个，合计总投资21.27亿元。按照企业主导原则，以“产、学、研”联合为纽带，积极牵线搭桥，与国内先进企业交流合作，实施“央企入滇、民企入滇、省企入楚”工程，通过不断融入大企业、大集团产业链，不断消化大企业外延出来的新技术，提高全州工业企业技术水平。推进企业技术中心建设，提升企业核心竞争力，全年全州工业企业州级技术中心通过认定13户，2户州级技术中心通过省技术中心评定。至年末，全州共有9户企业通过省级技术中心认定，有22户企业通过州级技术中心认定。

【企业节能降耗】　2013年，楚雄州全年单位GDP能耗下降2.69%，圆满完成省下达节能工作目标。永仁县耀华水泥有限责任公司年产8万吨立窑生产线按期拆除。全年共争取省级专项资金2400万元、国家产业振兴和技术改造资金734万元支持16个企业技术改造。新型墙材和散装水泥推广工作取得好成绩，全年共征收新型墙体材料专项基金和散装水泥专项资金563.4万元，其中州墙改办和州散装水泥办公室征收273万元，各县（市）征收290.4万元。新型墙材推广建筑面积140余万平方米，散装水泥供应量47.45万吨，商品混凝土推广使用量160万立方米。

【煤炭行业管理】　2013年，楚雄州进一步加强煤矿瓦斯专项治理、煤矿矿井瓦斯等级鉴定工作。深入开展煤炭行业安全生产大检查，查出一般安全隐患217条，整改217条，整改率100%。完成煤炭经营资格证年检41户，合格41户。推进煤资源整合，2对资源整合矿井完成煤矿改扩建相关审批手续并开工建设，1对资源整合矿井通过技改项目初步设计审查，8对矿井取得开展资源整合改扩建项目前期工作批复。加强煤矿安全生产现场管理，有效防止了死亡事故的发生。

【盐务管理】　2013年，楚雄州工业和信息化委员会作为盐务工作主管部门，认真履行职责，改进服务方式，创新管理方法，确保食盐市场安全与稳定。强化“四大体系”建设，构建盐务管理平台，规范盐业市场秩序，建立和完善盐业行业监管体系，打击各类盐业违法犯罪，盐政执法体系进一步健全。加强食盐营销网点建设，利用“3·15”、“5·15”活动平台开展丰富多彩的宣传活动，建立盐业监管责任、联席会议、销售统计季度分析报送和工业用盐备案制，全面实施食盐零售承诺制，坚持属地管理与层级管理相结合，制定下发了食盐突发事件应急预案。全州获得食盐经营许可的企业有11户（批发企业1户，配送中心2户，转（代）批发企业8户），有食品加工用盐企业113户（不含个体商户），食盐销售连锁站、点161个。检查、抽查、督查乡（镇）92个，食盐零售商铺1500余个；查处各类盐业违法案13件；查获私假盐7.21吨，其中假冒食盐5.86吨，违规盐1.35吨；盐政执法无复议案件。

【电力运行情况】　2013年，楚雄州全社会用电量为45.84亿千瓦时，比上年的44.39亿千瓦时增长3.27%。其中第一产业用电量7598万千瓦时，增长9.56%；第二产业用电量32.18亿千瓦时，增长0.81%；第三产业用电量6.05亿千瓦时，增长9.91%。第二产业中，工业用电31.36亿千瓦时，占全社会用电量68.42%，占第二产业用电的97.47%，比上年下降0.02%。工业用电中，重工业用电29.43亿千瓦时，比上年下降7.07%；轻工业用电1.93亿千瓦时，增长13.69%。根据省工信委《关于支持重点工业企业扩大生产超基数用电临时电价奖励工作方案的通知》精神，楚雄州筛选上报了25户重点企业，省工信委通过对6～10月超基数用电进行考核，楚雄州获得超基数用电奖励资金1519.08万元，全年奖励资金在2000万元以上。

【工业企业融资】　2013年，楚雄州工业和信息化委员会加强“政银企”合作，做好中小微企业融资推介服务工作，向金融机构推荐有贷款需求的企业248户。联合工商银行、农业银行、建设银行、交通银行、中国银行、邮政储蓄银行、浦发银行、信用社等金融机构，深入企业召开座谈会65场次，为企业提供金融服务。与工商银行楚雄分行签订了《中小企业融资合作协议》，工商银行楚雄分行与10户中小企业代表签订了《融资合作协议》。至年末，全州中小微企业贷款余额174.6亿元，比年初增加38.3亿元，增长21.8%。加大企业直接融资力度，鼓励有条件的中小企业参与上市融资、股权融资、区域集优债券融资和私募债券融资。与国信证券股份有限公司签订战略合作框架协议。促成云

2013 年楚雄州 10 县（市）规模以上工业经济发展目标完成情况表

单位：万元

县（市）	企业数（户）	工业产值			主营业务收入			利税总额			利润总额		
		实际完成	上年同期	同比增减（%）	实际完成	上年同期	同比增减（%）	实际完成	上年同期	同比增减（%）	实际完成	上年同期	同比增减（%）
楚雄市	49	2243662	2089015	7.4	1928279	1806473	6.7	812678	726762	11.8	137375	104451	31.5
开发区	24	842213	744210	13.2	623645	614939	1.4	16382	21101	-22.4	7660	11326	-32.4
除开发区外的非烟工业	24	459129	418500	9.7	399247	391532	2	37090	31969	16	18067	15491	16.6
双柏县	16	147745	106032	39.3	122818	99496	23.4	10491	8026	30.7	5467	4052	34.9
牟定县	17	146548	102026	43.6	129898	87956	47.7	13872	12073	14.9	9898	7611	30.1
南华县	18	272597	201669	35.2	260695	194496	34	29911	18458	62	21379	12305	73.7
姚安县	12	70964	42869	65.5	68792	41295	66.6	4155	803	417.4	2974	-438	扭亏为盈
大姚县	24	333800	270138	23.6	290991	248139	17.3	17239	27644	-37.6	4822	15471	-68.8
永仁县	10	88022	60442	45.6	84563	61039	38.5	3338	3205	4.1	1381	598	131
元谋县	12	169698	131367	29.2	172068	130801	31.5	22120	15543	42.3	16518	11554	43
武定县	14	198937	153611	29.5	167021	136727	22.2	13224	12088	9.4	6117	5946	2.9
禄丰县	25	1186417	1156169	2.6	956829	1007518	-5	41702	58763	-29	13027	30756	-57.6
合　计	197	4858390	4313337	12.5	4181954	3813940	9.6	968730	883365	9.7	218959	192306	13.9

南禄丰勤攀磷化工有限公司、武定华翔经贸有限公司与国信证券签订发行私募债协议，楚雄宏桂绿色食品有限公司与申银万国证券签订私募债发行协议和“新三板”挂牌协议，牟定金塔食品有限公司在深圳前海股权交易中心挂牌成功。

【工业园区平台建设】　2013 年，楚雄州重视工业园区平台建设工作。州工业和信息化委员会做好全州工业园区建设专题调研，为州人民政府指导工业园区建设发展提供依据。在承办好全州工业园区建设推进会议的基础上，召开园区主任会，明确园区建设的工作重点和目标。做好园区投融资工作，积极推动“银政园”合作，采取抵押贷款、土地收储贷款、信托融资等多种方式破解工业园区融资难题。促成富滇银行与武定县合作，为工业园区提供建设贷款 2 亿元，采取多种方式，融资 3.95 亿元用于基础设施建设，与建行楚雄分行合作研究开展证券定向资产管理计划融资工作。争取省级新型工业化发展专项资金 1630 万元、下达州级标准厂房补助资金 2492 万元、基础设施建设贴息补助 4500 万元支持园区基础设施和标准厂房建设。

【工业项目招商引资】　2013 年，楚雄州继续加大与大企业、大集团的合作，积极做好“央企入楚”、“民企入楚”工作，精心组织重点工业项目参加河北代表团到云南省的招商活动。东方知云科技（北京）有限公司与云南省国防科技工业局合作，依托云开电气股份有限公司合作，协议建设清洁空气系统产业项目。预算总投资 50 亿元、规划用地面积约 10 平方千米的楚雄工业园区云甸片区美华丰科技产业园开工建设。在州人民政府与云南中冶投资有限公司、昆明市福保文化城有限公司签订战略合作框架协议的基础上，武定工业园区与中铁 23 局签订协议，代融资 5 亿元对禄金片区基础设施进行开发建设。

【协调服务体系建设】　2013 年，楚雄州工业和信息化委员会继续做好协调服务，推进服务团队工作。在抓好企业服务团队工作的基础上，成立金融服务团队和专家服务团队，为企业提供金融服务和企业管理、项目规划等专业服务。2012～2013 年，企业服务团队共收集整理企业困难问题 433 个，现场解决 211 个，剩余 222 个提请州人民政府交办，年内基本办结。加强与国土、林业部门沟通，研究探讨破解工业项目用地、林地供应难题，工业项目用地指标、林地指标紧缺的矛盾得到有效缓解。德钢公司原技改项目历史遗留问题处理、钢铁行业规范性条件申报、生产许可证申换工作取得了突破性进展。搭建中小企业服务平台，为中小企业提供全方位服务。加强食品生产安全管理，开展“3·15”食品安全宣传周活动，认真组织抓好企业诚信体系建设和食品安全生产大检查，食品生产安全保障水平进一步提高；强化盐务管理，检查食盐零售商铺 2000 余个，查处盐业违法案件 41 件。

［雷文生］

工业投资及项目建设

【工业投资概况】 2013年，楚雄州完成云南省下达工业投资（扣除电力）目标任务129.93亿元，比上年增长20%。根据省工业和信息化委员会调整后的全年目标120亿元测算，全年完成了调整后的目标任务的108.3%。州人民政府年初下达的努力目标任务为183.1亿元，扣除风电投资的确保目标任务146.4亿元（省统计局、省工信委提供，风电等投资约占20%），实际完成工业投资151.5亿元，比上年全部工业投资138.7亿元增长9.2%，完成目标任务的103.5%。

【项目管理实施】 2013年，楚雄州扎实开展项目管理及实施工作。抓好项目备案工作。严格按照省人民政府项目并联审批制的要求及审批程序办理项目备案，州工信委共办理备案17个，其中转报省备案项目5个，州级备案项目12个。着力打造“五个一批”项目，形成一月一报动态滚动报送管理机制。对纳入省、州“五个一批”项目情况进行梳理分析，全年共策划项目48个，计划总投资434.16亿元；在谈项目33个，计划总投资123.07亿元；签约项目18个，计划总投资73.90亿元；在建项目62个，计划总投资145.89亿元；投产项目22个，计划总投资71.06亿元。认真抓好重点项目的实施和推进，抓好省“212”工程项目，全省“五个一百”项目，楚雄州“3个30”项目，州人民政府确定的50项重大工业项目和30项重大前期项目。按月汇总重点项目进展情况、按照责任分工跟进服务，细分实施进度，建立前期、在建、新开工、竣工投产4个台账，按月按季调度，掌握进展情况，帮助项目单位解决项目推进中遇到的重大问题。

【企业项目资金扶持】 2013年，楚雄州积极争取云南省工业和信息化委员会的资金扶持，在对年内重点工业项目进行认真分析研究的基础上，筛选上报24个第一批全省工业跨越发展专项资金扶持项目。年内安排6个项目资金1050万元，部分县（市）园区、部分县（市）经信局、州工信委经费170万元，云南新立公司扶持300万元，合计1520万元。第二批跨越发展补助楚雄市工业园区200万元，禄丰工业园区200万元，州工信委项目前期工作补助100万元，南华县经信局工作经费20万元，禄丰天宝磷化有限公司100万元，南华新世纪生物科技公司100万元，共补助620万元。加大州级资金的扶持力度，认真做好工业发展州级财政补贴专项资金项目的申报工作，对上报的43个项目进行严格审核，经州人民政府审定扶持项目29个，扶持资金810万元。第二批州级财政资金扶持26个项目，扶持资金653.13万元。

【新型工业化产业示范基地申报】 2013年，按照国家工业和信息化部和云南省工业和信息化委员会的工作安排，楚雄州工业和信息化委员会积极组织申报国家和省级新型工业化产业示范基地，共上报2个国家级和12个省级新型工业化产业示范基地，上报融资项目59个，总投资126.72亿元，拟申请银行贷款34.91亿元。

【项目登记备案】 2013年3月8日，云南省工业和信息化委员会、楚雄州发展和改革委员会对云南德胜钢铁有限公司“淘汰落后等量置换技术改造退城入园项目”给予投资项目备案。3月15日，州工信委和州发改委对云南德胜钢铁有限公司“制氧工程、机修工程、石灰窑工程、供水供电及污水处理工程”等4个项目给予投资项目备案，并发放“投资项目备案证”。年内，州工信委积极协助相关部门完成了项目环评、土地等相关前期工作，准备启动开工。

【50项重大工业竣工项目】 2013年，楚雄州50项重大工业竣工（试生产）项目5个。即云南新立有限公司禄丰钛业分公司年产6万吨钛白粉生产线项目；云南新立有限公司禄丰钛业分公司年产1万吨海绵钛生产线项目；大姚森盛木业有限公司年产2万立方米包装箱板及3万立方米胶合板生产线项目；云南植物药业有限公司建设植物原料药和中药提取生产线及相应的配套辅助设施建设项目；永仁协和太阳能发电有限公司永仁干巴拉建设装机容量5万千瓦太阳能并网光伏电站项目。

【50项重大工业在建项目】 2013年，楚雄州50项重大工业在建项目25个。即云南楚雄中高新能源股份有限公司新建热声太阳能发电设备生产项目；楚雄市吕合镇石鼓煤业开发有限责任公司技改扩建年产15万吨煤炭矿井建设项目；云南摩尔农庄生物科技开发有限公司年产14万吨有机及国食健字核桃乳深加工生产线建设项目；云南极粹生物科技有限公司GMP技改及产业化项目；楚雄吉兴彩印有限公司年产20万箱烟标搬迁技改项目；中国水电顾问集团双柏开发有限公司、云南龙泰电力发展有限公司、双柏小江河大湾水电站、雨果电站，小江河一、二级电站建设项目；楚雄中信塑木新型材料有限公司年产2万吨木塑系列产品建设项目；云南瑞鑫彩钢复合瓦有限公司年加工5万吨钢结构产品生产线建设项目；南华攀星野生菌产业开发有限公司野生菌王国开发建设项目；云南烟叶复烤有限公司楚雄复烤厂12吨/小时烟叶复烤生产线项目；云南楚雄矿冶有限公司牟定郝家河铜矿深部开发建设项目；楚雄矿冶股份公司六苴矿床“刀把”Ⅲ、Ⅳ期找探矿及设备更新项目；楚雄矿冶桂花分公司5000吨铜金属技改扩建及日处理1000吨浮选厂配套尾矿库建设项目；云南奥林林产品有限公司年产6000吨松香、松节油和树脂建设项目；元谋欣欣绿色食品有限公司年产1000吨烘干、1000吨冻干脱水蔬菜生产线技改项目；元谋金孔雀食品有限公司年产3000吨果脯加工生产线技改扩建项目；元谋康氏绿色食品有限责任公司年产6.3万吨净菜加工生产线建设项目；元谋晶菱食品有限责任公司年产30万吨精制糖加工项目；云南昆钢力信钢结构有限公司年产20万吨民用钢结构

产品及配套生产线建设；云南勤丰勤攀磷化工有限公司年产40万吨粒状磷肥扩能技改项目；云南勤丰勤攀磷化工有限公司10万吨/年浓缩磷酸配套10万吨饲料级磷酸盐和副产品5000吨/年氟硅酸钠技改项目及磷石膏渣场工程项目；禄丰天宝磷化工有限公司年产30万吨饲料级磷酸盐项目；云南彝州酒业股份有限公司年产10万吨木瓜酒品项目及10万吨新型健康系列木瓜饮品高新产业项目；云南锦润数控机械制造有限责任公司生产1000台龙门铣床项目；华能南华风力发电有限公司南华云台山装机容量4.95万千瓦风电场项目。

【50项重大工业新开工项目】 2013年，楚雄州50项重大工业新开工项目11个。即云南积大生物科技有限公司还原型谷胱甘肽（GSH）建设项目；云南楚源药业有限公司建设年产6000吨药用包材及5000吨药用辅材生产线建设项目；云南森美达生物科技有限公司年产1万吨合成松油醇、3000吨乙酸松油酯、1500吨桉叶油、1500吨桉叶素、500吨澳洲茶树油生产线项目；云南林春林化有限公司年深加工1万吨松节油系列产品项目；中广核楚雄大姚风力发电公司茅稗田装机容量4.05万千瓦风电场建设项目；云南云鼎钒钛制动鼓有限公司年产20万吨钒钛合金汽车零配件项目；安化武定分厂整体搬迁建设项目；禄丰威龙化工有限公司年产30万吨硫铁矿制酸项目；楚雄马大泡清真食品有限公司建设年产4万吨清真酱腌菜系列产品项目；双柏宏光木业有限公司年产4万立方米胶合板、1.5万立方米指接板、1.5万立方米大芯板生产线建设项目；云南金碧制药有限公司药厂技改扩建整体搬迁项目。

【50项重大工业在做前期工作项目】 2013年，楚雄州50项重大工业正在做前期工作的项目8个。即云南迪晟废旧稀土回收利用有限公司牟定县年产2000吨废旧稀土材料综合回收利用项目；姚安县蛉河绿色食品有限公司新建1亿粒荷叶素胶囊开发生产项目；中国水电顾问集团昆明勘察设计研究院姚安县保顶山装机容量4.8万千瓦风电场项目；武定万翔有限公司日处理1500吨铁矿选厂项目；云南德胜钢铁有限公司淘汰落后等量置换技术改造退城入园项目；云南勤丰勤攀磷化工有限公司建设年产20万吨硫铁矿制酸项目；云南明宇建筑工程有限公司年产5万吨钢结构及配套产品建设项目；云南联发科技电源有限公司整合建设年产80万千伏安免维护铅酸电池和年产5.2万吨再生铅技改搬迁项目。云南涔兴钒钛铸造科技有限公司年产10万吨钒钛奥贝球铁（ADI）铸件项目已被终止。

【30项重大前期新开工项目】 2013年，楚雄州30项重大前期项目新开工项目8个。即楚雄开发区苍岭工业园区小云甸工业区建设项目；武定县禄金工业园区基础设施建设项目；昆钢产业园区10万平方米标准厂房及办公楼、综合服务中心建设项目；云南凯蜜斯科技有限公司年产5万吨减水剂项目；牟定德胜矿业有限公司铂钯矿资源综合利用项目；牟定工业园区基础设施建设项目；楚雄吕合煤业有限责任公司年产90万吨褐煤项目；大姚森盛木业有限公司大姚木材加工片区建设。企业不再投资项目2个：青岛天能重工股份有限公司牟定风力发电塔筒设备生产线项目；云南华美包装印刷股份有限公司彩印包装生产线项目。

【30项重大在做前期工作项目】 2013年，楚雄州30项重大正在做前期工作的项目20个。即楚雄顺通交贸有限责任公司新建年产2.4万个新型集装箱制造和维修生产线建设项目；南华工业园区沙桥片区开发建设项目；南华县瓦窑风电场装机容量4.95万千瓦风电场建设；云南业胜有色金属提炼有限公司年产10万吨废旧铅酸蓄电池回收利用项目；中水顾问集团姚安新能源开发有限公司三道箐风电场项目；三峡新能源姚安发电有限公司姚安县小箐山风电场项目；凯迪公司大姚年产10万吨有机复合肥建设项目；中广核楚雄大姚风力发电有限公司凉风坳装机容量4.95万千瓦风电场建设项目；大姚县大中山风电场装机容量4.8万千瓦风电场建设项目；大姚县三台风电场装机容量4.95万千瓦风电场建设项目；永仁县大雪山风电场建设装机容量4.95万千瓦风电场项目；国电云南新能源有限公司元谋县鸡冠山风电场项目；国电云南新能源有限公司元谋县龙海古风电场项目；武定三月山风电场装机容量4.95万千瓦风电场建设项目；禄丰县云南启龙木业有限公司年产25万立方米优质均质刨花板、200万平方米优质实木复合地板建设项目；云南奕标水泥集团有限公司日产4000吨新型干法熟料生产线异地搬迁技改项目；年产80万吨不锈钢复合板生产线建设项目；禄丰工投能源有限责任公司白沙煤矿200万吨/年建设项目；禄丰县青苔坡风电场装机4.95万千瓦风电场建设项目；禄丰县老青山风电场装机4.95万千瓦风电场建设项目。

［王家明］

节能减排

【节能降耗概况】 2013年，楚雄州全社会能源消费总量等价热值543.62万吨标准煤，单位GDP能耗比上年下降2.69%。全州规模以上工业综合能耗达207.3万吨标准煤，比上年增长8.1%，增加值能耗为1.29吨标准煤/万元，下降2.0%。“十二五”前3年累计下降10.04%，完成“十二五”省下达目标进度70.15%，超进度目标10个百分点。

【清洁生产】 2013年，楚雄州按照《重点企业清洁生产行业分类管理名录》要求，制定了2011~2014年强制性清洁生产审核年度计划，经云南省环保厅审定，列入省第七批强制性清洁生产审核30家企业、第八批强制性清洁生产审核31家企业。第七批30家企业中，除4家企业经环保部门同意推迟开展清洁生产审核外，其余26家企业已全部正常有序开展了强制性清洁生产审核工作。完成了19家重点企业强制性清洁生产审核评估工作。根据《云南省清洁生产促进条例》、《云南省工业和信息化委关于印发近期计划实施清洁生产审核企业名单（2011 年公布）的通知》，按年度下达推行自愿清洁生产工作计划，2011 年以来，全州 20 家企业开展自愿清洁生产工作。

【中胜磷化公司节能减排】 2013 年，楚雄州禄丰县中胜磷化有限公司实施替代燃煤锅炉暨磷深加工技改项目，撤除 6 吨和 4 吨燃煤锅炉各 1 台、技改扩建年产 3.5 万吨多聚磷酸 1 套，包括黄磷融槽、磷酸制备装置、磷酸净化装置、磷酸储罐、产品包装装置、循环水池、空压站、控制室、总平面布置及配套的公用工程及改造 2 千吨泥磷酸生产装置及配套设施；建设配套的供配电、给排水、除尘、消防、安全等公共辅助设施。工程改造完成后每年将可副产蒸汽、蒸发甲酸钠溶液折合标准煤 1.43 万吨，能够对环境减少污染，实现资源循环利用，降低生产成本。

【节能知识培训】 2013 年 10 月 29 ~ 31 日，楚雄州工业和信息化委员会在锦星酒店组织全州县（市）经信局、统计局主管领导和重点工业企业节能管理人员进行节能管理知识培训。针对工业经济成长及发展、节能管理与政策法规执行力提升、能源计量、能源统计和能源分析等知识作详细安排，并邀请省节能监察中心相关领导和专家进行专题授课，全州 48 户重点企业及工信、统计系统共 152 人参加培训。

【节能宣传周活动】 2013 年 6 月 17 日，楚雄州工业和信息化委员会、州发展和改革委员会以首个全国低碳日为契机，动员社会各界广泛开展主题宣传活动，牵头组织 40 余家州、市部门及有关企业在桃源湖开展 2013 年全国节能宣传周节能低碳宣传咨询活动，围绕“践行节能低碳，建设美丽家园”的主题，以悬挂标语横幅、展示宣传展板、散发宣传单、播放影音资料等多种形式，向公众宣传节能减排法规及知识。

【能源审计】 2013 年，楚雄州工业和信息化委员会按照云南省工业和信息化委员会《关于“十二五”期间深入开展企业能源审计工作的通知》和《关于进一步做好企业能源审计工作的通知》要求，下发了《关于楚雄州 2013 年能源审计工作计划的通知》，全州共有 11 户企业开展了能源审计工作，州工信委邀请了省级有关专家组成评审组，对 2013 年开展能源审计企业的能源审计报告进行评审验收。经综合评审确定，楚雄州 2013 年企业能源审计报告为“良好”等级的有 2 户企业，评定为合格等级的有 9 户企业。

［樊峪甫］

工业园区建设

【工业园区建设概况】 2013 年，楚雄州有工业园区 10 个，其中省级工业园区有楚雄、禄丰、大姚 3 个，省级工业强县有元谋县 1 个，州级工业园区有双柏、牟定、南华、姚安、永仁、武定 6 个。全州工业园区规划总面积 386.15 平方千米，其中，工业用地面积 178.62 平方千米，占总规划面积的 46.26%；备用发展用地及其他用地 118.15 平方千米，占总规划面积的 30.6%；居住用地 16.57 平方千米，占总规划面积的 4.29%；公共设施用地 8.26 平方千米，占总规划面积的 2.14%；市政公用设施用地 2.72 平方千米，占总规划面积的 0.7%；道路广场用地 23.36 平方千米，占总规划面积的 6%；仓储物流用地 11.88 平方千米，占总规划面积的 3%；公共绿地 34.47 平方千米，占总规划面积的 8.9%。10 个工业园区实现工业总产值 482 亿元，比上年增长 28%，完成年度目标任务的 102.5%；完成园区基础设施建设投资 25.73 亿元，增长 248.6%，完成年度目标任务的 2.58 倍。工业投资（含标准厂房建设）完成 79.4 亿元，比上年增长 62.2%，完成年度目标任务的 117%。年内验收标准厂房 43.43 万平方米，其中当年新建 34.7 万平方米，完成目标任务的 115.7%。入园区企业 60 户，完成年度目标任务的 100%。工业园区共收储土地 1.76 万亩，支付费用 3.16 亿元；融资 1.97 亿元，其中银行贷款 5573.53 万元，其他融资 1.41 亿元。年内，按照《楚雄州工业园区考核办法》的规定，对 2012 年园区建设工作进行了全面考核。通过考核，大姚工业园区、武定工业园区、元谋工业园区被评定为优秀园区，其他为合格园区。大姚工业园区通过考核，被评定为省级工业园区。10 月 28 ~ 29 日，州委、州人民政府召开全州工业园区推进大会，总结近年来全州工业园区取得的成绩和经验，深入分析工业园区建设面临的形势和问题。州人民政府、州级各部门，各县（市）人民政府和相关部门主要领导及重点园区负责人参加会议。

【工业园区基础设施建设】 2013 年，楚雄州完成工业园区基础设施建设投资 25.73 亿元。楚雄工业园区加快云甸片区的规划设计、基础设施建设、征地搬迁、土地开发利用、招商引资等工作，开展了云甸工业片区项目区 1∶500 数字化地形图测绘。实施基础设施建设项目 6 个，总投资 1.05 亿元。团山水库至云甸片区输水管道工程建设，总长 21.26 千米，完成投资 1 亿元；庄甸二期标准厂房建设项目计划建设 12.61 万平方米标准厂房，总投资 3.3 亿元，完成投资 900 万元；苍岭片区计划总投资 1.88 亿元，建设通用标准厂房 5 万平方米。牟定工业园区建成 10 千伏线路 1 条；开工建设新桥片区入园大道 1.3 千米，16 米宽已完成沙石路面；建设新桥片区绕园水泥路，宽 6.5 米，长 8 千米，总投资 1200 万元，已完成工程总量的 95%。南华工业园区投入园区基础设施建设资金 1100 万元，加强路网建设改造。大姚工业园区对金碧片区基础设施进行配套完善，完成滨河南路 600 × 30 米道路修建，投资 2476 万元；完善两污管网，连通污水厂，投资 700 万元。南山坝建成 35 千伏变电站。武定工业园区在禄金工业片区完成投资 1.3 亿元，收储土地 5168 亩，建成核心区路网毛路 11.84 千米。禄丰工业园区总投资 9300 万元，对道路及供电项目进行配套建设。

【工业园区土地收储】 2013年，楚雄州各工业园区加强了土地收储工作。武定投入9000万元收储禄金片区6442.3亩林地，批回800亩；大姚投入1000余万元收储南山坝6400余亩林地，批回150亩；元谋收储小雷宰片区2500亩土地；姚安收储了原草海农场4678亩土地，并在此基础上拓展了规划，其他各园区也开始积极收储土地。全州工业园区共征收土地1.76万亩，其中报批6035.12亩。

【工业园区融资工作】 2013年，楚雄州积极探索园区融资平台建设，鼓励各园区组建工业园区开发投资公司，搭建工业园区融资平台，募集资金支持园区建设。各工业园区把融资工作作为园区建设工作重点，积极探索各种融资模式，千方百计寻找园区融资突破口，充分利用园区收储的土地，采取各种方式进行融资，加强了与浦发行、工行、交行、建行、中国银行、邮储银行、人行、富滇银行的合作，采用不同的方式对入驻工业园区的项目、企业进行服务，使入园企业在预付土地款后，建设资金不足的情况下，采取“银、园、企”合作模式，为入园企业提供金融信贷支持，加快项目建设进度。富滇银行充分利用园区收储的土地，采取各种方式进行融资。各工业园区探索采用BT建设、移交等方式，积极引进投资商承担园区基础设施建设任务，采取分期付款方式，减轻当期资金筹措压力。引进有实力的企业参与园区开发筹集建设资金。以整体打包、建设“园中园”等方式，引进投资商建设基础设施。全州工业园区基础设施建设融资近5亿元。

【工业园区招商引资】 2013年，楚雄州工业园区招商引进企业项目33个。楚雄工业园区新入园企业9家，其中富民片区8家，即云南建材之家投资股份有限公司、云南优豪投资有限公司、楚雄市楚光电力实业有限责任公司、楚雄中石油昆仑燃气有限公司、楚雄市意鑫有机复合肥商贸有限公司、楚雄经荣新型建材开发有限公司、楚雄辛彝农业投资有限公司、滇农益品生物科技有限公司；开发区1家，云南郡筹制药有限公司。双柏工业园区新入园3家，即清香树农户产品加工厂、双柏县实木工艺品加工厂、双柏县年产4000立方米包装箱生产线和1.2万立方米木材加工生产线项目。牟定工业园区新入园企业为牟定家砌砖厂。南华工业园区新入园5家，即云南南华查姆农土特产综合开发有限公司、楚雄牧欣食品有限责任公司、南华昆能天然气有限公司、云南中石油昆仑燃气有限公司、南华茂森资源综合利用有限公司。姚安工业园区新入园3家，即云南青美高原农业产品科技园、宏泰食品公司、龙润彩印包装有限公司。大姚工业园区新入园2家，即大姚县御春农食品有限公司、大姚明惠包装印刷有限公司。永仁工业园区新入园5家，即滇一重型机械制造有限公司、云南永仁立泰水性环保外墙涂料生产项目、云南双清螺旋钢管有限公司、永仁永发物资有限公司、永仁新得天生物科技有限公司。元谋工业园区新入园了元谋新冠华木业有限公司。武定工业园区新入园3家，即武定县峻博石材厂、云南印中红石材有限公司、武定县隆昌石业有限公司。禄丰工业园区新入园了云南三圣药业有限公司。

【工业园区重点工作督查】 2013年，楚雄州工业园区领导小组办公室按照省工业和信息化委员会的有关要求做好对楚雄、禄丰2个省级工业园区建设的督查工作。按州人民政府督查室要求制定了2个省级工业园区年度工作进度表，将目标责任进行季度分解，定期收集有关基础设施、标准厂房建设进展情况，按要求及时上报州人民政府督查室和省工信委园区处，并适时到园区进行实地督导有关措施的落实，保障了省重点督查20项重要任务的完成。办理州人大、

2013年楚雄州6户产值10亿元以上重点企业主要经济指标完成情况统计表

单位：万元

企业名称	工业产值			主营业务收入			利税总额			利润总额		
	实际完成	上年同期	同比增减（%）	实际完成	上年同期	同比增减（%）	实际完成	上年同期	同比增减（%）	实际完成	上年同期	同比增减（%）
红塔烟草（集团）有限责任公司楚雄卷烟厂	942321	926305	1.7	905386	800003	13.2	759206	673692	12.7	111648	77635	43.8
云南德胜钢铁有限公司	532117	534179	-0.4	434936	489756	-11.2	21033	29625	-29	4686	13820	-66.1
楚雄滇中有色金属有限责任公司	401327	380012	5.6	319915	345923	-7.5	8284	10131	-18.2	6562	8383	-21.7
楚雄德胜煤化工有限公司	170152	180807	-5.9	144134	161874	-11	3560	2681	32.8	1826	2008	-9.1
云南电网公司楚雄供电局	136341	133381	2.2	136341	132219	3.1	8942	8225	8.7	3832	3425	11.9
云南楚雄矿冶有限公司	123500	120086	2.8	103009	107060	-3.8	4674	18206	-74.3	-4133	8444	-148.9
合　计	2305759	2274770	1.4	2043722	2036835	0.3	805697	742558	8.5	124421	113715	9.4

州政协的提案、议案18件。

【园区建设扶持】 2013年，楚雄州工业和信息化委员会积极争取资金支持工业园区建设。州级安排工业园区标准厂房建设补助资金2492万元，支持工业园区基础设施建设扶持资金4500万元；争取省级新型工业化扶持资金1630万元，其中标准厂房建设补助资金830万元，工业园区基础设施建设扶持资金800万元。

【工业园区总规修编】 2013年，楚雄州工业和信息化委员会、州工业园区办公室认真组织各工业园区开展总体规划修编，并于2013年1月完成了州级评审工作。总规修编加强了园区规划与城镇规划、土地规划、林地规划之间的衔接，突出“工业上山”主基调，加强基本农田保护，调整城市规划用地范围，增加低丘缓坡用地，为全州园区建设留下了充足空间。总规修改完成后，全州工业园区规划总面积比原规划面积增加118.47平方千米。工业用地面积增加65.9平方千米，预留了备用发展用地及其他用地118.15平方千米，调减基本农田及城市规划范围土地69.82平方千米。优化产业规划结构，科学定位各工业园区产业布局规划，构筑中部综合、东部重工、北部绿色食品、西部轻工、南部生态产品加工区。楚雄工业园区重点布局烟草加工及配套、绿色食品加工、生物医药、装备制造产业；禄丰工业园区、武定工业园区、苍岭云甸片区重点布局钢铁、有色、化工、机械及其他战略性新兴产业，禄丰、武定工业园区主要面向昆明做好产业承接工作；永仁、大姚、元谋工业园区主要面向攀枝花做好承接其产业转移工作，并充分利用光能资源发展新能源产业；元谋、姚安、南华、双柏、牟定工业园区重点发展以生物资源开发加工为主体的绿色产业、新能源产业，节能环保型轻工产业。逐步形成布局合理、特色鲜明、优势互补、竞相发展的产业集群。

［沈 焰］

原材料工业

【冶金化工业发展概况】 2013年，楚雄州规模以上冶金化工业实现增加值（按可比价）51.67亿元，比上年增长12.6%，高于全州规模以上工业增加值增速10.3%的2.3个百分点，占全州规模以上工业增加值160.83亿元的32.13%。4户10亿元以上冶金化工业企业云南德胜钢铁有限公司、楚雄德胜煤化工有限公司、楚雄滇中有色金属有限责任公司、云南楚雄矿冶有限公司工业总产值两增两降，产值分别为53.21、17.02、40.13、12.35亿元，分别下降0.39%、5.89%和增长5.61%、2.84%。4户企业共实现工业总产值122.71亿元，比上年增加1.2亿元，增长近1%，占冶金化工产业总产值的52.9%。

【冶金矿产业】 2013年，楚雄州规模以上冶金矿产业实现增加值161亿元，比上年增长5.5%；主营业务收入133.7亿元，下降4.5%；实现利润1.8亿元，下降67.3%；实现利税6.8亿元，下降37.29%。其中重点骨干企业，德胜钢铁公司完成工业总产值53.2亿元，比上年下降0.4%，完成主营业务收入43.49亿元，下降11.2%，实现利润4686万元，下降66.19%；楚雄滇中有色金属有限公司完成工业总产值40亿元，比上年增长5.6%，完成主营业务收入31.9亿元，下降7.5%，利润6562万元，下降21.7%。

【化学工业】 2013年，楚雄州化学工业实现增加值71亿元，比上年增长8.6%；主营业务收入53.3亿元，增长3.3%；实现利润1亿元，增长46.4%；实现利税2亿元，增长51.4%。其中，德胜煤化工公司完成工业总产值17亿元，比上年下降5.9%；完成销售收入14.4亿元，下降11%；实现利润1826万元，下降9.1%。楚雄德胜煤化工有限公司生产焦炭69万吨，比上年增长6.2%；云南禄丰勤攀磷化工有限公司生产普钙34万吨，增长23%。

【楚雄威鑫农业科技公司建设项目】 2013年，楚雄威鑫农业科技有限公司在楚雄开发区桃园工业冶金化工园区投资建设年产20万吨专用控释掺混肥生产及研发基地建设项目，项目占地约79.5亩，拟建设钢结构标准厂房约4.05万平方米，办公、工人倒班休息楼603平方米，道路、货物装卸平台1.42万平方米，配电室和值班室322平方米，实验温室2903平方米，配套用电、消防、生产设备、检测研发设备购买安装等。项目总投资1.49亿元，其中固定资产1.07亿元，铺底流动资金0.42亿元。9月，项目已报省工信委通过了产业政策认定，具备投产条件，正在办理生产许可证。

【禄丰威龙化工公司硫铁矿制酸项目】 2012年12月，禄丰威龙化工有限公司年产30万吨硫铁矿制酸项目开工，2013年累计完成投资9015万元。项目建成达产后，可实现年销售收入2.12亿元、利润3267万元、税金1133万元。年内，该项目供水管网和进厂供电设计均已完成，已报待审批；正在进行厂房工程建设，计划2014年投产。

【新材料产业】 2013年，楚雄州新材料产业进一步夯实产业基础，呈现稳步发展态势。完成工业增加值（按可比价）7437万元，比上年增长11.4%。两户规模以上新材料企业中受产品价格下跌，市场需求不足影响，云南钛业有限公司产值大幅下降，仅实现产值2.08亿元，比上年减少2.03亿元，下降49.3%。云南美森源林产科技有限公司虽然也受到产品价格下跌因素影响，但由于年产2万吨ABS专用歧化松香生产线项目技改于2012年11月投产，产品市场情况较普通松香好，2013年实现工业总产值2.85亿元，比上年增长280%，弥补了云钛公司产值下滑对全州新材料产业的影响。

【云南钛业股份有限公司】 云南钛业股份有限公司是楚雄州新材料产业骨干企业，是由昆明钢铁控股有限公司绝对控股的子公司，由昆明钢铁控股有限公司、云南天素投资有限公司、云南省科技创新投资有限公司共同发起成立，拥有从热轧到冷轧退火钛带卷全流程生产工艺，在国内率先采用“钢－钛”结合发展钛材加工的模式，建成了年产热轧钛卷4000吨、冷轧钛卷1.5万吨、钛合金1000吨的产能规模，形成了国内最大、全球前3名的钛材深加工基地。2013年，由于钛材产品价格下跌，市场需求不足，公司产值下滑严重。

【新立有限公司禄丰钛业分公司钛白粉和海绵钛项目】 云南新立有限公司禄丰钛业分公司年产6万吨钛白粉项目自2008年开工建设以来，累计完成投资18.98亿元，其中2013年完成投资1.56亿元。2013年公司进入单机试车和设备调试检测整改阶段，同时进行岗位培训、操作演练、生产组织等试生产准备工作。禄丰钛业分公司年产1万吨海绵钛项目计划总投资19.98亿元，自开工建设至2013年末，累计完成投资19.37亿元，其中2013年完成投资1.25亿元。项目的生产工艺流程已全线打通，并于5月开始进行试生产，因市场价格低而亏损，6月后停产。

［韩新平］

【贯彻落实《散装水泥促进条例》】 2013年9月25日，《云南省散装水泥促进条例》经云南省第十二届人民代表大会常务委员会第五次会议审议通过，将于2014年1月1日起实施。年内，楚雄州散装水泥领导小组办公室对《条例》进行了详细解读和领会，并大力宣传和认真贯彻落实。《条例》共5章33条，包括总则、发展和扶持、管理和服务、法律责任和附则。《条例》对预拌混凝土和预拌砂浆投资项目在立项、用地、资金、集料资源使用，信贷支持、利用固体废弃物和节能环保专用设备税收优惠和税额抵免等方面强化了发展扶持措施；规定了建设工程中的建设单位、设计单位、施工单位、施工图审查机构、监理单位等在推广使用散装水泥、预拌混凝土和预拌砂浆的职责和义务；强化了“禁现”工作，规定违反《条例》现场搅拌混凝土、砂浆的行为，由散装水泥行政主管部门执行一定处罚，重点从使用环节入手，进一步加大散装水泥的推广应用力度；强调了预拌混凝土和预拌砂浆生产项目必须符合全省散装水泥发展专项规划和地方实施方案，并向县级以上散装水泥管理机构备案，由省级散装水泥管理机构向社会公布。

【墙改和散装水泥推广】 2013年，依据《云南省发展新型墙体材料条例》和《楚雄州人民政府办公室关于进一步推进墙体材料革新和推广散装水泥工作的通知》要求，全州除禄丰县和姚安县外，其余各县（市）已经建立健全管理机构，建立和完善楚雄州新型墙体材料专项基金和散装水泥专项资金征收工作机制，部分县经信局已经开始征收新型墙体材料专项基金和散装水泥专项资金，州工信委切实有效的推进全州各县的墙改和散装水泥工作。散装水泥供应量逐年增加，商品混凝土得到迅速发展和广泛应用，全州商品混凝土产量合计160万立方米，散装水泥供应量47.45万吨，水泥散装率达34.5%。

【新型墙体材料结构调整】 2013年，楚雄州大力调整新型墙体材料结构，稳步推进“禁实”和“限粘”工作，在巩固城市城区“禁实”成果基础上，加快非粘土新墙材发展和应用，逐步推进全州半数以上县城实现“禁实”目标；有条件的地区开展了“限粘”，有序推进乡镇、农村“禁实”工作。全州新型墙材推广使用建筑面积达140万平方米以上，比上年增加20万平方米，新型墙体材料结构得到调整和改善。

【预拌混凝土推广应用】 2013年，楚雄州预拌混凝土推广应用得到迅速发展，预拌混凝土生产企业规模明显扩大，除双柏县外，其余各县（市）均有预拌混凝土生产企业，预拌混凝土搅拌站覆盖全州1市8县。合计预拌混凝土生产企业12户，其中楚雄市4户。取得预拌混凝土搅拌站资质的12户企业，除永兴商品混凝土有限公司为贰级外其余都为叁级。12户预拌混凝土生产企业共拥有180立方米/小时商品混凝土生产线14条，120立方米/小时商品混凝土生产线4条，混凝土搅拌车133辆，混凝土泵车24辆。2010年总产能250万立方米，实际产量36.34万立方米；2011年总产能250万立方米，实际产量56.43万立方米；2012年总产能550万立方米，实际产量124万立方米，2013年总产能570万立方米，实际产量160万立方米。

［朱　刚］

装备工业

【装备工业发展概况】 2013年，楚雄州以“产业建设年”为契机，以服务企业和服务项目为抓手，装备工业快速发展，产业规模逐步扩大，已涵盖金属制品业、通用设备制造业、专用设备制造业、交通运输设备制造业、电气机械及器材制造业等细分行业。其中以电力装备、金属机械加工为主的电气器材制造业和通用设备制造业实力相对较强，行业优势相对突出；高低压开关、电力变压器、活塞销、汽缸套、车桥、差减速器壳、机床、刹车毂、铁铸件、钢结构、农用挂车、三轮电动车、抗旱车、拖拉机、耐磨球、水利闸门等设备和配套产品已广泛进入国内外市场，活塞销、变压器等部分产品远销国外市场；各县（市）能零星生产烟草、冶金、化工、医药、食品等行业配件产品和非标准辅材。少数产品技术已达到国内外先进水平，成为楚雄州装备工业的重要支撑。重点监测的16户装备工业企业实现工业产值24.2亿元，比上年增长22.7%；实现主营业务收入21.56亿元，增长22.6%；实现利税1020万元，扭负转正；亏损1327万元，减亏43.8.%。

【装备工业企业实力增强】 2013年，楚雄州装备工业增速比上年明显回落，上半年持续走低，下半年稳步回升，全年继续保持平稳较快增长态势。全州有16户规模以上装备制造企业，分别是云南昆钢钢结构制造有限公司、云南云开电气股份有限公司、云南锦润数控机械制造有限责任公司、云南大姚机械配件厂、永仁铸造厂、楚雄云星铜材有限公司、牟定县东运钒钛制动鼓有限公司、云南省楚雄变压器有限责任公司、云南江能工程技术有限公司、云南金恒宇电源有限公司、楚雄明强新型耐磨钢制造有限公司、云南星禹水利设备有限责任公司、云南云马缸套制造有限公司、楚雄活塞销有限公司、禄丰锦泰工贸有限公司、云南省楚雄华力机械制造有限责任公司。装备工业产值占全州工业产值的4.98%，销售收入占全州工业销售收入的5.15%，二者均占全州12类重点监测工业行业的第6位。

【铸造行业准入公告管理】 2013年，楚雄州工业和信息化委员会按国家工信部《铸造行业准入公告管理办法》和省工信委的有关要求，积极组织开展铸造行业准入公告管理申报工作，进一步规范铸造行业管理，促进铸造行业的转型升级。向国家工信部上报铸造行业准入认定企业2户，符合《铸造行业准入条件》材料审查，经现场核查并通过铸造准入认定企业2户，通过率100%。

【装备制造重点项目建设】 2013年，楚雄州装备制造业重点项目中的云南楚雄中高新能源股份有限公司年产2.5万套热声太阳能发电设备生产基地建设项目办公、厂房等基础设施顺利推进；云南锦润数控机械制造有限责任公司年产1000台龙门铣床项目完成投资进入试生产；云南昆钢钢结构制造有限公司年产20万吨民用钢结构制造项目二期工程正按计划推进；云南楚雄变压器有限责任公司搬迁技改扩建项目进展顺利；昆钢集团年产80万吨不锈钢复合板生产线项目和云南明宇建筑工程有限公司年产5万吨钢结构及配套产品建设项目正抓紧前期工作；云鼎钒钛制动鼓有限公司年产20万吨钒钛合金铸件项目因投资发生变化项目中止。

【重点课题调研与技术进步】 2013年，楚雄州按照推动战略性新兴产业、先进制造业健康发展，加快传统产业转型升级新要求，开展“楚雄州装备制造产业转型升级趋势分析”重点课题调研，形成并上报了《楚雄州装备制造产业转型升级趋势分析》材料。通过传统改造、自主研发、集成创新和引进消化吸收再创新，全州装备制造工业产品技术水平和工艺质量明显提高，产业创新能力、市场竞争力、产品配套能力成效明显。全州装备制造业拥有省级技术中心1个，州级技术中心1个，省级工业产品质量控制技术评价实验室1个。

［赵继承］

消费品工业

【消费品工业发展概况】 2013年，楚雄州消费品工业实现工业总产值168.62亿元，比上年增长15.6%；实现利税82.85亿元，增长14.3%；实现利润16.6亿元，增长41.2%。其中，烟草加工业完成现价工业总产值94亿元，比上年增长1.7%；实现利税75亿元，比上年增加8亿元，增长12.7%；实现利润11亿元，增长43.8%。包装印刷及卷烟辅料业实现产值11.93亿元，比上年增长38.1%；利税总额1.67亿元，增长36%；利润总额1.2亿元，增长36.4%。食品加工业实现产值57.83亿元，比上年增长40.9%；利税总额5.06亿元，增长34.7%；利润总额4.19亿元，增长39%。塑料制品及纺织业产值4.63亿元，比上年增长29.7%；利税总额1988万元，增长36.2%；利润总额425万元，下降57.1%。生产啤酒14.09万吨，比上年增长3.3%。生产松香2.96万吨，比上年增长9.7%。利润200万以上消费品工业企业47户。

【企业诚信体系建设】 2013年，楚雄州工业和信息化委员会多次深入食品生产经营企业进行食品安全现状调研，充分掌握食品企业存在的突出问题，制定了《楚雄州企业诚信体系建设工作实施方案》和《楚雄州2013～2015企业诚信体系建设工作指导意见》，明确试点工作原则、工作目标、实施步骤和保障措施。确定诚信度较好、产品质量较稳定的云南摩尔农庄生物科技开发有限公司、云南汇东乳业公司、云南双柏妥甸酱油有限公司3家食品企业作为全州首批试点企业。把南华澜沧江有限公司、元谋闽中食品有限公司、元谋利明脱水蔬菜有限公司、楚雄宏桂食品有限公司、大姚亿利丰农产品有限公司5户企业作为第二批开展企业诚信体系建设试点企业。组织3个试点企业召开诚信体系工作会，4次组织全州获得食品生产许可证的24户企业负责人参加全省食品质量安全相关法律、法规知识以及社会诚信基础知识培训。要求企业向社会公开承诺其生产的产品质量以及所用的食品添加剂必须符合国家规定标准，决不滥用食品添加剂，决不用非食品原料加工食品，严格遵守国家制定的有关食品安全方面的法律、法规，并与各县（市）经信局签订《食品质量安全承诺书》和《决不在食品生产中滥用添加剂、超限量使用添加剂，非食品原料的承诺书》。

【楚雄马大炮清真食品公司酱腌菜生产线建设】 楚雄马大炮清真食品有限公司建设年产4万吨清真酱腌菜系列产品标准化生产线项目选址于生物产业片区，占地面积约32亩，计划总投资5600万元，主要建设年产4万吨酸菜、辣椒等清真酱腌菜系列产品生产线及配套设施。至2013年底，腌制车间的彩钢屋顶安装结束，池子内壁处理工程开始施工，生产综合大楼的墙体施工结束，土方回填工程顺利完成，腌制车间及生产综合大楼的门窗安装正在收尾。12月6日，真空包装机抵达公司，外墙处理工程完成60%。

【楚雄吉兴彩印公司烟标搬迁技改项目】 楚雄吉兴彩印有限公司在楚雄工业园富民工业片区征地55亩，计划总投资6000万元，技改搬迁扩建年产20万箱烟标生产线项目。2013年，完成投资988万元，完成了项目图纸审验，消防、安全审核，招标手续办理等相关工作。

【楚雄市鹿城彩印公司技改及新建项目】 楚雄市鹿城彩印公司整体搬迁至富民烟草配套区并新建一条凹印生产线。项目占地50亩，计划总投资8100万元，项目完成后可达到年产40万箱的生产能力。2013年累计完成投资5965万元。年末，厂房建设全部完工，胶印生产线完成搬迁并投入生产，厂区道路建设完成，正在进行办公楼及技术中心装修和厂区绿化工程完善建设。

【楚雄市华丽包装实业公司技改搬迁项目】 楚雄市华丽包装实业有限责任公司高档香烟接装纸、铝箔纸扩建整体技改搬迁项目在楚雄富民工业区实施，占地面积50亩，计划总投资6000万元，建设接装纸、铝箔纸生产线，形成年产2000吨的生产能力。项目于2012年11月正式开工建设，2013年累计完成投资3800万元。年末，正在进行办公楼及厂房装修，倒班宿舍等配套设施建设；有1户农户签协议但未搬迁，园区32号路及配套设施建设未完工，对项目推进及竣工投产有一定影响。

【楚雄恒泰工贸公司核桃深加工项目】 楚雄恒泰工贸有限公司核桃深加工建设项目在楚雄富民工业区实施，项目征地52.5亩，公司核桃综合深加工项目规划实施三期建设，一期搬迁扩建1800吨/年核桃综合深加工生产线；二期建设楚雄市核桃交易集散中心，建设4000吨核桃仓储房；三期建设600吨腌肉制品加工生产线。其中一期项目计划总投资2943.16万元。2013年末，完成土地平整工程3.46万平方米，完成20万立方米土建工程量，厂区土地平整工程完成，正在进行标准厂房建设，完成1.2万平方米厂房土建基础工程混凝土浇灌和钢结构工程主体工程建设，完成投资2200万元。

【楚雄彝山工贸公司技改扩建项目】 云南楚雄彝山工贸有限公司技改扩建出口年产5000吨猪分割肉加工生产线建设项目占地3640平方米。其中，主要生产工程2850平方米，包括检验检疫、待、屠宰间、分割加工、冷却排酸间、副产品综合加工间及产品包装间；配套生产工程790平方米，包括过磅房、收购区、锅炉房、辅料仓库、化验室、无害化处理区、污水处理区等；辅助工程包括土地平整、围墙、大门绿化、道路等。分割肉生产线设备设施2420套/台，包括宰、杀、剔、分割及加工工具等；配套设备5套/台，包括检验检疫设备、无害化处理设备、废水处理设备、配电系统、锅炉等。计划总投资1720万元，2013年7月开工，年内实际完成投资1000万元，完成厂房主体工程建设和部分设备订购。

【云南星贸食品公司技改扩建深加工项目】 2013年2月，云南星贸食品有限公司技改扩建深加工2.2万吨辣椒系列产品生产线建设项目开工，项目计划总投资2215万元，年内实际完成投资1000万元，完成冷库、剁椒车间及部分附属工程建设，开始收购辣椒进行加工。

【牟定恒瑞科技公司玫瑰系列产品建设项目】 2013年，牟定恒瑞科技有限公司年产2000吨玫瑰系列产品生产线建设项目全部完成投资，项目于2012年开工，计划总投资2986万元。至2013年底，生产车间及仓库主体工程已完工，完成设备采购并进行安装调试，办公楼、食堂和宿舍主体工程完成建设。

【牟定三福工贸公司葛根系列产品开发项目】 云南牟定三福工贸公司年产4000吨葛根系列产品开发生产线建设项目于2012年开工，计划总投资1980万元，2013年实际完成投资500万元，已建成投产，生产出葛根面条等系列产品投放市场，市场反映良好，深受顾客欢迎，正着手尝试葛根系列产品的深度开发。

【元谋金孔雀食品公司果脯加工技改项目】 元谋金孔雀食品有限公司年产3000吨果脯加工生产线技改扩建项目计划总投资5589.27万元，位于元谋县黄瓜园镇海洛村。项目采用稳定、可靠、先进的技术和装备，以新鲜农产品为原料，采用自然晾晒及热烘干生产加工果蔬制品。预计项目建成投产后，可实现销售收入5400万元，年利润1824.85万元，市场前景较好。项目建成后，每年可收购原材料1.2万吨，使农民年增收2160万元，带动农户2500户，户均增收8640元，安排农民就业50人。2013年，项目已建成钢构标准化生产车间3100平方米，累计完成投资4796.78万元，改造砖混结构仓库823平方米、辅助设施212平方米；果脯生产设备及化验设备安装完成，进入试产阶段。

【元谋晶菱食品公司技改项目】 元谋晶菱食品有限责任公司年产30万吨精制糖技改扩建及配套6000千瓦余热余压发电装置项目分两期进行，一期先建成一条具备年产10万吨绵白糖加工生产线，二期再建一条年产20万吨精制糖加工生产线，年产量30万吨。项目总投资2.77亿元，其中一期投资6800万元，二期投资2.09亿元，项目于2011年10月开始实施，2013年12月完成。

【楚雄源谋仁食品公司技改扩建项目】 楚雄源谋仁食品有限公司年产3000吨果脯生产线技改扩建项目于2012年8月开始实施，项目建设区位于元谋县元马镇新桥108国道西侧，项目计划投资5169.18万元，2013年实际完成投资2760余万元，土建工程基本完工，部分生产设备采购到位。

［钱美萍］

卷烟工业

【卷烟生产概况】 2013年，红塔集团楚雄卷烟厂累计生产卷烟62.51万箱，比上年减少1.09万箱，下降1.71%。其中，玉溪系列卷烟11.38万箱，比上年增加6.38万箱，增长127.56%；红塔山系列卷烟26.83万箱，减少5.86万箱，下降17.93%；红梅系列卷烟24.30万箱，减少1.60万箱，下降6.19%。在全年62.51万箱总产量中，玉溪产量占18.2%，红塔山产量占42.9%，红梅产量占38.9%。圆满完成全年卷烟生产任务，生产计划满足率94.71%，比上年提高1个百分点，标准成本完成率97.80%，卷烟产品质量出厂抽检合格率100%。

【卷烟生产经济指标】　2013年，红塔集团楚雄卷烟厂完成现价工业总产值94.23亿元，比上年增加5.52亿元，增长6.22%。实现税利76.80亿元，比上年增加11.14亿元，增长16.97%。其中，税费65.64亿元，比上年增加7.67亿元，增长13.23%；利润11.16亿元，增加3.47亿元，上升45.09%。完成主营业务收入90.54亿元，比上年增加13.93亿元，增长18.17%。全厂卷烟产量、产值、税利、主营业务收入均达到历史最佳水平。在集团21项卷烟主要技术经济指标中，9项指标在省内4厂中排名第一，6项指标在省内4厂中位居第二，5项指标在省内4厂中位居第三。

【卷烟生产管理】　2013年，红塔集团楚雄卷烟厂立足搬迁新厂实际情况，以加强班组建设和创优对标工作为重点，扎实开展生产组织、设备保障、成本控制、质量保证和队伍建设工作，持续深化、完善优质管理体系建设和“班组、生产、队伍”三大管理模块建设，完善班组建设方案及考评办法，不断提升指标水平。修订完善管理标准125项，其中新增14项，修订21项，对修订的21项管理标准补充完善了流程图，全厂13项创优指标中11项达到行业标准。15项卷烟工厂对标指标中，10项指标有改善。

【卷烟生产科技创新】　2013年，红塔集团楚雄卷烟厂狠抓质量，持续创新，创新管理成果实现新跨越。“楚雄卷烟厂原料加工过程质量控制技术研究及应用”获云南中烟工业公司2012年度科技进步三等奖，“楚雄卷烟厂中式卷烟特色生产线应用研究”、“KTC80切叶丝机升级改造应用技术研究”、“红塔集团楚雄原料基地品种优化及配套技术的推广研究”分别获楚雄州2011年度科技进步一、二、三等奖；评定出红塔集团楚雄卷烟厂2012年度科技进步一等奖2项、二等奖10项、三等奖12项；累计获专利授权20件；QC成果发布获集团一等奖2项、二等奖3项、三等奖2项，获云南中烟一等奖1项、二等奖2项、三等奖2项，获行业二等奖一项，获云南省发布第一名，并首次代表云南省参加了全国发布，2个QC小组获省优称号，1个小组获国优称号，QC小组活动管理再次刷新记录，取得历史最好成绩。

【卷烟原料保障】　2013年，红塔集团楚雄卷烟厂在原料保障方面做到“三个坚持”。坚持以基地单元建设为轴心，以科技项目为切入点，积极推进烟叶资源配置改革，着力构建“初烤烟质量保障体系”，持续加强项目管理，顺利完成5县8乡4个大项目及15个小田间试验子项目的科技项目布局工作，进一步推进了楚雄、禄丰、南华、双柏、姚安5县（市）11个原料基地单元建设。坚持以“原收原调”为主线，加强工商协同互动，有序推进烟叶原料收购工作。采购烟叶3万吨，完成采购计划100%，其中，上等烟2.2万吨，占采购量的71.47%；中等烟0.86万吨，占采购量的28.53%。采购保山烟0.25万吨，完成计划100%。坚持以质量管理为核心，全面提升人员分选技术技能，合理规划分级区域，精心组织烟叶分选工作，强化三级巡检制度，严把烟叶分选质量关。至年底，累计投入分选2.25万吨，累计分选成品2.22万吨，累计分选成品率98.55%。保山烟共投入分选0.25万吨，分选成品0.24万吨，成品率96.8%。

【楚雄卷烟厂易地技改搬迁项目收尾】2013年底，红塔集团楚雄卷烟厂易地技改搬迁工程建设各个子项目逐步进入竣工验收、审计定案阶段。联合工房虹吸排水、联合工房高架库外墙板、主要道路、厂区环路、综合管沟二标段、防火涂料等项目竣工验收并审计定案；制丝、卷包、打叶复烤设备完成安全达标整改工作。年内，完成合同投资付款总额2.52亿元，完成合同签订金额1.04亿元；从开工到2013年12月末累计完成合同投资付款总额27.41亿元，累计完成合同签订金额29.93亿元。老厂区原料仓库改造完成一、二、三号生产楼2、3楼层、五号仓库2、3、4楼层的改造工作，增加原烟库容约1.25万吨，缓解了集团长期以来仓库库容紧张的问题。

【卷烟安全生产】　2013年，红塔集团楚雄卷烟厂坚持“安全第一、预防为主、综合治理、以人为本、安全发展”的方针及“企业负责、属地管理、各负其责、确保安全”的安全管理原则，以“防事故、降风险、保安全、促和谐”为总目标，抓住以安全发展为中心，消防安全、交通安全、生产安全、内部治安管理、环境保护为重点，制定覆盖全厂生产、技改、消防、交通、环保、维稳全领域的安全目标，完善安全管理体系和考核标准。严格落实，加强管控，持续提升安全保障能力，有效防范安全事故。顺利实现无较大以上火灾事故、无较大以上工伤设备事故、无较大以上环境污染事故、无重大以上交通责任事故、无影响集团和社会稳定的事件的目标，全厂平稳、顺畅、安全运行。

［徐　娅］

生物医药及药品工业

【生物医药及药品工业发展概况】2013年，楚雄州生物医药产业紧紧围绕年度工作目标，强化组织领导、协调服务，突出招商引资、园区建设，抓项目推进、实施新修订GMP、中药材种植基地建设工作，健全完善工作机制，各项工作呈现持续较快发展态势。实现总产值34.77亿元，比上年增长36.97%；实现增加值5.46亿元，增长35.7%；实现主营业务收入26.85亿元，增长30.85%；生产中成药6316吨，增长44.6%；完成固定资产投资8.6亿元，增长63.2%；种植中药材7.25万亩，增长13.2%；招商引资到位资金10.28亿元，增长56.3%。纳入统计的26户生物医药企业中，云南盘龙云海药业有限公司、云南楚雄天利药业有限公司、楚雄老拨云堂药业有限公司、云南万裕药业有限公司、云南新世纪中药饮片有限公司、云南楚雄云中制药有限公司、云南龙发制药有限公司、云南金碧制药有限公司、云南三圣药业有限公司、云南华香源香料有限公司、云南牟定恒瑞生物科技有限公司、云南摩尔农庄生物科技开发有限公司、云南极粹生物科技有限公司、云南白药集团楚雄健康产品有限公司、南华新世纪生物工程有限公司、楚雄州医用器具有限公司、云南爱尔发生物技术有限公司、云南一致魔芋生物科技有限公司等18户规模以上工业企业主营业务收入达2000万元以上。共实现产值27.12亿元，比上年增长39.2%；实现主营业务收入19.25亿元，增长31.5%。规模以上生物医药工业企业创造的产值和主营业务收入分别占到了生物医药产业总产值和主营业务收入的78%和71.7%。18户企业中，除个别企业产值、主营业务收入下降外，绝大多数企业产值和主营业务收入均实现了不同程度的增长。其中，产值和主营业务收入增幅最大的是云南一致魔芋生物科技公司分别达到247%和207%，万裕药业、龙发制药、金碧制药、三圣药业、恒瑞生物、摩尔农庄、白药集团楚雄健康产品公司、新世纪生物工程公司、州医用器具公司、爱尔发生物技术公司产值、主营业务收入均增长23%以上。

【生物医药企业技术改造】 2013年，楚雄州实施重点生物医药工业技改项目15项：云南楚雄天利药业有限公司二期技改扩建项目、楚雄和创药业有限公司制药生产线建设项目建成，完成GMP认证并投产；南华东山生物工程有限公司搬迁扩建项目建成投产；云南金七制药有限公司滴丸药品生产异地GMP技改项目、云南植物药业有限公司楚雄原料药基地建设项目顺利建成投入试生产；云南郡筹制药有限公司GMP技改建设项目、昆明宇斯药业大输液GMP生产线异地建设项目、云南积大生物科技有限公司还原型谷胱甘肽生产线建设项目工程建设和设备安装基本完成，进入申报认证阶段；开工建设的云南摩尔农庄生物科技开发有限公司三期年产14万吨有机及国食健字饮料深加工生产线项目、云南金碧制药有限公司GMP技改搬迁扩建项目、云南一致魔芋生物科技有限公司魔芋深加工二期建设项目、云南极粹生物科技公司建设制剂生产线提取人参皂甙Rg1项目、云南楚源药业有限公司新型药用包材及药用辅料生产线建设项目、云南云药科技股份有限公司楚雄投资项目、云南牟定恒瑞生物科技有限公司技改搬迁项目正积极推进。

【生物医药项目招商】 2013年，楚雄州实施生物医药招商项目46项，引进到位资金10.28亿元，比上年增长56.3%，完成州人民政府年度目标任务的130.2%。46个项目中，2013年新开工实施项目20项，其余26个为结转项目。10县（市）和楚雄经济开发区都全面完成招商目标任务。其中，楚雄开发区实施19个项目，到位资金4.4亿元，占全州到位资金的42.5%。大姚、武定、南华、双柏4个县充分发挥自身优势，大力引进特色中药材种植及加工项目，到位资金增长显著。

【药品批准文号申报】 2013年，楚雄州各药品生产企业认真申报、积极运作，相关部门积极协助，通过各种途径申报药品批准文号。全州药品生产企业共新取得药品批准文号41个。新申报取得药品批准文号3个，通过创造条件再注册取得2个剂型的药品批准文号3个，充分利用法律法规调整实施药品批准文号转移35个，还有多个药品批准文号投入注册申请。取得国家保健食品批准文号2个。至年末，全州制药企业共拥有有效国药准字批文365个，其中全国独家品种31个、国家中药保护品种8个，拥有保健食品批准文号9个。

【药品生产企业新版GMP认证】 2013年，楚雄州积极稳步推进药品生产企业实施新修订GMP工作。楚雄和创药业有限公司、云南金七制药有限公司、云南龙发制药有限公司3户企业整体通过新版GMP认证，取得GMP证书；云南楚雄天利药业有限公司、云南盘龙云海药业有限公司完成中药饮片新版GMP认证；云南金碧制药有限公司完成口服固体制剂GMP延期认证。其他药品生产企业GMP认证工作有序推进。

【重点产品市场拓展】 2013年，楚雄州主营业务收入上2000万元的生物医药企业有21户。其中，亿元以上企业比上年新增云南金碧制药有限公司、云南万裕药业有限公司2户；2000万元以上企业比上年新增云南一致魔芋生物科技有限公司、云南爱尔发生物技术有限公司2户。制药企业单品种销售额在500万元以上的产品有21个，其中，上亿元的有1个，5000万元至1亿元的1个，1000~5000万元的11个。全州19家药品生产企业中，有基本药物生产企业7家，共62个品种73个规格，在产品种26个，7家均正式进入国家基本药物电子监督网。在云南省增补的166个补充药物目录中，楚雄州有龙发制药、老拨云堂药业、金碧制药3家企业生产的普乐安片、诺氟沙星片、元胡止痛片、牛黄上清片、对乙酰氨酚片、归脾丸、明目地黄丸、碳酸氢钠片、南板蓝根片、强力枇杷露、大青叶片、陈香露白露片等12个品种增补为云南省基本药物用药品种。全州生物医药企业重点产品市场销售覆盖面正逐渐扩大，品牌影响力在逐步增强。

【中药材种植基地建设】 2013年，楚雄州着力加强招商引资、技术指导和科技培训，稳步推进中药材GAP示范种植，促进中药材种植发展。全州种植中药材7.25万亩，比上年增长13.2%，为州人民政府下达目标任务6.43万亩的112.7%。10县（市）均全面完成了州人民政府下达的目标任务。继武定县、双柏县被认定为省级“云药之乡”后，2013年大姚县又申报“云药之乡”认定并获通过。年末，全州有中药材种植企业和专业合作社42个，生产中药材原料3.26万吨，产值4.9亿元，种植企业和农户增加收入2.89亿元。

【楚雄州医药行业协会】　2013年，楚雄州医药行业协会积极发挥桥梁、纽带、参谋助手作用，认真为会员搞好服务。组织召开州医药行业协会一届五次常务理事会和州医药行业协会第二次代表大会暨协会换届会议，并及时向州民政局上报了州医药行业协会重新登记相关材料，换发了新的社团法人登记证，完成了协会的换届。积极组织协会会员参加"楚雄州2013年科学技术学术年会"的论文征集、交流活动，向州科协推荐论文4篇。新发展2家企业加入协会。认真做好协会换届有关工作。按照《云南省民政厅关于行业协会重新登记的通知》要求，对《楚雄州医药行业协会章程》、《楚雄州医药行业协会财务管理办法》、《楚雄州医药行业协会会员管理办法》、《楚雄州医药行业协会会费收取办法》部分条款进行了修改。将协会注册资本从3万元增加到10万元，完善了验资手续。

【云南盘龙云海药业有限公司】　2013年，云南盘龙云海药业有限公司紧紧围

2013年楚雄州重点工业企业主要产品产量

企业名称	主要产品名称	单位	实际完成	上年同期	同比增减（%）
云南德胜钢铁有限公司	生铁	吨	1323327	1280524	3.3
	粗钢	吨	1483330	1421423	4.4
	成品钢材	吨	1485078	1417525	4.8
楚雄滇中有色金属有限责任公司	精炼铜	吨	60814	51134	18.9
	硫酸	吨	200452	179042	12
云南楚雄矿冶有限公司	铜金属含量	吨	18510	15051	23
	精炼铜（电解铜）	吨	4886	4498	8.6
楚雄德胜煤化工有限公司	焦炭	吨	694655	654001	6.2
	球团	吨	531166	563931	-5.8
云南禄丰勤攀磷化工有限公司	硫酸（折100%）	吨	219196	232424	-5.7
	磷酸（折纯）	吨	44324	15534	185.3
	磷肥（折100%）	吨	454633	365526	24.4
	普钙（折100%）	吨	345303	279300	23.6
	重钙（折100%）	吨	109330	86046	27.1
	铁精矿	吨	160611	164571	-2.4
南华松香厂	松香	吨	29605	26976	9.7
	松节油	吨	7879	5861	34.4
云南盘龙云海药业有限公司	化学药	吨	4.11	4	6.2
	中成药	吨	353	292	20.8
云南澜沧江啤酒企业（集团）楚雄有限公司	啤酒	千升	139261	134829	3.3
云南电网公司楚雄供电局	电力供应（全部）	万千瓦/小时	379579	362175	4.8
一平浪煤矿	原煤	吨	654652	633907	3.3
	洗精煤	吨	268675	288841	-7
云南开关厂	高压开关板	台	3857	4274	-9.8
	低压开关板	台	2160	2650	-18.5
云南岭东印刷包装有限公司	烟标（商标、条盒）	对开色令	206593	186100	11
	纸箱	吨	28906	26727	8.2

绕"一切为了市场、质量高于一切"总目标，着力加强质量管理，提升产品品质，大力开展科技创新和技改革新，努力开拓市场，保持了平稳发展势头。加大新产品研究开发力度，年内完成了玛咖片工艺处方及生产试制研究以及保健食品十度柏妮丝片、十度柏妮丝胶囊、维妥立牌采诗菁华片、维妥立牌采诗菁华胶囊的名称变更及网上注册申报工作，排毒面膜（紧致、舒缓）的配方修订；15 个植物精华系列的配方设计和工艺研究；石斛、黄香楝、小叶紫檀、松露、三七面膜的配方及工艺研究和小样试制。获得了玛咖片企业标准备案证书，排毒面膜（绿茶、金缕梅、芦荟、银杏、红石榴、玫瑰、红景天、薏苡仁、洋甘菊）等 15 个产品备案证书，"排毒养颜片"云南省重点新产品证书，云南省成长型中小企业证书，保健食品（片剂、胶囊剂）卫生许可证书、GMP 认证证书，糖果制品（压片糖果），含茶制品（其他类）、饮料（饮用纯净水、其他饮用水类）食品生产许可证书。全年实现工业产值 5.06 亿元，比上年增长 18.91%；实现主营业务收入 2.85 亿元，增长 51.92%；实现应缴税金 1966 万元，下降 3.44%。

【云南摩尔农庄生物科技开发有限公司】 2013 年，云南摩尔农庄生物科技开发有限公司围绕科学发展、跨越发展的目标，按照 GMP、HACCP 标准加强产品质量管理，提升产品品质，加大新产品研发、品牌打造、市场开拓工作力度，推动公司实现了高速发展。公司依据市场发展和产品市场发展形势，逐步建立健全了企业营销管理模式、营销计划和战略措施。深度挖掘开发云、贵、川、渝市场，加大了华北市场、华南市场统筹规划开发，在河南郑州万达广场开设的"摩尔农庄中原旗舰店"，为下步拓展河南市场做好前期准备。公司计划全面启动健字号产品进入全国药线连锁系统销售，可用医保卡进行消费。公司和中国电信、中国联通合作，加强对产品质量的监控和终端及销售人员的管理，有效提升了产品质量和销量。加大 14 万吨有机及国食健字饮料深加工生产线项目建设推进，完成土地平整含室内外、厂区道路平面规划标高控制挖填土方，耕作物土层铲除、外运土方，西南角山包的石方挖运等；完成地质勘探并通过审核、生产线主体设备选型订购，公用系统设备含辅助设备选型订购；完成项目规划设计优化、调整、确认及报规、确定设计图纸；完成三期工程委托公开招标、正在进行土建工程。全年实现工业产值 5.1 亿元，比上年增长 39.79%；完成主营业务收入 5.09 亿元，增长 39.98%；实现应缴税金 763 万元，增长 29.34%。

【云南龙发制药有限公司】 2013 年，云南龙发制药有限公司通过深入推进精细化管理战略，加大质量管理、市场开拓、新版 GMP 改造工作力度，推动公司快速发展。产值首次突破亿元大关，整体通过新版 GMP 改造，取得新版 GMP 证书。实现工业产值 1.04 亿元，比上年增长 30.17%；完成主营业务收入 8623 万元，增长 23.68%；实现应缴税金 535 万元，增长 51.99%。

【云南新世纪中药饮片有限公司】 2013 年，云南新世纪中药饮片有限公司通过转变思维，更新观念，科学管理，大力开展节能降耗、工艺改进，全力抓好生产、销售等各项工作，努力克服原材料价格大幅度上涨，生产成本提高和招工难的不利影响，保持平稳健康发展。全年共收购中药材 5000 余吨，生产中药饮片 5000 吨，实现工业产值 3.05 亿元，比上年增长 79.15%；完成主营业务收入 1.32 亿元，比上年增长 9.48%；实现应缴税金 96 万元，增长 39.13%。实现就业 300 余人，吸收农村剩余劳动力 150 余人。

【云南楚雄天利药业有限公司】 2013 年，云南楚雄天利药业有限公司通过加强市场开拓、安全生产、制度建设、队伍建设，实现稳步发展。主打产品红花逍遥胶囊、紫丹活血片、黄藤素片生产销售稳中有升。通过与云南白药集团签订藿香正气水、普乐安片委托加工生产，与云南和融科技有限公司合作，有效提升公司产品质量管理水平和效益。继续强化员工的绩效考核制度，提高员工工作积极性和效率，促进公司稳健发展。全年实现工业产值 1.99 亿元，比上年增长 64.17%；完成主营业务收入 5541 万元，下降 16.88%；实现应缴税金 92 万元，增长 22.67%。

［左　宏］

煤炭工业

【煤炭工业发展概况】 2013 年，楚雄州煤炭工业按照科学发展、和谐发展、跨越发展要求，以促进煤炭工业科学发展、安全发展为主题，以产业结构调整转型升级为主线，加大煤矿整合技改和机械化改造工作力度，提高煤炭生产集约化程度和生产力水平，强化煤炭经济运行调节，保障煤炭供需平衡，夯实煤矿基础管理，提高生产安全保障能力，促进煤炭工业持续稳定健康发展，为全州工业经济平稳较快发展提供有力基础能源保障。全州乡（镇）煤矿共生产原煤 119.16 万吨，生产洗精煤 21.09 万吨。

【瓦斯治理】 2013 年，楚雄州各级煤炭管理部门和各煤矿企业围绕建立通风可靠、督促和指导煤矿企业加强瓦斯管理，坚持将瓦斯防治工作作为煤矿安全生产工作的重点工作，将防治煤与瓦斯突出作为瓦斯防治的重中之重，坚决遏制煤矿重特大瓦斯事故。全面组织开展煤矿瓦斯专项治理，确保瓦斯防治各项措施落到实处。加强瓦斯监测监控系统日常维护，确保传感器按规定及时送检调校，保证瓦斯监测监控系统运行正常，发挥作用，全年没有煤矿瓦斯事故发生。

【安全隐患排查治理】 2013 年，楚雄州认真组织开展煤矿安全隐患排查治理行动，全面排查通风、瓦斯、火灾、水害、顶板、机电运输、监测监控、瓦斯抽采、防治煤与瓦斯突出、防治水、边坡治理及培训用工等系统和管理方面存在的安全隐患和问题。对排查出的安全隐患和问题，做到责任落实，限期整改，查出一般安全隐患217条，整改217条，整改率100%。

【煤炭资源整合】　2013年，楚雄州人民政府和各县（市）人民政府及有关部门按照已批复的煤炭资源整合方案加快组织实施煤炭资源整合工作，全州煤炭资源整合工作取得阶段性成果。至年末，全州有2对资源整合矿井办理完成了煤矿改扩建相关审批手续并开工建设，有1对资源整合矿井通过了技改项目初步设计审查批复，有8对矿井取得了开展资源整合改扩建项目前期工作的批复。

【淘汰落后产能】　2013年，楚雄州工业和信息化委员会严格按照《云南省能源局云南省安监局云南省工信委云南省煤矿安全监察局关于认真做好云南省2013年煤炭行业淘汰落后产能的通知》要求，上报升级改造矿井2对，关闭煤矿矿井1对，全州矿井数量从39对（处）减少到38对（处）。

【煤炭经营监管】　2013年，楚雄州认真贯彻实施《云南省煤炭经营监管办法》，进一步加强煤炭经营企业的日常监管，全面掌握辖区内的煤炭经营企业状况，坚决打击非法违法经营行为，保持了全州正常的煤炭经营市场秩序。州工信委在相关部门及企业的积极配合下，组织开展了对全州41户煤炭经营户年检工作业务培训。完成煤炭经营资格证年检41户，合格41户。

【兼职救护队伍建设】　2013年，楚雄州按照《云南省煤矿企业兼职矿山救护队伍建设工作指导意见》和《云南省煤矿安全监察局救援指挥中心关于对全省煤矿兼职救护队伍建设进行验收的通知》要求，州、县两级煤炭行业管理部门督促各煤矿企业加快推进兼职救护队伍建设。至年末，全州已建成33支煤矿兼职救护队伍，为进一步做好煤矿企业矿山安全自我救护工作打下了坚实基础。

【煤矿从业人员培训教育】　2013年，楚雄州健全完善三级培训机构各项规章制度，建成专用教室和计算机考试室，配足配齐教职工队伍，培训机构的软硬件得到加强，并通过了省级验收。全年共组织煤矿安全培（复）训27期共培训3406人。其中，举办煤矿特种作业人员培训5期共培训380人，举办煤矿从业人员培训12期共培训1372人，协助云南煤矿安全技术中心举办矿山兼职救护队培训3期共培训233人，协助云南煤矿安全技术中心举办煤矿从业人员职业危害防治知识培训7期共培训1421人。通过抓煤矿安全培训，全州煤矿持证上岗率达到100%。

［孙绍兴］

电力工业

【电力工业概况】　2013年，云南电网公司楚雄供电局以全面创先为统领，着力指标提升，强化基础管理，内部管理水平稳步提升，圆满完成各项年度目标任务。完成输电量625.47亿千瓦时，比上年增长15.2%；完成售电量37.96亿千瓦时，比上年增长4.8%。楚雄电网共实现销售收入23.66亿元（不含税及基金），上交税金1.43亿元，固定资产原值89.64亿元，综合供电可靠率99.98%，综合电压合格率99%，客户平均停电时间11.34小时。

【供电能力】　2013年，云南电网公司楚雄供电局管辖500千伏线路24段，220千伏线路16段，110千伏线路63段，35千伏线路25段，输配电线路总长度2.01万千米。管辖变电站34座，其中500千伏2座，220千伏6座，110千伏23座，35千伏3座，变电站容量5061.15兆伏安，用电客户78.59万户。最高日供电量1205.61万千瓦时，比上年增长5.8%。

【安全风险管理】　2013年，云南电网公司楚雄供电局全面推进安全风险管理体系建设，体系外审得分率77.4%，安全文化建设第三方评价得分76.49分，安全生产标准化达标评级得分90.6分，获“云南省安全文化示范企业”称号。夯实管理基础，修编安全生产责任制实施细则、问责规定及岗位生产职责，强化安全生产责任落实、考核；编制设备主要风险和重点运维策略，执行重点管控责任落实卡，紧急、重大缺陷消缺率100%，顺利拆除313基500千伏耐张塔分支地线，及时消除紧凑型线路重大安全隐患；与政府部门建立联动机制，向各级政府报备隐患292起，2项涉外重大隐患列入楚雄州安监局挂牌督办。修编、完善应急管理现场处置方案157个，加强与地方政府、气象、地震、林业等部门的应急联动，与医院、施工单位、设计单位、物资供应商建立应急救援绿色通道，作为南方电网公司首个地震应急队伍标准化建设示范点，建设成果得到肯定。

【电网规划】　2013年，云南电网公司楚雄供电局启动“十三五”电网规划，围绕州委、州人民政府“工业强州”战略、推动工业园区建设和区域性中心城市发展决策部署，开展楚雄州工业园区电网专项规划，滚动修编电网规划项目库。对新能源接入楚雄电网进行专题研究，提出大姚、姚安、牟定片区新能源接入系统方案。开展楚雄州“十二五”配电网规划，积极向楚雄市委、市人民政府争取，安排6000余万元资金修建东南新城及老城区部分重点区域电缆沟，配套启动9个配电网建设项目。

【资金管理】　2013年，云南电网公司楚雄供电局加强资金管理，促进降本增效，执行月度预算管理机制，核减可控成本费用35万元。审计监督关口前移，开展固定资产过程审计、整改后续审计和党的群众路线专项审计调查，完成审计项目37项，涉及金额24.36亿元。

【农电工作】　2013年，云南电网公司楚雄供电局把握关键，理顺农电管理界面，明确专业管理职责划分；制定农电绩效考核管理办法，跟踪管控异常指标；

派出巡视组对姚安、元谋供电有限公司进行全方位诊断，提升县级公司依法经营水平。贯彻落实南方电网公司、云南电网公司促进农电发展要求，重点从人、财、物等方面进行思考，着力于如何支持、帮助、解决县级公司存在的问题；经过努力争取，云南电网公司对亏损较为严重的双柏、姚安、大姚供电有限公司注资2065.65万元，改善了3家县级公司资产负债结构，增强发展能力。推进供电所及台区规范化建设，梳理供电所及台区规范化建设管理标准、表单、流程，对29个供电所规范化建设结果进行模拟评分。

［杨一希］

林产工业

【林产工业概况】 2013年，楚雄州林产工业实现产值41.27亿元，占林业总产值的43.33%，比上年增长15.12%，其中木材加工业产值6.29亿元，林产化工工业产值14.43亿元，核桃加工产值11.37亿元，野生食用菌加工产值8.37亿元。全州有林业企业444户，其中省级林业龙头企业28户，州级林业龙头企业29户。

【木材加工】 2013年，楚雄州完成木材加工业产值6.29亿元。其中锯材加工10.09万立方米，产值1.29亿元；木片加工9072立方米，产值455万元；胶合板制造10.64万立方米，产值2.24亿元；中密度纤维板制造20.67万立方米，产值2.7亿元。生产企业主要有双柏华兴人造板有限公司、双柏县宏光木业有限公司、楚雄洪兴木业有限公司和大姚森盛木业有限公司等。

【林产化工】 2013年，楚雄州生产林产化工产品10.99万吨，产值14.43亿元。其中生产松香6.37万吨，产值7.09亿元；生产歧化松香1.18万吨，产值1.48亿元；生产松香树脂4720吨，产值7897万元；生产松节油1.45万吨，产值2.07亿元；精加工桉叶油8984吨，产值1.50亿元。生产企业主要有南华松香厂、云南美森源林产科技有限公司、楚雄弘邦林化有限公司、松源化工有限公司、云南华香源香料有限公司、楚雄亮晶晶林化工有限公司、广通林源松脂有限公司、云南牟定恒瑞生物科技有限公司、楚雄德尔思紫胶公司和云南森源化工有限公司等。

【核桃加工】 2013年，楚雄州核桃加工产值11.37亿元。其中加工核桃仁4340吨，产值2.14亿元；加工核桃干果9736吨，产值3.66亿元；生产核桃炒果2034吨，产值7737万元。生产核桃饮料4.75万吨，产值4.78亿元；生产核桃油10吨，产值128万元。生产企业主要有云南摩尔农庄有限公司、大姚亿利丰农产品有限公司、大姚广益发展有限公司、大姚兆鹏食品有限责任公司、大姚华盛饮料食品有限公司、大姚欣杰食品有限公司、大姚家和天然食品开发公司、南华鸿发核桃开发公司、楚雄东宝生物资源开发有限公司、楚雄市树苴乡农业技术综合开发公司、大姚云海果品有限责任公司和云南弘达利有限公司等。

【野生食用菌加工】 2013年，楚雄州加工野生食用菌1.09万吨，产值8.37亿元。其中加工野生食用菌干片1265吨，产值1.93亿元；速冻野生食用菌8073吨，产值4.09亿元；生产油渍野生食用菌79吨，产值4477万元，生产盐渍野生食用菌166吨，产值1449万元；生产野生食用菌泡酒1111吨，产值1.19亿元；生产其他野生食用菌产品207吨，产值5673万元。生产企业主要有楚雄宏桂绿色食品有限公司、南华新世纪生物工程有限公司、大姚锦亿土特产有限公司、云南星贸食品有限公司、南华宏怡野生菌开发有限公司、楚雄欣泰实业集团公司、腾龙物业公司、云南玛格达同佳食品有限公司和楚雄州进出口有限公司等。

［杨发民　董存丽］

（责任编辑：安孟勤）

商　贸

商贸工作综述

【商贸工作概况】　2013年，楚雄州商贸系统牢牢把握扩大内需战略基点，加快建立扩大消费需求长效机制，释放居民消费潜力；坚持出口和进口并重，千方百计扩大进出口规模；坚持引资、引技、引智有机结合，提高利用外资总体效益和水平；加快走出去步伐，增强企业国际化经营能力；加快内外贸一体化进程，促进内外贸协调发展，为经济社会又好又快发展做出了新的贡献。

【商品流通市场监测管理】　2013年，楚雄州商务局加强统计监测，抓好市场供应，保障商品市场平稳运行。确立限额以上统计对象370户，其中，限额以上法人企业200户，限额以上个体及产业活动单位170户。加强城市生活必需品、重要生产资料监测，及时掌握重要商品供求信息和价格信息，办好楚雄商务预报网站，监测重点流通企业61户、居民生活必需品企业12户、重要生产资料企业15户、重点商贸流通企业59户（国家级24户、省级35户）。召开重要消费品储备企业联席会议，积极做好重要商品储备工作，完善市场应急供应和各种突发事件、自然灾害的应急预案，协调成品油资源保障重点需求，加强节假日和重大活动期间市场监管，保障市场供应，维护市场稳定，保障民生需求，商品市场供应基本稳定。开展生猪定点屠宰市场清理整顿和《生猪定点屠宰条例》执法检查，严厉打击私屠滥宰行为，规范猪肉市场经营秩序，确保猪肉等重要生活必需品供应，切实加强流通环节的食品安全工作和酒类流通管理，确保群众吃上“放心食品”。

【节能减排和绿色消费】　2013年，楚雄州以创建绿色饭店和推广节能产品为抓手，抓好商业节能减排工作。及时与各县（市）经济贸易和信息化局签订年度目标责任书，并将完成情况列入流通业发展责任目标一并考核奖惩；加强宣传和组织领导，加快节能减排技术改造，积极引导商业企业使用节能环保灯具。抓好宾馆、超市、饭店、商场等流通企业节能灯使用推广，有53户商贸流通企业推广使用各种节能灯5.13万支，推广使用率99.1%；广泛采用节能新技术、新产品，积极开展绿色饭店创建活动，永兴大酒店、华鑫大酒店两户企业经省“绿色饭店”评审委员会专家组评审通过，被评为“绿色饭店”，其中永兴大酒店被评为三叶级“绿色饭店”、华鑫大酒店被评为二叶级“绿色饭店”。

【万村千乡市场工程】　2013年，楚雄州商务局推进“万村千乡市场工程”建设，做好承办企业审核确认和项目申报，有5户承办企业通过核准，其中日用百货承办企业3户、农资承办企业2户。核准农家店建设36个、配送中心建设3个、农家店信息化改造150个、“万村千乡市场工程”配送车5辆。开展“万村千乡市场工程”承办企业资质、项目实施、资金使用情况自检自查和查缺补漏工作，整理完善相关档案资料，配合昆明云木会计师事务所完成“万村千乡市场工程”绩效评价。做好农家店示范店工作，在南永线、元双线主要公路干线建设30个示范店。在南华、姚安、永仁、元谋、武定、禄丰、楚雄等县（市）建设8个配送中心和1个乡（镇）商贸中心，建成姚安、元谋、禄丰3个日用百货配送中心及南华红土坡乡（镇）商贸中心。出台《楚雄州“万村千乡市场工程”项目建设管理规定》、《楚雄州“万村千乡市场工程”示范农家店及配送中心建设标准》，狠抓工作薄弱环节，加强承办企业督促指导，着力提高商品配送率，提升“万村千乡市

《楚雄州现代物流产业规划》评审会　　（州商务局提供）

场工程”农家店建设质量。

［李成峰］

商贸流通

【内贸流通】 2013 年，楚雄州商务系统积极搭建多元市场平台，加快城乡流通网络建设，改善消费环境，促进内贸持续健康发展，抓好“家电下乡”扫尾，培育汽车、家政服务等消费热点，拉动消费需求，消费实现平稳增长，完成社会消费品零售总额 210.65 亿元，增长 14.1%，其中，城镇完成 179.3 亿元，增长 15.4%；农村完成 31.35 亿元，增长 12.4%。批发业实现销售额 243.81 亿元，增长 19.6%。零售业实现销售额 201.03 亿元，增长 19.8%。

【家电下乡扫尾】 2013 年 1 月 31 日，自 2009 年开始的家电下乡补贴政策实施结束，楚雄州商务系统认真宣传政策，提醒农民群众及时享受优惠政策，做好家电下乡扫尾工作。开展标识卡清理上报，督促备案销售网点撤下“家电下乡指定店”标识，撤掉店内所有家电下乡有关宣传材料，取消家电下乡专区（专柜）等，撤除家电下乡标识 606 个，清除家电下乡宣传栏及宣传资料 2000 余份。会同财政部门做好家电下乡政策执行情况自检自查和重点抽查。从县（市）自查和州级抽查情况看，全州 10 个县（市）家电下乡政策执行到位，没有发现违规违纪及骗取补贴行为，家电下乡工作圆满结束。自 2009 年国家出台家电下乡政策到 2013 年 1 月 31 日家电下乡政策到期时，全州参与“家电下乡”备案销售网点 606 个，销售、售后服务体系覆盖全部乡（镇），5 年累计销售家电下乡产品 50.01 万台（件），直接拉动农村消费 12.16 亿元，农民获得财政补贴资金 1.51 亿元。

【昆交会参展】 2013 年 6 月，楚雄州商务系统组织企业赴昆明参加第 21 届中国昆明进出口商品交易会暨首届中国—南亚博览会。楚雄州以“生态楚雄，美丽彝州”为主题，主打绿色生态牌。15 户农产品企业携 49 大类 236 个品种的“名、特、优、新”农产品在生物资源馆设置 11 个展位参展，发放宣传材料 2.29 万份，现场咨询人员 6.57 万人，9 户出口企业与国外客商签约金额为 1.8 亿美元的成交合同，成交商品为水果、蔬菜、松茸和牛肝菌等。1 户企业签订进口金额 2000 万美元的合同，15 户参展企业现货销售 21.6 万元，与国内外 59 家客商达成 1768 万元的区域销售代理或供货意向。

【成品油市场管理】 2013 年，楚雄州商务局认真履行成品油市场管理职能职责，加强成品油市场供应保障组织领导，切实落实成品油保供各项措施，成品油市场供应平稳有序。年初下发《楚雄州商务局关于下达 2013 年成品油市场供应计划的通知》，建立成品油市场供应监测体系，通过月报、应急状态下的日报制度，加强成品油购进、销售及库存监测，及时准确把握市场供应变化情况，在元旦、春节等重大节日和重要时段及时督促两大集团在楚企业增加汽（柴）油库存，防止断档脱销情况发生。至年末，中石化、中石油在楚企业销售成品油 49.12 万吨，增长 3.7%。其中，汽油 13.29 万吨，增长 9.7%，柴油 35.83 万吨，增长 1.6%。5 月，根据《成品油市场管理办法》相关规定和省商务厅要

2013 年楚雄州流通服务业发展情况统计表

县(市)	全社会消费品零售总额								限额以上比重计划(%)	实际比重(%)	上缴国家税收			上缴地方税收			吸纳就业人员		
	计划完成(万元)	实际完成(万元)	增长(%)	完成年度计划(%)	其中						计划完成(万元)	实际完成(万元)	完成年度计划(%)	计划完成(万元)	实际完成(万元)	完成年度计划(%)	计划完成(人)	实际完成(人)	完成年度计划(%)
					批发业计划增长(%)	实际增长(%)	零售业计划增长(%)	实际增长(%)											
开发区	155605	329868.0	19.13	212.0	35	22.1	35	22.06	50	55.56	73724	97262	131.9	25158	25564	101.6	14310	15020	105.0
楚雄市	926022	919884.0	14.1	99.3	35	18.7	35	19.2	50	39.6	44600	27284	61.2	62159	70208	112.9	51210	51300	100.2
双柏县	46840	60917.0	14.3	130.1	35	19.6	35	19.1	50	29.6	2187	2548	116.5	8062	11062	137.2	8091	8150	100.7
牟定县	102861	90952.0	13.9	88.4	35	18.5	35	19.5	50	14.6	2715	2464	90.8	10082	11052	109.6	10920	11020	100.9
南华县	144470	124447.0	14	86.1	35	21.5	35	21.7	50	35.4	4740	4074	85.9	14443	18911	130.9	13416	13720	102.3
姚安县	115325	90140.0	14	78.2	35	17.5	35	20.2	50	31.4	2331	2103	90.2	10116	11336	112.1	14560	15010	103.1
大姚县	164556	165856.0	14.1	100.8	35	21.6	35	23.2	50	55	4763	3590	75.4	15497	15244	98.4	14560	15030	103.2
永仁县	43622	40876.0	14.2	93.7	35	24.2	35	23.6	50	28.9	4334	4364	100.7	8361	13987	167.3	7020	7080	100.9
元谋县	104218	115951.0	14.1	111.3	35	23.6	35	23	50	26.8	3613	3319	91.9	7626	8361	109.6	13884	13980	100.7
武定县	136734	155260.0	14.2	113.5	35	23.7	35	20.3	50	31.5	9180	11281	122.9	19192	24574	128.0	15798	16020	101.4
禄丰县	394808	342216.0	14	86.7	35	17.4	35	21.2	50	27.7	10006	8148	81.4	28292	25488	90.1	30441	31020	101.9
全　州	2179455	2106499.0	14.1	96.7	35	19.6	35	19.8	50	35.4	162194	166437	102.6	216949	235787	108.7	194210	197350	101.6

求，完成188座加油站2012年度检审，其中，年检合格167座、歇业5座、就地改造7座、搬迁建设9座，年检合格率89%。按照公开、公平、公正原则受理加油站新建、迁建、验收、变更申请，审查加油站新（迁）建项目申请19个，经省商务厅、州商务局批准加油站新（迁）建项目20座（2座为省商务厅初审并审批，18座为州商务局审查并审批）；验收审查8座，领取“成品油零售经营批准证书”7座，变更62座（中石化61座，社会1座），就地改造加油站2座；年末，全州有加油站195座。年内，按照《安全生产法》、《危险化学品安全管理条例》、《成品油市场管理办法》规定的安全管理要求，及时与中石化楚雄石油分公司、中石油楚雄销售分公司签订《2013年消防安全工作目标责任书》，定期不定期对辖区内加油站（点）进行安全检查，发现问题及时进行整改，杜绝安全事故发生。

【电子商务】 2013年，楚雄州采取有力措施，加快电子商务发展。年初，州人民政府多次组团到广东等沿海发达地区开展电子商务产业发展招商，经多方考察，最终选定广东东莞市金状元网络科技有限公司作为合作方，委托合作方在淘宝网“特色中国”频道建立“特色楚雄馆”，以此为主要平台，借助电子商务优势，向海内外市场推销楚雄州绿色食品等名、特、优、新产品。9月13日，州人民政府与广东东莞市金状元网络科技有限公司正式签订《楚雄彝族自治州人民政府与东莞市金状元网络科技有限公司关于楚雄州电子商务产业发展合作协议》。9月27日，楚雄州商务局与东莞市金状元网络科技有限公司签订《楚雄州商务局与东莞金状元网络科技有限公司关于在淘宝网特色中国频道建立“特色楚雄馆”合作合同》，2次组织169户特色农产品生产经营企业参加电子商务业务知识培训。10月下旬，州人民政府出台《楚雄州人民政府关于鼓励企业发展电子商务的意见》，明确楚雄州电子商务发展指导思想和原则、工作重点及政策措施，决定从2014年起，州财政每年安排100万元电子商务发展专项资金，重点支持楚雄州电子商务示范地区、示范基地（电子商务产业园区）、示范企业（示范平台）、电子商务人才培养、普及电子商务应用，明确州商务局为电子商务的主管部门，负责具体工作。11月2日，“楚雄州金状元电子商务人才培训中心”在州职教园区挂牌成立，首期电子商务孵化辅导培训班开班，17户企业24名学员与24名职教中心学生正式进入为期两个月的电子商务孵化辅导培训。参加首期培训的17户企业、3名大学生分别建立起自己的网店，边学习边实作。至年末，参训学员累计销售30余种商品共计2.84万元，电子商务发展初见成效。

［李成峰］

对外贸易与经济合作

【外贸进出口】 2013年，楚雄州采取措施，千方百计增加出口。贯彻《中共楚雄州委、楚雄州人民政府关于加快对外贸易发展若干意见》（试行），加大政策扶持力度，及时兑现奖励补助资金，提振企业信心。加强骨干企业和重点产品培育，帮助企业分析市场，鼓励外贸企业积极开拓国际市场，增加订单，加大出口，力促重点产品出口大幅增长。挖掘潜力，培育新的增长点，不断做大进出口规模。全年全州共实现进出口贸易总额2.8亿美元，比上年增长39.69%，连续五年创历史新高。其中，出口2.56亿美元，增长42.07%；进口2425万美元，增长18.7%。呈现出口和进口同步增长良好态势。年末，全州共有有进出口业绩的企业50户，永仁县首次有了外贸进出口业绩，全州不再有外贸空白县。

【对外经济合作】 2013年，楚雄州抓好境外劳务输出，稳定传统市场，加强与周边国家和地区交流合作，加快“走出去”步伐，帮助国际劳务输出机构开拓新加坡、泰国、越南、老挝等市场，拓宽输出渠道，确保国际劳务输出稳步增长。向毛里求斯、新加坡、日本、越南、缅甸、老挝等国家输出劳务1850人，获得国际劳务收入767.2万美元，分别增长14.3%和减少12.5%。禄丰勤攀磷化工有限公司在澳大利亚完成投资

2013年楚雄州对外贸易统计表

单位：万美元

县(市)	进出口总额					出 口			进 口		
	目标任务	实际完成	上年同期	同比增减(%)	完成任务(%)	实际完成	上年同期	同比增减(%)	实际完成	上年同期	同比增减(%)
开发区	1526	1744	1288	35.4	114.29	1636	1271	28.72	108	17	535.29
楚雄市	13936	18840	11810	59.53	135.19	18840	18810	59.53	0	0	
牟定县	333	410	282	45.39	123.12	410	282	45.39			
武定县	607	69	14	392.86	11.37	69	14	392.86			
大姚县	1010	663	856	-22.55	65.64	663	856	-22.55	0	0	
禄丰县	2830	3267	2398	36.24	115.44	947	373	153.89	2320	2025	14.57
南华县	503	437	426	2.58	86.88	437	426	2.58			
双柏县	2786	2371	2361	0.42	85.1	2371	2361	0.42			
元谋县	126	141	107	31.78	111.9	141	107	31.78			
姚安县	34	101	29	248.28	297.06	101	29	248.28			
永仁县	20	4			20	4					
合 计	23710	28044	20076	39.69	118.28	25619	18033	42.07	2425	2043	18.7

145.94万美元，二期2500万美元增资获省商务厅批准，对外投资取得新突破。全年实际利用外资2529万美元。

［李成峰］

烟草专卖

【烟草专卖概况】 2013年，楚雄州加强烟草专卖管理，共销售烟叶215.52万担，销售卷烟10.23万箱，实现“两烟”销售额87.66亿元，比上年增加14.1亿元，增长19.17%；实现税利32亿元，比上年增加5.87亿元，增长22.46%。

【烟草专卖管理】 2013年，楚雄州形成“分级归口、分片包干、责任到人”的网格化烟草专卖层级管理模式，强化与公安、工商、法院、检察院等部门合作，打击涉烟违法犯罪。出动“两烟”打假打私工作人员6807人次，查处涉烟案件158起，其中5万元以上大要案21起，假冒卷烟案件7起，烟叶案件67起，侦办符合国家烟草专卖局标准的网络案件2起；查获真品卷烟787.1万支，烟叶226.2吨，假烟3.7万支；刑事拘留犯罪嫌疑人19人，逮捕9人，判刑7人。烟叶收购期间，设立公安执勤点138个（省际11个、州际28个、县际59个、乡际40个），执勤点工作人员859人；开展治理无证经营和销售假烟、打击地域性团伙串联销售假烟终端、铁路沿线卷烟市场整治、非法经营烟叶专项整治等专项行动，维护“两烟”生产经营秩序。

【卷烟销售】 2013年，楚雄州烟草系统狠抓市场基础和规范经营，推进现代零售终端建设，实现卷烟销量稳定增长、结构持续提升。组织紧俏货源，制定投放策略，做到货源均衡投放、需求有效满足。严厉打击假私非烟，监督明码标价和大户监管，保持经营秩序良好。通过“手机新商盟”、农网服务站等渠道，开展网上订货，网上订货率从20%提高到99%以上，卷烟订货中心接线员由27人减少至3人，提升了工作效率，降低了营销成本。按照现代物流要求，打破行政区域界限，撤销10个县（市）配送中心，由中心库直接配送，并对物流送货线路进行优化，配送效率得到提升，配送总里程约93.85万千米，比上年减少9.05万千米，下降8.79%；T+0和T+1综合实现率85%以上，T+2控制在15%以内，基本消灭T+3。以婚庆营销为手段，扩大一类烟品牌培育，引导市场消费升级。销售卷烟10.23万箱，比上年增加2299.12箱，增长2.3%；实现销售额25.21亿元，比上年增加1.92亿元，增长8.24%；单箱销售收入24600.7元，比上年增加1347.75元，增长5.8%。销售一类烟17531.89箱，占17.14%；二类烟2561.14箱，占2.5%；三类烟57622.27箱，占56.33%；四类烟18796.80箱，占18.37%；五类烟5785.41箱，占5.66%。

【烟草企业管理】 2013年，楚雄州烟草专卖局（公司）实施精细化管理，推进企业各项管理工作。制定“三重一大”决策管理实施办法，明确决策范围、主体、程序和议事规则，不断提高依法科学民主决策水平，把权力真正关进制度的笼子里。召开党委会17次、局长（经理）办公会28次。做到“应招尽招”、“真招实招”，实施工程投资、物资采购、服务项目196个，金额4.58亿元，公开招标129个，金额4.33亿元，单一来源采购2427.9万元，公开招标率94.4%；推进办事公开、民主管理，召开职工代表大会1次、民主管理座谈会8次，公开重大事宜291项次，充分保障职工知情权、参与权、表达权和监督权。完成建设项目造价结算审核61项，送审金额1.46亿元，审定金额1.43亿元，审减324.3万元；建设项目财务决算审计55项，审计决算金额2.4亿元。牢固树立以人为本、安全发展理念，组织安全生产检查1985次，整改隐患191项，安全生产标准化建设顺利通过省安监局二级达标评审。开展党纪法规教育，组织党员干部、重点岗位人员、烟叶站站长参观廉政教育基地，开展任前廉政谈话，坚持用身边的事教育警醒身边的人，使大家知法懂法、自觉遵纪守法，推动依法行政、依法管理、依法生产经营水平不断提升。

［阿惠媛］

供销合作

【供销社工作概况】 2013年，楚雄州供销社坚持以科学发展观为指导，深入贯彻落实党的十八大、十八届三中全会精神和省委九届四次全会、州委八届三次全会及全省供销合作社会议精神，以“抓合作社建设立社、抓社有企业发展强社”工作理念和思路，发展和培育社有企业，积极构建农村现代流通服务体系和农村合作经济组织指导服务体系建设，提升“两社一会”发展水平，夯实发展基础，不断增强为农服务能力，各项工作取得新成效。经营总额完成68.39亿元，比上年增长20.9%；销售总额完成65.26亿元，增长21.9%；农副产品销售完成39.57亿元，增长31.8%；完成化肥销售37.98万吨，下降2.9%；汇总实现利润1.30亿元，增长49%；社有资产完成1.06亿元，增长34.8%。以农村流通人才培训和供销社系统队伍素质提高为重点，采取集中、分散、联合等方式开展各类人员培训。举办培训班148期，培训人数1.15万人次。其中，农产品经纪人培训39期4598人次，培训持证经纪人15期1288人次，培训供销社干部、职工18期562人次，培训合作经济组织负责人226人次，举办农业科技培训30期2130人次。

【农村流通体系建设】 2013年，楚雄州供销社系统新建基层供销社100个，发展农村综合服务社2438个，其中标准化综合服务社改造307个，农村综合服务社实现全州乡（镇）、村及300人以上自然村全覆盖；建设县级配送中心37个，连锁配送经营网点2525个；建设乡（镇）中心超市202个；建设农村集贸市场38个。

【农村合作经济组织建设】　2013 年，楚雄州供销系统继续认真贯彻实施《农民专业合作社法》和《农民专业合作社登记管理条例》，大力发展农民专业合作社，发展农民专业合作社 126 个。形成以姚安县农哈哈食用菌专业合作社为代表的企业规模大、效益好、带动力强的专业合作社群体。创新发展城市消费合作社和公共管理型专业合作社，发展城市消费合作社 10 个，公共管理型专业合作社 92 个。完成专业合作社示范社建设 104 个；完成规范化专业合作社建设 75 个。尝试、探索村党支部 + 村委会 + 专业合作社“三位一体”的合作经济组织试点，在禄丰县黑井镇青龙村委会、南华县雨露乡铅厂村委会、牟定县戌街乡伏龙基村委会进行试点，3 个合作社实现纯利 8 万余元。年末，供销社系统领办创办农民专业合作社 1236 个，发展合作经济组织联合会 10 个，专业合作社联合社 10 个，各类协会 33 个，入社成员 4.75 万个，带动农户 33.98 万户，帮助农民实现收入 26.01 亿元。

【农村生产生活资料供应】　2013 年，楚雄州供销社系统抓好农资供应，帮助农资配送企业做好农资淡储和春耕备耕、农资供应，切实解决农资供应中出现的困难和问题，做到不断档、不脱销、供得上，确保春耕生产和日常农资供应。供应化肥 37.98 万吨、化学农药 1597 吨、农用薄膜 1266 吨。充分利用村级综合服务社等网络终端，切实做好农村日用消费品供应工作，实现农产品销售 39.57 亿元，比上年增长 31.8%。

【供销社企业产业建设】　2013 年，楚雄州供销社完成招商引资项目 1 个，引进资金 2000 万元。上报农村现代网络体系建设项目 7 个，其中 5 个项目获得省级财政 130 万元资金支持。推荐“牟定县华汇农产品产销专业合作社”3000 亩辣椒种植基地建设项目为 2014 年农业综合开发供销合作总社新型合作示范项目。4 月，召开楚雄州食用菌协会换届工作会议，选举产生新一届食用菌协会成员。成立楚雄州供销社食用菌产业办公室。6 月，召开楚雄州食用菌产业发展工作会议，认真贯彻落实全省食用菌产业发展工作会议精神。11 月，召开全州食用菌产业发展现场推进会，推动产业升级发展。有 3 户企业获得省财政 65 万元资金支持。食用菌总产量 4.55 万吨，产值 15.36 亿元。

［杨成文］

粮食流通

【粮食流通概况】　2013 年，楚雄州围绕“发展粮食流通，保障粮食安全”开展粮食流通工作，突出规划实施“粮安工程”，落实粮食行政首长负责制，搞好粮油保供稳价，着力构建生产发展、供给稳定、储备充足、调控有力、反应灵敏、运转高效的粮食安全保障体系，守住管好“天下粮仓”，保障全州粮食安全。购进原粮 6.91 万吨，比上年增加 12.27%；销售贸易粮 13.04 万吨，比上年增加 6.35%；商品粮库存 3.21 万吨，比上年减少 4.64%。

【粮食流通管理】　2013 年，楚雄州粮食局积极做好《粮食流通管理条例》、国家粮食发展纲要、粮食流通管理法规政策宣传和贯彻落实。认真开展粮食行政执法工作，依法开展粮食流通监督检查。办理粮食收购许可证累计 127 户，其中非国有 112 户。开展粮食收购市场监督检查、收购资格专项核查等工作。开展社会粮食流通统计，全州 344 户调查户、210 户省抽样调查户粮食收支平衡抽样调查，为粮食流通管理提供决策依据。开展粮食库存检查工作，全州粮食数量真实、质量完好、账实相符。认真贯彻落实国家粮食最低收购价格政策和粮食宏观调控政策，促进粮食生产，保障有效供给，全州秋粮粳稻实际收购价格每千克 3.1～3.2 元，比上年同期价格增长 1.5%，高于国家确定的 3 元最低收购保护价格。搞好市场粮情监测，实行价格周报、分析、粮价波动时期日报告等制度，出现苗头性、趋势性情况及时跟踪分析，确保粮食流通管理及时有效。

【粮食行政首长负责制】　2013 年，楚雄州粮食局按照各级政府对本辖区发展粮食生产、落实粮农补贴政策、加强“米袋子”责任落实、完善粮油购销市场机制、加强粮食调控监管等负责的粮食行政首长负责制考核要求，认真履行部门职责，加强同相关职能部门协调配合，切实做好各项责任目标落实。完成集中考核上年度粮食行政首长负责制各项责任工作，兑现奖励，总结上报完成情况，通过省综合考评，被考评为全省“良好奖”。突出抓好 2013 年粮食“生产、流通、储备、保供稳价”等重点责任工作，实现耕地面积、粮食种植面积和粮食产量稳定增长，完成全年目标任务。

【粮油保供稳价】　2013 年，楚雄州粮食局完善《楚雄州粮食应急预案》和《楚雄州粮食应急预案细则》，巩固建设 25 户粮食应急加工网点和粮油价格监测预警体系。认真落实稳定消费价格水平，保障群众基本生活要求，制定工作方案，落实工作责任。开展粮油市场价格监测，发布粮油价格信息 37 期。采取粮油平价销售点挂牌销售、积极收购，抛售轮换出库粮食等措施保供稳价。31 个粮油平价销售点挂牌销售大米 2836 吨、面粉 118 吨、菜籽油 412 吨，挂牌价格低于市场每千克 0.05～0.3 元。粮油价格稳中略降，本地产标一粳米每千克平均价格 4.64 元，比上年下降 0.6%。

【储备粮油管理】　2013 年，楚雄州粮食局落实各级储备粮管理办法和各项规章制度，强化落实储备粮油储存、质量、轮换、安全管理责任。开展储备粮油安全检查和“一符四无粮仓”活动，30 个粮油库点储存粮食全部达到“一符四无粮仓”。开展专项安全大检查工作，预防安全事故发生。完成各级储备粮轮换和验收，解决了储备粮保管轮换费用偏低、风险基金规模偏小等困难。探索建立完善储备粮油管理新机制，各级储备粮数量真实、质量完好、储存安全。积极做好军粮、救灾救济粮、应急粮等粮油供应工作，维护社会稳定。

【粮安工程】 2013 年，楚雄州粮食局启动实施国家粮食收储供应安全保障工程，即“粮安工程”。打通粮食物流通道，修复粮食仓储设施，完善应急供应体系，保障粮油质量安全，强化粮情监测预警，促进粮食节约减损。规划上报维修改造、拆除重建、整体搬迁建设项目 23 个，总投资 5.6 亿多元。上报省粮食局实施国家农户科学储粮“小粮仓”（储粮罐）建设项目 2.5 万套，审批实施 1.38 万套，总投资 621 万元。其中，中央财政投资 30%，省、州财政各配套 15%，农户承担 40%。沟通协调上报项目立项，开展招商引资责任工作，完成招商引资 1000 万元。完成楚雄国家粮食质量检测站中央投资 230 万元、州级配套投资 100 万元的粮食质量安全检验检测能力建设工程；完成牟定仓储建设中央补助投资 500 万元项目和志祥粮食加工 1000 万元投资项目；筹集资金提升改造部分仓储设施。

【国有粮食储备企业】 2013 年，楚雄州粮食局加强对国有粮食企业的监管，严格执行现代企业制度和公司法，强化董事会、监事会责任，提高经营管理综合能力。加强对企业的服务和指导，努力解决企业经营管理困难问题。积极协调企业粮油收购贷款，指导企业拓宽融资渠道，支持企业搞活粮油购销。切实落实各项税收优惠减免政策，指导督促企业加强内部管理和市场形势分析预测，增强经营风险防控能力。充分发挥粮食宏观调控载体作用，完成储备粮油经营管理等政策性粮油经营，搞活商品粮油经营，提高经济效益。国有粮食储备企业收购原粮 3.59 万吨，增加 34.14%，销售贸易 4.51 万吨，增加 21.47%，12 个核算企业有 11 个实现盈利，州粮食储备库亏损，盈亏相抵实现盈利 24.1 万元。

【粮食质量管理】 2013 年，楚雄州粮食局认真落实州人民政府食品安全工作目标责任制，组织开展粮油食品安全、“粮食科技宣传周”、“3·15” 粮油质量安全等宣传活动，参加食品安全监督检查。建立粮油质量档案，会同州教育局下发《楚雄州粮食局、州教育局关于楚雄州寄宿制学校学生食堂粮油采购供应工作的指导意见》，推进全州学校学生放心粮油供应。组织大姚、南华、牟定等县相关企业和州粮食储备库参加全省昆明农业博览会，受到省粮食局的表扬肯定。开展粮油质量检测检验，积极配合质监、工商等部门开展对社会粮油产品监督检验和抓好“28 类食品”生产许可证及市场准入审查复查工作，切实做好各级储备粮、商品粮出入库质量品质测报，检验粮油样品 256 份、代表数量 1.6 万吨。着力提高队伍素质和检验设施水平，完成中央投资 230 万元、州级配套投资 100 万元的楚雄州粮食质量安全检验检测能力建设工程。

［夏大强］

石油经营

【中国石油天然气股份有限公司云南楚雄销售分公司】 2013 年，中国石油天然气股份有限公司云南楚雄销售分公司全面融入“服务转型、网络发展、精益管控、队伍建设”，应对严峻挑战，各项工作呈现稳中求进态势。成品油销售总量稳步提高，比上年增长 17%，市场份额 33%；非油销售收入比上年增长 70%；加油 IC 卡销售趋势良好，发卡量比上年增长 15.8%；三条红线平稳受控，实现零事故、零伤害、零污染目标，安全隐患得以有效整改，零售损耗有效控制；创先争优成果显著，先后有 30 个集体，49 名个人受到上级公司表彰，大平地加油站被评为云南省工人先锋号，员工苏丕超被评为楚雄州道德模范。客户经理队伍专业化，形成配套运行机制，市场开发广度和客户维护深度得以保障。油站创效能力悄然提升。汽油市场稳定增长成为公司的利润增长点，损耗管理取得长足进步。“三条红线”管控平稳推进，预算管理得以深化，员工培训保持较高水平，在省公司信息系统应用及 95504 客服岗技能竞赛中，楚雄分公司获得团体一等奖和 8 个单项奖。

［曹玉宏］

【中国石油化工股份有限公司云南楚雄石油分公司】 2013 年，中国石油化工股份有限公司云南楚雄石油分公司按照“谁主管、谁负责”的原则，层层落实安全生产责任制，每月进行检查、考核、奖惩，不断推进 HSE 管理体系；加大隐患治理力度，不断加强应急能力建设；推进职业健康工作，加强员工劳动保护；认真践行“每一滴油都是承诺”的社会责任，强化油品质量管理和损耗监控，推进 ISO9000 质量管理体系建设；在省公司年度安全考核中，荣获 HSE 安全管理先进单位称号，连续八年获得该项荣誉；在楚雄州人民政府 2013 年度安全生产责任落实考核中，荣获重点企业优秀奖。供应成品油比上年增加 1.07%。在经营管理序列聘业务主办 14 人，在专业技术序列聘副主任师 2 人，主管师 3 人，助理师 15 人，在技能操作序列聘技师 4 人，高级工 21 人，中级工 89 人，初级工 246 人。所有加油站站长、副站长岗位进行公开竞聘，根据竞聘成绩和县（市）公司意见，选聘优胜者。开展不同类型培训 25 期，培训人数 686 人次。开展站内培训 185 期，培训员工 3640 人次。打造 10 座现场管理及优质服务示范站，通过评比活动，现场管理和服务水平得到提升。加强建设工程管理，强化质量监管，成品油管道运行顺畅，楚雄油库样板库建设和信息化水平提高，完成 ERP、IC 卡、二次物流三大信息系统的整合，二次物流信息系统、ERP、加油站液位仪上线运行，安装油库自动付油系统、油库自动计量系统、电子提单系统等现代化设备，增强信息化管理水平，扩大城乡营销网络，形成完善的优质服务体系。

［邱　凌］

（责任编辑：周能汉）

交通运输

公路建设

【公路建设概况】 2013年末，楚雄州公路通车里程1.78万千米，其中，农村公路通车里程1.53万千米，占全州公路通车总里程的86.0%；高速公路通车里程319.1千米，一、二级公路361.9千米，高等级公路率3.8%；三、四级公路1.04万千米，公路等级率58.5%；等外公路6722.44千米。楚雄州公路路网面积密度60.9千米/百平方千米。全州103个乡（镇）通等级公路率100%；有99个乡（镇）通油（水泥）路，通油路（水泥路）率96.1%；有95个乡（镇）建有农村客运站，乡（镇）通班车率100%。全州1098个村（居）民委员会公路通达率100%；有437个村（居）民委员会通硬化路面，通畅率40.0%；有892个村（居）民委员会开通客运班线，村（居）民委员会通班车率81.6%。全州公路网络初步形成了以州府鹿城镇为中心，国道、省道为骨架，干支相连、纵横交错，四通八达的公路交通网络。

【交通固定资产投资】 2013年，楚雄州交通运输固定资产完成投资22.79亿元，比上年增长134.7%。其中，楚广公路完成8.84亿元，占38.8%；楚南公路完成3.53亿元，占15.5%；国道108线提升改造完成9619万元，占4.2%；地方公路完成9.45亿元，占41.5%。

【交通项目管理】 2013年，楚雄州交通运输局认真研究交通运输行业投资导向，做好项目前期工作。争取省交通运输厅共下达楚雄州地方交通项目249项1029.3千米，总投资9.2亿元，其中上级补助资金6.35亿元，占州人民政府下达年度争取上级补助资金3.13亿元的202.5%，比上年增长50.1%，创历史新高。抓好交通项目计划的下达统筹工作，加强计划调控力度，结合新农村建设、四群教育、扶贫联系点认真调研，做好统筹协调，科学下达通村路面硬化工程建设等项目计划。

【楚雄至广通高速公路建设】 楚雄至广通高速公路建设项目是2013年中共楚雄州委、州人民政府确定的30个重大在建项目之一。项目全长20.28千米，起于楚雄市苍岭镇马房村，接已经建成的安宁至楚雄高速公路K140+000，由南向北布设，途经马房、过马房、石涧铺、下珊琅后进入广通镇，止于广通火车站附近的段家村。概算总投资16.57亿元。项目由云南省公投公司与楚雄州按7∶3的比例筹资联合建设，云南省公投公司

建设中的楚（雄）广（通）一级公路立交区 （李建华/摄影）

承担总投资的70%，约11.6亿元；楚雄州承担总投资的30%，约5亿元。项目于2012年9月26日开工建设，到2013年12月末累计完成投资8.84万元，完成投资占工程概算总投资的53.1%，其中，2013年完成投资4.56亿元。

【楚雄至南华一级公路开工建设】 2013年9月29日，楚雄州新开工建设的最大投资项目——楚雄至南华一级公路建设项目开工建设，全线9个合同段12个工作面同时破土动工。项目设计路线全长54千米，比老路缩短里程5.89千米。路线起于楚雄市连汪坝立交，途径马石铺、茅草坪、小廓邑、张家屯、楚雄、达连坝、前进、钱粮桥、吕合、牛凤龙等村，止于南华县城。是国道320线上海至瑞丽中的一段，规划总投资40.8亿元，其中建筑安装工程费30.6亿元，平均每千米造价7677.54万元。按双向六车道一级公路标准建设。设计车速80千米每小时，路基宽32米，设计交通量2.86万辆/昼夜，汽车荷载等级为公路—I级，服务水平等级为二级，沿线设施等级B级。由楚雄州人民政府组建楚南一级公路建设工程指挥部负责项目建设的组织实施。至12月25日，楚南一级公路完成投资3.53亿元，工程建设各项工作进展顺利。

【国道108线永仁至武定段改造工程开工】 2013年9月24日，国道108线永仁至武定段改造示范工程开工建设。项目全长169.73千米，国家投资补助资金9.1亿元，永仁、元谋、武定3县过境线要求加宽部分资金自筹。其中，一级公路武定县城过境线5.72千米，元谋县城过境线10.02千米，永仁县城过境线6.314千米，二级公路110.612千米、三级公路37.06千米。该项目由云南省公路局楚雄公路管理总段组建指挥部具体负责组织实施，至12月25日，累计完成投资2.15亿元，其中，建设完成投资9619万元，沥青采备费用1.19亿元。项目改造工程各项工作推进顺利。

【武定至昆明高速公路建成通车】 2013年10月26日，武定至昆明高速公路正式建成通车。路线起点位于楚雄州武定县城北，接已建成通车的永仁至武定高速公路终点，经富民、李子坪、普吉，止于小屯互通立交，与昆明市二环快速系统相接，路线全长63.58千米，工程概算总投资51.42亿元，其中楚雄州境内14.62千米。全线采用双向四车道高速公路标准建设，其中武定至富民段约37.5千米，设计时速为80千米每小时，路基宽24.5米；富民至昆明段约26.1千米，设计时速为100千米每小时，路基宽26米。全线设特大桥4座，大中桥69座，小桥4座，涵洞95道，互通式立交4处，隧道4座，桥隧比占路线的41.95%。项目于2008年开工建设，是国家西部大开发通道兰州至磨憨公路云南境内的一段，也是国家高速公路网首都放射线“第五射”北京至昆明的一段，连接中国西北、西南及南亚、东南亚各国，是云南通往四川省的重要通道。

【重点交通项目前期工作】 2013年，楚雄州交通运输局按照“上报一批、储备一批、开工一批”的原则抓好项目前期工作。禄丰彩云至双柏县城至磭嘉公路项目前期工作加紧推进，项目已列入交通运输部2014~2015年国省道改造前期工作计划。年末，《工程可行性研究报告》已批复，初步设计已完成，施工图设计工作抓紧推进，争取列入2014年全省连片扶贫国省道改造计划。项目拟按三级公路建设，全长206千米，估算总投资约13.5亿元，涉及该路的双柏县境内石羊江大桥和沙甸河桥已提前实施完工。双柏县城至新平水塘三江口公路建设项目《工程可行性研究报告》已修编完成，涉及三江口电站淹没区路线方案及赔偿资金整合等问题，已经多方协商和比选；项目拟按二级公路标准建设，全长90.8千米，估算总投资15.7亿元。昆明长水机场至禄丰广通、武定至安丰营至易门公路项目已列入滇中产业聚集区交通发展建设规划，前期工作由云南省滇中产业聚集区管委会统一组织开展，楚雄州主要做好相关配合协调工作，至年末项目已完成初步设计工作。完成元谋县G5京昆高速至龙街公路、G5高速至元双二级公路联络线和姚安县城至光禄二级公路的《工程可行性研究报告》编制工作，其中G5京昆高速至龙街公路争取列入了交通运输部“十二五”红色旅游公路重点建设项目前期工作计划。

【农村公路建设】 2013年，楚雄州农村公路建设首次被州人民政府列为全州重点落实的10大民生实事之一。年内，圆满完成了州人民政府2012年下达的农村公路项目建设计划和竣工验收工作。完成通乡油路工程项目8项222.5千米，总投资1.81亿元；完成通村路面硬化工程项目69项543.3千米，总投资2.72亿元。经质量鉴定和（交）竣工验收，优良工程达56项，优良率83.58%。组织实施农村公路建设项目90项955.44千米，总投资7.55亿元。其中，通乡油路建设工程1项22.98千米，投资2756万元；通村路面硬化建设工程84项805.53千米，投资5.26亿元；集中连片特困地区县乡道改造工程4项115.2千米，投资1.92亿元；农村公路路网改善工程（县乡道改造）1项11.73千米，投资876万元。9月，所有项目均已开工建设。年末，部分项目已经完工，各项工程建设进展顺利。认真做好农村公路建设工程造价管理和监督。从投资估算、设计预算、招标控制价、工程实施、竣工结算、公路养护全过程、全寿命周期认真做好全州交通工程造价监督管理工作，实现政府职能在农村公路建设的全过程造价控制，农村公路建设项目投资得到有效控制。狠抓公路建设质量管理。进一步提高质量监督工作效率，节约成本、简化程序，在不降低标准的前提下，实现全州质量监督工作标准化、程序化、规范化，促进农村公路建设又好又快发展。制定下发了《楚雄州农村公路质量监督程序和标准》，进一步明确各级质量监督机构的职能职责，落实各参建责任主体的质量责任，对质量监督工作提出明确要求，把质量监督的责权下移。农村公路监督任务由各县

（市）质量监督组负责，州质监站负责指导和巡查，形成以州质监站指导、县（市）交通运输局监督组具体负责监督的监督体系。州质监站采取定期或不定期抽查的方式到工地检查，以帮、带、教相结合的方式开展和推广监督工作，提供技术指导。加强与县（市）交通运输局的联系、沟通，形成合力，在监控好农村公路的同时，重点监管好中桥以上项目和重点工程项目，逐步形成以“政府监督、法人管理、社会监理、企业自检”的质量保证体系和质量监督体系。

［李旺林］

运输管理

【道路运输管理】 2013年末，楚雄州道路运输经营许可证在册户数2.47万户，比上年增长6.04%；从业人员4.48万人，增长7.47%。拥有营运载客汽车2927辆，比上年末减少188辆，拥有营运载货汽车2.77万辆，比上年末增加1675辆，增长6.43%。有一级客运站4个、二级客运站7个、三级客运站4个、三级及以下农村客运站76个；全州103个乡（镇）人民政府所在地于2009年已全部开通客运班线，通班车率100%，1098个行政村已有890个开通客运班线，行政村通班车率81.43%；全州已开行客运班线571条，投放营运客车2360辆，其中，省际客运班线7条，在营运客车13辆；市际客运班线64条，在营运客车298辆；县际客运班线89条，在营运客车424辆；县内客运班线411条，在营运客车1625辆；有农村客运班线445条。全年客运、货运、维修、驾培、检测站5项实现全行业运输产值25.57亿元，比上年增加6.11亿元，增长31.37%。完成公路客运量3373万人、客运周转量23.86亿人千米，比上年分别增长2.62%和11.26%；完成货运量1957万吨、货运周转量23.42亿吨千米，比上年分别增长12.6%和16.53%。机动车驾驶培训能力明显增强。按照“宏观控制增量，科学盘活存量，不断满足人民群众学车需求”的原则，以做大做强原有28户培训机构为基础，加快建设已批准新建的7户培训机构，11月已建设完成1户。积极打造“一站式”服务的大型综合类培训、考试中心。全州投入使用的29户培训机构，有教练车796辆，配置驾驶模拟器82台，有教练员1249名，年培训能力5.7万余人。1～12月培训机动车驾驶员4.87万人。营运车辆技术状况监控和管理能力大幅提升。有机动车综合性能检测站7户。

【水路运输管理】 2013年，楚雄州境内有4条江河，有船水库191座，渡口25道。全州共有通航航道3条101.3千米，其中金沙江通航里程85千米，大海波水库14.5千米，青山嘴水库18千米；码头10个，其中汽车轮渡码头2个。全州共有船舶899艘（只），其中纳入楚雄船舶检验所应该检验的机动船舶78艘、1365总吨、3595.86千瓦、780客位，其中运输船49艘、883总吨、2839.26千瓦、780客位；水上餐厅2艘，457总吨；自用快艇27艘，27总吨，756.6千瓦；水库工作用机动船、机动捕鱼船、机动自用船53艘；非机动渡口船12只；农渔船662只，公园游船94只，有3个私营水路运输业户，31户个体水运业户。二类、三类机动船员103人。水路运输完成客运量45.28万人次，比上年下降8.53%；客运周转量930.6万人千米，下降4.29%；货运量19.98万吨，增长22.62%；货运周转量705.01万吨千米，下降18.46%。全年全州交通水运领域召开安全工作会议15次，组织安全生产大检查7次，发放安全知识宣传材料2456份，检查船舶1678艘次，群众接受宣传教育1.8万余人次。落实乡（镇）船舶管理四级责任制，签订“四级安全责任承包书”1067份，签订率100%。

［李旺林］

公路路政管理

【路政管理概况】 2013年，楚雄公路路政管理支队紧紧围绕路政管理中心工作，抓住“工作作风建设年”和“文明规范执法年”建设活动契机，始终以“保护路产、维护路权，保障公路完好安全畅通”为第一要务，认真搞好公路基础设施维护，努力提升路政执法服务水平，进一步加强路政执法队伍自身建设，有效保护了路产路权，保障了公路安全畅通。按照《云南省交通运输厅关于做好二级公路和省管农村公路养护管理移交工作的通知》要求，接管南永二级公路1条143.34千米，移交省管农村公路15条548.99千米。至年末，楚雄公路路政管理支队管辖路段1009.05千米。其中国道2条368.53千米，省道5条428.79千米，县道6条211.73千米；辖区内共有桥梁317座、涵洞2450个、隧道12个。元双二级公路合法道口109个，违法道口364个。全年全支队干部职工共上路巡查2.53万天/人次，平均每月人均上路巡查16.7天；办理路政案件200件，其中路政许可案件18件、路政赔补偿案件150件、行政处罚案件32件；共查处侵占、损坏路产案件79起，收取省罚没款129.66万元，赔补偿费301.5万元，其中省赔补148.73万元，路政案件查处率和索赔率均达到100%；共整治公路两侧违章建筑物45处、非交通标志68块、平交道口87个、穿村路段27段、摆摊设点31处、加水点6处、打场晒粮32处、堆积物347处。

【路政管理服务】 2013年，楚雄公路路政管理支队切实保护路产、维护路权，坚持为公路养护管理服务的宗旨，积极推动践行路政管理与公路养护协作机制；开展示范路创建和路域环境专项整治活动，改进执法方式，提高执法实效，重点对加水点、私搭乱建、打场晒粮、摆摊设点、盗损公路设施等涉路违法行为进行整治，不断净化路域环境，提高公路通畅力。采取形式多样、内容丰富、喜闻乐见的宣传方式，深入运输企业和公路沿线单位、学校、村寨，通过宣传，让社会和群众了解支持路政，引导社会关心、爱护和参与公路养护工作，让爱路护路意识不断深入人心。共制作宣传栏5块，喷刷宣传标语51条，悬挂宣传标语25幅，粘贴宣传画70张，发放宣传资料3418份，开展路政法规、政策咨询156人次，出动宣传车29辆次。

【南永二级公路路产档案建档】 2013年，楚雄公路路政管理支队严格按照总队《关于建立公路路产档案、建筑控制区档案》的相关规定，采用边采集边建档、边检查边完善的工作思路，认真做好新接收的南永二级公路路产档案的建档工作。至年末，沿线各大队均按要求建立了路产档案和建筑控制区档案。

［李海先］

【农村公路路政管理】 2013年初，楚雄州交通运输局与10县（市）交通运输局签定《2013年楚雄州农村公路路政管理工作目标责任书》，年终进行考核，通过责任制的落实提高农村公路路政管理水平。针对在农村公路两侧红线建筑控制区内乱堆乱放、打场晒粮、违章建筑、占道经营、随意开设道口等问题，全州地方路政部门主要采取宣传教育，抓源头管理，部门联动，突出整治，依法治理，文明执法等手段，切实加强路政管理，维护好公路路产路权。3～11月末，在全州范围内开展统一的农村公路路域环境综合整治活动，整治内容主要包括清理整治农村公路产权及建筑控制区、穿越村镇公路路段环境整治、严厉打击盗窃公路设施违法行为、完善规范农村公路路产及建筑控制区路政管理基础资料等。通过整治，在公路建筑控制区内的违章建筑明显减少，公路路产路权违法行为得到有效控制。至年末，全州农村公路共发生路政案件222件，立案222件，立案率100%；结案222件，结案率100%；造成经济损失4.09万元，索赔4.09万元，索赔率100%。

［李旺林］

公路养护

【公路养护概况】 2013年，楚雄公路管理总段共管养国道320沪瑞线、永景线等线路10条共1033.50千米，其中，国道2条计404.53千米，省道7条625.67千米，县道1条3.3千米；管养桥梁215座，共计8081.70延米。有在职职工980人，下设楚雄、禄丰、武定、永仁、大姚、南华、姚安、双柏、元谋、牟定10个公路管理段和1个机械化养护应急中心。年内，以开展道德讲堂活动、学雷锋志愿服务活动、文明餐桌等活动为契机，不断巩固精神文明创建成果，丰富行业文化内涵，保持了全国“文明单位”的荣誉称号，提升了行业的社会知名度和美誉度。总段各项制度不断建立和完善，长效机制初步形成，干部职工作风更加务实，工作效率提高，单位健康发展。积极参与地方扶贫，为武定县插甸乡安拉村委会修建通村公路12千米，总投资100万元；为双柏县法脿镇六街村委会铺筑通村水泥路2.5千米，投资150万元；为武定县永泉村委会铺筑通村水泥路1千米，投资20万元。连续多年做好牟定县凤屯乡建新村委会扶贫挂钩联系点相关工作，共扶持资金近50万元，帮助当地人民脱贫解困。

【公路管养】 2013年，楚雄公路管理总段深入贯彻“畅通主导、安全至上、服务为本、创新引领”的公路管养方针，牢固树立“主业主抓、预防为主”的养护理念，强化养护精细化管理，强化预防性养护。全年完成小修保养计划2944.80万元，耗用沥青2151.42吨；在300千米路段范围深入开展预防性养护，延长公路使用寿命，发挥养护资金使用效益，总段管养公路优良路率44.53%，路面破损率比上年降低4.04个百分点，路况质量保持稳定；完成养护专项工程2596万元，其中，安保工程420万元，危桥加固工程836万元，国防公路改造工程580万元，易双线零星修复工程760万元。

【公路养护改革】 2013年，楚雄公路管理总段深化公路改革，夯实养护基础。完成了姚安段、元谋段、牟定段、永仁

天堑变通途 （普学昌/摄影）

段4个办公楼建设和应急中心建设任务，共计完成投资4133万元（含土地征用费），省、州、县3级管理体制得到完善；加强大姚长冲箐机化站示范所站建设，恢复了双柏法脿等养护点，总段下属10个养护单位，共有养护管理所16个、公路管理站23个、机化站6个、隧道管理站1个，形成并巩固了大所站与小站点相结合的养护模式和格局，公路养护管理机制更适应养护生产需要。提升机械化养护水平，加大“四新”技术的推广应用。投入资金2407.1万元，增加生产用车及公务用车43辆，增加沥青再生拌合设备、挖机、装载机等设备34台件，合计新增车辆及各类设备77台件，总段拥有各类机械设备总数372台件，原值8545.8万元。沥青热再生、热拌冷补料等新工艺及沥青再生拌合设备、小型挖机、路面铣刨等新设备得到推广应用，桥梁等管理软件也应用到养护管理中，提高了生产效率，降低了养护成本，促进了节能减排，科技兴路战略得到推进。

【地方公路建设】 2013年，楚雄公路管理总段认真抓好楚雄州人民政府与省公路局合作建设的国道108改造楚雄段示范工程建设任务，总投资9.1亿元；发挥行业优势，主动参与地方公路建设。参与南华城区段改扩建工程和武定县城段改建工程，推进楚雄州境内省道元勐线双柏县城至三江口90.8千米改造工程及国道320线222千米改造工程前期工作。

【公路治超】 2013年9月1日起，楚雄公路管理总段独立承担楚雄州境内国省干线的超限运输治理工作。年内，总段不断完善治超站硬件基础设施建设，加强规范化管理，提高执法队伍整体素质，加强文明执法，保持全州治超形势稳定，超限运输治理工作成效明显。全年共检测车辆76.43万辆，查处超限超载运输车辆12.58万辆，查处车货总重55吨以上车辆74辆，卸载货物375.6吨。

［刘源洁］

【农村公路管养】 2013年，楚雄州强化管理，严格考核，全面做好农村公路养护管理，努力提高养护质量和路网服务功能。认真落实养护管理工作责任制。年初，州交通运输局与10县（市）交通运输局签订《楚雄州2013年农村公路养护管理目标责任书》，县（市）人民政府与县（市）地方公路管理段、乡（镇）人民政府签订养护管理考核目标责任书，加强对养护管理工作的领导，明确养护管理工作的责任主体和各级各部门的职责，全面调动各乡（镇）抓养护管理工作的积极性。州交通运输局分别对县（市）交通运输局上半年和下半年农村公路养护管理工作进行了检查考核，一、三季度对农村公路进行了巡查。县（市）交通运输局、地方公路管理段、农村公路管理所也按要求对农村公路进行了巡查和检查考核。州交通运输局与10县（市）交通运输局签订养护管理年目标责任书，共建立楚雄市、永仁县和双柏县3个农村养护管理示范县（市），示范乡（镇）25个、示范路县道19条361.9千米、示范路乡道31条457.1千米、示范路村道30条240.3千米。创建的养护管理的示范点、示范路实现了农村公路养护管理示意图、管理制度、岗位职责齐备；路线牌、养护管理责任公示牌、交通标志、千米桩、百米桩齐全；农村公路得到全面管理养护，养护质量明显提高；出台了《农村公路养护资金管理办法》，每季度由县人民政府组织交通、财政、审计等部门对农村公路养护资金使用情况进行专项检查，确保养护资金专款专用。落实农村公路管理养护体制改革的精神，全州农村公路管理养护从人员、机构、经费上得到充实和加强。至年末，全州10县（市）地方公路管理段有4个县（市）已升格为副科级事业单位，通过考试录用等方式增加养护管理人员28人，全州103个乡（镇）均成立乡（镇）农村公路管理所，配备管理人员266人。全州10县（市）建立起县、乡、村“三位一体”的管养模式，逐步建立起农村公路责任以县（市）人民政府为主体、投入以公共财政为主体、养护以市场机制为主体、监管以交通运输部门为主体、日常养护工作以地方段和乡（镇）为主体的管理养护新体制。全州农村公路养护管理呈现主体明确、职责清晰、投入稳定、体制健全的良好局面，实现了“有路必养、养必见效，有路必管、管必到位”的目标，有效地促进了农村公路养管水平，路况质量明显提高，农村公路管理养护体制改革取得阶段性成果。年内，省级补助楚雄州农村公路养护管理资金5616万元，州级配套217.65万元，10县（市）配套2308.5万元，州县（市）两级共计配套农村公路管理养护资金2526.2万元，全年全州共计投入农村公路养护资金7924.5万元，为农村公路养护质量稳步提高提供了资金保障。年末，全州县道MQI优良路率57.8%，PQI路面中等路率85.6%，经常性养护率100%，绿化率82.5%；乡道MQI优良路率31.2%，PQI路面中等路率65.8%，经常性养护率77%，绿化率53%；村道MQI优良路率17.5%，PQI路面中等路率65.6%，经常性养护率62.2%，绿化率45.2%。

［李旺林］

公路运输

【楚雄交通运输集团有限公司概况】 2013年，云南省楚雄交通运输集团有限公司紧紧围绕“一个增值两个确保三个翻番”发展目标和年度生产经营目标任务，着力抓好产业结构调整、新项目建设、安全生产、精细化管理、企业文化建设等工作，全面完成职代会和股东代表大会预定的工作任务，推进企业持续健康稳定发展。共实现营收3.08亿元，实现税利1060万元。被中共云南省委学习型党组织建设工作领导小组表彰为“云南省学习型党组织建设先进集体”。年末，楚交集团共有营运客车1554辆，客位2.33万座。其中，高级客车150辆，客位5694座；中级客车191辆，客位4418座；普通客车1213辆，客位1.32万座，普通客车中有出租车516辆，客位2584座；城乡公交客车130

辆，客位2106座。有客运经营班线204条，其中省际班线5条，市际班线58条，县际班线60条，县内班线81条。公司客运年均日发班1213班次，完成客运量1189万人次，实现客运收入2.28亿元。加快高速公路楚雄程家坝综合服务区产业项目调整和升级改造步伐，努力提升高速公路综合服务水平，施救服务中心年均日检车912辆次，实现客车例检营业收入330万元。

着力增强保修和工业产业实力。进一步深化保修产业结构调整，积极推进楚雄城西汽车维修项目建设，加强汽车和配件销售、汽车特约维修站建设和售后服务、信誉质量管理，积极引进先进技术和加强技术业务培训，使汽车维修、销售产业实现持续发展。至年末，公司共销售汽车85辆，实现营收2626万元；汽车工贸部大修厂（含服务站）和东部汽车维修中心完成汽车修理8043辆次，实现营收1994万元；加强汽车综合性能检测服务管理，积极推进工业产业入驻富民工业园区，努力拓宽产品覆盖面和产品市场信誉度。至年末，汽车综合性能检测1.8万辆次，实现营收199万元；汽车配件厂完成水窖模、烤烟炉、建筑机械等产品生产288台，实现营业收入222万元。

驾驶员培训和职业技能培训鉴定。全年共培训初学合格驾驶员1677人，开办驾驶人继续教育47期，培训4420人；开办从业资格培训18期，培训1182人；开办公司内部准驾证培训17期，培训957人，技能培训鉴定1250人。上述相关部门全年实现营业收入5585万元。

【楚雄交通运输集团有限公司基础设施和新项目建设】 2013年，云南省楚雄交通运输集团有限公司继续加大基础设施和新项目建设力度，进一步增强企业的基础实力和竞争力。10月，总投资2500万元，占地面积30亩，建筑面积4890平方米的永仁县城一级汽车客运站开工建设；12月，投资50万元，占地1800平方米的南华岔河农村汽车客运站建成并投入使用。推进楚雄东客运站改扩建项目和加强各县城客运站硬件基础设施升级改造，各个县级客运站的客运服务功能大幅提升。年末，公司有一级客运站5个，在建的一级客运站1个，二级客运站2个，乡（镇）客运站35个。加快推进安楚高速公路楚雄程家坝服务区改造升级，投资946万元建成占地1.55万平方米的程家坝服务区南区并投入使用，投资100万元完成服务区北区路面、卫生间的更新改造；加大机动车驾驶员培训产业项目建设力度，按照GT/T434标准，总投资250万元，对驾驶员培训场地进行改扩建和完善功能配套设施，新增教练车22辆，其中手动档捷达20辆、自动档宝来1辆、自动档别克1辆，更新大迪吉普教练车4辆，新增驾驶模拟器12台，积极申报并获得一级机动车驾驶员培训学校资质；6月，公司总投资310万元改扩建，建筑面积1300平方米的楚雄小河口加油站正式投入营业；投资687万元建设楚雄城西汽车维修项目并完成办公楼和附属工程建设，办公楼和附属工程占地20亩，建筑面积3120平方米；推进和完善客运联网售票系统建设，公司所属10个客运站实现联网售票；继续加大高级车辆投入更新，公司全年共新增和更新高级客车27辆客位1249座，新增和更新中级客车60辆客位1342座，新增和更新城市出租车400辆客位2000座。

【楚雄交通运输集团有限公司转变经营发展方式】 2013年，云南省楚雄交通运输集团有限公司结合自身实际，大力推进客运车辆经营结构调整，并相继配套和完善了客运车辆经营结构调整相关管理制度和办法。年末，公司的公车公营车辆增至49辆，共有营运线路12条。3月，楚交集团出租分公司与楚雄豪盛汽车出租公司、楚雄鸿翔出租汽车公司出资注册成立楚雄佳通出租汽车有限公司（由楚交集团控股），并投放300辆出租车投入运营。成立南华鑫瑞出租汽车公司并投放90辆出租车投入运营，楚交集团双柏分公司新增10辆出租车投入运营。针对多种经营相关产业优势较弱，效益较差的实际，采取承包经营方式，调整产业结构和经营方式，实现了多种经营相关产业的良好发展。

【楚雄交通运输集团有限公司运输安全生产管理】 2013年，云南省楚雄交通运输集团有限公司继续深化“安全生产年”活动成果，认真做好企业安全管理，杜绝了重特大安全事故，减少了一般事故，安全生产形势趋于稳定。全面落实安全生产主体责任，年初公司与26个生产经营单位签订《安全生产责任书》，各生产经营单位将责任书签订到班组和工作岗位，安全生产责任书签订率100%，做到安全生产责任书签订“横向到边，纵向到底”；加大安全生产督促检查力度，采取组织集中检查、交叉检查、深入一线检查、节庆日专项检查等形式，对各生产单位的安全生产情况进行定期和不定期检查。特别是对客运站点，严格按照“三不进站、五不出站”的要求，对车辆进站、例检、报班、售票、发车、出站等整个过程进行细致检查。各基层生产单位严格执行每月至少1次的自检自查和应急安全演练制度，做到发现隐患及时整改，不断提升处理突发安全事故的能力；加强安全监督管理队伍建设，对公司安全监督管理大队所属各中队加强组织管理，安全监管队伍成员在上年159人的基础上增至172人；加大安全宣传教育和培训力度，形成了各级重视安全、人人参与安全生产的良好格局，全年全公司共有单位负责人、安全员202人参加安全资格培训，并取得安全资格证书；健全安全生产管理制度，补充修订《楚雄交通运输集团有限公司安全管理制度》，经职代会审议通过并贯彻实施，建立健全了安全绩效考核制度；加强安全科技建设投入，全公司19座以上客车和危货车全部安装GPS卫星定位监控系统，佳通出租公司300辆出租车全部安装行车记录仪和GPS监控系统，实行车辆全天24小时实时监控管理，为二级生产经营单位配备安全监督车，共为基层行车单位配发安全监督专用车13辆；积极开展安全达标创建，按要求积极创建安全生产等级达标，并顺利通过达标考评获得二级安全生产企业资质；着力提高安全统筹服务水平，规范安全统筹管理并认真做好安全宣传、设施建设、事故理赔等工作，全年参统车辆1840辆，比上年增加377辆，统筹资金1650万元，为防范和处理企业安全事故提供了资金保障。

【楚雄交通运输集团有限公司技术业务培训】 2013年，云南省楚雄交通运输集团有限公司扎实抓好职工素质提升工程和职工教育培训，举办“财会业务培训”、“安全资格培训”、“爱岗敬业和文明服务礼仪培训”、“职业健康安全认证培训”、“党务干部培训”、“党风廉洁教育”、“安全达标创建学习培训”、“ISO9001质量管理体系内审员学习培训”、“客运业务学习培训”等培训班22场次；组织干部职工

楚雄市公交公司公交车运行线路表

公交线路	公交站点
1路：开关厂——职教中心（站点24个，其中站台5个，单程10.4千米，运行时间：6:45—21:30）	开关厂、招呼站、铜材厂、云星园、火车站、市国税局生活区、都市名媛、锦星酒店、北客运站、龙江公园、州计生委、北城小学、楚雄一中、兆顺第一城、州博物馆、自来水公司、师院附中、州农行干校、楚光电力实业公司、油漆厂、栗子园、白土塘、青龙社区、职教中心
2路：三家塘客运站——烟厂新区（站点26个，其中站台9个，单程11.3千米；运行时间：6:45—21:30）	三家塘客运站、彝人古镇、招呼站、龙树屯、招呼站、井家小区、方源小区、游泳馆、华丽包装公司、公路总段、州中医院、州水利局、州交通局、新华书店、市便民中心、鹿城大厦明珠百货、广电中心北、东兴中学、平山村委会岔路口、招呼站、招呼站、楚风苑北门、楚风苑南门、招呼站、烟厂新区
3路：上章村——灵秀湖（站点21个，其中站台5个，单程9.01千米，运行时间：6:45—21:30）	上章村、招呼站、车坪屯、天人中学、州消防支队、永盛花园、黎家屯、州政务中心东、数码城、网球公园、玛瑙园、民族中学、州交通局、新华书店、北城小学、百货大楼、州电影公司、华力机械公司、灵秀小区、第二水文队、灵秀湖
4路：飞来寺——峨碌公园（站点18个，无站台，单程8千米，运行时间：6:45—21:30）	飞来寺、滇中明珠、医药园区、庄甸、程家坝、金水山居、州技工学校、小康村、东客运站、州广电中心南、市司法局、东兴影剧院、全球通俱乐部、师院附小、兆顺第一城、凤鸣花园、光明电力公司、峨碌公园
5路：三家塘客运站——烟厂新区（站点28个，站台9个，单程13.1千米，运行时间：6:45—21:30）	三家塘客运站、彝人古镇、滇能小区、州政务中心北、实验小学、州法院、电信宾馆、云华酒店、永兴家居广场、北客运站、玉波酒店、金甸园、体育馆东、桃源湖、文庙、楚雄一中、师院附小、警校、师院东校区、市公务员小区、复明眼科医院、州人才市场、招呼站、州文化活动中心、招呼站、彝海公园、招呼站、招呼站、烟厂新区
6路：康居小区——漂白凹（站点21个，其中站台7个，单程8.83千米，运行时间：6:45—21:30）	康居小区、招呼站、邓关岔口、永安小学岔路口、天河人家、天河农贸市场、刘家小区、火车站、北客运站、龙江公园、北路小学、北浦农贸市场、北浦小区、烟厂生活区、市便民中心、桃源湖、文庙、楚雄一中、兆顺第一城、西小山路口、漂白凹
7路：职教中心——兆顺第一城（站点18个，其中站台3个，单程9.6千米，运行时间：6:45—21:30）	职教中心、栗子园、富民路口、市委党校、宏芳花园、丽景花园、金康花园、大修厂、东兴小学、小姑英、州广电中心南、市司法局、桃源湖、北城小学、百货大楼、州电影公司、凤鸣花园、古山街、西园小区、市城建处、州电力公司、西山水居、省路桥四公司、白龙新村
8路：万家坝——富民社区（站点21个，其中站台2个，单程11千米，运行时间：6:45—20:00）	州农行干校、自来水公司、兆顺第一城、楚雄一中、文庙、市司法局、市民政局、汇东胜景北门、汇东胜景南门、花园路农贸市场、复明眼科医院、州人才市场、市委党校、富民路口、中所、州医院新区、董家队、荷花小学、许阳、新大街、黑泥坝、富民中学、粮所、富民社区
9路：上章村——福塔公园（站点30个，其中站台6个，单程11.3千米，运行时间：6:45—21:30）	上章村、招呼站、枫华盛景小区、阳光水城、阳光水城售楼中心、招呼站、彝人古镇、滇能小区、招呼站、州信息产业部、黎家屯、州政务中心东、数码城、盘龙云海、云华酒店、永丰建材市场、锦星酒店、北客运站、龙江公园、州计生委、市便民中心、鹿城大厦明珠百货、广电中心北、东兴中学、平山村委会岔路口、招呼站、招呼站、福龙苑、福塔溪镇、福塔公园
10路：纸箱厂——天人中学（站点22个，其中站台7个，单程8.75千米，运行时间：6:45—21:30）	纸箱厂、州粮油机械厂、州电力公司、市城建处、西园小区、古山街、凤鸣花园、兆顺第一城、楚雄一中、文庙、桃源湖、体育馆东、金甸园、天河园、东宝酒店、勘察院、州法院、实验小学、黎家屯、永盛花园、州消防支队、天人中学
11路：明强钢厂——纸箱厂（站点20个，其中站台7个，单程7.8千米，运行时间：6:45—21:00）	明强钢厂、活塞销厂、旧车交易市场、污水处理厂、程家坝、零七家园、岭东纸业、天河园、州市国税局、州中心血站、北浦小区、北浦农贸市场、北路小学、州计生委、新华书店、州交通局、州水利局、州中医院、公路总段、纸箱厂
12路：医专——州中医院（站点21个，其中站台4个，单程10千米，运行时间：7:00—21:00）	医专、龙江中学、东瓜客运站、招呼站、东瓜社区、东瓜镇政府、柠檬酸厂、化肥厂仓库、观音寺、招呼站、三家塘、彝人古镇、招呼站、招呼站、游泳馆、数码城、网球公园、玛瑙园、民族中学、州水利局、州中医院
1路加班：火车站——富民工业园区（全程票价1元，运行时间：7:00—19:00）	火车站、北客运站、龙江公园、州计生委、北城小学、楚雄一中、兆顺第一城、州博物馆、市自来水公司、招呼站、市公务员小区、复明眼科医院、州人才市场、招呼站、州文化活动中心、招呼站、彝海社区、市经信局、招呼站、富民工业园区
2路加班：太阳女汽车综合性能检测站——桃源湖（全程票价1元，运行时间：7:00—19:00）	太阳女汽车综合性能检测站、招呼站、州车管所、招呼站、三家塘客运站、彝人古镇、滇能小区、招呼站、州政务中心西、方源小区、游泳馆、华丽包装公司、公路总段、州中医院、州水利局、州交通局、新华书店、北城小学、文庙、桃源湖

参加上级组织的各项业务培训，选送生产经营管理干部、骨干到浙江大学以及省内外先进厂家学习培训。全年共培训干部职工1609人次，其中管理人员培训987人次。

［彭志明　石含明］

城市公交

【城市公交概况】　2013年，楚雄州根据《云南省城市出租汽车管理办法》、《云南省城市公共交通管理办法》和省公路运输管理局制定的《云南省城市公共交通管理工作规范》（试行）、《云南省城市出租汽车管理工作规范》（试行）等文件精神，深入实施城市公交优先发展战略，研究落实城市公共交通优先发展的支持政策和保障措施。扎实开展行业监管，重点对运力投放发展、安全制度落实、从业人员资质、车辆技术状况、提供优质服务等进行有效监管，落实各项惠民优惠政策。促进行业自律，积极推进出租汽车行业和谐劳动关系创建工作，保持和促进城市公共客运健康稳定发展。加强指导运输企业科学规划和调整公交线网结构，合理增加营运路线和车辆，提高公交站点覆盖率，解决道路运输服务“最后一千米”的问题，增强公共交通吸引力，让人民群众愿意乘公交、更多人乘公交，改善城市出行环境。年末，全州共有8户城市公交企业，拥有451辆公交车；有18户城市出租车经营企业，拥有出租汽车1249辆。

［李旺林］

【城市公交车出租车营运】　2013年，楚雄市城区共有公交车330辆，由楚雄市公交公司经营，公交线路49条，其中城市14条、专线9条、支线26条，营运里程750千米。共有4家出租汽车公司，有出租汽车500辆，其中，楚雄市开投公司100辆，楚雄宏熙公司50辆，楚雄佳通公司300辆，楚雄州汽车运输公司出租车分公司50辆。在2010年实施老年人免费乘坐公交车的基础上，于2013年开始启动残疾人免费乘坐公交车工作，至年末，累计办理残疾人阳光卡1818张，残疾人免费乘坐15.22万人次。

［张　琼］

铁路运输

【铁路运输概况】　2013年，楚雄州内铁路发送物资330.21万吨，比上年减少1.66万吨，下降0.5%。其中，原煤发送19.67万吨，比上年增加3.35万吨，增长20.5%；金属矿石发送53.67万吨，减少4.34万吨，下降7.5%；钢铁及有色金属发送70.45万吨，减少2.88万吨，下降3.9%；矿物性建筑材料发送72.96万吨，增加4.34万吨，增长6.3%；木材发送13.78万吨，增加13.53万吨，增长541%；粮食发送1.69万吨，减少1.49万吨，下降46.8%；化肥及农药发送12.4万吨，增加4.96万吨，增长66.6%；盐发送11.91万吨，减少5.79万吨，下降32.7%；化工品发送5.02万吨，减少0.53万吨，下降9.5%；农副产品发送2.17万吨，减少1.33万吨，下降38%；饮食品及烟草发送50.08万吨，减少10.19万吨，下降16.9%；其他货物发送16.41万吨，减少0.39万吨，下降2.3%。州内铁路到达物资309.57万吨，比上年增加11.87万吨，增长4%。其中，原煤到达114.71万吨，增加20.55吨，增长21.8%；石油类到达35.75万吨，减少8.44万吨，下降19.1%；焦炭到达0.03万吨，减少1.22万吨，下降97.6%；金属矿石到达65.53万吨，减少10.42万吨，下降13.7%；钢铁及有色金属到达6.17万吨，减少3.65万吨，下降37.2%；非金属矿到达2.99万吨，减少0.66万吨，下降18.1%；化肥到达47.09万吨，增加5.73万吨，增长13.8%；其他货物到达5.19万吨，减少2.9万吨，下降35.8%。

［雷文生］

【昆明铁路局广通工电段】　2013年，昆明铁路局广通工电段主要承担国家铁路成昆线南段K750+897至K1051+080计正线300.18千米，合资铁路广大线自K0+794至K206+320计正线205.53千米，大丽线自K0+000至K161+006计正线186.28千米，包括大理至大理北、仁和至丽江东联络线，广昆复线自K945+715至K1067+612（扣除2个断链）计正线164.39千米，成昆线10个车站非路产专用线34.76千米的工务、电务、供电及电力设施设备的维修养护。管辖正线里程共891.13千米。管辖线路跨越四川省境内的攀枝花市、云南省境内的昆明市、楚雄州、大理州和丽江市。段内设1个党群工作办公室、10个行政职能科室，设车间14个；设置班组140个，其中生产型班组125个、辅助型生产班组15个；共有从业人员2715人，其中，干部263人，在册工人1710人，滇西公司委托管理的人员555人、劳务工187人。

工务专业。完成线路维修282.97千米，站线综合维修94.24千米，道岔综合维修370组；完成桥梁维修119.5座1.23万米，隧道维修16.2座8164.70米，涵渠维修102座1886.04米；配合完成成昆线拉鲊至大湾子41.3千米新轨和广大线楚雄至楚雄西、沐滂至祥云、弥渡至大理东43.1千米再用轨无缝线路铺设工作；完成正线探伤6108.05千米，到发线探伤1482.754千米，站、专线探伤599.7千米。

电务专业。更换电动转辙机184台、直流电机437台、挤切销1016颗，周期更换继电器1221台、防护盒107台，更换阻容盒594台，配合电源屏停电检修74屏，更换交流接触器92台；对成昆线勤丰营、广通等16站共1.01千米绝缘不良电缆更换整治，对广大线钱粮桥等站电缆迁移及埋深处理1350米，完成广丽线电缆径路包封整治1100米；完成昆广复线甸尾站站改施工，楚西、广通站计算机联锁设备大修施工配合工作。

供电专业。共维修、保养、监测接触网设备770.56条千米，共维修、保养变（配）电所24座、高低压电力线路848.21千米，完成成昆线攀枝花（不含）至广通（含）轨道电路区段接触网接地极大修等大修工程10项，完成攀枝花至青龙寺重雷区接触网防雷装置整治等更新改造工程14项，对迤资站应急照明供电线路和大丽线海东、挖色、金墩、仁和、丽江东红外线机房电源进行改造，按计划完成15个牵引变电所、9个电力配电所、592.34千米电力线路、2493台（座）变配电设备、319台变压器的春检、秋鉴工作。管内3条线轨检车成绩稳步提升，成昆线全年轨检车检查21次，平均不良扣分5.55分；广大线全年轨检车检查21次，平均不良扣分16.41分；大丽线全年轨检车检查21次，平均不良扣分14.78分，较好地完成了昆明铁路局下达的各项指标。至年末，全段实现无责任铁路交通一般C类及以上事故1155天，无责任铁路交通一般D类事故1047天，无责任轻伤事故813天。年内，广通工电段由段领导带队开展汛前防洪隐患排查，对危急隐患即时进行整改消号，加强防洪设备整治，建立联防联控机制，加大防洪奖励力度，全年共计发生水害68件，广大线累计中断行车1小时49分，成昆线迤资站9道到发线累计中断行车35分，因提前预防和处置及时，取得了防洪工作的胜利。4月，对元谋基础设备维修车间工务班组进行优化，增加黄瓜园和龙骨甸2个线路工区；11月25日，成立禄丰南线路车间和禄丰南桥路车间以及设备检查工区共计8个班组，人员全部培训合格后到位，保证广昆复线顺利接管。广通工电段被昆明铁路局授予2013年度“先进单位”，荣获昆明铁路局2013年度投资、劳资、运输设备统计工作先进单位。

［杨学诤］

【昆明铁路局广通车务段】 2013年，昆明铁路局广通车务段有干部职工1328人，管辖67个车站和1个列尾作业组，管辖成昆线324.8千米34个车站、广大线206.5千米18个车站、大丽线166.4千米12个车站、昆广复线63.4千米3个车站、甸尾至广通北联络线2.3千米；有货运营业站17个、客运营业站14个；所辖区域跨滇、川两省的昆明、楚雄、大理、丽江和攀枝花5州（市），合计营业里程763.4千米。货运主要办理整车发到、危险货物、超重超限、鲜活货物和国际联运等业务。客运开展互联网购票、电话订票、自动购票、银行卡及支付宝网上支付等新业务。

改革调整平稳对接。“6·15”全路实施货运基础改革，铁路货运经营模式、货物运输受理、收费制度、服务方式发生根本性变化。原红河物流楚雄分公司撤销，与广通车务段整合成立货运营销分中心，设立货运营销、物流配送、货装管理3个职能部门，下设青龙寺、广通、楚雄西、迤资、祥云、大理东6个服务部。完成物流合同变更、物流费用收取、运输进款缴纳渠道、各基地电商系统使用、计划提报、委托领货方式、债权债务清理等对接工作。建立健全营销分中心营销及物流管理制度，搭建“实货制”运输受理、“门到门”运输及路地物流服务网络。

广昆复线顺利开站。12月27日，成昆铁路扩能改造工程之广昆复线正式开通运营。广昆复线全长106.3千米，为国家Ⅰ级双线电气化铁路，设计速度为每小时160千米，设双湄村、禄丰南、广通北3个车站，其中禄丰南、广通北为新客运站。作为泛亚铁路西线重要组成部分，新建广昆复线东端通过昆明枢纽与既有沪昆、南昆、昆玉铁路相接，西至成昆铁路广通北站与广大铁路、大丽铁路、大瑞铁路相连。待成昆铁路扩能改造工程全线竣工后，昆明至成都将由单线变成双线运行，列车运行时间将由原来的19小时压缩至11小时。广昆复线向西与正在进行扩能建设的广大铁路连接，待全线开通后，昆明至大理旅客列车运行时间将由原来的8小时压缩至3小时，昆明至丽江旅客列车运行时间将由原来的10小时压缩至4.5小时。

安全风险管理。完善风险管理数据库，强化风险预警干预处置，分蓝色提示预警、黄色警示预警、橙色帮促预警、红色处置预警对车站实施预警管理。强化现场安全信息应急处置，利用电信网络，在段监控室建立应急指挥平台，为全段各站配发3G网络无线对讲设备，对值班干部实施GPS卫星定位管理，动态健全完善铁路交通事故、火灾爆炸、设备故障、雨雪冰冻、危险货物泄漏、客流暴涨、列车严重晚点等突发情况应急预案，形成预案汇编。开发运用“安全风险管理信息追踪系统”，对安全问题实行入库追踪、销号管理。开展基础平推检查、风险源项点评估及整改复查“回头看”，全年共开展春运、防溜及调车安全、劳动安全等专项整治27次，现场检查2.64万站次，发现问题2.38万个、整改问题2.38万个。全年无铁路交通一般D类事故415天，实现安全年。

运输效益。重点实施到发线、货场扩能改造，推进广通集装箱开办、禄丰货运上量等项目。狠抓车流及运输组织工作，强化站间协作机制，加强运、装、调作业衔接。修订《货运营销业绩考核办法》，每月投入50万元用于绩效考核。至12月31日18时，实现装车12.65万车，比上年增长19.3%；货物发送788.8万吨，增长19%；卸车17.94万车，增长2.6%；货物周转量26.1亿吨千米，增长16.2%；运输收入18.6亿元，增长20.6%，提前25天完成全年运输任务。

营销服务。投资近200万元对全段货运室进行全面升级改造，在楚雄西、禄丰打造标准化站区。与楚雄州工业和信息化委员会联合成立“楚雄州中小企业铁路运输服务办公室”，在州政务中心53号窗口设立便民服务点，牵头云南联兴联运物流公司等17家企业成立“广通物流业商会”。与云南省禄丰县广通联兴物流有限公司、云南宏星物流股份有限公司等7家单位签约接取送达委托协议。建立营销客服代表制度，设立24小时值班客服电话，启用“企信通”手机信息网络宣传平台。完成楚雄西站云南东强投资有限公司煤炭发运等营销重点项目5个，完成物流配送3597车20.0万吨，实现接取送达收入452.4万元，超计划339.22%。

［张伯莉］

（责任编辑：安孟勤）

旅 游

旅游业综述

【旅游工作概况】 2013年，楚雄州旅游系统进一步加快项目建设，拓展市场促销，完善市场监管，提升发展水平，文化旅游产业保持又好又快发展势头。全年共计接待海外旅游者3.25万人次，比上年增长16.09%，完成全年目标考核任务数的108.59%；接待国内旅游者1659.49万人次，增长23.54%，完成全年目标考核任务数的104.93%；实现旅游总收入66亿元，增长33%，完成全年目标考核任务数的111.05%，三大指标超额完成州人民政府与省人民政府签订的考核目标任务，旅游经济运行平稳。积极实施“走出去”、“请进来”策略，开拓国内外旅游市场；加大媒体和网络平台上的宣传力度，旅游市场开拓不断深入。在各种节假日期间，全州各县（市）都组织了一系列具有地方浓郁风情的旅游活动，并向省内外旅游市场宣传发布，增强吸引力、渲染节日气氛，取得较好成效，实现经济效益和社会效益双赢，提高了楚雄旅游的知名度和影响力。旅游品质不断提升。以争创楚雄紫溪山国家AAAA级景区和永仁方山国家AAA级景区为目标，加大对两个景区的提升改造力度，着力提升景区品质，旅游基础配套设施逐步完善。全州旅游系统积极探索推进项目建设新方法、新机制，创优发展环境、强化规划引领、推动融合发展、加大招商力度，着力打造精品旅游项目，强力推动彝州旅游发展。年内全州共有旅游重大项目20个，其中前期项目6个，在建项目14个。全年全州旅游重大项目完成投资8.41亿元，其中，纳入省人民政府考核的10个在建类项目完成投资7.68亿元。全年全州旅游重点项目共47个，其中在建类项目完成投资8.09亿元。纳入州人民政府考核的旅游项目共39个，完成投资11.61亿元。

【“七彩云南·时空世界”项目战略合作框架协议签署】 2013年2月26日，楚雄州人民政府与昆明诺仕达企业（集团）有限公司在州会务中心举行禄丰恐龙文化旅游项目——“七彩云南·时空世界”项目战略合作框架协议签约仪式。楚雄州人民政府州长李红民与诺仕达集团常务副总裁任剑媚分别在合作协议上签字。禄丰恐龙文化旅游项目列入云南省重点打造的10大历史文化旅游项目之后，楚雄州与诺仕达集团就项目合作开发初步达成共识。“七彩云南·时空世界”项目创意策划把楚雄州独有的恐龙、腊玛古猿、元谋人等涵盖中生代到新生代的古生物、古人类文化资源跨时空整合起来进行集中创意展示，形成一个世界级的独一无二的概念——“生命摇篮”，成为云南省10大历史文化旅游项目中一个独具特色的精品项目。项目按照省委、省人民政府提出的建设“一个旅游景区、一个旅游度假区、一个旅游小镇、一个现代新城”要求，通过高品位规划、高档次建设、高水平经营、高质量服务，把项目打造成集观光、休闲、度假、娱乐、康体、科普、科考、探秘为一体的国内一流、国际知名的旅游综合体，成为世界最具知名度的时空旅游目的地。该项目选址位于楚雄州禄丰县彩云镇，规划面积1.2万亩，总投资约60亿元人民币，拟建设内容包括时空走廊、嘉年华机动游乐园、非物质文化遗产公园、未来水世界、时光小镇、生态体育公园以及生态地产等，计划3年完成公益性项目建设，5年全部建成。

【“中国移动”杯首届旅游歌曲大赛】 2013年4月12日，由中共楚雄州委宣传部、州文明办、州旅游局、楚雄电视台

2013年度楚雄州10县（市）旅游收入情况统计表

县（市）	海外游客（人次）	国内游客（万人次）	旅游业总收入（万元）
楚　雄	13921	544.53	205717.01
双　柏	206	52.81	26136.15
牟　定	63	31.36	15714.77
南　华	70	127.6	51882.83
姚　安	354	28.67	15320.8
大　姚	51	45.89	21201.77
永　仁	78	84.92	31631.91
元　谋	15736	240.59	108112.41
武　定	1098	158.06	64831.44
禄　丰	892	345.05	120632.19
合　计	32469	1659.49	661181.28

主办的“中国移动杯”楚雄州首届旅游歌曲大赛在州广电中心举行。来自全州10县（市）和楚雄师范学院的11支代表队34名歌手27首原创歌曲作品参加决赛，经过评委现场评选打分，产生了金牌歌手1名、银牌歌手2名、铜牌歌手3名、优秀歌手奖27名，评选出优秀旅游歌曲原创作品奖5首。来自楚雄师范学院的杨芳被评为金牌歌手，银牌和铜牌歌手则分别被普艳喜、闫韵蓉和李正国、杨云图、紫溪彝韵组合获得。

【星级饭店复核】 2013年9～11月，楚雄州开展了星级饭店的复核工作。全州有星级饭店35家，1～3星级饭店复核率100%。经州星评委复核决定，全州四星级以下旅游星级饭店33家，其中27家通过复核，5家因改制或停业等原因取消星级，1家因内部管理混乱、存在安全隐患限期整改，并要求于12月30日前整改完毕。

【中国旅游日活动】 2013年5月19日，楚雄州结合“休闲惠民·美丽中国”中国旅游日活动主题，州内所有A级以上景区实行门票优惠，公益惠民活动，享受到门票优惠的游客累计3000人次。全州10县（市）均由旅游主管部门牵头开展，广场宣传活动，以发放宣传资料、接受咨询等形式向游客和市民宣传彝州旅游发展规划、旅游法规、旅游管理条例、导游考试等旅游相关知识；由各家旅行社以发放宣传资料、接受咨询等形式向群众宣传，就“中国旅游日”期间推出的旅游线路及优惠措施进行讲解并现场收客；三星级以上酒店以发放宣传资料、接受咨询等形式向客人进行宣传。全州共接待游客及市民咨询约2万人次，发放各类旅游宣传资料5万份。

【导游和讲解员管理】 2013年，楚雄州进一步加强景区导游、讲解员的管理，提高景区导游讲解水平和服务水平，按照全州旅游工作会议的统一安排部署，楚雄州旅游局于5月5日开始，对全州各A级景区在岗的专兼职导游、讲解员开展分期分批培训。6月底，培训考核全部结束，经过考试，全州有79名景区导游、讲解员换发了资格证。

【旅游饭店餐饮人员管理】 2013年5月16～17日，楚雄州旅游饭店餐饮部岗位人员培训班在楚雄市云华酒店举办。来自全州旅游饭店餐饮部岗位业务骨干、州旅游局认定的特色餐饮名店骨干188人参加培训。培训内容涉及餐桌文明礼仪、餐饮服务礼仪、酒水和菜点知识、彝族酒文化与酒歌、餐饮对客服务规范、投诉及特殊情况处理案例等。经过考核，有133人取得省旅游局颁发的全省旅游饭店岗位资格证书。

【楚攀两地区域旅游合作】 2013年，楚雄州与攀枝花市区域旅游合作迈入新进程。两地为加强区域联动，整合旅游资源，建设无障碍旅游区域，促进旅游发展，本着“加强合作、资源共享、营销互动、客源互送、信息互通、交通互联、互惠共赢”的原则，经楚雄州旅游局和攀枝花市旅游局多次友好协商，7月18日，由攀枝花市旅游局副局长彭德清带队一行3人到楚雄，同楚雄州旅游局签署了《2013年度旅游发展合作推进计划》。从共同打造、推介“大香格里拉旅游环线”，联合开展市场营销，提升旅游形象，共同推动区域旅游大通道建设等多个方面拟定了合作方向和内容。

【禄丰恐龙文化旅游项目规划通过评审】 2013年9月28日，由昆明诺仕达企业（集团）有限公司委托美国AECOM公司编制的《禄丰恐龙文化旅游项目（时空世界·阿地卡）规划》通过评审。诺仕达集团在禄丰县彩云镇建设的禄丰恐龙文化旅游项目（时空世界·阿地卡），是云南省重点打造的十大历史文化旅游项目之一，是跨时空整合恐龙、腊玛古猿等古生物、古人类文化资源的综合性项目。规划将建设以怡美花海公园、梦幻山谷公园、太阳主题公园等为主体，内含恐龙主题休闲公园、怡美庄、远古天地、全球800种恐龙模型大汇集、声光电互动体验馆、4D远古视觉、大型游乐场、鲜花展示基地、创意产品推广、儿童才艺大赛、阿地卡小镇等内容，通过高品位规划、高档次建设、高水平管理、高质量服务，全力打造国内一流、国际知名的集观光、休闲、度假、娱乐、康体、科普、科考、探秘为一体的文化旅游综合体。来自省内旅游规划、城乡规划、旅游经济、民族文化、旅游环保、旅游经营管理等方面的专家评审组在认真审阅《规划》图文和听取规划单位汇报的基础上，经充分讨论，一致认为编制单位认真分析了项目背景，制定了项目目标，明确了项目开发主题，进行了项目的空间布局和功能分区，提出了土地利用控制方案及旅游线路等专项设计方案，提出了环境策略、市场支撑和相关措施，主要内容符合旅游专项规划的有关要求。专家组一致同意该《规划》通过评审。

【世界旅游日宣传活动】 2013年9月27日，在世界旅游日到来之际，楚雄州各县（市）举行了一系列活动宣传《旅游法》，推广旅游产品线路，接受群众咨询。在楚雄市桃园湖广场，由州旅游局和楚雄市文体广电旅游局牵头，组织旅行社参，向过往市民发放《旅游法》宣传资料，积极向市民们推广旅游产品线路，倡导文明旅游方式。接受市民旅游咨询。共发放宣传资料1.5万份，接收咨询20余人次。

【楚雄州第二届旅游商品评选暨创新大赛】 2013年9月28日，由楚雄州旅游局、楚雄州旅游业协会联合举办的全州第二届旅游商品评选暨创新大赛颁奖仪式在州宾馆举行。大赛历时两个多月，收到全州10县（市）73家参赛旅游商品企业的306件带有浓厚地方文化特色的参赛作品。经过大赛组委会专家评委组的评定，评选出了武定壮鸡加工厂生产的“狮山”牌武定壮鸡等10大旅游特色商品，云南楚雄东宝生物资源开发有限公司生产的“东宝一捏脆”核桃、“东宝一捏脆”核桃油等100件“百佳旅游特色商品”，大姚县樊志勇创作的彝族刺绣皮具礼盒工艺品等荣获银奖、铜奖及优秀奖的10件旅游创意设计商品。武定县文体广电旅游局等3家单位获组织奖。

【楚雄州参加昆明国际文化旅游节】 2013中国昆明国际文化旅游节（昆明狂欢节）于4月29日至5月1日在昆明隆重举行。楚雄州成立由州人民政府牵头，州旅游局、各县（市）文体广电旅游局及彝人古镇、世界恐龙谷、武定狮子山、元谋土林、石羊古镇、光禄古镇、南华咪依噜风情谷景区、金鹿国际旅行社、紫溪旅行社等10余家旅游企业组成的代表团参加活动。楚雄州代表团在活动中突出"楚雄精品旅游环线"资源产品特色，展示彝州旅游产业发展新成就。"五一"期间，代表团在昆明市区楚雄彝人广场（金马碧鸡广场）进行展演，并在广场上设置了以楚雄州5个AAAA级旅游景区（世界恐龙谷、彝人古镇、武定狮子山、元谋土林）和历史文化名镇黑井古镇、石羊古镇、光禄古镇以及南华咪依噜风情谷为主的旅游风光图片展示展板，并由各县（市）文体广电旅游局、旅游景区、旅行社等20余家单位在广场上设置展台，向观众发放各类旅游宣传资料，进行楚雄精品旅游环线宣传促销活动，共发放宣传资料5万余份。

【楚雄州组团参加中国国际旅游交易会】 2013年10月24～27日，2013中国国际旅游交易会在昆明国际会展中心隆重举行。楚雄州购买了14个展位，组织了来自旅游行政主管部门和旅游企业的120人参展，突出彝州丰富的旅游资源、浓郁的民族风情、良好的生态环境，充分展示"中国彝乡·魅力楚雄"主题，重点推介"楚雄精品旅游环线"，恐龙文化旅游项目，世界恐龙谷、彝人古镇、武定狮子山、元谋土林、楚雄州博物馆5个国家AAAA级旅游景区及其他A级旅游景区。在云南省旅交会组委会举行的总结颁奖会上，楚雄州获得"最佳组织奖"和"最佳展台奖"。

【楚雄州第一届导游技能大赛】 2013年12月6日，楚雄州第一届导游技能大赛决赛在永兴大酒店举行，共有来自全州8县（市）的21名选手参加决赛，80余名导游从业人员进行观摩学习。大赛以"讲述好楚雄故事、传播好楚雄声音、阐释好楚雄特色、展示好楚雄形象"为主题，从10月21日报名开始，经过1个多月的初赛，从全州14家旅行社13个A级旅游景区层层选拔筛选了21名优秀选手进入决赛。禄丰世界恐龙谷李菲菲荣获一等奖，楚雄州博物馆汪千意等4人荣获二等奖，其他选手分获三等奖、最佳风采奖、最佳语言才能奖、最佳才艺奖等单项奖。对荣获一、二、三等奖的选手均授予"楚雄州十佳导游"荣誉称号。

【郑愿辉荣获"中华金厨奖"】 2013年10月19日，第23届中国厨师节开幕当天，2013年度中华金厨奖颁奖典礼在长沙市湖南大剧院隆重举行。由云南省餐饮与美食协会和楚雄州旅游业协会旅游餐饮美食分会推荐的楚雄州餐饮业代表郑愿辉荣获"中华金厨奖"。

［刘应东］

景区建设

【《楚雄大紫溪山旅游区总体规划》通过评审】 2013年1月12日，《楚雄大紫溪山旅游区总体规划》通过评审。大紫溪山旅游区位于楚雄市西面并紧靠楚雄城区，是国家森林公园、省级自然保护区和省级风景名胜区，从2006～2011年，年接待游客人数从4.83万人次增加到10.9万人次，年旅游收入从57.37万元增加到83.42万元。大紫溪山旅游区规划建设按照保护生态环境、坝区耕地及城镇和产业上山的要求，本着"保护山顶、开发半山、发展山脚、融入城市"的原则，依托紫溪山优美的自然风光、民族及宗教文化，加快推进大紫溪山旅游区与楚雄城市发展相融合，促进城乡一体化发展，形成"林在城中、城在林中"的现代生态园林城市。计划用10年的时间，把大紫溪山旅游区建成集观光旅游、休闲度假、康体养生、休闲运动、生态旅游、乡村旅游和文化创意消费于一体的生态文化旅游产业园区和国内外知名的生态文化休闲度假旅游胜地。

【紫溪山国家AAAA级旅游景区创建工作】 2013年3月，楚雄市启动了紫溪山国家AAAA级旅游景区创建工作，成立了创A工作领导小组，全面统筹紫溪山创A及景区旅游基础设施改造提升建设工作。年末，紫溪山山茶物种园改造

乡村旅游 （高建波/摄影）

提升工程基本完成，投资1620万元、总长31.43千米的紫溪山南北旅游主干道路面改造提升工程全部完成，景区10项主体工程和18项零星工程完成投资120万元，整个创A工程顺利推进。

【黑井古镇入选“云南30佳最具魅力村寨”】 2013年4月19日，由中共云南省委宣传部主办，《中国国家地理》杂志社、中共云南省委对外宣传办公室、云南省旅游发展委员会共同承办的“寻找中国最美风景县”、“云南30佳最具魅力村寨”评选活动在昆明海埂会堂举行授牌仪式，楚雄州禄丰县黑井古镇从云南省270个参评村寨中脱颖而出，入选“云南30佳最具魅力村寨”名单。

【方山旅游区门票售检系统建成】 2013年5月1日，楚雄州永仁县方山旅游区投资近15万元建设的门票售检系统投入使用。门票售检系统建设项目包括售票业务用房、检票匝道、监控监测装备等，对进一步增强方山旅游区服务功能、规范门票售检工作、加强旅游区管理、提升旅游服务水平、创建方山国家AAA级旅游区起到了积极的推动作用。

【《楚雄州永仁县“诸葛方山·中国仁山”核策划》通过审查】 2013年5月12日，由州人民政府主持召开的《楚雄州永仁县“诸葛方山·中国仁山”核策划》审查会在永仁县举行，来自省内旅游管理、旅游规划、城乡规划、旅游经济、生态旅游和民族文化等方面的审查组专家7人，州人民政府分管副州长、相关部门领导和专家共59人参加了审查会。审查组专家在对方山景区进行实地踏查的基础上，认真审阅《策划》文本、图件，听取了策划单位的汇报，一致同意通过《策划》文本的审查，并对文本进一步修改完善提出了意见和建议。

【武定己衣大裂谷景区人马驿道二期工程竣工验收】 2013年7月4日，楚雄州武定县文体广电旅游局会同己衣乡人民政府对己衣大裂谷景区人马驿道二期工程进行检查验收。己衣大裂谷人马驿道二期工程投资约40万元，主要是铺设从天生桥至本冷等村脚踏步道。验收组通过实地查看检测，认为工程质量达标，同意通过验收。

［刘应东］

旅游接待

【假日旅游接待】 2013年，楚雄州各个假日旅游接待保持良好发展势头，春节、国庆黄金周旅游经济平稳增长；元旦、清明、五一节等小长假出行游客增加，假日经济持续升温。

元旦小长假旅游接待。1月1～3日，全州累计接待游客11.86万人次，下降4.8%，实现旅游收入3041.3万元，增长61%，其中接待过夜游游客6.07万人次，接待一日游游客5.79万人次。其中，禄丰世界恐龙谷接待游客9361人次，门票收入近74万元；元谋土林接待游客7390人次，门票收入14.9万元。节日期间，进出州内自驾游车辆4.03万辆次。

春节黄金周旅游接待。2月9～15日是国家实行高速公路小汽车免收通行费的第二个春节黄金周，各大景区门票均优惠20%，楚雄州各景区游人如织，旅游接待各项指标再攀新高，假日消费持续火爆，到楚雄旅游观光、休闲度假的游客大幅增长，游客消费明显增加。全州累计接待国内外旅游者54.81万人次，实现旅游总收入1.73亿元，分别增

2013年楚雄州旅游景区一览表

景区名称	等级	地址	主要景点
禄丰世界恐龙谷	AAAA	禄丰县恐龙山镇	遗址馆、科考营地、重返侏罗纪、侏罗纪历险、阿纳湖休闲观光带、侏罗纪嘉年华等
武定狮子山	AAAA	武定县狮子山	正续禅寺、牡丹花园、寒泉瀑布、巉崖接日、曲水流觞、观音洞等
元谋土林	AAAA	元谋县境内	虎跳滩土林、新华土林、班果土林等
彝人古镇	AAAA	楚雄市开发区	梅葛广场、桃花溪、望江楼、古戏台等
楚雄州博物馆	AAAA	楚雄市鹿城南路471号	序厅、古生物厅、历史文物厅、彝族厅、地方党史厅、动物标本厅、报告厅等
黑井古镇	AAA	禄丰县黑井镇	古街巷、贞节牌坊、飞来寺、武家大院、文庙、庆安堤、晒盐棚、石榴园等
咪依噜风情谷	AAA	南华县龙川镇岔河村	马鞍寨、新房子、三家村、起家大院、大岔河、七家杀猪饭、脚楼寨等
紫溪山	AAA	楚雄市紫溪镇	紫顶寺、茶花园、樱桃园、大龙箐仙人谷、响水箐瀑布、望海楼、石桑城遗址、德运碑等
石羊古镇	AAA	大姚县石羊镇	孔庙、晒盐棚、香水河、接官亭、树包塔、风雨桥等
光禄古镇	AAA	姚安县光禄镇	
元谋人博物馆	AAA	元谋县城	
永仁方山	AA	永仁县	诸葛营遗址、静德寺、望江岭、珍珠滴水岩、七星桥、仙女潭、老鹰岩、孔明洞、寒泉瀑布、犀牛塘、乌龟碑、五老居等
牟定化佛山	A	牟定县飒马场	白云窝、旃檀林、心佛林、宝莲寺、绕顶寺、极乐庵、望佛台、迦叶殿、蝙蝠洞、舍身崖、舍利宝塔、瀑布、栲树爷、栎树王等

长30%和31.6%。节日期间，进入楚雄州境内的自驾游车辆10.65万辆次，比上年明显增加。禄丰世界恐龙谷、楚雄彝人古镇、元谋土林、武定狮子山景区，每天游客络绎不绝，秩序井然，无任何旅游安全事故发生，旅游市场秩序良好。黄金周期间，全州共接到一般性旅游投诉1起，已妥善解决和答复。

清明小长假旅游接待。4月4～6日，全州累计接待游客15.86万人次，增长7.8%；实现旅游总收入4176.62万元，增长25.69%。其中，接待过夜游客6.14万人次，增长20%；接待一日游游客9.72万人次，与上年持平。节日期间，进出州内自驾游车辆5.35万辆次。州内主要景区接待情况保持良好态势，其中禄丰世界恐龙谷、武定狮子山景区接待游客均过万人次，禄丰世界恐龙谷景区门票收入过百万元。

“五一”小长假旅游接待。全州3天时间共计接待游客19.8万人次，实现旅游综合收入5138.92万元，增长23.48%。其中，接待过夜游客8.74万人次，增长34.98%；接待一日游游客11.08万人次，一日游游客占到游客接待总量的56%。禄丰世界恐龙谷3天时间共接待游客2.45万人次，门票收入171.7万元。武定狮子山风景区接待游客1.49万人次，门票收入11.19万元。楚雄市共接待国内外游客5.13万人次，实现旅游总收入1437.08万元，其中过夜游客3.1万人次，实现旅游收入982.18万元，一日游游客2.02万人次，实现旅游收入454.9万元。

端午小长假旅游接待。6月10～12日，全州共接待游客12.51万人次，与上年基本持平，实现旅游收入3121.86万元，比上年增长11.7%。其中，过夜游客6.65万人次，增长9.6%，过夜游收入2027.34万元，增长23.5%；一日游游客5.86万人次，下降11.6%，一日游收入1094.52万元，下降5.1%。

火把节旅游接待。7月31日至8月4日，2013年中国楚雄彝族火把节期间，全州共计接待国内外游客70.66万人次，比上年增长21.22%，其中，接待过夜旅游者15.32万人次，接待一日游游客55.34万人次；实现旅游收入1.68亿元，增长37.7%。

中秋节旅游接待。9月19～21日，全州共计接待游客13.57万人次，实现旅游收入3352.49万元，其中，过夜游客6.93万人次，实现旅游收入1994.45万元；一日游接待人数6.64万人次，实现旅游收入1358.04万元。游客主要以短途旅游、自驾游为主。

国庆黄金周旅游接待。10月1～7日，全州共接待游客58.71万人次，比上年增长1.05%，其中，过夜游客20.05万人次，一日游游客38.66万人次。实现旅游收入1.9亿元，比上年增长2.22%。国庆旅游“黄金周”期间，禄丰世界恐龙谷举行了“智闯恐龙谷”和“穿越侏罗纪世界”活动，免费开放侏罗纪嘉年华9大游乐项目；彝人古镇推出“欢乐与你同行，国庆玩转古镇”主题活动，每日举行“祭火大典”、彝族篝火、原生态左脚打跳等一系列参与性强、特色鲜明的旅游文化活动；元谋土林组织开展了大型篝火晚会、彝族左脚舞表演竞赛、山歌对唱以及惊险刺激的沙滩摩托越野赛、真人CS野战对抗、游客骑行游乐体验等活动；狮子山景区举行第八届菊花展，展出上万盆菊花，80余个品种、十大色系；黑井古镇推出品味百年兴衰、回望老宅春秋、领略盐味文化、观赏中秋明月、感怀旧时阑珊、百年戏台我来唱、古盐坊“我亲自做盐”、“武老爷招亲”、舞龙舞狮等“缘盐之旅”活动；石羊古镇隆重举行“2013中国·大姚石羊祭孔大典暨特色美食长街宴”活动，并在景区举行取卤仪式，让游客亲历从2000多年的古盐井中取卤、在晒盐篷晒卤、鸡窝灶煮卤制盐的全过程；永仁方山推出了以“方山金秋之旅”为主题的旅游系列活动；禄丰罗次温泉景区永鑫温泉大酒店、温泉山谷、江龙温泉等推出高中低档“吃住玩乐一条龙休闲度假套餐”活动。州内其他景区景点也精心准备并推出了一系列内容丰富，各具民族特色和节日特点的活动，满足了广大游客和人民群众的消费需求，整个假日旅游市场丰富多彩，繁荣有序。

【禄丰罗次山谷温泉假日酒店二期项目完工】 2013年8月，楚雄州禄丰县碧城镇罗次山谷温泉假日酒店二期项目完工，正式投入使用。该酒店占地近30亩，总投资1300余万元，建筑面积8000平方米，设施设备齐全，装修豪华典雅，融合了中西古典园林风格和现代设计，拥有多种类型的标准客房96间200个床位，宴会厅、餐饮包房、KTV包房、多功能厅、露天温泉游泳池、小泡池等服务设施一应俱全，每天能容纳220名客人住宿、就餐、娱乐。

［刘应东］

宣传促销

【楚雄专题片在央视播出】 2013年3月，中央电视台中文国际频道《远方的家》栏目组到楚雄，分别对楚雄市、大姚县、双柏县、武定县、元谋县和禄丰县进行为期20天的3集专题节目拍摄。该节目于5月21～23日在中央电视台第4套国际频道播出。对楚雄州的人文、历史、风俗、风情进行了全方位、多角度的展示。

【云南报业集团《车与人》杂志社到武定考察旅游线路】 2013年3月1～4日，云南报业集团《车与人》杂志社组织自驾车游协会主要负责人到武定进行旅游线路踏勘。按照武定现有的旅游资源和通达状况，考察组一行从武定狮子山出发，途经己衣大裂谷、万德土司遗址、插甸水城河、白路关坡云南白药观光基地、猫街新村湖、九厂香水箐等待开发的旅游景区，主要考察了所有待开发景区的公路里程和路面通行状况，景区的自然风光、历史文化、民族风情的可研性和观赏性；当地的餐饮特色和住宿的基本条件，以及所考察线路当中的餐饮住宿企业能给予自驾车游团队游的具体优惠条件等。

【楚雄精品旅游环线迎来广东旅行商】 2013年3月23～25日，楚雄精品旅游环线迎来了年内首批踏线考察的广东旅行商。旅行商主要来自广东国际旅行社、广东江门国际旅行社、广东肇庆国际旅行社、广东东莞国际旅行社、广东清远国际旅行社、广东深圳国际旅行社等12家广东省内国际旅行社。通过对武定狮子山、元谋土林、姚安光禄古镇、楚雄州博物馆、彝人古镇、禄丰世界恐龙谷景区的考察，旅行商们表示，有兴趣也有信心把楚雄精品旅游环线作为他们在云南采购的主要旅游产品，把彝州楚雄打造成为珠三角游客的新兴目的地。

2013年楚雄州旅行社名录

旅行社名称	地　址	认定星级
云南金鹿国际旅行社有限公司	楚雄市鹿城南路66号	四星
楚雄紫溪旅行社有限公司	楚雄市府后街新天地广场A2—305	三星
楚雄市太阳女旅行社有限公司	楚雄市团结路91号金山花园A幢201室	三星
楚雄彝州旅行社有限公司	楚雄市鹿城西路三家巷1号	三星
楚雄州丽楚假日旅行社有限公司	鹿城北路70号鑫茂商城B幢8层5、6	三星
南华旅行社	南华县龙川镇龙泉西路61号	二星
武定狮子山旅行社有限公司	武定狮山镇中山路21号宏源酒店二楼	二星
云南雄宝旅行社	楚雄市鹿城东路193号雄宝酒店	二星
禄丰龙城旅行社有限公司	禄丰县金山镇金山南路95号	一星
双柏虎乡旅行社有限公司	双柏县永兴路6号	一星

【**楚雄旅游促销团参加中国国内旅游交易会**】　2013年4月19～21日，中国国内旅游交易会在贵阳国际会议展览中心开幕。楚雄州由旅游主管部门和旅游企业组成的旅游促销团参加了贵阳旅交会，充分展示“中国彝乡·魅力楚雄”独特旅游资源，对楚雄州旅游作全方位的宣传推介，针对全州旅游客源市场特点，着力体现“世界恐龙之乡，东方人类的故乡，中国彝族文化大观园”形象，突出“一彝三古”和原生态世外桃源生态特色。主推的旅游产品有“昆楚大丽香格里拉”旅游线恐龙探秘和彝族风情游（世界恐龙谷、彝人古镇），成昆旅游线楚雄奇特生态游（元谋土林、武定狮子山、永仁方山），特色文化古镇走廊温情浪漫游（黑井古镇、光禄古镇、石羊古镇），楚雄州内环州2日游，美丽特色乡村自驾游等。现场发放特色旅游纪念品、旅游宣传折页2000余份，接受旅游咨询200余人次。

【**百名旅行社老总到姚安光禄古镇踏线考察**】　2013年7月20～21日，姚安县成功举办了“百名旅行社老总姚安光禄古镇踏线参观考察活动”。北京神州国旅、昆明康辉旅行社、广西商务国旅、攀枝花宇辉旅行社、西昌鑫隆旅行社、凉山印象旅行社、红河梯田旅行社、玉溪国旅、曲靖国景旅游有限公司、腾冲假日旅行社等省内外40余家旅行社的董事长、总经理和部门经理以及部分旅游商品协会负责人共110余人参加踏线考察。在实地踏线参观考察的基础上，召开了“云南姚安·光禄古镇旅游产品推介座谈会”，姚安县文体广电旅游局与参加活动的各旅行社签订了合作协议。

【**楚雄州旅游促销团赴川促销**】　2013年8月13～16日，楚雄州旅游局、武定县文体广电旅游局、永仁县文体广电旅游局、禄丰世界恐龙谷景区、元谋土林景区、武定狮子山景区、南华咪依噜风情谷景区、姚安光禄古镇景区、楚雄紫溪山景区、紫溪旅行社、日月湾旅行社、州电视台组成30人的楚雄州旅游促销团，由州旅游局副局长带队，分别前往四川省攀枝花市和凉山彝族自治州开展宣传推介活动。推介活动行程1400千米，召开了“楚雄旅游走进攀枝花”“楚雄旅游走进凉山”两场楚雄旅游推介会，直接面对两个州（市）近百家旅行社、旅行社集团、当地新闻媒体、旅游行政管理部门推介楚雄旅游产品，把楚雄、攀枝花两地旅游局签定的《2013年度旅游发展合作推进计划》进程向前推进了一大步，共促两地旅游发展。

【**参与云南省旅游促销团赴西北3省促销**】　2013年9月3～9日，云南省旅游发展委员会牵头组织各州（市）旅游局组成云南省赴西部旅游促销团赴新疆、甘肃、宁夏3省旅游区进行旅游宣传促销活动，对新疆、甘肃、宁夏3省旅游区旅游产品及线路进行实地考察，在新疆乌鲁木齐举行云南旅游推介会，并参加在宁夏银川市举行的“2013世界穆斯林旅行商大会”。楚雄州旅游局积极组织参加，准备了多种语言版本的《楚雄旅游宣传册》和《DVD旅游形象专题片宣传光盘》等宣传资料在活动中进行发放。以“中国彝乡·魅力楚雄”为主题的旅游推介受到当地旅游各界人士和广大市民的热切关注和赞赏，取得了良好的宣传效果。

【**广东上海旅行商到楚雄考察踏线**】　2013年11月22日至12月5日，楚雄精品旅游环线分别迎来了赴楚考察的广东旅行商和上海旅行商。此次的旅行商主要来自广东青旅、广东天马国旅、港中旅、春秋国旅和上海明潭国旅、上海中信国旅、上海景泰国旅、上海宝钢国旅、上海驴妈妈旅游网等65家旅行社，主要考察了武定狮子山、元谋土林、永仁方山、姚安光禄古镇、南华咪依噜风情谷、楚雄州博物馆、彝人古镇、禄丰世界恐龙谷景区。

［刘应东］

节庆活动

【**楚雄市“茶花之旅”活动**】　2013年2月1～23日，楚雄市举办第六届茶花文化旅游节之“茶花之旅”活动。活动由楚雄市人民政府主办，市文体广电旅游局承办，楚雄丽楚假日旅行社、楚雄金鹿国际旅行社负责组团参与，依托峨碌公园茶花精品园、河前茶花种植园区、红墙土主庙、紫溪山云南山茶物种园等茶花观赏景点推出旅游精品线路。活动期间，共接待5个旅游团队465人次。

【武定县狮子山牡丹文化旅游节】 2013年3月15日，主题为“盛世牡丹红·美丽新武定”的2013年武定牡丹文化旅游节在武定县城开幕。在为期50天的旅游节期间，武定旅游产品推介会、中国·武定2013年牡丹文化旅游节篮球邀请赛、“盛世牡丹红”2013年云南省文联送欢乐下基层暨中国·武定牡丹文化旅游节开幕式文艺演出、云南日报报业集团车与人传媒有限公司“云南再发现”武定自驾游启动仪式、招商推介暨项目签约会、狮子山佛教素食文化研讨会、社科专家武定行、牡丹花（芍药花）展销、群众广场电影之夜9大内容为远方的客人献上了一台丰富的文化大餐。在3月15日举行的2013年牡丹文化旅游节招商推介及项目签约会上，武定县成功推介20余个招商引资项目并签约3个招商项目，其中包括投资近20亿元的狮子山牛角寨文化旅游产业园区开发建设项目，该项目由武定县人民政府与云南自由人投资有限公司签订了合作框架协议，招商引资取得明显成效。

【光禄古镇“二月八龙华会”】 2013年3月19日，农历二月初八，姚安县光禄古镇景区迎来传统节日龙华会。此次盛会以建设“和谐光禄、开放光禄、文化光禄、旅游光禄、美丽光禄”为主题，把庆祝传统节日活动与促进光禄文化旅游事业和社会经济发展相结合，组织开展了“龙腾”龙灯队广场展演、经典传统花灯剧目演出、猜字谜、篝火晚会和民间商贸等活动，吸引附近的群众和大量外地游客，活动成效明显。

【楚雄彝族火把节等入围2012年度云南省最具影响力旅游节庆】 2013年4月，历时3个月的2012年度云南省最具影响力的旅游节庆评选活动圆满结束，共有14个州（市）54个旅游节庆参加评选。通过材料审定、网络投票、网络公示、评委会终审等环节的评选，“中国楚雄彝族火把节”和“大姚插花节”成功入围最终评奖范畴的17个节庆活动。其中“中国楚雄彝族火把节”被评为“最具影响力的旅游节庆”，“大姚插花节”被评为“最具特色的旅游节庆”。

【牟定“三月会”暨首届彝和园文化旅游节】 2013年5月6日，为期3天的牟定“三月会”暨首届彝和园文化旅游节活动在“左脚舞之乡”牟定彝和园古戏台开幕。此次“三月会”除物资交流会外，新增了开幕式文艺演出、民间文艺巡演、《凤舞彝和园》小说首发仪式、美丽牟定之《彝海踏歌》音乐首映式、彝和园时尚汽车展5项内容。整个开幕式文艺表演主要以牟定民族文化为代表，贯穿楚雄部分地区彝族特色，多元组合，异彩纷呈。

【禄丰广通“六月六”彝族情人节】 2013年7月13日（农历六月初六），禄丰县广通镇及周边地区数万名彝族群众身着节日盛装，聚集在儿子湾村委会小青山，载歌载舞，欢度传统节日“六月六”彝族情人节。本届“六月六”彝族情人节由中共广通镇党委、镇人民政府牵头，儿子湾村委会主办，群众自发参与，节庆活动丰富，有彝老祭山神、迎宾跳脚舞、彝女赛装、情歌对唱、公鸡啄架、背新娘、扮花脸、搭仙人桥、彝族舞大联欢等。较为完整地保留了楚雄彝族传承千年的婚恋、交友、择偶、祭祀等习俗，成为富有民族特色的彝族“情人节”。

【姚安首届荷花旅游节】 2013年8月2日，首届中国·姚安荷花旅游节在光禄古镇荷塘人家拉开序幕。在开幕式文艺演出中，演员们为观众表演以“荷”为主题的节目，并展示了“梅葛”、“姚安坝子腔”等极具地方特色的非物质文化遗产，将生态旅游与彝族文化、当地文化很好地融合在一起。在为期两个月的旅游文化节期间，举行了“百家旅游社负责人姚安踏线暨百辆自驾游客游姚安活动”、“千年古寺龙华寺祈福法会”、“光禄古镇特色产品一条街及民族民俗商品一条街”、“光禄古镇旅游形象大使选拔大赛”、“姚安县荷花文化美食节暨美食一条街”、“荷塘人家·古镇光禄书画展暨摄影展”等系列活动。吸引了楚雄、昆明、攀枝花等地自驾游游客前来赏荷、观光，拉动了光禄古镇的旅游发展。

【永仁县首届中国苴却古砚博览会】 2013年9月26～30日，永仁县举办首届中国苴却古砚博览会。博览会由云南天彝苴却宝砚文化开发有限公司主办，云南省工艺行业协会、永仁旅游开发有限公司协办。20余名专家学者出席博览会，来自省内外的15家企业参加展出。展会期间，举行了“高校实习基地”授牌、省著名商标授牌，苴却砚文化论坛等系列活动。

【禄丰县恐龙文化旅游节】 2013年10月26日上午，由禄丰县文体广电旅游局主办的2013中国·禄丰第十五届恐龙文化旅游节拉开帷幕。此届恐龙文化旅游节坚持“节俭、热烈、务实、高效”的原则，围绕“营销美丽禄丰”主题，借助“文化、体育、旅游、招商、商贸”5大载体，开展了开幕式文艺演出、禄丰县旅游行业协会成立揭牌仪式、禄丰文化遗产·科普展示，书画·摄影作品展出、广场民族歌舞展演、焰火晚会、广场电影放映、第二十四届“恐龙杯”篮球赛、“梦绕世界恐龙之乡”系列旅游活动、招商引资项目推介暨重点项目签约会和商贸物资交流等活动。

［刘应东］

（责任编辑：安孟勤）

全面深化改革加快富民强州进程
总要求

以邓小平理论、“三个代表”重要思想、科学发展观为指导，全面贯彻落实党的十八届三中全会、中央经济工作会议、城镇化工作会议、农村工作会议和省委九届七次全会精神，扎实开展好群众路线教育实践活动，紧紧围绕使市场在资源配置中起决定性作用，不断深化重点领域和关键环节改革，破除各种体制机制障碍和思想束缚，抢抓机遇、扬长避短、因地制宜，提质增效、优化结构，更加注重改善民生，更加注重生态优先，稳中求进、稳中有为，奋力加快富民强州进程。

——摘自中共楚雄州委八届四次全体（扩大）会议报告

子 午 镇

2013年，楚雄市子午镇紧紧抓住被列为云南省首批100个特色小镇建设的契机，农业型特色小集镇建设成效显著。

重规划，促集镇功能全面提升。投入180万元完成子午集镇新一轮规划修编和现代农业型特色小集镇规划。立足骠川风情，突出子午特色，以建设“粮烟大镇、种养富镇、商贸重镇、文化名镇”为目标，确定以“一心、二带、四区”为产业布局的发展思路，形成以现代烟草观光经济带、绿色食品加工园、名镇名村和骠川风貌旅游为主导的产业发展格局，重点发展子午南安古镇、以口夸村、骠川风貌新镇区及现代农业观光旅游，积极发展元双农业休闲观光经济带。

重产业，促产业发展提质增效。每年从镇财政拿出20~50万元对发展基础好、带动力强的产业和业主给予扶持。全镇特色种植业、养殖业、乡村旅游业蓬勃发展，亮点频现。特色种植业亮点纷呈，带动农民增收9193.24万元。种植人工食用菌10万平方米，种植花卉185亩，法邑村委会百合花繁种150亩。种植魔芋806亩、青花椒1500亩、各种蔬菜6355亩。投资3000余万元建成650亩蓝莓基地，计划投资3800万元的蓝莓酒庄正加紧建设中。特色养殖业蓬勃发展，规模养殖效应显现，带动农民增收1.39亿元。依托资源优势，着力创建特色畜产品基地，争创“骠川坝子绿色畜产品”品牌。大力发展优质商品猪、优质商品肉鸡和散养土鸡、

獭兔、云岭黑山羊、朗德鹅、蛋鸭、肉驴等特色养殖产业。全镇有各类规模化养殖场（户）172户，其中生猪标准化养殖场（小区）8个、肉牛标准化养殖场6个、肉鸡标准化养殖小区2个。特色乡村旅游业逐步发展壮大，品牌化效应日益凸显。以建设“文化名镇”为目标，立足子午特色、骠川风情，以“楚双”、“元双”两个经济带为着力点，发展乡村旅游。着力打造以元双经济带上的以口夸向天坟、文化大院、特色民居、骠川风情街及黄家坝公园为一体的文化旅游带和以楚双经济带上的云龙南安古镇、烈士陵园、葡萄井、乌龙寺为一体的文化旅游带。挖掘深厚的历史文化资源，使洞经音乐、花灯、篾扎、根雕等民族民间文化得到进一步发展。

①子午优质烟基地
②子午民间跳脚队
③南安古镇标志
④以口夸文化大院
⑤骠川坝子的油菜花
⑥优质水稻
⑦时鲜樱桃
⑧罗只碑650亩蓝莓种植基地
⑨曙光绣球花种植基地
⑩獭兔养殖
⑪驼鸟养殖
⑫太阳鸟赛鸽养殖中心

妥 甸 镇

双柏县妥甸镇地处滇中腹地，为县城所在地。东与大庄镇毗邻，南与法脿、大麦地镇交界，西与爱尼山、独田乡相连，北与楚雄市子午镇接壤。总面积 737 平方千米，地形以老黑山为中心，中间高、四周低，境内最高海拔 2333 米，最低海拔 940 米。

镇政府所在地妥甸位于老黑山南麓，四周青山环抱，全镇辖 18 个村（居）委会、307 个村（居）民小组、468 个自然村，有耕地面积 47695 亩，有 14936 户 41206 人，其中女性 19920 人，占总人口的 48.34%；农业人口 22592 人，占总人口的 54.82%；少数民族人口 15848 人，占总人口的 38.46%。

妥甸历史悠久，元时为部族头领本阿妥管辖之地，明洪武十五年（1382 年），明军入境，本阿妥部族改称妥定，后演变为妥甸。妥甸森林覆盖率高达 84%，享有“大自然氧吧、人居适宜区、休闲度假地”的美誉。

2013 年，全镇实现工业总产值 127128 万元，比上年增长 16%。农村经济总收入 37900 万元，增长 35%；完成招商引资到位资金 6000 万元，完成县下达任务数 500 万元的 120%；完成全社会固定资产投资 2.4 亿元；乡镇企业总收入 166902 万元，比上年增长 21%；实现农民人均纯收入 5830 元，增长 22%；种植烤烟 18830 亩，完成烟叶指令性生产收购任务 239 万千克，均价 25.3 元，实现烟叶产值 6000 万

元；全镇大牲畜存栏 17159 头，出栏 3619 头，实现畜牧业总产值 15500 万元。

2013 年末，全镇有完小 14 所，教师 136 人，在校学生 1660 人。建成中山、羊桥、西城社区 3 个村卫生室，投资 155 万元新建妥甸卫生业务用房。实施扶贫整村推进项目 11 个，易地扶贫搬迁项目 1 个 10 户，扶贫安居户 33 户，省级整村推进项目 3 个、州级单位扶贫挂钩项目 3 个、州级整村推进项目 5 个，行政村推进 1 个。扶贫小额信贷资金 480 万元。

①双柏县城全景
②双柏大酒店
③新农村建设试点村
④中山完小
⑤双柏县人民医院
⑥双柏县第三届新农村文艺汇演
⑦双柏县“三八”节广场舞比赛
⑧虎文化节开幕式
⑨发展中的果蔬产业
⑩发展中的金银花产业
⑪社区烤烟产业
⑫魔芋种植
⑬中药材玫瑰茄种植
⑭冬桃种植
⑮肉猪养殖
⑯肉鸡养殖
⑰种鹅养殖

碍　嘉　镇

双柏县碍嘉镇地处哀牢山东麓，距县城175千米，是滇西通往临沧、思茅各地的重要商道。总面积619平方千米，辖茶叶、红山、阳太、旧丈、麻旺、龙树、新厂、老厂、平掌、东凤、密架、义隆、新树13个村委会和碍嘉社区，共203个自然村，303个村民小组，8825户27219人，其中汉族人口18883人，占总人口的69.37%。少数民族人口中，彝族8139人，占总人口的29.9%。人口密度每平方千米44人。全镇有初级中学1所，教学班24个，在校学生1054人；有完小10所，教学班101个，在校学生3130人。有镇卫生院1所、村卫生所14个。有镇文联1个，办有文学季刊《哀牢鹰》。每年农历七月十五，举办“中国·哀牢·碍嘉·七月十五节”，促进经济文化交流。境内盛产核桃、茶叶、花椒、优质烤烟等，有传统产业核桃13.95万亩、茶叶1.32万亩、花椒8900亩。

2013年，碍嘉镇立足镇情，紧紧围绕“生态立镇、产业兴镇、富民强镇”这一主题，不断夯实交通、水利、城镇、生态四大基础，培强做大经济林果、水电能源、生态旅游、优质烤烟、矿产开发五大产业，开创碍嘉经济、政治、文化

和社会建设的新局面。全镇有耕地面积 37651 亩，有经济林果 186900 亩，其中核桃 139500 亩。引导农户发展中草药种植 2665.9 亩，有中药材种植专业合作社 2 个、中药材种植企业 1 家。全年全镇实现农村经济总收入 22300.34 万元，农民人均纯收入 4704 元，实现财政总收入 1096 万元，乡镇企业总产值 18323 万元，新引进企业 2 家。

①碍嘉古镇
②旧丈咖啡育苗
③蚕茧丰收
④三七种植
⑤春耕
⑥花椒
⑦核桃
⑧油桃
⑨佛手种植
⑩石斛种植
⑪烤烟种植
⑫肉牛养殖
⑬肉羊养殖
⑭村民收获核桃
⑮丰沛的水资源
⑯原始森林
⑰天生桥

共和镇

②

③

④

共和镇是牟定县县城中心城镇，全县政治、经济、文化中心，国土面积 244.05 平方千米，总耕地面积 56714 亩，人均 0.74 亩。辖 5 个社区，19 个村委会，196 个自然村，308 个村（居）民小组。2013 年末，总户数 26377 户，总人口 76202 人，其中农业人口 62671 人，非农业人口 13678 人。有非公企业 254 个，其中纳入镇级管理的 57 个；个体工商业 3539 户；专业合作社 31 个，实现产值 24.9 亿元。实现地区生产总值 12.76 亿元，比上年增长 16%；固定资产投资 1.61 亿元，比上年增长 46.3%；城镇居民人均可支配收入 22300 元，比上年增长 14%；农民人均现金收入 6464 元，比上年增长 17%。境内有 1 处风景名胜“南山寺”，有文庙、三清阁、南塔、北塔 4 处文物古迹，民族传统节日有“三月会”、“正月十六”。

2013 年，共和镇有规模以上工业企业 8 家，主要包含生物技术企业、食品加工企业、农产品加工企业、建筑建材企业等，全镇实现工业总产值 82040 万元。巩固烤烟支柱产业地位，年内种植烤烟 14730 亩，其中大户种植占总面积的 69%，完成烟叶收购 198.67 万千克，均价 25.63 元，中上等烟比例 72.97%，实现产值 5091 万元，实现收购任务和烟农增收两个预期目标。按照“一村一品”的发展思路，因地制宜引导农户发展荷兰豆、辣椒、青花菜、

香葱、甜脆玉米等商品蔬菜，培育种植大户和专业合作社，发展订单农业。全镇规模种植蔬菜1740余亩，产值696万余元。走规模养殖、科技养殖之路，转变单一生猪养殖的畜牧业生产模式，引导农户发展规模化肉牛、黑山羊等特色养殖。抓实小额信贷扶持、专业村组培植、动物疫病防控、屠宰检疫、市场交易秩序保障等措施，提高抵御市场风险能力，推进畜牧业产业化进程，全镇共有规模养殖户55户，占全县规模养殖户的50%以上，全镇实现畜牧业总产值2.24亿元。

①新兴的花卉产业
②宽阔的主街道
③彝和园剪影
④省级文明村施大路村村貌
⑤改造后的龙川河
⑥保障性住房
⑦州级文物点——文庙
⑧彝家特色绣品店
⑨支柱产业——烤烟
⑩牟定太极食品有限公司
⑪彝家火腿
⑫野生菌交易市场
⑬民间工艺——铜器

安 乐 乡

安乐乡位于牟定县城东部，乡人民政府驻地距县城32千米，20世纪80年代修建的牟元公路穿境而过，素有“牟定东大门”之称。2013年末，全乡辖13个村民委员会，103个自然村，189个村民小组，5865户24847人，国土面积269.38平方千米。

安乐乡人杰地灵，传统小灶佳酿“力石酒”飘香四溢，扬名县内外；各类民间艺人层出不穷，独具匠心；旅游资源主要有自然风光白马山、晒经松、大弯山、中峰山等，历史文化遗迹圆通寺、传经寺、中峰寺等；有“正月十五”、“二月九”、“三月十二”等民间传统节日。2011年，安乐乡被云南省人民政府列为“省级现代农业型特色小镇”。2012年，《牟定县安乐乡现代农业型特色小镇总体规划》、《牟定县安乐乡排水专项规划》已获省、州、县人民政府批准，乡人民政府正向上级争取项目资金，打造安乐乡现代农业型特色小镇。

近年来，安乐乡多方筹集资金，对乡人民政府所在地原猫街集镇250米老街进行提升改造，修筑集镇河道200米，建成综合集贸市场及大牲畜交易市场各1个。在集镇上建成容积24立方米的垃圾收集池1个，在距集镇3.5千米的荒山箐中建成占地面积40亩的垃圾堆放场1个。修建集镇绿化带，绿化集镇600平方米，种植行道树80株，安装照明路灯6盏；架设长8米、宽15米的圆通桥，使集镇东、西片连成一体；建成长320米、宽20米的圆通街，铺筑长80米、宽10米的步行街1条，新建65平方米的公厕1座，集镇功能不断完善。

安乐乡传统农业以种植业为主，生产水稻、包谷、豆类，支柱产业为烤烟，其次是养殖业。近年来，乡人民政府积极探索，逐渐培育出一些新兴产业，在太极村种植德国米葱260亩，在力石、新田、太极、河心4个村委会种植油茶5640亩，在小屯、蒙恩村委会种植冬桃2800棵280亩，在

羊旧村委会种植冬早蔬菜340亩，在力石村委会发展小灶家酿“力石酒”。

安乐乡小屯村委会小屯村共8个村民小组336户1400人，该村已被列为第二批国家级传统村落保护名录。

境内有白马山、圆通寺、玉皇阁等自然及历史文化遗迹，有石碑、弦子雕刻等民间工艺品。有新田铁矿、硅矿，安益铂钯矿和大民太铜矿。2013年，工矿企业实现工业税收800万元，正常生产能吸纳当地400余农民工就业，可为农民工增收800余万元。

年内，乡人民政府加强特色示范村建设，争取到3267万元资金，为直苴村25户、他不的村101户农户打造3个特色示范村，3个村民房建设已完工，正进行村间设施建设。

年内，加强重点项目建设，实施扶贫整乡推进项目，新建成小（一）型水库1座，完成1座小（二）型水库除险加固工程。争取上级投资430万元建设公租房48套。

①安乐乡扶贫整乡推进项目工作推进会
②传统节日物资交易市场
③“正月十五赶猫街”
④投资430万元的48套公租房
⑤彬胜矿业有限公司车间
⑥改造后的河道
⑦加固后的小（二）型水库——大龙潭坝
⑧即将竣工的中峰水库
⑨羊旧火车站一角
⑩直苴特色村庄建设
⑪传统作物水稻
⑫传统支柱产业烤烟
⑬冬早蚕豆种植

龙川镇

南华县龙川镇地处县城所在地，是全县政治、经济、文化、交通中心。全镇国土面积511.7平方千米，辖29个村委会（社区）、324个自然村、405个村（居）民小组。2013年末，全镇共有30284户83154人，占全县总人口的三分之一。境内居住着汉、彝、白、回等民族，少数民族人口占总人口的21%。镇党委辖党总支（支部）48个，共有党员3611名，其中少数民族党员546名，女党员846名，农村党员2752名。全镇实现农村经济总收入10.93亿元，比上年增加1.34亿元，增长14.02%；农民人均纯收入6952元，比上年增加1159元，增长20.01%；农村固定资产投资4.17亿元，比上年增加1.45亿元，增长53.31%。完成粮食种植面积96573亩，实现产量37901吨。其中种植夏粮43093亩，实现产量8975吨；种植秋粮53480亩，实现产量28926吨。2013年累计收购烟叶169.3万千克，计划内均价27元，综合均价25.31元，实现产值4285.2万元。年内，在镇境片区新

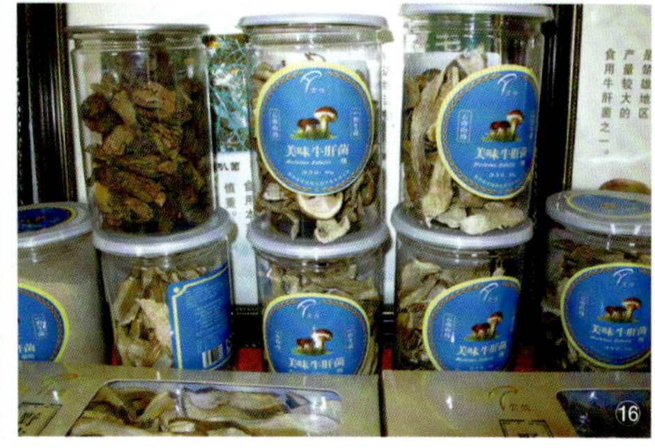

增核桃种植基地1500亩，种植花椒1500亩。全镇完成工业现价总产值30.79亿元，完成营业收入31.36亿元，实现利润总额2.2亿元，上交税金3695万元。年底全镇共有非公有制企业3602户，从业人员17803人。全年共签订招商引资项目合作协议32项，其中新建27项，协议金额19.9亿元，到位资金9.62亿元。

①菌子山风景
②咪依噜风情谷彝村
③龙川镇一瞥
④新兴工业区
⑤吕合煤业有限公司采煤现场
⑥云南华香源香料有限公司生产车间
⑦澜沧江啤酒生产车间
⑧楚雄欣泰实业集团有限公司野生菌分级车间
⑨楚雄名膳堂食品有限公司生产车间
⑩野生菌王选拔大赛
⑪第九届南华野生菌美食节开幕式
⑫彝家拦门酒
⑬彝族迎宾队
⑭绿色生态产品
⑮松露劲酒
⑯牛肝菌产品

沙 桥 镇

②

③

④

沙桥镇位于南华县西北部，距县城 19 千米。东连龙川镇，南靠龙川镇、五街镇，西邻大理州祥云县普淜镇，北接姚安县弥兴、太平两镇，镇政府驻地海拔 1930 米。320 国道、楚大高速公路、广大铁路穿境而过，是通往滇西的必经之路，古有“八郡通衢”之美誉，是楚雄州西大门的第一迎客地，交通区位优势明显。境内资源丰富，有萝卜、洋芋、大白芸豆、野生食用菌等丰富的农业资源；有沙桥豆腐、油腐乳、千张肉、粉蒸肉、酸菜鱼等特色美食。自然风光优美，有毛板桥旅游风景区等自然美景，具有浓厚的彝族风情。

全镇辖 19 个村民委员会，219 个村民小组，国土面积 363.2 平方千米，耕地面积 30352 亩，其中水田 14746 亩、旱地 15606 亩，农业人口人均占有耕地 0.9 亩。2013 年末，全镇共有 11031 户 35254 人，其中，农业人口 8334 户 27833 人、非农业人口 2697 户 7421 人，男女比例分别占 50.35%、49.65%。境内居住着汉、彝、白、哈尼、傣、傈僳、回等民族，其中，汉族 19026 人，占总人口的 53.97%；彝族 16007 人，占总人口的 45.4%。镇党委下设 19 个党总支、88 个党支部（其中机关党支部 8 个、农村党支部 80 个），共有党员 1883 名，其中，农村党员 1697 名、妇女党员 251 名、少数民族党员 978 名。年内发展党员 38 名，其中，少数民族党员 21 名，女党员 11 名。2013 年，全镇实现

农村经济总收入4.7亿元，比上年增长30%，完成目标任务的100%；完成地方财政总收入1132.8万元，增长16.5%；完成地方公共财政收入1016.3万元，增长7.3%；农民人均纯收入6933元，增长20%，完成年度目标任务的100%；完成全社会固定资产投资1.96亿元，比上年增长35.7%；金融机构年末人民币各项存贷款余额分别为2.1亿元和0.53亿元，比年初分别增长28%和10%。

①除险加固后的毛板桥水库
②沙桥文化站
③沙桥中学
④大田爱国主义教育基地
⑤沙桥镇南山寺
⑥沙桥镇楚大公路、320国道、广大铁路交汇处
⑦牛肝菌
⑧鸡㙡
⑨大白芸豆
⑩沙桥洋芋
⑪油菜花田
⑫烤烟种植
⑬洋芋种植

栋川镇

②

③

④

栋川镇是姚安县城所在地，坐落于群山环抱的姚安坝子中央，属蜻蛉河流域的上游，东干渠、西运河、蜻蛉河、东运河、中运河绕城而过。平均海拔1870米，气候温和，雨量集中，地势平坦，土壤肥沃。东以东山为界与前场镇相连，南面的仁和村委会与太平镇相连，西邻官屯乡，北面的竹园村委会、白龙寺村委会与光禄镇相连，国土面积127平方千米。2006年由原栋川、仁和、龙岗、大龙口4镇撤并而成，辖21个村（居）委会，其中，社区居委会4个、村民委员会17个，374个村民小组，总户数32972户，其中农村住户19948户，全镇农业人口67165人，非农业人口24978人，少数民族人口8700人。全镇实有耕地面积61358亩，其中水田53537亩、旱地7821亩。镇党委下辖26个基层党组织、1个社区党委、22个党总支，共有党员3789人。

2013年，全镇实现农村经济总收入22.62亿元，完成地方财政总收入9287万元，完成地方公共财政预算收入7909万元，实现农民人均纯收入7759元，实现农产品加工值7.59亿元，实现企业固定资产投资1亿元；实现粮食总产量28702吨，实现农业总产值8.55亿元；实现规模以下工业总产值34.85亿元；实现乡镇企业总产值34.37亿元；全年完成招商引资新签约项目和续建项目2个，实际招商引资到位资金8700万元。

2013年，全镇共实施了投资400万元的烤房群建设工程、2775万元的中西运河治理工程、128万元的桑水配套工程、98.8万元的抗旱应急机井建设工程、320万元的农业综合开发项目、360万元的移民新村建设工程、4700万元的蜻

蛉河三期治理东运河及蜻蛉引洪沟支砌工程、430 万元的民族特色示范村建设工程、160 万元的彝族特色民居建设工程、396 万元的一事一议财政奖补村组文化活动室建设工程、140 万元的白龙寺小箐水库除险加固工程、162 万元的饮水安全工程、240 万元的老年人日间照料中心工程、126 万元的美丽乡村建设工程、60 万元的新农村省级重点示范村建设工程、25 万元的路面硬化工程等重点工程建设项目。从专业市场建设、特色城镇打造、市场划行归市、统筹改善民生等方面规划城市布局，力求通过东片区、南片区、西北片区的开发建设，有效解决城镇建设和管理中存在的根源问题，推进城市建设和管理，提升城镇形象，改善人居环境，县城面貌焕然一新。

①姚安坝子
②城镇建设
③青少年校外活动中心
④梅葛文化广场
⑤思源实验学校
⑥文艺演出
⑦蚕茧加工
⑧食品加工
⑨农村文艺汇演
⑩奶牛养殖
⑪养鸡场
⑫烤烟种植
⑬规范化大球盖菇种植
⑭姚安蛉河藕粉
⑮山药
⑯黄梨
⑰蔬菜种植

光 禄 镇

光禄镇位于姚安县城北部，东邻前场镇，西倚左门乡，南壤栋川镇，北接大姚县。国土面积136.64平方千米，坐落于群山环抱的盆地之中，省道南（华）永（仁）公路纵贯其中，姚左公路横穿集镇而过，蜻蛉河"玉带"缠腰。西南多山，地势较高，东北有平川田畴，地势平坦，属平坝区，镇人民政府驻地海拔1878米，气候温和，年平均气温16.1℃，年均降雨量698毫米，无霜期252天，日照时间2285.1小时。土壤肥沃，是一个典型的农业镇。

2013年，光禄镇辖光禄、旧城、福光、江尾、班刘、小邑、后营、吴海、新庄、梯子、草海11个村民委员会，63个自然村，158个村民小组。境内主要居住着汉、彝、回、白、哈尼等民族。2013年末有农户10989户，总人口34204人，其中非农业人口3511人，男性人口17042人，女性人口17170人，少数民族人口3044人，约占总人口的8.9%，人口自然增长率为1.4‰。

近年来，姚安县大力加强光禄古镇"特色旅游小镇"建设，加强光禄古镇景观提升改造。由云南景森环境科技有限公司完成光禄古镇景观提升改造设计方案，完成荷塘北面及栈道水杉种植，推进中心岛和周边绿化；完成饮光石箐片区从金科利至龙华寺台阶入口樱花大道整形和部分樱花、香樟

行道树种植任务，完成樱花大道至龙华寺两边坡地整形及绿化苗木种植；饮光石箐叠水台、漂流项目正在建设，白塔山樱桃种植林地流转工作正在洽谈中。

姚安荷塘月色庄园有限责任公司按照项目方案，完成 300 亩荷塘改造，引进种植太空 36 号、太空骄阳、友谊牡丹、美国睡莲、王莲和香莲等观赏藕苗种植，并扩建 300 亩荷塘。通过招商引资引进云南晟瑞农业科技有限公司租用大康郎水库外 780 亩田地种植玫瑰花。

实施赵家、张家、塔脚特色村庄建设，计划用地 78.2 亩，新建 69 户，立面改造 91 户，各项基础设施建设配套完善。

①田园风光
②荷花美食节颁奖
③游客参与荷花美食节活动
④农历二月八日文艺展演
⑤荷城风光
⑥军民总管府古戏台
⑦三丰祠
⑧福禄广场牌坊
⑨龙华寺山门
⑩荷塘人家游人如织
⑪光禄现代观光农业
⑫特色民居

前场镇

②

③

前场镇是楚雄州35个少数民族聚居的乡（镇）之一，位于姚安县东部，东临适中乡，南枕牟定县共和镇，西连县城栋川镇，北壤大姚县金碧镇，距姚安县城23千米，姚（安）牟（定）公路穿境而过，素有“前场关”、“姚安东大门”之称。全镇国土面积305.16平方千米，耕地面积2048亩，最高海拔2757米，最低海拔1840米，中心海拔2140米，年平均气温13.5℃，全镇辖9个村委会，105个自然村，155个村民小组，总人口17252人，彝族人口占74%，是集高寒、冷凉、民族、偏远四位一体的典型山区乡（镇）。

2013年，全镇农村经济总收入25108.5万元，比上年增收3129.5万元，增长14%；地方财政收入803万元，比上年增收117万元，增长17%；农民人均纯收入6605元，比上年增收658元，增长11%；全社会固定资产投资5158万元，比上年增加2008万元，增长64%；招商引资资金870万元，完成下达任务数500万元的174%；非公经济从业人员达2061人，总收入41084万元，比上年增加3871万元，增长10.4%，人口自然增长率控制在4‰以内。全镇经济社会呈现健康平稳发展的良好态势。

近年来，前场镇因地制宜，利用好独特的资源优势，念好“山”字经，在“山”字上做文章，在“冷”字上找出路，走农业特色产业化道路。“彝州高山小菜园”蔬菜园区建设初具规模，以包谷、水稻、烤烟、大蒜、高山生态蔬菜为主，与广云蔬菜种植专业合作社、佳裕蔬菜有限公司协作，加大土地流转力度，种植蔬菜9300亩。其中4500亩大蒜实现亩产值5000元，

全镇大蒜种植共实现产值 2700 万元；山药、百合种植已形成规模化。全力打造前场镇“黑山羊集散地”。巩固集体林权制度改革成果，扶持姚安县济合园红梨基地，建成以红梨、丰水梨、优质桃为主的 1500 亩经济林果园区，管护好全镇 5 万余亩核桃种植成果和 2000 棵丽江雪桃试验示范。

前场镇坚持“适度超前、重点突出、布局合理”的原则，加强集镇基础设施建设，做好集镇绿化、美化工作，加大市场监管力度，改善镇容镇貌，抢抓机遇努力推进特色集镇建设。通过申报争取，前场镇被云南省人民政府命名为“现代农业特色小镇”，被楚雄州人民政府命名为“高原农业特色重镇”，被省住建厅列为楚雄州唯一一家全省“一水两污”治理示范镇。

①蔬菜种植
②农村劳动力转移技术培训
③林果栽培技术培训
④节日的集镇
⑤宽敞的集镇街道
⑥集镇远眺
⑦大蒜种植喜获丰收
⑧美丽乡村建设一角
⑨果蔬外销
⑩特产核桃
⑪中草药种植
⑫山药种植
⑬林果种植
⑭花椒
⑮东方明月荞酒
⑯黑山羊养殖
⑰生猪养殖

金 碧 镇

②

③

金碧镇位于大姚县西南部，东与赵家店、龙街乡为邻；南与姚安县前场镇、光禄镇接壤；西侧与石羊镇、新街镇毗邻；北靠六苴镇；是大姚县政治、经济、文化、商业、交通中心，国土面积454.5平方千米。2013年末，全镇辖18个村委会、9个社区居委会，378个村（居）民小组，总户数22250户，总人口98456人。其中，农业人口82543人，非农业人口15913人，少数民族人口10827人，人口自然增长率0.81‰。年末实有耕地面积57083亩，其中水田37708亩，旱地19375亩。

金碧镇属温暖平坝丘陵山区，最高海拔2680米，最低海拔1850米，平均海拔1860米，森林覆盖率35%，气候温和，夏无酷暑，冬无严寒，年均气温15℃～16℃，霜期120天。境内河流均属长江中上游水系，主要河流蜻蛉河自南入境，流经席坝、马屯、胡屯、钟秀、三槐、范湾、泗溪、厂房，全长约21千米。全镇境内有县管中型水库1件，小（一）型水库6件，小（二）型水库11件，坝塘95件，水池水窖7810件，实际总蓄水量861万立方米。

相传东汉时期有"金马碧鸡"的幻影出现，故有"金碧"之称。镇内群山环抱，蜻蛉河、西河二水环流；城西白塔山顶有白塔，建于唐天保年间（746年），塔高18.4米，上大下小，状如磬棰，俗名磬棰塔，1956年被列为省级重点保护文物，1982年拨款重修建成白塔公园；城东在蜻蛉河与西河交汇处的鲤鱼山顶有锁水塔，巍然耸立；南门外文笔山顶有文笔塔，状如玉笋，直接蓝天；三塔耸立，金碧生辉。坐落于城南15千米仓街妙峰山的古刹德云寺，始建于明朝天启六年（1626年），清康熙五十五年（1716年）重修，占地面积100亩，1998年被列为省级文物保护单位，后经多次修缮扩建，寺内建筑群庄严大方，布局匀称，池、坊、亭、阁交错，四周古树参天，幽雅静谧，设和尚主持大寺，具有较高的历史文物价值。七街仓西村后山麓建有赵祚传烈士陵园，1929年3月29日赵祚传英勇就

义后安葬于此，1933 年其胞兄赵贯一为烈士立碑，1964 年重修烈士墓，1998 年列为省级重点保护文物单位，2011 年进行整修，是全县的爱国主义教育基地。

除县城集市外，有仓街集镇和七街集镇。仓街集镇地势宽阔平坦，交通便利，1984 年列为全州农村集镇规划建设试点，规划范围包括上街、下街和韩湾，街道宽 16 米，延伸至马料山，1998 年被列为省级重点小城镇，经过几年建设，现已建成占地 1000 平方米农贸市场 1 个，修建马料山至海源寺长 2.6 千米、宽 18 米的街道 1 条，修建公厕 2 座，栽行道树 200 余棵，安装了路灯，集镇内供电、通信、给排水等设施配套。七街集镇自 1994 年开始建设，对原来的老街道进行改造和延伸，现街道全长 1200 米，宽 14 米，均为水泥路面，修建下水道、垃圾池和公厕，建农贸市场 1 个，栽行道树 100 余棵，并安装了路灯。集镇上有学校、邮政电信、医院等单位，有个体户近百家，集市繁荣。

2013 年末，全镇实现农业总产值 6.54 亿元，粮食总产量 42000 吨，农民人均纯收入 6687 元；实现地方公共财政预算收入 6287 万元；完成固定资产投资 15 亿元。全镇共有规模以上企业 22 户、民营企业 51 户、个体工商户 3315 户，完成乡镇企业现价增加值 24.6 亿元，完成农产品加工总产值 12.93 亿元。

①大姚县城新貌
②大姚白塔
③小把粉丝生产
④餐饮培训
⑤科技示范户基地现场培训
⑥九三学社楚雄州委开展义诊
⑦群众文化
⑧志愿服务
⑨核桃产品包装
⑩超级稻新品种“楚粳 28 号”种植示范
⑪老桑园改造培训
⑫烤烟中耕管理
⑬蔬菜种植现场培训
⑭优质仔猪
⑮努比亚黑山羊
⑯蛋鸡规模养殖
⑰桑蚕养殖

新街镇

大姚县新街镇距县城17千米，国土面积218平方千米，辖9个村委会112个村民小组，总人口27574人，实有耕地面积26824亩。有汉族、彝族、白族、壮族、哈尼族、傣族、苗族等15个民族聚居，森林覆盖率52%。主要支柱产业以烤烟、核桃、花椒、蚕桑和畜牧业为主，被誉为现代农业特色小镇、畜牧养殖示范园区、花灯艺术之乡。

新街镇交通便捷，是距离县城最近的乡(镇)，县城通往其他8个乡(镇)的交通主干道姚石线、西六线、瓦湾线穿境而过。境内水源丰富，有小（一）型水库6件，小（二）型水库9件，1万立方米以上坝塘51件，1万立方米以下小坝塘182件，水池、水窖4230件，总蓄水量1620万立方米。

2013年，全镇实现农业生产总值26350万元，实现地方财政总收入832万元，农民人均纯收入5951元，粮食总产量15005吨，固定资产投资达13462万元，招商引资实际到位资金2780万元，信用社存款余额14100万元、贷款余额8526万元，人口自然增长率1.85‰。

2013年，新街镇紧扣现代农业特色小镇的发展定位，不断调整优化农业产业结构，以发展高原特色、高效节水的现代农业带动群众增收致富。粮、烟、畜等传统产业稳步推进，林（核桃、花椒）、桑、药等特色产业快速发展，基地规模不断扩大，产量产值不断提高。围绕“烤烟提质年、蚕桑跨越年、花椒突破年、核桃扫尾年”总体目标，大力引导“三叶进田、三果上坡、科技唱歌”。粮食产量实现稳中有升。大力调整种植结构，推广地膜覆盖，科学合理调度生产用水，播种面积73790亩，粮食总产量15005吨。烟叶生产实现提质增效。以强化科技措施，优化烟叶结构为抓手，深入推进现代烟草农业建设，完成107.5万千克烟叶生产收购任务，产值2800万元。蚕桑产业实现新跨越。以建设夏—芦—斑蚕桑经济带为着力点，大力培育丰产桑园，发展新植桑园1909亩，桑园面积达1万亩，养种6232张，产茧230吨，实现产值1000万元。核桃种植规划实现全扫尾。年内发展新植核桃25936亩，全镇核桃种植面积达

93276亩，全面完成了“十二五”期间核桃种植规划任务。花椒生产实现新突破。切实加大花椒产业的培育力度，发展新植花椒16237.6亩，全镇花椒种植面积达28000亩。中药材产业不断发展壮大。以大古衙中药材示范基地建设为抓手，落实中药材产业发展扶持政策，引进企业示范带动，鼓励群众大力发展中药材种植，年内发展种植中药材1000亩。畜牧养殖示范园区雏形显现。充分发挥碧么畜牧养殖示范区辐射带动作用，发展生猪规模养殖户28户、肉牛规模养殖户33户、肉羊规模养殖户10户、家禽规模养殖户5户、努比亚黑山羊养殖场3个、桑园土鸡养殖场1个、八点黑肉兔养殖场1个，实现畜牧业产值8644万元。

新街素有“花灯之乡”美称。每年的正月十五是新街镇传统的元宵花灯节，各村业余文艺演出队竞相演出，节日氛围浓厚。龙山风景区是著名的佛教文化圣地，森林密布，流水潺潺，文物古迹较多，文化底蕴深厚，旅游资源丰富。

①全县烤烟生产现场会在新街镇召开
②大姚县工商联（商会）新街镇分会第一届会员大会表彰优秀个体工商户
③农机展示培训
④花灯文艺演出
⑤大古衙千亩连片烤烟样板
⑥晚秋作物套种豌豆
⑦魔芋连片种植
⑧龙山美景
⑨中药材灯盏花种植
⑩蚕茧收购
⑪黑山羊
⑫核桃育苗基地
⑬晚秋玉米套种
⑭丰产桑园
⑮规模化三七种植
⑯百合连片种植

石羊镇

石羊镇位于大姚县西北部，距县城35千米，距大理州祥云县100千米，是大姚县通往三台、三岔河、铁锁3个乡(镇)的必经之地。全镇国土面积407平方千米，辖14个村委会（社区），195个村民小组，农业人口26385人，其中彝族人口占20%，是一个典型的半山区乡(镇)。2013年，全镇农业生产总值32961万元，农民人均纯收入6469元，财政总收入997.1万元。

石羊是千年盐都、祭孔圣地、文化名邦。1995年被省人民政府命名为首批历史文化名镇，是云南省60个特色旅游小镇之一，也是楚雄州重点开发的4个旅游古镇之一，2010年5月被评定为国家AAA级旅游景区。石羊古盐井群于2011年初通过国家级重点保护文物终审。2011年10月，石羊镇第3次被中共楚雄州委、州人民政府命名表彰为文明乡（镇），石羊古镇旅游公司获评云南省最具成长性文化企业。

石羊是历史悠久的千年盐都。石羊古代又称“白盐井”，至今已经有2100年的制盐史，盐业最为兴盛的明末清初，每天盛产食盐达8万千克，每年上缴税银达61000两，历史上经济、社会、文化十分繁荣。

石羊是远近闻名的祭孔圣地。石羊孔庙始建于明洪武元年（1368年），系孔子第64代孙孔尚昆在石羊白井任提举时所建，孔庙内供奉着当今仅存的世界上最大、做工最精美、保存最完整、历史最悠久的孔子铜像，孔庙内的封氏节井浮雕是镇庙之宝，被誉为石羊的“清明上河图”。孔庙建成后，石羊地区文风盛行，人才辈出，朝拜者络绎不绝，仅明清两代在朝廷科举考试中中试258人，其中翰林2人，进士7

人，举人 69 人，贡生 100 余人。

石羊是众所周知的文化名邦。石羊古镇是原盐丰县城所在地，1958 年撤盐丰县并入大姚县，是晚清著名书法家布青阳（唐继尧墓碑撰写者）、《小河淌水》原曲作者高梁、抗日女侠罗衡、原云南黄埔同学会会长白太常的故乡。在石羊，儒、佛、道、彝等各种文化融合发展、交相辉映、蔚为壮观。孔庙、晒盐篷、古盐井、香水河、孔子铜像、南北二塔、封氏节井浮雕以及七寺八阁九庵二十四桥等，构成了独具特色的文化景观。

为恢复古镇历史风貌，进一步打造石羊古镇“千年盐都、祭孔圣地”的旅游品牌，石羊镇通过积极争取政府投资和招商引资，融资 8000 余万元开发建设石羊古镇，古镇规划和旅游基础设施日趋完善，文化景观逐步恢复，开发管理更加规范，对外形象大幅提升，游客人气不断攀升。2013 年，石羊古镇共接待游客 15.6 万余人，旅游综合收入 1500 余万元。

①石羊孔庙
②石羊文化站提升打造为石羊弘文轩
③免费开放的电子阅览室
④一年一度的祭孔节
⑤图书阅览室一角
⑥石羊古滇剧演出
⑦省花灯剧院惠民演出
⑧村小组文化室建设
⑨石羊古寺——圣泉寺
⑩里长园水库
⑪万亩连片桑田
⑫石羊二十一座风雨桥之——彩虹桥
⑬石羊古镇一角
⑭接官亭
⑮香水河治理

永定镇

永定镇是永仁县城所在地。京昆高速公路、国道108线、南永二级公路和成昆铁路贯境而过，辖区东面与四川省凉山州会理县隔江相望，东南与元谋县接壤，南与莲池乡相接，西与猛虎乡、维的乡相连接，北与四川省攀枝花市相毗邻，有云南北大门“咽喉要塞”之称。最高海拔2240米，最低海拔1520米。2013年末，全镇总人口30150人，少数民族人口占总人口的57.47%。年平均气温17.2℃，年日照时数居全省第一，全国第二，有“阳光城”的美誉。

近年来，镇党委政府围绕省州县党委、政府“翻两番、增三倍、促跨越、奔小康”总体要求，以“转方式、调结构”作为经济工作的重大任务和主攻方向，坚持“工业大镇、农业稳镇、城建兴镇、和谐建镇、生态立镇、从严治镇”六大战略，按照“全党抓工业，重点抓招商，突破大项目，着力调结构”的工作思路，以项目建设为“引擎”，把工业作为经济发展的“脊梁”，把园区作为托起永定发展的“核心地带”，

为全面开启"小康镇"建设，实现科学发展新跨越奠定基础。

2014 年 1～6 月，全镇实现农村经济总收入 21100 万元，比上年同期 17000 万元增长 24%；固定资产投资完成 620 万元，完成县人民政府下达目标任务的 20.67%；招商引资到位资金 7500 万元，完成县人民政府下达目标任务的 120.5%。

①诸葛营开村仪式
②村民委员会换届
③诸葛营村恢复重建统建点乔迁新居座谈会
④城乡共建
⑤彝族迎宾号
⑥求知
⑦苴却砚制作
⑧花卉产业
⑨劳务输出
⑩农村劳动力转移就业培训
⑪村民素质提升工程
⑫村民"充电"忙
⑬葡萄套袋栽培
⑭桑蚕养殖
⑮丰收的萝卜

宜就镇

宜就镇位于永仁县城西南部，距县城 20 千米，国土面积 331 平方千米，境内最高海拔（永仁最高峰大雪山）2884 米，最低海拔 1220 米，立体气候明显。全镇辖 12 个村委会 119 个村民小组 5129 户 16456 人，其中彝族人口 9487 人，占 58%，集镇常住人口 1480 人。辖 9 个党总支，90 个党支部（含行政村党支部 3 个），有党员 968 名。耕地面积 20032 亩，林地 240.89 万亩。有小（一）型水库 3 座，小（二）型水库 22 座，小坝塘 94 座，全镇通公路里程 358 千米，南永二级公路过境里程 20 千米。全镇有文化站 1 个、器乐传习所 1 所、农村书屋 12 个、有小学 3 所、幼儿园 1 所，有卫生院 1 个、卫生所 12 个。集镇建成区面积 1 平方千米，道路、给排水、绿化、电力通讯等市政基础设施实现全覆盖，总投资超过 10 亿元。2011 年被列为全省现代农业特色小镇。2013 年，全镇农村经济总收入达 1.98 亿元，增长 10%；农民人均纯收入 5433 元，增长 20%；完成固定资产投资 2290 万元，招商引资 1000 万元。

宜就镇交通便利，区位优势明显，主要产业有烤烟、粮经、畜牧、核桃、板栗、蚕桑和葡萄。镇党委、政府紧扣“围绕发展抓党建、抓好党建促发展”的党建工作思路和“培支柱产业，兴特色集镇”发展定位及“一核五片一带”的产业发展布局，促进全镇经济社会又好又快发展。镇情可以概括为：永仁南大门，生态农业镇，特色商贸镇，民族文化镇。

①永仁县最大的自然村落——外普拉
②特色民居彝人新村
③异地扶贫搬迁——火把新村、彝人新村
④规模化种植
⑤宜就镇现代农业小镇建设现场推进会
⑥烤烟分级捆把培训
⑦繁华的宜就集镇
⑧“火把山”跳脚场
⑨着彝族刺绣服装的妇女
⑩民族刺绣传承
⑪民族文化传承
⑫老有所养——宜就敬老院
⑬芒果丰收在望
⑭烤烟连片种植
⑮板栗规模化种植
⑯黑山羊养殖
⑰生猪养殖

元 马 镇

元马镇地处元谋县中部，是元谋县政治、经济、文化中心，南距州府楚雄市城区 103 千米，东南距省会昆明市城区 180 千米，全镇行政区域面积 133.4 平方千米。2013 年辖马街、张二村、双龙、翠峰、东城、大沟、龙泉、清和、摩诃、星火 10 个社区和乐甫、禾阳、丙华 3 个行政村 95 个自然村 117 个村（居）民小组。年末全镇总人口 23487 户 59282 人。其中非农业人口 32603 人；少数民族人口 14501 人，占 24.46%。主要少数民族有彝族 9812 人、傈僳族 2516 人、回族 1468 人。

2013 年全镇完成工农业总产值 43.7 亿元，比上年增长 16.86%。完成固定资产投资 5.78 亿元，比上年增长 48.41%。完成招商引资 9.89 亿元，比上年增长 112.92%。地方财政总收入 3346 万元，比上年增长 24.85%。全镇农民人均纯收入 9885 元，比上年增加 1634 元，增长 19.8%。个私经济 4189 户，从业人员 1.96 万人，个私经济总产值 50.84 亿元，实现营业收入 64.18 亿元，实交税金 3858 万元。年末全镇实有耕地 39104 亩，其中水田 21903 亩、旱地 17201 亩。全年播种农作物 8 万亩。年末城乡居民储蓄存款余额 21.85 亿元。

提升绿色产业，农村经济稳步发展。加快推进现代特色农业发展步伐，促进农业增效、农民增收，全镇种植蔬菜 32877 亩。特色林果产业发展壮大，全镇种植林果 12733 亩。规模养殖户带动效应明显增强，发展规模养殖户 28 户。加快农业专业合作组织发展步伐，新成立农业专业合作组织 22 个。

积极帮助企业做好协调和服务，依托农产品加工园区，加大招商引资力度，促进企业转型升级。源谋仁等 8 家农产品加工企业和愚公实业等 2 家建材企业已完成技改、扩建。新引进的华宇商品混凝土搅拌站建设项目已竣工。全镇有规模以上企业 7 户，小商品开发与旅游产业融合推进。全年企业商标注册 5 个，新产品开发 12 个。

加大项目争取和实施力度，不断夯实发展基础。投资 1500 万元完成大箐河泥石流治理工程；投资 503.38 万元实施清和片区农业综合水价改革示范建设项目；投资 655.52 万元实施人饮安全工程 11

件、农村小型水利工程 23 件，水利设施不断完善；投资 2819 万元，完成土地占补平衡项目、高效节水灌溉建设项目和农业综合开发建设项目。

城镇建设实现新突破。源达路建成通车，突破了城市建设由点到线的格局。3514 套保障性住房建设项目和泷淇·泷庭、金汇·双城等房地产项目建设顺利推进，润园、天城花园等房地产项目即将开盘，提升了县城的城市品位和档次。

新农村建设实现转型升级。投资 603 万元，实施扶贫整村推进项目 12 个、一事一议财政奖补项目 7 个和省级重点新农村建设项目 2 个，实施农村危房改造 100 户，已竣工 80 户。

创新社会管理，社会保持和谐稳定。扎实推进平安元马建设，认真落实信访和矛盾纠纷排查调处工作责任制，畅通群众诉求，一批矛盾纠纷和信访突出问题得到有效化解。全年排查调处矛盾纠纷 840 件，调处成功 805 件，成功率 95.8%；受理信访件 104 件，办结 98 件；受理群众诉求 310 件，均已办结。严厉打击各种违法犯罪活动，全年立刑事案件 695 件，破案 184 件；受理治安行政案件 570 件，查处 420 件。

①城镇建设新貌
②农村剩余劳动力转移培训
③便民服务窗口
④法制安全进校园宣传活动
⑤基层文化室建设成效显著
⑥长势良好的石头番茄
⑦特色水果莲雾喜获丰收
⑧芦荟收割
⑨现代番茄育苗
⑩玉米高产技术观摩
⑪特色新农村
⑫县城休闲广场
⑬元马镇一瞥

黄瓜园镇

黄瓜园镇位于元谋县中北部，镇人民政府驻地安定村，海拔1050米，距县城15千米，全镇行政区域面积200平方千米。2013年末，全镇辖安定、点连、海洛、雷弄、舍多、中兴、领庄、龙山、苴林、金雷、牛街11个行政村，87个自然村，79个村民小组，12644户37490人。长期以来，黄瓜园镇党委政府紧紧围绕“富民、强镇、和谐”目标，着力于经济、社会、文化、政治、集镇建设，有效促进全镇经济社会协调发展。

着力经济建设，夯实发展基础。坚持以经济建设为中心，全面抓好万亩绿色蔬菜规模化示范区建设、葡萄标准化示范园建设、点连青枣区域化示范区建设，积极培植山区半山区产业发展。抓好工业园区建设。加快推进小雷宰工业园区建设步伐，开展好招商引资、培树企业和服务企业工作，以商贸流通、餐饮服务和乡村旅游联动发展拉动经济快速发展。全年全镇预计完成工农业总产值87649万元，完成固定资产投资10557万元，完成招商引资38200万元，完成财税总收入476万元，实现农民人均纯收入8548元。

着力社会建设，营造和谐环境。坚持为民服务，加强社会建设，不断完善镇、村公共卫生服务体系建设，切实加强妇幼保健、疾病预防和计划生育工作；不断加强社会保障工作，提高城乡最低生活保障水平；坚持教育优先，巩固“两基”成果；健全为民服务机制，认真落实各项惠民政策，提高人民群众生产生活水平，努力营造和谐环境，提升群众的安全感和幸福感。

着力文化建设，提升文明素质。加强覆盖城乡公共文化服务体系建设，抓好“七小”文化工程的实施，加强群众素质教育、改善硬件设施条件，积极培树先进典型，全镇上下逐步形成比学赶超、创先争优的良好氛围，群众文明素质不断提高，精神文化生活更加丰富多彩。

着力集镇建设，加强规范管理。突出抓好集镇规划建设。加强集镇基础设施建设。紧紧抓住黄瓜园集镇被确定为“全国重点镇”及“云南省特色小镇（商贸）”的有利时机，采取盘活闲置资源、争

取项目资金、引导民间资本投入等形式，进一步加强集镇区基础设施建设。启动实施7号街路面硬化及管网建设工程、黄瓜园集镇街道太阳能路灯亮化工程和108国道升级改造、黄瓜园集镇区道路硬化工程项目；加快推进垃圾处理场项目建设，切实做好污水处理厂项目的可研编制、规划评审、申报立项等工作，争取项目早日开工建设。健全完善集镇管理机制。在现有集镇管理的基础上，大胆探索，高度重视当前集镇管理工作当中存在的问题和不足，逐步弱化在集镇管理过程中的行政干预力度，积极探索集镇管理市场化运作的路子，按照“属地管理、政府监督、市场运作、区域包干”的原则，不断建立健全集镇管理制度。加大对以路为市、车辆违规停放、违章搭建及市容脏乱差等突出问题的整治力度，最终实现集镇布局合理、功能完善、管理规范、环境整洁的目标。

着力政治建设，促进经济社会协调发展。坚持以加强党的执政能力建设和先进性建设为主线，全面加强党的思想建设、组织建设、作风建设和反腐倡廉建设，不断提高基层党组织推动科学发展的能力和水平。坚持把思想政治建设放在首位，扎实推进社会主义核心价值体系建设。深入开展群众路线教育实践活动，真情服务、推动发展、促进和谐。加强反腐倡廉建设，认真落实领导干部廉洁自律各项规定，全面推行党务公开、政务公开、村务公开、村组收入委托代管和村级事务一事一议制度，畅通群众诉求和监督渠道，进一步融洽党群干群关系。

①东方红葡萄园基地
②百亩番茄连片示范基地
③百亩连片黄豆种植基地
④连片玉米基地
⑤第八个文化遗产日展演
⑥黄瓜园镇广场舞比赛
⑦建党93周年文艺汇演
⑧水稻联防
⑨黄瓜园镇小广场全貌
⑩雷丁生态园千年“酸角王”
⑪农业科技示范
⑫便利的交通
⑬繁荣的农产品交易市场
⑭腊海金特色村庄建设
⑮村民文化休闲

狮 山 镇

②

③

④

⑤

⑥

狮山镇于 2006 年 2 月 18 日由原近城镇、九厂乡合并而成，为县人民政府驻地，是全县政治、经济、文化中心。同时“是县委、政府重点工作的核心，是武定县社会维稳工作的重心，是服务于县委、政府和各部门工作的磨心，是省州县各项工作试验、示范、调查研究的中心”。

狮山镇国土面积 407 平方千米。总耕地面积 55364 亩，其中，水田面积 33999 亩（雷响田 3368 亩），旱地面积 21365 亩（水浇地 2213 亩）。最高海拔 2632 米，最低海拔 1701 米，年均气温 15.1℃。

全镇辖中马、西门、北街、南街、东岳、旧城、香水 7 个社区以及狮山、狮高、矣波、麦岔、铺西、永宁、西和、乌龙、恕德、古柏等 21 个村委会，共 292 个村民小组 26505 户 82547 人，其中，乡村户数 15966 户；农业人口 50491 人，占 61.2%；非农业人口 32056 人，占 38.8%；流动人口约 1.8 万人。境内居住着汉、彝、苗、回等 19 个民族，少数民族人口 27277 人，占 33.04%。

全镇粮食作物以水稻、玉米、小麦、蚕豆等为主，总播种面积 98747 亩；经济作物以烤烟、山药、莲藕、辣椒等为主，总播种面积 45678 亩；经济林果以板栗、核桃、樱桃、苹果、桃、梨等为主。2013 年，实现农业生产总值 46966 万元，完成乡镇企业总收入 377610 万元，完成现价总产值 385551 万元；上缴国家税金 13706 万元；完成固定资产投资 11700 万元，完成招商引资 23200 万元，实现农产品加工产值 54905 万元，农村经济总收入 8.16 亿元，增长 25%；全年财政决算支出 3216.6 万元。冶金矿产业平稳发展。实现产值 14.9 亿元，实现利润 2.66 亿元，上交税金 4236 万元，劳动者报酬 5947 万元。特色旅游业蓬勃发展。28 家农家乐全年共接待游客 10 万余人次，营业额 800 万元。现代烟草产业提质增效。种植烤烟 7162 亩，收购烟叶 94 万千克，实现烟叶产值 2653 万元、税收 583 万元，均价 28.23 元。畜禽养殖业健康发展。武定鸡出栏 39 万只，生猪出栏 9.5 万头，牛出栏 7112 头，山绵羊出栏 1.78 万只，家禽出栏 111.6 万只，畜牧业产值 2.3 亿元。绿色产业创新发展，食用菌、中草药等实现产值 2250 万元。

境内有农村公路 421.7 千米，其中，四级以上 14.8 千米，等外 406.9 千米，沥青水泥路面 49.6 千米，砂石路 61.7 千米，土路面 310.4 千米；桥梁 15 座 132 米；涵洞 172 道 1038 米。有 126 个自然村实现了通村道路硬化，有 175 个自然村实现村间道路硬化。

作为全县农副土特产和商品交易的集散中心，全镇有县城和九厂两个集镇及正在开发建设的禄金冷村小集镇。

有小（一）型水库5件，小（二）型水库20件，小坝塘228件，水池205件，水窖1081件，小型泵站22件，水闸2件，沟渠330件816条198千米，总蓄水量1075万立方米。

人民生活水平稳步提高，粮食总产量达32489吨，肉类总产量11394吨；农民人均纯收入6750元，城镇居民可支配收入22456元；人口自然增长率4.53‰。

东距省会昆明72千米，西离州府楚雄160千米，北距禄劝县城7千米，永武、武昆高速公路及108国道、安武公路横穿全境，交通、通讯较为便利，具有良好的区位优势。

境内蕴藏着丰富的钛、铁、铅锌、木纹石等矿产资源及林业资源、野生食品资源，初步探明的铁矿储量2.46亿吨、钛矿储量1500万吨，是全县新型工业化建设的重点乡（镇），也是名副其实的工业重镇。闻名遐迩的国家AAAA级风景名胜区“狮子山”历史悠久，钟灵毓秀。

作为唐朝南诏时期以雄冠西南乌蛮三十七部而闻名于世的罗婺故地，19种少数民族互相交融，用勤劳和智慧共同创造了具有浓郁民族特色的、灿烂辉煌的民族文化，留下了丰富而宝贵的文化遗产；有着全国佛教“八小名山”美誉的狮子山有着浓郁的佛教文化。全镇有文化室58所、文艺队50支1000余人，全年共为群众义务演出1000余场次；利用民族传统节假日适时开展耍龙舞狮、花灯、民歌演唱和文化知识竞赛活动，烘托节日气氛、活跃群众文化生活。

①城镇化建设——罗婺风光
②香水中学
③新农村特色文化活动室
④具有地方民族特色的农家乐
⑤狮山镇新貌
⑥狮山小学
⑦农家书屋
⑧牡丹文化旅游节开幕式
⑨苗族芦笙舞
⑩斗牛赛
⑪武定壮鸡养殖
⑫现代化育苗设施
⑬九厂优质水稻种植示范
⑭狮山牡丹

猫街镇

猫街镇位于武定县西南部，东邻狮山镇，南邻禄丰县仁兴镇，西接禄丰县中村乡、元谋县羊街镇，北邻白路乡、高桥镇，全镇东西长52千米，南北长94千米，国土总面积447平方千米。辖区内有猫街、百子、仓房、汤郎、白云庵、永泉、大麦地、龙庆关、秧草地、七排、大厂、地冲、五拃甸、半山、三家村等15个村民委员会，159个村民小组，235个自然村。境内蕴藏着丰富的铁、铜、锌等矿产资源，储量达2745万吨，拥有得天独厚的山林及野生植物资源，“一点红”雀嘴茶（年产量达50吨）、杨梅、松茸、野生菌等属于武定特产，森林植被中生长着草乌等数十种名贵中草药。镇人民政府所在地距县城30千米，距省会昆明约110千米，距108老国道14千米，永武高速公路贯穿境内7个村委会57个村民小组，并有两个立交出入口，交通便捷，区位优势明显。

随着云南省加快推进210个特色小城镇建设的实施，猫街被列为工业型特色小镇，得到省人民政府的优惠政策扶持。猫街镇投入近70万元经费委托省城乡规划设计研究院编制了特色小镇规划，规划范围为：东至汤郎村委会边界，南至新村湖水库，西至镇区西部山体，北至高桥镇边界，规划范围总面积约为9.02平方千米，规划期限为2011~2030年；环境发展目标是到2030年，环境基础设施良好，污染物排放总量有效控制，生态环境良性循环，将猫街建设成为一个实力雄厚，环境优美洁净，生活和谐舒适，山清水秀的生态环保型城镇；环境保护目标是大气环境质量优于二级，水体环境质量优于功能区划标准，饮用水水源水质达标率90%，生活区区域环境噪声平均值小于或等于55分贝，烟尘控制区覆盖率达90%，工业废气达标排放率达70%，综合污水集中处理率达70%，工业固体废弃物综合利用处置率100%，生活垃圾无害化处理率100%；依据猫街区位、资源分布、创业发展特点分析，猫街特色空间结构可概括为：“两轴、六区”，即：特色产业发展主轴、特色产业发展次轴；工业特色小镇风貌区，山林、瀑布、田园特色风貌区，生态山林特色风貌区，中部工矿特色风貌区，山、湖、花、田、洞特色风貌区，东北部工矿特色风貌区。依据猫街镇镇情重点发展畜禽养殖业、烟草种植业、绿色食品业、冶金建材业、旅游文化业。

规划对猫街镇城镇的发展建设进行了准确定位，以着力打造“优秀旅游乡村度假镇、生态文明示范镇、工业发展示范镇、现代烟草农业示范镇、民族团结示范镇、科学发展示范镇”的总体思路，紧紧围绕新农村建设这一主题，强化产业调整和扶贫开发两个重点，夯实农业、集镇、交通三大基础，建设烟草、核桃、

蔬菜、矿产品四大基地，培强烟草、林果、畜禽、矿产四大产业，坚持“保增长、扩内需、调结构、促发展、保稳定”的发展思路，紧紧抓住国家新一轮西部大开发、云南省“两强一堡”建设重大机遇，坚持以民生民力为根本，以项目建设为依托，以重点工程为突破，以组织建设为保障，以开展“创先争优”活动为载体，团结带领全镇各族人民群众立足镇情，克难攻坚、奋发图强，实现镇域经济社会又好又快发展。

通过牢固树立生态建设理念，长期坚持资源开发利用和环境保护相结合，坚持产业结构调整和所有制结构调整相结合，切实加强以烤烟、养殖业、林果业为重点的高效农业和能源、交通、通讯、水利等基础设施建设，在加快以矿产生产为重点的第二产业发展的同时，大力发展第三产业，加大非公有制经济的发展和对外开放的力度，已初步形成功能完善、宜居宜业、特色鲜明的小城镇。

近年来，猫街镇党委、政府投入近70万元特色小镇规划经费委托省城乡规划设计研究院编制了特色小镇规划，投入2000余万元完成了项目建设用地征用工作；投资近1000万元的猫街、百子两个村委会土地开发整理项目、投资1.9亿元的仁和水库建设项目、投资1800万元的集镇供水设施改扩建工程及投资2300多万元的污水处理厂、年产600万吨总投资1.3亿元的水泥生产线建设项目、日处理2000吨低品位氧化铜的技改项目、永泉工业园区项目、新村湖旅游景区开发项目的可研及初设工作有序开展；猫街镇集镇供水和污水处理厂项目已通过省级评审。村级公益事业“一事一议”财政奖补、农村地震安居工程、人饮安全、新农村建设项目、扶贫整村推进等项目稳步实施，基础设施建设得到加强。

①党的群众路线教育实践活动集中学习
②村委会书记外出交流学习
③乡（镇）村文化管理员培训
④村级活动场所建设
⑤正月十五跌脚会
⑥教育教学规范化
⑦老有所养
⑧蘑菇种植
⑨农村饮水工程建设
⑩丰收季节
⑪优质核桃
⑫优质烟草
⑬田烟管理
⑭河道改造
⑮大棚育苗
⑯万翔矿业公司
⑰交通便捷的猫街镇
⑱选矿厂

金 山 镇

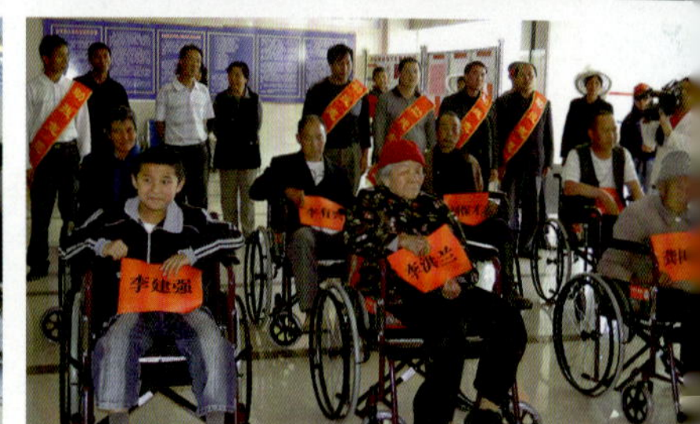

金山镇位于楚雄州东部，禄丰县中部，东邻和平镇，南接土官镇、恐龙山镇，西壤一平浪镇，北连中村乡，是禄丰县县城驻地和全县的政治、经济、文化中心，距省会昆明92千米，距州府楚雄83千米，320国道和成昆铁路横贯全镇，素有“九州通衢，西省驿站”之称，是恐龙化石和腊玛古猿化石的发掘地。2013年末，金山镇辖区总人口80401人（其中女性39889人），总户数33473户。辖南门、西门等8个社区居委会，小街、拖罗甸等15个村民委员会，共225个自然村、411个村（居）民小组。

2013年，金山镇全年实现地区生产总值40.66亿元，实现地方财政总收入22996万元，增长11%，其中地方公共财政预算收入14829万元，增长17.4%；固定资产投资完成46104万元；农民人均纯收入9070元；一、二、三产业比重为6:73:21，全镇经济社会持续发展。全年种植烤烟8300亩，收购烟叶115.8万千克，实现产值3013万元，均价26.01元；实现乡镇企业现价总产值102.6亿元，其中，工业总产值完成81.5亿元，建筑业完成30363万元，交通运输业完成89984万元，商饮业完成62698万元，其他行业完成27946万元，实现利润45282万元，实缴税金36500万元；全年新增规模以上工业企业2户，实现规模以上工业企业总产值73.7亿元。全镇现有限额以上商贸流通企业37户，其中，企业22户、个体工商户15户，完成限额以上商贸流通业商品销售额8.9亿元，增长17%。工商业基础地位得到进一步巩固。

镇辖区内共有初级中学3所，中学教师251人，教学班73个，在校学生3992人；有小学4所（共21所完小），教学班191个，小学教师452人，小学在校学生7163人；有民办幼儿园10所、公立幼儿园2所、学前班15个，小学入学率100%、巩固率100%，初中毛入学率104.7%、巩固率98.7%，“两基”成果得到巩固和提高。

全镇建成农村文化活动广场2个，完成了2355套“户户通”工程建设任务；组织业余文艺队进村入户演出285场次、观众达3万余人次；开展电影“2131”工程放映工作，放映电影180场次，丰富了群众的业余文化生活。

县人民政府确定的滇中产业聚集区（新区）建设等20项重要工作、禄丰县第二自来水厂等3项重点在建项目、禄丰青青防水材料厂等10项重点新开工项目、城市基础设施建设利用亚行贷款项目禄丰子项目等5项前期项目在金山实施。

整合实施新农村、扶贫整村推进、“一事一议”财政奖补建设项目30个，投入资金2540.3万元（含群众投工投劳折资），改善了30个村民小组4500余人的生活条件；完成了禄丰火车南站、禄城风景及城市河道治理等6个重点项目建设用地671.9亩的征地工作，确保项目顺利推进。投入资金820万元，全面推进金台佳苑安置小区排水、道路等基础设施配套建设；组织实施了省纪委在“四群”教育活动中帮助协调争取的产业调整、水利设施、道路交通、阵地建设、扶贫整村推进5方面的惠民工程22个共1250万元项目建设。

全年全镇共投入水利建设资金2135.4万元，完成杨家庄中低产田改造、秀宁隧道水源应急饮水、烟田小水窖等农田水利建设项目6个；完成大洼荒田、南雄张家营、炼象关大龙潭等农村安全饮水工程项目9个；完成河口老旱田、杨家庄野猫洞等4件小（二）型水库除险加固工程；

新建沼气池 350 眼，兑付资金 35 万元；完成县级社会主义新农村试点村建设项目 6 个，整合资金 141.08 万元；申报安居工程建设指标共计 120 户，相关信息已全部录入全国农村危房改造信息系统；实施“一事一议”财政奖补项目 13 个，其中普惠制项目 11 个、示范村项目 1 个、美丽乡村项目 1 个，兑付财政奖补资金 398.74 万元；完成扶贫整村推进项目工程 14 个，极大地改善了村民生产生活条件。

全镇有卫生院 1 个，实收新农合参合资金 280.22 万元，参合率 100%。办理城镇居民医疗保险 16100 人，新型农村及城镇养老保险试点工作顺利实施，全镇参保 31936 人，共为 7411 人发放养老金 533.6 万元。与辖区单位签订社会综合管理年度责任书 146 份，对 2012 年综治工作成绩显著的 20 个先进单位和 10 名先进个人进行了表彰奖励。

辖区内的炼象关是从昆明至大理古都沿途遗存的“九关十八铺”中的第三关，即昆明碧鸡关、土官老鸦关到炼象关。炼象一名，始称于元代，因该地有红色巍峨的高山，远远望去其形如经火炼过的大象而得名。从关口到关尾全长 750 米，共建有 5 座关楼，1 座石拱桥和数十家盐商庭院，实为罕见，炼象关古驿道宽 4 米，用当地坚硬的青石铺就，经多年风雨剥蚀后，依然可清晰看到当年马蹄留下的印痕，是西南丝绸之路和明清时期滇西经济命脉的重要驿站，历史上商业文化相当发达。

炼象关是省内现今保存得较为完整的古关隘，2002 年按规定距离划分不同等级的控制地带，执行不同等级的保护规定，对炼象关历史文化资源进行保护，把炼象关作为旅游小镇进行开发建设，全面提升金山文化产业亮点，打造金山文化旅游品牌。2008 年，金山镇人民政府制定了《禄丰县炼象关历史文化名村保护管理暂行规定》，并向禄丰县人民政府上报；对炼象关的乡村道路、街面石板路及排水系统进行改造整治，修复了炼象关主关楼、重关楼、过街楼和衍庆桥，搬迁了“三华寺”内腰站小学，对影响关楼修复工程的农户进行搬迁。2013 年 12 月，镇人民政府投入资金 223 万元，再次对 320 国道杨家庄至炼象关 2.3 千米沙石路面进行水泥路面硬化。

①法律服务进社区
②交通安全知识培训
③村民委员会换届选举
④志愿者服务
⑤社区便民中心
⑥为残疾人免费发放轮椅
⑦投资 1 千多万元的云南金恒宇电源有限公司
⑧禄丰香醋产品包装
⑨总投资 1500 万元的金山化工厂
⑩总投资 5000 万元的云南百丝佳化纤制造有限公司项目生产线
⑪禄丰德胜钢铁公司冷轧车间
⑫总投资 6000 多万元的永兴纸业公司
⑬“炼象关”重关楼
⑭南雄村委会刘家营群众文化长廊
⑮“炼象关”民居
⑯杨家庄片区青早蚕豆种植
⑰烤烟连片种植

广 通 镇

②

③

广通地处滇中腹地，东距省城昆明 159 千米，西距州府楚雄 34 千米，距县城禄丰 56 千米，全镇国土面积 352.2 平方千米，总耕地面积 45806 亩，年平均气温 16.5℃，降水量 900~1100 毫米，海拔 1750~1950 米，属亚热带季风气候。水利化程度 77%，森林覆盖率 72%。广通镇处于滇中与滇西大经济圈之间，是滇中与滇西的结合部，成昆铁路、广大铁路纵贯全境，是滇西八州（市）茶叶、白糖、水果、木材、化肥、矿产品等大宗货物的物资集散中心，是古南方丝路滇洱段的重要驿站，素有“西来之锁钥，九郡之咽喉”之称。

全镇辖广通、甸尾、田心、大瓦房、几子湾、平地、清风、七屯、西堡、旧庄、新民、清水、八屯、蒙七、雨多么、塔石苴共 16 个村民委员会 200 个村民小组。

2013 年末，全镇总户数 13453 户，总人口 42553 人。其中彝族 11992 人，占总人口的 28%。

2013 年，全镇实现粮食总产量 20193 万千克，实现国民

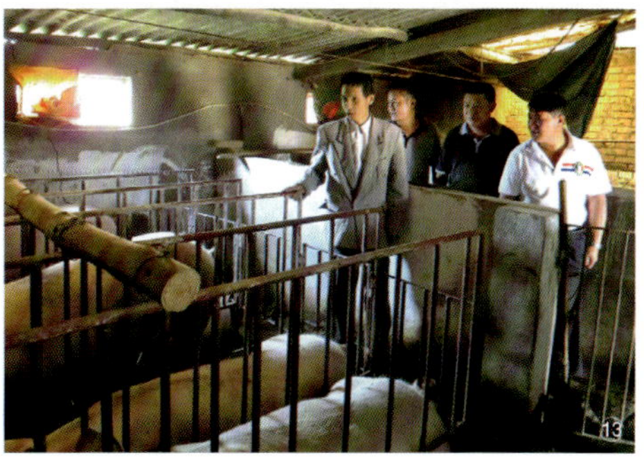

生产总值 9.8 亿元，增长 10%，其中一、二、三产业分别实现增加值 2.1 亿元、2.2 亿元和 5.5 亿元，分别增长 7.1%、12.5%和 9.5%；全社会固定资产投资完成 1.67 亿元，增长 23%；实现地方财政总收入 4539 万元，下降 9%。其中地方公共财政预算收入 3094 万元，下降 6.8%；农民人均纯收入 7800 元，增长 12%。

①广通铁路枢纽
②广通镇供排水价格调整方案听证会
③广通镇几子湾村委会养殖协会成立
④重点产业项目推进会
⑤“七一”建党节演出
⑥传统民间舞蹈——牛灯舞
⑦“六月六”彝族情人节
⑧发展中的现代仓储物流
⑨繁忙的广通茶叶交易市场
⑩新建成的广通火车北站
⑪食用菌种植
⑫机械化收割
⑬生猪饲养

黑 井 镇

黑井镇地处禄丰县城西北部 98 千米的龙川江畔，距省会昆明 200 千米，距州府楚雄 75 千米，成昆铁路、龙川江纵贯全境。总面积 133.60 平方千米，辖 9 个村委会，126 个村民小组，总人口 18395 人，其中，镇区 3200 人，有汉、彝、回等 6 个民族。2013 年，全镇实现地区生产总值 16238 万元；实现农、林、牧、渔业总产值 15160 万元。地方财政总收入 471 万元，自收收入 308 万元。乡镇企业营业收入 9937 万元，比上年增长 0.07%；总产值 10801 万元，比上年增长 10.76%；实现利润 1183 万元，上缴税金 147 万元。全镇完成大春种植面积 35500 亩，粮食总产量 9980 吨，人均产粮 424 千克；农民人均纯收入 5289 元。

黑井历史文化悠久，早在 3200 年前新石器时代晚期就有少数民族的祖先在这块古老的土地上生息劳作。明朝、清朝中期至清末民初，上缴的盐税分别占到云南盐税的 67%、50% 和 46%，“黑井富可敌省”，一度成为滇中繁华的经济重镇，“西南丝绸之路”上著名的“盐都”。自汉代始，黑井由于盐的经济地位，封建中央政权在这里设管理机构，四方客商向这里云集，各种文化在这里渗透，形成了具有中原文化与地方、民族文化相融合的多元文化体系，致使黑井的历史文化、民族文化、建筑文化、宗教文化、饮食文化在省内外独树一帜，留下了丰富的历史遗迹。至今，黑井仍保留着较为完整的传统城镇格局以及民居、庙宇、牌坊等建筑和大量文物，古镇风貌依旧，历史脉络清晰，特色鲜明，被誉为“明清盐文化博物馆”和“明清社会活化石”。

据《黑盐井志》记载：“土人李阿召牧牛山间，一牛倍肥泽，后失牛，因迹之，至井处，牛舔地出盐。”为纪念这头黑牛的功绩，遂称此地为“黑牛盐井”，后称“黑井”。从此，

黑井先民采卤而食；青铜器时代，他们掘池储卤，用原始的薪炭法制盐；南诏时期，掘池汲卤，用釜煎盐，黑井盐成为专供王室的贡盐；唐朝贞元十年（795年）御史中丞、中书侍郎平章事袁滋奉旨来云南大理册封异牟寻为南诏（王），在《云南志》中记载："黑井之盐，洁白味美，惟南诏一家所食。"元代，中央置威楚路提领管黑盐井盐运使司。明洪武年间，黑井设正五品的盐课提举司，直隶于省。中央从应天府迁来64名身份非同一般的灶丁，大力开发黑井。经过数百年发展，到清朝，黑井盐业到达鼎盛，盐税竟占到云南税收64%，常住居民在3万人左右。

黑井因盐而兴，故曾用名盐兴，民国2年成立盐兴县，1958年撤盐兴县并入禄丰县，黑井成为镇。

黑井镇2005年荣膺"中国历史文化名镇"称号，2006年入选"云南十大名镇"，2007年被评定为国家AAA级旅游景区，2008年被评为省级文明旅游景区，2009年荣膺"第四届全国创建文明村镇工作先进村镇"称号，2010年被评定为"中国文化旅游名镇"和"云南文化旅游名镇"，2011年被中央精神文明委评为"全国第三批文明村镇"。近年来，黑井镇抓住国家旅游小城镇建设的契机，以旅游文化产业促进全镇经济社会全面、协调、可持续发展。

①黑井镇全貌
②黑井盐龙女文化节
③黑井洞经音乐演奏
④黑井花灯表演
⑤中国历史文化名镇标识
⑥节孝总坊
⑦黑井镇一角
⑧飞来寺
⑨文庙大成殿
⑩大龙祠
⑪武家大院
⑫禄丰四中

美丽彝州——丰年小景（李登山/摄影）

信息业

信息化综述

【信息化工作概况】 2013年，楚雄州积极推进各领域、行业、区域和企业信息化进程。编制了全州投资项目并联审批网络建设方案及设备采购计划，组织有关单位100余人进行了并联审批业务培训。完成了全国计算机技术与软件专业技术资格（水平）考试相关工作。对电子政务现状和需求情况进行摸底调查，向州人民政府上报了《关于开展电子政务外网建设的报告》。建成了工业经济监测系统。政府信息公开、政务信息网络查询、政务服务96128专线服务管理工作有序推进。网络维护和信息安全工作扎实有效，及时处理政务网络故障，保障了党委政府信息报送、协同办公、财政、工商等11个业务网络系统正常运行。

［雷文生］

【电信业务总量增长】 2013年，楚雄州工业和信息化委员会开展全州电信业务总量增长情况调研，摸清情况、找准问题、研究对策、采取有效措施，每月督促各通信运营商及时报送统计数据，对数据进行分析整理，提出调控决策意见建议，确保电信业务总量正常稳步增长，全年全州电信业务总量完成16.24亿元，超出年初目标的2.9个百分点。

【电子政务】 2013年，楚雄州工业和信息化委员会加快推动电子政务外网建设，围绕保障协同办公系统稳定，提高系统使用效率，加强培训和业务指导，认真做好协同办公系统的管理维护，实现10县（市）和州级部门1300余家单位接入电子政务网使用协同办公系统，使用人员2.2万人。通过电子政务协同办公系统实现收文862.2万件，发文36.1万件。

【阳光政府“四项”制度考核】 2013年，楚雄州工业和信息化委员会对州级44个单位和10县（市）阳光政府“四项”制度听证、公示、通报、政务信息查询完成情况进行统计梳理，严格按照规定程序和评分细则，对被考核单位的完成情况进行综合考核，24家州级单位和10县（市）在不同程度上存在差距，分别给予了扣分。

【政府信息公开】 2013年，楚雄州各县（市）和州级各单位按照政府信息公开工作安排，对已公开的信息进行清理更新，进一步扩大政府信息公开范围，重点推行财政预决算、“三公”经费和行政经费、保障性住房、食品安全、环境保护、招投标、生产安全事故、征地拆迁、价格和收费等信息的公开。修编完善政府信息公开指南和目录，对可公开信息进行梳理，整合信息资源，补充完善公开信息，通报公开情况，规范公开工作，对不规范的单位进行督查指导，督促各单位按《中华人民共和国政府信息公开条例》主动公开部门各类信息。完成了政府信息公开年度报告。全州政府信息公开网站全年共发布信息3.58万条，比上年增加2.03万条，增长131%。

【96128专线建设】 2013年，楚雄州工业和信息化委员会进一步加强政务服务96128专线建设，对全州各县（市）和州级各部门政务服务96128专线工作机构、分管领导及负责人、联络员、专线电话进行核实清理，确保96128专线机构和人员的落实。加大督查指导力度。做好日常监测，根据日常监测情况，认真分析研究，提出指导意见，实时通报工作进展情况；认真落实跟踪督查机制，坚持做好专线的旬报、月报通报和办理工作；检查各单位96128专线查询情况，对满意率低、服务态度差的单位，及时反馈，督促整改。安排专人对8小时外的录音进行整理，形成“楚雄州政务信息查询96128专线来电咨询问题交办单”，传真和传送到各单位进行办理。转接96128电话1372次，转接成功1016次，转接成功率94.15%，群众满意率96.75%，整理交办录音15件。

【计算机专业技术资格考试】 2013年，楚雄州工业和信息化委员会负责完成了5月份和11月份一年两次的全国计算机技术与软件专业技术资格（水平）考试，两次考试共计400余人参加。考前认真做好考场检查、密封和机考系统的安装调试，试卷的保密押运和考场的巡查监督，考试结束后严格按照要求做好试卷、考试数据光盘的清点交接、密封、押运和存放寄送等工作，考试过程中未发生违法违规情况。

［敖显昌］

【政府门户网站管理】 2013年2月1日，楚雄州工业和信息化委员会组织州工信委、州公安局、楚雄师范学院等单位的专家对楚雄州人民政府门户网站开发进行初步评审，网站承建单位昆明东讯科技有限公司针对初评意见，积极与项目建设单位和管理使用单位有关人员进行沟通。12月23日，州工信委再次组织州人民政府办公室、州工信委、楚雄师范学院等相关专家组成专家组对项目进行评审验收。12 月 24 日，新的州人民政府门户网站正式开通运行。1～9 月，门户网站由州工信委管理，10 月 1 日起，按照机构职能调整有关要求，门户网站交由州人民政府办公室管理。

【电子政务网络管理】 2013 年，楚雄州电子政务网络运行维护管理安全平稳。至年末，全州通过专网接入单位 712 家，通过 VPN 接入电子政务专网单位 439 家，申请开通 VPN 账号 4146 个，其中 2012 年以来新增 VPN 账号 912 个。加强对连接省、州、县（市）、乡（镇）各级各部门电子政务网络传输线路、州县（市）核心设备和州级近 200 余家接入单位节点设备的日常运行维护和接入运行情况的监测分析，确保全州电子政务协同办公系统、多个部门业务系统和视频会议系统的高效、稳定运行。制作发放电子印章 632 枚，全年召开视频会议 60 场次。

【网络与信息安全协调】 2013 年 8 月 21 日，经楚雄州人民政府办公室同意，印发了《楚雄州工业和信息化委员会关于印发 2013 年重点领域网络与信息安全检查工作方案的通知》，要求全州各级各部门、各重点领域网络信息系统建设管理单位开展网络信息安全检查工作。州工信委认真收集数据，加强数据汇总分析，查找总结全州各级各部门、各重要网络信息系统存在的安全隐患，督促和帮助指导其提出整改建议和整改措施，并将全州开展网络与信息安全检查情况报省工信委。11 月 8 日，由州工信委牵头，召集州内三大电信运营企业负责人就如何加强全州网络与信息安全工作进行专题研究和部署，要求州内三大电信运营企业加强预警监测，确保重要信息系统的安全稳定运行，认真落实实名制入网规定，建立信息定时报告制度。12 月，州工信委代州人民政府完成了《楚雄州网络与信息安全事件应急预案》（送审稿）的起草、修改完善和征求意见工作。

［陈玉刚］

无线电管理

【无线电管理概况】 2013 年，楚雄州共办理无线电频率许可 2 件、台站许可 15 件，新增通信设备 35 台，办理无线电设备报停、报废 2 件，封存停用无线电设备 354 台；电信、移动、联通 3 家通信营运商新增移动通信基站 720 站。对全州 67 个设台单位及 4259 个业余无线电电台进行了年检。抓好无线电台站规范化管理，修改 46 个重点无线电台站技术资料表数，B 库数据清理转入 A 库 121 个，对调频广播、航空、模拟电视等重要频段监测比对 4 次，抽测广播电视发射设备 35 台、公众移动通信基站 121 站、专业通信设备 81 台、雷达设备 2 台。加强无线电监测、行政执法和宣传工作，圆满完成了公开招考公务员笔试、护士执业资格考试、全国普通高校招生考试、全国二级建造师执业资格考试以及森林防火、防汛抗旱、增雨防雹等无线电安全保障工作。

［雷文生］

【无线电行政执法】 2013 年，楚雄州工业和信息化委员会在无线电宣传月活动期间，组织全州各县（市）经信局、移动通信部门，以无线电法律法规、科普知识为主要内容，积极开展无线电政策法规宣传，分别在州人民政府门户网站、手机短信、全州气象电子显示屏、主街道横道电子显示屏等平台进行无线电法规标语宣传，并在楚雄州调频广播、中波电台上录制播出为期 1 个月的无线电法规知识、无线电台站规范化管理专项活动宣传。查处无线电干扰 4 起，开展无线电台站规范化管理专项检查 1 次，完成统一考试无线电安全保障 7 次，协调处理群众投诉 1 件。制定《楚雄州通信保障应急预案》，经州人民政府同意，于 8 月印发实施。

【无线电安全保障】 2013 年，楚雄州工业和信息化委员会在“春节”、“两会”、“州庆”、“南博会”及“十八届三中全会”等重要时段，制定有针对性的无线电安全保障方案，进行全天候开机监测；配合主考部门圆满完成公务员、护士资格、高考、二级建造师资格、医师资格、成人高考等国家级考试期间的无线电安全保障工作。组织全州各县（市）经信局无线电管理工作人员进行业务培训和监测技术演练。通过业务培训学习、实地监测演练、交流讨论，县级无线电管理人员都能够利用无线电监测设备进行扫描监听、干扰、测向定位等基本操作和监测。按照《云南省无线电监测工作规范》要求，对无线电频谱进行常规监测、专项监测和特殊监测，对特殊频段进行不定时监测，重点对广播电视、航空导航通信、公众移动通信等无线电业务频段进行监测，累计监测 1.21 万小时，上报监测月报 12 期。

【无线电基础设施建设】 2013 年，楚雄州工业和信息化委员会按照云南省工业和信息化委员会关于编制全省州（市）五期监测网建设项目可研要求，完成了《楚雄州无线电监测网技术设施五期工程建设可行性研究报告》和《楚雄州无线电监测二类站建设项目可行性研究报告》的调研、编制、评审和上报工作。配合完成南华、姚安、牟定、楚雄市 4 个小型监测站建设，完成禄丰、元谋、武定 3 个县小型监测站的搬迁建设，按期维护好无线电监测站设备，保证了无线电监测网络正常运行。

［谭兴龙］

邮　政

【邮政工作概况】 2013 年，楚雄州邮政局辖楚雄现业局和禄丰、武定、元谋、大姚、姚安、南华、牟定、双柏、永仁 9 个县邮政局，共有邮政支局（所）133 个，代理金融网点 48 个，电子化支局 106 个。其中，农村支局（所）111 个，电子化联网网点 96 个，邮政储蓄网点 48 个。共有邮路 94 条，邮路单程长度 6137 千米，其中农村邮路 83 条，农村邮路单程长度 5154 千米；有投递段道 467 条，投递段道单程长度 1.82 万千米；有邮运车辆55辆，有邮政报刊图书销售点47个、邮政报刊亭47个；有邮政从业人员694人，其中在岗职工466人、劳务工228人。组织员工参加集团公司、省邮政公司、州邮政局组织的集中培训、远程培训共54期1519人次；组织全州693名员工参加“全网一门课”《赢在卓越》课程学习，学习完成率100%；组织邮政营业、投递、分拣、储汇初、中级共159人职业技能鉴定，合格143人，合格率89.94%，其中，分拣、营业、投递初级合格率100%，投递中级合格率70.27%，储汇初级合格率97.36%，储汇中级合格率93.02%。组织金融业务骨干、两部主任、支局长共100人参加金融网点转型学习培训，聘请上海陆家嘴财富管理中心专业讲师从多角度多层面详细讲解网点经营转型理论和实际操作。年底，全州邮政系统取得银行从业资格证104人，取得基金销售从业资格证30人，取得证券从业资格证44人，同时取得银行、证券（基金）、保险三证57人；取得保险代理资格证320人，其中网点人员192人；完成代理保险制度远程学习考试208人，达到参学率、参考率、合格率100%。年内，双柏封发投递组、大姚速递物流揽投、武定高桥支局荣获省邮政公司“工人先锋号”；元谋县邮政局储蓄组荣获省邮政公司“明星网点”称号；周富贵、普家顺、李平、文莉、付永淑5名职工被评为省邮政公司“优秀员工”；州邮政局投递室姜萍荣获“云南省职工技术能手”和“云南省五一巾帼标兵”称号。

【邮政企业经营】 2013年，楚雄州邮政局围绕“抓转型保发展，抓质量保效益，抓教育提素质”工作重点，以改革创新为动力，把转型方式贯穿于经营、管理、服务全过程，完成业务总收入6909万元，其中邮务类业务完成收入1816万元，金融类完成收入4108万元，速递物流业务完成收入794万元。

【楚雄现业局进驻楚雄市便民服务中心】 2013年2月25日，楚雄州邮政局楚雄现业局正式在楚雄市便民服务中心设点，主要开展信函、包件、特专、报刊订阅、代理票务等5项业务。

【新春生肖集邮文化品鉴会】 2013年1月11日，楚雄州邮政局在雄宝酒店举办大客户答谢会暨新春生肖集邮文化品鉴会。品鉴会上，组织嘉宾观看了楚雄邮政形象宣传片和云南集邮宣传片，向嘉宾们介绍了邮品收藏知识及新春重点邮品，并拿出部分邮品进行抽奖。

【邮政服务农家书屋】 2013年，楚雄州邮政局积极争取“农家书屋”项目。主动联系主管部门，重点宣传邮政网络资源优势，宣传邮发报刊产品能满足农村基层组织管理、政策学习，能满足农村群众身体健康与文化生活，能满足农村种植、养殖经验信息需求，并保证在项目营销成功后确保投递服务质量。通过努力，禄丰县邮政局、永仁县邮政局和楚雄现业局成功取得“农家书屋”项目。其中，禄丰县邮政局取得全县157个村委会15种期刊16万余元的报刊流转额，永仁县邮政局取得全县60个村委会17种期刊8万余元的流转额，楚雄现业局取得全市132个村（居）委会12种期刊13万余元的流转额。

［李建敏］

电信

【中国电信楚雄分公司】 2013年，中国电信股份有限公司楚雄分公司经营收入持续增长，市场份额持续提升，宽带和3G用户发展取得较大突破；宽带光网城市建设基本完成，全州所有行政村实现100% 3G网络覆盖，网络基础能力大幅增强；加强基础服务工作，客户满意度不断提高；持续推进“智慧楚雄”信息化建设，为各级党委政府、社会各行业和广大人民群众提供优质信息化服务。

“智慧校园”信息化建设。2013年2月1日，楚雄医药高等专科学校与中国电信楚雄分公司签订“智慧校园”信息化建设全面战略合作协议，依托中国电信强大的网络、技术和信息化应用实力，为楚雄医专建设校园局域网、核心机房、综合门户网站、协同办公、教学教务管理应用系统、校园翼机通、校园云等众多“智慧校园”信息化设施和信息化集成应用。年内基本完成一期各项建设任务，学校实现光纤高速互联网、Wi－Fi无线网、3G/4G网络全覆盖，学校门户网站、协同办公、各项教学教务管理软件、校园翼机通等得到全面应用。

民营资本引入。2013年，中国电信楚雄分公司积极响应国家有关民营资本进入电信行业有关政策，探索引入民营资本推进驻地网投资多元化发展策略，通过应用市场化机制和手段充分发挥民营企业资源（资金、成本、人力）和市场营运优势，提升电信网络覆盖，提高客户服务水平。公司于3月起开展民营资本引入工作，积极与民营企业沟通协作，引入4家民营企业开展民营资本合作并取得一定成效，提升了中国电信楚雄分公司的网络覆盖率及客户服务水平。

12329服务热线建设。2013年，楚雄州住房公积金管理中心委托中国电信楚雄分公司承建楚雄州“12329住房公积金服务热线”，并负责热线平台的运营及维护服务。5月1日，楚雄州“12329住房公积金服务热线”顺利开通，在全省16个州（市）率先实现三大电信运营商移动、固定电话拨打12329互联互通。

电子追溯系统。2013年1月，由中国电信云南公司承建的工商流通环节食品安全监管电子追溯系统在楚雄成功上线，运用信息化手段提高食品安全监管效率，为流通环节食品经营者履行食品安全相关法规提供了方便、节约、快捷的方式，同时建立了流通环节食品来源可追溯、去向可查证的数据信息库，进一步提升流通环节食品安全监管效能。至年末，全州共有200余家食品批发零售企业使用工商流通环节食品安全监管电子追溯系统。

翼支付手机加油业务。2013年，中国电信楚雄分公司大力发展翼支付业务，凡中国电信的手机用户，即可享受0.3元每升的加油优惠，为广大车主提供方便快捷实惠的加油方式，得到众多车主的认可和青睐。至7月15日，全州10个县（市）分公司都开通了至少1个翼支付中石化加油站点，基本实现了翼支付加油业务的全州覆盖。

联合护线宣传。2013年6～7月，中国电信楚雄分公司联合中国人民解放军驻楚某部队组成联合护线宣传队，深入到州境内长途一、二级干线光缆沿线的各项目施工工地、村委会、自然村，开展全面的护线宣传活动，采取广播宣传、发放宣传单、张贴宣传画、召开座谈会等方式，广泛宣传电信通信线路在促进城乡信息化、发展经济、巩固国防中的重要作用；鼓励广大群众参与到共同维护光缆畅通的行动中，建立共同保护光缆的社会合力，保证通信网络的安全畅通，确保国家一级干线光缆和国防通信安全。

应急通信演练。2013年6月1日，中国电信楚雄分公司以南华徐营发生4.8级地震为模拟场景组织应急通信演练。在演练过程中，中国电信楚雄分公司和南华分公司积极配合，于第一时间内上报灾情，并启动四级应急响应、发布应急响应命令，组织应急队伍赶赴灾区。在徐营搭建了现场指挥部，开通了固话、宽带、iTV（交互式电视）业务，完成了光缆、电缆接续，州电信公司应急设备开通调纤等准备工作。

［张海燕］

【中国移动楚雄分公司】 2013年，中国移动通信集团云南有限公司楚雄分公司坚持以客户为中心，以市场为导向，围绕“移动改变生活”的战略愿景，科学谋划，团结拼搏，真抓实干，实现了持续健康快速发展。全年运营收入增长7%以上，收入绝对值全省排名第10位。固定资产投资突破2.31亿元，比上年增长76.9%。在网客户数突破150万，移动客户普及率57%。直接或间接为社会提供就业岗位7500余个。缴纳各项税收7107万元，比上年增长4%。实施“兴边富民移动通信工程”，推进农村信息化建设；持续加大农村网络投入，建成1078个农村基站，建成村级服务站1150个；推出低资费“惠农网”，通过“农信通”、“农政通”等业务为农户提供惠农网优惠及12582惠农资讯。在各项社会经济重大活动以及抢险救灾行动中，较好地完成了通信保障任务，全年累计实施应急通信保障16次。

网络投资建设。全年共争取省移动公司网络建设资金2.4亿元，启动楚雄市4G网络建设，建成各类移动基站500余个，累计超过3000个。不断推动网络向宽带化、智能化、数字化、个性化和安全化方向发展，通过2G、TD－SCDMA（3G）、WLAN、TD－LTE（4G）4网协同，为客户提供高效安全的网络接入。

信息化服务。年内，为全州近20个行业3823家政府及企事业单位提供了信息化服务。建成州（市）人民政府电子政务信息化实用级平台；为全州政法系统、工商系统开通了“警务通”、“工商通”；围绕“政务、教育、民生”三大方面的信息化推广，顺利完成了便民服务中心网络、固定电话改造以及州政务中心视频会议备网建设；完成了全州258个接入点教育专网光缆施工项目及远程教育平台6大系统的上线启用，投资300余万元，免费为全州260余所中小学校配置了教学用电子白版及投影仪；与州烟草公司合作开展“手机新商盟”项目，搭建烟草公司与卷烟零售客户灵活、方便的信息沟通服务平台；中央“八项规定”出台后，为规范公务用车管理，主动为中共南华县委、县人民政府开发提供了公务用车定位管理系统，受到省、州纪委肯定，被列为示范推广。积极投身楚雄州“平安城市”建设，年内禄丰、元谋、永仁3个县已建成并投入使用，姚安县正在建设中；持续开展村通工程和“136农村移动富民工程”，以行政村通宽带、自然村通电话、信息下乡3个方面为抓手，以服务“三农”为重点，加快农村信息化进程，全年共投入2159万元，全力支持“136农村移动信息富民工程”实施。

［黎嫣曦］

【中国联通楚雄分公司】 2013年，中国联合网络通信有限公司楚雄分公司围绕云南联通“三年收入翻番”的发展目标，确定“发展创一流，管理树标杆”的工作要求，以2G/3G一体化经营为抓手，全力推进规模发展，加快提升市场份额，持续创新机制体制，落实业绩激励，攻坚克难，强化执行，努力开创楚雄联通发展新局面。全力推动教育信息化建设。先后接入省级教育资源公共服务平台、教育管理公共服务平台、建立州级“班班通”业务演示体验系统。充分发挥联通在通信网络、行业应用软件方面的优势，整合优质教育资源，为楚雄教育“三通两平台”项目建设及教育信息化的发展作贡献。年内，楚雄联通加大通信网络投资建设，固定资产投资达1.2亿元，开通了全州所有乡（镇）的3G网络；完成楚雄市、禄丰县、武定县、南华县共53个小区互联网宽带改造，构建了面向4G网的新一代大容量分组传送网。加强通信网络安全稳定性建设，实现双柏、牟定传输多路由成环保护。加强基础管理。建立县区分公司财务考核激励机制，推进县区分公司财务标准化管理。制订了38项财务检查考核标准，按季度组织财务巡检及交流学习，通过开展巡检考核和薪级提升激励机制，树立标杆，使账管员的工作积极性和主动性得到进一步提高，促进了整体财务基础管理水平的提升，为实现县区分公司财务标准化管理奠定基础。

［李　艳］

（责任编辑：安孟勤）

城建·环保

城乡规划

【区域战略性规划编制】 2013年，楚雄州积极开展区域战略性规划研究，制定了《楚雄州域城镇体系规划调整》、《滇中城市群楚雄至南华区域城镇发展规划》、《楚雄州东部经济走廊区域发展规划》、《滇中区域中心—楚雄城市战略发展规划》和《楚雄州参与滇中产业聚集区（新区）建设城镇体系规划》编制工作计划；拟定了《“楚雄州域城镇体系规划调整”及“滇中区域中心—楚雄城市战略发展研究”工作方案》和《楚雄州域城镇体系规划前期发展战略研究委托协议》。督促指导禄丰县勤丰、碧城、仁兴3镇制定《禄丰县东部经济带城镇发展规划》，通过规划引导工业项目向园区、农田向适度规模经营以及农民向城镇和农村新型社区集中，促进城乡统筹协调发展。积极参与滇中经济区一体化总体规划及专项规划编制、滇中产业新区总体规划研究、武定——禄劝同城建设规划编制工作。加快城镇上山、建设山地城镇推进工作。撰写山地城镇规划建设论文22篇，做好建设山地城镇规划编制和审查、审批，通过牟定县左脚舞山城等城镇上山重点项目规划审查，积极推进城镇上山工作。

【县城总体规划修改】 2013年，楚雄州加快新一轮县城总体规划修改。禄丰、永仁、大姚、双柏、南华、楚雄6县（市）启动第三轮县城（城市）总体规划修改，禄丰完成县城11平方千米地形图补测，县城总体规划修改成果上报州人民政府审批；大姚、永仁县城总体规划修改纲要通过州级技术评审；南华、双柏完成上轮县城总体规划实施评估，经州人民政府批准进行县城总体规划修改；楚雄市组织开展城市总体规划编制单位设计招标，确定设计单位。完成《武定县城镇特色规划》，有5个专项规划通过技术评审和行政审查。完成牟定左脚舞山城4.59平方千米控制性详细规划、禄丰县城北片区2.96平方千米控制性详细规划、禄丰县城东、西河道1.25平方千米生态治理控制性详细规划技术评审和行政审查。

【镇村规划建设】 2013年，楚雄州镇村规划建设顺利推进。完成4个乡（镇）总体规划修改和禄丰县彩云镇数字化地形图测量等工作。完成14个省级特色小镇总体规划、近期建设规划和镇乡区控制性详细规划编制，规划征求意见、公示、乡（镇）人大审议、县（市）人民政府审批工作；省级特色小镇规划编制和信息录入争取省级补助资金105万元。成功申报5个乡（镇）村庄推荐工作，争取规划编制省级补助资金77万元。编制《楚雄州城市特色规划及建筑方案设计》及《楚雄州村镇特色民居规划暨建筑设计方案》。进行楚雄州域内交通主干沿线村落、旅游景区、特色小镇、重点集镇、重点村庄村镇特色民居规划。加大迁村并点研究，引导农民向县城、中心集镇、中心村聚居，促进农业转移人口转变为城镇居民。

【城市综合体调研】 2013年，楚雄州认真开展城市综合体调研工作，推进城乡一体化发展、产业发展与园区建设相融合及特色化城镇建设调研，起草《楚雄州人民政府关于推进城市综合体建设的实施意见》。认真开展全州城市综合体规划建设摸底调查，纳入调查的综合体项目20项，其中已建1项，在建5项，拟建14项。共申报城市综合体项目15项，其中，启动建设城市综合体项目4项，投资约44.33亿元，用地面积约2006.4亩，建筑规模175.66万平方米；规划建设城市综合体项目4项，投资约38.3亿元，用地面积约550.2亩，建筑规模99.53万平方米；城市综合体储备项目7项，投资约25.89亿元，用地面积约233.55亩，建筑规模77.54万平方米。

【建设项目规划选址审批】 2013年，楚雄州严格执行“一书两证”制度，加强建设项目规划选址审批，办理核发州级权限范围内的《建设项目规划选址意见书》21份，拟用地面积5846.85亩，拟投资规模13.24亿元；审查办理楚雄至攀枝花成品油管道楚雄段工程等18个项目的规划选址意见，拟用地面积2.55万亩，拟投资规模48.47亿元。对州外入楚承揽业务的43家规划设计单位进行备案。

【规划管理制度和依法行政】 2013年，楚雄州完成《楚雄州城乡特色规划管理办法》、《楚雄彝族自治州城乡规划管理技术规定》、《楚雄州建设工程竣工规划验收测量技术规定》和《楚雄州规划管理技术规定》培训工作。组织开展全州重点工作稽查执法，立案查处违法违规建设案件161件，结案96件，发出限期整改或停止建设通知书274份，罚没款453.41万元，拆除违法建筑（构筑物）5238.45平方米。开展城乡规划考核、考评工作。经考核，10县（市）共签订规划编制项目35项，合同金额1446.3

万元，县级补助城乡规划编制经费880.45万元，当年完成工作量1049.8万元，奖补资金519.51万元。10县（市）共核发“一书三证”2815份，其中建设项目选址意见书344份；建设项目用地许可证511份，审核建设用地1.81万亩；建设工程规划许可证1449份，审批建筑面积645.56万平方米，投资规模159.15亿元；乡村建设规划许可证511份，审批建筑面积13.21万平方米，投资规模13.46亿元。

［刘学华］

城镇建设

【城市和镇村市政基础设施建设项目申报】 2013年，楚雄州上报云南省住建厅项目库城市市政基础设施项目188项，项目总投资59.68亿元。续建和新建城市市政基础设施建设项目193项，项目概算总投资54.74亿元，完成投资14.88亿元，超额完成年初10亿元的目标。14个乡（镇）污水处理设施及供水项目通过省发改委审查，按计划推进相关工作；完成32个供水、排污和垃圾处理设施重点镇建设项目申报。完成14个省级特色小镇项目推介前期准备工作材料及14个特色小镇和2个重点工业园区供水、污水及垃圾处理厂新建项目上报。争取到乡（镇）各类市政基础设施建设补助资金3320万元。开展第二次传统村落调查及审查工作，推荐上报并获住建部批准国家级传统村落7个；推荐上报27个重点乡（镇）规划材料；推荐上报全国特色景观旅游名镇大姚县石羊镇、姚安县光禄镇并通过省住建厅审查，其中大姚县石羊镇上报住建部；积极做好楚雄州人居环境提升3年行动计划中重点乡（镇）基础设施建设和500个美丽乡村规划选址工作。

【城市管理】 2013年，楚雄州城市管理工作得到加强，成立分管副州长任组长，州级16个相关部门为成员的“楚雄州城市管理考核工作领导小组”，领导小组办公室设在州住建局，各县（市）也成立相应工作机构。全州按照城市管理的总体安排部署，坚持以科学发展观为指导，从市容环境综合整治、市政设施管理、园林绿化、公园广场建设等方面入手，重点突出市容环境综合整治，进一步改善城市生态环境，提升城市综合承载能力和竞争能力。健全城市管理机制，制定《楚雄州市容市貌环境综合整治活动实施方案》，自2013年1月启动，共分四个阶段，在全州同步开展环境综合整治活动，并制定《楚雄州城市管理考核办法（试行）》，统一检查考核办法、规则和标准。

【保障性住房建设】 楚雄州自2006年开始实施城镇保障性住房建设8年来，至2013年底共计争取中央补助资金16.38亿元、省级补助资金3亿元，按政策州级配套补助2.61亿元，县（市）自筹和融资45.03亿元，共计总投资66.90亿元。组织建设（筹集、改造）各类保障性住房6.19万套，建筑面积335万平方米，发放租赁补贴2762.36万元。按全州城镇人口计算，城镇住房保障覆盖面21.90%，有效解决了全州城镇19万名低收入人群、新就业无房职工、外来务工人员和农民进城务工人员的住房困难问题。2012年接转续建项目进展顺利。2012年省人民政府下达楚雄州新建城镇保障性住房任务2万套，其中廉租住房600套、公共租赁住房1.94万套。实际开工建设2.01万套，其中廉租住房612套、公共租赁住房1.94万套，于2012年7月底全面开工建设。全州城镇保障性住房建设项目总投资26.9亿元，至2013年末，完成投资22亿元，完成投资占总投资比例81.84%。全州2012年城镇保障性住房续建项目除高层建筑按照正常工期加快施工，其余均已完成主体工程及室内外装修工程。2013年城镇保障性安居工程全面开工建设。2013年省人民政府下达楚雄州保障性住房建设目标任务1.5万套（户），其中廉租住房436套、公共租赁住房1.30万套、城市棚户区改造1600户，基本建成6000套，2013年新建任务于9月底全面开工，共计开工1.5万套、开工率100.26%，项目总投资19.7亿元，完成

栗子园保障房小区 （州住建局提供）

投资6.69亿元，完成投资占总投资比例33.96%。至年末，牟定、姚安、大姚、武定有部分项目主体工程封顶，基本建成9527套（含2012年开工建设的基本建成套数），占年度基本建成任务数的158.78%。

【保障性住房补贴发放和资金争取】 2013年，楚雄州发放廉租住房租赁补贴2224户，发放金额331.336万元。争取国家、省、州共下达补助资金5.72亿元（中央下达补助资金4.36亿元，省财政共下达补助资金7500万元，州财政下达6081.80万元）。10县（市）均成立保障性住房建设管理中心。

【城镇住房保障对象调查】 2013年，楚雄州组织各县（市）、州级相关部门开展了棚户区调查摸底、数据汇总审核上报相关工作，并组织编制了2013～2017年棚户区改造规划和年度实施计划。制定项目选址和规划设计标准，严格规划设计审批、政策标准和基本建设程序，确保工程质量和安全。制定了《楚雄州公共租赁住房管理暂行办法实施意见》，明确规定保障性住房的申请、审批、公示、配租、退出等管理细则，确保保障房分配管理公开、公平、公正。

【农村安居工程建设】 2013年，楚雄州农村危房改造工程建设步伐加快。认真执行农村危房改造政策，加大农村危房改造工程实施和督查力度，对全州农村危房改造进行实地督查，开展自检自查和督查7次。通过报刊、信息、广播和政风行风热线等方式，加大农村危房改造政策宣传，严格执行工程周报、月报制度，加快农村危改工程进度。继续推进2012年度拆除重建2万户、修缮加固6000户工程任务的竣工验收、资料归档、资金兑付工作，全州信息录入率108.16%，开工率107.44%，竣工率103.52%，综合排名全省第1名。做好2013年度农村危房改造工程任务，下达农村危房改造工程计划1.48万户，各级补助资金9526.25万元。全州信息录入率131.58%，开工率127.69%，竣工率89.38%，综合排名全省第3名。积极向省住建厅争取到电脑和照相机各103台，配备到全州103个乡（镇），用于农村危改信息录入工作。

【特色村庄示范村建设】 2013年，楚雄州制定《楚雄州2013年农村安居工程“特色村庄”示范村建设实施意见》、《楚雄州农村安居工程“特色村庄”示范村建设工作考核办法》，开展农村危房改造、异地扶贫搬迁、扶贫整村推进、地质灾害防治、一事一议财政奖补、民族团结示范村等18个部门涉农资金的摸底调查统计。推进2012年州级“特色村庄”示范村建设试点22个，全部完工入住。2013年州级“特色村庄”示范村试点28个，全部完成修建性详细规划编制和规划技术审查，下达州级补助资金1998.99万元。永仁、大姚工程进度较快，少量已入住。在推进过程中，加强“特色村庄”示范村的建设指导、督查工作，并建立月报督查制。加大业务技术培训，举办有县、乡（镇）规划建设管理人员参加的农村危房改造暨“特色村庄”示范村建设培训班，培训人数280人。

［刘学华］

住房公积金管理

【住房公积金管理概况】 2013年，楚雄州住房公积金管理中心全面完成了州委、州人民政府和州住房公积金管理委员会下达的各项工作任务，切实履行部门职能职责，支持全州中低收入职工家庭解决住房困难和改善住房条件，为促进全州房地产业和经济社会又好又快发展作出了应有的贡献。至年末，全州共有2514个单位12.11万职工缴存住房公积金；住房公积金累计缴存总额70.23亿元，比上年增长21.46%；缴存余额27.89亿元，增长8.39%；职工个人住房公积金累计提取总额42.34亿元，增长31.94%，其中当年提取10.24亿元；累计向全州2.67万户职工家庭发放住房公积金个人住房贷款38.72亿元；个人住房贷款余额25.15亿元，比上年增长24.81%；逾期个人住房贷款全部清收完毕，首次实现逾期贷款为零；国债余额为零，存贷比和资金运用率达90.16%。个人住房贷款发展迅速，资产管理质量较高。年内，楚雄州住房公积金管理中心被省住房和城乡建设厅、省财政厅连续3年评为“云南省住房公积金行业管理年度优秀单位”，连续2年评为“全省住房公积金行业文明单位”；州政务服务中心住房公积金窗口被评为2013年优秀服务窗口。

【住房公积金归集使用】 2013年，全州新增住房公积金缴存单位63家，新增缴存职工937人，计划归集住房公积金11亿元，实际归集住房公积金12.4亿元，完成年度计划任务的112.73%，住房公积金当年缴存额首次突破12亿元大关；计划发放个人住房贷款4亿元，实际发放个人住房贷款7.7亿元，完成年度计划任务的192.5%；坚持以发放住房公积金个人住房贷款为资金使用主渠道，存贷比和资金运用率达90.16%；全年实现住房公积金增值收益4120.33万元，全额上缴州财政，积极支持全州廉租住房建设。

【住房公积金贷款政策调整】 2013年，面对资金持续紧张的严峻形势，为避免挤提、断贷的发生，经州住房公积金管理委员会批准，并报州人民政府办公会议讨论通过，楚雄州住房公积金管理中心决定调整住房公积金个人住房贷款政策，把楚雄州的住房公积金贷款最高限额由30万元降为20万元，实行单双职工分开，从2014年1月1日起执行。

【住房公积金服务热线建设】 2013年4月，根据住建部建设12329住房公积金服务热线建设的统一部署，楚雄州住房公积金管理中心通过服务外包的方式，在全省率先开通楚雄12329住房公积金热线。12329住房公积金热线电话全天24小时服务，通过自助语音服务和人工服务，受理全州范围内住房公积金缴存单位和职工的政策、业务咨询、查询及服务投诉，并在原有服务热线电话基础上进一步完善了语音流程、丰富了查询内容、扩展了服务功能，增添了安全措施。至11月底，楚雄12329住房公积金热线共接听热线电话6664个，极大地方便了单位和缴存职工及时了解掌握住房公积金政策、法规，业务办理流程。10月24日，全省12329住房公积金热线暨大额资金管理推进会在楚雄召开，楚雄州住房公积金管理中心的做法得到省住建厅、省财政厅和省监察厅等部门的肯定，并在全省推广。

【住房公积金廉政风险防控】 2013年，楚雄州住房公积金管理中心按照《楚雄州推进廉政风险防控工作实施方案》的部署，结合上年住房和城乡建设部等7部门《关于加强住房公积金廉政风险防控工作的通知》要求，结合工作实际，对风险防控工作进行重新梳理。以规范和制约权力运行为核心，编制了《职权目录一览表》、《内部风险防控登记表》、《个人岗位廉政风险防控登记表》，以关键岗位和重要环节为重点，对机关6个科室、9个县管理部和8个关键岗位存在的廉政风险点进行认真排查，确定风险点35个，制定防控措施36条，切实把廉政风险防控融入到岗位职责之中，进一步健全廉政风险防控长效机制。11月，州中心从各科室抽调业务骨干组成检查组，由主要领导带队，深入县级住房公积金管理部，对管理部住房公积金归集、使用、管理、核算、风险控制、行政执法、公车使用、档案管理、党风廉政建设等工作进行了全面检查，进一步加强对县级管理部的监督、检查、指导。

【住房公积金综合业务系统建设】 2013年，楚雄州进一步加强住房公积金综合业务系统建设。针对州住房公积金管理委员会第二届第五次全体会议作出的“投资1000万元左右，建设技术先进、运行稳定的住房公积金综合业务管理系统”的决议，通过大量艰苦细致的调查研究，与外州（市）中心反复比较，经请示州人民政府领导同意，楚雄州住房公积金业务管理系统建设分软件开发、硬件采购、机房建设3期进行。年末，经州公共资源交易中心组织公开招标，第一期软件开发已进入实施阶段。

［王忠华］

建筑业

【建筑业产值及投资】 2013年，楚雄州完成建筑工程固定资产投资242.04亿元，比上年增长36.2%。建筑业总产值89.72亿元，增长20.8%，实现建筑业增加值54.57亿元，增长19.8%。

【建筑市场管理】 2013年，楚雄州加强建筑业企业资质管理及人才培训，为19家建筑业企业办理30项各类资质升级、增项及审批服务。建筑业企业从上年末的131家发展为140家，企业持有房屋建筑、市政工程、水利水电、公路工程、送变电工程等总承包及专业分包各类资质由上年末的256项增加至279项；新批5家商品混凝土企业资质，10县（市）拥有商品混凝土生产资质12家。认真开展建筑业在地行业统计工作，审核办理项目合同备案2008项，项目季报2082项，企业季报277项。完成11家工程质量检测机构资质延期审核上报工作，1家监理企业资质延续审核工作。配合省住建厅对公布资质不达标的3家建筑企业进行督促整改，为80余家企业办理资质、人员等事项变更、11家企业外出施工投标提供优质高效服务。组织建筑施工企业及勘察设计单位相关技术人员及负责人参加省、州组织的各类培训6次，培训人数1842人。组织发布楚雄州工程建设材料设备价格信息6期，完成全国建设工程造价员的初始注册、变更注册和续期验证200多人次。2家建筑业企业，3名个人获全省建筑业发展扶持奖励。报批、增设施工图楚雄市审查分中心。

【建筑市场秩序整顿】 2013年，楚雄州深入开展建筑市场秩序整顿，加强建设工程质量安全监管。严格巡查检查制度，针对保障性住房、州级监管项目、全州重点在建项目等各类建设工程项目施工安全进行有针对性地检查巡查7次，下发执法检查告知书12份，执法建议书41份，工程质量安全检查记录和隐患整改通知书462份，停工通知书40份，发现隐患2712项，整改2536项，整改率94%。积极帮助和引导企业创建省级建筑施工安全质量标准化示范工地5个，配合完成申报工程项目验收。严格执行建设施工许可制度，大力开展安全知识宣传。审核发放施工许可证525份，施工合同金额66.76亿元，建设规模399.3万平方米。开展安全生产咨询活动，发放建筑施工安全宣传连环画、安全知识、常见五大伤害隐患防范等各类宣传单（册）1200份。加强对中央、省、州项目的建设监督管理和竣工验收。监督建设工程项目795项（含历年接转工程），建筑面积593.21万平方米，投资95.233亿元，其中州属政府投资工程监督34项（含历年接转工程），建筑面积26.09万平方米，投资5.35亿元；竣工验收工程338项，建筑面积284.4万平方米，投资33.22亿元；办理竣工验收备案工程230项，建筑面积202.5万平方米，投资23.6亿元，竣工验收合格率100%，未发生较大以上工程质量事故。

【建筑工程抗震防震管理】 2013年，楚雄州加强新建工程抗震防震管理，完成抗震设防专项审查工程项目248个，审查不符合国家强制性标准规范要求、结构抗震存在严格安全隐患的17个新建工程项目责成设计单位重新设计。开展抗震防灾知识宣传，印发抗震防灾知识宣传材料700余份，6个项目推广应用减隔震技术设计。建立健全住建系统地震灾害应急工作机制，组建州、县（市）两级住建系统城镇公共建筑应急评估和安全鉴定专家队11个，市政设施恢复应急抢险队11个，大型机械应急抢险救援队11个，有人员639人，装备463台（套），争取到应急物资装备购置费29万元。

【建筑节能管理】 2013年，楚雄州完

成建筑工程节能设计审查工程项目621个，总建筑面积348万平方米，节能设计审查合格率100%。完成全州3000平方米以上国家机关办公建筑20.34万平方米和2万平方米以上大型公共建筑30.23万平方米至年度能耗调查统计上报，2012年总能耗438.70万度，两类建筑均达到节能要求。推广太阳能与建筑一体化应用，至年末，城镇住宅太阳能热水器利用普及率95%、农村地区太阳能热水器利用普及率51%、城镇居民高效节能灯具利用率60%、城镇既有居住和公共建筑进行节能改造完成率42%。

【建筑工程勘察设计监督管理】 2013年，楚雄州强化建筑工程勘察设计市场和质量监督管理，开展资质丙、丁级勘察设计单位年度检查18户，严把勘察设计市场准入关，办理资质延续、分离审核工作3件，严格建筑工程勘察设计文件审查工作，完成621个、348万平方米新建工程施工图设计文件审查，完成重大设计变更审查备案44件，组织完成42个大、中型建筑工程初步设计审查和行政审批工作。鼓励支持工程勘察设计单位加大对注册人员引进和培训力度，组织参加国家注册人员考试78人，初始注册6人。全州注册执业人员55人，注册个人执业资格人员继续教育培训47人。加强注册人员市场行为和执业资格动态监督管理，落实注册人员法律责任和个人执业签章制度。推荐4家勘察设计企业及1名个人申报2013年度全省建筑业扶持奖励。

【招标投标管理】 2013年，楚雄州完成房屋建筑和市政工程招投标项目605个，招标控制总价61.97亿元，中标总价60.57亿元，平均优惠率2.27%。备案审查代理机构33个，入州备案项目120个。工程报建备案112件、招标备案141件、招标文件审查备案141件、合同备案137件，整理归档招投标汇编资料137件270卷。做好州级综合评标专家库建设工作，动员全州施工、监理、勘察、设计、工程造价、招标代理等60多家企业符合条件相关人员报名参加综合专家库专家人员考核，配合相关部门对报名人员的资格进行初步审核。

【住房和城乡建设依法行政】 2013年，楚雄州住建系统规范行政执法管理，印发《楚雄州住房和城乡建设局行政执法依据目录》和《楚雄州住房和城乡建设局行政执法职权》，制作行政许可、非行政许可、服务事项工作流程图和行政处罚程序流程图，制作标准执法文书样本。完成第六轮行政审批清理工作，行政许可项目削减率50%，压缩审批时限6项；日常监管项目削减率50%，压缩审批时限1项；服务项目削减率40%，压缩审核时限9项。圆满完成2012年度200卷行政执法案卷的评查工作，完成规范性文件、非规范性文件的清理工作。

［刘学华］

房地产业

【房地产开发投资】 2013年，楚雄州共完成房地产开发投资87.65亿元，比上年增长28.2%，占全州规模以上固定资产投资的19.4%。商品房屋施工面积807.01万平方米，比上年增长5.9%。其中新开工面积293.19万平方米，比上年下降2.5%。商品房屋竣工面积87.25万平方米，比上年下降42.5%。商品房销售面积189.51万平方米，比上年下降11%。商品房销售额63.5亿元，比上年下降3.8%。有房地产企业374家，其中房地产开发企业249家、物业服务企业83家、房地产估价机构5家、房地产经纪机构37家。审批房地产企业资质119家，办理商品房预售许可25项，预售商品房面积102.44万平方米，初审房地产企业资质8家。

【物业管理】 2013年，楚雄州规范物业管理工作。楚雄烟厂老生活区被评定为2013年度云南省物业管理示范住宅小区。经专家组考评验收，楚雄市城市花园小区、零柒家园小区、汇东胜景小区、星宿家园小区和大姚县金福苑小区等5个小区被评定为2013年度楚雄州物业管理示范住宅小区。启用物业管理信息系统开展物业服务企业资质审查换证工作，完成物业服务企业资质换证83家，物业服务企业资质全部实现信息化管理；组建全州物业管理专家库并完成州级物业管理专家推荐评定工作，确定楚雄州物业管理专家库第一批专家9名。

【住宅专项维修资金管理】 2013年，楚雄州加强住宅专项维修资金缴存、管理和使用。缴存住宅专项维修资金3.4亿元。指导督促各县（市）专项维修资金业主分户账建账，楚雄市完成住宅专项维修资金业主分户账建账工作，开展住宅专项维修资金的使用工作，9县逐步启动业主分户账建账工作。

［刘学华］

环境保护

【主要污染物减排】 2013年，楚雄州人民政府与10县（市）人民政府和6个州级相关部门签订年度主要污染物减排目标责任书，将减排任务层层分解落实，形成人民政府牵头，各部门配合，污染减排目标责任横向到边、纵向到底的责任体系。8月8日，州人民政府召开全州污染减排工作座谈会，全面分析减排工作面临形势，州长李红民对完成年度减排目标任务提出具体要求。6月6～8日，州环保局采取以会代训方式，召开全州污染减排业务工作培训会议，州、县两级环保局主要领导及分管领导、有关科（股）室负责人、环境监测站站长、环境监察支队（大队）长，以及10县（市）污水处理厂、德钢公司环保管理技术人员，共计80余人参加培训。会议邀请省环保厅污染减排技术组专家2人，结合楚雄州污染减排工作实际，详细解读“十二五”总量减排核算细则，系统培训废气、废水、农业源污染减排核查核算和污染减排项目材料组织等内容，参会人员在实际工作中遇到的困难和问题进行现场答疑，健全完善污染减排环境监察、环境监测和工作调度制度。9月29日、11月16日，州人民政府2

次召开专题工作会议，州环保局、州水务局通报污水处理厂污染减排和建设管理情况，州长李红民围绕减排措施落实，对污水处理厂建设、管理、监管体制提出明确要求，对省、州通报的问题，要求各县（市）于12月15日前完成整改任务。在省级下达53个减排项目的基础上，楚雄州又提出6个州级减排项目一并推进实施。至年末，省级53个、州级6个减排项目全面完成。其中，省级7个结构减排项目禄丰县玉溪水泥厂立窑生产线关闭减排二氧化硫57.6吨、氮氧化物40.5吨；元谋土林建材有限责任公司黄瓜园、尹地立窑生产线关闭，减排二氧化硫561吨、氮氧化物13.3吨；楚雄滇中铝业有限公司80千瓦电解铝生产线淘汰，减排二氧化硫56.57吨。全面完成30个规模畜禽养殖场项目。圆满完成省下达年度减排目标任务。

【环境污染防治】 2013年，楚雄州开展列入地级以上城市饮用水源的九龙甸水库等19个城市饮用水源水质达标情况、水源保护区划定情况、项目实施情况、管理情况评估，划定水源保护区18个。完成牟定历史遗留铬渣安全处置任务，从根本上消除污染隐患。确定南华县化工厂历史遗留砷渣处置等7个项目，向上争取第一批环保专项资金2020万元，扎实推进重金属减排项目建设。开展工业危险废物申报登记，严格落实危险废物转移联单管理制度，查清危险废物产生企业36家，总产生量5.17万吨，加强重点企业监管，危险废物转移依法、规范、安全、有序。推进机动车环保标志管理，发放机动车环保标志4072份；完成19家重点企业强制性清洁生产审核评估验收工作。

【环境影响评价】 2013年，楚雄州环保部门以服务经济社会发展为己任，强化环评服务重点，创新服务方式，建立重点项目环评审批协调服务机制，实行重点项目环评审批责任制，把环境影响评价报告书的审批时间由国家规定的60天压缩为20天、报告表由30天压缩为10天、登记表由15天压缩为当天办结。围绕中共楚雄州委、州人民政府确定的重大建设项目，加强与上级环保部门对接联系，在压缩法定环评审批时限三分之二以上的基础上，开辟环评审批“绿色通道”，提高重点项目环评审批效率。至年末，全州环保部门共审批项目环评769个，总投资140.34亿元，完成环保“三同时”验收项目172个。协调省环保厅审批楚雄州建设项目10个，总投资122.5亿元。完成7个工业园区环境影响报告书审查，没有因环评审批服务不到位影响开工建设和生产运行情况发生。州政务服务中心环保局窗口受理办件234件，办结234件。其中，受理行政许可114件，办结114件；受理非行政许可36件，办结36件；受理并办结服务事项84件。承诺时限内办结率100%。接受各类咨询300余人次。政务服务窗口连续两年零投诉。

【环境执法监察】 2013年，楚雄州加大环境监察工作力度。列入国控重点监管的云南德胜钢铁有限公司、一平浪盐矿、滇中有色金属有限公司、云南澜沧江酒业集团等14户企业，州环境监察支队做到每季度监察1次，县（市）环境监察大队每月监察1次。州、县环境监察机构对省、州各级环保主管部门审批的项目，在建设过程中和试生产（运行）前均进行现场监察，为环保行政审批提供决策依据，保证“三同时”制度落实到位。根据矿山、企业基本情况，加强对污染源监督管理，将环保专项行动与尾矿库集中整治专项行动、环境安全大检查等工作有机结合，认真安排部署，统筹各项工作开展重点、时间、范围，做到检查不留死角，整改不走形式，通过督察落实各项工作开展情况。至年末，州、县环保部门出动检查人员1991人次，现场检查企业360家，检查污染治理设施1257台（套），查出环境隐患89项，向企业发出整改通知书37份。检查尾矿库企业71家、尾矿库71座，排查尾矿库隐患17个，整改隐患17个，州、县共发出针对尾矿库企业限期整改通知11份，纳入县级挂牌督办企业11家。45家违法企业实施环境行政处罚，共处罚金108.8万元。全州环保部门征收排污费830万元。

美丽新家园——楚雄市紫溪镇紫溪彝村 （马兴华/摄影）

【农村环境保护】 2013年，楚雄州认真开展农村环境综合整治项目储备库建设，筛选266个项目建立楚雄州生态保护和农村环境综合整治项目库。向上争取投入资金410万元，实施农村环境综合整治示范项目11个。推进九龙甸水库饮用水源地水污染防治项目实施，协调州财政局3批下达项目资金2209.76万元，项目基本完工进入绩效评估和工程验收阶段。楚雄市创建国家级生态示范区工作已通过省级验收；全州共创建国家级生态乡（镇）4个，省级生态乡（镇）19个。

【环境监测】 2013年，楚雄州认真开展环境质量监测，完成金沙江、龙川江、元江、绿汁江、星宿江等15个监测断面6次地表河流水质、底质例行监测和大海波水库水质监测，获得监测数据3020个。完成重点流域国控点金沙江大湾子断面、三峡库区上游流域水污染防治规划考核断面和云南省重点流域水污染防治专项规划考核断面监测工作，获得监测数据1155个。完成金沙江大湾子断面滇川两省跨界流域同步监测，获得监测数据28个。完成16个集中式饮用水水源地地表水常规监测，获得监测数据928个。完成楚雄市城区环境空气质量连续监测，获取日均值数据1560个。降水做到逢雨必测，完成降水酸雨监测55次，获得监测数据660个。降尘和硫酸盐化速率每月监测1次，获得监测数据22个。与楚雄市同步开展团山水库水质监测3次、青山嘴水库水质监测1次，获得监测数据124个。完成云南德胜钢铁有限公司等10个重点企业30个废气排放口和废水进出口季度监测。完成楚雄德胜煤化工有限公司等4家州控企业监督性监测3次。完成云南澜沧江酒业集团楚雄有限公司等7家企业和10县（市）污水处理厂水质在线监测设备校验监测、监督性监测、比对监测和总量减排项目监测。完成委托性污染监测和环境质量现状监测7次。完成4个建设项目竣工环保验收监测和7个建设项目在线比对监测设备验收监测工作。

【环境法治建设】 2013年，楚雄州制定印发了《楚雄州环境保护局2013年普法和依法治理工作计划》和《楚雄州环境保护局2013年法治人民政府建设工作计划》，并认真组织实施。落实环保行政执法责任制，层层签订2013年行政执法责任书；对2012年度州级实施的8件环境行政处罚案件进行梳理、归类、整理，向国家环保部行政处罚信息系统填报案件材料；组织州环保局机关1名新进人员和15名执法证到期人员，参加云南省行政执法新办证和审验培训；开展2012年以来行政许可自查和行政执法案卷评查工作；开展第六轮行政审批制度改革工作，及时清理确定新的行政审批项目和事项，其中保留行政许可事项2项、非行政许可事项1项，取消行政许可事项1项，承接省级委托或下放的行政许可事项2项；依照环境保护机构改革“三定方案”，及时修改完善《楚雄州环境保护局行政执法责任制》等4项制度，对楚雄州环境保护局行政执法责任制、行政执法评议考核制、行政执法错案追究制、依法赔偿制进行细化和完善，进一步明确执法责任、规范执法行为；组织开展“六五”普法中期统一考试、“民族法律法规有奖知识竞赛”、年度普法和环保专业法学习考试。对《云南省生物产业促进条例（草案）》、《云南省楚雄彝族自治州青山嘴水库管理条例》等30余个法规和规范性文件提出修改意见和建议。

【环保信访工作】 2013年，楚雄州妥善处理环保信访投诉纠纷，认真办理群众信访投诉，努力解决群众关心的热点、难点问题，维护群众环境权益。投资12万元完善省、州、县3级“12369”投诉电话联网工作。全年全州环保部门调处环境信访纠纷360件，其中12369环保投诉热线107件，调查处理率100%。

【环保基础能力建设】 2013年，楚雄州环保局内设机构得到加强和完善，批准成立楚雄州环境工程评估中心，为自收自支事业单位，核定编制管理人员1名，工作人员2名，不足部分根据工作需要面向社会招聘使用；州环保局机关行政编制人员由13人增加为16人；州环境监测站行政事业单位人员由27人增加为31人；州环境工程评估中心系统内选调管理人员1名，自主招聘到位工作人员5人，其中研究生2人，大学本科毕业生3人。10县（市）环保局内设机构得到加强，均成立环境监察大队和环境监测站。向上争取资金2066.22万元，完成元谋、武定、禄丰、牟定县环保监测执法业务用房建设。

［张国跃］

（责任编辑：周能汉）

财政·税务

财 政

【财政收支概况】 2013年，楚雄州完成地方财政总收入140.5亿元，为全年预算数的96.5%，比上年增收16.1亿元，增长12.9%，其中，州级完成76.7亿元，为全年预算数的94.8%，比上年增收7.6亿元，增长11%；县（市）级完成63.8亿元，为全年预算数的98.6%，比上年增收8.5亿元，增长15.4%。完成地方公共财政预算收入56.4亿元，为全年预算数的104%，比上年增收10.1亿元，增长21.7%，其中，州级完成11.6亿元，为全年预算数的100%，比上年增收1.7亿元，增长17.1%；县（市）级完成44.8亿元，为全年预算数的105.1%，比上年增收8.4亿元，增长23%；在全省16个州（市）中，楚雄州地方公共财政预算收入总量排名第6位，收入增幅排名第2位。完成政府性基金预算收入27.5亿元，为全年预算数的107.3%，比上年增收1.9亿元，增长7.5%。完成地方公共财政预算支出172.6亿元，为全年预算数的95%，比上年增支14.6亿元，增长9.3%，其中，州级完成20.7亿元，为全年预算数的105.5%，比上年增支2.5亿元，增长13.9%；县（市）级完成151.9亿元，为全年预算数的93.7%，比上年增支12.1亿元，增长8.7%。完成政府性基金预算支出31.5亿元，为全年预算数的100.3%，比上年增支4.3亿元，增长15.6%。

【争取上级资金补助】 2013年，楚雄州抢抓国家实施新一轮西部大开发、扶贫开发、支持云南省加快桥头堡建设和省委、省人民政府加快推进滇中产业新区建设等机遇，主动加强与各级各部门之间的沟通协调，积极捕捉研究上级政策信息，盯准国家政策导向和资金重点投向，分析研究投资政策和工作措施，加大定期督查通报力度，千方百计争取上级财政政策、转移支付和项目资金支持。做好项目前期工作，州级预算安排项目前期费和工作经费5500万元，支持各级各部门做好项目申报和储备工作，争取中央预算内投资项目217项，总投资12.1亿元，年内到位州级以上财政资金6.9亿元。争取到位上级转移支付补助105.8亿元，比上年增长5.4%，其中，一般性转移支付补助51.1亿元、专项转移支付补助54.7亿元。

【支持经济建设】 2013年，楚雄州认真落实积极财政政策，加强财政宏观引导，加大资金保障力度，支持地方经济建设发展。州级筹集财政资金32.7亿元，用于重点保障水利、交通、保障房、节能减排、生态建设以及列入省“3个100”和州“3个30”的项目。完成水利支出12.3亿元，比上年增长0.5%，支持中小河流治理、病险水库除险加固和烟草水源工程建设。完成交通运输支出9.5亿元，比上年增长47.5%，支持楚广高速、楚南一级公路、108国道改造和农村公路建设。落实“产业建设年”部署，争取中央和省级财政扶持企业资金1.4亿元，州级预算安排1.1亿元支持打好园区经济、县域经济和民营经济“三大战役”。推进“万村千乡”市场工程和“南菜北运”农产品现代流通综合试点建设，做好家电下乡和摩托

2013年楚雄州地方财政总收入分级情况表

单位：万元

县（市）	年初预算	实际完成	完成预算%	上年同期	比上年同期	
					绝对数	%
楚雄市	236322	225105	95.3	203648	21457	10.5
双柏县	25548	25625	100.3	20699	4926	23.8
牟定县	28819	29079	100.9	24166	4913	20.3
南华县	45694	44346	97.0	38080	6266	16.5
姚安县	21807	23756	108.9	18173	5583	30.7
大姚县	49502	49511	100.0	42659	6852	16.1
永仁县	27147	28894	106.4	23200	5694	24.5
元谋县	26665	26062	97.7	22217	3845	17.3
武定县	64190	64301	100.2	54862	9439	17.2
禄丰县	120498	120699	100.2	104747	15952	15.2
县级小计	646192	637378	98.6	552451	84927	15.4
州 级	809048	767200	94.8	691282	75918	11.0
合 计	1455240	1404578	96.5	1243733	160845	12.9

车下乡政策到期清算，自2009年实施以来，累计兑付家电下乡和摩托车下乡财政补贴资金3亿元，带动社会销售12.1亿元。落实财税扶持政策，按照上级要求取消或免征63项行政事业性收费，支持重点招商、产业培育和滇中产业聚集区建设，扶持中小微企业发展。推进亚行贷款楚雄州城市基础设施建设项目，完成1.5亿美元贷款谈判工作。加强金融协调服务，支持州开投公司发行企业债券20亿元，引进浦发银行楚雄分行挂牌成立，与浦发银行昆明分行、省工行、省农信社、中债公司签订战略合作协议，全州新增社会融资118.1亿元，其中，新增银行信贷77.3亿元，新设立小额贷款公司15户，超额完成州人民政府“社会融资100亿元、银行信贷60亿元、小额贷款公司10户”的目标任务。

【财政服务“三农”发展】 2013年，楚雄州全面落实强农惠农政策，不断加大支农投入，促进农村经济发展。完成农林水事务支出28.4亿元，比上年增长3.6%。州级筹集财政资金2.4亿元支持高原特色农业、优势农业龙头企业、农产品基地建设以及核桃、蔬菜、蚕桑、畜牧等产业发展，推进楚雄国家农业科技园区、双柏绿汁江特色农业园区和现代农业庄园建设。投入财政资金11.1亿元支持重点水源、灌区节水改造等农田水利基础设施建设，建设“五小”水利和“爱心水窖”6万件。投入财政资金8325.5万元支持农业综合开发，治理土地面积4.9万亩，实施产业化项目33个。投入财政资金4908万元支持农业科研科技推广、晚秋冬农作物新品种选育、高产创建、间作套种等，推进粮食增产计划。投入财政专项扶贫资金3.2亿元，实施4个贫困乡扶贫整乡推进和639个贫困村扶贫整村推进项目，对全州2万户贫困户的2.8亿元扶贫贷款实施财政贴息。州级筹措惠农补贴资金17.2亿元，比上年增长6.8%。加强村级公益事业一事一议财政奖补项目管理，制定《楚雄州村级公益事业一事一议财政奖补工作考核奖惩暂行办法》，投入财政资金1.5亿元，比上年增长27.1%，带动社会投入2.2亿元，实施一事一议财政奖补项目1252个，受益农户6.5万户25.8万人。

【保障社会民生】 2013年，楚雄州优先保障和改善民生作为公共财政支出重点，大力支持社会事业发展。优化财政支出结构，严控一般性公用经费支出，全州公务接待费、会议费、培训费、庆典费、论坛费分别比上年下降13.4%、14.6%、8%、49.1%、13.3%。统筹财力配置，加大民生投入，财政投入民生领域资金130.5亿元，比上年增长7.1%，占地方公共财政预算支出的75.6%。完成教育支出30.8亿元，比上年增长6.7%，支持提高农村中小学公用经费补助标准，每生每年分别达到760元和560元；州级采取调整项目支出、安排净结余资金和压缩公用经费等措施筹集资金9566.7万元，解决全州3.9万多名原民办和代课教师遗留问题。完成医疗卫生支出16.3亿元，比上年增长13.5%，支持深化医药卫生体制改革和实施国家基本药物制度，加强医疗卫生机构标准化建设和基层医疗卫生队伍建设，提高城镇居民医保和新农合财政年度补助标准，其中，城镇居民成年人提高到302元、未成年人和大学生提高到282元，新农合提高到280元。完成

2013年楚雄州地方公共财政预算收支情况表

单位：万元

县（市）	一般预算收入				一般预算支出			
	2012年决算数	2013年决算数	比上年同期		2012年决算数	2013年决算数	比上年同期	
			绝对数	%			绝对数	%
楚雄市	139306	163000	23694	17.0	286300	301758	15458	5.4
双柏县	14171	19732	5561	39.2	98040	109976	11936	12.2
牟定县	18327	22987	4660	25.4	103766	124556	20790	20.0
南华县	24929	32100	7171	28.8	127308	137165	9857	7.7
姚安县	14211	18081	3870	27.2	106028	111951	5923	5.6
大姚县	28000	34800	6800	24.3	142241	165540	23299	16.4
永仁县	16284	20391	4107	25.2	81926	94651	12725	15.5
元谋县	16193	19135	2942	18.2	113497	117894	4397	3.9
武定县	36823	43083	6260	17.0	154899	156284	1385	0.9
禄丰县	56056	74629	18573	33.1	184337	199576	15239	8.3
县级小计	364300	447938	83638	23.0	1398342	1519351	121009	8.7
州级	98880	115765	16885	17.1	181820	207111	25291	13.9
合　计	463180	563703	100523	21.7	1580162	1726462	146300	9.3

社会保障和就业支出24.1亿元，比上年增长16%，支持建设社会养老服务体系和实施积极的创业促进就业政策，提高城乡低保、农村“五保”和企业退休人员基本养老金补助标准，其中，城乡低保对象补助每月分别提高到240元和108元、农村“五保”集中和分散供养对象补助每月分别提高到207元和166元、企业退休人员基本养老金每月平均提高到1577.8元。完成文化体育与传媒支出2.1亿元，比上年增长1.6%，支持公共文化服务体系建设。完成节能环保支出5.3亿元，比上年增长23.9%，支持节能减排。完成住房保障支出10.7亿元，其中，州级财政配套6051.8万元支持保障房建设、预算安排600万元向州级72家行政事业单位261名在职职工发放住房补贴。兑付石油价格改革补贴4668.5万元，稳定城乡客运。加强道路交通事故社会救助基金管理，垫付救助资金13.8万元。

【财政监督管理】 2013年，楚雄州财政局认真履行财政监管职责，深入推进财政反腐倡廉建设，保障财政资金安全。巩固规范行政权力运行工作成果，完善廉政风险防控措施，梳理风险科室和岗位135个，查找风险点243个，制定防范措施343条，推进岗位廉政风险点防控工作。认真执行《财政部门监督办法》，健全财政监督机制，规范财政资金拨付审批，动态监管专项资金分配、使用和管理，实行州、县、乡3级对账，积极构建“大监督”格局。加强政府性债务管理，州级预算安排州级政府性债务还本付息支出4.8亿元，实现州财政与县（市）财政纵向联网、州财政与州级债务单位横向联网的债务管理网络。强化财政监督检查，开展乡（镇）财政资金安全检查；对44家城市公交和供排水系统单位开展会计监督检查，查出违规资金1988.9万元，纠正问题资金1481.3万元；开展粮食风险基金、矿产资源有偿使用费专项督导和县（市）财政监督目标考评；推进村级会计委托代理服务工作，代管集体资金18.2亿元；加强会计队伍建设，审核发放“会计从业资格证”755个，持证人员累计达1.94万人，共有注册会计师42人、高级会计师12人、会计师586人、助理会计师1079人。加强绩效管理，选定州民政局、州科协等州级5家预算单位的5个项目开展预算绩效管理试点，涉及资金1170万元；以民生领域为重点，组织实施农林水、医疗卫生、科技文化、教育、计生、扶贫等45个绩效评价项目；开展全州12家地方金融企业绩效评价。建立多级复核机制，规范财政业务考核管理。加强政府采购监管，完成政府采购金额6.4亿元，节约预算资金6833.4万元，节约率9.6%。

【财税管理改革】 2013年，楚雄州深入推进财税体制改革，提高科学化、精细化管理水平。组织试编社会保险基金预决算，提高预算编制完整性；深化部门预算改革，健全部门预算项目库，提高州级公用经费标准，细化部门预算编制，全州899个部门1547个预算单位编制部门预算；加大预算信息公开，编印《阳光财政公民读本》，制定《楚雄州县（市）级财政预算信息公开工作参考规程》和《楚雄州州本级财政预算信息公开工作规程》，公开州人代会审议通过的预决算报告、背景材料和收支附表，督促全州291个部门548家单位公开2012年部门决算、560个部门955家单位公开2013年部门预算，指导督促大姚县、元谋县率先公开“三公”经费；选取州商务局、楚雄师范学院附属小学的部门预决算提交州人代会审议和执行跟踪，启动州级公开部门预决算信息报州人代会审查试点工作。深化财政国库管理改革，实施改革资金102.7亿元，比上年增长11.4%；加快财政支出进度，1～6月、1～9月和1～11月分别完成全年支出的46.7%、68%和85.3%，分别比上年提高3.3、4.6和3.6个百分点；加大清理整顿财政专户力度，年内撤销财政专户9个，自2011年以来累计撤销188个，保留223个；推进公务卡结算制度，全州1101家单位累计办理公务卡3.9万张，年内报销金额1.7亿元；试编完成州本级和牟定县、大姚县、元谋县2012年度权责发生制政府综合财务报告。推进税制改革，会同税务部门推进交通运输业和部分现代服务业营业税改征增值税试点，全州1189户交通运输业和1250户现代服务业小规模纳税人税负分别下降3%和40%。推进财政票据电子化管理改革，全州新增89家使用单位和146个开票端点，累计安装单位682家、端点846个。加快推进财政信息标准化建设，实施部门预算管理网络平台和虚拟化改造，10县（市）及开发区6家代理银行32个网点支付系统实现与财政一体化系统联网电子支付。深化农村综合改革，完善县乡最低财政支出保障机制和村级组织运转经费保障机制，健全农民负担监管体系，加强乡村债务动态管理。加大金融创新力度，积极探索推进农村民房地震保险等巨灾保险试点。

［王　宁］

国家税务

【国税收入概况】 2013年，楚雄州国税税收收入实现平稳增长，组织税收收入86.64亿元，比上年增收6.51亿元，增长8.1%。其中，增值税完成25.71亿元，比上年减收1.01亿元，下降3.8%；消费税完成48.61亿元，比上年增收4.22亿元，增长9.5%；企业所得税完成9.99亿元，增收2.82亿元，增长39.4%；个人所得税24万元；车辆购置税完成2.34亿元，增收4847万元，增长26.2%。从征收单位看，11个征收单位税收收入发展不平衡，楚雄市、武定县、姚安县3个征收单位完成年初计划任务；楚雄市、禄丰县、武定县、大姚县、开发区5个征收单位税收收入进入亿元行列。从税种收入看，增值税负增长，消费税低增长，企业所得税、车辆购置税大幅增长。

【国税依法行政】 2013年，楚雄州国家税务局认真落实各项制度、实施决策措施上。落实税收执法责任制，分解任务落实《云南省国家税务局依法行政综合绩效考核评价实施办法(试行)》及2013

2013年楚雄州国税收入完成情况表

单位：万元

县（市）	全年收入合计	比上年同期增减(%)	增值税		消费税		企业所得税		储蓄存款利息个人所得税		车辆购置税		出口退税
			累计收入	比上年同期增减(%)	累计收入	比上年同期增减(%)	累计收入	比上年同期增减(%)	累计收入	比上年同期增减(%)	累计收入	比上年同期增减(%)	
楚雄市	48970	18.13	25213	12.08	95	33.80	7085	122.34	7	-58.82	16570	27.65	630
双柏县	5298	-20.78	3953	-22.55	2		968	56.56	1	-66.67	374	19.11	—
牟定县	4953	-10.84	3545	-19.01	16	23.08	799	60.11	1	-75.00	592	82.72	87
南华县	9913	-15.86	7270	-17.79	430	41.91	1240	43.63	2	-66.67	971	17.27	63
姚安县	4626	23.31	2570	-5.79	23	35.29	1534	-11.45	2	-50.00	497	58.79	57
大姚县	12002	-6.27	9483	-1.83	4	0.00	1702	86.61	2	-50.00	811	16.19	511
永仁县	7148	-3.96	5935	-6.73	3	100.00	850	140.87	1	-50.00	359	47.74	—
元谋县	5641	4.60	3290	-9.32	28	3.70	1276	-18.29	1	-66.67	1046	18.06	13
武定县	22503	16.64	18166	9.12	2	0.00	3553	58.23	2	-50.00	780	16.59	—
禄丰县	45347	4.84	39958	6.74	38	58.33	3986	-9.27	5	-64.29	1360	8.19	—
开发区	700042	8.72	137709	-8.17	485454	9.48	76879	52.14	—	—	—	—	89
全州	866443	8.13	257092	-3.80	486095	9.51	99872	39.42	24	-60.66	23360	26.18	1450

2013年楚雄州国税重点税源企业一览表（500万元以上）

单位：万元

企业名称	行业类别	增值税	消费税	企业所得税	合　计
云南红塔集团楚雄卷烟厂	卷烟制造	91353	474649	17673	583675
云南省烟草公司楚雄州公司	烟草批发	48321	10798	50338	109457
云南德胜钢铁有限公司	炼钢	16025			16025
楚雄烟叶复烤有限责任公司	烟叶复烤	3303		4787	8090
云南电网公司楚雄供电局	电力供应	4871		269	5140
一平浪煤矿	煤炭开采	4259			4259
云南楚雄矿冶股份有限公司六苴经营部	铜矿采选	3523			3523
楚雄市农村信用合作联社	金融			3073	3073
武定县华翔经贸有限公司	矿产品零售	1964		359	2323
楚雄州吕合煤业有限责任公司	煤炭开采	2195			2195
云南白药集团中药材优质种源繁育有限责任公司	中药材种植	2002			2002
云南燃二化工有限公司	化学原料制造	1925			1925
禄丰县农村信用合作联社	金融			1902	1902
楚雄德胜煤化工有限公司	炼焦	1820			1820
武定县华翔经贸有限公司球团矿厂	铁矿冶炼	1730			1730
云南岭东印刷包装有限公司	装潢印刷	1035		574	1609
中国石油化工股份有限公司楚雄石油分公司	石油制品批发	1481			1481
姚安县农村信用合作联社	金融			1472	1472
云南盘龙云海药业有限公司	中成药制造	1451			1451

续上表

企业名称	行业类别	增值税	消费税	企业所得税	合 计
大姚县农村信用合作联社	金融			1393	1393
楚雄滇中有色金属有限责任公司	铜冶炼	1329			1329
武定县农村信用合作联社	金融			1315	1315
武定县乾华矿业经贸有限公司	矿产品零售	1209			1209
南华县农村信用合作联社	金融			1190	1190
云南禄丰勤攀磷化工有限公司	化学原料制造	1105			1105
永仁县海源工贸有限公司	矿产品零售	1000		71	1071
云南友联房地产有限责任公司	房地产开发			1069	1069
禄丰供电有限公司	电力供应	1057			1057
云南玉飞达钛业有限公司	钛冶炼	1018			1018
楚雄州电力工业公司武定县分公司	电力供应	1009			1009
昆明钢铁集团有限责任公司罗次分公司	铁矿采选	1000			1000
云南摩尔农庄生物科技开发有限公司	饮料制造	681		314	995
元谋县农村信用合作联社	金融			986	986
楚雄市供电有限公司	电力供应	977			977
楚雄市鹿城彩印有限责任公司	包装印刷	957			957
武定县高桥矿业经贸有限公司	矿产品零售	848		83	931
楚雄吉兴彩印有限责任公司	包装印刷	843			843
云南楚雄矿冶股份有限公司	铜矿采选	826			826
禄丰县华鑫经贸有限公司	铁矿采选	817			817
云南楚雄思远投资有限公司	铜矿采选	576		211	787
拉法基瑞安（楚雄）水泥有限公司	水泥制造	625		148	773
楚雄州供电有限公司	电力供应	758			758
永仁县鹏诚商贸有限公司	矿产品零售	678		73	751
国营云南安宁化工厂武定分厂	化学原料制造	742			742
云南岭乐矿业有限公司	铁矿采选	738			738
楚雄星焰房地产开发有限公司	房地产开发			703	703
云南盐化股份有限公司一平浪盐矿	盐矿采选	694			694
大姚桂花铜选冶有限公司永仁直苴分公司	铜矿采选	676			676
双柏县农村信用合作联社	金融			674	674
武定县恒雄矿业经贸有限公司	铁矿采选	589		82	671
云南省楚雄东方房地产开发有限公司	房地产开发			656	656
牟定县农村信用合作联社	金融			632	632
楚雄昆钢奕标新型建材有限公司	水泥制造	629			629
云南燃二化工有限公司禄丰玻璃厂	玻璃制品制造	615			615
元谋供电有限公司	电力供应	599			599
禄丰万盛房地产有限公司	房地产开发			563	563
中国石油天然气股份有限公司云南楚雄销售分公司	石油制品零售	562			562
云南楚雄三街煤业开发有限公司	煤炭开采	558			558

续上表

企业名称	行业类别	增值税	消费税	企业所得税	合　计
中国石油化工股份有限公司云南楚雄禄丰石油支公司	石油制品零售	555			555
武定县全兴矿业有限公司	铜矿采选	457		86	543
永仁县农村信用合作联社	金融			525	525
大姚供电有限公司	电力供应	524			524
云南滇能楚雄水电开发有限公司老虎山水电站	水力发电	506			506
合　计		213015	485447	91221	789683

年度考核指标体系，推行依法行政综合绩效考核，在工作中既注重规范执法，更注重风险防范，依法行政工作能力有效提升。年内，全系统执法总量达到27.3万项，产生执法过错8条，比上年减少10条，下降55.56%，执法过错率为0.29‰，低于5‰的考核要求。普法和依法治理工作被州委考评为一等奖。

【国税税收优惠政策落实】　2013年，楚雄州认真落实结构性减税政策，依法依规办理各类减免税，减免税收4.82亿元，其中，减免增值税销售额39亿元，折算税金4.23亿元；减免所得税3382万元，减免车辆购置税875万元，办理出口免抵税200万元、出口退税1450万元。落实增值税起征点，全州97.91%的个体工商户享受起征点政策；落实小微企业税收优惠政策，全州3116户月销售收入不超过2万元的小规模企业享受暂免征增值税优惠，优惠面90%；落实免征发票工本费，通用发票（非冠名发票）免征工本费170.97万元，全州99.5%的用票纳税人得到实惠。

【国税税务稽查】　2013年，楚雄州国税系统大力开展税收专项检查和“营改增”试点行业虚开骗税违法行为专项整治。打击非法制售发票违法犯罪行为，联合7家部门对药品、医疗器械生产经营单位和医疗机构发票使用情况进行专项整治。开展案件复查评查，提升办案质量。开展稽查综合自查并配合省国税局完成稽查综合检查，全系统查补收入4681万元。

【营业税改征增值税】　2013年4月下旬，楚雄州全面启动营业税改征增值税工作（简称“营改增”）。按照“营改增”试点实施方案，全州上下联动，密切跟踪，完成“试点纳税人名单确认、内部培训、业务技术准备，纳税人的认定、培训、模拟申报，正式上线、申报缴税及跟踪分析”4个阶段工作。经国税、地税双方确认，1343户“营改增”纳税人划转国税部门征管，首批“营改增”试点推行圆满完成。8～12月，“营改增”组织征收增值税2682万元，征收文化建设事业费73万元。

【纳税评估】　2013年，楚雄州国家税务局组建工作组，深入基层和企业以辅导的方式开展纳税评估和大企业税收风险评估。纳税评估补缴入库税收7067.55万元。其中，增值税3672.91万元，企业所得税3379.9万元，消费税7.36万元，车辆购置税7.38万元。

［田江华　殷为杰］

地方税务

【地税收入概况】　2013年，楚雄州地税系统组织税收收入45.49亿元，比上年增收6.78亿元，增长17.5%，完成省地税局考核任务46.5亿元的97.8%。组织地方公共财政一般预算收入44.08亿元，比上年增收6.51亿元，增长17.3%，圆满完成州人民政府下达的税收收入任务。组织征收各项规费收入18.90亿元，增收2.72亿元，增长16.8%。其中，社会保险费17.75亿元，增收2.53亿元，增长16.6%；代收工会经费9344.4万元，增收1736.4万元，增长22.8%；代收残疾人就业保障金2187.8万元，增收226.4万元，增长12%。

【地税依法行政】　2013年，楚雄州地方税务局认真做好行政审批项目的管理，全面清理省地税局规定的5大类23项涉税审批事项，实施行政审批事项13件。做好规范性文件清理，共清理税收规范性文件26件，其中州地税局7件，县（市）地税局19件。认真开展全州2012年度“依法行政”考核检查工作，在省地税局组织的2012年度“依法行政”考核检查中荣获全省“一等奖”。日常考核检查落实“两责”考核，实施责任追究。全州52个单位开展税收执法督察工作，检查确认少缴税款473.8万元，纠正违规税收执法行为77个。认真开展2013年行政执法案卷评查工作和结构性减税自查工作，行政执法案卷评查工作得到省政府法制办、省地方税务局充分肯定和好评。2012年度依法治理和普法工作荣获州委依法治州办考核评比一等奖，被确定为“谁主管谁普法、谁执法谁普法”工作示范单位。

【税法宣传】　2013年，楚雄州地方税务局认真组织开展第22个全国税收宣传月活动，发放各类宣传资料1.9万余份。开展以“听心声、问需求、解疑惑、促和谐”为主题的网上在线访谈活动，举办首届“童心游税海、共创好明天”小学生税法知识竞赛活动。加强政务信息

2013 年楚雄州地方税费收入完成情况表

单位：万元

项 目	楚雄市	双柏县	牟定县	南华县	姚安县	大姚县	永仁县	元谋县	武定县	禄丰县	开发区分局	直征局	总 计
一、地方税收收入合计	92022	15693	17911	28790	18160	33180	18971	17272	34368	56500	38842	83165	454874
中央	9213	1490	1838	3561	1446	2378	998	1398	2484	7982	4063	3479	40330
省级	11460	1041	1430	2745	1412	4652	2740	2518	3290	7076	3912	11678	53954
州级					0							42542	42542
县（市）级	71349	13162	14643	22484	15302	26150	15233	13356	28594	41442	30867	25466	318048
1. 营业税	35096	4531	5910	7673	5069	7309	4811	5196	9949	15263	15656	11116	127579
2. 资源税	336	41	467	208	102	821	168	159	634	1181	1		4118
3. 土地使用税	1882	243	211	866	231	305	137	320	313	1790	1389	832	8519
4. 企业所得税	7284	1135	2146	3076	1464	2040	804	1189	2438	9423	3401	1268	35668
5. 个人所得税	8071	1348	918	2860	946	1923	859	1142	1702	3880	3370	4530	31549
6. 城市维护建设税	3893	383	428	936	353	758	370	419	1310	2250	1987	43528	56615
7. 印花税	820	107	147	209	105	166	137	148	309	924	602	454	4128
8. 房产税	3039	185	360	533	215	303	158	413	354	1613	1303	2507	10983
9. 车船税	1111	138	165	277	88	151	100	222	242	538	893	11	3936
10. 土地增值税	3394	1399	355	804	274	2816	459	235	878	1290	1815	106	13825
11. 教育费附加	1743	271	292	581	238	514	327	275	822	1666	849	18810	26388
12. 烟叶税	8931	5303	4738	7342	6909	5392	3227	1798	8539	8119	298	3	60599
13. 耕地占用税	6387	191	683	1480	1456	9649	6581	4843	4717	6254	2809		45050
14. 契税	10024	418	1089	1940	712	1032	833	912	2153	2308	4468		25889
15. 其他收入（税务部门罚没收入）	11		2	5	0	1		1	8	1	1		30
二、社会保险基金收入合计	56443	8120	7979	10889	6717	12274	5959	7411	8756	27094	9587	16279	177508
1. 生育保险费	663	92	64	150	65	112	77	67	109	260	147	302	2108
2. 失业保险费	3767	284	283	460	254	645	273	309	364	1290	620	1406	9955
3. 工伤保险费	1339	192	248	434	183	663	153	187	328	939	235	225	5126
4. 基本医疗保险费	25173	3500	3681	4456	3506	5264	2655	4044	4581	10155	3524	3759	74298
5. 基本养老保险费	25501	4052	3703	5389	2709	5590	2801	2804	3374	14450	5061	10587	86021
三、其他收入	4710	599	639	957	474	884	515	730	1219	2729	1483	14408	29347
1. 文化事业建设费	51	4	12	3	3	6	6	11	10	18	134	5	263
2. 残疾人就业保障金	852	96	55	141	84	73	37	99	153	220	252	117	2179
3. 地方教育附加	1089	153	158	347	128	294	194	155	498	1034	566	12944	17560
4. 工会经费和建会筹备金	2718	346	414	466	259	511	278	465	558	1457	531	1342	9345
总 计	153175	24412	26529	40636	25351	46338	25445	25413	44343	86323	49912	113852	661729
2012 年各项税费收入合计	128077	17301	20872	34219	18985	34944	17135	21247	36933	84121	55474	95663	564971
2013 年比上年同期增长（%）	20	41	27	19	34	33	48	20	20	3	-10	19	17

宣传工作，编发《地税要情》111期。与楚雄日报社、州广播电台等新闻媒体签订税收宣传合作协议，加大宣传力度。加强网站建设管理，发布动态类信息512条，开辟税收专题栏目7个。充分利用蹲企服务、办税服务厅等平台，营造税收宣传的全方位多角度深层次格局。

【税务稽查】 2013年，楚雄州地方税务局深入推进“一级稽查”体制，稽查效能显著提升。全州稽查系统累计完成稽查收入1.11亿元，选案准确率100%，结案率100%，入库率100%，稽查收入查补率2.43%，全部稽查量化考核指标均达省地税局要求。其中，企业自查257户，查补入库税款及滞纳金7981.62万元；稽查案件134件，查补入库税款、滞纳金、罚款合计3077.96万元。加大打击发票违法犯罪工作力度，整顿规范地方税收经济秩序。检查发票使用户627户，查处违法企业144户，涉及非法发票1.48万份，涉票金额2099.03万元，查补税款、滞纳金、罚款合计134.27万元。

【“营改增”与“七比七看”活动】 2013年，楚雄州地税系统稳步推进“营改增”工作，后续管理不断完善。至7月24日，全州地税系统向国税部门移交“营改增”管户1343户，其中交通运输业500户、部分现代服务业843户。在地税系统开展“七比七看”活动，成立工作机构，制定实施方案，分解考核内容，明确部门责任，细化网站考核指标。以创新项目申报，采取以按月考核，按季通报的形式，实现“七比七看”活动与楚雄地税工作实际有机结合。坚持“以考促学”组织开展2013年度全员闭卷考试，参加省地税局《小企业会计准则》考试取得第5名，《党章》、稽查业务考试取得全省第一名。组织开展执法资格考试、高学历教育和网络在线教育。举办各类系统业务培训5期培训人员160余人，17人参加省地税局举办的省外税务专业院校更新知识培训。分3期组织州地税局机关干部及县（市）地税局班子成员150人到厦门大学进行更新知识培训。

【“蹲企服务”大活动】 2013年，楚雄州地税系统开展“蹲企服务”大活动。制定“蹲企服务”实施意见和实施方案，以“行业调查、政策宣传、推送服务、解难帮困”为目的，以“组团式服务、网格化管理、专业化辅导”开展蹲企服务，以“规模+行业+类型”选择蹲企服务对象，局领导带队，机关5个业务科室牵头组成5个蹲企服务团，深入企业了解涉税需求，开展税法宣传，帮助企业解决困难问题，取得显著成效，构建和谐征纳关系，实现税企双赢。地税系统共蹲企服务765天，蹲企户数504户，参与活动2066人次，召开座谈会429场，举办辅导培训338次，收集意见建议220条，形成调研报告工作建议53篇，解决各类问题262个，上报信息简报112条。

【纳税服务】 2013年，楚雄州地税系统不断深化和拓展“一站式服务”，积极开展丰富多彩的个性化纳税服务，以信息技术为支撑全力打造网上办税服务厅，拓展网站功能，提升服务能力。积极创建星级办税服务厅，楚雄市、武定县一分局办税服务厅申报省地税局四星级服务厅，永仁县、牟定县一分局办税服务厅申报省地税局三星级办税服务厅，经省地税局组织考核评分验收，成绩名列前茅。纳税服务进一步优化，“两个”减负得到有效落实，纳税人对税法的遵从度和对服务的满意度显著提高，征纳关系进一步融洽。做好网络发票推广应用工作，应用网络发票纳税人达到978户，开出网络发票9.37万份，开具金额12.78亿元。

【税种管理】 2013年，楚雄州地税系统加强企业所得税管理，全面完成2012年度1634户企业所得税汇算清缴工作，入库企业所得税1.53亿元，比上年减少1.25亿元，降幅44.96%。完成2012年度1091人的年所得12万元以上纳税人自行纳税申报工作，入库个人所得税3305.74万元，开具个人所得税完税证明2700余份。统一规范房屋交易纳税人减免税备案资料，利用《云南省营业税差额征税工作指南》，强化营业税差额征税政策的执行。开展城镇土地使用税应税等级地段和税额调整。经批复，楚雄州自2013年1月1日起，按新的税额标准征收土地使用税，增收税款3562万元。推行代收代缴车船税管理信息系统，征收入库车船税3944万元。认真开展“两税”比对工作，补征地方各项税费273万元。

【科技管税】 2013年，楚雄州地税系统认真做好税收征管网络系统和设备作业培训和测试等工作，保障减免税信息管理系统、车船税代收代缴管理信息系统、个人所得税明细申报系统、税务综合办公信息系统、网络发票系统5个新系统在全州成功上线平稳运行。做好现有信息系统维护管理。精心维护好“云南地税综合管理信息系统V2.0”核心征管系统、纳税服务平台及财税库银横向联网系统等软件，提高信息管税效能。强化硬件基础建设，新增交换机3台，计算机134台，其他设备16件，完成州地税局中心机房备份电源改造。创新科技管税工作，自行开发代征税款软件、存量房交易纳税申报软件，受到纳税人和外界好评。

【税收优惠】 2013年，楚雄州地税系统牢固树立“依法收税是成绩，依法减免税也是成绩”的“双成绩”理念，全州6.58万户纳税人依法减免税4.65亿元。落实行政收费优惠政策，2.72万户次纳税人减免发票工本费86.2万元，1.08万户新开业户免收税务登记证工本费21.6万元。

［王家奇］

（责任编辑：周能汉）

金融·保险

金　　融

【中国银行业监督管理委员会楚雄监管分局】 2013年，中国银行业监督管理委员会楚雄监管分局准确把握发展基调、服务方向、改革重点、风险防线、创新精髓和监管导向，增强工作的前瞻性、主动性和有效性，着力防范银行重点风险，着力支持服务实体经济，着力推动银行业发展转型，通过提升银行业运行质效促进彝州经济金融快速健康发展。年末，全州银行业金融机构各项存款余额693.50亿元，比年初增加116.10亿元，增长20.11%；各项贷款余额429.03亿元，比年初增加77.35亿元，增长21.99%。

支持经济发展。2013年，楚雄银监分局在严守风险底线的基础上，充分发挥窗口指导作用，科学引领银行业机构优化信贷资源配置，创新金融服务产品和方式，积极支持地方实体经济发展，力促重点领域和行业转型调整，成效明显。调整投向，支持实体经济发展。引导全州银行业机构积极适应经济发展转型升级对信贷资金的需求，及时将信贷投放重点从基础设施行业转向实体经济相关行业，较好满足了实体经济的有效信贷需求。至年末，全州制造业贷款46.96亿元，比年初增长10.83%；批发零售业贷款53.18亿元，比年初增长21.8%；农、林、牧、渔业52.24亿元，比年初增长11.64%。个人经营性贷款80.12亿元，比年初增长26.41%。引导银行调整战略发展规划和金融资源配置计划，积极支持重大基础设施、城市基础设施和保障性安居工程等民生工程建设，银行机构对30个在建项目累计贷款余额18.74亿元，当年新增14.32亿元。各机构实施信贷结构调整，主动退出不符合环保政策、节能降耗政策的企业和项目，支持钛产业和风力发电等新能源产业。推行全州银行业机构支持“三农”和小微企业发展的指导意见，进一步引导信贷资源向“三农”、小微企业和县域倾斜。加大对特色优势产业、农业农村新型经营主体的信贷支持，探索实践“三权”抵押贷款，促进金融服务空白乡（镇）新设网点服务功能转变。年末，全州银行业涉农贷款280.18亿元，比年初增加49.30亿元，增长21.35%。开展小微企业金融服务收费政策执行情况抽查，严格规范收费行为，切实降低小微企业融资成本。年末，全州中小微企业贷款余额169.59亿元，比年初增加49.20亿元，增长24.48%，高于各项贷款平均增速2.49个百分点，占贷款比例39.53%。建行一分理处通过更名，由楚雄搬迁至南华县营业，村镇银行已有4个网点延伸至乡（镇）、村委会和街道。开展风险提示，对侵害消费者合法权益行为加大查处力度；通过明察暗访，联合发改委等部门加大违规收费处理力度；密切与纠风办的协作联动，共同推进银行业行风建设。建立银行业消费者权益保护工作联席会议制度，制定银行业消费者投诉处理实施细则及当年工作计划，从制度上保证了消费者权益保护工作的常态化、规范化。抓好舆情监测，及时发现并处置有损金融消费者权益的舆情事件。开展金融业“文明服务活动”。优质服务氛围，提高服务质量和工作水平，提升行业形象和群众满意度，培树先进典型，切实解决突出问题。组织开展“金融知识进万家”消费者保护宣传月活动，发放宣传资料6000余套，向社会公众发送宣传短信20万余条，组织329个网点3181名银行业从业人员开展消费者权益保护知识培训和竞赛，增强全民消费者权益保护意识和能力。组织打击非法集资专题宣教活动，教育引导公众远离非法金融侵害。组织监管政策进基层，送金融知识下乡村、进社区、到企业，开展活动6场次。

银行业监督管理。楚雄银监分局提升市场准入质量与效率，严把入口。市场准入科学化、标准化、规范办理各类行政许可事项，做到内部环节“一站式”管理和行政许可工作提前介入指导，高效办结。年内，共收到行政许可申请事项75项，受理75项，核准74项，终止审查1项。组织高管人员考试113人次，外部理事考试13人次。狠抓统计数据质量提高。年初与法人机构主要负责人签订《数据质量责任书》，严格执行非现场报表数据报送审核“三项制度”，深化报表报送审核管理，落实问责，年内向5家机构发出提示单。实行非现场报表资料报送登记及定期考核通报制度。完善统计应用基础，提升统计服务水平。修订完善《楚雄州主要经济金融指标》和《县域经济金融统计报表》，按月编制《楚雄州主要经济金融指标》和《楚雄州银行业金融机构同业信息共享表》进行信息披露，力促经济金融统计数据的充分运用。充分运用非现场监管成果，切实加强对银行业的风险监测。通过对非现场监管数据的分析判断，向存在风险的银行业机构发出风险提示10份。创新方式，现场检查质效进一步提升。现场检查项目11个，检查机构34个，检查业务涉及金额68.3亿元。查出违规问题涉及金额10.1亿元，提出整改意见112条。对2家机构开展临时项目抽查，对部分农村中小金融机构快速监管调查。

银行业风险管控。年末，全州银行业金融机构不良贷款余额比年初减少0.76亿元；不良贷款比率比年初下降0.55个百分点；20家政府融资平台贷款余额38.53亿元，比年初减少1.17亿元，降幅2.94%。强化监督，促进案件防控制约机制建设。通过召开案防工作会、监管通报和监管巡查，督促辖内银行业机构不断提高案防敏锐性和制度执行力，继续重点做好案件与市场准入、责任追究挂钩，准确及时报送案件风险信息；引导树立合规经营意识，成功堵截多起电话诈骗案件；自主立项开展了农村中小金融机构案件防控工作情况现场检查，开展了金融机构安全大检查；继续做好2012年银行业案件的后续工作，切实防范案件风险及其他重点风险。

银行业改革。引导曲靖市商业银行等银行业机构在楚雄设立机构，提高银行体系竞争的充分性。引领银行业深化改革聚焦县域和乡村。引导大型银行改变经营理念，提高服务县域能力，多家大型银行计划恢复或筹建县域网点，已新增县域网点1个。继续深化邮储银行二类支行改革，强化面向社区和农村提供普遍化金融服务的作用。深化农村信用社改革，明确服务"三农"的市场定位，推进改制农商行准备工作。督促村镇银行下沉服务重心，加强乡村和社区金融服务。鼓励增设自动柜员机和自助银行，弥补网点服务盲区，延伸服务时间，做到金融服务时间全覆盖。

［吕　平］

【中国人民银行楚雄州中心支行】2013年，中国人民银行楚雄州中心支行围绕"严格管理保安全，强化履职促发展"工作主线，认真贯彻执行稳健货币政策，全面履行基层央行职责。年末，全州各金融机构各项存款余额704.56亿元，比年初增加117.30亿元，增长19.97%；贷款余额429.03亿元，增加77.35亿元，增长21.99%。存、贷款余额均在全省16州（市）中名列第7位。超额完成州委、州人民政府年初下达的信贷投放60亿元，新增各类融资总规模100亿元的工作目标。坚持"分类指导、有扶有控"原则，继续引导金融机构支持重大项目建设、工业园区、"三农"、中小微企业和民生改善。年末，全州入园企业390户，金融支持工业园区基础设施建设贷款余额3.6亿元，支持入园企业贷款余额66.5亿元；有21家企业享受民贸贴息优惠政策，贷款余额2.7亿元，累计贴息600.8万元，比上年增长79.3%。全州金融机构单位固定资产贷款余额110.9亿元，比年初增长21.2%；涉农贷款余额280.2亿元，比年初增加49.3亿元，增长21.3%，占新增贷款的63.7%；全州中小微型企业贷款余额174.6亿元，比上年增长28.3%，高于各项贷款增速6.1个百分点；落实创业促就业、助学、扶贫扶少等各项政策，发放专项贷款10亿元。

金融服务创新。积极鼓励金融产品及服务方式创新，加大金融对经济发展的支持力度。鼓励地方法人金融机构开发多样化农村信贷产品，全州2个试点县农村信用社累计发放农民专业合作社贷款6000万元；实现林权抵押贷款业务全覆盖，贷款余额6亿元，比上年增长26.5%；联合财政局、农信社等相关部门探索发放"红色信贷"1589户，累计发放贷款1.2亿元；向上级行争取将楚雄列入云南省首批发债的试点地州，会同楚雄州人民政府金融办、州工业和信息化委员会召开"区域集优"债务融资工作会议，对69户中小企业开展摸底调查，选定6家优质企业作为申报企业，最终促成楚雄州人民政府、中债公司正式签署《区域集优债务融资合作框架协议》，成功跻身云南省首批签署区域集优债务融资合作协议之列。

维护地方金融稳定。首次对金融机构理财产品相关业务风险管理进行全面评估；对辖区10家农村信用社新增贷款投向合规性进行检查，将村镇银行和农村合作机构作为辖区重点监测对象，防范区域性金融风险。密切关注和支持辖区金融改革。继续开展对农业发展银行、农业银行"三农事业部"改革调查研究和动态反馈；支持和推动农村信用社深化改革，重点关注农村信用社经营状况及资本充足水平，督促其完善市场化风险补偿机制，加快建立健全农村信用社筹集资本长效机制。

现金管理。坚持早预测、早储备、早摆放的原则，做到未雨绸缪、科学安排，优化券别结构，提高流通中人民币

2013年楚雄州10县（市）金融机构人民币存贷款情况表

单位：万元

指标类别 县（市）	各项存款			各项贷款			存贷比（%）	同比增减（%）
	年末余额	比年初增减（%）	同比增减（%）	年末余额	比年初增减（%）	同比增减（%）		
楚雄市	2939836	19.00	19.03	2146660	24.96	25.39	73.02	3.70
双柏县	300310	21.86	21.86	126167	29.21	29.21	42.01	2.39
牟定县	355913	20.06	20.06	195789	16.64	16.64	55.01	-1.62
南华县	438088	22.81	22.81	237490	14.08	14.08	54.21	-4.15
姚安县	373990	24.61	24.61	141389	15.37	15.37	37.81	-3.03
大姚县	509325	23.47	23.47	290593	14.30	14.30	57.05	-4.58
永仁县	266558	25.74	25.74	105075	32.41	32.41	39.42	1.99
元谋县	411329	29.29	29.29	137201	19.20	19.20	33.36	-2.83
武定县	519766	19.55	19.55	291239	15.66	15.66	56.03	-1.88
禄丰县	930510	12.79	12.81	618718	23.19	23.29	66.49	5.66
全　州	7045625	19.97	19.99	4290321	21.99	22.21	60.89	1.11

整洁度；着力构建反假货币宣传长效机制，推进城市社区、农村乡（镇）反假货币宣传网络建设，以商业银行对外支付假币“零容忍”为终极目标，推进反假货币工作深入开展。全年共安全调运发行基金22次58车，回笼残损人民币27亿元，比上年增长11.4%；依托惠农支付点建立370个农村反假货币工作站；收缴假币227.8万元。

国库监督管理。切实履行经理国库职责，强化安全管理，实现库款“零在途”目标。加强与银行、财政、税务部门的沟通协调，成功完成国库会计数据集中系统（TCBS系统）上线工作。年末，全州各级国库共办理预算收入377.34亿元，比上年增长8.47%；办理地方预算支出291.10亿元，增长6.73%。

外汇管理。继续保持对异常跨境资金的高压态势，抑制“热钱”流入。致力于外汇管理政策的传导和各项配套服务措施的有效提升，促进贸易投资便利化。全年全州进出口外贸完成2.58亿美元，比上年增长46.65%；跨境收支业务量1.16亿美元，增长84.17%；银行结售汇8926万美元，增长28.99%；跨境人民币业务额累计新增6436万元人民币，增长20.57%。

支付结算。做好第二代支付系统的上线运行及停办手工同城票据交换业务工作，确保ABS、大小额支付系统、支票影像交换系统的安全、稳定、高效运行。组织涉农金融机构在1047个村委会布放1149个惠农点，实现惠农支付“村村通”，惠及全州9县1市103个乡（镇）1047个行政村5962个自然村204.99万农村群众，惠农支付业务累计发生交易40.31万笔1.73亿元。

金融统计。实现金融统计数据上报“零差错”，构建县域特色领域监测制度，加快推进全州金融统计标准化建设。与州金融办协调配合，主动加强对小额贷款公司金融统计工作的管理，共有29家小额贷款公司加入监测。

征信管理。继续做好企业信用信息数据库和个人信用信息数据库的更新、维护和管理，开展征信主题宣传活动，提升公众征信知识普及水平。不断扩大征信系统的应用范围。全年全州银行业金融机构共受理个人征信报告查询逾万人次。

银行卡管理。加大宣传力度，培养民众的安全用卡意识，建立刷卡无障碍示范街，银行卡受理市场环境持续改善；组织各金融机构对全州范围内的ATM机和自助银行机具进行全面排查，完善风险预警和内部控制制度，启动银行卡风险防控处置机制，努力创建安全稳定的银行卡支付环境。会同州公安局、州银监局和各金融机构，开展“ATM安全服务大检查”，积极探索建立跨部门预防和打击银行卡违法犯罪的长效机制，加大对银行卡犯罪的打击力度，提升银行卡风险防控水平。

金融生态建设。加强与地方党政部门和金融机构协商沟通，认真部署信用环境创建工作，积极探索借款企业信用评级模式，开展农户信用评价试点，推进城乡信用体系建设，健全信用监督和失信惩戒机制，完善信用体系建设规划，继续重点推动武定农村信用体系建设试点和禄丰中小企业信用体系建设试点工作；与金融机构营业网点日常宣传结合，丰富和创新宣传方式普及公众征信知识，着力打造“诚信楚雄”，构建良好金融生态环境。

［刘云辉］

【中国工商银行股份有限公司楚雄分行】 2013年，中国工商银行股份有限公司楚雄分行紧紧围绕“强行”战略目标，牢固树立经营理念，坚持以提升核心竞争力为主线，积极开展“抓发展、促转型、强内控”主题活动，全力实施“强个金、大公司、全机构”战略，深入开展党的群众路线教育实践活动，加快金融创新，强化市场营销，完善内控管理，转变服务理念，扎实推进工作，业务发展快速稳健，经营效益不断提升，实现了安全经营无案件、无事故。年末，全行实现拨备前利润1.5亿元，比上年增加2679万元，增长21.82%；实现拨备后利润1.42亿元，比上年增加2970万元；实现净利润1.06亿元，比上年增加2177万元，增长25.95%。

存款业务。年末，全行各项存款余额58.73亿元，较年初增加6.43亿元，增长12.29%。

信贷业务。全年全行围绕“信贷倍增计划”，坚持城区市场和县域信贷市场并重，密切跟进全州重点建设项目，不断拓宽贷款品种，持续延伸业务领域，开辟新的信贷增长点，稳步推进信贷结构调整，实现了信贷业务10县（市）全覆盖，信贷业务快速稳健发展。年末，全行各项贷款余额47.44亿元，比年初增加4.97亿元，增长11.68%。有贷款余额法人客户86户，累计发放公司贷款165笔20.13亿元，累计收回222笔16.14亿元，新拓展小企业贷款户17户；累计发放个人贷款4.36亿元，累计收回3.93亿元，比上年末增加7262万元，增长率4.22%。

电子银行。全年全行企业网上银行客户证书净增284户，个人网上银行证书客户净增1.84万户；手机银行客户净增2.27万户，网上银行交易额完成288.97亿元，手机银行交易额占个人网银交易额的9.67%，电子银行业务收入完成764.7万元。

新兴业务。年内全行加快业务创新步伐，积极推进经营转型发展。全面推进个人金融业务转型，提高个人金融业务创效能力，充分发挥网点阵地作用，实施“产品稳户”营销维护和“清零工程”效果显著。全年共发行芯片借记卡5.08万张，代理个人基金销售3.14亿元，代理个人保险销售1374.17万元，销售个人理财产品10.83亿元。牢固树立银行卡业务“精确营销、精品服务、精细管理”发展策略，稳步推进信用卡业务流程优化及渠道建设，以“发卡、收单、分期付款”为重点，实现信用卡业务从规模向质量、效益的稳步转变。新开卡3851张，新发展特约商户166户，信用卡消费交易额8.22亿元；信用卡透支余额1亿元，比年初增加3692万元。积极推广应用电子银行业务新产品新业务，开通账户外汇、账户原油业务、个人网银小额结售汇业务和禄丰国税局银财通业务，实现公务卡网上报账、

POS 消费明细查询和企业网银资金监管，积极营销非基本户网银代发工资等新兴业务，不断增强中间业务收入可持续增长能力。全年实现中间业务收入 4473 万元，比上年增加 1463 万元，增长 48.6%。

机构改革。年内，按照上级行“大零售、大公司、大资管、全机构”的发展战略，进一步完善组织架构，理顺管理流程，对楚雄城区 12 个网点和二线机构进行优化整合，设立府后街支行、东路支行和牡丹支行 3 个一级支行，实行“四个落地一个集中”，即业务落地、人事落地、费用落地、考核落地和后台业务集中，压缩机关近 20% 人员充实到一线网点，实现营业网点区域集中管理，全面提升城区网点核心竞争力，全行综合管理和综合营销能力得到提升。

财务管理。持续强化财务资源配置，提高精细化规范化管理水平。及时测算编制财务收支预算，下达各项经营计划指标，紧盯预算执行情况，充分发挥信息分析引导和资源配置对各项业务的支持保障作用。加强固定资产管理，提高固定资产使用效率。全年共完成固定资产投资 658.34 万元，固定资产项目计划执行率 100%。灵活调度资金，提高资金营运效益，实现资金营运净收入 1056.08 万元，占营业净收入的 20.83%。充分发挥资产负债管理的政策导向，引导票据融资业务作为信贷规模的调节器，买入票据融资业务交易 222 笔，实现贴现利息收入 269 万元。充分利用利率管理系统，加强利率监测分析和操作风险管理，提高利率执行的规范性和准确性，杜绝利息收支“跑冒滴漏”。修订实施《楚雄分行经营绩效和业务发展考评办法（2013 版）》，发挥经营考评的激励和导向作用。

楚雄州人民政府与工商银行云南省分行签订《政银战略合作协议》　（王　明/摄影）

业务营运。开展对公业务重要操作风险专项治理、“屡查屡犯”风险事件专项治理以及“三高”网点和柜员专项治理活动，加大对网点现场和非现场检查督促力度，加强银企对账管理，切实增强源头性风险防范能力。提高业务集中运营管理水平，形成“网点全面受理、后台集中处理”的业务运营格局，实现业务集约运营、风险集中控制、业务布局优化和网点功能转型，确保业务集中处理改革向纵深发展。全面完成 ATM 运营管理系统的投产应用，全行 51 台 ATM 机全部实现“三集中”，集中率 100%。组织完成了 NOVA + 1.4.6 到 1.5.6 八个版本的投产，积极推广应用客户调度管理项目、对公客户预约服务和网点预填单业务、卡折类新旧交易替代整合、对公客户回单自助打印和电子验印等重点项目，使网点柜面业务处理朝着精准、便捷、直通、高效的方向迈进，提高了网点柜面服务质量和效率，为业务快速发展提供了重要支撑。

信息科技。坚持以计算机系统、网络安全稳定运行为重点，以强化信息安全管理、中心机房管理为核心，全面落实重点工程项目和业务推广任务，配合业务部门完成 NOVA + 1.4.6 到 NOVA + 1.5.7 版本项目投产、远程授权版本测试演练投产、楚雄市和禄丰县财政一体化管理系统银行接口联网上线投产、柜面终端和办公计算机新影像系统控件投产升级、电子邮件系统 notes8.5.3 及本地化 4.0 版本的升级投产、办公室普密保密技术防护专用系统投产、柜面系统移动 3G 终端接入设备测试、柜面 CTB 终端 DP 升级模式替代为 TMS 升级模式项目投产、自助终端机更换为存取款一体机项目设备的安装投产和会计回单自助打印终端系统安装投产等工作，认真做好系统运行监控、应急保障、事件报告和技术支持维护，组织实施应急演练，加强自助服务设备管理，提高自助设备使用效率，提升业务连续运作能力，确保全行信息系统安全稳定运行无事故。

［李维荣］

【中国农业银行股份有限公司楚雄分行】 2013 年，中国农业银行股份有限公司楚雄分行按照“横向提升，纵向进位”的总体目标要求，实施“发展、转型、强管、创新、控险、增效”的业务经营方针，以业务经营为中心，加强基础管理，深化内部改革，加强党建、队伍和企业文化建设，全行呈现出业务规模稳健增长、发展质量持续提升、财务实力显著增强的良好态势，为彝州经济社会发展作出了积极贡献。

存款业务。强化“存款增效”经营理念，从任务分解、责任落实、监测考核等方面抓落实，各项存款持续增长，负债业务效益贡献明显。年末，全行人民币各项存款余额 167.92 亿元，比年初增加 16.64 亿元，增长 12.05%。

贷款业务。围绕地方经济社会发展信贷需求，把握信贷投放重点和节奏，用好、用足信贷规模，加大对全州重点领域、重点建设项目和“三农”的信贷投入，各项贷款平稳增长，信贷结构进一步优化。全年累计发放各项贷款 54.96 亿元，年末人民币各项贷款余额

90.07亿元，比年初增加10.55亿元，增长13.26%。

中间业务。围绕满足客户多元化的金融服务需求，巩固传统业务，拓展新兴业务，全面发展人民币对公结算、现金管理、电子银行、信用卡、托管、贵金属销售、投资银行、国内保险理赔等中间业务。实现中间业务收入7470万元，增长12.89%。

服务“三农”。实施重点县域支行“121工程”、“千百工程”和“惠农通”工程，城乡联动，提升服务“三农”水平。年末涉农贷款余额46.55亿元，比年初增加2.19亿元，占各项贷款余额的51.68%；服务“千百工程”客户21户；对省级和州级农业产业化龙头企业服务覆盖率达71.73%和65.44%，贷款余额3.71亿元；新增惠农支付服务点133个，实现POS取现、转账、缴费、消费交易6.9万笔3591万元，比年初增长283.33%和148.75%；新增惠农卡有效发卡4665张，激活率96.66%。

风险管理。在县支行成立风险管理部，整合信贷、合规、风险和员工行为等管理职能，建立健全州、县两级行各部门、各条线的风险管理责任评价和奖惩机制。对员工行为、信贷、财会、运营和科技等领域进行精细化管理，完成创建目标，42个对外营业机构均为“达标”以上单位；完成州分行新建机房的达标建设及搬迁工作；州分行通过档案工作考评验收，获“中国农业银行云南省分行档案工作目标管理一级标准”；加强信用风险管理，实现不良贷款“双降”目标，资产质量进一步提升；加强案件风险防控，强化“平安行”创建工作。

网点建设。年内对2个网点进行“6S”标准示范网点建设，实施网点硬转型的人工网点建设项目35个，占网点总数的83%；竣工网点34个，占网点总数的81%；完成营业网点建设立项额1585万元。

［鲁家善］

【中国农业发展银行楚雄州分行】 2013年，中国农业发展银行楚雄州分行突出重点抓发展，严控风险强保证，齐心协力攻难关，年末各项贷款余额36.3亿元，比上年增加5.8亿元，增长19.01%；各项存款余额9.6亿元，比上年增加0.5亿元，增长5.65%；实现账面利润7767万元；实现中间业务收入133万元，比上年增长12.71%；不良贷款继续保持为零，实现了“无经济案件、无刑事案件、无重大责任事故、无严重违规违纪问题”目标。

粮油信贷。大力支持国家粮油储备，保证国家粮油收储和调控政策顺利实施。积极支持地方储备粮油轮换、调控性粮油收购，保证地方储备粮增储、轮换资金需要。按照收购资金管理有关要求，提前做好收购贷款资格认定、最高贷款额核定等各项准备工作，提前做好审批权限内粮油收购贷款的受理、调查，保证夏秋粮油收购资金供应。全年累计发放粮油贷款9.9亿元，比上年增加8.6亿元。年末粮油贷款余额14.2亿元，占全部贷款余额的39%，增加7.6亿元，增长114.36%。

信贷支农。立足政策性银行职能定位，围绕城乡发展一体化和农业现代化，以水利建设、新农村建设为支持重点，主动适应政策调整变化，狠抓项目营销和贷款管理，促进农业农村基础设施建设贷款业务持续健康发展。全年推荐上报贷款项目6个，金额3.81亿元，其中，新农村建设贷款项目3个，金额2.8亿元；水利建设贷款项目3个，金额1.01亿元。发放水利建设、土地收储、新农村建设贷款3.61亿元，发放产业化龙头企业短期贷款3亿元、累计发放农业小企业贷款0.36亿元。支持核桃、野生菌、蔬菜等特色优势产业发展，促进彝州实体经济发展。

存款及中间业务。按照立足“日均”，重视“时点”的思路，坚持“立足财政、突出回笼、发展同业、以贷引存”的原则，突出重点，落实存款营销责任，有效推行存贷一体化战略，千方百计组织存款，在存款时点余额上取得新突破。年末各项存款余额9.6亿元，比上年增长5.65%。全年日均存款余额9.25亿元，人日均存款925万元，高于全省平均水平39万元。着力拓宽中间业务品种和渠道，在融资顾问业务上取得新突破，中间业务稳中有增，实现人均中间业务收入1.32万元，比上年增长6.57%。

财务管理。均衡安排财务资源，严格执行经费开支报账制的规定和大额费用支出集体审议等规定。累计召开财审委会议15次，审议项目204个。狠抓增收节支，以增加贷款利息收入为重点，逐级落实收息责任制，准确掌握收息来源，挖掘收息潜力，做到企业利息应收尽收；加大与财政部门的协调力度，争取地方财政负担的利息及时足额拨补到位。企业收息和州县级财政补贴收息率100%，综合贷款利息收回率99.79%，增长0.12个百分点。全年实现财务收入2.11亿元，发生财务支出1.33亿元，账面盈利0.78亿元，人均利润57.9万元。

风险防控。强化信贷基础管理，着力提升风险防控水平。及时开展评级授信，为贷款准入创造条件。对65户客户进行信用等级评定的审查和认定，对60户客户进行了最高授信额度核定，核定授信总额39.5亿元。完善客户退出管理，对42户贷款客户进行风险排查分类，增强风险管控能力。加强审查审议，切实提高办贷效率。全年审查贷款88笔14.3亿元，召开贷审会20次，审议项目43个3.56亿元，向省分行报备贷款项目15个1.5亿元，完成作业监督审查审批贷款41笔4亿元。做好到期贷款的监测和清收，确保全年到期贷款11.3亿元按期足额收回，继续保持不良贷款零增长。

内部管理。适应调整变化，做好资金计划管理。严格依照资金管理操作规程和大额资金请调审批制度，坚持小额勤调和头寸监测制度，力保资金安全及时供应。全年跨系统大额支付资金划入1529笔，金额29.6亿元，划出2532笔，金额30.8亿元。积极争取信贷计划，累计上报信贷规模计划79笔，争取信贷规模17亿元。不断提高结算服务水平。通过网银划出、划入资金22亿元，交易量增加6亿元，增幅37.30%。为1个客户办理银行承兑汇票31笔，金额0.15亿元，收购资金通过非现金结算171笔，金额12.4亿元，占收购贷款的91.59%。做好基建和固定资产管理。做好禄丰、大姚、武定、州分行营业办公用房维修改造及职工食堂建设项目申报、招标工作，按照有关规定、权限审查、批复处置闲置资产，以公开拍卖方式处置年限长、油耗高的车辆3辆，处置车辆收入15.95万元。加强信息科技建设，做好运维管理，有效保障各项业务运行。

［唐华琼］

【云南省农村信用社联合社楚雄办事处】2013年，云南省农村信用社联合社楚雄办事处抢抓发展机遇，推动观念更新，加强队伍建设，创新工作举措，强化内控管理，提升执行力，实现经营业绩持续快速增长，可持续发展能力明显增强，支持“三农”和地方经济发展贡献度显著提升，各项经营指标再攀新高。年末，存款余额267.2亿元，净增56.54亿元，增幅26.83%，存量、增量分别占全州金融机构的38.55%、48.74%，均稳居全州金融机构首位，市场份额较年初上升2个百分点；贷款余额148.7亿元，净增25.24亿元，增幅20.44%，存量、增量分别占全州金融机构的34.66%、32.63%，均稳居全州金融机构首位；营业收入增幅21.79%，实现净利润2.97亿元；资本利润率21.5%，资产利润率1.47%；不良贷款余额3.09亿元，比年初下降5796万元，不良贷款率2.08%，下降0.89个百分点；拨备覆盖率209.4%；资本充足率14.05%；贷款损失准备充足率221.4%。

信贷业务。发挥支农主力军作用，“三农”金融服务水平不断提升。年末，涉农贷款余额126.6亿元，占贷款总额的85.14%，新增涉农贷款23.24亿元。累计发放企业贷款40.41亿元，余额51.74亿元，比年初增加13.4亿元；小微企业贷款余额42.74亿元，占总贷款的28.74%，比年初净增9.1亿元，增长27.1%。发放“贷免扶补”小额创业贷款3925户，金额2.4亿元；发放扶贫贴息贷款2.31亿元；累计兑付财政直补资金247.5万笔金额7.66亿元；代理发放城乡居民社会养老保险资金145.1万笔金额1.89亿元。

创新发展。创新红色信贷产品，共向1563户发放“红色信贷”贷款1.1亿元，扶持近5000名共产党员和创业带头人发家致富；创新办理专业合作社贷款，共向26个专业合作社发放贷款1870万元，贷款余额2810万元，带动农户近600户；票据业务实现零的突破；在大姚、元谋、牟定3县进行农村“三权”抵押贷款探索。建立业务发展定期通报、风险提示和跟踪督导机制、非领导职务调研督导机制、大学生短期跟班轮训机制；开发在线考试系统，初步建立以考促学、以学促规范的长效机制；在服务创优中建立“神秘人”检查制度。开发了精细化管理的盈亏平衡数学模型，为全州农信社推进精细化管理提供有效工具。新布放POS机554台、自助设备71台；新建自助银行26个、警银亭5个；新增个人网银1.58万户、企业网银718户，开通手机银行1.39万户；新增金碧借记卡11.84万张，共发放贷记卡3257张；电子银行交易额202亿元。

［杨成森］

【中国建设银行股份有限公司楚雄州分行】 2013年，中国建设银行股份有限公司楚雄州分行认真落实省分行“强基础、谋发展、上台阶”总体目标，紧紧围绕州分行“建氛围、增份额、出创新、强基础、控风险、创效益”的要求，加快市场拓展，加大业务推动，加快战略转型，积极支持地方经济建设和发展，工作取得实效。年末，实现拨备前利润1.25亿元，比上年增加3159元；实现中间业务收入3064万元，比上年增加752万元；五级分类不良贷款余额921万元，比年初减少151万元；不良贷款率0.29%，比年初下降0.14个百分点。抓好精神文明建设和企业文化建设，大姚支行被列为州级“道德讲堂”宣传教育示范点。

负债业务。年末，全行一般性存款余额67.26亿元，比年初新增9.01亿元，增长15.47%。其中对公存款余额43.17亿元，比年初增6.18亿元，增长16.71%；个人存款余额24.09亿元，比年初增长2.83亿元，增长13.31%；各项存款市场占比9.55%。

资产业务。结合地方经济情况，积极跟进政策支持的交通、水务、保障性住房建设等客户、行业、产业。大力支持楚雄州的重点优质项目、重点民生领域，有选择地介入房地产、建筑等高收益行业。年末，各项贷款余额31.31亿元，比年初增加6.19亿元，增长24.64%。其中，对公贷款余额16.91亿元，比年初新增3.07亿元；个人类贷款

楚雄州农业龙头企业“产业基金”联贷融资模式推进会

(浦发银行楚雄分行提供)

余额 14.40 亿元，比年初新增 3.12 亿元。

小企业贷款。在年初开展的旺季营销期间，全行小企业贷款比年初新增 7127.73 万元，新增系统排名第五位，客户数新增排列全省第六位，综合评比排名全省第四名，禄丰支行入选全省 20 佳网点，2 位客户经理荣获营销能手奖。年末，小企业贷款客户 53 户，贷款余额 2.77 亿元，比年初新增 1.87 亿元，完成州分行计划的 124.67%。

个人贷款。以巩固个人住房贷款发展为重点，做好楼盘项目营销储备和个人贷款投放，新增合作楼盘 23 个，实现自营性贷款投放 2221 笔金额 5.23 亿元，个人贷款较年初净增 3.12 亿元。全年累计发放住房公积金贷款 3.06 亿元，比年初新增 1.89 亿元，公积金贷款余额市场占比 45.62%，市场占比排名第一。

中间业务和战略性业务。提高贷款定价水平，通过信贷投放带动中间业务收入增长，大力发展结算服务类产品，加大用保险理赔业务对流动贷款的置换。学习运用创新产品，拓展收费来源，深入挖掘中间业务新的增长点。年末，全行办理资产收益权理财产品和票据理财产品 1.63 亿元，中间业务收入比上年增长 32.52%；开展链式营销，加大对价值客户的营销服务力度，公司机构有效结算客户新增、单位结算卡新增、现金管理业务系统有效客户增长、国内信用证客户新增均超额完成省分行计划。依托理财中心、对公条线和网点联动，加大高端客户维护。个人高端客户新增计划完成率 139%，个人高端客户日均 AUM 值较年初新增 2 亿元，增长 26%。

电子银行业务。制定加快电子银行超常规发展措施，加大员工培训力度，加强电子银行直销人员配备，组织多场外出营销活动，开展电子银行现场体验和抽奖、秒杀活动，搭建网点 WiFi、在营业室设置电子银行体验区，积极推动年末冲关竞赛活动等，大力推动渠道分流，提高客户满意度，提升账务交易量比。年末，全行电子银行交易量比为 60.68%，比年初提升 10.31%，全省排名 11 名。

新业务。与大姚县人民政府签订了助保贷合作协议，成功搭建首个“助保贷”增信平台，为加强银政企三方合作共赢开辟了新的渠道。至年末，共为 9 户客户办理助保贷流动资金贷款 3700 万元；成功办理 1 笔 6000 万元的电子商业汇票贴现业务，填补系统内电子票据业务方面的空白；成功发放首笔贸易融资贷款 500 万元；成功办理全行第一单 300 万元小企业固定资产购置贷款和 90 万元信用贷款。

[陈建波]

【中国银行股份有限公司楚雄州分行】 2013 年，中国银行股份有限公司楚雄州分行不断提高管理服务效能，努力实现转型变革新局面，通过狠抓核心存款、不断调整结构、努力提高收入水平、大力跟进储备项目，千方百计确保收入水平的提高、基础客户规模的扩大和资产负债业务的均衡发展，经营管理水平和盈利能力有较大提高，各项工作再上新台阶。实现拨备前利润 9744.06 万元，比上年增加 2773.36 万元，增长 39.79%。

人民币负债业务。年末，人民币各项存款余额 32.39 亿元，比上年末增加 4.51 亿元，增长 16.20%。其中公司存款余额 20.43 亿元，增加 2.83 亿元，增长 16.05%；储蓄存款余额 11.96 亿元，增加 1.69 亿元，增长 16.45%；各项外汇存款余额 351 万美元，增加 100 万美元，增长 39.84%。

人民币资产业务。年末，人民币各项贷款余额 23.06 亿元，比上年末增加 5.62 亿元，增长 32.25%。其中公司贷款余额 17.53 亿元，增加 3.54 亿元，增长 25.31%；零售贷款余额 5.53 亿元，增加 2.08 亿元，增长 60.37%；票据融资（贴现）余额 4953 万元，减少 1485 万元，下降 23.07%。

中间业务。全年实现中间业务净收入 2276.17 万元，比上年增加 1239.73 万元，增长 119.61%。其中公司金融板块实现中间业务净收入 1220.32 万元，比上年增加 761.22 万元，增长 165.81%；个人业务板块实现中间业务净收入 1055.85 万元，增加 478.51 万元，增长 82.88%。

风险防范。以授信管理为重点，紧紧围绕“持续改善资产质量”这一中心，建立并执行“授信发放审核和启动授后监督管理工作”两道“防火墙”，采取主动风险管理方式，加强贷款的日常监控，严格风险分类集中认定工作，严格分类标准，动态调整分类结果，及时准确反映资产质量。建立和完善存量授信管理、监控、预警和报告体系，通过现场和非现场双重手段监控存量授信资产质量，督导业务部门及时采取风险防范措施，坚持主动性，加强动态监督，完善监督预警机制。按季完成贷款风险分类及资产定期盘存工作，通过主动性风险管理动作实现对授信风险的及早发现、及早管理和及早化解。按季召开风险管理和内部控制工作例会和专题会议，围绕资产盘存、贷款管控、内外部检查、内控措施整合、新线运营内控管理等风险内控重大事项进行审议和决策，加强部门联动和信息沟通，盘点评估对资产质量有重要影响的关键客户群和风险事件的影响，强化对风险信息的快速反应和决策。加强对授信政策的研究分析，提高风险管理能力和专业化水平，确保业务发展的同时授信资产质量继续保持稳定、良好状态。

内控安全。认真贯彻落实省分行党风廉政建设、纪检监察、安全保卫及内控案防工作会议精神，继续加强“转变工作作风、提高管理服务效能”建设，持续组织开展 2013 版的“双十禁”教育学习活动、专兼职监察员培训活动，并结合“平安中行”创建活动，确保全年党风廉政建设、内控防案、安全保卫工作有计划有步骤开展。继续贯彻落实省分行“双基”建设实施方案，完善内控防案基础工作。认真落实检查督导，整改风险、隐患问题，按工作计划认真开展专项检查活动。继续落实“三重一大”决策制度，确保涉及重大决策、重要人事任免、重大项目安排和大额度资金运作均严格执行集体决策制度。

[李应国]

【交通银行股份有限公司楚雄分行】 2013年，交通银行股份有限公司楚雄分行按照总行“稳中求进、转型发展、深化改革、控制风险、创新驱动、强化管理、提升服务”的指导思想，围绕省分行“发展改革”年要求，突出发展，以存款、客户、中收为重点，狠抓资产负债业务发展，夯实客户基础，拓宽中间业务收入渠道；突出改革，以发展问责、风险问责、绩效分配、费用配置等为重点，强化内部管理和服务提升，积极推进业务结构调整和战略转型。各项业务管理指标实现稳中有为。

资产业务。年末，各项贷款余额18.01亿元，比上年增加4.03亿元，增长28.8%。日平均贷款余额15.87亿元，比上年增加1.07亿元，增长7.26%。累计发放贷款18.26亿元，累计收回贷款14.28亿元。对公贷款余额14.08亿元，比上年增加3.51亿元，增长33.19%。个人贷款余额3.93亿元，比上年增加5198万元，增长15.18%。累计发放对公贷款40笔7.34亿元，累计收回59笔5.82亿元。累计签发银行承兑汇票146笔6.31亿元，年末余额3.56亿元；累计开立国际信用证3笔，金额2115万美元，年末余额978万美元；开立保函39笔546万元；累计发放个人自营性贷款345笔1.34亿元，累计收回贷款8192.21万元，个人自营性贷款余额3.93亿元，比上年末净增5179.19万元，增长15.18%；累计发放实质性小企业贷款50笔40户2.09亿元，贷款余额2.02亿元，比上年末净增9824.17万元，增长94%，累计收回小企业贷款1.11亿元；签发小企业银行承兑汇票3笔250万元，汇票余额100万元。小企业贷款较上年末净增9824.17万元，增长94%。

负债业务。年末，人民币各项存款余额35.81亿元，比上年增加4.9亿元，增长15.85%；人民币日平均存款余额36.02亿元，比上年增加6.73亿元，增长22.96%。对公存款余额22.81亿元，比上年增加3.17亿元，增长16.16%；对公日均存款余额24.63亿元，比上年末增加5.12亿元。储蓄存款余额13亿元，比上年增加1.73亿元，增长15.3%；储蓄日均存款11.39亿元，比上年末增加1.61亿元。外币存款27万美元，比上年末增加12万美元，增长80%。

内控管理。通过发展问责、风险问责、绩效分配、费用配置等措施，形成激励有效、问责有力的考核体系。改变客户经理管理模式，将客户经理前移到经营机构，更加贴近市场、贴近客户，增加客户经理对市场的敏锐性；进一步完善考核办法，以考核、管理促进各项业务的全面发展；制订一系列考核奖惩措施及办法，增强全行员工的发展意识和责任意识；坚持行务例会、客户经理例会、营运主管例会和客户经理周工作日志，组织、配合、督促、指导客户经理对各项指标有效抓推进。抓营运内控管理，会计核算质量明显提升。全年会计业务折算量为269.07万笔，共发生会计核算差错24笔，分别为四级3个、三级13个、二级8个，风险度差错率为万分之0.48。未出现重大营运风险事故，无会计风险案件发生，会计风险事故零损失，业务运营总体情况良好。在华西审计部对全行2013年审计中，分行内控综合得分86.28分，B+级。其中，总体状况内控得分85.5分、B级；公司信贷得分86.3分、B+级；零售信贷86.5分、B+级；营运管理86.2分、B+级；电子银行86分，B+级；预算财务87.2分、B+级。

风险管控。按省分行贷后管理要求，进行票据业务、公司业务、贷款用途自查并整改；加大贷后管理，加大对授信客户的查访、定监，全年未发生到期授信客户贷款逾期、垫款锁定情况；到期收回云南兴棱矿业有限公司2000万元风险贷款；全年现金收回存量监察名单贷款3500万元，存量监察名单压降完成率100%，完成全年平台贷款压降任务。年末不良贷款余额38万元，为个人不良贷款，不良贷款余额较上年减少100万元，占贷款总额的0.02%，比年初下降0.08个百分点。

反洗钱工作。建立反洗钱工作定期通报制度，针对省分行检查通报发现的问题，采取有效措施督促支行做好整改；对全员开展了反洗钱培训，并积极参加人民银行组织的反洗钱宣传活动；按时维护上报反洗钱系统数据，至年末，共编辑处理可疑交易报告2654笔，其中排除可疑交易1876笔，上报可疑交易报告778笔，完成客户风险等级评定审查处理1.16万笔。

［刘　安］

【中国邮政储蓄银行股份有限公司楚雄州分行】 2013年，中国邮政储蓄银行股份有限公司楚雄州分行全面推进“二次转型”。自9月机构改革后，分行下设办公室、纪检监察部、人力资源部、计划财务部、会计与营运部、风险管理部、个人金融部、公司业务部、零售信贷部、授信管理部、法律与合规部11个部室；楚雄市、禄丰县2个一级支行；大姚、武定、元谋3个二级支行；南华、牟定、永仁、双柏4个信贷中心；共有自营机构9个，代理及二类网点48个，有邮政金融从业人员372人。年末，全行资产总额31.08亿元，比上年增长10.2%，负债总额31.06亿元，增长10%；邮政金融收入6933.19万元，增长14%；邮政金融存款余额29.44亿元，比年初增加6亿元，增长25.6%。其中，个人储蓄存款27.94亿元，增加5.6亿元，增长20.04%，储蓄余额市场占有率6.86%；对公存款1.50亿元，增加0.4亿元，增长40.12%，对公存款余额市场占有率0.44%。全年共发放各类贷款5.95亿元，投放的融资总额为5.96亿元，其中，个人贷款2.12亿元、小企业贷款3.83亿元、供应链融资额度2000万元、投放500万元、票据贴现4699万元，各项贷款结余6.32亿元，比年初净增2.43亿元，增长62.47%。其中个人贷款2.76亿元，比年初增加0.63亿元，小企业贷款3.56亿元，比年初增加1.8亿元，全行不良贷款实现双降，不良率0.54%，比年初下降0.27个百分点。

资产业务。在大力发展传统业务的基础上，全力抓好信贷业务，特别是小企业贷款业务的发展与服务。通过制定切实可行的工作流程和完善激励机制，加强业务监控和指导，积极推动信贷业务发展并取得较好成绩。根据企业情况进行行政区域划分，成立专项营销小组，制定“一户一策”的营销政策，通过走访企业和建立企业贷款需求登记簿，有效建立和满足企业资金需求沟通。重点支持如烟草园区内的配套企业，富民机电加工园内的装备制造业；大力支持生物产业园区内的企业、节能环保、新能源和新兴产业发展，对资质信誉良好的企业合理确定授信额度，对发展前景较好的产业链聚集企业，在信贷资金上优先安排。加强政银企全面合作，对全州10县（市）的132家重点企业开展政银企互动交流，通过加强平台合作，拓宽服务范围。贷款投向主要涉及教育、交通运输、仓储业、住宿和餐饮业、批发零售业、房屋建筑业、电力、燃气、水、供应业、制造业、采矿业、农林木渔等行业。

负债业务。坚持创新与升级，系统推进“均衡发展、精细化管理”，着重抓好财政类、资源交易中心、社保类、电力类、乡镇土地出让项目推进，通过出台各种业务发展方案将余额净增额、VIP客户增幅、信用卡、电子银行、代理保险、基金销售、理财业务等发展作为重点支撑的发展项目，围绕目标开展各项工作。

服务“三农”。积极与政府、企业相关部门联系，以支持县域经济发展为支点，创新产品与服务，在大姚、姚安、牟定等县重点推出烟农小额贷款业务，发放烟农小额贷款1165万元。以信用村建设为契机，结合南华县野生菌产业特点，将南华县野生食用菌客户群的融资需求作为新产品开发，向上级行申请了新贷种，在贷款额度、利率、还款方式上设计了一款符合其融资需求的产品，并获得总行批复，至年末，共受理野生食用菌贷款57户415万元。6月末，开办个人综合消费贷款业务，至11月末已成功发放贷款92笔1620.1万元。9月末获准一手房贷款项目1个，实现该项目零的突破。

小企业贷款。创新工作思路，打破保守的经营模式和制约发展的瓶颈，积极推出小企业动产质押、保理和灵活便捷无抵押的“供应链融资”等业务。成功申报并审批通过了第一笔供应链项下的应收账款质押业务，授信金额2000万元。至年末，累计发放小企业贷款3.83亿元。

内控管理。调整网点布局，整合人力资源，逐步建立和推进前中后台分离的运营体系，配备专兼职产品经理，网点设置专兼职的风险经理和营业主管，强化支行长的客户经理职能，突出支行业务发展中的前沿阵地作用；设立了4个信贷中心，以信贷员派驻及设立信贷业务区域营销中心的方式，开展信贷业务的宣传、营销、受理、贷前调查及贷后管理等工作，满足业务发展及管理工作需要；明确职责，理顺流程，加强风险管理，建设专业化的审查审批部门和队伍；通过优化流程和提升员工能力，节约管理成本，实现降本增效。

［吴海瑛］

金融知识进万家宣传活动 （浦发银行楚雄分行提供）

【富滇银行股份有限公司楚雄分行】 2013年，富滇银行楚雄分行积极支持楚雄地方经济建设，支持楚雄地区的政府保障住房项目和基础设施重点项目建设，加大对园区企业、滇中经济圈“桥头堡”龙头企业和中小微企业的培育支持，累计发放各项贷款7.98亿元。年末，分行有在册职工43人，对外营业网点2个，自助银行7个；存款余额12.47亿元，比年初增加3.8亿元；贷款余额12.34亿元，比年初增加3.01亿元，不良贷款率、正常贷款迁徙率和新增不良贷款率为0，未发生信用风险。年内，在元谋县开设了服务网点，在楚雄市居民及商户聚集区设置了自助银行。不断加大金融业务创新，成功募集了第一笔2亿元收益权转让信托业务并办理了第一笔5亿元非标准化债务融资业务。在年度考评中，被评为“楚雄市级文明单位”，分行营业部被总行推荐为“三八红旗集体”上报省妇联表彰。

［杨　樊］

【上海浦东发展银行股份有限公司楚雄分行】 2013年2月28日，上海浦东发展银行股份有限公司楚雄分行正式开业。有机构数量1个，员工23人，其中行领导2人，中层管理人员4人，其他业务人员17人。设办公室、客户一部、客户二部、营业部4个部（室）。全年开列对公有效账户45个，个人客户2100余户，年末各项存款余额3.87亿元，其中对公存款3.61亿元，个人储蓄存款2600.62万元。贷款余额7.49亿元，其中，法人客户26户，贷款余额7.03亿元；个人贷款41户，余额4549.94万元。贷款从区域上涵盖楚雄、禄丰、元谋、大姚、牟定、南华、永仁等县(市)，从行业结构上涉及百货零售、建材制造、汽车修理与维护、农产品种植收购加工销售、学校后勤服务、商铺租赁、路桥施工、建筑施工、白酒制造、园艺作物种植、中药饮片加工、磷肥制造、土地储备等13个行业，从企业规模上涉及大型、中型、中小型、微型、个人经营及消费。

针对全州农业龙头企业流动资金不足，抵押、担保难于落实的现状，主动上门了解企业困难与需求，为企业融资出谋划策。通过摸底调查、实地走访，召开推进会、座谈会、发起人大会以及背对背推荐、面对面投票筛选、合作洽谈等环节，大姚锦亿土特产有限公司、元谋利民脱水蔬菜有限责任公司、南华鸿发核桃产业开发有限公司、云南星贸食品有限公司等14家州内农业龙头企业作为首批成员单位加入"产业基金"。首批14户农业龙头企业获批授信1.78亿元，实现提款11户，发放贷款1.23亿元。

［罗红兰］

保　险

【楚雄州保险行业协会】 2013年，楚雄州保险业务健康发展，累计实现保费收入14.74亿元，比上年增长19.86%，累计赔款5.44亿元，增长16.7%。其中，寿险保费收入8.43亿元，比上年增长17.66%，赔款2.24亿元，增长7.53%；财产险保费收入6.31亿元，增长22.94%，赔款3.2亿元，增长24.12%。水稻、玉米、油菜保险覆盖全州，能繁母猪保险、烤烟保险深度扩展，新农合大病保险正式启动，机动车辆保险持续快速增长，寿险业务企稳回升，保险的经济补偿和支持地方经济发展的能力日益显现。保险机构累计上缴地方营业税及附加3069万元，11家财产险公司为税务部门代收代缴车船税3936万元，占该税种已征税款的98%。根据《云南省机动车辆保险行业自律公约》(2013版)和《补充规定》的要求，组织车险自律检查2次。

每个季度对全州各个财产保险公司的汽车保险理赔服务满意度进行问卷调查，并将调查结果汇总上报云南保监局，反馈给各个财产保险公司。全年协会共接到群众来信来访及投诉15起，并进行了核实和协调处理。与楚雄州司法局联合召开了"楚雄州司法鉴定、人民调解、保险赔付三方沟通协调座谈会"。

2013年楚雄州保险业务统计表

单位：万元

保险分类	险种	保费收入			赔款金额			
		2013年	2012年	同比	2013年	2012年	同比	赔付率
人寿保险	意外伤害险	4780.83	4263.38	12.14%	877.62	690.68	27.07%	18.36%
	健康险（短期）	13483.17	9758.05	38.17%	8667.01	9006.87	-3.77%	64.28%
	寿险	66009.84	57601.43	14.60%	12843.61	11122.99	15.47%	19.46%
	小计	84273.84	71622.86	17.66%	22388.24	20820.54	7.53%	26.57%
财产保险	企财险	1464.84	1413.59	3.63%	126.70	206.85	-38.75%	8.65%
	家财险	494.15	382.53	29.18%	280.22	286.29	-2.12%	56.71%
	车险（商业险）	31128.05	24829.26	25.37%	16990.17	12513.87	35.77%	54.58%
	车险（交强险）	18184.45	16034.72	13.41%	8601.27	7829.18	9.86%	47.30%
	工程险	247.36	95.4	159.29%	32.18	49.75	-35.32%	13.01%
	责任险	2000.69	1531.78	30.61%	1139.14	913.11	24.75%	56.94%
	货运险	1206.39	1202.52	0.32%	326.15	714.42	-54.35%	27.04%
	农业险	4931.63	2858.41	72.53%	3070.60	2192.65	40.04%	62.26%
	林业险	1.22	2.58	-52.71%				
	保证保险	16.92	42.56	-60.24%				
	人身意外伤害险	3379.23	2913.86	15.97%	1311.31	993.91	31.93%	38.80%
	健康险	66.23	34.86	89.99%	46.68	20.35	129.39%	70.48%
	其他险	2.8	2.8	0.00%	1.02	0.49	108.16%	36.43%
	小计	63123.96	51344.87	22.94%	31925.44	25720.87	24.12%	50.58%
意外险、健康险	意外伤害险	8160.06	7177.24	13.69%	2188.93	1684.59	29.94%	26.82%
	健康险	13549.40	9792.91	38.36%	8713.69	9027.22	-3.47%	64.31%
	小计	21709.46	16970.15	27.93%	10902.62	10711.81	1.78%	50.22%

深化保险业与司法鉴定、人民调解的交流；与楚雄州银监局联合开展“楚雄州金融业文明服务行动活动”；“楚雄市保险纠纷调解中心”正式挂牌成立，为保险纠纷当事人提供了新的纠纷解决渠道，对于依法、公正、高效化解保险纠纷，维护保险当事人的合法权益具有重要现实意义；全年共组织保险营销人员资格考试270场5620人次，为50名符合农村保险营销员资格人员申请办理了农村保险营销员资格证；与楚雄州财政局签订“楚雄州财政局道路交通事故社会救助基金承包合同”，为全州道路交通事故提供了社会救助基金的垫付及追偿服务。组织全州各保险机构开展了“7月8日全国保险公众宣传日活动”；开通“楚雄州保险行业协会网站”；刊出《楚雄州保险信息》12期、特刊28期。

［张国琼］

【中国人民财产保险股份有限公司楚雄州分公司】 2013年，中国人民财产保险股份有限公司楚雄州分公司以市场为导向，以客户为中心，扎实推进各项经营管理工作，开创了公司改革发展新局面。年末，公司实现保费收入3.24亿元，比上年增长9.01%。完成实收保费3.24亿元，比上年增长6.82%。缴纳地方税收1554.93万元，代收代缴车船税2001.42万元。实现车险保费2.34亿元，比上年增长9.79%，净增保费2085万元。其中商业车险1.51亿元，净增保费1869万元，比上年增长14.15%；交强险8302万元，净增保费215万元，比上年增长2.66%。车险业务占比为71.84%。完成非车非农保费5970万元，增长7.10%，业务占比18.42%。在开展的8个险种中，实现了7正1负。其中，保证保费20万元，增长100%；工程险118万元，增长31.44%；家财险410万元，增长13.29%；健康险1342万元，增长11.28%；责任险1082万元，增长10.45%；企财险982万元，增长6.21%；意外险980万元，增长6.05%；货运险1036万元，减少2.42%。开办能繁母猪、奶牛、水稻、玉米、油菜5个中央政策性农业保险，实现保费收入4442.47万元，各级财政补贴3833.73万元，农户自缴保费608.74万元。种植业保险受灾合计45万户19.93万亩，赔付金额1060万元。共赔付养殖险案件9968件，赔款金额701.49万元，其中，能繁母猪共赔付9960件695.47万元；奶牛保险共赔付8件6.02万元。支出各类工作经费和费用496万元，提取未到期责任准备金和保险保障基金500余万元。承保总金额、责任限额975.47亿元，有效报立案5.12万件，结案4.98万件，支付赔款1.66亿元，提取未到期责任准备金8844万元，公司车险理赔周期8.61天，非车险9.24天，理赔服务满意度92.05%，位居全省第4名。

［麻文东］

【中国人寿保险股份有限公司楚雄分公司】 2013年，中国人寿保险股份有限公司楚雄分公司牢牢把握“攻坚克难，稳中求进，奋力拓展”总基调，以“两个满意、两个符合、五大工程”为指引，进一步统一思想、创新发展，面对复杂多变的市场攻坚克难，全面推进公司持续快速健康发展。至年末，公司实现保费规模3.66亿元，比上年增长1.27%，缴纳地方税收474.96万元，处理理赔案件1.08万件，赔付支出7665万元，满期给付5287万元，年金给付243万元，存量保单21.35万件，承保354.68万人（次），承担保险金额39.35亿元，年内应派发红利225.9万元。

［唐　蕊］

【中国太平洋财产保险股份有限公司楚雄中心支公司】 2013年，中国太平洋财产保险股份有限公司楚雄中心支公司持续贯彻“外抓市场、齐心协力；内抓管理、细致入微”的工作思路，努力践行自身价值的可持续增长，使综合实力逐步提升，服务水平显著提高，市场份额不断增加。至年末，实现保费收入5930万元，增长32.65%；承保业务5.18万件，比上年增长33.22%；赔款金额2582万元，上缴地方税收320.63万元。

［王晓婷］

【中国太平洋人寿保险股份有限公司楚雄中心支公司】 2013年，中国太平洋人寿保险股份有限公司楚雄中心支公司全面完成各项任务指标。实现保费收入9853.72万元，比上年增长16.71%。公司以实现业务价值可持续增长为目标，以加快推动客户需求为导向的战略转型为主线，聚焦营销、聚焦期缴，实现了规模业务与价值标保的可持续增长。全年理赔案件343件，理赔金额436.10万元；给付1024件，给付金额288.87万元。

［何　琼］

【中国平安财产保险股份有限公司楚雄中心支公司】 2013年，中国平安财产保险股份有限公司楚雄中心支公司秉承“专业经营、服务领先”的宗旨，坚定“迎难而上、合规经营”的发展信念。对内狠抓渠道化建设，队伍建设，稳健经营发展；对外狠抓客户满意度服务提升，遵守行业自律，依法合规经营。至年末，累计承保保费235.06亿元，其中车险18.32亿元，财产险102.21亿元，意健险114.53亿元。合计支付赔款7858万元，其中车险赔款6933万元，财产险赔款736万元，意健险赔款189万元。上缴税收1459万元，其中代收车船税833万元，营业税及附加626万元。

［张　辉］

【中国大地财产保险股份有限公司楚雄中心支公司】 2013年，中国大地财产保险股份有限公司楚雄中心支公司实现效益和规模同步发展。至年末，公司实现保费收入6408万元，比上年增长54.75%，精算满期赔付48.01%，实现利润236万元。

［纳绍菊］

（责任编辑：安孟勤）

科学技术

科技综述

【科技工作概况】 2013年，楚雄州围绕“翻两番、增三倍、促跨越、奔小康”和富民强州宏伟目标，创新工作思路、工作方法和工作机制，深入实施建设创新型云南行动计划，大力推动科技与经济的紧密结合，促进科技创新，取得显著成效。申报国家和省级科技计划项目65项，项目总投资3.59亿元，申请科技经费6517万元，实际到位科技经费3155万元，比上年增长93%。新建院士工作站1个，申请专利384件，获得专利授权191件；新增国家高新技术企业4家，新增省级创新型试点企业2家，被认定为云南省重点新产品5个；楚雄农业科技园区被批准为云南省第3个国家级农业科技示范园，新获优质种子种苗基地认定6家，新获省级农业科技示范园认定9家，新获省级农产品深加工科技型企业认定12家；组织全州规范化种植中药材7.25万亩；科技进步对国民经济的贡献率51%，比上年提升1.1个百分点。

【科技政策环境优化】 2013年，楚雄州优化政策环境，营造创新氛围，促进科技进步和创新。11月26日，中共楚雄州委、州人民政府召开全州科技创新大会，大会公布《中共楚雄州委、楚雄州人民政府关于实施创新驱动发展战略加快创新型楚雄建设的决定》，提出实施高原特色农业、传统产业改造提升、战略性新兴产业培育、创新主体培育、知识产权战略、公众科学素质提升、民生科技能力提升、科技人才引培等八大科技创新工程，加强楚雄国家农业科技园区建设，支持楚雄经济开发区建成省级高新技术产业开发区，实施创新驱动发展战略，重点培育生物医药、新能源新材料、节能环保等战略性新兴产业。从组织领导、科技投入、队伍建设、体制改革、环境营造等5个方面提供保障。重奖“感动彝州科技人物”李开斌、张方玉、孙强，每人奖励6万元，表彰科技工作先进集体25个和科技工作先进个人50名。

【科技项目管理】 2013年，楚雄州按照“项目落地年”要求，精心组织申报国家和省级科技计划项目，积极争取上级资金支持。申报国家和省级科技计划项目65项，申请科技经费6517万元，到位科技经费3155万元。“食用菌保鲜加工产品开发与产业化”被列为国家科技支撑计划，“制备ABS树脂专用歧化松香新工艺”等9个项目被列为科技部科技型中小企业技术创新基金计划项目，获得国家科技扶持资金650万元；“二氧化碳超临界萃取天然虾青素”等2个项目被列为省技术创新暨产业发展专项；“元谋县科技综合服务能力建设”等3个项目被列为省级地方科技服务能力建设计划；“精密数控车床研发”等3个项目被列为省非公有制经济暨中小企业发展专项。

【科技项目绩效】 2013年，楚雄州抓好项目实施和绩效评价。实施钛材加工关键技术研发及产业化开发项目，申请专利130件，获专利授权68件，钛板卷生产技术取得突破并实现产业化生产。实施“年产2600吨紫胶深加工产品产业化”项目，建成国内最大、技术先进的1000吨/年紫胶分离与提纯深加工生产线，产品质量达到美国FCCV及欧盟要求，80%的产品出口美国、日本、韩国、

州委书记张太原为“感动彝州科技人物”颁奖 (州科技局提供)

意大利、德国等。实施“续断草乌红花中药材规范化种植技术示范推广”项目，制定续断、草乌、红花规范化种植技术操作规程，推广示范种植5.09万亩，实现产量1.81万吨，总产值2.6亿元，种药企业和药农增加收入1.8亿元。实施“楚雄州彝药特色产业基地建设”项目，初步构建彝族医药体系，有《中国彝族医学基础理论》、《中国彝族药学》、《云南彝医药》、《彝族医药荟萃》和《中国彝医方剂学》等专著出版，建立彝药标本库，完成制定153种彝族药材标准。

【民生科技】 2013年，楚雄州加强民生科技创新，促进社会和谐发展。姚安县粮食高产创建示范项目按照“六个统一”技术规程，建立2万亩高产创建示范区，其中两个百亩核心区、两个千亩示范区、两个万亩展示区，百亩核心区单产750千克，千亩展示区单产700千克，万亩示范区单产650千克。永仁县维的乡吉利村委会和双柏县妥甸镇丫口村实施光伏取水示范项目，解决群众生活生产用水困难。编辑《抗旱品种（产品）及技术汇编》，80项科技成果在楚雄科技网上发布，向社会推介。开展“三下乡”、知识产权宣传周、科技活动周、安全生产、节能减排、禁毒防艾等大型科普宣传活动。出动各类科技人员1200人，发放科普宣传资料20余万份，更换科普宣传栏120个版面，展出宣传展板500余块，举办各类科技（普）培训班95场，培训2.6万人次。科普活动覆盖10县（市）60余个乡（镇）36万余人。编辑出版科技画册1本、《科学技术与彝州经济》专著1部，摄制科技创新电视专题片1部。编辑印发《楚雄科技》（季刊）4期3200余册；编辑印发《楚雄科技》（信息）9期810份。开展科技扶贫工作，开展中药材龙胆草种植示范等。

【科技人才】 2013年，楚雄州申报云南省中青年学术和技术带头人后备人才2人，楚雄师范学院何永泰入选第16批省中青年学术和技术带头人后备人才；申报云南省技术创新人才4人，州农科所张运峰、云南爱尔发生物技术有限公司张勇等2人入选第13批省技术创新人才培养对象。云南钛业股份有限公司与哈尔滨工业大学合作的傅恒志院士工作站获准建立，双方合作“新型高强度钛合金板材加工关键技术研发”项目得到省科技厅列项支持，傅恒志院士工作站成为楚雄州获准建立的第2个院士工作站。

【知识产权管理】 2013年楚雄州申请专利384件，新增专利授权191件，发明专利有效量105件。“一种养颜活血药专利在红花逍遥胶囊产业化开发中的应用”项目获省知识产权局立项支持，获得扶持资金20万元。“雨生红球藻培养和虾青素提取”等4个项目列入州级科技计划立项支持。开展知识产权宣传周活动，举办各类宣传咨询服务活动9次，发放各类资料6万余份，展出各类宣传展板100余块，接受咨询2万余人次。开展“4·26”知识产权“护航”专项执法检查行动，共进行联合执法检查10次，检查商场、超市及各类商品经营户及企业109家，检查各类商品1296种，查出食品、日用品、电子产品、家用电器、五金建材等类商品中违规或不规范使用专利标记和标注商品15种，责令改正11项。

【楚雄农业科技园区】 2013年，楚雄农业科技园区被科技部批准为国家农业科技园区。10月29～30日，楚雄州第十一届人大常委会第十一次会议听取并审议通过园区总体规划。园区建设期限8年（2013年—2020年），规划总面积近830万亩，分核心区、示范区、辐射区3个层次。核心区布局在元谋县，示范区主要布局在元谋及临近县域，总面积约45万亩，辐射区涉及全州10个县（市），总面积约780万亩。园区重点规划发展有机果蔬、特色林产品、绿色食品精深加工及物流、冬繁制种“四大主导产业”和生物科技、生态养殖、休闲农业等特色产业。规划实施完成后，到2020年，园区将实现生产总值183.86亿元，总利润将达40.56亿元，投资预期综合收益率22%，增加就业人员3万人。

［李德江　杨朝俊］

科研及应用

【楚雄州第2个院士工作站获准建立】 2013年，楚雄州傅恒志院士工作站经云南省院士专家工作站管理委员会审定，在云南钛业股份有限公司建立。中国工程院院士傅恒志就职于哈尔滨工业大学，

“4·26”知识产权“护航”专项执法检查　（州科技局提供）

多年从事钛合金及其熔配和铸造技术研究。傅恒志院士工作站主要是为云南钛业股份有限公司开发高强度钛合金提供技术支撑，重点开展新型高强度钛合金板材加工关键技术研发、云南省钛材应用产品工程技术研究中心建设、联合培养钛材制备加工技术领域人才，探索产学研结合的新模式和长效机制。

【魔芋种植技术研究】 2013年3月，楚雄州农科所选育的“楚魔花1号”通过云南省种子管理站鉴定登记，并在云南省花魔芋主栽区示范推广；试验研究形成的“花魔芋优质丰产栽培技术”推广到全省应用。“楚魔花1号”是楚雄州农科所通过近10余年魔芋品种选育、种芋扩繁、优质丰产栽培技术研究取得的成果。楚雄市大过口乡创造10.67吨每亩的全省魔芋单产最高纪录。

【中药材种植】 2013年，楚雄州大力实施中药材种植科技项目。制定续断、草乌、红花高产栽培技术规程，举办全州中药材规范化种植技术培训班2期。种植中药材7.25万亩，生产中药材原料3.26万吨，产值4.9亿元。种植续断2.86万亩、白扁豆1.21万亩、茯苓6507亩、附子2732亩、红花2528亩、三七2372亩、草乌1555亩、重楼1168亩、石斛855亩，9个中药材品种占总种植面积的80.54%。有中药材种植企业和专业合作社42家，云南白药集团优质种源繁育有限公司、武定新源药业有限公司、云南新世纪中药饮片有限公司，楚雄新天地农业开发有限公司、双柏县天泉药业有限公司、大姚护康药业中药种植合作社、楚雄百草岭药业有限公司等企业生产规模稳步扩大，成为全州中药材种植、加工和营销生力军。中药材种植区域由山区向半山区、坝区辐射，特色优势品种种植规模不断扩大，高投入高产出高技术品种不断引进进行试验示范，中药材种植成为农民增收致富的好项目、新路子。

［李德江　王天明　郭绍云］

科普与知识产权宣传

【科普活动】 2013年，楚雄州通过“三下乡”、知识产权宣传周、科技活动周、世界环境日、安全生产、节能减排、禁毒防艾宣传等开展科普活动。5月19～25日，全州以“科技创新·美好生活”为主题，组织开展了科技活动周集中示范、科技下乡、科普教育基地主题科普活动、青少年科技创新大赛等系列活动。各县（市）于5月19日在县城集中开展科技活动周集中示范活动，群众现场咨询3560人次，发放科技宣传资料2.1万份。州科技局组织蔬菜、园艺专家组成科技服务小分队，深入禄丰县黑井镇开展低热河谷区农业开发科技咨询和培训；各县（市）组织农业、畜牧、林业、水利、农机、卫生、文化等专业技术人员开展节水知识、农业抗旱技术、经济林果栽培技术、烤烟蚕桑栽培技术、畜禽渔业养殖技术、疫病预防等宣传，实用技术培训和科普专题讲座，共开展各类科技培训119场（乡镇培训95场）培训群众2.6万余人次，发放科普宣传资料20余万份，更换科普宣传栏120个版面，展出宣传展板500余块；禄丰世界恐龙谷景区将旅游与科普教育相结合开展活动；楚雄州博物馆组织“流动博物馆”进社区、进农村、进学校活动，云南省热区生态农业科技园接待学生参观学习农业科技示范园；楚雄师院及部分中小学校开展科技创新大赛。科技活动周期间，共出动各类科技人员1200人，活动覆盖10县（市）60余个乡（镇）36万余人。

【知识产权保护宣传】 2013年，楚雄州共申请专利384件，其中，发明专利、实用新型专利申请占71%，新增专利授权191件。资助申请项目168项，资助金额7.53万元；获得省级资助项目92项，资助金额5.22亿元。4月26日，楚雄州知识产权局启动4·26专题宣传活动。全州举办各类宣传咨询服务活动12场次，发放专利、商标、著作权、植物新品种权、打击经济犯罪、药品管理、外贸出口、质量标准等宣传材料资料6万余份，展出各类宣传展板100余块，接受咨询2万余人次。开展“知识产权护航”专项行动，查获办理专利案件17件。州、县知识产权局联合商务、工商、版权、质监、农业、林业等知识产权保护小组成员单位和部门组织联合执法检查12次，出动行政执法及检查人员100余人次，出动检查车辆15辆，检查商场、超市和各类商品经营户及企业121家，检查各类商品1520种，查出食品、日用品、电子产品、家用电器、五金建材等商品中违规或不规范使用专利标记和标注商品19件，责令改正问题17项，发放宣传材料1000余份，接受商户企业及群众咨询500余人次。

［李德江　白凌　蔡志辉］

科技成果

【科技成果管理】 2013年，楚雄州科学技术奖评审委员会办公室按照《楚雄州科学技术奖励办法》的规定，受理申请评审科技成果89项，申请突出贡献奖3人，大农业类请奖成果35项、工业类19项、医疗卫生类21项、应用研究基础和软科学研究12项。经审查，推荐评审委员会评审科技成果41项，按请奖类别分，突出贡献奖1项，自然科学奖3项，技术发明奖3项，科技进步奖34项。2012年度请奖成果（突出贡献奖候选人除外）有以下特点：（1）自主创新性强。40项请奖成果的开发应用过程中，申报各类知识产权63件，其中发明专利30件，实用新型专利19件，制定企业标准2个，获植物新品种权1个。（2）成果水平明显提高。40项请奖成果中，达到国内先进及以上水平23项，占57.5%。（3）成果转化利用率高。在40项请奖成果中，除3项基础理论研究成果暂不能直接投入转化应用外，37项全部投入实践应用，成果转化利用率92.5%。（4）企业成为技术创新的主体逐步显现。在40项请奖成果中，由企业创造的科技成果22项，占55%，标志以企业为主体、市场为导向、产学研相结合的技术创新体系建设取得新进展。（5）科技查新成为受理重要条件。有39项成果提交科技查新机构出具的《科技查新报告》，占97.5%。（6）取得较好经济效益和社会效益。40项请奖成果的开发应用投入资金8.54亿元，新增销售收入10.60亿元，一大批新技术、新工艺在农业、工业和医疗卫生等领域投入应用，取得较好经济效益和社会效益。

【州级科技成果奖励项目】 2013年，楚雄州科学技术奖励评审委员会按照《楚雄州科学技术奖励办法》的规定，评出2012年度州级科技成果奖41项奖金70万元，其中突出贡献奖1项奖励10万元，一等奖2项奖励10万元，二等奖6项奖励18万元，三等奖32项奖励32万元。按科技成果奖励类别分，突出贡献奖1项，自然科学奖3项，技术发明奖3项，科技进步奖34项。突出贡献奖：杨长楷。自然科学奖：二等奖：云南彝族、汉族2型糖尿病下肢血管病变与AHSG基因多态性研究（楚雄州人民医院，王玲、吴庭书、高冬花、赵正科、余成敏、杨怡、杨秋萍、宋滇平）。三等奖：（1）余甘子种质资源调查收集与保存评价研究（云南省农业科学院热区生态农业研究所，金杰、沙毓沧、赵琼玲、段曰汤、刘海刚、马开华、瞿文林、李贵华、杨子祥）；（2）彝药及楚雄地区糖尿病、甲亢患者人发中微量元素的相关性研究（楚雄师范学院，韦薇、杨怡、牛存龙、王国忠、胡小安）。技术发明奖：二等奖：钛带卷电加热氩气保护退火工艺技术、设备研发（云南钛业股份有限公司，史亚鸣、苏鹤洲、刘昆、李志敏、曹占元、周健、蒋泰旭、范勇斌、黄晓慧）。三等奖：（1）“一种松茸酒”发明专利在松茸酒产品中的应用（南华县宏怡野生菌开发有限公司，廖为民、叶子仁、牟雷平、杨文、王志华、仁寿国、张红梅）；（2）年产1000吨鲜芋快干粉无硫技术产业化应用（云南一致魔芋生物科技有限公司，李力、王叶平、杨国基、周丽芬、赵兴中、樊启勇、王景文、华玉洪、初丽英）。科技进步奖：一等奖：（1）楚雄卷烟厂烟叶工业分级和复烤质量控制的研究及应用（红塔烟草集团有限责任公司楚雄卷烟厂，张志勇、李学明、高子前、贺丽云、李春燕、张燕、杨立群、莫浩娟、李军）；（2）《中国彝医方剂学》（云南省彝族医药研究所、云南省彝医医院、楚雄州彝族医药研究所，杨本雷、余惠祥、许嘉鹏、何春荣、杨国卉、董广平、余秋红、刘庆元、刘本玺）。二等奖：（1）杂交玉米新品种“武玉一号”的选育（武定县农业技术推广服务中心，周平、李自清、普朝华、张云勇、黎学忠、李鸿喜、杨崇芬、唐光芬、赵玉友）；（2）楚雄州现代烟草农业建设模式研究与推广（云南省烟草公司楚雄州公司，段应泽、李庆平、冯柱安、杨永平、唐兵、周家永、何文德、鹿森、周任虎）；（3）ZHW6－126（L）（G）/T2000－40复合式组合电器（云南云开电气股份有限公司，赵炘、李学滨、蔡家碧、赵永福、任世云、徐毅、史艳波）；（4）体外受精－胚胎移植技术（楚雄州人民医院，杨世俊、岳钊平、李建萍、杨冠英、何丽娟、毕世杰、朱云华、黄丽菊、赵晓艳）。三等奖：（1）神秘果引种与扩繁技术研究（云南森欣神秘果生物科技有限公司，汤勇俊、周明、阎启明、谢淑丽、阎启发、段显明、高鹏、樊以昌）；（2）安友冷鲜肉及精细产品加工开发（楚雄安友畜牧业有限公司，朱安友、朱磊、喻忠德、高育昇、李洪伟、徐金兰、张宗雄、李连忠、邹加双）；（3）牟定特色辣椒种植技术规范的制定（牟定县质量技术监督局、云南星贸食品有限公司，苏杰、代华、夏古林、罗秀权、陈彦林、李鸿、杨秀宏、储庆龙、孙其全）；（4）楚雄州植保专业化统防统治推广应用（楚雄州植保植检站、南华县植保植检站、禄丰县植保植检站，王贵斌、徐明春、张旺、刘关江、余仕金、卢惠芝、陶华、苏龙、周兴良）；（5）蛋鸡标准化规模养殖技术集成与示范（南华县灵官养殖场，欧如伟、欧启海、纪寿芬、段述丽、石春亮、欧阳琼、欧启富、欧汝基、欧启强）；（6）玉米新品种北玉16号引种研究及推广应用（楚雄州农业科学研究推广所，黄光和、张运锋、樊应虎、李希国、陆秀春、李昌元、欧阳军、韩学坤、杨国平）；（7）雷达气象分析预警计算机软件系统在防雹减灾工作中的应用（武定县气象局，胡朝彬、何德锋、高国明、何姿蓉、周瑛、和文仙、杨丽芳、武雯、李正平）；（8）家蚕膨化颗粒饲料开发生产及养蚕配套技术的研究与示范推广（云南海润茧丝绸有限公司、山东农业大学林学院，崔为正、郭玉华、谢清忠、殷培超、刘公林）；（9）茶树菇工厂化自动控制及栽培模式研究与应用（姚安农哈哈食用菌开发有限公司，滕正平、陈建新、滕朝海、李天君、王绍发、刘燕、李纯、陈琳）；（10）改变植物蛋白饮料物理结构在饮料生产中的应用（大姚华盛饮料食品有限责任公司，张彤、张丽华、王斌、何康、施荣梅）；（11）台湾奇珍318特选长寿仁豌豆烟后种植引种试验与示范推广（楚雄州农业科学研究推广所，谷家明、拜胜亮、曹利民、陈春泉、赵开洪、善从锐、杜发奋）；（12）钛带卷连续拉矫技术研究（云南钛业股份有限公司，曹占元、史亚鸣、谭兴元、刘昆、吴浩、常永康、李金刚、李继浏、黄晓慧）；（13）卷烟机组、滤棒成型机组集中工艺用风系统应用研究（红塔烟草集团有限责任公司楚雄卷烟厂，高中华、彭黎明、杨森祥、张庆、布旭亮、白蕊、张剑平、刘杰、文伟）；（14）LW59－252/T4000－50户外高压交流六氟化硫断路器（云南云开电气股份有限公司，赵炘、赵永福、徐毅、任仕云、史艳波、李学滨）；（15）从冶炼废渣中综合回收锗、铟、铅、锌的生产技术开发（南华茂森综合利用有限责任公司，杨贵生、周建泉、王自朝、罗宗达、包世兴、王美春、张武昌、鲁有忠、罗应平）；（16）六苴矿深部倾斜中厚矿体安全高效开采技术研究（云南楚雄矿冶有限公司，李连鑫、李中彪、吕富洲、朱怀昆、陈德富、李志钧、邹行、汪文彪、李伟先）；（17）铁精矿降硫的提质技术研究应用（昆明钢铁集团有限责任公司罗次分公司，李忠仙、马东林、李静敏、周昱彤、彭光强、牛红杰、张彤、刘先春、王明康）；（18）龙灯胶囊产品开发及产业化（云南盘龙云海药业有限公司，刘绍兴、高茗、杨立功、白文海、罗建红、李家平、邓忠峻、符仕顺、高丽）；(19) 多轴专用钻孔机床研制（云南大姚机械配件厂，王振洪、沙朝明、龚兆祥、董剑余）；(20) 硅酸钙面板复合墙板在钢结构房屋体系中应用的关键技术（云南昆钢钢结构有限公司、昆明理工大学，陶忠、田睿、李灿琼、黄勇、陆培卿、余文正、谷学双、李敏、沈敏）；(21)《科学技术与彝州经济》（楚雄州科技局，罗秀娟、杨朝俊、蔡志辉、白凌、罗怀云、杨明玉、罗卫昌、王毅、邢海涛）；(22) 楚雄州350兆警用无线集群联网通信系统应用（楚雄州公安局，周建忠、赵云、马坤、周晖、杨宗恩、江源）；(23) 腹腔镜下胆总管探查一期缝合术的临床应用研究（楚雄州人民医院，张晖、高勇、刘威、王志、孟林、陈艳燕、王云华、苏治合、蒋宏玮）；(24) 通管强筋一推二针综合治疗腰椎椎管狭窄症（楚雄州中医院，杨本雷、严成龙、刘嘉、王建辉、许嘉鹏、耿文中、张兴涛、董晓燕、杨国卉）；(25) 前路、后路及前后联合入路手术在下颈椎损伤治疗中的临床应用（楚雄州中医院，苏联春、普光民、杨本雷、许嘉鹏、高祥、何应芹、周国灿、李晓倩、陈光兴）；(26) 楚雄州60年法定传染病疫情变迁性研究（楚雄州疾病预防控制中心，吴学林、宋先毅、杨家勋、胡秋凌、徐梅琼、胡海梅、田建芬、高丽芬、罗琼梅）；(27) 三联药物保守治疗异位妊娠的临床应用（楚雄州妇幼保健院，庞玲、陈勇、金雪芳、钱家文、陈奇、董云红、徐溧莲、杨丽娟、罗玉梅）；(28) 狂犬病预防控制研究及其应用（禄丰县疾病预防控制中心、云南省地方病防治所，华明贵、张子荣、张云智、李伟、刘汝艳、杨卫红、章域震、何建兰、鲍长荣）。

【云南省科学技术奖】 2013年，楚雄州推荐州农业科学研究推广所完成的"优质超级稻新品种'楚粳28号'选育及应用"、云南爱尔发生物技术有限公司完成的"雨生红球藻虾青素新产品研制及应用"等5项成果申请云南省年度科学技术奖。州农业科学研究推广所完成的"优质超级稻新品种'楚粳28号'的选育及应用"获2013年度省科技进步奖一等奖；云南爱尔发生物技术有限公司与中国科学院海洋研究所合作完成的"雨生红球藻虾青素新产品研制及应用"成果获2013年度省技术发明奖三等奖。

［李德江　赵定勇］

科技协会

【科协组织建设】 2013年末，楚雄州有县（市）科协10个，乡（镇）科协103个，成立社区科普协会15个，企业科协13个。科协所属学（协）会39个，会员1.19万人。有农民专业协会3374个，成员32.8万人（户）。7月19～21日，楚雄州科协在州委党校举办为期3天的业务培训班，培训科协干部182名，邀请省级专家作科普项目申报、信息宣传专题报告。楚雄市、元谋县、姚安县、南华县培训农民合作组织骨干300余人。8月30日，楚雄州农民合作组织联合会成立，元谋县、牟定县、姚安县、武定县成立县级联合会。9月10日，楚雄州老科技工作者协会成立。

【楚雄州科协六届二次全委（扩大）会议】 2013年1月22日，楚雄州科协六届二次全委（扩大）会议在楚雄召开。州委常委、州人民政府副州长任锦云，州人大常委会副主任吴丽华，州政协副主席何根源亲临会议指导。州纪委第二纪工委领导，各县（市）科协主席、党组书记，州科协六届委员，州属各学（协）会秘书长，州属农民专业协会会长共120余人参加会议。会议审议并同意州科协主席夭建国代表州科协第六届常委会所作的《认真学习贯彻十八大精神，努力开创科协工作新局面》的工作报告；审议通过了《中国科学技术协会章程》楚雄州科学技术协会实施细则；表彰了获奖的全国、全省、全州先进集体和先进个人。

【科协学会活动】 2013年11月15日，楚雄州科学技术协会组织召开州属科学技术学（协）会秘书长会议。12月15日，39家州属学（协）会联合召开楚雄州2013年科学技术学术年会，邀请省级专家分别作现代医学发展与健康、云南高原特色农业与农业生态文明建设专题报告。全州140余名科技工作者参加会议。年会收到论文99篇，评选出71篇优秀论文汇集成册，由云南科技出版社出版。

【云南省农民合作组织与高原特色农业产业建设元谋现场会】 2013年10月24日，云南省农民合作组织与高原特色农业产业建设元谋现场会召开，省科协党组书记、副主席唐兵和中共楚雄州委

楚雄州2013年文化科技卫生"三下乡"活动在牟定县启动　（州科技局提供）

副书记邱江作讲话，中国科协农技中心主任、中国农技协常务副理事长张晓军作专题报告。省科协、各州（市）科协、楚雄州相关部门及各县（市）相关部门负责人等120余人参加会议。

【农函大办学】 2013年，楚雄州农函大招生1.75万人，开办290个教学班，开设30个专业，聘请266名农科专家授课。其中，烤烟专业招生2115人，蔬菜专业招生2165人，核桃、花椒等经济林果专业招生5869人，养猪、养羊等养殖专业招生4172人。年内，开展了县（市）农函大办学绩效量化考评和农函大办学点示范创建，“专家乡村讲堂”活动。

【农民专业技术职称评定】 2013年，楚雄州修订完善农民专业技术职称评定标准和条件，印制职称证书1万本。评定农村专业技术职称2452人，其中评定高级技师2人、技师62人、初级职称2388人。至年末，全州累计评定农民技术职称4.17万人，其中高级技师44人、技师1022人、初级职称4.06万人。

【科普惠农兴村计划】 2013年，楚雄州申报“全国科普惠农兴村计划”项目11个，落实国家项目经费190万元，其中，农村专业技术协会8个、农村科普基地1个、农村科普带头人2名。申报省级“科普惠农兴村计划七个一工程”项目10个，批准组织实施9个，下达项目经费45万元。申报2013年云南省科普示范社区2个，有1个社区被省科协评选为省级科普示范社区。申报省级科普项目20个，批准组织实施10个，争取省级科普项目经费160万元。实施“基层科普行动计划”和“产业发展科技行动计划”，表彰先进示范单位85家，下达项目奖补资金127.5万元。

【科普宣传】 2013年，楚雄州科学技术协会认真组织参加“三下乡”、科技活动周、全国科普日等科普宣传活动。9月14日，在楚雄市桃源湖广场举行以“保护生态环境，建设美丽彝州”为主题的全国科普日活动，州（市）58个单位、325名科普志愿者参加活动，展出科普展板276块，发放科普资料6万份、科普书刊1956册，开展科技咨询服务3452人次，义诊1260人次。开展“科普大篷车”进农村、进学校、进社区科普宣传展教活动14场次。州科协被中国科协评为“2013年全国科普日活动优秀组织单位”。

【科技教育】 2013年，楚雄州科学技术协会组织开展青少年科技创新大赛，收到作品746件，评出一等奖82件、二等奖142件、三等奖340件。162名师生参加第28届云南省青少年科技创新大赛，获一等奖23项、二等奖44项、三等奖80项。部分中、小学生参加航天知识竞赛、第四届“熊博士”全国青少年科学摄像活动、全国青少年载人航天科普活动、节约粮食科学调查体验活动等科普活动。26名中学生到四川大学、电子科技大学参加全国高校科学营活动。上报信息80余条，省科协刊物、网站采用42条。编印《科协简讯》32期，刊登信息120条。编印《楚雄科普》4期33万字。制作《云岭科普》电视科普宣传片7期。

［李翠萍］

防震减灾

【防震减灾概况】 2013年，楚雄州地震局牢固树立“震情第一”观念，以最大限度地减轻地震灾害损失为根本宗旨，认真抓好防震减灾法制建设、监测预报、震灾预防、应急救援、社会动员等各项工作。10月，按照“权责明确、行为规范、监督有效、保障有力”要求，修改完善《楚雄州地震局行政执法责任制》、《行政执法考核评议制度》、《行政执法过错追究制度》和《行政赔偿制度》等工作制度。结合“5·12防灾减灾日”、“11·6全省防震减灾宣传日”和“12·4法制宣传日”开展《防震减灾法》和《云南省防震减灾条例》、《行政强制法》等防震减灾法律、法规宣传。6月7日，楚雄州强震台网管理及应用技术培训班在楚雄举办，州、县地震局强震台网管理及运行、维护人员40余人参加培训，省地震局防灾所专家从强震台网数据采集、应用、维护、管理等方面开展业务培训。抓好地震宏观测报网、地震知识宣传网、地震灾情速报网及防震减灾联络员队伍建设，建立“三网一员”群测群防体系，由乡（镇）分管防震减灾工作的领导、综合办主任、民政所助理员、科技助理员、小（一）型以上水库管理所负责人，以及抗震救灾指挥部成员单位办公室主任和各村委会主任组成。年末全州共有骨干观测点137个，县、乡、村三级地震宏观联络员1288人。

【地震监测预报】 2013年，楚雄州加强现有台项的地震监测台网管理，经常性地做好仪器及辅助设施的检查、维护、保养，确保测震、地下流体、电磁等观测台项正常运行。完成禄丰县地震局罗次水化站观测井扫洗井和观测业务用房工程建设，改善地下流体观测条件和地电观测环境。推进“楚参1井”石油勘探井作为地震前兆观测井工作，中国石化勘探南方公司将“楚参1井”提供楚雄州地震局作为地震观测井使用。州地震局主要领导及分管领导带相关技术人员深入各县，对辖区内的地震观测台项、地震烈度与预警台网、强震台等进行维护、维修和巡检，对震情跟踪工作进行督查和指导。

【震情会商】 2013年，楚雄州地震局严格执行震情周、月会商制度，定期组织召开年度、年中和月、周会商40余次，及时将会商意见以《震情分析》形式报送州委、州人民政府相关领导和省地震局及相邻州、市地震部门。年内共收到各县地震局周、月会商报告近300份，通过强化震情会商跟踪监视和管理，促进震情跟踪工作的制度化。9月26～27日，召开全州震情跟踪监视暨震后趋势判定和异常落实培训会，由专家讲授震后趋势判定和异常调查落实知识及方法，会商评审当前震情和地震重点危险区与地震危险性结论。10月，完成2014

年度云南地震趋势研究报告编写，深入研究地震趋势，明确给出云南省和楚雄州及楚雄市的重点危险区与地震危险性结论，以及该州短期震情分析意见，指导短监跟踪监视。

【防震减灾工作会议】 2013年4月26日，楚雄州人民政府在州地震局召开防震减灾工作联席会议，要求全州各级各部门按照法律法规赋予的职责和政府职能分工，认真做好本部门各项防震减灾工作，在防震减灾规划的编制、经费投入、抗震设防管理、城市建设地震安全、农村民居地震安全、群测群防、法制建设、宣传教育、地震救援队伍建设、地震预案的编制以及地震应急和抗震救灾等方面各司其职，相互支持，密切配合，协调联动，共同做好防震减灾各个环节的工作。5月21日，州人民政府召开全州防震减灾工作会议，传达省、州领导关于防震减灾备灾情况指示精神，听取州地震局震情趋势报告和加强防震减灾工作建议，安排部署防震减灾工作。

【地震应急能力建设】 2013年，楚雄州地震局认真履行职能，做好地震应急预案修订和完善。地震应急指挥信息技术平台建设项目得到省地震局支持，下拨建设资金50万元，进入设备采购招标。建立健全应急物资储存、调拨和紧急配送体系，确保地震应急供应。在南华、姚安、大姚和禄丰4县按户发放价值857万元的34.28万个含有电筒、绷带、压缩饼干、口哨、矿泉水、创伤药等物品的小应急包。民政、交通、水利、商务等部门，加强救灾物资储备体系建设，增加救灾储备物资品种和数量，基本能满足应急救灾工作需要，无特殊情况一般性灾害24小时能安置灾民，保证受灾群众的衣、食、住。民政部门救灾仓库储备有救灾帐篷、毛毯、大衣、衣服、棉被、床单、彩条布、折叠床、床垫、折叠桌凳、雨衣、应急灯等11种8.08万件（套）救灾物资，折合人民币约600万元。

【地震应急演练】 2013年8月8日，楚雄州抗震救灾指挥部“2013地震应急演练”在州地震局举行。州委、州人大常委会、州人民政府、州政协、楚雄军分区主要领导、州抗震救灾指挥部成员单位负责人共80余人参加演练。演练模拟以楚雄市行政辖区内发生“7.0级地震灾害事件”为情景，以“应急响应和应急处置”不同阶段工作内容、任务，围绕地震应急救援工作目标，进行震情处理、预案启动、应急实施、应急结束等科目演练。通过演练，使抗震救灾指挥部成员熟悉应对重大地震灾害Ⅰ级响应工作内容和流程，对《楚雄州地震应急预案》进行检验，提高决策、指挥和协调能力，为应对可能发生的地震灾害作好准备，提高州人民政府抗震救灾指挥部及其成员单位应对地震灾害事件的处置能力。

【滇东地震应急联动区工作会议在楚雄召开】 2013年7月11日，滇东地震应急联动区工作会议在楚雄召开。滇东地震应急联动区牵头单位楚雄州地震局和成员单位昭通、曲靖、昆明、玉溪市地震局（防震减灾局），以及楚雄州10县（市）地震局参加会议。省地震局应急救援处领导作地震应急管理工作专题报告，应急保障中心专家作地震灾害损失评估业务培训，联动区各成员单位作工作总结和经验交流发言，对2012年滇东地震应急联动区工作进行总结。

【防震减灾宣传】 2013年，楚雄州极力加强防震减灾宣传。把防震减灾教育和宣传纳入学校教育内容，全州中小学每学期开设防震减灾知识课2小时；楚雄日报社、楚雄电视台、楚雄广播电台等新闻媒体在“5·12”全国防灾日、“11·6”全省防震减灾日宣传活动中，刊播防震减灾专题内容；参加“科技三下乡”、“科普宣传周”等活动，利用各种会议、民族节日等有利时机，采取印发宣传材料、讲座等多种形式，深入开展防震减灾法律法规和地震科普知识宣传教育工作；州地震局投资33万余元，编印地震常识、避震要诀、地震宏观异常现象、地震谣言的识别、农村民居抗震知识等为主要内容的防震减灾知识折页50万册、彝文版《防震减灾知识读本》1万册，制作宣传品2万份，发放给广大群众学习。

［陈　猛　起建平］

气象监测与预报

【楚雄气候概况】 2013年，楚雄州降水量持续偏少第五年，冬春干旱严重。10个县（市）年平均降水量673毫米，与上年相比偏多24毫米，比历年偏少190毫米，其中双柏县最突出，比历年偏少331毫米。降水分布呈西北多东南少，南部楚雄、双柏、牟定、南华及东部武定、禄丰6个县（市）均较历年偏少210毫米以上，偏少幅度超过20%，西北部姚安、大姚、元谋偏少100毫米以内，偏少11%。12月14～19日出现继1999年以来最严重低温、雨雪、霜冻天气。6月、8月和10月降水量较历年同期偏多，其余月份均偏少。雨季开始期正常，于5月21～25日开始，于10月下旬结束。平均气温17.1℃，较上年偏低0.4℃，较历年偏高0.7℃。南华、禄丰两县分别较历年偏高1℃和1.2℃，其余县（市）偏高0.5℃左右。12月15～19日出现自1999年以来最严重寒潮低温霜冻天气，12月18日全州136个测站日最低气温（平均）降至－3.9℃，县城所在地10个大气监测站日最低气温均在0℃以下。年平均气温较常年偏高，月平均气温除12月较历年偏低外，其余月份均偏高。10个县（市）年平均日照时数2395小时，较上年偏少153小时，较历年偏多81小时，偏多幅度为3%。南华、永仁、元谋3县年日照时数都在2600小时以上，楚雄、牟定、姚安、大姚、武定、禄丰6县（市）年日照时数在2200～2500小时之间，双柏县年日照时数最少，为2081小时。与历年同期相比，双柏县年日照时数偏少9%，大姚县偏少3%，姚安县与历年持平，其余各县（市）均偏多，其中南华、永仁、元谋、武定、禄丰等县偏多1～10%，牟定县和楚雄市偏多10～15%，偏多幅度最大的楚雄为15%，偏多295小时。

【极端气候】 2013年，楚雄州异常气候事件主要表现为春季严重干旱、夏季散发性干旱，局部大风、冰雹、雷电和强降水天气，7月阴天少雨寡照，12月14~19日出现继1999年以来最严重低温、雨雪、霜冻天气。最突出的主要气候事件是干旱，为2009年以来连续第5年年降雨量明显少于多年平均值，是楚雄州有观测记录以来，雨量最少的一段时期。雨季主汛期的7月和9月两个月降水只有多年平均值的一半。严重秋冬春连旱，造成137.1万人饮水困难。12月14~19日出现的降雨雪、强寒潮霜冻天气，是自2007年2月1日降雪天气之后6年来的首场降雪。降雨雪、强寒潮霜冻天气过程中，最大降温出现在永仁县外普拉，日最高气温下降12.0℃，最大降水出现在元谋县凉山乡，过程降水量39.6毫米。降雪天气从12月15日16时开始，主要出现在15日夜间，10县（市）观测场均观测到降雪，最大积雪深度为大姚，积雪深度7厘米。16日下午，受高空强劲西北气流控制，迅速由雨雪天气转为多云天气，16日夜间大部天空放晴，受冷空气南下及强辐射降温共同影响，出现严重低温霜冻灾害。高空冷平流持续和晴空强净辐射天气形势维持并加剧，17日夜间低温霜冻天气更加严重。低温重霜冻天气致境内136个测站16日夜间最低气温（平均）降至－3.6℃，17日夜间最低气温（平均）－3.9℃，部分高海拔地区观测到最低气温－10℃或者更低。农作物和部分大牲畜均遭受到不同程度低温冻害，特别是种植热带作物、蔬菜的元谋、双柏、禄丰、永仁等地受灾更为严重。6月9日08时至6月10日08时，出现最强降水天气过程，普降暴雨局部大暴雨。136个测站降雨情况，10毫米以下8站，10~25毫米16站，25~50毫米56站，50~100毫米51站，100毫米以上5站，最大降雨牟定新桥167.5毫米。受偏南气流及高空弱波动影响，6月下旬末期至7月中旬前期，维持少雨寡照天气。表现最为突出的是7月上旬，平均日照时数只有20小时，与上年同期相比偏少25小时，比历年同期偏少20小时，只比历史上有资料以来的1998、1997、1995年同期偏多，比其他年份同期均为偏少。冰雹灾害天气频繁出现，特别是8月份冰雹频发。大风天气突出，进入3月以来各县（市）风速普遍偏大，大风天气突出。3月27日下午曾有楚雄、牟定、双柏等县（市）瞬时最大风力达8~9级。9月2日下午17:30分，元谋县

2013年楚雄州10县（市）全年降雨量

单位：毫米

	楚雄市	双柏县	牟定县	南华县	姚安县	大姚县	永仁县	元谋县	武定县	禄丰县	全州平均
2013年平均气温	663	630	624	625	697	731	732	582	743	699	673
与上年比	65	－152	－84	4	49	64	172	128	－12	7	24
与历年比	－228	－331	－259	－218	－84	－89	－152	－76	－224	－238	－190

2013年楚雄州10县（市）全年平均气温

单位:℃

	楚雄市	双柏县	牟定县	南华县	姚安县	大姚县	永仁县	元谋县	武定县	禄丰县	全州平均
2013年平均气温	17.0	16.0	16.4	15.8	16.1	16.3	18.0	21.9	15.8	17.4	17.1
与上年比	－0.3	－0.2	－0.5	0.1	－0.4	－0.7	－0.8	－1.0	－0.2	0.3	－0.4
与历年比	0.6	0.8	0.2	1.0	0.6	0.5	0.6	0.5	0.6	1.2	0.7

2013年楚雄州10县（市）全年日照时数

单位：小时

	楚雄市	双柏县	牟定县	南华县	姚安县	大姚县	永仁县	元谋县	武定县	禄丰县	全州平均
2013年平均气温	2327	2081	2474	2611	2286	2366	2633	2614	2264	2299	2395
与上年比	－249	－189	57	－200	－270	－412	－92	－108	－64	－3	－153
与历年比	295	－209	245	209	－1	－61	72	52	77	129	81

元马镇一老年男性在树下避雨，被雷击身亡。

【气候对农作物生长的影响】 2013年，楚雄州遭遇5年持续少雨干旱，再现冬、春严重干旱。干旱气候对夏粮作物影响的严重程度是近5年来最为严重的一年。干旱造成小麦、油菜和蚕豆等作物大幅减产，局部地区绝收。秋粮生长发育期间，雨水相对调匀，气温、降水总量和光照条件基本能满足秋粮作物生长发育需求，特别是水稻、玉米、大豆几个关键生育期光照充足、降水分布均匀、气温偏高，光、温、水配置好，秋粮收晒期连阴雨天气影响甚微，产量和质量均创下近5年以来最好水平。年末重霜冻天气对中低海拔区域冬早蔬菜、热区水果造成较重影响。综合评价2012/2013年主要粮食作物生长季农业气候属中等偏上气候年景。

【气象科研】 2013年，楚雄州气象局多举措加强科研项目管理，取得成效。安排专项科研资金支持列项科研项目，加强过程管理，保障研究质量，定期听取进展汇报。用制度管理项目，出台《楚雄州气象局科研项目管理办法》，采用合同管理科研项目，在合同中规定每个阶段应完成的任务，以及最终完成的成果。印发《楚雄州气象局科学技术研究奖励办法（试行）》，对科研项目申报列项、评奖、论文发表均制订奖励措施。楚雄州气象局承担的科技项目“气象监测、预警信息系统”获州人民政府颁发的科技进步三等奖。

【人工影响天气】 2013年，楚雄州气象局抓住抗旱关键时期，16个作业日开展抗旱增雨作业，投入作业火箭车10辆，固定点15个，开展作业86点次，作业影响区内增雨明显，有效缓解了旱情。出现29个冰雹日，63个防雹作业日次，从6月15日开展防雹工作到10月17日撤除所有防雹点，历时123天，投入人工防雹指挥和作业人员423人、作业车辆20余辆，上阵防雹作业点86个，及时有效开展人工防雹作业512点（次），52万亩烤烟受到冰雹灾害的只有4300亩，受灾率0.82%，防区外烤烟受灾8.85万亩，受灾率10%。开展人工影响天气基础设施改造，完成州级指挥中心指挥系统软件系统使用本地化和10个县（市）气象局3D系统本地化。

【气象行政执法和行政审批】 2013年，楚雄州气象系统发出行政许可或行政审批告知书223份，办理行政许可518件，立案查处违反气象法律法规违法行为14件，结案8件。查处探测环境保护案2件，促进禄丰、南华大监站选址、搬迁工作。气象部门进入当地政府规划委员会和投资项目并联审批单位之一，进驻地方政务服务中心开展气象行政审批工作。8月，“新建、改建、扩建建设工程避免危害气象探测环境审批”事项纳入州人民政府投资项目并联审批事项之一。经发改委列项批复的建设项目，都从项目可研阶段征求气象主管部门意见，扭转气象主管部门对投资项目审核把关只能在开工许可阶段进行以及气象探测环境保护监管的被动局面，实现投资项目行政审批关口前移。办理州发改委转办投资项目并联审批气象行政许可40件，地面气象探测环境、雷达站、人工增雨防雹作业点依法受到保护。州气象行政执法支队对在建的姚安县梅家山风电场、永仁维的光伏电站等新能源项目开展气象行政执法，督促项目业主及时办理气象行政许可。签订雷击风险评估协议66份，为53个建设项目开展雷电灾害风险评估工作。房地产、风电场、光伏电站等行业及炸药库、加油站等易燃易爆场所雷击风险评估取得突破。

［谢希萍］

水文水资源勘测研究

【水情报汛】 2013年，楚雄州水情基本正常，来水量总体偏少。水情呈现旱涝交替、旱涝并发、大部分地区旱情严重、局部山洪突出的总体格局。旱情仍然持续，面对严峻旱情，云南省水文水资源局楚雄分局密切监视汛情旱情，加强分析会商，做好信息报送和发布，发布《抗旱简报》5期。入汛后，采用《水情简报》和《水情快报》以及通过网络等媒介发布实时水雨情、墒情等监测信息，遇特殊水雨情直接采用短信方式向州、县水利主管部门及10县（市）行政首长发送实时信息。向国家防总，省、州防办收、发水情报文6000余条，30分钟内送达国家防总的报汛时效合格率99%以上，向地方各级政府防汛部门提供旱情简报5期、水情快报77期、水情简报6期，编发各类旱情、水雨情分析材料10份。完成中小河流水文监测系统105个遥测雨量站建设，所辖9个国家基本水文站、157个雨量站实现水情自动测报。完成《2014年楚雄州水情趋势预测预报》和《楚雄州2013年度水资源公报》编制。完成新建105个遥测雨量站点建设验收。完成18个水文站109个雨量站水文资料整编复审验收工作。完成楚雄州25件水库资料整编验收。

【水质监测】 2013年，楚雄水质监测分中心水质常态监测站网覆盖全州主要江河、省界水体、重点水功能区、重要城市集中供水水源地以及州（市）界河，水资源质量状况监测站18个断面，分别位于重要河流金沙江、龙川江、蜻蛉河等10条河流上，包括河流类水资源质量监测断面6个、6座大中型水库（毛板桥、九龙甸、西静河、青山嘴、尹家嘴、大海波）、1个省界水体监测站、3个重要水功能区、2个州（市）界河站，加上10个入河排污口，分中心常态监测28个水质断面紧紧围绕落实最严格水资源管理制度，以确立水资源管理“三条红线”为目标，为水功能区达标管理、集中式供水水源地保护、入河排污口监督管理提供准确可靠的监测数据。从严核定水域纳污容量，严格控制入河湖排污总量，确定水功能区主要污染物的现状入河量，建立水功能区水质达标评价体系，完善监测预警监督管理制度。年内，分中心对楚雄市污水处理厂、花果箐等10个排污口（县级以上城镇生活入河排污口、大型企业入河排污口等）排放污水分别于3、4月进行两次监测，完成15项参数、两批共600余个数据的排污口监测、入河量计算及评价成果。完成楚雄州水资源公报水质部分、水质年报基础数据上报；每月定期发布《楚雄州重要城镇供水水源地水质月报》、《长江流域省界水体水资源质量监测报告》、《西静河旱情水质信息表》、《西静河水库、江边渡口地表水资源质量状况月报》、《九龙甸、西静河水库国家重要水源地水质监测评价结果汇总表》、《州（市）界河流水资源质量监测成果表》、《九龙甸水库水生生物监测简报》及《楚雄州主要江河水库水资源质量监测简报》，双月加发《楚雄州主要江河水库水质通报》上报省水质监测中心和州水务局。

【水土保持监测】 2013年，云南省水文水资源局楚雄分局完成双柏县麻栗树小流域坡耕地水土流失综合治理试点工程水土保持监测第3次、第4次入户及社会经济调查工作，并对小流域坡改梯后的监测数据进行采集、整编，为该工程实施后的生态效益、社会效益、经济效益的评价取得了相应的对比监测资料。完成8个县、1个市水保办监测站9个监测点及5个水文控制站水保监测点内业资料整理、整编，完成各监测站点监测分析报告及水利部水保中心监测数据上报系统数据库编制及上报；完成水利部水保中心组织的二期水保监测点运行检查。5～11月，不定期开展9个县级水保监测站点及5个水文控制站水保监测点水保监测数据采集及运行维护，每月及时整理出各项水保监测数据，按时向各县（市）水保办及珠江水利委员会珠江流域水土保持监测中心站、长江水利委员会长江流域水土保持监测中心站报送监测点月度水土保持监测数据及成果。5月，现场指导云南电网公司楚雄供电局牟定飒马场风电场110千伏送出线路工程水土保持措施整改，为业主想办法、出主意，督促措施整改工程按质、按时、按量完成，确保水土流失治理。开展110千伏田心变电站送变电工程首次水土保持监测数据摸底调查，为做好该项目的水土流失监测打下基础。

【水资源状况】 2013年，楚雄州平均降水量772.2毫米，折合水量219.69亿立方米。比上年偏少11.8%，比常年偏少13.6%，为枯水年份。地表水资源量30.34亿立方米，地下水资源量6.86亿立方米，扣除地表水与地下水重复计算量后水资源总量30.34亿立方米，比上年偏多1.3%，比常年偏少52.0%。蓄水工程年末蓄水量7.10亿立方米，比上年增蓄16.5%。供、用水总量15.88亿立方米，其中河道外供用水7.94亿立方米；河道内供用水5.90亿立方米。河道外供水中，地表水源供水量占95.8%，地下水源供水量占1.3%，其他供水量占2.9%。河道外用水中，农业用水（含林、牧、渔业用水）占80.6%，工业用水占7.2%，城镇居民及公共用水占12.2%。主要江河水质状况按《地表水环境质量标准》（GB3838—2002）采用单项水质（粪大肠菌群未参评）参数进行评价。金沙江水系，综合评价河道425.9千米，Ⅱ～Ⅲ类河道占评价河道的85.04%，Ⅳ类河道占评价河道的11.93%，劣Ⅴ类河道占评价河道的3.03%，主要污染物为氨氮、总磷、5日生化需氧量、高锰酸盐指数等。西南诸河，综合评价河道225.4千米，Ⅱ类河道占评价河85.05%，Ⅴ类、劣Ⅴ类河道占评价河道14.95%，主要污染物为氨氮、铅、镉、汞等。

［李　蔚］

（责任编辑：周能汉）

社会科学

社会科学综述

【社科组织概况】 2013年，楚雄州建立健全县（市）社科联组织，实现县级社科联组织全覆盖。县（市）社科联通过社科课题研究、理论研讨、学术交流和社科知识普及进基层、进农村、进企业等活动，打开社科工作新局面。3月29日，楚雄州社会科学界联合会第五届委员会第二次全委（扩大）会议召开。州社科联党组书记、主席作《高举旗帜服务大局　开创楚雄州哲学社会科学新局面》的工作报告，增补晏自军为州社科联五届委员会常委。

【南华县五街彝族文化个案研究】 2013年，楚雄州社科联组织开展“南华县五街彝族文化个案研究”工作，课题研究内容涉及南华县五街镇经济、文化、宗教、民俗、民居等方面，研究成果最终编辑成《传承与嬗替——南华县五街彝族文化个案研究》出版。

【楚雄州县域经济跨越发展及规划研究】 2013年，楚雄州社科联与州发改委联合，聘请州委政策研究室、州人民政府研究室等部门研究人员，开展楚雄州县域经济跨越发展及规划研究。课题研究结合全州10县（市）县域经济跨越发展及规划编制工作，从楚雄州县域经济发展现状，县域经济产业发展差异性、梯度性，县域经济发展中新型工业化、信息化、城镇化、农业现代化发展趋势等问题深入研究，探讨楚雄州县域经济发展战略要素和发展方向，为州委、州人民政府制定县域经济发展措施提供理论支撑和政策支持。

【楚雄州县（市）社科联2013年课题精选研究】 2013年，楚雄州社科联努力推动县（市）社科联研究能力提高，为地方党委、政府科学决策提供参谋服务，在推动楚雄州科学发展、和谐发展、跨越发展中充分发挥咨政作用，指导县（市）社科联开展社科研究工作。“楚雄州县（市）社科联2013年课题精选研究”列入研究课题18个。10月，“楚雄州县（市）社科联2013年课题精选研究”结题，成果报送省社科联参加云南省第七届社科学术年会。

【编纂出版《2014楚雄州经济社会发展蓝皮书》】 2013年，楚雄州社科联围绕全州经济社会发展大局，选择11个涉及本地区经济社会发展重点问题、重大瓶颈、重大举措的课题进行研究，为经济社会发展提供对策建议。课题研究成果汇集为11万字的《2014楚雄州经济社会发展蓝皮书》，由云南人民出版社2014年2月出版发行。

【楚雄州第八届社科优秀成果评奖活动】 2013年，楚雄州按照创社科品牌、出社科精品目标要求，开展楚雄州第八届社会科学优秀成果评奖活动。收到申报参评成果165项，经评委会评审，评出33项优秀成果，其中，论文荣誉奖1项，著作奖5项（一等奖1项、二等奖1项、三等奖3项），论文奖28项（一等奖3项、二等奖5项、三等奖20项），评审结果呈报州委宣传部审批并在《楚雄日报》公示。

【云南省社会科学普及基地申报】 2013年9月，楚雄州南华县五街文博园成功申报为云南省社会科学普及基地。至年末，全州共有省级科普示范基地4个，成为全省社科普及示范基地最多的州（市）。

【社科期刊编印】 2013年，楚雄州社科期刊编印坚持正确导向、体现服务宗旨，围绕工作中心，服务工作大局，提高办刊水平、确保刊物质量、紧密贴近读者。《楚雄社科论坛》月刊开设栏目10个，刊用稿件734篇；编印《社科理论视点》12期，刊文稿108篇约9万字。指导南华、元谋等县办好社科理论刊物，充分发挥社科期刊在理论研究、理论宣传、理论学习、社科知识普及方面的阵地作用。

【“楚雄精神”表述语征集评选活动】 2013年4月9日至7月1日，楚雄州社科联共向州内外征集到“楚雄精神”表述语805条。根据《“楚雄精神”表述语征稿启事》、《“楚雄精神”表述语评选标准》和《“楚雄精神”表述语评选办法》的规定，在“楚雄精神”专家评审组和课题组认真阅评、推荐、评选、研究基础上，于9月5日至10月25日，各县（市），州属各单位，大中专院校，驻楚中央、省属单位组织干部群众对“楚雄精神”研究工作领导小组推荐的10条“楚雄精神”候选表述语进行公众投票，在公众投票的基础上，经州委宣传部部务会研究，推荐出3条，分别征求州级领导、县委书记、县（市）长，部分州级老领导的意见建议。

【楚雄州第二届社科学术年会暨2013年社科学术月活动】 2013年11月，楚雄州社科联举办楚雄州第二届社科学术年会暨2013年社科学术月活动。部分专家学者在不同的活动中作交流发言。活动以“筑梦·建设美丽新楚雄”为主题，全面学习贯彻落实党的十八大、十八届三中全会精神，进一步推动楚雄州哲学社会科学繁荣发展，活跃学术氛围，推出全州优秀学术成果，促进社科学术交流，在建设民族文化强州进程中更好地发挥社科理论界思想库、智囊团作用。

［艾　梅］

社科社团工作

【社科社团建设】　2013年，楚雄州社科联指导协调各学会、协会、研究会开展组织建设、思想建设和业务建设，新成立楚雄州傈僳学会。年末，州社科联管理指导社科类社团51个。各社科社团自觉遵守章程，积极开展学术研究，承担凝聚社科人才、协调学术资源、服务政府决策、传承历史文化、促进社会发展的主要职责，在围绕中心，服务大局，参与决策咨询和论证方面，发挥思想库和智囊团优势，起到经济社会发展助推器作用；在回答干部群众关心的热点、难点问题，缓解社会矛盾，确保社会持续健康发展方面，起到社会稳定器和减压阀作用；在培养理论人才、建设理论阵地、组织协调和引导广大会员繁荣发展哲学社会科学事业方面，发挥重要引领作用；在推介学术成果和组织评奖评优等方面表现出较强生机和活力，为繁荣发展楚雄州哲学社会科学事业做出了积极贡献。

【楚雄州延安精神研究会】　2013年，楚雄州延安精神研究会在10县（市）成立研究会，州延安精神研究会内设办公室、组织组、宣传组。州属分会19个，会员学习小组35个，会员3136人。全州有分会263个，其中，乡（镇）分会76个，占全州103个乡（镇）的74%，楚雄、双柏、牟定、南华、永仁、元谋、禄丰7县（市）的全部乡（镇）均已建立分会，会员人数3万余人。

【楚雄州保险行业协会】　2013年，楚雄州保险行业协会有会员单位19家，有个人会员123人，理事60人。协会内设秘书处，产险、寿险、中介3个协调委员会。协会内设秘书处为协会日常办事机构。秘书处内设综合管理部和产寿险中介部两个部室，有专职工作人员5人。5月，召开第三届会员代表大会，选举产生新一届州保险行业协会会长、副会长、秘书长。

【楚雄州内部审计协会】　2013年末，楚雄州10县（市）均已成立内部审计协会，在全省、全国属先例。全州有内部审计协会11个，有团体会员527个，其中，州级团体会员114个，各县（市）团体会员413个。州审计协会指导帮助10县（市）成立内部审计协会，完成审计署、省审计厅五年审计工作发展规划和省审计学会、省内部审计协会下发的相关课题任务，组织各会员单位内审人员参加国际注册内部审计师资格考试、业务培训、审计理论研讨，组织会员撰写审计理论文章参加各类审计理论研讨活动并多次获奖。

【楚雄州警察协会】　2013年，楚雄州10县（市）均成立警察协会，全体成为州警察协会单位会员，有会员小组207个，发展会员2433名。州警察协会被批准加入省警察协会，全州警察协会有专职秘书长6名，兼职秘书长8名，从事警协工作专职人员19名。州警察协会下设警察培训学校、交警支队和州森林公安局3个分会，在州公安局机关（含离退休干部）设立16个会员小组，发展会员437名。全州警察协会有办公场所，配置基本办公设备，州警察协会办事机构作为公安机关工作部门，围绕中心，服务大局，履行职能，经常开展警学理论研讨活动，组织报送的论文分别获中国警察协会“警学论坛”优秀奖、中国人民公安大学“和谐社会与公安执法创新”学术研讨征文奖、省警察协会特别奖等奖项，协会将获奖论文辑录成《获奖论文选编》；完成“楚雄州社会治安状况及执法理念创新分析与研究”等课题调研；开展警营文化建设，建立困难民警救助工作，试验创办经济实体，拓展对外交流学习，在促进公安队伍建设工作中充分发挥出警察学会的职能作用。10月23日，经省警察协会组织交叉评选和复核，进入全省先进行列，被省警察协会评为2013年度全省先进警察协会。

【楚雄州家庭教育研究会】　2013年，楚雄州家庭教育研究会下设家教研究机构10个（研究会1个，家教指导中心9个），其中州家庭教育研究会等6个家庭教育指导中心（家庭教育研究会）被命名为省级示范家庭教育指导中心（家庭教育研究会）。家教讲师团成员597人，家长学校1134所，其中示范家长学校186所；全国家教工作示范社区（村）1个，全国流动人口子女、留守儿童示范家长学校3个，省级家庭教育工作示范县1个，中国家庭教育学会实验研究基地1个，全国示范家长学校1个，全国留守（流动）儿童示范家长学校1个。完成“十五”规划终期评估，实施“十一五”规划，完成家教“十一五”规划终期评估；编印家庭教育学习教材，申报云南省家庭教育“十一五”立项研究课题并立项10个，其中获奖4个。向10县（市）征集优秀家庭教育和留守儿童创新工作案例17篇；征集“中华民族传统文化与家庭教育”论文25篇，申报“中国家庭教育学会家庭教育研究课题（2011～2015年）”2个，开展家庭教育知识竞赛和网上答题活动2次，有4万余名家长参与；组织3批48名家教骨干参加省家教研究会骨干培训班，培训家长9600期164万人次。举办家教知识讲座720场次，有13.6万人次参加；表彰优秀家长1328名，优秀家教工作者160名，通过家教研究会，全州儿童家长家庭教育知识知晓率96.5%，城市儿童家长家庭教育知识知晓率98.6%，农村儿童家长家庭教育知识知晓率94.1%。

【楚雄州计划生育协会】　2013年，楚雄州有计生协会组织1263个，其中，州、县、乡村级协会组织1208个，企业事业单位协会组织10个，流动人口协会组织45个；有会员37.3万人，宣传服务阵地 1234 个，会员之家 1234 个，会员联系户 16.3 万户。

【楚雄州税务学会】 2013 年，楚雄州地税学会创立调研课题统一布置、理论研讨统一交流、论文申报统一评审、研究成果统一编审的“四统一”模式，学会行政能力建设方式途径探索有了新方向。在“四统一模式”工作体系下，学会构建课题研讨平台，定期开展课题研究，组织论文作者进行学术交流和研讨，评选优秀论文，编辑出版 2011 年、2012 年、2013 年税收理论研讨文集，集中反映税务学会调研活动成果，实现调研成果为税收中心工作服务，为领导决策服务。

【楚雄州党史党建学会等 4 个社团学术活动】 2013 年，挂靠在中共楚雄州委党校的楚雄州党史党建学会、州科学社会主义学会、州哲学学会、州市场经济学会等 4 个社团将学术研究、科学普及、决策咨询、成果评价、人才培养等工作作为社团主要工作任务，大力推动马克思主义理论研究成果进教材、进课堂、进头脑，将课堂延伸到机关、厂矿、学校、农村和社会各界，突出科研为推进理论创新服务、为提高党校的教学质量服务、为党委和政府决策服务、为社会主义精神文明服务。4 个学会先后开展学会换届选举，联合与楚雄师范学院、州属企业开展专题研讨，开展校内各学会会员优秀科研成果评奖及表彰活动。通过搭建理论研讨、学术交流、课题研究、咨询服务、成果评奖、人才评价、阵地建设等平台，鼓励学术争鸣和理论创新，科研取得较好成绩，学会凝聚力、自身建设能力得到加强。

［艾　梅］

【楚雄州中共党史学会】 2013 年 12 月，楚雄州中共党史学会召开 2013 年理事会，在楚雄城区的常务理事及州委党史研究室全体人员参加会议。州委党史研究室主任侯志荣代表学会作年度工作报告，学习十八届三中全会精神以及习近平对党史工作的重要论述，评选表彰楚雄州红色散文。补选中共楚雄州委党史研究室副主任何志猛为副会长。

［何瑞生］

彝族文化研究

【彝族文化研究概况】 2013 年，楚雄彝族文化研究院坚持以邓小平理论和“三个代表”重要思想为指导，全面贯彻落实科学发展观，深化内部管理，求真务实，开拓创新，科研工作不断取得新的成绩。完成与大理州巍山彝族回族自治县合作课题“巍山南诏国历史文化旅游区文化规划”；完成 106 卷《彝族毕摩经典译注》中 40 卷口碑文献加注彝文编译的 2 卷；研究人员发表论文 40 余篇，60 余万字；完成《六祖分支》和《姚安县前场镇新民村委会大黑么村“送土皇”习俗纪实》、《武定县猫街镇罗婺传统文化生态保护区》、《彝文古籍收藏与研究》、《彝族毕摩文化》影视人类学专题片拍摄任务；完成《中国彝族》（简读本）书稿撰写任务；编辑印发《彝族文化》4 期 60 余万字；编辑印发《彝族历史文献译丛》1 期 25 万字。

【彝文古籍申报国家珍贵古籍名录】 2013 年，楚雄彝族文化研究院向国家古籍保护中心申报彝文古籍名录，有《北方尼谱史》、《查姆》等 7 部彝文古籍入选第四批国家珍贵古籍名录。年末，楚雄彝族文化研究院有 15 部彝文古籍入选国家珍贵古籍名录。

【非物质文化遗产保护申报】 2013 年，楚雄彝族文化研究院申报的“开奔勒笃”（六祖分支），“彝族毕摩文化”，“彝文古籍收藏与研究”、“武定县猫街镇罗婺彝族传统文化生态保护区”等 4 个项目通过专家委员会评审、论证，经公示和复审，于 6 月由州人民政府发文公布为州级第三批非物质文化遗产保护名录。

【中国彝族十月太阳历专题讲座】 2013 年 12 月 9 日，由中共楚雄州委宣传部主办，楚雄彝族文化研究院协办的中国彝族十月太阳历专题讲座在楚雄州宾馆举行。讲座邀请著名学者刘明武先生主讲，刘明武先生以其深厚的国学基础和独特视角，通过考证和对比研究，提出阴阳五行学说源于天文，奠定于历法，首先是由十月太阳历奠定的，十月历是当代重大难题解决的钥匙，是中华文明的活水之源。

【贵州省彝学学会到楚雄考察彝族文化研究工作】 2013 年 10 月 17 日，贵州省人大常委会原副主任、贵州省彝学学会会长禄文斌率考察团到楚雄彝族文化研究院考察彝族文化研究工作。楚雄州人大常委会、州民委、楚雄师范学院地方民族文化研究所、州彝学学会、楚雄市毕摩协会的相关领导和专家、学者参加考察交流活动。考察团对楚雄州悠久的彝族文化、丰富的彝族文化资源、浓郁的民族风情给予高度评价，并就进一步做好彝族文化传承与保护提出了意见和建议。

［普澄宇］

党史研究

【州委常委会研究讨论全州党史工作】 2013 年 8 月，中共楚雄州委党史研究室提交审定“《中国共产党楚雄地方史》（第二卷）编撰提纲及编委会组成人员名单”、“楚雄州贯彻落实中发〔2010〕10 号文件精神情况的报告”两个议题；提请解决“建议将党史遗址遗迹保护专项资金纳入州财政年度预算”、“将党史工作纳入年度综合绩效考核范围”等两个问题，州委常委会原则同意。会议研究决定，全州党史遗址遗迹保护工作由州委党史研究室提出 5 年工作规划，所需专项资金按照分级负责原则由州、县分别予以安排，州级从 2014 年起列入预算；同意将党史工作纳入年度综合绩效考核，由州绩效考核办负责落实。

【编撰出版《中共楚雄州委年鉴》（2013）】 2013 年 9 月，《中共楚雄州委年鉴》（2013）由德宏民族出版社出版发行。中共楚雄州委党史研究室编纂的《中共楚雄州委年鉴》（2013）有100万字，突出记述上级领导视察、州委重要会议、重要决策、重点工作和重大举措。设概况、特载、大事记、领导视察、常委会议、重要决策、重要会议、重要活动、调查研究、重要工作事项、组织机构及领导人名录、州委部门工作、纪检监察工作、州级党组工作、政府部门党组织工作、武装工作、民主党派工作、群团工作、教科文卫系统党组织工作、企业党组织工作、金融部门党组织工作、县（市）工作、先进人物、光荣榜24个栏目。其中改变以前县（市）组稿方式，“县（市）工作”栏目改用专文综述，突出县（市）委的执政工作。至2013年，《中共楚雄州委年鉴》已连续出版20部；全州10县（市）有9个县（市）编印《党委年鉴》或《党委执政纪要》。

【编印《楚雄党史党建》】 2013年，中共楚雄州委党史研究室编印《楚雄党史党建》6期，刊用文稿218篇，其中有党史方面文章59篇。期刊围绕宣传州委中心工作为重点，贴近读者，服务现实，适时开设“特载”、“学习贯彻十八届三中全会精神”、“党的群众路线教育实践活动”、“纪念赵祚传、张经辰诞辰110周年”、“庆祝《楚雄党史党建》、《中共楚雄州委年鉴》创刊20周年”等栏目，精心组稿，及时反映楚雄州学习贯彻情况、重要活动以及各项工作所取得的成效。充分发挥《楚雄党史党建》宣传党史、资政育人作用，机动灵活地开辟“红色散文”或“红色故事”栏目，刊登党史干部和其他作者撰写的稿件，增强可读性，增加“党史园地”栏目的党史研究资料文稿，扩大楚雄地方党史宣传。及时主动与州委领导和县（市）领导联系约稿，做好通联和组稿工作。把好政治关、史实关，尽量做到不出重大原则错误，按时印刷赠发。

【编印《楚雄彝族自治州党的民族工作研究》】 2013年，中共楚雄州委党史研究室通过征集稿件，编印《楚雄彝族自治州党的民族工作研究》，作为纪念楚雄彝族自治州建州55周年献礼。《楚雄彝族自治州党的民族工作研究》共40万字，记录新中国成立至2010年楚雄州党的民族工作，客观再现楚雄州党的民族工作发展轨迹，提出新时期楚雄州做好党的民族工作对策建议。州委书记张太原，州委副书记、州长李红民分别为该书作序。

【编印《楚雄彝族自治州革命老区建设发展促进研究》】 2013年，中共楚雄州委党史研究室与楚雄州革命老区促进会、楚雄州扶贫办联合编撰《楚雄彝族自治州革命老区建设发展促进研究》，全书85万字，重点记录楚雄州革命老区各级党组织领导彝州各族人民在革命和建设发展中的重要历史事件，记述革命老区发展变化。

【党史专题资料编写】 2013年，中共楚雄州委党史研究室安排研究人员撰写《云南大百科全书》（政治卷）楚雄州部分文稿，征集编写《云南大百科全书》（人物卷）中党和国家领导人到楚雄州视察工作的图片及文稿。终校《全国革命遗址纵览》楚雄州稿件，完成大姚、元谋等县部分资料图片补齐。征编上报《楚雄州联产承包责任制》综合专题文稿。补充上报《全国重点红色景区》楚雄州稿件。

【党史宣传教育】 2013年7月1日，中共楚雄州委党史研究室认真安排第三个“党史学习宣传日”活动，发文通知，要求全州党员干部参观党史革命史遗址遗迹、收看大型党史题材片《苦难辉煌》，并在《楚雄党史党建》杂志开设专栏，摘登观看体会文章。8月和10月，中共楚雄州委党史研究室分别同大姚、禄丰两县县委、县人民政府策划了原中共云南省特委、临委领导赵祚传、张经辰两位烈士诞辰110周年纪念活动。与州委宣传部、楚雄日报社联合组织开展“纪念毛泽东同志诞辰120周年有奖征文”活动，收到征文100余篇，刊发28篇。

［何瑞生］

地方志编纂

【地方志工作概况】 2013年，楚雄州地方志工作全面总结弘扬30年地方志工作经验，结合经济社会发展实际，坚持巩固提升与创新突破相结合，开展续志编鉴等项业务。年内，评选产生2012年度先进科室、党小组各1个，优秀公务员3名（记三等功1名）、优秀共产党员4名。被州人民政府表彰为楚雄州地方志工作先进工作者3名，分别被省志办表彰为2010～2011年度、2012～2013年度全省志办系统先进工作者5名，被省志办表彰为云南省第二届地方志“十佳个人”1名；《大美彝州——楚雄州情读本》被表彰为云南省第二届地方志“十佳成果”；州志办被表彰为云南省地方志系统2010～2011年度先进集体、2012～2013年度先进集体、云南省第二届地方志“十佳集体”，被州人民政府表彰为楚雄州地方志工作先进集体。

【地方志书续修】 2013年，楚雄州地方志办公室采取“见缝插针”和集中编纂相结合的方法推进续修《楚雄彝族自治州志》（1988～2008）工作。1～9月，充分利用编写《大美彝州——楚雄州情知识读本》的间隙时间，抓紧收集和撰写续志稿件，完成“文化卷”文化、卫生、体育、科学概述和“人文卷”人物传记、人物简介、名人轶事约4万余字的稿件撰写任务。新搜集楚雄州志备用照片200余幅。从10月开始，集中精力按分工任务抓紧编纂续志全书稿件，完成志书分纂约300余万字。至年末，有6个县完成第二轮志书出版。

【地方志编修指导】 2013年，楚雄州地方志办公室依据《条例》、《规定》加强对地方志的宏观管理和对乡（镇）志、部门（专业）志编修工作的帮助指导、审查验收，诚心竭力为进行志书编纂的部门（单位）出主意、想办法，帮助解决编史修志过程中遇到的困难和问题。年内分别组织业务骨干赴双柏县和禄丰县讲授地方志编纂理论，指导续修地方志工作；对部门报来的送审志稿认真审核，并以高度负责的态度提出修改意见、审查验收意见，帮助州中医院等单位修订完善志书编纂篇目，按照规范和要求完成《楚雄州妇幼保健院志》审稿、《楚雄州科学技术协会志》（续修）审稿验收工作。

【年鉴编纂出版】 2013年，楚雄州年鉴编纂工作在继续保持稳定的基础上适度创新。《楚雄州年鉴》（2013）设28个类目，下设分目219个，约有条目1450个，为大16开精装本，有26.5个印张，90万字，插页54页，印数1500册，由云南科技出版社出版，纸质年鉴和电子光盘同期出版发行。框架在上年基础上作大调整，撤销“年鉴论坛”，其专题性文章不再收录；撤销“烟草业”、“医药业”2个部类，其内容并入“农业”、“工业”、“商贸”部类；将原“商贸业”、“交通运输业”、“旅游业”、“信息产业”等部类分别更名为“商贸”、“交通运输”、“旅游”、“信息业”。开设“富民强州·美丽楚雄”主题宣传专版，收录部门（单位）资料18家，以图文并茂的形式重点展示楚雄州“十二五”时期国民经济和社会发展的新面貌、新成就，用图片真实记录楚雄州科学发展和谐发展跨越发展的历史进程。加强对县（市）年鉴编纂工作的业务指导，积极推介楚雄州年鉴工作的成功经验，对《楚雄市年鉴》（2013）等所涉及的相关问题、原则和方法，及时交换意见，帮助把好政治关、质量关。年内，除姚安县外，其余9县（市）均坚持赓续出版县（市）综合年鉴。

【《楚州今古》编印】 2013年，楚雄州地方志办公室坚持长短结合、刊网并举，紧紧围绕《楚州今古》办刊宗旨，编印《楚州今古》4期，着力培养和拓展《楚州今古》作者群、读者群，增强纪实性、史料性、学术性、知识性，继续在繁荣地方文化、历史文化、民族文化上加大工作创新。为提高刊物质量，加强图片征集工作，结合部分文章的主题内涵，适时插入相关图片。实现办刊28年连续出刊118期，成为州地情资料和方志文化研究交流的重要阵地。

【《大美彝州——楚雄州情读本》出版发行】 2013年，楚雄州地方志办公室根据2012年编纂工作和审核会意见，再次修订篇目，撰写稿件，删繁就简，查遗补缺，完善提升。扩大摄影作品征集范围，收集、遴选和编辑配文使用图片，完成交付印刷厂文稿编排和图片设计，集中精力进行书稿校对，于2013年9月顺利完成《大美彝州——楚雄州情读本》编写出版工作任务，在思考研究州情、认识把握州情和开发地情资源产品、拓宽地方志工作领域方面迈出了重要一步，收到较好效果。

【《楚雄州地方志书目提要》印发】 2013年，楚雄州地方志办公室认真做好《楚雄州地方志书目提要》的审稿筹备工作，在楚雄州地方志办公室领导审稿的基础上，继续优化选题，补充资料，笔削文辞，统一文风。在兼顾其他工作任务的同时，精心设计图书装帧，精心修改、校对，在年内顺利完成了《楚雄州地方志书目提要》的出版发行工作。

【楚雄州地方志工作先进表彰】 2013年，楚雄州组织了全州地方志工作先进评选表彰工作。经过自下而上逐级推荐评选，州县（市）志办初审、征求州县（市）相关部门意见、地方志编纂委员会评审、《楚雄日报》公示无异议，并提请州人民政府常务会、州委常委会讨论确定后，州人民政府对25个楚雄州地方志工作先进集体、50名先进工作者进行了表彰奖励。其中表彰县级集体10个、县级工作者27名，方志机构先进集体9个、先进工作者24名，处级干部3名，充分体现了表彰的先进性、代表性和面向基层、面向修志一线等特点。

【地方志工作相关会议】 2013年，楚雄州人民政府主持召开了全州地方志工作会议、《大美彝州——楚雄州情读本》宣传发行座谈会。楚雄州地方志办公室组织召开了全州志办主任会、全州地方志工作联席会议及年鉴、读本审稿会。在全州地方志工作会议上，省志办主任李一是、州人民政府副州长邓斯云、州志办主任郭孟贤等领导分别讲话，总结回顾了近年尤其是2012年以来全州的地方志工作，安排部署下一步地方志工作任务。会上，还赠阅发行了《大美彝州——楚雄州情读本》和《楚雄州年鉴》（2013年），并对全州地方志工作先进集体和先进工作者、2013年度《楚雄州年鉴》先进组稿单位和优秀撰稿人进行了表彰奖励。

［者宗菊］

（责任编辑：周能汉）

教育

教育综述

【教育工作概况】 2013年，楚雄州教育系统坚持以科学发展观统领教育工作全局，全面贯彻党的教育方针，推进教育改革、素质教育、现代教育体系建设，提高教育质量，不断推进教育事业科学发展。年末，有全日制各类学校1270所，在校学生42.49万人，教职工2.91万人。其中幼儿园279所（比上年增加24所），1993个班，在园幼儿5.27万人；普通小学831所，其中教学点147个，在校学生18.31万人；普通中学131所，其中高完中20所，初级中学111所，在校学生14.41万人，其中初中10.13万人，高中4.28万人。特殊教育学校2所，在校学生345人。中等职业学校24所，其中，中等职业技术学校5所，成人中等专业学校（教师进修学校）9所，职业高级中学10所，在校学生1.95万人；技工学校1所，在校学生1.04万人；普通高校2所，在校学生1.47万人。学前3年儿童毛入园率69.86%，小学学龄儿童入学率99.95%，初中学龄人口入学率99.08%；高中阶段教育毛入学率75.67%。学前教育规模不断扩大，义务教育发展水平不断提升，职业教育发展加快，高中教育质量稳中有升，高等教育稳步推进，各类教育协调健康发展。

【全州教育工作会议】 2013年3月5日，全州2013年度教育工作会议在楚雄召开。副州长邓斯云出席会议并讲话。会议传达学习党的十八大，全国、全省

2013/2014学年初各级各类学校情况统计表

单位：人

学校类别	学校数（所）	教学点（个）	班数（个）	毕业生数	招生数	在校学生数			毕业学生数	教职工数		代课教师
						总计	其中			总计	其中：专任教师	
							女学生	民族生				
1. 楚雄师范学院	1			2084	2786	10098	6210	3565	2389	748	534	
2. 楚雄医药高等专科学校	1			1469	1563	4593	3560	1544	1602	251	199	
3. 中等职业教育学校	24			6524	7363	19466	10017	6080	5252	1290	929	210
普通中等专业学校	5			2688	3587	8406	5265	2831	1989	548	338	41
成人中等专业学校	9									137	109	59
职业高中	10			3836	3776	11060	4752	3249	3263	605	482	110
职高中：成人非全日制学生						1277	641	323	274			
4. 普通中学	131		2887	44791	50861	144719	74220	55247	45801	10970	9705	28
其中：初中	111		2053	33012	35524	101914	50352	40511	32817	6866	6768	
高（完）中	20		834	11779	15337	42805	23868	14736	12984	4104	2937	
5. 小学	831	147	6388	35680	26677	183091	89438	81962	35056	12719	12138	210
6. 特殊教育学校（含随班）	2		21	36	69	345	142		27	73	60	
7. 幼儿园（含学前班）	279		1993	30537	32791	52738	25373		—	2824	1701	63
8. 技工学校	1			1930	3364	10429	3240		2496	220	190	
附：1. 成人技术培训学校	751			309841						122	69	1074
2. 农民初等学校（成人小学）												
其中：扫盲班												
合计（1~8）	1270	147	11289	123051	125474	425479	212200	148398	92623	29095	25456	511

2013/2014 学年初各级各类学校办学条件基本情况统计表

学校类别	学校占地（平方米）		校舍建筑面积（平方米）		图书（册）		计算机（台）			固定资产总值（万元）
	面积	生均	合计	生均	总计	生均	总计	教学用（台）	生机比（:1）	
1. 楚雄师范学院	415454	41.14	245375	24.3	802220		3827	2427		45625.52
2. 楚雄医药高等专科学校	294103	64.03	73766	16.06	240000		597	529		
3. 中等职业教育学校	945232	48.56	209253	10.75	458134	23.54	3688	2899	6.71	24297.21
普通中等专业学校	292224	34.76	55323	6.58	245648	29.22	1474	1082	7.77	4679.70
成人中等专业学校	29368		19662		49163		478	360		1958.85
职业高中	623640	56.39	134268	12.14	163323	14.77	1736	1457	7.59	17658.66
4. 普通中学	5068828	35.03	1544363	10.67	2695918	18.63	13183	11129	24.88	149855.15
其中：初中	3103198	30.45	925655	9.08	1889045	18.54	8121	6846	14.89	83819.10
高（完）中	1965630	45.92	618708	14.45	806873	18.85	5062	4283	9.99	66036.05
5. 小学	5053594	27.6	1522850	8.32	3368186	18.4	11431	9345	19.59	136320.79
6. 特殊教育学校	17748	51.44	8281	24	10681	30.96				
7. 幼儿园（含学前班）	410638	7.79	249515	4.73	224039	4.25				
8. 技工学校					53105		1444	853		6889.22
附：成人文化技术培训学校	142810		14156							
合计（1~8）	12205597	28.69	3853403	9.06	7852283		34170	27182	15.65	362987.89

2013 年度教育工作会议和州“两会”精神，总结2012年全州教育工作，分析研究教育发展面临的新形势和新任务，部署安排 2013 年全州教育工作。会议要求，全州教育系统要以德为先，促进各类教育协调发展。每个乡（镇）至少建成1所幼儿园，每个县（市）举办（创办）不少于1所示范性幼儿园，不断扩大学前教育规模，学前3年儿童入园率提高5个百分点，达到70%以上。

【全州校安工程暨学前教育现场推进会】2013年10月31日，楚雄州人民政府召开全州校安工程暨学前教育现场推进会。副州长邓斯云出席会议并提出具体要求。会议强调，全州10县（市）人民政府和各级教育行政主管部门要抓住机遇，摸清校舍家底，加快校安工程建设项目实施进度，确保2012年校安工程项目在年底前竣工、2013 年项目在年底前开工、D级危房在年底前拆除完毕消除安全隐患。会议期间，与会人员前往南华县对幼儿园、小学、中学管理和改革各项工作进行现场观摩学习，楚雄、禄丰、大姚、姚安、南华5县（市）在会上作交流发言。

［邵永春］

【中小学校舍安全工程】 2013 年，楚雄州抓住教育部定点联系滇西边境山区扶贫契机，积极争取项目资金，着力改善学校办学条件，努力为广大师生创造良好学习和生活环境。争取到中小学校舍安全工程加固改造面积3.6万平方米，拆除重建面积9万平方米，中央和省级资金 9546 万元（中央资金 6141 万元，省级资金 3405 万元）。争取到农村义务教育薄弱学校改造校舍改建类项目建筑面积8.36万平方米，中央和省级资金1.12亿元（中央资金4207万元，省级资金6976万元）。争取到农村学前教育推进工程建设项目6个，总建筑面积6342平方米，投资809万元；争取到边远贫困地区农村学校教师周转宿舍建设项目4个，建筑面积4340平方米，投资620万元；争取到中等职业教育能力建设项目2个，建筑面积1.82万平方米，投资2000万元；争取到中西部农村初中校舍改造工程建设项目4个，建筑面积1.09万平方米，投资 2202 万元；争取到民族地区教育基础薄弱县普通高中建设项目1个，建筑面积1.50万平方米，投资1798万元。

［郭 建］

【学校安全管理】 2013 年，楚雄州完善并落实学校各项安全管理规章制度和防范措施，强化安全工作责任，定期排查安全隐患，基本实现安全教育无漏洞、安全排查无盲点、安全管理无事故、安全防范无空档的“四无”目标。切实做好重点时段、敏感节点教育系统安全稳定工作，认真开展学校及周边突出治安问题排查整治和涉校热点重点矛盾纠纷排查调处工作，为师生营造一个安全舒适教育教学和学习环境。以创建“平安校园”为载体，全面加强学校安全工作，全州“平安校园”开展面达100%，3所学校获得教育部“和谐校园先进学校”荣誉称号、21所学校获得省级“平安校园”称号，95所学校获得州级“平安校园”称号。广泛开展防震、防火、防溺水、防毒、防暴力侵害、交通安全及学生常见传染病知识等的宣传教育和应急演练工作，师生自我防范意识不断提高。扎实抓好学校食堂食品卫生及饮水卫生安全工作，确保学校无群体性食物中毒事件发生。

［崇均庭］

【校园文化活动】 2013年上半年，楚雄州教育局与州文明办、团州委、州妇联组织开展楚雄州首届“美德少年”评选表彰活动。经各县（市）、州属各学校层层选拔推荐，并经组委会评选审核、向社会公示，评选出尹李筱等楚雄州首届“美德少年”15名，王睿曦等“美德少年”提名奖15名。6月9日晚，楚雄州首届“美德少年”颁奖典礼活动在楚雄州广电中心演播大厅举行，30名美德少年从助人为乐、自强自立、诚实守信、尽责奉献、孝老爱亲等方面向全州展示当代彝州青少年良好精神风貌。6月中旬，楚雄州教育局与州文明办、州文体局，组织开展楚雄州大中专学生首届校园文化艺术节，州属7所大中专学校围绕“放飞青春梦想”主题，开展文艺展演、书画展评、演讲比赛、经典诵读、体育比赛等系列校园文化活动。6月15日，楚雄州我的中国梦“复兴中华，从我做起”主题演讲比赛决赛在教科所报告厅举行。各学校选拔和各县（市）初赛选拔出来的49名中小学生参加决赛。通过决赛，胜出的3名最优选手参加全省7月中旬的比赛，获一等奖2名、三等奖1名，楚雄市北浦中学谢璨阳被省教育厅选派到北京大学参加全国总决赛，最终获三等奖。年内，开展“我的梦·中国梦”2013年青少年书信文化活动，分层次评选推荐各县（市）各学校报送书信作品112篇，绘画作品44幅，上报省教育厅。举办楚雄州第三批优秀少儿歌曲推广演唱活动，25个参赛队评选出特等奖2名、一等奖4名、二等奖8名、三等奖11名，4个县获优秀组织奖。4～12月，楚雄州教育局组织开展违法犯罪警示教育活动，州属各中小学及中职学校组织师生到楚雄市预防青少年违法犯罪警示教育基地开展青少年法制教育，3.5万中小学生参观展览。

［李同国］

【教育督导】 2013年，楚雄州认真组织开展中小学校责任督学，实现责任督学督导制度覆盖全州中小学校（含中职学校、幼儿园）。开展学前教育、职业教育、中职中小学德育、中小学体卫艺等4项工作综合专项督导检查。接受省人民政府教育督导检查组的学前教育、职业教育、中职中小学德育、中小学体卫艺、义务教育均衡发展、语言文字等6项督导检查。

【义务教育督查】 2013年，楚雄州采取领导挂点、组建工作队、工作组做好学生劝返入学、依法入学工作，加大对学生巩固工作监督检查力度，建立州、县学校义务教育阶段在校生情况统计表制度等措施，确保中小学辍学率控制在小学1%、初中3%的警戒线内。年内，州人民政府教育督导室开展元谋、武定、双柏、南华4个县“两基”巩固提高督导，深入4个县8个乡（镇）15所中、小学（8所初中、7所小学），开展学校学生在校、教学、生活、管理等情况督查。

［普俊骞］

【教育工会工作】 2013年4月14～18日，楚雄州教育工会21名基层工会主席到省工青妇干校参加“2013年云南省教育卫生科研系统工会主席培训班”培训。各县（市）、各学校以会代训培训工会主席及干部184期（次），参训2911人（次），选送省、州、县培训32期，参训75人。州教育工会在楚雄医专、楚雄一中、楚雄民族中专和楚雄师范学院附中举行州直学校（学院）工会学习交流活动4次，围绕“转变工作作风，密切联系群众，推动工会工作新发展”、“服务教职工，凝聚正能量，共圆教育梦”、“认真开展党的群众路线教育实践活动，切实提高工会服务教职工的能力”和“学习工会十六大精神，开创工会工作新局面”作主题交流。开展“云岭职工跨越发展先锋活动”和实施“云岭职工人才工程”，促进全州教育系统广大女教职工立足岗位建功立业，提高全州女教职工职业道德素质、岗位创新能力和教学技能水平。7月，楚雄州教育局、楚雄州教育工会开展全州女教师小学语文、数学教师岗位技能大赛，通过县（市）、学校组织初赛，州级决赛，评出小学语文、数学技能大赛一等奖各3名、二等奖各4名、三等奖各5名。获全州小学语文、数学技能大赛一等奖的6名教师参加全省女职工岗位技术技能大赛总决赛获得全省技能大赛技术能手称号2名、提名奖1名、参赛奖3名。8月14～26日，州教育工会组织全州10县（市）及州直14所学校（学院）及州教育局机关一线教师、行政管理人员和工会干部160名分两期参加全省教卫科系统疗休养活动。

【学校（学院）教职工运动会】 2013年10月9～25日，楚雄州直属学校（学院）第十一届教职工运动会在楚雄开发区实验小学举行，运动会设男女篮球、60米迎面接力和双抠3个比赛项目，州直学校和州教育局机关17个代表队894名运动员、裁判员参加运动会各项比赛。楚雄高级技工学校代表队和楚雄医药高等专科学校代表队分获篮球比赛男女冠军，楚雄师范学院代表队和楚雄一中代表队获得男女篮球比赛亚军，楚雄开发区实验小学代表队、楚雄师范学院附中和楚雄高级技工学校代表队夺得60米迎面接力比赛前三名，12个代表队获优秀组织奖。

【教师节文艺晚会】 2013年9月9日，庆祝第29个教师节表彰暨文艺晚会在州广电中心举行，表彰先进集体47个、师德标兵68名、优秀教师102名、先进教育工作者76名。以“凝聚正能量，共筑教育梦”为主题，州属14所学校教职工载歌载舞、登台演出，欢庆教师节。州人民政府副州长邓斯云，州政协副主席何根源，州人民政府副秘书长李红梅出席晚会，州教育局党政工领导，州属学校书记、校（园）长、工会主席和女工主任，州教育局干部职工，全州先进集体、师德标兵、优秀教师和先进教育工作者代表、州属学校师生代表等600余人参加晚会。

【优秀工会调研报告、论文及工作创新项目评选】 2013年，楚雄州教育工会开展全州2013年优秀调研报告和工会论文评选活动，收到全州各县（市）教育、州直学校（学院）工会评选报送的优秀调研报告和论文93篇，评选出优秀调研报告和论文38篇，其中一等奖8篇、二等奖12篇、三等奖20篇，有15篇调研报告和工会论文推荐到省教卫科工会参加评选。开展工会工作创新项目评选申报活动，各县（市）、各学校申报工会理论研究、组织建设、制度建设、开展活动的创新项目39项，评选出全州工会工作创新项目6项，其中一等奖1项、二等奖2项、三等奖3项。

［朱跃民］

【教育收费管理和信访维稳】 2013年，楚雄州教育系统开展教育收费管理检查，在各级各类学校广泛开展自检自查基础上，州、县（市）教育局分别联合相关部门进行春秋季教育收费检查，重点对义务教育经费保障机制落实情况、中职学校国家助学金和免学费政策执行情况、幼儿园收费管理情况、中小学教辅资料征订和管理情况、服务性收费和代收费政策落实情况、教育收费公示情况进行专项检查，纠正违规收费项目5个，涉及资金22.40万元。州教育局纪检监察室受理群众来信来访93件（次），网络举报34件，政风行风热线（联络员）咨询投诉及金色热线投诉14件，共计141件，均按规定时限办结。

［李开兰］

【教师专业技术职务评审和教师资格认定】 2013年5月14日，楚雄州教育局召开教师专业技术职务评审中评委会议。年内，州教育局收到教师专业技术职务申报、评审材料935份，经教师中级职务评审委员会评审后认定中级职务918人。其中，晋升中专讲师2人，中学一级教师353人，小学高级教师318人。向高评委推荐晋升中专高级讲师职务3人，晋升中学高级教师职务242人。5月，按照教育部和省教育厅统一安排，组织全州教师资格认定工作，认定符合条件的教师资格人员1321人。其中，在职教师认定61人，社会人员认定23人，应届大中专毕业生认定1237人。

［赵宗丽］

基础教育

【“学前教育3年行动计划”实施】 2013年，《楚雄州学前教育3年行动计划（2011～2013年）》实施结束，成效明显。自2011年以来，按照“广覆盖，保基本”工作要求和“政府统筹、社会参与、多元发展”工作思路，通过建机制、扩资源、强队伍、重管理、勇创新、促公平等工作举措，推进彝州学前教育快速发展。3年来，获得学前教育项目资金1.5亿元，实施新建幼儿园项目21个、闲置校舍改扩建幼儿园项目95个、小学增设附属幼儿园项目311个、民办幼儿园奖补项目101个，实施城市学前教育发展项目和家庭经济困难幼儿资助项目。通过实施“学前教育3年行动计划”，2013年末，与2010年相比，新增幼儿园79所，新增在园（班）幼儿6200名，学前3年儿童毛入园（班）率提高15.77个百分点、达到69.86%，学前1年儿童入园（班）率91.89%，实现预定目标任务。

【禄丰县特殊教育学校建成招生】 2013年秋，禄丰县特殊教育学校建成，招生38人。禄丰县特殊教育学校是根据全州教育发展规划，中共禄丰县委、县人民政府于2011年决定建立的，学校规划占地10.5亩，计划投资725万元，其中中央投资645万元，建筑面积4300平方米。

【楚雄州第一届中学生篮球运动会】 2013年8月，楚雄州教育局和州文体局共同组织举办全州第一届中学生篮球运动会。10县（市）及州属中学27支代表队300余人参加比赛。经过激烈角逐，楚雄市、武定县、姚安县、大姚县、元谋县、南华县代表队依次荣获县（市）组男子篮球第一名至第六名；双柏县、姚安县、楚雄市、元谋县、南华县、大姚县代表队依次荣获县（市）组女子篮球第一名至第六名；楚雄一中、天人中学、师范学院附中代表队依次荣获州属中学组男子篮球第一名至第三名；楚雄一中、师范学院附中、天人中学代表队依次荣获州属中学组女子篮球第一名至第三名。

【县（市）青少年校外活动中心评估制度】 2013年，楚雄州根据《云南省未成年人校外活动场所评估方案》和《云南省未成年人校外活动场所评估标准》，会同州财政局建立县（市）青少年校外活动中心年度评估制度，评估结果与未成年人校外活动保障和能力提升经费补助挂钩。通过县（市）自评、州级复评、省级抽检认定，姚安县、牟定县青少年校外活动中心评定为优秀等次，南华县、大姚县、永仁县、元谋县、武定县青少年校外活动中心评定为良好等次，禄丰县、双柏县青少年校外活动中心评定为合格等次，楚雄市青少年校外活动中心评定为不合格等次。

［谢海荣］

【楚雄一中】 2013年，楚雄一中坚持走特色办学之路，以“三优加特色”（教育优质、校风优良、环境优美；体育、艺术特色）为办学目标，注重学生个体差异，为特长学生搭建成才平台。10月，学校荣获云南省首批“普通高中特色化发展实验学校”称号。全力推进课堂教学改革，开展“名师讲座”、课题研究，精心研究备考策略，优化复习方法。高考，本科上线率、总上线率创历史新高，分别达到96.4%和100%，600分以上优秀学生人数占全州的72.6%，各项办学指标均保持省内的竞争优势和州内领先优势。获得2013年度一级高（完）中教学质量综合考核省级二等奖、州级一等奖。7月29日，学校与英国爱丁堡劳莱特学校（Loretto School）建立友好姊妹学校，双方在师生交流、教师培训、科研成果交流等领域开展合作。张耀同学录取到澳门科技大学就读，李俊瑜、刘弈成、施建伦同学分别录取到美国印第安纳州普度大学（Purdue University）、法国勒芒大学（LeMans University）和英国瓦特大学（Watt University）就读。11月14日，经上级批准成立楚雄一中社会捐资助学联合会，接受社会各界对学校办学的支持。先后和云南电网公司楚雄供电局签订校企合作协议，和中国人民解放军96221部队签订军民共建单位协议。云南省青少年发展基金会——摩尔农庄公益基金、中国建设银行楚雄州分行、“楚雄一中刘文华奖学金”、爱心人士华女士、企业家周女士等单位和个人热心资助学校学子。学校坚持“内外并举、标本兼治”综治工作方针，本着“预防为主，防治结合”原则，以创建“平安校园”为载体，提高认识、强化责任、健全制度，筑牢校园安全稳定“防火墙”，打造和谐平安校园，为科学发展、和谐发展营造良好安全环境。5月，学校荣获云南省“平安校园”称号。

[金　凌]

【楚雄州民族中学】 2013年，楚雄州民族中学在高考中取得优异成绩，494名应届生参加高考，600分以上1人，一本上线77人，上线率15.6%；本科上线425人，上线率86%。何国美同学以总分608分夺得全州文科第三名、以139分夺得全州文科数学第一名；黄煜珈同学以131分夺得全州文科英语第四名；果思雨同学以129分夺得全州文科数学第五名；蓝永利同学以127分夺得全州文科语文第九名。

[刘建苹]

【楚雄师范学院附属中学】 2013年，楚雄师范学院附属中学以提升质量和改革发展为契机，全面推进素质教育，取得丰硕办学成果。学校参加“上海方略”教研培训，开展国家级课题“班主任综合素质培养与实践研究”和“新课程背景下骨干教师培训与成长的理论及实践研究”，为教师成长搭建平台，与成都七中、北京“数字景山”网络联盟合作，共享教学资源；推行“先学后教、当堂训练”高效课堂教学模式，开展集体备课和随机推门听课，提高课堂教学效益；招聘优秀大学毕业生6名；开展“学先进、提质量、促发展”主题学习实践活动，派出70余人次到省内外学习，组织200余人次参加业务培训。年内，唐斌、许琳被评为“云南省级骨干教师”，苏全被评为楚雄州中青年学术技术带头人；40余篇教育教学论文获国家、省级一、二、三等奖。结对帮扶元谋一中，在教育教学科研方面研讨帮扶，赠送元谋一中一套电子白板，两校教育教学均有明显进步。全校2个文科班、3个理科班、3个艺术班共345名应届生参加高考，上线率100%。一本超额完成23.10%，二本以上超额30.40%，三本以上超额50.30%；初三学生参加初中学业水平考试，录取该校47人，25人达到630分以上；非毕业班学业水平考试过关率明显提高；坚持艺术特色教育发展道路，多名学生考取全国艺术知名院校，在云南省一级完中学校考评中荣获“教学质量进步奖”。在楚雄州少儿歌曲推广演唱比赛中，学校选送的节目荣获“特等奖”。

[李　明]

【楚雄天人中学】 2013年，楚雄天人中学在高考中，应届学生534人，综合上线率100%。其中本科上线511人，本科上线率95.69%；文科应届生一本上线14人，理科应届生一本上线52人，一本上线率12.36%；文科二本上线151人，理科二本上线233人，二本上线率84.27%，创造高考升学新纪录。阿杨同学以609分夺得楚雄州文科状元。学校先后被评为“全国青少年校园足球先进集体”，“普通高中特长生培养途径、方法研究”科研课题被教育部评定为“全国‘十二五’规划重点课题”，“个性化学习开发与提高教学效率研究”被评定为“全国教育技术‘十二五’规划重点课题”。7月13～15日，教育部教师发展基金会“全国教育科研大会·楚雄天人中学会议”圆满召开；5月22日，天人中学被云南省教育厅、省社管综治办、省公安厅授予省级“平安校园”荣誉称号；6月，荣获“2012～2013年度全国校园足球优秀布局学校”称号；12月初，学校顺利通过2013年社会管理综合治理维护稳定暨平安建设年度检查考核，在云南省第二届青少年学生、教师美术大赛中，初中部学生53人荣获一等奖，7人获二等奖，4人获三等奖，马立坤老师荣获“优秀指导一等奖”，学校荣获“集体一等奖”。

[张　娜]

【楚雄师范学院附属小学】 2013年，楚雄师范学院附属小学认真贯彻落实《国家中长期教育改革和发展规划纲要》精神，加快学校教育信息化建设进程，新建学校综合管理平台，率先实现学校管理信息化。学校始终把“走出去，请进来”作为教师培训模式和成长途径。选派50余人参加国家级、省级和州级的培训，与武汉常青实验小学和苏州新城花园小学结为“手拉手学校”，为教师专业成长搭建良好平台。被云南省教育厅认定为楚雄州省级小学数学名师工作室校点，由省特级教师冯树云担任主持人。校长冯树云被确定为“云南省未来教育家成长计划”培养对象，并到上海参加培训。学校以名师工作室为引领，开展系列教学研讨活动，为国培班骨干教师上示范课，到大姚三岔河小学、禄丰恐龙山镇小学、禄丰仁兴小学、禄丰县中村小学等校“送教下乡”，发挥辐射示范作用。学校被楚雄州教育局、上海方略教育集团评为“云南省现代教育示范学校建设工程优秀学校”，被云南省公安厅、交通厅评为“云南省文明交通示范学校”，被云南省教育厅、公安厅、社会管理综合治理委员会办公室评为“云南省平安校园”。8月，在第十二届云南省青少年“希望之星”英语口语大赛上，有2名学生获得特等奖、4名学生获得一等奖。

[张　林]

【楚雄开发区实验小学】 2013年，楚雄开发区实验小学以“构建平安校园”为中心，全员参与，狠抓管理，明确责任，完善制度，规范办学，年内未发生安全责任事故，有效保证教育教学工作顺利进行，为学生健康成长创造良好条件。学校被云南省教育厅评为“云南省平安校园”。

［鞠有忠］

【楚雄开发区永安小学】 2013年末，楚雄开发区永安小学有教学班30个，学生1539名，教职工74名，拥有云南省小学特级教师1名，省级学科带头人1名，省级骨干教师2名，州级、校级骨干教师18名。学校创建5年以来，管理日益规范，办学规模逐年扩大，教育质量逐渐提高，教育特色日趋彰显。5月，学校被评为“云南省文明学校”和“云南省民族团结教育示范学校”。12月，被认定为“云南省现代教育示范学校”、“云南省平安校园”和“云南省节水试点学校”。

［黄智娥］

【楚雄州幼儿园】 2013年，楚雄州幼儿园保持云南省一级一等示范幼儿园，有在编教职工59人，设全日制小、中、大15个教学班551名幼儿。幼儿园党支部书记、园长夏丽萍被全国总工会表彰为全国“五一”劳动奖章获得者；幼儿园表彰优秀党员5人，优秀团员3人，“国培”优秀学员2人、“好教师”15人、“好家长”30人；州级表彰师德标兵1人，优秀教师1人，先进教育工作者1人。组织教师参加庆祝“五一”国际劳动节城区广场健身舞蹈大赛荣获“第一名”。教师业务获奖论文9篇，教学活动设计8个，课件4个，教学录像1个，美术指导奖19人，舞蹈编排奖42人，幼儿参加全国中小学幼儿美术大赛获得金奖42人、银奖39人、铜奖41人。

［王　利］

【楚雄州特殊教育学校】 2013年1月，楚雄州特殊教育学校选送的图片《特别的爱给特别的你》、《爱之语》入选云南省中小学“育人精彩瞬间”，被省教育厅评为优秀奖。4月，学校被州人民政府表彰为“残疾人工作先进集体”，荣获州教育党委2012年“党风廉政建设目标管理”考核一等奖，“党建目标管理”考核二等奖。3月26日，学校搬迁重建主体工程5幢综合教学用房全部竣工验收。年内，二期工程建设项目学生宿舍、食堂、浴室2幢楼建筑面积6556平方米，中标合同造价1176万元，于6月29日开工建设。附属工程（青山嘴引水渠改道、挡墙、围墙、配电室、校门及门卫值班室、道路、给排水、强弱电、场地、绿化）全面开工。

［谢　红］

职业教育

【职业教育概况】 2013年，楚雄州职业教育认真落实招生一票否决制度，层层落实工作责任，扎实开展招生工作督查，完成职教招生1.31万人。推进州职教园区与澳大利亚南澳洲职教合作，与中智公司央企入滇合作，加强与国内发达地区企业和职业院校合作。6月5～6日，上海电子信息职教集团理事长、上海电子信息职业技术学院党委书记、院长杨秀英，德国巴伐利亚州文教部格尔曼·登内博格、德国汉斯·赛德尔基金会汉斯·凯夫勒等到楚雄州职教园区考察，楚雄州人民政府副州长邓斯云、上海电子信息职教集团党委书记杨秀英在考察洽谈座谈会上分别代表州人民政府、上海电子信息集团共同签订《楚雄州人民政府、上海电子信息职教集团2013～2014年度职业教育合作会议纪要》，达成职业教育合作项目及合作内容一致意见。6月，楚雄州承办“云南省首届亚龙杯电工电子技能大赛”，楚雄高级技工学校在比赛中获得亚龙杯电工电子技能大赛团体第二名。7月，楚雄高级技工学校代表云南省参加全国现代制造业技能大赛，获“华中数控杯”现代制造技能大赛团体二等奖。楚雄高级技工学校获“云南省第三批国家中等职业学校示范校”1000万元建设项目，成为楚雄州第三所国家级示范校建设项目学校。11月28日，省长李纪恒率领省人民政府办公厅、省教育厅、省发改委、省人社厅等领导到楚雄州职教园区调研，深入楚雄民族中等专业学校、楚雄高级技工学校教室、实习实训车间参观、指导，对楚雄州职教园区职教改革与发展给予高度评价。

［李云光］

【楚雄州农业学校】 2013年，楚雄州农业学校完成教学、实习仪器设备投资81万元，实训基地投资180余万元，畜牧兽医实训基地、生物药园建成投入使用。学校与西南林业大学、云南农业大学、楚雄医药高等专科学校合作办学，开设林学等本科、专科学历层次专业9个，成人教育在校学生580人；与云南中医药中等专业学校、楚雄医药高等专科学校合作办学，开设护理专业，合作办学普通中专在校学生2435人。根据州人民政府安排，学校与上海农林职业技术学院签订战略合作协议，在师资培训、专业建设、实训设施建设等方面进行交流合作。学校普通中专招生1388人，连续多年完成上级下达招生任务。年末，有各类在校学生3794人（中专3214人，专科451人，本科129人），毕业学生1189人。安排20余个班级1004名学生到省内外企业、医院顶岗实习，安置率100%，实习就业稳定率82%，毕业生就业率95%。学校开展系列活动，努力提升学生综合素质，成立“立德树人”道德讲堂，宣讲祖国优秀传统文化。开展学雷锋系列活动，“四个文明”（文明礼仪、文明餐桌、文明交通、文明环境）行动，“文明与我同行、建设美丽农校暨争创全国文明单位”活动、“五四”系列活动以及安全、法制教育活动。参加楚雄州大中专学校首届校园文化艺术节，选送的文艺节目《春天的芭蕾》和《青春狂想曲》荣获优胜奖，书画作品有2人获得一等奖，多人获二、三等奖，演讲比赛荣获第二名。

［潘志云］

【楚雄民族中等专业学校】 2013年，楚雄民族中等专业学校坚持弘扬民族文化，普及民族文化知识，推广彝族规范舞、彝族敬酒歌，举办彝族年活动。推进民族人文景观、民族主题活动、民族文化进课堂和民族和谐文化四大工程建设。建成民族文化走廊、民族文化楼饰、民族文化读物、民族文化雕塑，开展以“一彝三古”为核心，以灵秀彝州、三古遗珍、威楚彝魂、绚丽彝俗、歌舞彝乡、爱我彝园六大板块组成的民族文化展厅建设，提高学校民族文化品位。

［樊文杰］

【楚雄高级技工学校】 2013年，楚雄高级技工学校（楚雄技师学院）招生3364人，在校学生1.04万人，连续六年在校学生保持万人规模，毕业生就业率在98%以上。学校围绕“推进学院改革，实现二次创业”主题，有序推进学院改革。按照院系两级管理改革要求，设机械工程系、生物化工系、机电工程系、数控应用技术系等4个系并完善4个系工会组织、团组织和党支部建设。高度重视教师培训和技能竞赛，选派教师到欧洲、北京、上海、浙江、广州等地培训40人次，到昆明、玉溪、楚雄培训学习80人次，利用周末、假期校内培训152人次。4月9～26日，云南省教育厅组织“2013年云南省中等职业学校技能大赛”，学院承办“亚龙杯”电工电子技能大赛中，获得一等奖2个、二等奖3个、三等奖2个，团体总分第二名；在“苍耳杯”旅游技能大赛中，获得二等奖1个，三等奖2个，团体总分第二名；在“华中数控杯”现代制造技术技能大赛中，获得一等奖2个，二等奖3个，三等奖1个，团体总分第二名。在天津全国职业院校技能大赛中，陆雄同学获数控车三等奖，文建波、唐高阳同学获机电一体化设备安装与调试三等奖。7月10日，在省教育厅组织的“中国梦”主题演讲比赛中，桂林同学获全省第二名。2012年开始实施，投资900万元的国家高技能人才培训基地建设项目接近尾声，为学生技能训练提供更好条件。鉴定所被评为“全国首批示范职业技能鉴定所”。7月，经省人社厅、省财政厅核准，张彦青技能大师工作室建设项目落户学校。11月28日，省长李纪恒到学院就职业教育改革发展进行专题调研，参观实训室及实习车间，在钳工车间与师生亲切交谈，勉励学生勤学苦练，到食堂和学生共进午餐。对学院改革发展给予充分肯定，并强调要重视技能教育，重视高素质技能型人才队伍建设。

［张洪忠］

【楚雄州公安局警察培训学校】 2013年，楚雄州公安局警察培训学校共完成各种培训班36期，培训人数3738人。8月，历经近3年完成的州级科研课题“缉毒民警情感倦怠及心理危机反应状况调查”通过楚雄州科技局组织的专家组验收。12月31日，学校组建由楚雄师范学院、楚雄医专、楚雄工业学校、楚雄州人民医院、楚雄州第二人民医院、楚雄监狱的8位心理专家组成心理训练专家团队。针对公安民警心理服务工作需要，利用专家从事临床心理诊断、心理治疗、心理咨询、心理辅导和心理研究的专业优势，与学校密切合作，开展公安民警培训，逐步拓展到心理健康服务，发挥公安心理训练楚雄实验中心心理咨询、行为训练、危机干预“三位一体”工作目标提供技术人才支撑。

［李华荣］

高等教育

【楚雄师范学院】 2013年8月，中共云南省委、省人民政府任命罗明东为中共楚雄师范学院党委副书记、院长。学院按照“有利于整合人、财、物资源，有利于教学、科研、管理、服务及党建、工会、共青团等工作协调运转，有利于人才培养质量不断提高，有利于学科专业建设，有利于促进学校科学发展”的原则，实施“学院制”改革。建立二级学院13个、教学部1个，增设信息化建设和管理处，后勤服务总公司由副处级机构升为正处级机构。规范职能部门称谓7个。通过“学院制”改革，初步构建起楚雄师范学院宏观调控、二级学院自主办学的校院两级管理模式，学校现代大学制度建设迈出新步伐。

基本建设。楚雄师范学院花果山校区8、9号学生公寓投入使用，新增学生宿舍1.21万平方米；1、2号教学实验楼投入使用，3、4号教学实验楼启动建设，新增实验楼1.18万平方米，学校校舍建筑面积24.54万平方米。雁塔校区整体改造规划正式启动，完成雁塔校区上、下礼堂装修改造。完成校园网出口扩容400M，出口带宽达到1010M；完成校园无线网络（WLAN）改造，学校基本实现有线和无线网络全覆盖；“数字化校园”建设项目正式启动，项目总投资600万元，建设周期从2013年到2016年共4年完成；启动数字移动图书馆，加盟723家图书馆，享受云共享服务，增加和延伸资源获取途径和载体，信息化建设步伐向高水平迈进。至年末，学校共有纸质图书81.08万册，电子图书51.5万册，数据库42个；教学科研仪器设备总值5883万元。

学科建设。楚雄师范学院有3门省级立项硕士学位授权学科和1门优势特色重点学科建设顺利推进，在建重点培育学科特色进一步凸现，学科水平稳步提升。依托民族学学科的“云南彝族社会文化变迁研究”团队完成年度任务，“云南彝族历史文化与社会发展研究基地”顺利通过中期评估，依托生物学学科的“云南省高校特色植物资源研究与开发科技创新团队”成为云南省高校科技创新团队；4名省中青年学术技术带头人培养对象顺利通过年度考核，新增1名出站省中青年学术技术带头人，学院有省人民政府正式命名的省级学术带头人4名。

教学工作。楚雄师范学院加强“质量工程”建设，有8个类别17个项目获得国家级、省级立项，其中6个项目获得国家级大学生创新创业训练计划建设项目立项，11个项目获得省级立项，学院国家级、省级“质量工程”项目达到51项，为获准立项项目最多的一年。完善以实施弹性学制、选课制为重点的学分制教务管理系统，2011级之后的学生实现网上自主选课，修订学分制教学管理制度，学分制改革深入推进。设置开放实验室项目52个，参与学生1166人次；大学生创新训练计划项目校级立项19项；学生参加各类学科竞赛获奖91项，其中国家级56项、省级35项。

科研工作。楚雄师范学院推行以优化科研环境、激发科研工作活力为核心的科研机制改革，召开科研工作大会，明晰科研工作在学校工作中的定位，确立“优化环境、搭建平台、强化协同、找准方向、增强特色、跨越发展”科研工作新思路。学校配套出台8项科研制度，加快内涵建设迈出步伐。科研经费突破1000万元，新增科研项目100余项，其中国家级项目7项，省部级8类13项。新增1个省高校科技创新团队，新增科研成果300余项，新增国家专利1项。获得省部级以上科研奖励2项、地厅级以上科研奖励5项，完成科技成果鉴定1项，申请专利发明2项，获实用新型专利授权1项。

师资队伍建设。楚雄师范学院公开招录工作人员37人，有晋升正高、副高级职称22人。年末，全校有教职工749人，其中博士17人，硕士326人，正高53人，副高178人，副高职称及其以上人员533名，占专任教师的30%，其中博士、硕士占60%；新增2名二级教授，二级教授人数达到3人；省级名师工作室1个，省级教学名师5名，享受国家、省人民政府津贴5人，新增博士生导师1名，13名学术带头人分别被云南大学、云南师范大学选聘为硕士研究生导师，选派教师到国内外高校访学、进修30余人次。

招生就业。楚雄师范学院面向全国24个省（市、区）招生，招生执行计划总数2850人，实际录取新生2925人，计划完成率102.63%。实际报到2786人，在校学生规模1.01万人，首次突破万人规模。年内，本科毕业生1921人，专科毕业生163人，初次就业率84.1%，本科毕业生中有93名学生考取硕士研究生，学院连续9年荣获云南省普通高校毕业生就业工作目标责任考核一等奖。

高等职业教育、成人教育工作。楚雄师范学院成人函授本专科招生1141人，在籍学生3598人。新增州外函授办学点5个，在省内10个州（市）22所学校建立函授站、办学点，校外办学点共33个。完成国培计划800余人，省级培训300余人。面向企业、人民政府、社会培训工作逐步拓展与深化，完成各种非师培训1400余人次。开办研究生教育新路子，成人学历教育与西南林业大学合作开办“农村与区域发展”专业研究生班。

学生管理及帮困助学。楚雄师范学院坚持以人为本、德育为先的学生工作理念，用“中国梦”、“云南精神”凝聚学生爱国情感，通过主题鲜明形式多样的教育活动，强化理想信念，强化大学生核心价值观。强化社区教育管理服务工作，提升校园文化活动质量，推进优良学风建设，组织实施“文明修身工程”，以“文明与我同行”、“修身律己”两大活动为载体，加强对学生教育引导，扎实推进“立德树人工程”。学院被确定为“云南省道德讲堂示范点”、“楚雄州道德讲堂示范点”，学校“道德讲堂——对话身边的好人”开展情况被中央文明网、云南文明网、新浪网等转载。建立全校学生心理健康档案，积极开展心理健康知识宣传和咨询辅导，完成8435名学生的体质健康标准测试。建成具有自主知识产权的大学生就业创业网络实体课程系统，启动《大学生职业发展与就业指导》、《大学生创业概论》两门校级通识类公共必修课网络教学，成

楚雄师范学院女子管乐队　（邵建葵/摄影）

为省内创业就业课程建设首创。以“奖、勤、助、贷、补、减、免”保障体系为基础，积极开展国家助学贷款和生源地信用助学贷款工作，积极争取社会各界助学，有3637名学生获得国家、省人民政府奖助学金，共计1099.9万元；100名学生获得社会奖助学金，共计13万元。

产学研工作。楚雄师范学院通过搭建校政、校企、校际合作平台与途径，不断加大为地方经济社会服务辐射面，在民族文化研究与保护传承、农业、信息、生物等技术领域与地方开展科研技术合作，基本完成与姚安县合作的“马游村彝族文化艺术创作展示规划设计”项目，推进与双柏县合作，开展与元谋县合作的对接、洽谈。科研项目库建设迈上新台阶，通过校内预研，培育国家级项目10余项，国家科技支撑计划国家文化科技创新工程项目进入申报阶段，围绕“2011计划”而开展政产学研相结合的人才培养和科技创新模式取得一定成效，牵头申报协同创新中心。

对外合作交流。楚雄师范学院与上海体育学院签订办学合作意向书，与国内高校合作办学迈出新步伐。学院接待国外大学来访团队204人次，学生出访4个团队100人次，招收长短期留学生61人，对外汉语专业35名学生赴泰国实习；启动泰语专业与泰国清莱皇家大学首届“3+1”合作办学项目，39名同学赴泰国学习一年；体育系14名学生到泰国东方大学交流学习，2名学生获得省东南亚南亚语种优秀学生留学每生1万元支持项目，实现省人民政府留学支持项目零的突破。学校聘外专外教10人次，组织教师参加国际学术会议、出国出访18人次。

［徐　波］

【楚雄医药高等专科学校】 2013年，楚雄医药高等专科学校占地452.6亩，建筑面积8.9万平方米，教学设备总值2328万元，图书26.4万册；有教职工251人，其中专任教师182人，教授9人，副教授54人，双师型教师75人，博士1人，硕士研究生47人。省级教学质量工程项目立项26项（当年获5个项目），有14个专业，全日制在校学生6758人（其中三年制专科4579人，初中起点五年制专科1392人，中专787人）。面向省内外16个省（市）录取全日制普通专科学生1566人，面向省内录取初中起点五年制专科学生671人、中专341人，录取成人学历培训1150人。年内毕业学生1469人，初次就业率92.4%，年终就业率98.1%。完成职业技能鉴定585人次，职业资格考试1759人次，医药卫生专业技术职称考试1513人次，开展乡村医生学历培训450人。

教学与科研。楚雄医药高等专科学校以“校企合作”方式，投资700余万元，完成中心机房、校园综合网络布线及校园门户网站、电子协同OA办公系统、教务管理系统、校园一卡通等应用系统建设。开展医药卫生人才社会需求调研，组织专家论证，制定专业建设规划，完成专业申报3个。其中口腔医学技术、医学影像技术专业通过省教育厅审批，口腔医学专业向国家教育部申报评审，康复治疗技术专业被省教育厅列为提升专业服务产业能力建设项目。申报省级科研项目7项，校级科研课题立项18项，获州科学技术进步奖1项，教师公开发表论文82篇，编辑出版学报2期、校报10期。

对外交流合作。楚雄医药高等专科学校承办“云南省医学检验技术高峰论坛”、“楚雄州预防医学会检验专业分会成立大会”、“教育部、卫计委检验专业十二五规划教材编写会”，拓宽学术交流与合作空间。召开实习就业工作会议，为“规范实训教学管理、提升实训质量”奠定基础。11月，发起并成立的全国医药卫生职业教育联盟召开成立大会，全国11所医药卫生职业院校成为首届联盟成员，学校被选为秘书长单位，为实现“合作办学、优势互补”打下基础。

基础建设。楚雄医药高等专科学校投资3200万元，建成学生公寓1.51万平方米；投资132万元新建基础医学实验室7个；投资37万元改善办公条件，完成礼仪广场绿化美化工程。投资300余万元推进学生食堂前期建设。成立学校信息中心，强化校系两级管理，实施部门经费下放和包干预算制度，内部管理重心下移，促进责权利有机统一。完善绩效工资分配方案，使绩效考核机制充分发挥作用。以“平安校园”创建为目标，以“强化防控体系、完善制度体系、打造教育体系、创建检查体系、建设信息互动体系”为主线，以“安全精细化管理”为主导，开展“平安校园”创建。配备专职安全管理干部，加强广大师生的安全意识和防范能力培训。

德育工作。楚雄医药高等专科学校认真贯彻落实《中共中央、国务院关于加强和改进大学生思想政治工作的意见》，完善学校思想政治课教育机构、教学计划，开展适合现代大学生认识特点的思想政治教育课程。做好思想政治课评估，完善综合素质评价，做好新生入学教育、新生军训、参观校史馆、专业思想教育讲座等活动，把学风、校风和优良传统教育贯穿于学生在校学习、生活全过程。使学生深刻认识“大医精诚”医学思想和“厚德济世”医学品格，不断增强“远志勤业”意识。按照“公平、公正、公开”原则评发奖助学金，发放奖学金76.74万元、助学金166.9万元，受助困难学生1208人，为785名困难学生争取助学贷款456.3万元。健全学生社团组织、完善社团活动，鼓励学生广泛参与社会实践，提高社会活动能力，增强社会责任意识。

［段玉林］

【昆明理工大学楚雄应用技术学院】 2013年6月30日，昆明理工大学和楚雄州人民政府召开州校合作座谈会，通过座谈，总结评价州校合作13年来的办学成果。昆明理工大学与楚雄州人民政府于2001年5月在楚雄州工业学校基础上创办昆明理工大学楚雄应用技术学院。13年来，楚雄应用技术学院共录取电子商务、计算机网络技术、电气自动化技术、计算机应用技术、图形图像制作、水利水电建筑工程、供用电技术、会计、机电一体化等9个专业高职学生2593名。2013年有200名高职学生顺利毕业，至此，学院共培养高职毕业生2578

名，取得了良好的社会效益。

师资建设。昆明理工大学楚雄应用技术学院围绕社会经济发展需要，根据全州职业教育总体框架，结合实际，把汽车运用维修类和土木工程类专业群作为学院主要发展和建设专业，加大骨干专业师资培养力度。招考汽修专业教师3名，开展校本培训，选派优秀教师到上海职教集团挂职锻炼，选派彭焱辉等6名教师参加中职学校骨干教师国家级培训，选派董云坤等18名教师参加云南—上海对口支援暑期骨干教师培训，选派杨忠明到德国学习双元制职业教育，选聘汽修技师2名到学校任教。以8名州级学科带头人为主，开展“传、帮、带”活动。鼓励教师参加各级各类职业技能培训取证和考核鉴定，有3名教师取得中级工以上职业技能资格证书，双师型教师达到59名，占74名专兼职教师的79.7%。

招生就业。昆明理工大学楚雄应用技术学院精心策划招生方案，群策群力开展招生宣传，热情周到优化招生服务，及时规范做好招生业务，实现招生755人，在校学生达到1820人。及时调整学生实习就业思路，完善学生实习就业管理制度，制定《楚雄州工业学校学生实习管理规定》、《楚雄州工业学校学生实习协议书》、《楚雄州工业学校学生实习告家长书》、《楚雄州工业学校自主实习申请书》等管理规定，安排专人负责学生顶岗实习工作。建立毕业生人力资源档案，加强学生就业指导，开设就业知识讲座，帮助学生正确认识自己、准确定位就业目标。拓展省外实习就业市场，千方百计提升就业质量和人才培养效益，精心筛选用人单位，使就业岗位与学生专业紧密结合，让学生学有所用，专业对口率100%。汽车运用与维修和汽车制造与检修两个专业276人，安置到长沙和深圳比亚迪汽车制造厂、昆明碧海缘汽车经贸公司、楚雄大源汽车服务公司等单位顶岗实习就业。水利水电工程施工、建筑工程施工和建筑装饰3个专业114名学生，分期分批安置到楚雄诚缘装饰公司、楚雄勘察院实习就业。

贫困学生资助。昆明理工大学楚雄应用技术学院开通“绿色通道”，完成高职学生国家、省、昆明理大学下发各类助学金、奖学金评定发放工作和中职国家贫困学生助学金发放工作。发放高职学生奖学金1.27万元，中职学生奖学金2.53万元，高职贫困学生生活资助金1.99万元，高职学生贫困学生学费资助金2.81万元，中职学生勤工俭学资助金5.68万元，班级奖学金1.64万元，各类学生活动奖金1.18万元，总计17.09万元。品学兼优的学生给以奖励，家庭经济困难的学生给以资助，切实解决学生后顾之忧。

［杨忠明］

教研与师训

【教育科研概述】 2013年，楚雄州全面贯彻国家和省、州教育工作会议精神，严格按照《国家中长期教育改革和发展规划纲要（2010～2020）》和省、州实施意见要求，按照“加强教育科研，稳步提升教学质量”要求开展教育科研工作，加强普通高中教学指导和质量监测，推进基础教育课程改革，切实加强教育科研课题研究及管理，开展学科教学技能竞赛及研讨活动，加强中小学教学用书管理，不断创新语言文字工作，做好《楚雄教育》和《教学研究》编辑、发行工作，促进全州教育科研水平和教育教学质量稳步提高。全州高考成绩稳中有升，参加高考人数1.25万人，比上年增加682人，增长5.78%。其中，650分以上尖子学生9人，比上年增加7人，增长350%；600分以上尖子学生79人，比上年增加39人，增长97.5%；一本上线人数1597人，比上年增加147人，增长10.14%，一本上线率12.80%；二本以上上线人数5994人，比上年增加518人，增长9.46%，二本以上上线率48.03%；三本以上上线人数8989人，比上年增加1882人，增长26.48%，三本以上上线率72.03%，比上年提高11.79个百分点；专科以上总上线人数1.25万人，比上年增加686人，增长5.82%，专科以上上线率99.98%，比上年提高0.04个百分点。

【教科所建设】 2013年6月，楚雄州教育科学研究所经州人力资源和社会保障局《关于楚雄州教育局直属事业单位岗位设置方案的核准意见》批复，调整岗位数和各类岗位等级结构。设置专业技术人员岗位22个、中级岗位10个、初级岗位2个、工勤技能岗位4个。按照州编委《关于开展州属事业单位分类工作的通知》精神，完成初步分类（公益性一类）意见报告，理顺和明确州教科所主要职责。7月，组织全州教研人员参加国家教育行政学院楚雄州基础教育改革专题培训。12月，组织完成对禄丰县教研室、武定县教研室和牟定县教研室3个县级教研机构建设发展评估验收。5月，楚雄州教科所在云南省教育厅组织的2012年全省先进教育科研机构评选活动中获二等奖。12月9日，大姚县金碧小学、禄丰县城南小学、禄丰县第一幼儿园被云南省教育厅评估认定为云南省第四批教育科研实验学校。

【普通高中教学指导和质量监测】 2013年6月，楚雄州教育科学研究所组织高考学科教研员深入全州20所高级完全中学开展高考复习备考调研指导，随堂听课566节，与学校教研组共同开展学科教学研讨活动180场次，与学校管理干部共同开展座谈交流活动20场次。5月上旬，邀请玉溪教科所、玉溪一中、玉溪民族中学、玉溪师范学院附属中学共10名高考专家指导组成员到楚雄一中开展2013届高三复习备考研讨活动，全州20所高级完全中学教师共580余人参加活动。3月上旬和4月中旬两次组织全州高三学生参加全省统一检测，及时对全省和全州统测成绩进行统计分析，通过网络平台和《教学研究》（内部资料）将统计和分析情况反馈各县（市）、各学校参考。遴选出9个高考学科组和1个综合组共60人，组建楚雄州首届高考专家指导组，于5月31日在州教科所报告厅召开楚雄州首届高考专家指导组成立大会，对指导组成员颁发聘书。9月中旬组织高考学科专家指导组成员54

人到玉溪、保山、大理、临沧等州（市）进行学习考察高中教育。10月下旬，州人民政府副州长邓斯云、副秘书长李红梅、州教育局局长李能率领州属4所高完中校长、主管教学副校长、教务主任、教师代表等23人到临沧一中学习考察临沧高中教育教学经验。11月上旬，组织全州高考专家指导组成员分别在楚雄一中、州民族中学、楚雄师范学院附中、东兴中学、紫溪中学、天人中学开展2014届高三复习备考研讨活动，参加教师879人。12月，组织开展高考专家指导组成员信息技术培训，并启动网络教研、远程教学活动。9月上旬，2013年全州普通高中教学质量分析会在州教育局召开，各县（市）人民政府分管副县（市）长、教育局局长、教研室主任，各高完中校长，州教育局机关实职副科以上干部，州教科所高中教研员参加了会议。会议全面分析总结普通高考质量和教育教学工作，表彰上年普通高中教学质量综合考评先进学校和质量进步学校，安排部署普通高中教育教学工作。

【基础教育课程改革】 2013年，楚雄州教育科学研究所组织全州初中学业水平考试改革相关工作，开展新修订义务教育课标及教材教法培训。4月，全州初中骨干教师600余人参加全省和滇西8州（市）2013年初中学业水平复习备考研讨活动。6月，抽调部分教研员和骨干教师参加省教科院及滇西8州（市）初中学业水平考试命题工作。8月，完成2013年初中学业水平考试部分学科质量分析报告，并按时提交省教科院。8月中旬，配合云南出版集团和北师大出版社开展人教版小学数学、小学英语、初中英语、初中物理、初中化学、初中生物、初中地理（7个学科）和北师大版初中数学新修订课标及教材教法培训，培训教师1870人。

【教育科研课题研究及管理】 2013年，楚雄州教育科学研究所通过课题研究指导等方式，推动教育课题研究。州内各学校完成省级课题结题5项；“十一五”州级课题10项和“十二五”州级课题9项结题验收；申报“十二五”省级课题3项；协同南华、武定两县教育局完成省教科院2013年重点项目“云南省贫困民族地区义务教育教学质量调查研究”子项目调研工作；完成《楚雄州六所学校教育科研课题及办学经验成果集》编校工作。印发《楚雄州教育局关于2013年中小学教学用书有关事项的通知》，明确要求和规范全州2013年中小学教学用书选用，规范中小学教辅材料管理。

【语言文字工作】 2013年，楚雄州语委办申请州财政专项经费20万元，在州职教园区信息大楼建成楚雄州普通话测试站“计算机辅助普通话测试专用机房”。完成大姚县北城幼儿园、大姚县机关幼儿园、牟定县茅阳第一小学、南华县龙川小学、元谋县元马小学、元谋县机关幼儿园6所学校创建云南省语言文字规范化示范校申报，完成楚雄市鹿城小学和大姚县金龙明德小学创建云南省规范汉字书写教育特色学校申报。组织大姚县、禄丰县两个县城稳步推进云南省三类城市语言文字达标评估。组织开展教育系统在校师生规范汉字书写比赛，收到参赛作品524份，选送参加全省评选41份。组织开展各县（市）和中职学校师生、社会人员3000人参加普通话水平测试。组织教师和社会人员9人参加云南省2013年普通话口语提高班和测试员培训班学习，经考核，有2人取得云南省普通话测试员资格。选派3所国家级语言文字规范化示范校参加云南省中小学学生规范汉字书写经验总结研讨。开展“第十六届全国推广普通话宣传周活动”。

［杨智琼］

【国家级教师培训】 2013年，楚雄州教育系统采取置换培训、短期集中培训、远程培训形式实施国家级教师培训计划。全州中小学幼儿园4946名教师参加全国中小学教师继续教育网、北京大学网、西南大学网、百年树人网、奥鹏网和北京师范大学、西南大学、河南大学、天津师范大学、西北师范大学、苏州大学、云南师范大学、昆明学院、徐州幼儿师专、楚雄师范学院的培训，其中，参加远程培训4100人、置换脱产培训140人、短期集中培训706人。管理和指导“国培计划”项目教师远程培训与校本教研相结合教学点，600余名相关学科教师参加8个教学点专家课堂指导和专题培训学习活动。

【校长和骨干教师培训】 2013年，楚雄州教育系统采取“送出去、请进来”和州级集中培训等方式，加强校长和骨干教师培训。举办初中校长任职资格培训和提高培训各1期，培训初中校长80人；举办小学校长任职资格培训和提高培训各1期，培训小学校长91人。举办《儿童学习与发展指南》培训班1期，培训幼儿园园长、副园长及骨干教师90人。选送4名优秀高中校长和4名优秀初中校长到山东章丘四中、杜郎口中学挂职学习锻炼，选送3名优秀中小学校长参加全省未来教育家培训。在教育部定点扶贫滇西边境山区工作中，依托国家教育行政学院的培训资源，举办基础教育改革专题培训班1期，培训中小学校长、教育行政管理干部和教育科研人员350名；11名县（市）教育局长和州教育局相关领导到国家教育行政学院培训。5名中小学校长参加上海滇沪合作教育对口支援校长培训，19名中小学校长赴省外参加全省校长助力工程培训。举办全州小学语文、数学、英语和高、初中语文、数学、英语、物理、化学、生物、历史、地理等学科骨干教师培训班，培训教师1500余名。开展教育信息化骨干管理者培训，培训中小学校长、幼儿园园长、教育局长和教育管理干部、教研员300人。举办现代教育示范学校建设总结表彰活动和教师培训活动，培训72所云南省现代教育示范学校校长和部分骨干教师、10县（市）教育局局长或分管副局长、教研室或师训办主任200余人。

【教师全员培训】 2013年，楚雄州教育系统制定《楚雄州普通高中教师远程全员培训实施方案（2013～2016年）》，启动普通高中教师远程全员培训。从2013年9月至2014年3月，全州20所（完）高中14个学科、2671名专任教师参加培训。开展中小学教师履职晋级培训考试，中小学、幼儿园教师参加云南省中小学教师履职晋级培训及考试1.98万名。广泛开展校本培训，结合新课程改革要求，以年级组、学科组为单位，推进以集体备课、校本教研、上示范课、听课、评课为主要形式的经常性校本培训活动，教师全员参与。

【培训基地和名师工作室建设】 2013年，楚雄州教育系统实施教师进修学校达标晋级、示范学校创建和开展培训者培训等活动，全面提升县级教师进修学校办学水平。楚雄市教师培训中心晋升为国家级示范性县级教师培训机构，永仁县、禄丰县教师进修学校实现独立办学。年末，全州有国家级示范性县级教师培训机构1所，省级示范性教师进修学校3所（姚安、双柏、武定），省一级教师进修学校2所（南华、牟定）。组建省级名师工作室16个，推荐审定180余名中小学、幼儿园优秀学科教师作为工作室主持人、成员和顾问，遴选中青年教师900余名作为工作室学员。

［施自荣］

电化教育

【电化教育多媒体设施建设】 2013年，楚雄州教育系统实施农村义务教育薄弱学校改造计划——多媒体项目。上半年，完成投入建设资金569.6万元，其中中央资金333万元、省级资金236.6万元。实施中小学校33所，教学班516个，其中建设多媒体投影教室120套、电子白板教室396套。9月，投入建设资金616万元，其中中央资金362万元、省级资金254万元。实施中小学校78所，教学班604个，其中建设多媒体投影教室314套、电子白板教室290套。6～9月，州电教馆推进教学点数字资源全覆盖，全州149所学校的教学点136所、一师一校13所完成数字资源网络系统建设并投入使用，11月通过省教育厅验收。

【“楚雄远程教育网”启用】 2013年，在中国移动通信公司支持下，建成楚雄教育专网。5月，域名www.cxstudy.cn的“楚雄远程教育网”启用，由教育科研系统、名师工作室、国之源资源库、仿真实验室、数字智能题库、远程视频点播等6大类模块组成。“楚雄教育信息网”上传新信息126条，访问量近22万次，访客达6.36万人次，平均日访问量为300人次。

［查 锐］

招生考试

【招生考试概况】 2013年，楚雄州报名参加全国普通高考考生1.27万人，比上年增加675人。其中报考文史类5819人，理工类6770人，三校生报考高等职业院校62人；应届生1.17万人，往届生964人。报名参加八年级初中学业水平考试的考生3.25万人，比上年减少7人；报名参加九年级初中学业水平考试的考生2.88万人，比上年减少1271人。报考各类成人高等学校的考生3572人，比上年增加426人，其中报考专科起点升本科1720人，高中起点升本、专科1852人。开展全省普通高中学业水平考试报考两次，文化课报考15.56万科次，信息技术报考1.56万科次。高等教育自学考试报考2455科次，教师资格课程考试报考3001科次。贯彻“谁主办、谁签名、谁负责”和“谁主管、谁签名、谁负责”的原则，实施“一把手”工程，严格实行招生工作责任制和责任追究制度。狠抓考试纪律，签订考生诚信考试承诺书。联合信息产业部门开展无线电信号监控，设立网络巡查员，与公安、工商、工信等部门密切配合，封堵网上涉嫌危害考试安全有害信息，坚决打击利用现代高科技通讯工具进行作弊和雇人代考、替考等违纪舞弊行为，净化考试环境。

【试卷安全保密】 2013年，楚雄州在招生考试工作中，高度重视试卷安全保密，落实责任制，坚持招生考试试卷保密工作一把手亲自抓，分管领导和招考人员共同负责，层层签订保密责任书。加强保密室建设，完善保密室内部设施，做到全州保密室硬件达标、管理措施达标、人员达标。加强试卷保密规章制度建设，严格执行试卷保密规定，严守试卷的保密纪律，落实试卷的安全保密措施。全州没有发现招生考试的试卷不安全事件。

［周德平］

（责任编辑：周能汉）

文化

文化综述

【文体事业发展概况】 2013年，楚雄州文化工作紧紧围绕民族文化强州建设目标，加快实施州“十二五”文化体育发展规划，积极推进公共文化服务体系建设，群众性文化体育活动广泛开展，艺术创作成果丰硕，文物保护和非遗传承工作得到加强，文化市场管理规范有序，新闻出版、“扫黄打非”工作力度不断加大，文化体育产业发展基础得到夯实。全年共争取到各级项目资金1.04亿元，首次突破1亿元。其中，国家下达4592万元，省级下达3402万元，州级投入2356万元；文化方面资金7765万元，体育方面资金2585万元。实施县乡文化体育基础设施项目248个，其中，乡（镇）灯光篮球场30个，村级活动场地118个，村级文化室50个，农村文体活动广场50个。全州文化体育新闻出版各项事业稳步推进，呈现出良好的发展态势。

【文化体育人才培养】 2013年，楚雄州加强以州体校为龙头，各县（市）业余少体校为基础，各县（市）体育网点学校、青少年体育俱乐部为支撑的业余训练体系建设。举办“楚雄州艺术创作研讨培训班”、“楚雄州篮球、乒乓球裁判员培训班”、“全州太极拳剑、健身操舞和柔力球教练员裁判员社会体育指导员培训班”、“全州2013年基层文化体育干部培训班”、“大学生村官一、二级社会体育指导员培训班”等培训10余期。向省级训练单位输送优秀体育后备人才11名，批授二级裁判员267人，批授三级裁判员520人，授予国家二级社会体育指导员393人。邀请省级艺术院团、院校老师授课，选送专业技术人才到云南艺术学院进修1名。加强与楚雄师范学院、楚雄一中等院校合作，着力培养文化体育后备人才。深化职称和人才评价制度改革，建立以能力、业绩为导向的职称评价机制，组织推荐申报高级职称人员18人，专业技术人员评为中级职称58名、评为初级职称32名。

【文化体育产业发展】 2013年，楚雄州文化体育局参与《滇中产业新区项目（文化体育）集群规划》、《云南体育旅游发展规划（2013～2025）》、《藏羌彝文化产业走廊重点项目》、《2013年文化产业重点项目》编制，共编制上报项目194个。积极申报省级体育产业发展资金支持项目，争取转企改制文化企业享受税收优惠政策，推荐有实力文化企业参与第五届“云南青年创业省长奖”评选活动。

【文化市场管理】 2013年，楚雄州共有文化市场经营单位2373户，其中歌舞厅225户，电子游戏室127户，网吧226户，音像销售402户，书刊零售293户，艺术培训28户，摄影66户，其他1006户，从业人员1.07万人，上缴税收1574.4万元。成立州文化市场管理工作领导小组，统一领导、协调全州文化市场管理工作。开展2010年以来文化市场行政审批情况交叉检查，切实改进和规范行政审批行为，促进文化市场政风行风建设。积极开展“平安文化市场”创建活动，建设网吧“绿色上网专区”，继续推进网吧连锁化经营，在维持原有总量不变的前提下，重点调整布局和优化结构，支持和引导单体网吧向连锁业态发展，部分网吧经营户主动参与连锁化经营许可申报工作。强化文化市场经

文化下乡 （高建波/摄影）

营场所消防安全、禁毒和艾滋病防治管理，联合相关部门开展打击电子游戏室涉赌和无证经营等违法行为，全面清理卫星地面接收设备买卖市场。制定《净网行动实施方案》、《校园周边文化环境整治行动实施方案》，积极开展网络淫秽色情信息治理和校园周边环境整治。组织开展全州文化市场执法人员网络办公及办公系统应用培训，全面完成文化市场基础数据采集和网络执法办案规范化建设。全州共出动文化市场执法人员2.28万人（次），检查经营单位1.76万家次；受理举报、投诉30件；立案调查55件，移交案件6件，办结案件47件；责令改正321家次，警告104家次，罚款19.8万元，责令停业整顿12家次。

［刘培星］

文艺创作

【文联工作概况】　2013年，楚雄州文学艺术界联合会认真贯彻党的十八大、十八届三中全会及《中共楚雄州委关于加强和改进新形势下文联和文艺工作的意见》精神，坚持“二为”方向和“双百”方针，努力实践“三贴近”原则，充分发挥联络、协调、服务全州广大文艺工作者的桥梁和纽带作用，紧紧围绕富民强州目标和建设民族文化强州各项举措，服务大局，开拓创新，全面推进文联和文艺工作。年内，州文联在广泛听取文艺界人士意见建议的基础上，制定了《楚雄州文学创作奖补办法》，并报州人民政府批准实施。

【文艺作品】　2013年，楚雄州文学艺术界联合会以出作品为中心，突出特色，推动文艺创作。认真贯彻落实《楚雄州2013年宣传思想文化工作要点》的通知精神，紧紧围绕提升楚雄对外文艺影响力，打造外宣品牌，扩大彝州知名度、美誉度、影响力为创作中心，重点开展“四个一”文艺精品创作，创作了30集长篇电视剧剧本《彝人古镇》，编辑出版了大型摄影集《聚焦美丽楚雄》和《楚雄好地方文选》，创作了楚雄代表歌曲3首。加强全州公民道德建设，以道德的力量感召人、以身边的好人激励人为创作主题，认真组织开展《德耀彝州》教育读本的组稿及编辑出版工作。突出民族特色，弘扬民族优秀文化，编辑完成了《彝族文化经典普及丛书》、“六部书”的初稿创作；针对州内没有一部彝汉文对照公开出版物的缺项，多方争取将《梅葛》、《查姆》、《赛玻嫫》3部彝族史诗及《彝家兵法》、《彝族民间故事选》、《彝语文跟我学》列入国家民族文学出版专项资金项目，年末已完成初稿。按计划开展了《金沙江文艺丛书》的扶持出版工作，扶持出版作品6部。完成了《彝山神韵》美术作品集出版发行工作，充分发挥文艺在文化繁荣发展的独特作用。

【文艺活动】　2013年，楚雄州文学艺术界联合会以活动为载体，激发创作，积极开展各种文艺活动，为文艺工作者和爱好者搭建展演展览平台。积极组织开展由省文联、省摄影家协会、州摄影家协会联合举办的“火耀彝州”摄影大赛，共征集州内外106名摄影家提交的841幅照片。有目的、有针对性地开展各种文艺门类的培训班，营造良好的学术交流氛围。根据州委宣传部与深圳市文联签订的文化交流合作协议，组织州文艺家和文艺工作者41人赴深圳进行文化创意培训，参加了文化创意专题讲座，参观了深圳文化产业、文化园区，学习深圳文化创意理念，促进地区文化交流。

【楚雄州第七次文代会】　2013年9月15～17日，楚雄州文学艺术界联合会第七次代表大会在州会务中心召开。会议选举产生了州文联第七届领导班子，审议通过了《楚雄州文联六届委员会工作报告》，讨论通过了修改后的《楚雄州文学艺术界联合会章程》，表彰了近年来在文联工作中成绩突出的双柏县文联等20个先进集体和段海珍等50名先进工作者。大会还圆满完成了州作家协会、州摄影家协会、州书法家协会、州美术家协会、州舞蹈家协会、州戏剧家协会、州民间文艺家协会、州彝族文化对外交流协会、州洞经音乐研究会9个文艺家协会的换届工作，选举产生了各协会主席、副主席和常务理事、理事，充实州级各文艺家协会领导班子队伍，加强协会自身建设。

【文联期刊出版发行】　2013年，楚雄州文学艺术界联合会认真做好期刊发行出版工作，巩固文艺阵地。以“重品牌，保质量”为原则，提高《金沙江文艺》的楚雄知名文化品牌、巩固重要的公益文化阵地。《金沙江文艺》编辑部被国家新闻出版总局、楚雄州编委更名为《金沙江文艺》杂志社，更名后州文联积极探索文艺刊物创新发展的路子和办法，不断提高办刊质量、扩大刊物影响力。《金沙江文艺》刊发6期，发行量由往年每期3000册增加到3500册。认真完成《彝族文学报》助编和发行工作，全年共发行12期。

［王明辉］

文艺表演

【文艺表演概况】　2013年，楚雄州各文艺院团积极参加各类文艺演出活动。完成2013年楚雄州文化、科技、卫生“三下乡”启动仪式文艺演出；与州烟草公司合作，到10县（市）20余个乡（镇）开展“元旦、春节”期间送戏下乡文艺演出；完成楚雄城区“3·5”志愿者活动启动仪式演出；完成2013楚雄火把节期间各项演出活动；配合学习宣传党的“十八大”精神，组织“经典民乐”专场音乐会、彝剧滇剧小戏小品晚会到桃源湖茶花大舞台、开发区市民广场演出；“八一”建军节期间，到驻楚武警部队和驻楚部队开展拥军慰问演出；组织歌舞晚会参加楚雄城区首届大学生艺术节活动演出；为纪念毛泽东同志诞辰120周年，组织“红色经典”专题音乐会到桃源湖茶花大舞台广场演出。认真组织“艺术创作志愿服务基层·三百计划”行动，选派5名有培养潜力的中青年艺术创作人才，深入基层进行不少于100天的采风创作。举办楚雄州2013

年艺术创作研讨培训班。州民族艺术剧院年内创作小戏小品6个、山歌剧2个、说唱1个、编创大型晚会5台、歌曲12首、乐曲7首、戏剧作品音乐7部，对大型彝族风情歌舞《太阳女》进行提升改造，实现坐地演出，太阳女演艺公司被中共云南省委宣传部等部门列为2013~2014年度云南省文化出口重点企业。州县乡三级文化部门积极组织开展文化惠民演出，至11月末，共演出1051场，其中流动舞台车参演427场，观众84.98万人次，财政补助资金167.6万元。争取国家支持楚雄州流动舞台车4台，总价值120万元。

【戏剧演出比赛】 2013年9月9~28日，由云南省人民政府主办的“云南省第二届少数民族文艺会演”在昆明市举行，由州民族艺术剧院编排的舞蹈诗《彝人三色》代表楚雄州参演，荣获剧目金奖，舞蹈《天地轮回》获最佳节目奖，舞蹈《马樱花》、《山鼓韵》获节目奖，马云祥获最佳导演奖，青年演员彭雪峰、王娟获最佳演员奖，青年演员夏静、闻洁获最佳新人奖，演员徐有春、蔡加瑞、李剑雄获演员奖，李家林获音乐奖，李开宇（灯光）、冷青（服装）获舞美奖，楚雄州代表团获得优秀组织奖。10月11~26日，在山东省举办的“第十届中国艺术节”上，楚雄州的小彝剧《喜羊羊》荣获戏剧类群星奖，永仁县中和镇文化站站长李赞阳获“群文之星”荣誉称号。12月2~6日，云南省第八届民族民间歌舞乐展演在临沧市举办，楚雄州参演剧目器乐演奏《娶亲路上》获银奖，声乐演唱《妈嫫诺》获银奖，舞蹈《十二母兽之祭》获银奖和传承奖，楚雄州代表队获组织奖。2013年12月17日至2014年1月1日，“云南省第十二届新剧节目展演”在昆明市举行，大型彝剧《杨善洲》、彝族音乐会《云中火把》代表楚雄州参演，彝剧《杨善洲》获喜剧类新剧目奖，音乐会《云中火把》获音乐、舞蹈类新剧目奖，张丕坤获导演奖，张吉顺获戏剧类表演奖，徐景新获音乐创作奖，冷青、汪波、杞玉华获舞台美术奖，余晓伟、陈晓椿、普艳喜、付琳、普宜延获音乐舞蹈类表演奖，顾建源获指挥奖。

【演艺对外文化交流】 2013年8月15~23日，楚雄州民族艺术剧院受台湾桃园乐友丝竹室内乐团邀请，在台开展文化交流演出活动，“云中火把”系列之《云火再现》彝族音乐会在台湾花莲、桃园两地演出4场，两地音乐人合作演出的曲目汇集了两岸三地的经典作品，云南少数民族特色器乐和声乐节目成为音乐会的一大亮点。配合做好新中友协及七彩中国文化传媒集团赴楚雄州文化考察交流工作。

［刘培星］

群众文化

【群众性文化活动】 2013年，楚雄州积极开展广场舞蹈等丰富多彩的群众文化活动和民族节日活动，繁荣发展社区文化、农村文化和广场文化。全州50%以上的乡（镇）有各具特色的民族节日活动，火把节、牟定左脚舞文化节、双柏虎笙文化节等已成为州内外知名的群众性节日文化品牌，基层群众文化活动做到了天天有舞蹈、月月有演出、季季有活动、年年有比赛，节庆文化与民族文化实现了高度融合。年内全州共有登记在册的业余文艺演出队1250支2.5万人，年演出约2.7万场次，观众650万人次。年内，州文体局以“以奖代补”形式对全州90支业余文艺演出队每队奖励一套价值4000元的音响设备。

【第五批文化惠民示范村创建】 2013年，在云南省文化厅公布的第五批云南省文化惠民示范村创建点名单中，楚雄州共有5个创建点，分别是禄丰县黑井镇青龙村、牟定县蟠猫乡碑厅村、姚安县官屯乡马游坪村、大姚县金碧镇里长堡社区、武定县插甸乡康照村，5个创建点共争取创建经费75万元。云南省文化惠民示范村创建工作自2009年开展以来，楚雄州先后5批次共争取创建点18个，争取创建经费250万元。

【参加云南省第二届农民工文化艺术节】 2013年3~7月，由云南省农民工联席会议办公室和云南省文化厅联合举办的云南省第二届农民工文化艺术节在昆明举办，楚雄州组织了工艺、美术、书法、彝绣等26件作品参加，取得较好成绩。其中，在农民工才艺大赛决赛中，州内选手赖秀滢的彝绣《围腰绣片》、农民画家王建才的《祥和的苗寨》、袁陆华的美术作品《荷花》、谢洪的美术作品《黑玉珍珠》分获二等奖，李树明的工艺美术类作品《镇南月琴》、彝绣传承人王丽萍的彝绣作品《围腰绣片》、农民画家冯裕钦的《水调歌头》获优秀奖，楚雄州文化体育局获优秀组织奖。

【第三批优秀少儿歌曲推广演唱比赛】 2013年6~11月，楚雄州文化体育局与州教育局联合主办“楚雄州第三批优秀少儿歌曲推广演唱比赛”，比赛分初赛和决赛，初赛由各县（市）自行组织，决赛以上报视频资料形式进行评审。全州共评选出先进集体25名，其中，特等奖2名、一等奖4名、二等奖8名、三等奖11名；优秀组织奖4名。获奖单位由州文体局和州教育局进行表彰奖励。

【首届楚雄读书节暨全民阅读活动】 2013年8月5日，由中共楚雄州委宣传部主办、州文化体育局等单位承办、北京共达文化发展有限公司等单位协办的首届“楚雄读书节暨全民阅读活动”在楚雄市开发区市民广场启动，“百万好书”图书展、现场经典诵读、现场书法比赛等精彩活动吸引众多市民驻足。活动组织全国上百家出版社，精选出5万余种近百万册图书及音像制品参展。北京共达文化发展有限公司还向楚雄州部分农村小学、村（居）委会、文化室捐赠了1万余册价值约20万元的图书。

［刘培星］

新闻出版

【世界知识产权日活动】 2013年4月26日，楚雄州新闻出版（版权）局联合州知识产权局等单位，在世界知识产权日举行以“拒绝盗版，拥抱梦想”为主题的绿书签活动，并对《著作权法》、《著作权法实施条例》等相关法律法规进行集中宣传，对2013年度侵权盗版及非法出版物进行集中销毁，共销毁执法机关查处收缴的非法出版物2.08万件，其中淫秽色情出版物930件，盗版图书9397册，盗版音像制品1.04万件。

【政府机关软件正版化】 2013年，楚雄州各级政府机关累计投入正版软件购买资金及工作经费360余万元，对政府机关所有未经合法授权使用的计算机软件进行了全面的安装更换，全面完成了全州政府机关软件正版化检查整改工作任务。研究制定并出台了《楚雄州政府机关使用计算机正版软件管理规定》，从政府采购、审计监督、使用管理等方面规范和完善政府机关使用计算机软件产品行为。

【扫黄打非】 2013年，中共楚雄州委调整充实了州“扫黄打非”领导小组机构和人员，在年初制定的全州“扫黄打非”行动方案中，明确“只能加强、不能削弱”工作总要求。年内，组织开展了网络淫秽色情信息专项治理“净网”行动、深化查堵有害出版物专项治理“清源”行动、打击网络侵权盗版专项治理“剑网”行动、开展非法报刊专项治理“秋风”行动4个专项行动。对出版物市场、印刷企业、互联网络开展清理和查堵，封堵查缴各类政治性有害出版物、非法报刊期刊图书音像制品和医疗广告印刷品，集中整治网络淫秽色情信息，严厉打击网络侵权盗版行为。各级“扫黄打非”执法机构共出动检查人员1423起，检查出版物市场、店档摊点1284个，检查印刷复制企业531户次，取缔关闭出版物市场、店档摊点2个，查缴侵权盗版出版物5323件，查办“扫黄打非”案件11件。

【行政审批事项下放】 2013年，楚雄州新闻出版（版权）局共办理行政审批事项300余项。按照国家和省、州各级人民政府关于实施简政放权、清理、取消、调整和下放部分行政审批事项的要求，认真对州级行使和履行的行政审批事项进行清理，根据行业发展变化需要，将适于县（市）主管部门就近就便办理的2个审批事项下放，做好省级下放到州级的5项审批事项、2项审核事项的承接办理和公告工作。

［刘培星 张志强］

文物博物

【文博工作概况】 2013年，楚雄州共有41处文物点被公布为重点文物保护单位，其中全国重点文物保护单位6处，州级重点文物保护单位37处，至年末，全州共有各级重点文物保护单位384处，其中国家级10处，省级29处，州级65处，县（市）级280处。元谋县大乌头禾红军标语遗址、楚雄市白土玉皇阁维修工程启动；姚安县光禄文昌宫、永仁县夏氏故居维修方案通过论证批复；楚雄市团山土主庙、禄丰潘氏宗祠、姚安龙华寺维修工程竣工验收。第一次全国可移动文物普查工作有序开展，完成了摸底调查工作。开展了牟定华峰山塔林调查、州境古道调查、武定猫街恐龙化石点调查等工作。配合省考古研究所对成都至昆明（米易—广通段）改建铁路、武定至易门一级公路沿线进行了前期文物调堪。全年共征集汉代青铜器，明代青花盖罐，清代、民国民族文物，清代书画作品等各类文物180件。由州博物馆与台湾、加拿大等地区和国家相关研究机构人员联合研究的重大学术成果《中国早侏罗纪恐龙胚胎含有机残留物的证据》一文，被国际权威科学期刊英国《自然》杂志作为封面故事刊登，引起世界古生物界的广泛关注，由此开启了一个新的研究学科——“恐龙胚胎学”。举办临时展览6个，实施了历史厅、古生物厅精品文物数字化虚拟展示系统工程提升，增加了博物馆的陈列展览方式，实现了静态展示与动态展示相结合，实物展示与虚拟展示相结合；建设了语音导览工程，把博物馆的讲解方式，由过去的人工讲解向语音导览智能化讲解方式转变。继续推进“流动博物馆”展览进社区、进工厂、进学校、进军营、进农村、进机关等巡展活动，举办巡展24次。发放展览折页和宣传材料2000份。州博物馆全年累计接待观众近百万人次。

【文物保护单位公布】 2013年，楚雄州共有41处文物点被公布为重点文物保护单位。其中，全国重点文物保护单位6处，元谋古猿化石地点、大墩子遗址、万家坝古墓群、德丰寺、楚雄文庙、星宿桥和丰裕桥；州级重点文物保护单位35处，英武哨古驿道、姚州都督府遗址、石羊银矿遗址、中村山后矿冶遗址、杞彩顺营地遗址、老尖山古战壕遗址、环州土司江防遗迹群、杨家山石棺墓群、王锡衮墓（衣冠冢）、龙山祖师墓、华峰山塔林、紫顶寺塔林、旧城通远桥、文笔山白塔、凉山活佛寺、牟定白塔、罗次温泉、赛宝坝、永定铁索桥、锁水塔、马游义学馆、地索吊索桥、河里渡杨氏宗祠、己梯彝文碑、昙华石刻、龙山石刻、为疆界滇蜀各有攸分等事碑（含民事判决碑）、卡莫摩崖石刻、石头庵石刻、达诺王彩旧居、梨树园滇缅铁路石拱桥、迤纳厂土高炉、毕昌杰烈士墓、一平浪移卤就煤工程遗址、滇缅铁路禄丰炼象关桥隧群。

【华峰山塔林调查】 2013年2月25日至3月3日，楚雄州博物馆文物管理部、考古研究部、牟定县文物管理所联合对华峰山塔林进行调查。调查组对15座塔、22座墓进行了包括摄影、测量、绘图等数据的采集工作，并划定了保护范围和建设控制地带。华峰山塔林建于清代，总占地约600平方米，为雪梅庵僧人墓。塔林处于海拔2255米的华峰山密林中，一直不为人所知，2012年7月，因华峰山一带建风机发电装置修通了路，当地人徐增秦租山开农家乐，意外发现了塔林。华峰山塔林建造于清乾隆至咸丰三年（1736～1853），塔均为覆钵式石塔，由地宫、塔基、须弥座、塔身、塔刹组成，顶置摩尼宝珠，塔、墓上石雕技艺精湛，图案精美，寓意深刻，是反映清代楚雄地区佛道文化融合的一个佳例，对研究牟定县清代民俗、宗教文化及建筑艺术具有极其重要的价值和意义。已公布为全州第三批重点文物保护单位。

【禄丰恐龙胚胎研究成果登上《自然》杂志封面】 2013年4月11日，由楚雄州博物馆科研人员参与的楚雄禄丰恐龙胚胎化石研究最新成果刊载在英国学术权威杂志《Nature》(《自然》)，并作为封面故事。楚雄禄丰恐龙再次引起世界瞩目。禄丰恐龙胚胎的研究是由国际著名古生物专家领衔，楚雄州博物馆、禄丰恐龙博物馆科研人员直接参与的国际合作项目，首度开启了“恐龙胚胎学”研究的新领域，他代表了大约20只不同发育时期的长颈蜥脚类亚目个体，是禄丰地区最常见的恐龙种类，年代可以追溯到侏罗纪早期，是已知的最古老的胚胎期恐龙的痕迹。不仅如此，研究人员对这些恐龙骨组织样本进行光谱分析后发现了“胶原蛋白”，这是地球上最古老的脊椎动物体内保存的有机残存物。故禄丰恐龙胚胎的发现，无论从年代的远古，或从能够提供研究恐龙胚胎学崭新契机的角度来说，在化石记录上都是绝对珍贵的。12月，禄丰恐龙胚胎的照片被《自然》杂志选为年度相片。

【州境古道调查】 2013年7月，楚雄州博物馆开展了州境古道调查工作，至10月末，已完成对武定、元谋、永仁、大姚、姚安、南华、牟定7个县的野外调查。调查组采用野外实地调查、数据测量与走访村民、查证资料相结合的方法，基本摸清7个县境内的古道分布及其与周边州（市）、县（市）的连结关系。该项目为州博物馆2013～2014年重要研究课题之一，按武定—元谋—川滇界（姜驿乡）；川滇界（拉鲊渡）—永仁—大姚—姚安—大理界；昆楚界（老鸦关）—禄丰—楚雄—南华—楚大界（普淜）；牟定—楚雄—双柏—楚（雄）景（东）几条调查路线，对州境内民国元年前开通并使用过的古道进行调查，调查内容包括历史沿革、线路走向、用途、规模及沿线文物遗迹状况、保护和开发利用前景等。

【文物数字化虚拟展示及语音导览系统建设】 2013年6月，楚雄州博物馆以历史文物厅为试点，精选有代表性的青铜、瓷器等历史文物，通过数字化虚拟技术，将文物图像通过显示屏360度收缩、放大旋转，形成静态展示与动态展示、实物展示与虚拟展示相结合的全方位展示，使文物展示更加细腻生动。7月，展厅安装语音导览系统设备，完成了由人工讲解方式向现代语音导览系统讲解方式的转变。

【文物安全检查】 2013年8～9月，楚雄州文物部门开展文物安全大检查工作，对州内所登录的819处不可移动文物中的657处及4个文物机构进行检查，发现安全隐患150个，其中135个年内已完成整改。隐患主要表现为古建筑消防、安防设施配备不全，电路存隐患；大型经济建设中，有的文物被损毁；地处荒郊野外的文物有被盗现象；一些新旧石器遗址保护范围内有地表种植及葬坟现象；因文物保护经费不足，文物得不到及时修缮，有漏雨及濒临倒塌现象；自然灾害对文物造成危害。州文物管理所不定期到各县对重点文物保护单位进行安全巡查，发现安全隐患及时通报并督促文物部门认真加以整改。

【元谋磨盘山遗址出土资料整理】 2013年9月，元谋磨盘山新石器遗址资料整理工作全部结束。整理完成遗址出土实物的清洗、核对、拼对、修复、分类、统计、绘图、拓片和制卡等工作，并完成陶片的类型学分析，遗址分期、出土人骨的体质人类学分析以及动物骨骼的种属初步鉴定，完成部分原始记录的核查和修正，共计整理标本300余件，陶片和动物骨骼800余袋。

【州博物馆甲级古生物化石收藏单位通过省级评定】 2013年10月11日，楚雄州博物馆到云南省国土资源厅参加古生物化石收藏单位定级评审会，所申报的甲级古生物化石收藏单位申报材料在评审会上得到专家的全票通过和一致好评，待上报国家化石委员会最终审核。

【国有单位文物摸底调查】 2013年11月，楚雄州第一次可移动文物普查业务办公室组织10县（市）普查办，对州内3031家国有单位进行调查，发放调查表3031份，收回调查表2983份，调查完成率98.4%。反馈有文物的单位109家，包括博物馆4家、图书馆7家、档案馆9家、其他单位89家，共反馈文物数量3.6万件套。

【文物征集】 2013年，楚雄州博物馆先后10批次征集到汉代青铜器、明代青花罐、清代至20世纪80年代民族文物、清代至当代书画作品等文物180件。其中3月18日，征集了40套（件）西南少数民族服饰及绣品，涉及广西壮族自治区、贵州省、云南省各地的壮族、苗族、水族、瑶族、侗族、彝族等，文物类型涵盖织锦被面、围裙绣片、衣服绣片、背带绣片、袖口绣片、披肩绣片、帐帘绣片、儿童帽、服饰套装等近10个种类。5月16日，在武定县征集到10件彝族文物，包括四川凉山清末彝族马鞍1套；20世纪50年代武定县东坡乡白马口彝族纯麻捕猎网1件；20世纪50年代武定县已衣乡江边村干彝麻布服饰1套；20世纪50年代武定县猫街镇三家村红彝火草褢背2件；20世纪50年代武定县猫街镇五乍甸村红彝火草背披2件；20世纪50年代武定县猫街镇五乍甸村红彝服饰1套；民国时期武定县猫街镇大羊圈村红彝肚兜1件；民国武定县万德乡发土窝村黑彝服饰1套。5月26日，征集到6件历史文物，包括禄丰县黑井镇明代青花凤穿牡丹纹盖罐1件；禄丰县仁兴镇大猪街西汉双耳铜釜1件；禄丰县仁兴镇大猪街战国末年铜斧2件；禄丰县仁兴镇大猪街西汉青铜镯1件；楚雄市清代果成竹石图1件。

【文博展览】 2013年，楚雄州博物馆在馆内举办了“楚雄州职工书画艺术展”、“楚雄州人社系统庆祝建党92周年书画摄影”、“故乡的守望者——罗江水墨艺术巡展”、“彝山情——梁春达中国画作品展”、“辞旧迎新书画展”，并从广州博物馆引进“海贸遗珍——清代广州外销艺术品展”。

【流动博物馆展览】 2013年，楚雄州流动博物馆共展览24场次，接待观众7万余人次，发放宣传资料2000余份。在双柏县安龙堡乡中小学、大麦地乡中小学、妥甸镇九石完小、妥甸镇幼儿园、妥甸镇中山春蕾小学及乡（镇）展出9场次，在牟定县城周边学校展览6场次，在禄丰县中村乡及附近学校展览4场次。流动展览在桃园湖广场开展了“5·18国际博物馆日”纪念展览和“世界遗产日”主题展览，在驻楚77281部队和武警楚雄支队开展进军营展出活动。

【《楚雄州不可移动文物名录》编讫】 2013年，楚雄州文物管理所按照国家文物局《第三次全国文物普查不可移动文物名录编制规范》，组织编辑了《楚雄州不可移动文物名录》。《名录》以普通A4纸彩色打印，分上下两册，收录了全州登录的不可移动文物632处，以县域为单位按乡（镇）进行编排，内容包括古遗址、古墓葬、古建筑、石窟寺及石刻、近现代史迹及重要代表性建筑和其他共6大类，明确了各项不可移动文物的名称、所处位置、年代、类别、保护级别，并简要介绍了各项不可移动文物的基本情况，配备了相关照片，旨在供资料查阅，加强全州第三次全国文物普查成果的利用和转化。

【全国重点文物保护单位姚安龙华寺通过验收】 2013年12月21日，云南省文物局在姚安县主持召开全国重点文物保护单位姚安龙华寺文物保护工程竣工验收会议，清华大学、中国文化遗产研究院、故宫博物院、云南省文物考古研究所相关专家对全国重点文物保护单位龙华寺整体修缮工程进行验收。专家组一行通过现场检查姚安龙华寺文物保护工程实施情况，听取工程实施业主、设计、施工、监理等单位关于维修工程的情况汇报，在查阅技术及行政文件等竣工资料后认为，姚安龙华寺文物保护工程严格按照《文物保护法》及文物维修保护工程相关规定、规范履行文物维修程序，项目管理规范。维修工程符合文物保护法“不改变文物原状”的修缮原则，作为震后文物保护抢险工程，最大限度地保存和利用了原构件，满足了设计及相关规范要求，达到了技术验收的要求，施工质量合格，同意通过技术验收。该工程投资1709万元，于2009年10月开工，2012年6月竣工，主要对大雄宝殿、钟楼、客房（北厢房）、碑亭、地藏殿、方丈室、鼓楼、藏经楼、禅房、圆通殿、后轩北院进行整体修缮和山门两侧墙体加固工程，并实施了龙华寺古建筑群的防雷工程和消防工程。

［杨丽美］

楚雄日报

【楚雄日报社工作概况】 2013年，楚雄日报社紧紧围绕中共楚雄州委、州人民政府的中心工作，认真落实“强基础、增实力、抓创新、促转型”工作思路，不断提升党报宣传水平和内部经营管理能力，编辑记者撰写的45件新闻作品分别获得中国地市报好新闻、云南省好新闻、云南报业好新闻一、二、三等奖；5名干部职工分别受到州委、州人民政府的表彰奖励；楚雄日报传媒有限公司印务中心承印的《楚雄日报》连续第七次获得云南省报业协会、云南省印刷行业协会印刷质量评比金质奖。2014年度，《楚雄日报》征订发行数首次突破3万份，达3.03万份；《楚雄晚刊》征订发行1.32万份。

【党的十八大精神宣传】 2013年，楚雄日报社统筹《楚雄日报》、《楚雄晚刊》、《彝州手机报》“三报”资源，加强宣传策划，改进报道手法，系统、深入地宣传党的十八大精神。开设“认真开展党的十八大精神宣讲”、“学习贯彻党的十八大精神，推进富民强州进程”、“学习贯彻党的十八大精神论坛”、“贯彻十八大，促进新发展”等栏目，系统解读和深入宣传党的十八大精神，报道全州学习宣传和贯彻落实十八大精神的务实举措，引导干部群众形成共识，形成共筑“中国梦”，共建富裕、文明、和谐新彝州的整体合力。

【州委八届三次全体（扩大）会议精神宣传】 2013年，中共楚雄州委八届三次全体（扩大）会议召开后，楚雄日报社精心策划选题，安排记者分组到县（市）和州级相关部门就学习宣传全会精神情况进行采访报道。同时，为帮助干部群众学习领会和贯彻落实好全会精神，坚定信心完成既定目标任务，《楚雄日报》在一版开设专栏，以“真抓实干，跨越发展，同步小康”为主题，及时刊发《开启同步小康新征程》系列评论员文章，对全会的主要精神进行阐述，充分发挥评论的思想引导作用，彰显了党报媒体在舆论引导上的“力度”。

【州“两会”宣传】 2013年，楚雄日报社党委重视“两会”宣传报道，精心策划，开设“真抓实干，成就辉煌”栏目，刊发《风机山头旋转，钛业形成链条》、《财政收入增，农民腰包鼓》等稿件，大力宣传上一年全州经济社会发展取得的新成效；开设“人大政协工作回眸”栏目，回顾宣传了州人大常委会和州政协常委会上年工作亮点。州“两会”期间，整合采编力量，创新报道手法，推出“两会”专页，通过消息、图表、图片、侧记、“两会”热词、记者博客、社论等形式，多角度聚焦“两会”，多渠道反映群众心声，提升“两会”宣传报道水平。

【“桥头堡”建设宣传】 2013年，《楚雄日报》开设“培强绿色产业，发展现代农业”、“抓牢实体经济，推进彝州发展”栏目，以州重点督查的“3个30”重大项目为重点内容，集中力量宣传烟草、冶金化工、生物医药、绿色食品、文化旅游、新能源新材料六大重点产业建设典型，挖掘产业培植、重点项目建设和推进情况的亮点，引导全州形成发展实体经济，加快富民强州的舆论环境。

【抗旱救灾工作宣传】 2013年，《楚雄日报》、《楚雄晚刊》、《彝州手机报》“三报”联动，开设“抗旱·保民生”栏目，增强干部群众战胜持续旱灾的信心。做好动态性旱情发展情况报道，突出宣传全州各级各部门抗旱救灾所采取的有效举措和取得的成绩、经验及启示，集中宣传干部群众自力更生、互帮互助、齐心协力抗旱救灾的先进典型，刊出《大姚“三棵树”，节水又致富》、《禄丰——工业节水渡“旱关”》、《双柏——包保责任制抗旱》、《滴灌润泽黄土地》、《支书送水记》等一批富有经验性及启示性稿件，提振干部群众战胜自然灾害的信心，形成了全州上下团结一心抗旱保民生的工作合力。

【党建活动宣传】 2013年，《楚雄日报》继续推进创先争优、学习型党组织建设、“四群”教育为重点的党建宣传。新开设“学习推广插甸经验，做好党的群众路线教育活动准备工作”栏目，全面总结全州“四群”教育工作成果；开设“插甸经验深度报道”栏目，组织采编人员深入插甸进村入户采访，以系列评论和系列报道相结合的形式，深入宣传“插甸经验”的特色和亮点，《“机关干部”变身“村常务”——“插甸经验”系列报道之一》及《领导带头做示范——学习“插甸经验”系列评论之一》陆续见报后，在全州干部群众中反响强烈，并得到州委领导的批示表扬。

【贯彻中央“八项规定”宣传】 2013年，中央《关于改进工作作风、密切联系群众的八项规定》印发和省委贯彻“八项规定”、改进工作作风、密切联系群众的具体部署和要求出台后，楚雄日报社及时刊发州委贯彻中央和省委规定的《实施办法》，在《楚雄日报》一版头条位置转发《狠刹浪费之风》、《反对浪费从领导干部做起》等人民日报社评论员文章，及时将各级党委要求传递给干部群众。随后，开设“贯彻八项规定，改进工作作风”、“责任、担当、实干”、“厉行节约，反对浪费”等栏目，宣传全州各级各部门和党员领导干部贯彻“八项规定”、弘扬党的优良传统和作风，率先垂范、真抓实干、凝心聚力、加快发展的务实之举，推动“八项规定”落实向纵深发展。

【党的十八届三中全会精神宣传】 2013年，楚雄日报社及时转发新华社通稿和《人民日报》社论，全文转发《中共中央关于全面深化改革若干重大问题的决定》及习近平总书记《关于〈中共中央关于全面深化改革若干重大问题的决定〉的说明》；为迅速掀起全州学习宣传和贯彻落实党的十八届三中全会精神热潮，及时策划推出专题专栏，开设“学习宣传贯彻十八届三中全会精神”、“十八届三中全会精神宣讲”等栏目，高密度对党的十八届三中全会精神宣讲情况及各级各部门学习贯彻情况进行跟踪报道；《楚雄日报》连续刊出《突破思想不够解放的关卡》等10篇评论员文章，不断把贯彻落实党的十八届三中全会精神工作引向深入。

【精神文明建设工作宣传】 2013年，楚雄日报社加强资源统筹，注重宣传策划，开设“彝州文明风”、“文明楚雄行动”、“美丽楚雄，身边好人”、“德耀彝州——楚雄州道德模范候选人先进事迹”、“‘文明楚雄行动’巡礼”等栏目，多角度、多形式宣传全州精神文明创建活动的鲜活做法和经验，大力宣传李亚威和楚雄州第三届道德模范、楚雄州首届美德少年的先进事迹，传递正能量，引领新风尚。《楚雄晚刊》、《彝州手机报》加强与工商、城管、交警等部门的联系，加大城区市场违法经营、交通违规等稿件刊发力度，倡导文明、鞭笞陋习，发挥了媒体的舆论监督功能。

【报纸改革改版】 2013年，楚雄日报社精心组织实施了新一轮改革改版。认真执行《楚雄日报社宣传策划及编前会制度》，做到每月有专题宣传策划，每季度有较大宣传策划，加强深度采访或追踪报道，有效提升党报舆论引导力和宣传质量。实施《楚雄日报社好稿件好版面评选奖励实施办法》、《楚雄日报社记者绩效考核办法》，对“采”和“编”两个关键环节进行科学量化考核，极大的调动了采编人员的创新热情和工作积极性。版式设计上突出时代感和时尚感，让读报更加方便；稿件采写上倡导以新闻价值决定报道的取向，内容要贴近和丰富，文风要清新和简明，精简、压缩会议报道，切实改进领导活动的报道，头版头条不再是长篇会议或者领导行程消息，大量民生类稿件摆上突出位置，改版工作受到社会各界的广泛好评和认同。

【品牌栏目打造】 2013年，楚雄日报社结合民族文化强州战略的实施，抓住贴近基层、贴近群众的地域性和本土性等优势，重点在风土人情、传统文化、历史典故、人文景观等方面着力。开办“故乡之恋”、“踏访彝山”等栏目，刊发《到土官看桃花》、《家乡的野菜》、《漫游彝人古镇》等一系列反映本地社会生活、风土人情的作品，增强了报纸的可读性，形成了《楚雄日报》较为鲜明的地域特色，“马樱花”、“紫溪”、“旅游”、“文化”等具有彝州本土特色的专栏品牌基础进一步得到夯实。继续打造好“走基层，一线采访”栏目，不间断刊出富有生活气息的稿件。《最美还是新农村》、《龙王庙村的变迁》、《听马石铺乡亲议村规》等文章，生动直观地反映了基层群众的喜怒哀乐和生活变化，紧贴民生民情，受到基层群众和广大读者好评。认真落实采编人员联系县（市）宣传工作制度，定时向各县（市）提示宣传重点，定期与县（市）宣传部研究版面主题和策划、稿件组织和质量提升等问题，从而使“县（市）新闻”宣传栏目较好地宣传各县（市）重点和特色亮点工作，使“县市新闻”栏目成为各县（市）展示自我、交流经验、促进工作的专栏品牌。

【楚雄日报传媒有限公司】 2013年，楚雄日报传媒有限公司稳步发展印务、广告等传统产业。制定《楚雄日报传媒有限公司广告管理暂行办法》，规范广告业务运行流程。增设公司工程管理部，增加技术人员，制定《楚雄日报传媒有限公司工程管理部暂行办法》，确保该部门规范有序运转。加强已建成的公共读报栏的经营和管理，理顺报纸运送和张贴、公共读报栏运行及维护等关系；全力推进其他县公共读报栏和广告果皮箱建设项目，在禄丰、元谋、双柏、牟定、永仁5县县城所在地建成公共读报栏68块，在大姚、元谋、双柏、牟定、永仁、牟定、南华、武定8县县城所在地建成广告果皮箱1000只。至年末，共计建成公共读报栏155块、广告果皮箱1100只，基本建成覆盖州内10县（市）城区的公共读报体系，总投资600万元。

［高仕龙］

图　书

【公共图书馆概况】　2013年，楚雄州有公共图书馆11个，其中，国家一级馆4个，国家二级馆4个，国家三级馆3个。公共图书馆馆舍总建筑面积2.07万平方米，图书总藏量120余万册件，其中州图书馆藏书40.51万册件。全州公共图书馆免费开放阅览室70个，开放面积9494平方米；开放电子阅览室终端数303台，开放时间3.39万小时。

【读者服务】　2013年，楚雄州公共图书馆接待读者106.43万人次，其中州图书馆接待读者22.16万人次。举办公益讲座282次，参加人数5.59万人次；举办展览123次，接待群众5.57万人次；举办培训151次，共培训2.16万人次；免费新办图书借阅证5426个，新增图书5万余册。

【数字图书馆推广】　2013年3月，楚雄州图书馆“手机图书馆”开通，读者通过手机、平板电脑等登录后即可进行馆内图书查询、预约，在线阅读1000余种书籍、报刊、杂志。11月，州文化体育局成立“楚雄州图书馆数字图书馆推广工程领导小组”，“数字图书馆推广工程”工作全面启动，成为云南省第二批实施“数字图书馆推广工程”的10个州（市）之一。楚雄州的“数字图书馆推广工程”计划用2013～2015年3年时间，分别完成硬件平台建设、数字图书馆虚拟网建设、新媒体服务和资源专题库建设、各级数字图书馆为节点的数字图书馆虚拟网和分布式数字资源库群建设，从而实现通过借助各级公共图书馆和手机、数字电视、移动电视等新媒体，向公众提供多层次、多样化、专业化、个性化的数字图书馆服务。

【第五次公共图书馆评估定级】　2013年6月，由云南省文化厅、楚雄州文化体育局组织的专家组分别对州图书馆和各县（市）图书馆各项工作进行全面、深入、细致检查，并对照评估标准逐项打分，汇总后上报国家文化部审核定级。经文化部审核评定，州图书馆、大姚县图书馆、禄丰县图书馆、楚雄市图书馆评定为国家一级图书馆，武定县、姚安县、牟定县、永仁县图书馆评定为国家二级图书馆；双柏县、南华县、元谋县图书馆评定为国家三级图书馆。

［普家清］

【楚雄新华书店有限公司】　2013年，楚雄新华书店有限公司不断强化“以人为本、开拓进取、优质高效、争创一流”的企业文化理念，全面贯彻落实“三个三分之一”发展战略及“双十”增长目标要求，全年实现销售收入1.1亿元，实现利润415.95万元，销售额和利润增长均达10%以上，被省图书公司评为2013年度“销售贡献奖”。

［刘劲松］

【昆明新知（楚雄）图书城】　昆明新知（楚雄）图书城于2003年3月开业，拥有营业面积1680平方米，上架图书品种11万个。开业11年来年，累计销售额达1.02亿元，上缴税收突破200万元；向社会捐赠图书6555册，总价值约13万元；从2004年开始，每年向楚雄师范学院贫困学生捐款1万元，至2013年末共计捐款10万元。

［张　伟］

广播电视

【广播电视工作概况】　2013年，楚雄州广播电视局牢牢把握正确导向，加强新闻宣传，保障安全播出，加快事业发展，加强行业管理，全面加强党的建设和队伍建设，着力提升全州广播电视的综合实力、竞争力和影响力。全局新闻宣传、事业建设、安全播出、行业管理、电影管理、产业经营等各项工作取得较好成绩。精品工程建设取得成效，组织开展全州广播电视奖评选活动，评选出广播电视新闻、社教、播音主持、文艺、广告、论文优秀作品78件。州级广电系统有2件电视作品获得国家级奖励，其中《稻花飘香》获国家级二等奖；有57件广播电视作品获得省级表彰奖励，其中有14件广播电视作品获得一等奖；《法庭内外》获得全省“十佳栏目”称号。楚雄电视台报送的新闻在央视各档栏目播出35条；在云南电视台播出764条，1.25万分钟，在全省16个州（市）上省播出新闻中排名第一。州广播电台报送的稿件在中央广播媒体播出稿件、节目42条（组），在云南人民广播电台播出稿件、节目1258条（组），播出稿件、节目数量名列全省州（市）电台第一，获得全省广播新闻宣传通联工作先进集体一等奖，连续12年获得这一荣誉。

【改进新闻报道】　2013年，楚雄州广播电视媒体改进新闻报道工作，严格执行相关规定，对全州性的会议和州级领导出席的活动，根据工作需要、新闻价值、社会效果等进行报道。改进了时政新闻栏目的编排结构，突出重要新闻。州广播电台和楚雄电视台分别出台了《切实改进新闻报道实施的意见》，对改进时政报道、选择报道内容、丰富报道形式、创新语言风格等作了明确规定，要求记者坚持“三深入”，将镜头和话筒对准基层和群众，使来自基层一线的新闻明显增加，会议类新闻的时长和稿件数量得到调整和压缩，新闻报道更加关注民生、关注基层。

【“走转改”活动】 2013年，楚雄州广播电视媒体继续深入开展“走转改”活动，组织记者深入基层采访，采制鲜活生动，反映基层群众生产生活，反映百姓心声的新闻。深入宣传各级各部门从本地区本部门本单位实际出发，践行以人为本、执政为民理念，切实解决好人民群众的根本利益和现实利益的生动实践。将镜头和话筒对准基层和群众。

【党的十八大精神宣传】 2013年，楚雄州广播电台和楚雄电视台开设“深入学习贯彻十八大精神，全力开创富民强州新局面”、“科学发展成就辉煌”等系列专栏，深入报道全州各级各部门将党的十八大精神落实到经济、政治、文化、社会、生态文明建设中的生动实践和成功经验，充分反映州委、州人民政府以党的十八大精神为指导，创新机制、制度的具体举措和取得的成效。

【抗旱保民生宣传】 2013年，楚雄州广播电视局开展系列抗旱保民生宣传活动。着重报道全州各县（市）、各基层部门真抓实干，投身抗旱一线，切实为民做实事解难题的典型，积极协调省台和中央台报道楚雄州抗旱保民生实情，争取社会各界支持。

【“中国梦”宣传】 2013年，楚雄州广播电视局围绕推动社会主义核心价值体系建设，大力宣传“中国梦”和文明楚雄活动，开展好“诚实劳动·实现梦想”、“文明楚雄行动”、“美丽楚雄·身边好人”、“美德少年”等主题活动宣传报道，反映全州精神文明建设、文明楚雄建设中的亮点，弘扬社会正气、歌颂真善美、引领社会风尚、树立先进典型。

【“户户通”工程】 2013年，楚雄州实施第一批直播卫星“户户通”建设任务为12.2万户。至年末，全州第一批工程建设录入12.2万户，开通11.62万户，开通率95.28%，有47.8万名农村群众从中受益。解决了全州偏远山区人口在20户以下的自然村群众收听收看广播电视难的问题。

【高山台站节目传输保障】 2013年，楚雄州各级广播电视机构投入894.63万元，实施台站建设和安全播出系统建设，完成技术系统升级改造，夯实安全播出基础设施，实现重要会议、重大节日期间，全州广播电视传输安全、播出安全，重大活动、重点时段、重要节目零秒停播的工作目标。争取财政资金82.3万元，实施永仁县方山广播电视发射台低压供电线路和配电柜改造、禄丰县五台山抽水工程、楚雄市紫溪山高压线路改造项目建设，提高各台站广播电视节目传输保障能力。

【地面卫星接收设施整治专项行动】 2013年，楚雄州广播电视局协调工商、公安、工信委、综治办、610办等部门开展非法经营卫星接收设施联合整治行动，查收一批非法卫星接收设施，拆除非法安装的设施。对收缴的600余套非法地面卫星接收设施进行了集中销毁。

【公益电影放映】 2013年，楚雄州共放映农村公益数字电影1.24万场，超额完成全年放映任务32场。放映覆盖全州10县（市），覆盖率100%，观众达220余万人次。在全州13个广场电影放映点，每周周末和节假日组织1～2场放映活动，放映广场电影1518场，观众达231万人次。其中，楚雄市的广场公益电影基本实现天天放映，形成了良好的放映机制。按照《云南省关于妥善解决乡镇（公社）老放映员历史遗留问题的实施意见》，在全州组织开展老放映员身份认定、工作年限认定、放映员相关资格认定，以及老放映员调查、登记、审核、待遇落实报批等工作，解决老放映员历史遗留问题。

［余海晏］

档　案

【档案工作概况】 2013年，楚雄州各级档案部门和档案工作者紧紧围绕档案工作“三个体系建设”，务实进取、真抓实干，实现了常规工作有亮点、难点工作有突破，全州档案事业科学发展，成效显著，在档案业务建设、县级国家综合档案馆库建设、数字档案馆建设等工作方面走在全省前列，受到了国家、省、州各级部门和领导的充分肯定。年度综合绩效考核、惩防体系建设和落实党风廉政建设责任制工作均被州委、州人民政府评定为优秀单位。

【档案馆综合创建】 2013年，楚雄州档案馆综合创建工作成效显著。12月19日，楚雄州档案馆顺利通过国家档案局、省档案局专家组的实地认定验收，分别顺利晋升国家一级档案馆和省级综合示范档案馆。在云南省146个国家综合档案馆中，第二家晋升国家一级综合档案馆，获行业内最高荣誉。州人民政府副州长邓斯云代表楚雄州人民政府接受了国家档案局授予的“国家一级综合档案馆”牌匾。

【县级国家综合档案馆项目建设】 2013年，楚雄州加强县级国家综合档案馆项目建设。元谋、姚安、牟定3县的档案馆于年内开工建设；楚雄、大姚两县（市）档案馆建成投入使用，楚雄市档案馆库建设工作被国家档案局总结为“楚雄模式”在全国推广；永仁县档案馆主体工程封顶并转入内部装修施工；南华、武定、禄丰3县档案馆项目建设可行性研究报告通过了省档案局、省发展和改革委员会等部门组织的专家评审。

【档案资源体系建设】 2013年，楚雄州档案局认真贯彻国家档案局《各级各类档案馆收集档案范围的规定》，从源头上抓档案资源建设，制定了《楚雄州档案馆收集档案范围实施细则》并报省档案局审批。年内，全州11个综合档案馆共接收、征集进馆档案29581卷62849件，珍贵照片、彝绣、书画作品等特色档案100余件；抢救保护民国档案等重点档案848卷17109页。州、县（市）档案馆的馆藏数量、馆藏结构得到进一步的丰富和提升。

【档案利用体系建设】 2013年，全州各级档案部门进一步加强档案利用体系建设，各级档案部门共接待查阅利用档案2137人次，调阅档案7469卷。年内，投入资金170余万元，为州档案馆和楚雄市档案馆、大姚县档案馆新布置了展厅，配置了电子档案查阅利用的计算机及查阅利用识别系统、触摸屏、目录柜、查阅用及休息用的桌椅等设施设备，完善和提升了查阅大厅的功能和服务能力，以人为本，亲民、惠民、便民的新型公共档案馆建设目标基本实现。

【档案安全体系建设】 2013年，全州各级档案部门狠抓档案安全体系建设，楚雄、大姚两个新档案馆完成新馆搬迁并投入使用，改善了县（市）的档案安全保管条件。同时，州档案馆与德宏、临沧两州（市）档案馆进行了馆藏数字档案数据的异地备份，强化了馆藏档案和数字档案的安全防范。

【数字档案馆建设】 2013年，楚雄州州、市两级政府分别投入资金214.58万元和115万元支持州档案馆和市档案馆启动数字档案馆建设工作，两个档案馆均采购了服务器、存储阵列、软件系统、数据库等软硬件设施设备。州档案馆完成了176万页馆藏珍贵档案的原文数字化扫描加工，制定了档案数字加工工作的各种规章制度，初步完成了州档案馆建设数字档案馆软、硬件架构和平台的搭建。5月，州编委下达文件，为州档案局增设电子文件备份管理科，增加1名实职正科级领导职数，加强了对州档案局信息化工作的组织领导。9月9日，州档案馆与楚雄师范学院图书馆签署馆际合作协议，实现电子档案和电子图书、期刊资料的资源共享，为打造新型公共档案馆提供了新的服务手段。

【档案工作规范化管理和重点建设项目档案工作】 2013年，楚雄州认真强化档案工作规范化管理和重点建设项目档案工作。州档案馆通过了国家档案局、省档案局组织的实地认定验收，分别顺利晋升国家一级档案馆和省级综合示范档案馆。双柏县创建社会主义新农村建设档案工作示范县工作顺利通过国家档案局组织的正式验收。全州34个党政机关档案室、8个企事业单位档案室、5个乡镇机关档案室通过了规范化管理认定。各级档案部门组织和参与了国家大（一）型水库青山嘴水库建设项目、云南禄丰勤攀磷化工有限公司120千吨每年含硫尾矿制酸配套3000千伏余热发电竣工验收、元谋大型灌区续建配套与节水改造2011年项目（第十一期）工程、牟定中屯水库除险加固工程、元谋麻柳水库除险加固工程、牟定龙虎水库等12个重点项目档案的专项验收。完成了州人社局医保、社保、就业等3个中心的档案规范化管理示范单位创建的全部准备工作，在8月省人社厅、省档案局组织的全省社保档案专项验收中顺利通过考核认定。

［李泓伶］

州人民政府副州长邓斯云代表楚雄州接受国家档案馆授予的“国家一级综合档案馆”牌匾 （州档案馆提供）

书法·美术·摄影

【职工书画艺术展】 2013年4月27日，由楚雄州总工会主办，楚雄州书法家协会、州博物馆和州书画院承办的“楚雄州职工书画艺术展”在州博物馆开展。

【罗江水墨艺术巡展】 2013年7月29日，由中共楚雄州委宣传部主办、楚雄州博物馆承办的“故乡的守望者——罗江水墨艺术巡展”在州博物馆开展。展出其创作并珍藏多年的画作30幅，以及入选《美术六十年——六十位著名中国画家作品集》的《毕摩·祭》等50余件作品，这些作品融入了罗江对中国传统文化和云南多民族人文背景的思考。

【清代广州外销艺术品展】 2013年9月24日，由楚雄州博物馆、广州博物馆联合举办的“海贸遗珍——清代广州外销艺术品展”在州博物馆举行开展仪式。展览共展出瓷器（青花、广彩）、象牙雕、通草画、丝绸等文物64件（套），真实再现了18、19世纪广州口岸对外贸易历史和东西方文化交流的社会景象。

［刘培星　周　媛］

（责任编辑：安孟勤）

卫生综述

【卫生工作概况】 2013年，楚雄州卫生工作以为人民群众提供安全有效的医疗卫生服务为目标，以深化医改为中心任务，以实施卫生惠民工程为重点，健全完善基层医疗和公共卫生服务体系，加强医疗安全监管、卫生人才队伍建设和行业作风建设，增强医疗卫生服务保障能力。农村居民基本医疗保障水平持续提高，新农合人均筹资340元，参合率98.44%，减免封顶线10万元。基本药物制度覆盖面持续扩大，在部分县级公立医院、民营医院实施基本药物制度。实施基层卫生基础设施建设项目108个，总投资4.84亿元，一批乡（镇）卫生院周转房投入使用，一次性化解乡（镇）卫生院历史债务，基层医疗卫生服务体系持续得到加强。基本公共卫生服务均等化水平持续提高，居民电子健康档案建档率86.15%，免费婚检率92.8%，妇女、儿童、65岁以上老年人健康管理更加规范。县级公立医院改革持续推进，禄丰县在国内首家二级医院实施“疾病诊断相关分组（DRGs）”支付方式改革和药品零差率销售改革，禄丰县人民医院被确定为全省6家事业单位法人治理结构改革试点之一。全州自愿无偿献血率100%。出台《基层中医药服务提升工程意见》和《实施方案》，建立加强中医药工作部门联席会议制度，中医药事业持续发展，元谋县荣获“全国基层中医药工作先进单位”称号。卫生综合行政执法水平进一步提高，食品安全综合协调职能充分发挥。全州孕产妇死亡率16.57/10万，婴儿死亡率6.96‰，传染病发病率156.31/10万，全州无甲类传染病疫情发生，州内发生7起突发公共卫生事件得到及时有效处置。社会对卫生系统行风综合满意率97.37%。省人民政府与州人民政府签订的《2013年卫生工作、防艾工作责任目标书》经考核，楚雄州卫生工作获全省第一名，防治艾滋病工作获全省第八名；省卫生厅与州卫生局签订的《2013年深化医药卫生体制改革责任状》经考核，楚雄州获全省第三名。

【食品安全综合协调职能移交】 2013年12月31日，楚雄州卫生局食品安全综合协调办公室的工作职能职责、人员、编制（2人）全部移交州食品药品监督管理局。2011年6月30日，州人民政府办公室印发《楚雄州卫生局主要职责内设机构和人员编制规定》，州食品安全委员会办公室——“食安办”设在州卫生局，负责全州食品安全综合监督，承担食品安全综合协调、组织查处食品安

2013年楚雄州医疗卫生机构、床位、人员情况统计表

县（市）	机构个数（个）				床位数（张）				各类人员合计	卫生技术人员（人）					其他卫生人员（人）						
	小计	医院	基层医疗卫生机构	专业公共卫生机构	小计	医院	基层医疗卫生机构	专业公共卫生机构		小计	执业（助理）医师	执业医师	注册护士	药师（士）	技师（士）	检验师（士）	其他	乡村医生和卫生员	其他技术人员	管理人员	工勤技能人员
楚雄市	392	25	357	10	5227	4554	557	116	6527	4170	1752	1557	2171	247	284	214	843	298	234	222	476
双柏县	106	2	101	3	631	435	175	21	624	316	168	128	119	29	31	22	29	148	23	23	54
牟定县	121	4	114	3	773	555	203	15	879	481	254	213	191	36	25	20	99	174	15	20	65
南华县	159	4	152	3	792	614	156	22	1123	549	281	223	219	49	37	23	91	235	63	34	114
姚安县	101	4	94	3	750	513	197	40	1101	564	285	208	238	41	39	30	185	188	29	33	63
大姚县	177	4	170	3	1172	832	320	20	1474	777	375	257	355	47	49	39	215	235	59	35	104
永仁县	92	2	87	3	485	300	165	20	642	287	150	122	121	16	17	13	89	151	12	22	64
元谋县	136	6	127	3	913	545	353	15	1131	704	319	254	342	43	56	38	76	179	27	13	76
武定县	156	4	149	3	1357	1109	212	36	1378	697	353	276	293	51	47	33	230	240	17	74	73
禄丰县	325	11	221	3	1477	1065	395	17	1987	1184	595	441	498	91	78	47	151	347	48	81	98
总　计	1675	66	1572	37	13577	10522	2733	322	16866	9729	4532	3679	4547	650	663	479	2008	2195	527	557	1187

全重大事故的工作，开展食品安全监测、风险评估和预警工作，承担重大食品安全信息分析与发布工作。之后，根据国家和省食品安全监管职能调整，食品安全综合协调职能不在由州卫生局行使，移交州食品药品监督管理局行使。

【卫生机构人员与床位】 2013年末，楚雄州有各级各类卫生机构1675个（含村卫生室、个体诊所）。其中，医院66个，疾病预防控制中心11个，妇幼保健院11个，卫生监督所11个，中心血站1个，乡（镇）卫生院114个，社区卫生服务中心（站）32个，急救中心（站）2个，健康教育所1个，个体诊所和医务室351个，门诊部15个，村卫生室1069个。全州卫生系统有各类人员（含个体开业人员、行政管理人员）1.69万人，其中卫生技术人员9729人，有执业（助理）医师4532人，注册护士4547人，药师（士）650人，检验师（士）497人，管理人员557人。有乡村医生2195人。平均每千人（按常住人口计算，下同）拥有卫生技术人员3.57人；医疗卫生机构实际开放病床床位（含乡镇卫生院、门诊部）1.05万张，平均每千人实际拥有医院病床3.86张。

【卫生基础设施建设】 2013年，楚雄州实施全科医师培养基地（州人民医院）项目，禄丰县、双柏县、牟定县、元谋县、姚安县5个县急救中心建设项目，南华县人民医院、姚安县人民医院搬迁新建项目，楚雄州人民医院儿科建设项目，楚雄州人民医院门诊医技楼建设项目，楚雄市中医院搬迁建设项目，禄丰县中医院搬迁建设项目，53个乡（镇）卫生院建设项目，43个村卫生室建设项目等卫生基础设施建设项目共108个，总投资4.84亿元。至年末，开工建设项目106个，完成投资1.53亿元，双柏县妥甸镇卫生院、元谋县黄瓜园镇卫生院、元谋县老城乡卫生院未按要求时限竣工。

【卫生人才培养】 2013年，楚雄州实施继续医学教育项目69个。全州卫生系统有9项卫生科研成果获得州级以上科技奖；上海东方医院派出5名医务人员支援大姚县人民医院，上海市杨浦区中心医院派出5名医务人员支援禄丰县人民医院、双柏县人民医院和元谋县人民医院，云南省第一人民医院派出5名医务人员支援牟定县人民医院，云南省第二人民医院派出5名医务人员支援姚安县人民医院，云南省第三人民医院派出10名医务人员支援武定县人民医院和南华县人民医院，云南省急救中心派出1名医务人员支援楚雄州人民医院，云南省中医院派出3名医务人员支援姚安县中医院，楚雄州人民医院派出15名医务人员支援双柏县人民医院、元谋县人民医院和永仁县人民医院，楚雄州中医院派出3名医务人员支援南华县中医院，指导基层医院提高医疗服务技术和水平。全州县（市）级医院派出69人支援33个乡（镇）卫生院；派出53名县级骨干医师到省第一人民医院、省第三人民医院、省中医院、上海东方医院、楚雄州人民医院、楚雄州中医院进修培训，48名医师参加全科医师转岗培训，完成基层医疗卫生机构人员培训1522人（乡镇卫生院人员培训345人，社区卫生服务机构培训79人，村卫生室人员培训1098人）。4178名医生参加远程学习并获得相应学分。选送5人到昆明医科大学或大理学院免费就读，毕业后定向到州内基层医疗卫生单位工作。医师定期考试考核合格3547人次，1604名医生参加医师资格实践技能考试，1177名医师参加医学综合笔试，376人次参加住院医师考试。

【乡（镇）卫生院债务化解】 2013年，楚雄州争取中央和省支持，加上州、县补助，筹集资金2563.46万元，用于化解全州乡（镇）卫生院2011年10月底以前产生的所有债务，一次性解决乡（镇）卫生院历史债务问题。

【等级医院评审】 2013年，楚雄州各级医院接受了等级医院评审。经省级评审，楚雄州中医院获得“三级甲等中医医院”称号；楚雄州人民医院创建三级甲等综合医院，通过省级评审；牟定县中医院、南华县中医院、姚安县中医院、元谋县中医院获得“二级甲等中医医院”称号，楚雄市中医院获得“二级乙等中医医院”称号；双柏县人民医院、牟定县人民医院、南华县人民医院、姚安县人民医院、大姚县人民医院、永仁县人民医院、元谋县人民医院、武定县人民医院、禄丰县人民医院通过“二级甲等综合医院”评审。

【特殊疾病人群救助】 2013年，楚雄州按照省、州人民政府把贫困尿毒症患者血液透析治疗、重性精神疾病患者治疗救助纳入解决因重大疾病致贫民生工程的部署，对以上疾病患者住院治疗费用减免90%，贫困白内障患者免费实施复明手术，农村妇女免费进行宫颈癌和乳腺癌检查。完成尿毒症患者血液透析治疗190例，治疗管理重性精神疾病患者8768例，实施白内障患者免费复明手术2730例，分别对16563、4152名农村妇女免费进行宫颈癌和乳腺癌检查。

【卫生应急救治】 2013年，楚雄州州、县、乡医疗卫生机构派出医务人员1000余名，组成小分队深入农村开展疾病预防知识、食品安全知识宣传，开展巡回医疗，发放宣传单47万份，田间地头接诊200余人次。村卫生室刊出防病知识宣传黑板报1100期；提供20万元的漂白粉、消毒灵、灭蝇灭蚊等消杀药品，对村、组井水、临时性水源点进行消毒，有效降低传染病发病率。州、县卫生部门充实完善卫生应急队伍，州级配备10万元、每县配备3～5万元的应急物资，应对突发疫情和公共卫生事件，州人民医院、州传染病防治医院和10县（市）疾控机构、综合医院开展突发公共卫生事件应急演练；州卫生局、州疾控中心派出督查组深入各县（市），对传染病防治措施、应急物资储备、食品安全防范措施落实情况进行督查，做到领导、组织、人员、责任、宣传、药品“六落实”。全州报告突发公共卫生事件7起，均为Ⅳ级，累计发病205例，死亡1例。

1月7～23日，禄丰县恐龙山镇独瓦房完小发生甲型 H_1N_1 流感疫情，发病38例，无死亡；禄丰县妥安中学发生甲型 H_1N_1 流感疫情，发病21例，无死亡；禄丰县恐龙山镇阿纳小学发生甲型 H_1N_1 流感疫情，发病43例，无死亡；3月15日至4月3日，禄丰县彩云镇南平小学发生甲型 H_1N_1 流感疫情，发病17例，无死亡；3月27日至4月18日，大姚县金碧镇黄海屯完小发生水痘疫情，发病26人，无死亡；10月27日至12月31日，大姚县三岔河中心完小发生流行性腮腺炎疫情，发病58人，无死亡；12月1日，禄丰县黑井镇三合村委会何家山村一农户家发生一氧化碳中毒事件，一家3人，中毒2人，死亡1人。7起突发公共卫生事件均得到及时处置。

【食品安全工作】 2013年2月16日，楚雄州人民政府办公室印发《食品安全目标责任考核奖励办法》，州人民政府与10县（市）人民政府签订《年度食品安全目标责任书》；11月5日，楚雄州食品安全委员会出台《楚雄州食品安全检验检测资源整合管理办法》，12月被省人民政府食安委全文转发在全省推广；制定食品安全委员会成员单位工作职责和食安办各项工作规范和工作制度，食品安全监管体系基本理顺；协调组织开展专项整治活动14个；各级食品安全监管部门认真组织开展食品安全风险监测工作，卫生部门采样检测668件；州级农业部门采样检测227件，10县（市）农业部门采样检测1.52万件；受理投诉举报92件，立案查处各类食品安全违法行为176件，查获销毁不合格食品127吨，罚没款315.3万元；州人民政府安排30万元专项资金用于州食品安全检测信息共享平台建设，该平台于12月26日正式运行，受到省人民政府食安办肯定，做法在全省交流、推广。

【健康教育】 2013年，楚雄州以“专家乡村讲堂”活动为平台，组织专家深入农村举办健康教育知识讲座及大型宣教活动9次，展出卫生知识宣传版面52块，发放健康教育处方、彩色小折页1.5万份。在楚雄电视台、广播电台、《楚雄日报》播出或刊出卫生健康知识400余篇条，7位医疗卫生专家在健康访谈专栏讲解卫生健康知识。

【公共卫生服务】 2013年，楚雄州实施国家基本公共卫生和重大公共卫生服务专项工作，居民电子健康档案建档231.5万人，建档率86.15%，以乡（镇）为单位，儿童预防接种建证率100%，适龄儿童常规免疫疫苗预防接种率98%以上；3.46万名登记结婚人群开展免费医学检查，检查率92.8%；1.97万名新生儿进行疾病筛查。全州0～6岁儿童健康管理15.8万人，3岁以下儿童系统管理率97.08%，新生儿访视率99.2%；孕产妇系统管理率97.51%，孕产妇住院分娩率99.63%，65岁以上老年人健康管理率90.36%，高血压患者规范管理14.6万人，糖尿病患者规范管理3.21万人；65岁以上老年人基本公共卫生中医药健康管理服务率36.5%，0～36月龄儿童健康调养管理率41.4%。

［自卫平］

血液管理

【血液管理概况】 2013年，楚雄州制备悬浮红细胞2.22万单位，浓缩红细胞2单位，洗涤红细胞146单位，冰冻红细胞7单位，冰冻血浆234.66万毫升，冷沉淀843.5单位。向临床医疗机构供悬浮红细胞2.15万单位，浓缩红细胞2单位，洗涤红细胞146单位，血浆172.55万毫升，冷沉淀892.5单位，血小板370.7单位，血液出库合格率100%，未发生输血安全事件。中心血站组织技术人员深入县（市），开展储血库和医疗机构业务指导10次，临床医务人员科学合理用血培训13次，1000余名临床医务人员参加培训，开展9个县级储血库质量监督检查。

【无偿献血】 2013年，楚雄州中心血站印制发放无偿献血宣传册2万余册；向全州无偿献血者发送慰问、招募和献血结果回告短信19.8万条；在楚雄音乐广播电台、云南电视台、楚雄电视台播出无偿献血公益广告1104次；在商场、公交车内播放无偿献血视频5000余次；表彰无偿献血先进个人300名、无偿献血先进集体20个和无偿献血先进工作者20名。有1.65万人次参加无偿献血，采集全血444.5万毫升，其中，深入基层采血210.7万毫升，街头流动采血210万毫升，学校、企事业单位团体献血23万毫升，自愿无偿献血率100%。

［自卫平］

农村卫生

【新型农村合作医疗】 2013年，楚雄州有214.58万农民参加新型农村合作医疗，参合率98.44%，人均筹资340元，其中个人缴费60元。参合农民在县、乡两级医疗机构住院，政策范围内住院费用报销80%，最高支付限额10万元。全年全州参合农民共有637.6万人次享受新农合政策补偿，补偿金额8.16亿元，其中住院补偿26.27万人次，补偿金额6.32亿元。

【新农合大病医疗保险】 2013年，楚雄州大病保险费由新农合资金按人均25元代缴，参加新农合的农民不再缴纳大病保险费，直接参加大病保险。大病保险农民参保率98.44%，大病保险减免取消封顶限制，按新农合报销后自付部分3000元至1万元报销50%，1万元以上报销60%。大病保险受益2.69万人次，补偿金额4734.76万元。

【农村卫生改革】 2013年，楚雄州卫生系统广泛开展“环境优美、流程优化、服务优质”（“三优”）医疗卫生单位创建活动，每年按30%的单位进行考核验收并颁发“三优单位”牌匾。10月30日，召开全州卫生系统“三优”单位创建现场推进会，10县（市）人民政府分管卫生工作副县（市）长、卫生局局长、县人民医院院长、中心乡（镇）卫生院院长，州编办、州发改委、州医改办、州财政局、州人社局、州计生委、州级各卫生单位党政主要领导参加会议，与会人员参观楚雄市东华镇卫生院、东华镇新柳村卫生室、吕合镇卫生院和州妇幼保健院，南华县人民政府、大姚县人民政府代表在大会上交流基层卫生综合改革经验，楚雄市卫生局、禄丰县卫生局交流创建“三优”卫生单位的做法。年内，乡（镇）卫生院、村卫生室、社区卫生服务机构100%实施基本药物制度，基本药物100%在省级平台集中网上采购、100%实行零差率销售。2月1日起，禄丰县3家县级公立医院所有药品（除中药饮片外）全部实行零差率销售，减轻患者医药费用负担；出台《鼓励公立医院和其他医疗卫生机构优先使用基本药物相关政策》，楚雄市彝人民居社区卫生服务站、牟定县黄立奎中医诊所及化湖社区卫生服务站等民营卫生机构积极主动实施基本药物制度试点，基本药物实行零差率销售，方便群众就医。南华县、武定县、楚雄市实施乡村医生公共卫生签约服务试点，乡村医生与辖区农村居民签订公共卫生服务协议，明确为服务对象提供的服务内容、服务数量、服务频次、服务质量，服务对象凭协议接受免费服务，乡村医生的报酬与服务对象的评价和上级卫生主管部门的考核挂钩，促进公共卫生服务质量提高。

［自卫平］

精神卫生

【重性精神疾病患者管理及治疗】 2013年，楚雄州建档管理确诊的重性精神疾病患者8767例。州精神病医院门诊诊治2.3万人次，收治精神病住院患者1927人次，出院1859人次。

【精神卫生管理技术培训】 2013年，楚雄州共举办重性精神病管理、诊断、治疗培训班3期，培训325人次。州精神病医院为10县（市）人民医院培养精神专科医师10名。

［自卫平］

医疗事业

【诊疗情况】 2013年，楚雄州医疗机构总诊疗人次1257.6万人次，其中门急诊1238.54人次，入院36.99万人次，出院36.67万人次；各级各类医疗卫生机构病床使用率平均82.15%，其中综合医院89.96%，中医医院100.14%，乡（镇）卫生院平均49.46%；全州医疗机构出院者平均住院日9.8天。“120”出诊6387次，抢救急（危）重症患者6828人，处置重大突发事件3起。

【外科新技术】 2013年，楚雄州人民医院开展体外受精－胚胎移植技术（俗称“试管婴儿”）取得成功，自2011年9月经云南省卫生厅审批准入，正式开展体外受精－胚胎移植技术。到2014年2月，通过体外受精－胚胎移植技术，助孕顺利分娩“试管宝宝”41名，“试管婴儿”成功率45%。2013年12月，楚雄州人民医院独立为一位脾囊肿患者成功实施首例全腹腔镜下脾切除术，术后6天患者康复出院。随后又为特发性血小板减少性紫癜及脾脏体积相对小的肝硬化脾亢患者实施全腹腔镜下脾切除术，取得成功。

【内科新技术】 2013年，楚雄州人民医院神经内科被列为省级重点专科，楚雄州中医院实施“前路、后路及前后联合入路手术在下颈椎损伤治疗”和“通管强筋一推二针综合治疗腰椎椎管狭窄”治疗新技术。

【护理质量管理】 2013年，楚雄州人民医院和楚雄州中医院加强护理质量管理。楚雄州人民医院举办护士长护理管理培训班，培训内容包括如何当好护士长、等级医院标准条款准备、五常法在护理管理中的运用、护理质量与持续改进、护理品管圈应用、前瞻性管理在护理质量管理中的应用、电子护理文书书写规范等；选派30名护士长参加云南省卫生厅、云南省护理学会组织的管理培训，学习优质护理与专科护理培养、护理质量管理与评价、护理人员绩效改革、建立高效护理团队、构建科室和谐护理文化等知识；实行护士考试考核末位淘汰制度，有2名护士被淘汰；开展护理

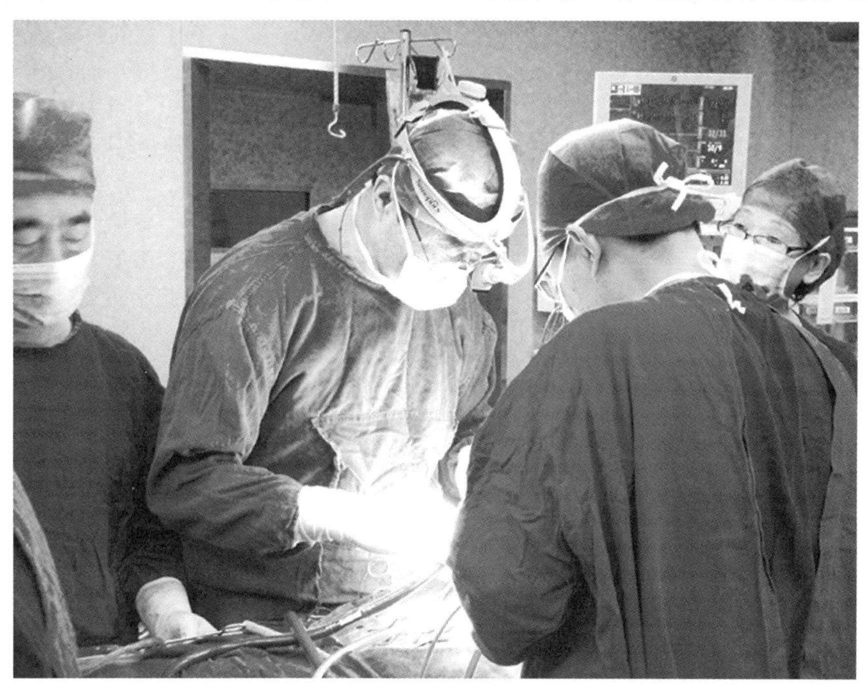

同济大学附属东方医院院长刘中民及其团队为楚雄州心脏病患者主刀手术（马银彬/摄影）

工作经验交流和护理基本知识、基本技能竞赛，楚雄州人民医院154名护士长及护理骨干参加交流会，4名优秀护士长交流科室管理、护理工作经验，各病区互相学习借鉴、找差距，促进护理质量提高。表彰护理班组4个、服务明星10名、优秀护士41名；15名护士到北京、上海、浙江、四川等知名医院专科进修学习；落实责任制整体护理，实施护理目标管理，定期对护士长进行目标责任考核。推广应用电子护理文书和移动护士工作站。启动护理绩效改革工作。组织护士开展青霉素严重过敏性休克及创伤急救应急预案演练。楚雄州中医院增加一线护理人员，提高护理人员待遇，弹性排班（A、P、N模式），减少交班次数，实施小组包干制、护士个人包床制，每位护士包床不超过8张，为患者提供连续、全程护理服务。

【医疗便民服务】 2013年，楚雄州卫生系统在便民服务方面有了新突破。楚雄州中医院成立导诊服务中心，开展导诊、分诊服务，推广使用“杏林健康卡”，患者持卡就能完成挂号、就诊、交费、取药、检查、住院等全套服务，记录每次就诊资料，系统管理患者信息，方便患者就医。开展自助挂号、挂号室预约挂号、预约门诊诊疗服务，在卫生部预约诊疗服务信息直报系统中上报相关信息，预约挂号患者优先安排就诊，在“杏林卡”、门诊病历封面上公布挂号室预约挂号专用电话及门诊各诊室预约电话。住院病人出院后实行1周随访，3月随访制度。

【民营医院管理与发展】 2013年，楚雄州卫生局批准建立50张病床以上的专科医院有楚雄骨科医院、牟定玛俐亚妇产科医院、楚雄神康精神病专科医院。给予楚雄万和医院、武定中医院、楚雄博爱医院3家民营医院资金支持共190万元。年末，全州有上规模上档次民营医院43家，业务范围涵盖综合医疗和专科医疗，民营医院总资产占比不断提高，部分民营医院拥有核磁共振、中心供氧系统、显微外科设备、准分子激光治疗仪等先进设备，专科特色优势明显，成为全州医疗服务体系的重要组成部分。民营医院资产占医疗卫生机构总资产的10.99%，总诊疗160.15万人次，其中住院5.90万人次，总诊疗人次占全州医疗机构总诊疗人次的12.73%。

［自卫平］

疾病预防与控制

【传染病疫情】 2013年，楚雄州无甲类传染病报告，报告乙类传染病14种，发病4345例，死亡38例，发病率159.02/10万，死亡率1.39/10万，病死率0.87%。与上年相比，发病率上升13.02%，死亡率下降26.06%，病死率下降35.07%。报告突发公共卫生事件7起，累计发病205例，死亡1例，其中，报告甲型H_1N_1流感暴发疫情4起，累计报告发病119例，均为实验室确诊病例，无死亡病例。报告手足口病2390例，其中重症12例，无死亡病例，发病以散居儿童（占74.56%）和幼托儿童（占17.70%）为主；除大姚、武定以外的8个县（市）报告37起“一犬伤多人”事件，犬伤人员125人，分布在8个县（市）20个乡（镇）36个村委会。37起事件中，除20起未找到肇事动物尸体，其余17起均采集到肇事动物脑组织标本送检，阳性15起，阴性2起，无临床诊断病例，无死亡病例。

【疫情监测】 2013年，楚雄州开展多种疫情监测。流感监测：采集流感样病例标本799份，经州疾控中心检测，阳性22份，其中，甲型H_1N_1流感病毒14份，占阳性检测的63.64%；B型流感病毒8份，占阳性检测的36.36%。霍乱监测：报告腹泻病例1535例，粪便培养1339份，重点人群监测150人，监测江河水11份、自来水128份、井水47份、其他水体46份，均未检出霍乱弧菌。鼠疫监测：布放鼠笼8.08万笼次，捕获家栖鼠2813只，平均鼠密度3.48%，检查活鼠2718只，检蚤2169匹，主要蚤种为缓慢细蚤、不等单蚤、人蚤和印鼠客蚤，总蚤指数0.80，印鼠客蚤指数0.07；完成细菌学动物培养2814份、昆虫培养1165组、血清学血凝实验1270份；严格执行鼠疫疫情“三报”制度，认真收统自死鼠、病鼠“零”报告卡，上报率100%，未发现自死鼠、病鼠，未发生鼠疫疫情。抽取楚雄市、南华县、双柏县为样本开展年度传染病漏报调查，漏报率2.25%。

【传染病与地方病防治】 2013年，楚雄州认真做好结核病、麻风病、云南不明原因猝死、碘缺乏病、疟疾、血吸虫病、艾滋病等传染病和地方病防治。

结核病防治。发现活动性肺结核病人1260例，涂阳病人2、3月末痰菌阴转率分别为89.52%和96.19%；新发涂阳病人和复治涂阳病人治愈率93.9%和87.9%。综合医疗机构转诊到位率63.41%，肺结核病人追踪到位率80.21%，总体到位率93.19%。抽检县级痰涂片阳性片106张、阴性片1466张进行复检，阳性片符合率99.06%，阴性片符合率99.93%。结核杆菌分离培养206例，药敏实验230例。结核病涂阳密切接触者筛查率100%，肺结核患者系统管理率98.76%，流动人口治疗成功率100%，跨区域管理信息反馈率100%。

麻风病防治。开展县、乡、村3级麻风病防治知识培训2497人，可疑线索筛查856人，密切接触者检查2602例，新发现麻风病患者15例；对新发的15例和既往104例现症病人给予联合化疗，开展细菌检验108人，病理组织检验18人；牟定、元谋、永仁、大姚、姚安5个县开展消除麻风病危害规划考核评估，于10月顺利通过省卫生厅麻风病防治规划工作考核。

云南不明原因猝死防治。5～6月，组织专业人员对大姚、禄丰、南华、永仁、牟定、楚雄等县（市）既往云南不明原因猝死老疫点开展云南不明原因猝死防控工作督导，6月组织6个老疫点县（市）疾控中心和医疗机构相关专业人员15人到大理参加中国疾控中心举办的云南不明原因猝死应急处置培训班学习。制定下发《楚雄州疾病预防控制中心关于转发〈云南不明原因猝死健康教育干预实施方案〉的通知》并组织实施。2013年未发生云南不明原因猝死疫情。

碘缺乏病防治。居民户碘盐监测3000份，其中合格碘盐2929份，不合格39份，非碘盐32份，碘盐覆盖率98.93%，碘盐合格率98.69%，合格碘盐食用率97.63%，非碘盐率1.07%。南华县、元谋县碘盐覆盖率、碘盐合格率、合格碘盐食用率均为100%，其余8县（市）碘盐覆盖率、碘盐合格率、碘盐食用合格率都符合国家规定要求。

疟疾防治。完成血检1.51万人份，RDT检测1500人次，主动病例侦查97次；未出现本地疟疾病例，仅发生境外感染输入性病例1例，实验室诊断为间日疟、恶性疟混合感染，无死亡病例。

血吸虫病防治。累计查螺面积1150.57万平方米，查出有螺面积6.14万平方米，较2012年有螺面积下降0.6%；捕获钉螺1305只，全部经压碎法解剖检查，未发现感染性钉螺，禄丰县连续6年未查到活螺；反复灭螺面积131.6万平方米。开展血清学查病1751人，阳性14人，阳性者全部进行了病源学检查，未发现新感染病人；扩大化疗14人，晚血病人管理6人，内科救治1人。

艾滋病防治。开展“4·1”、“12·1”禁毒与预防艾滋病知识宣传周活动，为2.8万余人提供宣传材料3.9万份，派出12人到其他单位培训艾滋病防治知识，受训780人。在大姚县铁锁乡开设乡村干部乡村专家讲堂。星级宾馆安全套摆放率和歌舞娱乐场所干预覆盖率100%，普通旅馆和酒店、美容及美发店、路边小旅社安全套摆放率99%以上。据问卷调查统计，城镇居民艾滋病防治知识知晓率99.1%、学生知晓率100%、农村居民知晓率96.9%、农民工知晓率87.3%、校外青少年人知晓率89.8%。建成艾滋病确证实验室1个、初筛实验室14个、CD4细胞检测实验室3个、病毒载量检测实验室1个、自愿咨询检测点28个，100%的县级以上医疗机构和109个乡（镇）卫生院具备艾滋病快速检测能力。艾滋病病毒抗体检测36.12万份，其中自愿咨询检测5599份。美沙酮维持治疗401人。在双柏和永仁以外的8县（市）开展清洁针具交换工作。为1403名艾滋病感染者及其家属办理低保，发放低保金230.8万元；为405名感染者及其家属提供困难救助服务，发放救助金43.5万元，减免门诊常规检测费16.9万元；为10名感染者安排公益性岗位，提高艾滋病感染者和病人生活质量。

【慢性病管理】　2013年，楚雄州65岁以上老年人建档管理21.44万人，高血压病人登记管理17.37万人，糖尿病病人管理3.95万人；楚雄市、姚安县、武定县、南华县、元谋县、禄丰县启动全民健康生活方式行动；楚雄市和姚安县通过省级评审获得省级慢性病综合防控示范区称号。县级以上医疗机构报告死亡病例1.24万例，粗死亡率4.58%。

【计划免疫】　2013年，楚雄州适龄儿童基础免疫接种率：乙肝疫苗三针次合格接种率99.89%、首针及时接种率95.42%，卡介苗合格接种率99.95%，麻疹组分疫苗合格接种率99.88%，脊灰疫苗全程合格接种率99.76%，百白破疫苗全程合格接种率99.71%，乙脑疫苗第1针合格接种率99.82%，A群流脑疫苗第1针合格接种率99.86%，A+C流脑第1针合格接种率99.84%，甲肝疫苗合格接种率99.80%。加强免疫接种率：脊灰疫苗4岁常规免疫加强接种率99.81%、无细胞百白破疫苗常规免疫加强接种率99.83%、麻疹疫苗加强免疫接种率99.89%、6岁组白破疫苗加强接种率99.94%，A群流脑第2针99.86%、乙脑第2针99.85%、A+C流脑第2针99.94%。开展消除麻疹工作，检测疑似麻疹血清标本165份，检出阳性14例，发病率0.52/10万；开展麻疹疫苗应急接种、查漏补种，消除免疫空白，有病例发生的6个县对麻疹病例密切接触者和有确诊病例的重点村寨和小学、幼儿园重点人群开展应急接种33.62万人。监测乙肝病例816例，其中15岁以下新发乙肝5例；监测疑似乙脑病例22例，经实验室确诊15例；无新生儿破伤风和流脑病例报告；加强AFP“零病例”报告管理，全州报告AFP病例17例，报告发病率4.36/10万。开展麻疹抗体水平监测3963人，其中3855人有保护效价，占97.27%。健康人群抗体水平监测510人，监测结果：乙脑抗体、乙肝表面抗体阳性率低于95%，百日咳、白喉、破伤风、脊灰抗体阳性率均大于95%。

【卫生监测】　2013年，楚雄州报告各类职业病473例，其中，尘肺病400例，急、慢性职业中毒71例，职业性皮肤病1例，职业性肿瘤1例；职业健康监护体检9452人。州疾控中心向省卫生厅申报并取得职业病诊断资质，在南方电网楚雄供电公司、楚雄复烤厂生产作业场所进行照度、一氧化碳、二氧化碳和微小气候现场卫生学监测，在州烟草公司楚雄、南华、牟定县、乡烟叶站开展粉尘和微小气候监测，及时出具监测报告；受永仁县疾控中心、楚雄海亚老年病专科医院等8家单位委托，对其使用的10台X射线机进行放射防护检测与评价；受楚雄义延堂中医医院、禄丰县第二人民医院、大姚平安医院等医疗机构委托，对其新建和改建的X射线机房开展建设项目放射防护预评价、控制效果评价，及时出具评价报告；开展全州10县（市）农村义务教育学生营养监测工作及学校传染病防治工作督导，学生体检1.27万人次。州疾控中心对楚雄州宾馆、雄宝酒店、新华书店、游泳馆等78家单位开展公共场所卫生监测，采集样品348件进行微生物指标检验，合格309件，合格率88.8%。对415件食品进行化学污染物及有害因素检测，对244件食品样品进行食源性致病菌检测；对楚雄一中、州职教中心等餐饮部定期进行餐具大肠菌群监测，检样品90件次，合格率95.5%；开展从业人员体检7694人次。州疾控中心对300件城市集中式供水、有关部门送检的水源水、二次供水和末梢水进行水质检测分析；检测出厂水11件，合格率72.7%；检测末梢水217件，合格率95.9%；检测二次供水16件，合格率75%。对州人民医院、州精神病院等16家州级医疗机构开展医院感染监测，采集183件样品进行微生物指标检验，合格177件，合格率96.7%。对楚雄沃尔玛超市、雄宝酒店等5家使用集中空调通风系统的单位，采集送风空气、风管中积尘、冷却塔中冷凝水等样品25份进行检测，合格17份，合格率68%。

［自卫平］

妇幼保健

【妇女保健】 2013年，楚雄州开展农村妇女免费乳腺癌筛查4152名，开展免费宫颈癌筛查1.66万人；为15家幼儿园的136名女教师进行体检；婚前保健人群HIV（艾滋病）抗体检测3.51万人，检测率99.89%，检出阳性61人，免费婚检率92.8%；为14所私立幼儿园教师进行健康体检。开展妇女病查治12个单位1024人。

【孕产妇保健】 2013年，楚雄州孕产妇HIV、梅毒、乙肝检测率均为100%；结婚登记人群HIV、梅毒检测率100%；孕产妇系统管理率97.51%；孕产妇死亡4人，孕产妇死亡率16.57/10万。

【儿童保健】 2013年，楚雄州活产婴儿2.41万人，7岁以下儿童管理率96.38%，0～3岁儿童管理率97.08%；新生儿访视率99%，新生儿遗传代谢性疾病筛查率98.80%，新生儿听力筛查率99.40%。州妇幼保健院为州级3家公立幼儿园1272名儿童进行健康体检。婴儿死亡200人，死亡率7.7‰，5岁以下儿童死亡243人，死亡率9.36‰。

［自卫平］

中医彝医药

【中医药工作概况】 2013年，楚雄州卫生局、州发改委、州财政局、州人社局、州食药监局5个部门联合下发《楚雄州实施基层中医药服务提升工程意见》，州卫生局下发《楚雄州基层中医药服务提升工程实施方案》和《楚雄州2013年基本公共卫生服务中医药健康管理服务项目工作实施方案》，成立楚雄州基层中医药服务能力提升工程领导小组，建立中医药部门联席会制度和协调工作机制。新型农村合作医疗中医门诊和住院报销比例提高10个百分点，针灸和推拿等中医非药物诊疗技术纳入新农合报销范围，符合条件的中药（含中药饮片、中成药、中药制剂）和中医诊疗项目纳入基本医疗保险基金支付范围。在7家县（市）级中医院实施12个重点专科项目，其中元谋县中医院骨伤科、楚雄州中医院针灸科为省级重点专科。有98个乡（镇）卫生院、14个社区卫生服务中心、643个村卫生室开展中医药服务。

【民族药院内制剂研发和中医药适宜技术推广】 2013年，楚雄州研发新彝药“解毒灵胶囊”、“化毒灵胶囊”进入临床观察。开展彝族医药特色疗法“上法”治疗急慢性咽炎的技术推广应用。彝医药治疗艾滋病累计抗病毒治疗1423人，在治1162人，治疗覆盖率89%；累计实施中（彝）医药治疗197人，在治112人。

【彝医彝药科研】 2013年，楚雄州彝族医药研究所课题“中国彝医方剂学研究”获楚雄州科学技术奖一等奖。“前路、后路及前后联合入路手术在下颈椎损伤治疗中的临床应用”和“通管强筋一推二针综合治疗腰椎椎管狭窄症临床疗效研究”获得楚雄州科学技术奖三等奖。开展“彝药复方芦蒡胶囊的筛选评价及现代化开发研究”和“重要彝药资源收集、研究及产业化开发”研究。

［自卫平］

【老拨云堂彝医馆】 2013年1月16日，依托楚雄老拨云堂药业有限公司的彝族医药民营机构——楚雄老拨云堂彝医馆试营业。至年末，楚雄老拨云堂彝医馆秉承“彝药养生，养重于治”的理念，在著名彝医张之道及其弟子的努力下，建成老中青结合，具有彝族医药特色和老拨云堂风格的服务团队，初步建立逐步完善的服务规范和管理模式。完成病患者诊治2983人次，养生美容服务361人。12月22日，举行楚雄老拨云堂彝医馆开业一周年庆典。楚雄州老科技工作者协会依托老拨云堂彝医馆挂牌成立“中（彝）医分会”。

［张云萍］

卫生监督与执法

【公共场所卫生监督】 2013年，楚雄州卫生监督所开展监督检查州属直管公共场所经营单位203户次，对其公共用品用具进行抽检，对抽检不合格的41户经营单位依法进行查处。公共场所共有正常运转的集中空调通风系统4户，其中，住宿场所3户、商场1户。开展集中空调通风系统卫生学检测评价监测样品50份，合格42份。要求不合格单位限期完成集中空调通风系统的清洗、消毒工作。对州属直管公共场所进行艾滋病防治卫生监督检查154户次，发放《公共场所防治艾滋病手册》1.5万册、防治艾滋病宣传扑克牌500副，下达限期整改的卫生监督意见书43份。

【职业卫生和放射卫生监督】 2013年，楚雄州完成职业病危害建设项目职业病危害预评价审核2家，职业病防护设施设计审查2家，竣工验收3家。监督检查职业健康检查机构5家、职业卫生技术服务机构1家，对发现的问题及时督促整改。协助省卫生监督局完成1家职业病诊断机构、2家职业健康检查机构的现场审核工作。处理职业卫生投诉2起。完成放射工作场所建设项目卫生审核3家、竣工验收26家，监督检查州属直管的放射诊疗机构13家，监督覆盖率100%。推进放射诊疗设备性能检测工作，针对检测不合格的33台诊疗设备，要求医疗机构立即停用，并对设备进行调试、校正和维修。

【生活饮用水卫生监督】 2013年，楚雄州持有生活饮用水“卫生许可证”的供水单位41家，其中，集中式供水单位37家，二次供水单位4家。卫生监督部门加强对生活饮用水的卫生监督。

【学校卫生监督】 2013年，楚雄州属直管学校23家，16家学校设有卫生室。在23家学校中，开展以学校传染病防治、学校生活饮用水卫生为主要内容的卫生监督检查4次，重点检查学校传染病管防治组织领导、学生医疗安全及健康检查、学校传染病防治措施落实、生活饮用水卫生等情况。

【医疗机构监督】 2013年，楚雄州医疗机构卫生监督覆盖率100%，内容涉及各类医疗机构传染病防治、依法执业、采供血、医院感染管理、医疗废物处置等。对校验、变更、换证的36家医疗机构进行严格的现场审核校验。审查发放医疗广告审查证明12家。

【基层医疗机构集中整顿】 2013年，楚雄州出动卫生监督执法人员1360人次，检查基层医疗机构1129家，下达卫生监督意见书505份，督促整改存在的问题，立案查处69起，罚款人民币3.94万元，取缔2家未取得“医疗机构执业许可证”开展诊疗活动的“黑诊所”，吊销民营医院医疗机构执业许可证1个。出动卫生监督执法人员1063人次，监督检查医疗机构1012个，检查城乡结合部及农村集贸市场216个，大型建筑工地23个，生活美容机构137家。立案查处违法行为案件72件，罚款人民币共计14.36万元。

【卫生行政许可】 2013年，楚雄州卫生局办结发放各类许可证件2334份，其中，公共场所卫生许可证44份，医疗机构设置批准书4份，医疗机构执业许可证47份，放射诊疗许可证22份，母婴保健技术服务执业许可证4份，母婴保健技术考核合格证170份，职业卫生建设项目审查批复46份，消毒产品（卫生用品类）生产企业卫生许可证3份，供水单位卫生许可证1份，医疗广告审查证明12份，医师资格证书293份，医师执业证书176份，护士执业证书1466份，麻醉药品和第一类精神药品购用印签卡46份。

义诊　（州红十字会提供）

【卫生行政处罚】 2013年，楚雄州卫生局实施卫生行政处罚51件。其中，公共场所实施行政处罚34户，罚款金额1.68万元；生活饮用水实施行政处罚2户，罚款金额0.14万元；放射卫生4件，罚款金额0.2万元；使用非卫生技术人员从事医疗卫生技术工作和超出核准登记诊疗科目行医的非法行医案件6件，罚款1.98万元；传染病防治医院感染管理的违法案件4件，罚款0.5万元；医疗广告违法案件1件。

［白卫平］

医学会工作

【医学会组织建设】 2013年3月20日，楚雄州医学会第七届理事会第三次全体会议召开，增补刘晓明、刘应先、普建文、李兴、李应为楚雄州医学会第七届理事会理事，增补刘晓明、庞玲为常务理事，对州人民医院等11个单位会员、麻醉学分会等4个专科分会和45名学会工作先进个人进行表彰；7月18日，第七届第五次常务理事会会议召开，增补刘晓明、庞玲为州医学会副会长；9月26日，楚雄州医学会儿科学分会成立，州人民医院儿科主任万强当选为主任委员，州人民医院儿科副主任杨美芬、州妇幼保健院院长庞玲、禄丰县人民医院副院长陈丽萍当选为副主任委员，州人民医院儿科医师谯园当选为秘书长；11月22日，楚雄州医学会超声学分会成立，州人民医院功能科副主任李菊萍当选为主任委员，州中医院功能科副主任陈海玲、禄丰县人民医院功能科主任李忠祥、州妇幼保健院功能科主任杨利、楚雄民康医院刘圣兴当选为副主任委员、州人民医院功能科李存芬当选为秘书长。年末，楚雄州医学会有单位会员66个，个人会员831人。

【医学会学术活动】 2013年4月11日～13日，楚雄州医学会检验医学分会举办检验医学新进展专题学术研讨班，全州各级各类医疗机构的检验科主任及检验学科业务骨干共120余人参加交流研讨，昆明医科大学附属第一医院、云南省第一人民医院知名专家作专题讲座；7月20日，麻醉学分会举办麻醉学学术年会，全州各级各类医疗卫生单位从事麻醉、重症、镇痛的80余名代表参加会议，成都军区昆明总医院麻醉科主任、云南省麻醉学分会主任委员、硕士生导师麻伟青教授，昆明市儿童医院麻醉科主任、云南省麻醉学分会副主任委员、硕士生导师李超教授，云南省第二人民医院麻醉科主任、硕士生导师卜林明教授作专题讲座；7月24～28日，急诊重症医学分会举办综合医院急诊绿色通道建设及管理培训班，全州各级各类医疗卫生单位相关医护及管理人员120余人参加培训，云南省医学会危重症分会主任委员钱传云教授、云南省医学会急诊分会主任委员杨亚非教授、云南省医师协会危重症分会主任委员樊楚明教授、中国人民解放军急救中心长征医院暨中国医师协会副主任委员陈德昌教授围绕急诊重症医学专业领域的新理论、新技术、新进展作专题讲座；8月9～11日，楚雄州医学会麻醉学分会举办首届麻醉与医疗安全高峰论坛，四川大学华西医院麻醉科主任、四川省麻醉学分会主任委员、博士生导师刘斌等9名省内外著名麻醉学与疼痛学专家作专题讲座，全州各级各类医疗卫生单位（含民营医院、个体诊所）麻醉科分管领导、麻醉科、疼痛科、外科、ICU、妇产科及其他相关专业骨干医护人员共120余人参加论坛；9月7日，云南省医学会疼痛学分会主办，楚雄州医学会麻醉学分会承办的云南省医学会疼痛学基层大讲堂在楚雄举办，内容涉及疼痛学科的建设与管理、人员培训、质量控制、学科最新进展、疼痛评估、常见疼痛疾病诊治、镇痛药合理应用、疼痛疑难病例义诊等，昆明医科大学附一院疼痛科主任、云南省疼痛学会主任委员、硕士生导师张小梅等7位教授讲解7个专题，全州各级各类医疗卫生单位（含民营医院、个体诊所）疼痛科分管领导、麻醉科、疼痛科、介入放射科、骨科、康复医学科、中医科、风湿免疫科、神经内科及其他相关专业医护人员110人参加学习；9月26～28日，儿科学分会举办儿科学新进展学习班，全州各级各类医疗卫生单位（含民营医院、个体诊所）从事儿科学及围产医学、产科专业的医护人员90余人参加学习，昆明医科大学第一附属医院、研究生导师黄永坤等6位教授开展6个专题培训；10月19～20日，楚雄州感染病学分会承办国家级继续医学教育项目“重症肝炎的基础与诊治新进展研讨会”及“云南省医师协会感染病学分会学术年会”，全州各级各类医疗卫生单位从事肝脏疾病的传染病科、内科、消化科、重症医学科的120余名医护人员参加学习，第三军医大学西南医院王宇明博士生导师等13名省内外知名专家对《重型肝炎欧亚指南要点与比较》等13个专题进行培训；11月6～8日，楚雄州医学会举办医疗事故技术鉴定专家培训班，全州220余名相关人员参加培训，省医学会副会长把志刚、秘书长张江平，云南省人民检察院技术处主任法医师讲解和答疑医疗纠纷的预防和处置，特殊案例分析、如何分析意见、书写三要素，医疗事故技术鉴定的有关问题及专家在鉴定过程中的疑难问题，对《侵权责任法》进行解析；11月1日，楚雄州医学会、楚雄州人民医院眼科联合举办眼科临床新进展学习班，云南省红十字会医院、云南省二院眼科主任胡竹林、副主任胡敏作专题讲座；11月9日，楚雄州医学会皮肤性病学分会举办学术培训班，全州各级各类医疗卫生单位从事皮肤科的医护人员60余人参加培训；11月23～24日，超声医学分会举办首届超声规范化培训学习班，全州各级各类医疗卫生单位从事超声及各临床科室的医护人员共250余人参加培训，云南省医学会超声分会主任委员、云南心血管病医院副院长、昆明医科大学附属延安医院超声科主任丁云川等6位教授作10个专题培训；12月6日，楚雄州医学会、楚雄州人民医院联合举办“楚雄州肾脏病诊疗、血液净化技术规范及新进展学习班”，由国内和省内著名专家授课，全州各医疗单位70余名相关人员参加培训；12月10日，楚雄州医学会感染病学分会举办培训班，全州60余人参加培训。

【医疗事故技术鉴定】 2013年，楚雄州医学会受理医疗事故技术鉴定37起，结案27起，中止鉴定5起，待鉴定4起，受理正在调取材料1起。鉴定属医疗事故7起，不属医疗事故16起。鉴定为医疗事故的7起案件中，三级丙等医疗事故、医方承担次要责任1起；三级戊等医疗事故、医方承担轻微责任1起；三级戊等医疗事故、医方负主要责任1起；三级戊等医疗事故、医方负次要责任1起；四级医疗事故、医方负主要责任1起；四级医疗事故、医方负次要责任2起。7起医疗事故涉及医疗机构级别为：州级医疗机构4起（州中医院、州人医院、州妇幼保健院、楚雄民康医院各1起），占57.14%；县级医疗机构3起（均发生在元谋县人民医院），占42.86%。

［自卫平］

（责任编辑：周能汉）

体 育

体育综述

【体育工作概况】 2013年，楚雄州体育工作紧紧围绕富民强州建设目标，深入推进“桥头堡”发展战略，全面实施《楚雄州“十二五”体育事业发展规划》，努力构建全民健身服务体系，促进全州体育事业协调发展。群众性体育活动广泛开展，组织开展楚雄城区元旦万人穿城赛跑健身活动、全国第五个“全民健身日”系列展演活动，举办了第二届楚雄青山湖环湖自行车邀请赛和2013年云南省足球业余冠军杯联赛楚雄赛区周末足球比赛并参加全省总决赛，与有关部门联合举办庆“三八”女子健身运动会、广场健身舞蹈大赛。组队参加省第三届健身气功交流比赛，配合州民委做好组队参加2013年云南省少数民族传统体育锦标赛相关工作，配合州文明办组织开展楚雄州大中专学校首届校园文化艺术节体育比赛。组织开展老年人气排球、羽毛球年度比赛，组队参加第二届全国老年人体育健身大会云南代表团选拔赛，圆满承办楚雄州第六届老年人运动会。举办全州太极拳剑、健身操舞、柔力球教练员裁判员、大学生村官社会体育指导员培训，与州委组织部联合出台《楚雄州开展大学生村官社会体育指导员培训工作实施意见》。顺利完成州足球协会换届工作，全州12个体育协会工作有序开展。在9月召开的第十二届全运会上，州文化体育局被国家体育总局表彰为2009~2012年“全国群众体育先进集体”。竞技体育水平不断提高，州人民政府印发《关于做好备战省第十四届运动会有关工作的通知》，州文化体育局积极组织好省运会的备战工作。举办了全省乒乓球邀请赛、全州乒乓球锦标赛、州青少年篮球锦标赛，组织开展全州篮球、乒乓球裁判员培训。批授二级裁判员267名、三级裁判员480名，向省级训练单位输送优秀运动员11名。在全国第十二届运动会期间，楚雄州共有田径马拉松、射击、体操、拳击4个项目的5名运动员参赛，其中，楚雄籍运动员孟玉芬参加的田径马拉松项目获女子团体银牌，射击项目获第四名，州文化体育局受到云南省人力资源和社会保障厅、省体育局嘉奖。楚雄州运动员在云南省年度青少年冠军赛及省运会预赛中夺得金牌22枚、银牌17枚、铜牌46枚，U14足球队在云南省青少年足球后备力量比赛中荣获第一名。体育产业稳步推进，全年体育场馆面向社会开放和铺面经营等收入380余万元，销售体育彩票1.92亿元。

【第六次全国体育场地普查】 2013年12月4~6日，楚雄州第六次全国体育场地普查动员暨业务培训会议在楚雄市召开。根据国家、省开展第六次全国体育场地普查工作的有关要求，普查工作分4个阶段进行，到2014年8月结束。普查工作实行属地管理原则，各县（市）采取“以块为主，条块结合”方式进行，普查的范围涉及全州各系统各行业、各种所有制形式的体育场地。

【国民体质监测】 2013年10~11月，楚雄州文化体育局根据国家、省开展国民体质监测的有关要求，分别在武定县、禄丰县和楚雄市开展国民体质监测工作。各监测站深入乡（镇）、社区、机关和事业单位，针对20~69岁人群分类监测，每个监测点监测人数不少于640人。通过监测数据分析，楚雄州抽样人群国民体质各项指标基本达标。

［刘培星］

庆“五一”广场健身舞蹈大赛 （向　琳/摄影）

群众体育

【楚雄城区迎新年元旦穿城赛跑】2013年1月1日上午，由楚雄州文化体育局、州教育局、楚雄市文体广电旅游局、市教育局组织的2013年“体育彩票杯”楚雄城区迎新年元旦穿城赛跑活动在州体育场举行。楚雄城区各机关、人民团体、企事业单位、大中小学校及驻楚部队的37家单位共1.8万余人参加活动，活动分小学组、中学组、中专组、大学组、成年组、老年组6个组别进行，全程3千米。

【羽毛球协会成立暨首届邀请赛】2013年1月18日，楚雄州羽毛球协会成立暨第一届“源泰杯”羽毛球邀请赛在州体育馆举行。来自全州22支代表队的200余名运动员参加男女单打、双打、混双的比赛，通过3天225场角逐，一平浪煤矿代表队获得第一名，龙泉羽毛球俱乐部代表队和天河纸业代表队分别获第二名和第三名。

【第十七届庆“三八”女子健身运动会】2013年2月23日，由州妇联主办、州文化体育局承办的楚雄州第十七届庆“三八”女子健身运动会在州体育场馆中心篮球场举行。来自楚雄城区各单位的900余名女职工参加了家庭袋鼠跳、家庭背运球和6人跳大绳等项目的比赛。

【全州老年人气排球赛】2013年4月18日，由楚雄州老年人体育协会主办、禄丰县老年人体育协会承办的2013年楚雄州老年人气排球赛在禄丰县体育馆举行，来自全州的27支球队共300人参加比赛。

【健身气功交流比赛】2013年7月16～19日，楚雄州组队参加在昆明举行的七彩云南全民健身运动会健身气功交流比赛暨云南省第三届健身气功交流比赛，最终楚雄州代表队获得五禽戏和八段锦项目集体二等奖和八段锦个人项目第七名。

2013年楚雄青山湖环湖自行车邀请赛 （向　琳/摄影）

【少数民族传统体育锦标赛】2013年8月13～17日，楚雄州组团参加在迪庆州香格里拉县举行的2013年云南省少数民族传统体育锦标赛，荣获男子陀螺团体金牌、女子陀螺团体金牌、男子陀螺双打第三名、男子陀螺单打第四名和民族健身操金奖。

【“全民健身日”展演活动】2013年8月8日，由楚雄州文化体育局和州老年人体育协会共同主办的全州庆祝第五个“全民健身日”展演活动在州体育馆举行，州老年人体育协会和各单项体育协会为观众们带来精心编排的太极拳、舞蹈、武术、健身操、广场舞、健身气功等10余个展演节目。

【校园足球】2012～2013学年赛季，在楚雄市区、南华城区共有34所中小学校参与校园足球活动，其中，小学22所组建男女球队66支，初级中学12所组建男女球队32支，共进行足球比赛588场次，在中国足协注册人数1980人，参与校园足球活动学生人数达1万余人。举办校长和指导员、教练员培训班7期，培训人员368人。小学组足球队在全国青少年校园足球冠军杯赛成都赛区比赛中以不败战绩荣获一等奖并参加全国总决赛，中学组荣获二等奖。10月3～6日，楚雄市鹿城小学足球队受邀参加在韩国仁川举办的2013年亚洲青少年足球节活动，鹿城小学足球队分别与韩国的3支足球队、老挝队和塔吉克斯坦队进行友谊比赛。楚雄州被表彰为2012～2013年度“全国青少年校园足球联赛优秀单位”，荣获三等奖。

【楚雄赛区11人制足球业余联赛】2013年9月28日至10月28日，由云南省足球协会、云南省足球运动管理中心主办，楚雄州文化体育局、州足球协会承办的2013年云南足球业余冠军杯联赛楚雄赛区“兆顺杯”周末足球赛在州体育场举行。全州各行政机关、企事业单位、个体经营户等组成的12支代表队共200余名运动员参加比赛。牟定明阳房地产代表队获得冠军，并代表全州参加11月举行的全省足球业余联赛总决赛。

【青山湖环湖自行车邀请赛】2013年11月1日，由楚雄州文化体育局主办，州青山嘴水库管理局、州爱车运动协会、昆明华腾世纪广告有限公司楚雄分公司协办的楚雄青山湖环湖自行车邀请赛在青山湖水库举行，来自国内外的300余名自行车爱好者参赛。比赛分为男子精英组、男子本地组、男子公开组、女子

楚雄州第六届老年人运动会开幕　　　　（向　琳/摄影）

公开组、女子本地组5个组别和团体比赛，奖金总额为5.29万元。比赛路线围绕青山湖逆时针环湖一周，全长40千米。经过激烈角逐，男子精英组选手普金学以1小时15分的优异成绩完成比赛，艾维骑士会取得公开组团体比赛第一名，77车队取得本地组团体第一名。

【楚雄州第六届老年人运动会】 2013年11月11～15日，由州人民政府主办，州文化体育局、州老年人体育协会承办的楚雄州第六届老年人运动会在楚雄市举行。共有24个由各县（市）及省州各部门组成的代表团1500名运动员参赛，设网球、门球、地掷球、乒乓球、羽毛球、气排球、太极拳（剑）、健身操（舞）、柔力球和中国象棋10个项目的比赛。楚雄市、姚安县、禄丰县、大姚县、牟定县、南华县代表团获县（市）组团体总分前6名，红塔集团楚雄卷烟厂、州政府机关、州交通运输集团、云铜集团楚雄矿冶、州企业退管中心、省地矿局809队代表团获省州组团体总分前6名。

［刘培星］

竞技体育

【“雄基地产杯”西南四省女子篮球精英赛】 2013年7月26～28日，由楚雄州禄丰县人民政府主办，县文体广电旅游局承办，云南雄基地产开发有限公司协办的2013年“雄基地产杯”西南四省女子篮球精英赛在禄丰县体育馆举办。经过激烈角逐，雄基地产代表队获得第一名、云南代表队获得第二名、广东代表队获得第三名、广西代表队获得第四名。

【中国·楚雄2013彝族火把节乒乓球邀请赛】 2013年7月28日，由中国·楚雄2013彝族火把节活动处主办、州乒乓球协会承办的中国·楚雄2013彝族火把节乒乓球邀请赛在州老年活动中心举行，来自全省16个州（市）的28支球队和楚雄州内的14支球队共250余名运动员参加比赛。其中，年龄最小的仅9岁，年龄最大的65岁。经过3天的激烈角逐，楚雄丰盈阁代表队和普洱代表队分获男子团体、女子团体第一名。

【“中瑞杯”全州青少年篮球锦标赛暨首届中学生篮球运动会】 2013年8月15～22日，由州文化体育局、州教育局联合举办的2013年“中瑞杯”楚雄州青少年篮球锦标赛暨第一届中学生篮球运动会在州体育馆和楚雄师范学院举行。来自全州10县（市）、州属各中学的18个代表队35支运动队500余名运动员参加男子篮球、女子篮球3个男女组别的比赛，特邀大姚县桂花乡暑立里篮球村代表队、州属领导干部代表队、楚雄市领导干部代表队和州体育运动学校教职工代表队参赛。楚雄市代表队获得县（市）青少年组男子篮球冠军，双柏县代表队获得县（市）青少年组女子篮球冠军，楚雄一中代表队分别获得州属中学组男子、女子篮球冠军，楚雄市篮球协会代表队获得特邀成年组男子篮球冠军，州篮球协会代表队获得特邀成年组女子篮球冠军。

［刘培星］

体育设施与产业

【体育设施建设】 2013年，楚雄州共争取省体育局下达七彩云南体育基础设施工程县级体育场（馆）项目3个，资金500万元。南华县全民健身活动中心获国家体育总局“雪炭工程”项目援助资金200万元。楚雄州从本级体彩公益金中安排180万元用于县级体育馆项目建设与维修。州级下达乡（镇）灯光篮球场省级项目4个资金40万元，村级篮球场省级项目78个资金234万元；投入建设乡（镇）体育设施（带看台灯光篮球场）26个，每个投资10万元，共计260万元；投入建设行政村（社区、村组）体育设施（标准篮球场1块，2张乒乓球桌）40个，每个投资3.5万元，共计140万元；配套2012年省下达七彩云南行政村体育设施建设项目77个点，每个配套0.5万元统一招标采购体育器材设备，共计38.5万元，购置篮球架、乒乓球桌、篮球等体育器材经费50万元；购置全民健身路径在部分县城和社区安装，经费80万元。补助20所业余体育训练网点学校训练费20万元，补助全州10所县级业余少体校训练经费10万元，补助州体校训练器材购置及水上运动项目经费30万元。支持州级机关单位、县、乡、村基层开展群众体育活动补助经费30万元。

［杨会芳］

【体育场馆开放】 2013年，楚雄州建成投入使用的体育场馆全部面向社会开放，接待体育爱好者40万人次，场馆开放和房屋出租收入380余万元。

［刘培星］

（责任编辑：安孟勤）

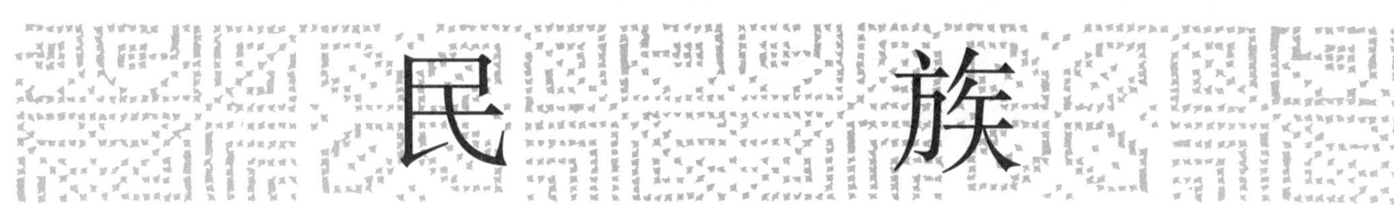

民族

民族工作

【民族工作概况】 2013年，楚雄州以建设全国民族团结进步示范区为统领，牢牢把握各民族共同团结奋斗、共同繁荣发展的民族工作主题，实施《楚雄州加快少数民族和民族聚居区经济社会发展规划》和《关于建设全国民族团结进步示范区的实施意见》，以跨越发展促进民族团结，以民族团结促进和谐发展，推进少数民族和民族地区加快发展，维护民族团结和社会稳定，促进民族文化教育等社会事业发展，加强少数民族干部和人才队伍建设，加强民族工作部门自身建设，进一步巩固和发展了平等、团结、互助、和谐的社会主义民族关系，推进了彝州民族团结进步事业。维护民族团结稳定，不断完善《楚雄州涉及民族关系方面群体性事件预案》，坚持“团结、教育、疏导、化解”的方针，排查调处影响民族团结隐患5件128人，进一步巩固和发展平等团结互助和谐的社会主义民族关系，全州没有发生一起因民族问题引发的重大矛盾纠纷和群体性事件，呈现出民族团结、社会稳定、经济发展的良好局面。

【全国彝语术语标准化工作会在楚雄召开】 2013年5月21日，全国彝语术语标准化工作委员会第五次会议在楚雄州召开。全国彝语术语标准化工作委员会委员和中共楚雄州委宣传部、州民委、州教育局等9家楚雄州彝语文工作领导小组成员单位参加会议。会议强调，在彝文信息化研究工作中，要发挥现代科技在文字识别、语音识别、机器翻译、民族语言对照词库等方面的优势，并开发基于彝族语言资源库的多种应用系统，不断拓展彝文信息化领域。沙马拉毅、杨启标、吴沛常等与会专家学者就彝语术语审定工作作发言。

【州委民族工作领导小组会议】 2013年3月28日，中共楚雄州委民族工作领导小组会议在楚雄召开。会议对全州民族团结进步示范区建设工作进行研究部署，通报2012年全州民族工作情况，讨论通过了《建设全国民族团结进步示范区主要任务分工方案》、《楚雄州民族团结进步示范区建设目标管理责任制考核奖励办法》、《楚雄州民族团结进步示范县（市）、示范乡（镇）、示范单位、示范社区、示范村、示范企业创建标准》，以及州委民族工作领导小组成员单位工作职责和挂钩联系民族团结进步示范乡（镇）名单。州委常委、州委统战部部长杨静，州人民政府副州长赵祖莹，以及33个民族工作领导小组成员单位负责人参加会议。

【省民委到楚雄州调研民族团结进步示范区建设工作】 2013年6月14～15日，云南省民委主任赵立雄率副主任李国林一行到楚雄州调研指导民族团结进步示范区建设工作。调研组一行先后深入武定县狮山镇西和村、罗婺彝寨、麻栗棵村，永仁县非物质文化遗产传承展示中心、方山诸葛营彝族特色村寨、永定镇乍石村、宜就镇彝人新村，姚安县光禄古镇、朝阳村，南华县咪依噜风情谷等地调研考察。中共楚雄州委副书记、州长李红民，州委常委、州委统战部部长杨静，副州长赵祖莹、州人民政府秘书长李德胜、州民委主要领导陪同调研或出席汇报会。6月15日，州人民政府在州政务中心召开楚雄州民族团结示范区建设工作专题汇报会。在听取李红民、赵祖莹的汇报后，赵立雄一行对楚雄州民族工作和示范区建设工作取得的成绩给予了充分肯定和高度评价。

【制定出台《关于建设全国民族团结进步示范区的实施意见》】 2013年2月，

全国彝语术语标准化工作会议在楚雄召开　（州民委提供）

楚雄州制定出台了《中共楚雄州委、楚雄州人民政府关于建设全国民族团结进步示范区的实施意见》。《实施意见》围绕6个创建活动，即创建民族团结进步示范县（市）、示范乡（镇）、示范单位、示范社区、示范村、示范企业，开展10项示范，即着力在民族经济发展、民生改善保障、民族文化繁荣、民族教育振兴、生态文明建设、民族干部培养、民族法制建设、民族理论研究、民族工作创新、民族关系和谐方面作出示范，率先在民族经济发展、民族文化繁荣、民族教育振兴、民族干部培养、民族关系和谐5个方面走在全省前列，争当全国先进，发挥好示范带动作用，力争到2016年，在全州建设5个州级民族团结进步示范县（市）、50个民族团结进步示范乡（镇）、150个民族团结示范村和一批民族团结进步示范单位；到2020年，全面建成全国民族团结进步示范区，实现示范点组织机构健全，服务和管理功能完善，基础设施极大改善，生态和人文环境良好，人民群众物质文化生活水平显著提高，经济和社会事业全面发展，民族团结进步，社会和谐稳定的目标。

【民族团结进步示范区建设】 2013年，楚雄州切实推进民族团结进步示范区建设，广泛宣传，精心规划。认真贯彻落实中共云南省委、省人民政府《关于建设民族团结进步边疆繁荣稳定示范区的意见》，精心规划，形成合力。完善机制，加强领导。州、县、乡3级均成立民族团结进步示范区建设领导小组等领导机构，制定示范区建设专项规划，形成党委统一领导、政府组织实施、部门通力协作、社会广泛参与，共建共享的良好格局。全年全州共整合各类资金12.3亿元投入示范区建设，始终围绕民族团结进步目标，把解决各族群众生产生活困难、改善生产生活条件、增加群众收入和维护少数民族合法权益作为建设的首要任务，通过集中打造民族类型模式（永仁彝人新村、福兴傣族村）、文化品牌模式（彝人古镇、罗婺彝寨）、企业村民联创模式（武定县马豆沟示范村）、整乡推进模式（南华县雨露乡、姚安县前场镇、大姚县赵家店乡、元谋县羊街镇）、新农村模式、特色村寨模式，建成多个民族团结进步示范区。年末，全州正在推进民族团结进步示范县2个（省级示范县武定县、州级示范县永仁县）、示范乡（镇）16个，建成示范村97个、示范学校134个、示范企业4个。

【赵家店民族团结进步示范乡创建】 2013年5月13日，楚雄州首家启动的示范乡——大姚县赵家店民族团结进步示范乡创建在赵家店乡团塘村委会启动。按照“第一年创建，第二年提升，第三年巩固”的创建思路，赵家店民族团结进步示范乡创建初步规划了基础设施建设、特色产业培植、民族文化提升3个类别45个项目，初步概算投入资金5946万元。

【民族示范区建设“112”示范点创建工程实施方案】 2013年，中共楚雄州委民族工作领导小组研究决定实施示范区建设“112”示范点创建工作，在全州创建1个州级民族团结进步示范县、10个民族团结进步示范乡（镇）、20个民族团结进步示范自然村作为示范点，以点带面、推动全局。按照“突出重点，以点带面；上下联动，整体推进；整合资源，合力攻坚；加强领导，高位推动；提升经验，总结推广；严格奖惩，扎实推进”的思路，推动各示范点率先在民族经济发展、民族文化繁荣、民族教育振兴、民族干部培养、民族关系和谐5个方面走在全省前列，争当全国先进，从不同方面为全面建成示范区发挥示范带动作用。在项目经费投入方面，通过争取州县财政支持，向省争取扶持和整合各部门项目资金，不断加大示范区建设项目资金投入力度。其中，示范县由州级争取投入项目资金不少于200万元，由所在县投入100万元，整合其他项目资金900万元，合计投入项目资金1200万元；每个示范乡（镇）由州级争取投入项目资金不少于50万元，由所在县（市）投入50万元，整合其他项目资金400万元，合计投入项目资金500万元；每个示范自然村由州级争取投入项目资金不少于30万元，由所在县（市）投入20万元，整合其他项目资金50万元，合计投入项目资金100万元。对示范点创建落实情况，由州委民族工作领导小组办公室牵头负责，实行“一年一考核一兑奖”的责任制度，并按照州民族团结进步示范点创建标准考核、验收、命名、挂牌。

【民族示范区建设暨经济工作综合培训会】 2013年5月9日，楚雄州民族事

民族团结一家亲 （夏天彧/摄影）

务委员会召开全州民委系统示范区建设暨经济工作综合培训会议，传达学习全国政协副主席、国家民委主任王正伟在云南民族工作调研座谈会上的讲话和省民委副主任徐畅江在全省民委系统示范区建设暨经济工作综合培训会上的讲话精神，全州10县（市）民宗局交流了上年经济工作，组织培训制作幻灯片和调查研究、民族政务信息工作，邀请项目规划专家对项目规划编制进行专题培训，进一步明确楚雄州推进示范区建设的指导思想、目标任务、工作重点、创建标准、项目规划、组织保障等各项工作。

【民族团结进步宣传教育】 2013年，楚雄州民族事务委员会在全州开展了一系列民族团结进步宣传教育活动。在4月15日自治州成立纪念日，向全州的移动用户发送了“全州各族人民要珍爱民族团结，争创全国民族团结进步示范区，共建和谐彝州”的宣传信息。在《楚雄日报》开办“民族团结进步专栏”，在州广播电台开办“民族团结进步之声”节目，大力宣传建设全国民族团结进步示范区的总体目标和主要任务，宣传党的民族政策，增强民族团结，维护社会稳定。与州委依法治州和普法领导小组办公室、州司法局联合组织开展了“民族法律法规有奖知识竞赛”活动。持续办好《彝语文跟我学》电视栏目，采用多媒体手段，把教学用语和实物、实景结合在一起，由句子、单词、彝族宝典、学唱彝歌、楚雄州彝语标准化术语几部分组成，注重教学思想性，融入爱国主义和民族团结内容。在《云南广播电视报》楚雄周刊“楚雄州民委工作专栏”，每期刊登全州民族工作动态或民族政策知识。

【民族乡工作执法检查】 2013年，楚雄州人大常委会组成检查组对贯彻执行《云南省民族乡工作条例》和《楚雄彝族自治州民族乡工作规定》情况进行执法检查。8月20日，州人大常委会召开执法检查情况汇报会，听取州人民政府贯彻执行《云南省民族乡工作条例》和《楚雄彝族自治州民族乡工作规定》情况汇报。执法检查组在实地检查和听取汇报的基础上，对全州贯彻执行《条例》和《规定》工作给予充分肯定，对工作中存在困难和问题提出了意见、建议。

【公民民族成份变更】 2013年，楚雄州根据国家民族事务委员会、公安部《关于中国公民确定民族成份的规定》和国家民委办公厅、教育部办公厅《关于严格执行变更民族成份有关规定的通知》要求，经全州10县（市）民族宗教事务局初审同意后，申报州民族事务委员会主管部门核实签署意见，在州政务服务中心办理符合变更条件的公民民族成份732件，其中县（市）717件、州级15件，转由户口所在地公安派出所受理。

【民族法律法规有奖知识竞赛】 2013年4月25日至6月30日，楚雄州民族事务委员会、州委依法治州和州普法领导小组办公室、州司法局联合组织“民族法律法规有奖知识竞赛”活动。共有72家省、州属部门、企事业单位、学校和10县（市）县级部门、乡（镇）的领导干部及普通职工、群众、学生共4.75万人参加知识竞赛。

［陈世聪］

民族经济

【民族机动金管理】 2013年，楚雄州依法单列民族机动金1500万元，主要用于配套省民族团结进步示范区建设项目资金350万元、配套州级“112”示范区建设项目资金188万元、改善县乡村基础设施等特殊困难562万元、民族事务费100万元、少数民族传统文化抢救保护专项经费100万元、州宗教局工作专项经费和宗教场所修缮专项资金200万元。民族机动金坚持由民族事务部门安排，向州人民代表大会报告和财政、审计部门监督，统筹兼顾、分类指导、突出效益和体现民族工作部门职能的原则。

【省级民族发展项目资金扶持】 2013年，楚雄州民族事务委员会围绕加快少数民族和民族地区发展，坚持分类指导，因地制宜，积极开展项目前期调研工作，认真组织项目资金申报。全年共争取省级项目资金3450万元，比上年增加1300万元，其中“3121工程”示范村资金700万元、少数民族特色村寨资金900万元、民族团结示范村资金400万元、民族文化抢救保护和精品工程资金365万元、民族发展工作支撑体系建设资金105万元、民族地区特殊困难项目资金100万元、民族团结保障工程和城市民族工作经费95万元以及民族地区产业发展项目、财政贴息资金、城区清真寺基础设施补助、民族中学高中学生生活补助等680余万元。

【民族特色旅游村寨建设】 2013年，楚雄州根据《云南省人民政府关于加快推进民族特色旅游村寨建设工作的意见》，结合农村安居工程特色村庄示范村建设，广泛挖掘民族历史文化和村庄特色资源，科学规划，合理布局产业，彰显特色，促进特色乡村旅游，带动农村经济发展。加大资金整合力度，充分发挥财政资金的引导作用，引导和吸纳社会资金参与建设，确保建设资金落实；开展民族特色旅游村寨普查，对符合条件的村寨，组织规划编制，并按照规定逐级上报审查；加强领导，健全工作机制，建立以民委、旅游、住建部门牵头，发改、财政、文体、交通运输、农业、林业、水务、环保、扶贫等部门组成的民族特色旅游村寨建设联席会议制度，明确责任，强化服务，确保民族特色旅游村寨建设工作取得实效。

【民贸民特企业发展支持】 2013年，楚雄州大力支持民族地区民族贸易企业和民族特需商品定点生产企业发展成效显著。20家企业得到中央财政贴息资金335.89万元，比上年增加152.69万元，增长183.3%，其中最多的1家企业得到80.98万元；争取省财政贷款贴息补助资金34万元，支持了州内民贸企业和少数民族特需商品定点企业发展。

［陈世聪］

民族文化

【《彝族毕摩经典译注》编译出版】 2013年12月，彝族文化遗产巨著《彝族毕摩经典译注》历经7年的艰辛努力，完成106卷9.08万册7200余万字的出版任务。全书包含彝族历史、政治、经济、军事、医药、宗教、哲学、天文、地理、伦理道德、文学、艺术、绘画，谱牒、文书15大类，充分反映和表达出彝族先民们的世界观、人生观、价值观。其中最有代表性的《彝族源流》、《彝族古代六祖史》、《查姆》、《吾查》、《姚安梅葛》、《武定彝族历算书》、《双柏彝族医药书》、《阿诗玛》、《滇彝古史》、《彝家兵法》、《道德经》等，无论是彝文文献还是彝族口碑文献，都具有一定的研究价值。

【彝族口碑文献加注彝文】 2013年，楚雄州完成了《彝族毕摩经典译注》106卷中的《楚雄母虎神祭辞》、《楚雄丧葬祭经》、《楚雄丧礼祭经》、《牟定丧葬祭辞》、《南华丧礼祭辞》、《南华教路经》、《南华祭神祈福经》、《姚安丧葬祭辞》、《姚安梅葛》、《大姚丧葬经》、《大姚丧祖经》、《永仁丧葬祭经》（一、二）、《禄丰丧葬祭经》、《巍山南涧祭祀经》、《漾濞丧祭经》（一、二）、《弥勒阿细先基》（一、二）、《广西送魂经》20卷口碑文献加注彝文工作，即在口碑文献原版3行翻译注音行之上加注对应意义的彝文行，通过对原文每句直译意译的比较，切实理解该句彝语方言的准确意义后，译为通顺并具有相应意义和音节对等的东部方言滇东北次方言纳苏土语，根据《彝汉字典》及《楚雄彝文电脑字库和输入法软件平台操作手册》加注相应彝文。加注的彝文句必须通顺并与原句意相符、音节对等且软件输入排版，为申报世界文化遗产奠定基础。

【民族传统文化保护】 2013年，楚雄州民族事务委员会开展7个世居少数民族传统文化抢救保护专项经费项目储备工作，积极向云南省民委争取《彝族毕摩经典译注》部分口碑文献加注彝文项目、永仁县少数民族非物质文化传承展示中心展览项目、楚雄市紫溪镇紫溪村彝族特色文化生态村项目等20个项目365万元少数民族传统文化抢救保护专项经费，安排下达州级少数民族传统文化抢救保护专项经费16项100万元。

【舞蹈诗《彝人三色》获奖】 2013年9月15日，代表楚雄州参加云南省第二届少数民族文艺会演的舞蹈诗《彝人三色》在云南艺术学院实验剧场上演。整台演出分为序曲和上、中、下篇，由11个节目组成，演出时长80分钟，用彝族所崇尚的舞蹈诗《彝人三色》是“三基色”为切入点，运用彝族民间丰富的舞蹈元素，生动、艺术地展现了彝族博大精深的历史文化，以及彝族人民绚丽多姿的生活画面，体现了彝族深厚的文化底蕴和浓郁鲜明的民族特色，表达了彝族人民对美好未来的憧憬。经专家评比，《彝人三色》获文艺汇演剧目金奖，代表团荣获优秀组织奖，个人分获最佳导演奖、最佳演员奖、最佳新人奖。

【歌舞乐展演获奖】 2013年12月，楚雄州组织参加在临沧举行的云南省第八届民族民间歌舞乐展演，荣获优秀组织奖，舞蹈《十二兽舞》获银奖和传承奖，歌《曼嫫诺》获银奖，乐《娶亲路上》获银奖。

【国家级非物质文化遗产传承人】 2013年3月，国家文化部公布第四批国家级非物质文化遗产项目代表传承人名单，楚雄州民间文学类项目“查姆”的代表性传承人方贵生，传统医药类项目“彝医药（彝族水膏药疗法）”的代表性传承人余惠祥，民俗类项目“彝族火把节”的代表性传承人普顺发入选。楚雄州有5名国家级非物质文化遗产传承人增至5名。

【中国彝族第二届非物质文化遗产传承展演活动在武定开幕】 2013年8月10日，中国彝族第二届非物质文化遗产传承展演活动在楚雄州武定县开幕。中国文联党组副书记、副主席丹增宣布开幕，省人大常委会原主任李桂英，《求是》杂志原总编辑王天玺，文化部中国艺术研究院研究员、国家非物质文化遗产研究保护中心主任、宗教艺术研究中心主任、博士生导师田青，云南省彝学会会长、省民委原主任马立三，中共楚雄州委副书记、州长李红民，州政协副主席何根源、李怡等出席开幕式。中央电视台著名主持人赵忠祥应邀担任中国彝族第二届非物质文化遗产传承展演节目主持，展演节目汇聚了进入《国家级非物质文化遗产名录》的彝族民间音乐、民间舞蹈和传统戏剧节目精粹，包括武定《酒歌》、双柏《老虎笙》、贵州毕节《铃铛舞》、四川大凉山《朵落荷》等，共同演绎彝族古老的文化谱系，展示彝族古老文化。活动期间，还举行了云南智库专家走基层启动仪式暨武定跨越发展论坛，智库专家紧扣“推进武定跨越发展”主题，结合昆武高速公路全线通车，武定变成昆明半小时经济圈的机遇，围绕经济、文化、社会、生态建设和党的建设等方面问题深入探讨和交流，为武定实现跨越发展建言献策、破解难题。

【少数民族传统体育普查】 2013年6月，楚雄州民族事务委员会针对州内少数民族传统体育开展普查工作。通过普查，在全州10县（市）少数民族地区得以传承并经常性开展的少数民族传统体育项目有射艺类、角力类、斗技类、健身舞、表演类等5大类31个项目；全州建有少数民族体育基地54个，有少数民族传统体育传承人41人，少数民族传统体育运动活动方式4种。

【傈僳学会成立】 2013年12月21日，楚雄彝族自治州傈僳学会经州民政局批复正式成立并举行第一次会员代表会议，通过了学会章程，选举产生了第一届理事、常务理事及会长、副会长、秘书长，聘请了顾问。州民委、州民政局、州社科联有关领导到会指导。

【武定县彝族文化研究学会成立】 2013年12月1日，武定县彝族文化研究学会第一届会员代表大会在县城彝家大酒店召开，武定县彝族文化研究学会正式成立。会上，审议通过了学会章程，选举产生了武定县彝族文化研究学会理事、常务理事、会长、常务副会长兼秘书长、副会长和副秘书长。

【微电影《彝剧》获奖】 2013年10月，由大姚县与云南云域天景文化传播有限公司联合拍摄的微电影《彝剧》，获得"美丽中国梦——首届中国·武汉微电影大赛"提名奖。"彝剧"源于大姚县昙华乡，2008年6月被国家文化部确定为第二批国家级非物质文化遗产名录，2013年3月18日，微电影《彝剧》在大姚县昙华乡开机拍摄。演职人员主要由大姚县民间艺人、县咪依噜彝剧演艺公司部分专业演职人员组成。经过两个多月的紧张拍摄和后期制作，片长70余分钟的《彝剧》于5月7日在大姚三台彝族"服装节"庆典活动期间举行首映式。在由中国电影家协会、武汉市人民政府、北京电影学院主办的"美丽中国梦——首届中国·武汉微电影大赛"中，经过初评、预评、定评3轮遴选，彝族微电影《彝剧》从全国1021部微电影作品中脱颖而出，获"美丽中国梦——首届中国·武汉微电影大赛"提名奖，并进入100部入围作品在官网展播。

【《彝歌踏舞左脚调》民歌集出版】 2013年，牟定县民族宗教事务局组织对流行民间的左脚调进行收集整理，并编印成《彝歌踏舞左脚调——牟定经典彝族左脚调集锦》一书。该书共收录民歌254首，印刷发行3000册。

【永仁县成立彝族梅葛传习所】 2013年2月24日，楚雄州彝族梅葛传习所在永仁县中和镇直苴村挂牌成立。来自全县各乡（镇）的72名民间艺人和梅葛爱好者就梅葛文化、彝族歌舞、器乐艺术等方面的技艺展开交流研讨。梅葛传习所将定期开展彝族梅葛文化传承培训，让以梅葛为代表的彝族民俗民间文化艺术世代传承。

［陈世聪］

民族教育

【永仁县开展彝族歌舞进校园活动】 2013年，楚雄州永仁县开展彝族歌舞文化进校园活动，制定了彝族歌舞进校园活动实施方案，编辑整理彝族歌舞进校园实验教材，聘请有专业特长的教师，在县青少年校外活动中心对来自全县中小学、幼儿园的35名教师进行彝族歌舞培训，重点学习了27首彝族歌曲和《多彩的彝家山寨》、《唱起来跳起来》两组彝族舞蹈。同时，还收集整理了80首彝族歌曲编撰成册，歌曲唱法和舞蹈分解动作也全部制作成光盘分发到各学校。把学习彝族歌舞课程编入音乐教学课程安排，在全县中小学、幼儿园开展学习彝族歌舞教育活动。

【民族团结教育培训】 2013年5月16～17日，楚雄州教育局、州民族事务委员会举办全州民族团结教育行政人员和骨干教师培训会议，全州10县（市）教育局、民宗局分管领导、业务工作人员和部分中小学、中等职业学校校长、骨干教师共160余人参加培训。邀请省社科院民族文学研究所、省教育科学研究院民族教育研究室、昆明高新实验学校教授、专家讲授党的民族理论政策、民族基本知识，并对《民族团结教育刚要》进行解读，对中小学民族团结教材课例进行讲解，对29所"楚雄州民族团结教育示范学校"进行授牌。

【民族学生生活补助】 2013年6月，为贯彻落实《中共云南省委云南省人民政府关于进一步加强民族工作促进民族团结加快少数民族和民族地区科学发展的决定》精神，进一步加快少数民族人才培养步伐，省财政按每生每年300元的标准，划拨经费79.53万元，专项用于补助楚雄州民族中学、武定县民族中学寄宿学生生活费，补助惠及普通高中寄宿生2651人。楚雄州将补助资金纳入特设专户管理，加大资金使用情况的监督检查，确保专款专用。

【少数民族优秀特困学生补助】 2013年，楚雄州民族事务委员会设立特困少数民族优秀学生考入高校专项补助资金，用于补助家庭经济特别困难、考入二本及以上大学的农村少数民族特困学生，解决州内考取普通高等学校的部分少数民族学生因家庭贫困而失学的问题。经贫困学生本人申请，村委会、乡（镇）人民政府、毕业学校严格审批，县（市）民族部门确定符合条件的初选受助学生上报审批，州民委研究审定后，给予受助学生省外2000元/人和省内1000元/人的一次性资金补助。年内共补助品学兼优少数民族大学新生40人，补助金额6万元。

【少数民族中青年干部培训班】 2013年7月，楚雄州第十期科级少数民族中青年干部培训班暨第四批选派到乡（镇）挂职锻炼干部培训班在州军队转业干部培训学校举行。培训班由州委组织部、州民委主办，州军队转业干部培训学校承办。来自州、县、乡三级党政机关、事业单位的部分科级少数民族领导干部和第四批选派到乡（镇）挂职锻炼的干部共71人参加培训，其中21人是年内州委组织部从州级机关年轻干部中选派到乡（镇）挂职的副乡（镇）长。在为期1个月的学习培训期间，邀请省、州有关领导和专家学者到培训班讲授了中国特色社会主义理论体系和科学发展观，马克思主义民族观和新时期党的民族政策以及民族自治法规，认真学习深刻理解党的十八大精神，党的知识教育，建设云南民族团结进步、边疆繁荣稳定示范区，从政道德教育，民族经济发展，经济形势分析，党在农村的方针政策，加强和改进社会管理工作，如何提高领导干部驾驭市场经济能力，推进彝州民族文化产业发展，加快推进城镇化建设，楚雄工业经济的发展与展望，推进全州农业产业化建设，领导干部心理调适，做好新形势下群众工作，提高领导干部依法行政能力，公文写作与运用，平安建设与法制建设，做好全州招商引资工作等36个专题内容。

【少数民族公务员招录】　2013年，楚雄州从大专以上的少数民族青年中，经过报名、笔试、面试、考核体检等环节，严格筛选，公开录用国家公务员42名，补充到县（市）、乡（镇）机关工作。

［陈世聪］

民族节日

【腊湾新民民族团结日】　2013年3月26日（农历2月15日），牟定县凤屯镇腊湾村委会“玛咕彝寨”迎来第22届牟定姚安“民族团结节”。楚雄州民族事务委员会领导和牟定、姚安两县县、乡、村的党政领导在“玛咕彝寨”篮球场欢聚座谈，同叙友情，共谋发展，并在“民族团结，幸福2013”条幅上题写祝愿，签名留念。牟定民族艺术团进行了“三下乡”文艺演出，开展了商品物资交易活动。

【楚雄城区彝族年】　2013年11月30日，楚雄城区各族同胞欢聚在彝人古镇共度彝族年。彝族年活动由云南汇通古镇文化旅游开发有限公司举办，以“发展民族文化旅游产业、弘扬彝族传统文化”为主题，单位和个人自愿自费参加。

【楚雄城区花山节】　2013年6月12日，由楚雄州民族事务委员会主办、楚雄市民族宗教事务局协办、楚雄州苗学会承办的“2013年楚雄城区苗族‘花山节’活动”在楚雄市举行。300余名身着盛装的楚雄城区苗族同胞与应邀参加活动的州、市有关部门领导及各族宾客欢聚一堂，共庆苗族传统节日。在当晚举行的文艺联谊晚会上，来自昭通市的30余名苗族同胞与楚雄城区苗族同胞共同表演了精彩的苗族歌舞，弘扬优秀民族民间传统文化，讴歌在民族团结、社会和谐方面取得的成绩。

火把节狂欢　　（高建波/摄影）

【双柏县彝族虎文化节】　2013年3月21日，双柏县在县城举行彝族虎文化节开幕式。当天，表演了舞蹈《相约虎乡》、《古老的跳虎节》，查姆演唱《阿噻调》、《彝人祭火》。节日期间，举行了双柏彝族文化研讨座谈会、散文创作研讨会和双柏县第三届新农村文艺汇演、原生态彝族歌舞巡演、项目招商洽谈会6个项目，招商引资4.43亿元。

【大姚三台赛装节暨核桃文化节】　2013年5月7日，大姚三台赛装节暨核桃文化节在彝族“十月太阳历”的发源地大姚县三台乡举行。期间，举行了微电影《彝剧》首映仪式，举办了梅葛传习培训班和彝族精品服饰、三台核桃陈列展；开展各种庆典演出；举行了核桃果王争霸赛，邀请核桃种植大户、核桃营销大户、乡内群众、县乡技术人员评比核桃果的品质，评选出金果、银果和铜果；开展了“聚焦和谐三台”采风活动、彝族风情歌舞联欢、特色商品交易会等活动。各界来宾与1.5万余名群众共同度过一个欢乐祥和的节日。

【永仁县“中国直苴彝族赛装节”】2013年2月24日，“中国直苴彝族赛装节”在古老的乡村“T”台永仁县中和镇直苴村赛装场举行。媒体记者、民俗文化学者、专家、省内外和国内外游客、当地村民共2万余人参加活动。活动以“彝山彝韵”为主题，从原生态民间艺术的角度出发，通过赛装、赛美、赛歌、赛乐、赛风格等形式，全面展示中和的彝族文化、赛装文化、民族器乐、彝绣等。

［陈世聪］

（责任编辑：安孟勤）

社会

人民生活

【城镇居民收入】 2013年，楚雄州城镇居民人均家庭总收入2.48万元，比上年增加2954元，增长13.5%，其中人均可支配收入2.29万元，比上年增加2642元，增长13.0%。人均可支配收入中，工资性收入1.64万元，增长3.6%，占66.2%；经营性收入2147元，增长65%，占8.7%；转移性收入5591元，增长37.4%，占22.6%；财产性收入643元，增长1.5%，占2.5%。城镇居民收入增长的主要因素是城镇居民中财政供养人员的津补贴普遍提高。按照州财政局、州人力资源和社会保障局关于提高津补贴的文件要求，新增津补贴从2012年1月起执行，同时，改革性补贴和艰苦边远地区津贴也相应提高，这几项收入均记入2013年度。由于工资等收入基数提高，由财政匹配的各种社保金额也相应提高，导致财政供养人员的收入增加。此外，政府认真落实各项就业政策，多渠道开发就业岗位，鼓励自主创业和自谋职业，在税费减免、信贷发放、工商登记等方面为创业者开辟绿色通道。经济环境的改善和各项优惠政策的落实，让很大一部分私营企业和个体户的规模得到发展，经营水平逐步提高，经济效益明显增强。

【城镇居民消费支出】 2013年，楚雄州城镇居民人均家庭总支出1.97万元，比上年增长6.2%，其中人均消费支出1.32万元，比上年下降7.3%，八大类消费支出"四升四降"。"四降"分别是城镇居民人均食品类消费支出4286元，比上年下降17.2%，占消费性支出的32.5%。食品类消费支出下降的原因系物价上涨引发城镇居民饮食结构和消费方式转变，从而呈现糖烟酒、外出就餐等消费微降而蔬菜、肉禽蛋水产品等基本消费略增的特点。衣着类消费支出946元，下降34.9%；医疗保健类消费支出943元，下降9.5%；其他商品及服务类消费支出300元，下降42.5%。"四升"表现在，人均居住类消费支出1180元，比上年增长5.3%，主要受改善居住条件及房租价格上涨等因素影响，居民相关消费支出增长较快；人均教育文化娱乐服务消费支出1525元，增长25.9%；人均家庭设备用品及服务类消费支出920元，增长30.6%，增长原因系家庭日用杂品和床上用品等消费支出带动；人均交通及通信类消费支出3081元，增长3%。

【农村居民收入持续增长】 2013年，楚雄州农村居民人均纯收入6357元，比上年增加939元，增长17.3%。比全国增幅高4.9个百分点，比全省增幅高3.9个百分点。其中，工资性收入2135元，增长35%，占纯收入的33.5%；家庭经营性收入3762元，增长10.1%，占纯收入的59.2%；财产性收入96元，下降7.2%，占纯收入的1.5%；转移性收入364元，增长15.2%，占纯收入的5.7%。在农民人均纯收入构成中，家庭经营性收入贡献最大，占59.2%。全年全州农民人均纯收入绝对数远低于全国而略高于全省，比全省6141元高218元，比全国8896元低2539元。农村居民收入增长的主要因素是农村居民中外出打工人数有所增加，随着务工收入水平的提高，农村居民工资性收入较往年有明显增加。此外，伴随着国家粮食直补、良种补贴、农机补贴、农业保险等19项强农惠农富农政策的实施和落实，保护了农民的生产热情，直接推动农民增收。

【农村居民消费稳中有增】 2013年，楚雄州农村居民消费支出稳步增长。农村居民人均消费支出5038元，增长14.0%。从各项消费支出的增速来看，居住类消费、文化教育娱乐消费和家庭设备用品消费支出增长较快；从消费支出所占比重来看，食品、居住、交通和通讯消费支出名列前三甲。在消费支出中，人均食品消费支出2359元，占46.8%，是第一大消费，增长13.3%；人均居住消费支出880元，占17.5%，是第二大消费，增长26.6%；人均交通和通讯消费支出591元，占11.7%，是第三大消费，增长6.7%；人均家庭设备消费支出289元，占5.7%，增长25.1%；人均文化教育娱乐消费支出280元，占5.6%，增长45%；人均衣着消费支出185元，占3.7%，增长1.1%；其他商品和服务消费支出59元，占1.2%，增长5.4%。在消费八大项中，唯一下降的是人均医疗保健消费支出396元，占7.9%，比上年下降6.6%，系农村医保改革，新农合工程为解决农村居民看病贵、看病难等问题显现成效。

【农村居民人均住房面积减少】 2013年，据全州农村住户抽样调查资料显示，楚雄州农村居民人均住房面积为33平方米，比上年减少3.3平方米，减少9.1%。人均钢筋混凝土住房面积由上年的9.4平方米下降到9平方米，下降4.2%；砖木结构住房面积从上年的9平方米提高到13平方米，人均增加4平方米，增长44.4%；其他结构住房面积继续减少，从18平方米减少到10平方米，减少44%。随着国家城镇化步伐的加快，部分农村地区逐渐转变为城镇，居住方式也由院落式向城市商品房平层发展，造成农村居民人均住房面积的小幅减少。

［李德波　肖世良］

人口和计划生育

【人口和计划生育工作概况】　2013年，楚雄州人口计生系统认真贯彻落实党的十八大和省、州“两会”精神，以富民强州为目标，以改革创新为动力，着眼“稳定低生育水平、统筹解决人口问题、促进人的全面发展”的中心任务，围绕州人代会确定的“人口自然增长率控制在6‰以内”的年度预期目标，坚决拥护党中央、国务院关于深化机构改革、转变政府职能的决策部署，全力推进各项重点工作落实，全州人口计生工作继续保持了良好的发展势头。

【稳定低生育水平】　2013年末，楚雄州总人口266.56万人（户籍人口），出生人口2.25万人，人口出生率8.45‰，人口自然增长率2.3‰。在出生人口中，符合现行生育政策出生2.09万人，计划生育率93.08%。全州已婚育龄妇女人数54.38万人，已落实节育措施46.46万人，综合节育率85.43%。全州累计有12.08万人领取独生子女父母光荣证，累计领证率21.94%。

【统筹解决人口问题】　2013年，楚雄州各级党委、政府高度重视人口计生工作。州人民政府共专题研究人口计生工作3次，将人口计生工作纳入州委、州人民政府重点工作督查内容，进行定期督查通报。严格执行人口计生目标管理责任制，继续实行“三线”考核制度。人口计生经费投入大幅增长。年内，州级财政预算安排人口计生事业费1227.16万元，比上年增加208.75万元，增长20.50%；各县（市）人口计生事业费在上年基础上分别增长10%以上。村级计划生育宣传员报酬有所增加。省、州财政均提高了宣传员生活补助标准，绝大多数县（市）按照村委会主要领导工资80%的标准落实了宣传员报酬。

【人口计生宣传教育】　2013年，楚雄州加大人口和计划生育工作宣传专项经费投入，省、州财政投入专项经费100余万元，为人口计生宣传工作顺利开展提供了资金保障。借助主流媒体增强影响力。州人口和计划生育委员会与楚雄日报社、州广播电台联合开办人口宣传专栏，在全州上下营造了良好的舆论氛围。加强阵地建设。认真实施人口计生宣传教育阵地建设“15311”工程，继续发挥11个人口理论教育基地、26个人口文化大院、6个“远程宣传教育工作站”的作用，切实加强人口理论教育培训。强化人口计生宣传工作。相继制定下发《关于加强人口计生新闻宣传工作的通知》和《楚雄州人口计生新闻宣传奖励办法（试行）》，组建了人口计生新闻宣传工作队伍。

【人口计生执法】　2013年，楚雄州人口和计划生育委员会继续深入开展人口计生行政执法清理工作。积极开展依法行政示范乡（镇）创建活动，年内新创建的8个人口计生依法行政示范乡（镇）均通过了考核验收。规范各类办证审批，州人口计生委及时下发关于规范生育服务证办理工作的文件，畅通人口计生证件办理渠道，各种证件的审批和办理均做到及时准确。严肃查处违法行为，全年共查处计划生育违法案件1942件，依法维护了国家法律法规和规章的严肃性。继续深入开展集中整治“两非”专项行动，初步形成了“政府主导、部门配合、标本兼治、群众参与”的综合治理格局，全州出生人口性别比为105，控制在正常值范围内。

【计生服务】　2013年，楚雄州人口和计划生育服务机构标准化建设工作全面实施。认真开展人口计生服务中心标准化建设创建活动，投入资金420余万元为县级人口计生服务机构配备了基本满足工作需要的医疗设备。国家免费孕前优生健康检查项目全面推进，共开展孕前检查3.03万人。农村妇女增补叶酸预防神经管缺陷项目进展顺利，新增叶酸服用人数2.31万人。计划生育优质服务先进单位创建活动继续加强，对现有6个国家级优质服务先进单位牟定县、元谋县、大姚县、禄丰县、楚雄市、双柏县和4个省级优质服务先进单位姚安县、南华县、永仁县、武定县实行动态管理，全面提升优质服务先进单位创建活动水平。

【计划生育奖励】　2013年，楚雄州共兑现计划生育奖励扶助金7756人791.16万元，兑现计划生育特别扶助金1983人499.24万元。农业人口独生子女“奖优免补”政策稳步推进，全年发放一次性奖励金1273人122.11万元，兑现教育奖学金2.02万人434.03万元，免除计划生育群众新型农村合作医疗参合费23.1万人1385.86万元。积极稳妥做好失独家庭发放一次性抚慰金相关工作，全州共发放失独家庭一次性抚慰金246人113.5万元。认真落实计划生育免费技术服务相关规定，严格执行独生子女父母退休加发5%计划生育奖励金政策，足额兑现独生子女保健费。

【流动人口计生服务管理】　2013年，楚雄州按照创新社会服务管理的新要求，在巩固深化流动人口计划生育“一盘棋”工作机制、加强流动人口全员统计和信息化管理的同时，扎实推进以“宣传教育和人员培训、计划生育和生殖健康服务、避孕药具供应和随访服务、信息咨询和优生指导服务、生育政策服务、便民维权服务和生育关怀服务”为主要内容的流动人口计划生育基本公共服务均等化试点工作，流动人口计划生育服务管理工作取得明显成效。年末，全州共有流动人口23.85万人，其中流出人口15.7万人，流入人口8.15万人。

【计生药具管理】　2013年，楚雄州人

口和计划生育委员会高度重视避孕药具管理工作，为育龄群众免费发放了价值92.11万元的计划生育药具。推进免费药具发放网点建设，在原有药具发放网点基础上，在流动人口聚集区域增设了48个免费避孕药具发放网点。人口计生部门继续牵头，会同公安、卫生、工商、质监、药监等部门联合开展计划生育药械市场专项督查，规范计划生育药械市场秩序。认真开展流动人口药具服务年活动和药具干部廉政风险防控自查专项行动。围绕防治艾滋病工作大局，圆满完成了推广使用安全套防治艾滋病工程年度工作任务。

【计划生育协会工作】 2013年，楚雄州基层计划生育协会的组织建设得到加强，全州有计划生育协会组织1263个、会员小组1.43万个、会员38.3万人。继续实施生育关怀行动，积极开展走访慰问计划生育困难家庭活动，组织开展妇科病普查服务活动8场次，开展生殖健康讲座13期，开展“生育关怀、不孕不育”公益项目活动2场次。扎实推进计划生育“三结合”工作，对2001年以来省州投入的53万元计划生育“三结合”资金管理使用情况进行了全面清理，对接受计划生育“三结合”资金帮扶的38户计划生育家庭进行了项目效益跟踪。继续开展计划生育家庭系列保险工作，完成计划生育系列保险保费308万元，完成省下达任务的110%。

［起 荣］

人力资源和社会保障

【人力资源和社会保障工作概况】 2013年，楚雄州人力资源和社会保障工作紧紧围绕“民生为本、人才优先”工作主线，实施就业优先和人才立州“两大战略”，推进社会保障体系和和谐劳动关系“两大建设”，深化干部人事制度和工资分配制度“两大改革”，开拓创新，稳中求进，各项工作取得显著成效。12月19日，州人力资源和社会保障局派驻州政务服务中心窗口被国家人力资源和社会保障部评为“全国人力资源和社会保障系统2011～2013年度优质服务窗口”。

【社会保障】 2013年，楚雄州人力资源和社会保障系统以扩大覆盖面和提高待遇水平为重点，认真落实国家和省关于大病补充医疗保险和提高社会保险待遇的政策规定，调整全州社会保险政策，健全完善社会保险制度体系。按照国家和省、州有关要求，做好社会保险扩面和实地稽核工作，及时提高社会保险待遇水平，加强资金调度和使用管理，各项社会保险待遇按时足额支付。全州城镇企业职工基本养老保险参保13.51万人，完成目标任务的101.7%，其中在职职工参保8.91万人，完成目标任务的100.1%；医疗保险参保42.28万人，完成目标任务的100.7%，其中职工医疗保险参保22.2万人、居民医疗保险参保20.08万人；企业职工生育保险参保6.84万人，完成目标任务的105.2%；工伤保险参保16.45万人，完成目标任务的105.1%；失业保险参保11万人，完成目标任务11万人的100%。全州共发放失业保险6800人2126万元，在全省率先为111名新增领取失业保险金人员发放了调标后的失业保险金29.75万元，为失业人员代缴医疗保险费182万元、9159人次。发放《就业失业登记证》5.63万本，对2009～2012年全州就业专项资金和失业保险基金管理使用情况进行了实地检查。全州城乡居民社会养老保险参保142.24万人，其中，新农保132.45万人，完成目标任务的101.9%；城居保9.79万人，完成目标任务的244.8%。28.86万名符合条件的城乡老年人按月足额领取了养老金。完善基本医疗保险急诊抢救管理办法、城镇居民医疗保险门诊统筹办法、机关事业单位职工生育及计划生育医疗费用报销办法，健全城镇居民医疗保险特殊疾病慢性病门诊待遇管理政策。提高女职工生育保险产假标准，落实国务院《工伤保险条例》，实行行业差别浮动费率。规范社会保险筹资标准。新型农村社会养老保险缴费标准设定为每年100～500元5个档次，城镇居民养老保险缴费标准设定为每年100～1000元10个档次，由参保人自主选择缴费档次按年缴纳，参保人按照规定缴费后，省财政给予每人每年30元的缴费补贴，州财政给予缴纳200元档次10元的缴费补贴，200元以上档次的按10元递增。城镇居民基本医保人均筹资为372元，其中个人缴费70元，各级政府补助302元，特殊困难居民由政府全额补助。加强社会保险稽核清欠，全州城镇职工基本养老保险、基本医疗保险、工伤保险、生育保险、失业保险共计回收历年欠费1203万元。做实城乡居民养老保险个人账户，做好各类养老保险个人账户记账、计息等日常工作，各项社会保险基金安全完整、有效运行。做好医疗保险省内异地就医联网结算工作。全州共有618家定点服务机构开通省内异地结算系统，占定点服务机构总数的98%，其中，定点医疗机构245家，定点零售药店373家。州内参保人员共计发生异地住院联网结算5970人9977万元，其中城镇职工住院5395人次9070万元，城镇居民住院575人次907万元；发生异地持卡门诊、购药联网结算115064人次1396万元。其他州（市）城镇职工参保人员在楚雄州发生异地住院联网结算588人次631万元，发生异地持卡门诊、购药联网结算135593人次1518万元。

【社会化管理服务】 2013年，楚雄州人力资源和社会保障系统进一步加强社会化管理服务工作。全州累计缴入社会化专项资金3.8亿元（州本级累计缴入1.21亿元），当期缴入社会化专项资金902.33万元；累计支出1.96亿元（州本级累计支出8121.8万元），累计结余社会化专项资金1.84亿元（州本级累计结余4073.65万元）。当期支出1152.35万元，其中，缴纳各种社会保险费428.99万元，发放退养人员生活费250.52万元，支付遗属生活补助费234.52万元，其他支出及支付落实政策人员生活费238.32万元。全年全州各级退管机构为123人次办理了异地住院医疗费用报销；收取职工互助医疗金

97.29万元，为11687人办理了第十期职工互助医疗参保手续。其中，州中心办理4237人，收取互助金35.13万元；为2772人次办理报销职工互助医疗费用461.69万元，其中州中心办理报销915人次43.97万元；为1085人申报办理了享受特殊疾病慢性病资格手续；办理特殊疾病慢性病医药费报销431人次133.31万元；为83名符合享受遗属生活补助人员办理了相关手续并发放生活补助费；为249名符合享受丧抚费的人员申报领取丧抚金515.94万元，其中州中心办理51人128万元；做好2.07万名管理服务对象的养老金待遇调整工作。做好机关事业单位退休金社会化发放工作。全年全州纳入社保机构统一发放退休金的退休人员21754人，占全州机关事业单位退休人员总人数的68%。共发放退休金43464.29万元，其中，为138家单位2348人次增发退休金和各项补贴111.37万元；为78家单位2345人次代扣缴水、电等合理费用30.30万元；为605人次异地居住退休人员异地发放退休金187.4万元；为89名在楚雄居住的退休人员异地领取退休金资格进行认证；为新增255名退休人员发放了退休金明白卡并建立了退休金资料档案；为138家单位2287人次提供了退休金查询服务。

【工资收入管理】　2013年，楚雄州人力资源和社会保障系统根据国家、省工资收入分配政策措施，结合州内实际，加强企事业单位人员工资收入的管理、审核、调整工作。组织10县（市）人社部门的工作人员及州级108户企业进行企业薪酬调查培训，在全省率先完成了州内295户企业的数据调查和数据上报工作。对56户国有、国有控股（参股）企业5369名职工工资发放情况、工资外收入情况、扣缴税情况等进行了监督检查。组织开展事业绩效工资审核，共审核州属7家义务教育学校奖励性绩效工资674.96万元，审核州属6家公共卫生事业单位奖励性绩效工资446.32万元，审核州属其他事业单位奖励性绩效工资3300.59万元。组织开展农民工工资支付情况、人力资源市场秩序清理整顿等专项检查行动4次，妥善处置因拖欠农民工工资引起的突发性事件45起4288人次。接受农民工举报投诉461件，结案458件，查出拖欠7828万元，追回7828万元，涉及农民工14261人。至年末，全州共缴存农民工工资保证金2.32亿元（已动用880.6万元）、准备金660万元、应急周转金100万元，实现了农民工工资基本无拖欠。根据全省统一安排，对楚雄州最低工资标准进行调整提高。从2013年5月1日起，楚雄市最低工资标准由980元/月调整为1130元/月，增加150元，增长15.3%。小时工最低工资标准由9元/小时调整为10元/小时。其余9县最低工资标准由830元/月调整为955元/月，增加125元，增长15.1%；小时工最低工资标准由8元/小时调整为9元/小时。企业退休人员基本养老金调整。全州共计为4.37万名退休人员调整了基本养老金，调整后全州企业退休人员人均月基本养老金达1578元，比调整前增加205.3元，增长15%。失业保险金标准调整。按照全省的统一安排，从2013年3月1日起，楚雄州失业保险金标准由原来的一档540元/月、二档610元/月、三档670元/月，调整为一档620元/月、二档700元/月、三档770元/月，在原标准基础上平均增长14.8%、14.8%和14.9%，月人均增加88元。

【劳动关系管理】　2013年，楚雄州人力资源和社会保障系统进一步加强劳动关系管理，促进和谐劳动关系构建。年内，全州共登记用人单位4272户，登记用工130748人，签订劳动合同124183人，劳动合同签订率95%，高于88%的考核指标；签订企业集体合同1968户，涉及人数79621人，集体合同签订率80%，高于70%的考核指标。退休人员审批。全年共按国家和省、州有关规定为参保人员办理正常退休1593人；办理超龄参保人员退休470人，上报特殊工种退休313人，审批通过270人；上报因病完全丧失劳动能力退休241人，审批通过238人。企业退休人员接收管理。全年全州累计接收488户企业的2.23万人进入各级退管中心（工作站）管理，其中退休人员2.05万人、退养人员191人，落实政策及遗属供养人员1659人。累计移交社区（乡镇）管理3.61万人（含省属企业1.54万人），企业退休人员社区（乡镇）社会化管理率99.7%。研究出台了《楚雄州工伤认定工作规程（试行）》，规范工伤认定和劳动能力鉴定行为，全州共完成工伤认定1330件，完成劳动能力鉴定870人次。特殊工时审批。全年共为126户企业按规定进行了特殊工时制度审批，并建立了审批台账，涉及职工17993人。劳务派遣。全年共清理劳务派遣单位9户、劳务派遣用工单位90户，涉及劳务派遣人员8063人，其中签订劳动合同的劳务派遣人员8063人、参加社会保险的劳务派遣人员8063人，劳务派遣职工平均工资1904元/月。劳动争议调解仲裁。全年共办理劳动争议案件139件，审结139件，结案率100%，其中，仲裁结案68件，调解46件，其他方式处理25件。劳动保障监察执法。全州劳动保障监察机构主动巡视检查用人单位2110户；接受举报投诉600件，立案591件，结案586件，查处率100%，结案率99%；责令补签劳动合同2960人；追发劳动者工资等待遇1.73万人7927.63万元；清退童工3人，为29人清退抵押金3.5万元；办理违反劳动保障法律法规行政处罚46件，罚款9.16万元。全年全州共完成2012年度劳动保障执法年审18011户，涉及劳动者6.2万人，新增年审户数354户，比上年增长2%，其中年审合格单位17358户，经复审合格653户。年末，全州劳动保障监察“两网化”建设工作实施方案已制定完毕，全州划分为114个管理网格，其中一级网格1个（州级）、二级网格10个（县市级）、三级网格103个（乡镇）。

［杨　杰］

民　政

【社会救助】　2013年，楚雄州纳入城市低保9.72万人，累计发放城市低保资金2.54亿元；纳入农村低保19.3万人，累计发放农村低保资金2.18亿元。春节前为每名城乡低保对象分别发放200～300元慰问金，并从1月起为每名城乡低保对象提高14～31元/月的低保补助金。全州纳入农村五保供养对象1.2万人，其中集中供养4047人，比上年增加48人；支出供养资金2513.52万元，其中集中供养月人均补助标准207元，分散供养月人均补助标准166元；为符合条件的1377名60年代精简下放人员每人每月发放了153元定期定量生活补助，发放补助金252.8万元；临时救助城乡低保对象、农村低保边缘群众、临时性生活困难群众1.55万人，支出资金910.2万元；救助城市生活无着的流浪乞讨人员4595人次，投入救助资金300万元；救助城市困难群众8514人次，支出医疗救助资金991.9万元，资助困难群众参保9.44万人，支出参保资金712万元；救助农村困难群众1.83万人次，支出医疗救助资金2014万元，全额资助农村低保、五保对象参加新农合20.54万人，支出参合资金1027.02万元。

【抗灾救灾】 2013年，楚雄州干旱、风雹、洪涝等自然灾害交替发生。自然灾害共造成全州10县（市）103个乡（镇）144.47万人受灾，因灾死亡4人，紧急转移安置29人；因灾死亡大牲畜1头、羊26只，饮水困难人口34.01万人、大牲畜16.32万头（匹）；农作物受灾220.59万亩，成灾87.23万亩，绝收37.26万亩；倒塌民房16户44间，损坏民房137户180间，直接经济损失5.47亿元，其中农业经济损失5.28亿元。全州民政部门以长保、短补、延伸救助为重点开展灾害救助工作，共争取下达救灾资金1770万元，其中中央资金1450万元，省级资金90万元，州级配套230万元。共救助受灾困难群众45.32万人，其中，发放粮食5477.53吨救助35.74万人，发放衣被3.01万件（套）救助3.01万人，饮水救助6.17万人，其他救助0.4万人，发放遇难者家属抚慰金3.4万元。州、县相继成立减灾委员会及办公室，州级和全州10县（市）103个乡（镇）、1098个村（居）委会均制定了应急预案（措施），实现四级预案全覆盖。全州分3批配齐了乡（镇）救灾专用车辆。投入资金1876万元，建成救灾物资储备仓库8个9622.87平方米，在建2个，初步形成以州级救灾物资储备仓库为中心，覆盖全州10县（市）的救灾物资储备网络。年末，全州民政部门储存有救灾帐篷3443顶，棉被2.87万床，衣服2.22万套，大衣3695件，毛毯3360床，床单1500条，彩条布35件。州级和5个县（市）代省储备大衣6500件、衣服4490套、棉被8000床、彩条布800件、折叠床500张、床垫500个、雨衣500件、应急灯1213个、折叠桌凳10套。为全州78.14万个家庭配发了防灾应急小册子，为南华等4个县34.28万个家庭配发了小应急包。以“5·12”防灾减灾日为契机，组织开展灾害救助相关政策法规的学习宣传和集中培训，组织救灾应急演习演练100余场次。

抗旱送水 （州水务局提供）

【双拥优抚安置及军休军供】 2013年，楚雄州广泛开展春节、“八一”建军节走访慰问活动和座谈，发放驻地部队官兵及重点优抚对象慰问金及慰问品共计357万余元，发放义务兵优待金583万元。抓好南华县、武定县省级双拥模范县的申报创建工作。9月，出台了《中共楚雄州委、楚雄州人民政府、楚雄军分区关于进一步加强新形势下双拥工作的意见》，全州双拥工作得到进一步规范。全年为2.6万名各类优抚对象发放抚恤和医疗补助资金7709.5万元；申报评残（调级）对象45人，接收部队评定的残疾军人落户28人；投入项目资金250.5万元，完成了2县3所散葬烈士纪念设施抢救保护工程。积极引导退役士兵自主就业，下拨自谋职业补助金和自主就业一次性补助金1025.81万元，其中自谋职业补助金276.29万元，自主就业一次性补助金749.52万元，经济补助已全部兑现到退役士兵本人。组织退役士兵参加各类职业技能培训，当年参加省级定点职业技能学校一年以上学习教育培训37人。

【村民自治与和谐社区构建】 2013年，楚雄州完成第五届村“两委”换届选举工作，涉及换届的村（居）民委员会1046个，选举产生村（居）委会主任1046人、副主任1046人、委员4859人、村（居）民代表3.7万人，设立村务监督委员会1001个，选举产生村务监督委员会主任 1001 人、委员 2831 人。指导开展村务公开民主管理工作，普遍推行村级“四议两公开”。积极协调落实村干部岗位补贴自然增长机制，由州委批准通过了“村干部待遇倍增计划”，力争 3 年内使村“三职”干部待遇实现翻番。推进村（社区）干部参加养老、医疗、工伤等保险制度，下拨 2013 年州级村公所（办事处）干部生活补助资金和农村原大队一级离职半脱产干部定期生活费、补助经费 155 万元。下拨省州 2013 年社区工作人员教育培训补助经费 19.2 万元，其中省级 7.2 万元、州级 12 万元，下达 2013 年省级社区党组织和居委会专职工作人员生活补贴补助经费 259.2 万元。结合“四群”教育活动实施，深入开展城市社区创先争优活动。加强社区管理和服务创新，积极打造创新型、服务型城市社区。

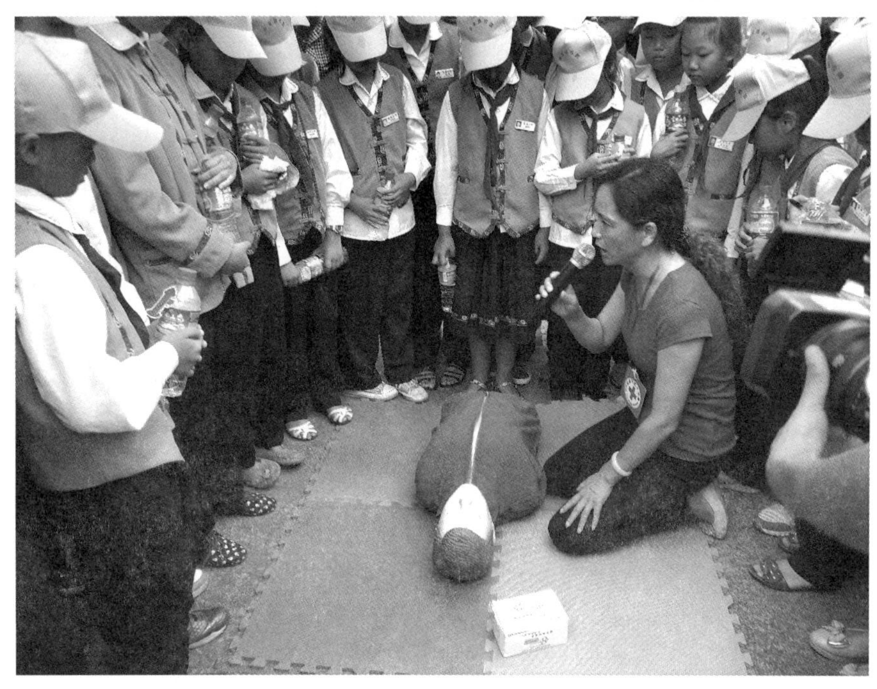

卫生救护知识进校园　　　　（州红十字会提供）

【民政公共服务项目】　2013 年，楚雄州切实推进民政项目库、项目落地、项目管理“三项”工作，科学完善全州民政社会服务机构项目“三库”建设，做好长远规划，规范项目申报。全年共获得国家、省支持立项项目 144 个，总投资 2.69 亿元。年内，144 个项目中已有 59 个项目完工投入使用，10 个项目完工暂未投入使用，开工在建项目 40 个，正在做基础工作准备开工的项目 35 个，州级重点新建“楚雄州老年护理院项目”于 11 月奠基开工建设。至年末，项目到位资金 1.09 亿元。

【社会福利服务】　2013 年，“楚雄州儿童保护中心”（州儿童福利院）建成并投入使用。按政策将全州社会散居和集中养育孤儿生活保障标准分别提高到每人每月 793.5 元和 1322.5 元，发放孤儿基本生活保障资金 805.84 万元，发放 911 名孤儿基本生活费 738.7 万元，下拨发放受艾滋病影响儿童生活救助资金 15.3 万元，资金使用管理实行专款专用、社会化形式发放。强化孤儿安全收养监管，排查并妥善协助安置非法收留的孤儿及贫困家庭儿童 37 人，依法办理国内收养 36 例。共销售福利彩票 1.42 亿元，比上年增长 998.8 万元，增长 7.54%。向省争取福利彩票公益金项目 44 个 5313 万元，安排州级留成公益金 1150.3 万元，资助儿童福利事业、流浪未成年人救助保护设施建设等公益类项目 70 个；下拨省级福利彩票公益金 937 万元，资助社区、居家养老服务中心等基础设施建设项目 29 个。

【社会事务】　2013 年，楚雄州各级民政部门切实做好各项社会事务工作。加大区划调整力度，在有条件的县（市）积极推动撤乡设镇工作，完成了楚雄市西舍路乡、大姚县龙街乡、新街乡、赵家店乡、三岔河乡、桂花乡 6 个乡撤乡设镇，开展了年度全州平安边界建设考评工作。完成了《中华人民共和国政区大典》（云南卷・楚雄）3 次审校查补，参与编制出版《云南省行政区划简册》（楚雄州辖区）。做好民间组织管理，全州共培育发展各类民间组织 1143 个，其中社会团体 948 个，民办非企业单位 195 个。新登记各类社会组织 87 个，其中社会团体 71 个，民办非企业单位 16 个。做好婚姻登记工作，州内全年办理国内居民婚姻登记 2.02 万对，其中结婚登记 1.65 万对，离婚登记 3607 对；办理涉外及港澳地区结婚登记 13 对。加强殡葬改革，做好清明节宣传教育工作，确保群众祭扫活动安全有序，指导殡葬服务单位开展行风建设活动，提升殡葬窗口单位服务群众水平。规范公墓经营行为，在做好经营性公墓年审年检工作的基础上，对全州经营性公墓对外宣传、证件使用、墓区建设、墓穴建设、服务和销售管理等方面进行了评估并量化评分。全年全州共火化遗体 3615 具，全州平均火化率 27%。

【老龄事业】　2013 年，楚雄州投入 1202.32 万元，按新标准为州内户籍年满 100 周岁以上的 34 名寿星老人发放长寿补助，每人每月 250 元；为 80～99 周岁的 4.11 万名高龄老年人发放保健补助，每人每月 40 元；积极争取资金 645 万元实施居家养老服务项目 15 个。加大对新《老年人权益保障法》的宣传力度，老龄宣传工作做到了电视、报刊、电台、网络同步。深入开展“敬老文明号”、“敬老月”、“百村”建设等活动；积极受理老年人维权案件，各县（市）普遍建立老年人来信来访首访处理制度，老年人权益得到有效保障。

［朱宗林］

红十字会工作

【红十字会工作概况】 2013年，楚雄州红十字会工作人员编制人数49人，实有专职工作人员55人、兼职工作人员28人。新发展会员1585人，招募红十字志愿者122人。有团体会员单位229个、会员1.13万人，志愿者2074人。采集造血干细胞血样2711人份。对全州初学机动车驾驶员和道路运输从业人员开展初级卫生救护知识培训9466人。对2万余人（次）普通民众进行了初级卫生救护和防病知识宣传普及。11月25日，出台了《楚雄州人民政府关于促进红十字会事业发展的实施意见》，为全州红十字事业的健康持续发展提出了具体要求并给予了必要的政策支持。

【红十字会赈灾】 2013年，楚雄州红十字会共募集、争取捐赠物资、资金136万元，其中为四川芦山地震灾区募集捐款65.41万元。派出1名工作人员参加中国红十字会大众卫生救援队参与了"4·20"雅安地震紧急救援工作。与中国红十字基金会深入元谋、永仁2县6个乡（镇）进行旱灾灾情考察，并回访了2010年实施的部分旱灾项目。

【红十字会社会救助】 2013年，楚雄州红十字会开展了"红十字博爱送万家"活动，发放款物30万元。申报"天使阳光基金"27人，"小天使基金"6人，获助9人，资金约10万元。武定县红十字会得到中华社会救助基金会106万元的物资捐赠，使全县11个乡（镇）8万余人受益；牟定县红十字会继续通过红十字爱心奉献基金组织，对18名贫困学生和因病因灾返贫群众进行生活救助，发放救助金1.7万元；楚雄市红十字会积极募集善款开展人道救助，对9名患重大疾病患者实施救助，发放救助金3.1万元。

【楚雄州红十字会备灾救灾中心建设】 2013年，楚雄州红十字会备灾救灾中心在楚雄市万家坝片区马家坝统一规划建设。年内争取到云南省人民政府全面加强预防和处置地震灾害能力建设专项补助经费600万元、云南省红十字会配套项目建设资金200万元、澳门红十字捐助50万元、省民政厅公益彩票金40万、楚雄州级财政投入377.50万元。项目占地面积10亩，计划投资1305万元，新建框架6层，建筑面积5000平方米。其中备灾救灾仓库3000余平方米，设帐篷仓库、粮食仓库、药品仓库（其中消杀药品单独设置）、器械仓库、被服仓库、食品仓库、日用品仓库等。

【红十字青少年工作】 2013年，楚雄州开展红十字进学校40场次，4.23万名在校学生参与活动；开展红十字进社区、进农村38场次，5.58万人受益，救助困难家庭1.04万户，发放救灾款物价值135.96万元。楚雄市红十字会召开了城区学校建立基层红十字组织工作会议，在城区中小学校全面启动红十字进学校工作，把"人道、博爱、奉献"的红十字精神纳入学校德育教育工作来抓，完善和建立城区中小学校红十字会基层组织，并在全市城区各中小学校放置募捐箱17个，在师生中开展每月自愿"一元捐"的爱心救助活动，共募捐到学校爱心救助款3.67万元。

【红十字会知识宣传】 2013年，楚雄州红十字会继续加强宣传工作，开展形式多样的宣传活动。以组织开展救灾、救助、初级卫生救护培训、"5·8"世界红十字日等活动为契机，利用广播、电视、专栏、发放宣传品等方式，大力宣传《红十字会法》，传播普及红十字运动知识，提高社会各界对红十字事业的知晓率和参与度。全年开展活动57场次，发放宣传资料9.09万份，广播电视宣传红十字会知识123条次，8.17万人受益。

［陈光荣］

扶贫开发

【扶贫开发工作概况】 2013年，楚雄州扶贫开发办公室认真贯彻落实党的十八大精神和州委八届三次全会精神，锐意进取，真抓实干，主动作为，共投入各类扶贫资金7.43亿元，完成扶贫总投资14.4亿元，各项工作再上新台阶。争取财政专项资金1650万元，实施1650户农村特困户安居工程。在楚雄市、南华县、姚安县实施革命老区建设项目21个，项目规划总投资727.56万元。实施整村推进太阳能补助试点，在楚雄市、南华县、姚安县、大姚县、武定县实施太阳能热水器建设5000户，每户补助1000元。更新和完善了全州贫困人口数字化和信息化管理工作，切实抓好扶贫统计监测，准确掌握贫困人口底数和贫

扶贫整村推进　　(州扶贫办提供)

困现状。6月9日，在双柏县大麦地镇召开全州扶贫开发现场会，对全州加快区域连片扶贫开发工作进行安排部署。年内，积极发挥部门职能优势，完成招商引资4500万元。

【片区扶贫开发】　2013年，楚雄州扎实推进片区扶贫开发工作。《楚雄州乌蒙山区武定县区域发展与扶贫攻坚规划》和《滇西边境山区区域发展与扶贫攻坚规划》全面完成，并获准国务院批复实施。《乌蒙山片区区域发展与扶贫攻坚武定县实施规划（2011～2015）》、《滇西边境片区区域发展与扶贫攻坚实施规划（2011～2015）》报省人民政府批复。认真组织8个片区县编制上报了产业扶贫发展规划，其中滇西边境山区7县（市）规划上报总投资139.56亿元，乌蒙山区武定县规划总投资4.2亿元。建立完善了州委、州人民政府领导联系片区县责任制，每个片区县有1名州委常委或1名州人民政府领导结对联系。实行部门对口联系片区县制度，建立了片区沟通对接和工作联系机制。

【扶贫开发整乡整村推进】　2013年，楚雄州认真抓好大姚县三岔河乡、禄丰县高峰乡整乡推进检查验收，加快推进楚雄市紫溪镇、武定县插甸乡整乡推进项目实施。新争取双柏县大麦地镇、牟定县安乐乡、永仁县莲池乡、元谋县羊街镇4个整乡推进项目，项目计划总投资10.22亿元，年内完成投资2.48亿元。实施自然村整村推进317个，行政村整村推进38个（项目覆盖312个自然村），实施深度贫困自然村整村推进10个，累计实施自然村整村推进项目639个，完成投资2.78亿元。

【专项扶贫】　2013年，楚雄州争取投入专项产业扶贫资金4000万元，扶持产业项目50个，建设产业扶贫示范村450个，扶持贫困农户种植花椒、冬桃等经济林果14.68万亩，引进种公羊、种母羊2579只，新增养羊户310户，改造厩舍3600平方米。发放扶贫到户贷款2.85亿元，扶持农户3.14万户6.3万人，扶持扶贫龙头企业（专业合作社）34家；争取扶贫项目贴息贷款规模1.52亿元，扶持扶贫龙头企业19家。争取财政专项资金1200万元，实施扶贫移民搬迁571户2140人。

【劳动力转移就业】　2013年，楚雄州深入推进“一三十五”特别行动计划、“央企入滇就业扶贫”，完成贫困地区劳动力转移3.3万人，建设劳务输出示范村76个，实现打工经济收入6.5亿元。

【互助资金项目试点】　2013年，楚雄州继续滚动推进114个村民小组开展互助资金项目试点工作。新增互助资金400万元，在姚安、牟定、永仁、南华4县组织开展试点工作，新增76个村民小组2887户农户，有1.11万人受益。

【区域扶贫开发试点】　2013年，楚雄州在南华县一街乡、红土坡镇和马街镇启动实施区域扶贫开发试点项目，项目规划总投资1.06亿元，财政资金1000万元。

【雨露计划】　2013年，楚雄州继续推进大姚县“雨露计划实施方式改革”试点工作。争取中央财政扶贫资金168.56万元，对2013年春季学期就读职业院校的农村贫困家庭学生给予人均800元的补助，补助学生2107人。

【社会扶贫】　2013年，国家教育行政学院、东南大学、中国政法大学、南京大学、华中师范大学、北京中医药大学6所高校领导深入楚雄调研指导并派出6名干部到楚雄州永仁、南华、姚安、双柏、牟定、大姚挂职担任副县长。全州在人才培养，企业科技研发，城市建设规划，教育教学等方面得到了两部委及相关高校的大力支持。共有4家中央级、6所高校、24家省级、144家州级、847家县级机关企事业单位开展结对帮扶工作，争取投入各类帮扶资金1.59亿元，帮助协调引进各类资金1.03亿元，结对帮扶行政村1019个4.41万户18万人。投入外资扶贫资金955万元，在4个县（市）8个乡（镇）27个村委会192个村民小组实施帮扶项目43个。

【扶贫资金专项执法监察及审计】　2013年，楚雄州争取省扶贫办与州纪委监察局签订了“共同推进农村基层党风廉政建设和廉洁扶贫行动”合作协议，将楚雄州列为全省推进廉洁扶贫行动的试点州。年内，州扶贫办2次参与专项执法监察工作组对全州扶贫资金管理使用情况进行专项执法监察。迎接了省财政厅项目跟踪评审组对全州产业扶贫项目实施情况、扶贫到户贷款管理情况和革命老区项目实施情况进行跟踪问效。在州审计局对2011年以来的扶贫资金管理使用进行专项审计的基础上，认真配合省审计厅对2011～2013年上半年财政扶贫资金管理使用情况进行全面审计，扶贫资金管理得到进一步强化。

［习小兵］

移民工作

【移民工作概况】　2013年，楚雄州大中型水库移民工作任务繁重，形势严峻。州委、州人民政府加强对移民工作的领导，创新移民工作举措，从州级机关选派干部到大姚、永仁、元谋、武定等县和乡（镇）挂职，任期2年，专抓移民工作。州人大常委会听取和审议《移民工作情况报告》，对移民工作进行督查，州政协对移民工作进行视察调研，推进观音岩、乌东德水电站和其他水利水电移民工作。

【大中型水库移民后期扶持】　2013年，楚雄州核定大中型水库后期扶持移民人口3.44万人，进行动态管理，及时足额兑付移民资金2063.6万元。开展“美丽家园、小康库区”创建活动，投入库区基金6290万元，整合资金1685.5万元，进行重点项目实施和移民新村建设，实施项目34件，改善移民群众的生产生活条件。开展水库移民就业培训，举办就业专场招聘会，提高就业率，拓宽移民增收渠道，提供各类用工岗位2050个。对大中型水库移民后期扶持项目和资金进行监督检查、监测评估，管好用好资金，提高工程质量，发挥工程和资金的效益，提升移民生产生活水平。针对大中型水库农村移民在生产生活中存在的特殊困难问题，对水库移民突出问题调查摸底，申报楚雄市、永仁县为水库移民避险解困试点县（市），规划投资6000余万元，促进库区移民全面发展。

【观音岩水电站移民安置】 2013年，楚雄州按照中共云南省委常委、常务副省长李江在观音岩水电站建设永仁县定兴移民安置点调研和省移民工作领导小组组长夜礼斌查看永仁县猛虎和小汉坝安置点时的要求，认真落实州人民政府“明确目标，调整方法，克期完成观音岩水电站移民搬迁安置任务”的工作要求，在大姚县开展“比进度、比质量、比安全”的移民搬迁安置竞赛活动，在永仁县实行移民村组干部激励与奖惩制度，调动各方力量支持和参与移民工作的积极性，完成移民搬迁安置投资5.5亿元，6个集中安置点提前入住、2个安置点按时推进。大姚县湾碧集镇中小学、卫生院、文化站、乡人民政府搬入新址办公，集镇初具规模。库区四级公路、汽车便道、库区周边电力线路改（复）建、环境保护和水土保持等专业项目工程有序开展，观音岩水电站建设移民安置工作按计划推进。

【乌东德水电站移民前期工作】 2013年，楚雄州按照“坚持四原则，做好移民前期工作”的要求，开展乌东德水电站移民意愿调查，编制了《乌东德水电站移民安置规划大纲》和《乌东德水电站移民安置规划报告》，对移民发展和区域发展有关的交通、水利、产业发展、资源保护利用和蔬菜地补偿等问题，广泛征求意见，充分尊重移民意愿，移民诉求分类解决。与移民搬迁安置直接关联的为Ⅰ类，纳入移民大纲；与移民搬迁安置关联较大，但超出安置规划标准、规模的为Ⅱ类，纳入大纲，明确投资意见，专题报审；与移民搬迁安置关联不大或无关、属于地方经济社会发展项目的为Ⅲ类，纳入促进移民脱贫致富与支持地方经济发展专题报告，有规划支撑，专题报审。州人民政府和元谋、武定、永仁3县人民政府对《乌东德水电站移民安置规划大纲》进行行政确认，为《大纲》的报审和项目核准创造了条件。

【水库移民信访维稳】 2013年，楚雄州把做好信访工作和预防化解矛盾纠纷作为维护社会稳定的重要环节来抓，制定了《楚雄州移民开发局移民信访工作管理办法》和《关于维护库区和移民安置区移民稳定的预案》，落实信访责任，保障维稳经费，规范移民信访维稳工作。制定《楚雄州移民开发局领导干部大接访大下访活动实施方案》和《楚雄州移民局关于大姚县永仁县观音岩水电站移民安置维稳问题解决工作方案》，组织移民干部深入村组，倾听移民群众反映的热点、难点和重点问题，服务56余次，惠民900余人。深入开展“平安库区”创建活动，解决库区群众和安置区移民反映的问题，及时预防矛盾纠纷62起、化解处理144起，把不稳定因素和问题解决在萌芽状态，有效促进库区和安置区平安稳定和科学发展。

［罗荣晶］

残疾人事业

【“送温暖”活动】 2013年春节期间，楚雄州残疾人联合会认真开展为残疾人“送温暖”活动，走访慰问双柏、姚安、大姚、牟定、禄丰5个县75户贫困残疾人家庭，每户发放慰问金500元，共计发放慰问金3.75万元；走访慰问中央、省驻楚雄单位贫困残疾人30户，每户发放慰问金500元，共计发放慰问金1.5万元。

【残联换届】 2013年4月23～25日，楚雄州残疾人联合会第六次代表大会召开，省残联副理事长吴正杰、州委副书记邱江和州人大、州人民政府、州政协相关领导出席会议，来自全州各条战线的187名正式代表、51名特邀和列席代表共238人参加会议。会议听取和审议了州残联第五届主席团工作报告，讨论和确定了以后一个时期全州残疾人事业发展的主要目标和任务；选举产生了由39人组成的州残疾人联合会第六届主席团委员，推举产生了州残联第六届执行理事会理事长、副理事长；选举产生了楚雄州出席云南省残疾人联合会第六次代表大会代表。州人民政府对近年来全州残疾人工作中涌现出的3个先进县20个先进集体20名先进个人和50名自强模范进行了表彰奖励。

【“全国助残日”活动】 2013年，楚雄州各级残疾人联合会围绕助残日“帮扶贫困残疾人”主题，开展了一系列扶残助残活动。进行辅助器具免费发放，发放成人轮椅92辆、儿童轮椅120辆、坐便器94个、拐杖150对、手摇三轮车24辆、电动代步车10辆、手动代步车10辆，共发放各类辅助器具500余件。开展“国际微笑行动”，为39名患有先天性头面部畸形（唇腭裂）的残疾儿童实施免费手术治疗。肢残协会、盲人协会、聋人协会、智力残疾亲友协会在桃源湖开展了残疾人法律法规宣传活动，免费为肢体残疾人做义诊，为残疾群众免费安装矫形器28例，走访慰问贫困残疾人170余人，发放慰问金30.5万元。

【残疾人康复】 2013年，楚雄州完成了“光明工程”白内障筛查任务。配合卫生部门为2656名贫困白内障患者进行了免费手术。开展低视力配镜项目，为470名低视力儿童验配助视镜；组织实施了0～6岁儿童抢救性康复项目，对30名智障儿童及家长进行康复培训，对7名贫困聋儿实施了人工耳蜗救助，对10名贫困聋儿实施了助听器验配救助，对10名贫困孤独症儿童实施康复救助，为12名贫困儿童实施了假肢、矫形器安装；验配成人助听器20台，为240名精神病患者发放免费服药补助。加强全州残疾人康复人才队伍建设，培训县乡村残疾人康复指导师70名，投入资金9万元建立楚雄州残联栗子园社区康复指导站。组织完成彩票公益金项目矫形器装配61例、大腿25例、小腿25例，完成膝离段假肢5例、上肢假肢10例。

【残疾人维权】　2013年，楚雄州残疾人联合会重视并积极做好残疾人维权工作。全年共处理来信10件，接访260人次，救助260人次，发出救助金2.1万元。办理州“政风行风热线”咨询投诉12件，满意率100%。配合司法部门做好31名残疾人的法律援助工作，组织全州各县（市）残联对特殊人群服务管理工作开展基本情况调查，完成732辆残疾人机动燃油车补助发放工作，完成30户残疾人无障碍改造。

【残疾人组织联络】　2013年，楚雄州103个乡（镇）配备了残联专干，95个社区配备了专职委员，1004个村委会配备了联络员。全年共核发残疾人证5958本。州、县（市）残联各专门协会还组织开展了助残日、国际聋人节、盲人节、精神卫生日等活动。

【残疾人教育】　2013年，楚雄州扎实做好盲童入学、扶残助学和国彩助学项目，残疾人教育稳步发展。全州共有846名残疾儿童少年在各中小学校随班就读，残疾儿童入学率94%；有高中在校残疾学生42人，其中给予补助25人共1.25万元；有21名残疾学生考取大专院校，其中大专10人每人补助2000元，大学11人每人补助3000元，合计补助5.3万元。争取学前教育彩票助学金项目，为35名残疾儿童提供救助资金10.5万元；有1363名一、二级智力、精神残疾和其他重度残疾人实施了“阳光家园”计划、居家托养和机构托养项目，共兑付各级补助资金101.5万元。各县（市）残联按照2013年农家书屋管理员任务数认真选聘农家书屋残疾人管理员，每人每年津贴标准为3600元。年内全州共有残疾人管理的农家书屋25家，书屋面积全部符合标准，条件较好的书屋面积在100平方米。25个农家书屋面积共有895平方米，有图书9.87万册，农家书屋管理员中智障1人、听力残3人、言语残1人、肢残20人。

【残疾人宣传文体工作】　2013年，楚雄州电视台《同在一片蓝天下》栏目共播出残疾人联合会新闻稿件52篇，省电视台共播残联新闻稿件25篇；州电视台《一周要闻手语新闻》播报48周次。利用“爱耳日”、“爱眼日”、“精神卫生日”等节日开展群防宣传活动，提高残疾预防知识的普及率，有效控制残疾的发生。组织参加第七届全省残疾人艺术汇演，选送的4个节目荣获团体奖、组织奖，声乐类《相思调》获一等奖，器乐类《器乐联奏—赛乐》和舞蹈类《吉祥的日子舞起来》获二等奖，戏剧小品类《公园》获三等奖。在第八届全国残疾人艺术汇演比赛中，云南代表队楚雄彝族歌手李秀梅获得声乐类第一名。切实做好全国第九届残疾人运动会运动员选拔、训练和组队参赛等准备工作。

【残疾人就业服务】　2013年，楚雄州残疾人劳动就业服务中心组织承办了两期全省残疾人就业保障金征收使用管理业务暨残疾人就业职业培训实名制统计业务人员培训班，来自红河、丽江、文山、玉溪、保山、西双版纳、临沧、迪庆8个州（市）的122人参加培训。年内，结合云南希陶绿色药业股份有限公司的用工需求，5月，在楚雄市职业高级中学举办为期9天的初级包装工培训班，主要培训药品包装技能和安全规范，44名残疾人参加培训并全部通过考核取得初级包装工资格证书，通过企业现场招聘会，积极推荐参加培训的学员到希陶药业就业，培训班实现就业率85%；根据楚雄市鸿云进口汽车修理厂的用工需求，在楚雄市职业高级中学举办了为期1个月的全州残疾人汽车修理培训班，22名残疾人参加培训，部分学员到鸿云汽修厂就业；在楚雄市职业高级中学组织了为期1个月的全州残疾人计算机操作员培训班，35名残疾人参加培训并取得了国家劳动部颁发的职业资格等级证书；积极开展农村残疾人职业技术培训工作，省、州、县共投入贫困残疾人生产实用技术培训经费60万元，举办培训班16期960余人。组织全州15名社区就业指导员完成了就业指导员远程培训；组织22名业务骨干参加全省残疾人就业保障金业务培训学习；积极与用工企业联系为求职残疾人搭建平台，组织开展了2期残疾人就业供需见面会，共推荐输送68名各类残疾人到省、州企业就业。年内，在楚雄市高级职业中学建成楚雄州残疾人职业培训基地，在云南希陶绿色药业股份有限公司建立州残疾人就业基地。全州共收取残疾人就业保障金1962万元，超额完成了当年下达的残保金收缴任务。

［王　勇］

宗教事务

【全州宗教工作会议】　2013年1月10日，中共楚雄州委、州人民政府召开全州宗教工作会议，州委常委、州委统战部部长杨静，州人民政府副州长赵祖莹出席会议，省宗教局副局长杜吉应邀参加会议。州委宗教工作领导小组成员单位、州级有关部门领导，各县（市）委统战部长、政府分管副县市长、民宗局长及分管副局长参加会议。州委常委、州委统战部部长杨静作重要讲话。会议表彰了2007年以来的25个宗教工作先进集体、49名宗教工作先进个人。

［吴晓剑］

【宗教工作“三支队伍”学习培训】　2013年，楚雄州宗教事务局紧紧围绕深入学习贯彻党的十八大和十八届三中全会精神，认真落实宗教工作“三支队伍”学习培训计划。7月15～17日，在州委党校举办全州宗教工作干部培训班，全州10县（市）委统战部第一副部长或常务副部长，县民宗局局长、分管宗教工作的副局长、宗教股全体干部，全州51个宗教工作重点乡（镇）党委或政府分管宗教工作的领导、宗教工作专兼职干部，州宗教事务局全体干部职工共170余人参加培训，邀请省委统战部、省宗教局和州委分管领导为培训班授课。坚持每季度召开一次全州性宗教团体负责人联席会议，组织全州性宗教团体驻会副秘书长（副总干事）以上人员学习党的路线方针政策和宗教政策法规；举办宗教界人士宗教教职人员培训班，6

月26～28日，在州社会主义学院举办为期3天的全州宗教界代表人士培训班，全州佛教、伊斯兰教、基督教界代表人士、州县部分宗教工作干部共250人参加培训。9月1～3日，州佛教协会举办了1期270人参加的全州佛教界人士佛学知识培训班；4月28～29日，州伊斯兰教协会举行全州第三届《古兰经》诵读比赛；9月3日，州佛教协会举行讲经交流活动，开展讲经交流活动提高了宗教教职人员解经、讲经水平。

[李　玉]

【“和谐寺观教堂”创建】 2013年，楚雄州紧扣国家和省宗教事务局关于开展以“教风”为主题的“和谐寺观教堂”创建活动要求，按照“爱国爱教、知法守法、团结稳定、活动有序、教风端正、管理规范、安全整洁、服务社会”8条标准，在全州依法批准登记的宗教活动场所中，扎实开展第二批“和谐寺观教堂”创建活动。对2010年11月首批命名表彰的51所“和谐寺观教堂”进行考核复查后予以继续保留，对达到创建标准的第二批42所宗教活动场所进行命名表彰。

[周　德]

【同心直接联系宗教界人士和宗教活动场所制度】 2013年，楚雄州切实加强党对宗教工作的领导，进一步做好新时期信教群众工作，建立了州级分管领导和统战宗教部门同心直接联系宗教界人士和宗教活动场所制度。州委、州人大、州人民政府、州政协分管联系宗教工作的领导，以及州委统战部、州宗教事务局副处级以上领导干部直接联系宗教界人士和宗教活动场所，每位领导直接联系3名以上宗教界人士和3个以上宗教活动场所。围绕“访实情、交朋友、办实事、保稳定、促和谐”5项任务，采取座谈、走访、看望、慰问、实地调研、组织学习考察等形式，深入宗教活动场所和信教群众中宣传党的方针政策和国家的宗教法规，倾听意见建议和合理诉求，了解信教群众所需所想所盼，为宗教界人士和信教群众办实事好事，力所能及帮助他们解决实际困难和问题，化解矛盾纠纷，切实维护好信教群众的合法权益，确保宗教领域团结和谐稳定。直接联系的领导每年走访、看望宗教界代表人士不少于2次，为宗教界人士和宗教活动场所解决实际困难和问题不少于1件，重点突出爱国主义和法制宣传教育、宗教界代表人士队伍建设、“和谐寺观教堂”创建和抵御境外利用宗教渗透4个方面的工作。

[吴晓剑]

【规范民间信仰管理】 2013年，楚雄州开展了首批民间信仰活动场所登记、备案工作。至年末，全州已取得合法民间信仰活动场所并经州、县（市）人民政府宗教部门登记、备案的有22所，标志着楚雄州民间信仰管理工作走上常态化、规范化管理轨道。

[龙文德]

【宗教界教风建设】 2013年，楚雄州着力推动宗教界教风建设。突出提高认识，强化工作落实。6月14日，召开全州宗教界教风建设工作会议，在州县（市）宗教团体副秘书长（副总干事）以上人员和宗教干部中传达学习国家宗教事务局召集全国性宗教团体负责人举行的“宗教界加强教风建设座谈会”精神；在全州佛教、伊斯兰教工作调研中，对教风建设开展情况进行调研、督查和指导。在全州宗教活动场所中广泛开展以教风为主题的“和谐寺观教堂”创建活动，至年末，全州第一批、第二批共创建“和谐寺观教堂”93所。突出教育培训，提升宗教界自身素质。建立健全宗教工作“三支队伍”培训长效化机制，长期坚持宗教教职人员培训教育。突出教风建设的“内化”和“外化”作用。

[吴晓剑]

【楚雄州伊斯兰教第五次代表会议召开】 2013年9月9～10日，楚雄州伊斯兰教第五次代表会议在楚雄召开，来自全州10县（市）的穆斯林代表和特邀代表、嘉宾共137人出席会议。州委常委、州委统战部部长杨静出席开幕式并讲话。会议审议通过了州伊斯兰教协会《工作报告》、协会《章程》、《楚雄州清真寺民主管理办法》和《楚雄州伊斯兰教经文学校（班）管理办法》，选举马辉为会长，马国庆、马润章、马利坤、金绍忠、樊应伟、赛家领为副会长，马融为秘书长。

[马国庆]

【朝觐人员座谈会】 2013年10月24日，楚雄州伊斯兰教协会在楚雄城区清真寺召开2013年朝觐人员座谈会，楚雄城区的哈吉、阿訇及部分穆斯林群众共150余人参加座谈。州委统战部副部长、州宗教事务局局长杨发荣出席会议并讲话，马思良等3位哈吉谈了参加朝觐的感受，州伊斯兰教协会会长马辉代表州伊斯兰教协会向全州参加朝觐的21名新哈吉致欢迎词，并给21名新哈吉颁发了朝觐纪念牌和朝觐证书。

[偰　娟]

【参加云南省第二届宗教界体育运动会暨文艺汇演】 2013年10月25～29日，云南省第二届宗教界体育运动会暨文艺汇演在保山市举行，楚雄州派出了50名宗教界运动员组成的代表团，参加了田径、篮球、乒乓球、羽毛球、拔河、象棋、广播体操等项目的比赛，获得男子个人自行车慢赛第三名，拔河集体第四名，个人绘画作品二等奖，个人书法作品三等奖，团体“优秀组织奖”。

[金安敏]

【宗教团体负责人联席会】 2013年11月29日，楚雄州宗教事务局召开由4个全州性宗教团体驻会副秘书长（副总干事）以上人员和全局干部职工共28人参加的全州性宗教团体负责人联席会，传达学习党的十八届三中全会精神，并对《中共中央关于全面深化改革若干重大问题的决定》进行学习辅导，回顾了改革开放以来取得的辉煌成就及人民生活水平的巨大变化。

[周　德]

（责任编辑：安孟勤）

县（市）概况

楚雄市

【地理位置】 楚雄市位于楚雄州中西部，地处北纬24°30′~25°15′，东经100°35′~101°48′之间。东邻禄丰县，南连双柏县，西接南华县，北同牟定县毗邻。楚雄州、市人民政府驻地鹿城镇，海拔1773米。楚雄市距离昆明市152千米，距离大理市179千米。与昆明市、曲靖市、玉溪市构成滇中城市群；是省会昆明通往滇西8州（市）和进入东南亚、南亚国际大通道重要承接点和物流集散地，素有“省垣门户，迤西咽喉”之称。

【行政区划】 2013年末，楚雄市辖鹿城、东瓜、吕合、紫溪、东华、子午、苍岭、三街、八角、中山、新村、西舍路12个镇和大过口、大地基、树苴3个乡，152个村（居）民委员会，2834个村（居）民小组。行政区域面积4433平方千米。

【人口民族】 2013年末，全市户籍总人口51.66万人，其中，女性25.32万人，占总人口的49%；非农业人口23.56万人，占总人口的45.6%；有少数民族人口12.52万人，占总人口的24.2%，其中彝族人口10.65万人，占总人口的20.6%。人口自然增长率6‰。

【自然概貌】 楚雄市地势西北高，东南低，从西北向东南倾斜，呈倾斜葫芦形，市境山脉皆属哀牢山系东麓支平余脉，多呈西北、东南走向。西部山岭绵亘，沟壑纵横，呈“一山分四季，隔里不同天”的立体气候；东部地势呈波状起伏，多丘陵盆地，含有鹿城、子午、东华、苍岭、吕合5个坝子。境内最高点是西舍路镇哀牢山脉的小越坟山，海拔2916米；最低点为礼社江与彝家拉河、石羊江交汇处，海拔691米。

楚雄市境河流分属元江、金沙江两大水系。元江上游的礼社江，从南华县入境，穿越市境西南部，支流有马龙河、三街河、白衣河、五街河、邑舍河、碧鸡河、自雄河；金沙江水系有支流龙川江，从吕合入境，自西向东流经东瓜、鹿城、苍岭，再由西向北出境，是楚雄市坝区主要河流。主要支流有紫甸河、西静河、河前河、寨子小河、青龙河、苍岭小河。2013年降雨量688.5毫米。

楚雄市境属北亚热带季风气候区，冬干夏湿，雨季集中，日照充足，霜期较短，冬季降水量偏少。西部山区，山高谷深，地形复杂多样，有立体气候特点。全市土壤多为水稻土和红壤土，适宜水稻、烤烟、包谷等农作物种植。森林覆盖率76.92%，空气质量保持国家一级标准，城市集中式饮用水源水质保持国家标准。2013年平均气温17℃。年末，全市有耕地35.87万亩，其中，水田17.69万亩，旱地18.17万亩。

【资源特产】 楚雄市有丰富的茶花资源，是云南山茶花重要原生地之一，也是山茶科植物物种基因库。楚雄市山茶属植物有云南山茶、粗柄连蕊茶、猴子木、毛果山茶、怒江山茶、厚皮香6种；百年以上云南传统名贵茶花园艺品种古树主要有童子面、松子壳、狮子头、大叶银红、大理茶5种。年内，楚雄茶花精品种植园培育的“紫禾”、“楚焰”2个新品种，通过中国科学院昆明植物研究所茶花专家鉴定正式命名。楚雄本地鉴定、命名的特有品种36个，主要分布在紫溪山、黑牛山和三尖山地区。紫溪山云南山茶物种园、黑牛山野生山茶保护区、楚雄茶花精品园、彝海国际茶花文化园等均为观赏和考察楚雄山茶花的重要区域。常见木本植物有40余种，草本植物20余种，食用菌30余种。分布有野生中草药640余种，名贵药材有三七、天麻、茯苓等56种。境内有野生动物519种，其中，两栖类29种，爬行类56种，鸟类329种，兽类105种；属国家保护的野生动物有蜂猴、白鹇等64种。位于市境西南部的哀牢山国家级自然保护区，森林茂密，有名贵植物1480多种，鸟兽460种，两栖爬行动物46种，国家重点保护珍稀动物26种，被列为联合国“人与生物圈”森林生态系统定位观测点。红河水系礼社江水能资源理论蕴藏量33.26万千瓦，可开发小水电资源30万千瓦，已开发13.5%。年末，全市有110千伏变电站6个，容量51.45万千伏安，输电线路192千米；有35千伏变电站18个，容量13.6万千伏安，输电线路369千米；10千伏配电线路达2751千米，通电覆盖率100%。煤炭资源储量居楚雄州第二，初步探明煤炭资源储量2.26亿吨，还有金、银、铜、锌、大理石、石灰石、石油、天然气等多种资源。有做工精细的民族珍贵装饰品银器、手工刺锈品彝族服饰、益友骨角保健梳及工艺品。楚雄薄荷含油量高，可制薄荷油和薄荷脑，在中药材中有“楚薄”之称。楚雄云泉豆瓣酱鲜香可口，辣味适中，被评为“中国大西南名牌产品”。深加工的野生食用菌畅销法国、瑞士、意大利、德国、东南亚等10余个国家和地区。楚雄市产核桃具有个大、壳薄、仁厚、味香等特点，其中，“东宝一捏脆”核桃系列产品采用现代生物科学技术加工，保留了核桃原有营养成分，被国家农业部认证为“国家A级绿色食品”，楚雄市被授予“全国核桃之乡”荣誉称号。树苴乡农业技术综合开发有限公司生产的“三尖山”牌泡核桃、楚雄汇东乳业有限公司生产的“多嗒多啧”牌鲜牛奶获云南省农业厅云南名牌农产品认定。三街蚂蝗箐的彝山系列茶叶、大地基乡中邑舍的楚彝系列茶叶分别荣获云南省“云茶杯”省级优质奖和名茶奖。“楚彝”牌银毫茶叶荣获无公害农产品认证；滇岭牌“桃乐丝”滇含片糖荣获中国绿色食品发展中心A级绿色食品认证。

【经济状况】 2013年，楚雄市人民政府牢牢把握“稳中求进”总基调，努力克服宏观经济环境变化、实体经济下滑压力加大和连续5年干旱等不利因素带来的影响，着力加强农业基础设施建设，发展壮大特色优势农业，推项目，建产业。把加快发展第三产业作为增强经济活力、调整产业结构、推动发展重要抓手，大力发展商贸流通和文化旅游。积极推进各项财税改革，为实现全市经济社会平稳较快发展提供有力保障。推进项目投资和城镇化建设，以项目建设为支撑，实施工商强市战略，全市经济平稳较快发展，民生大幅改善，社会和谐稳定。全市实现生产总值243.64亿元，按可比价计算，比上年增长10.3%；其中，第一产业实现增加值23.84亿元，增长7.1%；第二产业实现增加值136.12亿元，增长8.2%；第三产业实现增加值83.68亿元，增长15.1%。三次产业比例由上年的10:58.1:32调整为9.8:55.9:34.3。一、二、三产业对国民经济增长贡献率分别为6.3%、47.3%和46.4%。重点产业实现增加值182.67亿元，增长7.8%，占生产总值比重75%。人均生产总值3.72万元。实现社会消费品零售总额91.99亿元，增长14.1%。完成地方财政总收入22.51亿元，增长10.5%；公共财政预算收入16.3亿元，增长17%；公共财政预算支出30.18亿元，增长5.4%。年末金融机构各项存款余额294.37亿元，增长19%，其中，城乡居民储蓄存款135.41亿元，增长16.4%；人均储蓄2.27万元，比上年增加2939元。各项贷款余额214.67亿元，增长25%。规模以上固定资产投资完成165.94亿元，增长39.6%；非公经济完成增加值107.11亿元，增长10.6%，占生产总值比重43%。居民消费价格总指数103.2%，比上年增长3.2%。建成区面积40.5平方千米，城镇化率59.6%。

经济开发区实现生产总值41.8亿元，比上年增长15%。完成地方财政总收入7021亿元，增长0.6%，公共财政预算收入5.31亿元，增长13%；固定资产投资43.04亿元，增长31.9%；规模以上工业增加值19.06亿元，增长15.6%；招商引资州外到位资金38.3亿元，增长21.2%。社会消费品零售总额32.98亿元，增长19%。

全面落实各项强农惠农政策，加强农业农村基础设施建设，发展壮大特色优势农业，推进新农村建设，促进农民增收。及时足额发放中央农资综合直补、良种、农机购置3项补贴及退耕还林补助等资金，有效降低农业生产成本。累计兑付农民各项补贴资金6322.49万元。完成农林牧渔业总产值37.59亿元，比上年增长7.1%，其中，农业产值16.65亿元，增长3.2%；林业产值3.63亿元，下降6.6%；畜牧业产值12.2亿元，增长9%；渔业产值6476万元，增长10%。实现农村经济总收入65.6亿元，增长95.5%，农民人均纯收入6908元，增长14%。市级财政投入农林水事务资金4.23亿元，增长1.6%。农业机械总动力52.3万千瓦，增长8.3%。农作物总播种面积89.49万亩。其中粮食播种面积58.16万亩，增长1.7%。生产粮食20.03万吨，比上年增长1.8%；烤烟收购量1.69万吨，下降6.1%。收购均价26.05元，比上年提高11.0%，烟农卖烟收入4.6亿元。累计建成生猪标准化规模养殖场86个、肉牛规模养殖场17个、养殖示范村123个，扶持示范、重点户2323户。生猪出栏60.5万头，增长12%；肉牛出栏6.3万头，增长1.5%；肉羊出栏10万只，增长5.9%；家禽出栏400万只，增长10.7%；肉类总产量7万吨，增长11.3%，实现畜牧业产值13.8亿元，增长10%。推进以“五小水利”建设和灌溉沟渠、引水管网、机耕路配套为重点的中低产田地改造，争取中低产田地改造项目11个，完成投资1779.73万元，改造中低产田地1.81万亩。水库坝塘总库容达1.91亿立方米，农田有效灌溉面积37万亩，占耕地面积的65.6%。楚雄市荣获“云南省抗旱先进集体”荣誉称号。投入天然林保护资金1166万元，实施天保工程森林管护面积517万亩。完成造林面积8.2万亩，林业用地面积520.8万亩，活立木总蓄积量2001.19万立方米，森林覆盖率76.92%。有重点农业龙头企业35家，农民专业合作组织238个，比上年增加32个。创建省级农民专业合作社3个，州级4个。

强化政策措施和考核奖惩，制定《楚雄市2013年促进工业企业增产增销奖励办法》、《楚雄市2013年培育规模以上工业企业发展奖励暂行办法》等招商引资优惠政策。安排资金1376万元，支持建材、医药等规模以上工业企业增产增销。规划调整楚雄工业园区71.46平方千米，加大园区基础配套项目建设。投资3亿元的东环线建设项目基本完工，打通富民、庄甸片区主干道；投资8929万元，实施团山至殷家箐供水工程项目，为云甸工业片区供水提供保障。以楚雄烟厂为龙头，优化卷烟产品结构，整合培强鹿城彩印、岭东纸业等新型包装印刷、辅料生产企业发展，增强经济发展贡献力。提升能源化工发展，成功引进中国风电集团东投能源公司设施农业与屋顶光伏发电一体化项目，规划瓦坡里、三棵树、大风梁子、香树山、龙爪山5个风电场，规划装机总量300兆瓦。引进工业项目74项，到位资金36.09亿元。着力推进重点工业项目建设，建立“一个工业项目一名责任领导、一套班子、一个时限、一抓到底”工作机制。燃二化工新建年产3万吨绿色啤酒瓶、鹿城彩印整体搬迁技改、植物药业植物原料药建设等项目投产。楚雄工业园区赵家湾生物产业区被云南省人民政府认定为全省首批省级生物产业示范基地。完成工业总产值248.35亿元，比上年增长7.8%；规模以上工业产值224.37亿元，增长7.4%，其中，轻工业产值126.62亿元，增长8.1%；重工业产值97.74亿元，增长6.5%。实现工业增加值111.39亿元，增长5.8%；工业增加值占全市生产总值比重45.7%，比上年下降3.2个百分点。规模以上工业增加值101.67亿元，增长5.1%。规模以上固定资产投资完成165.94亿元，比上年增长39.6%。

年末，公路通车里程9573.15千米，市乡公路油路里程422.2千米，市乡公路等级率100%，硬化率82.6%，乡道通达率98.7%。完成客运量1575万人，旅客周转量9.71亿人千米，分别增长31.6%和30.8%；完成货运量1075万吨，货运周转量9.38亿吨千米，分别增长33.5%和28.9%。邮电业务总收入4.69亿元，增长10.3%。年末拥有固定电话2.28万部，下降22.6%，固定电话普及率5.73部/百人。移动电话拥有55.1万部，增长4.4%，移动电话普及率106.67部/百人；互联网注册用户10.64万户，增长11.2%。年末，拥有110千伏变电站6个，容量51.45万千伏安，输电线路192千米；有35千伏变电站17个，容量12.66万千伏安，输电线路404千米；10千伏配电线路3712米，通电覆盖率100%。实施州外国内招商引资项目168项，项目协议总投资393.44亿元，实际到位资金70.94亿元，比上年增长32.16%；168个项目共完成固定资产投资59.07亿元，增长17.7%。对外贸易进出口总额2.06亿美元，增长57.2%，其中，出口额2.05亿美元，增长56.5%；进口额108万美元，下降5.4%。着力开发具有地域文化特色的旅游项目，打造具有彝族特色的休闲旅游胜地。以彝人古镇为代表的彝族文化特色旅游业，集中展示彝族原生态建筑、彝族历史毕摩文化、彝族歌舞服饰、彝族饮食文化等。接待国内外旅游者439.63万人次，增长11%；实现旅游总收入16.28亿元，增长14.5%。

【教科文卫】 2013年，楚雄市全面落实教育惠民政策，市级财政教育事业经费支出5.33亿元，比上年增长6.6%。年末，有高等院校2所，专任教师733人，在校学生1.47万人，毕业学生3384人，分别增长4.3%、5.3%和5%；有各类中等职业学校10所，专任教师815人，下降0.9%；在校学生1.98万人，毕业学生5422人，增长1.8%；有普通中学26所，专任教师2410人，在校学生3.82万人，毕业学生1.14万人，分别增长1.1%、5.7%和6%；有小学134所，专任教师2195人，下降5%，在校学生4.08万人，下降4.5%，毕业学生7989人，增长10.7%；有幼儿园86所，在园幼儿7151人。小学学龄儿童入学率99.97%；初中适龄人口入学率99.97%，初中阶段毕业生升学率93.52%。高考上线率99.98%。开发区永安小学被国家教育部关心下一代工作委员会评为第15届“全国青少年五好小公民主题教育示范学校”。

实施国家级中小企业创新基金项目1项，认定省级种业种植基地1个、农业科技示范园1个、农产品精深加工企业3家。有科技型中小企业26家、高新技术企业10家。获国家、省、州级科技项目52项，其中立项实施45项。立项实施科技项目25项，成果获省级科学技术奖2项，获州级科学技术奖21项。向国家知识产权局申报专利95件，授权专利62件，拥有授权专利4.49万件，名列楚雄州第一。楚雄市是全州唯一通过国家科技进步考核的县（市），科技进步对国民经济增长贡献率49.73%，比上年提高0.23个百分点。

文化馆、图书馆、乡（镇）文化广播电视服务中心等公共文化服务设施实现免费开放。全面完成农民文化素质教育网络培训学校创建，建成“农文网培学校”15所，农民文化素质教育网络培训学校分校128所，公共电子阅览室22个，建成农家书屋153个。申报紫溪彝村等3个文化惠民示范村建设项目。子午镇、东瓜镇省级文化惠民示范村建设项目通过云南省文化厅验收。年末，拥有图书馆2个，文化馆2个（含群艺馆1个），博物馆1个；电视覆盖率99%，广播覆盖率99.2%。

增设七彩云南全面健身基础设施8套，建成文化体育活动广场健身项目3个。楚雄市鹿城小学足球代表队在云南省U14组少年足球锦标赛中获得冠军，参加校园足球西南5省（区）冠军赛中获得冠军，在全国总决赛中获得小学组全国第13名，竞赛二等奖。楚雄市代表队在全州篮球锦标赛中获得男子组第一名，女子组第三名。楚雄市被国家体育总局授予“2009～2012年全国群众体育活动先进集体”。

楚雄市人民医院新区一期、市卫生监督所和苍岭、东华、中山、八角4个乡（镇）卫生院建设项目完成。全面启动城乡居民免费提供13项国家基本公共卫生服务项目，累计为54.83万名城乡居民建立健康档案，建档率92.93%。楚雄市中医院针灸推拿科、皮肤科被定为楚雄州级重点专科建设，老年病科申报省级重点专科建设。有33.56万名农民参加新型农村合作医疗保险，参合率99%。年末，有营业执照医疗卫生机构409个，其中，医院44所，拥有床位4427张，有卫生技术人员4736人，其中执业医师1390人。每千人拥有医生2.7人。

【社会生活】 2013年，楚雄市城镇国有及集体单位在岗职工人均工资收入4.22万元，比上年增长15.7%；城镇居民人均可支配收入2.41万元，增长15.1%；农民人均纯收入7018元，增长17.3%。城镇居民有1.51万人享受最低生活保障，下降8.3%，发放最低生活保障资金5302万元，增长12.4%；农村居民有2.64万人享受低保，发放最低生活保障金4293万元，分别增长2.3%和25.2%。年末，参加城镇职工基本养老保险人数5.5万人，下降0.6%，征缴养老保险基金3.75万元，增长6.8%；参加城镇居民社会养老保险人数1.05万人，其中发放养老金人数2583人；参加农村养老保险人数22.1万人，其中发放养老金人数4.23万人。参加城镇职工基本医疗保险人数9.64万人，增长0.2%，征缴保险基金2.48亿元，增长13.5%；城镇居民基本医疗保险参保人数7.26万人，筹集保费3027万元，分别增长1.1%和27.5%。从业人员35.56万人，下降3.3%，市级城镇登记失业人员2038人，比上年减少82人，城镇登记失业率控制在3.5%以内。投入扶贫开发资金7140.35万元，其中，投入财政贴息贷款253.54万元，发放扶贫到户贷款资金4300万元，扶持贫困地区1743户农户发展种养殖优势特色产业。

［周永琼］

楚雄市乡（镇）情况一览表

乡(镇)	面积(平方千米)	村(居、社区)委会(个)	年末总人口(人)	年末耕地面积(亩)	农业总产值(万元)	粮食总产量(吨)	烤烟总产量(吨)	年末大牲畜存栏(头)
鹿城镇	372	21	167280	23121	46036	16101	421	7531
东瓜镇	229	12	67619	17605	21321	12036	458	4860
吕合镇	186	9	24963	21482	27987	14636	517	5585
紫溪镇	243	8	15051	15652	17417	9327	521	6902
东华镇	448	11	29921	37452	37161	21215	2983	4146
子午镇	362	13	34599	45643	35964	26335	3020	12202
苍岭镇	344	8	32000	43069	40558	25304	954	6921
三街镇	206	11	24069	21100	19305	11383	972	7603
八角镇	145	7	16779	16221	18003	9564	1341	7123
中山镇	301	11	24573	26888	23685	12757	1201	6662
新村镇	355	8	14859	18982	21195	9995	1171	10230
树苴乡	134	7	18052	17912	17296	9889	1322	6328
大过口乡	340	9	16080	18188	15768	6449	450	7437
大地基乡	387	6	11018	15291	17717	6782	1104	4272
西舍路镇	381	11	19692	20116	16502	8571	596	9371

［楚雄州统计局］

双　柏　县

【地理位置】　双柏县位于楚雄州南部，地跨北纬24°13′～24°55′，东经101°3′～102°02′之间。东邻玉溪市易门县、峨山县，西与普洱市镇沅县、景东县接壤，南连玉溪市新平县，北同楚雄市、禄丰县毗邻。东西横距95千米，北南纵距76千米。县人民政府驻地妥甸镇居县境偏北，海拔1964米，东距省城昆明184千米，北距州府楚雄市鹿城镇56千米。

【行政区划】　2013年末，双柏县辖妥甸、大庄、碍嘉、法脿、大麦地5个镇和安龙堡、爱尼山、独田3个乡，11个社区居民委员会、73个村民委员会，1540个村（居）民小组。国土面积4045平方千米。

【人口民族】　2013年末全县户籍人口15.38万人，比上年末增加220人。其中，女性人口7.34万人，占总人口的47.73%；非农业人口3.25万人，占总人口的21.13%；少数民族人口7.70万人，占总人口的50.08%。主要少数民族（千人以上）有彝族7.14万人，哈尼族3909人。年内出生人口1477人，人口出生率9.61‰；死亡1074人，死亡率6.98‰；人口自然增长率2.63‰。城镇化率29.6%。

【自然概貌】　双柏地处滇中，具有地表崎岖，群山连绵，山川峡谷纵横，高差悬殊，垂直明显的特点。因受绿汁江、马龙河水系深切，断面呈“V”形发育，构成西北高，东南低，地形由西北部向东南部倾斜，白竹山以北地区高原特征较明显；南部呈中山深切割地貌，谷深坡陡，地表破碎，多数山地脉络难寻。绿汁江多沿着县境边界环流。全县最高点为西部与景东县交界的大梁山，海拔2946米，最低点是县境南端与新平县交界处的三江口，海拔556米，高低海拔高差2390米，平均海拔1751米。全境皆山，无一平川，坡度大于8度的面积占98.5%。其地貌大致分为强烈切割高、中山峡谷区，强烈切割的高、中山区，切割较强烈的中山丘陵地区3个单元区。

【资源特产】 2013年末，有常年耕地面积23.63万亩。年平均降雨量为767.1毫米，河川径流总量748亿立方米，可供开发水电资源近60万千瓦，形成10.12万千瓦生产能力。有林业生产用地485万亩，活立木蓄积量1697万立方米，有各类植物5000多种，其中国家一级保护植物8种，国家二级保护植物70种；有野生动物种群1750种，其中国家一级保护动物9种，国家二级保护动物21种。主要特产有妥甸酱油、白竹山茶、邦三红糖、鲜食葡萄等。

【经济状况】 2013年，全县实现地区生产总值23.22亿元，比上年增长15.1%，其中，第一产业实现增加值9.06亿元，增长6%；第二产业实现增加值6.39亿元，增长31.4%；第三产业实现增加值7.77亿元，增长12.4%。重点产业实现产值26.99亿元，比上年增长19.1%，其中，烤烟产业实现产值2.19亿元，矿电产业实现产值3.19亿元，现代林业实现产值11.21亿元，绿色食品实现产值7.87亿元，文化旅游业实现收入2.54亿元，重点产业增加值占GDP比重45.6%。实现工业总产值21.34亿元，其中16户规模以上工业企业实现产值14.77亿元。主要工业产品及数量是：水能发电3.54亿千瓦时，比上年减少8%，售电量9670.5万千瓦时，比上年增加18.3%；人造板24.8万立方米，比上年增加18.1%；酱油2131吨，比上年增加52.4%；松香2.79万吨，比上年减少5.4%；铜金属3154吨，比上年增加50%。实现农林牧渔业总产值16.07亿元，比上年增长6.5%，其中，农业产值7.05亿元，增长0.8%；林业产值2.12亿元，增长4%；畜牧业产值6.78亿元，增长13.2%；渔业产值1131万元，增长15.9万元。主要农业产品有粮食（稻谷、玉米、小麦、蚕豆、大豆），产量7.98万吨；油料2100吨；烤烟8459吨；蔬菜8.24万吨；甘蔗5685吨。完成规模以上固定资产投资23.48亿元，增长45.9%；实现招商引资到位资金23.97亿元，增长110%；完成地方财政总收入2.56亿元，增长23.8%；完成地方公共财政预算收入1.97亿元，增长39.2%；完成地方公共财政预算支出11亿元，增长12.2%；实现社会消费品零售总额6.09亿元，增长14.3%；实现城镇居民人均可支配收入2.12万元，增长16%；实现农民人均纯收入5565元，增长19.8%；居民消费价格总水平上涨3.1%。

【教科文卫】 2013年，双柏县教育投入持续加大，教学质量明显提高，普通高考创历史最佳水平，本科上线率60.5%。基层医疗卫生体系进一步完善，重大疾病防控和艾滋病防治工作有效开展，县乡医疗水平进一步提高，县人民医院通过“二级甲等综合医院”复评。非物质文化遗产保护工作得到加强，第一次全国可移动文物普查工作全面开展，乡（镇）综合文化站和县图书馆顺利通过省级评估验收，人民文学“新浪潮”美丽双柏行诗歌笔会暨诗歌创作研讨会和首届“查姆诗会”成功举办，《哀牢山文艺》办刊质量不断提高，《彝乡文化》创刊发行。组团参加省民运会和州老年人运动会取得优异成绩，全州人大系统运动会在双柏成功举办，全民健身活动广泛开展。精神文明创建活动深入实施，社会主义核心价值体系建设全面开展。计划生育“奖优免补”政策全面落实。科技示范应用得到加强，科技对国民经济贡献率48%。创建全国社会主义新农村建设档案工作示范县通过国家级验收。生态县建设规划启动实施，主要污染物总量减排目标圆满完成。县机关幼儿园、5所乡村幼儿园及一批农村薄弱学校食堂改造等建设项目投入使用，新建校舍1.59万平方米、运动场1.56万平方米；双柏一中办学条件改善项目、妥甸中学续建项目、边远艰苦地区教师周转房建设加快推进。妥甸、法脿、大麦地卫生院业务用房和县急救中心、卫生监督所建设项目加紧建设。

【社会生活】 2013年，双柏县招考录用公务员、事业人员和大学生村官88人，转移农村富余劳动力9574人，发放“贷免扶补”等创业贷款1753万元，新增城镇就业1340人。五大社会保险覆盖面不断扩大，新型城乡居民社会养老保险参保突破9.2万人，收缴被征地农民养老保障金3084万元。城镇居民医保参保和新农合参合率均99%，为广大城乡

双柏查姆大道特色改造　　（州住建局提供）

居民报销医疗费用6691.5万元。城乡低保规范化管理工作启动实施，发放低保资金3137万元、救助资金304万元、救灾救济粮62.8万千克。投入财政资金1254.8万元，解决2969名原民办和代课教师历史遗留问题；农村“三职”干部一次性离任补助和在职村干部待遇“倍增计划”全面落实，计生宣传员待遇得到提高。兑付各项惠农补贴资金5347.8万元。争取投入抗旱资金1311万元，重点实施大麦地集镇、法脿六街、安龙堡说全等7件抗旱应急供水工程，有效解决7300多人4600多头大牲畜饮水困难。建成保障性住房580套，502套保障性住房、200户城市棚户区和850户农村危改工程投入建设。

【产业建设】 2013年，双柏县粮食生产保持稳定增长，产量7.98万吨。收购烟叶845万千克，实现烟叶总产值2.32亿元，“两烟”税收7000万元。绿汁江流域现代农业示范园区建设成效明显，种植四季蔬菜2.6万亩，鲜食葡萄5000亩。爱尼山和独田高原生态畜牧养殖园区加快推进，引进种禾、天蓬2个万头生猪养殖和碍嘉生态养殖有限公司等龙头企业，建成千头生猪、肉牛及肉羊养殖场15个，发展重点养殖大户431户。有核桃10万亩、中药材2.2万亩、青花椒1.5万亩、冬桃2300亩，完成低效林改造3.1万亩。核桃、冬桃等11个农产品通过无公害农产品认证，白竹山云雾茶通过绿色食品认证。农村剩余劳动力转移实现打工收入5500多万元。实现第一产业增加值9.06亿元，增长6%。大庄工业片区成功纳入禄丰省级工业园区规划，县城工业园区水、电、路基础建设加快推进，新增入园企业3户，新建标准厂房1万平方米，完成园区工业投资1.9亿元。坤盛和鑫鑫工贸选矿厂建成试生产，迪伽索、银洋等工矿企业发展势头较好，矿产资源得到合理开发利用；龙门电站进入调试阶段，大湾电站顺利实现截流，雨果、小江河一二级电站加快建设，戛洒江一级水电、大庄光伏发电等工业项目前期工作稳步推进。美森源与上市企业广东天龙油墨集团实现股权转让，森美达与厦门百度科技开发有限公司成功合作并启动香精香料生产线建设项目，宏光木业胶合板改扩建和金豆木业木塑制品生产线建成投产，东源、润德2户企业包装箱和木材加工生产线以及商品混凝土搅拌站开工建设，华兴、松原等林板林化加工企业平稳运行。新增规模以上工业企业5户，实现工业总产值21.3亿元，增长29.7%；规模以上工业增加值3.95亿元，增长41.6%。白竹山至碍嘉省级风景名胜区规划通过州级评审，金山城商务酒店全面完工。“万村千乡”市场工程深入实施，消费市场日趋活跃，建成批发零售配送网点76个，商贸物流、金融保险等服务业健康发展。实现第三产业增加值7.77亿元，增长12.4%。

【基础设施建设】 2013年，双柏县完成里海至安龙堡油路、塔扎河至大敌鲁和雨龙至法甸通村路面硬化工程；建成石羊江大桥和沙甸河大桥；修复易双线（原晋云线）油路路面病害主体工程。106千米通村路面硬化工程、绿汁江沿江公路（炉房电站至各莫段）加快建设，双柏至新平（水塘）二级公路、彩云至碍嘉公路、白竹山至大麦地公路建设前期工作全面开展。河口河水库建设、26件小（二）型水库除险加固、普龙小流域坡耕地水土流失综合治理等工程完工，建成“彩虹水窖”、“爱心水窖”1.05万件。螃蟹冲水库建设、17件小（二）型水库除险加固、峨足小流域坡耕地水土流失综合治理等工程加快推进，小沙河小（一）型水库开工建设。施家河、平掌河、者都河和青苔山4件小（一）型水库、白水河中型水库、绿汁江中型灌区等项目前期工作加紧推进。启动实施马龙河流域综合开发，实施青香树补充耕地、干海资和代么古中低产田改造、峨足土地整治等项目，新增耕地7164亩。完成农田水利基础投资3.2亿元。实施县看守所整体搬迁项目主体工程完工，县森林公安局业务技术用房、碍嘉等4个乡（镇）敬老院和大庄、折苴居家养老服务中心项目，县民政救灾物资储备中心、县法院审判法庭及一批乡（镇）站所建设主体工程完工。源星和鸿升汽车驾驶培训学校建设项目快速推进。农网完善工程深入推进，信息网络基础工程加快建设。完成社会事业基础投资1.9亿元。《滇西边境山区双柏县区域发展与扶贫攻坚规划》和《双柏县连片特困地区产业扶贫规划》编制完成。投入扶贫资金7378.6万元，大麦地镇扶贫整乡推进试点项目正在实施，完成扶贫整村推进项目70个、易地搬迁301人，扶持产业示范村40个，实现脱贫8500人。完成新农村省级重点村10个、“一事一议”财政奖补项目54个、民族团结示范村项目22个。社会帮扶力度进一步加大，实施社会扶贫项目3个，南京大学结对双柏县帮扶工作卓有成效。

【城乡建设】 2013年，双柏县完成县城总体规划修改大纲，开展县城控制性详细规划，查姆湖民俗风情体验等10个专项规划。县政府院内住宿区和长青小区拆迁、中密度纤维板厂搬迁等工作取得突破。查姆大道沿街建筑特色风貌改造、查姆湖环湖游道、老黑山休闲游览步道及虎乡大道建成投入使用，查姆文化广场即将完工，城区自来水厂改扩建加快推进。阳光水岸、鑫和大城、金湖秀园、龙泰瑞园等房地产开发项目加快建设。经营城镇步伐加快，县城污水处理、环卫保洁实现市场化运营；制定出台《双柏县城市管理办法》，县城综合管理全面加强，人居环境进一步改善。大庄、碍嘉、法脿、大麦地4个特色小镇规划建设加快推进，碍嘉阳太、大麦地立新等特色村庄抓紧建设；农村环境整治力度加大，村容村貌改善明显。

【稳步推进改革开放】 2013年，双柏县投融资体制改革取得重大突破，组建县工业投资开发有限公司；政府融资平台功能有效发挥，融资8900万元，有效支持和推动县城、园区、水利基础和重点产业建设。组建18个招商团，落实招商引资责任制，实施招商引资“百日会战”新举措。重点策划包装中国（双柏）彝族虎文化园、云南妥甸世纪酱香产业园、白竹山高原生态茶产业示范园、哀牢山国家公园4个牵动性强、影响面广的重大招商项目。借助南亚博览会、中国西部促进会和南京大学校友会等交流合作平台，加大项目招商推介力度，加快“走出去”招商步伐。共举办招商引资推介会25场（次），实施县外招商引资项目94个，其中新引进55个，项目履约率和资金到位率大幅提高。

［苏　燕］

双柏县乡（镇）情况一览表

乡(镇)	面积(平方千米)	村(居、社区)委会(个)	年末总人口(人)	年末耕地面积(亩)	农业总产值(万元)	粮食总产量(吨)	烤烟总产量(吨)	年末大牲畜存栏(头)
妥甸镇	737	18	41206	47695	32364	14262	2390	17023
大庄镇	557	13	26119	35190	23723	13047	1380	13868
法脿镇	429	13	23881	31946	25970	12717	1630	13437
碍嘉镇	619	14	27219	37656	24647	13086	485	13749
大麦地镇	504	9	9638	17105	11313	5902	419	11924
安龙堡乡	270	8	8996	27740	14291	8768	1085	7365
爱尼山乡	675	7	12596	30409	21881	9144	850	14085
独田乡	254	2	4119	8606	6525	2848	220	5108

［楚雄州统计局］

牟　定　县

【地理位置】　牟定县地处楚雄州中部，位于北纬25°09′~25°40′，东经101°19′~101°51′之间。东邻元谋县、禄丰县，南连楚雄市，西与南华县、姚安县接壤，北同大姚县毗邻。县人民政府驻地共和镇，海拔1758米，距州府楚雄市城区32千米。

【行政区划】　2013年末，牟定县辖共和、新桥、江坡、凤屯4个镇和安乐、戌街、蟠猫3个乡，89个村（居）民委员会，1206个村（居）民小组。行政区域面积1461平方千米。

【人口民族】　2013年末，全县常住人口21.15万人；人口出生率8.81‰，死亡率6.14‰，自然增长率2.67‰；城镇化率35.2%。据公安部门统计，年末户籍人口20.31万人。其中男性人口10.4万人，占总人口的51.2%，男女性别比为104.9（以女性为100计算）；其中农业人口15.71万人，占总人口的77.4%，非农业人口4.6万人，占总人口的22.6%；少数民族人口4.61万人，占总人口的22.7%，其中彝族4.44万人，占总人口的21.8%，占少数民族人口的96.29%。

【自然概貌】　牟定县地处滇中红土高原中部，高原地貌保持较完整。地势自西北向东南倾斜，西北高、东南低；境内群山连绵，山区面积91%，有面积87.8平方千米的牟定坝子，属全州第四大盆地，其余不足1平方千米。河流属金沙江水系，主要有勐岗河、龙川河、紫甸河等。境内褶皱宽缓，断层发育，大部分地区海拔在1570~1985米之间，最高点为西部寨子山，海拔2550米；最低点为东北部的海子哨村勐岗河底大箐口，海拔1140米。县境属北亚热带季风气候区，由于海拔自东南、东北向西逐渐升高，平均气温则逐渐下降，自然降水量却依次递增，具有一定的“立体气候”特点。2013年末，全县有耕地20.73万亩，其中水田12.24万亩、旱地8.49万亩，人均有耕地1.02亩；有中、小型水库86座，总库容6423万立方米。有自然保护区2个，面积76.6平方千米（4.5万亩），占国土面积的5.23%；有林地131.8万亩，人均6.49亩。年平均气温16.4℃，比常年平均值偏高0.2℃，比上年平均值偏低0.5℃。年降水量720.6毫米，比上年偏多12.8毫米，比常年平均偏少162.2毫米。年日照时数2520小时，较历年平均偏多246.2小时，比上年偏多57.3小时。

【资源特产】　牟定县境内发现矿产40余种，探明的有金、银、铂钯、铜、铁、钛、钒、铌、铅、镍、硅石、钾长石、蛇纹石、蛭石、方解石、花岗岩、石墨、石膏、蓝石棉、稀土、高岭土、煤炭等20余种，基本资料比较完备的有稀土矿、铂钯矿、高岭土矿、硅矿4种。植物资源有种子植物149种、464属、874种，其中，裸子植物8科、13属、22种，被子植物141科、451属、852种，被子植物中有双子叶植物124科、371属、743种，单子叶植物17科、80属、109种。动物资源有兽类36种、鸟类98种、两栖类5种、爬行类7种；兽类中的皮毛革兽12种，医药、实验用兽13种，狩猎兽3种，鼠类7种，其他兽类1种；鸟类中有留鸟85种、冬候鸟6种、夏候鸟7种。特产主要有力石酒、喜鹊窝酒、化佛茶、油腐乳、铜炊锅、腌菜罐、砂土锅等。

【经济状况】 2013年，全县实现生产总值35.62亿元，按可比价格计算，比上年增长13.3%。其中第一产业实现增加值10.27亿元，增长7.2%。第二产业实现增加值12.73亿元，增长21.4%；其中工业实现增加值7.7亿元，比上年增长21.6%，占生产总值的比重由上年的20.9%上升到21.6%；其中规模以上工业企业实现增加值3.76亿元，增长36.3%。第三产业实现增加值12.62亿元，增长9.4%。投资、消费、外贸齐拉动，支撑经济增长的“三驾马车”对全县经济增长的贡献率分别为59.8%、39.6%、0.6%。三次产业结构由上年的30∶34∶36调整为28.8∶35.7∶35.5，三次产业结构类型由上年的“三二一型”变化为“二三一型”，第二产业比重首次超过第一、三产业。按户籍人口计算的人均生产总值1.76万元，比上年增加2286元，增长13.9%。非公经济增加值占生产总值比重48.4%。实施州外国内招商引资项目68个，实际引进州外到位资金23.55亿元，比上年增长87.6%，其中引进省外到位资金14.59亿元，增长61.9%。居民消费价格指数102.9%，商品零售价格指数102.7%，农业生产资料价格指数98.6%。实现农、林、牧、渔业总产值16.54亿元，增加值10.27亿元，按可比价计算分别比上年增长7.4%和7.2%。农作物总播种面积54.61万亩，比上年增长6.18%，其中粮食播种面积34.45万亩，增长4.14%；经济作物播种面积20.02万亩，增长9.1%。粮食总产量10.09万吨，比上年增长2.96%。89个村（居）委会通电，有88个通自来水，有89个通公路，有89个通电话。年末，农田有效灌溉面积18.1万亩，与上年持平；农村用电量4483万千瓦时，比上年增加160万千瓦时，增长3.7%。全年实现工业增加值7.7亿元，比上年增长21.6%，占生产总值的比重由上年的20.9%上升到21.6%；其中规模以上工业企业实现增加值3.76亿元，增长36.3%。实现全社会建筑业增加值5.03亿元，比上年增长21%，其中县内10户具有资质等级的建筑企业完成总产值7.69亿元，增加值2.57亿元，实现利润1076万元，缴纳税金2122万元，分别比上年增长35%、27.1%、6.6%、27.6%。房屋竣工面积16.98万平方米，其中住宅面积8.85万平方米，投资创造增加值19.3亿元，比上年增长15.3%。完成规模以上（500万元以上）固定资产投资总额35.63亿元，比上年增长37.1%。实现社会零售品总额9.1亿元，比上年增长13.9%。批发零售贸易业零售额7.26亿元，增长11.5%；住宿餐饮业零售额1.84亿元，增长24.4%；对经济增长的贡献率11.8%，支撑经济增长1.6个百分点；消费对经济增长的贡献率39.6%，创造增加值19.23亿元，比上年增长11%，拉动经济增长5.27个百分点。完成货物周转量1.32亿吨千米，增长1.5%；旅客周转量7810万人千米，增长2.5%。完成邮电和通讯业务总量1.18亿元，比上年增长18.1%。年末，电话用户15.98万部，比上年增加1.04万部，增长7%，电话普及率77.2%。完成财政总收入2.91亿元，比上年增长20.3%，其中地方一般预算收入2.3亿元，增长25.4%；完成地方财政总支出14.54亿元，比上年增长14.2%。金融机构各项存款余额35.59亿元，比上年增长20.1%，其中居民储蓄存款余额23.48亿元，增长22.7%。各项贷款余额19.58亿元，增长16.6%。保险企业实现保费收入6104万元，比上年增长15.8%；赔款及给付2122万元，增长12.9%；金融保险业实现增加值5881万元，比上年增长13.1%。

【教科文卫】 2013年末，全县有各类学校91所，其中小学81所，普通中学10所，其中，普通高级中学1所，职业高级中学1所；专任教师1542人，其中，小学专任教师870人，普通中学672人；在校学生2.07万人，其中，小学生1.16万人，普通中学生9101人，职业中学1所，专任教师43人，职业高中学生1422人。有幼儿园19所（含民办幼儿园5所），在园幼儿3470人。小学学龄儿童毛入学率109.9%，初中学龄人口毛入学率119.8%。有卫生医疗机构23个（不含个私诊所和村级卫生室），其中医院13个（含乡镇卫生院）；有卫生专业技术人员605人，其中医生254人。平均每千人拥有卫生技术人员2.9人；有病床773张，其中医院718张，平均每千人拥有医院床位数3.7张。有艺术表演团体3个，图书馆1个，文化馆1个，乡（镇）文化站7个，电影放映单位1个，广播人口覆盖率95%，电视人口覆盖率97%。

【社会生活】 2013年，全县城镇居民人均可支配收入2.17万元，比上年增加2668元，增长14%，扣除物价因素实际增长10.8%。农民人均纯收入5672元，比上年增加873元，增长18.2%，扣除物价上涨因素实际增长14.9%。居民人均消费水平6900元，其中，农村居民4485元，城镇居民1.28万元，分别比上年增加872元、385元、1609元，增长14.5%、9.4%和14.5%。城镇居民人均住房建筑面积34平方米，农村居民人均住房建筑面积35平方米。有4515人（次）领取城镇居民最低生活保障金，发放保障金1225.69万元；1.64万人（次）领取农村低保，发放低保金1861.28万元；供养农村“五保”对象886人，医疗救助2642人，发放救助金417.71万元。年末，纳入统计单位职工1.01万人，比上年增加584人，增长6.15%；在岗职工8907人，增加560人，增长6.7%。在岗职工年平均工资

3.49万元，比上年增加1802元，增长5.45%。参加企业职工养老保险3999人，失业保险3002人，医疗保险1.05万人，工伤保险8076人，生育保险1970人。城镇登记失业人员1269人，登记失业率2.79%。年内，发生各类安全生产事故249起、死亡8人、受伤186人、直接经济损失309.17万元，事故起数下降10%，死亡人数上升14.29%，受伤人数下降9.42%，直接经济损失上升180.99%。

【省部级领导到牟定县调研】 2013年4月9日，云南省人大常委会副主任杨保建率省人大常委会调研组，到牟定县调研抗旱保民生促春耕工作。7月15日，中共云南省委副书记仇和率省委调研组到牟定县调研党的群众路线教育实践活动开展情况和县域经济发展情况。8月21日，中国烟草公司副总经理陈江华到牟定县视察烟草骨干水源项目工程建设和烟叶收购工作情况。9月1日，中共云南省委常委、省纪委书记辛维光到牟定县调研经济社会发展、城镇建设、党风廉政建设工作情况。

【牟定县蔬菜深加工项目】 2013年5月29日，云南老酱人食品有限公司年产3万吨蔬菜深加工项目在牟定县际盛中学举行奠基仪式，标志该项目正式启动。云南老酱人食品有限公司由四川玉簾（集团）云南玉簾公司在牟定县共和镇际盛村委会（原际胜中学）按照协议注册成立的具有独立法人资格的食品加工企业。公司依托四川玉簾30年调味品生产技术和先进经营管理经验，从事调味品和酱腌菜的加工及销售。年产3万吨蔬菜加工项目是新建项目，规划通过1年建设实施，企业将形成年产3万吨酱腌菜15个系列产品的生产规模。

［刘祖文］

牟定县乡（镇）情况一览表

乡(镇)	面积（平方千米）	村(居、社区)委会（个）	年末总人口（人）	年末耕地面积（亩）	农业总产值（万元）	粮食总产量（吨）	烤烟总产量（吨）	年末大牲畜存栏（头）
共和镇	244.05	24	76202	56714	53419	32614	2293	10560
新桥镇	159.08	15	28846	38435	25740	14789	1351	9414
江坡镇	209.4	13	27501	30861	26224	15604	1995	13614
凤屯镇	206.23	9	18104	23002	21894	10594	1053	9264
蟠猫乡	170.98	7	11888	12457	10665	6902	347	4404
戌街乡	201.51	8	17027	18831	12963	9205	420	8497
安乐乡	269.38	13	23515	26953	14512	11220	477	11188

［楚雄州统计局］

南华县

【地理位置】 南华县位于楚雄州西南部，地处北纬24°43′～25°22′，东经100°43′～101°22′之间。东接牟定县、楚雄市，南连楚雄市和普洱市景东彝族自治县，西与大理白族自治州弥渡县、祥云县毗邻，北连姚安县和大理白族自治州祥云县。辖区东西最大距离64.6千米，南北最大距离71.1千米，总面积2343平方千米，其中，坝区占4%，山区占96%。320国道穿过县城中心、217省道南（华）永（仁）二级公路起于县城，南华县至景东彝族自治县公路纵贯县境；楚（雄）大（理）高速公路从县城南缘通过直通滇西，广（通）至大（理）铁路从县城北缘穿过、并在县境设有南华、沙桥两个车站。县人民政府驻地龙川镇，海拔1857米，距州府楚雄市城区37千米、省会昆明市城区197千米。

【行政区划】 2013年末，南华县辖龙川、沙桥、五街、红土坡、马街、兔街6个镇和雨露白族乡及一街、罗武庄、五顶山4个乡，128个村（居）民委员会，其中，村委会116个，居委会12个，村（居）民小组1489个。

【人口民族】 2013年末，全县常住人口24.05万人，人口出生率11.30‰，死亡率6.66‰，人口自然增长率4.64‰；城镇化率28.25%。据公安部门统计，年末户籍人口24.11万人，比上年增加1293人，增长0.54%；其中女性人口

11.86万人；非农业人口5.58万人；少数民族人口10.41万人，占总人口43.2%。主要少数民族（千人以上）有彝族9.17万人，占总人口的38.1%；白族9327人，占总人口的3.9%；回族2105人，占总人口的0.9%。

【自然概貌】 南华县地处滇中高原西部和云南“山”字构造的脊柱部分，地形东北促狭，西南辽远，中部和东部起伏和缓。地势西北高，东南低；西南群山纵横，东北丘陵起伏，山河相间陈列，呈北西至北北西向，境内地层发育不全，以中生界为主，元古界、古生界和新生界极少。县境山多平坝少，山区占全县面积的96%，县城所在地龙川坝子长约9千米，宽3～5千米、面积约44平方千米，其次徐营、沙桥坝子和雨露峡谷盆地合计面积91.2平方千米，占全县总面积4%。主要山脉有大中山、龙潭山、脑头山、马鞍山4大山脉。县境地面河流纵横，主要河流有金沙江水系的龙川江，元江水系的马龙河、礼社江以及李仙江水系的兔街河。山河相间排列，地下水储量不丰富，以裂隙水、孔隙水为主要类型；泉水以单泉和群泉出露，间歇泉居优。土壤种类繁多，分棕壤、黄棕壤、紫色壤、红壤、冲积土和水稻土6大类，11个亚类、49个耕地土种。境内最高点为红土坡镇龙潭山脉烧香寺梁子，海拔2861米，最低点为马街镇威车村倒坐窑的礼社江边，海拔963米。县人民政府驻地龙川镇海拔1857米，境内地形复杂，海拔高差大，立体气候明显，南亚热带至中温带气候齐备，气温年温差小，日温差大；雨热同季、干雨季分明。年平均气温14.8℃、地温17.0℃，历年平均年降雨837.5毫米。2013年平均气温15.8℃，比上年高0.2℃，年降雨量624.5毫米，比上年多4.1毫米，年日照2611.4小时，比上年减少199.8小时。年末，有耕地面积21.44万亩；有中小型水库78座，总库容6954万立方米，比上年减少21.2%，水利工程供水量6.24亿立方米，比上年增长6.6%。有林地249.98万亩，其中，国有林15.21万亩，集体和地方公益林87.58万亩，集体商品林147.19万亩，占国土面积的71%。有自然保护区2个，面积45.05万亩，其中，哀牢山国家级自然保护区面积26.01万亩，三峰山州级自然保护区面积19.04万亩。森林覆盖率63.73%，活立木蓄积730万立方米。有湿地4.32万亩，其中，永久性河流湿地2.63万亩，人工湿地1.69万亩，面状湿地62块、线状湿地94条。县城建成区面积6.7平方千米。城镇化率28.25%。

【资源特产】 南华县地处低纬度、高海拔地带，以北亚热带季风气候为主，具有垂直分带为特点的高原地区。山多坝少，光照充足，森林茂盛，树种繁多，森林覆盖率63.73%。在全县248万亩森林中，都有野生菌分布，资源年蕴藏量约1万吨，主产松茸、块菌、牛肝菌、干巴菌、鸡油菌、虎掌菌等，尤其是松茸，面广质优量大，在境内分布面积170万亩，且具有生产周期长、产量高、质量好等特点，已知野生菌有540余种，占全国野生菌900种的60%、占云南省700种的77.1%。2013年，累计封山育菌190万亩，野生菌集散交易量6053吨、交易额3.6亿元，其中，县内野生菌产量4237吨、产值2.52亿元；核桃产量6503吨、产值2.11亿元；林化产业，松香以外进原料为主加工2.96万吨、加工松节油7879吨、树脂4648吨、实现加工产值5.31亿元；畜牧业产值9.19亿元；中草药资源丰富，有动植物药材660种。野生动物种类较多，境内打雀山是南飞候鸟迁徙途中的“宿营站”。有植物3000余种，有记录的主要种子植物有805种，隶属于145科435属；大中山自然保护区有野生动物397种，其中，兽类动物28种，隶属于8目15科。国家一级保护动物有云豹1种；国家二级保护动物11种；省级保护动物有1种。鸟类有278种。境内矿产丰富，矿种繁多，其中龙潭砷矿和五顶山力苴石膏矿储藏规模为全省之冠。主要矿产有铅、锌、铜、金、铊、镉、银、铂、砷、石膏、石灰石、石棉、泥煤、褐煤、烟煤等20种。主要旅游资源有以彝族文化、福文化和菌文化支撑的“咪依噜风情谷”，被评为国家AAA旅游景区和省级乡村旅游服务标准化试点；福园、菌园、彝人天堂五街太阳女人文风情园、英武罗鲁文博园、野生菌王国、毛板桥风景区（包括锦星山庄、星亿山庄、南泉寺）、鹦鹉山生态园、大中山林区、宝珠寺和30个民族文化生态旅游村，乡村旅游接待游客127.6万人次，实现旅游业总收入5.19亿元，其中，“咪依噜风情谷”接待旅游者44.19万人次，实现乡村旅游收入1802.75万元。特产有白芸豆、核桃、萝卜、洋芋、烟草、野生食用菌、沙桥豆制品、天堂牌火腿、五顶山腊鹅、兔街茶、澜沧江啤酒、兔街小戈酒、五顶山花石头酒、腌鱼、刺头菜、甜笋、香椿。

【经济状况】 2013年，全县实现地区生产总值36.37亿元，按可比价格计算，比上年增长12.5%，其中第一产业实现增加值12.79亿元，增长7.4%；第二产业实现增加值11.49亿元，增长18.6%；第三产业实现增加值12.09亿元，增长11.2%。第一、二、三产业增加值占地区生产总值比重由上年的35.9:30.9:33.2调整为35.2:31.6:33.2。按常住人口计算人均地区生产总值（GDP）1.51万元，比上年增长12.0%。按公安户籍人口计算人均地区生产总值（GDP）1.51万元（按年末人民币汇率折算折合2474美元），比上年增长13.6%。非公有制经济增加值14.92亿元，比上年增长15.1%，占地区生产总值的41%，比上年上升0.6个百分点。签约合作项目15个，招商引资州外实际到位资金2.51亿元，比上年增长106%，其中省外到位资金17.68亿元，比上年增长259%。烤烟、煤炭、啤酒3大重点产业实现产值13.94亿元，其中烤烟实现产值3.25亿元，增长3.5%；煤炭实现产值2.74亿元，减少8.4%，啤酒实现产值7.95亿元，增长34.9%。野生菌加工实现产值3.34亿元，核桃产值2.11亿元。全县居民消费价格总水平比上年上涨2.6%，其中，食品类上涨6.1%（粮食价格上涨3.3%）；烟酒及用品类上涨1.4%；衣着类上涨2.2%；家庭设备用品及维修服务类上涨0.9%；医疗保健和个人用品类上涨1.8%；交通和通讯类下降2.9%；娱乐教育文化用品及服务类上涨0.1%；居住类上涨2%。商品零售价格总水平比上年上涨2.5%。农业生产资料价格上涨0.1%，与上年持平。全年实现农林牧渔业产值23.01亿元，比上年增2.44亿元，增长7.7%。其中，农业产值11.39亿元，增长4.8%；林业产值2.22亿元，增长16.1%；牧业产值9.19亿元，增长9.4%；渔业产值2115万元，增长10.3%。全县粮食种植面积36.76万亩，比上年增加1.52万亩，增长4.3%。经济作物播种面积20.69万亩，比上年增加2.16万亩，增长11.7%，其中，烤烟种植面积9.4万亩，比上年增加1962亩，增长2.1%；油料种植面积3.62万亩，比上年增加7709亩，增长27.1%。粮食作物与经济作物种植比64∶36，粮食产量11.72万吨，增长2.2%。实现肉类总产量（含家禽）3.52万吨，比上年增长2.9%。有128个村（居）委会通电、通公路、通电话，1489个村民小组通公路1184个，公路通车里程2704.2千米。拥有农业机械总动力18万瓦特，增长5.6%，新增有效灌溉面积3300亩，农田有效灌溉面积12.81万亩，节水灌溉面积12.53万亩，水利化程度59.83%。农用化肥施用量（折纯）1.69万吨，增长5.7%；农药施用量340吨，增长11.5%。完成供电量1.25亿千瓦时，增长12.81%；完成售电量1.15亿千瓦时，增长13.08%。实现工业总产值44.46亿元，比上年增长23.2%，其中规模以上工业企业实现产值27.26亿元，增长35.2%；实现增加值6.37亿元，增长22.1%；实现利税2.99亿元；增长62.1%；实现利润2.14亿元，增长73.7%；上缴增值税8528.9万元，比上年增长38.7%。规模以下17.18亿元，增长8%。非公有制经济工业总产值43.89亿元，增长23.3%。非公有制经济工业总产值占全部工业总产值的98.7%。

6家资质建筑企业完成产值8.84亿元，比上年增长32.6%。完成固定资产投资53.58亿元，比上年增长50%。新开工建设项目89项，续建项目35项。实际建成投产67项，新增固定资产17.86亿元。实现社会消费品零售总额12.45亿元，比上年增长14%。批发零售额2.96亿元，比上年减少8.2%。完成货运周转量3.77亿吨千米，比上年增长24.9%；客运周转量6874.37万人千米，比上年下降23.8%。完成邮电业务营业总收入1.02亿元（含邮政、电信、移动、联通、铁通、广电信息网络），比上年增长19.15%；报刊期发数13.9万份，报刊累计投发数208.83万份，办理函件18.02万件。年末固定电话和移动电话总数户15.03万部，电话普及率62.34部/百人。完成地方财政总收入4.44亿元，增长16.5%，其中地方公共财政预算收入3.21亿元，增长28.8%。地方公共财政预算支出13.72亿元，增长7.7%。年末金融机构各项存款余额43.81亿元，增长22.81%，其中城乡居民储蓄存款余额25.34亿元，增长20.59%。金融机构各项贷款余额23.75亿元，增长14.08%。

【教科文卫】 全县有普通高中1所；职业中学1所；初级中学13所；小学134所。幼儿园14所，教师进修学校1所。有教职工2132人，其中，专任教师1949人。普通高中招生1077人，在校学生3027人，毕业学生780人；职业中学招生502人，在校学生798人，毕业学生345人；初级中学招生3627人，在校学生9624人，毕业学生3326人；普通小学招生2563人，在校学生1.84万人，毕业学生3747人；幼儿园招收3180人，在园幼儿4207人，毕业幼儿2939人。适龄儿童毛入学率、初中学生毛入学率、高中阶段毛入学率分别为107.08%、11.54%和85%。申报国家科技部科技计划项目3项、省科技厅项目9项、州科技局项目14项，获得省科技厅立项6项。科技对国民经济增长的贡献率53%，比上年提高1.4个百分点。年末，有艺术表演团体1个，公共图书馆1个，图书馆藏书4.67万册；青少年校外活动中心1个，乡（镇）文化站所（室）137个。开展群众体育运动14次，参加体育运动人次18万人次。参加州级及以上体育运动人员124人次，体育健儿参加州级及以上体育竞技比赛获得奖牌51枚，其中，金牌10枚、银牌18枚、铜牌23枚。广播综合人口覆盖率97.8%，电视综合人口覆盖率98.3%。年末，有数字电视用户2.44万户，接入互联网计算机用户1.24万户。有卫生机构158个，医院和卫生院床位876张；有专业卫生技术人员454人。传染病发病率145.11/10万人。有21.03万人参加新型农村合作医疗保险，参合率98.29%，筹集到新型农村合作医疗资金7290.99万元，累计补偿资金7859.28万元，新型农村合作医疗资金使用率107.79%。

【社会生活】 2013年，南华县城镇居民人均可支配收入2.2万元，比上年增长16.3%；年末城镇居民人均居住面积31.27平方米，比上年减小9.6%；农村居民人均居住面积39平方米，与上年持平。农民人均人均纯收入5943元，增长19%，农民人均生活消费支出5208元，比上年增长22.2%。有4478户6529人（次）领取城镇居民最低生活保障救济，发放保障金2034.92万元；有4395户1.48万人（次）领取农村低保，发放低保金1848万元，发放救灾救济物资9万件，救灾救济资金322万元。年末，有城乡敬老院10所，床位240张，在院收养老人225人。有在岗职工9680人，比上年增长3.7%；在岗职工人均年工资4.71万元，增长14.9%。参加基本养老保险8500人，失业保险6500人，基本医疗保险1.22万人，农村社会养老保险12万人。城镇新登记失业人员1645人，登记失业率1.99%。发生安全生产事故22起，死亡12人，受伤22人，经济损失218.09万元；亿元GDP生产安全事故死亡人数0.33人，比上年增加0.08人。其中，道路交通事故13起，死亡7人，受伤22人，直接经济损失3.03万元；工矿商贸企业事故2起，死亡2人，直接经济损失199.66万元；火灾事故7起，死亡3人，直接经济损失15.4万元。

南华县工业园区建设　　(南华县志办提供)

【保障性住房建设】 2013年，南华县新建保障性住房1100套4.95万平方米。州人民政府下达南华县公共租赁住房1100套，城市棚户区改造100套，租赁补贴发放100户，项目总投资1.8亿元，建筑面积6.3万平方米，到位资金4096万元，其中中央补助资金3051万元，省级补助资金550万元，州级补助资金495万元，累计完成投资4176万元。

【龙川江河道改造】 2013年，南华县龙川江河道县城段改造工程启动，投入资金1233.28万元，清理河道垃圾杂物，完成15米宽的河堤和挡墙建设，完成河床垃圾、杂草清理和工程132.26亩占地补偿，清淤疏浚河道6.28千米、护砌河堤外侧浆砌石挡墙3.57千米，栽植沿岸绿化树241株。河道整治项目可研究报告通过省级审查。年内，到位资金834万元，筹备灵官服务区至土城大石桥段河堤硬化建设，完成龙川江河道县城段北岸路面硬化及人行道建设施工设计方案。

【野生菌王国项目】 2013年，南华县野生菌王国建设项目总占地34.7万平方米（约520.89亩），其中净用地27.5万平方米（约412.89亩），道路用地7.2万平方米（约108亩），总建筑面积34.5万平方米，其中商业面积17.6万平方米，住宅面积6.3万平方米，温泉度假酒店面积1.7万平方米、工业面积2万平方米、电子交易大楼面积1.2万平方米。总投资规模6.8亿元，位于楚大公路南华收费站旁的野生菌王国项目，督促和帮助企业多方筹措资金，完成实物投资3亿元以上，完成新增建筑面积5万平方米以上。该项目自2011年开工以来，累计完成投资3.93亿元，其中，年内完成投资1.33亿元。完成项目建设用地520亩回填路网及区内排水管网建设；完成2.2万平方米工业加工区主体工程，进行装饰及设备安装；完成3.1万平方米美食商业街、2000平方米商务中心、300平方米售楼部、1.2万平方米的电子交易大楼的主体建筑，正在进行外部装饰；完成5.9万平方米的商住建筑基础工程，进入一层主体浇灌；项目区上空110千伏输电线路迁改工程完工。

【楚南一级公路项目建设】 2013年，楚雄至南华一级公路建设项目起于楚雄市连汪坝立交，止于南华县城，全长54.03千米，工程项目按一级公路标准建设，路基宽32米，分6个车道，每车道宽3.75米，设计速度每小时80千米。全线共设大桥7802.5米/10座，中桥345.65米/4座。根据批准的“初步设计”，项目总投资40.78亿元，平均每千米造价7365万元。楚南一级公路南华境内约14.7千米（牛凤龙段7.48千米、南华段7.22千米含南华鹦鹉山联络线900米），途径南华县龙川镇6个社区，24个村民小组，应征用土地758.8亩，其中，集体土地652.54亩，国有土地106.27亩。县人民政府成立楚南一级公路建设项目征地拆迁协调领导小组及办公室，落实人员专门负责征地拆迁和协调工作。6月28日召开项目建设征地拆迁动员会议，积极在县电视台进行项目建设公告，宣传发放宣传小册子1200余本。向县财政局缴纳由州级拨付的失地农民保障金1087.05万元。年内，征土地585.98亩，签订征地协议29份，其中，耕地436.75亩，林地144.87亩，宅基地4.36亩。发生征地补偿费2752万元、青苗及其他附着物补偿费146.5万元，合计资金2898.5万元；支付30%土地补偿费836万元，支付青苗及地上附着物补偿费146.4万元，共支付资金982.4万元。

【工业园区建设】 2013年，南华县抢抓工业上山机遇，出台鼓励民营经济发展措施，成立中小企业服务中心，加快推进园区建设。投入资金3497万元，实施老高坝工业片区道路、供排水等基础设施建设。园区入驻企业30户，实现园区工业总产值20.1亿元，增长77.9%，实现销售收入16.8亿元，增长59.6%。规模以上企业20户，实现增加值6.3亿元，增长27%。私营企业453户，民营经济实现增加值15.3亿元，增长14.5%。全县实现工业总产值45亿元，增长26%。

［窦正旺］

南华县乡（镇）情况一览表

乡(镇)	面积(平方千米)	村(居、社区)委会(个)	年末总人口(人)	年末耕地面积(亩)	农业总产值(万元)	粮食总产量(吨)	烤烟总产量(吨)	年末大牲畜存栏(头)
龙川镇	614.02	29	83154	61908	58205	37901	1693	13995
沙桥镇	351.4	19	35254	30327	39147	18292	1679	8373
五街镇	267	14	18730	19008	20729	9131	635	9335
红土坡镇	167	10	13805	14789	15743	7522	1256	10196
马街镇	175.17	13	18152	15514	18375	9020	700	9050
兔街镇	143.21	11	14433	14091	14041	8820	184	6908
雨露乡	243	7	14507	17624	15942	6682	1201	7634
一街乡	168	12	20015	17099	18238	6572	1905	11598
罗武庄乡	123.4	7	12598	12214	15650	6663	1630	6346
五顶山乡	90.8	6	10462	11853	14057	6565	1360	6026

［楚雄州统计局］

姚安县

【地理位置】 姚安县位于楚雄州西北部，地处北纬25°13分′～25°45′，东经100°56′～101°34′之间。东邻牟定县、南连南华县，西与大理白族自治州祥云县接壤，北接大姚县。东西横距64千米，南北纵距48.5千米。县人民政府驻地栋川镇，海拔1870米，距州府楚雄市城区78千米，距省会昆明243千米。

【行政区划】 2013年末，姚安县辖栋川、光禄、前场、弥兴、太平5个镇和适中、左门、官屯、大河口4个乡，77个村（居）民委员会，1205个村（居）民小组。行政区域面积1803平方千米。

【人口民族】 2013年末，全县户籍总人口20.86万人。其中，非农业人口4.23万人，占总人口的20.27%；农业人口16.63万人，占总人口的79.73%。男女性别比（以女性为100计算）103.5。总人口中，少数民族人口5.88万人，占总人口的28.02%。人口出生率9.15‰，死亡率6.36‰，自然增长率4.29‰。

【自然概貌】 姚安县境四周群山环抱，中间平川广畴，东南部山势上升强烈，三峰山、燕子窝山、风咀梁子、贺基角山构成东部屏障，西部山势上升缓慢，山顶浑圆，与西南向西北的山势组成西北屏障。全县地势呈南北走向，南高北低。县东南三峰山海拔2897米，为全县最高点。西北角一泡江出境处拉雾堵海拔1515米，为全县最低点。地貌大致可分为3类：坝区位于县境中部，地势微向北倾斜，平均海拔1870米；半山区位于县境西部，山间形成官屯、马游、弥兴3个山区小坝子，平均海拔1870～1950米；山区分布是县境南部的太平镇、东部的前场镇、适中乡、西部的左门乡、大河口乡，平均海拔1920米。2013年完成人工造林1.28万亩，退耕还林面积1.8万亩，天保工程管护面积18.9万亩。有自然保护区3个，保护区面积102.91万亩。有林地面积172.5万亩，活立木蓄积量434.87万立方米，森林覆盖率64.26%。降雨量698毫米，年平均气温16.1℃，年日照2285.7小时，无霜期258天。

【资源特产】 姚安县属中亚热带冬干夏湿季风气候区，农业资源丰富，生产水平较高，经济作物单产高、质量优，被誉为“滇中粮仓”、“鱼米之乡”，曾先后被评为全省商品粮基地县、国家级商品猪基地县、国家级种子加工中心、省级优质蚕桑基地县、烤烟科技转化示范县、国家级农业综合开发建设项目县和国家级水稻示范县。农特产品主要有莲藕、山药、百合、魔芋、菖河蜂蜜、优质粳米、三角糯米等。矿产资源主要有金、银、铜、铁、铅、锌、钾、硫和国内稀有紫蓝长绒石棉矿等。

【经济状况】 2013年，姚安县实现生产总值33.9亿元，按可比价计算，比上年增长13.9%。其中，第一产业增加值12.53亿元，增长7.3%；第二产业增加值10.78亿元，增长25.0%；第三产业增加值10.59亿元，增长9.8%。第一、二、三产业增加值占生产总值的比重分别为37.0%、32.0%、31.0%。非公有制经济增加值15.39亿元，占GDP的比重为45.4%，比上年提高0.6个百分点。

实现社会消费品零售总额9.01亿元，比上年增长14.0%。居民消费价格总水平上涨3.1%。其中，食品价格上涨6.3%，服务项目价格上涨1.8%；商品零售价格总水平上涨2.7%；农业生产资料价格总水平上涨0.2%。年末，乡村从业人员12.26万人，比上年增长1.15%。其中，从事农业产业的7.73万人，占63.05%，比上年下降3.71个百分点；从事非农行业的农村劳动力4.53万人，占乡村从业人员的36.95%，比上年提高3.71个百分点。年末城镇登记失业率3.2%，比上年提高0.1个百分点。城镇化率32.33%，比上年提高1.1个百分点。

实现农林牧渔业总产值22.02亿元，按可比价格计算，比上年增长7.5%。其中，农业产值12.44亿元，增长6.6%；林业产值1.26亿元，增长4.5%；牧业产值7.69亿元，增长11.0%；渔业产值6373万元，增长5.2%。农作物种植面积44.13亿亩，比上年增加1.71万亩，增长4.0%。其中，粮食作物种植面积25.5万亩，增加4389亩，增长1.8%；经济作物种植面积18.62万亩，增加1.27万亩，增长7.3%，其中，烤烟种植面积7.75万亩，比上年增加5733亩，增长8.0%；油料种植面积3.47万亩，比上年增加319亩，增长0.9%；蔬菜种植面积6.47万亩，比上年增加8016亩，增长14.1%。粮食总产量9.61万吨，增加2723吨，增长2.9%。其中，夏收粮食2.49万吨，减少498吨，下降2.0%。稻谷2.81万吨，增长4.9%；小麦产量9332吨，增长11.3%；玉米产量3.89万吨，增长4.6%；豆类产量1.05万吨，下降12.0%。蔬菜产量（含人工食用菌产量）13.83万吨，增长17.7%；油料作物产量6953吨，增长1.7%。收购烟叶1095万千克，实现产值2.77亿元。新栽桑1198亩，养蚕2.32万张，产茧835吨，实现鲜茧产值3180万元。出栏肉猪27.7万头、牛2.96万头、羊6.06万只、家禽117.2万只，分别增长1.3%、2.0%、1.8%、1.5%；肉类总产量3.13万吨，增长2.2%。年末大牲畜存栏5.99万头，增长6.4%；生猪存栏14.28万头，增长13.4%；牛存栏4.79万头，增长5.8%；羊存栏7.03万只，增长8.2%，家禽存栏64.06万只，增长17.3%。

全县77个村（居）委会全部通公路、通电、通电话、通自来水。年末耕地面积17.69万亩，其中水田12.92万亩，旱地4.77万亩。有效灌溉面积7.5万亩。有中小型水库71座，坝塘918座，总库容1.12亿立方米。全县农业机械总动力1.56亿瓦特，拥有各类农业机械2.13万台（件），其中，农用运输车120辆，拖拉机4514台，耕作机械3278台，农产品加工机械4154台，排灌动力机械5459台（件）；农村用电量5590万千瓦时，增长8.2%；农用化肥施用量（折纯量）9969吨，比上年增长26.1%，农药施用量317吨，增长15.2%。

完成工业总产值45.66亿元，比上年增长15.8%。其中，规模以上工业企业实现产值7.09亿元，增长65.4%；规模以下工业完成产值38.57亿元，增长9.7%。实现工业增加值9.31亿元，按可比价格计算增长25.2%。其中，规模以上工业实现增加值1.92亿元，增长49.9%。规模以上工业与规模以下工业产值构成比为15.5∶84.5。有4个资质内本地建筑业企业，完成总产值3.85亿元，比上年增长52.03%。实现建筑业增加值1.47亿元，比上年增长23.5%。

年末全县公路通车里程1172千米。其中，二级公路47千米。完成客运量146万人，旅客周转量1.03亿人千米；货运量69万吨，货运周转量8124万吨千米。完成邮电业务总量497.72万元。订售报纸199.96万份，订售杂志8.44万份，信函收发总量2.4万件。年末拥有固定电话1.2万部，移动电话用户9.1万户，互联网上网用户1.3万户。

完成地方财政总收入2.38亿元，比上年增长30.72%。其中公共财政预算收入1.81亿元，比上年增长27.23%。公共财政预算支出11.2亿元，比上年增长5.59%。完成政府性基金预算收入1.32亿元，比上年下降13.69%；完成政府性基金预算支出1.68亿元，下降13.97%。金融机构年末人民币存款余额37.4亿元，比年初增长24.61%，其中城乡居民储蓄存款24.94亿元，增长24.91%。金融机构年末人民币贷款余额14.14亿元，比年初增长15.37%。各种保险保费收入4771万元，比上年增长3.18%，赔款及给付1268万元，增长6.47%。其中，财产保险收入1743万元，增长15.9%；赔款及给付965万元，增长7.94%；人寿保险收入3028万元，增长13.58%；赔款及给付303万元，增长2.0%。

【教科文卫】 2013年末，姚安县有高级中学1所，专任教师186人，招生951人，在校学生2857人，毕业学生785人；初中8所，专任教师587人，招生

中国·姚安2013第一届荷花节 （夏天彧/摄影）

2508人，在校学生7402人，毕业学生2603人；中等职业技术学校2所，专任教师47人，招生136人，在校学生318人，毕业学生176人；小学59所，专任教师913人，招生1491人，在校学生1.13万人，毕业学生2581人。幼儿园12所，其中，公办2所，民办10所，在园幼儿1664人，专任教师69人。列入各级科技计划项目8项；有农民专业合作组织330个，社员1.51万人。组织科技培训8期，发放科普材料2万余份。年末有文化事业机构14个，其中，艺术表演团体1个，图书馆1个，博物馆1个，乡（镇）文化站9个；广播、电视覆盖率分别为100%和99.9%。有各类卫生机构18个，有卫生技术人员428人。其中，执业医师205人，执业助理医师45人，注册护士178人。有病床485张，其中医院床位435张。

【社会生活】 2013年，姚安县农村居民人均纯收入6177元，比上年增加956元，增长18.3%；城镇居民人均可支配收入2.15万元，比上年增加2610元，增长13.8%。参加城镇职工基本养老保险4300人。参加城镇职工基本医疗保险9300人，城镇居民基本医疗保险6805人，参加失业保险3524人，参加工伤保险8300人，参加生育保险2300人。参加新型农村合作医疗18.17万人，参合率98.42%。新型农村和城镇居民社会养老保险参保人数12.4万人，参保率100%。有2.33万人领到城乡居民最低生活保障金，发放低保金3761.6万元。民政优抚对象1556人，发放优抚金492.3万元。有敬老院6所，收养122人；有福利院1所，收养9人。发生各类生产安全事故7起，造成5人死亡、2人受伤；其中，交通事故3起，造成3人死亡、2人受伤。

【外贸及招商引资】 2013年，姚安县在30个蚕桑重点村组建15个蚕桑专业合作社，有蚕农5009户，饲养蚕种2.65万张，产鲜茧825吨，实现产值3176万元。姚安县云南海润公司生产生丝178吨，实现销售收入7100万元，创税230万元，出口生丝产品101万美元。招商引资签约项目53个，协议总投资48亿元，实施县外经济合作项目64项，项目到位县外资金25.07亿元，比上年增加12.07亿元，增长92.85%，其中，实际到位州外资金23.74亿元，增长94.99%；实际到位省外资金20.21亿元，增长72%，工业项目到位资金11.88亿元，增长66.4%。

【“荷城印象”有奖征文活动】 2013年2月26日至3月15日，姚安县举办以“荷城与荷文化”为主题的“荷城印象”有奖征文活动。收到133人的征文稿133件，筛选入围67件。入围作品中，散文44件，诗歌23件。其中一、二、三等奖9件，鼓励奖20件，其余38件为入围作品。3月19日晚，在融和新城举办姚安县“荷城印象”有奖征文颁奖文艺晚会。

【举行首届荷花节】 2013年8月1日至10月10日，姚安县在光禄古镇举办“中国·姚安2013第一届荷花节”。开展活动有羽毛球、网球邀请赛，百辆自驾车游客游姚安活动，光禄古镇旅游形象大使选拔大赛，幸福狂欢活动甩歌大赛，荷花节美食比赛，荷韵灯会·幸福狂欢活动，荷塘人家·古镇光禄书画展，荷塘人家·光禄摄影大赛，龙华寺祈福法会，大型系列文艺展演等活动。荷花节全方位、多角度地宣传和推介光禄古镇，提高光禄古镇知名度。在荷花节期间，光禄古镇接待游客12.6万人次。

【“12·16”低温冻害】 2013年12月14～17日，姚安县出现强降温雨雪天气过程，至17日20:00时，平均气温下降7.9℃，平均降雨量15.1毫米，县城积雪深度2.0厘米，部分山区乡（镇）出现12℃强降温，积雪平均深度8.0厘米以上，姚安县境内发生低温冻害。此次强降温雨雪天气过程造成1.25万亩油菜、0.92万亩蚕豆、0.28万亩小麦、1.13万亩蔬菜、0.49万亩其他粮经作物不同程度受灾，3900户农户太阳能热水器，2055米输水管网受损，造成直接经济损失1483.14万元。在这次雨雪低温冻害中20.5万亩林木（核桃林木受损12万亩；花椒林木受损0.5万亩；桉树及其他林木受损8万亩）和50亩核桃苗木严重受损，经济损失2050万元以上。无人员及大牲畜死亡。救灾发放大米64吨、棉被840床、毛毯40床、衣服810套、旧衣物60包，临时救助资金2.45万元。

【光禄古镇特色村庄建设】 2013年7月，姚安县光禄古镇特色村庄建设项目完成一期开发建设任务并投入使用。该项目计划投资4700万元，其中270亩景观荷田内建设集休闲、观光、娱乐、餐饮、度假、民俗展示及特产展销为一体的度假区，4月动工建设，完成莲藕种植300亩。2012年12月6日，姚安县人民政府与云南宇磐房地产开发有限公司、姚安县蛉河绿色食品有限公司在自愿、平等、协商一致基础上，就姚安县光禄古镇荷田人家开发建设项目达成开发建设合作协议。光禄古镇荷田人家项目一期开发总用地面积约280亩。其中，景观荷田约270亩，荷田人家（休闲度假娱乐）项目开发建设用地10.5亩。2012年5月通过招商引资引进楚雄金科利农产品经贸有限公司，于7月注册成立绿农蔬菜合作社，入会会员2534人，以高档精品出口蔬菜生产、休闲观光采摘、名特优质果蔬种植和无公害、绿色蔬菜产品加工、包装与销售为主，至2013年9月30日生产蔬菜980吨，出口蔬菜350吨，销售额2055万元，实现农业产值1050万元。

［赵文安］

姚安县乡（镇）情况一览表

乡(镇)	面积(平方千米)	村(居、社区)委会(个)	年末总人口(人)	年末耕地面积(亩)	农业总产值(万元)	粮食总产量(吨)	烤烟总产量(吨)	年末大牲畜存栏(头)
栋川镇	195	21	92143	66950	79813	27492	4876	7051
光禄镇	136.6	11	34199	28312	38815	16408	1239	4697
前场镇	305.2	9	17921	17670	23484	10398	581	12607
弥兴镇	195	8	20896	16923	23811	12778	1511	5948
太平镇	202.6	5	9723	10101	11413	5521	530	8000
适中乡	109.1	4	5525	4951	7504	3185	290	2959
左门乡	203	5	4449	6139	6131	2997	268	4430
官屯乡	274.6	8	16173	20569	19289	12677	1182	7571
大河口乡	181.8	6	7539	5337	9963	4667	1107	6598

［楚雄州统计局］

大姚县

【地理位置】 大姚县位于楚雄州西北部，地处北纬25°33′～26°24′，东经100°53′～101°42′之间。县人民政府驻地金碧镇，海拔1860米，距州府楚雄市城区107千米，距省府昆明市城区276千米。东邻永仁、元谋县，南与牟定、姚安县毗邻，西接大理白族自治州祥云县、宾川县，北隔金沙江与丽江市永胜县、华坪县相望。东西最大横距79.3千米，南北最大纵距93.5千米。

【行政区划】 2013年末，大姚县辖金碧、石羊、六苴、龙街、赵家店、新街、桂花、三岔河8镇，昙华、三台、铁锁3乡及湾碧傣族傈僳族乡，129个村（居）民委员会，1539个村（居）民小组。

【人口民族】 2013年末，全县有户籍人口28.26万人，比上年增加910人，其中非农业人口6.61万人，占总人口的23.37%。少数民族人口10.13万人，占总人口的35.84%。主要少数民族人口有彝族9.26万人，傣族4144人，傈僳族5284人。年内，出生人口2731人，人口出生率9.66‰，死亡人口1896人，死亡率6.71‰，人口自然增长率3.23‰。

【自然概貌】 大姚县行政区域总面积4146平方千米，其中山间小盆地94.65平方千米，占总面积的2.3%，山区半山区占97.7%，是一个典型内陆山区县。境内多山，地势呈北高南低中部隆起塔状地形，最高点是大百草岭帽台山，主峰海拔3657米，也是楚雄州最高点。境内最低点为金沙江边湾碧傣族傈僳族乡纳那村委会灰拉表村，海拔1023米。境内河流属金沙江南面近区水系，以百草岭、昙华山山脉走向为分水岭，分成百草岭北坡、西部一泡江、南部蜻蛉河及东部龙街河4个水区。主要河流16条，总长510千米，年均径流量12.95亿立方米。2013年，降雨量730.3毫米，比上年增加63.6毫米；年最高气温33.0℃，年最低气温-4.5℃，年平均气温16.3℃，年日照2366.0小时。

【资源特产】 大姚县境内资源丰富，森林覆盖率78%。矿产资源比较丰富，矿石总储量5134万吨，铜总储量67.9万吨。铜矿点及矿化点45个，以蓝石棉、粘土、建筑用砂、建筑用砂岩为主矿种的20个建材非金属矿，其他如盐矿、白云岩、金、银也有储量。石盐储量5.96亿吨，铁矿总储量154万吨，煤储量67.6万吨。水能理论蕴藏量106.7万千瓦，可开发蕴藏量6.3万千瓦。种子植物136科，1148种。野生中药材603种，名贵药材192种，野生中药材蕴藏量1.08万吨。仙鹤胶囊、咽舒欣等彝药产品具有“新、奇、特、灵”特点。蜻蛉牌野坝子蜂蜜质好、浓度高，2002年荣获“中国广州国际食品博览会名牌产品”称号，2003荣获“中国消费者首选放心亚健康产品”称号。88型小把粉丝，2004年荣获“中国国际专利与名牌博览会”金奖。2009年7月，“大姚核桃”地理标志证明商标已经国家商标局批准注册，成为全国第一个核桃地理标志证明商标。大姚是云南优质核桃种源基地和加工交易基地，大姚核桃品质优良，以壳薄厚适中、低脂、仁白、味美、出仁率高、易保存而享有盛誉，成为全国优良品系被载入教科书。

【经济状况】 2013年，全县实现生产总值47.1亿元，比上年增长12.1%；固定资产投资41.5亿元，增长35.5%；实现地方财政总收入4.95亿元，增长16.1%；地方公共财政预算收入3.48亿元，增长26.1%；社会消费品零售总额16.6亿元，增长14.1%；城镇居民人均可支配收入2.25万元，增长15.4%；农民人均纯收入5928元，增长19.6%。

实现农业总产值29.9亿元，增长7.8%；粮食总产量13.95万吨，增长2.7%；收购烟叶8950吨，实现产值2.33亿元，均价26.07元；肉类总产量3.8万吨，增长12%；畜牧业产值9.5亿元；新发展桑园6995亩，累计6.28万亩，养种4.02万张，产茧量1452吨，实现工农业产值1.4亿元；新植核桃19万亩，累计147.2万亩，产量1.86万吨，实现产值6.6亿元，农民人均核桃收入2800元，被命名为全国首个“国家核桃生物产业基地”；新种植花椒16万亩，累计38.5万亩，产量1421吨，实现产值6400万元；新种植中药材1.4万亩，累计2.3万亩，产值6300万元。培育农民专业合作组织32个，累计302个，会员1.5万人。18家农业龙头企业实现产值14.8亿元，获得农产品质量认证11个，云南省名牌农产品称号6个。兑付各项惠农补贴6061万元，户均发放927元。

实现工业总产值48亿元，增长20%。园区基础设施建设完成投资1亿元，增长22.2%，入园企业48户，园区工业产值45.6亿元。大姚工业园区被列为省级工业园区。规模以上工业企业实现产值33.4亿元，增长23%。非公企业6924户，民营经济实现增加值22亿元，占全县GDP的48%。

举办了石羊祭孔大典、昙华彝族插花节等活动，彝族插花节被评为全省最具民俗特色节庆。全年共接待境内外游客45万人次，实现旅游总收入1.6亿元。引进招商项目57个，实际到位资金28.6亿元，增长29.7%；金融机构各项存款余额50.9亿元，增长23.5%；各项贷款余额29.01亿元，增长14%，存贷比57%。

【教科文卫】 2013年，大姚县学校基础设施投入资金5617万元，改扩建校舍3.4万平方米；筹集资金3185万元，为5493名民办、代课教师落实相关补助政策；发放义务教育寄宿学生生活补助2278.1万元，营养改善计划惠及全县124所中小学2.54万名学生；学前教育“三年行动计划”顺利推进，学前三年入园率71.5%；巩固九年义务教育，小学适龄儿童入学率99.96%，初中阶段毛入学率105.16%；高考再创佳绩，高中毛入学率78.6%，高考总上线率100%，本科上线率85.6%、位居全省县（市）第5名。县财政投入科技专项经费和知识产权专项经费38.24万元；组织开展“科技（科普）活动周”、“知识产权保护宣传周”、科技、文化、卫生“三下乡”、“科普宣传日”等系列活动，发放《大姚县农村实用技术读本》、《楚雄州抗旱科技措施成果专利技术推介手册》、《大姚核桃栽培技术》、科普知识系列丛书等科普宣传资料1.45万份，提供咨询服务1000余人次，科普知识等展板25块；扎实开展新型农民培训，其中县级集中培训10期、培训860人，乡（镇）培训68期1.02万人，科普活动覆盖12个乡（镇）129个村（社区）；年内向国家申报技术创新基金专项2项，省级非公经济及中小企业发展专项1项，省级科技富民强县计划2项和州级科技创新计划4项。组织开展城区十大节日文艺演出、庆祝建党92周年和“文化三下乡”活动，举办首届道德模范颁奖晚会、首届“西河印象”杯广场舞大赛和“美丽大姚”摄影展，摄制《彝剧》、《大霞》、《大姚彝歌群星唱》等作品，中国首部彝族微电影《彝剧》获得第22届金鸡百花电影节“美丽中国梦——首届中国·武汉微电影大赛”最佳人气提名奖；图书馆、文化馆、乡（镇）综合文化站全部实现免费开放，县文化馆、图书馆被评定为国家一级馆；2.38万户广播电视“户户通”建设工程全面完成；实施文化惠民工程建设项目19个、农村体育基础设施建设项目23个；桂花镇署立里村荣获全国群众体育先进单位。县120急救站和金碧、新街、湾碧卫生院业务用房投入使用，县人民医院通过“二级甲等综合医院”复评。

【社会生活】 2013年，全县企业职工养老、工伤、生育、失业、城镇基本医疗、新农保、城镇居保、失地农民养老保障参保人数23.76万人，累计征收保险费1.22亿元，累计支付1.18亿元；发放各种惠农补贴6061万元，发放城乡低保金2.65万户3.95万人7239万元，为1615名农村五保供养对象发放供养金666万元，五保集中供养率50%；发放救灾粮998.4吨，衣被4200件；新增城镇就业3019人，失业人员再就业2205人，转移农村富余劳动力就业1.87万人；城乡居民养老保险、新型农村合作医疗、大病补充医疗保险参保率分别达99.87%、98.7%、100%；2012年928套保障性住房建设基本完工，2013年948套保障性住房完成总投资的62.8%，分配入住3340套，发放廉租住房补贴83户；完成棚户区改造178户，农村危房改造850户；查处和受理价格违法案件12件，查处价格金额41.3万元；居民消费价格总水平上涨3.0%。

【观音岩水电站建设移民搬迁】 2013年，大姚县举全县之力推进观音岩水电站建设移民搬迁安置工作，28名实职县级领导、71家县级责任部门、232名干部深入湾碧、铁锁两乡需易地搬迁安置837户农户家中，“一对一”结对子，开展移民搬迁包保工作。年内，顺利完成湾碧乡集镇搬迁涉及的机关站所、中小学校及铁锁乡七棵树村移民搬迁工作。水、电、路、通讯等基础设施和移民建房、湾碧乡库区四级公路、35千伏输变电、10千伏输电线路等专业项目改复建工程稳步推进，搬迁安置累计完成投资9.34亿元。金沙江观音岩水电站是金沙江中游河段规划一库八级最末一个梯级电站，是国家“西部大开发”的重点项目，电站装机容量300万千瓦，工程概算投资300余亿元，水库正常蓄水位1134米，总库容20.72亿立方米，项目已于2012年3月21日经国务院常务会议核准建设。观音岩水电站建设移民搬迁安置涉及大姚县湾碧、铁锁、赵家店3个乡（镇）、6个村委会、40个村民小组、1005户4613人（湾碧乡913户4155人，铁锁乡92户458人），占观音岩水电站建设移民总人口的45%。项目概算（移民集中安置点基础设施建设、专业项目改复建、移民搬迁财产补偿）投资超13亿元，是大姚县历史上迄今为止一次性单体投资最大的项目。

【天然林保护】 2013年，大姚县完成昙华山州级自然保护区总体规划编制；实施天然林管护462.3万亩，办理各类涉林违法犯罪案件203件，其中刑事案件50件，收缴木材97立方米，上缴罚款70万元；造林34.82万亩，兑现170.93万亩公益林生态效益补偿资金1667万元，完成1000台太阳能、500口沼气池及400眼节柴改灶建设任务，县污水处理厂、垃圾处理场建设项目完工投入使用，山洪灾害防治工程完成；年内，昙华乡被命名为国家级生态乡（镇），三台乡被命名为省级生态乡（镇）。

【城乡统筹发展】 2013年，大姚县完成5个特色村庄示范村建设，启动实施州级特色村庄示范村3个，县级示范村2个；4个美丽乡村建设，8个省级新农村重点建设村，5个“特色民居”示范村建设，93个“一事一议”财政奖补项目和赵家店民族团结示范乡建设全面实施；三岔河扶贫整村推进全面完成，完成扶贫整村推进67件，产业扶贫5件，易地扶贫搬迁安置农户799人，新建安居房200套，贫困地区劳动力转移技能培训1400人，发放扶贫贴息到户贷款3500万元；认真实施“农转城”相关政策，农转城人数达2.02万人，完成州下达目标1.7万人的119%。

【“7·09”地震灾后恢复重建】 2013年5月16日，经过近5年的建设施工，大姚县党政机关“7·09”地震灾后恢复重建项目——大姚县新政务中心投入使用，县委、人大、政府、政协、纪委及39个县级党政机关搬迁入住新政务中心办公。2000年以来，大姚县先后遭受6.0级以上地震5次，对民房、市政基础设施、党政机关行政办公楼造成较大的破坏，特别是2009年“7·09”姚安6.0级地震发生后，县委政府办公大楼、县人大、农业局、林业局等单位办公用房遭受严重破坏而成为危房，存在较大安全隐患。县委、政府根据中央《党政机关办公用房建设标准》和“党政机关办公用房宜集中建设或联合建设，充分利用公共服务和附属设施”要求，本着“节约用地、控制规模、一次审批、分期建设”原则，在大姚县城东北片区李湾中学西边规划建设党政机关“7·09”地震灾后恢复重建项目。县人民政府于2009年12月10日向州人民政府请示规划建设县党政机关“7·09”地震灾后恢复重建项目，省、州相关部门先后对该项目作了批复，建筑面积3.55万平方米，投资概算9160万元。

石羊文庙 （席仕顺/摄影）

【摄影作品《幸福水》获国家奖】 2013年7月3日，中国政协传媒网公布“幸福中国——政协委员摄影作品展”获奖名单，楚雄州九届政协委员，大姚县第八届政协委员、常委，县文联副主席陈维寿的作品《幸福水》榜上有名。此次摄影展云南省有6名委员获奖，陈维寿是楚雄州唯一获奖委员。这是楚雄州近年来摄影艺术作品唯一获国家级的奖项。

【撤乡设镇】 2013年9月3日，根据《云南省人民政府关于同意大姚县龙街乡等5个乡撤乡设镇的批复》，经中共大姚县委第41次常委会研究决定：龙街乡党委、新街乡党委、赵家店乡党委、三岔河乡党委、桂花乡党委分别更名为龙街镇党委、新街镇党委、赵家店镇党委、三岔河镇党委、桂花镇党委，并于次日组织相关单位部门为以上5个乡举行撤乡设镇授牌授印仪式。年末，全县行政区划由原来的3镇9乡变为8镇4乡。

［曾　翌］

大姚县乡（镇）情况一览表

乡(镇)	面积（平方千米）	村(居、社区)委会（个）	年末总人口（人）	年末耕地面积（亩）	农业总产值（万元）	粮食总产量（吨）	烤烟总产量（吨）	年末大牲畜存栏（头）
金碧镇	400	27	98789	57083	64846	41926	1251	13271
石羊镇	403	14	27751	26984	33133	16242	1200	11967
六苴镇	280	8	13402	10014	14599	4763	750	9330
龙街镇	360	8	25017	26834	25187	16034	1250	11092
赵家店镇	390	12	16235	19453	19688	8927	1100	13024
新街镇	218	9	27399	26862	26373	15005	1075	9309
昙华乡	192	7	7865	11428	11634	3714	350	7301
桂花镇	352	9	11916	14236	19694	5242		8999
湾碧乡	566	12	18259	17402	17584	9071	375	13012
铁锁乡	230	6	10607	10311	20829	6112	250	6269
三台乡	455	8	12136	12685	22163	5849		6664
三岔河镇	300	9	13267	15072	23217	6630	1350	8482

［楚雄州统计局］

永　仁　县

【地理位置】　永仁县地处滇中北部，北纬25°51′～26°30′、东经101°14′～101°49′之间。东与四川省会理县隔金沙江相望，东南与元谋县毗邻，西南和大姚县接壤，北连四川省攀枝花市，西北连丽江市华坪县。县人民政府驻地永定镇，海拔1536米。东南距省城昆明市城区226千米，南距州府楚雄市城区180千米。

【行政区划】　2013年末，永仁县辖永定、宜就、中和3镇，莲池、猛虎、维的3乡和永兴傣族乡，63个村（居）委会、652个村民小组。行政区域面积2189平方千米。

【人口民族】　2013年末，永仁县常住人口11.08万人，人口出生率11.43‰，死亡率7.23‰，自然增长率4.20‰。按公安户籍人口统计，全县总人口10.62万人，比上年增加487人。其中，农业人口8万人。总人口中，少数民族人口6.73万人，其中彝族5.73万人。

【自然概貌】　永仁县属内陆高原区，位于滇中红色高原北缘，地质地貌由一系列压扭弧形断裂与不对称的斜褶地组成，皱坡丘陵和山间坝子相间。地势西北及南部高，西部和东南低，中部地势开阔平缓，河流切割不深，但地形破碎。山脉属云岭余脉百草岭山系，主要有方山、大雪山、大村梁子等。河流属金沙江水系，主要有永定河、羊蹄江、江底河、万马河等。全县最高点是宜就镇的大雪山主峰，海拔2884.7米；最低点是永定镇东端的金沙江边石坎子下，海拔926米；全年气候冬无严寒，夏无酷暑，冬春干旱，夏秋多雨，干湿分明，雨量偏少，光照充足；年平均气温17.5℃，年平均无霜期267天；年平均降雨量868.4毫米，蒸发量2516.8毫米。年平均日照2836小时。

【资源特产】　永仁县自然资源丰富，已探出矿产资源有金、银、铜、铂、钯、石英砂、大理石、石膏、煤等20多种。水能资源蕴藏量10.21万千瓦，活立木蓄积量850.2万立方米，草山资源267万亩，森林覆盖率70.1%。白马河林场是全国最大的云南松母树林基地，有“彝州林海”之称。旅游资源有方山省级风景名胜区、方山诸葛营民族文化生态旅游村、虎跳峡（虎龙峡）、落水洞、仙人洞、龙潭营等。1995年，永仁被云南省确定为板栗基地县，维的板栗远销省内外及台湾市场。优质米、草莓、樱桃、蚕桑、仔猪繁殖、黑山羊养殖等产业正发展壮大，在攀枝花、昆明等地市场前景良好。

【经济状况】　2013年，永仁县实现生产总值（GDP）20.38亿元，按可比价计算，比上年增长13.4%。其中，第一产业增加值7.65亿元，增长7.4%，拉动经济增长4.2个百分点；第二产业增加值5.29亿元，增长25.4%，其中，工业增加值3.5亿元，增长27.5%，拉动经济增长4.9个百分点；第三产业增加值7.43亿元，增长10.5%，拉动经济增长4.3个百分点。第一、第二、第三产业对生产总值增长的贡献率分别为31%、37%和32%。第一、二、三产业增加值占生产总值的比重为38∶26∶36。居民消费价格总水平上涨2.9%。年末，有从业人员7.3万人，比上年增加863人。城镇登记失业率2.38%。全年实现农林牧渔业总产值12.86亿元，按可比价计算，比上年增长7.7%。粮食作物种植面积20.77万亩，比上年增加0.21万亩，增长1.0%。经济作物种植面积14.93万亩，比上年增加2.41万亩，增长19.2%。粮食作物与经济作物种植比58∶42，经济作物种植比重比上年提高4个百分点。粮食总产量5.87万吨，比上年增加1391吨，增长2.4%。大牲畜年末存栏7.03万头，增长2.4%。有效灌溉面积9.11万亩。完成工业总值23.61亿元，增长22.7%，其中，规模以上工业总产值8.8亿元，增长45.6%（现价增长）；完成工业增加值3.5亿元，增长27.5%，其中，规模以上工业企业实现增加值1.82亿元，增长40.8%（可比价增长）。完成全社会固定资产投资26.09亿元，比上年增长42.5%。房地产开发投资2.21亿元，比上年下降35.1%。社会消费品零售总额4.09亿元，比上年增长14.2%。县内公路通车里程1264.9千米（含村道）。完成客运量157万人，增长3.3%；客运周转量1.1亿人千米；货运量35万吨，增长16.7%；货运周转量4049万吨千米，增长16.5%。完成邮电业务总量5561万元，比上年增长26.7%。电信业务总量5498万元，增长16.6%。接待游客85万人次，增长38.0%。实现旅游总收入3.16亿元，增长50.1%。完成财政总收入2.89亿元，比上年增收5694万元，增长24.5%；完成地方公共财政预算收入2.04亿元，增收4107万元，增长25.2%。金融机构年末人民币存款余额26.66亿元，比年初增长25.7%，贷款余额10.51亿元，比年初增长32.4%。

【教科文卫】 2013年，永仁县有中学4所，其中，完全中学1所（永仁一中）；初级中学2所（民族中学、莲池中学）；职业中学1所（永仁县职业高级中学）。专任教师334人，在校学生4012人；小学28所，专任教师559人，在校学生6775人；幼儿园25所，专任教师81人，在园幼儿1984人。学龄儿童入学率99.9%，初中学龄人口毛入学率101.6%。年末，有图书馆1个，文化馆1个，乡（镇）文化站7个。电视覆盖率92.0%，广播覆盖率96.5%。卫生机构94个，其中，县级5个，乡（镇）卫生院8个，村卫生室66个，社区服务站3个，学校厂矿医务室4个，个体诊所5个，民营医院1个。卫生机构床位数400张，专业技术人员281人。

【社会生活】 2013年，永仁县农村居民人均纯收入5566元，比上年增加881元，增长18.8%；城镇居民人均可支配收入2.16万元，比上年增加2936元，增长15.7%。单位从业人员劳动报酬2.61亿元，增加3173万元，增长13.9%。商品房竣工面积15.42万平方米，增长14.0%，商品房销售额7.26亿元，增长57.1%。63个村（居）委会全部通电话、通公路、通自来水。参加城镇居民基本养老保险1762人，参加新型农村社会养老保险5.16万人，参加失业保险3912人，参加城镇居民基本医疗保险7509人，参加新型农村合作医疗8.57万人，参合率98.8%。领最低生活保障金1.06万人。有敬老院8个，收养115人。

【新能源产业建设】 2013年，永仁县打造“中国太阳城”、国家绿色能源县和全省太阳能综合开发利用示范县建设逐步向产业化迈进。1月10日，由广东瑞德兴阳光伏科技有限公司投资建设的200千瓦高倍聚光太阳能并网光伏电站示范项目，首期安装完成50千瓦正式并网发电；2月5日，全省装机规模最大，装机容量40兆瓦、总投资5.14亿元的维的并网光伏电站正式并网。11月18日，装机容量50兆瓦的干巴拉并网光伏电站投产发电。11月30日，装机容量20兆瓦的秀田并网光伏电站投产发电。年内，装机容量50兆瓦的小木马并网光伏电站、装机容量47兆瓦的红山坡并网光伏电站和装机容量49.5兆瓦的大雪山风电场取得省能源局开展前期工作批复文件，装机容量50兆瓦的旧基地并网光伏电站预可研顺利通过省发改委审查。通过太阳能路灯普及和资金投入，永仁县安装太阳能路灯560盏。永仁县境内太阳能资源极为丰富，年平均气温17.8℃，年平均日照时间2836.4小时，年平均太阳辐射总量6571兆焦/平方米，年平均日照百分率为61%，被列为云南省12个太阳能最佳开发区之首，属于太阳能开发的一类区域，具有进行太阳能综合开发利用得天独厚的资源优势。永仁县海拔在2000～2800米的连续山脊较多，年平均风速都在3.5～13.4米/秒之间，年平均利用小时数都在2250小时以上，风向及风能密度有明显主导方向，风切变指数较小，湍流强度适中，具有进行大型风电场建设优越风资源条件。随着国家对太阳能光伏发电上网电价的明确以及太阳能电池组件、风电机组价格的下调等一系列政策实施，永仁县确立打造“中国太阳城”、国家绿色能源县和全省太阳能综合开发利用示范县目标，规划太阳能并网光伏电站开发建设场址11块，总规划装机容量1391兆瓦，规划风电场开发建设场址3块，总规划装机容量295.5兆瓦。与华电、中电投、大唐等6家国内知名发电企业签订太阳能发电项目合作开发投资协议，协议装机规模1273兆瓦，与锋电能源技术有限公司签订风能发电项目合作开发投资协议，协议装机规模270兆瓦。

【“五水同治”抗大旱】 2013年，永仁县面对多年干旱而于2008年来实施拦河水解决农业生产用水、引坝水解决工业生产用水、积雨水解决农民生活用水、建水厂解决城镇居民生活用水、用污水处理厂集中处理城镇污水的“五水同治”思路，取得较好成效，资源性缺水和工程性缺水的问题得到逐步解决。在雨季，动员农户在小河边围建拦河坝蓄水，县人民政府投资在永定河建立橡胶大坝2座，努力保障发展粮食生产、蔬菜种植和水果栽培，把永仁建设成为攀枝花的优质农副产品供应基地。永仁工业园区规划面积从原有的10.43平方千米扩大至38.12平方千米，规划投资4000万元，建设18千米输水管道，引麻栗树水库蓄水保障工业园区的生产用水。开展“千村万户”家庭积雨型水窖建设工程，采取政府统一规划设计、统一指导建设方式，支持帮助1万户旱季缺水农户，由政府补助资金2500元，群众投工投劳自筹2000元左右，在院子里建设1个容量为15～25立方米的家庭积雨型水窖，在雨季将屋檐水引流到水窖里，供每年旱季时使用。全县近两年已建成4600余个，还将计划建设1万口林果水窖，解决10万亩林果冬春干旱问题。发挥县城第一水厂和3个乡（镇）水厂作用，不断扩大水厂供水覆盖面，加快县城第二水厂和2个乡（镇）水厂建设，让更多城镇居民喝上干净放心的自来水。管好用好永仁县污水处理厂，加快配套管网建设步伐，扩大污水收集范围，建立污水处理费收取制度，发挥减排效益，为完成减排任务发挥主力军作用。

【“五路同建”北大门】 2013年，永仁县通过建水路、电路、公路、铁路、气路，发展生产，改善民生，振兴地方经济。建设县城第二水厂和工业园区供水工程，将尼白租水库和麻栗树水库的蓄水进行统筹综合利用；争取永仁县唯一的水源型工程直苴水库尽早开工，蓄水调水满足县城周边工农业生产和城乡居民生活用水需要。在维的并网光伏电站建成发电的基础上，相继建成干巴拉、秀田并网光伏电站，旧基地、小木马、红山坡并网光伏电站和大雪山风力发电进入前期工作，大力发展新能源产业。促进永仁220千伏变电站项目、莲池110千伏变电站建设，为工业发展提供能源保障。按照“东连沙坝、北上方山、打通环城公路、建设乡村油路”思路。抓住国道108线升级改造机遇，抓好川滇交界至县城道路扩宽改造、铁路县城过境线、环城油路建设等工程，有效缓解县城交通压力。原成昆铁路经四川攀枝花沿金沙江边过元谋县经广通到云南昆明，未经过永仁县。由于国家开发金沙江梯级电站建设乌东德水电站，待乌东德水电站大坝建成后将淹没部分沿金沙江段铁路，必须对部分原有线路改线。成昆铁路复线改线规划后经攀枝花过永仁县至广通。成昆铁路复线永仁至广通段正线全长92千米（永仁段约28千米），设计时速160千米，预留时速200千米，在距永仁县城东南方约4千米处设客货混用中间站1座（永定镇乍石村委会沙坝村民小组附近），按照中国铁路总公司和云南省人民政府部署要求，该项目于11月开工建设，计划工期5年半。抓住中缅油气管道途径永仁县的机遇，争取在沙坝至工业园区之间开口建设天然气分输站，为工业和居民用气提供可靠的能源保障。

［王秀芝］

永仁县乡（镇）情况一览表

乡(镇)	面积（平方千米）	村(居、社区)委会（个）	年末总人口（人）	年末耕地面积（亩）	农业总产值（万元）	粮食总产量（吨）	烤烟总产量（吨）	年末大牲畜存栏（头）
永定镇	327	12	30788	24844	22541	10223	607	6843
宜就镇	330	12	16483	20032	19057	8602	1030	16688
中和镇	430	9	11182	15429	14734	8451	659	11841
莲池乡	175	6	13712	23229	27787	8782	610	6184
维的乡	196	7	11531	17832	15983	8084	1448	7112
猛虎乡	204	5	9438	17028	13922	7017	900	7664
永兴乡	527	12	13026	17176	14540	7532	250	13963

［楚雄州统计局］

元　谋　县

【地理位置】　元谋县位于楚雄州北部，地处北纬25°23′～26°06′，东经101°35′～102°06′之间，东倚武定县，南接禄丰、牟定县，西邻大姚、永仁县，北越金沙江与四川省会理县交界。县人民政府驻元马镇龙川街，海拔1078米，南距州府楚雄市城区103千米，东南距省会昆明市城区180千米。

【行政区划】　2013年末，元谋县辖元马、黄瓜园、羊街3镇和老城、凉山、平田、新华、物茂、江边、姜驿7乡，78个行政村（社区10个、村民委员会68个）。行政区域面积2021.69平方千米。

【人口民族】　2013年末，元谋县常住人口21.84万人，人口出生率11.58‰，死亡率6.88‰，自然增长率4.7‰。城镇化率28.3%。据公安部门统计，年末户籍人口21.59万人（7.43万户），比上年末增长0.67%。其中女性人口10.58万人；非农业人口5.01万人；少数民族8.55万人，占总人口的39.6%。主要少数民族（千人以上）有彝族6.25万人、傈僳族1.86万人、回族1586人、苗族1531人。

【自然概貌】　元谋县东山雄峻，西岗低迤，南嶂叠耸，北屏挺拔；四周皆山，镶嵌着小盆地。地势东南高，西北低。境内最高点是江边乡大营盘山，海拔2835.9米，最低点是姜驿乡黑者村东北的金沙江出境处，海拔898米。河流属金沙江水系，长流河19条，季节河43条。金沙江、永定河北来入境，龙川江南来穿境，蜻蛉河、班果河、勐冈河西来过境，江河聚会江边龙街，纳入金沙江，东北向出境。高山低谷，海拔高差大，呈立体气候。河谷、平坝干燥少雨，光热足，罕霜雪；半山区温热；山区冷寒。极端最高气温38.8℃，极端最低气温-0.2℃，年平均气温21.9℃，裸地表面地面极端最高温度70.6℃，地面极端最低温度0.2℃。2013年日照时数2614.3小时，降雨量581.7毫米，蒸发量1639.8毫米，平均风速2.0米/秒。

【资源特产】　元谋县资源特产丰富，有植物种类170科、724属、1297种。河谷、平坝多草本，半山区疏灌木，山区生乔木。有番茄、洋葱、豇豆、青豌豆、四季豆、牛蒡等各类冬早蔬菜；有西瓜、葡萄、龙眼、香蕉、台湾大青枣、小枣、橙子、柑桔等亚热带水果。矿藏资源有铂钯、铂铜镍、磁铁、褐铁、菱铁、镜铁、石膏、金、银、铅、钴等矿。主要工业产品有铁矿石、铅锌矿石、沙石料、石膏矿、硅矿石、食糖、酸角糖、酒精、白酒、水泥、水泥预制件、红砖等。还有元谋凉鸡、烤小猪等名特小吃。有土林、金沙江风光、凉山彝族风情园等旅游资源。

【经济状况】　2013年，元谋县实现地区生产总值（GDP）35.07亿元，比上年增加4.31亿元，按可比价格计算，比上年增长12%。其中，第一产业实现增加值13.22亿元，增长7.5%，拉动经济增长2.7个百分点；第二产业实现增加值9.71亿元，增长20.1%，拉动经济增长5.7个百分点；第三产业实现增加值12.14亿元，增长10.2%，拉动经济增长3.6个百分点。一、二、三产业对GDP增长的贡献率分别为22.6%、47.2%和30.2%。第一、二产业分别比上年提高0.3个和2.3个百分点，第三产业比上年下降2.6个百分点。产业结构逐步优化，三次产业结构由上年的38.4∶26.7∶34.9调整为37.7∶27.7∶34.6。社会劳动生产率（按全社会从业人口计算的人均GDP）2.51万元/人，比上年增长23.96%。按常住人口计算，人均地区生产总值1.61万元，比上年增长13.79%。非公有制经济实现增加值16.23亿元，按可比价计算比上年增长14.9%。非公经济增加值占地区生产总值的46.3%，比上年提高0.5个百分点。居民消费价格总水平比上年上涨2.9%。其中，食品类价格上涨4.7%（粮食价格上涨0.8%），烟酒及用品类价格上涨0.9%，衣着类价格上涨2.9%，家庭设备用品及维修服务类价格上涨3.1%，医疗保健和个人用品类价格上涨1.9%，交通和通讯类价格下降0.1%，娱乐教育文化用品及服务类价格下降1.1%，居住类价格上涨3.1%。居民消费价格总指数中，服务项目价格水平比上年上涨0.7%，商品零售价格总水平比上年上涨2.5%，农业生产资料价格总水平比上年上涨0.5%。零售物价指数102.5%。

实现农业总产值22.07亿元，比上年增加2.42亿元，按价格指数缩减法计算，比上年增长7.5%。其中，农业产值15.42亿元，增长6.7%；林业产值3222万元，下降7%；畜牧业产值6.01亿元，增长11.7%；渔业产值3210万元，增长12.5%。年末，有耕地面积20.03万亩，常用耕地面积19.96万亩，其中水田9.54万亩、旱地10.42万亩。农作物总播种面积45.07万亩，比上年增长3.0%。其中，粮食播种面积24.47万亩，比上年增长4.5%；经济作物播种面积20.6万亩（蔬菜14.01万亩、烤烟2.28万亩、油料1.35万亩），比上年增长2.9%。粮食作物与经济作物种植结构比54.3∶45.7，粮食作物种植比重比上年提高0.38个百分点。粮食总产量8.69万吨，比上年增长5.5%。肉类总产量2.67万吨，比上年增长1.78%；禽蛋产量408吨，比上年增长14.9%；水产品产量2400吨，比上年增长14.3%。大牲畜出栏2.65万头，年末存栏9.25万头；生猪出栏23.77万头，年末存栏18.33万头；羊出栏9.03万只，年末存栏13.94万只。

有中型水库5座、小(一)型水库7座、小(二)型水库54座、小坝塘2036个,总库容1.08亿立方米,总灌溉面积12.26万亩。水利工程动工666件,竣工528件,完成固定资产投资1.66亿元,增加库容8.5万立方米,改善和新增灌溉面积9.38万亩。水利工程供水量1.02亿立方米。年末,农田有效灌溉面积12.26万亩,节水灌溉面积12.26万亩,其中高效节水灌溉面积4.76万亩。有农业机械总动力2.75亿瓦特,比上年增长8%。农机经营总收入5636.46万元,比上年增长5.84%。农用排灌动力机械1.27万台,排灌总动力4482.93万瓦特,比上年增长3.25%。拖拉机6224台,比上年增加151台。农村用电量3489.4万千瓦时,比上年增长13.92%。农用化肥施用量(折纯)1.89万吨,增长3.6%;农药施用量512吨,增长1%。新增造林面积0.8万亩,森林面积14.59万公顷,森林综合覆盖率46.61%。完成水土流失综合治理面积51平方千米。1989~2013年累计完成水土流失综合治理面积1033.63平方千米。县政府驻地空气质量二级。年末,城市人均公共绿地面积7.6平方米。

完成工业总产值51.16亿元,比上年增加5.94亿元,按当年价格计算比上年增长13.1%。其中规模以上工业完成产值16.97亿元,比上年增加4.13亿元,增长29.2%;规模以下工业完成产值34.2亿元,比上年增加1.81亿元,增长9.98%。规模以上工业企业实现增加值3.78亿元,比上年增加3771.8万元,按可比价格计算增长20.1%。规模以上工业实现主营业务收入17.21亿元,比上年增长31.6%;实现利税总额2.21亿元,比上年增长42.3%,其中,利润总额1.65亿元,比上年增长43%。

有资质建筑企业7户,完成建筑业总产值3.19亿元,比上年增长19.5%;实现建筑业增加值2.5亿元,按可比价格计算,比上年增长17.5%;实现利润1917.4万元,比上年增长135.52%。房屋竣工面积13.58万平方米。完成规模以上固定资产投资21.17亿元,比上年增加5亿元,增长30.9%。其中,城镇投资18.89亿元,比上年增长18.6%;房地产投资2.28亿元,比上年增长849.3%。新增固定资产11.86亿元。施工项目80个,比上年增长23%,其中,新开工项目70个,比上年增长18.6%;竣工项目61个,比上年增长52.5%。县城区建成面积6.06平方千米。

实施招商引资项目35个,项目协议总投资101亿元,比上年增加67.49亿元,增长201.4%;实际引进州外到位资金28.88亿元,比上年增加12.98亿元,增长81.64%。实现社会消费品零售总额11.6亿元,比上年增长14.1%。批发零售业实现商品销售总额26.21亿元,比上年增长23.38%。完成地方财政总收入2.61亿元,比上年增加3845万元,增长17.31%。其中,地方公共财政预算收入1.91亿元,比上年增加2942万元,增长18.17%;上划收入6927万元,比上年增加903万元,增长15%。公共财政预算支出11.79亿元,比上年增加4397万元,增长3.87%。金融机构年末人民币存款余额41.13亿元,比上年末增长29.29%,其中城乡居民储蓄存款余额26.74亿元,比上年末增长26.52%。金融机构年末人民币贷款余额13.72亿元,比上年末增长19.2%。年末存贷差27.41亿元。保险公司实现保费收入4678.6万元,比上年增长18.45%。其中,人寿险保费收入2467万元,下降1.75%;财产险保费收入2211.6万元,增长53.69%。已决赔款1570.17万元,比上年增长44.42%。其中,财产险1150.17万元,人寿险420万元。

年末,县内公路通车里程1118.16千米,其中等级公路731.26千米。通航里程56千米,有金沙江渡口8道。有民用机动车5.2万辆,机动车驾驶员5.7万人。拥有各类船舶109艘,其中机动船舶61艘,船舶总功率3208.5千瓦,船舶总客位630个。水陆运输完成客运量238.01万人次,比上年下降2.01%,客运周转量1.47亿人千米,比上年增长9.26%;货运量176.98万吨,比上年增长24.37%,货运周转量1.56亿吨千米,比上年增长15.35%。完成邮电业务总量1亿元,比上年增长19.7%,其中邮政业务总量700万元、电信(含移动、联通)业务总量9314万元。发行报纸203万份、杂志6万份,收发国内信件18万件、函件5.4万件。年末,有固定电话和移动电话用户12.5万户,其中固定电话1.65万部、移动电话用户10.85万户,电话普及率50部/百人。有互联网用户2.3万户,比上年末增加3408户,增长17.38%。77个县级部门和10个乡(镇)全部开通电子政务网。接待中外游客248.31万人次,比上年增长22.83%。其中,国内游客246.74万人次,比上年增长22.81%;海外游客15631人次,比上年增长24.1%。实现旅游总收入9.67亿元,比上年增长21.02%。其中,国内旅游收入9.38亿元,比上年增长22.06%;旅游外汇收入2905.68万元(人民币),比上年下降5.15%。

【教科文卫】 2013年末,元谋县有各级各类学校183所,其中,教师进修学校1所、普通高中1所、职业高中1所、普通初中10所、小学57所、幼儿园24所、成人文化技术学校89所。普通高中招生938人,在校学生2240人,毕业学生475人,专任教师162人;职业高中招生68人,在校学生231人,毕业学生88人,专任教师47人,高中学生毛入学率71.27%;初中招生2638人,在校学生8196人,毕业学生3026人,专任教师572人,初中学生毛入学率118.47%;小学招生2321人,在校学生1.49万人,毕业学生2659人,专任教师1002人,学龄儿童入学率99.98%;在园幼儿4843人,教职工225人,入园率79.16%。有教职工2225人,其中专任教师1879人、临聘教师32人、临时工108人。推进乡(镇)示范幼儿园建设,新建元马幼儿园1所,占地10亩、总投资994万元。实施校舍建设项目29个,总投资2415.37万元,总建筑面积1.52亿平方米。教育事业投入2.64亿元,占全县财政总支出的22.4%。2013年高考上线率99.79%,其中,600分以上1人，重点线以上14人，本科上线率45.97%。

申报国家、省和州级重点科技项目18项，批准立项7项，获得项目补助资金235万元。其中，有2项获得国家科技部补助项目资金170万元，有2项获得云南省科技厅补助项目资金58万元，有3项获得楚雄州科技局补助项目资金7万元。企事业单位和个人申报专利39件，其中发明专利7件、实用新型专利30件、外观设计专利2件。至年末，累计获得专利授权85件，其中发明专利26件、实用新型专利49件、外观设计专利10件。2013年全县获得专利授权14件，其中发明专利5件、实用新型专利8件、外观设计专利1件。举办种植、养殖实用技术培训班703期，累计参训4.34万人次，累计培训农村劳动力骨干3.31万人。县财政在科学技术方面投入307万元，比上年增加93万元，增长43.5%。11月26日，在楚雄州科技创新大会上，元谋县科技局被中共楚雄州委、楚雄州人民政府表彰为科技工作先进集体。11月，元谋县"余甘子种质资源调查收集与保存价值"荣获楚雄州科技成果二等奖。年末，有各类农民专业协会225个、协会会员3.51万人，有农民专业合作社155个、合作社社员5470人，带动3万户农民按照无公害生产技术规程规范种植蔬菜。科技进步对经济增长贡献率46.5%。

有非物质文化遗产保护、传承和展演中心1个，县级文化馆1个，乡（镇）文化站10个，公共图书馆、元谋人博物馆、电影事业管理站和档案馆各1个，有业余文艺宣传队125个；10个乡（镇）有村委会文化室73个、农村文化活动室203个、党员活动室209个。公共图书馆藏书5.44万册。数字电视用户2.78万户，数字电视覆盖率37.36%。建成直播卫星电视"户户通"工程7658户，每户可收看46套直播卫星电视节目。电视覆盖率98.6%，广播覆盖率90.6%。举办体育运动会4次，参加人数0.5万人。

年末，有各级各类卫生医疗机构146个，其中，医院6个、卫生院11个、疾控中心1个、妇幼保健院1个、卫生监督所1个、村卫生室78个、民营医院4个、个体诊所38个、计划生育服务站10个。有医疗床位913张，平均每千人拥有病床4.2张。有卫生专业技术人员841人，其中，执业医师256人、执业助理医师68人、注册护士342人、药师（士）43人、检验技师（士）38人、影像技师（士）18人、其他卫生专业技术人员76人，平均每千人拥有卫生专业技术人员3.9人。有乡村医生184人。医疗卫生单位拥有固定资产原值1.24亿元、净值9369.24万元。医疗卫生业务总收入1.2亿元。医疗卫生事业投入1.23亿元，比上年增加1103万元，增长9.89%，占全县财政总支出的10.39%。2013年2月7日，元谋县被国家中医药管理局命名为全国农村中医药工作先进单位。

【社会生活】 2013年，元谋县城镇居民人均可支配收入2.31万元，比上年增加2857元，增长14.1%，扣除物价因素实际增长10.9%。城镇居民人均消费性支出1.35万元，比上年增加2067元，增长18.02%。年末城镇居民人均住房建筑面积45.88平方米，比上年增长18.7%。农村居民人均总收入1.28万元，比上年增加3064元，增长31.44%。农民人均纯收入7733元，比上年增加1207元，增长18.5%，扣除物价因素实际增长15.2%。农民人均生活消费支出8344元，比上年增加2536元，增长43.66%。年末农村居民人均住房使用面积37平方米，比上年增长1.1%。年末实有从业人员13.75万人，比上年减少1.45万人，下降9.54%。年末在岗职工9604人，比上年增长3.68%。在岗职工年平均工资3.71万元，比上年增长7.45%。有10个社区居委会均通自来水、通程控电话、通公路、通电，66个村委会通自来水和程控电话，68个村委会通公路和通电。

2013年，有8.34万人次领取城镇居民最低生活保障金，金额1964.48万元。年末，享受城镇居民最低生活保障7083人。有18.22万人次领取农村贫困居民最低生活保障金，金额2222.89万元；享受农村贫困居民最低生活保障1.61万人。城乡医疗救助2.56万人，救助资金319.72万元。供养农村"五保"老人778人。有养老院11个，集中供养孤寡老人155人。

2013年，元谋县城镇新增就业1882人，其中安置就业困难人员再就业440人。开展就业及再就业培训45次，参训3100人。开展创业培训2期，参训200人；举办农业富余劳动力技能培训3期40个班次，参训2400人。城镇登记失业人员494人，年末城镇登记失业率3.1%。农村富余劳动力转移就业1.29万人。参加城镇职工基本养老保险6524人、城镇职工基本医疗保险1.1万人、失业保险4800人、工伤保险9000人、生育保险2500人，城镇居民基本医疗保险1.54万人，城镇居民社会养老保险7330人，新型农村社会养老保险11.49万人。有18.41万人参加新型农村合作医疗保险，参保率97.77%，参保患者就诊62.24万人次，发生医疗费用9942.93万元，实现医疗费减免6143.86万元。有18.41万人参加新型农村合作医疗大病补充保险，参保率100%，新农合大病补充保险赔付案件1558件，赔付总金额300.41万元。

2013年，发生各类生产安全事故56起，比上年上升43.59%，死亡9人，比上年下降30.77%，受伤11人，比上年下降75.56%，直接经济损失43.17万元，比上年下降31.87%。其中，道路交通安全事故8起，比上年减少16起，下降66.67%，死亡8人（属非生产经营性道路交通事故），比上年减少5人，下降38.46%，受伤11人，比上年减少34人，下降75.56%，直接经济损失1.08万元，比上年减少26.44万元，下降96.08%；火灾事故47起，比上年上升20.51%，无人员伤亡，造成直接经济损失25.09万元，比上年减少10.75万元，下降29.99%；工矿商贸事故1起，死亡1人，直接经济损失17万元。亿元GDP安全生产事故死亡0.26人。

【天子山并网光伏发电】 2013年12月

23日，总投资3.8亿元的元谋县天子山并网光伏电站并网发电。至年末，发电94万千瓦时，实现产值275.78万元，税收162.26万元。6月9日，天子山并网光伏电站由云南省发改委核准建设，场址位于元谋县平田乡天子山，海拔1432米，项目占地609亩，项目业主是三峡新能源元谋发电有限公司，项目计划总投资2.21亿元，装机规模20MWp。电站于8月21日开工建设。9月30日，楚雄州发改委核准建设天子山并网光伏电站送出线路工程，计划总投资801万元，以1回35千伏线路接入110千伏黄瓜园变电站，线路全长9.5千米，组塔28基。年内建成主线道路3416米、支线道路1044米、两层综合办公楼1幢574平方米、配电装置室565平方米。场区布置容量为1MWp的光伏阵列20个，每个阵列采用3348个多晶硅光伏组件，20个阵列共采用6.7万个多晶硅光伏组件，方阵支架为固定支架。12月14日首批并网发电成功。

【楚雄国家农业科技园区元谋核心区建设】 2013年9月5日，国家科技部发布《关于北京通州等46个农业科技园区为国家农业科技园区的通知》，楚雄为国家农业科技园区之一。10月25日，楚雄州人民政府组织相关部门领导、专家对《云南楚雄国家农业科技园区总体规划》进行评审，10月29日通过州人大常委会审议。随后，楚雄国家农业科技园区元谋核心区建设全面展开。按照“核心区—示范区—辐射区”3个圈层和“四园、八区、四带”架构进行空间布局。根据现有农业资源禀赋、产业基础、发展优势及潜力，元谋县主要涉及核心区建设“四园”：创新创业园、加工园、物流园、观光园；示范区建设“六区”：有机蔬菜生产示范区、有机水果生产示范区、冬繁制种生产示范区、设施农业示范区、生态养殖示范区、农业生物质能源发展示范区。元谋核心区建设形成四大主导产业：有机果蔬产业。以蔬菜、葡萄和其他高档热带水果为重点，引进台湾及其他先进地区高新生物科技，示范推广微生物菌肥、生物制剂等先进生物技术，突出元谋县重点区域，分步建设一批有机蔬菜和有机水果种植基地，统一打造元谋有机果蔬地理标志证明商标和品牌，发展有机果蔬及其相关产业。特色林产品产业。以野生食用菌、核桃、石斛特色优势林产品为重点，布局建设一批野生食用菌保育基地和其他特色林产品种植基地，发展特色林产品生产，打造特色林产品及关联产业。绿色农产品精深加工及物流产业。重点建设元谋有机特色农产品深加工园、改造提升元谋蔬菜批发市场，培植和依托入园优势企业，积极引进国际先进加工技术、加工工艺和物流工程技术，建立包括各个生产环节在内的标准体系和可追溯体系，大力实施品牌战略，统一加工包装、统一品牌、统一市场销售服务，形成农产品精深加工及物流产业集群，构建联通南亚、东南亚和国内大中城市的农产品物流网络和体系，打造绿色农产品加工及物流产业，加快推动主要交通干道沿线节点村镇城镇化建设。冬繁制种产业。以蔬菜、水果、特色花卉、“楚粳”系列超级水稻、玉米种子生产和种苗繁育为重点，以云南思农蔬菜种业发展有限责任公司及各类冬繁制种协会为龙头，突出元谋冬繁优势，加快冬繁制种示范基地（村）、繁育及加工中心建设，通过集约化、规模化、标准化生产，形成育、繁、推一体化良种产业化经营体系，建成国家重要冬繁制种基地，打造面向国内外的冬繁制种产业。

【县城源达路建设】 2013年末，元谋县城源达路建设完成征地532.02亩、房屋征收56户、迁坟116冢，路基工程、路面工程、桥梁工程、自来水工程、综合管线工程均竣工，累计完成固定资产投资2.72亿元。完成拆迁安置地修建性详细规划及评审、安置地土地平整及将安置地块划分到各安置户等工作。绿化工程、照明工程、交通标识工程完成招投标，进入实施。元谋县城源达路（从元谋人博物馆至元谋能禹蔬菜批发交易市场）建设项目于2011年列入云南省100项重点工程、楚雄州20项重点工程和元谋县10项重点工程。工程概算总投资3.04亿元，主要建设城市Ⅲ级主干道，路线全长2922米、宽40米，设计车速每小时40千米。项目分为路基工程、路面工程、桥梁工程等主体工程和给排水、弱电、绿化、照明路灯、交通标识等附属工程标段，涉及3个行政村7个自然村521户819.6亩土地征用，需拆迁住户56户、迁坟116冢。项目于2011年12月30日正式开工建设。

【保障性住房建设】 2013年，元谋县保障性住房建设完成固定资产投资1.41亿元，至年末，累计完成固定资产投资3.82亿元。北片区6幢11层主体工程已竣工，进入全面装修阶段，电梯安装调试，门窗、栏杆、室内墙装修完毕。南片区共有15幢11层全部进入装修阶段。2012年，楚雄州人民政府下达元谋县保障性住房建设任务3496套，其中廉租房96套、公租房3400套，项目预计总投资5.5亿元，含3418套公租房（45平方米/套）及按15%比例配建的配套商业设施。资金来源为中央、省、州补助资金与项目融资资金。元谋县人民政府与云南省城乡建设投资有限公司正式签订项目合作建设协议，由云南省城乡建设投资有限公司负责项目的建设和管理，采取“投、融、建、管、营”一体化模式建设。项目于2012年7月开工建设，预计2014年底全部竣工投入使用。

［张　错］

元谋县乡（镇）情况一览表

乡(镇)	面积(平方千米)	村(居、社区)委会(个)	年末总人口(人)	年末耕地面积(亩)	农业总产值(万元)	粮食总产量(吨)	烤烟总产量(吨)	年末大牲畜存栏(头)
元马镇	133.4	13	59282	39104	56498	21225	–	11120
黄瓜园镇	200	11	37490	36733	44617	16479	–	10781
羊街镇	256.9	10	18148	16320	13031	6682	950	9354
老城乡	216.4	10	27604	27168	28819	11715	550	13459
物茂乡	245	5	16442	16246	21255	5755	13	6953
平田乡	188	5	14669	17563	18103	6287	–	8304
江边乡	252.3	8	16491	15984	18756	7987	405	11353
新华乡	183.9	4	8016	8926	5709	3850	300	5879
姜驿乡	256.8	8	13671	17714	9887	5342	504	11292
凉山乡	89	4	4053	4561	3988	1616	320	3977

［楚雄州统计局］

武　定　县

【地理位置】　武定县位于楚雄州东北部，地跨北纬25°20′～26°11′，东经101°55′～102°29′之间。东邻昆明市禄劝县，南接禄丰县和昆明市富民县，西与元谋县接壤，北隔金沙江与四川省会理县相望。县境南北长94千米，东西宽56千米。县人民政府驻地狮山镇，海拔1740米，距州府楚雄市城区160千米。

【行政区划】　2013年，武定县辖狮山、高桥、猫街3镇，插甸、田心、发窝、万德、己衣、白路、环州7乡和东坡傣族乡，133个村（居）委会，1571个村（居）民小组。行政区域面积3322平方千米。

【人口民族】　2013年末，全县有户籍人口27.54万人，比上年增加1138人。其中，女性人口13.51万人，占总人口的49.06%；非农业人口6万人，占总人口的21.78%；人口出生率11.53‰、死亡率7.22‰、自然增长率4.31‰；少数民族15.24万人，占总人口的55.33%，主要少数民族（千人以上）有彝族8.7万人、傈僳族3.17万人、苗族2.35万人、傣族7654人、回族1057人。年内出生人口2780人，死亡人口1741人。男女性别比为104（以女性为100计算）。

【自然概貌】　武定县域地处三台（习称乌蒙）山区，境内多山，山势走向北高南低，河流走向与山势相反，南高北低。山地面积占总面积的96%。地势东西两侧及西南部高，北部低，东南部较开阔，中北部受勐果河深切割，地形破碎，形成峡谷。县域属低纬高原季风气候区，气候垂直变化明显，类型多样。境内长于10千米的河流有22条，除猫街镇河底河向南流入星宿江外，其余均为金沙江水系，分别由东、西、北3个方向出境。最大河流勐果河在县境全长97千米。最低点为己衣乡新民村大沙地，海拔862米；最高点为己衣乡白龙会峰，海拔2956米。年平均气温15.8℃，年日照2263.7小时，年降雨量745.3毫米，极端最高气温32.7℃，极端最低气温－4.2℃。

【资源特产】　武定县境内有钛、铜、铁、铅锌、木纹石等10余种矿体。其中，探明储量的有铁矿2.46亿吨，钛矿1800万吨，铜矿6.68万吨。东坡、田心、己衣、万德4个乡大部分地区处于干热河谷地带，天然温室孕育着香蕉、甘蔗、小粒咖啡、印楝等经济作物；插甸、发窝、猫街、白路、环州5个乡（镇）大部分地区处于高寒冷凉地带，适宜种植中草药、高山反季无公害蔬菜；处于中海拔地区的狮山、高桥2个镇种植优质米、烤烟等粮食经济作物。有自然保护区3个，保护区面积2330亩。有中草药资源800余种，鸡纵、干巴菌、松茸等野生食用菌和板栗、核桃、野坝子蜂蜜等特产备受国内外市场青睐。武定壮鸡以体大、肉嫩、骨酥、味美而著名。旅游资源得天独厚。位于县城西南的狮子山，集雄、古、奇、秀四大特点为一体，是国家AAAA级风景名胜区和旅游、避暑、科考基地。还有插甸水城河、九厂响水箐、己衣大裂谷、猫街新村湖等旅游资源。

【经济状况】 2013年，武定县实现生产总值（GDP）40.57亿元，按可比价计算，比上年增长14.4%。其中，第一产业实现增加值14.02亿元，增长7.3%；第二产业实现增加值13.34亿元，增长22.5%；第三产业实现增加值13.21亿元，增长13.1%。第一、二、三产业增加值占生产总值比重由上年的36.1∶31.5∶32.4调整为34.5∶32.9∶32.6。全社会劳动生产率（即按从业人员计算人均GDP）2.13万元/人。按公安户籍人口计算人均GDP为1.48万元。非公有制经济增加值17.22亿元，占GDP的比重42.4%。完成财政总收入6.43亿元，比上年增收9439万元，增长17.2%，其中公共财政预算收入4.31亿元，增长17%。公共财政预算支出15.63亿元，增长0.89%。实现农业总产值25.26亿元，按可比价计算，比上年增长7.6%。其中，农业产值10.75亿元，增长6.7%；林业产值7380万元，增长8.1%；畜牧业产值12.61亿元，增长7.5%；渔业产值1318万元，增长37.9%；农林牧渔业服务业产值1.04亿元，增长14.1%。粮食种植面积40.98万亩，比上年增长3.74%，经济作物种植面积22.42万亩，增长5.06%。粮食总产量12.16万吨，增长4.35%；肉类总产量5.64万吨，增长1.77%；禽蛋产量1198吨，增长3.72%；蜂蜜产量112吨，增长4.67%；水产品产量960吨，增长37.93%。大牲畜出栏5.96万头，下降0.36%，年末存栏11.79万头，增长1.22%；生猪出栏42.73万头，增长3.17%，年末存栏27.16万头，增长9.68%；羊出栏18.28万只，增长4.92%，年末存栏18.43万只，增长0.04%；家禽出栏540.62万只，增长2.68%，年末存栏189.78万只，增长3.1%。规模以上工业实现产值19.64亿元，比上年增长28.32%，增加值5.85亿元，按可比价计算，增长40.1%。规模以上工业企业实现利税总额1.32亿元，增长9.4%；利润总额实现6117万元，增长2.88%；主营业务收入实现16.7亿元，增长22.16%。8个有资质建筑企业完成总产值3.24亿元，比上年增长36.97%，实现利润1288.1万元，增长19.13%，实现税金1389.2万元，增长20%。完成规模以上固定资产投资38.10亿元，比上年增长42.92%。新增固定资产16.07亿元，增长65.06%。新开工项目30个，下降23.08%。实施招商引资项目70个，累计到位资金27.59亿元，增长84.12%。其中省外资金13.55亿元，增长129.55%。全社会实现消费品零售总额15.53亿元，比上年增长14.19%。居民消费价格总水平比上年上涨2.9%。商品零售价格总水平上涨1.8%。农业生产资料价格总水平下降0.6%。年末金融机构人民币存款余额51.98亿元，增长19.55%，其中城乡居民储蓄存款30.23亿元，增长18.67%。金融机构年末人民币贷款余额29.12亿元，增长15.66%。保险企业实现保费收入8905.9万元，已决赔款2612万元。有农业机械总动力25.76万千瓦特，增长13.3%；农用化肥施用量（折纯）1.44万吨，增长2.6%；农药施用量240吨，增长3.9%；农村用电量3544万度，增长4.6%。年末，县内公路通车里程1487.5千米（不含高速、国道及省道）。完成货运周转量1.11亿吨千米，增长16.6%；客运量418万人，增长2.97%，客运周转量2.95亿人千米，增长11.3%。有133个村（居）委会通电。完成邮电业务总量1.01亿元，其中邮政业务总量514.9万元，增长10.9%。年末拥有固定电话和移动电话15.95万部，其中移动电话用户15.05万户。接待游客164.31万人次，比上年增长32.07%，实现旅游业总收入6.05亿元，增长38.25%。

【教科文卫】 2013年末，武定县共有各级各类学校162所，其中高级完全中学2所、教师进修学校1所、职业高级中学1所、初级中学11所、小学126所，幼儿园21所（民办12所）。共有在校学生3.93万人，专任教师2449人。其中，普通高中在校学生4025人、专任教师179人，职业中学在校学生282人、专任教师39人，高中阶段毛入学率74.8%；初中在校学生9636人，学龄人口入学率98.22%，专任教师869人；小学在校学生2万人，专任教师1249人，学龄儿童入学率99.91%；学前幼儿5394人，专任教师113人，其中在园幼儿2892人、学前班2502人，幼儿入学（园）率70.14%。有在职在编教职工2587人，其中专业技术人员2475人，公务员18人，工管人员94人；教师学历达标率为高中96.46%，初中100%，小学（含幼儿园）96.18%。学校总占地面积112.12万平方米，生均28.53平方米；校舍建筑总面积34.92万平方米，生均8.89平方米；人均受教育年限8.16年。

申报2013年度各类省、州级以上科技计划项目14项，其中省级立项1项，州级立项5项，争取项目资金支持89万元。受理专利申请33件，批准专利29件。开展科普宣传7场次，展出科普展板84块，科普展品6项，科普挂图55幅，发放科普书籍3170册，科普宣传资料4220份，宣传教育群众4100余人次。发展农民专业合作组织40个，其中农民专业协会10个，农民专业合作社30个，新增会员1190人，各类农民专业合作组织273个，会员人数1.03万人。开展粮食作物栽培、中药材种植管理、蔬菜栽培等现场技术培训和技术咨询12场次，培训农户1960人次。建立中药材种植示范基地6个，建立示范村8个，示范户760户，中药材种植推广面积3.28万亩。组织武定县农业局承担的“杂交玉米新品种‘武玉一号’的选育”和武定县气象局承担的“综合雷达预警分析指挥系统在防雹增雨工作中的推广应用”2个项目成果评定，推荐上报楚雄州科学技术奖评审会和审定会，分别荣获州科学技术奖二、三等奖。

年末，有专业艺术表演团1个、图书馆1个，藏书量15万册，乡（镇）综合文化站11个，村级文化室55个，农民文化素质网络培训学校11个，农家书屋133个，文化信息资源共享工程基层服务点117个。举办迎新春书法、美术、摄影展和春节百村群众文体活动。展出作品136件，11个乡（镇）133个村委会（社区）都组织春节群众文体活动，参加人数13.62万人次。举办“迎新春”城区群众广场舞比赛，14支广场舞蹈参赛队参加比赛。参赛选手闫韵蓉演唱的《楚雄好地方》在“中国移动”杯楚雄州第一届旅游歌曲大赛中获得银奖。武定县创作编排的小彝剧《喜羊羊》代表云南省参加第十届中国艺术节比赛，荣获“群星奖”。县老年体协组织参加全国老年人柔力球邀请赛，获得单打二等奖，双打三等奖。组团参加全州第十一届羽毛球联赛，获得中年组第一名。彝族民歌文化传媒演艺公司利用民族传统节日送演出下乡72场次，各乡（镇）利用民族传统节日举办群众文体活动22场次，参加文体活动的人数1.12万人次。成功举办2013中国·楚雄彝族火把节武定分会场活动和中国彝族第二届非物质文化遗产传承展演活动。组织参加中国·楚雄2013彝族火把节赛歌赛装赛美电视大奖赛荣获赛装一等奖。县宣传文化中心免费开放组织群众文艺演出活动26场次，观众2.96万人次。各乡（镇）利用民族传统节日举办农民篮球运动会16场次，参赛农民1840多人次。县图书馆送书下乡2.6万册。广播、电视覆盖率分别为97.9%、98.9%。建成村级农民体育健身场地7块，村级篮球场12块。体育健儿参加州级及以上体育竞技比赛获得奖牌9枚，其中金牌1枚、银牌3枚、铜牌5枚。

年末，有医疗机构18个，其中县级医疗机构4个，乡（镇）卫生院11个，疾病预防控制中心1个，妇幼保健站1个，卫生监督所1个。医院和卫生院床位1357张，其中县级医疗机构床位1145张。有卫生技术人员899人，其中执业医师及执业助理医师330人。县卫生局组织16期841人次覆盖县、乡、村三级医疗机构业务人员的专项卫生人才培训。申报组织开展州级继续医学教育项目7项，县、乡送出省、州进修学习39人次。新农合参合率99.10%，筹资水平人均340元。省、县、乡三级新农合住院报销比例分别达到60%、80%、90%。全年报销减免63.99万人次，支付合作医疗基金8622.65万元，新农合政策范围内住院费用支付比例78.51%，门诊统筹支付比例50.64%。利用新农合基金为24.35万名参合农民免费提供大病保险608.68万元，实施“精神病患者管理工程”，为725例重性精神病患者提供免费管理服务。基本药物全部实行省级集中网上采购、统一配送、零差率销售。县人民医院开展15个专业21个病种临床路径工作，开展临床路径管理病例563例。实施白内障复明“光明工程”，免费为228例贫困白内障患者实施复明手术。孕产妇系统管理率、住院分娩率、新法接生率分别为98.42%、99.47%、99.93%。报告乙类传染病479例，发病率174.6/十万。丙类传染病665例，发病率242.4/十万。卫生局卫生监督所建设项目、县急救中心建设项目和高桥等5个乡（镇）卫生院建设项目竣工投入使用；大同医院搬迁建设项目、博爱医院项目、忠爱医院二期建设项目按进度推进。

【社会生活】 2013年，全县城镇居民人均可支配收入2.25万元，比上年增加3064元，增长15.8%；农村居民家庭恩格尔系数49%，城镇居民家庭恩格尔系数33.9%。农民人均总收入8144元，比上年增长19.12%；农民人均纯收入5527元，比上年增加921元，增长20%。年末有从业人员19.12万人，比上年增加1411人。其中，从事农业产业12.87万人，占67.3%；从事非农产业6.25万人，占32.7%。年末，城镇居民人均住房建筑面积43.14平方米，农村人均住房面积35.2平方米。农民人均生活消费支出4411元，增长19.44%。纳入城镇低保5486户1.13万人，发放低保金2869.8万元，纳入农村低保7257户2.49万人，发放低保金3114.3万元。有养老院11个，纳入五保供养人员1133人，其中在院集中供养688人，分散供养445人，集中供养率60.72%。发放供养金和临时价格补贴198.4万元。资助城市低保对象参保6024人，支出资助参保资金32万元；农村医疗救助1977人次，救助资金301.7万元。为2.49万人农村低保对象和1133人农村五保对象代缴新农合，支出代缴新农合资金156万元。为1754人次城镇和农村困难群众发放临时救助资金121万元。年末，有在岗职工1.08万人，增长1.33%；工资总额4.17亿元，职工年平均工资3.86万元，比上年增长11.2%。城镇登记失业率3.1%，城镇化水平（城镇化率）27.03%。参加养老保险职工6400人，参加失业保险职工4054人，参加医疗保险职工1.24万人，参加新型农村合作医疗24.35万人，参合率99.1%。参加新型农村社会养老保险15.24万人，参加城镇居民社会养老保险8085人，企业工伤保险参保人数1.26万人，生育保险参保人数3320人；征缴各项社会保险金9684万元，支出各项社会保险金1.03亿元。城镇新增就业1621人，下岗失业人员实现再就业1207人，就业困难人员实现就业351人，创业培训120人，完成农业富余劳动力技能培训300人，累计支出再就业专项资金200.68万元。投入扶贫资金9800万元，完成118个整村推进，搬迁67户200人，解决人畜饮水9244人、4467头。有绝对贫困人口9.3万人。生产安全事故39起，7人死亡，33人受伤，直接损失172.83万元；亿元生产总值生产安全事故死亡人数0.17人，下降26.1%。发生交通事故19起，12人死亡，23人受伤，直接经济损失13万元。

【武定建成全州最大三七种植基地】 2013年，楚雄新天地农业开发有限公司投资在武定县建设千亩三七种植基地项目有序推进，完成投资6000万元，在猫街镇七排、大麦地、龙庆关等3个村委会5个村民小组租赁土地1500亩，按照中药材种植GAP技术规范，高标准、规范化种植三七1410亩，建成楚雄州内最大的三七种植基地。

【武昆高速公路建成通车】 2013年10月26日，武定至昆明高速公路通车仪式在昆明西北收费站举行，武昆高速公路建成通车标志京（北京）昆（昆明）高速公路云南段实现全程高速化。武昆高速公路起于武定县，连接已建成通车的永武高速公路，经禄金、罗免、富民、龙庆、普吉，止于昆明市小屯互通立交。与昆明市西北绕城高速、二环、三环快速系统相接，路线全长63.58千米，其中昆明市境内48.96千米，楚雄州境内14.62千米，概算总投资51.42亿元。全线采用双向四车道高速公路标准建设，武定至富民段约37.5千米，设计时速为80千米/小时；富民至昆明段约26.1千米，设计时速为100千米/小时。

【云南智库专家走基层启动仪式暨武定跨域发展论坛举行】 2013年8月10日，云南智库专家走基层启动仪式暨武定跨域发展论坛在武定鸿霈大酒店举行，“云南省社科院武定科研与社会服务基地”也在武定挂牌成立。省委宣传部副巡视员吴静波，省社科院党组书记李涛、院长任佳，副院长边明社、王文成、杨正权及武定县党政领导和部分专家学者出席论坛。杨正权、董棣、边明社、赵海兰、郑宝华、马勇、辛爱洪、黄小军、王文成、肖惠华、康云海等11位来自云南省社科院、云南民族大学、楚雄彝族文化研究院的云南智库专家，围绕发展战略、经济建设、文化建设、社会建设、生态建设、党的建设等方面的问题作主题演讲，为武定跨越发展积极献计献策。

【中国·楚雄2013彝族火把节武定分会场系列活动】 2013年8月10～11日，中国·楚雄2013彝族火把节武定分会场系列活动在武定县城举行。中国文联党组副书记、副主席丹增，云南省人大常委会原主任李桂英，中共云南省委原副书记王天玺，文化部研究员、国家非遗保护中心主任田青，中央民族大学研究生院院长曲木铁西，云南省彝学会会长、省民委原主任马立三，州委副书记、州长李红民，贵州省毕节市委副书记罗培立，四川省彝学会副会长李文华，省社科院副院长杨正权，省农科院副院长李学林、汪占毅，州政协副主席何根源、李怡等省、州领导和武定县党政领导及城区干部群众近万人参加开幕式并观看文艺演出。活动期间，举行中国彝族第二届非物质文化遗产传承展演、彝族“赛装·赛美”现场评比活动、云南智库专家赴基层启动仪式暨武定跨越发展论坛、武定县招商引资推介会、中国少数民族音乐节、罗婺历史文化展、山鹰组合组建20周年全国巡回演唱会武定专场等活动。

［王　飞］

武定县乡（镇）情况一览表

乡(镇)	面积(平方千米)	村(居、社区)委会(个)	年末总人口(人)	年末耕地面积(亩)	农业总产值(万元)	粮食总产量(吨)	烤烟总产量(吨)	年末大牲畜存栏(头)
狮山镇	438	28	82547	62816	46966	32489	940	16532
高桥镇	422	17	36549	39188	38712	17620	1650	12958
猫街镇	471	15	27092	32216	24213	14287	1370	13608
插甸乡	351	12	23981	26326	20734	11060	610	9681
田心乡	139	7	18710	19487	17911	7971	750	10244
发窝乡	289	11	14456	16224	15084	6474	410	8739
白路乡	283	10	14643	18013	25540	3671	2850	10883
万德乡	241	8	15748	22721	18411	7298	1180	8820
己衣乡	247	9	15753	22682	16612	9061	1380	10075
环州乡	226	8	11430	13882	14426	4390	1550	7941
东坡乡	215	8	14513	16330	14021	7245	260	8394

［楚雄州统计局］

禄　丰　县

【地理位置】 禄丰县位于楚雄州东部，地处北纬24°51′～25°30′、东经101°38′～102°25′之间。东与昆明市的富民县、安宁市和西山区接壤，南连双柏县和易门县，西倚楚雄市和牟定县，北邻元谋县和武定县。是昆明通往滇西各地交通咽喉，被称为“扼九郡之咽喉，实西迤之锁钥”，成昆铁路、广大铁路、昆畹公路（320国道）、安楚高速公路穿境而过。东西最宽76千米，南北最长68千米，辖区面积3536平方千米。县人民政府所在地金山镇（又称龙城），海拔1565米，东距省会昆明市城区97千米，西距州府楚雄市城区83千米，南距安楚高速公路23千米。

【行政区划】 2013年末，禄丰县辖金山、广通、碧城、仁兴、勤丰、一平浪、彩云、土官、黑井、和平、恐龙山11个镇和中村、妥安、高峰3个乡，8个社区居委会、157个村民委员会，2122个村民小组（不含社区居委会村民小组）。

【人口民族】 2013年末，禄丰县总人口42.48万人。其中，农业人口30.65万人，非农业人口11.83万人。总人口中，汉族31.52万人，占74.2%；少数民族10.97万人，占25.8%；现有民族25个，其中千人以上的少数民族有彝族7.95万人、苗族1.84万人、回族6090人、傈僳族2803人、白族1088人，占总人口的25.38%；其他19个少数民族人口较少，只占总人口的0.42%。人口出生率11.02‰，死亡率6.99‰，自然增长率4.03‰，男女性别比为103.33（以女性为100计算），人口密度每平方千米119人。

【自然环境】 禄丰县处于滇中高原东南部，属金沙江、元江两大水系上游分水岭地带，主要河流有星宿江、龙川江，地表崎岖，山岭纵横，山地、丘陵、山间盆地交错。山区（包括山地、丘陵）面积占全县总面积的91.9%，坝区占8.1%。境内地势东高西低，山脉多为南北走向，境内海拔1309～2754米之间，最高点为碧城老青山，海拔2754米；最低点是川街小江口，海拔1309米；县城所在地海拔1560米。有2平方千米以上4平方千米以下的坝子9个，4平方千米以上的坝子16个，最大的罗次、金山、罗川坝子，坝区面积289平方千米。2013年末，城镇建成区面积33.92平方千米，其中县城8.56平方千米。平均降雨量698.1毫米，年平均气温17.4℃，年日照2298.9小时。城市生活污水集中处理率65%；城市垃圾无害化处理率100%。

【资源特产】 全县境内矿产资源丰富，已查明的金属、非金属矿产有铜、铁、盐、钛、煤、芒硝、石英砂等29种，已初步形成采矿、冶金、铸造、化工、机械、建材等多种产业发展格局。缸套、香醋等产品在省内外具有较高知名度。有著名的一平浪煤矿、盐矿，昆明、滇中两大电网覆盖全境。

【经济状况】 2013年，禄丰县实现生产总值（GDP）128.53亿元，按可比价格计算，比上年增长10%，增幅比上年下降2.8个百分点。全社会劳动生产率（按从业人员计算的人均GDP）4.9万元，按常住人口计算的人均GDP为2.99万元，按公安户籍人口计算的人均GDP为3.03万元。非公有制经济增加值72.24亿元，占全县GDP的56.2%，比上年下降0.2个百分点。

种植粮食62.1万亩，比上年增加287亩，增长0.05%。经济作物播种49.1万亩，比上年增加2.84万亩，增长6.1%。粮食产量20.2万吨，增长2.3%。其中，秋粮15.04万吨，增长3.2%；夏粮5.16万吨，下降0.07%。粮食作物与经济作物种植比55.8∶44.2，经济作物种植比重比上年提高1.5个百分点。完成造林面积8.2万亩，森林覆盖率64.6%。肉类总产量7.6万吨，增长1.6%；禽蛋产量2485吨，增长18.8%；蜂蜜产量62吨，增长8.8%；水产品产量3923吨，增长20%。大牲畜年末存栏16.84万头（匹），增长3.3%；生猪年末存栏51.13万头，增长10.2%；羊年末存栏18.06万只，增长6.4%。实现农林牧渔业总产值41.83亿元，按可比价格计算，比上年增长7.5%。

建成中小型水库243座，总库容2.34亿立方米，有效灌溉面积29.87万亩，其中节水灌溉面积23.82万亩。有农业机械总动力3.6亿瓦特，比上年增长4.8%，排灌机械总动力4488.55万瓦特，比上年增长2.1%。农村用电6857万千瓦时，比上年增长9%。农用化肥施用量（折纯）3.09万吨，比上年增长2.8%。农药施用量734吨，比上年增长11.4%。

完成工业总产值184亿元，按现行价格计算，比上年增长4.7%，实现增加值40.47亿元，比上年增长12.7%（可比价）。

公路通车里程4951.48千米。其中，国道57千米，省道143千米，省管县道110.48千米，县道231千米，乡道765千米，专用公路44千米，村道3601千米。货运量387万吨，货物周转量4.67亿吨千米。客运量451万人次，客运周转量3.17亿人千米。年末拥有固定电话2.55万部，移动电话26.6万部，国际互联网用户4.85万户。全年接待游客360万人次，比上年增长19.4%。实现旅游总收入11.77亿元，比上年增长37%。

完成地方财政总收入12.07亿元，比上年增收1.6亿元，增长15.2%。其中，上划中央收入4亿元，下降5%；上划省级收入6027万元，下降7.7%；地方公共财政预算收入7.46亿元，增长33.1%。完成地方政府性基金预算收入2.31亿元，比上年减收6757万元，下降22.5%。完成地方公共财政预算支出19.96亿元，比上年增支1.52亿元，增长8.3%；完成地方政府性基金预算支出2.96亿元，比上年减支713万元，下降2.4%。

金融机构人民币年末各项存款余额93.05亿元，比上年增长12.8%，其中城乡居民储蓄存款余额62.31亿元，比上年增长18.2%。金融机构人民币年末各项贷款余额61.87亿元，比上年增长23.2%。年末存贷差31.18亿元。保险机构保费收入1.28亿元，比上年增长1.9%。赔款支出4073万元，下降18.6%。收支差8172万元，增长7.8%。

【教科文卫】 2013年末，全县有国民教育系列学校231所，其中，高中3所，在校学生5576人，专任教师395人；初中17所，在校学生1.72万人，专任教师1023人；小学159所，在校学生2.36

万人，专任教师2160人；幼儿园51所，在园人数9680人。特殊教育学校1所，在校学生38人，专任教师12人。学龄儿童入学率99.98%，小学毕业生升学率97%，巩固率99.6%；初中阶段入学率98.5%，初中毕业生升学率53.3%；教育主管部门录取的大学生1528人，高中升学率98.2%。小学、初中、高中专任教师学历达标率分别为99.9%、99.5%和98.02%。

举办科技培训1480余次，培训8.9万余人次，发放科普资料和各种实用技术书籍1万余份。推荐上报重大科技成果15项，其中获州级科学技术奖二等奖1项，三等奖4项。完成专利申报91件。科技对国民经济增长的贡献率52.99%，比上年提高0.17个百分点。

有专业艺术表演团体1个，演出72场次，观众1.9万余人次。公共图书馆1个，藏书9.7万册。县文化馆1个，乡（镇）文化站14个。博物、文物管理机构1个，接待国内外观众3万余人次。电视覆盖率97.5%，数字电视用户3.88万户，入户率39%，广播覆盖率100%。

有各类卫生机构251个。其中，医院11个，基层医疗卫生机构221个（卫生院14所，村卫生室164个，诊所、卫生所、医务室43个），专业公共卫生机构18个（疾病预防控制中心1个，妇幼保健院1个，计划生育技术服务机构15个）。有卫生技术人员1413人，其中执业（助理）医师595人。实有床位1477张，其中医院床位1065张。

【人民生活】 2013年，全县农民人均纯收入7283元，比上年增加1053元，增长16.9%，扣除物价上涨因素，实际增长13.6%；城镇居民人均可支配收入2.32万元，比上年增加2666元，增长13%，扣除物价上涨因素，实际增长9.8%。年末全县城镇居民人均住房使用面积24.83平方米，农村人均居住面积35平方米。165个村（居）委会全部开通程控电话，通公路，通电，通自来水。

参加基本养老保险人数2.55万人，比上年增加600人。其中，在职职工1.62万人，企业退休人员9300人。参加失业保险人数2.39万人，比上年增加500人。参加城镇基本医疗保险人数7.78万人，其中，城镇职工3.76万人，城镇居民4.02万人。农村和城镇居民有15.38万人参加城乡居民社会养老保险，其中，农村居民14.08万人，城镇居民1.3万人。参加新型农村合作医疗35.6万人。企业离退休人员养老金和下岗职工的基本生活费按时足额发放。

纳入城镇居民最低生活保障8697户，1.53万人。纳入农村最低生活保障1.15万户，2.71万人。民政部门优抚的伤残人员160人，在乡复员军人913人。全县共有敬老院14所，现有五保老人1576人，其中，在敬老院集中供养的402人，分散供养的1174人。有福利院1个，收养3名孤残儿童和10名鳏寡老人。

【良种基地建设】 2013年1月9日，云南绿晶种业有限公司年产6000吨农作物良种生产基地建设项目建成开业。该项目总投资3000万元，生产水稻、玉米、麦类、油菜等农作物良种，属禄丰县引进的首家集“育种、繁种、推广”一体化，“生产、加工、销售”一条龙的科技型现代化制种企业。

【七彩云南·时空世界项目】 2013年2月26日，楚雄州人民政府就禄丰恐龙文化旅游项目“七彩云南·时空世界”项目与昆明诺仕达（集团）有限公司签署《战略合作框架协议》。禄丰恐龙文化项目被列入全省重点打造的10大历史文化旅游项目，在此基础上，“七彩云南·时空世界”项目把全州的恐龙化石、腊玛古猿、元谋人等涵盖中生代到新生代的古生物、古人类文化资源跨时空整合，形成“生命摇篮”这一独特理念进行集中创意展示。该项目选址禄丰县彩云镇，规划总面积约1.2万亩，总投资规模约60亿元，计划3年内完成公益性项目建设，5年内全部建成。

【引进“医疗康复养老综合体项目”】 2013年7月18日，禄丰县人民政府与云南浩龙房地产开发有限公司签订《禄丰德润医疗康复养老综合体项目投资协议书》。项目拟选址禄丰县城入城广场东南侧，规划总用地约130亩，项目预计总投资不少于3亿元，新建二级综合医院、康复疗养和养老项目。项目建设期限为6年，项目分两期建设，前3年内建成二级甲等民营综合医院，后3年内建成康复疗养和养老项目。项目建成开业后，设置病床499张，最终建成三级甲等医院。

【黑井古镇入选“2013中国百佳避暑小镇”】 2013年，禄丰县黑井古镇以“黑牛盐井、滇民祖地”美誉入选

黑井古镇　（黑井镇政府提供）

“2013 中国百佳避暑小镇”，排名第 36 位，是楚雄州唯一入选该排行榜的旅游景区。“2013 中国百佳避暑小镇”由中国村社发展促进会特色村工作委员会、亚太环境保护协会、世界文化地理研究院等中外避暑旅游口碑调查及研究评价联合课题组共同组织开展，严格按照《中国避暑小镇评价体系》进行调研评价排名，入选的小镇须具备“气候消暑性、环境绿色性、景观美学性、生活宜居性、旅游惬意性”五个基本特性。

【千亩机插秧示范样板】 2013 年 9 月 18 日，禄丰县 2013 年水稻区域推广站千亩机插秧示范样板通过省级专家现场验收。机插秧示范样板面积 1000 亩，涉及金山镇 2 个村 325 户农户。经测产，机插秧加权平均产量为 758.28 千克/亩，比手插秧增产 108.28 千克/亩，增长 16.66%，1000 亩增加粮食 108.28 吨，以市场 2.80 元/千克计算，增收 30.32 万元；亩节本增收 492 元，1000 亩节本 49.2 万元，合计增收节支 79.52 万元，增产节本增效显著。

［曹永萍］

禄丰县乡（镇）情况一览表

乡(镇)	面积（平方千米）	村(居、社区)委会（个）	年末总人口（人）	年末耕地面积（亩）	农业总产值（万元）	粮食总产量（吨）	烤烟总产量（吨）	年末大牲畜存栏（头）
金山镇	419.1	23	80401	54412	49223	31404	1103	17868
仁兴镇	231.1	12	35104	38191	47017	17114	3058	15581
碧城镇	187.1	15	48480	45775	52902	20329	2598	8655
勤丰镇	253.4	11	27867	28608	38230	13906	1113	6627
一平浪镇	441.3	14	42909	44478	36624	20550	1640	20241
广通镇	352.2	16	42051	45806	35263	19426	2214	13095
黑井镇	133.5	9	18390	32653	14068	9847	107	14602
土官镇	95.6	5	12938	14636	12950	6354	303	2435
彩云镇	302.8	9	20441	26798	21309	12964	–	14290
和平镇	284.7	13	23904	33407	31367	11748	2128	15223
恐龙山镇	242	9	18352	20063	19332	8213	515	8203
中村乡	301.7	9	17400	22575	22018	9323	1149	11973
高峰乡	155.5	8	10626	15000	9721	6020	735	5789
妥安乡	136.3	12	25959	29798	28263	14815	713	13836

［楚雄州统计局］

（责任编辑：周能汉）

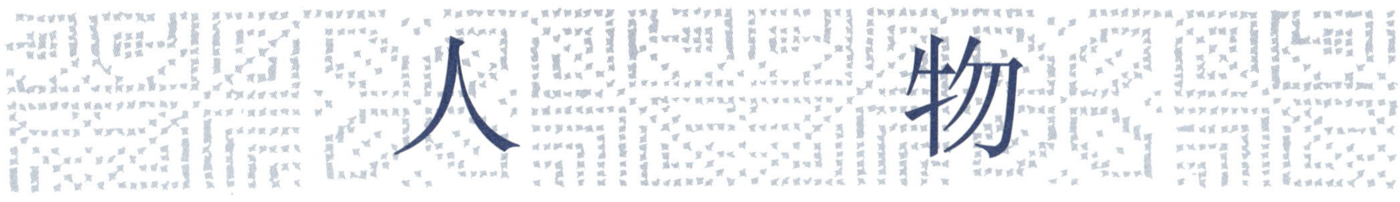

人物

新闻人物

【公安部个人“二等功”郑继聪】 男，彝族，1995年12月入伍，1996年6月入党，现任楚雄消防支队司令部参谋长，武警少校警衔。

郑继聪在18年的从警生涯中，成功指挥了大大小小的灭火和抢险救援3000余起，参与大大小小的灭火抢险救援2000余起、重大灾害事故处置20余次。先后参与了四川“5·12”，楚雄“7·21”、“10·16”、“8·30”、“7·09”地震灾害事故，楚雄“11·02”泥石流、“6·16”抗洪抢险自然灾害事故，元谋县氯气泄漏、双柏县甲醛泄漏化危品事故，楚雄“2·18”、“4·25”特大交通事故等灾害事故的处置，迪庆维稳和楚雄抗旱救灾。抢救被困人员180余人，挽回经济损失2500余万元。先后被公安部评为“训练标兵”、“抗震救灾先进个人”，被省消防总队评为“优秀基层干部”、“优秀指挥员”、“训练标兵”、“优秀共产党员”。先后荣立二等功1次，三等功3次，嘉奖20余次。曾被云南省人民政府表彰为“云南省第十二届先进工作者”，被评为楚雄州“十大杰出青年”、“感动彝州十大人物”。所带部队曾先后获得总队“先进基层单位”、“大练兵标兵单位”、3次荣立“集体三等功”，省级“青年文明号”、“先进基层团组织”等称号，被州人民政府评为“抗震救灾、恢复重建先进单位”、“州水利工作先进单位”，被州精神文明办公室评为“文明单位”、“彝州火凤凰”。2013年，被公安部记个人“二等功”。

【“优秀女警官”殷秀玲】 白族，1972年9月出生，1992年7月入伍，历任楚雄州消防支队司令部参谋、政治处干事、双柏大队副政治教导员、昆明消防指挥学校训练处管理教研室教员、政治处组织干部科副科长、政治处主任等职，现任楚雄州公安消防支队副支队长、纪委书记。

她战斗在纪检监督一线，从不放松政治理论学习，不断提高党性修养，筑牢廉洁自律思想防线，经受住了各种考验。调任楚雄州公安消防支队副支队长、纪委书记以来，她一方面自己坚持廉洁自律，公正处事，为全体官兵做出表率，用实际行动影响人、感染人；另一方面，坚持从严治警的方针，不断总结完善党风廉政建设责任制，严格教育，严格管理，积极推进党风廉政建设，带出了一支清正廉洁、素质过硬、业务精良的消防队伍，得到了各级领导的充分肯定和群众的普遍赞誉。多次因工作成绩突出受到上级嘉奖，1997年荣获三等功一次；2003、2010年被云南省消防总队党委评为优秀党务工作者；2007年被总队政治部评为优秀团干部；2007年被昆明消防指挥学校评为优秀教育工作者。2013年，被公安部消防局授予“优秀女警官”荣誉称号。

［州消防支队供稿］

【感动彝州科技人物】 李开斌，男，1958年2月出生。中共党员，楚雄州农科所水稻站站长、研究员。从事“楚粳”水稻育种工作36年来，他凭着强烈的责任心，努力拼搏，攻克了一个个技术难关，育成了一个又一个水稻新品种，创造出一个又一个奇迹。他主持选育的“楚粳系列”品种在全省推广应用取得显著经济、社会效益，为保障全省粮食安全和促进农民增产增收做出了重大贡献。特别是近几年来，超级稻品种选育取得重大突破，育成了云南仅有的2个超级稻品种楚粳27号、28号，填补了云南省超级稻品种的空白，实现了云南几代育种工作者超级稻的梦想。从事水稻育种工作36年，共获科技成果奖32项。其中，省部级一等奖2项、二等奖3项，三等奖11项，地厅级一等奖10项、二等奖5项，获楚雄州科学技术“突出贡献”奖1项。2000年获国务院政府特殊津贴，2007年被州人民政府授予首批“楚雄州中青年学术技术带头人”称号，2008年被省人民政府授予“云南省先进工作者”称号，2010年分别被国务院、中国科协授予“全国先进工作者”、“全国优秀科技工作者”称号，2011年分别被国务院、中共云南省委表彰为“全国粮食生产突出贡献农业科技人员”、“全省优秀共产党员”。2013 年 11 月，被中共楚雄州委、州人民政府授予感动彝州科技人物“荣誉称号”。

张方玉，笔名沂蒙，男，山东淄博人，汉族，中共党员，生于 1933 年 10 月，1951 年参加中国人民解放军，毕业于中国人民解放军洛阳外国语学院，供职于总参西南二局（驻昆明）。转业地方后曾在红河州从事公安、邮电、新闻、政策调研等工作，历任民族工作队队长、公社党委书记；1981 年调入楚雄州，历任州委宣传部科长，楚雄县委常委兼鹿城镇党委书记，市园林局局长，市建委主任、书记、副处级调研员。1992 年在楚雄市建设局退休。退休以后，主动进行地方历史文化、民族文化、旅游文化的考察挖掘。20 年来，出版了 10 部约 200 万字专著，多次被评为优秀共产党员，楚雄州先进文化工作者。2013 年 11 月，被中共楚雄州委、州人民政府授予“感动彝州科技人物”荣誉称号。

孙　强，男，1967 年 6 月出生，汉族，中共党员。孙强自 1985 年进入楚雄卷烟厂工作，近 30 年来，从修理工到技术员，从技术组长到历任楚烟企业 3 个制丝车间的党支部书记、车间主任、工程师。他参与、主导或组织完成的“楚雄卷烟厂中式卷烟特色生产线的研究应用”、“卷烟制丝工艺技术水平分析及提高质量的技术集成研究推广工作”和“红塔烟草（集团）有限责任公司楚雄卷烟厂危房搬迁技改卷烟生产线工艺技术改造说明书”的编制、修订等 23 项科技项目成果，先后获得国家、省、州级部门奖励 22 项，累计为企业增加效益 157.07 亿元。这些科技项目的实施和运用，将大量的新技术引入到楚雄卷烟厂卷烟加工和产品工艺质量控制管理过程中，有效地促进了楚雄卷烟厂卷烟产品质量的稳定和提高，控制和降低了卷烟生产成本。同时也促进了楚雄卷烟厂卷烟工艺技术水平的有效提高和企业形象的大幅提升，为楚雄卷烟厂卷烟加工工艺水平在较短时间内达到国内先进水平作出了突出贡献。2013 年 11 月，被中共楚雄州委、州人民政府授予“感动彝州科技人物”荣誉称号。

［州科技局供稿］

模范人物

【全国“五一劳动奖章”获得者夏丽萍】 夏丽萍，女，汉族，1960 年 5 月出生，大专文化，中共党员，现任楚雄州幼儿园园长。

从事幼教工作多年以来，她爱园如家，率先垂范，以办人民满意教育为目标，培养介绍 18 名优秀教师加入了党组织，多次受邀培训幼儿园园长、骨干教师，撰写的多篇论文获全国、省、州“一等奖”并发表；主编了《园志》等 8 余部书籍；主持多项省、州级立项、重点课题的研究，被邀请为联合国儿童基金会《生命知识》一书的图片作者；创编了园歌《宝贝别忘记》和多首儿童歌曲在省、州音乐专刊发表，全方位提升了办园内涵和文化品位。她致力于优秀教育资源的传播与共享，手拉手帮扶帮教，积极发展学前教育；她热心公益事业，多次组织师生亲临灾区、贫困地区，敬老院、残疾儿家庭和困难家庭捐资达 17 万余元；她积极筹措资金，引资和吸纳社会资金捐资助学 100 余万元，营造了花园式的优美儿童乐园。她坚持内涵发展，着力打造独树一帜的办园特色，使彝州孩子走上国际大舞台。幼儿体操首次参加全国表演大会比赛获冠军，受到前国家副主席王震颁奖与接见并 15 次分获各项大奖；1997、1999 年幼儿体操代表中国精英团赴香港、澳门慰问住港部队及迎回归演出；2006 年赴欧洲 7 国参加中德少年艺术节，2007 年赴韩国参加艺术之星韩国行文化交流活动，成为宣传云南和传播彝州文化的友谊使者。她带领巾帼团队，促进了幼儿园的大跨越、大发展。幼儿园成为国家教育部及 IBM 公司“小小探索者”早期智力开发项目实施园，并先后 157 次被国家表彰为“全国群众体育先进单位”、“国家级语言文字规范化示范学校”、“全国五一巾帼标兵岗”、“云南省文明单位”等殊荣。她先后获“云南省特级教师”、“第十二届先进工作者”等荣誉称号；2013 年 4 月，获全国“五一劳动奖章”。

【云南省“五一劳动奖章”获得者刘树斌】 刘树斌，男，汉族，1970 年 12 月出生，大学文化，中共党员，现任禄丰县农业机械技术推广站站长、高级工程师。

作为农机科技工作中的一名基层排头兵，刘树斌积极组织完成上级部门安排的科技推广、培训及管理工作，曾参与组织机制钵育苗移栽玉米、烤烟，机播小麦、机械开沟、机械深施化肥技术措施的试验、示范及推广应用等工作，收割机作业试验、示范推广，大拖拉机作业示范、服务，组织实施中央财政农机购置补贴项目，机插秧技术试验、示范、推广应用工作。2007～2012年，参与争取中央农机购置补贴资金1666万元，完成项目资金1779.369万元，共拉动7556户农民投入资金购置农机具近8000台。2008～2010年，积极配合禄丰县烟草公司做好楚烟农机购置补贴工作，组织发放农业机械851台。2013年4月，刘树斌获云南省“五一劳动奖章”。

【云南省“五一劳动奖章”获得者龙玉】 龙玉，男，汉族，1961年7月出生，中专文化，中共党员。1981年4参加工作，现任元谋县环卫站驾驶员。

环卫工作是一项集苦、脏、累齐全的工种，但龙玉凭着自己对环卫事业的钟爱，任劳任怨、埋头苦干、不怕脏不怕累，从手推车到拖拉机，从拖拉机到汽车，始终工作在环卫第一线，清运着县城区和几个社区的垃圾，整整32年。尤其是近年来，随着县城规模的逐步扩大，清扫保洁面积达40万平方米，近200余个垃圾收集点，垃圾量逐年增大。单位仅有两名驾驶员3辆清运车，垃圾清运量极大。他每天凌晨7:00到路上开始作业，晚上20:30下班，上班时间超过10小时，晴天一身灰，雨天一身泥，没有节假日。但30多年来，他从没有休息过一天，也没有休过一次病假，更没有请过一次事假。2013年4月，龙玉获云南省“五一劳动奖章”。

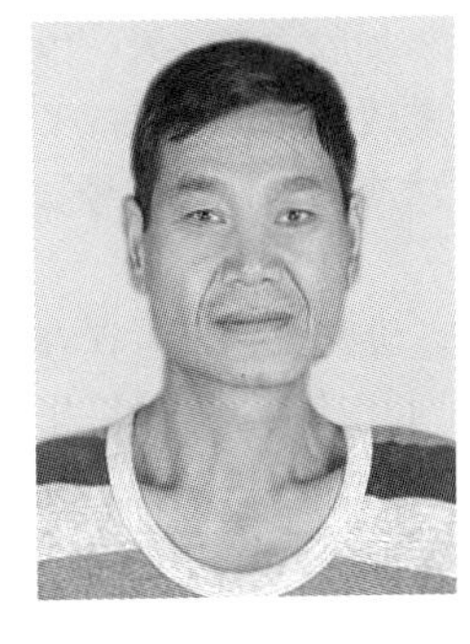

【云南省“五一劳动奖章”获得者普成贵】 普成贵，男，彝族，1962年9月出生，初中文化，中共党员，1981年10月参加工作，现任牟定县住房和城乡建设局环卫工人。

普成贵于2006年2月因撤乡并镇进入环卫站，先后从事过监察、环卫清扫保洁、绿化管护工作。2007年8月，正值环卫站第四轮承包改革，在调整职能，充实一线清扫人员的情况下，他充分发挥中共党员的先锋模范带头作用，积极支持改革，投身一线，成为清扫战线上唯一一名男性清扫正式职工。为了保质保量地完成工作任务，他每天凌晨6：20上岗，不怕苦，不怕累，把艰辛的清扫工作搞得有声有色。2010年9月，他服从安排，积极投身到“左脚舞文化园”的绿化管护工作中。2012年4月，县城绿化管护实行分组划片岗位目标管理责任制，他主动选择绿化面积大，浇水管网不配套的片区进行管护。他每日带领组员对所管护片区绿化苗木进行浇水、施肥、修剪、打药。如今他所管护片区绿化苗木枝叶繁茂、花团锦簇、造型优美。2010年4月，他被楚雄州授予“第八届劳动模范”称号；2011年6月，被中共楚雄州委授予“优秀共产党员”称号；2013年4月，普成贵获云南省“五一劳动奖章”。

【云南省“五一劳动奖章”获得者杨明英】 杨明英，女，汉族，1968年4月出生，初中文化，2003年3月参加工作，现任云南玉飞达钛业有限公司污水处理工。

杨明英自进厂起，就被安排做污水处理工作。污水处理岗位是所有岗位中最苦、脏、累的工种，但是她二话不说爽快地服从了领导的安排。她认真学习污水处理工艺规程、操作规程、污水处理、钛白粉生产技术等专业知识，虚心向老职工学习、边学边干，边干边学，使自己的理论水平和岗位技能在短时间内得到很大提升，很快便能熟练完成全岗位各项工艺技术性工作，成为了该岗位独当一面的技术骨干和操作能手。除了踏实做好自己的本职工作外，她在工作中注意观察、积累，善于思考和发现问题，大胆建言献策，多项建议被公司领导采纳，在一定程度上促进了企业污水处理和节能减排工作。在她和工友们的共同努力下，3年来，企业没有发生过一起环境污染事故。2013年4月，杨明英获云南省“五一劳动奖章”。

［州总工会供稿］

第三届楚雄州“十大杰出女性”

【班君秀】 汉族，中共党员，大学文化，妇产科副主任医师，楚雄州妇幼保健院产科主任。她20年如一日，始终奋战在彝州医疗一线，为了抢救病人，她曾70多小时坚守在手术室、病房，直到患者脱离危险。在担任南华县危急孕产妇急救小组副组长期间，多次下乡出诊，为抢救危急孕产妇，爬山涉水、吃苦耐劳。她以严谨的工作作风，精湛的医术，优质的服务，健全的人格魅力，带出一支优秀的产科团队；她用爱心创造生命的奇迹，为彝州危急孕产妇的急救，母婴安康作出自己积极的贡献。曾多次获“计划生育先进工作者”、“卫生工作先进个人”、“优秀共产党员”等荣誉称号。2013年3月，荣获楚雄州“十大杰出女性”称号。

【吴爱武】 汉族，中共党员，大学文化，楚雄一中英语高级教师，高二年级英语备课组长。从事教育工作多年，她始终本着“一切为了学生、为了学生的一切”的信念，以崇高的职业道德、精湛的教育教学水平投身英语教学，所教班级在州统考、会考中成绩遥遥领先。她在多年的教学实践中，探索形成自己独特新颖的教学法，被誉为“吴爱武英语教学法”，在全州乃至全省教育界引起较大反响。除了搞好教学外，她还认真钻研教学理论，撰写教育教学论文 10 余篇，在省、州刊物公开发表并多次获奖，以教书育人的突出业绩，为彝州教育事业默默奉献。曾获“云南省中小学学科带头人”、“云南省先进电教工作者”，“楚雄州十大杰出青年提名奖”、“楚雄州有突出贡献的优秀专业技术人才”（一等奖）、“楚雄州青年教师课堂教学竞赛一等奖（第一名）”等荣誉称号。2013 年 3 月，荣获楚雄州“十大杰出女性”称号。

【李春萍】 汉族，中专文化，高级工，禄丰县殡仪馆馆长。在殡葬岗位工作 20 余年，她始终视逝者为亲人，视丧属为朋友，态度和蔼，服务周到。以女性特有的热心、细心、耐心、爱心和恒心，让逝者安详地走完人生的最后一站；用金子般赤诚的心温暖告慰逝者的亲属和朋友。把青春和全部精力都奉献给了彝州的殡葬事业。2013 年 3 月，荣获楚雄州“十大杰出女性”称号。

【杞海燕】 傈僳族，大学文化，技师，楚雄供电局变电管理所 500 千伏和平变电站副站长。自参加工作以来，她始终立足岗位，数十年如一日，把变电站当作自己的家，爱岗敬业，任劳任怨，具有强烈的事业心和责任感。她每负责一项工作，都能做到“任务清楚、程序清楚、危险点清楚、安全措施清楚、人员到位、措施到位、执行到位、监督到位”，营造“事事有人管，人人有事做”的和谐班组，是楚雄供电局个人安全操作累计次数过万的首名值班员。在她的带领下，500 千伏和平变电站先后荣获中国南方电网公司“工人先锋号”、云南电网公司“五星级班组”、“云南省模范班组长”、“安全生产青年文明号”；她本人先后荣获楚雄供电局“先进个人”、“技术能手”、“文明职工标兵”、“保供电工作先进个人”等荣誉称号。2013 年 3 月，荣获楚雄州“十大杰出女性”称号。

【邱德英】 汉族，中共党员，大学文化，一级法官，楚雄市人民法院审判委员会专职委员。她在审判岗位上兢兢业业，用公心审理每一起案件，用耐心接待每一位案件当事人，用诚心化解每一起矛盾纠纷，所承办的案件无一信访投诉、无一矛盾激化。工作中勇挑重担，敢于主动承担重大复杂疑难案件的审判任务，所制作的裁判文书年年被评为“优秀裁判文书”。她身体力行地用自己的实际行动践行着公正司法、一心为民的承诺，展示了人民法官忠于党、忠于人民、忠于法律的使命意识和公仆情怀。先后被最高人民法院评为“全国法院办案标兵”，被中共云南省委评为“优秀共产党员”，被云南省人民政府授予“先进工作者”称号，被楚雄州中级人民法院评为“全州法院系统优秀法官”。2013 年 3 月，荣获楚雄州“十大杰出女性”称号。

【普艳喜】 彝族，大专文化，楚雄彝族左脚舞文化演艺有限公司四级演员。她用动听的歌声和精湛的演唱唱出了云南特色、楚雄风味，让更多的人认识楚雄、了解楚雄，为楚雄州文化繁荣做出了积极的贡献。2009 ~ 2012 年，先后荣获“城投杯”云南省青年歌手电视大奖赛原生态唱法银奖，云南省第六届民族民间歌、舞、乐展演获得赛歌“彩云奖”金奖，全国彝族原生态精英邀请赛原生态唱法金奖，“天之蓝”杯第十四届 CCTV 全国青年歌手电视大奖赛原生态唱法单项银奖，中国农民艺术节全国乡村歌手大赛云南选拔赛获原生态唱法个人金奖，中国花儿歌会民歌大赛荣获金奖，第四届全国少数民族文艺汇演获个人演员演唱金奖。2010 年，参加云南电视台春节联欢晚会，受到专家、同行的一致好评；2010 年，参加“天之蓝”杯第十四届 CCTV 全国青年歌手电视大奖赛，为云南省获得团体铜奖做出了应有的贡献。2013 年 3 月，荣获楚雄州“十大杰出女性”称号。

【罗　珺】 彝族，高中文化，大姚县咪依噜民族服饰制品有限公司董事长、大姚县咪依噜民族服饰制品专业合作社社长。她 1998 年下岗，2009 年创办大姚县咪依噜民族服饰制品有限公司。2011 年，成立大姚县咪依噜民族服饰制品专业合作社，公司辐射全县 12 个乡镇带动 500 余名妇女直接参与刺绣产业，实现年产值 100 余万元，刺绣妇女人均年增加收入 800 元。她组建的合作社对促进妇女就地就业，弘扬彝绣文化产业发挥了龙头作用。2013 年 3 月，荣获楚雄州“十大杰出女性”称号。

【纪中华】 汉族，中共党员，大学本科，研究员，云南省农业科学院热区生态农业研究所生态研究中心主任。她 19 年扎根基层，从事农业科研工作，为元谋县以及相关的热区农业研究做出突出贡献，先后获各类科技进步奖 11 项，其中省级科技进步奖 7 项、地州级科技进步奖 4 项。主编出版论著 2 部，发表学术论文 151 篇，科技成果推广面积 7.5 万亩，培训地方科技人员 2000 余人。是云南省中青年学术和技术带头人，中国当代农业高级专家库专家，被聘云南大学硕士研究生导师，农业信息专家、研究员。入选云南省“十一五”科技计划先进个人，被云南省妇联授予“云南省百家创新绩家庭”、被云南省总工会授予“云南省和谐家庭”荣誉称号，被云南省教育卫生科研工会评为“先进女职工”。2013 年 3 月，荣获楚雄州“十大杰出女性”称号。

【段金凤】 汉族，大专文化，元谋县城市管理综合行政执法局环境卫生管理站清扫保洁员。她是一位普通的环卫工人，工作中弘扬着“宁愿一人脏，换来万人洁”的行业精神，把美好年华无私奉献给环卫事业。10多年来，她搀扶了难以数计的老人过马路；帮助走失小孩到派出所报案，并协助办案民警共同联系父母来认领；手机店被盗，她立即报案，并保护现场。每年春节，她用自己低微的工资给元马镇敬老院6位孤寡老人购买生活用品，敬老院的老人都称她为“环卫好心人”。2007年，她被云南省总工会授予云南省“十佳农民工”称号，并荣获云南省“五一劳动奖章”；2008年荣获“全国优秀农民工”称号，2008年11月荣获云南省“杰出农民工”荣誉称号。2013年3月，荣获楚雄州“十大杰出女性”称号。

【胡桂芳】 彝族，中共党员，初中文化，武定县狮山镇滑坡村委会党总支书记、主任。她立足山区实际，发挥资源优势，团结和带领全村各族干部群众，把一个贫穷落后、党建滞后的滑坡村改变为一个经济跨越发展，基础设施改善，新兴产业壮大，基层党建加强，民族宗教和顺，人民安康乐业的全州民族团结示范村。她以实际行动展示了一名少数民族女党员改变家乡贫困面貌的坚强决心和敢为人先勇创一流业绩的时代风采，被各族群众称为山乡脱贫致富的领头雁，新农村建设的引路人。她多次被中共武定县委、武定县人民政府评为“优秀村（社区）干部”、“扶贫开发工作先进个人”、“百名优秀村官”。两次被中共楚雄州委、州人民政府评为“优秀村（社区）干部”。2013年3月，荣获楚雄州“十大杰出女性”称号。

（州妇联供稿）

第三届楚雄州“道德模范”

诚实守信模范

【陈 斌】 男，1962年10月出生。现为云南禄丰勤攀磷化工有限公司董事长兼总经理。

在禄丰磷肥厂改制最困难的时期，为有效推进企业改革，陈斌在只和政府签订了资产重组的意向性协议的情况下，垫资500万元，检修生产线，恢复了生产，使愿意上班的职工百分之百的回厂上班，稳定了职工队伍，为顺利推进企业改制创造了良好条件，在恢复生产线后，他执行与政府签订的协议，支付了原企业欠职工的住院费、辞职费、职工医疗费、住房补助金和拖欠工资165.80万元，保障了职工权益，获得了职工的尊敬、信任和爱戴。公司成立后，他首先建立以客户为中心的经营理念，狠抓质量管理，大力推进公司内部质量管理体系，公司2007年取得了“国际质量管理体系”的认证和认可，企业也先后获得了“云南省双爱双评先进企业”、“云南省劳动保障诚信示范企业”、“云南省守合同、重信用企业”、“云南省劳动关系和谐企业”、“楚雄州十佳诚信企业”、“楚雄州产品质量诚信企业”、“楚雄州优强工业企业”、“禄丰县守合同重信用企业”、“禄丰县十佳诚信企业”等多项荣誉，公司的“勤丰”牌过磷酸钙先后被评为“云南省著名商标”、“云南名牌产品”。他本人也先后被评为“云南省优秀工业企业家”、“云南省劳动模范”、“楚雄州劳动模范”、“楚雄州第二届优秀中国特色社会主义建设者”、“楚雄州工商联先进会员”、“禄丰县优秀中国特色社会主义建设者”、“楚雄州第一届光彩之星”、“楚雄州优强工业企业家”。2013年9月，陈斌荣获“楚雄州道德模范”称号。

【邵自学】 男，汉族，1964年1月生，中共党员，永仁县供销社生产生活资料有限责任公司董事长。

自2003年邵自学担任公司董事长以来，率先完成企业改制，主动吸纳下岗失业职工16人，成为了企业改制的典范。同时，树立服务“三农”、诚信经营的理念，在使公司不断发展壮大的同时，为农村经济发展、农业增效、农民增收做出了积极贡献。他致力建设流通网络，完善终端网络销售体系，在全县4乡3镇63个村委会和300人以上的自然村建立了农资连锁加盟网点128个、直营店11个，使边远贫困山区的农民在家门口就可以方便的买到化肥、农药、农膜、种子等农资商品，解决了边远贫困山区人民群众购买农资难的问题。同时，他积极与农业等职能部门配合，投入30余万元学习培训经费，每年组织农资商品从业人员就相关法律法规，“农药经营管理基础知识”、“种子经营管理知识”、“病虫害防治基础知识”等知识进行培训。积极协调农资生产厂家到农村开展农化服务培训，引导农民合理施肥、科学用药，掌握真假化肥、农药等知识。即便是在特殊困难时期，也保持诚信经营，不哄抬价格，深得老百姓的广泛赞誉。公司于2005年获州人民政府“再就业先进”表彰，2006年获“云南省基层供销社二十强”，2004～2006年获“重合同守信用”诚信企业。他本人于2006年获“永仁县工商联合会（商会）第四届先进工作者”，2011年获“永仁县首届优秀中国特色社会主义事业建设者”等荣誉称号。2013年9月，邵自学荣获“楚雄州道德模范”称号。

【李亚威】 2000年5月，李亚威受深圳市委宣传部的委托到云南楚雄彝族自治州创作深圳招商银行挂职干部臧金贵为题材的电影，开始走进云南楚雄彝族。12年来，她带领摄制组走遍了彝州10个县（市）50余个乡（镇）的山山水水、村村寨寨，行程数万公里，拍摄了令人震撼的41集大型风情丛片《火之舞——告诉你一个楚雄》，纪录片《腊湾舞者》、《文明的故事》、《中国有个署立里》和电影《油菜花开》等，这些作品先后获得中国电视星光奖、中国电视新闻奖、中国电视金鹰奖“优秀电视纪录片奖”，中国电视纪录片学术委员会“长片十佳”作品奖、意大利米兰第29届国际体育电影电视节荣誉奖、四川国际电视节“金熊猫”国际纪录片“亚洲制作奖”、中国（青海）世界三地“玉昆仑”国际纪录片“评委会特别奖”、“最佳导演奖”和俄罗斯《生态与环保杂志》最佳导演奖等。她以独特的视角，一次又一次用电影电视的手段把彝家人的风土民情推向外界，并培养造就了一大批彝族文化传承人。2013年9月，李亚威荣获“楚雄州道德模范”称号。

见义勇为模范

【陈章亮】 男，汉族，贵州兴义人，高中文化，1988年3月出生，2007年12月入伍，2009年10月入党，下士警衔，现任武警楚雄州消防支队楚雄市大队战斗班班长。2012年2月22日，楚雄市栗子园小区有一名中年女子在54幢居民楼的6楼顶上意欲跳楼，情况十分危急。由于现场地域狭小，无法使用救生气垫。在紧张的现场救援过程中，在该名女子毫无征兆地纵身跳下的刹那，为了保全该名女子的生命，陈章亮不顾个人安危，在危急关头用自己的身体接住了从近20米高的楼顶上跳下的女子，挽救了该名女子的生命，但自己却因为剧烈的冲击身负重伤，当场昏迷，导致颈椎骨裂、髋骨破损和多处软组织挫伤，用自己的实际行动诠释了一位普通消防战士对群众的至诚大爱，以及对党和人民的赤诚之心。由于在“2·22”抢救坠楼群众中表现突出，陈章亮先后荣立一等功，并被共青团云南省委授予“五四青年奖章”、被州人民政府授予“舍己救人消防勇士”荣誉称号。2013年9月，陈章亮荣获“楚雄州道德模范”称号。

【刘 勇】 男，彝族，1970年3月生，楚雄州大姚县铁锁乡铁锁村委会东门村小组村民。2012年4月10日凌晨，刘勇在铁锁街区东门自家建筑工地上看守建筑材料时发现几个赶着羊从街上通过的行人形迹可疑，便不顾个人安危，奋力追赶，最后经过一番激烈搏斗，将嫌疑男子制服送到铁锁派出所，一举抓获了该犯罪团伙，并与铁锁派出所民警一起连夜找回了被盗的黑山羊55只，最大程度的挽回了人民群众的财产损失，荣获“楚雄州2012年度见义勇为先进个人”荣誉称号。2013年9月，刘勇荣获“楚雄州道德模范”称号。

【杨守武】 男，1968年9月生，初中文化，元谋县新华乡新华村委会湾子村村民。2012年8月15日，湾子村村民杨守聪、杨守兵两兄弟和父亲在自家的水井中从事挖井作业时发生意外，杨守聪和杨守兵两人相继被困，生命垂危。杨守武不顾个人安危挺身而出下井救人，在众人的帮助下将二人成功救出，由于抢救送医及时，杨家两兄弟最终脱离生命危险。2013年2月，杨守武被省人民政府、州人民政府分别表彰为“2012年度见义勇为先进个人”；2013年9月，荣获“楚雄州道德模范”称号。

敬业奉献模范

【李国芝】 女，1964年12月生，是牟定县凤屯镇排坊村委会排坊村一名农家妇女。几年前，她随丈夫到昆明进入云南省人民医院做陪护工。她用自己的细心、爱心、耐心，每日陪在患者身边，为患者洗头、洗脸、洗脚、翻身、捶背、喂水、喂饭、端屎倒尿……，24小时全程照顾每位患者的起居饮食，陪患者聊天解闷，驱散病痛折磨，精心陪护、照料每一位患者，为患者的康复起到积极作用。深得患者及家属的称赞。省人民医院称她是“陪护状元”；2007年，被评为感动昆明“十大杰出农民工”；2008年，被国务院农民工工作联席会议授予“全国优秀农民工”称号；2012年，被省总工会授予“云南省五一劳动奖章”。2013年9月，李国芝荣获“楚雄州道德模范”称号。

【李春萍】 女，1972年4月出生。现为禄丰县殡仪馆馆长。在殡葬工作岗位上20多年来，李春萍二十年如一日，始终战斗在殡葬事业第一线，把青春和全部精力都奉献给了殡葬事业。她视死者为亲人，视丧属为朋友，工作态度和蔼诚恳，服务周到热情。为了提高自身综合素质，她努力钻研业务知

识和工作技巧，从书本上学，向老同志学，到工作实践中不断总结提高，每一次给死者做手术时，1次不行就两次，两次不行就3次，一直到丧属满意为止。她用周到的服务和娴熟的业务技术，以女性特有的热心、细心、耐心、爱心和恒心，让逝者安详地走完人生的最后一站；用金子般赤诚的心温暖告慰逝者的亲属和朋友。1992年和1997年，她两次被禄丰县妇联表彰为禄丰县“巾帼建功”活动先进个人；2006年，被州委、州人民政府评为楚雄州第七届“劳动模范”；2007年，被省人民政府表彰为云南省“民政工作先进个人”；2010年，被国家民政部表彰为“全国殡葬工作先进个人”；2011年，楚雄州妇女联合会授予“巾帼建功”活动先进个人，被云南省人民政府授予云南省劳动模范称号。2013年9月，李春萍荣获“楚雄州道德模范”称号。

【李开斌】 男，1958年2月出生。中共党员，楚雄州农科所水稻站站长、研究员。参加工作36年来，李开斌始终奋斗在水稻育种科研第一线，爱岗敬业，无私奉献，刻苦钻研。通过几十年的育种实践，形成了自己一套独特的育种理论和方法，使单个品种的育成时间缩短2~3年，选育技术领先省内同行。先后共育成经省审定合格的“楚粳系列”品种23个。其中有4个被评为省优质稻品种，有7个获国家新品种权，1个品种获省优质米银奖。先后育成了云南仅有的2个超级稻品种楚粳27号、楚粳28号，填补了云南省超级稻品种的空白，创造了云南高原水稻育种史上的奇迹。其中，楚粳27号实现了云南超级稻品种零的突破，成为建国以来云南省年推广面积跨越150万亩新台阶的第一个水稻品种，刷新了云南省单个水稻品种年推广最大面积110万亩的历史记录；楚粳28号产量创水稻百亩平均亩产世界纪录，该品种米质达国家优质米1级标准，成功克服了水稻育种高产与优质难于结合的重大技术难题，其主要技术经济指标达高原超级粳稻育种研究国际先进水平，现成为全省种植面积最大、推广速度最快的主栽品种。选育成果惠及云南省及川黔毗邻地区，有力地促进了农业增产、农民增收，他被人们亲切赞誉为云南的“袁隆平”。2013年9月，李开斌荣获“楚雄州道德模范”称号。

孝老爱亲模范

【代金友】 男，1964年5月出生，元谋县老城乡丙间村委会马头地村村民。作为上门女婿，他20年如一日悉心照料妻子

家中的4位残疾亲人：双目失明的岳父、患精神病的岳母和严重小儿麻痹生活不能自理的岳哥，每天为岳父岳母喂水、喂饭、洗脚，为岳哥按摩洗澡、端屎接尿、洗衣做饭，四处为他们寻医问药，并担起全家人生产生活的重担。2006年3月，岳父去世；2008年，岳母和岳哥也相继离世。紧接着妻子因精神上承受不了如此巨大的变故，也患上了精神病。从此代金友包揽了所有的农活和家务活，一个人默默地照顾病妻，抚养一双年幼的儿女，用他瘦弱的身躯为这个濒临绝境的家庭撑起了一片希望的天空，用自己的实际行动践行着为人子、为人夫、为人父的高贵品质，谱写了一曲孝老爱亲的爱心之歌。2013年9月，代金友荣获“楚雄州道德模范”称号。

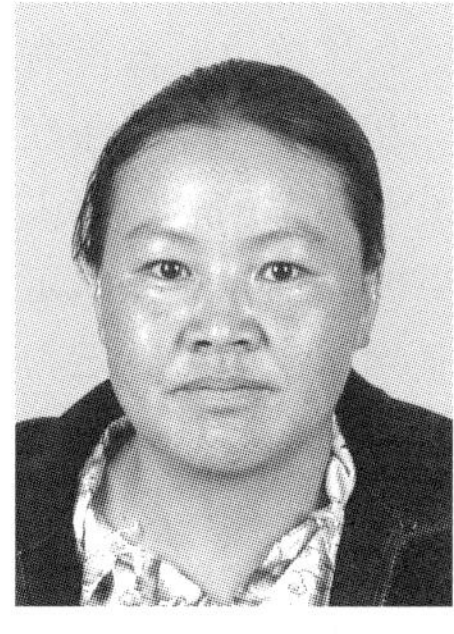

【戚恩兰】 女，1975年3月生，中共党员，楚雄州大姚县桂花乡乌龙口村委会署立里村小组村民。结婚二十多年，她以孝为先，悉心照料着一双聋哑的公婆，为他们端茶递水，洗衣做饭，从不叫苦，也不叫累。2006年，她娘家的妹夫和妹妹相距过世以后，她又收养了妹妹和妹夫留下的两个未成年孤儿，那时两个孩子大的10岁、小的才6岁，加上自己的2个孩子，她一个人就承担起了2个残疾老人和4个孩子的饮食起居和日常生活，而且还要供孩子上学。待生活条件稍好一点以后，她又把丈夫体弱多病且无子无女的孤残叔叔接到家中来抚养。多年如一日，不嫌脏、不怕累，用她那颗善良的心温暖着3位残疾老人和4个孩子。2013年9月，戚恩兰荣获“楚雄州道德模范”称号。

【杨亚兰】 女，1962年6月生，楚雄州大姚县缘林居家养老服务中心主任。2011年5月2日，杨亚兰创办成立大姚县首个民办居家养老服务中心——缘林居家养老服务中心，为金龙社区60岁以上需要照顾的老人提供全日制、钟点工家政服务、情感慰藉等服务，并以无偿、低偿、有偿等形式开展生活照料。她几年如一日，将自己的爱心一点一滴地倾注到大姚县金龙社区60岁以上的孤寡、空巢老人身上。她关注空巢老人，关心体弱多病的老人，关爱孤寡老人，始终怀着一颗孝心常年服务210余名孤寡空巢老人。为方便及时为老人服务，她走遍社区家家户户，按60岁、70岁、80岁以上3个年龄段进行登记造册，建立了老年人基本情况信息数据库，哪里有需要就到哪里服务。在她的带动下，居家养

老服务员工由最初的5人增加到86人，服务项目由单一的打扫卫生、管道疏通、电器维修增加到做饭菜、洗衣被、保洁、陪同购物、陪老人看病、陪老人聊天，康复护理、生活照料、理发等10余项，累计服务老年人3000余次。2013年9月，杨亚兰荣获“楚雄州道德模范”称号。

助人为乐模范

【张跃进】 男，现任云南摩尔农庄生物科技开发有限公司董事长兼总经理。自2006年二次创业成立云南摩尔农庄生物科技开发有限公司（原云南广泰生物科技开发有限公司）以来，通过不断的创新和努力，短短几年时间，将公司打造成了云南省级农业及林业龙头企业、省创新型试点企业；云南省食品行业协会副会长单位、云南省绿色（有机）食品产业协会副会长单位；2010年、2011年在由国家七部委共同主办的第八届及第九届中国食品安全年会上荣获“食品安全示范单位”荣誉；2011年被国家农业部认定为“全国农产品加工业示范企业”。公司被国家发改委认定为国家生物产业高新技术示范工程项目，公司商标“摩尔农庄”被评为云南省著名商标，正在申报中国驰名商标。2012年8月28日，云南省人民政府在“百户优强民营企业”表彰大会上授予公司“优强民营企业”称号。张跃进个人也当选为云南省食品行业协会副会长，云南绿色（有机）食品协会副会长，云南省青年联合会委员，云港台青年交流促进会常务理事；楚雄州人大代表、楚雄州人大常委会委员，楚雄州工商联副主席，楚雄市工商联合会副主席（总商会〈副会长〉）。2011年荣获第三届“云南青年创业省长奖”；2010年、2011年国家七部委共同主办的第八届及第九届中国食品安全年会“食品安全管理先进个人”。2012年8月28日，被省人民政府授予“优秀民营企业家”称号。

兴企为民、回报社会。在企业得到大力发展的同时，张跃进不忘回报社会。在自然灾害面前他总是竭力帮扶。捐款支持楚雄市西舍路乡修路及保甸小学改善学生生活条件，捐赠物资帮助西舍路乡修水管；捐款帮扶四川汶川5·12地震、云南元谋地震、11·02楚雄西舍路泥石流、楚雄姚安地震、2010年抗旱救灾；摩尔农庄乐园“让爱播种希望”爱心义卖活动在云南省十余个地州巡回举行20场，活动现场义卖的款项全部捐给希望工程，并捐赠产品帮助贫困学生。9·7彝良地震发生后，公司向灾区受灾学校捐赠价值7.9万余元的核桃乳，积极捐款支持云南省青少年基金会希望工程。

2011年6月2日，筹集“摩尔农庄助学基金”3.6万元帮扶贫困学子“圆大学梦”。2012年3月，为楚雄州光彩事业促进会捐资2万元。2012年12月，向南华实施“全国儿纲项目”捐赠价值9.6万元物资。2013年3月18日，公司首期注资100万元的“摩尔农庄公益基金”在云南省青少年发展基金会设立，其中，30万元作为支持“云南省共青团希望水窖”1+“公益活动”援建100个希望水窖，30万元援建希望小学，40万元帮助贫困大学生圆“大学梦”。摩尔农庄每售出一罐核桃乳产品将捐出其中的两分钱注入到公益基金中。近年来累计捐献款项及物资近200万元。公司于2011年8月获得“爱心企业”称号。2013年9月，张跃进荣获“楚雄州道德模范”称号。

【杨国恩】 男，1934年8月出生，禄丰县广通镇蒙七村委会蒙七铺人。他不仅熟知蒙七铺发展的古今历史，而且用自己的方式、自己的行动，多年如一日，关心关注着蒙七村的发展，为弘扬优秀传统、唱响时代主旋律无私奉献。

1984年，当杨国恩看到蒙七铺跨河的独木桥腐烂危险时，就主动找村长组织人员进行巩固基础，支砌桥座基，并积极发动全家人参与，自己则始终坚守在工地上，直至工程完工。桥修好后，他征求村委会领导的意见，把桥定名为“公心桥”。1986年，为了方便群众的生产、生活，他又拿出1000元钱修起一座水泥桥。由于桥上通行下街的杨、李、徐、王、张五姓人，故称为“五姓桥”。2002年，蒙七村实施电网改造时，他又拿出380元钱购买了一套广播器材，无偿提供给蒙七铺作为宣传工具。

村里有一位五保老人叫杨发喜，一直靠村民轮流供养。后来杨国恩在征得家人同意后，主动把杨发喜老人接到自己家中生活居住，一住就是14年。在共同生活的日子里，杨国恩始终向对待自己的亲生父母一样，精心照料着杨发喜老人。1997年，蒙七村委会考虑到杨国恩家的生活困难，把杨发喜老人送到旧庄敬老院集中供养。杨发喜送敬老院后，杨国恩逢年过节都要到敬老院看望，陪他说话聊天，直到杨发喜老人离开人世。

为纪念红军长征经过蒙七铺的历史，2009年3月，杨国恩出资1000元在村里修建了红军坡纪念碑；为记录蒙七铺村的发展历程，通过连续多月走访村民和翻阅历史资料后，2012年2月，杨国恩又拿出3500元钱建起了村史纪念碑，系统地总结记述了蒙七铺村发展变化和人民群众艰苦创业的历程；为进一步活跃农村文化，丰富村民的精神文化生活，有效促进民族团结，杨国恩35年如一日，风雨无阻，不收一分报酬写黑板报347期，编写并组织演出文艺节目420余个，大力宣传党的路线、方针、政策和他的所见所闻，讴歌好人好事，用身边的事教育身边的人。在他的宣传带动下，全村精神文明建设取得了长足发展。2013年9月，杨国恩荣获“楚雄州道德模范”称号。

【苏丕超】 男，1986年出生，双柏县大庄镇人，现在中国石油云南楚雄销售公司工作。2009年5月，云南省红十字会到学校开展捐献造血干细胞志愿者报名活动，苏丕超报了名，并如愿成为了捐献造血干细胞的一名志愿者。2012年10月，中华骨髓库云南分库的工作人员几经周折找到正在中国石油云南销售楚雄分公司工作的苏丕超，并电话告知，他的造血干细胞与一名白血病患者配型成功。听到这个消息，尽管父母极力反对，但想到可以通过自己的干细胞救人，苏丕超没有丝毫的犹豫，毅然决然的答应捐献造血干细胞。2013年1月7日和8日，苏丕超瞒着父母，分两次为一名远在2000余千米外的陌生人捐献了364毫升造血干细胞，挽救了一个白血病患者的生命。2013年9月，苏丕超荣获“楚雄州道德模范”称号。

[州文明办供稿]

首届楚雄州“美德少年”名录

尹李筱　男　彝族　牟定县茅阳第一小学
冯天蔓　女　汉族　姚安县第一中学
杨跃勤　女　回族　楚雄市东兴中学
李仪琼　女　彝族　大姚县桂花初级中学
李贵花　女　彝族　禄丰县高峰乡小学
李晓丽　女　彝族　楚雄市东兴中学
吴泓艳　女　汉族　武定县九厂小学
张馨月　女　彝族　楚雄师范学院附属小学
陈楚昕　女　汉族　元谋县元马小学
周　欢　女　彝族　双柏县妥甸小学
周谢祺　女　汉族　南华县龙川小学
周楚然　男　哈尼族　楚雄开发区永安小学
钱星颖　女　彝族　永仁县第一中学
福晓琪　女　汉族　楚雄州特殊教育学校
谭晓双　男　汉族　楚雄市苍岭镇初级中学

[州文明办供稿]

组织机构及领导名录

中国共产党楚雄彝族自治州委员会

常务委员　张太原
李红民（女，彝族）
邱　江（仡佬族）
岑化虎
任锦云
左荣贵（彝族）
杨　静（女，彝族）
杨亚林（~2013.03）
杨照辉（2013.03~）
徐　昕
曹　军
夏新建
姜　扬
赵克义（白族）
孙　赟（挂职，2013.08~）

书　记　张太原
副书记　李红民（女，彝族）
邱　江（仡佬族）

秘书长　赵克义（白族）
副秘书长　苏贤发
张士金
何晓荣
肖应明（彝族）
田中洪
陶尚周（彝族，2013.07~）
邓永平（~2013.07）
杨秀成（兼）

中共楚雄州委机构

办公室
主　任　苏贤发
副主任　王春兴
仲显海（2013.07~）

督查室
主　任　王春兴
副主任　刘　彪（彝族，~2013.12）
宾国学（2013.07~）
何明智（2013.12~）

关工委办公室（副处）
　　主　任　黄　河（彝族）
信息综合室（副处）
　　主　任　杨丽平（女）
组织部
　　部　　长　徐　昕
　　常务副部长　李云升（～2012.08）
　　　　　　梁文林（2013.10～，兼州委非公有制经济组织和社会组织工作委员会书记）
　　副 部 长　梁文林（～2013.10）
　　　　　　吴亚峰
　　　　　　李春全（傈僳族，2013.08～）
　　　　　　何学明（兼，～2013.04）
　　　　　　施剑波（兼）
　　　　　　李　昆（兼，2013.04～）
　　州委非公有制经济组织和社会组织工作委员会副书记
　　　　　　杨林本（2013.10～）
宣传部
　　部　　长　姜　扬
　　常务副部长　段福君
　　副 部 长　刘　凯
　　　　　　黄　玲（女）
精神文明办
　　主　任　刘　凯
　　副主任　尹　睿
文化产业办
　　副主任　周　兵（2012.04～）
州委对外宣传办公室和州政府新闻办公室
　　主　任　段福君
　　副主任　孟　孚（女）
统战部（州台办）
　　部　　长　杨　静（女，彝族）
　　常务副部长　刘予敏（女，兼州台办主任、州社会主义学院副院长）
　　副 部 长　余海潮（～2013.12）
　　　　　　李志岗（2013.12～）
　　　　　　邓瑞云（兼，～2013.12）
　　　　　　杨发荣（傈僳族，兼）
　　　　　　周国兴（彝族，兼，2012.04～）
　　　　　　刘　祥（彝族，兼，2013.12～）
政法委员会
　　书　　记　岑化虎
　　常务副书记　秦国雄
　　副 书 记　倪志文
　　　　　　李鹏程
　　　　　　周红华（彝族，兼）
　　　　　　毛兴福（兼）
　　　　　　李智贤
　　综治办主任　周红华（彝族，正处）
　　办公室主任　李　靖（～2013.08）
　　　　　　徐　勇（2013.08～）
　　政治部主任　李辛学（彝族）
　　维稳办副主任　陈有昌（白族，2013.01～）
　　执法监督室主任　董仲明（2013.08～）
610办公室
　　党组书记、主任　毛兴福
　　副　主　任　王景兵
政策研究室（州农办）
　　政策研究室主任　张士金
　　政策研究室常务副主任、州农办主任
　　　　　　白　云（女，白族）
　　副主任　田映昌（彝族）
　　　　　　李继云
机构编制办公室
　　副 主 任　杨明玉（女）
　　督查室主任　文　皓（女，彝族）
州直机关工委
　　书　记　起云忠（彝族）
　　副书记　善承卫
　　　　　　秦玉兰
州委老干部局
　　局　长　施剑波
　　副局长　张晓玲（女）
　　　　　　习　刚（2013.07～）
机要局、密码管理局
　　局　长　李丕俊（彝族）
　　副局长　张瑞萍（女）
　　　　　　李冬伟
保密局（副处）
　　局　长　杨永昌
群众工作局（州政府信访局）
　　局　长　杨秀成
　　副局长　董继辉
　　　　　　李志荣
　　　　　　纪菊丽（女，2013.12～）
　　　　　　李　璇（女，兼）
　　　　　　王海宏（兼）
　　　　　　李　燕（女，彝族，～2013.07）
　　信访督查专员　王景飚
　　　　　　黄清华（2013.05～）
党史研究室
　　主　任　侯志荣
　　副主任　李世伟（彝族）
　　　　　　何志猛（2013.01～）

州干休所（副处）

所　长　周正芬（女，彝族）

中国共产党楚雄彝族自治州纪律检查委员会

书　记　夏新建

副书记　胡贵明（彝族）

王志梅（女）

王　建（彝族）

秘书长、办公室主任　赵宗喜

干部室主任　普德功（彝族）

信访室主任　高正友

案审室主任　陈民军

党风室主任　符文华（～2013.12）

陈燕青（2013.12～）

宣教室主任　自朝顺

综合室主任　周云生（回族，～2013.08）

李晓华（2013.12～）

政策法规研究室主任　吕高顺

纪检监察室主任　张俊华

案件监督管理室主任　杨焕生（白族）

执法监察室主任　郭兴旺

州纪委第一纪工委、监察分局

书　记　骆安昆

副书记、监察分局局长　周云生（回族，2013.08～）

副书记　经云珍（女）

州纪委第二纪工委、监察分局

书　记　孙长友

副书记　韩明哲（保留正处待遇）

副书记、监察分局局长　李文云（傣族）

州纪委第三纪工委、监察分局

书　记　杨爱学（彝族）

副书记、监察分局局长　李必旺

副书记　周　健（彝族）

州纪委第四纪工委、监察分局

书　记　刘爱明（彝族）

副书记、监察分局局长　贺　祥

副书记　王云峰

州纪委第五纪工委、监察分局

书　记　何正兴

副书记、监察分局局长　毕作东

副书记　杨　燕（女）

州纪委第六纪工委、监察分局

书　记　鲁　伟

副书记、监察分局局长　毕承太（彝族）

副书记　尚　群（女）

楚雄彝族自治州人大常委会

党组书记、主任　卢显林

党组副书记、副主任　李　佳

党组成员、副主任　卜德诚

商雁鸿

熊卫民（彝族）

李志勇

副 主 任　吴丽华（女）

秘 书 长　张林敏

副秘书长　白忠华

州人大常委会内设机构

办公室

主　任　白忠华

副主任　华明友（～2013.10）

祖　俊

汪家有

蒋华荣

周晓宇（彝族，2013.10～）

法工委

主　任　杨文昌

副主任　孙丹润

教科文卫工委

主　任　付永新

副主任　张开阳

民工委

主　任　李祝宁（彝族）

副主任　张明华（苗族，～2013.08）

张志军（2013.10～）

财经工委

主　任　周　雷

副主任　陈徐宗

选联工委

主　任　郭孝益

副主任　吴燕来

农业与环境资源工委

主　任　李学安

副主任　张志军（苗族，～2013.08）

楚雄彝族自治州人民政府

党组书记、州长　李红民（女，彝族）

党组副书记、常务副州长　杨亚林（～2013.03）

杨照辉（2013.03～）

党组成员、副州长　任锦云

孙　赟（挂职）

赵祖莹

邓斯云

周兴国

曹卫东（哈尼族）
洪维智（挂职）
王厚军（挂职）
副 州 长　王定梁（~2013.09）
党组成员　杨应旭（2013.03~）
州长助理　刘春华（挂职，2013.02~）
秘 书 长　李德胜（彝族）
副秘书长　李　平
李林波（2012.03~）
杨俐昆（正处，2012.05~）
杨秀成
张俊珲
钟建辉
李红梅（女，~2013.12）
阮建文
张　健
金德能
吴海芬（女，2013.12~）
朱梅品（兼）
袁　锋（挂职，~2013.06）
段志红（挂职，2013.08~）

州人民政府机构

办公室
党组书记　李德胜（彝族）
主　　任　李　平
副 主 任　段福华（~2013.07）
代淳志
罗如贵（2013.01~）
督查室主任　朱光荣
信息中心主任　冯忠顺（2013.10~）

发展和改革委员会（能源局）
党组书记、主任　徐　东
党组副书记、副主任　洪　志（正处，兼州能源局局长，2012.11~）
副主任　生国强（~2013.04）
尹　毅
罗志清（彝族）
彭寿才
王文书（2013.10~）
重点项目稽查特派员　杨发宏（2013.10~）
郭逢春（2013.10~）
重点项目稽查特派员办公室主任　李鹏宁
州铁路建设协调领导小组办公室主任　邱国生（兼州民航工作协调领导小组办公室主任，2013.05~）
州深化医药卫生体制改革领导小组办公室主任
朱明生（2013.05~）

工业和信息化委员会
党委书记、主任　苏铸红（白族，兼中小企业局局长，~2013.04）
党委书记　马国雄（回族，2013.04~）
主　　任　苏铸红（白族，兼中小企业局局长，2013.04~）
副 主 任　程宗文（正处，兼州无线电管理办公室主任）
康　喜
李联平
何正祥
罗怀云
解正伟
吕建云
党委副书记、纪委书记　罗绍辉

教育局（州政府教育督导室）
州教育党委书记、局长　李　能（兼州职教园区党委书记）
州政府教育督导室主任　琚华良
州教育党委副书记、副局长　周志海（回族，~2013.12）
副 局 长　罗向阳（彝族）
王俊伟
纪委书记　杨文忠（彝族，~2013.12）
周志海（回族，2013.12~）
教育督导室副主任　李树鉴（2013.12~）
教育工会主席　曹荣国（~2013.12）
施自荣（2013.12~）
教科所所长　自洪明（彝族，2013.12~）

科学技术局（知识产权局）
党组书记、局长　罗秀娟（女）
副　局　长　张洪云
吴启荣

民族事务委员会
党组书记、主任　周国兴（彝族）
副主任　马光辉（回族，2013.09~）
马炳尧（回族，~2013.07）
杨洪雨
王　琼（女，~2013.07）
龙光明（苗族，2013.12~）

公安局
党委书记、局长　曹卫东（哈尼族）
副书记、常务副局长　赵树礼
副局长　施怀祥
李发富（彝族）
周建忠
戚玉刚
政治部主任　尹丽华（女，彝族）

政治部副主任 谢云芳（女）
纪委书记 柳思平（正处）
纪委副书记 饶 兵（回族）
警令部主任 董 兵
警务保障处处长 李 军（彝族，2013.08～）
机要通信处处长 赵 云
信访处处长 冯 杰（2013.08～）
法制支队支队长 陈 英（女，兼直属分局局长，2013.08～）
法制支队支政委 杨庆民（彝族，2013.07～）
法制处处长 冯 杰（兼直属分局局长，～2013.08）
直属分局政委 陈 英（女，～2013.08）
警务督察支队支队长 杨庆民（彝族，～2013.08）
杨智慧（女，2013.07～）
警卫支队支队长 邱晓东
刑侦支队支队长 盛显江（～2013.07）
王 玮（2013.07～）
刑侦支队政委 施 云（2013.07～）
禁毒支队支队长 李 彦（2013.08～）
禁毒支队政委 王乔云（2013.07～）
治安支队支队长 李忠华（彝族）
治安支队政委 杨智慧（女，～2013.08）
张育生（彝族，2013.07～）
国家安全保卫支队支队长 张会云
国家安全保卫支队政委 李存美（女，2013.07～）
经济犯罪侦察支队支队长 陆荣贵
经济犯罪侦察支队政委 陈云海
技术侦察支队支队长 梁 文
技术侦察支队政委 施 云（～2013.07）
张惊雷（回族，2013.07～）
公共信息网络安全监察支队支队长 王小军
公共信息网络安全监察支队政委 李亚杰（女，彝族）
监所工作管理支队支队长 李 珉
监所工作管理支队政委 李存美（女，～2013.07）
看守所所长 杨宏春
看守所政委 王 猛（回族，2013.07～）
出入境管理支队支队长 何云平
反恐支队支队长 夏会良（2013.08～）
反恐支队政委 张育生（彝族，～2013.07）

州公安局交警支队
支队长 靳 昌
政 委 任 源
纪委书记 王世敏（保留正处待遇）
副支队长 闫 文
陆 跃（纳西族）
政治处主任 杜春云（女，彝族）

州公安局警察培训学校
校 长 邱文华（彝族）
政 委 王 丽（女）
副校长 李 彦（～2013.08）
尹世勇（2013.08～）
政治处主任 吕 浩（2013.08～）
纪委书记 龙志斌

监察局
局 长 王志梅（女）
副局长 吴金辉
速 勇（回族）
李 敏（女）

民政局（老龄办）
党组书记、局长、老龄办主任 王光荣
副局长 祁云鹏（保留正处待遇）
邓永莲（女）
杨 发

司法局
党委书记、局长 苏光祖
副局长 段兴邦（保留正处待遇）
蔡琼华（女）
杨 芳（女）
纪委书记 李 鲲（彝族）
政治部主任 高明新

财政局（金融办）
党组书记、局长 赵晓明（彝族，兼州政府金融办主任）
副局长 崔学政
李永祥
起国华（彝族）
杨新林（～2013.12）
龙俊波（苗族，～2013.07）
杨柏繁（白族，2013.09～）
甘 勇（2013.10～）
金融办常务副主任 杨新林（2013.12～）
金融办副主任 甘 勇（～2013.10）
保永刚
州非税收入管理局局长（副处） 尹亚全
农业综合化开发办主任（副处） 白 明（纳西族）

国资委
党委书记 王耀秋
主 任 高 翔
党委副书记、纪委书记 刘 谦（2013.04～）
副主任 杨胜利（保留正处待遇，2012.10～）
丁似莲
崔学政（兼）

人力资源和社会保障局
党组书记、局长 李 昆（2013.04～）

副局长　李琼会（女）
杞王友（彝族）
高锡鹏
余开顺
金利东（2013.09～）
医保中心主任　金利东（～2013.09）
文金华（2013.09～）
退管中心主任　李宗霖
州劳动人事争议仲裁院院长　夏　禹（2013.09～）

国土资源局
党组书记、局长　胡有刚（2013.02～）
副局长　杜　鹏
雷　鸣
赵　江

环境保护局
党组书记、局长　蔡永林
副局长　张绍文（彝族）
黄丕刚

住房和城乡建设局
党组书记　罗乔仙（女）
局　　长　杨　杰（白族，规划局局长）
副 局 长　章　琦
张跃生
李维光
余志宏（2013.08～）

交通运输局
党组书记、局长　李富才
副局长　陈　斌
卢晓林
王　祥
周良才
杨在伟（兼）
运政管理处处长（副处）　沈新荣（～2013.10）

农业局
党组书记、局长　杨树荣
副局长　杨　龙（畜牧兽医局党组书记、局长）
赵光文
杨永生（彝族）
王志达
何　平（～2013.12）
李美琼（女，2013.02～）
史　翎（2013.12～）
畜牧兽医局副局长　李维峰（彝族）
陈文芳
农产品检测中心主任(副处)　曾友华（女，～2013.12）
杨文忠（彝族，2013.12～）

林业局
党委书记、局长　卢显亮
副书记、纪委书记　普凤昌（彝族，～2013.07）
毛兴明（2013.07～）
副局长　黄大斌（保留正处待遇）
罗世文（自然保护区管理局局长）
柏雨风（彝族）
李　健（傈僳族，～2013.12）
丁似水（2013.12～）
森林公安局局长　李映山（副处，～2013.02；正处，2013.02～）
森林公安局政委　唐清云（保留正处待遇）
森林防火指挥部专职副指挥长（副处）　高培忠

水务局
党组书记、局长　汤　健
副局长　田裕民
冯伟玲（女，～2013.04）
刘仕举
杨柏繁（白族，～2013.09）
刘文忠（2013.09～）
段红林（2013.08～）
州防汛抗旱指挥部专职副指挥长（副处）　吴志宏

商务局
党组书记　李兆友（傣族）
局　　长　杨继周（彝族，～2013.08）
杨俐昆（2013.10～）
副 局 长　周晁晔
孔玉华

文化体育局（新闻出版局、版权局）
党组书记　董智昆
局　　长　施克沛
副 局 长　李飞云
杨宝生
张殿洪（彝族）
徐丽琴（女）
文化市场综合执法支队支队长（副处）　张　宇

广播电视局
党组书记　朱丽华（女）
局　　长　夏　良
副 局 长　柳　明
陈　涛
州广播电台台长　李建华（彝族）
楚雄电视台台长　张翔华

卫生局
党委书记、局长　钟继红（女，傈僳族）
党委副书记、纪委书记　白玉平（彝族）

副局长　董应宽
普联珊（彝族）
王如发（彝族）

人口和计划生育委员会
党组书记、主任　普学芬（女，彝族）
副主任　申建林（彝族，～2013.12）
周保全（～2013.12）
李静媛（女，彝族，2013.12～）

审计局
党组书记　阿明仙（女，彝族）
局　　长　刘　平
副 局 长　王之忠（彝族，～2013.12）
徐永金
陶光明
胡晓雯（女）
李秋洪
顾姝倩
陈绍能（2013.12～）

外事侨务办公室
党组书记　邹志琼
主　　任　夏　军
副 主 任　张子荣（～2013.08）
李兴文（2013.08～）

统计局
党组书记　杨金智
局　　长　戴凤玲（女，白族）
副 局 长　严涛聪
张明海
谢正芳（2013.05～）
施卫华（挂职，2013.05～）

旅游局
党组书记、局长　李玉林
副局长　王兴林
李永军

安全生产监督管理局
党组书记、局长　李明祥
副局长　罗觉敏（保留正处待遇）
符洪彩（保留正处待遇）
宋兴洪

宗教事务局
党组书记、局长　杨发荣（傈僳族，～2013.12）
刘　祥（彝族，2013.12～）
副局长　龙光明（苗族，～2013.12）
凤云松（彝族）
马炳尧（回族，2013.12～）

粮食局
党组书记、局长　刘　祥（彝族，～2013.12）
党组书记　刘　华（彝族，2013.12～）
局　　长　李红梅（女，2013.12～）
副 局 长　肖荣祥
叶忠海

扶贫开发办
党组书记、主任　罗文慧（彝族）
副主任　张战友（保留正处待遇）
李学才
起绍祥（彝族）

招商合作局（经济技术合作办公室）
党组书记、局长、主任　朱梅品
副局长、副主任　张鹤雁
李素萍（女）
彭金富（彝族）
杨　珺（白族）

移民开发局
党组书记　刘祥武（～2013.12）
局　　长　李　文（～2013.12）
党组书记、局长　李　文（2013.12～）
副 局 长　余加略（彝族，保留正处待遇）
何明智（～2013.12）
刘　彪（彝族，2013.12～）

人民防空办
党组书记、主任　李彩林（彝族）
副主任　刘建华（布依族，保留正处待遇）
李继新（彝族，～2013.07）

供销合作联合社
党组书记　起向聪
主　　任　陈长来
副 主 任　朱国良（彝族）
马国良（彝族，～2013.01）
李枝权（彝族）
张　勇（2013.02～）

地方志办公室
党组书记、主任　郭孟贤
副　　主　　任　杜晋宏（彝族，正处）
白云鹏（彝族）

地震局
党组书记　侯家学
局　　长　胡智文（～2013.12）
副 局 长　宋志峰
毛焕聪

政府政务服务管理局
党组书记、局长　周有奇（彝族）
副局长　杨玉江（白族）
杨建斌（彝族）

机关事务管理局
局　长　冉江明（土家族）
副局长　杨家明（保留正处待遇）
高　耀
李丽君
接待处
处　长　李林波（～2012.06）
张俊辉（2012.08～）
副处长　思显龙（～2012.07）
张春平
杨　晋（2012.12～）
州政府研究室、发展研究中心
主　任　黄正山
副主任　符　群（～2013.12）
李如宗（彝族）
黄　忠（2013.02～）
州政府驻昆办
主　任　王爱萍（女）
副主任　王海宏
州政府驻京联络处
主　任　李　璇（女）
副主任　张运恩（彝族，2013.05～）
州政府法制办
主　任　陆绍林
副主任　徐　鹏
档案局（馆）（副处）
局（馆）长　高建祥
职业教育园区管理委员会（正处）
党委书记　李　能（兼）
党委副书记、主任　刁晋光
党委副书记、纪委书记　杨建明（回族）
副主任　席家永
张　翔
周　刚
食品药品监督管理局
党组书记　柳思强
局　　长　杨　柳（傈僳族）
副 局 长　沈彩兰（女）
李仕江（彝族，～2013.10）
谭学超
蜻蛉河灌区管理局（副处）
局　长　史　翎（～2013.12）
刘昌富（彝族，2013.12～）
青山嘴水库工程建设管理局
党组书记　许华荣
局　　长　冯伟玲（女，2013.05～）
副 局 长　李洪亮（彝族，保留正处待遇）
刘文忠（～2013.09）
范云峰（彝族）
宋开洋（2013.09～）
葡萄产业开发办公室
党组书记、主任
副主任　王苑文
管　玲（女）
住房公积金管理中心（副处）
主　任　罗金林（彝族）
能源及新材料产业督导协调组办公室
主　任　生国强（2013.07～）
副主任　李　斌（彝族，2013.07～）
李　银（2013.07～）
州委党校
校　长　邱　江（仡佬族，兼）
行政学校校长　杨亚林（兼，～2013.04）
杨照辉（兼，2013.04～）
党委书记、常务副校长　马爱芳（女，回族，州行政学校副校长，州社会主义学院常务副院长）
副校长　张学龙（州社会主义学院副院长）
李志昌
纪委书记　张发润（白族）
楚雄日报社
党委书记、社长　何　勇
总编辑、副社长　陈　涛
副总编辑　杨　凡
窦小军（～2013.12）
符文华（2013.12～）
纪委书记　曾新华
彝族文化研究院
党支部书记　董云辉（彝族）
院　长　肖惠华（彝族）
副院长　李松禄（彝族）
王之福（彝族）
农科所
党总支书记、所长　黄光和
党总支副书记　赵廷龙（彝族）
副所长　张发祥
博物馆
馆　长　钟仕民（彝族，兼州古生物化石研究中心主任）
副馆长　杨开林（兼州古生物化石研究中心副主任，～2013.07）
王增清
李胜海（傣族，～2013.12）

民族艺术剧院
总支书记　马开仁（回族，副处）
院　　长　邱卫东（州委宣传部调研员，2013.08～）
开发投资有限公司
董 事 长　杨亚林（兼，～2013.04）
杨照辉（兼，2013.04～）
总 经 理　周建琼（女，彝族）
副总经理　马　麟（女，回族）
由　珂

政协楚雄彝族自治州委员会
党组书记、主席　李兴顺
副书记、副主席　杨应旭（～2013.03）
张启俊（2013.04～）
党组成员、副主席　李　怡（女）
王玉玺（2013.04～）
副主席　何根源（白族）
蒲　涌
杨玉泉（纳西族）
享受副厅级待遇　马旷源（回族）
保留副厅级待遇　李天云
张万礼
秘 书 长　李光彪
副秘书长　鲁文兴（彝族）

州政协内设机构
办公室
主　任　鲁文兴（彝族）
副主任　周家荣
苏文生
邬光明（～2013.01）
严万雄
罗德顺（彝族，2013.12～）
经济委员会
主　任　张金华
副主任　吴荣华（女，回族）
民族宗教联络委员会
主　任　周文义（彝族）
副主任　张永智
教科文卫文史资料委员会
主　任　毕从秀（女，彝族）
副主任　王　旭（保留正处待遇）
提案委员会
主　任　刘洪群
副主任　张　梅（女）
社会法制委员会
主　任　李秀华
副主任　杨　云
白　桦（女）
研究室
主　任　陈明贵
副主任　罗德顺（彝族，～2013.12）
沈新荣（2013.11～）

楚雄州能源及新材料产业督导协调组（正厅）
组　长　杨应旭（2013.02～）
副组长　何学明（2013.02～）

楚雄彝族自治州中级人民法院
党组书记、院长　普建辉
副院长　杨　鹏（白族）
高明云（女）
起绍洪（彝族）
杨　虹（女）
纪检组长　起有生（彝族）
政治部主任　朱崇芳
政治部副主任　杨　颖（女）
执行局局长（正处）　邵光庆
执行局副局长（副处）　何立明
行政装备管理处处长　陈建华（女，副处）
审判监督庭庭长　李文先（副处）
立案庭庭长　张志强（副处）
研究室主任　李静平（副处，彝族）
民事审判一庭庭长　杨鸿旭（副处）
民事审判二庭庭长　刘亚玲（女，副处）
民事审判三庭庭长　何加荣（副处）
行政审判庭庭长　刘　芳（女，副处）
监察室主任　姬云桥（副处）
司法警察支队支队长　白华敏（副处）
刑事审判一庭庭长　董　波（副处）
刑事审判二庭庭长　黄怒雄（副处）
办公室主任　李雪江（副处，彝族，2013.04～）
新闻信息中心主任　刘　琼（女，副处）
审判管理办公室主任　孙　明（副处）
专职审判委员会委员　张建民（副处）
刘文亮（副处）

楚雄彝族自治州人民检察院
党组书记、检察长　戴富才
副书记、副检察长　姚燕平（女）
副检察长　蔡永明
李光俊（彝族）
马晓斗

刘存云（正处，2013.07～）
纪检组长　李继光（彝族，正处）
政治部主任　罗云波（正处）
政治部副主任　王玉仙（女，彝族，副处）
反贪局局长　刘存云（正处，～2013.07）
邓永平（2013.07～）
反贪局副局长　赵云生（～2013.04）
刁愿军（傣族，2013.04～）
职务犯罪预防处处长　马云华（副处）
反渎职侵权局局长　崔荣昆（正处）
反渎职侵权局副局长　赵云生（副处，2013.04～）
办公室主任　张洪顺（副处）
检察技术处处长　罗大兴（彝族，副处）
人民监督员办公室主任　杜　程（副处）
专职检察委员会委员　张宝奎（副处）
周　康（彝族，副处）
控告申诉处处长　杨永文（彝族，副处）
监所检察处处长　刘继红（副处）
法警支队支队长　何　敏（副处）
法律政策研究室主任　杨正波（回族，副处）
侦查监督处处长　赵春菊（女，傈僳族，副处，2013.04～）
行政装备处处长　鲁汉学（彝族，副处）
公诉处处长　杜　勇（副处）
监察处处长　陈为忠（副处）
派驻楚雄监狱检察室主任　敖庆忠（彝族，副处）
民事行政监察处处长　陈　丽（女，副处）
案件管理办公室主任　胡　云（女，2013.04～）

中国人民解放军楚雄军分区

司令员　关惜分
政　委　曹　军

群团机构

总工会
主　席　商雁鸿（兼）
党组书记、常务副主席　王　虎
副主席　李兴国（傣族）
夜成芳（女，彝族）
团州委
党组书记、书记　杨梦婷（女，回族）
副书记　杨　军
朱成玉（彝族）
妇女联合会
党组书记、主席　孟树仙（女）
副主席　李　梅（女）
纪菊丽（女，～2013.12）
李和枝（女，2013.12～）
工商联（总商会）
主　席　吴丽华（女，兼）
党组书记、常务副主席　邓瑞云（～2013.12）
杨发荣（傈僳族，2013.12～）
副主席　叶松福（～2013.12）
周云峰
马志洪（回族）
科学技术协会
党组书记　金　桦（女，彝族）
主　　席　夭建国（彝族）
副 主 席　陈春富
倪　勇
社会科学界联合会
党组书记、主席　何锡英（女）
副主席　朱明云（2013.04～）
晏自军（2013.01～）
文学艺术界联合会
党组书记　冯梅青（女，彝族）
主　席　李茂尊
副主席　朱明云（～2013.04）
吴玉华（瑶族）
残疾人联合会
党组书记、理事长　吴双华（女）
副理事长　白惠能
周永洪（彝族）
刘　波（2013.04～）
赵云波（～2013.04）
红十字会（正处）
会　　长　李红民（女，彝族，兼，～2013.04）
邓斯云（兼，2013.04～）
党 组 书 记　滕　洪
常务副会长　代丽菊（女）
副　会　长　杨彩珍（女，彝族）
侨　联
党组书记、主席　何兆发
副主席　高海霞（女）

民主党派州级地方组织

农工民主党楚雄州委
主　委　王定梁（～2013.09）
副主委　聂天荣
周永惠（兼，女）
陈志坚（兼）
中国民主促进会楚雄州委
主　委　蒲　涌（兼）

副主委　任瑾瑞（女）
高建平（兼）
中国民主建国会楚雄州委
主　委　杨玉泉（女，纳西族，兼）
副主委　商　珊（女）
李　援（彝族，兼）
九三学社楚雄州委员会
主　委　韦　薇（女，壮族，兼）
副主委　苏　梅（女）
聂宗林（兼）

教育系统

楚雄师范学院
党委书记　谭　丛（女）
副 书 记　李　明（～2013.01）
罗明东（2013.08～）
李云峰
李德勇
纪委书记　李正武
院　　长　李　明（～2013.01）
罗明东（2013.08～）
副 院 长　谢志林
陆　华
李　勇
陈　颖（女）
楚雄医药高等专科学校（副厅）
党委书记　杨宏仁
副书记、校长　王晓明
副书记（正处）　姚天春（兼纪委书记）
副校长　叶茂绿（兼工会主席）
昝雪峰
党委办（纪委办）主任　陆润奎（彝族）
行政办主任　段玉林
组织人事处处长　杨光团
团委书记　邓永平
工会专职副主席　杨自祥（彝族）
女工委主任　杨和平
学生工作处处长　方　雷
后勤管理处处长　王炳林
教务处处长　熊金成
招生就业处处长　贺　彪
药学系主任　杨先振
检验系主任　林逢春
医学系主任　易敏春
基础医学系主任　钱兴勇
公共部主任　李维斌（彝族）

计划财务处处长　陆鸿奎
科技处处长　李光富
继续教育处处长　沈必成
楚雄州技师学院（副厅）
党委书记　李自云
院　　长　刁晋光
副 院 长　席家永（兼）
闵　珏（兼）
李万祥（兼）
昆明理工大学楚雄应用技术学院（工业学校）
党委书记　王　良
院　　长　彭金辉（彝族，兼）
党委副书记、常务副院长　刁晋光
副院长、副校长　鲁延森
张绍喜
徐俊梅（女）
副书记、纪委书记、工会主席　陈建华
楚雄州民族中等专业学校
党委书记　普怀亭（彝族）
校　　长　钱文卿（彝族）
副 校 长　杨建明（回族）
文有德
段联嵩
楚雄州农业学校
党总支书记　陈　阳（女）
校　　长　李绍宝（彝族）
副 校 长　张　翔（兼工会主席）
王　静
楚雄州技工学校
党总支书记　张孟培
校　　长　刁晋光
副 校 长　席家永
闵　珏（女）
李万翔
楚雄州体育运动学校
校　长　杨文津（兼工会主席，保留副处待遇）
副校长　朱　斌（副处）
楚雄一中
党委书记、校长　刘志杰
党 委 副 书 记　尹宏贤
副校长　师崇良
楚雄州民族中学
党委书记、校长　张廷昆（彝族）
副校长　郭志刚（白族）
楚雄师院附中
党总支书记、校长　杨永华

卫生系统

楚雄州人民医院

党委书记、副院长　丁伟峰

党委副书记、院长　刘晓明

副院长　王育昌

高　勇（白族）

余成敏

工会主席　范建英（女）

纪委书记　柯永丽（女）

楚雄州中医院（云南省彝医医院）

党委书记、院长　杨本雷

副书记　倪志坚

副院长　张其武

许嘉鹏（彝族）

楚雄州精神病医院（第二人民医院）

党总支书记、院长　普建文（彝族）

楚雄州妇幼保健院（副处）

党总支书记　秦永明

院　长　庞　玲（女）

楚雄州卫生监督所（副处）

所　长　缪洪芳（女）

楚雄州疾病预防控制中心

党委书记　汪楚平

主　任　宋先毅（~2013.01）

刘应先（2013.01~）

楚雄州中心血站（副处）

党支部书记　段国华

站　长　张　梅（女）

县（市）委书记、副书记

楚雄市

书　记　左荣贵（彝族）

副书记　杨中华（彝族，2013.06~）

赵万祥（~2013.06）

王　磊（挂职）

周　霏

双柏县

书　记　张晓鸣（彝族）

副书记　李长平

李晓云

张志军（挂职）

牟定县

书　记　李绍文（彝族）

副书记　彭宪琪（白族）

张俊国（彝族）

唐建国（挂职）

南华县

书　记　陆积峰（彝族，~2013.08）

李云升（2013.08~）

副书记　刘文跃

何文明

和金星（纳西族，挂职）

姚安县

书　记　冯　毅

副书记　刘建云

王若舟（傣族）

韦永宣（壮族，挂职）

大姚县

书　记　盛高举（~2013.03）

陆积峰（彝族，2013.08~）

副书记　唐聆燕（女）

李郁光

成翰谷（挂职）

永仁县

书　记　杨仕坤（彝族）

副书记　李明峰

金　鸿

师　逸（挂职，2013.03~）

元谋县

书　记　袁丽娟（女）

副书记　杨中华（彝族，~2013.06）

李林波（2013.06~）

赖有常（彝族）

蒲　跃（白族，挂职，2013.03~）

武定县

书　记　黄云雁

副书记　周志远

李　坚（女，苗族）

陈真永（白族，挂职）

禄丰县

书　记　王玉玺（~2013.08）

柴万宏（2013.08~）

副书记　李　昆（~2013.04）

柴万宏（~2013.08）

杨继周（彝族，2013.08~）

龙俊波（苗族，2013.08~）

张世宏（挂职）

张士金（挂职，2013.08~）

县（市）委常委、纪委书记

楚雄市　杨雪斌（女）

双柏县　王丽平（彝族，~2013.12）

孟继祖（彝族，2013.12～）
牟定县 善应贤（彝族）
南华县 彭长达
姚安县 毛兴明（～2013.07）
王开国（2013.07～）
大姚县 刘建伟（白族）
永仁县 周有方（傣族）
元谋县 周 海
武定县 李永志（彝族）
禄丰县 郭永冰（彝族，～2013.12）
王之忠（彝族，2013.12～）

县（市）委政法委书记

楚雄市 刘汉勇（彝族）
双柏县 毕剑华（彝族）
牟定县 刘文禹
南华县 张志洪
姚安县 昝丕政
大姚县 沈克敏
永仁县 马庭文（傣族）
元谋县 段光显
武定县 李 坚（女，苗族）
禄丰县 毛世宾（彝族）

县（市）委常委、办公室主任

楚雄市 李有贵
双柏县 李兴文（彝族，～2013.07）
牟定县 郭现杰
南华县 罗富生（彝族）
姚安县 王开国（～2013.07）
杨 勇（2013.07～）
大姚县 张利伟（回族）
永仁县 起自敏（女，彝族）
元谋县 文萧翰
武定县 张剑波（彝族）
禄丰县 石 刚

县（市）委常委、组织部长

楚雄市 赵 良（彝族）
双柏县 唐建平
牟定县 杨芳亮（傈僳族）
南华县 杨庆文（彝族）
姚安县 李志娟（女，彝族）
大姚县 陈如军
永仁县 李春全（傈僳族，～2013.08）
张新明（2013.08～）

元谋县 沙治成
武定县 马庆辉（回族）
禄丰县 李志岗（～2013.12）
郭永冰（彝族，2013.12～）

县（市）委常委、宣传部长

楚雄市 罗凤森（彝族，正处，～2013.12）
邹顺伟（彝族，2013.12～）
双柏县 岑云英（女）
牟定县 李和枝（女，～2013.12）
窦小军（2013.12～）
南华县 吴海芬（女，～2013.12）
姚安县 席会丽（女）
大姚县 肖 燕（女）
永仁县 鲁泽强（彝族）
元谋县 宋文浩
武定县 龙德武
禄丰县 周晓红（女）

县（市）人大常委会主任、副主任

楚雄市
主 任 段 云（2013.02～）
副主任 刘发明
杨廷凯
胡乃林（2013.02～）
冷文莲（女，彝族，2013.02～）
双柏县
主 任 郎天云
副主任 苏秀华（女）
杨 铭
王 斌（2013.01～）
汤永平（哈尼族，2013.01～）
牟定县
主 任 普学煌（彝族）
副主任 郑 荣（2013.01～）
夏桂琳（女）
李自德
黑茂贵（彝族）
南华县
主 任 叶忠华
副主任 黄淑珍（女）
叶 敏（女）
罗智强（彝族）
翁云龙（2013.01～）
姚安县
主 任 胡 雄

副主任　李景元（彝族，2013.02～）
　　　　刘嵩涛（2013.02～）
　　　　李　勇（彝族）
　　　　陈冬梅（女，2013.02～）

大姚县
主　任　温连勇（2013.01～）
副主任　张忠德（彝族，2013.01～）
　　　　张　玲（女，2013.01～）
　　　　沙朝安
　　　　李　虎

永仁县
主　任　吴玉斌
副主任　郑周伟
　　　　李本元
　　　　郑丽萍（女）
　　　　刘国永（2013.01～）

元谋县
主　任　鲁维生（彝族）
副主任　张自忠（2013.01～）
　　　　吕　忠（2013.01～）
　　　　高发银（彝族，2013.01～）
　　　　马江芝（女，回族）

武定县
主　任　李茂学（彝族，2013.02～）
副主任　鲁志廉（彝族）
　　　　杨春城（苗族）
　　　　李正芝（女，2013.02～）
　　　　刘永康（傈僳族，2013.02～）

禄丰县
主　任　李红芸（女，彝族，2013.02～）
副主任　刘素芬（女）
　　　　普　平（彝族）
　　　　李春平
　　　　李忠民（2013.02～）

县（市）人民政府县（市）长、副县（市）长

楚雄市
市　长　赵万祥（～2013.06）
　　　　杨中华（代理市长，彝族，2013.06～）
常务副市长　习　雁
市委常委、副市长　包继文（女）
副市长　李　援（彝族）
　　　　张爱东
　　　　马子才（回族）
　　　　罗华银（彝族）

双柏县
县　长　李长平（2013.01～）
常务副县长　张永华（彝族）
县委常委、副县长　陈绍能（～2013.12）
　　　　　　　　　黎　克（挂职）
副县长　方永红（彝族）
　　　　吴应辉
　　　　沈海燕（女）
　　　　王　权（彝族，2013.01～）
　　　　徐晓东（挂职，2013.04～）

牟定县
县　长　彭宪琪（白族）
常务副县长　席　云
县委常委、副县长　樊志栋（～2013.12）
　　　　　　　　　余海潮（2013.12～）
副县长　高学龙（彝族）
　　　　毛德勇（彝族）
　　　　王旭东（挂职）
　　　　刘　云（2013.01～）
　　　　李翠萍（女，2013.01～）
　　　　曹慧东（挂职，2013.04～）

南华县
县　长　刘文跃（2013.01～）
常务副县长　刘昌富（彝族，～2013.12）
县委常委、副县长　祝春燕（女，回族）
副县长　马爱军（回族）
　　　　钟世富（傈僳族）
　　　　毛发金
　　　　李　俊（白族）
　　　　赵剑锋（挂职，2013.04～）

姚安县
县　长　刘建云
常务副县长　李　勇
县委常委、副县长　李　勇
副县长　夏会良（兼督察长，～2013.07）
　　　　钟吉聪
　　　　李静媛（女，彝族，～2013.12）
　　　　潘建勋（彝族，2013.02～）
　　　　普永进（兼督察长，2013.07～）
　　　　杨怀军（挂职，2013.04～）
　　　　杨春媛（女，藏族，挂职，2013.06～）
　　　　陆赵李（2013.12～）

大姚县
县　长　唐聆燕（女）
常务副县长　王文清（彝族）
县委常委、副县长　汪光献
副县长　李　滨
　　　　林帮荣

黎明俊（2013.01～）
曹　波（2013.01～）
梁　军（蒙古族，挂职，2013.04～）
高立立（挂职，2013.10～）

永仁县
县　长　李明峰
常务副县长　晁建伟
县委常委、副县长　李　伟
副县长　周　宏
杨开寿（彝族）
罗翠明（彝族）
尹云莲（女）
周清华（挂职，2013.08～）
杨　罡（蒙古族，挂职，2013.04～）

元谋县
县　长　杨中华（彝族，～2013.06）
李林波（代理县长，2013.06～）
常务副县长　雷　波
县委常委、副县长　向　勇（傣族，～2013.12）
何　平（2013.12～）
副县长　谢绍光（2013.07～）
杨春茹（女）
郑　武（2013.01～）
吴春华（彝族，2013.01～）
王　玮（～2013.07）
任　兵（挂职）
杨长楷（挂职，白族，2013.06～）

武定县
县　长　周志远（2013.02～）
常务副县长　阳庆富
县委常委、副县长　周廷质（彝族）
副县长　普正祥（彝族）
李建云
徐志华（彝族）
黄玉梅（女，彝族）
宋　予（挂职，2013.06～）
陈晓虎（挂职，2013.08～）

禄丰县
县　长　柴万宏（～2013.08）
杨继周（代理县长，彝族，2013.08～）
常务副县长　张　东
县委常委、副县长　田　霞（女）
副县长　胡晓东（回族）
李　伟
李开传（彝族）
朱　江（白族，2013.02～）
韩锦根（挂职）
陈晓辉（挂职，2013.06～）

楚雄经济开发区管委会
主　　任　刘显昌
党委书记　马　军（回族，～2013.10）
罗凤森（彝族，2013.10～）
副书记、纪委书记　荆庆华（白族）
常务副主任　刘　华（正处，彝族，～2013.12）
副　主　任　马　军（回族，～2013.10）
罗凤森（彝族，2013.10～）
孙春荣
杨　晋（白族，～2013.12）
何小昆（～2013.04）
吴　炬（挂职，2013.08～）
向　勇（傣族，2013.12～）
周保全（2013.12～）
樊志栋（2013.12～）

禄丰工业园区管委会
工委书记　杨建伟（正处，彝族）
主　　任　张百舸（正处，～2013.12）
陈玉洁（2013.12～）
工委副书记、纪工委书记　陈　铁（女，2013.04～）
副主任　丁贵友（2013.04～）
黄　毅（2013.04～）

县（市）政协主席、副主席

楚雄市
主　席　吴永祥（2013.02～）
副主席　马文辉（回族）
杞　昀（女，彝族）
赵天武（壮族）
王联中（2013.02～）

双柏县
主　席　李雪峰（彝族，2013.01～）
副主席　赖海荣（哈尼族，2013.01～）
李晓昌（2013.01～）
苏荣兰（女，2013.01～）
王清宏（2013.01～）

牟定县
主　席　徐惠兴
副主席　董成松（2013.01～）
李源先
张世武（2013.01～）
王晓丽（女，彝族，2013.01～）

南华县
主　席　肖　志（2013.01～）

副主席　鲁明贵（彝族）
陈金禹
张　燕（女）
王体智（2013.01～）

姚安县
主　席　华　成
副主席　李廷贵（彝族，2013.01～）
周黎红（彝族，2013.01～）
张春艳（女，2013.01～）
杨海虹（女，2013.01～）

大姚县
主　席　马跃云（2013.01～）
副主席　吴家凯（2013.01～）
金国安（2013.01～）
杨必军（2013.01～）
李雪梅（女，2013.01～）

永仁县
主　席　殷加林（彝族）
副主席　刘洪全（2013.01～）
龙秀英（女，2013.01～）
熊新平（回族，2012.02～）
刘琼英（女，2013.01～）

元谋县
主　席　兰　松
副主席　杨茂喜（2013.01～）
罗　春（彝族，2013.01～）
刘从有（2013.01～）
泰焕华（女，2013.01～）

武定县
主　席　李思恒
副主席　杨　德
杨红蔚（白族）
廖　猛（2013.02～）
郑立华（女，2013.02～）

禄丰县
主　席　李红芸（女，彝族，～2013.02）
邬家华（2013.02～）
副主席　李静云（女，彝族，2013.02～）
山学兵
李天有（2013.02～）
荀之灵（女，彝族，2013.02～）

县（市）人民法院、检察院、公安局

楚雄市
法院院长　常　云
检察院检察长　陈　剑
公安局长　张爱东（兼督察长）
公安局政委　谢绍光（～2013.07）
裴　宏（2013.07～）

双柏县
法院院长　李新琼（女，2013.01～）
检察院检察长　刘　萍（女，2013.01～）
公安局长　吴应辉（兼督察长）
公安局政委　周增先（白族）

牟定县
法院院长　张　强
检察院检察长　刘建武
公安局长　毛德勇（彝族，兼督察长）
公安局政委　谭锡顺

南华县
法院院长　李红云
检察院检察长　王德云（苗族）
公安局长　马爱军（回族，兼督察长）
公安局政委　张文安

姚安县
法院院长　肖光亮（彝族，2013.02～）
检察院检察长　张翔会（2013.02～）
公安局长　夏会良（兼督察长，～2013.07）
普永进（兼督察长，2013.07～）
公安局政委　杜继勇

大姚县
法院院长　李家清
检察院检察长　徐　艳（女）
公安局长　李　滨（兼督察长）
公安局政委　普永进（～2013.07）
盛显江（2013.07～）

永仁县
法院院长　戴先军（2013.01～）
检察院检察长　李全华（彝族）
公安局长　周　宏（兼督察长）
公安局政委　马利锋（彝族）

元谋县
法院院长　景　华（2013.01～）
检察院检察长　段正明
公安局长　王　玮（兼督察长，～2013.07）
谢绍光（兼督察长，2013.07～）
公安局政委　陆春华

武定县
法院院长　余文乾（2013.02～）
检察院检察长　丁　伟（2013.02～）
公安局长　徐志华（彝族，兼督察长）
公安局政委　闫开华

禄丰县

法 院 院 长　甘兆林

检察院检察长　李　云

公 安 局 长　胡晓东（回族，兼督察长）

公安局政委　杨汉宵

县（市）产业督导协调组

楚雄市

组　长　王浩忠（正处）

副组长　顾永华

李忠贵（彝族，2013.01～）

禄丰县

组　长　陈玉洁（正处，～2013.12）

张百舸（2013.12～）

副组长　夏　清（女）

毕志强（彝族，2013.04～）

县（市）中心镇党委书记

楚雄市鹿城镇　李佑祖

楚雄市东瓜镇　李成相

双柏县妥甸镇　王景书（～2013.07）

王为周（2013.12～）

牟定县共和镇　宋开洋（～2013.08）

王玉东（彝族，2013.10～）

南华县龙川镇　李德荣（彝族）

姚安县栋川镇　周晓东（彝族）

大姚县金碧镇　王荣文（～2013.08）

余忠诚（2013.12～）

永仁县永定镇　李培龙（彝族，2013.04～）

元谋县元马镇　赵光贤（2013.04～）

武定县狮山镇　余卫东

禄丰县金山镇　尹守用（2013.04～）

［州委组织部供稿］

楚雄州2013年度享受云南省人民政府特殊津贴人员名录

许嘉鹏　楚雄州中医院副主任医师

施运科　楚雄州动物疫病预防控制中心高级兽医师

楚雄州2013年度高级专业技术职务任职资格人员名录

高级工程师（认定时间：2013.6.27）

王泽华　永仁县地震局

一级演奏员（认定时间：2013.7.24）

姚　芃　楚雄州民族艺术剧院

主任医师（认定时间：2013.8.9）

王亚明　楚雄州人民医院

温少昌　楚雄州人民医院

王元海　楚雄州中医院

王本信　牟定县疾病预防控制中心

彭　珍　姚安县人民医院

谭云华　楚雄州中医院

高级农艺师（认定时间：）2013.8.15

张运锋　楚雄州农科所

高级经济师（认定时间：2013.8.22）

范　林　楚雄州经营管理站

王　琨　楚雄州滇巢房地产开发有限公司

罗永英　双柏县农经站

万　康　禄丰县住建局房地产管理所

高级工程师（认定时间：2013.8.25）

寸怀弟　禄丰县林业局营林工作站

张晓峰　楚雄市紫溪山省级自然保护区管理局

钟开勇　大姚县林业局营林工作站

班云学　姚安县林业局弥兴镇林业站

黄兰仙　武定县中德合作造林项目领导小组办公室

杨丽祥　武定县天然林保护及退耕还林办公室

李春文　武定县林业局林业技术推广站

高级工程师（认定时间：2013.8.28）

姚建荣　牟定县建筑定额编审管理站

黄长和　云南立邦建设工程有限公司

彭　芯　云南新思成建筑规划设计有限公司

车立兵　云南新思成建筑规划设计有限公司

肖　宁　云南新思成建筑规划设计有限公司

刘如猛　云南广厦规划建筑设计院有限公司

吕仁忠　云南恒业古镇文化旅游投资集团有限公司

许首贤　云南恒业古镇文化旅游投资集团有限公司

赵启满　楚雄市住建局市政管理中心

罗绍云　楚雄市城市建筑规划设计有限公司

陈　韬　楚雄市城市建筑规划设计有限公司

王云波　楚雄市城市建筑规划设计有限公司

卢忠平　云南嘉缘花木绿色产业有限公司
李毅才　牟定县工程质量监督站
邱　勇　楚雄新逸建筑设计有限责任公司
姚建华　楚雄新逸建筑设计有限责任公司
李俊敏　楚雄新逸建筑设计有限责任公司
王林庆　武定县建设工程安全监督站
龙丽萍　云南德胜钢铁有限公司
纪开荣　南华县建筑设计室
李昆汉　楚雄州环境监测站
谢　健　楚雄市环境监测站

高级工程师（认定时间：2013.9.1）

任禹昌　楚雄州吕合煤业有限责任公司
张　钲　楚雄市供排水有限公司
段世超　云南德胜钢铁有限公司

高级工程师（认定时间：2013.9.2）

武发育　楚雄兴水工程股份有限公司
顾绍荣　楚雄欣源水利电力勘察设计有限责任公司
陶汝泰　楚雄欣源水利电力勘察设计有限责任公司
李常东　楚雄欣源水利电力勘察设计有限责任公司
熊文森　永仁县水务局
杨玉洪　永仁县水务局
陈天宝　武定县水务局
邢军荣　武定县水务局
杨跃辉　武定县水务局
郭嘉明　南华县龙川镇农业综合服务中心
李学祥　双柏县水务局
闫　春　楚雄州大海波水库管理处
赵尔昌　楚雄市水务局水勘队
周向光　楚雄市水务局水勘队
赵维华　楚雄市水务局水勘队
徐家学　楚雄市水务局规划建设站
杞　吉　姚安县前场水利水土保持站
文建林　元谋县水务局规划计划站
李国华　元谋县水务局建设管理站
张光莲　元谋县水务局建设管理站
李向林　元谋县水务局质监站
周国华　元谋县水务局规划计划站
张　坤　大姚县水务局水保办
何光祥　大姚县水务局水勘队
向志平　大姚县水务局灌区管理委员会
席　雪　大姚县公共资源交易中心
杨　旭　禄丰县水务局水土保持委员会
李　荣　禄丰县水务局防汛抗旱指挥部
郑志强　禄丰县水务局水利管理站
冯立宏　禄丰县金山水利水土保持站

高级工程师（认定时间：2013.9.25）

耿少虎　楚雄州广播电视无线传输发射总台

高级工程师（认定时间：2013.9.28）

杨应惠　永仁县农业技术推广服务中心

高级工程师（认定时间：2013.10.24）

高　茗　云南省盘龙云海药业有限公司
刘本玺　楚雄州彝族医药研究所

高级工程师（认定时间：2013.11.15）

赵子能　吕合煤业公司

二级舞美设计（认定时间：2013.7.24）

汪　波　楚雄州民族艺术剧院

二级演奏员（认定时间：2013.7.24）

闫成彬　楚雄州民族艺术剧院

二级演员（认定时间：2013.7.24）

高　波　楚雄州民族艺术剧院
沈绍长　楚雄州民族艺术剧院
张留福　楚雄州民族艺术剧院

副主任医师（认定时间：2013.8.9）

杜雄彪　楚雄市人民医院
赵　辉　楚雄州人民医院
袁玉华　楚雄州人民医院
段国金　楚雄州中医院
马永琪　楚雄州中医院
毕天贵　楚雄万和医院
杨家德　大姚县人民医院
陈桂荣　大姚县人民医院
王忠文　禄丰县人民医院
李之文　牟定县人民医院
罗　海　南华县人民医院
赵　刚　武定大同医院
殷　伟　武定县人民医院
罗菊香　姚安县人民医院
朱春林　姚安县人民医院
李梓林　永仁县人民医院
宁永存　永仁县人民医院
李云虎　永仁县人民医院
尹德奎　元谋县人民医院
倪焕然　楚雄州人民医院
李琼华　楚雄州人民医院
李茂盛　楚雄州人民医院
朱　蕾　楚雄州人民医院
艾　辉　楚雄州人民医院
凤武云　楚雄州人民医院
王　玲　楚雄州人民医院
张远飞　楚雄州人民医院
李金凤　楚雄市人民医院
刘　彦　禄丰县第二人民医院
张桂萍　禄丰县人民医院
朱成宝　牟定县人民医院
杨国锋　武定县人民医院
李春雄　武定县人民医院
金雪芳　楚雄州妇幼保健院
柳　燕　楚雄市妇幼保健院
何国兴　楚雄市疾病预防控制中心
李　黎　牟定县妇幼保健院
尹惠仙　武定县妇幼保健院
徐　虹　楚雄州人民医院
李　洪　楚雄州人民医院
李　英　大姚县人民医院
何菊芬　大姚县人民医院
许发芬　禄丰县第二人民医院
束咏兰　禄丰县计划生育服务站
李　英　牟定县计划生育服务站
刘　峰　南华县人民医院
凤淑兰　武定县人民医院
白进梅　武定中医院
黄艳华　姚安县人民医院
周　勤　永仁县中医院
李海清　楚雄州中医院
何成华　楚雄州中医院
王洪云　大姚县人民医院
朱建辉　姚安县中医院
王　娥　元谋县中医院
曹　亚　楚雄州人民医院

李　云　楚雄州第二人民医院
周文琼　楚雄州妇幼保健院
刘明智　大姚县人民医院
徐加平　南华县人民医院
李永彬　姚安县人民医院

副主任技师（认定时间：2013. 8. 9）

龚丽坤　楚雄州人民医院
龙在华　武定县人民医院
王红琼　姚安县人民医院
周建德　禄丰县罗次中心卫生院

副主任药师（认定时间：2013. 8. 9）

李建华　楚雄州人民医院
曹建芳　楚雄州中医院
钟云红　楚雄州疾病预防控制中心
梁爱东　楚雄州广通医院
马云坤　楚雄州广通医院

副主任护师（认定时间：2013. 8. 9）

王　莉　楚雄州人民医院
丁海雁　楚雄州人民医院
秦永丽　楚雄州中医院
苏颖燕　楚雄州中医院
白树美　楚雄州疾病预防控制中心
刘德珍　大姚县人民医院
李　芬　大姚县人民医院
高秀琼　禄丰县计划生育服务站
刘元芬　禄丰县人民医院
葛菊芳　牟定县人民医院
张从卉　牟定县中医医院
李仙菊　南华县人民医院
姚云萍　双柏县人民医院
张桂琼　武定县高桥中心卫生院
傅　平　武定县人民医院
林　梅　姚安县中医院

高级农艺师（认定时间：2013. 9. 24）

蔡学斌　楚雄市东瓜镇农技推广中心
周彩萍　楚雄市鹿城镇农技推广中心
李家显　楚雄市吕合镇农技推广中心
罗金旺　楚雄市树苴乡农技推广中心
章恒毅　禄丰县经济作物工作站
普有仙　禄丰县彩云镇农业综合服务中心
花芝元　禄丰县恐龙山镇农业综合服务中心
王明华　禄丰县勤丰镇农业综合服务中心
彭子林　禄丰县广通镇农业综合服务中心
杨有新　永仁县永兴乡农业综合服务中心
余成兰　永仁县永定镇农业综合服务中心
周宏书　姚安县大河口乡农技推广中心
李鸿清　姚安县适中乡农技推广中心
刘克愚　双柏县农产品检测站
徐加顺　南华县农技推广服务中心
周文芬　南华县龙川镇农业综合服务中心
徐　萍　南华县沙桥镇农业综合服务中心
明绍荣　南华县五顶山乡农业综合服务中心
杨炳德　南华县马街镇农业综合服务中心
罗华明　南华县红土坡镇农业综合服务中心
杨建昆　元谋县农广校
思桂琼　元谋县植保植检站
管灿宗　元谋县平田乡农业综合服务中心
高达元　元谋县元马镇农业综合服务中心
杨美琼　元谋县老城乡农业综合服务中心
秦开福　元谋县姜驿乡农业综合服务中心
邓琼芬　牟定县共和镇农业综合服务中心
钟　彪　牟定县农业环境保护监测站
连　菊　大姚县金碧镇农业综合服务中心
钟惠香　大姚县金碧镇农业综合服务中心
王宝书　大姚县经济作物工作站
王保荣　楚雄州茶桑站
张天春　楚雄州农科所
彭正峰　楚雄州农科所
周岐华　楚雄州农科所
陈　建　楚雄州农科所

高级审计师（认定时间：2013. 9. 28）

洪卫华　楚雄州审计局
江　芬　楚雄州审计局
郑　勇　楚雄市审计局
周学清　楚雄市审计局
赵晓芳　楚雄市审计局
王　鑫　姚安县审计局
杨海萍　姚安县审计局
黎文翠　元谋县审计局
申泽勇　元谋县审计局
李明英　南华县开发投资公司
段富姚　永仁县审计局

副主任药师（认定时间：2013. 10. 18）

沈嘉华　楚雄州食品药品检验所

高级兽医师（认定时间：2013. 10. 31）

杨家祥　姚安县弥兴镇畜牧兽医站
蒋明新　永仁县动物卫生监督所
刘环太　南华县沙桥镇农业综合服务中心

高级畜牧师（认定时间：2013. 10. 31）

周　贵　禄丰县和平镇畜牧兽医站
杨卓声　楚雄州动物卫生监督所
雷晓勇　楚雄州动物疫病预防控制中心

副教授（认定时间：2013. 10. 17）

张志琴　楚雄医药高等专科学校

高级讲师（认定时间：2013. 10. 24）

陈元波　永仁县委党校
刘　英　南华县委党校

高级实习指导教师（认定时间：2013. 10. 29）

陈云飞　楚雄技师学院
顾华浩　楚雄技师学院

高级讲师（认定时间：2013. 10. 29）

林燕梅　楚雄技师学院
吉应红　楚雄技师学院

研究馆员（认定时间：2013. 11. 27）

钟仕民　楚雄州博物馆

副研究馆员（认定时间：2013. 11. 27）

付丽娅　楚雄州博物馆

苏　晖　楚雄州博物馆

高级教练（认定时间：2013.12.13）

魏修全　楚雄州体育运动学校

高级编辑（认定时间：2013.12.18）

施为民　楚雄电视台

主任编辑（认定时间：2013.12.11）

杨晓燕　禄丰县文体广电旅游局
张家亮　楚雄电视台
杨登寿　楚雄日报社

主任记者（认定时间：2013.12.11）

李　宏　楚雄日报社
张立新　姚安县文体广电旅游局
贺德祥　楚雄日报社

高级会计师（认定时间：2013.12.26）

李文昌　楚雄州第二人民医院

副研究馆员（认定时间：2013.12.19）

姜荣文　楚雄州图书馆
龙河英　楚雄州文化馆
郑丽琴　禄丰县文化馆

高级讲师（认定时间：2013.6.26）

万　坤　楚雄民族中等专业学校
解必华　楚雄农业学校
杨建生　楚雄州体育运动学校

中学高级教师（认定时间：2013.7.19）

敖　虹　楚雄师院附中
邓开才　楚雄师院附中
李　玉　楚雄师院附中
王世林　楚雄师院附中
王云祥　楚雄师院附中
任惠才　楚雄天人中学
尹世军　楚雄天人中学
冷　旭　楚雄第一中学
林　利　楚雄第一中学
马向丽　楚雄第一中学
董学宏　楚雄市北浦中学
何　翠　楚雄市北浦中学
梁　琼　楚雄市北浦中学
熊兰芬　楚雄市苍岭中学
陈光荣　楚雄市大过口民族中学
丁自强　楚雄市东兴中学
董尚云　楚雄市东兴中学
段　勇　楚雄市东兴中学
李　陶　楚雄市东兴中学
王连才　楚雄市东兴中学
王　清　楚雄市东兴中学
王振东　楚雄市东兴中学
杨家堂　楚雄市东兴中学
张翠清　楚雄市东兴中学
石川宜　楚雄市金鹿中学
汪琼美　楚雄市龙江中学
王丽芬　楚雄市龙江中学
张晓源　楚雄市龙江中学
宋玉先　楚雄市鹿城中学
周开金　楚雄市鹿城中学
苏桂芹　楚雄市吕合镇中学
李付才　楚雄市前进中学
鲁桂花　楚雄市三街中学
马绍香　楚雄市树苴中学
李春建　楚雄市西舍路镇中学
孙晓峰　楚雄市新街中学
苏文和　楚雄市云龙中学
李　申　楚雄市职业中学
王发明　楚雄市中山中学
陈启荣　楚雄市子午中学
陆廷启　楚雄市紫溪中学
罗文明　楚雄市紫溪中学
普有武　楚雄市紫溪中学
束凤林　楚雄市紫溪中学
王文朝　楚雄市紫溪中学
张　玲　楚雄市紫溪中学
倪顺宏　大姚县三岔河中学
高汉芝　大姚县第二中学
杨华伟　大姚县桂花中学
周家华　大姚县桂花中学
王学武　大姚县教育局装备站
金建银　大姚县龙街中学
莫小康　大姚县龙街中学
张建甫　大姚县龙街中学
彭天富　大姚县民族中学
王家平　大姚县民族中学
施银平　大姚县石羊中学
杨建伟　大姚县石羊中学
张建荣　大姚县石羊中学
贵必翠　大姚县实验中学
姜　辉　大姚县实验中学
李建宏　大姚县实验中学
马　光　大姚县实验中学
马　兴　大姚县实验中学
王志鹏　大姚县实验中学
冼祥平　大姚县实验中学
布家勤　大姚县昙华中学
李世顺　大姚县昙华中学
殷守军　大姚县昙华中学
李国伟　大姚县铁锁中学
毛焕科　大姚县铁锁中学
罗春庭　大姚县湾碧中学
李　平　大姚县新街中学
毛忠良　大姚县新街中学
简效勇　大姚县第一中学
李彭军　大姚县第一中学
李正树　大姚县第一中学
王雪媛　大姚县第一中学
吴会香　大姚县第一中学
苗青华　大姚县职教中心
倪宗芬　大姚县职教中心
李文平　禄丰县彩云中学
赖明华　禄丰县第三中学
汪玉珍　禄丰县第三中学
杨　荣　禄丰县第三中学
赵艳芬　禄丰县第三中学
李光平　禄丰县第四中学
廖超兰　禄丰县第一中学
马荣芬　禄丰县第一中学
马兴源　禄丰县第一中学
文世海　禄丰县第一中学
杨　刚　禄丰县第一中学
丁　雷　禄丰县高级职业中学
段佳兰　禄丰县广通中学
杨凤书　禄丰县广通中学
李金梅　禄丰县和平中学
丁　梅　禄丰县龙城中学
王终洪　禄丰县龙城中学
赵秀琼　禄丰县猫街中学
尹美玉　禄丰县仁兴中学
张春禄　禄丰县仁兴中学
郭秀花　禄丰县松园中学
李忠兴　禄丰县松园中学
陶团丽　禄丰县松园中学
李仕才　禄丰县土官中学
李生丽　禄丰县妥安中学
杨本云　禄丰县妥安中学
刘如燕　禄丰县一平浪中学
李建萍　楚雄州民族中学

马谷灵　楚雄州民族中学
左洪兴　牟定县安乐中学
韦万平　牟定县凤屯中学
陈荣明　牟定县高平中学
张本华　牟定县教研师训中心
吴显忠　牟定县马厂中学
王绍良　牟定县茅阳中学
朱文莉　牟定县茅阳中学
刘玉琼　牟定县青龙中学
张政田　牟定县天台中学
毕绍金　牟定县第一中学
代光琼　牟定县第一中学
杨平运　牟定县第一中学
金秀兰　牟定县职业高级中学
朱文华　南华县第二中学
丁习贵　南华县民族中学
高国先　南华县民族中学
何　敏　南华县龙川中学
刘国福　南华县龙川中学
邹继光　南华县龙川中学
杨富久　南华县马街中学
寇加龙　南华县民族中学
李郁余　南华县民族中学
王寿兴　南华县民族中学
段　华　南华县第一中学
方绍明　南华县第一中学
罗发荣　南华县第一中学
杨继德　南华县第一中学
杨丽萍　南华县第一中学
殷圣云　南华县第一中学
殷永琼　南华县第一中学
张爱鲜　南华县第一中学
张艳琼　南华县第一中学
刘忠华　南华县职业高中
方金学　双柏县大麦地中学
期家文　双柏县妥甸中学
苏晓波　双柏县妥甸中学
高莲秀　武定县第一中学
韩建荣　武定县第一中学
吴天云　武定县第一中学
晏兴平　武定县第一中学
杨先文　武定县第一中学
张绍江　武定县第一中学
朱晓芳　武定县第一中学
张明文　武定县发窝中学
白建昌　武定县高桥中学
姜　萍　武定县教师进修学校
李正刚　武定县九厂中学
武　平　武定县九厂中学
李国宗　武定县猫街中学
刘存义　武定县民族中学
戌光全　武定县民族中学
孙德忠　武定县民族中学
王文杰　武定县民族中学
许志敏　武定县民族中学
杨忠权　武定县民族中学
盛高胤　武定县万德中学
李艳菊　武定县香水中学
宋海明　武定县香水中学
朱丽梅　武定县香水中学
刘美英　武定县职业高级中学
陈建荣　姚安县大成中学
刘　丽　姚安县大成中学
罗继斌　姚安县大成中学
王家旺　姚安县大成中学
杨家俊　姚安县大成中学
赵顺英　姚安县大成中学
自彩香　姚安县大成中学
曹海荣　姚安县大龙口中学
刘建书　姚安县大龙口中学
马菊芳　姚安县大龙口中学
周文生　姚安县大龙口中学
陈丽萍　姚安县第一中学
李　芬　姚安县第一中学
毛惠琼　姚安县第一中学
钱家彬　姚安县第一中学
申光洪　姚安县第一中学
杨　芹　姚安县第一中学
昝所鸿　姚安县第一中学
张朝峰　姚安县第一中学
张国超　姚安县第一中学
张国金　姚安县第一中学
朱光鸿　姚安县第一中学
朱玉梅　姚安县第一中学
李开宏　姚安县光禄中学
李　乐　姚安县光禄中学
鲁必勇　姚安县光禄中学
何龙法　姚安县龙岗中学
刘红金　姚安县龙岗中学
张国雄　姚安县龙岗中学
林金勇　姚安县弥兴中学
周建林　姚安县弥兴中学
周云山　姚安县弥兴中学
顾彩平　姚安县前场中学
姚献明　姚安县前场中学
张家成　姚安县前场中学
张祖纲　姚安县前场中学
何应龙　姚安县仁和中学
李耀成　姚安县职业高级中学
高永祥　姚安县职业高中
彭开福　姚安县职业高中
吴永仁　姚安县左门中学
王朝章　永仁县教师进修学校
张志清　永仁县教研室
刘晓芸　永仁县民族中学
聂琼惠　永仁县民族中学
何应林　永仁县第一中学
李正荣　永仁县第一中学
李忠卿　永仁县第一中学
孙玉芬　永仁县第一中学
文冬梅　永仁县第一中学
李春燕　元谋县第一中学
饶志伟　元谋县第一中学
杨文堂　元谋县第一中学
王贵强　元谋县黄瓜园中学
文洪富　元谋县黄瓜园中学
赵虹植　元谋县江边中学
李为民　元谋县培英中学
唐开明　元谋县清和中学
张传林　元谋县物茂中学
王洪昌　元谋县羊街中学
鲍祖芬　元谋县元马中学
李金播　元谋县元马中学
刘兴智　元谋县元马中学
普重光　元谋县元马中学
起加荣　元谋县元马中学
张金山　元谋县元马中学
李建忠　元谋县职业中学
罗正存　元谋县职业中学

[州人力资源和社会保障局供稿]

逝世人物

【龙德义】　楚雄州人大常委会原副主任。生于1940年11月，1968年12月参加工作，1966年6月加入中国共产党。2001年1月退休，享受副厅级待遇。1958年12月至1960年12月，在禄丰县气象站当观测员；1961年1月至1969年8月，下放回乡务农任村会计；1969年8月至1972年10月，在张家村大队任党支部书记；1972年10月至1974年7月，在大路溪公社任党委副书记；1974年7月至1980年1月，任禄丰县委常委、县贫协主席；1980年1月至1997年4月，任楚雄州民委副主任；1997年4月至2001年1月任州人大常委会副主任；2013年12月22日在楚雄病逝。

【保冠文】　楚雄州人力资源和社会保障局离休干部，原副州级调研员。1930年2月出生，1949年9月参加工作，解放战争时期参加工作，1949年6月加入中国共产党。1949年4～9月，在昆明天祥中学读高中（参加云南民主青年同盟）；1949年9～12月，在滇北区禄武游击大队五中队任指导员；1950年1月至1951年2月在盐兴县任县工委副书记，副县长，县公安局长；1951年3月至1958年8月任永仁县委副书记，县长；1958年9月至1960年3月，任中共大姚县委书记处书记；1960年3月至1966年，任禄丰钢铁厂党委副书记、州人委工交办副主任；1974年4月至1980年9月任州造纸厂支部书记、州社队企业局副局长、州经委副主任；1981年10月至1987年4月，任州人事局局长；1987年5月至1990年6月任州人民政府副州级调研员，享受副厅级政治生活待遇；2013年10月14日病逝。

［州委老干部局供稿］

【龙　吟】　原楚雄师范专科学校党委书记，享受副厅级政治生活待遇离休干部。1921年9月出生于云南省石屏县，彝族。1949年6月参加工作，解放战争时期参加工作，同年9月加入中国共产党，先后任滇西人民自卫团地方行政委员会教育组长、八支队党代表。1950年起，先后担任滇西人民专员公署文教科长，楚雄县政务委员会主任，楚雄人民第一中学校长。1953年至1983年10月，担任原楚雄师范学校校长；1983年10月至1985年11月，担任原楚雄师范专科学校党委书记，直至离休。离休后，热衷于书画诗词和彝州民族地方文化事业，曾担任楚雄州老年诗词书画协会会长至80周岁，主编《楚老翰墨》、《中国彝文书法选》，参编《彝汉字典》，著述出版专著《奋蹄集》、《追思集》，担任州延安精神研究会会员、楚雄州老年合唱团顾问。2013年10月22日17时10分，因病医治无效逝世，享年93岁。

［杨荣昌］

【王定梁】　楚雄州人民政府原副州长、农工民主党楚雄州委主委，注册会计师，高级审计师。政协云南省第十届、第十一届委员会委员，农工民主党云南省第五届、第六届委员会常务委员。云南省牟定县人，汉族。生于1965年3月，1984年7月在楚雄州审计局参加工作，历任楚雄州审计局行政科副科长、财政金融科科长。1993年6月挂职任大姚县金碧镇副镇长；1999年8月任楚雄州审计局副局长；2003年8月任楚雄州统计局局长；2005年12月任农工民主党楚雄州委主委；2007年3月任楚雄州政协副主席、农工民主党楚雄州委主委；2012年3月任楚雄州人民政府副州长、农工民主党楚雄州委主委。2013年9月15日20时56分，因病医治无效，在北京去世，享年49岁。

［州委组织部供稿］

（责任编辑：李　梅）

关于楚雄彝族自治州2013年国民经济和社会发展计划执行情况与2014年国民经济和社会发展计划草案的报告

——在楚雄彝族自治州第十一届人民代表大会第四次会议上

（2014年2月20日）

楚雄彝族自治州发展和改革委员会

各位代表：

受州人民政府委托，现将楚雄彝族自治州2013年国民经济和社会发展计划执行情况与2014年国民经济和社会发展计划草案提请会议审查，并请州政协委员提出意见。

一、2013年国民经济和社会发展计划执行情况

2013年是楚雄州“十二五”以来发展压力较大、困难较多的一年。面对国内外发展环境错综复杂，经济下行压力不断加剧的形势，在州委的正确领导下，全州上下紧紧围绕年初人代会确定的经济社会发展目标，深入贯彻落实党的十八大、十八届三中全会、省委九届四次、五次全会和州委八届三次全会精神，坚持稳中求进、稳中求变、变中求新的主基调，突出稳增长、扩内需、调结构、转方式、抓改革、惠民生等工作重点，以开展“十二五”规划中期评估为契机，进一步深化州情认识的同时，积极应对各种困难和挑战，在各级各部门的共同努力下，取得了全州经济平稳发展，社会全面进步，人民生活持续改善的新成绩。

据统计，全州生产总值完成632.5亿元，增长10.6%；规模以上固定资产投资完成452亿元，增长30%；地方财政总收入和地方公共财政预算收入分别完成140.5亿元、56.4亿元，分别增长12.9%、21.7%；社会消费品零售总额完成210.7亿元，增长14.1%；外贸进出口总额完成2.8亿美元，增长39.7%；城镇居民人均可支配收入和农民人均纯收入分别达2.29万元和6357元，分别增长13%和17.3%；居民消费价格总水平上涨3%；城镇登记失业率为3.3%；人口自然增长率为4.4‰；城镇化率为37.5%；单位生产总值能耗下降完成省下达目标。年初州十一届人大三次会议确定的经济社会发展目标，除地区生产总值、财政总收入和社会消费品零售总额外，其余指标均完成或超额完成。

（一）以高原特色农业为重点的农业农村经济稳步发展

全面落实强农惠农富农政策，农业农村经济稳步发展，完成农林牧渔业总产值247亿元，增长7.4%。全年播种粮食378.88万亩，粮食总产量达120.3万吨，再创历史新高。种植烤烟80.72万亩，收购烟叶20.5万吨，实现烟农总收入30.53亿元。元谋、禄丰被列为省第一批高原特色农业示范县，楚雄农业科技园获批为国家级，绿汁江、彩云等一批特色农业示范园区加快推进，农业特色优势产业加快发展，经济作物种植面积超过200万亩，产值突破60亿元。农业产业化发展势头强劲，新增省级农业科技示范园9个、省级优质种业基地6个、云南名牌农产品3个、农业龙头企业省级11户、州级45户，实现农业产值131亿元，增长5.3%。林、牧、渔业稳步发展，林业产值达21.4亿元，增长7%；肉类总产量达40.5万吨，牧业产值达91.3亿元，增长10.9%；渔业产值达3.4亿元，增长3.7%。扶贫开发成效显著，实施整村推进639个、整乡推进4个，实施易地扶贫搬迁571户2140人、农村特困户安居工程1650户、贫困地区劳动力转移3.3万人，8万贫困对象实现脱贫。

（二）以产业园区支撑为重点的工业经济企稳回升

着力稳增长、调结构、促转型，工业经济呈现企稳回升态势，规模以上工业增加值达160.8亿元，增长10.3%。园区建设取得新进展，大姚工业园区成功提升为省级重点工业园区，全州共完成园区基础设施建设投资20亿元，建设标准厂房37.6万平方米，新增入园企业60户，完成园区工业投资59亿元，实现园区工业产值290亿元，占全州规模以上工业产值的59.7%。加大企业调研、帮扶、协调力度，加强规模以上企业培育申报工作，实现规模以上工业企业新增42户，总数达到197户，增长27%。加快实施产业建设年2013年实施方案中的49个重大工业项目和28个重点前期项目，累计完成投资21.89亿元，工业发展后劲显著增强。

（三）以商贸物流为重点的现代服务业加快发展

认真贯彻落实加快服务业发展3年行动计划，加快推进交通运输、现代物流、民族文化旅游、贸易、金融、科技、房地产等服务业发展，第三产业实现增加值223亿元，增长10.4%。突出规划引领发展，编制完成了《楚雄州现代物流产业发展规划（2013～2020年）》和《楚雄州铁路集装箱物流中心概念性规划》等规划。积极改善消费环境，培育消费热点，扩大消费预期，全面落实促进消费的各项政策措施，促进消费平稳增长，实现社会消费品零售总额210.7亿元，增长14.1%。充分利用南博会、昆交会等大型会展活动平台，进一步加强对外合作交流，全年实现外贸进出口总额2.8亿美元，增长39.7%。旅游业实现加快发展，全年共接待游客1662.74万人次，实现旅游业总收入66亿元，增长33.1%。完成房地产投资89亿元，全州商品房销售面积185万平方米。

（四）以重大项目实施为重点的投资保持快速增长

围绕规模以上固定资产投资新增100亿元的目标，加大项目前期工作力度，共安排项目前期费1.1亿元，为历年最高。围绕推进全州1177个支撑项目、列入省“3个100”和州级“3个30”等重点项目，加强土地、林地、融资配套等要素协调保障，楚广高速公路、昆广铁路复线等省级重点项目顺利推进，楚南一级公路、108国道永仁至武定段改造、烟草水源工程、楚雄工业园云甸片区、南华烟叶复烤生产线扩建、滇中大商汇等州级重点项目全面推进，全州规模以上固定资产投资完成452亿元，增长30%，增速居全省前列。融资工作取得实效，新增社会融资118亿元，创历史新高，成功发行企业债券20亿元。

（五）以统筹城乡协调为重点的一体化发展步伐加快

以实施城乡人居环境提升行动计划和加快推进城市综合体、特色小城镇和美丽乡村建设为抓手，新型城镇化和城乡一体化发展步伐加快。州域城镇体系、县城和特色小城镇规划全面推进。193个总投资54.74亿元的城市市政基础设施项目加快推进，完成投资15亿元。6个乡（镇）污水处理设施配套管网工程完成可行性研究报告并通过审查，并列入国家项目资金库。7个村庄获住建部批准为国家级传统村落。完成农转城16.4万人，推进特色村庄建设28个。2012年接转续建的2万套、2013年1.5万套保障性安居工程稳步推进，14750户农村危房改造如期推进。10县（市）县域经济跨越发展规划全面完成，县域经济的发展活力不断增强，发展质量进一步提高。

（六）以简政放权和招商引资为重点的改革开放全面推进

积极开展了审批权清理、取消、下放工作，实现了一窗受理、一窗取件，州级审批事项提速达到40%。企业行政事业性收费改革全面推进。10县（市）的城市供排水价格改革全面完成。以公立医院改革试点为重点的医改工作稳步推进。农村土地流转制度、农村小型水利管理体制和集体林权制度配套等农业综合配套改革进一步深化。国有资产监管、财税金融、事业单位分类改革等各项改革工作加快推进。坚持“走出去”与“引进来”并举，严格执行招商引资目标任务考核奖惩办法，招商引资有了新突破，全年引进州外到位资金339亿元，同比增长50%，超额完成了新增100亿元的目标任务。亚行贷款项目工作全面完成，州职教园区、楚雄医专等一批利用外资项目取得阶段性成果。

（七）以社会事业建设为重点的民生得到持续改善

教育质量全面提高。学前3年儿童毛入园率达69.86%，全州高考专科以上总上线率为99.98%；职业教育、民族教育和特殊教育加快发展，中小学校舍安全工程加快推进，农村义务教育营养改善计划全覆盖。科技创新能力不断增强。新增专利授权191件，科技进步对国民经济的贡献率为51%，比上年提高1.1个百分点。文化体育事业稳步发展。“基层文化建设年”活动全面开展，“农文网培学校”通过文化部的检查验收，“雪炭工程”等项目扎实推进；《喜羊羊》、《彝人三色》等剧目获得部省奖；文化遗产保护和传承工作进一步加强，共有6项7个点进入了第七批全国重点文物保护单位名单；竞技体育再创佳绩，楚雄州运动员在云南省青少年冠军赛中夺得8金、6银、13铜的好成绩，少数民族传统体育比赛获得佳绩，U14足球队在云南省青少年足球后备力量比赛中荣获第一名。卫生工作取得新成绩。农村医保覆盖面进一步扩大，新农合参合率达98.44%；乡（镇）、村、社区医疗机构的基本药物制度和统一采购制度全面实施，禄丰县人民医院被卫生部确定为全国院务公开示范点；疾控形势保持稳定，传染病发病率控制在全省平均水平以下。就业和社会保障工作全面推进。全州城镇企业职工基本养老保险参保13.51万人、医疗保险参保42.28万人、失业保险参保11万人、工伤保险参保16.45万人、企业职工生育保险参保6.84万人、城乡居民社会养老保险参保142.24万人，28.86万名符合待遇享受条件的城乡老年人按月足额领取了养老金，及时上调了企业退休人员基本养老金；积极落实就业政策，支出就业专项资金3483.5万元，开发公益性岗位

4000个，组织农业富余劳动力转移就业16.4万人，帮助6100名应往届高校毕业生实现就业；共发放“贷免扶补”创业贷款和小额担保贷款3.68亿元，扶持创业6483人；全年共新增城镇就业2.6万人，城镇登记失业率为3.3%。低生育水平保持稳定，人口自然增长率为4.4‰。价格保持平稳运行，居民消费价格指数平均为103%，顺利实现年度预期调控目标。广播电视工作取得新业绩，户户通工程开通率95.28%。安全生产形势保持稳定，安全事故、较大事故发生数、死亡人数较上年有所下降。民政救助能力效率提升，抗灾救灾能力得到加强。民族团结示范县、乡（镇）、村项目建设全面展开。环境保护和生态治理扎实推进，治理水土流失面积440平方千米。

在取得成绩的同时，我们也清醒的认识到，在经济社会发展过程中，楚雄州既面临着重大的发展机遇，同时也面临着产业结构不合理、工业存量下降增量不足、保持非烟工业经济稳步增长的难度较大、产业园区基础设施建设滞后、扩大消费的空间有限、保持固定资产投资快速增长的任务艰巨、民间投资占比过低、县域经济发展基础薄弱等方面的困难和挑战，需要我们在下步工作中认真加以重视和解决。

二、2014年国民经济和社会发展预期目标及主要任务

围绕州“十二五”规划目标和与全国全省同步全面建成小康社会目标，综合考虑发展的需要和可能，2014年经济社会发展的主要预期目标建议为：

——生产总值增长11%以上；

——规模以上固定资产投资增长25%以上；

——地方公共财政预算收入增长12%以上；

——社会消费品零售总额增长13%以上；

——外贸进出口总额增长16%以上；

——城镇居民人均可支配收入增长11%以上；

——农民人均纯收入增长12%以上；

——居民消费价格总水平涨幅控制在3.5%左右；

——城镇登记失业率控制在4.3%以内；

——人口自然增长率控制在6‰以内；

——单位生产总值能耗下降完成省下达目标。

为确保完成以上目标任务，建议主要抓好以下8个方面的重点工作：

（一）突出“三农”稳增收，加快农业现代化步伐

全面贯彻落实中央一号文件和中央、省委农村工作会议精神，推动“三农”工作再上新台阶。一是推进粮经、畜牧业的协调发展。完善粮食安全保障体系，确保全年粮食播种面积不低于380万亩，产量达120万吨左右。抓好蔬菜产业发展，蔬菜种植面积达到100万亩以上，产量达180万吨以上。加快畜牧养殖基地建设，力争实现畜牧产值突破100亿元。二是加快推进农业产业化进程。加快发展现代烟草农业，促进烟叶提质增效，确保完成烟叶收购18.7万吨指标。加快建设一批优质、高效、生态的特色农产品基地，强化龙头引领，2014年认定龙头企业州级30个以上，省级6个以上。三是强化农村基础设施建设。抓紧推进大中小型水库和五小水利建设，加快灌区续建配套和节水改造。改造中低产田地25万亩、低效林20万亩。新建和改造农村公路500千米，推进农村电网改造，大力发展农村新型可再生能源。切实加强农业灾害预警防控体系建设，提高应急防控能力。四是扩宽农民增收渠道。全面落实国家支农惠农政策，促进农、林、牧等产业发展，大力扶持家庭农场、专业大户、农民合作社等新型主体，加快土地林地流转和农村富余劳动力转移就业，增加农民财产性收入和工资性收入。五是加强新农村建设和扶贫开发。推动城镇基础设施和公共服务向农村延伸，实施扶贫整村推进333个、扶贫整乡推进4个，培植500个产业扶贫示范村，扶持50个扶贫龙头企业；完成2000人易地扶贫搬迁、3万人贫困地区劳动力转移就业，努力使6万扶贫对象实现脱贫。

（二）盘活存量促增量，提升工业经济支撑力

围绕实现规模以上工业增加值增长12%以上的目标，推动工业经济加快发展。一是多措并举盘活存量。加大对发展潜力大、成长性好的企业的扶持力度，力争实现新增规模以上工业企业20户以上，新增产值亿元以上企业10户以上；按照“一企一策”的原则，积极开展对困难企业的帮扶工作。二是引建企业做大增量。加快园区配套设施建设步伐，继续推进标准厂房建设，完善园区水、电、路等配套设施，增强对企业入园发展的吸引力。三是狠抓重点工业项目实施。加快推进50项重大工业建设和30项重点前期项目，按照“一个项目、一个领导、一套班子、一抓到底”的要求，进一步落实责任，加快建设进度。四是继续强化要素协调保障。放宽民营资本投资领域，加快直接融资步伐，强化金融对产业发展的支撑力度。

（三）抢抓机遇推项目，保持投资的快速增长

围绕全年固定资产投资增长25%的计划目标，全力保持固定资产投资快速增长，增强对经济增长的拉动力。一是加大重点项目推进力度。以列入省“3个100”、州“3个30”和年度1365个固定资产投资支撑项目为重点，及早安排一批重点项目前期工作经费，狠抓项目开工率、投资到位率和完成率，确保重点项目形成更大的投资和工程实物量。二是抓紧向上争取项目资金不松劲。准确把握中央投资导向，紧紧围绕城镇基础设施、环境保护和生态建设、三农、水利交通能源基础设施、民族地区发展、社会事业和社会管理等投资重点，进一步加快项目审批、规划选址、征地拆迁、环境影响评价、节能评估等进度，做到上报迅速、争取积极、协调有力，让尽可能多的项目进入省和国家的盘子。三是做好项目督查和重大项目社会稳定风险评估工作。充分发挥重点建设项目稽察特派员办公室的职

能，会同州委、州政府督查室加大对重点建设项目的督查和指导。认真贯彻落实国家及省关于重点建设项目社会稳定风险评估工作的要求，从源头上预防和减少社会矛盾。四是狠抓项目融资工作。争取实现各类融资新增100亿元以上，人民币各项贷款新增70亿元以上，人民币各项存款新增110亿元以上的目标。

（四）城乡并重扩内需，拓展消费增长新领域

充分发挥消费的基础和出口的支撑作用。一是加大商贸物流业的培育力度。加快推进“一枢纽、七园区、八节点、十六个中心和十大批发市场”为重点的物流基础设施建设。尽快形成一批上规模上档次、功能完善、辐射面广、带动力强的大型物流和交易市场。二是积极扩大城乡消费领域和需求。大力发展社区便利店，健全社区商业网点，加快农村流通体系建设，大力发展电子商务、住宿餐饮、休闲娱乐等现代服务业，促进消费持续增长，确保全州限额以上零售额所占比重达到50%。三是加快文化旅游转型升级。以推进禄丰恐龙、元谋古人类两大省级历史文化旅游项目为突破口，加强旅游环线和节点建设，积极打造民族文化体验、生态观光、休闲度假、美食等特色旅游精品，加紧规划申报哀牢山国家公园，尽快将楚雄州建设成为云南省新兴旅游目的地。同时支持金融、科技、房地产、健康服务业的发展，鼓励发展物联网、互联网、电子商务等新兴服务业。四是努力扩大出口规模和提高产品质量。抓好重点产品出口和重点企业培植，扩大化工产品和野生食用菌、蔬菜等特色农产品出口规模，扶持轻工纺织、天然药业、装备制造、新材料等产品出口，培育新的增长点，力争常年有进出口业绩的企业保持在50户以上，外贸进出口总额增长16%以上。

（五）城乡一体抓统筹，加快新型城镇化建设

围绕全年城镇化率提高1.6个百分点、建筑业增加值增长20%以上的目标，推动城镇化和城乡一体化发展进程。一是进一步完善城乡规划体系。抓住“城镇上山”重大机遇，积极引导城镇、工业园区合理布局，加快推进城乡层级规划编制，完善中心城市、县城、特色小镇、一般城镇四级城镇体系，结合省级风景名胜区、历史文化名镇（村），加快形成城乡一体化统筹发展的新格局，探索出一条适合楚雄州发展的集约、生态、节能、宜居的新型城镇化道路。二是加快推进产城融合和城镇组团发展。突出农业转移人口市民化、提高用地利用率、强化资金保障、优化布局等重点，提高城镇建管水平和工作重点，增加城镇承载力。借势滇中产业聚集区建设，推动楚雄、禄武、永元、两姚组团发展，构建楚雄州“产业带动、产城融合、组团发展”的新型城镇化格局。三是抓紧推进一批城镇基础设施建设。重点推进乡（镇）“两污”和城镇配套设施建设项目，加快保障性住房建设，确保完成城市棚户区改造3000户、廉租房408套、公租房2000套和省下达的农村危房改造及地震安居工程建设任务。积极推进500个美丽乡村建设，做好特色示范村建设与美丽乡村建设之间的过渡和衔接工作。四是加快县域经济发展。按照事权对等的原则，做好扩权强县工作，增强各县域的发展能力。

（六）深化改革扩开放，强化发展动力和活力

坚持把全面深化改革和扩大全方位开放作为驱动楚雄州发展的“双轮”，形成以改革促发展、以开放促发展的强大动力和活力。一是全面贯彻落实州委深化改革的决策部署。按照州委八届四次全会全面深化改革的《意见》，更加坚定全面深化改革的信心和决心，形成全州上下思改革、谋发展的合力。二是推进一批重点领域关键环节的改革。按照习近平总书记关于全面深化改革的“五要”要求，结合楚雄州改革和发展的实际，重点推进行政审批制度、投融资体制、社会事业分类、农村土地流转、完善企业发展服务体系、医药卫生体制、价格管理体制等重点改革事项，释放出更多的改革“红利”。三是进一步加快全方位开放步伐。按照“科学招商、强化项目、扶持重点、提升成效、促进转型”的总体要求，进一步转变招商理念，创新招商方式。提高招商服务水平，加大对外招商项目的推介力度，形成全民招商的良好氛围。力争招商引资实际到位资金达到440亿元，其中省外到位资金完成280亿元，实际利用外资完成3300万美元。

（七）突出民生强保障，使发展成果普惠全州

按照守住红线、突出重点、完善制度、引导舆论的思路，切实做好保障和改善民生各项工作。一是坚持教育优先。加快推进学前教育发展，认真做好“两免一补”、“四包”责任制的落实，实施好普通高中改造计划、民族地区教育基础薄弱县普通高中建设等项目，推进特殊教育、职业教育和民族教育发展。二是加强科技创新对经济发展的引领和带动作用。大力推进创新型楚雄建设，实施八大科技创新工程。加大科技创新、知识产权管理和保护力度，力争科技进步对国民经济的贡献率达52%以上。三是全面推动文体事业的繁荣发展。全面推进“四馆一站一室一所二场”、“七彩云南全民健身工程”和公共电子阅览室、农文网培学校等惠民工程的实施，构建完善文化惠民体系。积极推进第二批国家公共文化服务体系示范区创建工作，积极备战好云南省第十届少数民族运动会和省第十四届运动会，抓好彝族文化生态保护区申报和艺术创作工作。四是全面提高医药卫生服务能力。抓好新型农村合作医疗，确保2014年新农合参合率达96%以上；继续推进国家基本药物制度建设，促进基本公共卫生服务均等化；继续实施妇幼健康计划，做好重大疾病防治和卫生应急工作，有效应对突发公共卫生事件。五是进一步完善社会保障体系。完善新农保和城居保政策，积极引导城乡居民、农民工及非公经济组织从业人员等

重点群体参保续保，力争五大社会保险参保人数累计达230万人以上。六是促进社会充分就业。健全完善就业创业政策措施，扎实做好高校毕业生、城镇失业人员、就业困难人员、转户进城人员和农业富余劳动力等重点群体就业工作，力争新增城乡就业8万人以上，进一步优化创业环境，加强创业扶持工作，力争扶持创业7100人以上。七是围绕促进人口长期均衡发展的目标，落实好一方是独生子女的夫妇可生育两个孩子的政策。八是实施地方广播电视节目传输覆盖项目建设，继续做好重要新闻事件的报道工作。九是做好市场供应和物价稳定工作，将居民消费价格总水平涨幅控制在3.5%以内。十是强化民政救助能力，提升组织救助质量。十一是强化安全生产“一岗双责”，加大检查、督促工作力度，有效遏制重特大事故的发生。深化农产品质量、食品、药品监管，确保人民群众食医安全。

（八）强化责任重环保，推进美丽新楚雄建设

紧紧围绕在2020年以前将楚雄州打造成为“滇中绿州”的目标，切实推进生态立州战略。一是狠抓重点生态工程建设。抓好节水防污，强化水资源管理“三条红线”控制，进一步落实水资源论证、水功能区管理、入河排污口监管、水资源有偿使用等各项制度。积极开展河流和农村水环境综合治理。深入推进水土流失防治、水源涵养林建设和饮用水源地保护，建立健全水资源和水生态补偿机制。继续实施好天然林保护、退耕还林还草、农村能源建设以及国家和省级生态效益补偿等林业重点生态建设项目，加强森林防火、林业有害生物监测及防治工作。二是加强环保基础设施建设。加快城镇污水处理配套管网建设，全面提升城镇污水处理水平。加大重点行业水污染治理力度，强化污染减排目标责任考核，实行严格的责任追究制度。大力开展生态县、生态乡、生态村、绿色社区创建和农村环境综合整治等工作，努力形成全社会保护生态环境，共建美丽楚雄的浓厚氛围。三是加强耕地保护和土地开发整理工作。严格执行基本农田保护“五个不准”，完善政府主导、部门配合、全社会共同参与的耕地保护责任体系和考核体系。加大土地整治和城增村减挂钩工作力度，拓展建设用地空间。加强土地供应管理、创新土地收储方式，提高用地保障能力和集约节约利用水平，降低单位GDP用地面积。

各位代表，党的十八届三中全会吹响了全面深化改革的号角，实现2014年全州经济社会发展预期目标，任务艰巨、责任重大。我们将在州委的正确领导下，在州人大的法律监督、工作监督和州政协的民主监督下，把改革创新贯穿于全州经济社会发展的各个领域和环节，立足当前、谋划长远，提前启动“十三五”规划前期工作，进一步解放思想、抢抓机遇、坚定信心、开拓进取、真抓实干，以更加强烈的责任心和紧迫感，以更加有力的办法和举措，促进经济持续健康发展和社会和谐稳定，为与全国全省同步全面建成小康社会和实现富民强州宏伟目标作出新的贡献！

［州发改委供稿］

关于楚雄彝族自治州2013年地方财政预算执行情况和2014年地方财政预算草案的报告

——在楚雄彝族自治州第十一届人民代表大会第四次会议上

（2014年2月20日）

楚雄彝族自治州财政局

各位代表：

受州人民政府委托，现将楚雄彝族自治州2013年地方财政预算执行情况和2014年地方财政预算草案提请州第十一届人民代表大会第四次会议审查，并请州政协委员提出意见。

一、2013年地方财政预算执行情况

2013年，在州委的正确领导和州人大及其常委会的依法监督下，州人民政府团结带领各族人民，积极应对国内外严峻经济形势，充分发挥部门职能，依法依规抓收入，争取支持保支出，优化结构惠民生，深化改革提效益，努力促进全州经济社会发展。

（一）全州地方财政预算执行情况

1. 全州地方公共财政预算收入完成563703万元，比年初

预算数增加21758万元，增长4%，比上年决算数增加100523万元，增长21.7%，其中税收收入完成426600万元，比上年决算数增长17.4%；非税收入完成137103万元，比上年决算数增长37.3%。地方公共财政预算支出完成1726462万元，比年初预算数减少90898万元，降低5%，比上年决算数增加146300万元，增长9.3%。

全州地方公共财政预算平衡情况是：地方公共财政预算收入563703万元，转移性收入1171014万元，上年结余收入53961万元，调入资金22230万元，转贷政府债券收入7500万元，收入总计1818408万元。地方公共财政预算支出1726462万元，转移性支出17456万元，增设预算周转金200万元，债券还本支出14088万元。收支相抵，年终滚存结余60202万元，其中结转下年支出54802万元。结余资金的形成，主要是部分项目跨年度实施，当年不能形成支出，需结转下年按规定用途使用。

2. 全州地方财政基金预算收入完成274815万元，比年初预算数增加18692万元，增长7.3%，比上年决算数增加19156万元，增长7.5%。地方财政基金预算支出完成315372万元，比年初预算数增加1005万元，增长0.3%，比上年决算数增加42598万元，增长15.6%。

全州地方财政基金预算平衡情况是：地方财政基金预算收入274815万元，转移性收入62155万元，上年结余收入37943万元，调入资金1030万元，收入总计375943万元。地方财政基金预算支出315372万元，调出资金13535万元。收支相抵，年终滚存结余47036万元。结余资金的形成，主要是列收列支的专项基金支出和土地出让金收入提取的跨年度使用的专项基金。

3. 全州社会保险基金预算平衡情况是：社会保险基金收入407930万元，其中社会保险基金保险费收入186436万元，利息收入5252万元，财政补贴收入100541万元，其他收入11万元，转移收入1787万元。全州社会保险基金支出384980万元，其中社会保险待遇支出274689万元，其他支出336万元，转移支出58万元。收支相抵，本年收支结余22950万元，加上年结余收入239069万元，年终滚存结余262019万元。结余资金包括按政策属个人账户的资金余额以及按规定够下年度一定月份的支付数额基金。

（二）州本级地方财政预算执行情况

1. 州本级地方公共财政预算收入完成115765万元，比年初预算数增加2万元，比上年决算数增加16885万元，增长17.1%。州本级地方公共财政预算支出完成207111万元，比年初预算数增加10751万元，增长5.5%，比上年决算数增加25291万元，增长13.9%。

州本级地方公共财政预算平衡情况是：地方公共财政预算收入115765万元，转移性收入1213639万元，上年结余收入28468万元，调入资金8760万元，转贷政府债券收入7500万元，收入总计1374132万元。地方公共财政预算支出207111万元，转移性支出1133181万元，债券还本支出230万元。收支相抵，年终滚存结余33610万元，其中结转下年支出29886万元。结余资金的形成，主要是少数项目跨年度实施形成结余。

2. 州本级地方财政基金预算收入完成12441万元，比年初预算数减少5609万元，降低31.1%，比上年决算数减少9451万元，降低43.2%。州本级地方财政基金预算支出完成4698万元，比年初预算数减少14852万元，降低76%，比上年决算数减少2786万元，降低37.2%。

州本级地方财政基金预算平衡情况是：地方财政基金预算收入12441万元，转移性收入62155万元，上年结余收入20372万元，收入总计94968万元。地方财政基金预算支出4698万元，转移性支出53968万元，调出资金6314万元。收支相抵，年终滚存结余29988万元。结余资金的形成，主要是列收列支的专项基金支出和土地出让金收入提取的跨年度使用的专项基金。

3. 州本级社会保险基金预算平衡情况是：社会保险基金收入205589万元，其中社会保险基金保险费收入92742万元，利息收入2889万元，财政补贴收入4791万元，其他收入7万元，转移收入20万元。社会保险基金支出194267万元，其中社会保险待遇支出103905万元，其他支出336万元，转移支出18万元。收支相抵，本年收支结余11322万元，加上年结余136896万元，年终滚存结余148218万元。结余资金包括按政策属个人账户的资金余额以及按规定够下年度一定月份的支付数额基金。

以上数据均为州内快报数，待省财政厅批复楚雄州年度财政决算后，部分数据会有变化，届时再向州人大常委会报告。

二、2013年主要财政工作

（一）千方百计抓收入，着力增强综合财力。州政府面对全州经济下行压力大、国家实施结构性减税政策和一次性收入大幅减少等影响，及时分解征收任务，积极落实责任措施，坚持依法治税，认真执行减免税优惠政策，加强财税形势分析和收入征管，密切跟踪重点行业税源，加强非税收入成本核算与稽查管理，确保应收尽收。全面清理行政事业单位经营性资产，盘活变现存量，严格土地收储，发挥土地出让收益对财政收入增长的促进作用。主动与各部门加强协作沟通，密切关注上级政策导向，分析研究投资政策和工作措施，加大督查通报力度，积极做好向上争取工作。全年共争取上级转移支付补助105.8亿元，增长5.4%，其中一般性转移支付补助51.1亿元、专项转移支付补助54.7亿元，增加了可用财力，缓解财政压力。

（二）统筹协调促发展，着力夯实经济基础。州级筹集资金32.7亿元重点保障水利、交通、保障房、节能减排、生态建设等列入省“3个100”和州“3个30”项目，拉动经济持续增长。州级安排项目前期费和工作经费5500万元，支持做好项目前期工作。完成水利支出12.3亿元，增长0.5%，支持中小河流治理、病险水库除险加固和烟草水源建设。完成交通运输支出9.5亿元，增长47.5%，支持楚广高速、楚南一级公路、108国道改造和农村公路建设。认真落实“产业建设年”要求，争取上级财政扶持企业资金1.4亿元，州级预算安排1.1亿元支持打好“三大战役”。推进“万村千乡”市场工程和“南菜北运”农产品现代流通试点项目建设，做好家电和摩托车下乡补贴政策到期清算。按照上级要求取消或免征63项行政事业性收费项目，支持重点招商、产业培育和滇中产业聚集区建设，扶持中小微企业发展。完成亚行贷款楚雄州城市基础设施建设项目1.5亿美元贷款谈判。

（三）*突出重点扶“三农”，着力支持农业发展*。以增加农民收入为目标，全面落实支农政策，完成农林水事务支出28.4亿元，增长3.6%，促进农村经济发展。州级筹集资金2.4亿元支持高原特色农业、优势农业龙头企业、农产品基地及核桃、蔬菜、蚕桑、畜牧等产业发展，推进楚雄国家农业科技园区、双柏绿汁江特色农业园区和现代农业庄园建设。投入财政资金11.1亿元支持重点水源、灌区节水改造等农田水利基础设施建设，建成“五小水利”和“爱心水窖”6万件。投入财政资金8325.5万元支持农业综合开发，治理土地面积4.9万亩。投入财政资金4908万元支持农业科研科技推广、晚秋冬农作物新品种选育、高产创建、间作套种等，推进粮食增产计划。投入财政专项扶贫资金3.2亿元，实施4个扶贫整乡推进和639个整村推进，对20017户贫困户的2.8亿元扶贫贷款实施财政贴息，提高农村贫困地区和贫困人口自我发展能力。州级筹措惠农补贴17.2亿元，增长6.8%。加强村级公益事业一事一议财政奖补项目管理，投入财政资金1.5亿元，增长27.1%，带动社会投入2.2亿元，实施项目村1252个，涉及道路硬化、安全饮水、环境美化、公共活动场所建设等内容，受益6.5万农户25.8万人，实现了财政资金“四两拨千斤”的良好效果。

（四）*优化支出惠民生，着力保障社会事业*。压缩一般性支出，全州公务接待费、会议费、培训费、庆典费、论坛费分别下降13.4%、14.6%、8%、49.1%和13.3%。加大民生投入，完成民生支出130.5亿元，增长7.1%，占地方公共财政预算支出的75.6%，努力在学有所教、病有所医、老有所养、住有所居上提供保障。其中教育支出30.8亿元，增长6.7%，提高农村中小学公用经费补助标准，每生每年分别达到760元和560元；州财政采取调整项目支出、安排净结余资金和压缩公用经费等措施筹集资金9566.7万元，支持解决全州3.9万多名原民办和代课教师遗留问题。医疗卫生支出16.3亿元，增长13.5%，支持深化医药卫生体制改革和实施国家基本药物制度；加强医疗卫生机构标准化建设；提高城镇居民医保和新农合财政年度补助标准，其中城镇居民成年人提至302元、未成年人和大学生提至282元，新农合提至280元。社会保障和就业支出24.1亿元，增长16%，支持建设社会养老服务体系和实施积极的就业政策；提高城乡低保、农村“五保”和企业退休人员基本养老金补助标准，其中城乡低保补助每月分别提至240元和108元、农村“五保”集中和分散供养补助每月分别提至207元和166元、企业退休人员基本养老金每月提至1577.8元。文化体育与传媒支出2.1亿元，增长1.6%，支持公共文化服务体系建设。节能环保支出5.3亿元，增长23.9%，支持节能减排。住房保障支出10.7亿元，其中州级配套保障房资金6051.8万元、安排住房补贴600万元。兑付石油价格改革补贴4668.5万元，稳定城乡客运。垫付道路交通事故社会救助基金13.8万元。

（五）*多措并举强监管，着力提高资金效益*。推进财税反腐倡廉建设，树立公心谋事、公正处事、公平待人的工作理念。巩固规范行政权力运行成果，完善廉政风险防控措施。健全财政监督机制，规范资金拨付审批，动态监管专项资金分配使用，坚持州县乡三级对账，构建“大监督”格局。加强政府债务监管，安排州级政府性债务还本付息支出4.8亿元，构建连接州财政与州级债务单位和县（市）财政的债务管理网络。强化会计监督，开展乡（镇）财政资金安全检查；对44家城市公交和供排水系统单位开展会计监督检查，查出违规资金1988.9万元，纠正问题资金1481.3万元；开展粮食风险基金、矿产资源有偿使用费专项督导和县（市）财政监督目标考评；推进村级会计委托代理服务工作，代管集体资金18.2亿元。加强绩效管理，选定州民政局、州科协等州级5家单位的5个项目1170万元资金开展预算绩效管理试点，实施农林水、医疗卫生、科技文化、教育、计生、扶贫等45个绩效评价项目，开展全州12家地方金融企业绩效评价。建立多级复核机制，规范财政业务考核管理。加强政府采购监督，完成采购金额6.4亿元，节约预算资金6833.4万元，节约率9.6%，努力构建公开、公平、公正的政府采购环境。

（六）*围绕要求推改革，着力提升理财水平*。试编社会保险基金预决算，提高预算编制的完整性。深化部门预算改革，提高州级公用经费标准，细化部门预算编制；加大预算信息公开，编印《阳光财政公民读本》，制定财政预算信息公开规程，公开州人代会审议通过的预决算报告、背景材料和收支附表，督促全州291个部门548家单位公开2012年部门决算、560个部门955家单位公开2013年部门预算，指导大姚、元谋县率先公开“三公”经费；选取州商务局和楚师附小的部门预决算提交州人代会审议和执行跟踪，启动州级公开部门预决算报州人代会审查试点。深化财政国库管理改革，实施改革资金102.7亿元，增长11.4%；加快支出进度，1～6月、1～9月和1～11月分别完成全年支出的46.7%、68%和85.3%，分别比上年提高3.3、4.6、3.6个百分点；清理精简财政专户，年内撤销9个，自2011年以来累计撤销188个；推进公务卡结算制度，全州1101个单位累计办卡3.9万张，年内报销金额1.7亿元；试编完成州级和牟定、大姚、元谋县2012年度权责发生制政府综合财务报告。推进税制改革，会同税务部门推进交通运输业和部分现代服务业“营改增”试点，1189户交通运输业和1250户现代服务业小规模纳税人税负分别下降3%和40%。推进财政票据电子化改革，新增89家安装单位和146个开票端点。加快财政信息化建设，实施部门预算管理网络平台和虚拟化改造，10县（市）及开发区6家代理银行32个网点支付系统与财政一体化系统实现联网电子支付。

回顾2013年财税工作，取得了一定成绩，但仍存在一些困难和问题。一是受经济增速放缓、产业结构调整、结构性减税等影响，财政收入质量不高、增长基础不牢，可用财力与支出需求差距较大。二是财政支持产业和事业发展的范围、方式需进一步优化，财政预算执行的及时性和均衡性有待提高，预算绩效管理有待加强。三是由于中央和省转移支付政策调整，县级财力保障水平提高，州级财政调控能力下降。四是少数单位依法理财意识不强，违反财经纪律现象偶有发生。对于这些问题，我们将虚心听取各位代表的意见建议，采取有效措施加以解决。

三、2014年地方财政预算草案

根据国务院和省政府分别关于编制2014年中央和地方预算的要求，结合全州实际，2014年楚雄州财政预算编制的指导思想是：深入贯彻落实党的十八届三中全会、中央经济工作会、省委九届七次全会和州委八届四次全会精神，以全面深化改革为契机，坚持稳中求进总基调，按照构建完善与社会主义市场经济相适应的公共财政管理体制的要求，进一步依法强化收入管理，争取支持增加可用财力；进一步优化财政支出结构，压缩一般性支出，保障重点支出和民生支出；进一步推动财政预算管理改革，推进预算公开透明，提高财政资金使用绩效，促进全州经济持续健康发展、社会和谐稳定。

在具体编制中主要遵循以下原则：一是量入为出、收支平衡。科学测算收入，结合财力统筹安排支出，做到收支平衡、不列赤字。二是财力与事权相匹配。理顺州县财政关系，规范事权与支出责任，合理安排财政资金。三是优化结构、保障重点。围绕全州中心工作，在保工资、保运转的前提下，减少“三公”经费和会议费等一般性支出，集中财力保障民生等重大支出。四是厉行节约、强化绩效。树立绩效预算理念，从严从紧编制支出预算，全面跟踪问效预算执行过程，依据项目绩效评价结果安排预算，提高财政资金使用效益。

（一）全州地方财政预算草案

1. 全州地方公共财政预算收入安排631331万元，比上年决算数增加67628万元，增长12%。地方公共财政预算支出安排1899100万元，比上年决算数增加172638万元，增长10%。

全州地方公共财政预算平衡情况是：地方公共财政预算收入631331万元，转移性收入1216155万元，上年结余收入60202万元，调入资金9271万元，收入总计1916959万元。地方公共财政预算支出1899100万元，转移性支出17859万元。收支持平。

2. 全州地方财政基金预算收入安排259049万元，比上年决算数减少15766万元，降低5.7%。地方财政基金预算支出安排331150万元，比上年决算数增加15778万元，增长5%。

全州地方财政基金预算平衡情况是：地方财政基金预算收入259049万元，转移性收入30776万元，上年结余收入47036万元，收入总计336861万元。地方财政基金预算支出331150万元，调出资金5711万元。收支持平。

3. 全州社会保险基金预算收入安排341566万元，其中社会保险基金保险费收入194245万元，利息收入7075万元，财政补贴收入121850万元，转移收入728万元。社会保险基金预算支出安排308091万元，其中社会保险待遇支出282207万元，其他支出1009万元，转移支出83万元。收支相抵，本年收支结余33475万元，加上年结余收入262019万元，年终滚存结余295494万元。结余资金包括按政策属个人账户的资金余额以及按规定够下年度一定月份的支付数额基金。

（二）州本级地方财政预算草案

1. 州本级地方公共财政预算收入安排129676万元，比上年决算数增加13911万元，增长12%。地方公共财政预算支出安排217500万元，比上年决算数增加10389万元，增长5%。

州本级地方公共财政预算平衡情况是：地方公共财政预算收入129676万元，转移性收入1259017万元，上年结余收入33610万元，调入资金1740万元，收入总计1424043万元。地方公共财政预算支出217500万元，转移性支出1206543万元。收支持平。

2. 州本级地方财政基金预算收入安排39701万元，比上年决算数增加27260万元，增长219.1%。地方财政基金预算支出安排29472万元，比上年决算数增加24774万元，增长527.3%。

州本级地方财政基金预算平衡情况是：地方财政基金预算收入39701万元，转移性收入30776万元，上年结余收入29988万元，收入总计100465万元。地方财政基金预算支出29472万元，转移性支出70253万元，调出资金740万元。收支持平。

3. 州本级社会保险基金预算收入安排214840万元，其中社会保险基金保险费收入108609万元，利息收入3731万元，财政补贴收入2598万元，转移收入15万元。社会保险基金预算支出安排186906万元，其中社会保险待遇支出106450万元，转移支出30万元。收支相抵，本年收支结余27934万元，加上年结余收入148218万元，年终滚存结余176152万元。结余资金包括按政策属个人账户的资金余额以及按规定够下年度一定月份的支付数额基金。

四、2014年财政工作主要措施

（一）坚持增收节支，确保完成全年任务。支持依法征税，加强重点税源监管，巩固主体税源，培育后续财源，优化收入结构。加强财税形势分析，坚持堵漏增收，完善税源控管体系和综合治税长效机制。结合清理规范行政事业性收费合理安排非税收入，不因追求财政收入增幅而增加非税收入指标，规范管理财政票据和行政事业单位国有资产。适应上级竞争性分配项目资金改革要求，积极捕捉政策信息，盯准国家政策导向和资金投向，积极争取上级支持。坚持厉行节约，推进会议费、差旅费和公务接待改革，认真落实国务院关于政府性楼堂馆所一律不得新建、财政供养人员和“三公”经费只减不增的要求，严控一般性支出，努力实现增收节支。

（二）加强宏观引导，服务经济发展大局。落实上级重大经济政策，把握投资重点方向，引导投资向打基础、利长远、惠民生的基础设施领域倾斜，重点加大社会民生、产业发展、生态建设、节能环保等投入力度，支持固定资产投资增长。按照“产业建设年三年行动计划”的总体部署，加强财税政策宏观引导，调整整合专项资金，推动产业结构调整和产业优化升级，支持创新驱动发展战略实施，支持重点产业、重点招商和园区经济、民营经济、县域经济发展。不断规范企业融资渠道，发挥贷款贴息、信用担保的政策工具作用，改善中小企业融资难困境，激发中小企业发展活力。支持做好项目前期工作，州级安排项目前期费4000万元，按照“财权与事权相匹配”、“保重点、保基础”和“分类保障、注重效益”的原则，支持开发储备一批符合国家产业政策的新项目，加强跟踪问效，提高财政资金使用效益。

（三）加大民生投入，认真落实惠民政策。发挥财政资金引导作用，通过贴息、奖励等措施带动金融和社会资金投向农业农村，支持现代农业、新农村建设和林业生态建设。加大农业综合开发和村级公益事业投入，支持美丽乡村建设。加强扶贫专项资金管理，推进精准扶贫和连片特困地区扶贫攻坚。围绕“产城融合”推进新型城镇化发展。完善义务教育经费保障机制，健全扶贫助学体系，统筹城乡义务教育资源均衡配置，促进教育公平和质量提高。健全社会保障财政投入制度，企业退休人员基本养老金增长10%，提高城乡低保、孤儿生活费、重点优抚对象等困难人群生活费补助标准，完善保障标准与物价挂钩联动机制，支持积极的就业政策，推进“贷免扶补”和小额担保创业贷款。支持深化医药卫生体制改革，提高新农合和城镇居民医保财政补助标准，推进社会保险扩面征缴和“一卡通”、标准化卫生院（室）建设、城乡居民大病医保、公立医院改革试点。认真落实计划生育奖励优惠政策。支持创建国家公共文化服务示范区。支持公租房、廉租房并轨运行和棚户区、农村危房改造，推进保障性安居工程预算绩效评价。完善再分配调节机制，积极落实城乡居民收入倍增计划。

（四）深化财税改革，提高绩效管理水平。完善预算编审体系和定额标准体系，盘活存量资金，用好增量资金，压缩代编预算规模，努力提高预算编制的细化率和准确性。推进预算绩效管理，健全部门绩效目标体系，建立覆盖财政支出全过程的绩效评价机制，扩大州本级绩效预算管理范围。逐步理顺州县政府间的事权和支出责任，清理整合规范专项转移支付项目，优化转移支付结构，逐步建立事权和支出责任相适应、财力和支出责任相匹配的财政管理体制。清理税收优惠政策，积极参与税制改革，深入推进“营改增”试点。推进国库集中支付和公务卡结算改革。加强财政票据电子化管理，探索部分非税收入项目财政直收试点。推进会计改革，探索建立反映政府资产负债情况的综合财务报告制度。推进政府购买服务工作，健全采购预算执行动态监控体系。深化农村综合改革。支持事业单位分类改革。推进股权融资和政策性金融机构等投融资体制改革，做大做强政府投融资平台。

（五）强化财政监管，防范债务金融风险。建立健全嵌入业务流程和贯穿财政资金分配使用全过程的财政监督机制。围绕重大决策和重大财税政策开展监督检查，做好民生政策落实和涉农涉企扶持资金等专项资金监管。加强会计监督，规范收支预算执行。加大预算执行力度，严控财政资金结余结转。加强政府性债务统计分析和监管，建立健全债务管理体系和风险预警机制，建立完善债务偿还机制，集中财力优先安排本级政府还本付息资金。加强财政国库资金监管，清理精简财政专户，规范暂付款、暂存款管理。推进预算信息公开，州级部门预算提交州人代会审议，公开民生项目支出和2014年政府及部门预决算、“三公”经费，积极打造阳光财政。

（六）严格预算管理，平衡财政预算收支。强化预算约束力，年度预算执行中，除上级的人员经费和民生增支政策外，在无新增财力情况下原则不予追加。项目支出预算优先配套上级项目、州委州人民政府确定的重点项目，最后安排部门项目。新出台财政收支政策不得突破现行财政体制的统一性和严肃性，不得涉及越权或变相减免税费等内容，除国家规定外，不对预算支出占财政收入或支出的比重和增幅作要求。注重发挥市场作用，对可通过市场化运作的项目，通过市场筹集资金；需要政府投资引导的项目，建立财政资金投入退出机制，吸引社会资本参与。加大财政预算支出考核力度，提高州县财政支出的协调性和同步性。

各位代表，2014年全州财税部门将在州委的正确领导下，自觉接受州人大、州政协、州纪委和社会各界监督，认真贯彻落实党的十八大和十八届三中全会精神，进一步解放思想，坚定信心，扎实工作，努力完成全年财政收支预算目标任务，为加快推进富民强州进程、全面建成小康社会提供支持保障！

［州财政局供稿］

云南省楚雄彝族自治州恐龙化石保护条例

（2012 年 12 月 25 日云南省楚雄彝族自治州第十一届人民代表大会第二次会议通过，2013 年 3 月 28 日云南省第十二届人民代表大会常务委员会第二次会议批准，自 2013 年 4 月 26 日起施行）

第一章　总　则

第一条　为了加强对恐龙化石的保护管理，促进恐龙化石的科学研究和合理利用，根据《中华人民共和国民族区域自治法》、国务院《古生物化石保护条例》等有关法律法规，结合楚雄彝族自治州（以下简称自治州）实际，制定本条例。

第二条　在自治州行政区域内从事恐龙化石的发掘、采集、收藏、开发利用和管理等活动，适用本条例。

本条例所称恐龙化石，是指由于自然作用形成并赋存于自治州行政区域内地层中的恐龙实体化石及其遗迹化石。

第三条　自治州行政区域内的恐龙化石属于国家所有，不因其所依附的土地所有权和使用权的变更而改变。

第四条　恐龙化石的保护管理应当坚持科学规划、保护优先、合理利用的原则。

第五条　自治州、县（市）人民政府应当加强本行政区域内恐龙化石的保护管理工作，并设立保护专项经费。

第六条　自治州人民政府应当设立恐龙化石保护委员会，负责恐龙化石保护管理的指导、协调、监督等工作。

县（市）人民政府可以根据需要设立恐龙化石保护委员会。

第七条　自治州、县（市）人民政府国土资源主管部门应当设立专门工作机构，负责本行政区域内恐龙化石的保护管理工作，其主要职责是：

（一）宣传贯彻执行有关法律法规和本条例；

（二）会同有关部门编制本行政区域内恐龙化石的保护规划，报经同级人民政府批准后组织实施；

（三）建立和健全恐龙化石保护管理的相关制度；

（四）指导和监督恐龙化石的保护和利用工作；

（五）管理恐龙化石保护专项经费；

（六）建立恐龙化石档案库和数据库。

第八条　自治州、县（市）人民政府的文化、公安、工商行政管理、规划建设、林业、环境保护、旅游等有关部门，应当按照各自职责做好恐龙化石保护管理的相关工作。

乡（镇）人民政府、村民委员会（社区）应当配合做好恐龙化石保护管理的有关工作。

第九条　任何单位和个人不得破坏恐龙化石，未经批准不得发掘、采集、收藏、转让、赠送恐龙化石。

第十条　任何单位和个人都有保护恐龙化石的责任和义务，对破坏恐龙化石的行为都有制止、检举和控告的权利。

第十一条　自治州、县（市）人民政府应当在恐龙化石集中的区域建立保护区，保护区的建立按有关规定报批。

第十二条　自治州、县（市）人民政府鼓励和支持具备条件的单位和个人参与恐龙化石的开发与利用，并保护投资者的合法权益。

第十三条　自治州、县（市）人民政府应当组织开展恐龙化石保护的科普宣传和文化交流活动。

每年十月的最后一周为恐龙化石保护宣传周。

第十四条　自治州、县（市）人民政府对在恐龙化石保护管理工作中做出显著成绩的单位和个人，应当给予表彰奖励。

第二章　发掘与收藏

第十五条　在自治州行政区域内发掘、采集恐龙化石的，应当经自治州人民政府同意，按照相关规定和程序报批，并按照批准的发掘、采集方案进行。

第十六条　发掘恐龙化石的单位应当具备下列条件：

（一）有三名以上拥有古生物专业或者相关专业技术职称，并有三年以上古生物化石发掘经历的技术人员，其中至少有一名具有古生物专业高级职称的技术人员作为发掘活动的领队；

（二）有符合国家标准的发掘古生物化石的设施、设备；

（三）有符合国家标准的处理和保护古生物化石的技术和工艺；

（四）有符合国家标准的保管古生物化石的设备和场所。

第十七条　自治州、县（市）人民政府国土资源主管部门应当对恐龙化石发掘、采集活动进行全程监督检查。

发掘恐龙化石的单位，应当每三十日报告一次发掘情况，并于发掘活动结束之日起三十日内，对发掘的恐龙化石进行登记造册，作出相应的描述与标注，同时将恐龙化石清单和图片报县（市）以上国土资源主管部门和文化主管部门备案；发掘的恐龙化石应当全部移交国土资源主管部门指定的具备收藏条件的机构收藏。

第十八条 在生产或者建设中发现恐龙化石的，发现人应当保护好现场，并及时向有关组织和部门报告；县（市）人民政府国土资源主管部门应当及时划定保护范围，并采取有效措施进行保护。

第十九条 在发掘、采集恐龙化石过程中需要占用耕地、林地等的，应当依法办理有关手续，并按规定给予补偿。

发掘、采集恐龙化石致使耕地损毁、林地损坏或者生态环境遭受破坏的，应当按照谁开发谁保护、谁破坏谁恢复、谁利用谁补偿的原则进行恢复治理。

第二十条 自治州行政区域内的恐龙化石收藏单位应当具备下列条件：

（一）有固定馆址、专用展室、相应面积的藏品保管场所；

（二）有相关专业技术人员；

（三）有防止恐龙化石自然损毁的技术工艺和设备；

（四）有健全的管理制度和完备的防火、防盗等设施。

第二十一条 自治州行政区域内具备条件的国有博物馆、高等院校和企业依法设立的博物馆，经批准可以收藏恐龙化石；但其收藏的恐龙化石属于国家所有，不因收藏单位的变更或者终止而改变其所有权。

收藏单位应当建立本单位收藏的恐龙化石档案，并将收藏档案和每年新增的恐龙化石档案报所在地县（市）人民政府国土资源主管部门和文化主管部门备案。

收藏单位不得擅自将其收藏或者持有的恐龙化石转让、交换、赠与给非收藏单位、个人及外国组织和个人。

第二十二条 自治州鼓励个人将持有的恐龙化石捐赠给本行政区域内的收藏单位和研究机构，受赠单位和研究机构应当对捐赠者给予奖励。

禁止买卖、贩运、质押或者出租恐龙化石。

第二十三条 公安和工商行政管理等部门依法没收的恐龙化石应当逐一造册登记、妥善保管，并在结案后三十日内移交同级国土资源主管部门；国土资源主管部门应当及时将恐龙化石移交自治州行政区域内具备收藏条件的收藏单位收藏。

第三章 开发与利用

第二十四条 自治州人民政府鼓励利用自治州行政区域内的恐龙化石资源开展科学研究、文化交流、科普宣传和旅游观光等活动。

第二十五条 开发利用恐龙化石资源应当经自治州人民政府同意，并按规定办理相关手续。

第二十六条 因科研教学、文化交流和科普展示等需要将恐龙化石运送到自治州行政区域外的，应当报自治州人民政府国土资源主管部门审查，并按规定办理相关手续。

需要利用恐龙化石到境外进行科研教学、文化交流、科普展示等活动的，应当按国家有关规定办理相关手续。

第二十七条 申请将恐龙化石运送到自治州行政区域外的，应当提供以下资料：

（一）申请人基本情况；

（二）运出的时间、地点和目的；

（三）恐龙化石的清单、图片；

（四）合作单位的基本情况和开展科研教学、文化交流或者科普展示等活动相关的合同文本；

（五）保护恐龙化石的应急预案和措施。

第二十八条 恐龙化石在自治州行政区域外停留时间一般不得超过六个月，因特殊情况确需延长停留时间的，应当在停留期限届满六十日前报原批准机关办理延期手续。但延期停留的时间最长不得超过六个月。

第二十九条 境外研究机构到自治州行政区域内进行恐龙化石学术性考察与研究，应当经自治州人民政府国土资源主管部门同意，并按照国家有关规定办理相关手续。

第三十条 自治州人民政府国土资源主管部门和文化主管部门应当对出入自治州行政区域的恐龙化石进行审核、查验，并协助承办科研教学、文化交流、科普展示的单位对恐龙化石进行全程安全监管。

在承办科研教学、文化交流、科普展示的过程中禁止调换和损坏恐龙化石。

第四章 法律责任

第三十一条 违反本条例规定，有下列行为之一的，由县级以上国土资源主管部门予以处罚；构成犯罪的，依法追究刑事责任。

（一）未经批准发掘、采集恐龙化石的，责令停止违法行为，没收实物和违法所得，并处 20 万元以上 50 万元以下罚款。未按照批准方案发掘、采集恐龙化石的，责令限期改正；情节严重的，撤销批准发掘、采集的决定；

（二）发掘、采集单位未按照规定移交恐龙化石的，责令限期移交；逾期不移交或者造成恐龙化石损毁的，处 10 万元以上 50 万元以下罚款；

（三）不具备收藏条件收藏恐龙化石的，责令限期改正；逾期不改正的，处 5 万元以上 10 万元以下罚款；

（四）收藏单位未按照规定建立恐龙化石档案或者未按照规定备案的，责令限期改正；逾期不改正的，没收恐龙化石，并处 5000 元以上 2 万元以下罚款；

（五）任何单位和个人未经批准将其收藏或者持有的恐龙化石转让、交换、赠与给非收藏单位、个人或者外国组织、个人的，责令限期追回，有违法所得的没收违法所得，对单位并处 10 万元以上 50 万元以下罚款；

（六）在承办科研教学、文化交流、科普展示的过程中调换和损坏恐龙化石的，责令停止违法行为，并处5万元以上50万元以下罚款；

（七）未经批准擅自将恐龙化石运送到自治州行政区域外的，责令限期追回，并处5万元以上20万元以下罚款。

第三十二条　买卖、贩运、质押或者出租恐龙化石的，由县级以上工商行政管理部门责令改正，没收违法所得，并处5万元以上20万元以下罚款；构成犯罪的，依法追究刑事责任。

第三十三条　当事人对行政处罚决定不服的，依照《中华人民共和国行政复议法》和《中华人民共和国行政诉讼法》的规定办理。

第三十四条　国土资源主管部门和其他有关部门的工作人员在恐龙化石保护管理工作中玩忽职守、滥用职权、徇私舞弊的，由其所在单位或者上级主管部门给予处分；构成犯罪的，依法追究刑事责任。

第五章　附　则

第三十五条　本条例经自治州人民代表大会审议通过，报云南省人民代表大会常务委员会审议批准，由自治州人民代表大会常务委员会公布施行。

自治州人民政府可以根据本条例制定实施办法。

第三十六条　本条例由自治州人民代表大会常务委员会负责解释。

云南省楚雄彝族自治州龙川江保护管理条例（修订）

（1997年4月7日云南省楚雄州第八届人民代表大会第一次会议通过，1997年5月28日云南省第八届人民代表大会常务委员会第二十八次会议批准，2013年2月27日云南省楚雄州第十一届人民代表大会第三次会议修订，2013年5月30日云南省第十二届人民代表大会常务委员会第三次会议批准，自2013年6月25日起施行）

第一章　总　则

第一条　为了加强龙川江的保护管理，实现水资源的可持续利用，根据《中华人民共和国民族区域自治法》、《中华人民共和国水法》等法律法规，结合楚雄彝族自治州（以下简称自治州）实际，制定本条例。

第二条　龙川江的保护、治理、开发、利用和管理等活动适用本条例。

第三条　本条例所称龙川江是指发源于南华县天子庙坡，流经南华、楚雄、禄丰、牟定、元谋等县（市），在元谋县汇入金沙江，全长254千米的干流及其各级支流，流域面积9256平方千米。

第四条　龙川江的保护管理坚持统一规划、综合治理、保护优先、合理利用的原则，实行流域管理与区域管理、统一管理与分级管理相结合的制度。

第五条　自治州和龙川江流域的县（市）人民政府［以下简称州、县（市）人民政府］应当将龙川江保护管理纳入国民经济和社会发展规划，所需经费列入本级财政预算。

第六条　自治州鼓励单位和个人投资开发利用龙川江水资源，坚持谁投资、谁受益、谁开发、谁保护的原则，并保护投资者的合法权益。

第七条　州、县（市）人民政府水行政主管部门负责龙川江的统一保护管理工作。州、县（市）人民政府应当设立龙川江管理机构，隶属同级水行政主管部门，负责龙川江的保护管理工作，其主要职责是：

（一）宣传贯彻执行有关法律法规和本条例；

（二）会同有关部门制定和修改龙川江综合规划和专业规划；

（三）编制水量分配方案和调度计划；

（四）负责龙川江开发利用的监督管理；

（五）审批防洪影响评价报告，审查河道管理范围内的工程建设方案；

（六）会同有关部门做好龙川江管理范围内砂石资源开发利用的监督管理，办理河道采砂许可，收取河道采砂管理费、河道工程修建维护费等费用；

（七）调处水事纠纷；

（八）行使本条例赋予的行政处罚权。

第八条　州、县（市）人民政府的发展和改革、财政、住房和城乡建设、环境保护、交通运输、农业、林业、国土资源等部门应当按照各自职责，做好龙川江保护管理的相关工作。

乡（镇）人民政府应当做好本行政区域内龙川江的保护管理工作。

村（居）民委员会应当协助做好龙川江保护管理的相关工作。

第九条　任何单位和个人都有保护龙川江的义务，对污染水体、破坏河道等违法行为有制止和举报的权利。

第十条　州、县（市）人民政府对在龙川江保护管理和水污染防治工作中做出显著成绩的单位和个人，应当给予表彰奖励。

第二章　河道管理

第十一条　自治州龙川江管理机构会同有关部门编制龙川江干流综合规划及专业规划，经自治州人民政府水行政主管部门审核同意后，报自治州人民政府批准实施；县（市）龙川江管理机构会同有关部门编制本行政区域内龙川江支流的综合规划和专业规划，经县（市）人民政府水行政主管部门审核同意后，报县（市）人民政府批准，并报自治州龙川江管理机构备案。

编制龙川江综合规划应当与城乡规划、土地利用总体规划等相衔接。龙川江专业规划应当符合综合规划。

第十二条　州、县（市）人民政府的交通运输、住房和城乡建设、林业、环境保护等部门编制规划时，涉及龙川江的，应当征求龙川江管理机构的意见。

第十三条　龙川江保护管理范围分为河道管理范围和河道保护范围，具体界限由州、县（市）人民政府划定，设立标志并向社会公布。

龙川江干流河道管理范围由自治州人民政府按照下列规定划定：

（一）有堤防的河道管理范围为两岸堤防之间的水域、滩涂（含可耕地）、行洪区，两岸堤防及护堤地。护堤地的宽度为堤防背水坡脚线水平外延 5～10 米的区域。无背水坡脚线的，护堤地的宽度为堤防上口线水平外延 10～20 米的区域；

（二）无堤防的河道管理范围根据历史最高洪水位或者设计洪水位确定。

龙川江支流的管理范围由县（市）人民政府参照前款第一、二项规定划定。

州、县（市）人民政府应当根据堤防的重要程度、堤基地质条件、水源保护目标等实际情况，在河道管理范围之外设定河道保护范围。

第十四条　在河道保护范围内禁止下列行为：

（一）建设可能污染环境、破坏生态平衡和自然景观的工业项目以及其他项目；

（二）堆放、弃置矿渣等有毒有害物质；

（三）爆破、打井等影响河势稳定的行为；

（四）开挖地下工程等危害河岸堤防安全的行为；

（五）法律法规禁止的其他行为。

第十五条　在河道管理范围内，除遵守本条例第十四条规定外，还禁止下列行为：

（一）修建围堤、阻水渠道、阻水道路；

（二）新建住宅、商业用房等与河道保护和水工程运行管理无关的建筑物、构筑物；

（三）在河道内堆放和弃置石渣、煤灰、泥土、泥浆、垃圾等废弃物；

（四）种植阻碍行洪的林木或者高秆作物；

（五）清洗装贮过油类或者有毒污染物的车辆、容器等；

（六）设置拦河渔具，或者从事炸鱼、电鱼、毒鱼等活动；

（七）破坏河堤、界桩标志等设施；

（八）法律法规禁止的其他行为。

第十六条　龙川江河道治理需要占用土地的，由州、县（市）人民政府协调解决，并依法办理用地手续。龙川江治理增加的可利用土地按照城市总体规划和土地利用总体规划安排使用，其土地流转所得收益应当专项用于河道治理。

第十七条　州、县（市）人民政府应当多渠道筹集资金，专项用于龙川江的保护管理，资金来源包括：

（一）财政预算；

（二）收取的水资源费、河道采砂管理费、河道工程修建维护管理费、水土保持补偿费等费用的一定比例；

（三）土地出让金中计提的水利建设专项资金的一定比例；

（四）因河道治理增加的可利用土地流转收益；

（五）其他资金。

第十八条　在河道管理范围内进行项目建设的，建设单位应当按照河道管理权限将工程建设方案报龙川江管理机构审查同意后，方可办理其他审批手续。

建设项目涉及防洪安全的，应当同时提供经批准的洪水影响评价报告。

经批准的工程建设方案发生变更的，建设单位应当征得原审查机构的同意。在性质、规模、地点等方面作较大变更的，应当按照原审批程序报批。

第十九条　对龙川江河道管理范围内已修建的涵闸、泵站和埋设的穿堤管道、缆线等建筑物及设施，龙川江管理机构应当定期检查，对不符合工程安全要求的，责令限期整改。

在河道管理范围内新建前款所指的建筑物及设施，应当经龙川江管理机构按照批准的建设方案验收合格后方可启用，并服从龙川江管理机构的安全管理。

第二十条　河道管理范围内新建、扩建、改建项目的，建设单位应当将项目区域内的河道治理纳入建设项目计划，并与建设项目同步实施，所需资金由建设单位承担。

第二十一条　县（市）人民政府的住房和城乡建设、交通运输、林业等部门应当按照各自职责做好龙川江河道堤防防护林的营造和管理工作。

第二十二条　县（市）人民政府交通运输主管部门和铁路管理单位应当按照各自职责做好龙川江河堤与铁路、公路结合地段的保护管理工作。

第二十三条　龙川江受益范围明确的堤防、护岸、水闸和排涝工程等设施，县（市）龙川江管理机构可以依法向受益的单位和个人收取河道工程修建维护管理费。

第二十四条　自治州、县（市）龙川江管理机构应当会同同级国土资源主管部门制定龙川江河道管理范围内的砂、石、土等资源开采规划，报同级人民政府批准后实施。

规划内容包括禁采区、限采区、可采区和可以开采的数量、期限等。

第二十五条　在龙川江河道管理范围内采砂、石、土的单位和个人应当依法向县（市）龙川江管理机构申领河道采砂许可证，缴纳河道采砂管理费，并到国土资源主管部门办理登记手续。未取得河道采砂许可证的，国土资源主管部门不得办理登记手续。

第二十六条　河道采砂、石、土应当按照河道采砂许可证规定的范围、期限和作业方式进行。

河道采砂许可证规定期限届满或者不再采砂、石、土的，采砂、石、土的单位或者个人应当恢复废弃作业场所的地貌和植被。

第三章　水量分配及调度

第二十七条　龙川江实行区域取水总量控制制度、用水效率控制制度和水功能区限制纳污制度。

自治州人民政府应当对龙川江流域的县（市）人民政府执行取水总量控制指标、用水效率控制指标和水功能区纳污指标的情况实行年度考核。具体考核办法由自治州人民政府制定。

第二十八条　龙川江水量分配应当依据龙川江综合规划和专业规划、流域水资源现状和供需情况，制定水量分配方案。

制定流域水量分配方案，应当遵循公平公正、可持续利用和节约保护、水质水量双控制的原则，保障流域内居民生活用水，兼顾生产和生态环境用水；协调上下游、左右岸利益，统筹流域外的调水。

第二十九条　龙川江水量分配方案，由龙川江管理机构会同有关部门制定，经同级水行政主管部门同意后，报本级人民政府批准实施。

流域水量分配方案涉及县级以上水量分配以及向流域外调水的，由自治州龙川江管理机构组织实施。

需要在年度水量调度计划外使用其他县（市）计划内水量分配指标的，应当向自治州龙川江管理机构提出申请，并报自治州人民政府水行政主管部门批准。

第三十条　自治州、县（市）龙川江管理机构应当合理配置龙川江水资源，严格控制取水总量，实行用水定额和计划用水管理。

第三十一条　龙川江已建成的水电站、小（一）型以上水库、中型以上河闸等水工程，应当保持河道合理生态流量和水库合理水位，在汛期和抗旱期间应当服从龙川江管理机构的统一调度和监督检查。

前款规定的水工程，禁止擅自减少下泄的生态流量。

第四章　水资源保护

第三十二条　青山嘴水库库区上游的龙川江干流水质按照国家《地表水环境质量标准》Ⅲ类水质标准进行保护，龙川江其他干流的水质按照Ⅳ类水质标准进行保护。

第三十三条　建设单位在龙川江新建、改建、扩建入河排污口的，未经龙川江管理机构同意，环境保护主管部门不得办理排污许可证。

县（市）人民政府应当完善城镇污水处理配套管网建设，在城乡截污管网已覆盖的区域，应当将城镇污水逐步纳入截污管网处理，并不得新设置排污口；未覆盖的区域，应当达标排放。

第三十四条　州、县（市）人民政府农业主管部门应当鼓励使用有机肥、生物农药，合理利用、处置农业废弃物，减少和控制水污染物。

第三十五条　州、县（市）人民政府的林业、环境保护、国土资源等主管部门应当重视水源地的保护，采取工程治理、生物治理等措施防止水土流失，并按照有关规定划定水源林涵养区，加强水源林的建设、保护和管理。

水源林涵养区不得进行垦荒、开矿及抚育和更新性质以外的采伐。禁止在水源林涵养区种植会引起土壤退化的速生树种。

第三十六条　水行政主管部门应当按照水功能区对水质的要求核定龙川江水域纳污能力，并向环境保护主管部门提出该水域的限制排污总量意见。环境保护主管部门应当依据水域限制排污总量意见及其他有关标准，制定水环境保护目标并实施。

第三十七条　在龙川江保护管理范围内从事生产建设和其他开发利用活动，应当符合水功能区保护要求。有关部门在办理审批手续前，应当就其是否符合水功能区保护要求征求龙川江管理机构的意见。

龙川江管理机构应当对水功能区保护情况进行监督检查，发现水质未达标的，应当及时报告有关人民政府，并向环境保护主管部门通报。

第三十八条　龙川江流域的县（市）人民政府应当采取措施，改善水环境质量，保障本行政区域的水体和出境断面水质符合水环境质量标准。

对出境断面水质不符合水环境质量标准的地区，州、县

(市)人民政府有关部门应当停止审批、核准在该区域内新增水污染物排放的建设项目，并削减该地区重点水污染物排放总量，直至出境断面水质符合标准。

第三十九条　龙川江流域的各级人民政府应当加强农村环境综合治理，推进农村生活污水、生活垃圾处理设施建设。

第五章　法律责任

第四十条　违反本条例有关规定的，由龙川江管理机构按照下列规定予以处罚；构成犯罪的，依法追究刑事责任。

(一)未经验收合格，擅自使用堤防上修建的涵闸、泵站和埋设的穿堤管道、缆线等建筑物及设施的，责令限期改正，并处5000元以上2万元以下罚款；

(二)未按照规定的范围、期限和作业方式从事河道采砂的，责令停止违法行为，没收非法采砂机具和违法所得，并处5000元以上2万元以下罚款；拒不停止违法行为的，吊销河道采砂许可证，并处2万元以上5万元以下罚款；情节严重的，并处5万元以上10万元以下罚款；

(三)未按照规定恢复废弃作业场所地貌和植被的，责令限期改正，并处5000元以上2万元以下罚款；逾期不改正的，处5万元以上10万元以下罚款；

(四)不执行水量调度计划或者擅自减少下泄的生态流量的，责令停止违法行为，处2万元以上10万元以下罚款；

(五)未经龙川江管理机构同意，擅自新建、改建、扩建入河排污口的，责令限期拆除，并处2万元以上10万元以下罚款；逾期不拆除的，依法强制拆除，所需费用由违法者承担，并处10万元以上50万元以下罚款。

第四十一条　违反本条例第十四条、第十五条、第十八条、第三十五条规定的，由水务、农业、林业、环境保护主管部门分别依照有关法律法规进行处理。

第四十二条　当事人对行政处罚决定不服的，按照《中华人民共和国行政复议法》和《中华人民共和国行政诉讼法》的规定办理。

第四十三条　水行政主管部门、龙川江管理机构及有关部门的工作人员在龙川江保护和管理工作中，玩忽职守、滥用职权、徇私舞弊的，由其所在单位或者上级主管部门给予处分；构成犯罪的，依法追究刑事责任。

第六章　附　则

第四十四条　本条例经自治州人民代表大会审议通过，报云南省人民代表大会常务委员会审议批准，由自治州人民代表大会常务委员会公布施行。

第四十五条　本条例由自治州人民代表大会常务委员会负责解释。

云南省楚雄彝族自治州立法规定

(2013年10月30日楚雄州十一届人大常委会第十一次会议通过，自2014年1月1日起施行)

第一条　为规范立法活动，提高立法质量，根据《中华人民共和国民族区域自治法》、《中华人民共和国立法法》等有关法律法规，结合楚雄彝族自治州(以下简称自治州)实际，制定本规定。

第二条　自治州行政区域内的立法工作适用本规定。

本规定所称的立法是指自治条例、单行条例、变通规定和补充规定等民族自治法规的制定、修订和废止。

第三条　自治州立法应当坚持党的领导，在云南省人大民族委员会的指导下，遵循立法法确定的基本原则，坚持科学立法、民主立法，维护社会主义法制统一和尊严，维护自治州各民族的整体利益。

第四条　自治州人大常委会(以下简称常务委员会)民族工作委员会负责统筹自治州立法工作。

常务委员会其他工作委员会和自治州人民政府相关职能部门应当按照各自职责共同做好自治州立法工作。

第五条　常务委员会应当向全社会广泛征集立法项目，建立立法项目储备库。

常务委员会应当按照急需先立、成熟先立的原则，在任期的届初编制本届立法规划，在每年第三季度提出下一年度的立法计划。

第六条　编制立法规划和年度立法计划时，常务委员会各工作委员会应当深入调查研究，广泛征求意见，通过筛选统筹，经常务委员会会议审议后，报云南省人大民族委员会备案。

第七条　常务委员会主任会议应当根据立法规划和年度立法计划，结合工作实际于每年底确定下一年度重点调研立法项目，并于每年1月31日前报云南省人大民族委员会。有关部门应当积极配合，做好立法前期调研，适时将调研报告提交常委会各相关工作委员会。

立法调研报告的内容包括：自治州政治、经济和社会发展对该条例的需求程度以及相关职能部门对制定条例的意见、建议等情况。

第八条　列入立法计划的立法项目，常务委员会和自治州人民政府应当加强对条例起草工作的领导，适时组建领导班子和工作班子，明确责任单位和完成时限，解决条例起草工作中的有关问题。

第九条　常务委员会民族工作委员会应当积极介入条例的前期调研论证和起草工作，加强指导，确保立法质量。

第十条　常务委员会各相关工作委员会、自治州人民政府法制工作机构，应当按各自工作职责提前参与有关单位的起草工作，重点研究条例草案的合法性、适用性和可行性。自治州人民政府对条例草案涉及的相关问题应当及时进行协调。

在条例起草过程中，起草单位应当深入调查研究，广泛听取有关机关、组织和公民的意见。听取意见可以采取座谈会、论证会、听证会等多种形式。

条例草案起草单位应当主动向常务委员会民族工作委员会及有关工作委员会报告起草工作情况。

第十一条　条例起草工作完成后，起草单位应当将条例草案文本及其说明、各方面对条例草案主要问题的不同意见和其他有关资料送自治州人民政府法制工作机构进行审查。

自治州人民政府法制工作机构应当向自治州人民政府提出审查报告和草案修改稿，审查报告应当对草案主要问题作出说明。

第十二条　经自治州人民政府审查通过的条例草案，应当于每年5月30日前以议案的形式提请常务委员会审议。

第十三条　提请常务委员会会议审议的条例草案，先由常务委员会有关工作委员会按职责进行审查，并向主任会议提出审查意见报告，由常务委员会主任会议决定是否列入会议议程。

第十四条　列入常务委员会会议议程的条例草案，应当在会议举行前，征求云南省人大民族委员会的意见。

第十五条　列入常务委员会会议议程的条例草案，应当在会议举行的10日前将条例草案印发常务委员会组成人员。

第十六条　列入常务委员会会议议程的条例草案，各方面意见比较一致的，经一次常务委员会会议审议后，形成条例党内送审稿。如各方面意见分歧较大时，经过修改后，应当进行第二次审议。

常务委员会相关工作委员会或者原提案机关应根据审议意见对条例进行修改。

常务委员会会议第一次审议时，提案人应当向全体会议作说明。

常务委员会会议第二次审议时，由常务委员会相关工作委员会或者提案人向会议提出条例修改情况的报告，并提供条例修改稿，经常务委员会会议审议后，决定是否形成条例党内送审稿。

第十七条　常务委员会会议审议条例草案时，议案提请人应当派人听取意见，回答询问。

常务委员会会议审议条例草案时，根据常务委员会组成人员的要求，有关机关、组织应当派人介绍情况。

第十八条　条例草案经常务委员会会议审议后认为可以形成党内送审稿的，应当进入党内报批程序；认为仍有重大问题需进一步研究的，可以作出暂不报送党内审查的决定。常务委员会作出决定应当书面通知提案人。

条例草案形成党内送审稿前，其草案文本可以在公众媒体上公布，广泛征求全社会意见。

第十九条　经常务委员会审议形成条例党内送审稿的，常务委员会相关工作委员会应当将条例草案文本、调研报告，以及座谈会、论证会、听证会收集的意见建议等有关材料移交常务委员会民族工作委员会。

第二十条　常务委员会民族工作委员会负责条例党内送审稿的报送，向省人大民族委员会征求意见，以及条例草案提请自治州人民代表大会审议的相关具体工作。

第二十一条　列入常委会会议审议的条例草案，因各方面对制定该条例的必要性、可行性等重大问题存在较大意见分歧搁置审议满两年的，或者因暂不报送党内审查的，经过两年没有再次列入会议议程的，由主任会议向常务委员会报告，该条例案终止审议。

第二十二条　条例草案党内送审稿应当符合以下要求：

（一）广泛听取有关部门、组织和公民的意见，尤其是涉及群众切身利益问题应当征求利益相关方面的意见；

（二）与有关法律、法规和规章相衔接，有关变通内容应当符合立法法的规定；

（三）突出地方特色，与当地经济社会发展相协调；

（四）结构、体例、文字表述符合立法规范。

第二十三条　条例草案党内送审材料包括：

（一）呈请党内审批的请示；

（二）条例草案党内送审稿文本；

（三）条例草案起草说明。

第二十四条　条例草案党内送审稿报同级党委审查前，常务委员会应当征求云南省人大民族委员会意见，报经同级党委审查同意后，上报省委审查。

条例草案党内送审稿一般要求每年9月30日前报送省委。

第二十五条　常务委员会以省委批复的条例党内送审稿修订本作为草案，按法定程序提请自治州人民代表大会审议。

第二十六条　常务委员会提请自治州人民代表大会会议审议的条例草案，应当在自治州人民代表大会会议举行的10日前将条例草案印发给代表。

第二十七条　列入自治州人民代表大会会议议程的条例草案，应当由常务委员会或者议案提请人向大会全体会议作说明后，由各代表团和大会设立的专门委员会进行审议。

各代表团和大会专门委员会审议条例草案时，议案提请人应当派人听取意见，回答询问。

各代表团和大会专门委员会审议条例草案时，根据代表团和专门委员会的要求，有关机关、组织应当派人介绍情况。

第二十八条　列入自治州人民代表大会会议议程的条例草案，由大会秘书处负责收集、整理、汇总各代表团的审议意见，大会专门委员会根据审议意见对条例草案进行审查，并向主席团提出审查结果报告，对重要的不同意见应当在审查结果报告中予以说明，经主席团会议审议通过后，印发会议。

第二十九条　条例草案在审议中有重大问题需要进一步研究的，经主席团提出，由大会全体会议决定，可以授权常务委员会根据代表的意见进一步审议，提出修改方案或者就重大问题作出决定，提请自治州人民代表大会下次会议审议决定。

第三十条　条例草案经各代表团审议，由大会专门委员会根据审议意见进行修改，形成条例草案表决稿。

第三十一条　条例草案表决稿和决议由主席团决定交付自治州人民代表大会全体会议表决。

第三十二条　获得通过的条例草案，常务委员会应当在自治州人民代表大会闭会后30日内，报请云南省人民代表大会常务委员会审查批准，并抄送云南省人大民族委员会。

条例草案报批材料包括：请示报告、条例草案文本（修订的应当有对照文本）、条例草案说明、审议结果报告、通过条例草案的决议、代表大会对条例修改意见的说明等一式10份。

第三十三条　报经批准的条例，常务委员会应当在接到公布施行通知的30日内发布公告，予以公布施行，并在常务委员会会刊和自治州主要媒体上刊登。

常务委员会应当在条例公布施行后，将公布施行的公告一式5份于5日内报云南省人民代表大会常务委员会。

第三十四条　本规定由自治州人民代表大会常务委员会审议通过后公布施行。

第三十五条　本规定自2014年1月1日起施行。

楚雄彝族自治州人民代表大会代表视察办法

（2013年6月26日楚雄州十一届人大常委会第九次会议通过，自通过之日起施行）

第一条　为了保障楚雄彝族自治州人民代表大会代表（以下简称代表）依法开展视察活动，提高视察质量，增强视察实效，根据《中华人民共和国地方各级人民代表大会和地方各级人民政府组织法》、《中华人民共和国全国人民代表大会和地方各级人民代表大会代表法》等有关法律、法规，结合本州实际，制定本办法。

第二条　代表在州人民代表大会闭会期间依法对本州国家机关和有关单位的工作进行视察，是执行代表职务、履行代表职责的重要活动。

本州国家机关、社会团体、企事业单位、其他组织和个人应当尊重、支持代表依法开展视察活动。

第三条　代表视察坚持不直接处理问题，只提出建议、批评和意见的原则。

第四条　代表视察采取集中视察、专题视察和持证视察等方式进行。

集中视察是指由州人大常委会统一安排，就本州的中心工作、改革发展稳定中的重大问题和人民群众普遍关心的热点难点问题，组织代表进行的视察活动。

专题视察是指由州人大常委会工作委员会受州人大常委会委托或者根据工作需要，就某一方面专题内容，组织代表进行的视察活动。

持证视察是指代表就与本州人民群众生产、生活密切相关的问题，持代表证进行的视察活动。

代表集中视察、专题视察，应当纳入州人大常委会年度工作要点。

第五条　代表视察应当在宪法和法律赋予人民代表大会的职权范围内进行，视察的主要内容：

（一）宪法、法律和地方性法规，以及上级、本级人大及其常委会的决议、决定在本行政区域内的贯彻执行情况；

（二）本州国民经济与社会发展计划、财政预算的执行情况；

（三）本州“一府两院”和有关单位的工作情况；

（四）议案、建议、批评和意见的办理情况；

（五）州人大及其常委会会议议题涉及的事项；

（六）由州人大及其常委会确定的视察事项；

（七）州人大及其常委会职权范围内的其他事项。

第六条 集中视察和专题视察应当制定视察工作方案，确定视察内容和视察方式，专题视察报州人大常委会分管领导同意后实施；集中视察报州人大常委会主任会议同意后实施。

第七条 根据代表的要求，经州人大常委会代表工作机构联系安排，代表可以持代表证就地进行视察。要求持证视察的代表，应当事先向州人大常委会代表工作机构提出书面申请，并明确视察的单位、内容、时间、地点等有关事项。

代表持证视察，应当严格区分依法执行代表职务与从事个人职业活动。视察时，代表遇到与本人或者其近亲属有利害关系的问题，应当主动回避。

代表持证视察情况应当及时书面向州人大常委会主任会议报告。

第八条 州人大常委会各工作机构按照职责分工，负责做好集中视察、专题视察活动的各项具体工作。

第九条 开展集中视察、专题视察活动，选择被视察单位应当兼顾不同类型，便于代表全面、客观地了解情况。

代表视察应当根据视察内容和便于开展活动的原则组成视察组，视察组成员的构成应当注意代表的广泛性和代表性，每次视察活动中应当有3～5名在基层工作的代表或者具有与视察内容相关专业知识的代表参加，集中视察必要时可邀请驻楚部分全国人大代表、本州选举产生的省人大代表参加。

第十条 受省人大常委会委托，州人大常委会可以组织本州选举产生的部分省人大代表进行集中视察或者专题视察；州人大常委会可以委托县（市）人大常委会组织该县（市）选举产生的代表进行集中视察或者专题视察。

第十一条 代表视察前，州人大常委会相关工作机构应当提前7个工作日向被视察单位发出通知，被视察单位应当认真做好接受代表视察的准备。

负责具体工作的工作委员会应当根据视察内容，事先组织参加视察的代表学习有关法律、法规和相关知识，明确视察目的和要求。

第十二条 代表视察可以采取下列方式了解情况：

（一）听取工作汇报；

（二）现场察看；

（三）召开座谈会；

（四）查阅规范性文件和相关资料台账；

（五）走访；

（六）法律、法规规定的其他形式。

第十三条 代表在参加州人大常委会统一安排的集中视察时，可以就视察中发现的重大问题，向州人大常委会有关工作机构书面提出约见本级或者下级有关国家机关负责人的要求。

州人大常委会有关工作机构接到代表提出的约见要求后，应当按照有关规定认真办理。

第十四条 代表视察应当注意以下事项：

（一）模范遵纪守法，积极宣传有关法律、法规，密切联系群众，听取和反映人民群众的意见和要求，接受群众的监督；

（二）坚持依法办事，廉洁奉公，不谋私利，不接受馈赠，轻车简从，简朴节约；

（三）不干涉司法机关正在依法办理的案件；

（四）代表利用工作时间视察时，应当事先告知其所在单位，并做好工作安排。因故不能参加视察的，应当以书面形式请假。

第十五条 本州国家机关和有关单位，在接受代表视察时，要为视察提供方便，应当向代表如实报告真实情况，认真听取代表意见，回答代表提出的问题，不得隐瞒事实和提供虚假情况。

第十六条 代表在视察中可以直接向被视察单位口头提出建议、批评和意见，也可以书面提出《代表建议、批评和意见》。对代表书面提出的建议、批评和意见，应按照《楚雄彝族自治州人民代表大会代表建议、批评和意见办理办法》认真研究办理，并及时答复代表。

第十七条 集中视察、专题视察结束后，由视察组负责向州人大常委会或者州人大常委会主任会议提交视察报告。视察报告由州人大常委会有关工作机构转交被视察的相关国家机关和有关单位。相关国家机关和有关单位对视察报告中代表提出的建议、批评和意见的研究处理情况应当向代表反馈。

州人大常委会认为必要时，可以就代表视察报告中提出的重大问题作出决议或者决定。

州人大常委会有关工作机构应当依法跟踪督办代表在视察中提出的建议、批评和意见的处理情况。必要时，经主任会议同意后，由州人大常委会组织跟踪检查。

第十八条 代表视察工作经费列入州级财政预算，按标准拨付，专款专用。

第十九条 代表所在单位应当支持代表参加视察活动，对代表参加视察的时间给予保障，所占用的工作时间，按正常出勤对待，享受所在单位的工资和其他待遇。无固定工资收入的代表参加视察，享受误工补贴。

第二十条 拒绝或者阻碍代表依法进行视察以及对提出批评或者反映问题的代表进行威胁或者打击报复的，依照《中华人民共和国全国人民代表大会和地方各级人民代表大会代表法》的规定处理。

第二十一条 本州各县（市）人民代表大会代表以及乡、民族乡、镇人民代表大会代表的视察，可以参照本办法执行。

第二十二条 本办法由州人大常委会负责解释。

第二十三条 本办法自通过之日起施行。

楚雄彝族自治州人民代表大会常务委员会组成人员守则

（2013年6月26日楚雄州十一届人大常委会第九次会议通过）

为加强州人大常委会思想、组织、作风、制度建设，促进常委会组成人员依法、科学、高效履职，依据宪法和相关法律的规定，结合州人大常委会工作实际，制定常委会组成人员守则。

第一条　必须牢记全心全意为人民服务的宗旨，维护国家和人民的根本利益，致力于社会主义民主法制建设，坚持人民代表大会制度，坚持党的领导、人民当家作主与依法治国的有机统一，模范遵守宪法、法律和社会道德规范，自觉接受州人民代表大会代表和人民群众的监督。

第二条　坚持民主集中制和集体行使职权原则，切实履行宪法和法律赋予的职责，严格按照法律规定和程序办事，尽职尽责地做好常委会各项工作，其他社会活动应服从于常委会工作需要。

第三条　自觉坚持和加强学习，认真学习中国特色社会主义理论，熟悉宪法、法律法规和党的路线、方针、政策，掌握行使职权所必须的法律知识和业务知识，不断提高履职的能力和水平。

第四条　坚持联系州人大代表的制度，加强同人民群众的密切联系，深入基层、深入实际、深入群众，认真开展调查研究，广泛听取意见和建议，收集民情，汇聚民智，反映民意。

第五条　努力提高审议质量和效率，在每次常委会召开前，应当围绕会议议题进行认真调研，为审议做好充分准备。在常委会会议中，应认真听取报告，分析议题内容，参加分组讨论，积极发表意见。审议发言时应突出主题，观点明确，简明扼要，提高发言的针对性和实效性。

第六条　积极参加议案的表决，并服从依法表决的结果。

第七条　积极参加常委会组织的视察、执法检查、专题调研、学习培训、考察等活动，提出改进工作的意见和建议，并通过常委会督促“一府两院”研究处理。

第八条　自觉遵守廉洁从政的各项规定，保持清正廉洁、做到恪尽职守，不得利用职务谋取不正当利益。

第九条　严格遵守保密纪律，不得以任何方式泄露、传播按规定不应公开的内容。在涉外活动中，应遵守外事纪律，维护好国家尊严和人大及自身形象。

第十条　担任州人大常委会各工作委员会或办公室领导职务的常委会驻会组成人员，应认真履行好所担负的工作职责，带头遵守好各项工作规则和制度。

第十一条　全体组成人员必须按时出席常委会会议，一般不得请假。因病或者其他特殊原因不能出席会议的，应当向常委会主任书面请假，说明理由，获得批准方为有效。

会议期间，临时因特殊原因不能参加全体会议、联组会议的，应当向常委会主任请假；不能参加分组会议的，应当向分组会议召集人请假。

常委会办公室应建立常委会组成人员出席会议情况的考勤制度，并每半年向常委会组成人员通报。

第十二条　常委会组成人员违反本守则的，由常委会主任会议责成其向主任会议或常委会作出检查。

第十三条　本守则自通过之日起施行。

［州人大常委会办公室供稿］

（责任编辑：周能汉）

统计资料

楚雄州 2009～2013 年国民经济和社会发展主要指标完成情况统计表

指　　标	单位	2009 年		2010 年		"十一五"年均增长速度（%）	2011 年		2012 年		2013 年	
		绝对数	增速（%）	绝对数	增速（%）		绝对数	增速（%）	绝对数	增速（%）	绝对数	增速（%）
一、年末总人口	万人	262	0.6	261.5	-0.19	0.37	262.5	0.4	261.68	-0.3	262.8	0.4
#农业人口	万人	222.1	0.1	222.6	0.2	0.18	223.3	0.3	204.98	-8.2	189.52	-7.5
#少数民族人口	万人	88.7	1.7	90.4	1.9	1.52	91.2	0.9	91.61	0.4	92.6	1.1
#彝族	万人	71.8	1.7	73.2	1.9	1.47	73.8	0.8	74.04	0.3	74.79	1.0
人口出生率	‰	10.7	—	10.9	—	10.8	11.4	—	11.31	—	11.32	—
人口死亡率	‰	6.6	—	6.6	—	6.1	6.8	—	6.9	—	6.95	—
人口自然增长率	‰	4.1	—	4.3	—	4.7	4.5	—	4.43	—	4.37	—
城市化率	%	31.0	—	32.2	—	提高 1.24 个百分点	33.8	—	36.23	—	37.46	—
二、年末从业人员	万人	165.8	2	168.9	1.9	1.8	169.5	0.4	172.65	1.9	167.67	-2.9
第一产业	万人	110.3	-1	109.4	-1.8	-0.9	107.5	-1.7	106.7	-0.7	101.15	-5.2
三、地区生产总值	亿元	342.4	12.2	404.4	11.3	11.6	482.5	12.4	570	12.8	632.5	10.6
第一产业	亿元	80.8	5.8	90.5	3	5.5	108.3	8.1	134	7.3	145.28	7.1
第二产业	亿元	142.5	14.1	171.8	15	13.9	208.4	15.6	239.5	16.5	264.35	12.3
其中：工　业	亿元	116.5	10.5	140.5	14.7	13	171.4	16.5	194	15.6	209.77	10.9
建筑业	亿元	26.0	33.7	31.3	16.2	18.1	37.1	11.6	45.6	20.8	54.57	18.4
第三产业	亿元	119.1	14.2	142.1	12.2	13.1	165.8	11.2	196.5	11.4	222.87	10.4
人均 GDP	元	13069	11.2	15452	18.2	15.4	17899	15.8	21022	12.1	23241	10.2
非公经济增加值	亿元	152.9	0.3	168.4	10.7	11.1	208.0	15.1	257.9	17	290.35	15.6
非公经济增加值占 GDP 比重	%	44.7	—	42.1	—	—	43.1	—	45.2	—	45.9	—
六大产业增加值	亿元	166.2	8.9	192.9	9.8	13.1	223.2	9.1	266	15.5	301.04	8.7
1. 烟草产业	亿元	58.2	12.3	63.9	4	7.6	78.5	15.7	93.2	16.0	94.9	2.7
2. 生物医药业	亿元	2.7	13.8	3.2	13.1	11.4	4.0	4.9	5.4	20.4	5.46	35.7
3. 冶金化工业	亿元	30.5	8.3	37.5	13.2	13.5	37.2	13.2	51.4	15.1	51.67	12.6
4. 绿色食品业	亿元	53	7	61.9	6.8	10.7	73.2	10.6	80.6	8.2	108.12	13.0
5. 文化旅游业	亿元	21.8	10.6	26.3	14.1	9.6	30.4	9	34.1	12.1	38.63	12.8
6. 新能源新材料	亿元								1.4	31.6	2.26	100.0
六大产业增加值占 GDP 比重	%	48.5	—	47.7	—	—	46.3	—	46.7	—	47.6	—

续上表

指　　标	单位	2009 年		2010 年		“十一五”年均增长速度（%）	2011 年		2012 年		2013 年	
		绝对数	增速（%）	绝对数	增速（%）		绝对数	增速（%）	绝对数	增速（%）	绝对数	增速（%）
四、农业												
1. 农业总产值	亿元	138	7.2	152.5	3.6	6.5	181.3	8.5	221	7.3	247.15	7.4
2. 农业增加值	亿元	80.8	5.8	90.5	3	5.5	108.3	8.1	134	7.3	145.28	7.1
3. 主要农产品产量												
粮食	万吨	102.2	2	103.4	1.2	0.4	115.3	11.5	117.00	1.5	120.31	2.8
（1）谷物	万吨	89	2.4	83.6	-6.1	0.5	95.5	7.2	96.70	1.2	101.56	5.0
（2）豆类	万吨	10.2	-1.9	6.7	-34.5	-7.3	12.0	73.1	13.04	8.3	12.00	-8
油料	万吨	4.6	13.2	2.1	-53.2	-9.2	4.9	130	5.34	8.6	5.39	0.8
烤烟	万吨	8.9	3.1	10.1	14.4	5.4	9.8	-3	12.14	23.6	10.51	-13.4
蔬菜	万吨	119.7	2.4	125.4	4.7	3.9	132.3	5.5	147.9	11.8	164.52	11.2
水果	万吨	14.2	0.2	18.4	29.4	13.9	20.7	12.7	25.7	23.9	26.88	4.6
茶叶	吨	974	-0.6	998	2.5	1.9	1095	9.7	1199	9.5	1285	7.2
中药材	吨	3167	6.6	2122	-33	-10.3	2256	6.3	3392	50.4	4259	25.6
肉类总产量	万吨	30.6	8	33.3	8.7	4.9	35.9	7.9	39.81	10.9	40.5	2.9
#猪牛羊肉	万吨	27.7	8.2	30.1	8.7	6.5	32.4	7.6	35.98	11.1	36.93	2.6
水产品产量	吨	17124	7	17047	-0.5	12.5	17026	-0.1	19556	14.9	22490	16.7
五、工业												
1. 规模以上工业产值	亿元	237.1	3.9	298.7	24.4	17.6	353.3	22.5	419.98	17.7	485.83	12.5
2. 规模以上工业增加值	亿元	90.8	10	106.3	14.4	13.9	126.0	16.2	156.93	16.0	160.83	10.3
3. 主要工业品产量												
卷烟	万箱	56.1	1.6	57.8	3	0.6	60.6	4.8	63.6	5.0	62.51	-1.7
粗钢	万吨	150.3	4.4	147.3	-2	10.1	140.0	-5	142.14	1.5	148.33	4.4
钢材	万吨	146.6	5.4	143.2	-2.3	14.9	137.8	-3.8	141.75	2.9	148.51	4.8
铜	万吨	3.2	34.4	5.3	68.5	25.5	5.6	7.2	5.79	12.9	0.63	-7.2
铝	吨	5272	-28.4	8439	60.1	12.6	7534	-10.7	—	—	—	—
原煤	万吨	171	12.7	169.6	-3.8	0.8	169.8	9.3	170.6	0.5	—	—
发电量	亿千瓦时	14.1	-9.6	12.9	-9.3	16.6	10.9	3.9	14.32	31.7	18.42	52.5
水泥	万吨	120.8	2.8	104.2	-13.7	11.1	106.2	-0.9	138.62	39.0	148.94	7.5
中成药	吨	1209.0	4.4	2237.8	85.1	16.9	3157	40.7	4367	38.3	6316	44.6
化肥（折纯量）	万吨	5.6	10.3	6.3	-17.7	8.4	6.3	12.7	9.09	44.1	11.12	22.3
六、交通运输邮电												
1. 公路通车里程	千米	16903.1	1.5	16938.1	0.2	3.7	17251.2	1.8	17416.94	1.0	17832.53	2.4
2. 客运周转量	万人千米	147320.2	13.4	164904	12.3	13.6	184926	12.1	214425	16.1	238562	11.3
3. 货运周转量	万吨千米	127776.3	-26.6	146107	14.5	11.7	171054	17.1	200954	17.6	234173	16.5
4. 邮电业务总量	亿元	8.1	16.3	9.8	21.3	12.6	11.5	17.9	13.75	19.3	15.43	12.2

续上表

指　　标	单位	2009 年		2010 年		"十一五"年均增长速度（%）	2011 年		2012 年		2013 年	
		绝对数	增速（%）	绝对数	增速（%）		绝对数	增速（%）	绝对数	增速（%）	绝对数	增速（%）
5. 固定电话	万部	31.93	-5	29.2	-8.5	0.5	25.4	-13	22.11	-13.0	20.54	-7.1
6. 移动电话	万部	93.1	17.3	106.3	14.2	21.8	125.2	17.8	138.97	11.0	157.28	13.2
7. 固定电话普及率	部/百人	12.2	—	11.1	——	——	9.7	——	8.4	—	7.82	—
8. 移动电话普及率	部/百人	35.5	—	40.6	——	21.2	47.8	——	53.1	—	59.85	—
七、固定资产投资												
全社会固定资产投资	亿元	208	45.3	280.6	34.9	31.1	354.5	26.3	347.62	32.2	451.79	30.0
1. 按经济类型分												
国有经济投资	亿元	110.1	61.9	149.2	35.6	28.8	144	-3.5	148.9	不可比	197.24	32.5
集体经济投资	亿元	—	—	—	—	—	14	—	4.8	不可比	15.14	—
私人投资	亿元	—	—	—	—	—	196.5	—	—	—	239.41	—
2. 按城乡分												
城镇	亿元	164.9	38.4	223.6	35.7	28.8	264.8	18.4	289.75	21.2	354.61	22.4
农村	亿元	43.1	80.1	57	32.2	43.7	89.7	57.5	57.87	143.6	97.18	67.9
3. 按产业分												
第一产业	亿元	13.7	12.2	15.6	13.7	10.9	17.4	11.8	12.1	111.7	21.57	78.3
第二产业	亿元	72.0	115.6	98.3	36.5	42.4	125.4	27.6	149.72	30.8	156.41	4.5
第三产业	亿元	122.2	25.4	166.7	36.4	29.1	211.7	27	185.8	30.3	273.81	47.4
八、国内贸易												
社会消费品零售总额	亿元	109.7	21.4	131.9	20.2	19	158.3	20	184.7	17.1	210.65	14.1
1. 按经济类型分												
公有制经济	亿元	12.5	-3.2	19.5	18.8	15.7	36	22.4	45.5	13.9	48.64	11.5
#国有经济	亿元	9.3	14.4	15.8	19.9	19.8	30.8	23	39.41	10.8	43.01	13.9
非公经济	亿元	97.2	25.5	112.4	20.5	19.6	122.3	19.3	139.2	18.2	162.01	14.9
#个私经济	亿元	90.3	27.9	107.5	22.6	24.9	116.7	22.6	127.56	17.6	149.77	15.1
2. 按销售地区分												
市级	亿元	40.4	22.1	52.0	28.7	—	71.5	37.5	89.74	13.6	99.61	12.1
县级	亿元	33.5	20.9	43.7	30.4	—	52.8	20.8	66.7	—	79.69	—
县以下	亿元	35.8	21	36.3	17	—	34.0	-5.6	28.32	10.2	31.35	9.9
九、对外贸易												
进出口总额	万美元	6933	31	10843	56.4	26.8	15089	39.2	20076	33.1	28044	39.7
其中：进口额	万美元	891	-68.2	492	-44.8	8.9	1334	171.1	2042	53.1	2425	18.7
出口额	万美元	6042	140	10351	71.3	28.2	13755	32.9	18034	31.1	25619	42.1
十、旅游												
1. 接待国内游客人数	万人次	812.2	31	964.4	18.7	28	1165.1	20.8	1343.33	15.3	1659.49	23.5
2. 旅游总收入	亿元	21.6	31.5	31.1	44	17.9	40.3	29.8	49.68	23.2	66.12	33.1

续上表

指　　标	单位	2009年		2010年		"十一五"年均增长速度（%）	2011年		2012年		2013年	
		绝对数	增速（%）	绝对数	增速（%）		绝对数	增速（%）	绝对数	增速（%）	绝对数	增速（%）
十一、财政												
财政总收入	亿元	73.3	11.8	86.5	18	21.1	103.2	19.3	124.37	20.6	140.46	12.9
#地方财政收入	亿元	25.6	12.7	30.7	20	18.9	37.6	22.4	46.32	23.2	56.37	21.7
地方财政支出	亿元	90.8	29.7	108.6	19.2	23.8	126.8	16.7	158.02	24.7	172.65	9.3
十二、金融												
金融机构年末存款余额	亿元	373.1	25.7	438	17.4	18.8	504.8	15.3	587.18	16.3	704.56	20.0
#城乡居民储蓄存款余额	亿元	190	20.7	228.5	20.3	16.4	275.7	20.6	325.66	18.1	391.14	20.1
金融机构年末贷款余额	亿元	216.4	37.3	265.2	22.6	18	301.5	14.8	351.05	16.4	429.03	22.0
十三、物价指数（上年=100）												
商品零售价格总指数	%	99.9	—	103.7	—	2.8	104.2	—	102.4	—	101.6	—
居民消费价格总指数	%	100.5	—	103.7	—	3.3	104.3	—	103.1	—	103	—
#食品价格指数	%	102.5	—	109.0	—	8.1	110.3	—	105.8	—	106.5	—
农业生产资料价格总指数	%	98.3	—	102.8	—	4.8	111.6	—	105.7	—	100.1	—
十四、职工工资												
在岗职工人数	人	143898	1.3	148109	2.9	5.7	146302	-1.2	154804	5.8	160783	3.9
在岗职工工资总额	万元	372323	13.1	423150	13.7	20.4	489523	15.7	588368	20.2	679589	15.5
在岗职工人均工资	元	26414	13.5	29110	10.2	14.3	33543	15.2	38644	15.2	42987	11.2
十五、城乡居民生活												
农民人均纯收入	元/年	3511	12.9	3896	11	7.5	4627	18.8	5418	17.1	6357	17.3
#农民人均可支配收入	元/年	3368	11.7	3715.5	10.3	8.8	4275	15.1	5012	17.2	—	—
城镇居民人均可支配收入	元/年	14319	9.9	15624	9.1	11.2	17777	13.8	20292	14.1	22934	13.0
农村居民人均住房使用面积	平方米	35.1	3.5	35.3	0.6	1.4	36	2	37.1	3.1	34	-8.4
城镇居民人均住房总建筑面积	平方米	34.4	3	35.2	2.3	2.3	35.6	1.1	36.4	2.2	36.7	0.9
人均粮食占有量	千克	390	1.3	395.0	1.2	—	391	9.8	431	10.2	442	2.6
人均肉食占有量	千克	117	7.3	127	8.7	6.2	133	8.1	147	10.5	149	1.4
十六、教科文及体育												
高等院校在校生人数	人	10873	2	12296	13.1	16.7	13669	11.2	13950	2.1	14691	5.3
中等学校在校生人数	人	170911	0.8	173755	1.7	3.8	171254	-1.4	173351	1.2	174038	-0.4
小学生在校生人数	万人	21.1	-1	20.6	-2.4	-0.8	20	-2.9	19.25	-3.5	18.31	-4.9
在园幼儿数	人	44208	2.2	46533	5.3	2.7	50924	9.4	51091	0.3	52738	3.2
学龄儿童入学率	%	99.6	—	99.9	—	98.5	99.85	—	99.82	—	99.95	—
艺术表演团体	个	10	—	10	—	—	10	—	10	—	10	—
文化馆	个	11	—	11	—	—	11	—	11	—	11	—
文化站（乡镇）	个	103	—	103	—	—	103	—	103	—	103	—
公共图书馆	个	11	—	11	—	—	11	—	11	—	11	—

续上表

指　　标	单位	2009年		2010年		"十一五"年均增长速度（%）	2011年		2012年		2013年	
		绝对数	增速（%）	绝对数	增速（%）		绝对数	增速（%）	绝对数	增速（%）	绝对数	增速（%）
广播覆盖率	%	96.5	—	97	—	96.1	97.2	—	97.3	—	97.4	—
电视覆盖率	%	96.9	—	97.3	—	96.6	97.5	—	97.7	—	97.8	—
获州以上科技进步奖	项	43	4.9	69	60.5	7.5	45	20.3	41	-8.9	41	持平
科技对国民经济增长贡献率	%	47.2	—	47.6	—	46.2	48.7	—	49.9	—	51	—
运动员获州以上奖牌数	枚	124	15.9	84	-32.2	-1.8	91	8.3	91	持平	96	5.5
#金牌	枚	43	16.2	27	-37.2	1.4	34	25.9	35	2.9	26	-25.7
十七、卫生												
卫生机构数	个	557	6.7	569	2.2	-2.1	609	7	611	0.3	603	-1.3
#医院	个	61	—	52		6.5	61	17.3	64	4.9	66	3.1
卫生技术人员	人	8580	9.8	10805	25.9	8.4	9987	-7.6	10583	6.0	12128	14.6
#医生	人	3775	4.6	3832	1.5	2.3	3977	3.8	4202	5.7	4398	4.7
床位数	张	9218	21.9	9812	6.4	7.3	11437	16.6	12442	8.8	13577	9.1
十八、民政和社会保障												
敬老院	个	102	—	102	—	-4.7	102	—	102	持平	102	持平
救济困难人数	万人	17.5	—		—	—		—				
城镇居民领取最低生活保障金人数	万人	7.1	7.6	7.6	7	9.2	8.2	7.9	8.9	8.5	9.72	9.2
参加基本养老保险的人数	人	113511	5	116790	2.9	4.1	126710	8.5	130735	3.2	135082	3.3
参加失业保险的人数	人	126348	2.1	128500	1.7	3.2	128500	持平	110376	-14.1	110368	基本持平
参加基本医疗保险的人数	人	208381	1.4	399302	91.6	16.7	419286	5	419234	基本持平	422804	0.9
参加新型农村合作医疗人数	万人	205.5	0.4	211.2	2.8	—	210.9	-0.1	210.95	持平	214.58	1.7
参加农村社会养老保险的人数	万人	29.4	2.8	53.3	81.2	14.5	98.3	84.4	139.76	42.2	142.24	1.8
城镇登记失业率	%	3.2	—	3.3	—	3.2	3.3	—	3.3	—	3.3	—
十九、环境保护												
工业废水排放达标率	%	86.5	—	92.2	—	89.6	—	—	—	—	—	—
森林覆盖率	%	60.7	—	62.5	—	61.1	62.5	—	62.5	—	62.5	—

说明：1. 表中数据均为统计公报数。

2. 地区生产总值、各产业增加值绝对数按现价计算，增长速度按不变价计算。

3. 部分数据因四舍五入的原因，存在着与分项合计不等的情况。

4. 2009年医院包含妇幼保健院个数。

5. 2012年以来为规模以上固定资产投资，2012年以前为全社会固定资产投资。

6. 2012年为六大产业统计，2011年以前的天然药业从2012年起改为生物医药。

7. 财政收支，2012年以来为地方财政总收入，地方公共财政预算收入、支出，2012年以前为财政总收入，地方财政收入、支出。

8. 2009年以来中等学校在校学生人数包括普通中专学校及高中、初中在校学生人数。

全省16个州（市）及全州10县（市）2012~2013年国民经济主要统计指标

州（市）	总人口				生产总值				第一产业			
	2013年		2012年		2013年		2012年		2013年		2012年	
	绝对数（万人）	位次	绝对数（万人）	位次	绝对数（亿元）	位次	绝对数（亿元）	位次	绝对数（亿元）	位次	绝对数（亿元）	位次
昆明市	657.9	1	653.3	1	3415.3	1	3011.1	1	175.3	3	159.2	2
曲靖市	597.4	2	593.6	2	1583.9	2	1400.2	2	289.2	1	262.3	1
玉溪市	234.0	11	233.0	11	1102.5	3	1000.2	3	112.4	11	97.4	11
昭通市	534.2	3	529.6	3	634.7	6	555.6	7	128.7	9	113.4	7
红河州	459.1	4	456.1	4	1027.0	4	905.4	4	193.1	2	155.4	3
文山州	357.8	5	356.1	5	553.4	8	478.0	8	133.4	6	115.1	6
普洱市	258.4	8	257.5	8	425.4	10	366.9	10	130.6	7	112.9	8
版纳州	115.2	14	114.9	14	272.3	12	232.6	12	80.0	12	67.5	12
大理州	351.0	6	349.3	6	760.8	5	672.1	5	162.0	4	145.9	4
保山市	255.4	9	254.0	9	449.7	9	389.9	9	128.5	10	112.9	8
德宏州	124.5	13	122.9	13	230.9	14	201.0	14	67.3	13	57.7	13
丽江市	126.9	12	126.2	12	248.8	13	212.2	13	41.1	14	36.6	14
怒江州	53.9	15	53.8	15	85.8	16	74.9	16	13.6	15	11.4	15
迪庆州	40.6	16	40.5	16	131.3	15	113.6	15	10.7	16	9.1	16
临沧市	247.9	10	246.3	10	416.1	11	352.9	11	130.4	8	107.6	10
楚雄州	272.4	7	271.9	7	632.5	7	570.0	6	145.3	5	134.0	5
楚雄市	59.54	1	59.38	1	243.64	1	220.89	1	23.84	2	22.10	2
双柏县	16.02	9	16.12	9	23.22	9	20.02	9	9.06	9	8.35	9
牟定县	21.15	7	21.16	7	35.62	6	31.15	6	10.27	8	9.33	8
南华县	24.05	5	23.99	5	36.37	5	31.87	5	12.79	6	11.44	6
姚安县	20.20	8	20.17	8	33.90	8	29.37	8	12.53	7	11.20	7
大姚县	27.80	3	27.64	4	47.15	3	40.87	3	15.67	3	13.34	3
永仁县	11.08	10	11.06	10	20.38	10	17.65	10	7.65	10	6.80	10
元谋县	21.84	6	21.77	6	35.07	7	30.76	7	13.22	5	11.80	5
武定县	27.74	4	27.69	3	40.57	4	35.20	4	14.02	4	12.70	4
禄丰县	42.98	2	42.92	2	128.53	2	115.36	2	26.23	1	23.30	1

续上表

州（市）	第二产业				第三产业				人均 GDP			
	2013 年		2012 年		2013 年		2012 年		2013 年		2012 年	
	绝对数（亿元）	位次	绝对数（亿元）	位次	绝对数（亿元）	位次	绝对数（亿元）	位次	绝对数（元）	位次	绝对数（元）	位次
昆明市	1537.1	1	1378.5	1	1702.9	1	1473.5	1	52094	1	46256	1
曲靖市	838.5	2	742.9	2	456.3	2	394.9	2	26600	4	23664	4
玉溪市	664.8	3	624.0	3	325.3	3	278.8	3	47216	2	43038	2
昭通市	318.9	6	270.6	6	187.1	8	171.6	8	11933	16	10528	16
红河州	539.1	4	485.1	4	304.7	4	264.8	4	22443	7	19909	7
文山州	217.1	8	183.6	8	202.9	7	179.3	7	15504	15	13459	15
普洱市	162.3	10	133.6	11	132.5	10	120.4	10	16492	13	14288	13
版纳州	80.5	13	68.2	13	111.8	11	96.9	11	23668	5	20306	6
大理州	319.7	5	284.9	5	279.1	5	241.2	5	21728	8	19283	8
保山市	155.3	11	133.9	10	165.9	9	143.1	9	17656	11	15395	11
德宏州	74.9	14	67.5	14	88.7	14	75.9	14	18666	10	16412	10
丽江市	112.7	12	89.7	12	95.0	13	85.9	13	19660	9	16867	9
怒江州	29.1	16	26.2	16	43.1	16	37.3	16	15933	14	13947	14
迪庆州	54.3	15	45.7	15	66.3	15	58.8	15	32380	3	28126	3
临沧市	175.7	9	150.6	9	110.1	12	94.8	12	16839	12	14373	12
楚雄州	264.3	7	239.5	7	222.9	6	196.5	6	23241	6	21021	5
楚雄市	136.12	1	128.10	1	83.68	1	70.69	1	40976	1	37297	1
双柏县	6.39	9	4.95	9	7.77	9	6.72	9	14451	10	12453	10
牟定县	12.73	5	10.60	5	12.62	5	11.23	5	16839	5	14740	5
南华县	11.49	6	9.86	6	12.09	7	10.57	7	15143	8	13325	8
姚安县	10.78	7	8.80	7	10.59	8	9.38	8	16793	6	14596	6
大姚县	16.82	3	14.56	3	14.66	3	12.97	3	17010	4	14818	4
永仁县	5.29	10	4.29	10	7.43	10	6.56	10	18409	3	16027	3
元谋县	9.71	8	8.21	8	12.14	6	10.74	6	16081	7	14177	7
武定县	13.34	4	11.10	4	13.21	4	11.40	4	14639	9	12750	9
禄丰县	48.06	2	43.48	2	54.24	2	48.58	2	29926	2	26945	2

续上表

州（市）	固定资产投资				社会消费品零售总额			
	2013 年		2012 年		2013 年		2012 年	
	绝对数（亿元）	位次	绝对数（亿元）	位次	绝对数（亿元）	位次	绝对数（亿元）	位次
昆明市	2931.5	1	2344.9	1	1702.3	1	1493.9	1
曲靖市	1020.8	2	825.1	2	378.3	2	331.7	2
玉溪市	393.7	9	287.1	10	226.3	6	198.6	6
昭通市	548.5	4	421.8	4	169.9	8	149.6	8
红河州	801.4	3	560.9	3	247.6	3	217.3	3
文山州	355.8	11	277.2	11	233.4	4	204.8	4
普洱市	427.3	7	333.3	7	116.2	11	102.2	10
版纳州	209.1	14	160.2	13	81	13	71.2	13
大理州	521.5	5	406.7	5	233.3	5	204.6	5
保山市	288.3	12	222.6	12	136.4	9	119.7	9
德宏州	212.8	13	157.9	14	89.2	12	78.3	12
丽江市	372.7	10	295.6	9	74.9	14	65.7	14
怒江州	82.9	16	63.6	16	23.5	16	20.7	16
迪庆州	196	15	155.3	15	34.2	15	30.0	15
临沧市	417.3	8	303.2	8	116.3	10	101.9	11
楚雄州	451.8	6	347.6	6	210.6	7	184.7	7
楚雄市	165.94	1	118.88	1	91.99	1	78.48	1
双柏县	23.48	9	16.09	9	6.09	9	3.97	9
牟定县	35.63	5	25.99	5	9.10	7	8.72	8
南华县	31.50	6	22.21	6	12.44	5	12.24	4
姚安县	24.43	8	15.25	10	9.01	8	9.77	6
大姚县	41.50	3	30.62	3	16.58	3	13.95	3
永仁县	26.09	7	18.30	7	4.09	10	3.70	10
元谋县	21.17	10	16.17	8	11.60	6	8.83	7
武定县	38.10	4	26.66	4	15.53	4	11.59	5
禄丰县	43.96	2	57.45	2	34.22	2	33.46	2

续上表

州（市）	地方公共财政预算收入				地方公共财政预算支出			
	2013 年		2012 年		2013 年		2012 年	
	绝对数（亿元）	位次	绝对数（亿元）	位次	绝对数（亿元）	位次	绝对数（亿元）	位次
昆明市	450.75	1	378.40	1	585.75	1	525.54	1
曲靖市	121.53	2	103.83	2	297.26	3	281.93	2
玉溪市	105.97	3	90.22	3	186.28	8	161.85	8
昭通市	47.47	8	39.47	8	261.26	4	248.09	4
红河州	97.25	4	84.48	4	310.71	2	248.10	3
文山州	42.72	11	36.13	10	195.46	7	167.80	7
普洱市	53.72	7	47.90	6	201.64	6	170.11	6
版纳州	26.81	14	22.26	14	81.26	15	80.63	14
大理州	71.97	5	59.28	5	222.93	5	200.50	5
保山市	42.84	10	35.55	11	150.32	11	141.58	11
德宏州	27.96	13	24.19	13	99.60	14	102.16	13
丽江市	45.78	9	38.01	9	113.20	12	106.74	12
怒江州	8.41	16	7.49	16	55.29	16	50.38	16
迪庆州	13.05	15	10.75	15	108.85	13	73.14	15
临沧市	36.85	12	30.22	12	181.33	9	160.62	9
楚雄州	56.37	6	46.32	7	172.65	10	158.02	10
楚雄市	16.30	1	13.93	1	30.18	1	28.63	1
双柏县	1.97	8	1.42	10	11.00	9	9.80	9
牟定县	2.30	6	1.83	6	12.46	6	10.38	8
南华县	3.21	5	2.49	5	13.72	5	12.73	5
姚安县	1.81	10	1.42	9	11.20	8	10.60	7
大姚县	3.48	4	2.80	4	16.55	3	14.22	4
永仁县	2.04	7	1.63	7	9.47	10	8.19	10
元谋县	1.91	9	1.62	8	11.79	7	11.35	6
武定县	4.31	3	3.68	3	15.63	4	15.49	3
禄丰县	7.46	2	5.61	2	19.96	2	18.43	2

续上表

州（市）	农民人均纯收入				城镇居民可支配收入			
	2013 年		2012 年		2013 年		2012 年	
	绝对数（元）	位次	绝对数（元）	位次	绝对数（元）	位次	绝对数（元）	位次
昆明市	9273	1	8040	1	28354	1	25240	1
曲靖市	6861	4	5950	4	24262	3	21623	2
玉溪市	8925	2	7628	2	24276	2	21384	4
昭通市	4604	15	3897	15	18724	14	16395	15
红河州	6368	6	5468	6	22294	7	19712	7
文山州	5460	14	4643	14	21080	10	18884	9
普洱市	5873	11	5020	11	19170	13	17267	13
版纳州	7107	3	6174	3	20094	11	17909	11
大理州	6677	5	5689	5	22690	6	20138	6
保山市	6275	8	5331	8	21555	8	18907	8
德宏州	5608	12	4763	13	19659	12	17662	12
丽江市	6037	10	5094	10	21229	9	18621	10
怒江州	3251	16	2773	16	15999	16	14221	16
迪庆州	5571	13	4769	12	23902	4	21535	3
临沧市	6066	9	5158	9	18563	15	16398	14
楚雄州	6357	7	5418	7	22934	5	20292	5
楚雄市	7108	3	6060	3	24137	1	20970	1
双柏县	5565	9	4645	9	21183	10	18261	10
牟定县	5672	7	4799	7	21728	7	19060	6
南华县	5943	5	4994	5	22021	6	18927	7
姚安县	6177	4	5221	4	21521	9	18911	8
大姚县	5928	6	4957	6	22465	4	19467	4
永仁县	5566	8	4685	8	21636	8	18700	9
元谋县	7733	1	6526	1	23117	3	20260	3
武定县	5527	10	4606	10	22456	5	19392	5
禄丰县	7283	2	6230	2	23176	2	20510	2

注：固定资产投资为规模以上固定资产投资，不包括500万元以下投资和农村私人投资。

［楚雄州统计局］

（责任编辑：安孟勤）

索引

1. 本索引采用主题分析方法，按汉语拼音音序排列。
2. 类目和分目标题用黑体字标示。
3. 特载、附录、统计资料内容及图片、表格不作索引。
4. 索引词后的数字表示内容所在页码，数字后的字母 a、b、c 分别表示左、中、右栏。
5. “附见”条放在索引词下面，索引词后自第二个页码起为“参见”条目页码。

D

K

P

Q

美丽彝州——紫溪彝村（李俊兵／摄影）

鹿　城　镇

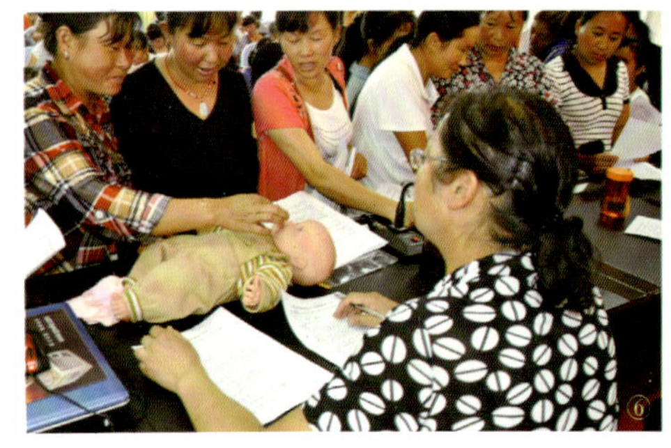

鹿城镇是楚雄市政治、经济、文化中心，是全州唯一的一个一类乡，集城区、坝区、山区于一体。行政区域总面积372平方千米，下辖19个社区、3个村委会，276个村（居）民小组，总人口22.13万人。镇党委下设3个党委、35个党（总）支部，有党员2625名。2013年，全镇实现社会经济总收入176.9亿元，比上年增长12.7%；工商企业营业收入160.56亿元，增长12%；农村经济总收入15.28亿元，增长13.2%；完成地方财政公共预算收入6.48亿元，增长29.6%；固定资产投资10.28亿元，增长71.3%；招商引资到位资金3.4亿元，增长41.7%；城镇居民人均可支配收入25759元，增长13.1%；农民人均纯收入8073元，增长2.7%。

近年来，鹿城镇通过实施城市拉动、城乡统筹发展战略，狠抓老城中心商务区、东南新城经济增长核心区、西北旅游和汽配物流区、山区特色种植养殖区“四个经济带”建设，培强做大建筑建材业、卷烟辅料业、商贸旅游业、特色种植养殖业“四大主导产业”，推动全镇经济快速发展。2013年，全镇工商企业户达9198户，其中规模以上企业14户实现总产值74.86亿元，上缴税金2.8亿元，增长10%；四大主导产业产值由2012年的41.33亿元增加到42.71亿元，增长